书名题签：韩启德

国家出版基金项目
NATIONAL PUBLICATION FOUNDATION

中華科學技術大詞典

生物学卷

全国科学技术名词审定委员会　编

名誉总主编　路甬祥

总　主　编　白春礼

商務印書館
创于1897 The Commercial Press

2019年·北京

图书在版编目(CIP)数据

中华科学技术大词典. 生物学卷/全国科学技术名词审定委员会编. —北京:商务印书馆,2019
ISBN 978-7-100-17331-5

Ⅰ.①中… Ⅱ.①全… Ⅲ.①科学名词—名词术语—中国—词典②生物学—科学名词—名词术语—中国—词典 Ⅳ.①H03②Q-61

中国版本图书馆CIP数据核字(2019)第070497号

中华科学技术大词典
生物学卷
全国科学技术名词审定委员会 编

商 务 印 书 馆 出 版
(北京王府井大街36号 邮政编码100710)
商 务 印 书 馆 发 行
北京中科印刷有限公司印刷
ISBN 978-7-100-17331-5

2019年6月第1版　开本 787×1092 1/16
2019年6月北京第1次印刷　印张 34¾
定价:115.00元

《中华科学技术大词典》

编辑委员会

《中华科学技术大词典·生物学卷》

编辑委员会

《中华科学技术大词典》项目部

路甬祥序

全国科学技术名词审定委员会(以下简称“全国科技名词委”)在其成立30多年来工作的基础上,对科学技术名词审定工作和海峡两岸科技名词对照工作的成果进行系统梳理,编纂出版《中华科学技术大词典》,有利于发挥其规范科学技术名词和加强海峡两岸各领域交流的重要作用。同时,也是全国科技名词委工作成果的重要展示。

科学技术名词作为科学技术概念的语言表达,产生于科技领域,应用于社会各个方面,是科技和经济社会融合发展的结晶。通过科学技术名词的规范表述,促进科技理论、知识和思想的传播交流,这是科学技术名词工作的根本宗旨。科学技术名词也是中华文化宝库的重要组成部分,它凝结着人类智慧和中华民族的创造,映射出科学技术和人类文明进步的轨迹。做好科学技术名词审定、公布、推广等各方面工作,有利于传承弘扬中华优秀科学文化,提高全民族科学文化素养,促进社会文明和谐发展,促进国际经济政治、科技文化的交流与合作。依托全国科技名词委30多年来的工作成果,在会聚数千位科技专家和学术精英的智慧结晶、融合现代科学和中华文化的新理念之基础上,编纂出版《中华科学技术大词典》,必将在普及现代科学技术和传承中华优秀文化中发挥积极作用,也具有宝贵的历史价值。

编纂一部集科技名词规范成果之大成的大型工具书,是当前科技名词规范化工作发展的需要。我国科技名词审定工作从全国科技名词委成立伊始,已经在基础科学、工程技术、农业、医学、人文社会科学等领域审定公布了130多种、40多万条的学科规范名词,出版了近30个学科的海峡两岸科技名词对照本,为我国科技发展和两岸科教文化交流发挥了重要的基础性作用。但是,以往的公布和出版工作都是分学科进行的,其优势是有利于开展审定工作,方便单个学科或行业领域的使用,而不足之处在于次序分散,不利于跨学科,以及综合性、交叉性学科领域的使用,也不利于科技名词的系统认知和社会普及。将这些名词系统分类和编纂集成,有利于学科向综合性、交叉性、系统性方向发展和创新。因而,编纂一部综合性的科学技术名词工具书,既是审定公布工作的深化与延伸,也是响应社会各界规范使用科技名词的基本诉求,必将在促进科技文化交流和实现协同创新方面发挥十分重要的作用。

科学技术名词也是海峡两岸科教文化交流的重要载体。由于历史的原因,海峡两岸分隔近70年,其间正是现代科技大发展时期,新名词术语层出不穷,两岸专家分别定名,形成大量名词术语之间的差异。台湾大学一位气象学教授曾举例说,两岸用同一种语言,但对于同样的气象探测设备,大陆称“无线电探空气球”,台湾称“雷保”;对于同样的云层气象条件,台湾称“逸入”,大陆称“夹卷”,造成学术交流的障碍。凡此种种概念相同而称谓不同的情况,约占科技名词术语三分之一以上,严重影响到两岸科技、文化、教育、经贸等各领域的交流和发展。海峡两岸各界对名词术语差异所造成的语言障碍都普遍有相似的经历和深刻的认识。1993年4月,两岸第一次“汪辜会谈”顺乎民意，把探讨“海峡两岸科技名词统一”列入了共同协议之中。随之全国科技名词委制定了《关于开展海峡两岸科学技术名词统一工作的意见》，决定加强与台湾地区学者和有关机构的交流合作，促进两岸科技名词的交流对照与统一工作。此后 20 多年来，两岸科技名词工作成绩斐然，已先后出版了近 30 种分学科的“海峡两岸名词对照本”。本次编纂出版《中华科学技术大词典》，广泛收集审选了各学科名词，成为囊括近百个学科、约 50 万条科技名词的综合性大词典。它的问世，将面向海峡两岸民众，释疑解惑，互动交流，协同科学认知，增进文化认同，为两岸科学文化等各领域的交流合作架起桥梁。它是促进科技创新发展，促进中华文化传承，促进两岸交流与祖国统一的科学文化工程，也是两岸专家学者的共同愿望，意义重大、影响深远。

《中华科学技术大词典》的出版，是两岸专家相互配合、共同努力的结果。双方专家也在这次合作中加深了相互了解，取得了广泛共识。大词典的问世是两岸学术界和专家合作的成果，是海峡所不能阻断的科教文化交流的缩影。我相信在两岸专家共同努力下，两岸科教文化的交流会呈现更加良好的局面。

《中华科学技术大词典》的出版，是我国科学技术名词规范化事业不断发展的重要见证，也是两岸科技文化交流中具有重要意义的盛事。故为序，以示衷心祝贺！

路甬祥

2018 年 8 月 28 日

白春礼序

历经两岸专家学者多年来的共同努力,《中华科学技术大词典》即将问世了,这是两岸科技名词交流对照工作的一件盛事,也是两岸科教文化、经济社会等各个领域交流合作的一项基础工作,我感到由衷的欣慰。

中华文字是历史渊源的载体、民族精神的血脉,是人类文化的瑰丽成果。它不同于西方拼音文字,构成了中国人独有的思维方式和文化传统,使海峡两岸及中华文化圈内所有人民引为自豪。

科学技术名词是中华文化的重要组成部分,许多科学技术名词的定名都折射出中华文化艰辛的发展历程。特别是近代以来,中华民族历经苦难,举步维艰,大批先辈科学家肩负着沉重的历史责任,化解万难,在引进消化西方先进科技概念的基础上,结合中国的文化传统,创制了一大批具有中华文化品位和特点的名词术语,为我国近代科技跟上世界科技的发展创造了条件。

尽管经过了近70年的两岸分隔,但共同的历史传统和语言文化,无时无刻不在提醒着人们,海峡两岸同根同源、同文同宗,都是中华文明的继承者、弘扬者。但是,由于两岸社会长期处于相互隔绝的状态,其间正是全球科学技术飞速发展的历史时期,对于人类社会在相互学习、共同发展中产生的科学技术概念,两岸使用同样的文字却分别定名,其表达科学技术概念的词素词义,悄然发生了不同的演变,给两岸人民带来了交流的障碍,影响了两岸科教文化、经济贸易、人文社会等领域的交流合作。早在30年前恢复交流后不久,就有大陆学者关注到两岸科技名词的不同发展路径,意识到两岸科技名词的差异是造成两岸认知差距的原因之一,因而呼吁从促进计算机信息处理的角度出发,积极研究并推进海峡两岸科技名词的统一,消除语言障碍。

科技名词交流是海峡两岸专家学者的共同呼声。1993年首轮"汪辜会谈"达成的协议中就有探讨两岸科技名词统一的内容。全国科学技术名词审定委员会始终积极、稳妥地推动此项工作,这一举措也逐步得到两岸科技界的广泛认同。多年来两岸合作增加,交往频繁,文化上水乳交融,大陆和台湾地区科技名词交流互鉴,不少过去为一方独有的名词术语,已经逐步从分歧趋于一致。在此形势下,两岸合作编纂一部涵盖科学与技术各领域名词术语的科学技术大词典正逢其时。

2010年7月,两岸科学技术领域专家学者议定,在前期合作的基础上,合编《中华科学技术大词典》等辞书;同时双方协商决定利用信息技术,采用云计算平台开展数据库建设。在两岸专家学者多轮协商并形成共识的基础上,大词典编纂工作得以全面展开。

《中华科学技术大词典》的编纂突出了基础性、通用性、实用性,以广泛收录全球通用的现代科技概念为主,适当收录一些双方各自特有的名词术语,反映两岸科学技术名词差异,以方便两岸科技交流和一般民众使用,并为学习汉语的外国人提供帮助。同时为便于两岸读者使用,对于两岸不同的通用字形采取了分别呈现的形式。这种安排不仅便于双方大众阅读,同时也有助于双方逐步了解对方用字用词的现实情况,以达到化异为同的目的。几年来两岸专家学者实事求是、相互尊重、学风严谨、科学务实，奉献了各自的学识和心智，在两岸文化交流合作中又迈出坚实的一步。我们这次编纂出版《中华科学技术大词典》，既是过去两岸科技名词工作的延续，也为今后在更大的领域开展两岸学术交往，为科技文化、经济社会的进一步交流合作创造了基础条件。多年来的两岸科技名词交流实践充分说明，罔顾历史，无论是对传统文化的否定与切割，还是出于政治私利操控的“去中国化”，都经不住历史长河的冲刷，终将因得不到公众的支持而烟消云散。维护两岸和平发展是两岸同胞的民意主流，本次编纂工作一直得到台湾方面有关机构和广大专家学者的协助与支持，编纂成果也将为两岸各界共享，成为促进两岸关系和平发展的一件鲜活的、生动的实例。

《中华科学技术大词典》集科学与技术领域名词术语之大成，汇聚了两岸无数专家学者的智慧，必将发挥传承与弘扬中华文化的历史和现实作用。经过两岸专家学者的不懈努力，《中华科学技术大词典》即将出版，借此机会，我谨向30多年来支持和参与科技名词工作的两岸专家学者致以诚挚的敬意！向参与此次词典编纂工作的所有专家学者，向全国科学技术名词审定委员会事务中心和词典项目部的同仁们，向支持本词典出版的国家出版基金规划管理办公室和投入精干队伍保障出版质量的商务印书馆，表示由衷的感谢！

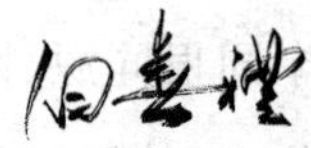

2019年夏

前　言

2009 年 7 月，以“推进和深化两岸文化教育交流合作”为主题的第五届两岸经贸文化论坛在长沙举行，倡议两岸民间合作编纂中华语文工具书。2010 年 7 月，两岸合编中华语文工具书第二轮会谈决定，两岸合编的工具书由语言文字领域拓展到科学技术领域，以全国科学技术名词审定委员会（以下简称“全国科技名词委”）和台湾教育研究院为实施者，组织两岸专家合作编纂《中华科学技术大词典》。2011 年 3 月，两岸专家共同提出编纂出版《中华科学技术大词典》的总体方案。2013 年 12 月，《中华科学技术大词典》正式纳入《2013—2025 年国家辞书编纂出版规划》，2016 年 6 月《中华科学技术大词典》获得国家出版基金项目支持。

《中华科学技术大词典》成立编辑委员会，由白春礼院士担任总主编，路甬祥院士为名誉总主编。同时设立词典项目部，负责编纂的日常组织工作。各领域先后共有 500 多位专家学者参加了本词典的编纂和审定。

《中华科学技术大词典》在全国科技名词委审定公布的 130 多种学科名词和已出版的近 30 种海峡两岸科技名词对照本的基础上，参考台湾方面公布的名词数据库资料编纂而成。全书共收录 96 个学科，约 50 万条科技名词；并实现大陆名与台湾名，中文名和英文名的对照功能。全书按照学科领域和学科特点，共分为 10 卷，即数理化卷、地学卷、生物学卷、工程技术卷（上、中、下）、农业卷、医学卷、社会科学卷、人文科学卷。

本词典收录的各学科名词具有以下特点：一是在全国科技名词委公布名词的基础上，参照台湾方面的收词范围扩展而来，基本上反映出海峡两岸科学技术发展现状；二是体现了规范性，充分利用科技名词规范化工作的成果；三是注重科学文化的传承，既收录了当代科学技术领域的科技名词，也适当收录了反映中国近代以来科学和文化发展脉络的科技名词。本词典是两岸专家学者对多年来科技名词领域交流、对照和统一工作成果的一次大规模整理和总结，是两岸合作编写工具书的最新成果，是两岸专家学者的智慧结晶，是两岸共同弘扬中华文化的一次重要实践。

本词典作为两岸专家共同参与编纂的工具书，契合了两岸科学技术发展的现实需求，为两岸在科技、教育、文化、经贸等方面的交流合作提供了必不可少的对照性词汇，可成为两岸各领域交流的参考和依据。同时，可用作全球华语地区科技界人士的参考读物。

本词典编纂期间，编审专家以严肃的科学态度，认真工作，持之以恒，默默奉献。台湾教育研究院及台湾各学科的部分专家学者参与了词目编选，特别是对台湾名、英文名等进行了仔细审读。在此，我们向他们表示衷心的感谢。

《中华科学技术大词典》涉及学科广泛，尤其是进行如此大规模的两岸科技名词梳理、遴选、编纂及全面对照，没有先例，难度巨大，编纂中难免会有疏漏错误之处，欢迎广大专家学者和读者批评指正。

《中华科学技术大词典》编辑委员会

2019年3月1日

《中华科学技术大词典·生物学卷》编纂说明

《中华科学技术大词典·生物学卷》(以下简称《生物学卷》)是《中华科学技术大词典》的第 3 卷,主要包括动物学、植物学、微生物学、昆虫学、生态学、遗传学、细胞生物学、生物化学与分子生物学、生物物理学、免疫学、生理学、生物工程等 12 个分支,共收录词条约 37 000 条。全部词条按照大陆名音序排序,以便查检。

《生物学卷》收词以全国科学技术名词审定委员会审定、公布的学科名词和已经出版的海峡两岸对照名词为基础。在初稿的基础上组织专家进行了初审,主要工作包括三方面:一是对存在的格式、书写、拼写、翻译不准确等问题进行校正;二是对大陆和台湾名词概念不对应、词条内涵发生变化以及不适合作为科技名词的词汇,进行了调整、替代和删除;三是对初稿中没有却特别基础、重要、常用的词加以收录。分卷编辑据此加以校核,形成一审稿。之后由《中华科学技术大词典》项目部进行数据处理,重点进行各学科词条合库查重筛选,形成二审稿。针对二审稿,第二次组织专家对二审稿进行审查,解决遗留问题,检查处理编辑加工过程中的疏漏,形成三审稿。随后,分卷主编第三次组织专家审查,形成终审稿。终审稿由分卷主编和副主编再次把关,形成报批稿,报送《中华科学技术大词典》编辑委员会审查批准后,交由商务印书馆出版。

本卷词典所涉及的 12 个学科中,只有生物工程名词尚未正式公布。而且,除植物学、微生物学、生物物理学、生理学和生物工程 5 个学科外,其他学科均已出版海峡两岸名词对照本,具有良好的前期工作基础,词条质量较高,为本卷词典的顺利编纂打下了坚实的基础。

我们邀请了 29 位生物学领域专家学者参加了本卷词典的编纂和审定工作。编审专家学者严谨认真的工作态度和默默奉献的工作精神,保证了本书的高质量出版。台湾同仁对相关学科的两岸名词对照工作给予了很大帮助,体现了两岸专家密切合作的精神风范。

《中华科学技术大词典》项目部和全国科学技术名词审定委员会事务中心各审定室的同志们对词典的编纂出版给予了大力的支持。从组建分卷编辑委员会开始,他们就积极参与,协助联系专家,承担了提供稿件资料、协助组织召开编委会、开展专项检查、誊录与复核编校意见等多项繁杂工作。

值此词典出版之际,我们向所有为词典编纂出版工作做出贡献的专家、学者和同仁们表示衷心的感谢。

由于时间仓促,编者水平有限,难免有各种不足和差错,诚望读者批评指正。

《中华科学技术大词典·生物学卷》编辑委员会

2019 年 3 月 28 日

目　　录

词目英文索引

（二维码）

凡　例

1. 词条收录

1.1 本词典所收词条涵盖基础科学、工程技术、农业科学、医学、社会科学、人文及其他领域共计 96 个学科，例如数学、物理学、化学、天文学、地质学、测绘学、动物学、植物学、航天科学技术、建筑学、机械工程、电子学、材料科学技术、资源科学技术、农学、土壤学、医学、中医药学、经济学、法学、语言学、教育学等。

1.2 本词典收录的词条包括海峡两岸通用的，以及海峡两岸有差异的科学技术名词共约 50 万条。

1.3 本词典收录的词条按照科学技术相关学科领域归类，共分为 10 卷。依次为数理化卷、地学卷、生物学卷、工程技术卷(上、中、下)、农业卷、医学卷、社会科学卷、人文科学卷。

2. 词条构成

2.1 本词典所收词条由词目(中文)及其对应的英文构成。

2.2 词目采用两岸名称对照的形式，大陆名列前，台湾名列后，中间以“ / ”分隔。例如：

电灼式印刷机/放電式列印機

拉克斯-密格拉蒙定理/拉克斯-米爾格雷定理

2.3 词目的字形，分别采用两岸各自通用的字形。例如：

自然循环/自然循環

作业控制中心/作業控制中心

2.4 词目中的大陆名有两条(或以上)同义词时，分别以两条(或以上)词目列出。例如：

背景/背景

本底/背景

2.5 词目中的大陆名对应两条(或以上)台湾同义词时，台湾名在词目中并行排列，中间以逗号隔开。例如：

出口融资/出口融資，籌集出口資金

横节理/橫節理，交錯劈理，Q 節理

2.6 词目中的大陆名对应两个(或两个以上)台湾名概念时，对应的台湾名分别以①② ……列出。例如：

质量/ ①質量，②品質

槽轮/ ①間歇工作輪，星形輪，日内瓦輪，②有槽帶輪

2.7 词目中大陆名和台湾名中“[ ]”内的字为可省略部分。例如：

等离[子]体动力学/電漿動力學

2.8 词目中大陆名和台湾名中“( )”内的汉字、西文字母、阿拉伯数字、罗马数字为该词的特殊标注(如天体名的备注、化合物结构标示、数学概念的符号标识等)。例如：

虹神星(小行星 7 号)/虹神星(7 號小行星)

聚(β-氨基丙酸)/聚(β-胺基丙酸)

广义(g,k)特征标/廣義(g,k)特徵[標]

2.9 本词典收录的词条不单独标出所属学科。

3. 词目排序

3.1 词目按大陆名的首字汉语拼音字母次序排列，首字同音的按笔画排列，笔画少的在前，多的在后；笔画相同的按起笔笔形(横、竖、撇、点、折)的次序排列，起笔笔形相同的按第二起笔笔形的次序排列，以此类推。首字相同的按第二字的汉语拼音字母次序排列，以此类推。

3.2 词目中含有西文字母或阿拉伯数字、罗马数字时，按词目中的汉字汉语拼音排序；词首或词中的西文字母或阿拉伯数字、罗马数字一律不参加排序。

4. 词目对应的英文(或其他外文)

4.1 词目对应的外文主要为英文，也有极少量的其他文种词语或字母。例如拉丁文、法文、德文及希腊字母等。遇有其他外文时，遵从其特殊形式。

4.2 词目对应的英文，在词目之后列出。例如：

计算机辅助设计/電腦輔助設計 computer-aided design

4.3 词义相同的英文并行排列，中间以逗号隔开。例如：

粗钢/粗鋼 crude steel, raw steel

4.4 英文名词一般采用单数形式，必须或习惯采用复数形式的英文名词除外。

4.5 以人名、地名等命名的专有名词，其对应的英文，首字母为大写。

4.6 英文如有英美拼法差异时，一般采用美式拼法。

4.7 英文中出现拉丁文词时，一般遵从各学科领域的格式惯例。例如：

肠产毒性大肠杆菌/腸產毒性大腸桿菌 enterotoxigenic *Escherichia coli*(生物学卷)

南方古猿/南[方古]猿 *Australopithecus*(地学卷)

奥斯特线虫属/牛胃絲蟲屬 Ostertagia(农业卷)

尺头/尺頭 caput ulnare(拉)(医学卷)

4.8 英文中出现汉语拼音转写词语时，一般遵从汉语拼音分词习惯。例如：

芎菊上清丸 xiongju shangqing pills

5. 附录

本词典后附有国际单位制、希腊字母表、地质年代表、元素周期表。

6. 索引

6.1 本词典列有词目首字音序索引和词目首字笔画索引。

6.2 本词典附有词目英文索引(扫描二维码查取)。

词目首字音序索引

（字右边的号码指词典正文的页码）

词目首字笔画索引

（字右边的号码指词典正文的页码）

A

吖啶橙/吖啶橙 acridine orange
吖啶黄/吖啶黄 acridine yellow
阿比可糖/阿比可糖 abequose
阿泊拉霉素/安痫黴素,安普黴素 apramycin
阿蒂斯反应/阿瑟氏反應 Arthus reaction
阿蒂斯现象/阿瑟氏現象 Arthus phenomenon
阿尔倍德染色/阿氏染色 Albert staining
阿尔茨海默病/阿兹海默[氏]症,阿爾滋海姆病 Alzheimer disease, AD
阿根廷草原/潘帕斯群落 pampas
阿根廷刺灌丛草原/嘉拿而草原 Chanar steppe
阿黑皮素原/阿黑皮素原,前腦啡黑細胞促素皮質促素,原嗎啡黑皮質素 proopiomelanocortin, POMC
阿卡波糖/阿卡波糖 acarbose
阿克拉霉素/阿克拉黴素 aclacinomycin
阿拉伯半乳聚糖/阿拉伯半乳聚糖 arabinogalactan
阿拉伯聚糖/阿拉伯聚糖 araban
阿拉伯聚糖酶/阿拉伯聚糖酶 arabanase
阿拉伯糖/阿拉伯糖 arabinose
阿[拉伯]糖操纵子/阿[拉伯]糖操縱子,ara 操縱子 ara operon
阿利律/阿利定律 Allee law
阿利马幼体/阿利馬幼體 alima larva
阿利效应/阿利效應 Allee effect
阿洛糖/阿洛糖 allose
阿洛酮糖/阿洛酮糖 psicose
阿马道里重排/阿馬道里重排 Amadori rearrangement
阿霉素/阿德力黴素 adriamycin, doxorubicin
阿明露法/黴菌糖化法,阿米洛法 amylo process
阿片样肽/類鴉片樣肽 opioid peptide
阿片样物质/類鴉片 opioid
阿齐美克/阿齊美克 azimexon
阿什比无氮培养基/阿什比無氮培養基 Ashby nitrogen-free medium
阿氏染色/阿氏染色 Albert staining
阿司匹林三联征/阿斯匹靈三徵 aspirin triad
阿斯卡利试验/阿斯卡利試驗 Ascoli test
阿斯米星/阿斯米星 astromicin
阿索夫规则/阿索夫氏法則 Aschoff rule
阿糖胞苷/阿[拉伯]糖胞苷 cytosine arabinoside, araC
阿糖胸苷/阿[拉伯]糖胸苷 thymine arabinoside, araT
阿托品/顛茄鹼 atropine
阿维菌素/阿維菌素,除蟲菌素,阿弗麥菌素 avermectin
阿魏酸/阿魏酸,4-羥-3-甲氧基肉桂酸 ferulic acid
阿魏酸酯酶/阿魏酸酯酶 feruloyl esterase
阿卓糖/阿卓糖 altrose
埃德曼降解/艾德曼降解 Edman degradation
埃可病毒/艾可病毒 enteric cytopathic human orphan virus, ECHO virus, echovirus
埃里克试验/埃里克試驗 Elek test
埃利希侧链学说/埃利希側鏈學説 Ehrlich side chain theory
埃梅里原则/愛墨瑞定則 Emery rule
埃门特劳特-科佩尔标准模型/埃門特勞特-科佩爾標準模型 Ermentrout-Kopell canonical model
埃默森增益效应/埃默森增益效應,雙光增強效應 Emerson enhancement effect
埃姆斯试验/阿姆氏試驗,艾姆斯[氏]測試 Ames test
埃塞俄比亚界/衣索匹亞界 Ethiopian realm
埃瓦尔德球/厄瓦特球 Ewald sphere
埃兹蛋白/埃兹蛋白 ezrin
癌蛋白/致癌蛋白 oncoprotein
癌-睾丸抗原/癌-睾丸抗原 cancer-testis antigen, CTA
癌基因/致癌基因 oncogene
c 癌基因/細胞[致]癌基因,c[致]癌基因,原致癌基因 cellular oncogene, c-oncogene
v 癌基因/v 癌基因,病毒[致]癌基因,病毒腫瘤基因 viral oncogene, v-oncogene
癌基因蛋白[质]/致癌基因蛋白[質] oncogene protein
癌基因激活/致癌基因活化 oncogene activation
癌基因诱导衰老/癌基因誘導衰老 oncogene-induced senescence, OIS
癌基因组解剖计划/癌症基因體分析計劃 cancer genome anatomy project, CGAP
癌胚抗原/癌胚抗原 carcinoembryonic antigen,

CEA, oncefetal antigen
癌调蛋白/癌調蛋白 oncomodulin
癌细胞/癌細胞 cancer cell
癌[症]/癌症 cancer
癌[症]干细胞假说/癌[症]幹細胞假説 cancer stem cell hypothesis
嗳气/噯氣 belching
矮刺灌丛/矮棘灌叢 phrygana
矮个虫/侏儒個蟲 dwarf zooid
矮灌木/矮生灌木,小灌木 dwarf shrub, fruticulus
矮灌木沼泽/矮生灌木沼澤 dwarf shrub bog
矮化/矮化 dwarf
矮化作用/矮化效果 dwarf effect
矮林/矮林,萌生林 coppice forest, dwarf forest, copse
矮石楠灌丛/矮生石楠叢 dwarf shrub heath
矮树/矮樹,高山矮曲樹 pygmy tree
矮雄/矮雄 dwarf male
矮雄体/矮雄體 nannander
矮棕榈群落/矮生椰子群落 dwarf palm garrigue
艾迪生病/艾迪森[氏]病,艾迪生[氏]症 Addison disease
艾杜糖/艾杜糖 idose
艾杜糖醛酸/艾杜糖醛酸 iduronic acid
艾伦[定]律/艾倫定律 Allen rule
艾伦曲线/艾倫曲線 Allen curve
艾滋病/愛滋病,後天性免疫缺失症[候群],後天性免疫不全症[候群] acquired immunodeficiency syndrome, AIDS
艾滋病相关综合征/AIDS相關症候群,愛滋病併發症 AIDS-related complex, ARC
爱助霉素/雙環黴素 aizumycin
安普霉素/安普黴素,安痢黴素 apramycin
安全过饱和/安全過飽和 safe supersaturation
安全浓度/安全濃度 safe concentration, SC
安全脱饱和/安全脱飽和 safe desaturation
安全性评价/安全性評價,安全性評估 safety assessment, safety evaluation
安全性评价原则/安全性評價原則 principle of safety assessment
安全罩/安全罩 safety hood
安莎[霉素]类抗生素/安沙黴素類 ansamycins
安丝菌素/安絲菌素 ansamitocin
桉树脑/桉樹油 eucalyptol
桉树烯/桉油精 eucalyptene
桉天牛醇/桉天牛醇 phoracanthol
氨/氨 ammonia
氨苄青霉素/氨苄青黴素 ampicillin
氨丁苷菌素/丁酰苷菌素,丁醯苷菌素,氨丁菌素 ambutyrosin
氨化细菌/氨化細菌 ammonifying bacteria
氨化[作用]/氨化[作用] ammonification
氨基半乳糖/半乳糖胺,胺基半乳糖 galactosamine
氨基苯甲酸/氨基苯甲酸 aminobenzoic acid
氨基氮/氨基氮 amino nitrogen
氨基蝶呤/氨基蝶呤 aminopterin
γ-氨基丁酸/γ-氨基丁酸,γ-胺基丁酸 γ-aminobutyric acid, GABA
γ-氨基丁酸受体/γ-氨基丁酸受體 γ-aminobutyric acid receptor, GABA receptor
氨基端/氨基端,胺基端,N端 amino terminal, N-terminal, N-terminus
c-Jun 氨基端激酶/c-Jun 氨基端激酶 c-Jun N-terminal kinase, JNK
氨基化/胺化[作用] amination
1-氨基环丙烷-1-羧酸合酶/ACC合酶 1-aminocyclopropane-1-carboxylate synthase, ACC synthase
1-氨基环丙烷-1-羧酸氧化酶/ACC氧化酶 1-aminocyclopropane-1-carboxylate oxidase, ACC oxidase
α-氨基己二酸/α-氨基己二酸 α-aminoadipic acid
氨基己糖苷酶/氨基己糖苷酶,己糖胺酶 hexosaminidase
氨基甲酸/氨基甲酸,胺基甲酸 carbamic acid
氨基甲酸酯水解酶/氨基甲酸酯水解酶 carbamatic hydrolase
氨基甲酰化/氨基甲酰化,胺基甲醯化 carbamylation
氨基甲酰化常数/氨基甲酰化常數 carbamylation constant
氨基马尿酸/氨基馬尿酸 aminohippuric acid
氨基霉素/氨基黴素 aminomycin
氨基咪唑核糖核苷酸/氨基咪唑核糖核苷酸 aminoimidazole ribonucleotide
氨基葡聚糖支架/氨基葡聚糖支架 amino-dextran scaffold
氨基葡糖/葡萄糖胺 glucosamine
6-氨基青霉烷酸/6-氨基青黴酸 6-aminopenicillanic acid, 6-APA
氨基酸/氨基酸,胺基酸 amino acid
氨基酸臂/氨基酸臂 amino acid arm
氨基酸残基/氨基酸殘基 amino acid residue
氨基酸代换/氨基酸取代 amino acid substitution
氨基酸代换率/氨基酸取代率 rate of amino acid substitution

氨基酸代谢病/氨基酸代謝異常 amino acidopathy
氨基酸代谢库/氨基酸代謝庫 amino acid metabolic pool
氨基酸尿症/氨基酸尿症 aminoaciduria
氨基酸替换/氨基酸取代 amino acid substitution
氨基酸替换率/氨基酸取代率 rate of amino acid substitution
氨基酸通透酶/氨基酸通透酶 amino acid permease
氨基酸序列/氨基酸序列 amino acid sequence
氨基糖/氨基糖,胺基糖 amino sugar
氨基糖苷类抗生素/氨基糖苷類抗生素 aminoglycoside antibiotics
氨基糖苷磷酸转移酶/氨基糖苷磷酸轉移酶 aminoglycoside phosphotransferase, APH
5-氨基酮戊酸/5-氨基乙酰丙酸,5-氨基乙醯丙酸 5-aminolevulinic acid, ALA
7-氨基头孢烷酸/7-氨基頭孢烷酸,7-胺基頭孢烷酸 7-aminocephalosporanic acid, 7-ACA
氨基修饰/氨基修飾 aminomodification
氨基乙磺酸/牛磺酸 taurine
β-氨基异丁酸/β-氨基異丁酸 β-aminoisobutyric acid
氨基转移酶/胺基轉移酶 aminotransferase
氨甲蝶呤/甲氨蝶呤,胺甲蝶呤 methotrexate, MTX
氨甲酰基转移酶/胺甲醯轉移酶 carbamyl transferase, carbamoyltransferase
氨甲酰磷酸/氨甲酰磷酸,胺甲醯磷酸 carbamyl phosphate
氨甲酰磷酸合成酶/胺甲醯磷酸合成酶 carbamyl phosphate synthetase, carbamoyl phosphate synthetase
氨甲酰磷酸合成酶缺乏症/胺甲醯磷酸合成酶缺乏症 carbamyl phosphate synthetase deficiency, CPD
氨甲酰鸟氨酸/胺甲醯鳥胺酸 carbamyl ornithine
氨解/氨解[作用] ammonolysis
氨裂合酶/氨裂解酶 ammonialyase
氨肽酶/氨肽酶 aminopeptidase
氨肽酶抑制剂/氨肽酶抑制劑 amastatin
氨酰 tRNA/氨酰 tRNA,胺醯 tRNA aminoacyl tRNA
氨酰 tRNA 合成酶/氨酰 tRNA 合成酶 aminoacyl tRNA synthetase
氨酰化/氨酰化,胺醯化 aminoacylation
氨酰[基]脯氨酸二肽酶/脯[胺酸]肽酶 prolidase
氨酰[基]脯氨酸二肽酶缺乏症/脯[胺酸]肽酶缺乏症 prolidase deficiency
氨酰 tRNA 连接酶/氨酰 tRNA 連接酶 aminoacyl tRNA ligase
氨酰磷脂酰甘油/氨酰磷脂酰甘油 aminoacyl phosphatidylglycerol
氨酰位/氨酰位,胺醯位,A 位 aminoacyl site, A site
氨酰酯酶/氨酰酯酶,胺醯酯酶 aminoacyl esterase
铵盐同化作用/銨鹽同化作用 assimilation of ammonium
岸礁/裙礁,緣礁 fringing reef
胺化/胺化[作用] amination
胺类激素/胺激素 amine hormone
胺前体摄取和脱羧细胞/胺前體攝取和脫羧細胞,APUD 細胞 amine precursor uptake and decarboxylation cell, APUD cell
暗层生物/暗層生物 stygobiont, stygobiotic organism
暗场成像/暗場成像 dark field imaging
暗带/暗帶 dark band
暗电流/暗電流 dark current
暗反应/暗反應 dark reaction
暗红色/暗紅色 kermesinus
暗呼吸/暗呼吸 dark respiration
暗块/暗塊 phaeodium
暗霉素/暗黴素 nebramycin
暗区/暗區 area opaca, dark region
暗色孢子/暗色孢子 phaeospore
暗生性浮游生物/暗層浮游生物 skoto-plankton
暗视场显微镜/暗視野顯微鏡 dark-field microscope
暗视蛋白/暗視蛋白 scotopsin
暗视[觉]/暗[黑]視覺,桿體視覺 scotopic vision
暗视野显微镜/暗視野顯微鏡 dark-field microscope
暗视野显微术/暗視野顯微鏡檢查法 dark-field microscopy
暗视野遮光板/暗視野遮光板 opaque disc
暗适应/暗適應 dark adaptation
暗细菌/暗細菌 scotobacteria
暗形态建成/暗形態建成 skotomorphogenesis
暗性发芽/暗性發芽 dark germination
暗修复/暗修復 dark repair
凹玻片/凹玻片,凹槽載片 depression slide, concave slide
凹端/凹端 recessed terminus
凹环/凹環 scrobicular ring
凹蹼足/凹蹼足 incised palmate foot
凹缘/凹緣 emargination
螯/螯 chela
螯导体/螯導體 cheliceral guide
螯合/螯合 intercalate

螯合物/螯合物 chelate
螯基/螯基 paturon, cheliceral base, chelobase
螯耙/耙器 rastellum
螯钳/螯鉗 chela
螯鞘/螯鞘 cheliceral sheath
螯刷/螯刷 cheliceral brush
螯肢/螯肢 chelicera
螯肢动物/螯肢動物 chelicerate
螯趾/螯趾 cheliceral digit
螯状/螯狀 chelate
螯足/螯足 cheliped
奥尔巴赫神经丛/歐巴氏腸壁神經叢 Auerbach plexus
奥普托欣试验/奥普托欣試驗 Optochin test
奥陶纪/奥陶紀 Ordovician, Ordovician period
澳大利亚界/澳大利亞界,澳洲界 Australian realm
澳大利亚植物区/澳大利亞植物區 Australian floral kingdom

B

八倍体/八倍體 octoploid
八倍性/八倍性 octoploidy
八重二倍体/八重二倍體 octodiploid
八重二倍性/八重二倍性 octodiploidy
八叠球菌/八聯球菌 sarcina
八辐骨针/八輻骨針 octact, octactine
八聚核苷酸元件/八聚核苷酸元件 octermer element
八孔器/八孔器 octotaxic organ
八糖/八糖 octaose
巴贝虫病/巴貝蟲病 babesiasis
巴宾斯基征/巴賓斯基徵 Babinski sign
巴豆毒蛋白/巴豆[毒]蛋白 crotin, crotonallin
巴豆酸/巴豆酸,丁烯酸 crotonic acid
巴尔比亚尼环/巴爾比亞尼環,巴比阿尼環,巴耳卑阿尼環 Balbiani ring
巴尔比亚尼染色体/多線染色體,唾腺染色體,巴比阿尼型染色體 Balbiani chromosome
巴尔得-别德尔综合征/巴德-畢德氏症候群 Bardet-Biedl syndrome
巴甫洛夫小胃/巴甫洛夫氏小胃 Pavlov pouch
巴氏灭菌法/巴氏殺菌[法],巴斯德滅菌法,巴斯德消毒法 pasteurization
巴氏瞬间灭菌[法]/巴氏瞬間殺菌[法] flash pasteurization
巴氏消毒[法]/巴氏殺菌[法],巴斯德滅菌法,巴斯德消毒法 pasteurization
巴氏消毒器/巴斯德殺菌器 pasteurizer
巴氏小体/巴氏[小]體,巴爾[氏]體 Barr body
巴斯德消毒法/巴斯德消毒法,巴氏殺菌[法],巴斯德滅菌法 pasteurization
巴斯德效应/巴斯德效應 Pasteur effect
巴西草原/巴西乾草原 campo
巴西热带雨林次生林/卡波艾拉林 capoeira
巴西疏林草原/巴西稀樹草原 campo cerrado
巴西疏木草原/坎波草原 campo sujo
巴西稀树草原/巴西無樹草原 campo limpo
靶 DNA/靶 DNA,標的 DNA target DNA
靶标基因/靶標基因,標的基因,目標基因 target gene
靶标生物/標的生物,目標生物 target organism
靶理论/靶理論,標的説 target theory
靶器官/靶器官,標的器官,目標器官 target organ
靶位点/標的位點 target site
靶位点重复/標的位點重複 target site duplication
靶细胞/靶細胞,標的細胞,目標細胞 target cell
靶腺/靶腺,標的腺 target gland
靶向/靶向[作用],標的作用,目標 targeting
RNA 靶向/RNA 靶向,RNA 標的 RNA targeting
靶向纳米载体/靶向奈米載體 targeting nanocarrier
靶向序列/標的序列 targeting sequence
靶向运输/標的運輸 targeting transport
靶心率/靶心率 training heart rate, THR
白蛋白/白蛋白,清蛋白 albumin
白蛋白融合/白蛋白融合 albumin fusion
白蛋白修饰/白蛋白修飾 albumin modification
白蝶呤/白蝶呤 leucopterine
白垩纪/白堊紀 Cretaceous Period
白粉病/白粉病 powdery mildew
白腐/白腐 white rot
白喉/白喉症 diphtheria
白喉毒素/白喉毒素,毒膜症毒素 diphtheria toxin, DT
白喉抗毒素/白喉抗毒素 diphtheria antitoxin
白喉酰胺/白喉酰胺,白喉醯胺 diphthamide
白化病/白化病,白化症 albinism
白化体/白化體,白化種 albino
白化[现象]/白化[現象] albinism
白肌/白肌 white muscle
白肌纤维/白肌纖維 white muscle fiber
白激肽/白激肽 leukokinin
白僵病/白僵病 white-muscardine
白僵菌素/白僵菌素 beauvericin
白酒/白酒,白乾 China white wine
白膜/白膜 tunica albuginea
白塞综合征/貝塞特氏症候群 Behcet syndrome
白三烯/白三烯 leukotriene
白色体/白色體 leucoplast
白色脂肪/白色脂肪 white adipose tissue, WAT
白髓/白髓 white pulp
白体/白體 corpus albicans
白唾液酸蛋白/白唾液酸蛋白 leukosialin

白细胞/白細胞,白血球 white blood cell, leucocyte, leukocyte
白细胞丙酮酸激酶缺乏症/白血球丙酮酸激酶缺陷 leukocyte pyruvate kinase deficiency
白细胞分化抗原/白血球分化抗原 leukocyte differentiation antigen, LDA
白细胞分类计数/白血球分類計數 differential leukocyte count, white blood cell differential count
白细胞功能相关抗原/白血球功能相關抗原 leukocyte function-associated antigen, LFA
白细胞共同抗原/白血球共同抗原 leukocyte common antigen
白细胞共同抗原相关蛋白[质]/白血球共同抗原相關蛋白[質] leukocyte common antigen-related protein, LAR protein
白[细胞]介素/白[細胞]介素,介白素,白血球介素 interleukin, IL
白[细胞]介素-1 家族/介白素-1 家族 interleukin-1 family
白[细胞]介素-6 家族/介白素-6 家族 interleukin-6 family
白[细胞]介素-1 结合蛋白/介白素-1 結合蛋白 interleukin-1 binding protein, IL-1BP
白[细胞]介素-18 结合蛋白/介白素-18 結合蛋白 interleukin-18 binding protein, IL-18BP
白[细胞]介素受体/介白素受體 interleukin receptor
白[细胞]介素-1 受体辅助蛋白/介白素-1 受體輔助蛋白 interleukin-1 receptor accessory protein, IL-1RAcP
白[细胞]介素-1 受体缺陷/介白素-1 受體缺陷 interleukin-1 receptor deficiency
白[细胞]介素-1 受体相关蛋白/介白素-1 受體相關蛋白 interleukin-1 receptor-related protein, IL-1RrP
白[细胞]介素-1 受体相关激酶/介白素-1 受體相關激酶 interleukin-1 receptor-associated kinase, IRAK
白[细胞]介素-1 系统/介白素-1 系統 interleukin-1 system
白细胞聚集/白細胞聚集,白血球聚集 leukocyte aggregation
白细胞免疫球蛋白样受体/白血球免疫球蛋白樣受體 leukocyte immunoglobulin-like receptor, LI-R
白细胞募集/白血球募集,白血球招募 recruitment of leukocyte
白细胞黏附/白細胞黏附,白血球黏附 leukocyte adhesion
白细胞黏附缺陷症/白血球黏附缺乏症 leukocyte adhesion deficiency, LAD
白细胞凝集素/白血球凝集素 leucoagglutinin
白细胞葡糖-6-磷酸脱氢酶缺陷症/白血球葡萄糖-6-磷酸脱氫酶缺陷症 leukocyte glucose-6-phosphate dehydrogenase deficiency
白细胞趋化因子-1/白血球趨化因子-1 leukotactin-1
白细胞[溶菌]素/白血球[溶菌]素 leukin
白[细胞]溶素/白細胞溶素,白血球溶素,溶白細胞素 leucolysin
白细胞弹性蛋白酶/白血球彈性蛋白酶 leukocyte elastase
白细胞调节素/白血球調節素,白血球調控素 leucoregulin, LR
白细胞相关免疫球蛋白样受体-1/白血球相關免疫球蛋白樣受體-1 leukocyte-associated Ig-like receptor-1, LAIR-1
白细胞相关免疫球蛋白样受体-2/白血球相關免疫球蛋白樣受體-2 leukocyte-associated Ig-like receptor-2, LAIR-2
白细胞血管渗出/白血球外滲作用 leukocyte extravasation
白细胞移动抑制因子/白血球移動抑制因子 leukocyte migration inhibitory factor
白细胞抑制因子/白血球抑制因子 leukocyte inhibitory factor, LIF
白细胞增多/白血球增多[症] leukocytosis
白线/白線 white line
白箱模型/白箱模式 white box model
白血病/白血病 leukemia
白血病抑制因子/白血病抑制因子 leukemia inhibitory factor, LIF
白血病抑制因子受体/白血病抑制因子受體 leukemia inhibitory factor receptor, LIFR
白蚁巢生物/白蟻巢内共生物 termitophile, termitocole
白脂肪/白脂肪 white fat
白质/白質 white matter
GC 百分比/GC 值 GC value
百分比平移/百分比平移 percentile shift
百分之十定律/百分之十定律,林德曼定律 Lindeman law
百合状花冠/百合狀花冠 liliaceous corolla
百日咳疫苗/百日咳疫苗 pertussis vaccine
百日青蜕皮酮/百日青蜕皮酮 ponasterone
柏木沼泽/柏澤,柏木沼澤地 cypress swamp
摆动/擺動,鏈段運動 pendular movement, segmental motion

摆动法则/搖擺法則 wobble rule
摆动假说/搖擺假説 wobble hypothesis
摆动配对/搖擺配對 wobble pairing
摆动相/擺動相 swing phase
摆渡/擺渡 trafficking
摆尾舞/蜜蜂擺尾舞 waggle dance, wagtail dance
败血症/敗血症 septicemia
败育/敗育 abortion
败育卵/廢卵 abortive egg
班布里奇反射/班氏[心房]反射 Bainbridge reflex
斑/斑 macula
斑驳图式/斑駁花斑 piebald pattern
斑点免疫结合试验/點免疫結合分析 dot-immunobinding assay, DIBA
斑点印迹[法]/斑點印漬法,點墨法,點漬墨點法 dot blotting, dot blot
斑点杂交/斑點雜交,點墨雜交,點漬雜交 dot hybridization, dot-blot hybridization
斑点状钙化软骨发育不良/斑點狀鈣化軟骨發育不良 chondrodysplasia calcificans punctata
斑鸠菊酸/班鳩菊酸,環氧十八碳-9-烯酸,12,13-環氧油酸 vernolic acid
斑块/斑塊,區塊,嵌塊體 patch
斑块动态理论/斑塊動態理論,區塊動態理論,嵌塊體動態理論 patch dynamic theory
斑块-廊道-基质模式/斑塊-廊道-基底模式,區塊-廊道-基底模式,嵌塊體-廊道-基底模式 patch-corridor-matrix model
斑块停留时间/斑塊停留時間,區塊停留時間,嵌塊體停留時間 patch residence time
斑块系统/斑塊系統 blob system
斑块形状指数/斑塊形狀指數,區塊形狀指數,嵌塊體形狀指數 patch shape index
斑块性/斑塊性,區塊性,嵌塊體性 patchiness
斑块性指数/斑塊性指數 index of patchiness
斑联蛋白/斑聯蛋白,關節蛋白 zyxin
斑蝥素/斑蝥素 cantharidin
斑贴试验/貼布試驗 patch test
斑萎病/斑萎病 spotted wilt
斑疹伤寒疫苗/斑疹傷寒疫苗 typhus vaccine
斑珠蛋白/斑珠蛋白 plakoglobin
坂口反应/坂口反應 Sakaguchi reaction
板/板 plate
板层体/板層體 lamellar body
板电泳/板電泳 plate electrophoresis, slab electrophoresis
板鳞/板鱗 callose
板星骨针/板星骨針 saniaster
板形感器/膜狀感覺器 placoid sensillum, sensillum placodeum
板状薄壁组织/板狀薄壁組織 tabular parenchyma
板状分生组织/板狀分生組織 plate meristem
板[状]根/板[狀]根 buttress root, buttress, brent root
板状厚角组织/板狀厚角組織 plate collenchyma
半板/半板 demi-plate
半包幕/部分菌膜,半包膜 partial veil
半饱和时间/半飽和時間 half-saturation time
半饱和时间单位/半飽和時間單位 half-saturation time unit
半保留/半保留 semiconservative
半保留复制/半保留[式]複製 semiconservative replication
半变态/半變態 hemimetamorphosis, hemi-anamorphosis
半变态类/半變態類,半變態昆蟲 hemimetabola
半不连续复制/半不連續複製 semi-discontinuous replication
半不育性/半不育性,半不稔性 semisterility
半侧面部肢体发育不良/半邊小臉症 hemifacial microsomia
半巢式 PCR/半巢式 PCR semi-nested PCR, hemi-nested PCR
半巢式聚合酶链反应/半巢式 PCR semi-nested PCR, hemi-nested PCR
半齿关节/半齒關節 hemigomph articulation
半纯饲料/半純飼料 meridic diet
半担子/半擔子 hemibasidium
半等位基因/半等位基因,半對偶基因 semi-allele
半地衣类/不完全菌地衣類 deuterolichens
半冬种性/半冬種性 half winterness
半洞居生物/半洞居生物 hemitroglobiont
半对趾足/半對趾足 semi-zygodactylous foot
半分化种/半種 semispecies
半浮游生物/半浮游生物 hemiplankton
半腐层/枯枝落葉層 litter horizon, litter layer
半腐生植物/半腐生植物 hemisaprophyte
半腐殖质/酸性腐泥 moder
半附生植物/半附生植物 hemi-epiphyte
半复粒/半複粒 half compound starch grain
半干旱性/半乾旱性 semiarid
半共价印迹法/半共價印跡法 half covalent imprinting method
半固态发酵/半固態發酵 semi-solid fermentation
半固体培养基/半固體培養基 semi-solid medium
半灌木/半灌木,亞灌木 subshrub, suffrutex, half-

shrub
半灌木地上芽植物/半灌木地表植物 chamaephyta suffrutescentia
半胱氨酸/半胱氨酸,半胱胺酸 cysteine, Cys
半胱氨酸蛋白酶/半胱氨酸蛋白酶 cysteine protease
半胱氨酸蛋白酶抑制剂/半胱氨酸蛋白酶抑制劑 cystatin
半胱氨酸双加氧酶/半胱氨酸雙加氧酶 cysteine dioxygenase
半胱氨酸-天冬氨酸特异性蛋白酶/半胱氨酸-天冬氨酸特異性蛋白酶,凋亡蛋白酶,劊蛋白酶 caspase, cysteine-containing aspartate-specific protease
半胱氨酰白三烯/半胱氨酰白三烯 cysteinyl leukotriene
半胱氨酰白三烯受体/半胱氨酰白三烯受體 cysteinyl leukotriene receptor
半规管/半規管 semicircular canal
半合成培养基/半合成培養基 semi-synthetic medium
半合子/半合子 hemizygote
半合子基因/半合子基因 hemizygous gene
半化性/半化性 semivoltine
半环扁尾蛇毒素/半環扁尾蛇毒素 erabotoxin
半荒漠/半荒漠,半漠地,半沙漠 semi-desert
半活体营养菌/半活體營養菌 hemibiotroph
半奇静脉/半奇靜脈 hemiazygos vein
半棘肌/半棘肌 semispinalis
半寄生/半寄生 hemiparasitism
半寄生物/半寄生物 semiparasite, hemiparasite
半加工反转录基因/半加工反轉録基因 semi-processed retrogene
半姐妹染色单体/半姐妹染色分體 half-sister chromatid
半抗原/半抗原 hapten
半抗原抗体凝聚物/半抗原抗體凝聚物 hapten-antibody aggregate
半抗原抑制试验/半抗原抑制試驗 hapten inhibition test
半抗原载体复合物/半抗原載體複合物,半抗原載體複合體 hapten-carrier complex
半连续发酵/半連續發酵 semi-continuous fermentation
半连续培养/半連續培養 semi-continuous culture
半轮生花/半輪生花 hemicyclic flower
半裸果型发育/半裸果型發育,擬裸子實層式發育 paragymnophymenial development
半落叶林/半落葉林 semi-deciduous forest
半膜/半膜 semi-membrane
半内底生生物/半内底生生物 hemi-endobenthos
半胚/半胚 half embryo
半配生殖/半配合 semigamy
半蹼/半蹼 half webbed
半蹼足/半蹼足 semipalmate foot, half webbed foot
半栖土壤生物/半土棲生物 geocole
半桥粒/半橋粒 hemidesmosome
半鞘翅/半翅鞘 hemelytron
半染色单体/半染色分體 half chromatid
半染色单体转变/半染色分體轉變 half-chromatid conversion
半人马蛋白/半人馬蛋白 centaurin
半日潮/半日潮 semi-diurnal tide
半融合/半融合 hemifusion
半乳甘露聚糖/半乳甘露聚糖 galactomannan
半乳聚糖/半乳聚糖,洋菜糖,瓊脂糖 galactan
半乳凝素/半乳凝素 galectin
半乳葡萄甘露聚糖/半乳葡萄甘露聚糖 galactoglucomannan
半乳糖/半乳糖 galactose
半乳糖胺/半乳糖胺,胺基半乳糖 galactosamine
半乳糖操纵子/半乳糖操縱子 gal operon
半乳糖甘油二酯/半乳糖甘油二酯 galactosyl diglyceride
半乳糖苷/半乳糖苷 galactoside
半乳糖苷酶/半乳糖苷酶 galactosidase
α-半乳糖苷酶/α-半乳糖苷酶 α-galactosidase
β-半乳糖苷酶/β-半乳糖苷酶 β-galactosidase
β-半乳糖苷酶试验/β-半乳糖苷酶試驗 β-galactosidase test
半乳糖苷通透酶/半乳糖苷通透酶 galactoside permease
半乳糖苷转乙酰基酶/半乳糖苷轉乙醯基酶 galactoside transacetylase
半乳糖基转移酶/半乳糖苷轉移酶 galactosyltransferase
半乳糖激酶/半乳糖激酶 galactokinase
半乳糖脑苷脂/半乳糖腦苷脂 galactocerebroside
半乳糖唾液酸代谢病/半乳糖唾液酸代謝病,半乳糖唾液酸沉積症 galactosialidosis
半乳糖唾液酸贮积症/半乳糖唾液酸沉積症,半乳糖唾液酸代謝病 galactosialidosis
半乳糖系列/半乳糖系列 gala-series
半乳糖血症/半乳糖血症 galactosemia
半鳃/半鰓 hemibranch
半沙漠/半沙漠 half-desert
半上位子房/半上位子房 half-superior ovary

半社会性昆虫/半社會性昆蟲　semisocial insect
半深海浮游生物/半深海浮游生物　bathypelagic plankton
半[渗]透膜/半滲透膜,半透[性]膜　semipermeable membrane
半数感染量/半數感染量　infectious dose 50%, ID_{50}
半数致死量/半[數]致死劑量,致死中量　median lethal dose, LD_{50}, 50% lethal dose
半衰期/半衰期　half-life
半水生/半水生　semi-aquatic
半四分体/半四分子　half-tetrad
半缩醛/半縮醛　hemiacetal
半缩酮/半縮酮　hemiketal
半索动物/半索動物　hemichordate
半萜/半萜　hemiterpene
半通道/半通道　hemichannel
半同胞/半同胞　half-sib, half sib
半同胞交配/半同胞交配　half-sib mating
半透明型突变噬斑/半透明型突變噬斑　cococarde
半透性/半透性　semipermeability
半微量分析/半微量分析　semi-microanalysis
半污染区/半污染區　semi-contamination area
半污水生物/半污水生物　mesosaprobia
半下位子房/半下位子房　half-inferior ovary
半夏蛋白/半夏蛋白　pinellin
半纤维素/半纖維素,貯藏性纖維素　hemicellulose
半纤维素酶/半纖維素酶　hemicellulase
半咸水/半[淡]鹹水,微鹹水　brackish water
半咸水浮游生物/半鹹水浮游生物　brackish water plankton
半显性等位基因/半顯性等位基因,半顯性對偶基因　semi-dominant allele
半显性基因/半顯性基因　semi-dominant gene
半阴茎/半陰莖　hemipenis
半有丝分裂/單倍有絲分裂　haplomitosis
半缘生长/半緣生長　semiperipheral growth
半月瓣/半月瓣　semilunar valve
半月节律/半月節律　semilunar rhythm
半月膜/半月膜　semilunar membrane
半月生殖周期/半月齡生殖週期　semilunar reproductive cycle
半针六星骨针/半針六星骨針　hemioxyhexaster
半知菌[类]/半知菌類,不完全菌類　deuteromycetes, imperfect fungi
半致死基因/半致死基因　semi-lethal gene
半致死突变/半致死突變　semi-lethal mutation
半子囊/半子囊　hemiascus
半自交种/異型合子種　heterogameon
半自然生态系统/半自然生態系　seminatural ecosystem
半自然植被/半自然植被,半野生植被　seminatural vegetation
半自养/半自養,中間營養　mesotrophy
半自养植物/半自養植物　hemiautophyte
伴白蛋白/伴白蛋白,伴清蛋白,附蛋白素　conalbumin
伴孢晶体/伴孢晶體,側孢體　parasporal crystal
伴胞/伴細胞　companion cell
伴刀豆凝集素 A/伴刀豆球蛋白 A,刀豆球蛋白 A,刀豆素 A　concanavalin A, ConA
伴刀豆球蛋白 A/伴刀豆球蛋白 A,刀豆球蛋白 A,刀豆素 A　concanavalin A, ConA
伴骨针/伴骨針　comitalia
伴肌动蛋白/伴肌動蛋白　nebulin
伴侣伴蛋白/保護子伴蛋白　chaperone cohort
伴侣蛋白/保護子蛋白,保護者蛋白　chaperonin
伴清蛋白/伴清蛋白,伴白蛋白,附蛋白素　conalbumin
伴人植物/伴人植物　androphile, synarthropic plant
伴生动物/伴生動物　companion animal
伴生真菌/伴生真菌　companion fungi
伴生种/伴生種　accompanying species, companion species, companion
伴随病毒/相關病毒　associated virus
伴随刚毛/伴隨剛毛　companion seta
伴随免疫/伴隨免疫　concomitant immunity
伴性基因/性聯基因　sex-linked gene
伴性显性遗传/性聯顯性遺傳　sex-linked dominant inheritance, XD
伴性性状/性聯性狀　sex-linked character
伴性隐性遗传/性聯隱性遺傳　sex-linked recessive inheritance, XR
伴性致死/性聯致死　sex-linked lethal
伴胸腺瘤免疫缺陷症/伴隨胸腺瘤免疫缺陷　immunodeficiency with thymoma
伴植/伴植　companion planting
伴植播种/伴植播種　companion sowing
伴作/伴作　companion cropping
瓣/瓣　valve
瓣尖/瓣突　lamella
瓣间联系/瓣間聯繫　interlamellar junction
瓣间片/生殖稜　gonangulum
瓣距/瓣距　spur, calar
瓣裂药/片裂花藥　valvate anther
瓣卵胞/瓣卵胞　valve ovicell
瓣蹼足/瓣足　lobed foot

瓣区/瓣區 petaloid area
瓣胃/重瓣胃 omasum
瓣状步带/瓣狀步帶 petaloid ambulacrum
瓣状叉棘/瓣狀叉棘 valvate pedicellaria
帮手/幫手 helper
绑定问题/整合問題 binding problem
棒尖骨针/棒尖骨針 strongyloxea
棒节/棍棒節 clava, club
棒酸/棒酸 clavulanic acid
棒尾尾蚴/棒尾尾蚴 rhopalocercous cercaria
棒星骨针/棒星骨針 strongylaster
棒形骨针/棒形骨針 club
棒枝骨针/棒枝骨針 strongyloclad
棒状骨针/棒狀骨針 strongyle
棒状菌/棒狀桿菌 corynebacteria
棒状体/棒狀體 rhoptry
棒状纤毛/棒狀纖毛 clavate cilium
包被/包被,塗膜,表層 peridium, coat
包被蛋白/外被體蛋白 coat protein, COP
包被蛋白Ⅰ/外被體蛋白Ⅰ coat protein Ⅰ, coatomer protein Ⅰ, COPⅠ
包被蛋白Ⅱ/外被體蛋白Ⅱ coat protein Ⅱ, coatomer protein Ⅱ, COPⅡ
包被抗原/包膜抗原 envelope antigen
包被囊泡/有被小泡,被覆囊泡,被膜囊泡 coated vesicle
包被体/外被體 coatomer
包被小窝/有被小窩,被覆小窪 coated pit
包被叶/包被葉 stegophyll
包含体/包涵體,包埋體,内涵體 inclusion body, occluded body
包含体病毒/包涵體病毒,包埋病毒 occluded virus
包含体溶解/包涵體溶解 solubilization of inclusion body
包络函数/包跡函數 envelope function
包埋/包埋 embedding, entrapment
包埋剂/包埋劑 embedding medium
包埋面积/包埋面積 buried area
包埋型病毒粒子/包埋型病毒粒子 occlusion-derived virion, ODV
包膜/包膜,外膜 envelope, peplos
包膜病毒/披膜病毒 enveloped virus
包膜蛋白基因/包膜蛋白基因 envelope protein gene
包膜抗原/包膜抗原 envelope antigen
包膜糖蛋白/套膜糖蛋白 envelope glycoprotein
包膜突起/包膜突起 peplomerbody
包囊/包囊 cyst
包囊细胞/包囊細胞,凝血細胞 coagulocyte, cystocyte
包囊形成/包囊形成,胞囊形成 encystment
包囊作用/包囊作用 encapsulation
包皮/包皮 prepuce
包钦格复合体/包欽格複合體 Bötzinger complex
包蜕膜/包蜕膜 capsular decidua
包载载体/包載載體 entrapment vector
包装/包裝 packaging
DNA 包装/DNA 包裝 DNA packaging
RNA 包装/RNA 包裝 RNA packaging
包装率/包裝比[率] packing ratio
包装缺陷突变体/包裝缺陷性突變株 package defective mutant
包装提取物/包裝萃取物 packaging extract
包装细胞系/包裝細胞系 packaging cell line
包装信号/包裝訊息 packaging signal
苞鳞/苞鱗 bract scale
苞片/苞片 phyllary
苞叶/苞葉 bracteal leaf, subtending leaf
孢堆果/孢堆果 sorocarp
孢堆果发生/孢堆果發生 sorogenesis
孢[粉]壁/孢粉壁,孢子壁 sporoderm
孢粉素/孢子花粉素 sporopollenin
孢粉图谱/孢子花粉圖解 palynogram
孢粉学/孢子花粉學 palynology
孢粉组合/孢粉複合物 sporo-pollen complex
孢梗束/孢梗束 coremium
孢囊/胞囊,囊腫,孢子母細胞 cyst, sporocyte
孢囊孢子/孢[子]囊孢子 sporangiospore
孢囊柄/孢子囊柄 sporangiophore
孢囊梗/孢子囊柄 sporangiophore
孢囊果/孢囊果 sporangiocarp
孢囊口/果孢子囊口 carpostome
孢囊下泡/孢子囊柄膨大部 subsporangial swelling, subsporangial vesicle
孢囊枝/生殖器官枝 stichidium
孢囊子/孢囊子 cystozoite
孢内生殖/孢内生殖 endodyogeny
孢内体/孢内體 endodyocyte
孢脐/孢臍 hilum
孢蒴/孢蒴 theca
孢丝/孢絲 capillitium
孢团果/孢堆果 sorocarp
孢托/孢托,子層托 receptacle, receptaculum
[孢]尾体/孢尾體 rumposome
孢原[细胞]/孢原,孢子囊體,孢子器 sporogonium, archesporium
孢原质/孢原質,孢子原生質 sporoplasm

孢质[团]/孢原質,孢子原生質 sporoplasm
孢子/孢子 spore
孢子堆/孢子囊群 sorus
孢子发生/孢子發生,孢子形成 sporogenesis
孢子分析/孢子分析 spore analysis
孢[子]梗/孢囊柄,孢子柄,擔子體 sporophore
孢子管/孢子管 sporoduct
孢子果/孢子果 sporangium, sporocarp
孢子减数分裂/孢子減數分裂 sporic reduction, sporic meiosis
孢[子]母细胞/孢子母細胞 sporoblast, spore mother cell, sporocyte
孢子囊/孢子囊,孢子腔 sporangium, spore sac, sporocyst
孢子囊时期/孢子囊期 sporangium phase
[孢子]内壁/[孢子]内壁 endosporium, endospore
孢子球/孢子團 spore ball
孢子染色/孢子染色[法] spore staining
孢子生殖/孢子生殖,孢子形成 spore reproduction, sporogony, spory
孢子生殖细胞/孢子生殖細胞 sporogonic cell
孢子时期/孢子期 spore phase
孢子丝菌病/孢子絲菌病 sporotrichial disease, sporotrichosis
孢子体/孢子體 sporophyte, sporogon
孢子体世代/孢子體世代 sporophytic generation
孢子体组织/孢子體組織 sporophytic tissue
孢子同型/孢子同型 isospory
[孢子]外壁/[孢子]外壁,[孢子]外膜 exosporium, exospore, episporium
孢子形成/孢子生成 sporulation
孢子悬浮液/孢子懸液 spore suspension
孢子叶/孢子葉 sporophyll
孢子叶球/孢子葉球,球穗花序,球花 strobile, strobilus
孢子异型/異型孢子性,孢子異型性 heterospory
孢子印/孢子印 spore print
[孢子]中壁/[孢子]中壁 mesosporium, mesospore
[孢子]周壁/[孢子]周壁 perisporium, perispore, perinium
胞壁内突生长/胞壁内突生長 wall ingrowth
胞壁酸/[胞]壁酸 muramic acid
胞壁酸酶/胞壁酸酶,胞壁質酶 muramidase
胞壁酰二肽/胞壁酰二肽,*N*-乙酰胞壁酰-D-丙氨酰-D-異穀氨酰胺 muramyl dipeptide, MDP
胞壁质/胞壁質 dermatoplasm
胞壁质体/胞壁質體 mureinoplast
胞衬蛋白/胞襯蛋白 fodrin
胞触蛋白/胞觸蛋白 cytotactin
胞二磷/胞二磷,胞苷二磷酸 cytidine diphosphate, CDP
胞苷/胞苷 cytidine, C
胞苷二磷酸/胞苷二磷酸,胞二磷 cytidine diphosphate, CDP
胞苷三磷酸/胞苷三磷酸,胞三磷 cytidine triphosphate, CTP
胞苷酸/胞苷酸 cytidylic acid
胞苷一磷酸/胞苷一磷酸,胞一磷 cytidine monophosphate, CMP
胞肛/[細]胞肛 cytoproct, cytopyge
胞间道/細胞間[通]道 intercellular canal, intercellular passage
胞间管/細胞間管 intercellular duct
胞间菌丝网/哈氏網 Hartig net
胞间连丝/胞間連絲,細胞間絲 plasmodesma, protoplasmic connection
胞间黏合质/細胞黏合質,細胞間填充物質 intercellular cement
胞间腔/細胞間空腔 intercellular cavity
胞间系[统]/細胞間系統 intercellular system
胞间运输/[細]胞間運輸 intercellular transport
胞口/[細]胞口 cytostome, ooepore
胞霉素/胞黴素 cytomycin
胞嘧啶/胞嘧啶 cytosine, Cyt
胞膜窖/胞膜窖,陷窩 caveola
胞膜窖介导的胞吞作用/胞膜小窩介導的胞吞作用 caveola-mediated endocytosis
胞囊/胞囊 cytocyst
胞内病原体抗性基因1/細胞内病原抗性基因1 intracellular pathogen resistance gene 1
胞内产物/胞内産物 intracellular product
胞内单精注射技术/胞内單精注射技術 intracellular single injection technology
胞内分化/[細]胞内分化 intracellular differentiation
胞内分泌/胞内分泌 intracrine
胞内共生/胞内共生 intracellular symbiosis
胞内抗体/胞内抗體 intracellular antibody
胞内酶/[細胞]内酵素 entoenzyme
胞内配体门控离子通道/胞内配體門控離子通道 intracellular ligand-gated ion channel
胞内栖息/胞内生境 intracellular habitat
胞内小管/胞内小管 intracellular canaliculus
胞内信号/胞内訊號,胞内訊息 intracellular signal
胞内信号转导/胞内訊號轉導,胞内訊息傳遞 intracellular signal transduction
胞内运输/胞内運輸 intracellular transport

胞内转运/胞内運輸　intracellular transport
胞亲/胞親　sib
胞三磷/胞三磷,胞苷三磷酸　cytidine triphosphate, CTP
胞室/胞室　alveolus
胞体/胞體,細胞本體　soma
胞体-树突锋电位/胞體-樹突鋒電位　soma-dendritic spike
胞吐[作用]/胞吐作用,胞泌作用,胞外分泌　exocytosis
胞吞泡/胞吞囊泡　endocytic vesicle
胞吞途径/胞吞途徑,内吞途徑　endocytic pathway
胞吞转运/胞吞轉送[作用],跨細胞運輸,穿細胞運輸　transcytosis
胞吞[作用]/胞吞作用,内吞作用　endocytosis
胞外产物/胞外產物　extracellular product
胞外基质蛋白/胞外基質蛋白　matrilin
[胞]外连丝/胞外連絲　ectodesma
胞外酶/胞外酶,[細]胞外酵素　extracellular enzyme, exoenzyme
胞外膜/外表質　epicyte
胞外配体门控离子通道/胞外配體門控離子通道　extracellular ligand-gated ion channel
胞外信号/胞外訊號,胞外訊息　extracellular signal
胞外信号调节激酶/胞外訊號調節激酶　extracellular signal-regulated kinase, ERK
胞外域/細胞外區域　ectodomain
胞外域脱落/細胞外區域脱落　ectodomain shedding
胞窝/細胞巢,再生細胞群　nidus
胞芽/胞芽,無性芽　gemma
胞芽杯/胞芽杯,芽皿　gemma cup, gemma receptacle
胞咽/胞咽,細胞咽頭　cytopharynx
胞咽杆/胞咽桿　cytopharyngeal rod
胞咽盔/胞咽盔　cytopharyngeal armature
胞咽篮/胞咽籃　cytopharyngeal basket
胞咽囊/胞咽囊　cytopharyngeal pouch
胞咽器/胞咽器　cytopharyngeal apparatus
胞一磷/胞一磷,胞苷一磷酸　cytidine monophosphate, CMP
胞饮管/胞飲通道　pinocytosis channel
胞饮泡/胞飲泡　pinocytotic vesicle
胞饮体/胞飲體　pinosome
胞饮突/胞飲突　pinopod
胞饮[作用]/胞飲作用,吞飲作用　pinocytosis
胞蚴/胞蚴　sporocyst
胞质被膜/細胞質被膜　plasmic envelope
胞质不育性/[細]胞質不孕性　cytosterility
胞质分离/胞質分離　cytoplasmic segregation
胞质分裂/[細]胞質分裂　cytokinesis, plasmodieresis
胞质环/[細]胞質環　cytoplasmic ring
胞质环流/胞質環流,胞質循流,細胞質流動　cyclosis, cytoplasmic streaming
胞质基因组分离/染色體外遺傳基因分離　plasmon segregation
胞质基因组突变/染色體外遺傳基因突變　plasmon mutation
胞质结构/[細]胞質結構,[細]胞質構造　cytoplasmic structure
胞质局部分裂/胞質局部分裂,核片部分分裂　merokinesis
胞质决定子/胞質決定子　cytoplasmic determinant
胞质孔环/[細]胞質環孔　cytoplasmic annulus
胞质粒/[細]胞質顆粒　cytoplasmic granule
胞质面/胞質面　cytosolic face
胞质膜/[細]胞質膜　cytoplasmic membrane
胞质内囊/胞質内囊　intracytoplasmic pouch
胞质[内]小 RNA/小[分子細]胞質 RNA　small cytoplasmic RNA, scRNA
胞质破裂/原生質破裂　plasmatorrhexis
胞质溶胶/細胞溶質,胞液　cytosol
胞质融合/胞質融合,胞質配合,胞質接合　plasmogamy, plasmatogamy
胞质射线/[細]胞質射線　cytoplasmic ray
胞质受体/[細]胞溶質受器　cytosolic receptor
胞质丝/[細]胞質微絲　cytoplasmic filament
胞质素/胞質素　cytoplastin
胞质体/[細]胞質體　cytoplast, cytosome
胞质突/[細]胞質突起　cytoplasmic process
胞质团/[細]胞質團　cytoplasmic mass
胞质尾区/胞質尾區　cytoplasmic tail
胞质小泡形成/[細]胞質小泡形成　cytoplasmic bubbling
胞质芽/[細]胞質芽　cytoplasmic bud
胞质逸出/[細]胞質逸出　plasmoptysis
胞质运动/[細]胞質運動　cytoplasmic movement
胞质杂种/胞質雜種　cybrid, cytoplasmic hybrid
胞质脂肪酸结合蛋白/胞質脂肪酸結合蛋白　cytoplasmic fatty acid-binding protein
胞质周期/[細]胞質週期　cytoplasmic cycle
饱和/飽和　saturation
饱和差/飽和差　saturation deficit
饱和点/飽和點　saturation point
饱和分析/飽和分析　saturation analysis

饱和结构照明显微术/飽和結構照明顯微術 saturated structured-illumination microscopy, SSIM
饱和密度/飽和密度 saturation density
饱和潜水/飽和潛水 saturation diving
饱和诱变/飽和誘變 saturation mutagenesis
饱和杂交/飽和雜交 saturation hybridization
饱和脂肪酸/飽和脂肪酸 saturated fatty acid
饱和种群/飽和族群 asymptotic population
饱和转移电子自旋共振/飽和轉移電子自旋共振 saturation transfer electron spin resonance, saturation transfer ESR, ST-ESR
饱食感/飽食感 satiety
饱食信号/飽訊號,飽信號 satiety signal
饱食中枢/飽食中樞 satiety center
保持甲基化酶/保持甲基化酶 maintenance methylase
保持系/保持系 maintainer line
保虫宿主/儲存宿主 reservoir host
保存/保存 preservation
保护/保護 protection, conservation
DMS保护分析/DMS保護分析,硫酸二甲酯保護分析 dimethyl sulfate protection assay, DMS protection assay
保护胶体/保護膠體 protective colloid
保护酶/保護酶,防禦酵素 protective enzyme
保护膜/保護膜 protective membrane
保护潜能/保護潛能 protective potential
保护区/保護區 protected area
保护色/保護色 sematic color, protective color, protective coloration
保护生态学/保育生態學 conservation ecology
保护物种/[受]保護物種 protected species
保护性抗原/保護性抗原 protective antigen
保护性免疫/保護性免疫 protective immunity
保护性气根/保護性氣根 protective aerial root
保护性适应/保護性適應 protective adaptation
保护性抑制/保護性抑制 protective inhibition
保护野生动物迁徙物种公约/保護野生動物遷移物種公約 Convention on the Conservation of Migratory Species of Wild Animals, CMS
保护叶/保護葉 protecting leaf, protective leaf
保护种/保護種 protective species
保护组织/保護組織 protective tissue
保钾利尿剂/保鉀利尿劑 potassium-sparing diuretics
保留复制/保守複製 conservative replication
保留名称/保留名稱 nomen conservandum
保留时间/保留時間,滯留時間 retention time
保留体积/保留體積 retention volume
保留系数/保留係數 retention coefficient
保湿量/保濕量,容水量,保水量 moisture-holding capacity, water-holding capacity
保守连锁性/保守性連鎖 conserved linkage
保守区/保守區 conserved region
保守同线性/保守共線性 conserved synteny
保守突变/保守突變 conservative mutation
保守型转座/保守型轉位 conservative transposition
保守序列/保守序列 conserved sequence
保守序列标签位点/保守序列標定位點 conserved sequence-tagged site
保卫配偶/保衛配偶 mate guarding
保卫细胞/保衛細胞 guard cell
保幼激素/保幼激素,青春激素 juvenile hormone, JH
保幼激素结合蛋白/保幼激素結合蛋白,青春激素結合蛋白 juvenile hormone binding protein, JHBP
保幼激素类似物/保幼激素類似物,青春激素類似物 juvenile hormone analogue, JHA, juvenoid
保育/保育 conservation
保育培养/保護培養 nurse culture
堡礁/堡礁 barrier reef
报偿不对称/報償不對稱 payoff asymmetry
报偿反馈/報償回饋 reward feedback
报道分子/報導分子 reporter molecule
报道基因/報導基因,通訊基因 reporter gene, reporter
报道载体/報導載體 reporter vector
报道转座子/報導轉座子 reporter transposon
报告基因/報導基因,通訊基因 reporter gene, reporter
报告载体/報導載體 reporter vector
报警鸣叫/警戒聲 alarm call
抱持器/抱持器 clasping organ
抱雌沟/抱雌溝 gynecophoric canal
抱合体/抱合體 pseudoconjugant
抱茎叶/抱莖葉 amplexicaul leaf
抱卵/抱卵 ovigerous, egg-bearing
抱卵片/抱卵片 oostegite
抱卵肢/抱卵肢 oostegopod
抱器背/抱器背 costa
抱器背基突/横突片 transtilla
抱握/抱握 clasping
抱握足/抱握足 clasping leg
豹蛙肽/豹蛙肽 pipinin
鲍恩比/鮑文比 Bowen ratio
鲍曼囊/鮑[曼]氏囊 Bowman capsule

鲍曼腺/鮑[曼]氏腺 Bowman gland
暴发/大發生,爆發 outbreak
暴露/暴露 exposure
暴露阈限值/暴露閾限值 exposure threshold limit value
爆发式进化/爆發性演化,突發性演化 explosive evolution, eruptive evolution
爆发式物种形成/量子式物種形成,量子式種化 quantum speciation
爆式红系集落形成单位/紅血球爆式集落形成單位 erythrocytic burst-forming unit, burst forming unit-erythroid, BFU-E
杯碟法/杯碟法,圓筒平板法 cylinder plate method
杯伞素/杯傘菌素 clitocybine
杯形器/杯形器 cupule
杯形细胞/杯狀細胞 goblet cell
杯状聚伞花序/杯狀花序,壺狀花序 cyathium
北大西洋涛动/北大西洋震盪 North Atlantic Oscillation, NAO
北方两洋分布/北方兩洋分布 amphi-boreal distribution
北方偏干性草原/巴西旱生草原 campestrian
北方针叶林/北方針葉林,北寒針葉林 northern coniferous forest
北方针叶林生物群系/北方針葉林生物群系,北方針葉林針葉群區 northern coniferous forest biome
北寒带/北極帶,寒帶 arctic zone
北回归线/北回歸線 Tropic of Cancer
北极第三纪植物区系/北極地第三紀植物相 Arcto-Tertiary flora
北极荒漠/北極荒原,酷寒荒原 arctic desert
北极植物/北極植物 arctic plant
北极植物区系/北極植物群,北極植物相 arctic flora
北界/北[陸]界 Arctogaea, Arctogaeic realm
北里霉素/白黴素 leucomycin
北美草原/北美草原,大草原,草原群落 prairie, prairie community
北美高草草原/北美高草草原 true prairie
贝尔-马让迪定律/貝麥定律 Bell-Magendie law
贝伐单抗/貝伐單抗 bevacizumab
贝壳/貝殼 conch, shell
贝壳杉烯/貝殼杉烯 kaurene
贝壳素/貝殼素 conchiolin
贝可[勒尔]/貝可[勒爾] Becquerel, Bq
贝克肌营养不良/貝卡肌肉萎縮 Becker muscular dystrophy
贝类/貝介類,介殼類 shellfishes
贝类学/貝殼學 conchology
贝利三次[标记]重捕法/貝利三次[標記]重捕法 Bailey triple catch
贝氏拟态/貝氏擬態 Batesian mimicry
贝-亚反射/貝-亞二氏反射 Bezold-Jarisch reflex
贝叶斯定理/貝氏定理 Bayes theorem
贝叶斯方法/貝葉斯方法,貝氏方法 Bayesian method
贝叶斯统计/貝氏統計 Bayesian statistics
贝叶斯网络/貝葉斯網絡,貝氏網路 Bayesian network
备解素/備解素,破壞素,P因子 properdin, P
备解素缺乏症/破壞素缺陷 properdin deficiency
备雄/備雄 complemental male
背板/背板 tergum, notum, dorsal plate
背板腺信息素/背板腺費洛蒙 tergum gland pheromone
背瓣/背瓣 dorsal valve
背侧板/背側板 pleurotergite
背侧呼吸组/背側呼吸組 dorsal respiratory group
背侧褶/背側褶 dorsolateral fold
背侧纵束/背長束 dorsal longitudinal fasciculus
背[肠]系膜/背腸系膜 dorsal mesentery
背兜/生殖蓋 tegumen
背窦/背竇 dorsal sinus
背缝/背縫 dorsal furrow
背缝线/背縫線 dorsal suture
背附器/背附器 appendix dorsalis
背腹壳间缘/背腹殼間緣 commissure
背腹性/背腹性 dorsiventrality
背感器/背感器 dorsal sensillum
背刚毛/背剛毛 notoseta
背刚叶/背剛葉 notosetal lobe
背根/背根 dorsal root
背根电位/背根電位 dorsal root potential
背根反射/背根反射 dorsal root reflex
背根神经节/背根神經節 dorsal root ganglion
背环/背環 tergites ring
背肌/背肌 dorsal muscle, musculus doralis
背棘/背棘 dorsal spine
背脊/背脊 costa, dorsal ridge, dorsal keel
背甲/背甲 tergum, tergite, carapace
背颈缝/背頸縫 dorsosejugal suture
背颈缝孔区/背頸縫孔區 areae porosae dorsosejugales
背颈沟突/背頸溝突 dorsosejugal enantiophysis
背景电流/背景電流 background current
背景基因型/背景基因型 background genotype
背景拉拽/背景捕獲 background trapping

背景效应/背景效應 background effect
背景选择/背景選擇 background selection
背孔/背孔 dorsal pore, tergopore
背阔肌/闊背肌 latissimus dorsi muscle
背肋/背肋 dorsal rib
背瘤/背瘤 dorsal tubercle
背瘤突/背瘤突 dorsal hump
背毛/背[剛]毛 dorsal seta
背毛式/背毛式 dorsal setation formula
背囊/背囊,小囊 dorsal sac, sacculus
背片/背[骨]片 tergite
背鳍/背鰭 dorsal fin
背鳍降肌/背鰭下掣肌 depressor dorsalis muscle
背鳍倾肌/背鰭傾肌 inclinator dorsalis muscle
背鳍竖肌/背鰭豎肌 dorsal erector muscle
背鳍缩肌/背鰭牽縮肌 retractor dorsalis muscle
背鳍引肌/背鰭牽引肌 protractor dorsalis muscle
背气管/背氣管 dorsal trachea
背器/背器 dorsal organ
背桥/背橋 lorum
背三角板/背三角板 chilidium
背三角孔/背三角孔 notothyrium
背三角双板/背三角雙板 chilidial plates
背上膜/背上膜 supra-dorsal membrane
背神经节/背神經節 dorsal ganglion
背束/心皮脊部維管束 dorsal carpellary bundle
背索-内侧丘系/背索-内側丘系 dorsal column-medial lemniscus
背投影/反向投影 back projection, BP, rear projection
背突/背突 dorsal process, dorsal prolongation
背外侧被盖核/背外側被蓋核 laterodorsal tegmental nucleus, LDT
背腕板/背腕板 dorsal arm plate
背隙状器/背隙狀器 dorsal lyrifissure
背纤毛器/背纖毛器 dorsal ciliated organ
背腺毛/背腺毛 dorsoglandularia
背须/背鬚 dorsal cirrus
背血管/背血管 dorsal blood vessel
背倚子叶/背倚子葉 incumbent cotyledon
背缘/背緣 dorsal brim
背肢/背肢 notopodium
背中槽/背中槽 dorsocentral furrow
背中隔[壁]/背中隔 middorsal septum
背中脊/背中脊 dorsocentral ridge
背中片/背中片 dorsocentralia
背中鬃/背中剛毛 dorsocentral bristle
背主动脉/背主動脈,背大動脈 dorsal aorta
背着药/背面著生藥 dorsifixed anther
背足刺舌叶/背足刺舌葉 notoacicular ligule
背最长肌/背長肌 longissimus dorsi muscle
倍半二倍体/倍半二倍體 sequidiploid
倍半萜/倍半萜 sesquiterpene
倍半萜环化酶/倍半萜環化酶 sesquiterpene cyclase
倍数孢子形成/不減數孢子生殖,二倍[性]孢子形成 diplospory
倍性/倍數性 ploidy
倍增时间/倍增時間 doubling time
被动靶向/被動靶向 passive targeting
被动发育/隨應發育,被動發生 dependent development
被动反应/被動反應 passive response
被动扩散/被動擴散 passive diffusion
被动免疫/被動免疫[性] passive immunity
被动免疫接种/被動免疫反應 passive immunization
被动免疫治疗/被動免疫治療 passive immunotherapy
被动凝集反应/被動凝集反應 passive agglutination
被动皮肤过敏反应/被動皮膚過敏反應 passive cutaneous anaphylaxis, PCA
被动散布/被動散布,被動播遷 passive dispersal
被动型异位心律/被動型異位心律 passive ectopic rhythm
被动血凝反应/被動血凝反應 passive hemagglutination
被动运输/被動運輸 passive transport
被动致敏/被動致敏 passive sensitization
被动-主动免疫/被動-主動免疫 passive-active immunity
被动转运/被動運輸 passive transport
被动转座/被動轉位 passive transposition
被覆皮壳/被覆皮殼 encrustation
被覆上皮/被覆上皮 covering epithelium, lining epithelium
被覆型[群体]/被覆型 encrusting form, incrusting type
被寄生细胞/被寄生細胞 cytophore
被膜/被膜 capsule, envelope
被膜系统/被膜系統 enveloping membrane system, EMS
被膜下淋巴窦/被膜下淋巴竇 subcapsular sinus
被膜小泡/有被小泡,被覆囊泡,被膜囊泡 coated vesicle
被囊/被囊 tunic
被囊神经末梢/被囊神經末梢 encapsulated nerve ending

被食者/獵物,被捕[食]者,被掠者　prey
被压木/被壓木,受壓木,下層木　suppressed tree, overtopped tree
被蛹/被蛹　obtect pupa
被子植物/被子植物　angiosperm
贲门/賁門　cardia
贲门部/賁門部　cardiac region
贲门腺/賁門腺　cardiac gland
本胆烷醇酮/本膽烷醇酮　aetiocholanolone
本底辐射/本底輻射,背景輻射　background radiation
本地种/本地種,本土種,原生種　indigenous species, native species
本顿-戴维斯技术/本頓-戴維斯技術　Benton-Davis technique
本构方程/物性方程式,組成方程式　constitutive equation
本名/本名　nomen triviale
本能/本能　instinct
本能反应/本能反應　protaxis
本能释放机制/本能釋放機制　innate releasing mechanism
本能行为/本能行為　instinctive behavior
本尼迪克特试剂/本尼迪克特試劑,本氏試劑,本耐德試劑　Benedict reagent
本鳃/櫛鰓　ctenidium
本色/原色　primary color
本体感觉/本體感覺　proprioception
本体感[觉]神经肌肉促进技术/本體覺神經肌肉促進法　proprioceptive neuromuscular facilitation, PNF
本体感受器/本體[感]受器　proprioceptor
本体感受性反射/本體感受性反射　proprioceptive reflex
本征图/本徵圖　eigenimage
本周蛋白/本瓊蛋白　Bence-Jones protein
苯/苯　benzene
苯胺/苯胺　aniline
苯胺黑/苯胺黑　nigrosine
苯胺蓝/苯胺藍　aniline blue
苯胺紫/苯胺紫,錦葵紫　mauvein, aniline purple
苯丙氨酸/苯[基]丙氨酸,苯丙胺酸　phenylalanine, Phe
苯丙氨酸氨裂合酶/苯丙氨酸氨裂解酶　phenylalanine ammonia-lyase, PAL
苯丙氨酸脱氨酶试验/苯丙氨酸脱氨酶試驗　phenylalanine deaminase test
苯丙酮尿症/苯[丙]酮尿症　phenylketonuria, PKU
苯丙酮酸/苯丙酮酸　phenylpyruvic acid
苯丙烯醇/桂皮醇,馬苯基丙烯醇,肉桂醇　cinnamic alcohol, styrone
苯[并]二氮䓬/苯二氮䓬類藥物,苯重氮基鹽類藥物　benzodiazepine
[苯]酚/酚,石炭酸,羥基苯　phenol, carbolic acid, phenic acid
苯基乙醇胺-*N*-甲基转移酶/苯基乙醇胺-*N*-甲基轉移酶　phenylethanolamine-*N*-methyltransferase, PNMT
苯甲基磺酰氟/苯甲基磺醯氟　phenylmethylsulfonyl fluoride, PMSF
苯甲醛/苯甲醛,安息香醛,苦香油　benzaldehyde
苯甲酸/苯甲酸　benzoic acid
苯甲酰胆碱/苯甲醯膽鹼　benzoylcholine
苯肼/苯肼　phenylhydrazine
苯乳酸/苯乳酸　phenylactic acid
苯氧基/苯氧基　phenoxy
苯氧酸/苯氧酸　phenoxy acid
苯氧乙酸/苯氧乙酸　phenoxy acetic acid
苯乙胺/苯乙胺　phenylethylamine, phenethylamine
苯乙醇/苯乙醇　phenethyl alcohol, phenyl-ethyl alcohol
苯乙酮/苯乙酮,醋苯酮　acetophenone
苯乙烯/苯乙烯　phenyl ethylene
苯乙酰胺酶/苯乙醯胺酶　phenylacetamidase
苯腙/苯腙　phenylhydrazone
泵/泵,幫浦　pump
泵功能/泵功能　pump function
泵漏模式/泵漏模型　pump-leak model
鼻/鼻　nose
鼻骨/鼻骨　nasal bone
鼻甲骨/鼻甲骨　turbinal bone
鼻疽/[馬]鼻疽　malleus
鼻疽菌素/[馬]鼻疽菌素　mallein
鼻孔/鼻孔　nostril
鼻囊/鼻囊　nasal capsule
鼻旁窦/鼻副竇　paranasal sinus
鼻腔/鼻腔　nasal cavity
鼻栓/鼻栓　nasal plug
鼻窝/鼻窩　nasal pit
鼻腺/鼻腺　nasal gland
鼻相关淋巴组织/鼻部淋巴組織　nasal-associated lymphoid tissue, NALT
鼻须/鼻部剛毛　nasal bristle
鼻咽括约肌/鼻咽括約肌　nasopharyngeal sphincter muscle
比奥呼吸/畢歐式呼吸　Biot breathing

比德腺/畢德氏腺 Bidder gland
比对/比對,排比,對齊 alignment, align
比活性/比活性 specific activity, SA
比较病理学/比較病理學 comparative pathology
比较蛋白质学/比較蛋白質學 comparative proteomics
比较分子场分析/比較分子場分析 comparative molecular field analysis, CoMFA
比较基因定位/比較基因定位 comparative gene mapping
比较基因组/比較基因體 comparative genome
比较基因组学/比較基因體學 comparative genomics
比较基因组杂交/比較基因體雜交 comparative genome hybridization, CGH
比较解剖学/比較解剖學 comparative anatomy
比较免疫学/比較免疫學 comparative immunology
比较胚胎学/比較胚胎學,比較發生學 comparative embryology
比较器/比較器 comparator
比较生理学/比較生理學 comparative physiology
比较生物化学/比較生物化學 comparative biochemistry
比较生物学/比較生物學 comparative biology
比较细胞学/比較細胞學 comparative cytology
比较形态学/比較形態學 comparative morphology
比较序列法/比較排序法 comparative ordination technique
比较组织学/比較組織學 comparative histology
比目鱼肌/比目魚肌 soleus muscle
比热/比熱 specific heat
比色杯/吸收槽,比色管 absorption cell
比色法/比色法 colorimetry
比色计/比色計 colorimeter, chromometer
比生长速率/比生長速率,專一性生長速率 specific growth rate
比湿/比濕 specific humidity
比顺应性/比順應性 specific compliance
比吸收率/比吸收率 specific absorption rate, SAR
比叶面积/比葉面積 specific leaf area, SLA
比重/比重 specific gravity
比浊测定/懸浮液分析試驗 nephelometry test
比浊法/比濁法,濁度測定法 turbidimetry, nephelometry
比浊计/濁度計,[散射]比濁計 turbidimeter, nephelometer
吡啶/吡啶 pyridine
2,6-吡啶二羧酸/2,6-吡啶二甲酸 dipicolinic acid, DPA
吡啶甲酸/吡啶甲酸,吡啶羧酸 picolinic acid
吡哆胺/吡哆胺 pyridoxamine
吡哆醇/吡哆醇 pyridoxine
吡哆醛/吡哆醛 pyridoxal
吡哆醛磷酸/磷酸吡哆醛 pyridoxal phosphate
吡咯/吡咯 pyrrole
吡咯并喹啉醌/吡咯併喹啉醌 pyrroloquinoline quinone, PQQ
吡咯赖氨酸/吡咯賴氨酸 pyrrolysine
吡喃/吡喃 pyran
吡喃糖/吡喃糖 pyranose
吡喃糖环/吡喃糖環 pyranose ring
吡喃型葡糖/吡喃型葡萄糖 glucopyranose
笔毛动脉/筆毛動脈 penicillar artery
必需氨基酸/必需氨基酸 essential amino acid
必需元素/必需元素 essential element
必需脂肪酸/必需脂肪酸 essential fatty acid
闭颚肌/閉顎肌 mandibular occlusor
闭管循环系[统]/閉鎖循環系統 closed vascular system
闭果型发育/閉果型發育,封閉子實層式發育 cleistohymenial development
闭合蛋白/閉合蛋白,密封蛋白 occludin
闭合孔/閉合孔 lipostomous
闭合气量/閉合氣量 closing volume
闭合容量/閉合容量 closing capacity
闭花受精/閉花受精 cleistogamy
闭花受精花/閉花受精花,閉鎖花 cleistogamous flower
闭环控制系统/閉環控制系統,閉合回路控制系統 closed-loop control system
闭环系统/閉環系統 closed-loop system
闭经/閉經 amenorrhea
闭壳肌/閉殼肌,内收肌 adductor muscle
闭壳肌痕/閉殼肌痕 adductor scar
闭孔/閉孔 obturator foramen
闭囊果/閉囊殼,子囊球,閉[鎖子]囊果 cleistocarp, cleistothecium
闭囊壳/閉囊殼,子囊球,閉[鎖子]囊果 cleistocarp, cleistothecium
闭式循环/封閉循環,閉鎖循環 closed circulation
闭锁黄体/閉鎖黄體 atretic corpus luteum
闭锁卵泡/閉鎖卵泡 atretic follicle
闭锁染色体/閉鎖染色體 closed chromosome
闭锁小带/閉鎖[小]帶 zonula occludens
闭锁种群/閉鎖生物群,封閉族群 closed population
闭锥/閉錐 phragmocone
庇护所/庇護所,避難所,保護區 refuge, refugium

秘鲁草原/落馬植被　loma
蓖麻毒蛋白/蓖麻毒蛋白　ricin
蓖麻碱/蓖麻鹼　ricinine
蓖麻油酸/蓖麻[油]酸　ricinolic acid, ricinoleic acid
蔽身巢/蔽身巢　succursal nest
蔽所/蔽所　shelter
壁/壁　paries
壁层/壁層　parietal layer
壁腹膜/壁腹膜　parietal peritoneum
壁孔/壁孔　cinclide
壁孔室/壁孔室　mural porechamber
壁卵胞/壁卵胞　parietal ovicell
壁虱抗凝肽/壁蝨抗凝肽,蜱抗凝肽　tick anticoagulant peptide, TAP
壁体腔膜/壁體腔膜　parietal peritoneum
壁蜕膜/壁蜕膜　parietal decidua
壁细胞/壁細胞　parietal cell
壁效应/[器]壁效應　wall effect
避钙植物/嫌石灰植物,嫌鈣植物　calcifuge plant, calciphobous plant, calciphobe
避光性/避光性,厭光性　photophobism, photophobe
避旱性/避旱性　drought escape
避酸植物/避酸[性]植物,嫌酸[性]植物　oxyphobe
避性/避性　avoidance
避阳植物/嫌陽光植物　heliophobe
避阴反应/避陰反應　shade-avoidance response
避雨植物/嫌雨植物　ombrophobe, ombrophobous plant, rain-hating plant
避孕/避孕　contraception
避孕四肽/避孕四肽,肯特肽　kentsin
避孕药/避孕藥　contraception pill
避孕疫苗/避孕疫苗　contraception vaccine
臂/臂　arm
D臂/二氫尿嘧啶臂　dihydrouracil arm, D arm
臂丛/臂[神經]叢　brachial plexus
臂动脉/臂動脈　brachial artery
臂间倒位/[染色體]臂間倒位　pericentric inversion
臂间配对/[染色體]臂間配對　interarm pairing
臂内倒位/[染色體]臂内倒位　paracentric inversion
臂旁核/臂旁核　parabrachial nucleus
臂室/上膊翅室　brachial cell
臂行/擺盪行為　brachiation
臂粘连蛋白/臂黏連蛋白　brachionectin
臂指数/臂指數　arm index
边板/邊板　side plate
边花/邊花　ray flower
边界细胞/邊界細胞　boundary cell
边界元件/邊界元件　boundary element
边缘层/邊緣層　marginal layer
边缘刺/邊緣刺　marginal spine
边缘分生组织/邊緣分生組織　marginal meristem
边缘个虫/邊緣個蟲　marginal zooid
边缘孔/邊緣孔　marginal pore
边缘林/邊緣林　fringing forest
边缘囊/邊緣囊　marginal vesicle
边缘区/邊緣區　marginal zone
边缘群落/邊緣群落,邊緣群聚　marginal community, edge community
边缘生境/邊緣棲所　marginal habitat
边缘生长/周緣生長　marginal growth
边缘胎座式/邊緣胎座式　marginal plancentation
边缘吸盘/邊緣吸盤　marginal sucker
边缘系统/邊緣系統　limbic system
边缘细胞/周邊細胞　marginal cell
边缘效应/邊緣效應,邊緣效果　edge effect, border effect
边缘叶/邊緣葉　limbic lobe
边缘种/邊緣種　edge species
边缘种群/邊緣族群　fringe population, peripheral population
编辑/編輯　editing
mRNA编辑/mRNA編輯　mRNA editing
RNA编辑/RNA編輯　RNA editing
编辑体/編輯體　editosome
编码/編碼　encoding, coding
RNA编码基因/RNA編碼基因　RNA encoding gene
编码链/編碼股　coding strand
编码区/編碼區　coding region
编码[区]连接/編碼連接　coding joint
编码容量/編碼容量　coding capacity
编码三联体/編碼三聯體,密碼三聯組　coding triplet
编码序列/編碼序列　coding sequence
编织中柱/編織中柱　plectostele
蝙蝠磁导航/蝙蝠磁導航　bat magnetic navigation
蝙蝠媒/蝙蝠媒　chiropterophily
鞭杆/鞭幹　shaft
鞭钩原基/鞭鉤原基　scutica
鞭毛/鞭毛　flagellum
鞭毛袋/鞭毛袋　flagellar pocket
鞭毛蛋白/鞭毛蛋白　flagellin
鞭毛动基体复合体/鞭毛動基體複合體　flagellar base-kinetoplast complex
鞭毛根丝/鞭毛根絲　flagellar rootlet
鞭毛过渡区/鞭毛過渡區　flagellar transition region
鞭毛基体/鞭毛基體　flagellar basal body
鞭毛抗原/鞭毛抗原　flagellar antigen

鞭毛孔/鞭毛孔 flagellar pore
鞭毛列/鞭毛列 flagellar row
鞭毛马达/鞭毛馬達 flagellar motor
鞭毛内运输/鞭毛内運輸 intraflagellar transport, IFT
鞭毛膨大区/鞭毛膨大區 flagellar swelling
鞭毛期/鞭毛期 flagellar stage
鞭毛器/鞭毛器 flagellum apparatus
鞭毛室/鞭毛室 flagellate chamber
鞭毛丝/鞭毛絲,鞭茸 flimmer, mastigoneme
鞭毛系统/鞭毛系統 mastigont system
鞭毛足/鞭毛足 flagellipodium
鞭茸/鞭茸,鞭毛絲 flimmer, mastigoneme
鞭状附肢/鞭狀附肢 filamentary appendage
鞭状腺/鞭狀腺 flagelliform gland
扁肺泡细胞/扁平肺泡細胞 squamous alveolar cell
扁化/扁化,帶化 fasciation
扁囊/扁囊,内腔 cistern
扁盘动物/扁盤動物 placozoan
扁平上皮/扁平上皮 squamous epithelium
扁平细胞/扁平細胞 pinacocyte, planocyte
扁平细胞组织/板狀細胞組織 pinenchyma
扁桃体/扁桃體,扁桃腺 tonsil
扁桃体隐窝/扁桃體隱窩,扁桃腺隱窩 tonsil crypt
扁形动物/扁形動物 platyhelminth, flatworm
扁枝衣霉素/扁枝衣黴素 everninomicin
变凹型椎体/變凹型椎體 anomocoelous centrum
变传导作用/變傳導作用 dromotropic action
变构/别構性,别位現象,變構性 allosterism
变构部位/别構部位,變構位點 allosteric site
变构蛋白/别構蛋白,作用轉換蛋白 allosteric protein
变构酶/别構酶,别構酵素,别位酶 allosteric enzyme
变构肽配体/變異性肽配體 altered peptide ligand, APL
变构调节/别構調節,别構調控 allosteric regulation
变构位点/變構位點,别構部位 allosteric site
变构效应/别構效應,異作用位置效應 allosteric effect
变化视盲/改變視盲 change blindness
变力作用/變力作用 inotropic action
变清蛋白/變清蛋白,變白蛋白 metalbumin
变肾上腺素/變腎上腺素,間位腎上腺素 metadrenaline
变时作用/變時作用,週期變更作用 chronotropic action
变视紫[红]质/變視紫紅質,後視紫質 metarhodopsin
变数串联重复/可變數目串聯重複 variable number tandem repeat, VNTR
变态/變態 metamorphosis
变态担子/變態擔子 metabasidium
变态冬孢子/中間孢子 mesospore
变态反应/變態反應,過敏 allergy
变态反应学/過敏[症]學 allergology
变态叶/變態葉 aphlebia
变位酶/變位酶,互變酶 mutase
变温/變温 alternating temperature
变温层/變温[水]層,躍變層 metalimnion
变温动物/變温動物 poikilotherm, poikilothermic animal
变温性/變温性 poikilothermy
变兴奋作用/變興奮性作用 bathmotropic action
变形动物/變形動物 amoebula
变形杆菌视紫红质/變形桿菌視紫紅質 proteorhodopsin
变形菌/變形菌 proteobacteria
变形拟态/變形擬態 transformational mimicry
变形体/變形體,原質團,原生質體 plasmodium
变形细胞/變形細胞 amoebocyte
变形性/形變性 deformability
变形运动/變形[蟲]運動 amoeboid movement, amoeboid locomotion
变型世代交替/異態交替,混合生殖,兩性單性世代交替 alloiogenesis
变性/變性[作用] denaturation
变性 DNA/變性 DNA denatured DNA
变性蛋白质/變性蛋白質 metaprotein, denatured protein
变性高效液相色谱法/變性高效液相色譜法 denaturing high-performance liquid chromatography
变性剂/變性劑 denaturant
变性聚丙烯酰胺凝胶/變性聚丙烯醯胺凝膠 denaturing polyacrylamide gel
变性聚丙烯酰胺凝胶电泳/變性聚丙烯醯胺凝膠電泳 denaturing polyacrylamide gel electrophoresis
变性凝胶电泳/變性凝膠電泳 denaturing gel electrophoresis
变性梯度聚丙烯酰胺凝胶/變性梯度聚丙烯醯胺凝膠 denaturing gradient polyacrylamide gel
变性梯度凝胶电泳/變性梯度凝膠電泳 denaturing gradient gel electrophoresis, DGGE
PCR 变性梯度凝胶电泳/PCR 變性梯度凝膠電泳 PCR-denaturing gradient gel electrophoresis
变性温度/變性温度 denaturation temperature
变旋/變旋[現象] mutarotation

变旋酶/變旋酶 mutarotase
变叶病/變葉病 phyllody
变异/變異 variation
变异丢失突变/變異丢失突變 loss of variation mutation
变异度/變異度 degree of variability
变异体/變異體 variant
变异系数/變異係數 coefficient of variation, coefficient of variability
变异性/變異性 variability
变异中心/變異中心,多樣性中心,歧異中心 diversity center, center of diversity
变应性肺炎/過敏性肺炎 allergic pneumonia
变应性炎症/過敏性發炎 allergic inflammation
变应原/過敏原,致敏原 allergen, anaphylactogen
变应原免疫治疗/過敏原免疫療法 allergen immunotherapy
变[植物]群丛/群相,亞植物群落區 faciation
变质/變質,劣變 deterioration
变种/變[異]種 variety
便秘/便祕 constipation
便意/便意 awareness of defecation
遍在蛋白质/泛[激]素,泛蛋白 ubiquitin
辨别学习/辨别學習 discrimination learning
辨别阈/鑒別[力]閾 discrimination threshold
辨距不良/辨距不良 dysmetria
辫苷/Q 核苷 queuosine, Q
标本/標本 specimen
标度理论/定比理論,定標理論 scaling theory
标记/標記 marker, tagging, labeling
DNA 标记/DNA 標記 DNA marker
RAPD 标记/隨機擴增核酸多態性 DNA 標記 random amplified polymorphic DNA marker, RAPD marker
标记重捕法/標記重捕法,標識再捕法,捕捉-再捕捉法 marking-recapture method, capture-recapture method, tagging-recapture method
标记法/標識法 marking method
标记辅助导入/標記輔助導入 marker-assisted introgression
标记辅助选择/標記輔助選擇 marker-assisted selection
标记获救/標記獲救 marker rescue
标记基因/標記基因 marker gene
标记基因介导的筛选技术/標記基因介導的篩選技術 screen by selective marker
标记抗生物素蛋白-生物素系统/標記抗生素蛋白-生物素系統,標記卵白素-生物素系統 labeled avidin-biotin system
标记亲和素-生物素系统/標記抗生素蛋白-生物素系統,標記卵白素-生物素系統 labeled avidin-biotin system
标记染色体/標記染色體 marker chromosome
标记示踪物/標記追蹤物 labeled tracer
标记随机引物 PCR/標記隨機引物 PCR tagged random primer PCR
标记物比活性/標記物比活性 specific activity of label
标记信息素/標識費洛蒙 marking pheromone
标记行为/標識行為 marking behavior
标记疫苗/標記疫苗 marked vaccine
标识制度/標識制度 labeling system
标志/標記 marker, tagging, labeling
标志重捕法/標記重捕法,標識再捕法,捕捉-再捕捉法 marking-recapture method, capture-recapture method, tagging-recapture method
标志基因/標記基因 marker gene
标志酶/標記酶 marker enzyme
标准差/標準[偏]差 standard deviation
标准代谢率/標準代謝率 standard metabolic rate, SMR
标准误[差]/標準誤[差] standard error
标准线性固体模型/標準線性固體模型 standard linear solid model
标准血清/標準血清 standard serum
表层浮游生物/表層浮游生物,附生浮游生物,上層浮游生物 epiplankton
表层水/表層水 surface water
表层洋带/表層洋帶 epipelagic zone
表达产物/表達產物 expression product
表达蛋白质组学/表達蛋白質組學,表達蛋白質體學 expressional proteomics
表达度/表達度,表現度 expressivity
表达盒/表達盒,表達組件 expression cassette
表达基因座/表達基因座 expression locus
表达克隆/表達克隆,選殖表達,表達選殖 expression cloning, cloning by expression
表达框/表達框 expression frame
表达筛选/表達篩選 expression screening
表达图/表達圖 expression map
表达位点/表達位點 expression site
表达文库/表達庫 expression library
表达系统/表達系統 expression system
表达序列标签/表達序列標籤 expressed sequence tag, EST
表达序列标签图/表達序列標籤圖 expressed

sequence tag map
表达于淋巴样组织的受体/淋巴組織上受體表現 receptor expressed in lymphoid tissue, RELT
表达载体/表達[型]載體 expression vector
表达质粒/表達質體 expression plasmid
表达子/表達子 expressor
表达组件/表達組件,表達盒 expression cassette
表胆固醇/表膽固醇,表膽甾醇 epicholesterol, epiCh
表睾固酮/表睾固酮,表睾甾酮 epitestosterone
表观比重/表觀比重 apparent specific gravity
表观改变/漸成改變 epigenetic change
表观光合作用/表觀光合作用 apparent photosynthesis
表观基因组/表觀基因組,表觀基因體 epigenome
表观基因组学/表觀基因組學,表觀基因體學 epigenomics
表观竞争/表觀競争,外顯競争 apparent competition
表观密度/表觀密度,視密度 apparent density
表观黏度/表觀黏度,視黏度 apparent viscosity
表观相对分子量/表觀相對分子量 apparent relative molecular weight
表观性别/表觀性别 phenotypic sex
表观遗传/表觀遺傳 epigenetic inheritance
表观遗传变异/表觀遺傳變異 epigenetic variation
表观遗传基因调节/表觀遺傳基因調節,漸成基因調節,後成基因調節 epigenetic gene regulation
表观遗传调节/表觀遺傳調控,漸成遺傳調節,後成遺傳調節 epigenetic regulation
表观遗传调控/表觀遺傳調控,漸成遺傳調節,後成遺傳調節 epigenetic regulation
表观遗传学/表觀遺傳學,後生學 epigenetics
表海面层群落/表層水群落,表層水群集 epipelagic community
表火/地表火 surface fire
表裂/表裂 peripheral cleavage
表面等离激元/表面電漿子 surface plasmon
表面等离激元共振/表面電漿子共振 surface plasmon resonance, SPR
表面等离激元共振传感器/表面電漿子共振感測器 surface plasmon resonance sensor
表面等离子共振/表面電漿子共振 surface plasmon resonance, SPR
表面复型/表面複印 surface replica
表面固定法/表面固定法 surface fixed method
表面活性剂/表面活性劑,表面活性物質 surfactant, surface-active agent
表面活性肽/表面活性肽 surfactin
表面活性物质/表面活性物質,表面活性劑 surfactant, surface-active agent
表面活性物质相关蛋白/表面活性物質相關蛋白 surfactant-associated protein
表面活性型蛋白质/表面活性型蛋白質 surfactant protein
表面理化性质/表面理化性質 surface physicochemical property
表面卵裂/表面卵裂 superficial cleavage
表面免疫球蛋白/表面免疫球蛋白 surface immunoglobulin
表面皿培养/表面玻璃培養 watch glass culture
表面培养/表面培養 surface cultivation, surface culture
表面铺展法/表面擴展法 surface-spread method
表面信息素/表皮費洛蒙 surface pheromone
表面修饰/表面改質 surface modification
表面增强红外光谱术/表面增強紅外光譜術 surface-enhanced infrared spectroscopy
表面增强激光解吸电离/表面增強雷射脱附游離 surface-enhanced laser desorption ionization, SELDI
表面增强拉曼光谱术/表面增強拉曼光譜術 surface-enhanced Raman spectroscopy, SERS
表面张力/表面張力 surface tension
表膜/表膜,外膜 pellicle
表膜嵴/表膜嵴 pellicular crest
表膜孔/表膜孔 pellicular pore
表膜泡/表膜泡 pellicular alveolus
表膜上膜/表膜上膜 perilemma
表膜条纹/表膜條紋 pellicular strium
表膜下微管/表膜下微管 subpellicular microtubule
表膜下纤毛网格/表膜下纖毛網格 infraciliary lattice
表膜下纤毛系/表膜下纖毛系 infraciliature
表皮/表皮 epidermis, cuticle, cuticula
表皮剥脱毒素/表皮剥脱毒素,脱皮毒素 exfoliatin, exfoliative toxin
表皮刺/表皮刺 culticular spine
表皮干细胞/表皮幹細胞 epidermal stem cell
表皮化/表皮化 epidermization, epidermal differentiation
表皮嵴/表皮嵴 epidermal ridge
表皮抗菌肽/表皮抗菌肽 epidermin
表皮霉菌病/表皮黴菌病 epidermomycosis
表皮溶解毒素/表皮鬆解毒素 epidermolytic toxin
表皮生长因子/表皮生長因子 epidermal growth factor, EGF

表皮生长因子家族/表皮生長因子家族 epidermal growth factor family, EGF family
表皮生长因子受体/表皮生長因子受體 epidermal growth factor receptor, EGF receptor, EGFR
表皮生长因子样结构域/表皮生長因子樣結構域 epidermal growth factor-like domain, EGF-like domain
表皮系统/表皮系統 epidermal system
表皮细胞/表皮細胞 epidermal cell, epidermis cell
表皮原/表皮原,前表皮,原皮 dermatogen, protoderm
表皮蒸腾/表皮蒸散 epidermal transpiration
表皮整联配体蛋白/表皮整聯配體蛋白 epiligrin
表皮组织/表皮組織 epidermal tissue, tegumentary tissue
表生动物/表生動物相,底表動物,附著動物 epifauna
表生生物/表生生物,底棲生物 epibiont, epizoite
表生生物群集/表生生物群集 epibiose
表生植物区系/表生植物相 epiflora
表土/表土,耕層土 topsoil
表位/表位 epitope
表位特异 PCR/表位特異 PCR epitope-specific PCR
表位文库/抗原決定位庫 epitope library
表现变异性/變異表現度 variable expressivity
表现度/表現度,表達度 expressivity
表现度差异分析/差異顯示分析,代表性差異分析 representational difference analysis, RDA
表信息分子/表信息分子 episemantide
表型/表[現]型 phenotype
表型比值/表[現]型比率 phenotypic ratio
表型变异/表[現]型變異 phenotypic variation
表型定位[法]/表[現]型定位 phenotype mapping
表型多态性/表[現]型多態性,表[現]型多型性 phenotypic polymorphism
表型方差/表[現]型變方 phenotypic variance
表型分布/表[現]型分布 phenotype distribution
表型分类/表[現]型分類,表徵分類 phenetic classification
表型分类学/表[現]型分類學,表徵系統學 phenetics
表型分析/表[現]型分析 phenotypic analysis
表型混杂/表[現]型混合 phenotypic mixing
表型间性/表[現]型間性 phenotypic intersex
表型渐变群/表[現]型定向漸變 phenocline
表型可塑性/表[現]型可塑性 phenotypic plasticity
表型匹配/表[現]型匹配 phenotype matching
表型群/表[現]型個體群 phenogroup
表型适应/表[現]型適應 phenotypic adaptation
表型同类群/表[現]型族群 phenodeme
表型同型交配/表[現]型同型交配 phenotypic assortative mating
表型系统学/表徵系統學,表[現]型分類學 phenetics
[表型]限渠道化/渠限化 canalization
表型相关/表型相關 phenotypic correlation
表型相似种/隱蔽種,隱匿種,隱存種 cryptic species
表型选型交配/表[現]型同型交配 phenotypic assortative mating
表型选择差/表[現]型選擇差異 phenotypic selection differential
表型延迟/表[現]型遲延,表現延遲 phenotypic lag, phenomic lag
表型遗传相关/表[現]型遺傳相關 phenogenetic correlation
表型遗传学/表[現]型遺傳學 phenogenetics
表型异型交配/表[現]型異型交配 phenotypic disassortative mating
表型值/表[現]型值 phenotypic value
表型组/表[現]型組,表[現]型體 phenome
表型组学/表[現]型組學,表[現]型體學 phenomics
表须/突出骨針 prostalia, pleuralia
表氧化酶/表氧化酶 epoxygenase
表氧化酶产物/表氧化酶產物 epoxygenase product
表抑氨肽酶肽/表抑胺肽酶肽 epiamastatin
表游因子/表遊因子 epitaxin
表征/表徵 representation
表质/表質 epiplasm
鳔/鰾 swim bladder
别构/別構性,別位現象,變構性 allosterism
别构部位/別構部位,變構位點 allosteric site
别构蛋白/別構蛋白,作用轉換蛋白 allosteric protein
别构活化/別構活化 allosteric activation
别构激活/別構活化 allosteric activation
别构激活剂/別構活化子 allosteric activator
别构酶/別構酶,別構酵素,別位酶 allosteric enzyme
别构配体/別構配體 allosteric ligand
别构调节/別構調節,別構調控 allosteric regulation, allosteric control
别构调节物/別構調節物,別構效應物 allosteric modulator
别构调控/別構調控,別構調節 allosteric regulation, allosteric control
别构调制物/別構調節物,別構效應物 allosteric modulator

别构相互作用/别構相互作用 allosteric interaction
别构效应/别構效應,異作用位置效應 allosteric effect
别构效应物/别構效應物 allosteric effector
别构抑制/别構抑制 allosteric inhibition
别构抑制剂/别構抑制劑 allosteric inhibitor
别嘌呤醇/别嘌呤醇,異嘌呤醇 allopurinol
别乳糖/别乳糖 allolactose
别藻蓝蛋白/别藻藍蛋白,異藻藍蛋白,異藻藍素 allophycocyanin, APC
别藻蓝素/别藻藍蛋白,異藻藍蛋白,異藻藍素 allophycocyanin, APC
宾厄姆方程/賓厄姆方程式,賓漢方程式 Bingham equation
宾厄姆流体/賓漢流體 Bingham fluid
宾主共栖/賓主共棲 xenobiosis
濒危物种等级标准/瀕危物種等級標準 criteria for endangered species
濒危野生动植物种国际贸易公约/瀕危野生動植物種國際貿易公約 Convention on International Trade in Endangered Species of Wild Fauna and Flora, CITES
濒危种/瀕危[物]種 endangered species
髌骨/膝蓋骨 patella
冰包埋/冰包埋 ice embedding
冰川/冰河 glacier
冰川沉积物/冰磧物 glacial deposit
冰川地貌/冰河地貌 glacial landform
冰川湖/冰蝕湖 glacial lake
冰川消退/冰消 deglaciation
冰川植物区系/冰河植物相 glacial flora
冰川作用/冰河作用 glaciation
冰岛衣素/冰島苔素 cetrarin
冰冻蚀刻/冰凍蝕刻,冷凍蝕刻 freeze etching
冰核蛋白/冰核蛋白 ice nucleation protein, INP
冰核形成/冰核形成 ice nucleation
冰环/冰環 ice ring
冰帽/冰帽 ice cap
冰期/冰期 glacial period
冰期孑遗植物区系/冰期孑遺植物相 glacial relic flora
冰碛/冰磧 moraine, till
冰蚀高原/冰蝕高原 fjeld
冰蚀作用/冰河侵蝕 glacial erosion
冰水沉积平原/冰水沉積平原 outwash plain
冰芯/冰芯 ice core
冰雪浮游生物/冰雪浮游生物,雪上微生物 cryoplankton
冰雪植物/冰雪植物 cryophyte
冰雪植物区系/冰雪植物相 nival flora
冰原/冰原 ice field
冰原岛峰/冰原孤峰 nunatak
冰缘/冰緣 periglacial
兵工蚁/兵工蟻 dinergatogyne
兵蚁/兵蟻 dinergate
丙氨酸/丙氨酸,丙胺酸 alanine, Ala
丙氨酸扫描/丙氨酸掃描 alanine scanning
丙氨酸转氨酶/丙氨酸氨基轉移酶 alanine aminotransferase, ALT, ALAT
丙二醛/丙二醛 malondialdehyde
丙二酸/丙二酸 malonic acid
丙二[酸单]酰辅酶A/丙二酸單醯輔酶A malonyl CoA
丙二酸盐利用试验/丙二酸鹽利用試驗 malanate utilization test
丙二酰化/丙二酰化,丙二醯化 malonylation
丙甲甘肽/丙甲甘肽 alamethicin
丙酸/丙酸 propionic acid
丙酸睾丸素/丙酸睾丸素 androlin
丙酸尿症/丙酸尿症 propionic aciduria
丙酸血症/丙酸血症 propionic acidemia
丙糖/丙糖,三碳糖 triose
丙糖磷酸异构酶/丙糖磷酸異構酶 triose-phosphate isomerase, TPI, TIM
丙酮/丙酮 acetone
丙酮丁醇梭菌/丙酮丁醇梭菌 clostridium acetobutylicum
丙酮基/丙酮基 acetonyl
丙酮酸/丙酮酸 pyruvate, pyruvic acid
丙酮酸激酶/丙酮酸激酶 pyruvate kinase
丙酮酸激酶缺乏症/丙酮酸激酶缺乏症 pyruvate kinase deficiency
丙酮酸脱氢酶复合物/丙酮酸去氫酶複合物 pyruvate dehydrogenase complex
丙酮酸脱羧酶/丙酮酸脱羧酶,丙酮酸去羧酶 pyruvate decarboxylase
丙酮体/丙酮體 acetone body
6-丙酮酰四氢蝶呤合酶缺乏型/6-丙二酮四氫蝶呤合酶缺乏型 6-pyruvoyl tetrahydropterin synthase deficient form
丙烯酰胺/丙烯醯胺 acrylamide
丙酰辅酶A/丙醯輔酶A propionyl coenzyme A
丙酰化/丙酰化,丙醯化 propionylation
丙种球蛋白/丙種球蛋白,γ-球蛋白 gamma globulin
丙种球蛋白病/γ-球蛋白病症 gammapathy

柄/柄 pedicel, manubrium, petiole
柄后腹/柄後腹,錘腹 gaster
柄肌/柄肌 pedicular muscle
柄节/柄節 scape
柄曲霉素/柄麴毒素,黄黴毒素 sterigmatocystin
柄[生]孢子/柄生孢子,柱狀孢子 stylospore
柄细胞/柄細胞 stalk cell
柄细菌/柄細菌 stalked bacteria
柄型菌素/安絲菌素 ansamitocin
屏气极点/屏氣極點 breath holding breaking point
屏气潜水/閉氣潛水 breath-hold diving
并发系数/併發係數 coefficient of coincidence
并发抑制/併發抑制 concurrent inhibition
并联染色体/並聯染色體 attached chromosome
并联 X 染色体/並聯 X 染色體 attached X chromosome
并生副芽/並生副芽 collateral accessory bud
并系/並系,側系 paraphyly
并系分类单元/並系分類單元,偏系分類單元 paraphyletic taxon
并系群/並系群,偏系群 paraphyletic group
并行复制/並行複製 concurrent replication
并指[畸形]/併指[畸形] syndactyly
并指状树突状细胞/併指狀樹突細胞 interdigiting dendritic cell
并趾[畸形]/併趾,駢趾 syndactyly
并趾足/併趾足,駢趾足 syndactylous foot
病程相关蛋白/病程相關蛋白 pathogenesis-related protein
病虫害综合防治/害蟲綜合防治 integrated control of insect pest
病毒/病毒 virus
DNA 病毒/DNA 病毒,去氧核糖核酸病毒 DNA virus
EB 病毒/EB 病毒 Epstein-Barr virus, EBV
RNA 病毒/RNA 病毒,核糖核酸病毒 RNA virus
SARS 病毒/SARS 病毒 severe acute respiratory syndrome virus, SARS virus
SV40 病毒/猿猴空泡病毒 40 simian vacuolating virus 40, SV40 virus
病毒癌基因/病毒[致]癌基因,病毒腫瘤基因,v 癌基因 viral oncogene, v-oncogene
病毒包膜蛋白基因/病毒膜蛋白基因 viral envelope protein gene
病毒包膜抗原/病毒套膜抗原 virus envelope antigen
病毒病/病毒病 viral disease, virosis
病毒超家族/病毒超家族 viral superfamily
病毒发生基质/病毒形成團,病毒漿原質體 virogenic stroma, viroplasm
病毒发生细胞/病毒發生細胞 virogenic cell
病毒复制/病毒複製 replication of virus
病毒工厂/病毒工廠 virus factory
病毒基因/病毒基因 virogene
病毒基因组结合蛋白/病毒基因體結合蛋白 viral genome protein-linked, VPg
病毒介导法/病毒介導法 virus-mediated method
病毒介导转化法/病毒介導轉化法 virus-mediated transformation
病毒[粒]体/病毒粒子,病毒顆粒,病毒體 virion, virus particle
病毒粒子/病毒粒子,病毒顆粒,病毒體 virion, virus particle
病毒内部抗原/病毒内抗原 intraviral antigen
病毒尿症/病毒尿症 viruria
病毒入胞现象/胞飲病毒現象,胞噬病毒現象 viropexis
病毒杀虫剂/病毒殺蟲劑 viral pesticide, viral insecticide
病毒受体/病毒受體 virus receptor
病毒束/病毒束 virus bundle
病毒微体/病毒體 virosome
病毒学/病毒學 virology
病毒血症/病毒血症 viremia
病毒样颗粒/病毒樣顆粒,類病毒顆粒 virus-like particle, VLP
病毒抑制作用/病毒抑制作用 viral inhibition
病毒诱导/病毒誘導 virus induction
EB 病毒诱导的受体配体趋化因子/EB 病毒誘導受體配體趨化因子 Epstein-Barr virus-induced receptor ligand chemokine
病毒载量/病毒載量 viral load
病毒载体/病毒載體 viral vector
病毒中和试验/病毒中和試驗 virus neutralization test
病害循环/病害循環,發病輪回 disease cycle
病理解剖学/病理解剖學 pathological anatomy
病理生理学/病理生理學,生理病理學,病態生理學 pathophysiology, physiopathology, morbid physiology
病理学/病理學 pathology
病理遗传学/病理遺傳學 pathogenetics
病死率/致死率 fatality rate
病因学/病因學,病原學 aetiology, etiology
病原菌/病原[細]菌,致病菌 pathogenic bacteria
病原生物/病原生物,致病生物 pathogenic organism

病原体/病原體　pathogen
病原体相关分子模式/病原體相關分子模式,致病原相關分子模式　pathogen-associated molecular pattern, PAMP
病原学/病原學,病因學　aetiology, etiology
病征学/病徵學　pathognomy
波荡器/波盪器　undulator
波动测验/波動檢測　fluctuation test
波动膜/波動膜　undulating membrane
波动足/波動足　undulipodium
波恩公约/波恩公約,波昂公約　Bonn Convention
波尔效应/波爾效應　Bohr effect
波利囊/波利囊　Polian vesicle
波纹相/波紋相　ripple phase
波纹小蠹诱剂/波紋小蠹聚誘劑　multilure
波形蛋白/波形蛋白,微絲蛋白　vimentin
波形蛋白丝/波形蛋白絲　vimentin filament
波伊茨-耶格综合征/波氏-嘉哥症候群　Peutz-Jegher syndrome
波-伊匀浆器/波-伊氏勻質器　Potter-Elvehjem homogenizer
波义耳定律/波以耳定律　Boyle law
玻尔兹曼方程/波茲曼方程式　Boltzmann equation
玻璃化/玻璃化　vitrification
玻璃滤器/玻璃濾器　glass filter
玻璃膜/玻璃膜　glassy membrane
玻璃体/玻璃體　vitreous body
玻璃体蛋白/玻璃體蛋白　vitrein
玻璃体管/玻璃體管　hyaloid canal
玻璃体腔/玻璃體腔　vitreous space
玻璃体细胞/玻璃體細胞　hyalocyte
玻璃珠培养/玻璃珠培養　glass bead culture
玻璃状液/玻璃狀液　vitreous humor
玻连蛋白/玻質結締素,透明質蛋白,血清鋪展因子　vitronectin, VN
玻连蛋白受体/玻質結締素受體　vitronectin receptor, VNR
玻片凝集/玻片凝集　slide agglutination
玻片凝集试验/玻片凝集試驗　slide agglutination test
玻片培养/玻片培養,載玻片培養法　slide cultivation, slide culture
钵口幼体/缽口幼體　scyphistoma
剥离的血红蛋白/剝離的血紅蛋白　stripped hemoglobin
剥离的转移 RNA/剝離的轉移 RNA　stripped transfer RNA
剥离膜/剝離膜　stripped membrane
菠萝蛋白酶/鳳梨蛋白酶　bromelin, bromelain
伯贝克颗粒/伯貝克[氏]顆粒　Birbeck granule
伯格曼[定]律/伯格曼定律,包曼氏法則　Bergmann rule
伯克培养基/伯克培養基　Burk medium
泊/泊　poise
泊松分布/帕松分布,卜瓦松[氏]分布　Poisson distribution
泊肃叶定律/泊肅葉定律,帕穗定律　Poiseuille law
泊肃叶方程/泊肅葉方程式,普瓦塞尹方程式　Poiseuille equation
勃起/勃起　erection
博来霉素/博來黴素　bleomycin
博氏器/博氏器　organ of Bojanus
博亚努斯器/博氏器　organ of Bojanus
博弈论/博弈理論,賽局理論　game theory
搏出功/搏出功,每搏作功　stroke work
搏出量/心搏出量　stroke volume
搏出量储备/心搏出量儲備　stroke volume reserve
搏动器/搏動器　pulsatile organ
搏动血流/脈動流動　pulsatile flow
薄壁细胞/薄壁細胞　parenchyma cell, parenchymatous cell
薄壁[细]菌类/薄壁菌類　gracilicutes
薄壁组织/薄壁組織　parenchyma
薄壁组织鞘/薄壁組織鞘　parenchyma sheath
薄层层析/薄層層析法　thin-layer chromatography, TLC
薄层培养/薄層培養　thin-layer culture
薄层色谱法/薄層層析法　thin-layer chromatography, TLC
薄膜电泳/薄膜電泳　film electrophoresis
薄荷醇/薄荷醇　menthol
卟胆原/膽色素原,紫質原　porphobilinogen
卟胆原脱氨酶/膽色素原脱胺酶,紫質原脱胺酶　porphobilinogen deaminase
卟吩/四聯吡咯環　porphin
卟啉/卟啉　porphyrin
卟啉病/卟啉症,紫質症　porphyria
卟啉原/卟啉原　porphyrinogen
卟啉症/卟啉症,紫質症　porphyria
补偿层/補償水準　compensation level
补偿点/補償點,平準點　compensation point
补偿光照强度/補償光照強度,平準強度　compensation light intensity
补偿目镜/補償目鏡　compensative eyepiece
补偿深度/補償深度,補償強度　compensation depth
补偿性生长/補償性生長　compensatory growth

补偿性致死因子/補償性致死因子 compensatory mortality factor
补偿因子/補償因子 compensation factor
补偿再生/補償再生 compensational regeneration
补偿[作用]/補償[作用] compensation
补充量/補充量,入添量 recruitment
补充曲线/補充曲線 recruiting curve
补充组织/填充組織 complementary tissue
补丁型重组/補丁型重組 patch recombination
补骨脂素光化学疗法/補骨脂素光化學療法 psoralen photochemotherapy
补骨脂素[加]长波紫外光疗法/補骨脂素[加]長波紫外光療法 psoralen plus ultraviolet-A light therapy, PUVA therapy
补呼气量/補呼氣量,呼氣儲備容量 expiratory reserve volume, ERV
补加培养基/添加培養基 supplemented medium
补救途径/補救途徑 salvage pathway
补料分批发酵/分批補料發酵 fed-batch fermentation
补料分批培养/饋料批次培養,饋料批式培養,流加培養 fed-batch culture
补料罐/給料槽,加料槽,進料箱 feed tank
补料速率/進料速率 feed rate
补模[标本]/補模[式],辨名模 apotype
补体/補體 complement, C
补体[单体]型/補體[單元]型 complotype
补体单元型/補體[單元]型 complotype
补体蛋白质/補體蛋白質 complement protein
补体[固有]成分/補體成分 complement component
补体活化/補體活化 complement activation
补体活化调节因子/補體活化調節因子 regulator of complement activation, RCA
补体激活/補體活化 complement activation
补体结合/補體結合 complement fixation
补体结合试验/補體結合試驗,互補結合試驗 complement fixation test
补体结合[性]抗体/補體結合抗體 complement fixing antibody
补体结合抑制试验/補體結合抑制試驗 complement fixation inhibition test
补体旁路[途径]/補體替代途徑,替代互補途徑 alternative complement pathway
补体偏离/補體偏離 complement deviation
补体受体/補體受體 complement receptor
补体调节蛋白/補體調節蛋白 complement regulatory protein
补体调节蛋白重复序列/補體調節蛋白重複序列 complement control protein repeat, CCPR
补体调理作用/補體調理作用 complement opsonization
补体系统/補體系統 complement system
补体依赖的细胞毒性/補體依賴細胞毒性 complement-dependent cytotoxicity, CDC
补体抑制因子/補體抑制劑 complement inhibitor
补体终末复合物/末端補體複合物,終端補體複合體 terminal complement complex, TCC
补吸气量/補吸氣量,吸氣儲備容量 inspiratory reserve volume, IRV
补遗/補遺 addenda
捕光复合物/光能捕獲複合體,集光複合體 light-harvesting complex, LHC
捕光中心/光能捕獲中心 light-harvesting center
捕获/捕獲,陷捕法,誘捕 trapping, capture
捕获量/捕獲量,漁獲量 catch
捕捞过度/過漁,過度捕撈 overfishing, overharvesting
捕捞努力量/漁獲努力[量] fishing effort
捕捞强度/漁獲強度 fishing intensity
捕捞曲线/漁獲量曲線 catch curve
捕食/捕食,掠食 predation
捕食庇护所/捕食庇護所 predation refuge
捕食补偿/捕食補償 predation compensation
捕食风险/捕食風險 predation risk
捕食假说/捕食假説 predation hypothesis
捕食昆虫/捕食性昆蟲 predacious insect, predaceous insect
捕食理论/捕食理論 predation theory
捕食螨类/捕食性蟎類 predacious mites
捕食食物链/捕食食物鏈 predator food chain
捕食效率/捕食效率 predation efficiency
捕食性鸟类巢/捕食性鳥類巢 eyrie
捕食压力/捕食壓力 predation pressure
捕食者/捕食者,掠食者 predator
捕食者饱和效应/捕食者飽食效應 predator satiation
捕食者-猎物波动/捕食者-獵物波動 predator-prey oscillation
捕食者-猎物系统/捕食者-獵物系統 predator-prey system
捕食者-猎物相互作用/捕食者-獵物相互作用 predator-prey interaction
捕食者转换/捕食者轉換 predator switching
捕食真菌/捕食性真菌 predacious fungi, predatory fungi
cDNA 捕捉/cDNA 捕獲 cDNA capture

捕捉触手/捕捉觸手　prehensile tentacle
捕捉足/捕捉足　raptorial leg
哺乳/哺乳　lactation
哺乳动物/哺乳類動物　mammal
哺乳动物人工染色体/哺乳動物人工染色體　mammalian artificial chromosome, MAC
哺乳动物细胞表达系统/哺乳動物細胞表達系統　mammalian cell expression system
哺乳动物学/哺乳動物學　mammalogy, theriology
哺幼性/哺幼性　eutrophapsis
不饱和脂肪酸/不飽和脂肪酸　unsaturated fatty acid
不产气菌/不產氣菌　anaerogen
不产氧光合细菌/不生氧光合細菌　anoxygenic photosynthetic bacteria, APB
不产氧光合作用/不生氧光合作用　anoxygenic photosynthesis
不等分裂/不等分裂　unequal fission
不等交换/不等互換　unequal crossover, unequal exchange
不等姐妹染色体单体交换/不等姐妹分體互換　unequal sister chromatid exchange
不等卵裂/不等卵裂　unequal cleavage
不等卵囊腔胚/不等卵囊腔胚　unequal coeloblastula
不等叶/擬同型葉,異型葉　anisophyll, anisophyllum
不等叶性/擬同葉性,異型葉性　anisophylly
不等趾足/不等趾足　anisodactylous foot
不典型增生/異常增生　dysplasia
不定根/不定根　adventitious root
不定形复孢囊/蟠曲子囊體　plasmodiocarp
不定型卵裂/不定型卵裂　indeterminate cleavage
不定芽/不定芽　adventitious bud, indefinite bud, adventive bud
不动孢子/不動孢子,静孢子,無毛孢子　aplanospore
不动关节/不動關節　syzygy, immovable joint, synarthrosis
不动精子/不動精子,性孢子,精孢子　spermatium
不动配子/静配子　aplanogamete
不动指/不動指　fixed finger, immovable finger
不对称 PCR/不對稱 PCR,不對稱聚合酶鏈反應　asymmetric PCR
不对称标记/不對稱標記　asymmetric labeling
不对称单元/不對稱單元　asymmetric unit
不对称分裂/不對稱分裂　asymmetrical division
不对称花/不對稱花,不整齊花　unsymmetrical flower
不对称聚合酶链反应/不對稱聚合酶鏈反應,不對稱 PCR　asymmetric PCR
不对称碳原子/不對稱碳原子,今世位碳原子　asymmetric carbon atom
不对称转录/不對稱轉録　asymmetrical transcription
不发育/發育不全　aplasia
不分离/不分離　nondisjunction
不规则抗体/不規則抗體　irregular antibody
不规则显性/不規則顯性　irregular dominance
不合法名称/不合法名稱,非法名稱　illegitimate name
不合格发表/不合格發表　invalid publication
不精确切除/不精確切除　imprecise excision
不均衡生长/不均衡生長　unbalanced growth
不均一核 RNA/不均一核 RNA,異質性核 RNA,異源核 RNA　heterogeneous nuclear RNA, hnRNA
不均一性/不均一性,異質性　heterogeneity
不可更新资源/不可更新資源,非再生[性]資源　nonrenewable resources
不可逆抑制/不可逆抑制　irreversible inhibition
不可逆抑制剂/不可逆抑制劑　irreversible inhibitor
不连续变异/不連續變異　discontinuous variation, discrete variation
不连续表位/不連續性抗原表位　discontinuous epitope
不连续复制/不連續複製　discontinuous replication
不连续凝胶电泳/不連續凝膠電泳　discontinuous gel electrophoresis
不连续性/不連續性　discontinuity
不联会/不聯會,不配對　asynapsis
不联会基因/不聯會基因　asynaptic gene
不裂干果/不裂乾果　achaenocarp
不流动水层/不流動水層　unstirred layer
不敏感性/不敏感性　insensitivity
不耐热肠毒素/不耐熱腸毒素　heat-labile enterotoxin, LT
不耐热抗体/熱不穩定抗體　heat-labile antibody
不平衡易位/不平衡易位　unbalanced translocation
不齐子实层/不齊子實層　catahymenium
不亲和花粉/不親和花粉　incompatible pollen
不亲和性/不親和性　incompatibility
不全周期性种/不全生活環種　anholocyclic species
不生氧光合作用/不生氧光合作用　anoxygenic photosynthesis
不适口性/不適口性　unpalatability
不[舒]适指数/不[舒]適指數　discomfort index
不调和生境/不調和生長環境　disharmonic habitat
不调和生物区系/非調和生物相　disharmonic biota
不透水层/不透水層,非透水層　aquifuge, impermeable layer
不外显/[基因]不完全外顯　non-penetrance
不完全变态/不完全變態　incomplete metamorphosis

不完全雌蕊/不完全雌蕊 imperfect pistil
不完全花/不完全花 imperfect flower, incomplete flower
不完全阶段/不完全階段,不完全期 imperfect state, imperfect stage
不完全抗体/不完全抗體 incomplete antibody
不完全抗原/不完全抗原 incomplete antigen
不完全连锁/不完全連鎖 incomplete linkage
不完全连锁基因/不完全連鎖基因 incompletely linked gene
不完全硫素营养/不完全硫素營養性 parathiotrophy
不[完]全卵裂/不[完]全卵裂 meroblastic cleavage, incomplete cleavage
不完全酶切/不完全酶切 partial digestion, incomplete digestion
不完全强直收缩/不完全強直收縮 incomplete tetanus
不完全冗余/不完全冗餘 incomplete redundancy
不完全双列杂交/不完全雙對偶雜交 incomplete diallel cross
不完全吞噬/不完全吞噬 incomplete phagocytosis
不完全外显率/不完全外顯率 incomplete penetrance
不完全显性/不完全顯性 incomplete dominance
不完全雄蕊/不完全雄蕊 imperfect stamen
不完全叶/不完全葉 imperfect leaf, incomplete leaf
不稳定流/不穩定流 unsteady flow
不稳定平衡/不穩定平衡 unstable balance, unstable equilibrium
不稳定突变等位基因/不穩定突變對偶基因 unstable mutant allele
不稳定序列/不穩定序列 slippery sequence
不稳定转染/不穩定轉染 unstable transfection
不显汗/盗汗 insensible perspiration
不相容群/不相容群 incompatible group
不相容性/不親和性 incompatibility
不依赖 T 的抗原/非胸腺依賴性抗原,T 非依賴型抗原 thymus-independent antigen, T-independent antigen, TI-Ag
不依赖贴壁细胞/不依賴貼附細胞 anchorage-independent cell
不依赖序列和连接反应克隆法/不依賴序列和連接型反應克隆法 sequence and ligation-independent cloning, SLIC
不依赖 ρ-因子的终止/不依賴 ρ-因子的終止 ρ-independent termination
不依赖 ρ-因子的终止子/不依賴 ρ-因子的終止子,ρ-獨立性終止子 ρ-independent terminator
不应期/不反應期 refractory period
不应态/不應態 refractoriness
不育/不育,不孕 infertility, sterility
不育顶枝/營養性頂枝 sterile telome
不育个虫/不育個蟲 sterile zooid
不育花/不孕花,不結實花 sterile flower
不育菌丝/不育菌絲 sterile hypha
不育菌丝体/不育菌絲體 sterile mycelium
不育小羽片/不孕小羽片,裸小羽片 sterile pinnule
不育性/不育性,不稔性,不妊性 sterility
不育叶/不孕葉,裸葉 sterile leaf, sterile frond
不育羽片/不孕羽片,裸羽片 sterile pinna
不育种子/不育種子,無效種子 sterile seed
不孕花/不孕花,不結實花 sterile flower
不整齐花/不整齊花 irregular flower
不整齐花冠/不整齊花冠 irregular corolla, zygomorphic corolla
布拉格定律/布拉格定律,布喇格定律 Bragg law
布拉维[晶]格/布拉菲晶格 Bravais lattice
布朗运动/布朗運動 Brownian motion
布雷菲德菌素/布雷非定 brefeldin
布卢姆综合征/布盧姆氏綜合症 Bloom syndrome
布鲁顿酪氨酸激酶/布魯通氏酪氨酸激酶 Bruton tyrosine kinase, BTK, Btk
布鲁顿无丙种球蛋白血症/布魯通氏無 γ-球蛋白血症 Bruton agammaglobulinemia
布鲁塞尔子/布魯塞爾子 Brusselator
布[鲁]氏菌病/布[魯]氏菌病,布氏桿菌病 brucellosis
布[鲁]氏菌病疫苗/布[魯]氏菌病疫苗 brucellosis vaccine
布[鲁]氏菌素/布[魯]氏菌素,布氏桿菌素 brucellin
布罗卡皮质区/布洛卡[氏]區 Broca area
布罗卡失语[症]/布洛卡[氏]失語症 Broca aphasia
布罗莫结构域/布羅莫結構域 bromodomain
步带/步帶 ambulacrum, ambulacral zone
步带板/步帶板 ambulacral plate
步带道/步帶道 ambulacral avenue
步带沟/步帶溝 ambulacral furrow
步带骨/步帶骨 ambulacral ossicle
步带孔/步帶孔 ambulacral pore
步带区/步帶區 ambulacral area
步带系/步帶系 ambulacral system
步刚毛/步行用剛毛 ambulatorial seta
步行机/步行機 walking machine
步行类/步行類 ambulatoria

步行器/步行器,前跗節 ambulacral organ
步足/步足 pereiopod, walking leg, ambulatory leg
部/部 division
部分二倍体/部分二倍體 partial diploid, merodiploid
部分发育迟缓/劣勢生長,生長徐緩 bradyauxesis, negative allometry
部分发育徐缓/劣勢生長,生長徐緩 bradyauxesis, negative allometry
部分合子/部分合子,局部合子 merozygote
部分配子/小型配子 merogamete
部分冗余/部分冗餘 partial redundancy
部分同源染色体/部分同源染色體,近同源染色體,同源異型染色體 homeologous chromosome
部分再生/部分再生 meromorphosis, partial regeneration

C

擦镜纸培养/拭鏡紙培養 lens paper culture
采伐林/伐採林 cutover forest
菜豆蛋白/菜豆蛋白,腰豆蛋白 phaseolin
菜豆苷/菜豆苷 phaseolunatin
菜籽固醇/菜籽固醇,菜籽甾醇 brassicasterol
菜籽固醇内酯/菜籽固醇内酯 brassinolide
菜籽类固醇/菜籽類固醇 brassinosteroid
菜籽素/菜籽固醇内酯 brassinolide
蔡司滤器/蔡斯濾器 Zeiss filter
参数/參數 parameter
参数测量/參數測量 parameter measurement
参数估计/參數估計 parameter estimation
参数弹性系数/參數彈性係數 parameter elasticity coefficient
参照标记/參照標記 reference marker
参照基准对位/參照基準對位 reference-based alignment
参照基准对位精修/參照基準對位精修 refined alignment with a reference
参照序列/參照序列 reference sequence
餐后碱潮/餐後鹼潮 postprandial alkaline tide
残存种/殘存種,孑遺種,古老種 relict species, epibiotic species, epibiotics
残积物/殘積物,洗出物 eluvium
残基/殘基 residue
残留毒性/殘留毒性 residual toxicity
残留偶极耦合/殘留偶極耦合 residual dipolar coupling, RDC
残气量/殘餘量,餘氣量 residual volume, RV
残效/殘效 residual effect
残遗土/殘遺土 relict soil, relic soil
残遗植物区系/孑遺植物相 relict flora
残遗种/孑遺種,殘存種,古老種 relict species, epibiotic species, epibiotics
残余斑块/殘留斑塊,殘留區塊 remnant patch
残[余]体/殘[餘]體 residual body, residuum
残余物/殘餘物 residue
蚕蛾酸/蠶蛾酸 bombycic acid
蚕蛾性诱醇/家蠶醇 bombykol
蚕食蛋白/蠶食蛋白 depactin
蚕丝支架/蠶絲支架 silk scaffold
仓储害虫/倉庫害蟲 stored product pest
仓储昆虫学/倉儲昆蟲學,儲物昆蟲學 stored product entomology
仓储生态系统/儲藏生態系 storage ecosystem
苍白球/蒼白球 globus pallidus
苍白球内侧部/蒼白球内側部 internal globus pallidus, internal segment of globus pallidus
苍白球外侧部/蒼白球外側部 external globus pallidus, external segment of globus pallidus
藏本模型/藏本模型 Kuramoto model
藏卵器/藏卵器 oogonium
藏卵器托/藏卵器托 female receptacle
操纵基因/操縱基因,操作基因 operator gene, operator
操纵子/操縱子,操縱組 operon
ara 操纵子/ara 操縱子,阿[拉伯]糖操縱子 ara operon
操纵子学说/操縱子學説 operon theory
操作式条件反射/操作性條件反射,工具性制約反射 operant conditioned reflex, instrumental conditioned reflex
糙面内质网/粗糙内質網 rough endoplasmic reticulum
槽/槽 sulcus
槽板/槽板 socket plate
槽脊/槽脊 socket ridge
槽生齿/槽生齒 thecodont
草/禾草 grass
草本/草本 herb
草本层/草本層 herb layer
草本带/草本帶 herb zone
草本高位芽植物/草本地上植物 phaenerophyta herbaceae
草本群落/草本群落 herbosa, prata
草本群落阶段/草本群落階段 herbaceous stage
草本植被/草本植被 herbaceous vegetation
草丛/草叢 tussock
草地/草地 grassland, sward
草地生态学/草原生態學 grassland ecology
草地生物/草地生物 leimocole
草甸/草甸,濕草原 meadow

草甸草原/草甸-乾草原植被區 meadow steppe
草甸植物/牧草植物 poad
草栖动物/草棲動物 caespiticole, gramnicole
草食偏好性/啃食偏好性 grazing preference
草酸/草酸,乙二酸 oxalic acid
草酸发酵/草酸發酵 oxalic acid fermentation
草酸钙/草酸鈣 calcium oxalate
草酰琥珀酸/草醯琥珀酸 oxalosuccinic acid
草酰乙酸/草酰乙酸,草醯乙酸 oxaloacetic acid
草原/草原 grassland, steppe
草原改良/草原改良 grassland improvement
草原管理/草原管理,草原經營 grassland management
草原气候/草原氣候 grassland climate
草原群落/草原群落,北美草原,大草原 prairie, prairie community
草原生态系统/草原生態系 grassland ecosystem
草原植物/草甸植物 poophyte
草原指示植物/草原指標植物 grassland indicator
草沼/草沼,草木沼澤 marsh
草质茎/草質莖 herbaceous stem
侧板/側板 lateral plate, lateral compartment, pleuron
侧背脊/側背脊 paracosta
侧背片/側背板 pleurotergite, laterotergite, paratergite
侧背腔/側背腔 dorsolateral compartment
侧背叶/背側區 paranotum
侧壁/[體]側壁 lateral wall, lateral integument
侧壁孔/側壁孔 areole, areolar pore
侧扁/側扁 compressed
侧步带板/側步帶板 adambulacral plate
侧步带棘/側步帶棘 adambulacral spine
侧侧片/側側片 lateropleurite
侧肠隔膜/側腸隔膜 lateral mesentery
侧成分/側成分,側體 lateral element
侧齿/側齒 lateral tooth
侧翅突/側[板]翅突 alifer, pleuralifera, pleural wing process
侧唇/側唇 lateral lip, paralabrum
侧唇舌/側舌 paraglossa
侧带线/側帶線 lateral fasciole
侧单眼/側單眼 stemma, lateral ocellus
侧额/旁側額區 parafrontalia
侧额鬃/旁側額剛毛 parafrontal bristle
侧副支/側副支 collateral branch
侧腹静脉/腹側靜脈 lateral abdominal vein
侧腹片/側腹板 laterosternite, pleurosternite
侧腹腔/側腹腔 ventrolateral compartment
侧感觉器/側感覺器 lateral sense organ
侧根/側根 lateral root
侧沟/側溝,側縫 lateral suture, pleural suture, lateral groove
侧后头/側後頭 paracephalon
侧肌/側肌 lateral muscle, musculus lateralis
侧基突/側基突 pleural coxal process
侧脊/側脊 lateral carina
侧甲/側甲,側片 pleurum, pleuron, pleurite
侧接缘/結合板,背腹接緣突 connexivum
侧结节/外踝 lateral condyle
侧颈片/側頸片 lateral cervicale, laterocervicalia
侧孔区/側孔區 areae porosae laterales
侧孔室/側孔室 lateral porechamber
侧口板/側口板 adoral plate, adoral shield
侧口前角/側口前角 lateral prostomial horn
侧链/側鏈 side-chain
侧链构象库/側鏈構象庫 side-chain conformation library
侧链假说/側鏈假説 side-chain hypothesis
侧链理论/側鏈理論 side-chain theory
侧链修饰/側鏈修飾 side-chain modification
侧链[旋转]异构体/側鏈[旋轉]異構體 side-chain rotamer
侧脉/側脈 lateral vein
侧毛/側毛 laterals, lateral seta
侧膜/側膜 lateral membrane
侧脑室/側腦室 lateral ventricle
侧片/側[骨]片 pleurite
侧气管干/側氣管幹 lateral tracheal trunk
侧气管网结/側氣管網結 lateral anastomose
侧前叶/側前葉 prelateral lobe
侧鳃/側鰓 pleurobranchia
侧三叉骨针/側三叉骨針 plagiotriaene
侧舌间裂/側舌間縫 alarima
侧神经节/側神經節 pleural ganglion
侧神经索/側神經索 pleural nerve cord, lateral nerve cord
侧生孢子/側生孢子 aleuriospore
侧生齿/側生齒 pleurodont
侧生动物/側生動物 parazoan
侧生分生组织/側生分生組織 lateral meristem
侧生器官/側生器官 lateral organ
侧式有丝分裂/側式有絲分裂 pleuromitosis
侧输卵管/側輸卵管 lateral oviduct, oviductus lateralis
侧丝/側絲,副絲 paraphysis

侧体/側體,側成分 lateral element
侧体囊/側體囊 parasomal sac
侧突起/側突起 lateral process
侧腕/側腕 lateral arm
侧腕板/側腕板 lateral arm plate
侧围口翼/側圍口翼 lateral peristomial wing
侧尾叶/尾背尖突 surstylus
侧窝/側窩 areola
侧吸吮杯/側吸吮杯 lateral suctorial cup
侧纤毛/側纖毛 lateral cilium
侧纤毛束/側纖毛束 lateral tract of cilium
侧线/側線 lateral line
侧线管/側線管 lateral line canal
侧线器官/側線器官 lateral line organ
侧腺毛/側腺毛 lateroglandularia
侧向扩散/側向擴散 lateral diffusion
侧小齿/側小齒 lateral denticle
侧压/側壓 side pressure, lateral pressure
侧芽/側芽 lateral bud
侧亚顶突/側亞頂突 lateral subterminal apophysis
侧亚端毛/側亞端毛 parasubterminala, parasubterminal seta
侧颜/側顏 parafacialia, cheek
侧眼/側眼 stemmate, lateral eye
侧叶/側葉 lateral lobe
侧抑制/側[邊]抑制,旁側抑制 lateral inhibition
侧抑制网络/旁側抑制網絡 lateral inhibitory network
侧翼/側翼 lateral wing
侧翼膜/側翼膜 lateral ala
侧翼序列/側翼序列,旁側序列,毗鄰序列 flanking sequence
侧翼元件/側翼元件 flanking element
侧阴道/側陰道 lateral vagina
侧脏神经连索/側臟神經連索 pleuro-visceral connective
侧针/側針 lateral stylet
侧支/側枝 collateral, collateral branch
侧支循环/側枝循環 collateral circulation
侧支抑制/側向抑制 collateral inhibition
侧枝/側枝 lateral branch
侧殖板/側殖板 aggenital plate
侧殖肛板/側殖肛板 aggenital-anal plate
侧殖毛/側殖毛 aggenital seta
侧中胚层/側中胚層 lateral mesoderm
侧椎体/側椎體 pleurocentrum
侧足神经连索/側足神經連索 pleuro-pedal connective
测定培养基/測定培養基 assay medium
测高仪/測高儀,高度計,海拔計 altimeter
测交/試交 test cross
测角头/測角器頭 goniometer head
测径带/直徑帶 diameter band
测力计/測力計 ergometer
测声计/測聽計,聽力計 acousimeter, acoumeter
测听[法]/測聽術,聽力測定 audiometry
测序/測序,定序 sequencing
DNA 测序/DNA 測序,DNA 定序 DNA sequencing
PCR 测序/PCR 測序,PCR 定序 PCR sequencing
测序片段/測序片段,定序片段 reads
测序片段定位/定序片段定位 reads mapping
测序深度/測序深度,定序深度 sequencing depth
测序仪/測序儀,定序儀 sequencer, sequenator
参差型椎体/參差型椎體 diplasiocoelous centrum
层次聚类/階層聚集 hierarchical clustering
层次模块化网络/層次模組化網絡 hierarchical modular network
S 层蛋白/S 層蛋白 S-layer protein, Slp
层级系统/層級系統,層系系統,階層系統 hierarchical system
层菌类/帽菌類 hymenomycetes
层流/層流 streamline, laminar flow
层片/層片,同型同境群落 synusia
层析[法]/層析法,色譜法,色層分析法 chromatography
层析谱/層析譜,色層譜,色帶 chromatogram
层析仪/層析儀 chromatograph
层粘连蛋白/層連結蛋白,板層素,層黏[結]蛋白 laminin, LN
层状胎座式/薄層胎座式 laminal placentation
叉洞角/叉洞角 pronghorn
叉杆骨片/叉桿骨片 eutaxiclad
叉骨/叉骨 furcula
叉棘/叉棘 pedicellaria
叉节/叉節 dens
叉头骨针/叉頭骨針 crutch
叉尾尾蚴/叉尾尾蚴 furocercous cercaria
叉星骨针/叉星骨針 chiaster
叉针骨针/叉針骨針 rhopalostyle
叉状脉序/二叉脈序 dichotomous venation
叉状幼体/叉狀幼體 furcillia
差别克隆/異選殖 difference cloning
差别显示[技术]/差異性顯示,差異性表現 differential display
mRNA 差别显示[技术]/mRNA 差異性顯示,mRNA 差異性表現 mRNA differential display

差示 PCR/差異性顯示 PCR,差異性顯示聚合酶鏈反應 differential display PCR
差示聚合酶链反应/差異性顯示 PCR,差異性顯示聚合酶鏈反應 differential display PCR
差示扫描量热法/差示掃描量熱法,示差掃描熱析法 differential scanning calorimetry, DSC
差示筛选/差異性雜交反應篩選法 differential screening
差示杂交/差異性雜交 differential hybridization
差速离心/差速離心,速差離心 differential centrifugation
差向异构化/表異構化作用 epimerization
差向异构酶/表異構酶 epimerase
差向异构体/表異構物 epimer
差异表达/差異表達,差别表達,差異性表現 differential expression
差异基因表达/差别基因表達,差異性基因表現 differential gene expression
差异甲基化区域/差異甲基化區域 differentially methylated region, DMR
差异黏附假说/差異黏附假説 differential adhesion hypothesis
差异凝胶电泳/差異凝膠電泳 differential gel electrophoresis, DIGE
差异生殖/分化生殖 differential reproduction
mRNA 差异显示 PCR/mRNA 差異顯示 PCR mRNA differential display PCR
差异显示反转录聚合酶链反应/差異顯示逆轉録聚合酶鏈反應 differential display of reverse transcriptional PCR, DDRT-PCR
差异显示分析/差異性顯示分析 differential display analysis
差异显示[技术]/差異性顯示,差異性表現 differential display
mRNA 差异显示[技术]/mRNA 差異性顯示,mRNA 差異性表現 mRNA differential display
差值电子密度图/差值電子密度圖 difference electron density map
插管/插管 cannula
插入/插入,嵌入 insertion
插入板/加插板 intercalary plate
插入激活/插入激活 insertional activation
插入片段/插入片段 insert
插入器/插入器,陰莖 intromittent organ, embolus, penis
插入缺失/插入缺失,得失位 insertion-deletion, indel
插入失活/插入失活 insertional inactivation
插入突变/插入突變 insertion mutation, insertional mutation
插入位点/插入位點 insertion site
插入型载体/插入型載體 insertion vector
插入序列/插入序列,嵌入序列 insertion sequence, IS
插入易位/插入易位 insertional translocation
插入诱变/插入誘變 insertional mutagenesis
插入元件/插入元件 insertion element
查耳酮/查耳酮 chalcone
查耳酮合酶/查耳酮合酶 chalcone synthase, CS
查耳酮黄烷酮异构酶/查耳酮黄烷酮異構酶 chalcone flavanone isomerase
查帕拉尔群落/查帕拉爾硬葉灌叢,硬葉常緑矮木林 chaparral
察氏培养基/察氏培養基 Czapek medium
缠带/捕帶 swathing band
缠卵腔/纏卵腔 nidamental chamber
缠卵腺/纏卵腺 nidamental gland
缠霉素/捲麴黴素 capreomycin, capromycin
缠绕草本[植物]/纏繞草本 twining herb
缠绕茎/纏繞莖 twining stem
缠绕膜/伸縮薄膜 stretch film
缠绕数/纏繞數,超螺旋數 writhing number
缠绕运动/纏繞運動 twining movement
缠绕植物/纏繞植物 twining plant, twiner
蟾毒色胺/蟾蜍毒色胺,*N*-二甲基-5-羥色胺 bufotenine
产氨试验/産氨試驗 ammonia production test
产孢丝/造孢絲 gonimoblast
产孢体/産孢組織 gleba
产孢枝/梳狀孢梗 sporocladium
产孢组织/産孢組織 gleba
产孢组织拟侧丝/産孢組織擬側絲,網架假側絲 trabeculate pseudoparaphysis
产雌单性生殖/産雌單性生殖,産雌孤雌生殖 thelytocous parthenogenesis, thelytoky, thelyotoky
产雌孤雌生殖/産雌孤雌生殖,産雌單性生殖 thelytocous parthenogenesis, thelytoky, thelyotoky
产雌雄单性生殖/産雌雄單性生殖,産兩性單性生殖,産兩性孤雌生殖 anthogenesis, amphiterotoky, deuterotoky
产雌雄孤雌生殖/産雌雄單性生殖,産兩性單性生殖,産兩性孤雌生殖 anthogenesis, amphiterotoky, deuterotoky
产大肠[杆]菌素性/産生大腸菌素性 colicinogeny
产毒力/産毒力,産毒性 toxigenicity
产毒微生物/産毒微生物 toxigenic microorganism

产分生孢子细胞/產分生孢子細胞,產胞細胞 conidiogenous cell
产果器/果卵胞,造果器 carpogonium, carpogone, procarp
产[花]粉花/花粉花,雄花 pollen flower
产甲烷菌/[產]甲烷菌 methanogen, methanogenic bacteria
产甲烷[作用]/甲烷生成 methanogenesis
产精体/精子托,精子囊柄,精子梗 spermationphore
产孔/產孔 birth pore
产两性单性生殖/產兩性單性生殖,產兩性孤雌生殖,產雌雄單性生殖 anthogenesis, amphiterotoky, deuterotoky
产量表/產量表 yield table
产量呼吸量比/產量呼吸量比 production-respiration ratio
产量金字塔/生產量[金字]塔 production pyramid
产量-密度效应/產量-密度效果 yield-density effect, Y-D effect
产量曲线/產量曲線 yield curve
产量生物量比/產量生物量比 production-biomass ratio
产量图/產量圖 yield diagram
产量系数/產量係數 yield coefficient
产量锥体/生產量[金字]塔 production pyramid
产卵/產卵 spawning, oviposition, egg deposition
产卵场/產卵場 spawning ground
产卵刺激素/產卵刺激素 oviposition stimulant
产卵管/產卵管 ovipositor
产卵洄游/產卵洄游,生殖洄游,產卵遷移 spawning migration, breeding migration
产卵绝食/產卵絕食 spawning starvation
产卵力/產卵力,孕卵數 fecundity
产卵期/產卵期 oviposition period
产卵器/產卵器 ovipositor, oviscapt
产卵前期/產卵前期 preoviposition period
产卵丝/產卵絲 fila ovipositoris
产膜酵母/產膜酵母 film yeast
产囊丝/產子囊菌絲 ascogenous hypha
产囊体/產囊體 ascogonium, archicarp
产囊枝/產囊枝 ascophore
产婆蟾紧张肽/產婆蟾緊張肽 alytensin
产气荚膜梭菌素/產氣莢膜芽孢梭菌素 perfringocin
产气菌/產氣菌 aerogen
产前诊断/產前診斷 antenatal diagnosis, prenatal diagnosis
产氢产乙酸细菌/產氫產乙酸菌 hydrogen-producing acetogenic bacteria
产氢菌/產氫菌 hydrogenogen
产热/產熱,生熱作用 thermogenesis, heat production
产热临界温度/產熱臨界溫度 critical temperature for heat production
产热中枢/產熱中樞 thermogenic center
产色细菌/產色[細]菌 chromogenic bacteria
产物/產物,生成物 product
产物动力学/產物動力學 product kinetics
PCR 产物克隆/PCR 產物選殖 PCR product cloning
产物生成速率/產物生成速率 product formation rate
产物未定读框/產物未定讀框,未定義解讀框架 unidentified reading frame, URF
产雄单性生殖/產雄單性生殖,雄性單性生殖,產雄性孤雌生殖 androgenetic parthenogenesis, arrhenotoky
产雄孤雌生殖/產雄單性生殖,雄性單性生殖,產雄性孤雌生殖 androgenetic parthenogenesis, arrhenotoky
产雄精子/產雄精子 androspermium
产雄[器]孢子/雄孢子,小孢子 androspore
产雄生殖/產雄生殖 arrhenogeny
产芽孢酵母/產孢[子]酵母 sporogenous yeast
产氧光合细菌/產氧光合細菌,生氧光合細菌 oxygenic photosynthetic bacteria
产氧光合作用/產氧光合作用,生氧光合作用 oxygenic photosynthesis
产氧光细菌/產氧光細菌,生氧光細菌 oxyphotobacteria
产业代谢评估/產業代謝評估,工業代謝評估 industrial metabolism assessment, IMA
产业生态系统/產業生態系,工業生態系 industrial ecosystem
产业生态学/產業生態學,工業生態學 industrial ecology
产乙酸菌/產乙酸菌 acetogen
产幼虫/產幼蟲 larviposition
产幼生殖/產幼生殖 larviparity
颤搐蛋白/顫搐蛋白 twitchin
颤抖性产热/顫抖性產熱 shivering thermogenesis
长臂/長臂 long arm
长柄齿刚毛/長柄齒剛毛 long-handled seta
长波紫外线/長波紫外線,紫外光 A 段 ultraviolet A, UVA
长波紫外线防护因子/長波紫外線防護因子 ultraviolet A protection factor, UVAPF
长补丁/長補丁 long patch

长春花碱/長春[花]鹼 vinblastine
长春花新碱/長春[花]新鹼 vincristine
长度-张力关系/長度-張力關係 length-tension relation
长短日照植物/長短日照植物 long-short-day plant
长[环]反馈/長[環]回饋 long-loop feedback
长角果/長角果 silique
长链/長鏈 long chain
长链醇/長鏈醇 long chain alcohol
长链二元酸/長鏈二元酸 long chain dicarboxylic acid
长链非编码 RNA/長鏈非編碼 RNA long non-coding RNA, lncRNA
长链聚合物/長鏈聚合物 long chain polymer
长命种子/長命種子 macrobiotic seed
长末端重复序列/長末端重複序列 long terminal repeat, LTR
长胚带/長胚帶 tanyblastic germ band
长片段 PCR/長片段 PCR long range PCR
长期生态研究/長期生態研究 long-term ecological research, LTER
长区域限制图/長區域限制圖 long range restriction map
长日照/長日照 long day
长日照处理/長日照處理 long-day treatment
长日照昆虫/長日照昆蟲 long-day insect
长日照植物/長日照植物 long-day plant, LDP
长散布核元件/長散布核元件 long interspersed nuclear element, LINE
长散在重复序列/長散布重複序列 long interspersed repeated sequence
长散在核元件/長散布核元件 long interspersed nuclear element, LINE
长时程减弱/長效抑制 long-term depression, LTD
长时程抑制/長效抑制 long-term depression, LTD
长时程增强/長期強化,長期增效 long-term potentiation, LTP
长时记忆/長期記憶 long-term memory, LTM
长萜醇/長萜醇,多萜醇 polyprenol, dolichol
长萜醇寡糖前体/長萜醇寡糖前趨物 dolichol oligosaccharide precursor
长同源重复序列/長同源重複序列 long homologous repeat, LHR
长腕幼体/長腕幼體 pluteus
长吸气中枢/長呼吸中樞,長吸中心 apneustic center
长吸式呼吸/長吸[氣式]呼吸 apneusis
长效/長效 long-acting
长效甲状腺刺激物/長效甲狀腺刺激物,長效性甲狀腺刺激劑,長效甲狀腺刺激素 long-acting thyroid stimulator, LATS
长效甲状腺刺激因子/長效甲狀腺刺激物,長效性甲狀腺刺激劑,長效甲狀腺刺激素 long-acting thyroid stimulator, LATS
长须螨/網背螨 stigmaeid mite
长循环纳米载体/長迴圈奈米載體 long-circulation nanocarrier
长枝/長枝 long branch, long shoot
长轴组织/梭形組織 prosenchyma
肠/腸 intestine
肠胺/腸胺 enteroamine
肠叉/腸叉 intestinal bifurcation
肠产毒性大肠埃希氏菌/腸產毒性大腸桿菌 enterotoxigenic *Escherichia coli*, ETEC
肠产毒性大肠杆菌/腸產毒性大腸桿菌 enterotoxigenic *Escherichia coli*, ETEC
肠出血性大肠埃希氏菌/腸出血性大腸桿菌 enterohemorrhagic *Escherichia coli*, EHEC
肠促分泌神经元/腸促分泌神經元 enteric secretomotor neuron
肠促胰岛素/腸促胰島素,腸降血糖素,腸促胰液素 incretin, ducdenin
肠道病毒/腸病毒 enterovirus
肠道病原体/腸道病原菌 enteric pathogen
肠道淋巴组织/腸道淋巴組織 gut-associated lymphatic tissue, GALT
肠道细菌/腸内[細]菌 intestinal bacteria
肠毒素/腸毒素 enterotoxin
肠肝循环/腸肝循環 enterohepatic circulation
肠杆菌基因间重复共有序列/腸桿菌基因間重複共有序列 enterobacterial repetitive intergenic consensus sequence, ERIC sequence
肠高血糖素/腸昇糖素,腸[胰]高血糖素 enteroglucagon, glicentin
肠沟/腸溝 typhlosole
肠肌运动神经元/腸肌運動神經元 enteric musculomotor neuron
肠激酶/腸激酶 enterokinase
肠激肽/腸激肽 enterokinin
肠降血糖素/腸降血糖素,腸促胰島素,腸促胰液素 incretin, ducdenin
肠螨症/腸螨症 intestinal acariasis
肠盲道/腸盲道 typhlosolis
肠泌酸素/腸泌酸[激]素 entero-oxyntin
肠膜钙结合蛋白/腸膜鈣結合蛋白 intestinal membrane calcium-binding protein

肠脑/腸腦 brain in the gut
肠黏附性大肠埃希氏菌/腸黏附性大腸桿菌 enteroadhesive *Escherichia coli*, EAEC
肠黏膜/腸黏膜 intestinal mucosa
肠期/腸期 intestinal phase
肠腔法/腸腔法 enterocoelic method
肠侵袭性大肠埃希氏菌/腸侵襲性大腸桿菌 enteroinvasive *Escherichia coli*, EIEC
肠球菌素/腸球菌素 enterococcin, enterocin
肠绒毛/腸絨毛 intestinal villus
肠绒毛促动素/絨毛激素,腸絨毛收縮素 villikinin
肠神经/腸神經 enteric nerve
肠神经丛/腸叢 enteric plexus
肠神经免疫通信/腸神經免疫通訊 enteric neuroimmune communication
肠神经系统/腸[道]神經系統 enteric nervous system, ENS
肠神经元/腸神經元 enteric neuron
肠嗜铬细胞/腸嗜鉻細胞,腸親鉻細胞 enterochromaffin cell
肠嗜铬样细胞/腸嗜鉻樣細胞 enterochromaffin-like cell
肠肽酶/腸肽酶 enteropeptidase
肠体腔/腸體腔 enterocoel
肠-胃反射/腸-胃反射 entero-gastric reflex
肠系膜/腸系膜 mesentery
肠下静脉/腸下靜脈 subintestinal vein
肠腺/[小]腸腺 intestinal gland
肠相关淋巴[样]组织/腸上淋巴[樣]組織 gut-associated lymphoid tissue, GALT
肠液/腸液 intestinal juice
肠-胰岛轴/腸胰島軸 entero-insular axis
肠抑肽/腸抑肽 enterostatin
肠抑胃素/腸抑胃[泌]素,胃抑激素 enterogastrone
肠抑胃肽/腸抑胃肽,胃抑制肽 gastric inhibitory polypeptide, GIP
肠运动神经元/腸運動神經元 enteric motor neuron
肠支/腸盲囊 intestinal cecum
肠致病性大肠埃希氏菌/腸病原性大腸桿菌 enteropathogenic *Escherichia coli*, EPEC
常规动物/傳統式動物 conventional animal, CV animal
常规抗原/常規抗原 conventional antigen
常规灭绝/自然滅絶 normal extinction
常见变异型免疫缺陷病/常見變異性免疫缺陷病 common variable immunodeficiency disease, CVID
常见种/常見種 common species
常居 DNA/常居 DNA,居民 DNA resident DNA
常量元素/常量元素,大量元素,主要元素 macroelement, major element
常绿草本群落/常綠草本群落 sempervirentiherbosa
常绿季节林/常綠季節林 evergreen seasonal forest
常绿阔叶林/常綠闊葉林 evergreen broadleaf forest, laurel forest
常绿阔叶林带/常綠闊葉林帶 laurel forest zone
常绿群落/常綠群落 evergreen community
常绿针叶林/常綠針葉林 evergreen coniferous forest, evergreen needle-leaved forest
常绿针叶林带/常綠針葉林帶 evergreen coniferous forest zone
常绿植物/常綠植物 evergreen plant
常年放牧/連續放牧,連續啃食 continuous grazing
常年开花植物/常時開花植物 everflowering plant
常栖林底层生物/林地常棲生物 patocole
常染色体/常染色體,體染色體 autosome, euchromosome
常染色体显性/常染色體顯性,體染色體顯性 autosomal dominant
常染色体遗传/常染色體遺傳 autosomal inheritance
常染色体隐性/常染色體隱性,體染色體隱性 autosomal recessive
常染色质/常染色質,真染色質 euchromatin
常染色质化/真染色質化 euchromation
常染色质区/真染色質區 euchromatic zone
常数/常數 constant
常态化光形态建成/常態化光形態建成 constitutive photomorphogenesis
常压蒸汽灭菌/常壓蒸汽滅菌 steam sterilization under normal pressure
常氧氮[混合气]/常氧氮[混合氣] normoxic nitrogen
常氧氦[混合气]/常氧氦[混合氣] normoxic helium
常优种/常優種 perdominant
常有丝分裂/正常有絲分裂,模式有絲分裂 eumitosis
常雨灌丛/常雨灌木群落,熱帶灌木[降]雨林 pluviifruticeta
常雨灌木群落/常雨灌木群落,熱帶灌木[降]雨林 pluviifruticeta
常雨林/常雨喬木群落,熱帶喬木[降]雨林 pluviisilvae
常雨木本群落/常雨木本群落 pluviilignosa
常雨乔木群落/常雨喬木群落,熱帶喬木[降]雨林 pluviisilvae
场/場 field
场电位/場電位 field potential

场发射扫描电镜/場發射掃描電子顯微鏡 field emission scanning electron microscope, FESEM
场发射透射电镜/場發射穿透電子顯微鏡 field emission transmission electron microscope, FETEM
场离子显微镜/場離子顯微鏡 field ion microscope, FIM
场流分级分离/場流分離系統 field-flow fractionation
场深/景深 depth of field
场所恐惧症/懼空曠症 agoraphobia
场梯度/場梯度 field gradient
敞口发酵/敞口發酵,開口發酵 open fermentation
敞水带/湖沼區,湖沼帶 limnetic zone
超棒眼/雙棒眼,狹棒眼 double bar
超薄切片/超薄切片 ultrathin section
超薄切片机/超薄切片機 ultramicrotome
超薄切片术/超薄切片術 ultramicrotomy, ultrathin sectioning
超倍体/超倍體 hyperploid
超变区/超變區,高度變異區 hypervariable region, HVR
超变小卫星/超變小衛星,高度變異小衛星 hypervariable minisatellite
DNA 超变小卫星/DNA 高度變異小衛星 DNA hypervariable minisatellite
超表达/過量表達,過度表達 overexpression
超补偿/超補償 overcompensate
超补体单元型/超補體單元型 supracomplotype
超操纵子/超操縱子 superoperon
超常期/超常期 supranormal period, supernormal period
超雌性/超雌性 superfemale
超单元型/超單元型 supratype
超导生物磁强计/超導生物磁強計 superconducting biomagnetome
超等长收缩/超等長收縮 plyometric contraction
超低频电磁辐射/極低頻電磁輻射 extremely low frequency electromagnetic radiation
超低温保藏/超低温保存 cryopreservation
超短环反馈/超短環回饋 ultrashort-loop feedback
超额数毛基体/超額數毛基體 supernumerary kinetosome
超二倍体/超數二倍體 hyperdiploid
超二级结构/超二級結構 super-secondary structure
超分子反应/超分子反應 supramolecular reaction
超分子激活簇/超分子激活簇,超分子活化簇 supramolecular activation cluster, SMAC
超复杂细胞/超複雜細胞 hypercomplex cell
超富营养湖/超優養湖 hypertrophic lake
超感染/超感染,重疊感染,重複感染 superinfection
超感染噬菌体/超感染噬菌體,重複感染噬菌體 superinfecting phage
超高分辨率荧光显微术/超高解析度螢光顯微術 super-resolution fluorescence microscopy
超高温灭菌/超高温滅菌[法] ultrahigh temperature sterilization, UHTS
超个体/超生物體 superorganism
超活染色/體外活體染色 supravital staining
超基因/超基因 supergene
超基因家族/超基因家族 supergene family
超级杂草/超級雜草 superweed
超级柱/超柱狀體 hypercolumn
超极化/超極化,過極化 hyperpolarization
超急性排斥反应/超急性排斥[反應] hyperacute rejection, HAR
超寄生/超寄生,多次寄生,過寄生 superparasitism
超寄生物/重[複]寄生物 hyperparasite
超家族/超家族 superfamily
超净台/超淨臺,無菌操作臺 superclean bench, laminar flow cabinet
超抗原/超抗原 superantigen
超量恢复/過恢復 over-recovery
超量原子百分数/超量原子百分數 atom percent excess, APE
超临界流体色谱法/超臨界流體層析法 supercritical fluid chromatography
超临界流体系统/超臨界流體系統 supercritical fluid system
超临界液体层析/超臨界流體層析法 supercritical fluid chromatography
超灵敏感觉/超靈敏感覺 ultrasharp sense
超滤/超過濾作用,超[微過]濾 ultrafiltration, hyperfiltration
超滤膜/超濾膜 ultrafiltration membrane, hyperfiltration membrane
超滤浓缩/超濾濃縮 ultrafiltration concentration
超滤器/超濾器 ultrafilter
超滤液/超濾液 ultrafiltrate
超螺旋/超螺旋,緊密螺旋,多重盤繞 superhelix, superhelical twist, supercoil
超螺旋 DNA/超螺旋 DNA supercoiled DNA, superhelical DNA
DNA 超螺旋/DNA 超螺旋 DNA superhelix, DNA supercoiling
超螺旋密度/超螺旋密度 superhelix density
超免疫/超免疫 hyperimmunization

超免疫抗体/超免疫抗體 hyperimmune antibody
超免疫性/高免疫性 hyperimmunity
超免疫血清/超免疫血清 hyperimmune serum
超免疫状态/高免疫狀態 hyperimmune state
超敏反应/過敏反應 hypersensitivity
超敏反应性炎症/過敏性發炎 allergic inflammation
超敏性/過敏[感]性,高敏[感]性 hypersensitivity
超前凝聚染色体/超前凝聚染色體,早熟凝集染色體 prematurely condensed chromosome, PCC
超亲分离/越親分離 transgressive segregation
超亲水性/超親水性 superhydrophilicity
超亲遗传/越親遺傳 transgressive inheritance
超日节律/超日節律 ultradian rhythm
超锐度/超銳度 hyperacuity
超射/超限,過衝 overshoot
超深渊带/超深淵區 hadal zone
超深渊动物区系/超深淵動物相 hadal fauna
超深渊水层带/超深淵水層帶 hadopelagic zone
超声[波]/超聲波,超音波 ultrasound
超声波法/超音波法 ultrasound method
超声波介导转化法/超聲波介導轉化法 ultrasonic-mediated transformation
超声波作用/超聲波作用,超音波破碎 ultrasonication
超声成像/超音波檢查 ultrasonography
超声气泡探测仪/超聲氣泡探測儀 ultrasonic gas bubble detector
超嗜热生物/超嗜熱生物 hyperthermophile
超嗜热微生物/超嗜熱微生物 hyperthermophilic microorganism
超疏水性/超疏水性 superhydrophobicity
超数精核/剩餘精核 supernumerary nucleus
超[数]排卵/超量排卵,排卵過旺 superovulation, over ovulation
超数染色体/超數染色體 supernumerary chromosome
超顺磁性纳米颗粒/超順磁性奈米顆粒 superparamagnetic nanoparticle
超速离心/超[高]速離心 ultracentrifugation
超速驱动抑制/超速性抑制 overdrive suppression
超体积/超體積 hyper volume
超微结构/超微結構 ultrastructure
超微结构细胞化学/超微結構細胞化學 ultrastructural cytochemistry
超微弱发光/超微弱發光 ultraweak luminescence
超[微]弱光子辐射/超微弱光子輻射 ultraweak photon emission
超微微型浮游生物/超微微浮游生物 femtoplankton
超微型浮游动物/皮級浮游動物 picozooplankton
超微型浮游生物/超微[型]浮游生物,皮級浮游生物 picoplankton, ultrananoplankton, ultraplankton
超微型浮游植物/皮級浮游植物 picophytoplankton
超显微微生物/超顯微微生物,超視微生物 ultramicroscopic organism
超[显]微形态学/超顯微形態學,超視微形態學 ultramicroscopic morphology
超显性/超顯性 superdominance, overdominance
超显性基因/超顯性基因 overdominant gene
超显性假说/超顯性假説 overdominance hypothesis
超限/超限,過衝 overshoot
超效等位基因/超效等位基因,超效對偶基因 hypermorph
超性/超性 supersex
超雄性/超雄性 supermale
超盐水/超鹽水,高鹽水 ultrahaline water, hyperhaline water
超氧化物/超氧化物 superoxide
超氧化物歧化酶/超氧化物歧化酶 superoxide dismutase, SOD
超氧化物歧化酶模拟酶/超氧化物歧化酶模擬酶,SOD 模擬酶 superoxide dismutase mimic enzyme, SOD mimic enzyme
超氧阴离子/超氧陰離子,過氧化物陰離子 superoxide anion
超种/超種 superspecies
超重/超重 hypergravitation, hypergravity, ultra-gravity
超昼夜节律/亞日節律 infradian rhythm
巢/巢,窩 nest, nidus
巢蛋白/巢蛋白 nidogen, entactin
巢寄生[现象]/巢寄生,客居現象 brood parasitism, inquilinism
巢内共生物/巢內共生物 nest symbiont
巢气味/巢氣味 nest odor
巢式 PCR/巢式 PCR,巢式聚合酶鏈反應 nested PCR
巢式 PCR 变性梯度凝胶电泳/巢式 PCR 變性梯度凝膠電泳 nested PCR denaturing gradient gel electrophoresis, nested PCR-DGGE
巢式聚合酶链反应/巢式聚合酶鏈反應,巢式 PCR nested PCR
巢式 PCR 限制性片段长度多态性/巢式 PCR 限制性片段長度多態性 nested PCR-restriction fragment length polymorphism, nested PCR-RFLP
巢式样方法/巢式樣方法 nested quadrat method
巢式引物/巢式引子 nested primer

巢域/活動範圍　home range
朝向辨别/方位辨别　orientation discrimination
朝向反射/朝向反射　orienting reflex
潮差/潮差　tidal range, tide range
潮池/潮池　tidal pool
潮间带/潮間帶　intertidal zone, mediolittoral zone, tidal zone
潮间带群落/潮間帶群落,潮間帶群聚　intertidal community
潮间带生态学/潮間帶生態學　intertidal ecology
潮霉素/潮黴素　hygromycin
潮霉素B磷酸转移酶/潮黴素B磷酸轉移酶　hygromycin B phosphotransferase
潮气量/潮氣量,潮氣容積　tidal air, tidal volume, TV
潮上带/潮上帶,上潮帶　supralittoral zone, supratidal zone
潮式呼吸/謙史二氏呼吸,金史二氏呼吸　Cheyne-Stokes respiration
潮位/潮位　tidal level
潮汐/潮汐,[海]潮　tide
潮汐节律/潮汐節律,潮汐律動　tidal rhythm
潮汐林地/海潮林地　tidal woodland
潮汐滩地/潮汐灘地　tidal flat
潮汐移动/潮汐移動　tidal migration
潮汐涨幅周期/潮汐漲幅週期　tidal amplitude cycle
潮汐钟/潮汐時鐘　tidal clock
潮汐周期/潮汐週期　tidal cycle
潮汐周期性/潮汐週期性　tidal periodicity
潮溪/潮溪　tidal creek
潮下带/潮下帶,亞潮帶　subtidal zone
潮线/潮線　tidal line
潮线下群落/潮線下群落,潮線下群聚,亞潮帶群聚　subtidal community
潮沼/潮沼　tidal marsh
车轮错觉/車輪錯覺　wagon wheel illusion
掣爪片/牽爪筋板　unguitractor plate
撤[光]效应/撤光效應　off-effect
尘螨/塵蟎　dust mite, dermatophagoid mite
尘细胞/塵細胞　dust cell
沉淀[反应]/沉澱反應　precipitation
沉淀试验/沉澱試驗　precipitation test
沉淀素/沉澱素　precipitin
沉淀素试验/沉澱素試驗　precipitin test
沉淀性抗体/沉澱性抗體　precipitating antibody
沉淀原/沉澱原　precipitinogen
沉积物污染/沉積物污染　sediment pollution
沉积[物]循环/沉積[物]循環　sedimentary cycle
沉积作用/沉積作用　sedimentation
沉降/沉降　sedimentation
沉降平衡/沉降平衡　sedimentation equilibrium
沉降系数/沉降係數　sedimentation coefficient
沉默/沉默,緘默,默化　silent, silencing
RNA 沉默/RNA 緘默　RNA silencing
沉默等位基因/緘默等位基因,默化對偶基因　silent allele
沉默盒/緘默盒,默化盒　silent cassette
沉默基因/緘默基因,默化基因,不活動基因　silent gene
沉默突变/緘默突變,默化突變　silent mutation
沉默突触/沉默突觸,緘默突觸　silent synapse
沉默子/沉默子,緘默子　silencer
沉默子序列/緘默子序列　silencer sequence
沉默子元件/緘默子元件　silencer element
沉水植被带/沉水植被帶　submerged vegetation zone
沉水植物/沉水植物　submerged hydrophyte, submerged plant, immersed aquatic plant
沉水植物群落/沉水植物群落　submerged plant community
沉性卵/沉性卵,底層卵　demersal egg
陈酿/陳釀　aging
陈-施呼吸/謙史二氏呼吸,金史二氏呼吸　Cheyne-Stokes respiration
陈氏滤纸虹吸器官培养系统/陳式濾紙虹吸培養系統　Chen filter paper siphonage culture system
陈述性记忆/陳述性記憶　declarative memory
晨昏活动型/晨昏活動型　crepuscular type
晨昏期/晨昏期　crepuscular period
晨昏迁徙/晨昏遷徙,晨昏遷移　twilight migration
衬度/襯度　contrast
衬度传递函数/襯度傳遞函數　contrast transfer function, CTF
衬度传递函数校正/襯度傳遞函數校正　contrast transfer function correction, CTF correction
成斑/斑片　patching
成斑效率/成斑效率　efficiency of plating
成层胶/成層膠　spacer gel
成虫/成蟲　imago, adult, prosopon
成虫盘/成蟲盤　imaginal disc
成虫羽化/成蟲羽化　adult emergence
成带现象/成帶現象,分區現象　zonation
成对规则基因/成對規則基因,配對法則基因　pair-rule gene
成对碱性氨基酸蛋白酶/成對鹼性氨基酸蛋白酶,弗林蛋白酶　furin
成对染色体/成對染色體　pairing chromosome

成对算法/成對演算法 pairwise algorithm
成分输血/成分輸血 blood component therapy, component blood transfusion
成根素/發根物質,根激素,生根物質 root-forming substance, rhizocaline
成根物/發根物質,根激素,生根物質 root-forming substance, rhizocaline
成骨不全/成骨不全症 osteogenesis imperfecta
成骨蛋白/成骨蛋白 osteogenin
成骨生长性多肽/成骨生長性多肽 osteogenic growth polypeptide, OGP
成骨生长性肽/成骨生長性肽 osteogenic growth peptide
成骨细胞/成骨細胞,生骨細胞,骨母細胞 osteoblast
成核蛋白/成核蛋白,核化蛋白 nucleating protein
成核聚合/成核聚合 nucleation-polymerization
成核模型/成核模型 nucleation model
成核缩合模型/成核縮合模型 nucleation-condensation model
成核位置/成核位置 nucleation site
成核增长模型/成核增長模型 nucleation-propagation model
成黑[色]素细胞/成黑素細胞 melanoblast
成红[血]细胞/紅血球母細胞,成紅血球細胞 erythroblast
成花[激]素/開花荷爾蒙,開花激素 flowering hormone, florigen
成花生物学/花部生物學 floral biology
成花诱导/成花誘導 floral induction
成花诱导物/花器誘導物質 flower-inducing substance
成肌蛋白/肌細胞生成蛋白,肌細胞生成素,生肌素 myogenin
成肌素/肌細胞生成蛋白,肌細胞生成素,生肌素 myogenin
成肌细胞/肌原細胞,肌母細胞 myoblast
成浆细胞/漿母細胞 plasmablast
成胶质细胞/成膠質細胞,海綿絲原細胞 spongioblast, glioblast
成孔蛋白/成孔蛋白 pore-forming protein
成笼蛋白/格形蛋白,内涵蛋白 clathrin
成卵细胞/成卵細胞 ooblast
成螨/成蟎 adult, imago, prosopon
成膜粒/成膜粒 phragmosome
成膜体/成膜體,隔膜形成體 phragmoplast
成囊细胞/成囊細胞 capsulogenic cell
成胚过程/胚形成過程 embryogenetic process
成胚细胞/成胚細胞 embryoblast
成蜱/成蜱 adult, imago, prosopon
成气管细胞/微管胚 tracheoblast
成人 T 细胞白血病病毒/成人 T 細胞白血病病毒 adult T cell leukemia virus
成软骨细胞/軟骨母細胞 chondroblast
成神经细胞/成神經細胞,神經母細胞 neuroblast
成视网膜细胞瘤/成視網膜細胞瘤,視網膜母細胞瘤,視網膜胚細胞瘤 retinoblastoma
成视网膜细胞瘤蛋白/成視網膜細胞瘤蛋白,視網膜母細胞瘤蛋白 retinoblastoma protein
成熟/成熟 maturation
成熟度/成熟度 degree of maturity
成熟分裂/成熟分裂 maturation division
成熟节片/成熟節片 mature segment, mature proglottid
成熟卵/成熟卵 mature ovum
成熟卵泡/成熟卵泡 mature follicle
成熟酶/成熟酶 maturase
成熟面/成熟面,反[式]面 *trans*-face
成熟胚培养/成熟胚培養 culture of mature embryo
成熟期/成熟期 mature stage, maturation period
成熟前期/成熟前期 prematuration period
成熟前有丝分裂/成熟前有絲分裂 premeiotic mitosis
成熟乳汁/成熟乳 mature milk
成熟细胞/成熟細胞 mature cell
成束蛋白/成束蛋白 fasciclin
成束茎/成束莖 fascicled stem
成束现象/成束現象 fasciculation
成髓细胞蛋白酶/成髓細胞蛋白酶 myeloblastin
成套干腊标本集/臘葉標本 herbarium sheet, exsiccata
成体/成體 adult
成体干细胞/成體幹細胞 adult stem cell
成体期/成體期 adult stage
成体器官发生/成體器官發生 imaginal organogenesis
成纤维细胞/成纖維細胞,纖維母細胞 fibroblast
成纤维细胞生长因子/纖維母細胞生長因子,纖維原細胞生長因子 fibroblast growth factor, FGF
成纤维细胞生长因子家族/纖維母細胞生長因子家族 fibroblast growth factor family, FGF family
成纤维细胞生长因子受体/纖維母細胞生長因子受體 fibroblast growth factor receptor, FGFR
成纤维细胞诱生细胞因子/纖維母細胞誘導細胞激素 fibroblast-induced cytokine
成像板探测器/成像板探測器 image-plate detector

成心细胞/成心細胞,心母細胞 cardioblast
成星形胶质细胞/成星體細胞 astroblast
成形质/成形質,形成質 morphoplasm
成型群落/穩定群落 stable community
成血管细胞/血管母細胞,血管生成細胞 angioblast
成血细胞/成血細胞 hemocytoblast
成牙本质细胞/成牙質細胞 odontoblast
成叶素/葉生長激素 phyllocaline
成瘾/成癮 addiction
成蛹/成蛹 imagochrysalia, teleiophane
成幼同型/成幼同型 homomorpha
成釉[质]细胞/成釉細胞 ameloblast
成组织细胞/成組織細胞 histoblast
呈递抗原细胞/抗原呈現細胞,抗原呈遞細胞 antigen-presenting cell, APC
SOS 呈色测验/SOS 染色試驗法 SOS chromotest
承载力/承載力,容納量,承載量 carring capacity
城市承载力/都市承載力 urban carrying capacity
城市大气环流/都市大氣環流 urban atmospheric circulation
城市化/都市化 urbanization
城市景观/都市景觀 urban landscape
城市昆虫学/都市昆蟲學 urban entomology
城市林业/都市林業 urban forestry
城市逆温层/都市逆溫層 urban inversion layer
城市农业/都市農業 urban agriculture
城市气候/都市氣候 urban climate
城市热岛效应/都市熱島效應 urban heat island effect
城市社会生态学/都市社會生態學 urban socioecology
城市生态规划/都市生態規劃 urban ecological planning
城市生态系统/都市生態系 urban ecosystem
城市生态学/都市生態學 urban ecology
城市峡谷效应/都市峽谷效應 urban canyon effect
程控降温仪/程式控制降溫儀 program-controlled cooling device
程序变流层析/程式變流層析法 flow-programmed chromatography
程序性错读/程式性錯讀 programmed misreading
程序性坏死/程式性壞死 programmed necrosis
程序性记忆/程式性記憶 procedural memory
程序性死亡[蛋白]-1/計劃性死亡-1 programmed death-1, PD-1
程序性死亡[蛋白]配体-1/PD-1 配體 1 programmed death ligand-1, PD-L1
程序性死亡[蛋白]配体-2/PD-1 配體 2 programmed death ligand-2, PD-L2
程序性突变/程式性突變 programmed mutation
程序性细胞死亡/程式性細胞死亡,計劃性細胞死亡 programmed cell death, PCD
惩罚系统/懲罰系統 punishment system
橙皮苷/橘皮苷,檸檬黃素 hesperidin, vitamin P
橙皮苷酶/橘皮苷酶 hesperidinase
池塘群落/池塘群落,池塘群聚 tiphium, pool community
池塘生物/池塘生物 tiphicole
池塘演替/池塘演替,池塘消長 pond succession
池液/池液 reservoir solution, well solution
弛豫/鬆弛 relaxation
弛豫时间/鬆弛時間 relaxation time
迟发型超敏反应/遲發型過敏反應 delayed type hypersensitivity
迟发型超敏反应性 T 淋巴细胞/遲發型過敏反應 T 淋巴球 delayed type hypersensitivity T lymphocyte, DTH T lymphocyte
迟发型皮肤超敏试验/遲發型皮膚過敏試驗,遲發型皮膚敏感試驗 delayed cutaneous hypersensitivity test
迟发型皮肤反应/遲發型皮膚反應 delayed cutaneous reaction
迟发性肌肉酸痛/延遲性肌肉酸痛 delayed onset muscle soreness, DOMS
迟发性神经毒性/遲發性神經毒性 delayed neurotoxicity
迟发性异种移植物排斥反应/延遲性異種移植排斥反應 delayed xenograft rejection, DXR
迟复制 X 染色体/晚複製 X 染色體 late replicating X chromosome
迟现抗原/非常晚期活化抗原 very late appearing antigen, very late antigen, VLA
迟现抗原-1/非常晚期活化抗原-1 very late appearing antigen-1, VLA-1
迟现抗原-2/非常晚期活化抗原-2 very late appearing antigen-2, VLA-2
迟现抗原-3/非常晚期活化抗原-3 very late appearing antigen-3, VLA-3
迟现抗原-4/非常晚期活化抗原-4 very late appearing antigen-4, VLA-4
迟现抗原-5/非常晚期活化抗原-5 very late appearing antigen-5, VLA-5
迟现抗原-6/非常晚期活化抗原-6 very late appearing antigen-6, VLA-6
迟延表现/延遲表現 delayed expression
迟延反应/延遲反應 delayed reaction

迟延突变/緩發性突變 delayed mutation
迟滞/遲滯後[現象],遲滯後作用 hysteresis
持家基因/持家基因,管家基因,看家基因 house-keeping gene
持久性/持久性 persistence
持久性有机污染物/持久性有機污染物 persistent organic pollutant, POP
持水量/容水量,保水容量,保濕量 moisture-holding capacity, water-holding capacity
持续变异/持續飾變,永續飾變,永久[性]變形 persisting modification, dauermodification, permanent modification
持续低氧/持續低氧 continuous hypoxia
持续饰变/持續飾變,永續飾變,永久[性]變形 persisting modification, dauermodification, permanent modification
持续型感受器/持續型感受器 sustained receptor
持续性感染/持續性感染 persistent infection
持续训练/持續訓練 continuous training
持续渔获量/持續漁獲量 sustainable yield
尺侧腕伸肌/尺側腕伸肌 extensor carpi ulnaris muscle
尺寸排阻色谱法/尺寸排除色層分析法,粒徑排阻層析法 size exclusion chromatography
尺寸依赖的胞吞作用/尺寸依賴的胞吞作用 size-dependent endocytosis
尺度/尺度 scale
尺度上推/尺度上推 scaling up
尺度推绎/尺度分析 scaling
尺度下推/尺度下推 scaling down
尺度效应/尺度效應 scale effect
尺度转换/尺度分析 scaling
尺骨/尺骨 ulna
齿板/齒板 dental plate
齿槽/齒槽 dental socket
齿槽装置/齒槽裝置 tooth-socket device
齿刚毛/齒剛毛 dentate seta
齿根/齒根 tooth root
齿骨/齒骨 dentary bone
齿骨质/齒堊質 cement
齿冠/齒冠,刺冠 tooth crown, corona
齿环/齒環 denticulate ring
齿棘/齒棘 tooth papilla
齿尖/齒尖 tooth cusp
齿[间]隙/齒[間]隙 diastema
齿颈/齒頸 tooth neck
齿孔酸/齒孔酸 eburicoic acid
齿裂/裂縫 slit
齿片刚节/齒片剛節 unciniger
齿片钩毛/齒片鉤毛 uncinus
齿舌/齒舌 radula
齿舌囊/齒舌囊 radula sac
齿舌下器/齒舌下器 subradular organ
齿式/齒式 dental formula, dentition formula
齿髓/齒髓 dental pulp
[齿]髓腔/[齒]髓腔 pulp cavity
齿体/小齒 denticle
齿突/齒突 odontoid process, condyle
齿窝/齒窩 tooth socket
齿系/齒系 dentition
齿下口棘/齒下口棘 infradental papilla
齿小蠹二烯醇/齒小蠹二烯醇 ipsdienol
齿小蠹烯醇/齒小蠹烯醇 ipsenol
齿龈/齒齦 gum
齿质/齒質 dentine
齿状核/齒狀核 dentate nucleus
齿状回/齒狀回 dentate gyrus
豉甲酮/豉甲酮 gyrinidone
赤潮/赤潮,紅潮 red tide, akashio
赤道/赤道 equator
赤道板/赤道板 equatorial plane, equatorial plate
赤道部/赤道部 ambitus
赤道沟/赤道溝 equatorial furrow
赤道面/赤道板 equatorial plane, equatorial plate
赤道无风带/赤道無風帶 doldrums
赤霉素/吉貝素,激勃素 gibberellin
赤藓素/地衣紅質 erythrin
赤藓糖/赤蘚糖 erythrose
赤藓糖醇/丁四醇,赤蘚醇,紅甘露醇 erythritol, erythrol, erythromannite
赤[藓糖]型构型/赤蘚糖組態 erythro-configuration
赤藓酮糖/赤蘚酮糖 erythrulose
翅/翅,翼 wing
翅斑/翼鏡 speculum
翅瓣/小翅 alula, aluler, cuilleron
翅背胝/翅背瘤 postalar callus
翅侧片/翅側板 pteropleuron
翅侧片鬃/翅側剛毛 pteropleural bristle
翅多型/翅多型 alary polymorphism
翅钩/鉤列 hamule, hamulus
翅关节片/腋骨髁 axillaries
翅果/翅果,翼果 samara, key-fruit
翅后桥/翅後橋 postalare, postalar bridge, postalaria
翅后鬃/翅後鬃,翅後剛毛 postalar bristle
翅基片/翅基板 tegula
翅缰/翅刺 frenulum

翅脉/翅脈 vein, nervure
[翅]内缘/内緣 inner margin
翅内鬃/翅内鬃,翅基内側剛毛 intraalar bristle
翅前副片/前翅基片 anterior basalare
翅前桥/翅前橋 prealare, prealar bridge, prealaria
[翅]前缘/前緣 costal margin, protoloma
翅前鬃/翅前鬃,翅基前剛毛 prealar bristle
翅桥/翅基突 alaraliae
翅韧带/翅基韌帶 alar frenum
翅上鬃/翅上鬃,翅基頂剛毛 supraalar bristle
翅室/[小]翅室 cell, areae, areola
[翅]外缘/外緣 outer margin
翅下大结节/翅下大結節 subalar knob, subalifer
翅下窝/翅下窩 subalar pit
翅形体/翅形體 pteromorpha
翅形体铰链/翅形體鉸鏈 pteromorpha hinge
翅胸/生翅胸 pterothorax
翅痣/翅痣 pterostigma, stigma
冲积层/沖積層 alluvium
充盈期/充盈期 filling period
虫包体/蟲包體 cystid
虫包外孔/蟲包外孔 cystial pore
虫草[菌]素/[蛹]蟲草菌素 cordycepin
虫道真菌/蛀道真菌 ambrosia fungus
虫粪/蟲糞 fecula, frass
虫害/害蟲 insect pest
虫红素/蟲紅素 insectorubin
虫黄藻/蟲黄藻 zooxanthella
虫菌体/蟲菌體 hyphal body
虫绿藻/蟲綠藻 zoochlorella
虫媒/蟲媒 entomophily, entomophila
虫媒病毒/蟲媒病毒,樹狀病毒 arbovirus
虫媒传播疾病/蟲媒疾病 insect-borne disease
虫媒传粉/蟲媒傳粉 insect pollination
虫媒花/蟲媒花 entomophilous flower
虫媒两型/二種蟲媒型 dientomophily
虫媒植物/蟲媒植物 entomophile, insect-pollinated plant
虫尿色素/蟲尿色素 entomourochrome
虫期特异基因表达/蟲期特異基因表現 stage-specific gene expression
[虫]漆酶/蟲膠酶,漆化酵素 laccase
虫青素/蟲青素 insecticyanin
虫生真菌/昆蟲寄生性真菌 entomogenous fungus
虫室/蟲室 zooecium
虫体/蟲體 polypide
虫体原基/蟲體原基 polypidian primordium
虫瘿/蟲癭 gall, cecidium
重瓣花/重瓣花 double flower
重棒眼/雙棒眼,狹棒眼 double bar
重编程/重編程,重程式設計 reprogramming
重编程因子/重程式設計因子 reprogramming factor
重编程因子运载系统/重程式設計因子運載系統 reprogramming factor delivery system
重搏波/重搏波,降中波,重脈波 dicrotic wave
重搏波切迹/重搏波切跡,降中峽 dicrotic notch, dicrotic incisure
重捕[获]/再捕獲 recapture
重氮盐/重氮鹽 diazonium salt
重叠 DNA/重疊 DNA contig DNA
重叠度/重疊度 degree of overlap
重叠感染/重疊感染,重複感染,超感染 superinfection
重叠基因/重疊基因 overlapping gene
重叠可读框/重疊開讀框,重疊開放讀碼區 overlapping open reading frame
重叠群/[片段]重疊群,疊連群 contig, continuous group
重叠群作图/重疊群作圖 contig mapping
重叠生态位/重疊生態席位 overlapping niche
重叠世代/重疊世代 overlapping generation
重叠微管/重疊微管 overlap microtubule
重叠像/重疊影像 superposition image
重叠延伸 PCR/重疊延伸 PCR overlap extension PCR
重叠眼/重疊像眼,疊生眼 superposition eye
重定居/重新拓殖 recolonization
重复/重複 duplication
重复 DNA/重複 DNA repetitive DNA, repeated DNA
重复感染/重複感染 repeated infection, reinfection
重复呼吸法/重複呼吸法 rebreathing method
重复基因/重複基因 reiterated gene
重复基因座/重複基因座 duplicate locus
重复率/重複率 repeatability
重复染色体/重複染色體 duplicated chromosome
重复相眼/重疊像眼,疊生眼 superposition eye
重复序列/重複序列 repeated sequence, repetitive sequence
重复 DNA 序列/重複 DNA 序列 repetitive DNA sequence
Alu 重复序列/*Alu* 重複序列 *Alu* repetitive sequence
重复序列长度多态性/重複序列長度多態性 repeat sequence length polymorphism
重复芽/重複芽 duplicate bud

重复子/重複子,複製子 duplicon
重构抗体/重構抗體 reshaped antibody
重寄生/重複寄生,外表寄生 epiparasitism, hyperparasitism
重寄生物/重[複]寄生物 hyperparasite
重建/重建 reconstruction, reconstitution
重孔粒/重孔粒 pororate grain
重名/重名 tautonymy, tautonymous name
重排/重排 rearrangement
DNA 重排/DNA 重排 DNA rearrangement
重排基因/重排基因 rearranging gene
重摄取/重攝取,再攝取,再吸收 reuptake
重塑/重塑 remodeling
重调定/重調,復位 resetting, resetting of set-point
重退火/重復性 reannealing
重吸收/重吸收 reabsorption
重新环化/重新環化 recircularization
重新评价原则/重新評價原則 afresh appraise principle
重芽/二重芽 double bud
重演/重演 recapitulation
重演发育/重演性發生 palingenesis
重演发育期/重演性發生期 palingenetic stage
重演过程/重演過程 palingenetic process
重演论/重演論 recapitulation theory
重演律/重演律 recapitulation law
重演行为/重演行為 reiterative behavior
重演性变态/重演性變態 palingenetic metamorphosis
重演性状/重演性狀 palingenetic character
重演再生/重演再生 palingenetic regeneration
重折叠/重折疊,再折疊 refolding
重组/重組 recombination
重组 DNA/重組 DNA recombinant DNA
重组 PCR/重組 PCR recombination PCR
重组 RNA/重組 RNA recombinant RNA
DNA 重组/DNA 重組 DNA recombination
RNA 重组/RNA 重組 RNA recombination
重组白喉毒素与白介素-2 融合蛋白/重組白喉毒素與介白素-2 融合蛋白 recombinant diphtheria toxin and interleukin-2 fusion protein
重组白[细胞]介素/重組介白素 recombinant interleukin
重组表达 cDNA 克隆的血清学分析技术/重組表現 cDNA 克隆的血清學分析技術 serological analysis of recombinantly expressed cDNA clone, SEREX
重组表皮生长因子/重組表皮生長因子 recombinant epidermal growth factor
重组病毒载体疫苗/重組病毒載體疫苗 recombinate viral vector vaccine
重组蛋白[质]/重組蛋白[質] recombinant protein
重组干扰素/重組干擾素 recombinant interferon
重组干细胞因子/重組幹細胞因子 recombinant stem cell factor
重组工程/重組工程 recombineering
重组红细胞生成素/重組紅血球生成素 recombinant erythropoietin
重组环 PCR/重組環 PCR recombination circle PCR
重组活化基因/重組活化基因 recombination activating gene, RAG
重组激活基因/重組活化基因 recombination activating gene, RAG
重组 DNA 技术/重組 DNA 技術 recombinant DNA technique
重组碱性成纤维细胞生长因子/重組鹼性纖維母細胞生長因子 recombinant basic fibroblast growth factor
重组降钙素/重組降鈣素 recombinant calcitonin
重组[酵母]乙肝疫苗/重組[酵母菌]B 型肝炎疫苗 hepatitis B vaccine made by recombinant DNA technique in yeast
重组结/重組結 recombination nodule
重组可溶性白介素-1 受体/重組可溶性介白素-1 受體 recombinant soluble interleukin-1 receptor
重组可溶性白介素-4 受体/重組可溶性介白素-4 受體 recombinant soluble interleukin-4 receptor
重组可溶性受体/重組可溶性受體 recombinant soluble receptor
重组可溶性肿瘤坏死因子受体/重組可溶性腫瘤壞死因子受體 recombinant soluble tumor necrosis factor receptor
重组克隆/重組克隆 recombinant clone
重组粒细胞集落刺激因子/重組粒細胞集落刺激因子 recombinant granulocyte colony-stimulating factor
重组链激酶/重組鏈激酶 recombinant streptokinase
重组酶/重組酶 recombinase
重组尿激酶/重組尿激酶 recombinant prourokinase
重组片段/重組片段 recombination fraction
重组[频]率/重組頻率 recombination frequency
重组期/重組期 recombination stage
重组染色体/重組染色體 recombinant chromosome
重组人血红蛋白/重組人血紅蛋白 recombinant human hemoglobin
重组人肿瘤坏死因子受体与 Fc 融合蛋白/重組人腫瘤壞死因子受體與 Fc 融合蛋白 recombinant

human tumor necrosis factor receptor and Fc fusion protein, rhu-TNFR-Fc
重组溶血栓药物/重組溶血栓藥物 recombinant thrombolytic agent
重组融合蛋白/重組融合蛋白 recombinant fusion protein
重组生长激素/重組生長激素 recombinant growth hormone
重组水蛭素/重組水蛭素 recombinant hirudin
重组体/重組體 recombinant
重组体配子/重組配子 recombinant gamete
重组系/重組株 recombinant strain
重组 CHO 细胞乙肝疫苗/重組 CHO 細胞 B 型肝炎疫苗 hepatitis B vaccine made by recombinant DNA technique in Chinese hamster ovary cell, hepatitis B vaccine made by recombinant DNA technique in CHO cell
重组细胞因子/重組細胞因子 recombinant cytokine
重组心房利钠尿肽/重組心房排鈉肽 recombinant atrial natriuretic peptide
重组信号序列/重組訊號序列,重組訊息序列 recombination signal sequence, RSS
重组修复/重組修復 recombination repair
重组选择/重組選擇 recombination selection
重组血清白蛋白/重組血清白蛋白 recombinant serum albumin
重组血小板生成素/重組血小板生成素 recombinant thrombopoietin
重组 DNA 研究准则/重組 DNA 研究準則 recombinant DNA research guideline
重组胰岛素/重組胰島素 recombinant insulin
重组异倍性/重組異倍性 recombination aneusomy
重组疫苗/重組疫苗 recombined vaccine
重组值/重組值 recombination value
重组质粒/重組質體 recombinant plasmid
重组中国仓鼠卵巢细胞乙肝疫苗/重組 CHO 細胞 B 型肝炎疫苗 hepatitis B vaccine made by recombinant DNA technique in Chinese hamster ovary cell, hepatitis B vaccine made by recombinant DNA technique in CHO cell
重组中间体/重組中間體 recombination intermediate
重组肿瘤坏死因子/重組腫瘤壞死因子 recombinant tumor necrosis factor
重组子/重組子,[基因]重組單位 recon
抽彩式竞争/彩票式競爭 lottery competition
抽提/萃取 extraction
抽样/抽樣,採樣,取樣 sampling
抽样方差/抽樣變異數,抽樣變方 sampling variance
抽样分布/抽樣分布,取樣分布 sampling distribution
臭腺/臭腺 stink gland, scent gland
臭腺孔/臭腺孔 ostiola, scent gland orifice
臭氧/臭氧 ozone
臭氧层/臭氧層 ozonosphere
臭氧[空]洞/臭氧洞 ozone hole
臭氧屏障/臭氧屏障 ozone shield
臭氧损耗/臭氧損耗 ozone depletion
出胞[作用]/胞吐作用,胞泌作用,胞外分泌 exocytosis
出汗/出汗,發汗 perspiration, sweating
出口位/出口位,E 位,退出位 exit site, E site
出球微动脉/出球微動脈 efferent arteriole
出鳃动脉/出鰓動脈 efferent branchial artery
出鳃水沟/出鰓水溝 exhalant branchial canal
出生后/出生後 postnatal
出生后免疫/後天免疫 postnatal immunity
出生扩散/出生散布,出生播遷 natal dispersal
出生率/出生率 natality, birth rate
出生前/出生前 prenatal
出生缺陷/先天缺陷 birth defect
出水管/出水管 excurrent canal, exhalant siphon
出水口/出水孔 osculum
出土子叶/出土子葉,地上子葉 epigeal cotyledon
出血/出血,放血,採血 bleeding, hemorrhage
出血时间/出血時間 bleeding time
出芽/出芽 budding
出芽带/出芽帶 budding zone
出芽方向/出芽方向 budding direction
出芽潜能/出芽潛能 budding activity, budding potential
出芽型/出芽型 budding pattern
初长[度]/初長[度] initial length
初虫/初蟲 ancestrula, primary zooid
初次抗体应答/初級抗體反應 primary antibody response
初次免疫接种/初次免疫接種 primary immunization
初次免疫应答/初級免疫反應,原發性免疫反應 primary immune response
初级板/初級板 primary plate
初级处理/初級處理 primary treatment
初级传入/初級傳入 primary afferent
初级大孢子母细胞/第一大孢子母細胞 primary megasporocyte
初级代谢/初級代謝,初生代謝 primary metabolism
初级代谢[产]物/初級代謝物 primary metabolite

初级胆汁酸/初級膽汁酸　primary bile acid
初级飞羽/初級飛羽　primary feather
初级隔片/初級隔片　primary septum
初级骨化中心/初級骨化中心　primary ossification
初级关联/初級關聯　primary association
初级合作/初級合作,原始合作,初步合作　protocooperation
初级寄生物/初級寄生物　primary parasite
初级精母细胞/初級精母細胞　first spermatocyte, primary spermatocyte
初级精原细胞/初級精原細胞　primary spermatogonium
初级淋巴滤泡/初級淋巴濾泡　primary lymphoid follicle
初级淋巴小结/初級淋巴小結,原發性淋巴小結　primary lymphoid nodule
初级淋巴[样]器官/初級淋巴樣器官,原發性淋巴樣器官　primary lymphoid organ
初级卵膜/初級卵膜　primary egg envelope
初级卵母细胞/初級卵母細胞　primary oocyte, primary ovocyte
初级卵泡/初級卵泡　primary follicle
初级卵原细胞/初級卵原細胞,初生卵原細胞　primary oogonium, primary ovogonium
初级内胚层/下胚層　hypoblast
初级溶酶体/初級溶[酶]體　primary lysosome
初级三体生物/初級三[染色]體生物　primary trisomic
初级神经胚形成/初級神經胚形成　primary neurulation
初级生产力/初級生產力,基礎生產力　primary productivity
初级生产量/初級生產量,基礎生產量　primary production
初级生产者/初級生產者　primary producer
初级视皮质/初級視覺皮質　primary visual cortex
初级体感觉皮质/初級體感覺皮質　primary somatosensory cortex
初级体腔/初級體腔　primary coelom
初级听皮质/初級聽皮質　primary auditory cortex
初级同宗配合/初級同宗配合　primary homothallism
初级痛觉过敏/初級痛覺過敏　primary hyperalgesia
初级消费者/初級消費者　primary consumer
初级性比/初級性比　primary sex ratio
初级性器官/原始性器官,基本生殖器官　primary sex organ
初级性原细胞/初生性原細胞　primary gonocyte
初级运动皮质/初級運動皮質　primary motor cortex
初级支气管/初級支氣管　primary bronchus
初级主动运输/初級主動運輸　primary active transport
初级转录物/初級轉録物,原始轉録物　primary transcript
初寄生/初寄生　primary parasitism
初巾膜/初巾膜　primary hood
初盘/初盤　protoecium disc, primary disc
初群体/初群體　ancestroarium
初染/初染　primary stain
初热/初[發]熱　initial heat
初乳/初乳　colostrum
初乳激肽/初乳激肽　colostrokinin
初生胞间连丝/初級胞間連絲　primary plasmodesma
初生代谢/初生代謝,初級代謝　primary metabolism
初生代谢[产]物/初級代謝物　primary metabolite
初生分生组织/初生分生組織,原生分生組織　primary meristem
初生附属物/初生附屬絲　primary appendage
初生隔膜/初級隔膜,原生隔膜　primary septum
初生根/初生根,原始根　primary root
初生基本组织/初生基本組織,原生基本組織　primary fundamental tissue
初生加厚/初生加厚　primary thickening
初生结构/初生結構　primary structure
初生颈细胞/初生頸細胞　primary neck cell
初生菌丝/初生菌絲　primary hypha
初生菌丝体/初生菌絲體　primary mycelium
初生木栓形成层/初生木栓形成層　primary cork cambium
初生木质部/初生木質部,原生木質部　primary xylem
初生胚柄/初生胚柄　primary suspensor
初生胚乳/初生胚乳,前胚乳　primary endosperm
初生胚乳核/初生胚乳核　primary endosperm nucleus
初生胚乳细胞/初生胚乳細胞　primary endosperm cell
初生皮层/初生皮層,原生皮層　primary cortex
初生韧皮部/初生韌皮部,原生韌皮部　primary phloem
初生生长/初生生長　primary growth
初生室口/初生室口　primary orifice
初生髓射线/初生髓線,初生射線,原生芒髓　primary ray, primary medullary ray
初生突变体/初生突變體　primary mutant
初生维管束/初生維管束,原生維管束　primary

vascular bundle
初生维管组织/初生維管組織,原生維管組織 primary vascular tissue
初生吸器/初生吸器 primary haustorium
初生[细胞]壁/初生細胞壁 primary cell wall
初生叶/初生葉,首葉 primary leaf
初生植物体/初生植物體,原生植物體 primary plant body
初生周缘细胞/初生周緣細胞 primary parietal cell
初生主根/初生主根,根柄 root stalk
初生组织/初生組織,原生組織 primary tissue
初始募集/初始募集 initial recruitment
初始生长 pH 试验/初始生長 pH 試驗 initial growth pH test
初始 B 细胞/幼稚 B 細胞 naive B cell
初始 T 细胞/幼稚 T 細胞 naive T cell
初始质壁分离/初始質離,開始質離 incipient plasmolysis
初室/初室 proloculum, initial chamber
初萎/初始凋萎,開始凋萎 incipient wilting
初缢痕/初縊痕,主縊痕,初級縊縮 primary constriction
除草剂/除草劑,殺草劑 herbicide
除草霉素/除莠黴素 herbimycin
除虫菌素/除蟲菌素,阿弗麥菌素,阿維菌素 avermectin
除疟霉素/除瘧黴素 aplasmomycin
除莠剂/除草劑,殺草劑 herbicide
除莠菌素/除莠菌素 herbicidin
除莠霉素/除莠黴素 herbimycin
雏海绵/雛海綿 olynthus
雏后换羽/雛後換羽 postnatal molt
雏菊世界模型/雛菊世界模型,雛菊世界模式 daisy world model
雏绒羽/雛鳥絨羽 natal down
雏形种/起始種,端始種 incipient species
处理时间/處理時間 handling time
处女细胞/處女細胞 naive cell, virgin cell
储备溶液/母液,[儲備]原液 stock solution
储藏/儲藏 hoarding
储存库/儲存庫,貯存庫 reservior pool
储存宿主/儲存宿主 reservoir host
储存佐剂/儲存佐劑 depot forming adjuvant
储能模量/儲存模數 storage modulus
储蓄泡/儲積泡 reservoir
储蓄细胞/儲物胞,貯物胞 thesocyte
储用菌种/保存菌種,庫存菌種 stock culture
储用培养物/保存菌種,庫存菌種 stock culture
储脂/儲脂 depot lipid
触点/觸點 touch point
触动态/觸動態 stereokinesis
触发激动/引發活動 triggered activity
触发性心律失常/觸發性心律失常 triggered arrhythmia
触发因子/觸發因子,引發因子 trigger factor
触角/觸角 antenna
触角板/觸角板 antennular plate
触角刺/觸角刺 antennal spine
触角电位图/觸角電位圖 electroantennogram, EAG
触角腹甲/觸角腹甲 antennular sternum
触角脊/觸角脊 antennal carina
触角节/觸角節 antennular somite
触角区/觸角區 antennal region
触角缺刻/觸角缺刻 antennal notch
触角体节/觸角體節 antennary segment
触角腺/觸角腺 antennal gland
触角叶/觸角葉 antennal lobe
触角状刺/觸角狀刺 antenniform spine
触角足复合物/觸角足複合體 antennapedia complex
触觉/觸覺 tactile sensation, touch sensation
触觉辨别/觸覺辨别 tactile discrimination
触觉感受器/觸覺[感]受器 tactile receptor, touch receptor
触觉通信/觸覺溝通 tactile communication
触觉突起/觸覺突起 tactile process
触觉窝/觸覺窩 tactile pit
触觉纤毛/觸覺纖毛 tactile cilium
触觉小体/觸覺小體 tactile corpuscle
触觉阈/觸覺閾 tactile threshold
触离配对/觸離配對 touch-and-go pairing
触酶试验/觸酶試驗 catalase test
触杀剂/接觸性殺蟲劑 contact insecticide
触手/觸手 tentacle
触手带/觸手帶 tentacle girdle
触手冠/觸手冠 lophophore
触手冠动物/觸手冠動物 lophophorate
触手冠基盘/觸手冠基盤 lophophoral disc
触手冠器官/觸手冠器官 lophophoral organ
触手冠腔/觸手冠腔 lophophoral coelom, lophophoral lumen
触手冠神经环/觸手冠神經環 lophophoral nerve ring
触手冠缩肌/觸手冠縮肌 lophophoral retractor
触手冠腕/觸手冠腕 lophophoral arm
触手冠叶/觸手冠葉 lophophoral lobe
触手环/觸手環 tentacular crown, tentacular circlet

触手肌/觸手肌 tentacular muscle
触手基节/觸手基節 ceratophore, ceratostyle
触手间器官/觸手間器官 intertentacular organ
触手襟/觸手襟 tentacle collar
触手卷曲/觸手捲曲 tentacle coiling
触手孔/觸手孔 tentacle pore
触手括约肌/觸手括約肌 tentacular sphincter
触手鳞/觸手鱗 tentacle scale
触手鞘/觸手鞘 tentacle sheath
触手坛囊/觸手壇囊 tentacle ampulla
触手细腔/觸手細腔 tentacular lumen
触手缘/觸手緣 tentacular fringe
触腕/觸腕 tentacular arm
触腕穗/觸腕穗 tentacular club
触温动物/觸温動物 thigmotherm
触须/觸鬚 vibrissae
触须基节/觸鬚基節 cirrophore, cirrostyle
触压觉/觸壓覺 touch-pressure sensation
触肢器/觸肢器 palpal organ
触珠蛋白/結合球蛋白 haptoglobin
川楝素/川楝素 toosendanin
穿胞转运/跨細胞轉運,跨細胞運輸 transcellular transport
穿刺/穿刺 stab
穿刺培养/穿刺培養,針刺培養 stab cultivation, stick culture, stab culture
穿刺培养基/穿刺培養基 stab medium
穿刺培养物/穿刺培養物 stab culture
穿刺腺/穿刺腺 penetration gland
穿孔板/穿孔板 perforated plate
穿孔蛋白/穿孔蛋白,穿孔素 perforin, Pf
穿孔导管/穿孔導管 porous vessel
穿孔膜片钳技术/穿孔膜片箝技術 perforated patch clamp technique
穿孔射线细胞/穿孔射線細胞,有孔射出髓細胞 perforated ray cell
穿孔素/穿孔素,穿孔蛋白 perforin, Pf
穿膜蛋白/跨膜蛋白 membrane-spanning protein, transmembrane protein
穿膜电位/跨膜電位 transmembrane potential
穿膜螺旋/跨膜螺旋 transmembrane helix
穿膜片段/跨膜片段 transmembrane segment
穿膜区/穿膜區,跨膜區 transmembrane region, membrane-spanning region
穿膜肽酶/跨膜肽酶 meprin
穿膜梯度/跨膜梯度 transmembrane gradient
穿膜通道/跨膜通道 transmembrane channel
穿膜通道蛋白/跨膜通道蛋白 transmembrane channel protein
穿膜信号传送/跨膜訊息傳導,跨膜訊號傳遞,穿膜訊息傳遞 transmembrane signaling
穿膜信号转导/跨膜訊息轉導,跨膜訊號傳導 transmembrane signal transduction
穿膜信号转换器/跨膜訊息轉導器 transmembrane transducer
穿膜易化物/跨膜易化劑 transmembrane facilitator
穿膜域/跨膜域 transmembrane domain
穿膜域受体/跨膜域受體 transmembrane domain receptor
穿膜运输/跨膜運輸 transmembrane transport
穿膜转运/跨膜運輸 transmembrane transport
穿膜转运蛋白/跨膜運輸蛋白 transmembrane transporter
穿入/穿入 penetration
穿丝囊/穿絲胞 penetrant
穿梭载体/穿梭載體 shuttle vector
穿梭质粒/穿梭質體 shuttle plasmid
穿通管/穿通管 perforating canal
穿通通路/穿通通路,穿質通路 perforant path, perforant pathway
穿通纤维/穿通纖維 perforating fiber
穿透[作用]/穿透[作用] penetration
穿质通路/穿質通路,穿通通路 perforant path, perforant pathway
传播/傳播,播散 dissemination, propagation
传播生殖/傳播生殖 propagative reproduction
传播体/傳播體,播散體,散布繁殖體 disseminule, migrule, diaspore
传播体类型/播散體類型 disseminule form
传出神经/傳出神經,輸出神經 efferent nerve
传出神经纤维/傳出神經纖維 efferent nerve fiber
传出神经元/傳出神經元,離心神經元 efferent neuron
传代/繼代 passage
传代培养/傳代培養,繼代培養,移種 secondary culture, subculture, subculturing
传代[培养]保藏/傳代[培養]保藏 periodic subculture preservation
传代数/繼代數 passage number
传导/傳導 transmission, conduction
传导气道/傳導氣道 conducting airway
传导系统/傳導系統 conducting system, Purkinje system
传导性耳聋/傳導性失聰 conduction deafness
传导性失语症/傳導性失語症 conduction aphasia
传导阻滞/傳導阻滯 conduction block

传递/傳遞 transmission
传递窗/傳遞窗 pass-box
传递函数/傳遞函數,轉移函數 transfer function
传递途径/傳遞途徑 pathway of transmission
传递细胞/傳遞細胞,運輸細胞 transfer cell
传递用培养基/輸送培養基 transport medium
传粉/傳粉[作用],授粉[作用] pollination, fecundation, anthophily
传粉滴/傳粉滴,授粉滴 pollination drop
传粉媒介/傳粉媒介 pollination medium
传粉者/傳粉者,授粉者 pollinator
传感器/感測器,感應器 sensor
传能线密度/線性能量轉移 linear energy transfer, LET
传染/傳染 infection
传染性/傳染性 infectivity
传染性变态反应/傳染性過敏反應 infectious allergy
传染性法氏囊病/傳染性法氏囊病 infectious bursal disease, IBD
传入神经/傳入神經 afferent nerve
传入神经纤维/傳入神經纖維 afferent nerve fiber
传入神经元/傳入神經元,向心神經元 afferent neuron
传统发酵/傳統發酵 traditional fermentation
传统发酵食品/傳統發酵食品 traditional fermented food
传统驯化技术/傳統馴化技術 traditional domestication technique
传质系数/傳質係數 mass transfer coefficient
船形钩/船形鉤 boathook
船型构象/船形構象,船型構形 boat conformation
喘息/喘息,氣喘 gasping
喘息中枢/喘息中樞 gasping center
串联重复[序列]/串聯重複,銜接重複 tandem repeat
串联倒位/串聯倒位 tandem inversion
串联基因家族阵列/串聯基因家族陣列 tandem gene family array
串联酶/串聯酶 tandem enzyme
串联排列/串聯排列,縱線排列 tandem array
串联突触/串聯突觸,連續突觸 serial synapse
串联质谱法/串聯式質譜法 tandem mass spectrometry, MS-MS
串式呼吸/串式呼吸 cluster breathing
串行加工/串列處理 serial processing
串珠蛋白聚糖/串珠蛋白聚糖 perlecan
串珠结构/染色質珠串 beads-on-a-string
串珠镰孢霉素/串珠鐮孢黴素 moniliformin
串珠状小体/免疫複合體包被小體 immune complex-coated body, iccosome
创伤后应激障碍/創傷後精神壓力障礙 post-traumatic stress disorder
创伤呼吸/創傷呼吸 wound respiration
创伤激素/創傷激素,愈合激素 wound hormone, traumatin
创伤木栓/創傷木栓 wound cork
创伤树脂道/創傷樹脂道 traumatic resin duct
创伤形成层/創傷形成層 wound cambium
创伤周皮/創傷周皮 wound periderm
创伤组织/創傷組織 wound tissue
窗孔/窗孔,透明斑,透明紋 fenestra
床体积/柱床體積 bed volume
垂唇/垂唇 hypostome
垂兜/垂兜 hood
垂管/垂管 manubrium
垂体/[腦下]垂體,腦垂腺 hypophysis, pituitary gland
垂体功能减退/垂體低能症,腦垂腺低能症 hypopituitarism
垂体功能亢进/垂體高能症,腦下垂體機能亢進 hyperpituitarism
垂体后叶/垂體後葉 posterior pituitary
垂体后叶激素/垂體後葉激素,腦垂腺後葉激素 hypophysin, pituitrin
垂体激素/[腦下]垂體激素,腦下腺激素 pituitary hormone
垂体前叶/垂體前葉 anterior pituitary
垂体前叶激素/垂體前葉激素 anterior pituitary hormone
垂体细胞/垂體細胞 pituicyte
垂体腺苷酸环化酶激活肽/垂體腺苷酸環化酶活化肽 pituitary adenylate cyclase activating polypeptide, PACAP
垂体摘除术/垂體切除 hypophysectomy
垂体中间叶激素/垂體中葉激素 intermedin
垂突/垂突 lappet
垂蛹/垂蛹 suspensi
垂直板凝胶电泳/直立式板凝膠電泳 vertical slab gel electrophoresis
垂直成层/垂直分層 vertical stratification
垂直出芽/垂直出芽 vertical budding
垂直出芽群体/垂直出芽群體 vertical budding colony
垂直传播/垂直傳播 vertical transmission
垂直传递/垂直傳遞 vertical transmission
垂直带/垂直帶 altitudinal zone, altitudinal belt

垂直带逆转/垂直[植生]帶逆轉 inversion of altitudinal zone
垂直地带性/垂直地帶性 vertical zonality, attitudinal zonality
垂直分布/垂直分布 vertical distribution
垂直分布替代种/垂直分布替代種 altitudinal vicariad
垂直混合/垂直混合 vertical mixing
垂直卵裂/垂直卵裂 vertical cleavage
垂直气候带/垂直氣候帶 vertical climatic zone
垂直迁徙/垂直遷徙 vertical migration
垂直生命表/垂直生命表 vertical life table
垂直移动/垂直移動,垂直遷移 vertical migration
垂直转头/直立式轉子 vertical rotor
垂周分裂/垂周分裂 anticlinal division
锤骨/錘骨 malleus
锤形触手/錘形觸手 capitate tentacle
春孢子/[内生]銹孢子 aeciospore, aecidiospore
春孢子器/銹孢子器 aecium, aecidiosorus
春播性植物/春播性植物 vernal plant
春材/春材 spring wood
春化处理/春化處理,春化[作用],低温處理 vernalization, jarovization, yarovization
春化期/春化期,春化相 vernalization phase
春化素/春化素 vernalin
春化[作用]/春化[作用],低温處理,春化處理 vernalization, jarovization, yarovization
春季病/春季病 spring disease
春季换羽/春季换羽 spring molt
春季开花/春季開花 spring flowering
春季落叶病/春季落葉病 spring defoliation
春季施肥/春肥 spring manuring
春[季]相/春季相 vernal aspect
春季循环/春季循環,春季混合 spring circulation, spring overturning
春季循环期/春季循環期 vernal circulation period
春日霉素/春日黴素 kasugamycin
春生管胞/春[材]管胞,春生假導管 spring tracheid
春作/春作 spring cropping
纯合度/純合度 homozygosity
纯合体/純[接]合體 homozygote
纯合性/純合性,同質接合性 homozygosity
纯合性别/同型合子性别,[性染色體]同型性 homozygous sex
纯合子/純合子,同型合子,同基因合子 homozygote
纯合子变异体/同型合子變異體 homozygous variant
纯合[子]分型细胞/同合型分型細胞 homozygous typing cell, HTC
纯合[子]状态/同型接合狀態 homozygotic state
纯化/純化 purification
纯化病原抗原/純化病原體抗原 purified pathogen antigen
纯化蛋白衍生物/純化蛋白質衍生物 purified protein derivative, PPD
纯化鸡胚细胞疫苗/純化雞胚細胞疫苗 purified chick embryo cell vaccine, PCECV
纯化酶滴定法确定通量控制系数/純化酶滴定法確定通量控制係數 pure enzyme titration to determine the flux control coefficient
纯林/單純林,單一樹種林 pure forest
纯林分/純林分 pure stand
纯培养/純[淨]培養,無菌培養 pure culture, pure cultivation, axenic cultivation
纯水装置/純水裝置 pure water device
纯系/純系 pure line
纯系动物/近交系動物 inbred strain animal
纯[系繁]育/純[系繁]育,純種交配 pure breeding
纯系分离/純系隔離 pure line isolation
纯系选择/純系選擇,純系選拔 pure line selection
纯系学说/純系理論,純系説 pure line theory
纯系育种/純系育種 pure line breeding
纯雄植物/純雄植物,純雄體 androecy
纯音区域定位/音質定位 tonotopic localization
纯种/純種 pure breed
唇/唇 lip
唇板/唇板 labrum
唇瓣/唇瓣 labial palp, labellum
唇齿/唇齒 labial tooth
唇刺毛/唇刺毛 labial bristic
唇基节/唇基節 mentum
唇乳突/唇乳突 labial papilla
唇舌/真下唇 ligula
唇窝/唇窩 labial pit
唇细胞/唇細胞 lip cell
唇腺/唇腺 labial gland
唇形花冠/唇形花冠 labiate corolla
唇须/唇鬚 labial palp
唇褶/唇褶 labial fold
醇脱氢酶/醇脱氫酶 alcohol dehydrogenase, ADH
疵壁[细]菌/疵壁菌 mendosicute
瓷滤器/瓷濾器 porcelain filter
瓷蟹幼体/瓷蟹幼體 porcellana larva
磁场/磁場 magnetic field
磁刺激/磁刺激 magnetic stimulation
磁带记录仪/磁帶記録器 tape recorder
磁感觉/磁感覺 magnetic feel

磁感受作用/磁感受作用 magnetoreception
磁共振成像/磁共振成像,磁振造影 magnetic resonance imaging, MRI
磁饥饿综合征/磁饑餓症候群 magnetic starvation syndrome
磁激活细胞分选法/磁性活化細胞分選法 magnetically-activated cell sorting, MACS
磁极/磁極 magnetic pole
磁疗/磁[力]療法 magnetotherapy
磁流体动力学效应/磁流體動力學效應 magnetohydrodynamic effect
磁镊/磁鑷 magnetic tweezers
磁生物学/磁生物學 magnetobiology
磁小体/磁小體 magnetosome
磁性免疫测定/磁性免疫分析 magnetic immunoassay
磁性免疫分析/磁性免疫分析 magnetic immunoassay
磁性纳米颗粒/磁性奈米顆粒 magnetic nanoparticle
磁性纳米载体/磁性奈米載體 magnetic nanocarrier
磁旋光分光术/磁旋光分光術 magnetic spectropolarimetry
磁圆二色性/磁圓偏振二向色性 magnetic circular dichroism
磁致光幻视/磁致光幻視 magnetophosphene
雌苞叶/雌苞葉,雌器苞片 perichaetial bract, perigynous bract, perichaetial leaf
雌孢子/雌孢子 gynospore
雌二醇/雌[甾]二醇 estradiol, oestradiol
17 β-雌二醇/17 β-雌二醇 17 β-estradiol
雌个虫/雌個蟲 gynozooid, female zooid
雌核/雌核 female nucleus, thelykaryon
雌核发育/雌核發育,雌核生殖,無雄核受精 gynogenesis
雌核卵块发育/雌核卵片發育,有核卵片發育 gynomerogony
雌核生殖/雌核生殖,雌核發育,無雄核受精 gynogenesis
雌花/雌[蕊]花 pistillate flower, female flower
雌花两性花同株/雌花兩性花同株,雌全同株 gynomonoecy
雌花两性花异株/雌花兩性花異株,雌全異株 gynodioecy
雌花期/雌相,雌期 female phase
雌花序/雌[性]花序 female inflorescence, pistillate inflorescence
雌激素/雌[性]激素,動情素,雌[性]荷爾蒙 estrogen, estrin, female sex hormone
雌激素受体/雌激素受體 estrogen receptor
α-雌激素受体/α-雌激素受體 α-estrogen receptor
雌激素替代疗法/雌激素替代療法 estrogen replacement therapy
雌间性/雌間性 female intersexuality
雌模[标本]/雌模[式] gynetype
雌配素/雌配子激素 gynogamon
雌配子/雌配子 female gamete, megagamete
雌配子体/雌配子體 female gametophyte, megagametophyte
雌[器]苞/雌[器]苞,花葉周苞 perichaetium, perigynium
雌器托/雌器托,藏卵器托 female receptacle, archegonial receptacle
雌球果/雌球果 female cone
雌蕊/雌蕊,大蕊 pistil, pistillum
雌蕊柄/雌器柄 gynophore
雌蕊基/雌蕊基,子房托,雌器基部 gynobase, pistillidium
雌蕊群/雌蕊群,雌花器 gynoecium, gynecium
雌蕊托/雌蕊基,子房托,雌器基部 gynobase, pistillidium
雌蕊先熟/雌蕊先熟,雌花先熟 protogyny, proterogyny
雌蕊先熟花/雌蕊先熟花 protogynous flower, proterogynous flower
雌三醇/雌[甾]三醇 estriol, oestriol
雌酮/雌酮 estrone, oestrone
雌烷/雌[甾]烷 estrane, oestrane
雌性/雌性 female
雌性不育突变体/雌性不育突變種 female-sterile mutant
雌性不育性/雌不孕性 female sterility
雌性单性生殖/雌性單性生殖,雌性孤雌生殖 female parthenogenesis
雌性孤雌生殖/雌性孤雌生殖,雌性單性生殖 female parthenogenesis
雌性交接器/雌性交接器 thelycum
雌性菌株/雌性菌株 female strain
雌性生殖单位/雌性生殖單位 female germ unit, FGU
雌性生殖器/雌性生殖器 female genital organ
雌性生殖系统/雌[性]生殖系統 female reproductive system
雌性生殖细胞/雌[性]生殖細胞 female sex cell
雌性物质/雌[性]物質 female substance
雌性细胞/雌性細胞 female cell
雌性先熟/雌性先熟,雌性器官先成熟 protogyny

雌性先熟雌雄同体/雌性先熟雌雄同體 protogynous hermaphrodite, protogynous hermaphroditism
雌性选择/雌性選擇 female choice
雌[性]原核/雌[性]原核,卵原核 female pronucleus
雌雄间体/雌雄間體,間性體 intersex
雌雄间性/[雌雄]間性 intersexuality, intersex
雌雄嵌合体/雌雄嵌合體,兩性體 gynandromorph, gynandromorphism, gynander
雌雄蕊柄/雌雄蕊柄 androgynophore, gonophore
雌雄蕊合体花/雌雄蕊合體花,兩蕊愈合花 gynandrous flower
雌雄[蕊]同熟/雌雄同熟,雌雄蕊同熟性 monochogamy, adichogamy
雌雄[蕊]异熟/雌雄異熟,雌雄蕊成熟異時 dichogamy
雌雄同花/雌雄同花 monoclinous flower, synoecious flower, hermaphroditic flower
雌雄同体/雌雄同體,兩性同體現象 hermaphroditism, androgynism, monoecism
雌雄同体世代/雌雄同體世代 hermaphroditic generation
雌雄同株/雌雄同株 monoecy, monoecism, androgynism
雌雄同株花/雌雄同株花 monoecious flower
雌雄同株植物/雌雄同株植物 monoecious plant
雌雄异花/雌雄異花 diclinous flower
雌雄异花性/雌雄異花性 diclinism, dicliny
雌雄异体/雌雄異體 dioecism, gonochorism
雌雄异形遗传/雌雄異型遺傳 anisogeny
雌雄异形异熟/雌雄器官異時成熟 heterodichogamy
雌雄异株/雌雄異株 dioecy, dioecism, heterothallism
雌雄异株植物/雌雄異株植物 dioecious plant
雌蚁/雌蟻 gyne
雌异配性/雌異配子性 female heterogamety
雌质/雌質 thelyplasm
雌株/雌株,雌性植物,母本植物 female plant, pistillate plant, mother plant
次成体/亞成體 subadult, adolecent
次单柱期/後單柱期 deutomonomyaria stage
次端生芽孢/次端生芽孢 subterminal spore
次发性饮水/次發性飲水 secondary drinking water
次反应/次要響應,次要反應 secondary response, secondary reaction
次分歧腕板/次分歧腕板 secundaxil
次分腕板/次分腕板 secundibrachus
次后头/次後頭 postocciput
次黄嘌呤/次黄嘌呤,亞黄鹼,6-羥基嘌呤 hypoxanthine
次黄[嘌呤核]苷/次黄[嘌呤核]苷 hypoxanthosine, hypoxanthine riboside
次黄嘌呤-鸟嘌呤磷酸核糖基转移酶/次黄嘌呤-鳥嘌呤磷酸核糖基轉移酶,次黄嘌呤-鳥嘌呤轉磷酸核糖基酶 hypoxanthine-guanine phosphoribosyl transferase, HGPRT
次黄嘌呤脱氧核苷/次黄嘌呤去氧核苷 hypoxanthine deoxyriboside
次磺酸化/次磺酸化 sulfenation
次级板/次級板 secondary plate
次级传入/次級傳入,二級傳入 secondary afferent
次级大孢子母细胞/次級大孢子母細胞 secondary megasporocyte
次级代谢/次級代謝,二級代謝 secondary metabolism
次级代谢[产]物/次級代謝物,二次代謝物 secondary metabolite, idiolite
次级胆汁酸/次級膽汁酸 secondary bile acid
次级飞羽/次級飛羽 secondary feather
次级隔片/次級隔片 secondary septum
次级骨化中心/次級骨化中心 secondary ossification center
次级关联/次級關聯 secondary association
次级寄生/次級寄生 secondary parasitism
次级精母细胞/次級精母細胞 secondary spermatocyte
次级精原细胞/次級精原細胞 secondary spermatogonium
次级粒子/次級粒子 secondaries, secondary particle
次级淋巴滤泡/次級淋巴濾泡 secondary lymphoid follicle
次级淋巴小结/次級淋巴小結 secondary lymphoid nodule
次级淋巴[样]器官/次級淋巴[樣]器官 secondary lymphoid organ
次级淋巴[样]组织趋化因子/次級淋巴組織趨化因子 secondary lymphoid tissue chemokine
次级卵膜/次級卵膜 secondary egg envelope
次级卵母细胞/次級卵母細胞 secondary oocyte
次级卵泡/次級卵泡 secondary follicle
次级卵原细胞/次級卵原細胞 secondary oogonium, secondary ovogonium
次级溶酶体/次級溶[酶]體 secondary lysosome
次级神经胚形成/次級神經胚形成 secondary neurulation
次级生产力/次級生産力 secondary productivity

次级生产量/次級生產量 secondary production
次级生产者/次級生產者 secondary producer
次级视皮质/次級視覺皮質 secondary visual cortex
次级体感觉皮质/次級體感覺皮質 secondary somatosensory cortex
次级听皮质/次級聽皮層 secondary auditory cortex
次级同宗配合/次級同宗配合 secondary homothallism
次级痛觉过敏/次級痛覺過敏 secondary hyperalgesia
次级消费者/次級消費者 secondary consumer
次级性比/次級性比 secondary sex ratio
次级性器官/次級性器官 secondary sex organ
次级性原细胞/次級性原細胞 secondary gonocyte
次级支气管/次級支氣管 secondary bronchus, mesobronchus
次级主动运输/次級主動運輸 secondary active transport
次级主动转运/次級主動運輸 secondary active transport
次棘/次棘 secondary spine
次尖/下錐 hypocone
次巾膜/次巾膜 secondary hood
次晶[形成]蛋白/次晶形成蛋白 assemblin
次卵/次卵,前幼螨 deutovum
次卵膜/次卵膜 deutovarial membrane
次模/次模 secondary type
次生胞间连丝/次級胞間連絲 secondary plasmodesma
次生病原体/次生病原體 secondary pathogen
次生代谢/次級代謝,二級代謝 secondary metabolism
次生代谢[产]物/次級代謝物,二次代謝物 secondary metabolite, idiolite
次生代谢物合成期/次生代謝物合成期 idiophase
次生分生组织/次生分生組織 secondary meristem
次生附属物/次生附屬物 secondary appendage
次生根/次生根 secondary root
次生加厚/次生加厚 secondary thickening
次生结构/次生結構 secondary structure
次生菌落/次生菌落 secondary colony
次生菌丝/次生菌絲 secondary hypha
次生菌丝体/次生菌絲體 secondary mycelium
次生林/次生林 secondary forest
次生灭绝/次生滅絕 secondary extinction
次生木栓形成层/次生木栓形成層 secondary cork cambium
次生木质部/次生木質部 secondary xylem
次生胚柄/次生胚柄 secondary suspensor
次生胚乳核/次生胚乳核 secondary endosperm nucleus
次生胚乳细胞/次生胚乳細胞 secondary endosperm cell
次生皮层/次生皮層 secondary cortex
次生群落/次生群落,次生群集 secondary community
次生韧皮部/次生韌皮部 secondary phloem
次生鳃/次生鰓 secondary branchia
次生生长/次級生長 secondary growth
次生生殖孔/次生生殖孔 secondary gonopore
次生室口/次生室口 secondary orifice
次生体腔/次生體腔 secondary coelom
次生维管束/次生維管束 secondary vascular bundle
次生维管组织/次生維管組織 secondary vascular tissue
次生污染物/二次污染物 secondary pollutant
次生细胞/次生細胞 secondary cell
次生细胞壁/次生細胞壁 secondary cell wall
次生演替/次生演替,次生消長 secondary succession
次生演替系列/次生演替系列,次生消長系列 secondary sere, subsere
次生植物体/次生植物體 secondary plant body
次生组织/次生組織 secondary tissue
次同名/次同名 junior homonym
次小尖/下錐 hypoconule
次要淋巴细胞刺激抗原/次要淋巴細胞刺激抗原 minor lymphocyte stimulating antigen
次要种/次要種 accessory species
次要组织相容性抗原/次要組織相容性抗原,小組織相容性抗原 minor histocompatibility antigen, mH antigen
次异名/次異名 junior synonym
次缢痕/次級縊痕,二級縊痕,次級縊縮 secondary constriction
次隐体/次隱體 metacryptozoite
刺/刺,棘 spine, acantha, acanthus
刺胞动物/刺胞動物 cnidarian
刺壁卵胞/刺壁卵胞 acanthostegous ovicell
刺袋/刺袋 spinous pocket
刺杆/刺桿 trichite
刺槐毒素/刺槐[毒]素 robin
刺激/刺激 stimulus
刺激持续时间/刺激持續時間 stimulus duration
刺激电极/刺激電極 stimulating electrode
刺激隔离器/刺激隔離器 stimulus isolator
刺激甲状腺免疫球蛋白/甲狀腺刺激免疫球蛋白,促甲狀腺[激素]免疫球蛋白 thyroid-stimulating immunoglobulin, TSI

刺激强度/刺激强度 stimulus strength
刺激素/刺激素 irritant
刺激伪迹/刺激偽跡 stimulus artifact
刺激因子/刺激因子 stimulating factor
刺孔/刺孔 acanthopore
刺毛/刺毛 stinging hair
刺玫瑰花形骨针/刺玫瑰花形骨針 spiny rosette
刺鼠[肽基因]相关蛋白/刺鼠[肽基因]相關蛋白 agouti-related protein, AgRP
刺丝/刺絲 trichite
刺丝胞/刺絲胞 trichocyst
刺丝环/刺絲環 nettle ring
刺丝囊/刺絲囊 nematocyst, cnidocyst
刺丝鞘/刺絲鞘 nematotheca
刺丝体/刺絲體 nematophore
刺桐碱/刺桐素 erythrine
刺突/刺突,纖突 spike
刺腕棘/刺腕棘 thorny arm spine
刺猬蛋白家族/刺猬蛋白家族 Hedgehog family protein
刺吸式/刺吸式 piercing-sucking type
刺吸式口器/刺吸式口器 piercing-sucking mouthparts
刺细胞/刺細胞 sting cell, cnidoblast, nematocyte
刺序/刺序 acanthotaxy
刺针/刺針 cnidocil
刺状壁/刺狀壁 acanthostege
刺状齿片钩毛/刺狀齒片鉤毛 acicular uncinus
刺状刚毛/刺狀剛毛 spiniger
刺状钩/刺狀鉤 acicular hook
刺状休芽/刺狀休芽 spinoblast
从辐/從輻 adradius
从属关系/從屬關係 dominance subordiance
从属基因/從屬基因 slave gene
从属者/從屬者 subordinate
从属种/從屬種,低階種 subordinate species
从头蛋白质结构预测/從頭蛋白質結構預測 *de novo* protein structure prediction
从头蛋白质设计/從頭蛋白質設計 *de novo* protein design
从头合成/從頭合成,新生合成 *de novo* synthesis
从头起始/重新起始 *de novo* initiation
从性性状/從性性狀,從性特質 sex-influenced character, sex-conditioned character, sex-influenced trait
从性遗传/從性遺傳 sex-influenced inheritance
丛[鞭]毛菌/偏端叢毛菌 lophotricha
丛草草原/叢草草原 tussock grassland
丛卷毛/叢捲毛 floccus
丛上细胞/上叢細胞 epiplexus cell
丛生指标/叢聚指標 clumping index
丛缩病/叢縮病,叢枝病 brooming, hexenbesen, witches' broom
丛枝病/叢枝病,叢縮病 brooming, hexenbesen, witches' broom
丛枝[吸胞]/叢枝吸胞 arbuscule
丛枝状菌根/叢枝菌根 arbuscular mycorrhiza
丛状分枝/叢狀分枝 bushy
粗糙纹理/粗糙紋理 rough grain
粗糙型/粗糙型,R 型 rough type, R-type, R-form
粗糙[型]菌落/粗糙[型]菌落 rough colony
粗出生率/粗出生率 crude birth rate
粗放放牧地/粗放放牧地 extensive pasture
粗放牧/粗放放牧 rough grazing
粗腐殖土/粗腐植土 raw humus soil
粗腐殖质/粗腐植質,不混土腐植質 raw humus, mor
粗腐殖质层/酸性腐植層 duff horizon, duff layer
粗感觉/粗感覺 protopathic sensation
粗肌丝/粗[肌]絲 thick myofilament, thick filament
粗颗粒有机物/粗粒有機物 coarse particulate organic matter, CPOM
粗粒环境/粗粒環境 coarse-grained environment
粗粒景观/粗粒地景 coarse-grained landscape
粗密度/粗密度 crude density
粗面内质网/粗糙内質網 rough endoplasmic reticulum
粗死亡率/粗死亡率 crude death rate
粗纤维/粗纖維 raw fiber
粗线期/粗線期,粗絲期 pachytene, pachynema, pachytene stage
卒中易感型自发性高血压大鼠/卒中易感型自發性高血壓大鼠 stroke-prone spontaneously hypertensive rat, stroke-prone SHR, SHRSP
促肠液蛋白/促腸液[激]素 enterocrinin
促肠液素/促腸液[激]素 enterocrinin
促成熟因子/促成熟因子,成熟促進因子 maturation promoting factor, MPF
促凋亡因子/促凋亡因子 pro-apoptotic factor
促分裂因子/促分裂因子 mitogenic factor
促分裂原活化蛋白质/促分裂原活化蛋白質 mitogen-activated protein, MAP
促分裂原活化的蛋白激酶/促分裂原活化蛋白激酶,MAP 激酶,致裂原活化型蛋白激酶 mitogen-activated protein kinase, MAPK
促分裂原活化的蛋白激酶激酶/促分裂原活化蛋白

激酶激酶 mitogen-activated protein kinase kinase, MAPKK
促分裂原活化的蛋白激酶激酶激酶/促分裂原活化蛋白激酶激酶激酶 mitogen-activated protein kinase kinase kinase, MAPKKK
促分裂作用/促細胞分裂作用 mitogenesis
促黑[色]素激素细胞/促黑色素激素細胞 melanotroph, melanotrophic cell
促黑素释放素/促黑素釋放素,促黑激素釋放激素 melanoliberin, melanotropin releasing hormone, melanocyte-stimulating hormone releasing hormone
促黑素释放抑制因子/促黑激素釋放抑制因子 melanocyte-stimulating hormone release inhibiting factor
促黑素调节素/促黑激素調節激素 melanocyte-stimulating hormone regulatory hormone
促黑素抑释素/促黑素釋放抑制素,促黑激素釋放抑制激素 melanostatin, melanocyte-stimulating hormone release inhibiting hormone, MRIH
促黑[细胞激]素/促黑激素,黑色素細胞刺激素,黑[細胞]促素 melonotropin, melanocyte-stimulating hormone
[促]红细胞生成素/[促]紅血球生成素,生紅血球素 erythropoietin, EPO, erythrogenin
促黄体分泌激素/黄體分泌激素,激黄體素 luteotrophic hormone, LTH
[促]黄体生成素/黄體成長激素,黄體促素,促黄體素 luteinizing hormone, LH, lutropin
促黄体素/促黄體素,黄體成長激素,黄體促素 luteinizing hormone, LH, lutropin
促黄体素释放[激]素/促黄體[激]素釋放激素 luliberin, luteinizing hormone releasing hormone, LHRH
促黄体素释放因子/促黄體[激]素釋放因子 luteinizing hormone releasing factor, LHRF
促甲状腺[激]素/促甲狀腺[激]素,甲狀腺促素 thyrotropin, thyroid-stimulating hormone, TSH
促甲状腺[激]素受体自身抗体/促甲狀腺[激]素受體自體抗體 thyrotropin receptor autoantibody, TRAb
促甲状腺素释放[激]素/促甲狀腺素釋放[激]素,甲促素釋素 thyroliberin, thyrotropin-releasing hormone, TRH
促甲状腺素释放因子/促甲狀腺素釋放因子 thyrotropin-releasing factor, TRF
促甲状腺素调节素/促甲狀腺素調節素 thyromodulin
促甲状腺素细胞/促甲狀腺素細胞 thyrotroph, thyrotrophic cell
促进/促進 promotion
促进发芽/發芽促進 promoting germination, sprout promotion
促进扩散/促進擴散 facilitated diffusion
促进作用/促進作用,易化作用 facilitation
促瘤生长/腫瘤生長現象 tumor enhancement
促卵泡[激]素/促卵泡[激]素,促濾泡素,濾泡刺激素 follitropin, follicle-stimulating hormone, FSH
促卵泡[激]素窗口/促卵泡[激]素窗口 follicle-stimulating hormone window, FSH window
促卵泡[激]素释放素/促卵泡素釋放素,促濾泡素釋放素 folliliberin, follicle-stimulating hormone releasing hormone, FSHRH
促卵泡[激]素抑释素/促卵泡素抑制素,濾泡抑素,抑濾泡素 follistatin, FST
促卵泡[激]素阈值/促卵泡[激]素閾值,濾泡刺激素閾值 follicle-stimulating hormone threshold, FSH threshold
促滤泡素/促卵泡[激]素,促濾泡素,濾泡刺激素 follitropin, follicle-stimulating hormone, FSH
促泌素/促泌素 secretogogue
促凝剂/凝結劑,凝血劑 coagulant
促凝血酶原激酶/凝血[致活]激酶,血栓形成素,凝血酶原激酶 thromboplastin, thrombokinase
促配子成熟激素/促配子成熟激素 menotropin
促皮质素/促腎上腺皮質[激]素,促皮激素,腎上皮促素 corticotropin, adrenocorticotropic hormone, ACTH
促前胸腺激素/促前胸腺激素 prothoracicotropin, prothoracicotropic hormone, PTTH
促醛固酮激素/促醛固酮激素,促腎上腺皮質球狀帶細胞激素 adrenoglomerulotropin
促溶剂/促溶劑,離液劑 chaotropic agent, chaotrope
促乳[激]素细胞/促乳[激]素細胞 mammotroph, mammotrophic cell
促乳素/催乳[激]素,乳促素,泌乳素 prolactin, galactin, lactogen
促乳素释放因子/催乳素釋放因子,促乳素釋放因子,泌乳素釋放因子 prolactin releasing factor, PRF
促肾上腺皮质[激]素/促腎上腺皮質[激]素,促皮激素,腎上皮促素 corticotropin, adrenocorticotropic hormone, ACTH
促肾上腺皮质球状带细胞激素/促腎上腺皮質球狀帶細胞激素,促醛固酮激素 adrenoglomerulotropin
促肾上腺皮质素释放素/促腎上腺皮質素釋放[激]

素 corticoliberin, corticotropin releasing hormone, CRH
促肾上腺皮质素释放素结合蛋白质/促腎上腺皮質素釋放素結合蛋白 corticoliberin-binding protein
促肾上腺皮质素释放因子/促腎上腺皮質素釋放因子 corticotropin releasing factor, CRF
促肾上腺皮质素细胞/促腎上腺皮質素細胞 corticotroph, corticotrophic cell
促生长激素细胞/促生長激素細胞 somatotroph, somatotrophic cell
促生长素/促生長素,生長激素 somatotropin, growth hormone, GH
促生长素释放素/促生長素釋放素,生長激素釋放[激]素,生長激素調節激素 somatoliberin
促生长素释放抑制[激]素/促生長素釋放抑制[激]素 somatotropin release inhibiting hormone
促生长素释放抑制因子/生長激素釋放抑制因子 somatotropin release inhibiting factor
促生长素释放因子/促生長素釋放因子,生長激素釋放因子 somatotropin releasing factor, SRF
促生长素抑制[激]素/生長抑素,生長激素[釋放]抑制激素,體抑素 somatostatin, growth hormone inhibiting hormone, GHIH
促十二指肠液素/促十二指腸液素 duocrinin
促受精膜生成素/促受精膜生成素 oocytin
促吞噬肽/促吞噬肽,塔夫茲肽 tuftsin
促胃动素/胃動素,腸動素 motilin
促胃液素/促胃液[激]素,胃泌[激]素 gastrin
促胃液素家族/促胃液素家族,胃泌素家族 gastrin family
促[细胞]分裂原/致裂原,促分裂原,有絲分裂促進劑 mitogen
促性腺[激]素/促性腺[激]素,性促素 gonadotropin, gonadotropic hormone, GTH
促性腺[激]素峰抑制因子/促性腺激素峰抑制因子 gonadotropin surge-attenuating factor, gonadotropin surge-inhibiting factor, GnSIF
促性腺[激]素细胞/促性腺激素細胞 gonadotroph, gonadotrophic cell
促性腺素释放[激]素/促性腺素釋放[激]素,性釋素 gonadoliberin, gonadotropin-releasing hormone, GnRH
促性信息素肽/促費洛蒙素 pheromonotropin
促雄性腺/促雄性腺 androgenic gland
促旋酶/回旋酶,旋轉酶 gyrase
促咽侧体神经肽/促咽側體肽,促咽喉側腺神經肽 allatotropin
促炎性细胞因子/發炎前期細胞介素 proinflammatory cytokine
促炎症蛋白质/發炎前期蛋白 proinflammatory protein
促氧化/促氧化 prooxidation
促氧化剂/促氧化劑 prooxidant
促胰岛素/促胰島素,胰島素調理素 insulinotropin
促胰酶素/催胰酶素,胰酶泌素 pancreozymin, PZ
促胰凝乳蛋白酶原释放素/促胰凝乳蛋白酶原釋放素 chymodenin
促胰液素/胰泌素,胰液催素,促腸泌素 secretin
促胰液素-胰高血糖素家族/胰泌素-胰高血糖素家族 secretin-glucagon family
促胰液肽酶/腸促胰液肽酶 secretinase
促[有丝]分裂原/致裂原,促分裂原,有絲分裂促進劑 mitogen
促脂解剂/親脂劑,抗脂肪肝劑 lipotropic agent
促脂解素/促脂解[激]素,脂促素,激脂激素 lipotropin, lipotropic hormone, LPH
促脂解作用/促脂解作用,親脂作用 lipotropic action
猝灭/猝滅 quenching
猝灭剂/猝滅劑 quencher
醋化作用/醋化[作用],乙酸化[作用] acetification
醋酸/醋酸,乙酸 acetic acid
簇放电/簇放電 bursting
簇集素/簇集素 clusterin
簇集损伤/簇集損傷 clustered damage
簇生毛/簇生毛 tufted hair
簇生叶/簇生葉,叢生葉 fascicled leaf
簇生叶序/簇生葉序 fascicled phyllotaxy
窜飞/竄飛 protean display
催产素/催産素,子宫收縮素 oxytocin, OT, pitocin
催化部位/催化部位 catalytic site
催化常数/催化常數 catalytic constant
催化核心/催化核心 catalytic core
催化活性/催化活性 catalytic activity
催化机制/催化機制 catalytic mechanism
催化剂/催化劑 catalyst
催化型生物传感器/催化型生物感測器 catalytic biosensor
催化型受体/催化型受體 catalytic receptor
催化[性]抗体/催化[性]抗體 catalytic antibody
催化亚基/催化次單元 catalytic subunit
催化作用/催化作用 catalysis
催乳素/催乳[激]素,乳促素,泌乳素 prolactin, galactin, lactogen
催乳素释放素/催乳素釋放[激]素 prolactoliberin,

prolactin releasing hormone, PRH
催乳素释放肽/催乳素釋放肽 prolactin releasing peptide, PRP
催乳素释放抑制素/催乳素釋放抑制[激]素 prolactin release inhibiting hormone, PRIH
催乳素释放抑制因子/催乳素釋放抑制因子 prolactin release inhibiting factor, PRIF
催乳素释放因子/催乳素釋放因子,促乳素釋放因子,泌乳素釋放因子 prolactin releasing factor, PRF
催乳素抑释素/催乳素釋放抑制[激]素 prolactin release inhibiting hormone, PRIH
催涎肽/催涎肽 sialogogic peptide
催欲剂/催欲劑 aphrodisiac
催欲素/催欲劑 aphrodisiac
脆弱性/脆弱性 fragility
脆[性]X染色体/脆性X染色體 fragile X chromosome
脆性位点/脆性位點 fragile site
脆[性]X综合征/X染色體易脆症 fragile X syndrome
萃取/萃取 extraction
存活/存活 survivorship, survival
存活蛋白/存活蛋白 survivin
存活率/存活率,成活率 survival rate
存活潜力/存活潛力 survival potential
存活曲线/存活曲線,生存曲線 survivorship curve, survival curve
存活曲线类型/存活曲線類型 survivorship curve type
存活因子/存活因子 survival factor
存活者/存活者 survivor
存活值/存活值 survival value
锉吸式口器/銼吸式口器 rasping-sucking mouthparts
错参/錯參,錯誤參入 misincorporation
错插/錯插,錯誤插入 misinsertion
错分单倍体/錯分單倍體 misdivision haploid
错分裂/錯分裂 misdivision
错觉边界/錯覺邊界 illusory edge, illusory boundary
错觉结合/錯覺聯結,錯覺組合 illusory conjunction
错配/錯配 mismatching, mispairing
错配 PCR/錯配 PCR mismatch PCR
错配扩增突变分析/錯配擴增突變分析 mismatch amplification mutation assay
错配修复/錯配修復 mismatch repair
错义/錯義 missense
错义密码子/錯義密碼子 missense codon
错义突变/錯義突變,誤義突變 missense mutation
错义突变体/錯義突變種 missense mutant
错义突变型/錯義突變種 missense mutant
错义抑制/錯義抑制 missense suppression
错义抑制因子/錯義抑制因子 missense suppressor
错译/錯譯,譯錯,誤譯 mistranslation, misreading
错载/錯載 mischarging
错折叠/錯[誤]折疊 misfolding

D

搭车效应/搭便車效應 hitch-hiking
达尔文适合度/達爾文適合度,達爾文適應率 Darwinian fitness
达尔文学说/達爾文學説,達爾文主義 Darwinism
达西定律/達西定律 Darcy law
答答型[初虫]/答答型[初蟲] tatiform
打点/打點 dotting
打分函数/打分函數 scoring function
大孢子/大孢子 megaspore, macrospore
大孢子壁/大孢子膜 megaspore membrane
大孢子发生/大孢子發生,大孢子形成 megasporogenesis, macrosporogenesis
大孢子果/大孢子果 megasporocarp, macrosporocarp, macrosporocarpium
大孢子竞争/大孢子競争 megaspore competition
大孢子母细胞/大孢子母細胞 megasporocyte, megaspore mother cell
大孢子囊/大孢子囊 megasporangium, macrosporangium
大孢子吸器/大孢子吸器 megaspore haustorium
大孢子叶/大孢子葉 macrosporophyll, megasporophyll
大孢子叶球/大孢子葉球,雌球花 ovulate strobilus
大爆炸式生殖/大爆發式生殖 big-bang reproduction
大冰河期/大冰河期 great ice age
大肠/大腸 large intestine
大肠埃希氏菌/大腸桿菌 *Escherichia coli*
大肠杆菌/大腸桿菌 *Escherichia coli*
大肠杆菌基因表达系统/大腸桿菌基因表達系統 *Escherichia coli* gene expression system
大肠[杆]菌群/大腸[桿]菌群 coliform, coliform group
大肠杆菌噬菌体/大腸[桿]菌噬菌體 coliphage
大肠[杆]菌素/大腸菌素 colicin, colicine
大肠[杆]菌素生成因子/大腸菌素[生成]因子 colicinogenic factor, Col factor
大肠[杆]菌值/大腸[桿]菌值 colititer
大肠[杆]菌指数/大腸菌指數 coli-index
大肠液/大腸液 large intestinal juice
大潮/大潮 spring tide
大潮-小潮周期/大潮-小潮週期 spring-neap cycle
大触角/大觸角 antenna
大电导钙激活钾通道/大電導鈣啟動鉀通道 large-conductance Ca^{2+}-activated K^{+} channel
大豆凝集素/大豆凝集素 soybean agglutinin, SBA
大豆球蛋白/大豆球蛋白 glycinin
大多角骨/大多角骨,斜方骨 trapezium bone
大颚/大顎 mandibula, mandible
大颚活动片/大顎活動片 lacinia mobilis
大颚体节/大顎體節 mandibular segment
大发生/大發生,爆發 outbreak
大分类学/大分類學,巨分類學,宏分類學 macrotaxonomy
大分裂球/大分裂球 macromere
大分子单晶中子衍射技术/大分子單晶中子繞射技術 macromolecular single-crystal neutron diffraction technique
大枫子酸/大風子雜酸,13-環戊基-十三烷酸,大風子油 gynocardic acid, chaulmoogric acid
大沟/大溝,主溝槽 major groove
大骨针/大骨針 megasclere
大管肾/大腎管 meganephridium
大规模制备/大規模製備 megapreparation, megaprep
大[海]洋生态系统/大海洋生態系 large marine ecosystem, LME
大汗腺/頂泌汗腺,頂漿腺 apocrine sweat gland
大核/大核 macronucleus, meganucleus
大核断片/大核斷片 macronuclear fragment
大核酶/大核酶 maxizyme
大核系/大核系 karyonide, caryonide
大核再生/大核再生 macronuclear regeneration
大黑素细胞/大黑素細胞 macromelanophore
大环聚醚模拟酶/大環聚醚模擬酶 macrocyclic polyether mimic enzyme
大环内酯类抗生素/巨環内酯類抗生素 macrolide antibiotic
大戟二萜醇/佛波醇 phorbol
大戟二萜醇酯/佛波酯,巴豆酯 phorbol ester
大角膜/大角膜 macrocornea
大接合体/大接合體 macroconjugant
大颗粒淋巴细胞/大顆粒淋巴細胞,大顆粒淋巴球

large granular lymphocyte, LGL
大块漂浮植物/大塊漂浮植物 sudd
大量培养/大量培養 mass culture, large-scale culture, bulk culture
大量营养物/大量營養素,巨量養分,主要營養物 macronutrient
大量元素/大量元素,常量元素,主要元素 macroelement, major element
大淋巴细胞/大淋巴細胞,大淋巴球 large lymphocyte
大陆/大陸 continent
大陆边缘/大陸邊緣 continental margin
大陆岛/大陸性島嶼 continental island
大陆-岛屿模型/大陸-島嶼模型 continent-island model, mainland-island model
大陆度/大陸度,陸性率 continentality
大陆架/大陸棚 continental shelf
大陆架生态系统/陸棚生態系[統] shelf ecosystem
大陆隆/大陸隆起 continental rise
大陆漂移/大陸漂移 continental drift
大陆漂移说/大陸漂移説 continental drift theory
大陆坡/大陸[斜]坡 continental slope
大陆性冰川/大陸性冰川 continental glacier
大陆性气候/大陸性氣候 continental climate
大陆种/大陸種 continental species
大麦醇溶蛋白/大麥[醇溶]蛋白 hordein
大毛/巨毛 macrochaeta
大灭绝/大滅絶,動物相滅絶 mass extinction
大脑/大腦 cerebrum
大脑半球/大腦半球 cerebral hemisphere
大脑半球优势学说/大腦半球優勢學説 cerebral dominance theory
大脑蛋白聚糖/大腦蛋白聚糖 cerebroglycan
大脑化/大腦化 encephalization
大脑脚/大腦腳 cerebral peduncle
大脑脚盖/大腦腳蓋 tegmentum
大脑静脉/大腦静脈 cerebral vein
大脑皮质/大腦皮質,大腦皮層 cerebral cortex, Cx
大脑小脑/皮質小腦 cerebrocerebellum
大脑中动脉闭塞/大腦中動脈閉塞 middle cerebral artery occlusion, MCAO
大疱性表皮松解症/大皰性表皮鬆懈症 epidermolysis bullosa
大配子/大配子 macrogamete
大配子发生/大配子發生 macrogametogenesis
大配子母体/大配子母體 macrogamont
大配子母细胞/大配子母細胞 macrogametocyte, macront
大配子囊/大配子囊 macrogametangium
大配子体/大配子體 macrogametophyte
大批量取食/大量取食 bulk capture
大片段酶/大片段酶 large fragment enzyme
大气浮游生物/空中漂浮生物,空中浮游生物 aeroplankton, air plankton
大气浮游植物/空中浮游植物 aeroplanktophyte
大气候/大氣候 macroclimate
大气环流/大氣環流 atmospheric circulation
大气环流模型/大氣環流模型,大氣環流模式 general circulation model, GCM
大气圈/大氣圈 atmosphere
大气生物学/大氣生物學 aerobiology
大气污染/大氣污染 atmosphere pollution
大曲/大麯 daqu
大染色体/大染色體 macrochromosome
大扰动法确定通量控制系数/大擾動法確定通量控制係數 large-perturbation to determine the flux control coefficient
大嗜派洛宁母细胞/大嗜派洛寧母細胞 large pyroninophilic blast cell
大鼠 90 天喂养试验/大鼠 90 天餵養試驗 90-day feeding test in rat
大体/大體 thanosome
大头骨针/大頭骨針 tylostyle
大头[畸形]/大頭[畸形] macrocephaly
大突变/大突變,巨突變 macromutation
大腿/股 thigh
大网膜/大網膜 greater omentum
大细胞层/巨大細胞層 magnocellular layer
大细胞通路/大細胞通路 magnocellular pathway
大小排阻层析/粒徑排阻層析法,尺寸排除色層分析法 size exclusion chromatography
大小原则/大小法則 size principle
大型胞饮作用/大型胞飲作用 macropinocytosis
大型底栖生物/大型底棲生物 macrobenthos
大型动物区系/大型動物相 macrofauna
大[型]分生孢子/大[型]分生孢子 macroconidium
大型浮游生物/大型浮游生物 macroplankton
大型浮游植物/大型浮游植物 macrophytoplankton
大型配子结合/大配子生殖 macrogamy
大型漂浮植物/大型漂浮植物 pleustophyte, phytopleuston
大型生物群/大型生物相 macrobiota
大型消费者/大型消費者 macro-consumer
大型叶/大型葉,巨形葉 macrophyll, megaphyll
大型藻类/大型藻類 macroalgae
大血管/主動脈,大動脈 aorta

大眼幼体/大眼幼體　megalopa larva
大洋表层带/表層洋帶　epipelagic zone
大洋岛/海洋性島嶼　oceanic island
大洋浮游生物/遠洋浮游生物,大洋性浮游生物,海洋性浮游生物　eupelagic plankton, oceanic plankton
大洋环流/海洋環流　ocean circulation
大洋界/大洋界　Oceanic realm
大洋群落/大洋群落,大洋群聚　pelagium
大洋上层浮游生物/大洋上層浮游生物　epipelagic plankton
大洋生物/遠洋生物,水層生物　pelagic organism
大洋鱼类/水層魚類　pelagic fish
大洋中层浮游生物/大洋中層浮游生物　mesopelagic plankton
大阴唇/大陰唇　labium majus pudendi, greater lip of pudendum
大引物 PCR/大引物 PCR　megaprimer PCR
大疣/大疣　primary tubercle
大仔对策/大仔對策　large young strategy
大阵列/巨陣列　macroarray
大枝骨片/大枝骨片　megaclad
大种/多態種　macrospecies
大柱骨片/大柱骨片　megaclone
呆蛋白/呆蛋白　nicastrin
代表性差异分析/代表性差異分析　representational difference analysis, RDA
代偿性间歇/補償間歇　compensatory pause
代时/倍增時間,增代時間　doubling time, generation time
代数重构算法/代數重建技術,代數重構演算法　algebraic reconstruction technique, ART
代位卵胞/代位卵胞　vicarious ovicell
代位鸟头体/代位鳥頭體　vicarious avicularium
代谢/新陳代謝,代謝[作用]　metabolism
代谢当量/代謝當量　matabolic equivalent, MET
代谢动力学模型/代謝動力學模型　metabolic dynamic model
代谢工程/代謝工程　metabolic engineering
代谢共栖/後繼共生,後續共生　metabiosis
代谢核/代謝核　metabolic nucleus
代谢活性/代謝活性　metabolic activity
代谢计/基礎代謝計,代謝測定器　metabolimeter
代谢减退/衰退代謝,低代謝　hypometabolism
代谢抗性/代謝抗性　metabolic resistance
代谢控制分析/代謝控制分析　metabolic control analysis, MCA
代谢库/代謝庫,代謝總匯　metabolic pool
代谢类型/代謝型　metabolic type
代谢率/代謝率　metabolic rate
代谢酶/代謝酶　metabolic enzyme
代谢偶联/代謝偶聯　metabolic coupling, metabolic cooperation
代谢期/代謝期　metabolic stage
代谢区室/代謝區室　metabolon
代谢生理学/代謝生理學　metabolic physiology
代谢失常/代謝錯誤　metabolic error
代谢梯度/代謝梯度　metabolic gradient
代谢调节/代謝調節　metabolic regulation
代谢调控/代謝調控　metabolic control
代谢通量/代謝通量　metabolic flux
代谢通量分析/代謝通量分析　metabolic flux analysis, MFA
代谢通量计算/代謝通量計算　calculation of metabolic flux
代谢途径/代謝途徑　metabolic pathway
代谢途径导入/代謝途徑導入　knock-in of metabolic pathway, introduction of metabolic pathway
代谢途径精细调控/代謝途徑精細調控　fine-tuning of metabolic pathway
代谢途径敲除/代謝途徑敲除　knock-out of metabolic pathway
代谢途径优化/代謝途徑優化　optimization of metabolic pathway
代谢网络/代謝網絡　metabolic network
代谢网络结构分析/代謝網絡結構分析　metabolic network structure analysis
代谢网络模型/代謝網絡模型　metabolic network model
代谢物/代謝[產]物　metabolite
代谢物守恒/代謝物守恆　metabolite balancing
代谢[物]组/代謝物體,代謝組　metabolome
代谢[物]组学/代謝物體學,代謝組學　metabolomics
代谢型生物传感器/代謝型生物感測器　metabolic biosensor
代谢型受体/代謝型受體　metabotropic receptor
代谢性产热/代謝性産熱　metabolic heat production
代谢性碱中毒/代謝性鹼中毒　metabolic alkalosis
代谢性冷习服/代謝性冷習服,代謝性冷適應　metabolic cold acclimatization
代谢性酸中毒/代謝性酸中毒　metabolic acidosis
代谢性体适能/代謝性體適能　matabolic physical fitness
代谢抑制试验/代謝抑制試驗　metabolic inhibition test, MIT

代谢中间[产]物/代謝中間形成物　metabolic intermediate
代谢转换/代謝回轉　metabolic turnover
代谢综合征/代謝性綜合症　metabolic syndrome
H 带/H 帶　H band
I 带/I 帶　I band
带虫免疫/帶蟲免疫　premunition
带 3 蛋白/帶 3 蛋白,帶 Ⅲ 蛋白　band 3 protein
带毒者/帶病原者,帶病毒者　carrier
带毒状态/帶病原狀態　carrier state
带间动物区系/區間動物相,帶間動物相　interzonal fauna
带菌者/帶菌者　carrier
带切口 DNA/帶切口 DNA　nicked DNA
带切口环状 DNA/帶切口環狀 DNA　nicked circular DNA
带通滤波器/帶通濾波器　band-pass filter
带现象/帶現象　zone phenomenon
带线/帶線　fasciole, zone line
带泄漏整合-发放模型/帶泄漏整合-發放模型　leaky integrate-and-fire model, LIF model
带形核粒细胞/帶形核粒細胞　band form nuclear granulocyte
带状薄壁组织/帶狀薄壁組織　banded parenchyma
带状调查/樣帶調查法　strip census
带状分布/帶狀分布　zonal distribution
带状耕作/帶狀耕作　strip cropping
带状桥粒/帶狀橋粒　belt desmosome
带状种植/平行間植　field strip cropping
待刊名/待刊名　manuscript name
待考[学]名/待考名　nomen inquirendum
待考种/待考種　species inquirenda, sp. inq.
袋骨/袋骨　marsupial bone
袋形动物/袋形動物　aschelminth
袋状叶/袋狀葉　pocket leaf
戴马通尼干燥指数/戴馬通尼乾燥指數　de Martonne index of aridity
戴氏定律/達雅定律　Dyar rule
戴维斯定律/戴維斯定律　Davis law
丹佛体制/丹佛系統　Denver system
丹磺酰法/丹磺醯法　dansyl method
担轮幼体/擔輪幼體　trochophora
单胺/單胺　monoamine
单胺氧化酶/單胺氧化酶　monoamine oxidase, MAO
单胺转运[蛋白]体/單胺運輸蛋白　monoamine transporter
单瓣花/單瓣花　simple flower
单孢体/單孢體　haplosporosome
单孢子/單孢子　monospore
单孢子分离法/單孢子分離法　single spore isolation
单孢子囊/單[室]孢子囊　monosporangium
单孢子胚囊/單孢子胚囊　monosporic embryo sac
单倍孢子体/單倍孢子體　monoploid sporophyte
单倍单性生殖/單倍單性生殖,單倍孤雌生殖　haploid parthenogenesis
单倍二倍性/單倍兩倍性　haplodiploidy
单倍孤雌生殖/單倍孤雌生殖,單倍單性生殖　haploid parthenogenesis
单倍核/單倍核,半倍核　hemikaryon
单倍菌丝/單倍[體]菌絲,單元菌絲　haploid hypha
单倍菌丝体/單倍菌絲體　haplomycelium
单倍配子/單倍體配子,單元配子　haploid gamete
单倍期/單倍期,單元期　haploid phase, haplophase
单倍染色体/單倍染色體,單套染色體　haploid chromosome
单倍体/單倍體　haploid
单倍体不亲和性/單倍體不親和性　haploid incompatibility
单倍体不育/單倍體不孕性　haplontic sterility
单倍体单性生殖/單倍體無配生殖　haploid apogamy
单倍体化/單倍體化　haploidization
单倍体世代/單倍體世代,單元世代　haploid generation
单倍体状态/單倍體態　haploid state
单倍型/單倍型,單倍體[基因]型　haplotype
单倍性/單倍[體]性,單元性　monoploidy
单倍有丝分裂/單倍有絲分裂　haplomitosis
单倍杂种/單倍雜種　haplomict
单被花/單被花　monochlamydeous flower
单臂 PCR/單臂 PCR　one-armed PCR, OA-PCR
单边刺形骨针/單邊刺形骨針　caterpillar
单鞭毛菌/偏端單毛菌　monotricha
单鞭体/單鞭體　haplomonad
单波长反常散射/單波長反常散射　single-wave-length anomalous dispersion, SAD
单侧复纹孔式/單側複紋孔　unilaterally compound pitting
单侧化/單側化,側邊化　lateralization
单层囊泡/單層囊泡　monolayer vesicle
单层上皮/單層上皮　simple epithelium
单层[细胞]培养/單層培養　monolayer culture
单叉骨针/單叉骨針　monaene
单穿孔/單穿孔　simple perforation
单穿孔导管/單穿孔導管　porous vessel
单纯蛋白质/單純蛋白質　simple protein

单纯扩散/單純擴散,簡單擴散　simple diffusion
单唇基节/單唇基節　duplomentum
单雌蕊/單雌蕊　simple pistil
单雌生殖/雌核生殖,雌核發育,無雄核受精　gynogenesis
单雌系/單雌系　isofemale line
单次穿膜蛋白[质]/單次穿膜蛋白　single-pass transmembrane protein
单次生殖/單次繁殖　semelparity
单等位基因表达/單對偶基因表達　monoallelic expression
单电导钾通道/單電導鉀通道　single conductance potassium channel
单顶枝/單頂枝　monotelome
单端孢霉烯族毒素/新月毒素　trichothecenes
单端丛[鞭]毛菌/一端叢毛菌　cephalotricha
单对同晶置换/單對同晶置換　single isomorphous replacement, SIR
单对同晶置换结合反常散射/單對同晶置換結合反常散射　single isomorphous replacement with anomalous scattering, SIRAS
单耳听觉/單耳聽覺　monaural hearing
单房簇虫/單房簇蟲　monocystid gregarine
单分体/單分體,單價染色體　monad
单分子 PCR/單分子 PCR　single molecular PCR
单分子测序/單分子測序,單分子定序　single molecular sequencing
单分子层/單分子層,單細胞層　unimolecular layer, monomolecular layer
单分子膜/單分子膜　unimolecular film, monomolecular film
单分子探测/單分子偵測　single-molecule detection
单分子微操作/單分子微操作　single-molecule micromanipulation
单分子荧光共振能量转移/單分子螢光共振能量轉移　single-molecule fluorescence resonance energy transfer, single-molecule FRET
单分子荧光显微术/單分子螢光顯微術　single-molecule fluorescence microscopy
单酚氧化酶/單酚基氧化酶　monophenol oxidase
单缝孢/單縫痕孢子　monolete spore
单辐骨针/單輻骨針　monactine, monact
单苷/單苷　monoside
单隔孢子/單隔孢子,雙胞孢子　didymospore
单个单位平滑肌/單個單位平滑肌　single-unit smooth muscle
单个体种/單一體種　singleton species
单宫型/單宮型　monodelphic type
单沟花粉/單溝花粉,單槽花粉　monocolpate pollen
单沟型/單溝型　ascon
单冠骨针/單冠骨針　monolophous microcalthrops
单光子发射计算机断层成像/單光子激發斷層掃描成像　single-photon emission computed tomography, SPECT
单果/單果　simple fruit
单核/單核　monocaryon
单核苷酸/單核苷酸　mononucleotide
单核苷酸多态性/單核苷酸多態性,單一核苷酸多型性　single-nucleotide polymorphism, SNP
单核巨噬细胞系统/單核巨噬細胞系統,單核吞噬細胞系統　mononuclear phagocyte system, MPS
单核体/單核體　monokaryon
单核吞噬细胞系统/單核吞噬細胞系統,單核巨噬細胞系統　mononuclear phagocyte system, MPS
单核细胞/單核細胞,單核[白血]球　monocyte
单核细胞趋化蛋白/單核球趨化蛋白　monocyte chemoattractant protein, monocyte chemotactic protein, MCP
单核因子/單核因子,單核激素　monokine
单花被/單花被　simple perianth
单花粉/單花粉　monad
单花果/單花果　monothalmic fruit
单环萼/單環萼　monocyclic calyx
单环中柱/單環中柱　monocyclic stele
单基板/單基板　monobasal
单基因病/單基因病　monogenic disease
单基因性状/單基因性狀　monogenic character
单基因杂种/單性[狀]雜種　monohybrid
单基因杂种杂交/單性雜種雜交　monohybrid cross
单极/單極　monopole, unipolar
单极成神经细胞/單極神經母細胞　unipolar neuroblast
单极分裂/單極分裂　monocentric division
单极化/單極化　monopolization
单极内迁/單極內遷　unipolar immigration
单极神经元/單極神經元　unipolar neuron
单极生态系统/單極生態系　monopolar ecosystem
单极细胞/單極細胞　unipolar cell
单寄生/單寄生　haploparasitism, monoparasitism, solitary parasitism
单加氧酶/單[加]氧酶　monooxygenase
单价菌苗/單價菌苗　univalent bacterial vaccine
单价抗体/單價抗體　univalent antibody
单价染色体/單價染色體,一價染色體　univalent chromosome, monovalent chromosome
单价体/單價體　univalent, monovalent

单价血清/單價血清 monovalent serum
单价疫苗/單價疫苗 univalent vaccine
单尖刚毛/單尖剛毛 simple pointed chaeta
单碱基差异/單鹼基差異 singleton
单交换/單交換 single crossover, single exchange
单交种/單交[物]種 monocoitic species
单精合子/單精合子 monozygote
单精入卵/單精入卵,單精受精 monospermy
单精受精/單精受精,單精入卵 monospermy
单精子卵细胞质内注射/精子細胞漿内注射 intracytoplasmic sperm injection, ICSI
单境起源/單境起源 monotopic origin
单菌裂解实验/單菌裂解實驗 single burst experiment
单拷贝/單拷貝,單複製 single-copy
单拷贝 DNA/單拷貝 DNA single-copy DNA
单拷贝基因/單拷貝基因 single-copy gene
单拷贝序列/單拷貝序列,單複製序列 single-copy sequence
单拷贝整合法/單複製整合法 single-copy integration method
单颗粒分析/單顆粒分析 single particle analysis
单克隆抗体/單株抗體,單源抗體 monoclonal antibody, McAb
单克隆抗体技术/單株抗體技術 monoclonal antibody technique
单孔/單孔 simple pore, uniporous
单孔式/單孔式 monotrysian type
单口/單口 monostomy
单口道芽/單口道芽 mono-stomodeal budding
单口尾蚴/單口尾蚴 monostome cercaria
单粒包埋型病毒/單[粒]包埋型病毒 singly-embedded virus, single-embedded virus
单链/單鏈,單股 single strand
单链 DNA/單鏈 DNA,單股 DNA single-stranded DNA, ssDNA
单链 RNA/單鏈 RNA,單股 RNA single-stranded RNA, ssRNA
单链 DNA 病毒/單鏈 DNA 病毒,單股 DNA 病毒 single-stranded DNA virus, ssDNA virus
单链 RNA 病毒/單鏈 RNA 病毒,單股 RNA 病毒 single-stranded RNA virus, ssRNA virus
单链断裂/單鏈斷裂,單股斷裂 single-strand break, SSB
单链构象多态性/單鏈構象多態性,單股構象多態性,單鏈構象多型性 single-strand conformation polymorphism, SSCP
单链互补 DNA/單鏈互補 DNA single-strand cDNA, sscDNA
单链交换/單鏈交換 single-stranded exchange
单链结合蛋白/單鏈結合蛋白,單股結合蛋白 single-strandbinding protein, SSB
单链 DNA 结合蛋白/單鏈 DNA 結合蛋白 single-stranded DNA-binding protein
单链摄取/單鏈攝取 single-strand uptake
单链特异性外切核酸酶/單鏈特異性外切核酸酶 single-strand specific exonuclease
单链同化/單鏈同化 single-strand assimilation
单链突出端/單鏈突出端,單股突出端 overhang
单列射线/單列射線 uniseriate ray
单卵双生/同卵雙生,同卵[性]雙生兒,同卵雙胞胎 identical twins, monovular twins, monozygotic twins
单卵双胎/同卵雙生,同卵[性]雙生兒,同卵雙胞胎 identical twins, monovular twins, monozygotic twins
单毛/單毛 simple hair
单模/單模 haplotype
单模属/單模[式]屬 monotypic genus
单母建群/單雌建群 haplometrosis
单目显微镜/單筒顯微鏡 monocular microscope
单囊壁子囊/單囊壁子囊 unitunicate ascus
单能干细胞/單潛能幹細胞 unipotent stem cell, monopotent stem cell
单能性/單能性 unipotency
单宁/丹寧,鞣質 tannin
单泡脂肪/單泡脂肪 unilocular fat
单配偶/單配偶 monogamy
单配生殖/單配生殖 monogamy
单配制/單配偶制 monogamy
单配种/單配偶種 monogamous species
单歧聚伞花序/單[歧聚]傘花序 monochasium
单亲纯合子/單親同型合子 uniparental homozygote
单亲二[倍]体/單親二體 uniparental disomy
单亲生殖/單親生殖,單性生殖 monogenetic reproduction, monogony
单亲遗传/片親遺傳 monolepsis
单群囊/單生[孢子]囊堆,單生孢子囊群 monangium, monangial sorus
单染色体组种/單染色體組種 monogenomic species
单日潮/日單潮 single day tide
单色仪/單色儀,單色器 monochromator
单身复叶/單身複葉 unifoliate compound leaf
单生花/單生花 solitary flower
单食性/單食性 monophagy
单食者/單食者 monophage

单室孢子/單室孢子 unilocular spore
单室孢子囊/單室孢子囊 unilocular sporangium
单室花药/單室花藥 unilocular anther
单收缩/單收縮 single twitch
单顺反子/單順反子 monocistron
单顺反子 mRNA/單順反子 mRNA monocistronic mRNA
单宿主型/單宿主型 monoxenous form
单态现象/單態現象,單態性,單型性 monomorphism
单态性/單態性,單型性,單態現象 monomorphism
单糖/單糖 monosaccharide
单体/單體 monomer, solitary form
单体 G 蛋白/單體 G 蛋白 monomeric G protein
单体分析/單[染色]體分析 monosomic analysis
单体隔离蛋白/單體隔離蛋白 monomer-sequestering protein
单体[染色体]生物/單體[染色體]生物 monosome
单体稳定蛋白/單體穩定蛋白 monomer-stabilizing protein
单体型/單倍體[基因]型,單倍型 haplotype
单体型分型/單倍型分型 haplotyping
单体性/單[染色]體性 monosomy
单体雄蕊/單體雄蕊,合生雄蕊 monadelphous stamen, monodelphous stamen
单体植物/單[染色]體植物 monosomic plant
单体中柱/單一中柱 monostele
单条染色体基因文库/單一染色體基因庫 unichromosomal gene library
单萜/單萜 monoterpene
单通道电流/單通道電流 single channel current
单通道分析/單通道分析 single channel analysis
单通道记录/單通道記録 single channel recording
单突触反射/單突觸反射 monosynaptic reflex
单王群/單王群 monogynous colony, haplometrotic colony, monoqueen colony
单位补充渔获量/單位補充漁獲量 yield per recruit
单位捕捞努力量渔获量/單位努力漁獲量,單位努力捕獲量 catch per unit effort, CPUE
单位进化时期/單位進化時期 unit evolutionary period
单位面积放牧量/放牧率 stock rate
单位膜/單位膜 unit membrane
单位努力捕获量/單位努力捕獲量,單位努力漁獲量 catch per unit effort, CPUE
单位努力渔获量/單位努力漁獲量,單位努力捕獲量 catch per unit effort, CPUE
单位性状/單位性狀 unit character
单纹孔/單紋孔 simple pit
单烯酸/單烯酸 monoenoic acid
单系/單[源]系 monophyly
单系分类单元/單源分類群 monophyletic taxon
单系列演化/單一系統發生演化 monophyletical evolution
单系群/單系群 monophyletic group
单细胞 PCR/單細胞 PCR single cell PCR
单细胞变异体/單細胞變異體 single cell variant
单细胞测序/單細胞測序,單細胞定序 single cell sequencing
单细胞蛋白/單細胞蛋白 single cell protein, SCP
单细胞分离法/單細胞分離法 single cell pickup method
单细胞毛/單細胞毛 unicellular hair
单细胞培养/單細胞培養 single cell culture
单细胞期/單細胞期 one cell stage
单细胞生物/單細胞生物 unicellular organism
单细胞制备/單細胞製備 single cell preparation
单酰甘油/單醯[基]甘油 monoacylglycerol, MAG
单显性组合/單顯性組合 simplex
单线态/單態 singlet state
单线态氧/單一態氧,單[重]態氧 singlet oxygen
单向变化率敏感性/單向變化率敏感性 unidirectionary rate sensitivity
单向传播/單向傳播 one-way conduction
单向传递/單向傳遞 one-way conduction
单向辐射扩散试验/單向放射狀擴散試驗 single radial diffusion test
单向复制/單向複製 unidirectional replication
单向混合淋巴细胞培养/單向混合淋巴球培養 one-way mixed lymphocyte culture
单向扩散试验/單向擴散試驗 single diffusion test
单向免疫扩散/單向免疫擴散 single immunodiffusion, simple immunodiffusion
单向琼脂扩散/單向瓊脂擴散 simple agar diffusion
单向消化管/單向消化管 one-way digestive tract
单向性选择/單邊選擇 unilateralism selection
单向运输体/單向運輸蛋白 uniporter
单向转运/單向運輸,單向轉輸 uniport, unidirectional transport
单相变异/單相變異 monophasic variation
单相动作电位/單相動作電位 monophasic action potential
单相异速生长/單相異速生長 monophasic allometry
单斜晶系/單斜晶系 monoclinic system
单心皮雌蕊/單心皮雌蕊 monocarpous pistil, monocarpellary pistil

单心皮子房/單心皮子房 monocarpous ovary, monocarpellary ovary
单形花/單形花 monomorphic flower
单形现象/單形現象,單型性 monomorphism
单型进化/單型性演化 monotypic evolution
单型膜/單型膜 stichomonad
单型培养/單型培養,單種培養 monotypic culture
单型属/單模[式]屬 monotypic genus
单型种/單模式種 monotypic species
单性孢子/單性孢子 parthenospore
单性二倍体/單雌性發育二倍體 parthenogenetic diploid
单性果实/單性果實 parthenocarpous fruit
单性合子/單性合子,非接合子 azygote
单性核配/單性核配,單性生殖 parthenogamy
单性花/單性花 unisexual flower
单性结实/單性結果 parthenocarpy
单性接合孢子/單性接合孢子,非接合孢子,無性接合孢子 azygospore
单性卵块发育/單性卵片發育 parthenogenetic merogony, parthenomerogony
单性生殖/單性生殖,單親生殖 monogenetic reproduction, monogony
单性生殖雌虫/單性生殖雌體,單性母體 parthenogenetic female
单性生殖卵/單性生殖卵 parthenogenetic egg
单性生殖生物/單性生殖生物 parthenogenone
单性生殖世代/單性生殖世代 parthenogenetic generation
单性生殖细胞/單性生殖細胞,單性生殖個體 parthenogonidium
单性种群/單性族群 apomict population
单性状选择/單性狀選擇 single-trait selection
单雄群/單雄群 one-male group, uni-male group
单雄生殖/單雄生殖,雄性生殖 patrogenesis
单序趾钩/單序趾鉤 uniordinal crochet
单循环湖/單循環湖 monomictic lake
单循环性/單循環性 monocyclic
单芽生殖[的]/單芽生殖[的] monogemmic
单眼/單眼 ocellus
单眼梗/單眼神經柄 ocellar pedicel
单眼后鬃/單眼後剛毛 postocellar bristle, post vertical
单眼视觉/單眼視覺 monocular vision
单阳性T细胞/單陽性T細胞 single positive T cell
单叶/單葉 simple leaf
单叶型疣足/單葉型疣足 uniramous parapodium
单一基因杂种优势/單基因雜種強勢 one-gene heterosis
单一染色体基因文库/單一染色體基因庫 unichromosomal gene library
单一序列/單一序列,獨特序列 unique sequence
单一序列DNA/單一序列DNA unique sequence DNA
单因子分析/單因子分析 single factor analysis
单优种群落/單優勢種群落,單一優勢種群集 monodominant community
单油酰甘油/單油醯甘油[酯] monoolein, monooleoglyceride
单元单倍体/單元單倍體 monohaploid
单[元]顶极/單極[盛]相,單極峰群落 monoclimax, single climax
单[元]顶极理论/單極峰理論,單極峰假説,單一極相説 monoclimax theory, monoclimax hypothesis, single climax theory
单[元]顶极学说/單極峰理論,單極峰假説,單一極相説 monoclimax theory, monoclimax hypothesis, single climax theory
单元发生论/單一系統發生説,單源説 monophyletic theory, monophylesis
单元说/單一系統發生説,單源説 monophyletic theory, monophylesis
单元型/單倍體[基因]型,單倍型 haplotype
单源种/單源種 monophyletic species
单杂种杂交/單性雜種雜交 monohybrid cross
单针六星骨针/單針六星骨針 monoxyhexaster
单枝型附肢/單枝型附肢 uniramous appendage
单肢动物/單肢動物 uniramian
单脂/單脂 simple lipid, homolipid
单中柱/單中心柱 haplostele
单种植物小群/單種植物小群 clan
单轴/單軸 monopode, monopodium
单轴分枝式/單軸分枝 monopodial branching
单轴骨针/單軸骨針 monaxon
单轴花序/單軸花序 monopodial inflorescence
单轴式发展/單軸式發展 monopodial development
单轴型合轴/單軸型假軸分枝 monopodial sympodium
单轴原骨片/單軸原骨片 monocrepid
单主寄生/單一寄生,同主寄生,單[一寄]主寄生 ametoecism, autoecism, monoxeny
单主寄生真菌/單一寄主真菌 autoecious fungus
单着丝粒染色体/單著絲點染色體,單中節染色體 monocentric chromosome
单子房/單子房 simple ovary
单子宫/單子宫 simplex uterus
单子果/單子果 monospermous fruit

单子叶型/單子葉植物型 monocotyledonous type
单子叶植物/單子葉植物 monocotyledon, monocot, monocotyl
单祖论/單祖論 monogenism
胆钙蛋白/膽鈣蛋白 cholecalcin, visnin
胆钙化[固]醇/膽鈣化[固]醇,膽促鈣醇 cholecalciferol
胆钙化[甾]醇/膽鈣化[固]醇,膽促鈣醇 cholecalciferol
胆骨化醇/膽鈣化[甾]醇,膽促鈣醇 cholecalciferol
胆固醇/膽固醇,膽甾醇 cholesterol, Ch
胆固醇合成酶抑制剂/膽固醇合成酶抑制劑 statin
胆固醇酯/膽固醇酯 cholesterol ester, cholesteryl ester, ChE
胆固醇酯酶/膽固醇酯酶 cholesterol esterase
胆固醇酯转移蛋白/膽固醇酯轉移蛋白 cholesterol ester transfer protein, CETP
胆固烷醇/膽固烷醇,膽甾烷醇 cholestanol
胆固烯酮/膽固烯酮 cholestenone
胆管/膽管 bile duct
胆红素/膽紅素 bilirubin
胆红素二葡糖醛酸酯/膽紅素二葡萄糖醛酸苷 bilirubin diglucuronide
胆碱/膽鹼,*N*-三甲基乙醇 choline
胆碱单加氧酶/膽鹼單加氧酶 choline monooxygenase, CMO
胆碱能神经元/膽鹼性神經元 cholinergic neuron
胆碱能突触/膽鹼性突觸 cholinergic synapse
胆碱能系统/膽鹼性傳遞系統 cholinergic system
胆碱受体/膽鹼受體 cholinoceptor, cholinergic receptor
胆碱乙酰转移酶/膽鹼乙醯轉移酶 choline acetyltransferase
胆碱酯酶/膽鹼酯酶 choline esterase
胆绿蛋白/膽綠蛋白,膽球蛋白 choleglobin
胆绿素/膽綠素 biliverdin
胆囊/膽囊 gall bladder
胆囊胆汁/膽囊膽汁 gall bladder bile
胆囊收缩素/膽囊收縮素,縮膽囊肽 cholecystokinin, CCK
胆色素/膽色素 bile pigment
胆色素原/膽色素原,紫質原 porphobilinogen
胆色素原脱氨酶/膽色素原脱胺酶,紫質原脱胺酶 porphobilinogen deaminase
胆素/膽素,後膽色素,膽汁三烯 bilin
胆素原/膽素原,後膽色素原類,膽汁烷 bilinogen
胆酸/膽酸 cholic acid
胆酸盐/膽酸鹽 cholate
胆小管/膽小管 bile canaliculus
胆汁/膽汁 bile
胆汁酸/膽汁酸 bile acid
胆[汁]盐/膽鹽 bile salt
胆紫素/膽紫素 bilipurpurin
担孢子/擔孢子 basidiospore
担[孢]子梗/擔子梗,擔子柄 sterigma
担孢子菌落/擔孢子聚落 sporidial colony
担子/擔子 basidium
担子柄/擔子柄 basidiophore
担子果/擔子果 basidioma, basidiome, basidiocarp
担子菌/擔子菌 basidiomycete
担子菌地衣/擔子菌地衣 basidiolichen
淡染色质/淡染色質 olistherochromatin
淡水/淡水 fresh-water
淡水浮游生物/淡水浮游生物,湖沼浮游生物 limnoplankton, freshwater plankton
淡水生态系统/淡水生態系 freshwater ecosystem
淡水生态学/淡水生態學 freshwater ecology
淡水生物/淡水生物 limnobios
淡水生物学/淡水生物學,湖沼學,陸水學 limnology
弹道电子发射显微镜/彈道電子發射顯微鏡 ballistic electron emission microscope, BEEM
蛋氨酸/甲硫胺酸 methionine
A 蛋白/A 蛋白 A protein
ABC 蛋白/ABC 蛋白,ATP 結合盒蛋白 ATP-binding cassette protein, ABC protein
Fts 蛋白/Fts 蛋白,絲狀溫敏蛋白,絲狀溫度敏感蛋白 filamentous temperature sensitive protein, Fts protein
G 蛋白/G 蛋白,鳥[嘌呤核]苷酸結合蛋白 guanine nucleotide-binding protein, G-protein
HMG 蛋白/HMG 蛋白,高速泳動群蛋白,高遷移率族蛋白 high-mobility group protein, HMG protein
P 蛋白/P 蛋白 P protein
S 蛋白/S 蛋白 S protein, SP
Toll 蛋白/Toll 蛋白 Toll-protein
τ-蛋白/τ-蛋白 tau protein, τ-protein
[蛋白]胨/[蛋白]腖 peptone
[蛋白]胨酵母膏葡萄糖培养基/蛋白腖酵母膏葡萄糖培養基 peptone-yeast extract-glucose medium, PYG medium
蛋白胨汁/蛋白腖汁 peptone broth
蛋白感染粒/傳染性蛋白顆粒,病原性蛋白顆粒,普里昂蛋白 prion, proteinaceous infectious particle
蛋白冠/蛋白冠 protein corona
蛋白激酶/蛋白激酶 protein kinase, PK

蛋白激酶 A/蛋白激酶 A protein kinase A, PKA
蛋白激酶 B/蛋白激酶 B protein kinase B, PKB
蛋白激酶 C/蛋白激酶 C protein kinase C, PKC
蛋白激酶激酶/蛋白激酶激酶 protein kinase kinase
蛋白激酶 A 锚定蛋白/蛋白激酶 A 錨定蛋白 A-kinase anchoring protein, AKAP
蛋白聚糖/蛋白聚糖,蛋白多糖 proteoglycan, PG
NG2 蛋白聚糖/NG2 蛋白聚糖,神經[元]膠質抗原 2 蛋白聚糖 neuron-glial antigen 2 proteoglycan, NG2 proteoglycan
β-蛋白聚糖/β-蛋白聚糖 beta glycan
蛋白磷酸化/蛋白磷酸化 protein phosphorylation
蛋白磷酸酶/蛋白質磷酸酶,蛋白[質]去磷酸酶,蛋白[質]磷酸酯酶 protein phosphatase, PP
蛋白酶连接蛋白/蛋白酶連接蛋白 protease nexin
蛋白酶体/蛋白酶體,蛋白解體 proteasome, proteosome
蛋白酶抑制剂/蛋白酶抑制劑 proteinase inhibitor
蛋白尿/蛋白尿 proteinuria
G 蛋白偶联雌激素受体/G 蛋白偶聯雌激素受體 G-protein coupled estrogen receptor, GPER
G 蛋白偶联受体/G 蛋白偶聯受體,G 蛋白結合受體,G 蛋白耦合受體 G-protein coupled receptor, GPCR
G 蛋白偶联受体激酶/G 蛋白偶聯受體激酶 G-protein coupled receptor kinase, GRK
蛋白[水解]酶/蛋白[水解]酶 proteolytic enzyme, protease, proteinase
G 蛋白调节蛋白质/G 蛋白活性調節蛋白 G-protein regulatory protein
G 蛋白效应器/G 蛋白效應器 G-protein effector
蛋白血症/蛋白血症 proteinemia
蛋白脂质/蛋白脂質,蛋白脂類 proteolipid
蛋白质/蛋白質 protein
蛋白质包膜/蛋白套膜 protein envelope
蛋白质比较/蛋白質比較 comparison of protein
蛋白质变性/蛋白質變性 protein denaturation
蛋白质侧向扩散/蛋白質側向擴散 protein lateral diffusion
蛋白质测序/蛋白質測序,蛋白質定序 protein sequencing
蛋白质超二级结构/蛋白質超二級結構 protein super secondary structure
蛋白质超家族/蛋白質超家族 protein superfamily
蛋白质超滤/蛋白質超濾 protein ultrafiltration
蛋白质沉淀/蛋白質沉澱 protein precipitation
蛋白质穿珠建模/蛋白質穿珠建模 protein threading
蛋白质-蛋白质对接/蛋白質-蛋白質對接 protein-protein docking
蛋白质-蛋白质相互作用/蛋白質-蛋白質相互作用 protein-protein interaction, PPI
蛋白质电子晶体学/蛋白質電子晶體學 electron crystallography of protein
蛋白质冻融/蛋白質凍融 protein freezing and thawing
蛋白质二级结构/蛋白質二級結構 protein secondary structure
蛋白质二级结构预测/蛋白質二級結構預測 protein secondary structure prediction
蛋白质二硫键还原酶/蛋白質二硫鍵還原酶 protein disulfide reductase
蛋白质二硫键氧还酶/蛋白質二硫鍵氧化還原酶 protein disulfide oxidoreductase
蛋白质二硫键异构酶/蛋白質二硫鍵異構酶,蛋白[質]雙硫鍵異構酶 protein disulfide isomerase, PDI
蛋白质翻译后修饰/蛋白質轉譯後修飾 protein post-translational modification
蛋白质非理性设计/蛋白質非理性設計 protein irrational design
蛋白质分离纯化/蛋白質分離純化 protein fractionation and purification
蛋白质分选/蛋白[質]派送 protein sorting
蛋白质分子设计/蛋白質分子設計 protein design
蛋白质分子运动/蛋白質分子運動 motion of protein molecule
蛋白质复性/蛋白質復性 protein renaturation
蛋白质干燥/蛋白質乾燥 protein drying
蛋白质工程/蛋白質工程 protein engineering
蛋白质功能分析/蛋白質功能分析 protein function prediction
蛋白质构象疾病/蛋白質構象疾病 protein conformational disease
蛋白质谷氨酸甲酯酶/蛋白質穀氨酸甲酯酶 protein-glutamate methylesterase
蛋白质光损伤/蛋白質光損傷 protein photodamage
蛋白质光修饰/蛋白質光修飾 protein photomodification
蛋白质合成/蛋白質合成 protein synthesis
蛋白质-核酸相互作用/蛋白質-核酸交互作用 protein-nucleic acid interaction
蛋白质基本理化性质预测/蛋白質基本理化性質預測 prediction of protein basic physical and chemical properties
蛋白质激素/蛋白質激素 protein hormone
蛋白质家族/蛋白質家族 protein family

蛋白质检测蛋白质印迹法/Farwestern 印漬法，Farwestern 墨點法 Farwestern blotting
蛋白质剪接/蛋白質剪接 protein splicing
蛋白质降解复合体/蛋白質降解複合體 protein degrading complex
蛋白质结构/蛋白質結構 protein structure
蛋白质结构分类数据库/蛋白質結構分類資料庫 protein structure classification database
蛋白质结构解析/蛋白質結構解析 protein structure determination
蛋白质结构数据库/蛋白質結構資料庫 protein structural database
蛋白质结构预测/蛋白質結構預測 protein structure prediction
蛋白质结构域/蛋白質結構域 protein domain
蛋白质结晶/蛋白質結晶 protein crystallization
蛋白质截短试验/蛋白質截斷測試 protein truncation test，PTT
蛋白质介导转运/蛋白質介導轉運，蛋白質介導運輸 protein-mediated transport
蛋白质晶体学/蛋白質晶體學 protein crystallography
蛋白质聚集/蛋白質聚集 protein aggregation
蛋白质可消化性评分/蛋白質消化率校正氨基酸計分法 protein digestibility-corrected amino acid scoring，PDCAAS
蛋白[质]酪氨酸激酶/蛋白[質]酪氨酸激酶 protein tyrosine kinase，PTK
蛋白[质]酪氨酸磷酸酶/蛋白[質]酪氨酸磷酸酶 protein tyrosine phosphatase，PTP
蛋白质理性设计/蛋白質理性設計 protein rational design
蛋白质三级结构/蛋白質三級結構 protein tertiary structure
蛋白质三级结构预测/蛋白質三級結構預測 protein three dimentional structure prediction
蛋白质色谱工作站/蛋白質色譜工作站 protein chromatography workstation
蛋白质色谱柱/蛋白質色譜柱 protein chromatography column
蛋白质数据库/蛋白質資料庫 protein database，protein databank
蛋白[质]水解/蛋白[質]水解 proteolysis
蛋白质水平检测/蛋白質試驗 protein test
蛋白[质]丝氨酸-苏氨酸激酶/蛋白質絲氨酸-蘇氨酸激酶 protein serine-threonine kinase
蛋白[质]丝氨酸-苏氨酸磷酸酶/蛋白質絲氨酸-蘇氨酸磷酸酶 protein serine-threonine phosphatase
蛋白质四级结构/蛋白質四級結構 protein quaternary structure
蛋白质特殊局部结构预测/蛋白質特殊局部結構預測 protein special local structure prediction
蛋白质提取/蛋白質提取 protein extraction
蛋白质透析/蛋白質透析 protein dialysis
蛋白质微阵列/蛋白質微陣列 protein microarray
蛋白质稳定性/蛋白質穩定性 protein stability
蛋白质吸附/蛋白質吸附 protein adsorption
蛋白质消化率校正氨基酸记分法/蛋白質消化率校正氨基酸計分法 protein digestibility-corrected amino acid scoring，PDCAAS
蛋白质芯片/蛋白質晶片 protein chip
蛋白质修饰/蛋白質修飾 protein modification
蛋白质序列数据库/蛋白質序列資料庫 protein sequence database
蛋白质旋转扩散/蛋白質旋轉擴散 protein rotation diffusion
蛋白质氧化折叠/蛋白質氧化折疊 oxidative protein folding
蛋白质一级结构/蛋白質一級結構 protein primary structure
蛋白质异形体/蛋白質同分異構物 protein isoform
蛋白质易位/蛋白質易位 protein translocation
蛋白质印迹法/西方印漬法，西方墨點法，西方印跡法 Western blotting
DNA-蛋白质印迹法/南方-西方印漬法 Southwestern blotting
RNA-蛋白质印迹法/北方-西方印漬法，RNA-蛋白質印漬法 Northwestern blotting
蛋白质原/蛋白[質]原 proprotein
蛋白质原转换酶/蛋白[質]原轉換酶 proprotein convertase
蛋白质折叠/蛋白質折疊 protein folding
蛋白质折叠动力学/蛋白質折疊動力學 protein folding dynamics
蛋白质折叠类型/蛋白質折疊類型 protein folding type
蛋白质阵列/蛋白質陣列 protein array
蛋白质质量控制/蛋白質品質控制 protein quality control
蛋白质转位体/蛋白質移位蛋白，蛋白質轉運物 protein translocator
蛋白质转运/蛋白質轉運，蛋白質運輸 protein transport，protein trafficking
蛋白质组/蛋白[質]組，蛋白[質]體 proteome
蛋白质组氨酸激酶/蛋白質組氨酸激酶 protein histidine kinase

蛋白质组计划/蛋白質體計劃 proteomic project
蛋白质组数据库/蛋白質體資料庫 proteome database
蛋白质组芯片/蛋白質體晶片 proteome chip
蛋白质组学/蛋白[質]體學 proteomics
蛋白质作图/蛋白質作圖 protein mapping
氮沉降/氮沉降 nitrogen deposition
氮利用效率/氮利用效率 nitrogen use efficiency, NUE
氮平衡/氮平衡,氮均衡 nitrogen equilibrium, nitrogen balance
氮[气]麻醉/氮醉 nitrogen narcosis
氮收支/氮收支 nitrogen budget
氮循环/氮循環 nitrogen cycle
氮氧化合物/氮氧化合物 nitrogen oxide
氮氧自由基/氮氧自由基 nitroxide
氮源/氮源 nitrogen source
当地原有害虫/當地原生有害生物 indigenous pest
当量剂量/當量劑量 equivalent dose
当年吸收量/當年吸收量 current annual uptake
刀豆氨酸/刀豆氨酸 canavanine
导电型原子力显微镜/導電型原子力顯微鏡 conductive atomic force microscope
导杆/導桿 guide
导管/導管 duct, canal, vessel
导管端片/導管端片 antrum
导航/導航 navigation
导精沟/導精溝 spermatotreme
导精管/導精管 afferent duct, ductus seminalis
导精趾/導精趾 spermatodactyl, spermatophoral carrier, spermatophoral process
导卵管/排卵器 ovijector
导卵器/導卵器 egg-guide
导水管周围灰质/導水管周邊灰質 periaqueductal gray matter, PAG
导肽/導肽 leader peptide
导向蛋白/導向蛋白 chartin
导引微纤丝/導引微纖絲 cathetodesma
CG 岛/CG 島 CG island
CpG 岛/CpG 島 CpG island
GpC 岛/GpC 島 GpC island
岛式模型/島式模型 island model
岛叶/島葉 insular lobe
岛屿残存种/島嶼殘存種 island relict species
岛屿生物地理学/島嶼生物地理學 island biogeography
岛屿生物地理学说/島嶼生物地理學説 theory of island biogeography
岛屿生物区系/島嶼生物區系,島嶼生物相 island biota
岛屿特有种/島嶼特有種 island endemic species
岛屿种/島嶼種,隔離種,孤立種 insular species
倒生胚珠/倒生胚珠 anatropous ovule
倒退式分生孢子发育/倒退式分生孢子發育 retrogressive conidial development
倒位/倒位 inversion, reversion
倒位多态现象/倒位多態現象 inversion polymorphism
倒位环/倒位環 inversion loop
倒位杂合性/倒位異型接合性 inversion heterozygosity
倒位杂合子/倒位異型合子 inversion heterozygote
倒位杂种/倒位雜種 inversion hybrid
倒位族/倒位族 inversion race
倒易点阵/倒易晶格,反置晶格 reciprocal lattice
倒易晶胞/倒易[單]胞 reciprocal unit cell
倒易晶格/倒易晶格,反置晶格 reciprocal lattice
倒易空间/倒易空間 reciprocal space
倒置显微镜/倒置顯微鏡,倒裝顯微鏡,倒立式顯微鏡 inverted microscope
盗汗/盗汗 insensible perspiration
盗食共生/盜食共生 cleptobiosis
盗食寄生/盜食寄生 cleptoparasitism
盗食者/盜食者,蟻巢惡客 synecthran
道尔顿定律/道耳頓定律 Dalton law
道格拉斯袋/道格拉斯[氣]袋 Douglas bag
稻鱼共生系统/稻魚混養系統 rice-fish system
得失位/得失位,插失缺失 insertion-deletion, indel
德安法/德安法 Tokuyasu method
德朗热综合征/德朗熱症候群 deLange syndrome
德曼-罗戈萨-夏普培养基/德曼-羅戈薩-夏普培養基,MRS 培養基 de Man, Rogosa and Sharpe medium, MRS medium
灯刷染色体/刷形染色體 lampbrush chromosome
灯心草沼泽/藺草沼澤 rush-swamp
等被花/等被花 homochlamydeous flower
等臂染色体/等臂染色體,同臂染色體 isobrachial chromosome, isochromosome
等长传感器/等長感測器 isometric transducer
等长收缩/等長收縮 isometric contraction
等长训练/等長訓練 isometric training
等长自身调节/等長自身調節 homometric autoregulation
等齿/等齒 isodont
等齿刺状刚毛/等齒刺狀剛毛 homogomph spinigerous seta

等齿镰刀状刚毛/等齒鐮刀狀剛毛 homogomph falcigerous seta
等待博弈/等待賽局,消耗戰 wait game
等氮饲料/等氮飼料 isonitrogenous diet
等电点/等電點 isoelectric point
等电[点]聚焦电泳/等電[點]聚焦電泳 isoelectric focusing electrophoresis
等电点预测/等電點預測 isoelectric point prediction
等电聚焦/等電[點]聚焦 isoelectric focusing, IEF
等动收缩/等動收縮 isokinetic contraction
等二歧分枝式/等二歧分枝式 equal dichotomy
等发光点/等發光點 isoluminescence point
等分裂/等分裂 isotomy
等粉线/等花粉線 isopollen line
等辐骨针/等輻骨針 isoactinate
等高耕作/等高耕種 contour cultivation, contour plowing
等高线/等高線 contour line
等孤雌生殖/等孤雌生殖 isoparthenogenesis
等合模式/等合模式 isosyntype
等基因/同[源]基因 isogene
等基因系/同基因系 isogenic strain
等基因性/同基因性 isogeneity
等级/階級,階層,[分類]等級 rank, hierarchy, caste
等级分化/階級分化 caste differentiation
等级系统/層級系統,層系系統,階層系統 hierarchical system
等级组织/層級組織,層系組織 hierarchical organization
等价带/等價帶 zone of equalvalence
等壳/等殼 equivalve
等孔型/雙幽管 diplodal
等离[子]点/等離子點 isoionic point
等离子清洗/等離子清洗,電漿清洗 plasma cleaning
等密度离心/等密度離心 isodensity centrifugation, isopycnic centrifugation
等密度水平/等高水準 contour level
等面叶/等面葉 equifacial leaf, isolateral leaf
等模[标本]/等模[式],同模式[標本] homeotype, homotype, isotype
等模式/等模[式],同模式[標本] homeotype, homotype, isotype
等配现象/等配現象 isogametion
等配子/同形配子,同型配子 isogamete
等配子母体/同型配子母體 isogamont
等氢离子原理/等氫離子原理 isohydric principle
等容收缩期/等容收縮期 isovolumic contraction period
等容舒张期/等容舒張期 isovolumic relaxation period
等深线/[海洋]等深線 depth contour, isobath, isobathyic line
等渗溶液/等滲溶液,等張溶液 isotonic solution, isoosmotic solution
等速电泳/等速電泳 isotachophoresis
等速训练/等速訓練 isokinetic training
等网状骨骼/等網狀骨骼 isodictyal skeleton
等位基因/等位基因,對偶基因 allele, allelomorph
等位[基因]共享法/等位基因共享法 allele-sharing method
等位基因间重组/等位基因間重組 interallelic recombination
等位基因间互补/等位基因間互補 interallelic complementation
等位基因间相互作用/等位基因間交互作用 interallelic interaction
等位[基因]酶/等位基因[同功]酶,對偶基因酶,異位酶 allozyme
等位[基因]排斥/等位基因排斥 allelic exclusion
等位基因取代/等位基因取代 allele replacement
等位基因特异性 PCR/等位基因特異性 PCR,特化對偶基因 PCR allele-specific PCR, AS-PCR
等位基因特异性寡核苷酸/等位基因特異性寡核苷酸,特化對偶寡核苷酸 allele-specific oligonucleotide, ASO
等位基因特异性寡核苷酸连接/等位基因特異性寡核苷酸連接 allele-specific oligonucleotide ligation
等位基因特异性寡核苷酸探针/等位基因特異性寡核苷酸探針,特化對偶寡核苷酸探針 allele-specific oligonucleotide probe, ASO probe
等位基因特异性寡核苷酸印迹/等位基因特異性寡核苷酸印跡 allele-specific oligonucleotide blot
等位基因特异性核苷酸参入/等位基因特異性核苷酸參入 allele-specific nucleotide incorporation
等位基因特异性侵入性切割/等位基因特異性侵入性切割 allele-specific invasive cleavage
等位基因特异性杂交/等位基因特異性雜交,特化對偶基因雜交 allele-specific hybridization
等位[基因]系列/等位基因系列 allelic series
等位[基因]异质性/等位基因異質性 allelic heterogeneity
等位酶电泳/等位酶電泳 allozyme electrophoresis
等位染色单体断裂/等位染色單體斷裂,對偶染色分體斷裂 isochromatid break
等位染色单体缺失/等位染色分體缺失,對偶染色單

體缺失 isochromatid deletion
等位性/等位性,對偶性 allelism, allelomorphism
等位种/等位種,等值種 equivalent species
等温滴定量热法/等溫滴定量熱法 isothermal titration calorimetry
等温吸附公式/等溫吸附公式 adsorption isotherm equation
等温线/等溫線 isotherm, isothermal line
等物候线/等季節線 phenocontour
等响曲线/等響曲線 equal-loudness contour
等效点系/等效點系 equivalent point system
等效高度/等效高度,當量高度 equivalent altitude
等效异位基因/等效異位基因 polymeric gene
等压点/等壓點 equal pressure point
等压线/等壓線 isobar
等压线图/等壓線圖 isobaric map
等盐线/等鹽線 isohaline
等张传感器/等張感測器 isotonic transducer
等张收缩/等張收縮 isotonic contraction
等张性缺氧/等張性缺氧 isotonic hypoxia
等值线/等值線 isopleth, isoline
等值线图/等值線圖 isogram
等值种/等值種,等位種 equivalent species
镫骨/鐙骨 stapes
镫骨肌/鐙骨肌 stapedial muscle
低倍物镜/低倍物鏡 low power objective
低丙种球蛋白血症/低丙種球蛋白血症,低 γ-球蛋白血症 hypogammaglobulinemia
低常期/低常期 subnormal period
低潮/低潮 low water, LW
低潮区/低潮區 low tidal region
低潮线/低潮線 low tidal mark
低出叶/低出葉 cataphyll
低代谢/低代謝 low metabolism
低等植物/低等植物 lower plant
低地草甸/低地草原 lowland meadow
低地沼泽/潘塔納爾大濕地 pantanal
低地沼泽群落/低沼濕原 hygrophorbium
低度重复 DNA/低度重複 DNA lowly repetitive DNA
低度重复序列/低度重複序列 lowly repetitive sequence
低钙血症/低鈣血症 hypocalcemia
低冠齿/低冠齒 brachyodont
低海藻糖激素/降海藻糖激素,降花粉糖激素 hypotrehalosemic hormone
低剂量成像/低劑量成像 low-dose imaging
低剂量持续性光动力学疗法/低劑量持續性光動力學療法 metronomic photodynamic therapy, metronomic PDT
低剂量辐射/低劑量輻射 low-dose radiation
低钾血症/低鉀血症 hypokalemia
低聚反应/低聚合[作用] oligomerization
低拷贝数质粒/低拷貝數質體,低套數質體 low-copy-number plasmid
低磷酸血症骨病/低磷酸酯血骨症 hypophosphatemic bone disease
低磷酸酯酶症/低磷酸酯酶症 hypophosphatasia
低磷血症/低磷血症 hypophosphatemia
低密度脂蛋白/低密度脂蛋白 low-density lipoprotein, LDL
低密度脂蛋白受体/低密度脂蛋白受體 low-density lipoprotein receptor, LDL receptor
低免疫性/低免疫性 hypoimmunity
低敏感性/低敏感性 hyposensitivity
低钠血症/低鈉血症 hyponatremia
低能键/弱能鍵 energy-poor bond
低频限制性位点 PCR/低頻限制性位點 PCR,稀有限制性位點 PCR infrequent-restriction-site PCR, IRS-PCR
低强度火灾/地表火 surface fire
低区耐受/低區帶[免疫]耐受性 low-zone tolerance
低熔点琼脂糖/低熔點瓊脂糖 low melting-temperature agarose
低肾素血症醛固酮减少症/低腎素血症醛固酮減少症 hyporeninemic hypoaldosteronism
低渗尿/低滲尿 hypoosmotic urine, hypotonic urine
低渗溶液/低滲溶液 hypotonic solution
低渗压调节/低滲壓調節 osmotic hyporegulation
低速离心/低速離心 low speed centrifugation
低碳酸血症/低碳酸血症 hypocapnia
低体温/體溫過低,失溫 hypothermia
低位沼泽/低位矮叢沼,低層濕原 low moor
低位沼泽泥炭/低位沼澤泥炭 fen peat
低温变性共扩增 PCR/低溫變性共擴增 PCR co-amplification PCR at lower denaturation temperature
低温冰箱/低溫冷凍機,冰凍器 freezer
低温等离子体改性法/低溫等離子體改性法 low temperature plasma modification method
低温电镜术/低溫電鏡術 cryo-electron microscopy, cryo-EM
低温防护剂/低溫防護劑 cryoprotector
低温麻醉/低溫麻醉 low temperature anesthesia
低温气候/低溫氣候 microthermal climate
低温生理学/低溫生理學 cryophysiology

低温生物/低温生物,嗜冷生物,嗜寒生物 psychrophile, cryophile, psychrophilic organism
低温生物化学/低温生物化學 cryobiochemistry
低温生物学/低温生物學,冷凍生物學 cryobiology
低温植物/低温植物 microthermal plant, microtherm
低温滞育/低温滯育 athermobiosis
低狭盐性/低狹鹽性 oligostenohaline
低纤维蛋白原血症/低纖維蛋白原血症 hypofibrinogenemia
低兴奋性/低興奮性 hypo-irritability
低血糖症/低血糖症 hypoglycemia
低血压/低血壓 hypotension
低压舱/低壓艙,低壓腔 hypobaric chamber, low-pressure chamber
低压舱模拟飞行/低壓艙模擬飛行 simulated flight in hypobaric chamber
低压电泳/低壓電泳 low-voltage electrophoresis
低压系统感受器/低壓系統感受器 low-pressure receptor
低压液相层析/低壓液相層析 low-pressure liquid chromatography, LPLC
低压液相色谱法/低壓液相層析 low-pressure liquid chromatography, LPLC
低氧/低氧,缺氧 hypoxia
低氧反应元件/低氧反應元件 hypoxia response element
低氧通气反应/低氧通氣反應 hypoxic ventilatory response
低氧习服/低氧習服 acclimatization to hypoxia
低氧性肺动脉高压/低氧性肺動脈高壓 hypoxic pulmonary hypertension, HPH
低氧性肺血管收缩/低氧性肺血管收縮 hypoxic pulmonary vasoconstriction, HPV
低氧血症/低氧血症 hypoxemia
低氧训练/低氧訓練 hypoxia training
低氧诱导的促有丝分裂因子/低氧誘導的促有絲分裂因子 hypoxia-induced mitogenic factor, HIMF
低氧诱导因子/低氧誘導因子,缺氧誘導因子 hypoxia-inducible factor, HIF
低氧预适应/低氧預適應 hypoxia preconditioning
低阈值机械感受性神经元/低閾值機械感受性神經元 low-threshold mechanoreceptive neuron
低张性缺氧/低張性缺氧 hypotonic hypoxia
低重[力]/低重[力] hypogravity, low-gravity
低住低练/低住低練 living low-training low, Lo-Lo
低住高练/低住高練 living low-training high, Lo-Hi
低转化反转录病毒/低轉化反轉錄病毒 slow transforming retrovirus
堤后沼泽/堤後沼澤 back marsh
滴虫形幼虫/滴蟲形幼蟲 infusoriform larva
滴度/滴[定]度 titer
滴灌/點滴灌溉 drip watering
滴流灌溉/點滴灌溉 drip watering
狄克试验/迪克試驗 Dick test
迪格奥尔格综合征/地喬治症候群 DiGeorge syndrome
迪塞间隙/狄賽氏隙 Disse space
敌对行为/敵對作用,敵意 hostility
抵抗力/抵抗力 resistance
抵抗素/防禦素 phylaxin
底壁/底壁 proximal wall
底表动物/底表動物,附著動物,表生動物相 epifauna
底表浮游生物/底表性浮游生物 epibenthic plankton
底层/殼下層 hypostracum
底层生物/底層生物 stratobios
底层鱼类/底層魚類,底棲魚類 demersal fishes
底内动物/底內動物[相] infauna
底盘/底盤 chassis
底栖动物/底棲動物 zoobenthos
底栖动物区系/底棲動物相 benthic fauna, bottom fauna
底栖生物/底棲生物 benthos, benthon
底栖鱼类/底棲魚類,底層魚類 demersal fishes
底栖植物/底棲植物,底生植物,水底植物 benthophyte, phytobenthos
底栖植物区系/底棲植物相 benthic flora
底丘脑/底丘腦 subthalamus
底丘脑核/底丘腦核 subthalamic nucleus, STN
底丘脑束/底丘腦束 subthalamic fasciulus
底食者/底食者 benthivore
底蜕膜/基蜕膜 basal decidua
底物/底物,基質,受質 substrate
底物促死/基質促死 substrate-accelerated death
底物工程/底物工程 substrate engineering
底物磷酸化/底物磷酸化 substrate phosphorylation
底物消耗速率/底物消耗速率 substrate consumption rate
底物循环/基質循環 substrate cycle
底物抑制/受質抑制作用 substrate inhibition
底物诱导/受質誘導 substrate induction
底心晶胞/底心晶胞 base-centered unit cell
骶骨/骶骨,薦骨 sacral bone, sacrum
骶毛/骶[剛]毛 sacral seta
骶椎/骶椎,薦椎 sacral vertebra

地被物/地被植物 ground cover
地带性/地帶性 zonality
地带性气候/地帶性氣候 zonal climate
地带性植被/帶狀植被 zonal vegetation
地方性密度/地方性密度,特有性密度 endemic density
地方种/地方種,特有種,固有種 endemic species
地高辛/地高辛,毛地黄素 digoxin
地高辛精系统/地高辛精系統,地高辛鹼基系統 digoxigenin system
地理变异/地理性變異 geographical variation
地理残遗种/地理孑遺種 geographical relic species
地理多态现象/地理多態現象 geographical polymorphism
地理分布/地理分布 geographical distribution
地理分布区/地理分布範圍 geographic range
地理分布梯度/地理分布梯度 chorocline
地理分隔/地理分隔,隔離演化 vicariance
地理分隔模式/地理分隔模式 vicariance model
地理隔离/地理隔離 geographical isolation
地理孑遗种/地理孑遺種 geographical relic species
地理区域/地理區域 geographic area
地理生态型/地理生態型 geoecotype
地理生态学/地理生態學 geographic ecology
地理替代/地理替代 geographical replacement
地理物种形成/異域性物種形成 geographic speciation
地理小种/地理小種,地理[種]族,地理品系 geographic race
地理信息系统/地理資訊系統 geographical information system, GIS
地理型/地理型 geotype
地理性变异群/地理性漸變群 geographical cline
地理亚种/地理亞種 geographical subspecies
地理演替/地理性演替,地理性消長 geographic succession
地理障碍/地理障礙,地理界限 geographical barrier
地理宗/地理[種]族,地理小種,地理品系 geographic race
地力级/地力級 land capability class
地貌/地貌 landform
地面芽植物/地面芽植物,半地下植物 hemicryptophyte
地面植被/地表植被 ground vegetation
地面植被层/地面植被層,草本層 field layer, field stratum
地模[标本]/地模,產地模式 topotype
地壳运动/地殼運動 crustal movement
地球化学循环/地球化學循環 geochemical cycle
地球生物化学/地球生物化學 geobiochemistry
地球资源技术卫星/地球資源技術衛星 earth resources technology satellite, ERTS
地塞米松/地塞米松 dexamethasone
地上生物/地上生物 geodyte
地上芽植物/地上芽植物,地表植物 chamaephyte
地生物群落/土地生物群集 geobiocenosis
地外生命/地外生命 extraterrestrial life
地外生物学/地[球]外生物學,太空生物學 exobiology, xenobiology
地位未定/地位未定 incertae sedis
地位指数/立地指數 site index
地文顶极群落/地文極峰群落,地形最安定群落 physiographic climax
地文群系/地形群系 physiographic formation
地文生态学/地形生態學 physiographic ecology
地文演替顶极/地文極峰群落,地形最安定群落 physiographic climax
地文因子/自然地理因子,地形因素 physiographic factor
地下动物/地下動物,穴居動物 subterranean animal
地下根/地下根 underground root
地下灌溉/地下灌溉 subirrigation, subsurface irrigation
地下茎/地下莖 subterranean stem
地下水/地下水 ground water
地下水径流/地下徑流 ground water runoff
地下水位/地下水位 ground water table
地下水污染/地下水污染 ground water pollution
地下芽植物/地下芽植物,隱芽植物,地中植物 cryptophyte, geophyte
地下真菌/地下真菌,地下絲狀菌 hypogeal fungus
地下子叶/地下子葉,不出土子葉 hypogeal cotyledon
地形顶极/地形性極相 topographic climax
地形渐变群/地形漸變群 topocline
地形土壤顶极/地形土壤極相 topo-edaphic climax
地形雪线/地形性雪線 orographic snowline
地形因子/地形因子 orographic factor
地形雨/地形雨 orographic rainfall
地衣/地衣 lichen
地衣淀粉/地衣多糖,地衣膠,蘚類澱粉 lichenan, lichenin, moss starch
地衣多糖/地衣多糖,地衣膠,蘚類澱粉 lichenan, lichenin, moss starch
地衣共生菌/地衣共生菌 mycobiont
地衣红/地衣褐,苔棕 orcein

地衣胶/地衣膠,地衣多糖,蘚類澱粉　lichenan, lichenin, moss starch
地衣酸/地衣酸,松蔓酸　usnic acid, usninic acid, usnein
地衣髓层/髓質　medulla
地衣型地上芽植物/地衣型地表植物　chamaephyta lichenosa
地衣学/地衣學　lichenology
地域特有种/地區[性]特有種　local endemic species
地植物学/地植物學　geobotany
地植物学带/地植物學帶　geobotanical zone
地址素/定址素,位址素　addressin
地质公园/地質公園　geopark
地质过程/地質過程　geological process
地质年代/地質年代　geological time
地质年代学/地質年代學　geochronology
地质性演替/地質演替　geological succession
地质循环/地質循環　geological cycle
地中海贫血[症]/地中海貧血[症]　thalassemia
α-地中海贫血[症]/α-地中海貧血[症]　α-thalassemia
β-地中海贫血[症]/β-地中海貧血[症]　β-thalassemia
地中海实蝇性诱剂/地中海果實蠅性誘劑　trimedlure
递归神经网络/遞回類神經網絡　recurrent neural network
递减 PCR/降落 PCR　touchdown PCR
递进法则/漸進法則　progression rule
递增运动负荷试验/遞增運動負荷試驗,分級運動試驗　graded exercise test, GET
递质/遞質　transmitter
递质重摄取/遞質重攝取　transmitter reuptake
递质共存/遞質共存　coexistence of transmitter
递质降解/遞質降解　transmitter degradation
递质门控离子通道/遞質門控離子通道,遞質閘控[型]離子通道　transmitter-gated ion channel
递质转运/遞質轉運　transmitter transport
第二触角/第二觸角　second antenna
第二触角柄/第二觸角柄　antennal peduncle
第二触角鳞片/第二觸角鱗片　scaphocerite, antennal scale
第二次分裂分离/第二次分裂分離　second division segregation
第二感觉区/第二感覺區　somatic sensory area Ⅱ
第二极体/第二極體　second polar body
第二极细胞/第二極細胞　second polocyte
第二若螨/第二若蟎,次若蟎　deutonymph
第二闪烁剂/第二閃爍劑　secondary scintillator
第二位点突变/第二位點突變　second site mutation
第二小颚/第二小顎　maxilla, second maxilla
第二信号系统/第二訊號系統　second signal system
第二信使/第二信使,第二傳訊者　second messenger
第二信使分子/第二信使分子　second messenger molecule
第二信使通路/第二信使通路,第二信使路徑　second messenger pathway
第二信使学说/第二信使學説　second messenger hypothesis
第二性生产力/次級生産力　secondary productivity
第二性生产量/次級生產量　secondary production
第二性征/第二性徵,次要性徵　secondary sex characteristics, secondary sexual character
第二胸板/第二胸板　deutosternum
第二蛹/第二蛹　deutochrysalis
第二中间宿主/第二中間宿主　second intermediate host
第六感官/第六感官　sixth sense
第三级主动转运/第三級主動運輸　tertiary active transport
第三纪/第三紀　Tertiary Period
第三纪植物/第三紀植物　Tertiary plant
第三碱基简并性/第三鹼基簡併性　third-base degeneracy
第三脑室/第三腦室　third ventricle
第三若螨/第三若蟎　tritonymph
第三、四咽囊综合征/地喬治症候群　DiGeorge syndrome
第三胸板/第三胸板,胸叉　tritosternum
第四纪/第四紀　Quaternary Period
第四脑室/第四腦室　fourth ventricle
第一触角/第一觸角　first antenna
第一触角柄/第一觸角柄　antennular peduncle
第一触角柄刺/第一觸角柄刺　antennular stylocerite
第一次分裂分离/第一次分裂分離　first division segregation
第一感觉区/第一感覺區　somatic sensory area Ⅰ
第一极体/第一極體　first polar body, first body
第一极细胞/第一極細胞　first polocyte
第一若螨/第一若蟎,原若蟎　protonymph
第一闪烁剂/第一閃爍劑　primary scintillator
第一小颚/第一小顎　maxillula, first maxilla
第一信号系统/第一訊號系統　first signal system
第一信使/第一信使,第一傳訊者,一次訊息　first messenger, primary messenger
第一性生产力/初級生産力,基礎生産力　primary

productivity
第一性生产量/初級生產量，基礎生產量 primary production
第一性生产者/初級生產者 primary producer
第一性征/第一性徵，主要性徵 primary sex characteristics, primary sexual character
第一胸板/胸前板 presternal plate, presternum
第一蛹/第一蛹 nymphophan
第一中间宿主/第一中間宿主 first intermediate host
蒂德曼盲囊/蒂德曼盲囊 Tiedemann diverticulum
蒂德曼体/蒂德曼體 Tiedemann body
蒂罗德[溶]液/台羅德[氏]溶液 Tyrode solution
缔合/締合 association
缔合常数/締合常數 association constant
颠倒采水器/顛倒式採水器，倒轉式採水瓶 reversing water sampler
颠换/顛換，易位 transversion
颠茄碱/顛茄鹼，癲茄鹼 belladonine
典范相关/典型相關 canonical correlation
点饱和诱变/點飽和誘變 site-saturation mutagenesis
点滴法/局部施藥法 topical application
点滴培养/點滴培養 drop culture
点断平衡/點斷平衡，斷續平衡 punctuated equilibrium
点分辨率/點解析度 point resolution
点矩阵/點矩陣 dot matrix
点扩散函数/點擴散函數，點展開函數 point spread function, PSF
点毛/點毛，毛斑 trichobothrium
点扫描/點掃描 spot scan
点四分法/四分樣區法 point-centered quarter method
点突变/點突變 point mutation
点污染源/點污染源 point source of pollution
点样方分析法/樣點樣方分析 point quadrat analysis
点阵分析/點矩陣分析 dot-matrix analysis
点状桥粒/點狀橋粒 spot desmosome
点渍法/斑點印漬法，點墨法，點漬墨點法 dot blot, dot blotting, slot blot
碘泵/碘泵 iodine pump
碘捕获/碘捕獲 iodine trap
碘化/碘化，加碘[作用]，加碘化物作用 iodization
碘化甲腺原氨酸脱碘酶/碘化甲腺原氨酸脱碘酶 iodothyronine deiodinase
碘化酪氨酸/碘酪氨酸 iodotyrosine
碘司特/碘司特 diodrast
碘有机化/碘有機化 iodine organification
碘值/碘值 iodine number, iodine value
碘阻滞逃逸/碘阻滯逃逸 iodine blocking escape
碘阻滞效应/碘阻滯效應 iodine blocking effect
电穿孔/電穿孔，電穿透作用 electroporation
电穿孔转化法/電穿孔轉化法 electroporation transformation
电磁标/電磁標 signal magnet
电磁波/電磁波 electromagnetic wave
电磁辐射/電磁輻射 electromagnetic radiation
电磁脉冲辐射/電磁脈衝輻射 electromagnetic pulse radiation
电磁透镜/電磁透鏡 electromagnetic lens
电磁血流量计/電磁血流量計 electromagnetic blood flow meter
电刺激器/電刺激器 electrical stimulator
电促细胞融合/電促細胞融合 electro-cell fusion
电导率/導電度 electric conductivity
电反应测听术/電反應測聽術 electrical response audiometry, ERA
电纺纳米纤维支架/電紡奈米纖維支架 electrospun nanofibrous scaffold
电感觉/電感覺 electric sense
电荷重组/電荷再結合，電荷復合 charge recombination
电荷分离/電荷分離 charge separation
电荷流分离法/電荷流分離法 charge flow separation, CFS
电荷耦合探测器/電荷耦合探測器 charge-coupled device detector, CCD detector
电化学/電化學 electrochemistry
电化学测定法/電化學測定法 electrochemical method
电化学发光/電[致]化學發光 electrochemiluminescence, ECL
电化学发光免疫测定/電致化學發光免疫分析法 electrochemiluminescence immunoassay, ECLIA
电化学分析/電化學分析 electrochemical analysis
电化学平衡/電化學平衡 electrochemical equilibrium
电化学驱动力/電化學驅動力 electrochemical driving force
电化学梯度/電化學梯度 electrochemical gradient
电-机械耦联/機電耦合 electromechanical coupling
电极/電極 electrode
pH 电极/pH 電極，酸鹼度電極 pH electrode
电极电位/電極電位 electrode potential
电解导电体/電解導電體 electrolytic conductor
电紧张/電緊張 electrotonus

电紧张电位/電緊張電位 electrotonic potential
电镜/電子顯微鏡 electron microscope, EMS
电缆方程/電纜方程 cable equation
电缆学说/電纜[理]論 cable theory
电离/游離,電[解分]離 ionizing, electrolytic dissociation
电离辐射/電離輻射,游離輻射 ionizing radiation
电离辐射诱发聚焦点/電離輻射誘發聚焦點 ionizing radiation-induced foci, IRIF
电流-电压关系/電流-電壓關係 current-voltage relation, CVR
电流-电压曲线/電流-電壓曲線 current-voltage curve
电流钳/電流夾鉗 current clamp
电流源密度分析/電流源密度分析 current source density analysis
电免疫扩散/電免疫擴散 electroimmunodiffusion
电灭菌锅/電滅菌器 electric sterilizer, autoclave sterilizer
电喷射质谱法/電噴射質譜 electrospray mass spectroscopy, ESMS
电喷雾离子化/電[噴]灑游離,電灑離子化法 electrospray ionization, ESI
电融合/電融合 electrofusion
电融合法/電融合法 electrofusion method
电渗/電滲[透] electroosmosis
电生理示波器/電生理示波器 physiological electronic oscilloscope
电生理学/電生理學 electrophysiology
电透析/電透析 electrodialysis
电突触/電突觸 electrical synapse, electric synapse
电[突触]传递/電傳輸 electrical transmission
电位/電位 potential
ξ-电位/ξ-電位 ξ-potential
电位计/電位計 potentiometer
电洗脱/電溶析 electroelution
电休克疗法/電擊痙攣休克治療法 electroconvulsive therapy, ECT
电压门控钙通道/電壓門控鈣通道 voltage-gated calcium channel
电压门控钾通道/電壓門控鉀通道 voltage-gated potassium channel
电压门控离子通道/電壓門控離子通道,電位閘控[型]離子通道 voltage-gated ion channel
电压门控钠通道/電壓門控鈉通道 voltage-gated sodium channel
电压门控通道/電壓門控通道 voltage-gated channel
电压敏感[性]离子通道/電壓敏感性離子通道,電位敏感[型]離子通道 voltage-sensitive ion channel
电压钳/電壓箝制 voltage clamp
电压钳放大器/電壓箝放大器 voltage clamp amplifier
电压依赖性/電壓依賴性 voltage-dependent
电压依赖性离子通道/電壓依賴性離子通道 voltage-dependent ion channel
电压依赖性阴离子通道/電壓依賴性陰離子通道 voltage-dependent anion channel, VDAC
电印迹法/電印漬法 electroblotting
电泳/電泳 electrophoresis
电泳槽/電泳槽 electrophoresis tank
电泳分析/電泳分析 electrophoretic analysis
电泳光散射/電泳光散射 electrophoretic light scattering, ELS
电泳迁移率/電泳遷移率 electrophoretic mobility
电泳迁移率变动分析/電泳遷移率變動分析,電泳移動性試驗 electrophoretic mobility shift assay, EMSA
电泳图[谱]/電泳圖[譜] electrophoretogram, electrophorogram, electrophoresis pattern
电泳仪/電泳儀,電泳裝置 electrophoresis apparatus
电泳装置/電泳裝置,電泳儀 electrophoresis apparatus
电转化[法]/電轉化[法] electro-transformation, electrotransformation
电转移/電轉移 electrotransfer
电子 PCR/電子 PCR electronic PCR
电子捕获解离/電子捕獲解離 electron capture dissociation, ECD
电子传递/電子傳遞 electron transfer, electron transport
电子传递颗粒/電子傳遞粒子 electron transport particle
电子传递链/電子傳遞鏈 electron transport chain, electron transfer chain
电子传递系统/電子傳遞系統 electron transfer system, electron transport system
电子-电子双共振/電子-電子雙共振 electron-electron double resonance, ELDOR
电子断层成像术/電子斷層成像術 electron tomography
电子俘获/電子捕獲 electron capture
电子辐照损伤/電子輻照損傷 electron radiation damage
电子-核双共振/電子-核雙共振 electron-nuclear double resonance, ENDOR
电子克隆/電子克隆 electronic cloning

电子漏/電子漏 electron leakage
电子密度/電子密度 electron density
电子密度骨架/電子密度骨架 skeleton of electron density
电子密度图/電子密度圖 electron density map
电子能量损失谱/電子能量損失能譜 electron energy loss spectroscopy, EELS
电子染色/電子染色 electron stain
电子受体/電子接受體 electron acceptor
电子顺磁共振/電子順磁共振 electron paramagnetic resonance, EPR
电子显微镜/電子顯微鏡 electron microscope, EMS
电子显微镜三维重构/電子顯微鏡三維重構 electron microscopy three-dimensional reconstruction
电子显微[镜]术/電子顯微[鏡技]術 electron microscopy
电子衍射/電子衍射,電子繞射 electron diffraction
电子衍射技术/電子繞射技術 electron diffraction technique
电子跃迁/電子躍遷 electron transition
电子载体/電子載體 electron carrier
电子转移/電子轉移 electron transfer
电子转移解离/電子轉移解離 electron transfer dissociation, ETD
电子自旋共振/電子自旋共振 electron spin resonance, ESR
电子自旋共振成像/電子自旋共振成像 electron spin resonance imaging, ESRI
垫/墊 pulvinus, thenar
垫藓/墊狀蘚苔 cushion moss
垫形地上芽植物/墊形地表植物 chamaephyta pulvinata
垫状植物/絨毯植物,[座]墊狀植物 cushion plant
淀粉/澱粉 starch
淀粉层/澱粉層 starch layer
淀粉核/澱粉核 pyrenoid
淀粉粒/澱粉粒 starch grain, starch granule
淀粉酶/澱粉酶 amylase
α-淀粉酶/α-澱粉酶 α-amylase
β-淀粉酶/β-澱粉酶 β-amylase
淀粉酶制剂/澱粉糖化酶 diastase
淀粉凝胶电泳/澱粉凝膠電泳 starch gel electrophoresis
淀粉葡糖苷酶/澱粉葡[萄]糖苷酶 amyloglucosidase
淀粉鞘/澱粉鞘 starch sheath
淀粉水解试验/澱粉水解試驗 starch hydrolysis test
淀粉样变性/澱粉樣變性,類澱粉變性 amyloidosis
淀粉样前体蛋白/澱粉樣蛋白前驅蛋白 amyloid precursor protein, APP
淀粉样物质/澱粉樣物質,澱粉樣蛋白 amyloid
奠基细胞/創始細胞,生成細胞,建立者細胞 founder cell
奠基者事件/奠基者事件,創始者事件 founder event
奠基者效应/奠基者效應,創始者效應,建立者效應 founder effect
奠基者种群/奠基者族群,創始者族群 founder population
靛酚/靛基酚,藍靛酚 indophenol
靛酚反应/靛基酚反應 indophenol reaction
靛酚酶/靛基酚酶 indophenolase
靛酚氧化酶/靛基酚氧化酶 indophenol oxidase
靛红/靛紅 indigo-red, indoxyl red, isatin
靛蓝/靛藍 indigo, indigotin, indigo-blue
靛青苷/靛苷 indican
靛洋红/靛卡紅,靛胭脂,可溶靛藍 indigo carmine
靛紫红/靛紫質 indigopurpurin
凋落物/凋落物,枯枝落葉 litter
凋落物层/枯枝落葉層 litter horizon, litter layer
凋落物量/枯枝落葉量 litter size
凋亡蛋白/凋亡蛋白,凋亡素 apoptin
凋亡蛋白酶激活因子/凋亡蛋白酶活化因子 apoptosis protease activating factor, Apaf
凋亡素/凋亡素,凋亡蛋白 apoptin
凋亡[小]体/細胞凋亡小體,凋亡體 apoptotic body, apoptosome
凋亡信号调节激酶 1/細胞凋亡訊號調控激酶-1 apoptosis signal-regulating kinase-1, ASK1
凋亡抑制蛋白/細胞凋亡抑制蛋白 inhibitor of apoptosis protein, IAP
凋亡因子/細胞凋亡因子 apoptotic factor
凋亡诱导因子/凋亡誘導因子 apoptosis-inducing factor, AIF
凋萎系数/凋萎係數 wilting coefficient
雕纹/雕紋 sculpture
吊篮式转头/吊籃式轉頭 swinging-bucket rotor
调转动态/調轉動態,轉動趨動性 klinokinesis
调转趋性/調轉趨性 klinotaxis
迭代定点饱和诱变/迭代定點飽和誘變,反覆運算定點飽和誘變 iterative saturation mutagenesis
叠板反应器/疊板反應器 stack plate reactor
叠氮化钠抗性试验/疊氮化鈉抗性試驗 sodium azide resistant test
叠氮化物/疊氮化物 azide
叠氮蓝 B 染色试验/疊氮藍 B 染色試驗 diazonium-

blue B stain test
叠缝型/疊縫型　ptychoid
叠加效应/疊加效應　duplicate effect
叠连群/疊連群,[片段]重疊群　contig, continuous group
叠群杂交/疊群雜交　contiguous stacking hybridization, CSH
叠生木栓/疊生木栓　storied cork
叠生韧皮部/疊生韌皮部,疊生篩管部　stratified phloem
叠生射线/疊生射線　storied ray
叠生形成层/疊生形成層　storied cambium, stratified cambium
叠生芽/疊生芽　superposed bud
叠瓦式阵列/疊瓦式陣列　tiling array
碟状幼体/碟狀幼體　ephyra
蝶耳骨/蝶耳骨　sphenotic bone
蝶骨/蝶骨　sphenoid bone
蝶呤/蝶呤　pterin
蝶酸/蝶酸　pteroic acid
蝶酰谷氨酸/蝶醯穀氨酸　folic acid, pteroylglutamic acid
蝶形骨针/蝶形骨針　butterfly-form
蝶形花冠/蝶形花冠　butterfly-like corolla, papilionaceous corolla
丁胺菌素/丁酰苷菌素　butirosin, butyrosin
丁醇/丁醇　butanol
丁苷菌素/丁醯苷菌素　butirosin, butyrosin
丁酸/丁酸　butyric acid
丁酸甘油酯/丁酸甘油酯,酪酯　butyrin
丁糖/丁糖,四碳糖　tetrose
丁酰胆碱酯酶/丁醯膽鹼酯酶　butyrylcholine esterase
丁酰化/丁酰化,丁醯化　butyrylation
丁香假单胞菌素/丁香假單胞菌素　syringacin
丁香酸/丁香酸　syringic acid
丁字药/丁字藥　versatile anther
钉状毛/釘狀毛　peg-like seta
耵聍腺/耵聹腺　ceruminous gland
顶/頂　cupula
顶板/頂板　apical plate
顶鞭毛束/頂鞭毛束　loricula
顶侧丝/頂側絲　apical paraphysis
顶层琼脂/頂層瓊脂　top agar
顶齿/頂齒　apical tooth
顶端分生组织/頂端分生組織,先端分生組織　terminal meristem
顶端生长/頂端生長,先端生長　apical growth, terminal growth
顶端细胞/頂端細胞　apical cell
顶端优势/頂芽優勢　apical dominance
顶复体/頂複體　apical complex
顶盖脊髓束/頂蓋脊髓束,四疊板脊髓束　tectospinal tract, colliculospinal tract
顶骨/頂骨　parietal bone
顶管/頂管　apical canal
顶核/小腦頂核　fastigial nucleus
顶级物种/頂級物種　top species
顶极/極[盛]相,巔峰[群落]　climax
顶极格局学说/極相格局學説,極相樣式學説　climax pattern theory
顶极阶段/極相森林時期　climax stage, climax forest stage
顶极群落/頂極群落,極[盛]相群落,極峰群落　climax community
顶极群落复合体/極[盛]相複合體　climax complex
顶极群系/極相群系　climax formation
顶极适应数/極[盛]相適應序數　climax adaptation number
顶极演替/頂極演替,極相演替　climax succession
顶极种/極相種,巔峰種　climax species
顶间骨/頂間骨　interparietal bone
顶浆分泌/頂泌　apocrine
顶交/頂交　top cross
顶角/頂角　apical angle, protogonia
顶节/頂節　acron
顶孔/頂孔　apical pore
顶毛/頂毛　vertical seta
顶毛丛/頂毛叢　apical tuft
顶泌/頂泌　apocrine
顶泌汗腺/頂泌汗腺,頂漿腺　apocrine sweat gland
顶膜/頂膜,腔膜　luminal membrane
顶鞘/頂鞘　rostrum
顶生孢子/頂生孢子　acrospore
顶生花序/頂生花序　terminal inflorescence
顶生胎座式/頂生胎座式　apical placentation
顶室/端室,眼室　apical chamber
顶体/頂體　acrosome, perforatorium
顶体蛋白/頂體蛋白,頂體素　acrosin
顶体蛋白酶/頂體蛋白酶　acrosomal protease
顶体反应/頂體反應　acrosome reaction, acrosomal reaction
顶体粒/頂體[顆]粒　acrosomal granule
顶体帽/頂體帽,頭巾　acrosomal cap
顶体泡/頂體泡　acrosomal vesicle, acrosomal vacuole

顶体球/頂體球 limosphere
顶体丝/頂體絲 acrosomal filament
顶体素/頂體素,頂體蛋白 acrosin
顶体突/頂體突 acrosomal process
顶体正五聚蛋白/頂體正五聚蛋白 apexin
顶突/頂突,頂帽 apical process, rostellum, terminal apophysis
顶突腺/頂突腺 rostellar gland
顶位捕食者/頂位捕食者 top predator
顶系/頂系 apical system
顶腺/頂腺 apical gland
顶胸/顎[基]板 capitular sternum
顶血囊/頂血囊 distal hematodocha
顶芽/頂芽 terminal bud
顶叶/頂葉 parietal lobe
顶枝/頂枝 telome, caulody
顶枝学说/頂枝學説 telome theory
顶枝植物/頂枝植物,有莖植物 telomophyte
顶质分泌/頂泌 apocrine
顶质分泌腺/頂分泌腺 apocrine gland
顶柱/頂柱 fulcrum
顶着药/頂著藥 apicifixed anther
订正[研究]/校訂 revision
定鞭毛/附著鞭毛 haptonema
定步酶/定步酶 pacemaker enzyme
定长分生孢子梗/定長分生孢子梗 determinate conidiophore
定常流[动]/定流,穩流 steady flow
定点修饰/定點修飾 site-specific modification
定点引物诱变/定點引物誘變 site-primer mutagenesis
定点诱变/定點誘變,定點突變,定位誘變 site-directed mutagenesis, site-specific mutagenesis
定居/定居,立足 establishment, oecesis, oikesis
定居巨噬细胞/常駐巨噬細胞 resident macrophage
定居期死亡率/定居期死亡率,立足期死亡率 establishment mortality
定居型/定居型 sedentariae
定量 PCR/定量 PCR,定量聚合酶連鎖反應 quantitative PCR, qPCR
定量沉淀试验/定量沉澱試驗 quantitative precipitation test
定量蛋白质组学/定量蛋白質組學,定量蛋白質體學 quantitative proteomics
定量反转录聚合酶链反应/定量反轉録 PCR quantitative reverse transcription PCR, qRT-PCR
定量聚合酶链反应/定量聚合酶連鎖反應,定量 PCR quantitative PCR, qPCR
定量凝胶扩散试验/定量凝膠擴散試驗 quantitative gel diffusion test
定量溶血分光光度测定法/定量溶血分光光度測定法 quantitative hemolysis spectrophotometry
定期移植法/定期移植法 periodic transfer method
定时/定時 timing
定时因子/時元 chronon
RNA 定位/RNA 定位 RNA localization
定位候选克隆/定位預測選殖法 positional candidate cloning
定位克隆/定位克隆,定位選殖[法] positional cloning
定位酶/定位酶 sortase
定位因子/定位因子 positioning factor
定向/定位,取向 orientation
RNA 定向/RNA 標靶,RNA 標的 RNA targeting
定向变异/定向變異 determinate variation
定向测序/定向測序,定向定序 directed sequencing
定向发育/定向發育,限向發育 canalized development
定向发育假说/定向發育假説 canalized development hypothesis
定向反应/定向反應 orientation reaction
定向干细胞/定向幹細胞 committed stem cell, CSC
定向功能/定向功能 orientating function
定向进化/定向演化,直系發生,直向演化 directed evolution, orthogenesis
定向克隆/定向克隆,定向選殖 directional cloning
定向生物合成/定向生物合成 directed biosynthesis
定向突变/標的突變 targeted mutation
定向突触/定向突觸 directed synapse
定向细胞/定向細胞,定型細胞 committed cell
定向显性/定向顯性 directional dominance
定向效应/取向效應,順向效應 orientation effect
定向性状/渠限性狀 canalized character
定向选择/定向選擇,定向天擇,定向選汰 directional selection, orthoselection
定向诱变/定向誘變 directed mutagenesis
定向诱导基因组局部突变/定向誘導基因組局部突變,定向誘導基因體局部突變 targeting-induced local lesion in genome, TILLING
定向载体/標的載體 targeting vector
定向组装/定向組裝 directed assembly
定向祖细胞/定向祖細胞 committed progenitor
定形群体/定型群體,多胞體 coenobium
定型/定型 commitment
定型行为/刻板行為 stereotypic behavior
定植/定植 colonization

定趾/定趾 fixed chela, fixed digit, digitus fixus
东洋界/東洋界,東亞區,東方區 Oriental realm
冬孢子/冬孢子 teleutospore, teliospore
冬孢子堆/冬孢子堆,冬孢子層 teleutosorus, telium, teliosorus
冬虫夏草/蟲草 entomophyte
冬雌/冬雌,次雌體 deuterogyny, deutogyne
冬担子/冬擔子 teliobasidium
冬候鸟/冬候鳥 winter migrant
冬季浮游生物/冬季浮游生物 winter plankton
冬季海面浮游生物/冬季海面浮游生物 chimopelagic plankton
冬季洄游/越冬洄游,越冬遷徙 overwintering migration
冬季开花/冬季開花 winter flowering
冬季停滞/冬季停滯 winter stagnation
冬季相/冬季相 hiemal aspect
冬卵/冬卵 winter egg, gamogenetic egg
冬眠/冬眠 hibernation, winter dormancy
冬睡/冬睡 winter sleep
冬性一年生植物/秋植一年生植物 winter annual
冬性植物/冬季植物 winter plant
冬芽/冬芽 hibernaculum
动关节/可動關節 movable joint, diarthrosis
动合子/動合子 ookinete, vermicule
动机/動機 drive, motivation
动基体/動基體,原動小體 kinetoplast
动基体 DNA/動基體 DNA kinetoplast DNA
动静脉短路/動靜脈分流 arterio-venous shunt, arteriovenous shunt
动力测量/測力術,測動力法 dynamometry
动力蛋白/動力蛋白 dynein
动力蛋白臂/動力蛋白臂 dynein arm
动力蛋白激活蛋白/動力蛋白活化蛋白 dynactin, dynein activator complex
动力定型/動力定型 dynamic stereotype
动力黏度/動力黏度 kinetic viscosity, dynamic viscosity
动力学法/動力方法 kinetic method
动力学系统/動力系統 dynamical system
动粒/著絲點,著絲粒,中節 kinetochore
动粒蛋白质/動粒蛋白質,著絲性蛋白質 kinetochore protein
动粒微管/著絲點微管 kinetochore microtubule
动粒纤维/著絲點纖維 kinetochore fiber
动粒域/著絲點功能域 kinetochore domain
动脉/動脈 artery
动脉导管/動脈導管 ductus arteriosus
动脉夹/動脈夾 bulldog clamp
动脉可扩张性/動脈可擴張性 arterial distensibility
动脉球/動脈球 bulbus arteriosus
动脉顺应性/動脈順應性 arterial compliance
动脉[血]压/動脈血壓 arterial blood pressure
动脉圆锥/動脈錐 conus arteriosus
动脉粥样斑块/動脈粥樣斑塊 atherosclerotic plaque
动情后期/動情後期,發情後期 metestrus, metaestrus
动情间期/動情間期,發情間期 diestrus
动情期/動情期,發情期 estrus, estrous, oestrus
动情前期/動情前期,發情前期 proestrus, proestrous
动情周期/動情週期,發情週期 estrous cycle, oestrous cycle
动态/動態 kinesis
动态贝叶斯网络/動態貝葉斯網絡 dynamical Bayesian network
动态范围/動態範圍 dynamic range, DR, DNR
动态规划/動態規劃 dynamic programming
动态核心假说/動態核心假說 dynamic core hypothesis
动态挤压/動態擠壓 dynamic compression
动态库模型/動態庫模型,動態組合模型 dynamic pooled model
动态力谱术/動態力譜術 dynamic force spectroscopy
动态模型/動態模型,動態模式 dynamic model
动态平衡/動態平衡 dynamic equilibrium
动态平衡说/漂變平衡學說,移位平衡說 shifting balance theory
动态群落/動態群落,動態群集 dynamic community
动态生命表/動態生命表 dynamic life table
动态生态学/動態生態學 dynamic ecology
动态通量平衡分析算法/動態通量平衡分析演算法 dynamic flux balance analysis, DFBA
动态突变/動態突變 dynamic mutation
动态选择/動態選擇 dynamic selection
动体/動體,[鞭毛]基體 kinetosome
动吻动物/動吻動物 kinorhynch
动物/動物 animal
动物病毒/動物病毒 animal virus
动物病理学/動物病理學 animal pathology
动物传播/動物傳播,動物散播 zoochory, synzoochory
动物磁性/動物磁性 zoomagnetism
动物地磁导航/動物地磁導航 animal geomagnetic navigation
动物地理区/動物地理區 zoogeographical region,

faunal region
动物地理学/動物地理學 zoogeography
动物分类学/動物分類學 animal taxonomy, zootaxy
动物固醇/動物固醇,動物甾醇 zoosterol
动物极/動物極 animal pole
动物流行病/動物流行病,獸疫 epizootic disease, panzootic
动物流行病学/動物流行病學,獸疫學 epizootiology
动物媒植物/動物媒植物 zoidiophilous plant, zoidiogamic plant, zoophilous plant
动物模型/動物模式 animal model
动物胚胎学/動物胚胎學 animal embryology
动物区系/動物區系,動物相 fauna
动物区系屏障/動物相屏障,動物阻礙 faunal barrier
动物区系相关因子/動物相相關因素 faunistic relation factor
动物区系学/動物分布學 faunistics
动物区系演替/動物區系演替 faunal succession
[动物]区系组成/動物相組成 faunal component
动物群/動物群 faunation
动物群落/動物群聚,動物群集 animal community, zoobiocenosis, zoocoenosis
动物散布/動物傳播,動物散播 zoochory, synzoochory
动物社会学/動物社會學 animal sociology
动物社群/動物社群 animal society
动物生理学/動物生理學 animal physiology
动物生态学/動物生態學 animal ecology
动物受体细胞/動物受體細胞 animal receptor cell
动物宿主/動物宿主 animal host
动物体内散布/動物內散布 endozoochore
动物体内植物/動物體內植物 endozoophyte
动物体外散布/靠動物散布繁殖體 epizoochore
动物头固定器/動物頭固定器 animal head holder
动物系统学/系統動物學 systematic zoology
动物细胞工程/動物細胞工程 animal cell engineering
动物细胞与组织培养/動物細胞與組織培養 culture of animal cell and tissue
动物线虫学/動物線蟲學 animal nematology
动物小区系/動物社區系 faunula
动物行为学/動物行為學 animal ethology
动物形态学/動物形態學 animal morphology
动物学/動物學 zoology
动物[演替]顶极/動物頂極,動物極相 zootic climax
动物遗传学/動物遺傳學 zoogenetics, animal genetics
动物印迹法/動物園印漬法,動物園雜交墨點法 garden blot, zoo blot
动物育种/動物育種 animal breeding
动物园/動物園 zoo
动物志/動物誌 fauna
动物紫/動物紫 zoopurpurin
动物组织学/動物組織學 animal histology
动物组织疫苗/動物組織疫苗 zoogenic tissue vaccine
动纤毛/動纖毛 kinocilium
动纤丝/動[纖]絲 kinetodesma
动性孢子/動孢子 sporokinete
动眼神经/動眼神經 oculomotor nerve
动员/動員 mobilization
动趾/動趾 movable digit, digitus mobilis
动质/動質 kinoplasm, ergastoplasm
动作电流/動作電流 action current
动作电位/動作電位,運動脈動 action potential, AP
动作节律/活動節律 locomotor activity rhythm
动作速度/動作速度 movement speed
动作选择/動作選擇 action selection
动作自动化/動作自動化 action automation
冻拔/霜拔 frost heaving
冻疮/凍瘡 chilblain
冻存保护液/凍存保護液 frozen preservation solution
冻干/凍乾,冷凍乾燥 lyophilization, freezing drying
冻干补体/冷凍乾燥補體 freeze-dried complement
冻干酶/凍乾酶 lyphozyme
冻干仪/凍乾儀 freeze-drier, lyophilizer
冻害/凍害,凍傷,霜害 freezing injury, frost damage
冻结性冻伤/凍結性凍傷 freezing frostbite
冻敏感植物/凍敏感植物 freezing-sensitive plant
冻融/凍融 freeze-thaw
冻伤/凍傷 frostbite
冻蚀/霜蝕 frost erosion
冻原/凍原,苔原,寒原 tundra
冻原带/凍原帶 tundra zone
洞角/洞角 horn
洞穴动物/穴棲動物 burrowing animal, cave animal
洞穴生物学/洞穴生物學 speleobiology, biospeleology
胴部/軀幹部 trunk, metastomium
兜甲蛋白/兜甲蛋白 loricrin
兜状瓣/兜狀瓣 hood
豆胆绿蛋白/豆膽綠蛋白 legcholeglobin
豆固醇/豆固醇 stigmasterol
豆蔻酸/[肉]豆蔻酸,十四烷酸 myristic acid
豆蔻酸甘油酯/豆蔻酸甘油酯 myristin

豆蔻酰化/豆蔻醯化,十四醯化 myristoylation
豆球蛋白/豆球蛋白 legumin
豆血红蛋白/豆血紅蛋白 leghemoglobin
豆芽汁培养基/豆芽汁培養基 bean sprout extract medium
豆状囊尾蚴/豆狀囊尾蚴 cysticercus pisiformis
痘苗/天花疫苗 smallpox vaccine
痘苗病毒载体/痘苗病毒載體 vaccinia virus vector
痘疱试验/痘皰試驗 pock assay
窦房结/竇房結 sinoatrial node, sinus node
窦囊/竇囊 sinus sac
窦器/竇器 sinus organ
窦神经/竇神經 sinus nerve
窦性心律/竇性節律 sinus rhythm
窦性心律不齐/竇性節律不齊 sinus arrhythmia
窦周[间]隙/竇周[間]隙 perisinusoidal space
毒刺/毒刺 poisonous spine
毒环肽/毒環肽 toxic cyclic peptide
毒理动力学/毒理動力學 toxicodynamics
毒理基因组学/毒理基因體學 toxicogenomics
毒理学/毒理學,毒物學 toxicology
毒理学评价/毒性評估 toxicological evaluation
毒理遗传学/毒理遺傳學 toxicological genetics
毒力/毒力,致病力 virulence
毒力岛/毒力島,致病性島 pathogenecity island
毒力基因/致病性基因 virulence gene
毒力抗原/毒力抗原 virulence antigen, Vi antigen
毒力因子/毒力因子 virulence factor
毒粒/病毒粒子,病毒顆粒,病毒體 virion, virus particle
毒毛旋花二糖/毒毛旋花二糖 strophanthobiose
毒丝胞/毒絲胞 toxicyst
毒素/毒素 toxin
毒素中和试验/毒素中和試驗 toxin neutralization test
毒素中和作用/毒素中和作用 toxin neutralization
毒物兴奋效应/毒物激發效應 hormesis
毒细胞/毒細胞 poison cell
毒腺/毒腺 poison gland, venom gland
毒性评价/毒性評價 toxicity assessment
毒性噬菌体/烈性噬菌體,溶菌性噬菌體 virulent phage
毒性休克综合征毒素/中毒性休克症候群毒素 toxic shock syndrome toxin, TSST
毒性阈值/毒性閾值 toxicity threshold
毒性指数/毒性指數 toxicity index
毒血症/毒血症 toxemia
毒蕈碱[性]受体/毒蕈鹼[様]受體,蕈毒鹼[性]受體,M 受體 muscarinic receptor, M-receptor
毒蕈肽/毒蕈肽,鬼筆毒素 phallotoxin
毒牙/毒牙 fang
毒液肽/毒液肽 venom peptide
毒蝇碱/蕈毒鹼,蠅蕈鹼 muscarine
毒爪/毒爪 poison claw
独寄生/獨寄生 eremoparasitism
独居动物/獨居動物 solitary animal
独居蜜蜂/獨居蜜蜂 solitary bee
独居种/獨居[物]種 solitary species
独立编码/獨立編碼 independent coding
独立成分分析/獨立成分分析 independent component analysis, ICA
独立分配定律/獨立分配律,獨立組合律 law of independent assortment
独立联合作用/獨立聯合作用 independent joint action
独立鸟头体/獨立鳥頭體 independent avicularium
独立淘汰法/獨立淘汰法 independent culling method
独模标本/單模式 monotype
独特位/獨特位,特異位,個體型抗體 idiotope
独特型/特異型,個體基因型 idiotype
独特型变异/特異型變異 idiotypic variation
独特型决定簇/特異型決定位 idiotypic determinant
独特型-抗独特型学说/特異型-抗特異型學説 idiotype-anti-idiotype theory
独特型网络/特異型抗體作用網 idiotypic network
独有决定簇/私有決定位 private determinant
独有特异性/私有特異性 private specificity
独占领域/獨占領域 exclusive territory
独征/獨[有裔]徵,自衍徵 autapomorphy
读框/讀框 reading frame
读框重叠/讀框重疊,碼框重疊 frame overlapping, reading-frame overlapping
读框移位/讀框移位,移碼,框構轉移 reading-frame displacement, reading-frame shift
读脑术/讀腦術 brain-reading
杜博培养基/杜氏培養基 Dubos medium
杜氏发酵管/杜蘭發酵管 Durham fermentation tube
杜氏腺/杜福氏腺 Dufour gland
度量性状/度量性狀 metric trait
3′-端/3′-端 3′-end
5′-端/5′-端 5′-end
C 端/C 端,羧基[末]端 carboxyl terminal, C-terminal, C-terminus
N 端/N 端,氨基端,胺基端 amino terminal, N-terminal, N-terminus
端板/端板 terminal plate

端背片/背板缘片 acrotergite, pretergite
端部黑化/端部黑化 acromelanism
端部联会/端部聯會,不完全聯會,端部配對 acrosyndesis
端齿区/端齒區 trepen
C 端重复七肽/C 端重複七肽 carboxy-terminal repeating heptamer, CT7n
端触手/端觸手 terminal tentacle
端锤/端錘,端球,端瘤 terminal knob
端附器/端附器 apical appendage
端股节/端股節,端腿節 telofemur
端股蕀/端腿感棒 telofemorala
端化作用/末端化,端移作用 terminalization
端环/端環 anellus
端黄卵/端黄卵 telolecithal egg
端喙/喙端 distiproboscis
端节/端節 mucron
C 端结构域/C 端結構域,羧基末端結構域 carboxy-terminal domain, C-terminal domain, CTD
端孔室/端孔室 distal porechamber
端粒/端粒 telomere
端粒带/端粒帶,T 帶 telomeric band, T-band
端粒 RNA 基因/端粒 RNA 基因 telomere RNA gene
端粒结合蛋白/端粒結合蛋白 telomere binding protein
端粒酶/端粒酶 telomerase
端粒 DNA 序列/端粒 DNA 序列 telomere DNA sequence
端卵胞/端卵胞 endotoichal ovicell
端锚聚合酶/端錨聚合酶 tankyrase
端膜/端膜 terminal membrane
端脑/端腦 telencephalon
端泡/端泡 terminal vesicle
端器/端器 terminal organ
端球/端球 terminal bulb, end bulb
端球爪/端球爪 knobbed claw
端茸鞭毛/端茸鞭毛 acronematic flagellum
端生齿/頂生齒 acrodont
端生芽孢/端芽孢 terminal spore
端始种/端始種,起始種 incipient species
端丝/端絲,終絲 terminal filament
3′-端突出/3′-端突出 3′-extension
端腿节/端腿節,端股節 telofemur
端吸盘/端吸盤 terminal sucker
端细胞/端細胞 teloblast
端纤毛环/端纖毛環,圍肛纖毛輪 telotroch
端压/端部壓力 end pressure
端芽/端芽 distal budding
端爪/端爪 terminal claw
端肢/端肢 telopod
端肢节/端肢節 telopodite
端栉/端櫛 terminal comb
端着丝粒/端著絲點 telocentric
端着丝粒染色体/[末]端著絲點染色體,末端中節染色體 telocentric chromosome
端滋卵巢/端滋型卵巢 telotrophic ovary
端滋卵巢管/端滋型卵巢管 telotrophic ovariole, acrotrophic ovariole
短臂/短臂 short arm
短臂染色体/短臂染色體 headed chromosome
短柄齿片刚毛/短柄齒片剛毛 short-handled seta
短波紫外线/短波紫外線,紫外光 C 段 ultraviolet C, UVC
短补丁/短補丁 short patch
短串联重复/短串聯重複 short tandem repeat, STR
短串联重复序列多态性/短串聯重複序列多態性 short tandem repeat polymorphism, STRP
短促选择/短促選擇 episodic selection
短蛋白聚糖/短蛋白聚糖 brevican
短发夹 RNA/短髮夾 RNA short hairpin RNA, shRNA
短杆菌酪肽/短桿菌酪肽 tyrocidine
短杆菌素/短桿菌素,酪菌素 tyrothricin
短杆菌肽/短桿菌肽,短桿菌素,滅革蘭菌素 gramicidin
短梗霉多糖酶/短梗黴多糖酶,聚三葡萄糖酶,支鏈澱粉酶 pullulanase
短梗霉聚糖/普魯聚糖,普魯蘭 pullulan
短花柱/短花柱 microstylous
短[环]反馈/短[環]回饋 short-loop feedback
短角果/短角果 silicle
短命生物/短命生物 angonekton
短命植物/短命植物 ephemeral plant
短命种子/短命種子 microbiotic seed
短膜虫期/短膜蟲期 crithidial stage, epimastigote
短膜虫试验/短膜蟲試驗,錐蟲體分析法 crithidial test
短胚带/短胚帶 brachyblastic germ band
短期培养/短期培養 short-term culture
短日照昆虫/短日照昆蟲 short-day insect
短日照植物/短日照植物 short-day plant, SDP
短柔毛/短柔毛 pubescence
短散在重复序列/短散布重複序列 short interspersed repeated sequence
短散在核元件/短散布核元件 short interspersed

nuclear element, SINE
短时记忆/短期記憶 short-term memory, STM
短腕幼体/短腕幼體 brachiolaria
短腰双圆球形骨针/短腰雙圓球形骨針 barrel
短夜植物/短夜植物 short-night plant
短暂表达/瞬時表達,暫時表現,暫態表達 transient expression
短暂型植被/短暫型植被 acheb
短暂转染/瞬時轉染,暫時轉染,暫態轉染 transient transfection
短枝/短枝 dwarf shoot
短肢/短肢 phocomelia
短指[畸形]/短指[畸形] brachydactyly
短趾[畸形]/短趾[畸形] brachydactyly
短制菌素/短制菌素 brevistin
短昼夜节律/超日節律 ultradian rhythm
断层/斷層 fault
断棍分布/折棒分布 broken-stick distribution
断棍模型/折棒模型 broken-stick model
断裂/斷裂 fragmentation, break
断裂基因/斷裂基因 split gene, interrupted gene
断裂热点/斷裂熱點 breakage hot spot
断裂-融合-桥/[染色體]斷裂-融合-橋 breakage-fusion-bridge, BFB
断裂-融合-桥循环/[染色體]斷裂-融合-橋循環 breakage-fusion-bridge cycle
断裂愈合假说/斷裂復合假説 breakage and reunion hypothesis
断片定位[法]/[染色體]斷裂定位作圖 fragmentation mapping
断头[术]/斷頭術 decapitation
锻炼/[抗性]鍛煉 hardening
堆肥/堆肥 compost, farmyard manure
堆肥化处理/堆肥化處理 composting process
对氨基苯甲酸/對胺基苯甲酸 *p*-aminobenzoic acid, PABA
对氨基马尿酸/對胺基馬尿酸 para-aminohippuric acid, *p*-aminohippurate, PAH
对氨基马尿酸盐清除率/對胺基馬尿酸鹽清除率 para-aminohippurate clearance
对苯二胺/對苯二胺,對胺基苯胺,對二胺基苯 *p*-phenylenediamine
对比度/對比度 contrast
对比敏感性/對比靈敏度,對比敏感度 contrast sensitivity
对比色学说/顏色對向論,補色理論 opponent color theory
K 对策 /*K* 對策,*K* 策略 *K*-strategy
r 对策 /*r* 對策,*r* 策略 *r*-strategy
对策论/博弈理論,賽局理論 game theory
K 对策者 /*K* 對策者 *K*-strategist
r 对策者 /*r* 對策者 *r*-strategist
对称操作/對稱操作 symmetry operation
对称第二次分裂/對稱第二次分裂 symmetrical second division
对称花/對稱花 symmetrical flower
对称卵裂/對稱卵裂 bilateral cleavage
对称卵裂面/對稱卵裂面 symmetrical cleavage plane
对称性/對稱性 symmetry
对称性破缺/對稱破缺 symmetry breaking
对称[性]突触/對稱[性]突觸 symmetrical synapse
对称元素/對稱元素 symmetry element
对称中心/對稱中心 center of symmetry
对端联会/末端聯會 telosynapsis
对二甲苯/對[位]二甲苯 paraxylene
对光反射/對光反射 light reflex
对角线层析/對角線層析 diagonal chromatography
对角线电泳/對角線電泳 diagonal electrophoresis
对抗竞争/對抗競爭,競賽競爭,比賽型競爭 contest competition
对抗稳定性/對抗穩定性,阻抗穩定性 resistance stability
对抗行为/對抗行為,敵對行為 agonistic behavior
对抗展示/敵對展示 agonistic display
对抗作用/拮抗作用,拮抗現象 antagonism, antagonistic action
对立/對立 confronting
对立等位基因/對立等位基因 oppositional allele
对立基因/同質對立基因 oppositional gene
对列纹孔式/對列紋孔式 opposite pitting
对流/對流 convection
对流层析/逆流層析法,逆流色譜法 counter-current chromatography
对流免疫电泳/對流免疫電泳,逆向免疫電泳 counter-current immunoelectrophoresis, counterimmunoelectrophoresis
对流性气流/對流性氣流 convectional current
对盘尾蚴/對盤尾蚴 amphistome cercaria
对羟基肉桂酸/對羥桂皮酸 *p*-hydroxy cinnamic acid
对染[法]/複染色 counterstaining
对生/對生 lumbricine
对生叶/對生葉 opposite leaf
对生叶序/對生葉序 opposite phyllotaxis
对数级数分布/對數級數分布 logarithmic series

distribution
对数[生长]期/對數期 log phase
对数图/對數[坐標]圖 logarithmic graph
对数优势比/對數優勢比 logarithm of the odd score, LOD score
对数正态分布/對數常態分布 log-normal distribution
对数正态假说/對數常態假説 log-normal hypothesis
对向运输/反向運輸,反向輸運 antiport, counter transport
对象识别/目標識别 object recognition
对氧磷酶/對氧磷脂解酶 paraoxonase
对应分析/應對分析 correspondence analysis
对映现象/對映現象 enantiotropy
对映选择性/對映選擇性 enantioselectivity
对映[异构]体/對映[異構]體 enantiomer
对照点/對照點,控制點,三角點 control point
对照试验/對照試驗,空白試驗 blank test
对照值/對照值,空白試驗值 blank value
对照植物/對照植物 control plant
对趾足/對趾足 zygodactylous foot
盾/盾 pelta, scute, aspis
盾板/盾板 scutum, plastron
盾板毛/盾板毛 scutala, scutal seta
盾胞型/盾胞型 umboloid
盾刺/盾刺 scutum
盾沟/盾溝 scutal sulcus, scutal suture
盾间沟/盾間溝 scutoscutellar sulcus
盾鳞/盾鱗 placoid scale
盾面/盾面 escutcheon
盾片/盾片 tegulum, scutum
盾前鬃/盾前剛毛 prosetae, scopular bristle
盾窝/盾窩 fovea
盾窝腺/盾窩腺 foveal gland
盾状触手/盾狀觸手 peltate tentacle
盾状毛/盾狀毛 peltate hair
盾状囊壳/盾狀囊殼 thyriothecium
盾状体/盾狀體 clypeus
盾状叶/盾狀葉 peltate leaf
多胺/多胺 polyamine
多巴/多巴,3,4-二羥苯丙氨酸 3,4-dihydroxy phenylalanine, DOPA
多巴胺/多巴胺,3,4-二羥苯乙胺,度巴胺 dopamine, DA, 3,4-dihydroxy phenylethylamine
多巴胺回路/多巴胺回路 dopamine circuit
多巴胺能神经元/多巴胺能神經元 dopaminergic neuron
多巴胺受体/多巴胺受體 dopamine receptor, DAR
多巴氧化酶/多巴氧化酶 dopa-oxidase, dopase
多靶说/多標的説 multitarget theory
多半乳糖醛酸酶/多聚半乳糖醛酸酶 polygalacturonase
多孢子囊/多孢子囊 polysporangium
多孢子现象/多孢子現象 polyspory
多倍体/多倍體,多元體 polyploid
多倍体复合体/多倍體複合群 polyploid complex
多倍[体]化/多倍體化 polyploidization
多倍体级/多倍體級 polyploid level
多倍体系列/多倍體系列 polyploid series
多倍体诱变剂/多倍體誘變物質 polyploiding agent
多倍体育种/多倍體育種 polyploid breeding
多倍体植物/多倍體植物 polyploid plant
多倍性/多倍性,倍數性 polyploidy
多变量统计分析/多元統計分析 multivariate statistical analysis, MSA
多表位疫苗/多表位疫苗 polytope vaccine
多波长反常散射/多波長反常散射 multi-wavelength anomalous dispersion, MAD
多不饱和脂肪酸/多元不飽和脂肪酸 polyunsaturated fatty acid
多参数荧光探测/多參數螢光探測 multiparameter fluorescence detection, MFD
多参照对位/多參照對位 multi-reference alignment
多层林/複層林 multistratal forest
多层周缘嵌合体/多層周緣嵌合體 polychlamydeous chimera
多叉染色体/多叉染色體 multiforked chromosome
多巢/多巢 polydome
多齿爪状骨针/多齒爪狀骨針 unguiffrate
多重 PCR/多重 PCR,多重聚合酶鏈反應 multiplex PCR
多重聚合酶链反应/多重聚合酶鏈反應,多重 PCR multiplex PCR
多重同晶置换/多重同晶置換,多對同晶置換 multiple isomorphous replacement, MIR
多重性染色体/複性染色體 multiple sex chromosome
多[重]营养缺陷型/多營養需求性 polyauxotroph
多重置换扩增/多重替代擴增 multiple displacement amplification, MDA
多重自动基因组工程/多重自動基因體工程 multiplex automated genome engineering, MAGE
多出聚伞状分枝/多出聚傘分枝 multiparous branching
多次交换/多次互换 multiple crossovers

多次结实植物/一年多次結果植物 polycarpic plant, pollacanthic plant
多次起源说/多次起源説 polychronism
多次生殖/多次繁殖 iteroparity
多次退火环状循环扩增[技术]/多次退火環狀循環擴增[技術],多次退火環狀迴圈擴增[技術] multiple annealing and looping-based amplification cycles, MALBAC
多次有丝分裂/多次有絲分裂,重複無性分裂 polymitosis
多单位平滑肌/多單位平滑肌 multiunit smooth muscle
多导睡眠图/多[頻]道睡眠記録 polysomnography, PSG
多道[生理]记录仪/多[頻]道生理記録儀,多種波動描寫器 polygraph
多地域进化/多區域演化 multiregional evolution
多顶曲线/多頂曲線 polymodal curve
多度/多度,豐度 abundance
多度频度比/豐度-頻度比 abundance-frequency ratio
多度-生物量曲线/豐度-生物量曲線 abundance-biomass curve
多度指数/資源量指數 index of abundance
多对基因杂种比率/多對基因雜種分離比 polyhybrid ratio
多对同晶置换/多對同晶置换,多重同晶置换 multiple isomorphous replacement, MIR
多发性骨髓瘤/多發性骨髓瘤 multiple myeloma
多发性外生骨疣/多發外生骨瘤 multiple exostosis
多发性硬化症/多發性硬化症 multiple sclerosis
多泛素化/泛素聚化 polyubiquitination
多房簇虫/多房簇蟲 polycystid gregarine
多分孢子/副孢子 paraspore
多分孢子囊/副孢子囊 parasporangium
多分体病毒/多成分病毒 multicomponent virus
多[分子]层/多[分子]層 multilayer
多酚/多酚 polyphenol
多酚酶/多酚酶 polyphenolase
多酚氧化酶/多酚氧化酶 polyphenol oxidase
多辐骨针/多輻骨針 polyact, polyactine
多复制子/多複製子 multireplicon
多隔孢子/多隔孢子,多室孢子 phragmospore
多隔分生孢子/多隔分生孢子 phragmoconidium
多功能酶/多功能酶 multifunctional enzyme
多宫型/多宫型 polydelphic type
多沟/多槽 stephanocolpate
多汗症/多汗症 hyperhidrosis
多合花粉/多花粉粒 polyad
多核白细胞/多核白血球 polynuclear leucocyte
多核孢子/多核孢子 coenospore
多核孢子囊/多核孢子囊 coenosporangium
多核苷酸/多核苷酸,聚核苷酸 polynucleotide
多核苷酸激酶/多核苷酸激酶 polynucleotide kinase
T4 多核苷酸激酶/T4 多核苷酸激酶 T4 polynucleotide kinase
多核苷酸连接酶/多核苷酸連接酶 polynucleotide ligase
多核苷酸磷酸化酶/多核苷酸磷酸化酶 polynucleotide phosphorylase
多核苷酸酶/多核苷酸酶 polynucleotidase
多核合子/多核合子 coenozygote
多核配子/多核配子 coenogamete
多核糖核苷酸/多核糖核苷酸 polyribonucleotide
多核糖体/多核糖體,聚核糖體 polyribosome, polysome
多核体/多核體 polykaryon, multikaryon
多核细胞/多核細胞 apocyte, coenocyte, multinucleate cell
多核纤维/多核纖維 multinucleate fiber
多核質细胞/多核質細胞 polyenergid
多花白树毒蛋白/多花白樹毒蛋白 gelonin
多化性/多化性,一年多代性 polygoneutism, polyvoltinism, multivoltinism
多环花/多環花 polycyclic flower
多环式/多環式 polycycly
多环式中柱/多環中柱 polycyclic stele
多黄卵/多黄卵 polylecithal egg, megalecithal egg
多击假说/多擊假説 multiple-hit hypothesis
多肌胞苷酸/多肌苷酸-多胞苷酸 polyinosinic acid-polycytidylic acid
多肌型/多肌型 polymyarian type
多肌炎/多肌炎 polymyositis, PM
多基因/多基因 polygene
多基因病/多基因病 polygenic disease
多基因混合遗传/多基因混合遺傳 polygene mixed inheritance
多基因家族/多基因家族 multigene family
多基因假说/多基因假説 polygene hypothesis
多基因平衡/多基因均衡 polygenic balance
多基因缺失/多基因缺失 multigenic deletion
多基因系统/多基因系統,微效基因系統 polygenic system
多基因性/多基因性,微效基因性 polygeny
多基因学说/多基因學説 polygenic theory
多基因遗传/多基因遺傳 multigenic inheritance,

polygenic inheritance
多基因杂种/多基因雜種　multihybrid
多基因致死现象/多基因致死性　polygenic lethality
多级调控体系/多階調控系統　multistage regulation system
多极成神经细胞/多極神經母細胞　multipolar neuroblast
多极出芽/多極出芽　multipolar budding
多极纺锤体/多極紡錘體　multipolar spindle, polyspindle, polyarch spindle
多极纺锤体期/多極紡錘體期　multipolar spindle stage
多极内迁/多極移入　multipolar immigration
多极神经元/多極神經元　multipolar neuron
多极细胞/多極細胞　multipolar cell
多极性别/多極性別　multipolar sexuality
多极有丝分裂/多極有絲分裂　multipolar mitosis
多集落刺激因子/多[潛能]集落刺激因子,多群落刺激因子　multicolony stimulating factor, multi-CSF
多寄生/多寄生現象,多寄生[性]　multiparasitism, polyparasitism, multiple parasitism
多价菌苗/多價菌苗　polyvalent bacterial vaccine
多价抗体/多價抗體　polyvalent antibody
多价抗血清/多價抗血清　polyvalent antiserum
多价染色体/多價染色體　multivalent chromosome, polyvalent chromosome, plurivalent chromosome
多价体/多價體　multivalent
多价血清/多價免疫血清　polyvalent serum
多价疫苗/多價疫苗　polyvalent vaccine
多交种子/多交種子　polycross seed
多角度激光光散射检测器/多角度雷射散射檢測器　multiangle laser light scattering detector
多角体/多角體,多面體　polyhedron, polyhedral body
多角体病/多角體病　polyhedral disease
多角体病毒/多角體病毒　polyhedrosis virus
多角体蛋白/多角體蛋白　polyhedrin
多角体型病毒粒子/多角體型病毒粒子　polyhedron-derived virion, PDV
多角细胞/多角細胞　polyhedral cell
多精入卵/多精入卵,多精受精　polyspermy
多精受精/多精受精,多精入卵　polyspermy
多境起源/多境起源　polytopic origin
多聚体/多聚體,聚合體,多重體　polymer
多聚体蛋白/多聚體蛋白　multimeric protein
多聚物介导法/多聚物介導法　polymer-mediated method
多觉型感受器/多覺型感受器　polymodal receptor
多拷贝/多拷貝　multicopy
多拷贝基因/多拷貝基因　multicopy gene
多拷贝抑制/多拷貝抑制　multicopy inhibition
多克隆抗体/多克隆抗體,多株抗體　polyclonal antibody
多克隆位点/多克隆位點,多克隆部位,多[重]選殖位點　multiple cloning site, polycloning site, multicloning site
多孔板/多孔板　polyporous plate
多孔动物/多孔動物　porifera
多孔沟/多孔槽　stephanocolporate
多孔介质/多孔介質　porous medium
多孔微球/多孔微球　porous microsphere
多孔微球培养/多孔微球培養　porous microsphere culture
多孔型玫瑰板/多孔型玫瑰板　multiporous rosette plate
多口/多口　polystomy
多口道芽/多口道芽　polystomodeal budding
多粒包埋型病毒/多粒包埋型病毒,多包埋病毒　multiple embedded virus
多联体/多聯體　concatemer
多联体 DNA/多聯體 DNA　concatemeric DNA
多列孢子/多列孢子　multiseriate spore
多列表皮/多層表皮　multiseriate epidermis
多列单型膜/多列單型膜　polystichomonad
多列射线/多列射線,多列髓線　multiseriate ray
多列杂交/多對偶基因雜交　polyallele-cross
多裂肌/多裂肌　multifidus muscle
多磷酸肌醇磷脂/多磷酸肌醇磷脂　polyphosphoinositide, PPI
多氯联苯/多氯聯苯　polychlorinated biphenyls, PCBs
多轮式/輪數增多　pleiotaxy
多毛轮幼体/多毛擔輪幼體　polytrochal larva
多酶簇/多酶簇　multienzyme cluster
多酶蛋白质/多酶蛋白質　multienzyme protein
多酶复合物/多酶複合物　multienzyme complex
多酶体系/多酶體系　multienzyme system
多模式生物成像/多模式生物成像　multimodality imaging, MMI
多模态/多模態　multimode
多膜现象/多膜現象　polyhymenium
多囊卵巢综合征/多囊性卵巢症　polycystic ovary syndrome, PCOS
多囊肾/多囊腎　polycystic kidney
多能蛋白聚糖/多能蛋白聚糖　versican
多能干细胞/多[潛]能幹細胞　multipotential stem

cell, pluripotent stem cell, PSC
多能造血干细胞/多潛能造血幹細胞,多功能造血幹細胞 multiple hematopoietic stem cell
多年冻土/永凍層 permafrost
多年生/多年生 perennation
多年生草本[植物]/多年生草本 perennial herb
多年生根/多年生根 perennial root
多年生植物/多年生植物 perennial plant, perennial
多黏基质蛋白/多黏基質蛋白 multiadhesive matrix protein
多黏菌素/多黏菌素 polymyxin
多尿/多尿[症] polyuria
多尿苷酸/多尿苷酸 polyuridylic acid
多凝集红细胞/多凝集紅細胞 polyagglutinable red cell
多排卵/多排卵 polyovulation
多泡体/多泡體 multivesicular body
多泡脂肪/多泡脂肪 multilocular fat
多胚/多胚 pluriblast
多胚发生/多胚發生 polyembryogeny
多胚生殖/多胚生殖 polyembryony
多胚现象/多胎現象,多胚性 polyembryony
多胚性/多胚性,多胎現象 polyembryony
多配性/多配性 polygamy
多普勒超声流量计/多普勒超聲流量計 Doppler ultrasonic flow meter
多普勒频移补偿/多普勒頻移補償 Doppler shift compensation
多歧聚伞花序/多歧聚傘花序 pleiochasium
多起始位点/多起始位點 multiple start site
多[潜]能细胞/多能細胞 multipotent cell
多[潜]能性/多能性,複能性 multipotency, pluripotency
多染色体组杂种/多染色體組雜種 polygenome hybrid
多染[色]性/多染性 polychromasia
多乳糖胺/多聚乳糖胺 polylactosamine
多色现象/多色現象 polychromatism
多杀菌素/多殺菌素,多殺黴素 spinosad
多杀霉素/多殺黴素,多殺菌素 spinosad
多神经炎/多[發性]神經炎 polyneuritis
多食性/多食性 polyphagy, polyphagia
多食者/多食者 polyphage
多室孢子/多室孢子 plurispore
多室孢子囊/多室孢子囊 plurilocular sporangium, multilocular sporangium
多受精[作用]/混精授精 polyfertilization
多数合意树/多數共同樹 majority consensus tree
多数一致树/多數共同樹 majority consensus tree
多顺反子/多順反子 polycistron
多顺反子 mRNA/多順反子 mRNA polycistronic mRNA, multicistronic mRNA
多顺反子转录物/多順反子轉録物 polycistronic transcript
多态群体/多態群落,多型聚落 polymorphic colony
多态现象/多態性,多型性,多型現象 polymorphism, polytypism, pleiomorphism
多态信息含量/多態信息含量 polymorphism information content, PIC
多态性/多態性,多型性,多型現象 polymorphism, polytypism, pleiomorphism
DNA 多态性/DNA 多態性,DNA 多型性 DNA polymorphism
多态性标记/多態性標記 polymorphic marker
多态[性]基因座/多態性基因座,多型位點 polymorphic locus
多态性状/多態特徵 polymorphic character, multistate character
多态指数/多態指數 polymorphic index
多态种/多型種 polymorphic species
多肽/多肽,多胜 polypeptide
多肽激素/多肽激素 polypeptide hormone
多肽类抗生素/多肽抗生素類 polypeptide antibiotics
多肽链/多肽鏈 polypeptide chain
多肽酶/多肽酶 polypeptidase
多糖/多糖[類],多醣 polyhexose, polysaccharide
多糖包被/臘梅糖,外被多糖,糖質包被 glycocalyx
多糖抗原/多糖抗原 polysaccharide antigen
多糖酶/多糖酶 polyase, polysaccharase
多特异性/多特異性 polyspecificity
多特异性抗体/多特異性抗體 polyspecificity antibody
多体/多聚體 multimer
多体拟态/多體擬態 allelomimicry
多体生物/多染色體生物 polysomic
多体性/多[染色]體性 polysomy
多体雄蕊/多體雄蕊 polyadelphous stamen
多体遗传/多染色體遺傳 polysomic inheritance
多体中柱/多體中柱,多條中柱 polystele
多萜/多萜,長萜 polyterpene
多头蚴/多頭蚴,共尾蚴 coenurus
多突触反射/多突觸反射 multisynaptic reflex
多脱氧核糖核苷酸合成酶/多脱氧核糖核苷酸合成酶 polydeoxyribonucleotide synthetase
多唾液酸/多唾液酸 polysialic acid, PSA

多王群/多王群 polygynous colony, pleometrotic colony, polyqueen colony
多维层析/多維層析法 multidimensional chromatography
多维核磁共振/多維核磁共振 multidimensional nuclear magnetic resonance, multidimensional NMR
多维核磁共振波谱学/多維核磁共振波譜學 multidimensional nuclear magnetic resonance spectroscopy
多维生态位/多維生態區位,多空間尺度生態區位 multidimensional niche
多维显微术/多維顯微術 multidimensional microscopy
多[位点人工]接头/多位點[人工]接頭,多接頭 polylinker
多位点序列分型/多位點序列分型 multilocus sequence typing, MLST
多烯类抗生素/多烯抗生素類 polyene antibiotics
多系/多系,多源 polyphyly
多系分类单元/多系分類單元,複系分類單元 polyphyletic taxon
多系品种/多系品種 multilineal variety
多系群/多系群,多源群 polyphyletic group
多系杂交/多[系雜]交,多系交配 multiple cross, polycross
多系杂交测验/多交檢定 polycross test
多细胞毛/多細胞毛 multicellular hair
多细胞期/多細胞期 multicellular stage
多细胞生物/多細胞生物 multicellular organism
多细胞腺/多細胞腺[體] multicellular gland, polycellular gland
多细胞形成/多細胞形成 multicellular formation
多纤维素酶体/多纖維素酶體 cellulosome
多线期/多線期 polytene stage
多线染色体/多線染色體,多絲染色體 polytene chromosome
多腺苷二磷酸核糖聚合酶/多腺苷二磷酸核糖聚合酶,聚 ADP 核糖聚合酶 poly(adenosine diphosphate ribose)polymerase, poly (ADP-ribose) polymerase, PARP
多腺苷酸/多腺苷酸,聚腺苷酸 polyadenylic acid, poly(A)
多腺苷酸化/多腺苷酸化 polyadenylation
mRNA 多腺苷酸化/mRNA 多[聚]腺苷酸化 mRNA polyadenylation
多腺苷酸化信号/多[聚]腺苷酸化訊號,加 A 訊息,多腺苷酸化訊息 polyadenylation signal, poly(A) addition signal
多腺苷酸聚合酶/多[聚]腺苷酸聚合酶,多聚(A)聚合酶 polyadenylate polymerase, poly(A) polymerase
多腺苷酸尾/多[聚]腺苷酸尾巴 poly(A) tail
多向突变/多向突變 polydirectional mutation
多相分类法/多相分類法 polyphasic taxonomy
多相性/多相性 polyphasy
多效激素/多效性激素 pleiotropic hormone
多效霉素/多氧菌素 polyoxin
多效性/多效現象,基因多效性 pleiotropy, pleiotropism
多效[性]基因/多效[性]基因 pleiotropic gene
多心皮雌蕊/多心皮雌蕊 polycarpellary pistil
多心皮子房/多心皮子房 polycarpellary ovary
多星型/多星型 polyastral type
多形核/多形核,多型核 polymorphic nucleus
多形核白细胞/多形核白血球,多型核白血球 polymorphonuclear leucocyte
多形核粒细胞/多形核粒細胞 polymorphonuclear granulocyte
多形核[嗜]中性粒细胞/多形核中性粒細胞球,多形核嗜中性[白血]球 polymorphonuclear neutrophil
多形核细胞/多形核細胞 polymorphonuclear cell
多形噬细胞/多形噬細胞,多元噬細胞 polyblast
多形[细胞]层/多形[細胞]層 multiform layer
多型进化/多型[性]演化 polytypic evolution
多型群聚/多型聚合 polytypic aggregation
多型属/多型屬 polytypic genus
多型现象/多型現象,多態性,多型性 polymorphism, polytypism, pleiomorphism
多型性/多型性,多態性,多型現象 polymorphism, polytypism, pleiomorphism
多型叶/多型葉 polymorphic leaf
多型种/多型種,多形種 polytypic species
多性状全球评估法/多性狀全球評估法 multiple-trait across country evaluation
多性状选择/多性狀選擇 multiple-trait selection
多序列比对/多序列比對 multiple sequence alignment
多旋骨针/多旋骨針 polyspire
多循环湖/多循環湖 polymictic lake
多芽生殖[的]/多芽生殖[的] polygemmic
多亚基跨膜/多亞基跨膜 multisubunit transmembrane
多氧菌素/多氧菌素 polyoxin
多样性/多樣性,歧異度,歧異性 diversity
α-多样性/α-多樣性 alpha diversity, α-diversity
β-多样性/β-多樣性 beta diversity, β-diversity

γ-多样性/γ-多樣性 gamma diversity, γ-diversity
多样性比/多樣性比 diversity ratio
多样性产生/多樣性產生 generation of diversity, GOD
多样性梯度/多樣性梯度 diversity gradient
多样性稳定性假说/多樣性-穩定性假説 diversity-stability hypothesis
多样性指数/多樣性指數,歧異度指數 index of diversity, diversity index, diversity indices
多样性中心/多樣性中心,變異中心,歧異中心 diversity center, center of diversity
多药耐受基因/多藥物抗藥性基因 multidrug resistance gene
多药耐药性/多重抗藥性 multiple drug resistance, multidrug resistance, MDR
多义密码子/多義密碼子 ambiguous codon
多因子病/多因子障礙,多因素異常疾病 multifactorial disorder
多因子假说/多因子假説 multiple factor hypothesis
多引物/多引子 multiprimer
多域性/多域性 polydemic
多元醇/多元醇 polyol, polyalcohol
多元催化/多元催化 multiple catalyst
多元单倍体/多倍單倍體 polyhaploid
多[元]顶极/多[元]極相,多極[峰]相,多巔峰[群落] polyclimax
多[元]顶极理论/多極相説,多安定相説 polyclimax theory
多元发生/多元發生,多源發生 polygenesis, polyphylesis
多元发生说/多元發生説,多源論 polygenism
多元分析/多變量分析 multivariate analysis
多元回归/多元回歸,複回歸 multiple regression
多元内出芽/多元内出芽 endopolygeny
多元外出芽/多元外出芽 ectopolygeny
多原木质部/多芒木質部 polyarch xylem
多原型/多原型,多弧型 polyarch
多源发生/多源發生,多元發生 polygenesis, polyphylesis
多源发生说/多元發生説,多源論 polygenism
多源演化/多源演化 polyphyletic evolution
多指[畸形]/多指[畸形] polydactyly
多趾[畸形]/多趾[畸形] polydactyly
多种合群/多種群集 mixed species flock
多种混居巢/多種混居巢,複巢 compound nest, mixed nest
多种抗药性/多態抗藥性 multiple resistance
多种硫酸酯酶缺乏症/多種硫酸酯酶缺乏症 multiple sulfatase deficiency
多种种群/多種類生物族群 multispecies population
多轴分枝/多軸分枝 polypodial branching
多轴骨针/多軸骨針 polyaxon
多轴型/多軸型 multiaxial type
多主寄生/多重寄生 pleioxeny, polyxeny
多着丝粒/多著絲粒,多中心粒 polycentromere
多着丝粒染色体/多著絲粒染色體,多中節染色體 polycentric chromosome
多滋卵巢/多滋養細胞型卵巢 polytrophic ovary
多滋卵巢管/交互滋養型微卵管 polytrophic ovariole
多子叶植物/多子葉植物 polycotyledon
多足动物/多足動物 myriopod
多足细胞/多足細胞 polypodocyte
多祖论/多元發生説,多源論 polygenism
躲避干扰反应/避干擾反應 jamming avoidance response
惰性气体/惰性氣體 inert gas
惰性气体饱和/惰性氣體飽和 inert gas saturation
惰性染色体/惰性染色體,無作用染色體 inert chromosome
惰性染色质/惰性染色質,無作用染色質 inert chromatin

E

鹅膏蕈碱/鵝膏蕈鹼 amanitin
鹅肌肽/鵝肌肽 anserine
鹅脱氧胆酸/鵝脱氧膽酸,鵝去氧膽酸 chenodeoxycholic acid, CDCA
额/額 frons, front, clypeus
额板/額板 frontal plate
额唇基/額唇基片 frontoclypeus, epistoma
额唇基沟/口上縫 frontoclypeal suture, epistomal suture
额缝/額縫,頭縫支 frontal suture, epicranial arm
额沟线/額溝線 frontal furrow
额骨/額骨 frontal bone
额后脊/額後脊 post-frontal ridge
额脊/額脊 frontal carina, frontal crest
额颊沟/額頰縫 frontogenal suture
额角/額角 rostrum
额角侧沟/額角側溝 adrostral groove
额角侧脊/額角側脊 adrostral carina
额角后脊/額角後脊 post-rostral carina
额鳞弓/額鱗弓 fronto-squamosal arch
额瘤/額瘤,觸角基瘤 frontal elevation, postantennal tubercle
额毛/額毛 frontal seta
额眉片/額眉片 frontal lunule
额囊/額囊,額胞 ptilinum
额囊缝/額囊縫 ptilinal suture
额片/額片 frontal plate
额器/額器 frontal organ
额区/額區 frontal region
额神经/額神經 frontal nerve
额神经节/額神經節 frontal ganglion
额突/額瘤 frontal tubercle
额突起/額突起 frontal process, frontal appendage
额外染色体/額外染色體 extrachromosome
额胃沟/額胃溝 gastro-frontal groove
额胃脊/額胃脊 gastro-frontal carina
额腺/額腺 frontal gland
额眼区/額葉眼動區 frontal eye field, FEF
额叶/額葉 frontal lobe
额栉/額櫛 frontal comb
额鬃/額剛毛 frontal bristle
恶心/噁心 nausea
呃逆/呃逆,打嗝 hiccup
轭骨/軛骨 jugal bone
轭合作用/共軛作用 conjugation
轭脉/軛脈,翅垂脈 jugal vein, jugal bar
轭区/軛區,翅垂 jugal region, neala
轭褶/軛褶,翅垂褶 jugal fold, plica jugalis
恶性贫血/惡性貧血 pernicious anemia
恶性生长/惡性生長 malignant growth
恶性循环/惡性循環 vicious cycle
恶性肿瘤/惡性腫瘤 malignant tumor
萼/萼 calyx
萼部/萼部 cup, calyx
萼端/萼端 calyx end
萼管/萼管 porocalyx
萼孔/萼孔 calyx pore
萼裂片/萼裂片 calyx lobe, calyx segment
萼片/萼片 sepal
萼丝骨针/萼絲骨針 calycocome
萼筒/萼筒 calyx tube
腭/腭 palate
腭方软骨/腭方軟骨 palatoquadrate cartilage
腭弓收肌/腭弓内收肌 adductor arcus palatine muscle
腭弓提肌/腭弓舉肌 levator arcus palatine muscle
腭骨/腭骨 palatine bone
腭骨齿/腭骨齒 palatal tooth
腭咽肌/腭咽肌 palatopharyngeus muscle
颚/顎 jaw
颚齿/顎齒 paragnatha
颚床/顎[基]板 capitular sternum
颚唇/顎唇 gnathochilarium
颚盖/顎[體]蓋 gnathotectum
颚骨/顎骨 mandible
颚环/顎環 maxillary ring
颚喙/顎喙 infracapitular rostrum
颚基/顎基 gnathobase
颚[基]沟/顎[基]溝,顎體溝 gnathosomal groove
颚基环/顎基環 gnathosomal base ring
颚基间距/顎基間距,顎基間部 malar space
颚基节/顎基節 gnathocoxa

颚基[节]毛/顎基[節]毛 gnathobasal seta, gnathocoxal seta, gnathosomal seta
颚[基]湾/顎[基]灣 capitular bay, infracapitular bay
颚基窝/頭窩 camerostoma
颚角/顎角 corniculus
颚节/顎節 gnathal segment
颚内突/顎内突 capitular apodeme, infracapitular apodeme
颚区/顎區 palate
颚体/顎體 gnathosoma
颚头/顎頭 gnathocephalon
颚腺/顎腺 infracapitular gland
颚形突/匙狀突 gnathos, scaphium, subscaphium
颚咽动物/顎咽動物 gnathostomulid
颚眼距/顎基間部,顎基間距 malar space
颚叶/顎葉 endite
颚舟片/顎舟片,顎舟葉 scaphognathite
颚舟叶/顎舟葉,顎舟片 scaphognathite
颚足/顎足 maxilliped
颚足沟/顎足溝,頭足溝 podocephalic canal
颚足腺/顎足腺,頭足腺 podocephalic gland
鳄梨糖醇/鱷梨糖醇 persitol
蒽环类抗生素/蒽環類抗生素 anthracycline antibiotics
蒽黄素/蒽黄素 anthraflavine
儿茶酚/兒茶酚,鄰苯二酚 catechol
儿茶酚胺/兒茶酚胺,鄰苯二酚胺 catecholamine, CA
儿茶酚胺类激素/兒茶酚胺類激素 catecholamine hormone
儿茶酚胺能神经元/兒茶酚胺能神經元 catecholaminergic neuron
儿茶酚胺能受体/兒茶酚胺能受體 catecholaminergic receptor
儿茶酚雌激素/兒茶酚雌激素 catechol estrogen
儿茶酚-*O*-甲基转移酶/兒茶酚-*O*-甲基轉移酶 catechol-*O*-methyltransferase, COMT
儿茶素/兒茶素,兒茶酸 catechin
耳/耳 ear
耳带脊/耳脊 auricular crura
耳关节/耳脊 auricular crura
耳郭/耳廓,耳殼 auricle, pinna
耳后腺/腮腺 parotid gland
耳聋/耳聾 deafness
耳囊/耳軟骨囊,聽囊 otic capsule
耳区/耳區 otic region
耳声发射/耳聲傳射 otoacoustic emission
耳石/耳石 otoconium, otolith, statoconium
耳石膜/耳石膜 otoconium membrane, statoconium membrane
耳蜗/耳蝸 cochlea
耳蜗电图/耳蝸電圖 electrocochleogram, ECochG
耳蜗力学/耳蝸力學 cochlear mechanics
耳蜗迷路/耳蝸迷路 cochlear labyrinth
耳蜗内电位/耳蝸内電位 endocochlear potential
耳蜗微音器电位/耳蝸微音器電位 cochlear microphonic potential
耳腺蛙肽/耳腺蛙肽 uperolein
耳形突/耳形突 oreillets, oreilletor
耳羽/耳外羽 auricular
耳舟/耳舟 scaphe
耳柱骨/耳柱骨 columella
耳状刚毛/耳狀剛毛 auricular seta
耳状骨/耳狀骨 auricle
耳状突/耳狀突 auricular projection, auricula
耳状幼体/耳狀幼體 auricularia
二氨基庚二酸/二氨基庚二酸 diaminopimelic acid
二倍孢子体/二倍性孢子體 diploid sporophyte
二倍雌雄间性/二倍體間性 diploid intersexuality
二倍合子/二倍體合子 diploid zygote
二倍核/二倍性核 diplokaryon
二倍化/二倍[體]化 diploidization
二倍期/二倍體期 diploid phase
二倍体/二倍體 diploid
二倍体不育/二倍體不孕性 diplontic sterility
二倍体单性生殖/二倍體單性生殖,二倍體無配生殖 diploid parthenogenesis
二倍体孤雌生殖/二倍體單性生殖,二倍體無配生殖 diploid parthenogenesis
二倍体菌丝体/二倍性菌絲體 diplomycelium
二倍体生物/二倍體生物 diplont
二倍[体]世代/二倍體世代 diploid generation
二倍体数目/二倍體[染色體]數 diploid number
二倍体细胞系/二倍體細胞系,二倍體細胞株 diploid cell line
二倍无配生殖/二倍體無配生殖 diploid apogamy
二倍性/二倍性 diploidy
二倍杂种/二倍體雜種 diploid hybrid
二步过程假说/二步過程假説 two-step process hypothesis
二叉分枝/二叉分枝,二歧分枝 dichotomy, dichotomous branching
二叉骨针/二叉骨針 diaene
二叉脉序/二叉脈序 dichotomous venation
二重带/二重帶 duplicature band

二重感染/重複感染,超感染,重疊感染 superinfection
二重寄生/二重寄生,雙重寄生 diploparasitism
二重寄生物/二重寄生物,重複寄生物 secondary parasite
二重褶/二重褶 duplicature fold
二醇脂质/二醇脂類 diol lipid
二次寄生/次級寄生 secondary parasitism
二次开花/二度開花 reflorescence
二次抗体应答/續發性抗體反應 secondary antibody response
二次流/二次流 secondary flow
二次免疫接种/繼發性免疫接種 secondary immunization
二次三叉骨针/二次三叉骨針 dichotriaene
二次生长/雙期生長,二階段生長 diauxic growth, diauxie
二次生长曲线/二次生長曲線,雙期生長曲線,雙峰生長曲線 diauxic growth curve
二次突变假说/雙重打擊假說 two-hit hypothesis
二次污染物/二次污染物 secondary pollutant
二次循环湖/二次循環湖 dimictic lake
二道体区/二道體區 bivium
二点测交/二點測試 two-point test
二碘甲腺原氨酸/二碘甲腺原氨酸 diiodothyronine
二碘酪氨酸/二碘酪氨酸,二碘酪胺酸 diiodotyrosine, DIT
二叠纪/二疊紀 Permian Period
二分法/二分法 dichotomy method
二分[分]裂/二分裂[生殖],二[向]分裂 binary fission, binary division
二分体/二分體 dyad
二辐骨针/二輻骨針 diactine, diact
二辐射裂/二輻射裂 biradial cleavage
二化性/二化性,一年二產性 bivoltine, digoneutism, bivoltinism
二环己基碳二亚胺/二環己基碳二亞胺 dicyclohexylcarbodiimide, DCC
二级处理/二級處理 secondary treatment
二级防护/二次防護 secondary containment
二级河流/二級河流 second-order stream
二级结构/二級結構 secondary structure
二级结构预测/二級結構預測 secondary structure prediction
二级氢键/二級氫鍵 secondary hydrogen bond
二寄主蜱/二寄主蜱 two-host tick
γ,γ-二甲丙烯焦磷酸/γ,γ-二甲丙烯焦磷酸 γ,γ-dimethylallyl pyrophosphate
二甲基亚砜/二甲亞碸 dimethyl sulfoxide, DMSO
二价金属离子共转运体/二價金屬離子共轉運體 divalent metal ion cotransporter
二价[染色]体/二價染色體,兩價體 bivalent, bivalent chromosome
二尖瓣/二尖瓣 mitral valve, bicuspid valve
二尖骨针/二尖骨針 oxea, acerate
二聚化结构域/二聚化結構域 dimerization domain
二聚体/二聚體 dimer
二孔型/二孔型 bifora
二联体/二聯體 dyad
二列对生/二列對生 distichous opposite
2,3-二磷酸甘油酸/2,3-二磷酸甘油酸,2,3-雙磷酸甘油酸 2,3-diphosphoglycerate, 2,3-DPG, 2,3-bisphosphoglycerate
二磷酸肌醇磷脂/二磷酸肌醇磷脂,磷脂醯二磷酸肌醇 diphosphoinositide
二硫赤藓糖醇/二硫赤蘚糖醇 dithioerythritol, DTE
二硫键/二硫鍵,雙硫鍵 disulfide bond
二硫键修饰/二硫鍵修飾 disulfide bond modification
二硫卡钠/二硫卡鈉 ditiocarb sodium
二硫苏糖醇/二硫蘇糖醇 dithiothreitol, DTT
二卵双生/異卵雙生,異卵雙胎 dizygotic twins, fraternal twins, non-identical twins
二轮花/二輪花 dicyclic flower
二轮中柱/二環中柱 dicyclic stele
4′,6-二脒基-2-苯基吲哚/4′,6-二脒基-2-苯基吲哚 4′,6-diamidino-2-phenylindole, DAPI
二面角/二面角,雙面角 dihedral angle
二年生草本[植物]/二年生草本 biennial herb
二年生植物/二年生植物 biennial plant
二歧分枝/二歧分枝,二叉分枝 dichotomy, dichotomous branching
二歧聚伞花序/二歧聚傘花序,歧傘花序 dichotomous cyme, dichasium
二强雄蕊/二強雄蕊 didynamous stamen
3,4-二羟苯丙氨酸/3,4-二羥苯丙氨酸,多巴 3,4-dihydroxy phenylalanine, DOPA
3,4-二羟苯乙胺/3,4-二羥苯乙胺,多巴胺,度巴胺 dopamine, DA, 3,4-dihydroxy phenylethylamine
1,25-二羟胆钙化醇/1,25-二羥膽鈣化[固]醇 1,25-dihydroxycholecalciferol
1,25-二羟维生素 D_3/1,25-二羥維生素 D_3 1,25-dihydroxyvitamin D_3, 1,25$(OH)_2D_3$
二氢吡啶受体/二氫吡啶受體 dihydropyridine receptor, DHPR
二氢蝶啶/二氫蝶啶 dihydropteridine
二氢蝶啶还原酶/二氫蝶啶還原酶 dihydropteridine

reductase
二氢蝶啶还原酶缺乏型/二氫蝶啶還原酶缺乏型 dihydropteridine reductase deficient form, DHPR deficient form
二氢硫辛酰胺/二氫硫辛醯胺 dihydrolipoamide
二氢硫辛酰胺脱氢酶/二氫硫辛醯胺脱氫酶 dihydrolipoamide dehydrogenase
二氢尿苷/二氫尿苷 dihydrouridine
二氢尿嘧啶/二氫尿嘧啶 dihydrouracil
二氢尿嘧啶臂/二氫尿嘧啶臂 dihydrouracil arm, D arm
二氢尿嘧啶环/二氫尿嘧啶環,D環 dihydrouracil loop, D-loop
二氢鞘氨醇/二氫鞘胺醇 dihydrosphinganine, D-sphinganine
二氢乳清酸/二氫乳清酸 dihydroorotic acid
二氢乳清酸酶/二氫乳清酸酶 dihydroorotase
二氢生物蝶呤/二氫生物蝶呤 dihydrobiopterin
二氢叶酸还原酶/二氫葉酸還原酶 dihydrofolate reductase, DHFR
二色性/二向色性 dichroism
二十八烷醇/二十八烷醇 octacosanol
二十二碳六烯酸/二十二碳六烯酸 docosahexoenoic acid, DHA
二十二碳四烯酸/二十二碳四烯酸 docosatetraenoic acid
二十二烷醇/二十二烷醇 docosanol
二十二烷酸/[正]二十二烷酸,山萮酸 docosanoic acid, behenic acid
二十六[烷]醇/二十六烷醇,蠟醇 wax alcohol, ceryl alcohol
二十六烷酸/二十六烷酸,蠟酸 cerotic acid, cerotinic acid
二十面体对称/二十面體對稱性 icosahedral symmetry
二十面[体]壳体/二十面[體]殼體,二十面衣殼體 icosahedron capsid
二十面[体]衣壳/二十面[體]殼體,二十面衣殼體 icosahedron capsid
二十四碳烯酸/二十四碳烯酸 tetracosenic acid
二十四烷酸/二十四烷酸,木蠟酸,掬焦油酸 tetracosanoic acid, lignoceric acid
二十碳五烯酸/二十碳五烯酸 eicosapentaenoic acid, EPA
二十烷醇/二十烷醇 eicosanol
二十烷酸/二十烷酸,花生酸 arachidic acid, eicosanoic acid
二水合物/二水合物,二羥化物 dihydrate
二宿主蜱/二寄主蜱 two-host tick
C_4 二羧酸途径/C_4 型植物雙羧酸途徑 C_4 dicarboxylic acid pathway
二态现象/二態性,二型性,二型現象 dimorphism
二态性/二態性,二型性,二型現象 dimorphism
二态性状/二態特徵 two-state character, bimorphic character
二肽/二肽 dipeptide
二肽基羧肽酶/二肽基羧肽酶 dipeptidyl carboxypeptidase
二肽酶/二肽酶 dipeptidase
二糖/二糖,雙糖 disaccharide
二体/二體 disome, disomic
二体多倍体/二體多倍體 disomic haploid
二体性/雙染色體性 disomy
二体雄蕊/二體雄蕊 diadelphous stamen
二体遗传/二體遺傳,雙染色體遺傳 disomic inheritance
二头肌/二頭肌 biceps muscle
二烷基甘氨酸脱羧酶/二烷基甘氨酸脱羧酶 dialkylglycine decarboxylase
二维电泳/二維電泳,雙向電泳 two-dimensional electrophoresis
二维核磁共振/二維核磁共振 two-dimensional nuclear magnetic resonance, two-dimensional NMR
二维核磁共振波谱学/二維核磁共振波譜學 two-dimensional nuclear magnetic resonance spectroscopy
二维核欧沃豪斯效应谱/二維核歐沃豪斯效應譜 two-dimensional nuclear Overhauser effect spectroscopy
二维结构/二維結構 two-dimensional structure
二维晶畴/二維晶疇 two-dimensional crystalline domain
二维相关光谱术/二維相關光譜學 two-dimensional correlated spectroscopy
二维荧光光谱/二維螢光光譜 two-dimensional fluorescence spectrum
二酰甘油/二醯[基]甘油 diacylglycerol, DAG
二酰亚胺/酰亞胺,醯亞胺 imide
二显性组合/雙顯性組合 duplex
二项分布/二項分布 binomial distribution
二硝基苯/二硝基苯 dinitrobenzene
二硝基酚/二硝基酚 dinitrophenol
二硝基氟苯/二硝基氟苯 dinitrofluorobenzene, DNFB
二形花/二形花 dimorphic flower

二型现象/二型現象,二態性,二型性 dimorphism
二型雄螨/二型雄螨 bimorphic male
二氧化碳补偿点/二氧化碳補償點 carbon dioxide compensation point
二氧化碳分析仪/二氧化碳分析儀 capnograph
二氧化碳分压/二氧化碳分壓 partial pressure of carbon dioxide
二氧化碳含量/二氧化碳含量 carbon dioxide content
二氧化碳解离曲线/二氧化碳解離曲線 carbon dioxide dissociation curve
二氧化碳扩散容量/二氧化碳擴散容量 carbon dioxide diffusion capacity
二氧化碳培养箱/二氧化碳培養箱 carbon dioxide incubator
二氧化碳容量/二氧化碳容量 carbon dioxide capacity
二氧化碳失汇/二氧化碳失匯 carbon dioxide missing sink
二氧化碳施肥/二氧化碳施肥 carbon dioxide fertilization
二氧化碳释放速率/二氧化碳釋放速率 carbon dioxide excretion rate, CER
二氧化碳循环/二氧化碳循環 carbon dioxide cycle
二氧化碳张力/二氧化碳張力 carbon dioxide tension
二乙氨乙基葡聚糖凝胶/二乙胺乙基葡聚糖凝膠,DEAE 葡聚糖凝膠 diethylaminoethyl dextran gel, DEAE-dextran gel
二乙氨乙基纤维素膜/二乙胺乙基纖維素膜,DEAE 纖維素膜 diethylaminoethyl cellulose membrane, DEAE-cellulose membrane
二乙基己烯雌酚/二乙基已烯雌酚 diethylstilbestrol, DES
二乙酸荧光素/二乙酸螢光素 fluorescein diacetate, FDA
二异丙基氟磷酸酯酶/二異丙基氟磷酸酯酶 diisoproyl flurophosphatase, DFPase
二元培养物/二元培養物 two-component culture
二元杂种杂交/雙因子雜種雜交 dihybrid cross
二趾足/二趾足 bidactylous foot
二轴骨针/二軸骨針 diaxon
二棕榈酰磷脂酰胆碱/二棕櫚醯磷脂醯膽鹼 dipalmitoylphosphatidylcholine, DPPC

F

发病率/發病率 incidence
发动蛋白/發動蛋白,動力蛋白 dynamin
发动蛋白相关蛋白/發動蛋白相關蛋白 dynamin-related protein, DRP
发放/發放 firing
发放率编码/發放率編碼 rate coding
发放阈/發放閾 firing threshold
发根/發根 rooting, root initiation
发光蛋白/發光蛋白 photoprotein
发光动物/發光動物 luminous animal
发光反应/發光反應 light-emitting reaction
发光计/光度計,照度計 luminometer
发光酶免疫测定/發光酶免疫分析 luminescent enzyme immunoassay, LEIA
发光酶免疫分析/發光酶免疫分析 luminescent enzyme immunoassay, LEIA
发光免疫测定/發光免疫測定,發光免疫分析,冷光免疫分析法 luminescent immunoassay, LIA
发光免疫分析/發光免疫分析,發光免疫測定,冷光免疫分析法 luminescent immunoassay, LIA
发光器/發光器 luminous organ
发光生物/發光生物 luminous organism, luminescent organism
发光细菌/發光細菌 luminous bacteria, luminescent bacteria, photogenic bacteria
发光真菌/發光真菌 luminous fungus
发光植物/發光植物 luminous plant
发汗/發汗,出汗 perspiration, sweating
发酵/發酵 fermentation
发酵单位/發酵力價 fermentation titer
发酵动力学/發酵動力學 fermentation kinetics
发酵放大技术/發酵放大技術 fermetation scale-up technique
发酵工程/發酵工程 fermentation engineering
发酵工艺/發酵法 fermentation process
发酵罐/發酵罐,發酵槽 fermenter, fermentor
发酵 pH 控制/發酵 pH 控制 control of fermentation pH level
发酵面制品/發酵面製品 fermented flour product
发酵[能]力/發酵能力 fermentation capacity
发酵溶氧控制/發酵溶氧控制 control of dissolved oxygen level
发酵乳制品/發酵乳製品 fermented milk product
发酵设备/發酵設備 fermentation equipment
发酵史/發酵史 history of fermentation
发酵调味品/發酵調味料 fermented seasoning
发酵突变体/發酵突變體 fermentation mutant
发酵温度控制/發酵溫度控制 control of fermentation temperature level
发酵型茶[叶]/發酵茶 fermented tea
发酵液/發酵液 fermentation broth
发面酵母/發麵酵母,麵包酵母 baker yeast
发情/發情 heat
发情后期/發情後期,動情後期 metestrus, metaestrus
发情间期/發情間期,動情間期 diestrus
发情鉴定/發情鑒定 estrus diagnosis
发情前期/發情前期,動情前期 proestrus, proestrous
发情同期化/發情週期化 estrus synchronization
发情周期/發情週期,動情週期 estrous cycle
发热/發熱,發燒 fever
发色团/發色團,生色團 chromophore
发色团辅助光失活/發色團輔助光失活 chromophore-assisted light inactivation, CALI
发烧/發燒,發熱 fever
发射电子显微镜/發射電子顯微鏡 emission electron microscope
发射光谱/發射光譜 emission spectrum
发生器电位/啟動電位 generator potential
发生器定位/發生器定位 generator localization
发声/發聲 vocalization
发声脊/發聲脊 stridulating ridge
发芽/發芽,萌芽 germination
发芽促进剂/發芽促進物質 germination promotor
发芽力/發芽力 germinating ability, germinating power
发芽率/發芽率,發芽速度,發芽勢 germination percentage, germination rate
发芽试验/發芽試驗 germination test
发芽温度/發芽溫度 germination temperature
发育/發育 development

发育不良/發育不良,發育異常 dysplasia
发育不全/發育不全,不[完全]發育 agenesis, agenesia
发育不全花/發育不全花 rudimentary flower
发育不全器官/發育不全器官,退化器官 abortive organ
发育差时/異時性 heterochrony
发育场/發育場 developmental field
发育单位/發育單位 developmental unit
发育多态现象/發育多型性,發育多型現象 developmental polymorphism
发育反应/發育反應 developmental response
发育机器人学/發育機器人學 developmental robotics, ontogenetic robotics
发育机制/發育機制 developmental mechanism
发育阶段/發育階段,發育期 developmental stage
发育节律/發育節律 developmental rhythm
发育临界/發育閾值,發育低限,發育臨界值 developmental threshold
发育零点/發育零點,發育始點 developmental zero
发育免疫学/發育免疫學 developmental immunology
发育期/發育相 developmental phase
发育起点温度/發育低限溫度,發育臨界溫度 developmental threshold temperature
发育潜能/發育潛能 developmental potency, developmental potentiality
发育生理学/發育生理學 developmental physiology
发育生物学/發育生物學,生物發生學 developmental biology
发育时控基因/發育時控因子 development timing regulator
发育[速]率/發育[速]率 developmental rate
发育条件/發育條件,發育環境 developmental condition
发育停滞/發育停滯 stasimorphy
发育线/發育線 developmental line
发育徐缓/初期遲滯發育 bradygenesis
发育遗传学/發育遺傳學,發生遺傳學 developmental genetics
发育域/發育場 developmental field
发育阈[值]/發育閾值,發育低限,發育臨界值 developmental threshold
发育指数/發育指數 developmental index
发育中心/發育中心 developmental center
发育总量/發育總量 developmental total
发作性睡病/發作性睡病 narcolepsy
乏极化电极/不極化電極 non-polarizable electrode
乏氧性缺氧/乏氧性缺氧 hypoxemic hypoxia
筏蛋白/筏蛋白 flotillin
筏脂/筏脂 raft lipid
CTAB 法/CTAB 法,十六烷基三甲基溴化銨法 cetyl trimethyl ammonium bromide method, CTAB method, hexadecyl trimethyl ammonium bromide method
TTC 法/TTC 法,氯化三苯四唑法 triphenyl tetrazolium chloride method, TTCM
法尔试验/法爾氏試驗 Farr test
法规/規約 code
法-林逆效应/法-林[氏]逆效應 inversion of Fåhraeus-Lindquist effect
法-林效应/法-林[氏]效應 Fåhraeus-Lindquist effect
法尼醇/法尼醇 farnesol
法尼基半胱氨酸/法尼基半胱氨酸 farnesylcysteine
法尼[基]焦磷酸/法尼基焦磷酸 farnesyl pyrophosphate, FPP
法尼基转移酶/法尼基轉移酶 farnesyl transferase
法氏囊/法氏囊 bursa of Fabricius
法特莱克训练/法特萊克訓練 Fartlek training
法医昆虫学/法醫昆蟲學 forensic entomology
法医遗传学/法醫遺傳學 medicolegal genetics, forensic genetics
GT-AG 法则/GT-AG 法則 GT-AG rule
β-发夹/β-髮夾 beta-hairpin, β-hairpin
发夹环/髮夾環 hairpin loop
发夹结构/髮夾結構 hairpin structure
发状骨针/髮狀骨針 raphide
番茄丛矮病毒/番茄矮化病毒 tomato bushy-stunt virus
番茄红素/番茄紅素 lycopene, licopin, lycopin
番茄素/番茄素 tomatin
翻滚启动子/翻轉啟動子 flip-flop promoter
翻颈部/翻頸部 introvertere, introvert
翻译/轉譯 translation
翻译重编码/轉譯重編碼 translational recoding
翻译功能/轉譯功能 translation function
翻译合成/轉譯合成 translation synthesis
翻译后加工/轉譯後加工 post-translational processing
翻译后切割/轉譯後切割 post-translational cleavage
翻译后输入/轉譯後輸入 post-translational import
翻译后修饰/轉譯後修飾 post-translational modification
翻译后转运/轉譯後傳遞 post-translational transport
翻译机/轉譯裝置,轉譯機器 translation machinery

翻译控制/轉譯控制　translational control
翻译扩增/轉譯擴增,轉譯放大　translational amplification
翻译内含子/轉譯内含子　translational intron
翻译起始/轉譯起始　translation initiation
翻译起始密码子/轉譯起始密碼子　translation initiation codon
翻译起始因子/轉譯起始因子　translation initiation factor
翻译调节/轉譯調節　translation regulation
翻译跳步/轉譯跳步　translational hop
翻译移码/轉譯移碼　translation frameshift, translational frame shifting
翻译抑制/轉譯抑制　translational suppression
翻译因子/轉譯因子　translation factor
翻译因子修饰/轉譯因子修飾　translation factor modification
翻译域/轉譯域　translation domain
翻译增强子/轉譯強化子　translational enhancer
翻译装置/轉譯裝置,轉譯機器　translation machinery
翻译阻遏/轉譯抑制,轉譯阻遏　translation repression
翻译阻抑/轉譯抑制,轉譯阻遏　translation repression
翻正反射/翻正反射,正位反射　righting reflex
翻转/翻轉　flip-flop
翻转机制/翻轉機制　flip-flop mechanism
翻转酶/翻轉酶　flippase
翻转运动/翻轉運動　flip-flop motion
繁育系统/繁殖系統　breeding system
繁殖/繁殖,生殖　reproduction, breeding
繁殖成功率/繁殖成功率　breeding success rate
繁殖成效/生殖成效　reproductive success
繁殖存活度/生殖存活度　reproductive viability
繁殖活动/生殖活動　breeding activity
繁殖技术/繁殖技術　propagation technique
繁殖率/繁殖率,生殖率　reproduction rate, reproductive rate
繁殖器官/繁殖器官　propagative organ
繁殖潜力/生殖潛能,繁殖潛能,生殖潛力　reproductive potential
繁殖曲线/繁殖曲線,生殖曲線　reproduction curve
繁殖群/繁殖群,同族群,同群種　deme
繁殖适度/生殖適度　reproductive fitness, bonitation
繁殖体/繁殖體　propagule
繁殖系数/繁殖係數　propagation coefficient
繁殖系统/繁殖系統　breeding system
反编码链/反編碼股,反密碼股　anticoding strand
反差/反差,襯度　contrast
反常散射/異常色散　anomalous dispersion
反常性酸性尿/反常性酸性尿　paradoxical acidic urine
反常整齐花/反常整齊花　peloria, pelory
反刍类/反芻類　ruminant
反带/反帶,R 帶　reverse band, R-band
反丁烯二酸/反丁烯二酸,延胡索酸　fumaric acid
反肛侧/反肛側　abanal side
反光膜/反光膜　tapetum lucidum, argentea
反光色素层/反光色素層　tapetum
反环配对/反環配對　reverse loop pairing
反基因组/反基因組,反基因體　antigenome
反交/反交　reciprocal cross
反竞争性抑制/反競爭性抑制,非競爭性抑制　anti-competitive inhibition, uncompetitive inhibition
反竞争性抑制剂/反競爭性抑制劑　anti-competitive inhibitor
反口触手/反口觸手　aboral tentacle
反口面/反口面　abactinal surface, aboral surface
反口面骨骼/反口面骨骼　abactinal skeleton
反馈/反饋,回饋　feedback
反馈环/回饋回路,回饋環　feedback loop
反馈回路/回饋回路,回饋環　feedback loop
反馈机制/回饋機制　feedback mechanism
反馈控制/回饋控制　feedback control
反馈控制系统/回饋控制系統　feedback control system
反馈调节/回饋調節　feedback regulation, feedback adjustment
反馈抑制/回饋抑制[作用]　feedback inhibition, feedback suppression
反馈指令/回饋指令　feedback instruction
反类固酮/反類固酮　retrosterone
反密码子/反密碼子　anticodon
反密码子臂/反密碼子臂　anticodon arm
反密码子环/反密碼子環　anticodon loop
反密码子茎/反密碼子莖　anticodon stem
反面/反[式]面,成熟面　*trans*-face
反面高尔基网/反式高爾基[氏]體網　*trans*-Golgi network, TGN
反平行 β-片层/反平行 β-片層　antiparallel β-sheet
反牵张反射/反牽張反射　inverse stretch reflex, inverse myotatic reflex
反求遗传学/反向遺傳學,反轉遺傳學　reverse genetics
反求遗传学筛选/反向遺傳學篩選　reverse genetics

screening
反社群因子/反社群因子　antisocial factor
反射/反射　reflex
反射出血/反射出血　reflex bleeding
反射弧/反射弧　reflex arc
反射时/反射時間　reflex time
反射式电子显微术/反射電子顯微術　reflection electron microscopy, REM
反射性排卵/[交配]反射性排卵　reflex ovulation
反射性排尿/反射性排尿　reflex urination
反射性眼球跳动/反射性眼球跳動　reflexive saccade
反射运动/反射運動　reflex movement
反渗透/反滲透,逆滲透　reverse osmosis
反式互补/反式互補　*trans*-complementation
反式激活蛋白/異位活化因子,反式活化蛋白　*trans*-activator
反式激活因子/反式作用因子　*trans*-acting factor
反式激活域/反式活化域　*trans*-activation domain
反式激活[作用]/異位活化作用,反式活化　*trans*-activation
反式剪接/反式剪接　*trans*-splicing
RNA 反式剪接/RNA 反式剪接　RNA *trans*-splicing
反式切割/反式切割　*trans*-cleavage
反[式]三碘甲腺原氨酸/反[式]三碘甲狀腺胺酸　reverse triiodothyronine, reverse T_3, rT_3
反式调节/反式調節　*trans*-regulation
反式调节蛋白/反式調節蛋白　*trans*-regulator
反式乌头酸-2-甲基转移酶/反式烏頭酸-2-甲基轉移酶　*trans*-aconitate 2-methyltransferase
反式乌头酸-3-甲基转移酶/反式烏頭酸-3-甲基轉移酶　*trans*-aconitate 3-methyltransferase
反式显性/反式顯性　*trans*-dominant
反式相/互斥相　repulsion phase
反式异构/反式異構　*trans*-isomerism
反式异构体/反式異構體　*trans*-isomer
反式杂合子/反式異型合子　*trans*-heterozygote
反式阻遏蛋白/反式抑制子　*trans*-repressor
反式阻遏[作用]/反式阻遏,反式抑制　*trans*-repression
反式作用/反式作用　*trans*-acting
反式作用 RNA/反式作用 RNA　*trans*-acting RNA
反式作用核酶/反式作用核酶　*trans*-acting ribozyme
反式作用因子/反式作用因子　*trans*-acting factor
反受体/反受體　counter receptor
反突/反突　retral process
反向 PCR/反向 PCR,反向聚合酶鏈反應,反向聚合酶連鎖反應　inverse polymerase chain reaction, inverse PCR, iPCR
反向标识/反向標識　reverse logo
反向插入/反向插入　inverted insertion
反向重复[序列]/反向重複[序列],轉化重複,反接重複　inverted repeat, IR, reverse duplication
反向代谢工程/反向代謝工程　inverse metabolic engineering, IME
反向定型/反向定型　reverse typing
反向分子杂交/反向分子雜交　reverse hybridization
反向辐射免疫扩散/反向輻射免疫擴散　reversed radial immunodiffusion
反向过敏[反应]/反向過敏反應　reversed anaphylaxis
反向河口/反向河口,負性河口　negative estuary
反向激动剂/反向激動劑　inverse agonist
反向剪接/反向剪接　reverse splicing
反向间接凝集反应/反向間接凝集反應　reverse indirect agglutination
反向进化/反向演化　reversed evolution
反向聚合酶链反应/反向聚合酶鏈反應,反向 PCR,反向聚合酶連鎖反應　inverse polymerase chain reaction, inverse PCR, iPCR
反向扩散/逆擴散　reverse diffusion
反向免疫印迹/反向免疫印漬法　reverse immunoblotting
反向平行/反向平行　antiparallel
反向平行核苷/反向平行核苷　antiparallel nucleotide
反向生物化学/反向生物化學　reverse biochemistry
反向生物学/反向生物學　reverse biology
反向噬斑试验/反向噬[菌]斑檢定,反向蝕斑試驗　reverse plaque assay
反向调节/反向調節,逆向調節,逆轉録調節　retroregulation
反向透析/反向透析　reverse dialysis
反向信号传送/反向訊息傳導,反向訊息傳遞　reverse signaling
反向学习/反向學習　reverse learning
反向引物/逆向引子　reverse primer
反向 PCR 诱变技术/反向 PCR 誘變技術　inverse PCR mutagenesis, iPCRM
反向运输/反向運輸,反向輸運　antiport, counter transport
反向折叠法/反向折疊法　inverse fold method
反向转运/反向運輸,反向輸運　antiport, counter transport
反向转运体/反向轉運體,反向運輸蛋白　antiporter
反向自剪接/反向自剪接　reverse self-splicing
反相层析/反相層析法,逆相層析法,反相色譜法　reversed-phase chromatography, reverse phase

chromatography
反相分配层析/反相分配層析法 reversed-phase partition chromatography
反相分配色谱法/反相分配層析法 reversed-phase partition chromatography
反相高效液相层析/反相高效液相層析法 reversed-phase high-performance liquid chromatography, RP-HPLC
反相高效液相色谱法/反相高效液相層析法 reversed-phase high-performance liquid chromatography, RP-HPLC
反相胶束系统/反相膠束系統 reverse micellar system
反相离子对层析/反相離子對層析法 reversed-phase ion pair chromatography
反相离子对色谱法/反相離子對層析法 reversed-phase ion pair chromatography
反相色谱法/反相色譜法,反相層析法,逆相層析法 reversed-phase chromatography, reverse phase chromatography
反相液相层析/反相液相層析法,反相液相色譜法 reversed-phase liquid chromatography, RPLC
反相液相色谱法/反相液相色譜法,反相液相層析法 reversed-phase liquid chromatography, RPLC
反硝化细菌/脱氮[化]細菌,硝酸分解細菌 denitrifying bacteria
反硝化作用/反硝化作用,脫氮作用,去氮作用 denitrification
反效等位基因/反效等位基因,反效對偶基因 antimorph
反型异油酸/反型異油酸 vaccenic acid
反选择/反[向]選擇,反淘汰 counterselection
反义 DNA/反義 DNA,反義去氧核糖核酸 antisense DNA
反义 RNA/反義 RNA,反義核糖核酸 antisense RNA
反义寡核苷酸/反養寡核苷酸 antisense oligonucleotide
反义寡脱氧核苷酸/反義寡聚去氧核苷酸 antisense oligodeoxynucleotide
反义链/反義鏈,反義股 antisense strand
反义肽核酸/反義肽核酸 antisense peptide nucleic acid, antisense PNA
反抑制性 T 细胞/反抑制性 T 細胞 contrasuppressor T lymphocyte
反应/反應 response, reaction
C 反应蛋白/C 反應蛋白 C-reactive protein, CRP
反应规范/反應規範 reaction norm
反应时/反應時間 reaction time, RT
反应时滞/反應時滯 reaction time lag
反应素/反應素 reagin
反应速度/反應速度 reaction speed
反应性充血/反應性充血 reactive hyperemia
反应性氮中间物/活性氮介質 reactive nitrogen intermediate, RNI
反应性氧中间物/活性氧介質 reactive oxygen intermediate, ROI
反应元件/反應元件,應答元件,反應要件 response element
反应元件结合蛋白[质]/反應元件結合蛋白,應答元件結合蛋白 response element-binding protein
反应原性/反應原性 reactogenicity
反应中心/反應中心 reaction center
反应中心叶绿素/反應中心葉綠素 reaction center chlorophyll
反油酸/反油酸,反十八碳烯-9-酸,石油酸 elaidic acid
反照率/反照率 albedo
反终止/反終止,抗終止作用 antitermination
反转电场凝胶电泳/反轉電場凝膠電泳,逆變電場凝膠電泳 field inversion gel electrophoresis, FIGE
反转电位/逆轉電位 reversal potential
反转录/反轉錄,逆轉錄 reverse transcription
反转录 PCR/反轉録 PCR,反轉録聚合酶鏈反應,逆轉録 PCR reverse transcription polymerase chain reaction, reverse transcription PCR, RT-PCR
反转录病毒/反轉録病毒,逆轉録病毒 retrovirus, reverse transcription virus
反转录巢式 PCR/反轉録巢式 PCR,逆轉録巢式 PCR reverse transcription-nested PCR, RT-nested PCR
反转录假基因/反轉録僞基因,逆轉録僞基因 retropseudogene
反转录聚合酶链反应/反轉録聚合酶鏈反應,反轉録 PCR,逆轉録 PCR reverse transcription polymerase chain reaction, reverse transcription PCR, RT-PCR
反转录酶/反轉録酶,逆轉録酶 reverse transcriptase
反转录酶基因/反轉録酶基因,逆轉録酶基因 reverse transcriptase gene
反转录调节/反向調節,逆向調節,逆轉録調節 retroregulation
反转录元件/反轉録因子,逆轉録元件 retroelement
反[转录]转座子/逆轉位子,逆[轉録]轉座子 retrotransposon, retroposon
反转录转座[作用]/反轉録轉位[作用],逆轉録轉座

retrotransposition, retroposition
反转录子/反轉録子,逆跳躍子 retron
反足核/反足核 antipodal nucleus
反足胚/反足胚 antipodal embryo
反足吸器/反足吸器 antipodal haustorium
反足细胞/反足細胞 antipodal cell
返回抑制/返回性抑制,回歸抑制,再發性抑制 recurrent inhibition
返祖[现象]/返祖[現象],祖型再現 atavism
泛孢[子]母细胞/泛孢子母細胞 pansporoblast
泛北极起源/全北極起源 Holarctic origin
泛北极植物区/泛北極植物區,全北極植物區系界 Holarctic floral kingdom
泛大陆/盤古板塊,盤古大陸 Pangaea
泛顶极/泛極[鋒]相 pan-climax
泛化/泛化,一般化,全身化 generalization
泛化种/廣棲種,廣適應者 euryecious species, generalist
泛醌/泛醌 ubiquinone
泛滥平原/洪泛平原 flood plain
泛连接蛋白/泛連接蛋白 pannexin
泛南极植物区/泛南極植物區 Holantarctic floral kingdom
泛群系/泛群系 panformation
泛热带植物/泛熱帶植物 pantropical plant
泛生论/泛生理論,泛生説 theory of pangenesis
泛生说/泛生説,泛生理論 theory of pangenesis
泛生物地理学/泛生物地理學 panbiogeography
泛嗜性病毒/泛嗜性病毒 pantropic virus
泛素/泛素,泛蛋白 ubiquitin
泛素蛋白激酶/泛素蛋白激酶 ubiquitin-protein kinase
泛素-蛋白酶体系统/泛素-蛋白酶體系統 ubiquitin-proteasome system, UPS
泛素-蛋白质连接酶/泛素-蛋白質連接酶 ubiquitin-protein ligase
泛素-蛋白质缀合物/泛素-蛋白質綴合物 ubiquitin-protein conjugate
泛素化/泛素化,泛蛋白化 ubiquitination, ubiquitinoylation
泛素活化酶/泛素活化酶 ubiquitin-activating enzyme
泛素载体蛋白质/泛素載體蛋白質 ubiquitin carrier protein
泛素缀合蛋白质/泛素綴合蛋白質 ubiquitin-conjugating protein
泛素缀合酶/泛素綴合酶 ubiquitin-conjugating enzyme
泛酸/泛酸,遍多酸 pantothenic acid
泛域土/泛域土 azonal soil
泛主质粒/泛主質體 promiscuous plasmid
范德瓦耳斯力/範德瓦耳斯力,凡得瓦[爾]力 van der Waals force
范科尼全血细胞减少综合征/範科尼全血細胞減少症候群 Fanconi pancytopenia syndrome
范斯莱克仪/範斯萊克儀 van Slyke apparatus
方差/方差,變方,變異數 variance
方差分析/方差分析,變方分析,變異數分析 analysis of variance, ANOVA
方差分析模型/方差分析模式 variance analysis model
方轭骨/方軛骨,方顴骨 quadratojugal bone
CAST 方法/CAST 方法,組合活性位點飽和試驗 combinatorial active-site saturation test, CAST
方格取样/方格取樣,圖點取樣 grid sampling
方骨/方骨 quadrate bone
方鳞/方鱗 square scale
方颧骨/方顴骨,方軛骨 quadratojugal bone
方位柱/方位柱 orientation column
方向听觉/方向聽覺 directional hearing
方向选择神经元/方向選擇神經元 directionally selective neuron
方向选择性/方向選擇性 direction selectivity
方翼/方翼 square wing
芳基硫酸酯酶/芳香基硫酸酯酶 aryl sulfatase
芳基-醛氧化酶/芳基-醛氧化酶 aryl-aldehyde oxidase
芳基酯水解酶/芳基酯水解酶 arylester hydrolase
芳基贮存蛋白/載芳基蛋白,芳香基貯存蛋白 arylphorin
芳烃羟化酶/芳烴羥化酶 aryl hydrocarbon hydroxylase, AHH
芳香化酶/芳香酶 aromatase
防风林/防風林 windbreak forest
防腐/防腐 antisepsis
防腐剂/防腐劑,抗菌劑 antiseptic, preservative
防护服/防護衣 protective clothing
防护呼吸器/防護呼吸器 protective respirator
防护林/防護林 shelter forest
防护酶/保護酶,防禦酵素 protective enzyme
防火树/防火樹 fire-prevention tree
防霉/防黴,抗黴 anti-mildew, anti-mouldiness
防沙林/防沙林 sand-protecting plantation, sandbreak forest
防晒系数/防曬係數 sun protection factor, SPF
防污损/防污損 antifouling

防雪林/防雪林 snowbreak forest
防异毒素/防異毒素 allotoxin
防御/防禦,防衛 defense
防御反射/防禦反射 defense reflex
防御反应/防衛反應 defense reaction
防御适应/防禦適應 defense adaptation
防御素/防禦素,防衛肽 defensin, phylaxin
防御肽/防衛肽,防禦素 defensin, phylaxin
防御物质/防禦物質 defensive substance
防御行为/防禦行為,保護行為 defense behavior, protective behavior
防御性互利共生/防禦性互利共生 defensive mutualism
防灾林/防災林 disaster prevention forest
防治阈值/防治閾值,防治低限 action threshold, control threshold
防治阈值密度/防治閾值密度 control threshold density
房室/房室 chamber, loculus
房室瓣/房室瓣 atrioventricular valve
房室分析/隔室分析,區劃分析 compartment analysis
房室沟/房室溝 atrioventricular groove
房室管/房室管 atrioventricular canal
房室交界/房室交界處,房室結合 atrioventricular junction, AV junction
房室结/房室結 atrioventricular node, AV node
房室孔/房室孔 atrioventricular orifice
房室模型/隔室模型 compartmental model
房室束/房室束 atrioventricular bundle, AV bundle
房室延搁/房室延擱 atrioventricular delay
房水/房水,前房液,水狀液 aqueous humor
房性心律失常/房性心律失常,房性節律不齊 atrial arrhythmia
仿模标本/仿模式 heautotype
仿脑机/仿腦機 brain-based device, BBD
仿神经结构工程/仿神經結構工程 neuromorphic engineering
仿生传感器/仿生感測器 biomimetic sensor
仿生耳/仿生耳 bionic ear
仿生机器人学/仿生機器人學 biologically inspired robotics
仿生计算/仿生計算 biologically inspired computing, bio-inspired computing
仿生矿化/仿生礦化 bio-inspired mineralization
仿生学/仿生學,生物電子學 bionics, bioinspiration, biomimetics
仿生眼/仿生眼 bionic eye
仿真/仿真,模擬 simulation
纺锤骨针/紡錘骨針 fusiform
纺锤极体/紡錘極體 spindle pole body
纺锤菌素/紡錘菌素 netropsin
纺锤器/紡錘器 atractophore
纺锤剩体/紡錘剩體 mitosome
纺锤丝/紡錘絲 spindle fiber
纺锤丝着丝点/紡錘絲附著點,紡錘絲接觸點 spindle fiber attachment, fiber attachment point
纺锤体/紡錘體 spindle
纺锤体毒素/紡錘體毒素 spindle poison
纺锤体轴移动/紡錘體軸移動 tropokinesis
纺锤体自组织/紡錘體自組織 spindle self-organization
纺锤体自组装/紡錘體自組裝,紡錘體自動配裝 spindle self-assembly
纺锤体组装检查点/紡錘體組裝檢驗點 spindle assembly checkpoint
纺锤形骨针/紡錘形骨針 spindle
纺锤状原始细胞/紡錘狀原始細胞 fusiform initial
纺管/吐絲管 spigot
纺器/紡器 spinneret
放大率/放大率 magnification
放电/放電 discharge
放牧促进/啃食促進 grazing facilitation
放牧地指示生物/放牧地指標生物 grazing indicator
放牧林/放牧林 grazing forest
放牧容量/牧養量,啃養量 grazing capacity
放牧生态学/放牧生態學 grazing ecology
放牧食草动物/啃食性草食動物 grazing herbivore
放牧系统/放牧系統,啃食系統 grazing system
放能反应/放能反應 exergonic reaction
放射变应原吸附试验/放射變應原吸附試驗,放射性過敏原吸附試驗 radioallergosorbent test, RAST
放射表观遗传效应/放射表觀遺傳效應 radiation epigenetic effect
放射虫/放射蟲 radiolaria
放射虫软泥/放射蟲軟泥 radiolarian ooze
放射毒理学/放射毒理學 radiotoxicology
放射沟/放射溝 radial furrow
放射冠/放射冠,輻冠 corona radiata
放射管/輻[水]管 radial canal
放射基因治疗/放射基因治療 radiation gene therapy
放射肋/放射肋 radial rib
放射免疫测定/放射免疫測定,放射免疫分析[法],放射免疫擴散[法] radioimmunoassay, RIA
放射免疫沉淀测定/放射免疫沉澱分析法

radioimmunoprecipitation assay, RIPA
放射免疫导向手术治疗/放射免疫導向手術治療 radioimmunoguided surgery
放射免疫电泳/放射[性]免疫電泳 radioimmunoelectrophoresis
放射免疫分析/放射免疫分析[法],放射免疫測定 radioimmunoassay, RIA
放射免疫化学/放射免疫化學 radioimmunochemistry
放射免疫吸附试验/放射性免疫吸附試驗 radioimmunosorbent test, RIST
放射免疫治疗/放射[性]免疫治療 radioimmunotherapy
放射融合基因转移/放射融合基因轉移 irradiation and fusion gene transfer, IFGT
放射生态学/放射生態學,輻射生態學 radioecology
放射生物化学/放射生物化學 radiobiochemistry
放射生物剂量学/放射生物劑量學 radiation biological dosimetry
放射生物学/放射生物學,輻射生物學 radiation biology, radiobiology
放射线/放射線 radial line
放射性尘埃/放射性塵埃 radioactive dust
放射性沉降物/放射性落塵 radioactive fallout
放射性废物/放射性廢物 radioactive waste
放射性示踪物/放射性示蹤物,放射性示蹤劑 radioactive tracer
放射性示踪物测定法/放射性示蹤物測定法 radioactive tracer method
放射性受体测定/放射受體分析 radioreceptor assay
放射性受体分析/放射受體分析 radioreceptor assay
放射性碳定年/放射性碳定年,放射性碳測年 radiocarbon dating, radioactive carbon dating
放射性同位素/放射性同位素 radioactive isotope
放射性同位素扫描/放射性同位素掃描 radioisotope scanning
放射性污染/放射性污染 radioactive pollution, radio-contamination
放射遗传学/放射遺傳學,輻射遺傳學 radiation genetics
放射褶/放射褶 radiating plication
放射枝/放射枝 ray
放射治疗/放射治療,放射[線]療法 radiotherapy
放射肿瘤学/放射腫瘤學 radiation oncology
放射状胶质细胞/放射狀膠質細胞,繆勒細胞 radial neuroglia cell
放射自显影[术]/放射自顯影術 autoradiography, ARG, radioautography
放线菌/放線菌 actinomycete
放线菌素/放線菌素 actinomycin
放线菌素 D/放線菌素 D,放射菌素 D,輻射狀菌素 D actinomycin D
[放线菌]土臭味素/[放線菌]土臭味素 geosmin
放线酮/放射菌酮,放線菌酮 actidione
放线壮观素/放線壯觀素 actinospectacin
放氧/放氧 oxygen evolving
放氧复合物/氧釋放複合體 oxygen-evolving complex, OEC
放置反射/置位反射 placing reflex
飞航/飛航 ballooning
飞灰/飛灰 fly ash
飞行错觉/飛行錯覺 illusion in flight
飞行后立位不耐/飛行後立位不耐 postflight orthostatic intolerance
飞行肌/飛翔肌 flight muscle
飞行时间质量分析器/飛行時間質量分析器 time-of-flight mass analyzer
飞羽/飛羽 flight feather, remex
非靶标生物/非標的生物 non-target organism
非靶标效应/非靶標效應 non-target effect
非包含体病毒/非包涵體病毒,非包埋性病毒 noninclusion virus, nonoccluded virus, NOV
非保守突变/非保守性突變 nonconservative mutation
非保守性替代/非保守性取代 nonconservative substitution
非必需氨基酸/非必需氨基酸 non-essential amino acid
非必需元素/非必需元素 non-essential element
非必需脂肪酸/非必需脂肪酸 non-essential fatty acid
非编码 RNA/非編碼 RNA non-coding RNA, ncRNA
非编码功能序列/非編碼功能序列 non-coding functional sequence
非编码链/非編碼股 non-coding strand
非编码 DNA 链/非密碼 DNA 股 non-coding DNA strand
非编码区/非編碼區 non-coding region, NCR
非编码调控 RNA/非編碼調控 RNA non-coding regulatory RNA
非编码调控区/非編碼調控區 non-coding regulatory region
非编码小 RNA/非編碼小 RNA small non-messenger RNA, snmRNA
非编码序列/非編碼序列 non-coding sequence

非变性聚丙烯酰胺凝胶电泳/非變性聚丙烯醯胺凝膠電泳 nondenaturing polyacrylamide gel electrophoresis, native polyacrylamide gel electrophoresis
非变性凝胶电泳/非變性凝膠電泳 nondenaturing gel electrophoresis, native gel electrophoresis
非病毒超家族/非病毒超家族 nonviral superfamily
非病毒载体/非病毒載體 nonviral vector
非颤抖性产热/非顫抖性産熱 nonshivering thermogenesis, NST
非常规重组/異常重組 illegitimate recombination
非常规转录/異常轉録 illegitimate transcription
非陈述性记忆/非陳述性記憶 nondeclarative memory
非重叠三联体/非重疊三聯體 nonoverlapping triplet
非重复 DNA/非重複 DNA nonrepetitive DNA
非重复序列/非重複序列 nonrepetitive sequence
非纯培养/非純培養 xenic cultivation
非达尔文进化/非達爾文演化 non-Darwinian evolution
非单着丝粒染色体/非單著絲點染色體 aneucentric chromosome
非蛋白[质]氮/非蛋白氮 non-protein nitrogen
非蛋白[质]呼吸商/非蛋白[質]呼吸商 non-protein respiratory quotient, NPRQ
非等位基因/非等位基因,非對偶基因 non-allele
非等位基因间相互作用/非等位基因間交互作用 non-allelic interaction
非递归神经网络/非遞歸神經網絡 non-recurrent neural network
非典型分裂/非典型分裂 atypical division
非点源污染/非點源污染 nonpoint source pollution
非电离辐射/非游離性輻射 nonionizing radiation
非定常流/不穩定流 unsteady flow
非定向突触/非定向突觸 nondirected synapse
非动型翅形体/固定型翅形體 immovable pteromopha
非冻结性冻伤/非凍結性凍傷 non-freezing frostbite
非端着丝粒染色体/非末端著絲點染色體,非末端中節染色體 atelocentric chromosome
非对称[性]突触/非對稱[性]突觸 asymmetrical synapse
非对映[异构]体/非對映[立體]異構體 diastereomer
非翻译区/非轉譯區 untranslated region, non-translated region, UTR
3′-非翻译区/3′-非轉譯區 3′-untranslated region, 3′-UTR
5′-非翻译区/5′-非轉譯區 5′-untranslated region, 5′-UTR
非翻译序列/非轉譯序列 non-translated sequence
非放射性标记/非放射性標記 nonradiometric labeling, nonradioactive labeling
非放射性[基因]探针/非放射性探針 nonradioactive probe
非肥胖型糖尿病/非肥胖型糖尿病 nonobese diabetes, NOD
非分泌者/非分泌者 non-secretor
非复制型转座/非複製型轉位 nonreplicative transposition
非共生固氮生物/非共生固氮生物 asymbiotic nitrogen fixer
非共生固氮作用/非共生固氮作用 asymbiotic nitrogen fixation
非光化学猝灭/非光化學猝滅 non-photochemical quenching, NPQ
非核糖体肽合成酶/非核糖體肽合成酶 nonribosomal peptide synthetase, NRPS
非呼吸功能/非呼吸功能 nonrespiratory function
非互易重组/非相互重組 nonreciprocal recombination
非化学限定培养基/非化學界定培養基 chemically undefined medium
非还原性聚丙烯酰胺凝胶电泳/非還原性聚丙烯醯胺凝膠電泳 nonreductive polyacrylamide gel electrophoresis
非挥发性酸/非揮發性酸 involatile acid, non-volatile acid
非回归亲本/非回歸親本,非輪回親本 non-recurrent parent
非混交雌体/非混交雌體 amictic female
非基因组效应/非基因體效應,非基因體作用 nongenomic effect
非加性效应/非加成性效應 non-additive effect
非加性遗传方差/非加成性遺傳變方,非累加性遺傳變方 non-additive genetic variance
非减数分裂/不減數分裂 ameiosis
非减数孤雌生殖/非減數孤雌生殖 apomictic parthenogenesis, ameiotic parthenogenesis
非减压潜水/不減壓潛水 no-decompression diving, non-decompression diving
非降解性/非降解性 nondegradation
非接合子/非接合子,單性合子 azygote
非结构蛋白/非結構蛋白 nonstructural protein
非姐妹染色单体/非姐妹染色分體,非姊妹染色分體 non-sister chromatid

非经典 MHC Ⅰ类基因/非典型 MHC Ⅰ 基因 non-classical MHC class Ⅰ gene
非晶态核形态/非晶態核形態 amorphous nuclear morphology
非竞争性抑制/非競爭性抑制，無競爭性抑制 noncompetitive inhibition
非竞争性抑制剂/非競爭性抑制劑 noncompetitive inhibitor
非快速眼动睡眠/非快速眼動睡眠 nonrapid eye movement sleep, NREM sleep
非离子去污剂/非離子去污劑 nonionic detergent
非联合型学习/非聯結學習 nonassociative learning
非轮回亲本/非輪回親本，非回歸親本 non-recurrent parent
非轮生花/非輪生花 acyclic flower
非门控通道/常開通道 non-gated channel
非孟德尔比率/非孟德爾比率 non-Mendelian ratio
非孟德尔式遗传/非孟德爾式遺傳 non-Mendelian inheritance
非密度制约/非密度依變，非密度依存 density independence
非密度制约控制/密度無關控制 density-independent control
非密度制约因子/非密度制約因子，密度無關因子 density-independent factor
非模板链/非模板鏈，非模板股 nontemplate strand
非内共生学说/非内共生假説 nonendosymbiotic hypothesis
非牛顿流体/非牛頓流體 non-Newtonian fluid
非平衡模型/不平衡模型 non-equilibrium model
非平衡说/非平衡理論 non-equilibrium theory
非平衡态热力学/非平衡[態]熱力學 non-equilibrium thermodynamics
非亲代双型四分子/非親型二型四分子 non-parental ditype tetrad
非亲二型/非親型二型 non-parental ditype, NPD
非亲双型/非親型二型 non-parental ditype, NPD
非染色原生质/非染色原生質 achromatoplasm
非染色质/非染色質 achromatin
非染色质纺锤体/非染色質紡錘體 achromatic spindle
非染色质丝/非染色質絲 achromatic fiber
非染色质像/非染色質像 achromatic figure
非热效应/非熱效應 non-thermal effect
非生热效应/非生熱效應 non-calorigenic effect
非生物成分/非生物成分 abiotic component
非生物悬浮物/非生物懸浮物，非生物漂浮物，非生物浮塊 abioseston, tripton
非生物因子/非生物因子，非生物因素 abiotic factor
非手术移植/非手術移植 non-surgical transplantation
非受纳细胞/非容許細胞，非許可細胞，非允許細胞 non-permissive cell
非受体酪氨酸激酶/非受體[型]酪氨酸激酶 non-receptor tyrosine kinase, NRTK
非双层脂/非雙層脂 nonbilayer lipid
非水反应介质/非水反應介質 nonaqueous reaction medium
非水酶学/非水酶學 nonaqueous enzymology
非水相亲和毛细管电泳/非水相親和毛細管電泳 nonaqueous affinity capillary electrophoresis, NACE
非顺序四分子/無順序四分子 unordered tetrad
非随机效应/非機率性效應 nonstochastic effect
非损伤性取样/非侵入式取樣 non-invasive sampling
非肽能伤害性感受器/非肽能傷害性感受器 non-peptidergic nociceptor
非弹性散射/非彈性散射 inelastic scattering
非弹性阻力/非彈性阻力 inelastic resistance
非特异投射核/非特異投射核 non-specific projection nucleus
非特异投射系统/非特異投射系統 unspecific projection system
非特异性单加氧酶/非特異性單加氧酶 unspecific monooxygenase
非特异性感觉接替核/非特異性感覺接轉核，非特異感覺中繼核 non-specific sensory relay nucleus
非特异性免疫/非特異性免疫，非專一性免疫 non-specific immunity
非特异性吸附/非專一性吸附 non-specific adsorption
非特异性阳离子通道/非特異陽離子通道 non-specific cation channel
非特异性抑制/非專一性抑制 non-specific inhibition
非特异性抑制剂/非專一性抑制劑 non-specific inhibitor
非条件刺激/非制約刺激 unconditioned stimulus
非条件反射/非制約反應，無條件反射 unconditioned response, unconditioned reflex
非条件性突变/非條件性突變 nonconditional mutation
非贴壁依赖性生长/不依賴固著生長 anchorage-independent growth
非贴壁依赖性细胞/不依賴貼附細胞 anchorage-independent cell
非同位素标记/非同位素標記 non-isotope labling
非同义突变/非同義突變 nonsynonymous mutation

非同源共同衍征/非同源共衍徵,異源性同裔徵 pseudoapomorphy, nonhomologous synapomorphy
非同源染色体/非同源染色體 nonhomologous chromosome
非同源性末端接合 /非同源性末端接合 nonhomologous end-joining
非突触性化学传递/非突觸性化學傳遞 non-synaptic chemical transmission
非蜕膜胎盘/非蜕膜胎盤 nondeciduous placenta
非网格蛋白介导的胞吞作用/非網格蛋白介導的胞吞作用 non-clathrin-mediated endocytosis
非沃森-克里克碱基对/非華生-克里克鹼基對 non-Watson-Crick base pairing
非 T 细胞依赖性抗原/非胸腺依賴性抗原,T 非依賴型抗原 thymus-independent antigen, T-independent antigen, TI-Ag
非细胞植物/無細胞構造植物 acellular plant
非细胞自主性/非細胞自主性 non-cell-autonomous
非线性光学显微成像/非線性光學顯微成像 nonlinear optical microscopic imaging
非线性弹性/非線性彈性 nonlinear elasticity
非线性系统/非線性系統 nonlinear system
非相互作用的放牧系统/無相互作用的放牧系統 non-interactive grazing system
非消除性免疫/非消除性免疫 non-sterilizing immunity
非协调的异种移植/不協調性異種移植 discordant xenotransplantation
非协调性/不協調性 discordant
非胸腺依赖区/非胸腺依賴區 thymus-independent area
非胸腺依赖性抗体应答/非胸腺依賴性抗體反應 thymus-independent antibody response
非胸腺依赖性抗原/非胸腺依賴性抗原,T 非依賴型抗原 thymus-independent antigen, T-independent antigen, TI-Ag
非选型交配/非選型交配,選徵交配,異型交配 disassortative mating
非选型阳离子通道/非選型陽離子通道 nonselective cation channel, NCC
非选择性标记/非選擇性標記,無選擇性標記 unselected marker
非循环光合磷酸化/非循環[式]光合磷酸化,非迴圈式光合磷酸化 noncyclic photophosphorylation
非循环式电子传递/非循環[式]電子傳遞,非迴圈式電子傳遞 noncyclic electron transport
非循环式电子传递途径/非循環[式]電子傳遞途徑 noncyclic electron transport pathway
非依赖性分化/非依賴性分化,獨立分化,自主分化 independent differentiation
非意外抗体/非意外抗體 non-accidental antibody
非预期效应/非預期效果,非意圖效果 unintended effect
非允许条件/非容許狀態,非許可條件 non-permissive condition
非允许细胞/非允許細胞,非許可細胞,非容許細胞 non-permissive cell
非运动性浮游生物/非運動性浮游生物 akineton
非再生资源/非再生[性]資源,不可更新資源 nonrenewable resources
非造礁珊瑚/非造礁珊瑚 ahermatypic coral, nonhermatypic coral, non-reef-building coral
非战栗产热/非顫抖性產熱 non-shivering thermogenesis, NST
非整倍体/非整倍體 aneuploid, dysploid
非整倍体细胞系/非整倍體細胞系 aneuploid cell line
非整倍性/非整倍性 aneuploidy
非整单倍体/非整倍單倍體 aneuhaploid
非指导损害/非指導損傷 noninstructional lesion
非酯化脂肪酸/非酯化脂肪酸 non-esterified fatty acid, NEFA
非周期性/非週期性 aperiodicity
非洲界/非洲界,非洲區 Afrotropical realm
非洲绿猴肾细胞/非洲綠猴腎細胞 african green monkey kidney cell
非专职性抗原提呈细胞/非專職性抗原呈現細胞 non-professional antigen presenting cell
非转录间隔区/非轉録間隔區 non-transcribed spacer, NTS
非自动处理通路/非自動處理通路 nonautomatic pathway
非自主表型/非自主表型 allophone
非自主分化/依賴性分化,隨應分化,被動分化 dependent differentiation
非自主基因/非自主基因 nonautonomous allele
非自主元件/非自主元件 nonautonomous element
非组蛋白/非組蛋白型蛋白質,非組織蛋白 nonhistone protein, NHP
非组蛋白型蛋白质/非組蛋白型蛋白質,非組織蛋白 nonhistone protein, NHP
非组织特异性抗原/非組織特異性抗原 non-tissue specific antigen
非茨休-南云模型/非茨休-南雲模型 Fitzhugh-Nagumo model
非克第一扩散定律/非克[氏]第一擴散定律 Fick

first law of diffusion
菲克原理/菲克[氏]原理 Fick principle
δ-啡肽/δ-啡肽 deltorphin
鲱精肽/鯡精肽 clupein
肥达凝集试验/肥達[氏]凝集試驗 Widal agglutination test
肥达试验/肥達[氏]試驗 Widal test
肥大细胞/肥大細胞 mast cell
肥大细胞活化相关趋化因子/肥大細胞活化相關趨化因子 mast cell activation-related chemokine
肥大细胞生长因子/肥大細胞生長因子 mast cell growth factor
肥大细胞脱颗粒/肥大細胞脱顆粒作用 mast cell degranulation
肥胖[症]/肥胖[症] obesity, adipositas
肥沃草甸/肥沃草甸 fertile meadow
腓肠/腓腸 calf
腓肠肌/腓腸肌 gastrocnemius muscle
腓骨/腓骨 fibula
腓骨肌/腓骨肌 peroneus muscle
蜚蠊[肌]激肽/蜚蠊肌激肽,白血球激肽 leucokinin
蜚蠊焦激肽/蜚蠊焦激肽,白血球焦激肽 leucopyrokinin, LPK
蜚蠊硫激肽/蜚蠊硫激肽,白血球硫激肽 leucosulfakinin
肺/肺 lung
肺不张/肺不張,肺膨脹不全 atelectasis
肺出血-肾炎综合征/肺出血-腎炎症候群 Goodpasture syndrome
肺磁[图]描记术/肺磁描記術 magnetopneumography
肺代谢功能/肺代謝功能 pulmonary metabolic function
肺动静脉畸形/肺動靜脈畸形 pulmonary artery venous malformation, PAVM
肺动脉/肺動脈 pulmonary artery
肺动脉干/肺動脈幹 pulmonary trunk
肺动脉高压/肺性高血壓,肺循環血壓過高 pulmonary hypertension
肺动脉弓/肺動脈弓,肺動脈弧 pulmonary arch
肺动脉平滑肌细胞/肺動脈平滑肌細胞 pulmonary artery smooth cell, PASMC
肺动态顺应性/肺動態順應性 dynamic lung compliance
肺J感受器/肺毛細血管旁感受器 juxtapulmonary capillary receptor, pulmonary J receptor
肺换气/肺换氣 pulmonary gas exchange
肺活化调节趋化因子/肺活化調節趨化因子 pulmonary activation-regulated chemokine
肺活量/肺活量 vital capacity, VC
肺静脉/肺靜脈 pulmonary vein
肺扩张反射/肺擴張反射 pulmonary inflation reflex
肺量计/肺量計,呼吸量計 spirometer
肺量图/肺量圖,呼吸描記圖 spirogram
肺毛细血管旁感受器/肺毛細血管旁感受器 juxtapulmonary capillary receptor, pulmonary J receptor
肺毛细血管楔压/肺毛細血管楔壓 pulmonary capillary wedge pressure
肺门/肺門 hilum of lung
肺内压/肺内壓 intrapulmonary pressure
肺[泡]表面活性物质/肺[泡]表面活性物質 pulmonary surfactant, lung surfactant, alveolar surfactant
肺泡动脉血氧梯度/肺泡動脈血氧梯度 alveolar arterial oxygen gradient
肺泡隔/肺泡隔 interalveolar septum
肺泡巨噬细胞/肺泡巨噬細胞 alveolar macrophage
肺泡孔/肺泡孔 alveolar pore
肺泡囊/肺泡囊 alveolar sac
肺泡气/肺泡氣 alveolar gas
肺泡气方程/肺泡氣方程式 alveolar air equation
肺泡气体交换/肺泡氣體交换 alveolar gas exchange
肺泡通气/肺泡换氣 alveolar ventilation
肺泡无效腔/肺泡無效腔,肺泡死腔 alveolar dead space
肺泡相互依存/肺泡相互依存 alveolar interdependence
肺皮动脉/肺皮動脈 pulmo-cutaneous artery
肺气肿/肺氣腫 emphysema
肺牵张反射/肺牽張反射 pulmonary stretch reflex
肺牵张感受器/肺牽張感受器 pulmonary stretch receptor
肺容积/肺容積 lung volume
肺容量/肺容量 lung capacity
肺嗜酸性粒细胞增多症/肺嗜酸性白血球增多症,肺性嗜伊紅性白血球增多症 pulmonary eosinophilia
肺顺应性/肺順應性,肺應變性 lung compliance, pulmonary compliance
肺弹性回缩力/肺彈性回縮力 pulmonary elastic recoil
肺通气量/肺通氣量 pulmonary ventilation volume
肺萎陷反射/肺萎陷反射 pulmonary deflation reflex
肺小叶/肺小葉 pulmonary lobule
肺循环/肺循環 pulmonary circulation
肺炎链球菌溶血素/肺炎鏈球菌溶血素

pneumolysin
肺炎链球菌疫苗/肺炎鏈球菌疫苗 *Streptococcus pneumoniae* vaccine
肺炎球菌毒素/肺炎[鏈]球菌毒素 pneumotoxin
肺炎球菌多糖/肺炎[雙]球菌多糖 pneumococcal polysaccharide
肺炎球菌多糖疫苗/肺炎球菌多糖疫苗 pneumococcal polysaccharide vaccine
肺总量/肺總量 total lung capacity, TLC
废弃名/廢棄名,否定名 rejected name
废水/廢水 wastewater
废物 DNA/次品 DNA,垃圾 DNA junk DNA
废物处理/廢棄物處理 waste treatment
废物再循环/廢棄物再循環 waste recycling
废止学名/廢棄名,否定名 rejected name
费城染色体/費城染色體 Philadelphia chromosome, Ph chromosome
费尔德群落/韋爾德草原 veld, veldt
费林反应/費林反應 Fehling reaction
费林溶液/費林溶液 Fehling solution
费希尔对数级数/費雪對數級數 Fisher logarithm series
费歇尔投影式/費歇爾投影式 Fischer projection
分辨率/分辨率,解析度,清晰度 resolution, resolving power
分辨率环/解析度環 resolution ring
分辨率极限/鑒别極限 resolution limit
分辨率壳层/解析度殼層 resolution shell
分辨率球/解析度球 resolution sphere
分辨限度/解析度極限,鑒别限度 limit of resolution
分布/分布,分散 dispersion
DNA 分布/DNA 分布 DNA profiling
分布边缘区/分布周緣地域,分布邊緣地域 distribution, fringe area
分布参数系统/分布參數系統 distributed parameter system
分布范围/分布範圍 distribution range
分布格局/分布型,分布樣式 distribution pattern
分布函数/分布函數 distribution function
分布区/分布區域 distribution area
分布式并行处理/分布式並行處理 distributed parallel processing
分布型/分布型,分布樣式 distribution pattern
分布学/分布學 chorology
分布障碍/分布屏障 distributional barrier
分布中心/分布中心 distribution center
分步灭菌/分步滅菌,間歇滅菌,間歇殺菌 fractional sterilization, discontinuous sterilization
分部培养/分部培養 fractional cultivation
分部收集器/分液收集器 fraction collector
分部[研究]法/分部研究法 merological approach
分层/分層 delamination
分层抽样/分層抽樣,分層取樣 stratified sampling
分层取样/分層取樣,分層抽樣 stratified sampling
分层随机取样/分層隨機抽樣,分層逢機取樣 stratified random sampling
分层现象/分層現象,層化作用 stratification
分叉/分叉,分歧 bifurcation
分叉毛/分叉毛 furcate hair
分叉信号转导途径/分叉傳訊路徑,分叉訊息傳導路徑,分叉訊號傳遞路徑 bifurcating signal transduction pathway
分岔/分歧 bifurcation
分带/分帶,分區 zoning
分段式液体发酵/分段式液體發酵 segmented liquid fermentation
分对数变换/分數對數轉換 logit transformation
分房器/分房器 chambered organ
分蜂/分蜂,分封 swarming
分缝型/分縫型 dichoid
分割/分割,分裂 segmentation
分隔管胞/分隔管胞 septate tracheid
分隔假说/分室假説 compartmental hypothesis
分隔连接/分隔連接 septate junction
分隔膜/分隔膜 demarcation membrane
分隔育种/隔離育種 breeding by separation
分工/分工 division of labor
分光光度计/分光光度計 spectrophotometer
分光光度术/分光光度測定法 spectrophotometry
分果/分[生]果,離果 schizocarp
分果瓣/分果瓣,裂果片 mericarp
分横脉/徑分横脈 sectorial crossvein
分化/分化[作用],特化 differentiation
分化多形/分化多形 differentiative polymorphism
分化抗原/分化抗原 differentiation antigen
分化群/分化群 cluster of differentiation, CD
分化群抗原/分化群抗原,CD 抗原 cluster of differentiation antigen, CD antigen
分化时间/分化時間 divergence time, evolutionary time
分化式物种形成/分化式物種形成,分化式種化 differentiated speciation
分化系数/分化係數 coefficient of differentiation
分化因子/分化因子 differentiation factor
分化中心/分化中心 differentiation center
分级沉淀/分[段]沉澱 fractional precipitation

分级电位/階梯性電位 graded potential
分级反应/分級反應 graded response
分级[分离]/分級[分離] fractionation
分级式梯度/分級式梯度 stepwise gradient
分级信号/分級訊號 graded signal
分级运动试验/分級運動試驗 graded exercise test, GXT
分脊/分脊 costula
分拣/分揀,分選 sorting
分拣信号/揀選訊號,派送訊息,分類訊號 sorting signal
分角法/分角法 angle method
分节/分節[現象],環節形成 metamerism, segmentation
分节基因/分節基因 segmentation gene
分节基因组/分節基因組,分節基因體 segmented genome
分解代谢/分解代謝,降解代謝,異化代謝 catabolism
分解代谢物/分解代謝[產]物,降解物 catabolite
分解代谢物激活蛋白[质]/分解代謝物基因活化蛋白,cAMP 受體蛋白 catabolite activator protein
分解代谢物控制蛋白/分解代謝物控制蛋白 catabolite control protein, CCP
分解代谢物阻遏/分解代謝物阻遏,降解物阻遏 catabolite repression
分解代谢物阻遏蛋白/分解代謝物阻遏蛋白 catabolite repression protein, CRP
分解速率/分解速率 decomposition rate
分解者/分解者 decomposer
分解[作用]/分解[作用] decomposition
分类/分類 classification
分类单位/分類單位,分類單元,分類群 taxon
分类单元/分類單元,分類單位,分類群 taxon
分类等级/分類等級 taxonomic rank
[分类]纲要/綱要 synopsis
分类阶元/分類階元,分類層級 category
分类名录/名録 checklist
分类群/分類群,分類單元,分類單位 taxon
分类性状/分類特徵 taxonomic character
分类学/分類學 taxonomy
α-分类学/α-分類學,形態分類學 alpha taxonomy
β-分类学/β-分類學,比較分類學 beta taxonomy
γ-分类学/γ-分類學,系統分類學 gamma taxonomy
分类学异名/分類學異名 taxonomical synonym
分离/分離,隔離 segregation, separation, isolation
分离比率/分離比率 segregation ratio
分离比偏离/分離比變相 segregation ratio distortion
分离变相/分離變相 segregation distortion, SD
分离纯化/分離純化 separation and purification
分离蛋白/分離蛋白 separin
分离定律/分離律 law of segregation
分离负荷/分離負荷 segregational load
分离胶/分離膠 separation gel, resolving gel
分离酶/分離酶 separase
分离酶抑制蛋白/分離酶抑制蛋白 securin
分离培养基/分離培養基 isolation medium
分离染色体/分離染色體 isolated chromosome
分离细胞/分離細胞 disjunctor cell
分离指数/分離指數 segregation index
分离滞后/分離遲滯 segregation lag
分裂纺锤体/裂開紡錘體 split spindle
分裂过程/分裂過程 fission process
分裂后畸变/裂後畸變,[染色體]裂開後變異 postsplit aberration
分裂间期核/間期核 energic nucleus
分裂耐受[性]/分裂耐受性 split tolerance
分裂脑/分腦,裂腦 split brain
分裂前体/分裂前體 tomont
分裂体/分裂體 segmenta, meront
分裂选择/分裂選擇,分裂[型]天擇 disruptive selection
分流抑制/分流抑制 shunting inhibition
分泌/分泌 secretion
分泌成分/分泌成分 secretory component
分泌蛋白质/分泌蛋白 secretory protein
分泌道/分泌道 secretory canal
分泌管/分泌管 secretory duct
分泌粒蛋白/分泌粒蛋白 secretogranin
分泌毛/分泌毛 secretory hair
分泌酶/分泌酶 secretase
分泌期/分泌期 secretory phase
分泌腔/分泌腔 secretory cavity
分泌绒毡层/分泌絨氈層 secretory tapetum
分泌神经元/分泌神經元 secretory neuron
分泌[肽]片/分泌片,分泌[肽]段 secretory piece
分泌途径/分泌途徑,分泌路徑 secretory pathway
分泌细胞/分泌細胞 secretory cell
分泌小泡/分泌泡 secretory vesicle
分泌型磷脂酶 A_2/分泌型磷脂酶 A_2 secretory phospholipase A_2, $sPLA_2$
分泌型免疫球蛋白 A/分泌型免疫球蛋白 A secretory immunoglobulin A, secretory IgA
分泌型受体/分泌型受體 secreted receptor
分泌型载体/分泌型載體 excretion vector
分泌性神经鞘磷脂酶/分泌性神經鞘磷脂酶

secretory sphingomyelinase, s-SMase
分泌自噬/分泌自噬 crinophagy
分泌组织/分泌組織 secretory tissue
分娩/分娩,生產 parturition, delivery
分娩季/分娩季 delivery season
分模式标本/新生模式標本 merotype
分蘖/分蘖[作用],分枝作用 tillering, tiller
分蘖节/分蘖節 tillering node
分蘖力/分蘖力 tillering capacity
分蘖期/分蘖期 tillering stage
分蘖盛期/分蘖盛期 active tillering stage
分蘖芽/分蘖芽 tiller bud
分蘖原基/分蘖原基 tiller primordium
分配/分配 partitioning
分配层析/分配層析法 partition chromatography
分配配对/分布配對 distributive pairing
分配系数/分配係數 partitional coefficient
分配性注意力/分配性注意力 divided attention
分配原则/分配原則 principle of allocation
分批补料发酵/分批補料發酵 fed-batch fermentation
分批发酵/分批發酵 batch fermentation
分批培养/分批培養,批式培養,批次培養 batch culture, batch cultivation
分歧/分歧 diverging
分歧性选择/分歧性選擇 diversifying selection
分歧性状/分歧性狀 divergent character
分歧轴/分歧軸 axillary
分群/分群 colony fission
分散/分散 divergence
分散度指数/分散度指數 index of dispersion
分散核/分散核 distributed nucleus
分散酶/分散酶,中性蛋白酶 dispase
分散[型]高尔基体/分散型高爾基[氏]體,網狀體,高爾基體 dictyosome
分筛顶系/分篩頂系 ethmolytic apical system
分生孢子/分生孢子 conidiospore, conidium
分生孢子梗/分生孢子梗,分生擔子梗 conidiophore
分生孢子果/分生孢子果 conidioma, conidiocarp
分生孢子盘/分生孢子盤,分生孢子堆,分生孢子層 acervulus
分生孢子器/分生孢子器,粉孢子器,分生孢子殼 pycnidium
分生孢子器梗/分生孢子器梗,粉孢子梗 pycnidiophore
分生孢子体/分生孢子果 conidioma, conidiocarp
分生孢子座/分生孢子座,分生孢子褥 sporodochium
分生组织/分生組織 meristem, meristematic tissue, generative tissue
分生组织活动/分生[組織]活動 meristematic activity
分生组织培养/分生組織培養 meristem culture
分生组织区/分生區域 meristematic region
分生组织细胞/分生[組織]細胞 meristematic cell
分室化[作用]/分室化,分室作用,單位元化 compartmentalization, compartmentation
分室模型/分室模型,單位元模型 compartment model
分室系统方法/分室系統方法,單位系統方法 compartmental system approach
分水岭/分水嶺 divide
分摊竞争/分攤競爭 cramble competition
分体产果式生殖/分體產果式生殖 eucarpic reproduction
分体造果/分體產果式生殖 eucarpic reproduction
分体中柱/分體中柱,分生中柱,分裂中柱 meristele
分突/分突 discidium
分析超离心/分析超離心 analytical ultracentrifugation
分析电泳/分析電泳 analytical electrophoresis
分析电子显微镜/分析電子顯微鏡 analytic electron microscope
分析细胞学/分析細胞學 analytical cytology
DNA 分析遗传学/DNA 分析遺傳學 genetics by DNA analysis
分相/相分離 phase separation
分形/分形,碎形,殘形 fractal
分形聚集成核/分形聚集成核 fractal aggregation nucleation
分形趋化因子/分形趨化因子 fractalkine
分形维数/分形維度,碎形維度 fractal dimension
分型/分型 typing
DNA 分型/DNA 分型 DNA typing
HLA 分型/HLA 分型 HLA typing
分选/分選,分揀 sorting
分选内吞体/分選內吞體 sorting endosome
分支/進化支,支序群,分支[群] clade
分支 DNA/分支 DNA branched DNA
分支 RNA/分支 RNA branched RNA
分支单元/分支單元 cladon
分支点/分支點 node, branch point
RNA 分支点/RNA 分支點 RNA branch point
分支发生/分支發生,支系發生,分枝演化 cladogenesis
分支进化/分支發生,支系發生,分枝演化

cladogenesis
分支理论/分支理論 cladism
分支酶/分支酶 branching enzyme
分支排列/分支排列 cladistic ranking
分支迁移/分支遷移 branch migration
分支酸/分支酸 chorismic acid
分支图/[進化]分支圖,支序圖 cladogram
分支位点/分支位點 branching site
分支系统学/支序[分類]學 cladistics, cladistic systematics
分枝菌酸/分枝菌酸 mycolic acid
分枝毛/分枝毛 branched hair
分枝式/分枝式 ramification
分枝纹孔/分枝紋孔 ramiform pit
分枝栅栏薄壁组织/有腕柵狀薄壁組織 arm palisade parenchyma
分枝栅栏细胞/有腕柵狀細胞 arm palisade cell
分株/分株 ramet
分子/分子 molecule
分子靶标/分子標的物 molecular target
分子伴侣/分子伴護蛋白,分子保護子,保護者蛋白 chaperone, molecular chaperone
分子伴侣辅助复性/分子伴侣輔助復性 molecular chaperone-assisted refolding
分子伴侣介导自噬/分子伴侣介導自噬 chaperone-mediated autophagy, CMA
分子伴侣性蛋白质/保護子類蛋白質 chaperone protein
分子标记/分子標記,分子標誌 molecular marker
分子标志/分子標誌,分子標記 molecular marker
分子表征/分子表徵 molecular descriptor
分子病/分子[疾]病 molecular disease
分子层/分子層 molecular layer
分子沉积/分子沉積 molecular deposition
分子导标/分子信標 molecular beacon
分子定年/分子定年 molecular dating
分子定向进化/分子定向演化 directed molecular evolution
分子动力学/分子動力學 molecular dynamics
分子动力学模拟/分子動力學模擬 molecular dynamic simulation
分子对接/分子對接,分子嵌合 molecular docking
分子肺/分子肺 molecular lung
分子分类学/分子分類學 molecular taxonomy
分子分型/分子分型 molecular typing
分子构象/分子構象,分子構形 molecular conformation
分子轨道法/分子軌域法 molecular orbital method
分子记忆效应/分子記憶效應 molecular memory effect
分子建模/分子模擬 molecular modeling
分子进化/分子進化,分子演化 molecular evolution
分子进化工程/分子演化工程 molecular evolutionary engineering
分子进化遗传分析工具/分子演化遺傳分析工具 molecular evolutionary genetics analysis, MEGA
分子进化中性学说/分子演化中性學説 neutral theory of molecular evolution
分子静电势/分子静電位 molecular electrostatic potential
分子开关/分子開關 molecular switch
分子开关假说/分子開關假説 molecular switch hypothesis
分子克隆[化]/分子選殖,分子克隆,分子群殖 molecular cloning
分子力谱术/分子力譜術 molecular force spectroscopy
分子量标志/分子量標誌 molecular weight marker
分子量标准/分子量標準 molecular weight standard
分子量梯状标志/分子量梯狀標誌 molecular weight ladder marker
分子马达/分子馬達 molecular motor
分子免疫学/分子免疫學 molecular immunology
分子模拟/分子模擬,分子類比 molecular mimicry
分子模拟假说/分子模擬假説 molecular mimicry hypothesis
分子模型/分子模型 molecular model
分子排列/分子排列 molecular arrangement
分子排阻层析/分子排阻層析法,分子排阻色譜法 molecular-exclusion chromatography
分子排阻色谱法/分子排阻色譜法,分子排阻層析法 molecular-exclusion chromatography
分子胚胎学/分子胚胎學 molecular embryology
分子亲缘矩阵/分子親緣矩陣 numerator relationship matrix
分子取向/分子取向,分子定向 molecular orientation
分子热力学/分子熱力學 molecular thermodynamics
分子筛/分子篩 molecular sieve
分子筛层析/分子篩層析法 molecular sieve chromatography
分子筛过滤/分子篩過濾 molecular sieve filtration
分子生物力学/分子生物力學 molecular biomechanics
分子生物物理学/分子生物物理學 molecular biophysics

分子生物学/分子生物學 molecular biology
分子识别/分子識别,分子辨識 molecular recognition
分子探针/分子探針 molecular probe
分子特征/分子特徵 molecular characteristics
分子图形学/分子圖形學 molecular graphics
分子微生物生态学/分子微生物生態學 molecular microbial ecology
分子系统发生学/分子系統發生學 molecular phylogenetics
分子系统学/分子系統[分類]學 molecular systematics
分子细胞生物学/分子細胞生物學 molecular cell biology
分子细胞学/分子細胞學 molecular cytology
分子细胞遗传学/分子細胞遺傳學 molecular cytogenetics
分子修饰/分子修飾 molecular modification
分子旋转马达/分子旋轉馬達 molecular rotary motor
分子遗传学/分子遺傳學 molecular genetics
分子印迹技术/分子印跡技術,分子拓印技術 molecular imprinting technique, MIT
分子印迹聚合物/分子印跡聚合物,分子拓印聚合物 molecular imprinted polymer, MIP
分子印迹酶/分子印跡酶 molecularly imprinted enzyme
分子杂交/分子雜交 molecular hybridization
分子置换/分子置換 molecular replacement
分子钟/分子[時]鐘 molecular clock, molecular chronometer
芬顿反应/芬頓反應 Fenton reaction
酚类化合物/酚類化合物 phenolic compound
酚酶/酚酶 phenolase
酚酞/酚酞 phenolphthalein
酚盐/酚化物 phenolate
酚氧化酶/酚氧化酶,石炭酸氧化酵素 phenoloxidase
粉孢配合/粉孢配合 oidization
粉孢团/粉孢團 mazaedium
粉孢子/粉孢子 oidium, oidiospore
粉孢子梗/粉孢子柄,分裂子柄 oidiophore
粉痂病/粉痂病 powdery scab
粉绒羽/粉絨羽 powder down
粉碎染色体/粉碎染色體 pulverized chromosome
粉纹夜蛾性诱剂/尺蠖蛾性誘劑,擬尺蠖性誘引劑 looplure
粉芽/粉芽,粉狀體 soredium
粉芽堆/粉芽堆,衣胞堆 soralium
粪便/糞便 feces, stool
粪卟啉/糞卟啉,糞紫質 coproporphyrin
粪卟啉原/糞卟啉原,糞紫質原 coproporphyrinogen
粪胆素/糞膽色素 stercobilin
粪胆素原/糞膽色素原 stercobilinogen
粪道/糞道 coprodeum
粪堆计数/糞堆計數 pellet count
粪固醇/糞固醇,糞硬脂醇 coprostanol, coprosterol, stercorin
粪固酮/糞固酮,糞甾酮 coprostanone, coprosterone
粪化石/糞化石 coprolite
粪-口传播/糞-口傳播 fecal-oral transmission
粪量测定器/糞量測定器 coprometer
粪生动物/糞生動物 coprozoon
粪生植被/糞生植被 coprophilous vegetation
粪食[性]螨类/糞食[性]蟎類 coprophagous mites
丰度/豐度,多度 abundance
丰度指数/豐度指數,資源量指數 index of abundance
丰富度/豐富度 richness
α-丰富度/α-豐富度 alpha richness
β-丰富度/β-豐富度 beta richness
γ-丰富度/γ-豐富度 gamma richness
丰余 DNA/豐餘 DNA,冗餘 DNA redundant DNA
风播/風播,隨風散布 anemochory
风洞/風洞 wind tunnel
风干重/風乾重 air dry weight
风化作用/風化作用 weathering
风积物/風積物 eolian deposit, aeolian deposit
风媒/風媒 anemophily
风媒传粉/風媒傳粉 anemophilous pollination, wind pollination
风媒花/風媒花 anemophilous flower
风媒植物/風媒植物 anemochore
风媒自由传粉/自由風媒傳粉 free anemophily
风蚀/風蝕 wind erosion
风速计/風速計 anemometer
风险分析/風險分析 risk analysis
风险分析原则/風險分析原則,危險性分析原則 risk analysis principle
风险敏感摄食/風險敏感性[最佳]覓食 risk-sensitive foraging
风险胎儿/風險胎兒 fetus at risk
风疹和腮腺炎病毒活疫苗/德國麻疹及腮腺炎病毒活疫苗 rubella and mumps virus vaccine live
风疹活病毒疫苗/德國麻疹活病毒疫苗 rubella live virus vaccine

枫糖尿症/楓糖尿症 maple syrup urine disease
封闭抗体/封閉性抗體,阻滯性抗體 blocking antibody, BA
封闭连接/緊密連接,閉鎖連接 tight junction, occluding junction
封闭群动物/封閉群動物 closed colony animal
封闭生态系统/封閉生態系[統] closed ecosystem
封闭试验/封閉試驗 blocking test
封闭系统/封閉系統 closed system
封闭循环/封閉循環,閉鎖循環 closed circulation
封闭循环学说/封閉循環學説 closed circulation theory
封闭[阅]读框/閉鎖式讀框[架] blocked reading frame
封闭子实层式发育/封閉子實層式發育,閉果型發育 cleistohymenial development
封端蛋白/封端蛋白 end-blocking protein
封固剂/封固劑 mounting medium
疯牛病/牛海綿狀腦病 bovine spongiform encephalopathy, BSE
峰板/峰板 carina
峰侧板/峰側板 carino-lateral compartment, latus carinale
峰端/峰端 carinal side
峰值功率密度/峰值功率密度 peak power density
峰值骨量/峰值骨量 peak bone mass, PBM
峰值指认/峰值指認 peak calling
锋电位/[尖]鋒電位 spike potential
锋电位触发平均/鋒電位觸發平均 spike-triggered average, STA
锋电位触发协方差/鋒電位觸發協方差 spike-triggered covariance, STC
锋电位起始区/鋒電位起始區 spike-initiation zone
蜂巢/蜂巢 bee nest
蜂毒/蜂毒 apitoxin, bee venom
蜂毒激肽/蜂舒緩激肽 polisteskinin
蜂毒明肽/蜂毒明肽,蜂神經毒肽 apamin
蜂毒[溶血]肽/蜂毒[溶血]肽 melittin
蜂房/蜂房 comb
蜂花酸/蜂花酸,三十烷酸 melissic acid
蜂胶/蜂膠 propolis
蜂蜡/蜂蠟 bees wax
蜂蜡醇/蜂蠟醇,三十烷醇 myricyl alcohol
蜂粮/蜂糧 bee bread
蜂路/蜂路 bee space
蜂螨病/[蜂]蟎病 acarine disease
蜂群/蜂群 bee colony
蜂神经毒肽/蜂神經毒肽,蜂毒明肽 apamin
蜂舒缓激肽/蜂舒緩激肽 polisteskinin
蜂舒缓激糖肽/蜂舒緩激糖肽 vespulakinin
蜂王/蜂王 queen
蜂王物质/后蜂物質 queen substance
蜂王信息素/后蜂費洛蒙,蜂王費洛蒙 queen pheromone
冯氏效应/馮氏效應 Feng effect
冯・维勒布兰德因子/馮・温韋伯氏因子,血管性假血友病因子,vW 因子 von Willebrand factor, vWF
凤蝶醇/鳳蝶醇 selinenol
凤蝶色素/鳳蝶色素 papiliochrome
缝/縫 raphe, suture
缝合片/縫合片 sutural lamina
缝合线/縫合線 suture
缝裂[囊]壳/縫裂囊殼 hysterothecium
缝隙连接/縫隙連接,隙型連接,裂隙接合 gap junction, GJ
佛波醇/佛波醇 phorbol
佛波酯/佛波酯 phorbol ester
佛波酯应答元件/佛波酯應答元件,佛波酯回應元件 phorbol ester response element
佛焰花序/佛焰苞花序 spadix
否定名/否定名,廢棄名 rejected name
呋喃果聚糖/聚果呋喃糖 fructofuranosan
呋喃果糖苷酶/果呋喃糖苷酶 fructofuranosidase
呋喃糖/呋喃糖 furanose
呋喃型葡糖/呋喃型葡萄糖 glucofuranose
呋喃型酸/呋喃型酸 furanoid acid
肤纹突/膚紋突 dorsal lobes
肤纹学/皮紋學 dermatoglyphics
麸皮保藏/麩皮保藏 preservation on bran
麸曲/麩麴 bran qu
跗鞭毛/跗鞭毛 mastitarsala, mastitarsal seta
跗垫/跗節褥盤 tarsal pulvillus, euplantula
跗分节/跗節亞節 tarsomere
跗感器/跗感器 tarsal sensillum
跗骨/跗骨 tarsal bone
跗横关节/跗横關節 transverse tarsal joint
跗间关节/跗間關節 intertarsal joint
跗节/跗節 tarsus
跗[节]毛束/跗[節]毛束 tarsal cluster
跗节器/跗節器 tarsal organ
跗线螨/跗細蟎 tarsonemid mite
跗爪/跗爪 tarsungulus
跗爪垫/跗爪墊 tarsal pad
跗褶/跗褶 tarsal fold
跗跖/跗蹠 tarsus

跗跖骨/跗蹠骨　tarsometatarsus
跗跖关节/跗蹠關節　tarsometatarsal joint
跗舟/跗舟　cymbium
稃毛/稃毛　palea
孵化/孵化　hatching, incubation
孵化率/孵化率　hatching rate
孵化酶/孵化酶,孵化酵素　hatching enzyme
孵化期/孵化期　hatching period
弗林蛋白酶/弗林蛋白酶,成對鹼性氨基酸蛋白酶　furin
弗氏不完全佐剂/弗氏不完全佐劑,佛氏不完全佐劑　Freund incomplete adjuvant, FIA
弗氏完全佐剂/弗氏完全佐劑,佛氏完全佐劑　Freund complete adjuvant, FCA
弗氏细胞压碎器/弗氏細胞壓碎器,弗氏細胞壓碎機,細胞均質機　French cell press
弗氏佐剂/弗氏佐劑,佛氏佐劑,胡氏佐助劑　Freund adjuvant
伏-波试验/伯波二氏試驗,歐-普兩氏試驗　Voges-Proskauer test, VP test
伏隔核/伏核,依核　nucleus accumbens, NAc
伏马菌素/伏馬菌素　fumonisin
5-氟尿嘧啶/5-氟尿嘧啶　5-fluorouracil, 5-FU
氟孕酮/氟孕酮　flugestone
俘获性探针/捕捉性探針　capture probe
浮尘/粉塵　dust
浮岛/浮島　floating island
浮根/浮根　floating root
浮环/浮環　float ring
浮浪幼体/浮浪幼體　planula
浮力密度/浮力密度　buoyant density
浮力密度离心/浮力密度離心　buoyant density centrifugation
浮囊/浮囊　pneumatophore
浮器浮游生物/浮器浮游生物　neidioplankton
浮水器/浮水器　hydrostatic organ
浮性卵/浮性卵,水層卵　pelagic egg
浮叶/浮葉　floating leaf
浮叶植被/浮葉植被　floating-leaved vegetation
浮叶植物/浮葉植物　floating-leaved plant
浮叶植物群系/浮葉植物群系　floating leaf formation
浮游病毒/浮游病毒,病毒浮游生物　viroplankton
浮游底栖生物/浮游[性]底棲生物,海底浮游生物　planktobenthos
浮游动物/浮游動物,動物性浮游生物　zooplankton
浮游多毛类/浮游多毛類　pelagic polychaetes
浮游甲壳动物/浮游甲殼動物　planktonic crustacean
浮游生活期/水層生活期　pelagic phase
浮游生物/浮游生物　plankton
浮游[生物]个体/浮游生物個體　plankter
浮游生物网/浮游生物網　plankton net
浮游生物学/浮游生物學　planktology
浮游细菌/浮游細菌　bacterioplankton, planktobacteria
浮游鱼类/浮游魚類　itchthyoplankton
浮游植物/浮游植物,植物性浮游生物　phytoplankton, phytoplankter, plant plankton
符合检测/符合偵檢　coincidence detection
匐滴虫/匐滴蟲　herpetomonas
匐枝芽/匍匐莖出芽　stolonial budding
辐步管/輻步管　ambulacral radial canal
辐部/輻部　radius
辐触手/輻觸手　radiole
辐蛋白/輻蛋白　spokein
辐冠/輻冠,放射冠　corona radiata
辐管/輻[水]管　radial canal
辐聚反射/輻聚反射　convergence reflex
辐孔/輻孔　rosette pore
辐孔区/輻孔區　areolae
辐轮幼虫/輻輪幼蟲　actinotrocha
辐片/輻片　radial plate, radial piece
辐鳍骨/輻鰭骨　radialium
辐散式联系/輻散式聯繫　divergent connection
辐珊瑚石/輻珊瑚石　radial corallite
辐射病理学/放射線病理學　radiopathology
辐射蛋白组学/輻射蛋白組學,輻射蛋白體學　radioproteomics
辐射对称/輻射對稱　radial symmetry
辐射对称型卵裂/輻射對稱型卵裂　radial symmetrical type cleavage
辐射防护/輻射防護　radiation protection
辐射防护剂/輻射防護劑　radioprotective agent, radioprotector
辐射分解/輻射分解　radiolysis
辐射基因组学/輻射基因組學,輻射基因體學　radiogenomics
辐射剂量/輻射劑量　radiation dose
辐射剂量学/輻射劑量測量學　radiation dosimetry
辐射间接作用/輻射間接作用　indirect effect of radiation
辐射进化/輻射演化　radiation evolution
辐射抗性/輻射抗性,抗輻射性　radiation resistance, radioresistance
辐射灭菌/輻射殺菌,輻射消毒,輻射滅菌[法]　radiation sterilization, radiosterilization

辐射敏感性/放射[靈]敏度 radiosensitivity
辐射敏化剂/輻射增敏劑,放射線增減物質,放射致敏劑 radiosensitizer
辐射旁效应/輻射旁效應 radiation bystander effect
辐射品质/輻射品質 radiation quality
辐射品质因子/輻射品質因數 radiation quality factor
辐射权重因子/輻射權重因數 radiation weighting factor
辐射散热/輻射散熱 radiative heat dissipation
辐射生物化学/輻射生物化學 radiation biochemistry
辐射生物物理学/輻射生物物理學 radiation biophysics
辐射生物效应/輻射生物效應 radiation biological effect
辐射生物学/輻射生物學,放射生物學 radiation biology, radiobiology
辐射束骨针/輻射束骨針 ray
辐射损伤/輻射損傷,放射傷害 radiation injury, radiation damage
辐射损失/輻射損失 radiation loss
辐射系统生物学/輻射系統生物學 radiation systematical biology
辐射细胞学/輻射細胞學 radiation cytology
辐射效应/輻射效應,放射效應 radiation effect
辐射兴奋效应/輻射興奮效應 radiation hormesis
辐射遗传学/輻射遺傳學,放射遺傳學 radiation genetics
辐射诱变/輻射誘發突變 radiation-induced mutation
辐射诱导基因/輻射誘導基因 radiation-induced gene
辐射诱发染色体畸变/輻射誘發染色體畸變 radiation-induced chromosomal aberration
辐射诱发致死/輻射誘發致死 radiation-induced lethal
辐射育种/輻射育種 radiation breeding
辐射跃迁/輻射轉移 radiative transition
辐射杂交/放射線雜合細胞法 radiation hybridization
辐射杂种细胞/放射線雜合細胞 radiation hybrid, RH
辐射杂种细胞图/放射線雜合細胞圖 radiation hybrid map, RH map, RH linkage map
辐射杂种细胞系/放射線雜合細胞系 radiation hybrid cell line, RH cell line
辐射增敏剂/輻射增敏劑,放射線增減物質,放射致敏劑 radiosensitizer
辐射直接作用/輻射直接作用 direct effect of radiation
辐射致癌/輻射致癌 radiation carcinogenesis, radiation carcinogen
辐射状骨针/輻射狀骨針 radiate
辐照度/輻照度 irradiance
辐针/輻針 radial pin
辐状幼体/輻狀幼體 actinula
福尔根反应/福爾根反應 Feulgen reaction
福尔根染色/福爾根染色,福仁氏染色 Feulgen staining
福尔克曼管/福爾克曼管 Volkmann canal
福林试剂/福林試劑 Folin reagent
福斯曼抗原/福斯曼抗原 Forssman antigen
福提霉素/福提黴素,健黴素 fortimicin
抚幼室/撫幼室 brood cell
抚育/撫育 brooding
抚育细胞/哺育細胞,養護細胞,營養細胞 nurse cell
斧头状核酶/斧狀核酶 axehead ribozyme
俯仰反应/俯仰反應 pitch response
辅肌动蛋白/輔肌動蛋白 actinin
辅激活物/輔激活物,協同活化子,輔活化蛋白 coactivator
辅加能量/輔加能量,能量補助 energy subsidy
辅酶/輔酶 coenzyme
辅酶Ⅰ/輔酶Ⅰ coenzymeⅠ
辅酶Ⅱ/輔酶Ⅱ coenzymeⅡ
辅酶 A/輔酶 A coenzyme A, CoA
辅酶 F430/輔酶 F430 coenzyme F430
辅酶 M/輔酶 M coenzyme M
辅酶 Q/輔酶 Q,泛醌 coenzyme Q
辅酶 A-二硫键还原酶/輔酶 A-二硫鍵還原酶 CoA-disulfide reductase
辅酶 A-谷胱甘肽还原酶/輔酶 A-穀胱甘肽還原酶 CoA-glutathione reductase
NADH-辅酶 Q 还原酶/NADH-輔酶 Q 還原酶 NADH-coenzyme Q reductase
辅酶 A 转移酶/輔酶 A 轉移酶 coenzyme A transferase, CoA-transferase
辅羧酶/輔羧酶 cocarboxylase
辅因子/輔因子 cofactor
辅因子工程/輔因子工程 cofactor engineering
辅脂[肪]酶/輔脂[肪]酶 colipase
辅助病毒/輔助病毒 help virus, helper virus
辅助蛋白/輔助蛋白 auxilin
辅助骨针/輔助骨針 accessory spicule
辅助片/輔助片 supplementary plate
辅助色素/輔助色素 accessory pigment

辅助噬菌体/輔助噬菌體 help phage, help bacteriophage, helper phage
辅助受体/輔[助]受體,輔助受器,協同受體 co-receptor
辅助授粉/伴助授粉 complementary pollination
辅助特征/輔助特徵 auxiliary character
辅助吸气肌/輔助吸氣肌 assistant inspiratory muscle
辅助细胞/輔助細胞 auxiliary cell, accessory cell, helper cell
辅助性 T 细胞/輔助[性]T 細胞,輔助型 T 細胞 helper T cell, Th cell
辅助性状/輔助性狀 assistant trait
辅助运动区/運動輔助區 supplementary motor area
辅助转录因子/輔助轉録因子 ancillary transcription factor
辅阻遏物/輔阻遏物,協同抑制因子 corepressor
辅佐细胞/輔助細胞,副細胞 accessory cell
腐胺/腐胺,丁二胺 putrescine
腐败/腐敗 putrefaction, spoilage
腐化池系统/化糞池系統 septic tank system
腐霉素/腐黴素 carriomycin
腐木群落/腐木群落 putridae epixylophytia
腐泥/腐泥 muck, sapropel
腐泥土/腐泥土 muck soil
腐泥岩/腐泥岩 sapropelith
腐生浮游生物/腐生浮游生物,污水浮游生物 saproplankton
腐生菌/腐生菌 saprophytic bacteria
腐生菌群落/腐生菌群集 saprophytic bacteria community, saprophytic community
腐生链/腐生[食物]鏈 saprophytic chain
腐生生物/腐生生物,污水生物 saprobiont, saprobia
腐生生物群落/腐生生物群落 saprium
腐生[现象]/腐生[現象] saprophytism
腐生营养/腐生植物性營養 saprophytic nutrition
腐生植物/寄食性植物 saprophyte, hysterophyte
腐食食物链/碎屑食物鏈 detritus food chain
腐食性/腐食性 saprophagy
腐食性螨类/腐食性蟎類 saprophagous mites
腐食营养/腐食營養 saprotrophy
腐蚀/腐蝕 corrosion
腐熟菌/腐熟菌 composting microbe
腐熟菌剂/腐熟菌劑 composting microbial inoculant
腐殖化[作用]/腐殖化[作用],腐植化[作用] humification
腐殖泥/骸泥 gyttja
腐殖酸/腐殖酸,腐植[質]酸 humic acid
腐殖土/腐殖土,腐殖質土壤 humus soil
腐殖质/腐殖質,腐植質 humus, humic substance
腐殖质层/腐殖質層 humus horizon, humus layer
腐殖质分解者/腐殖質分解者,腐植食者 humivore
父本/父本 male parent
父本植物/雄性植物 male plant
父亲年龄效应/父親年齡效應 paternal age effect
父体效应基因/父體效應基因 paternal effect gene
父系性比/父系性比 paternal sex ratio
父系遗传/父系遺傳 paternal inheritance
负瓣片/産卵管基片 valvifer
负超螺旋/負超螺旋 negative supercoil
负超螺旋 DNA/負超螺旋 DNA negatively supercoiled DNA
负超螺旋化/負超螺旋化 negative supercoiling
负唇须节/負唇鬚節,下唇鬚基節 palpiger, kappa
负端/負端 minus end
负颚须节/負顎鬚節 palpifer
负二项分布/負二項分布 negative binominal distribution
负反馈/負反饋,負回饋 negative feedback
负干涉/負干擾 negative interference
负荷/負荷,負載 load
负后电位/負後電位 negative after-potential
负互补作用/負互補作用 negative complementation
负激素应答元件/負激素應答元件,負激素反應元件 negative hormone response element, nHRE
负交互抗性/負交互抗性 negative cross-resistance
负近交/負近交 negative inbreeding
负控制/負控制 negative control
负链/負鏈,負股 negative strand, minus strand
负链 DNA/負鏈 DNA,負股 DNA minus strand DNA
负链单链 RNA 病毒/負鏈單股 RNA 病毒 negative stranded ssRNA virus
负链强终止 DNA/負鏈強停止 DNA minus-strand strong-stop DNA
负趋光性/負趨光性 negative phototaxis
负染[色]/負染[色] negative staining
负熵/負熵 negative entropy, negentropy
负调节/負調控,負調節作用 negative regulation, down regulation
负调节物/減效調節物,下降調節物 down regulator
负调控/負調控,負調節作用 negative regulation, down regulation
负调控序列/負調控序列 negative regulatory sequence
负调控元件/負調控元件 negative regulatory

element, NRE
负头突/負頭突,護頭片 cephaliger
负相互作用/負相互作用 negative interaction
负效应物/負效應物 negative effector
负协同/負協同作用 negative cooperation
负选型交配/負選型交配,負選型配種 negative assortative mating
负选择/負選擇 negative selection
负义链/負義鏈,負義股 negative-sense strand
负异固缩/負異固縮,負異常凝縮 negative heteropycnosis
负优生学/消極優生學 negative eugenics
负载/負載 charging
负载力/承載力,容納量,承載量 carrying capacity
负增强子/負增強子,負強化子 negative enhancer
附表底栖生物/底上底棲生物,底表棲息生物 epibenthic organism, epibenthos
附齿/附齒 supplementary tooth
附触角神经/副觸角神經 accessory antennal nerve
附睾/附睾 epididymis
附睾管/附睾管 epididymal duct
附果/附果,副果 accessory fruit
附加棒/附加棒 additional bar
附加单倍体/附加單倍體 addition haploid
附加模式/附加模式,解釋模式 epitype
附加体/附加體,游離基因體,游離基因組 episome
附加体质粒/附加體質體 episome plasmid
附加系/添加系,加成系 addition line
附加演替系列/附加演替系列,附加消長系列 adsere
附生生物/附著生物 epibiont, epizoite
附生性/附生性,表生性 epiphytism
附生藻/附生藻 epiphytic algae
附生植物/附生植物 epiphyte, periphyte
附生植物群落/臨水面生物群 epiphyton
附属鸟头体/附屬鳥頭體 dependent avicularium
附属小管/附屬小管 adventitious tubule
附属芽/附屬芽 adventitious bud
附属种/附屬種,衛星種 satellite species
附肢/附肢 appendage
附肢骨骼/附肢骨骼 appendicular skeleton
附着斑/附著斑 attachment plaque
附着胞/附著胞 appressorium
附着鞭毛/附著鞭毛 haptonema
附着动物/附生動物 epizoan
附着根/附著根 adhering root
附着核糖体/附著核糖體 membrane-bound ribosome
附着基盘/附著基盤 attaching base, attachment disc
附着器/附著器,固著器 holdfast, haptor, adhering apparatus
附着生长/附加生長 apposition growth, growth by apposition
附着丝/附著絲 attachment filament
附着缘/附著緣 appendiculate margin
附着枝/附著枝 hyphopodium
复板/複板 compound plate
复孢子叶球/複球花 compound strobilus
复变态/複變態 hypermetamorphosis
复层上皮/複層上皮 stratified epithelium
复巢/複巢,多種混居巢 compound nest, mixed nest
复穿孔/複穿孔 multiple perforation
复雌蕊/複雌蕊 compound pistil
复大孢子/複大孢子,繁殖孢子 auxospore
复等位基因/複等位基因,複對偶基因 multiple allele
复等位性/複等位性,多重對偶性 multiple allelism
复淀粉粒/複澱粉粒,澱粉複粒 compound starch grain
复定子/複合決定子 compound determiner
复二倍体/複二倍體 multiple diploid
复发/復發 relapse, recrudescence
复分裂/複分裂 multiple fission
复沟型/複溝型 rhagon, leucon
复冠型触手冠/複冠型觸手冠 ptectolophorus lophophore
复果/複果,聚花果,多花果 collective fruit, multiple fruit
复合半抗原/複合體半抗原 complex hapten
复合孢子囊/複合孢子囊 synsporangium
复合动作电位/複合動作電位 compound action potential
复合对称/複合對稱 complex symmetry
复合多倍体/複合多倍體 complex polyploid
复合非整倍体/複合非整倍體 complex aneuploid
复合花/聚合花 compound flower
复合花序/複合花序 compound inflorescence
复合环/複合環 complex loop
复合基因座/複合位點 complex locus
复合抗原/複合體抗原 complex antigen
复合卵球/複合卵球 compound oosphere
复合农林业/複合農林業 agroforestry
复合生态系统/複合生態系 complex ecosystem
复合态分子对接/複合態分子對接 bound docking
复合糖类/複合碳水化合物 complex carbohydrate
复合体/複合體 complex

H-2 复合体/H-2 複合體　histocompatibility-2 complex, H-2 complex
HLA 复合体/HLA 複合體,人類白血球抗原複合體　human leukocyte antigen complex, HLA complex
复合突变/複合突變　complex mutation
复合维生素 B/複合維生素 B,複合維生素乙　vitamin B complex
γ-复合物/γ-複合物　γ-complex
复合信号/複合訊號　composite signal
复合型转座/複合式轉位　composite transposition
复合叶序/複合葉序　composed phyllotaxis
复合易位/複合易位　complex translocation
复合杂合子/複合異型合子　compound heterozygote
复合脂/複合脂　complex lipid, heterolipid
复合种/複合種　species complex, complex species
复合种群/集合種群,關聯族群,複合族群　metapopulation
复合转座子/複合轉位子　composite transposon
复合组织/複合組織　compound tissue
复花柱/複花柱　compound style
复极后不应性/復極後不應性　postrepolarization refractoriness
复极化/復極化,再極化　repolarization
复极化离散/復極化離散　dispersion of repolarization
复交叉/複交叉　multiple chiasma
复聚伞花序/複聚傘花序　compound cyme
复敏/復敏　resensitization
复囊体/黏菌體　aethalium
复年轮/複年輪　multiple annual ring
复盘培养/複盤培養　multitray culture
复胚囊/複胚囊　compound embryo sac
复染法/複染法,雙重染色　double staining
复染色体/複染色體　multiple chromosome
复伞房花序/複傘房花序　compound corymb
复伞形花序/複傘形花序　compound umbel
复舌接/雙舌接　double tongue grafting
复式火山/複式火山　composite volcano
复视/複視　diplopia
复苏/復甦　anabiosis
复苏状态/復甦狀態　anabiotic state
复穗状花序/複穗狀花序　compound spike
复体/複體　aggregate form
复头状花序/複頭狀花序　compound head
复系/多[源]系　polyphyly
复系分类单元/複系分類單元,多系分類單元　polyphyletic taxon
复系群/多系群,多源群　polyphyletic group
复型/複製試樣,複製品,複本　replica
复型刚毛/複型剛毛　compound seta
复性/復性　renaturation
复性动力学/復性動力學　reassociation kinetics
复序趾钩/複序趾鉤　multiordinal crochet
复眼/複眼　compound eye
复叶/複葉　compound leaf
复印接种/複製平板,印影平板培養法　replica plating
复原/復原,恢復　restoration, resilience, restitution
复原稳定性/復原穩定性　resilience stability
复杂度/複雜度　complexity
DNA 复杂度/DNA 複雜度　DNA complexity
复杂度分析/複雜度分析　complexity analysis
复杂锋电位/複雜鋒電位　complex spike
复杂器官构建/複雜器官構建　complex organ construction
复杂细胞/複雜細胞　complex cell
复杂性/複雜性　complexity
复杂性理论/複雜[性]理論　complexity theory
复杂性状/複合性狀　complex trait
复杂遗传/複雜遺傳　complex inheritance
复制/複製　replication
DNA 复制/DNA 複製　DNA replication
RNA 复制/RNA 複製　RNA replication
复制策略/複製策略　replication strategy
复制叉/複製叉　replication fork
复制错误/複製錯誤　copy error, replication error
复制带/複製帶　replication band
复制单位/複製單位　replication unit
复制蛋白[质]/複製蛋白[質]　replication protein
复制倒位/複製倒位　duplicative inversion
复制复合体/複製複合體　replication complex
复制工厂模型/複製工廠模型　replication factory model
复制后错配修复/複製後錯配修復　post-replicative mismatch repair
复制后修复/複製後修復　post-replication repair
复制滑动/複製滑動　replication slippage
复制滑移/複製滑移,複製跳格　replication slipping
复制结合/複製結合　replication banding
复制解旋酶/複製解旋酶　replicative helicase
复制聚合酶/複製聚合酶　replication polymerase
复制酶/複製酶　replicase
RNA 复制酶/RNA 複製酶　RNA replicase
复制泡/複製泡　replication bubble
复制期/複製期　replicative phase
复制起点/複製起點　origin of replication, replication origin

DNA 复制起点/DNA 複製起點　DNA replication origin
复制缺陷突变体/複製缺陷突變體　replication-deficient mutant
复制时区/複製時區　replication time zone
复制式培养/複製式培養　replicate culture
复制体/複製體　replisome
复制型/複製型　replication form
复制型 DNA/複製型 DNA　replicative form DNA, RF DNA
复制型转座/複製型轉位　replicative transposition
复制许可因子/複製許可因子,複製執照因子　replication licensing factor, RLF
复制眼/複製眼　replication eye
复制因子/複製因子　replicator, replication factor
复制执照因子/複製執照因子,複製許可因子　replication licensing factor, RLF
复制中间体/複製中間體　replication intermediate, RI
复制终止蛋白/複製終止蛋白　replication terminator protein, RTP
复制终止子/複製終止子　replication terminator
复制周期/複製週期　replicative cycle
复制子/複製子,複製原　replicon
复种/重複接種,再種　revaccination
复周皮/複周皮　polyderm
复壮/回春[現象],還童現象　rejuvenescence
复子房/複子房　compound ovary
副白蛋白/副白蛋白,副清蛋白　paralbumin
副孢子/副孢子　paraspore
副鞭/副鞭　accessory flagellum
副鞭毛杆/副鞭毛桿　paraflagellar rod
副鞭毛体/副鞭毛體　paraflagellar body
副变异/擬似變異　paravariation
副步行器毛/副步行器毛　parambulacral seta
副部/半側體　paramere
副产物/副產物　side product
副蛋白质/副蛋白質,病變蛋白　paraprotein
副刀豆氨酸/副刀豆氨酸,刀豆酸　canaline
副淀粉/裸藻澱粉,類澱粉,裸藻糖　paramylon, paramylum
副蝶骨/副蝶骨　parasphenoid bone
副额板/副額板　coclypeus
副萼/副萼　accessory calyx, epicalyx
副反应/副反應　side reaction
副跗舟/副跗舟　paracymbium
副肛侧板/副肛側板　accessory plate
副核/副核　amphosome, paranucleus, accessory nucleus
副核仁/副核仁　paranucleolus
副核体/副核質體　paranucleic body
副花冠/副花冠　corona
副肌球蛋白/副肌球蛋白　paramyosin
副基器/副基器　parabasal apparatus
副基丝/副基絲　parabasal filament
副基体/副基體　parabasal body
副交感神经系统/副交感神經系統　parasympathetic nervous system
副开壳肌/副開殼肌　accessory diductor
副口盾/副口盾　supplementary mouth shield
副酪蛋白/副酪蛋白,衍酪蛋白　paracasein
副肋粒/副肋粒　paracostal granule
副泪腺/哈氏腺　Harder gland
副连丝/副連絲　paradesmose
副密码子/副密碼子,輔密碼子　paracodon
副模[标本]/副模[式]　paratype
副模[式]/副模[式]　paratype
副囊/副囊　accessory sac
副尿管/副尿管　accessory urinary duct
副皮质/副皮質　paracortex
副皮质区/副皮質區　paracortical area
副片/副片　accessory piece
副鞘/副鞘　paratheca
副清蛋白/副清蛋白,副白蛋白　paralbumin
副清蛋白血症/副白蛋白血症　paralbuminemia
副球蛋白/副球蛋白　paraglobulin
副染色体/副染色體　accessory chromosome
副染色质/副染色質　parachromatin
副神经/副神經　accessory nerve
副体节/擬體節　parasegment
副突/副突　additional papilla, paraphyle
副突变/副突變,擬突變　paramutation
副卫细胞/副衛細胞　subsidiary cell
副吻针/副吻針　accessory stylet
副吸盘/副吸盤　accessory sucker
副小膜/副小膜　paramembranelle
副性征/副性徵,第二性徵　secondary sex characteristics, secondary sexual characteristics
副须/副鬚　supplementary bristle
副选模/副選模式　paralectotype
副穴/副穴　accessory burrow
副芽/副芽　accessory bud
副腋芽/腋外芽　extra-axillary bud
副缢痕/次級縊痕,次級縊縮,二級縊痕　secondary constriction
副引带/副引帶　telamon

副羽/副羽　aftershaft, afterfeather
副爪/副爪　accessory claw
副针囊/副針囊　accessory pouch
副质/副生質,後成質　paraplasm
副中[央]脊/副中脊　accessory median carina
副轴杆/側軸桿　paraxial rod
副转输组织/副轉輸組織　accessory transfusion tissue
副子宫器/副[子]宫器　paruterine organ
副籽骨/副[種]籽骨　accessory sesamoid, accessory sesamoid bone
副作用/副作用　side effect
傅里叶变换/傅立葉變换,傅立葉轉换,傅里葉轉换　Fourier transform
傅里叶变换红外光谱术/傅立葉變换紅外光譜術　Fourier transform infrared spectroscopy
傅里叶变换拉曼光谱学/傅立葉變换拉曼光譜學　Fourier transform Ramman spectroscopy
傅里叶变换离子回旋共振质谱分析器/傅立葉變换離子回旋共振質譜分析器　Fourier transform ion cyclotron resonance mass analyzer
傅里叶重构/傅立葉重構　Fourier reconstruction
傅里叶叠层显微术/傅立葉疊層顯微術　Fourier ptychographic microscopy, FPM
傅里叶壳层相关/傅立葉殼層相關　Fourier shell correlation, Fourier ring correlation
富含半胱氨酸结构域/富含半胱氨酸結構域　cysteine-rich domain, CRD
富含半胱氨酸结构域的清道夫受体/富含半胱氨酸結構域清道夫受體　scavenger receptor cysteine-rich domain, SRCR domain
富含亮氨酸重复序列/富含亮氨酸重複序列　leucine-rich repeat, LRR
富含亮氨酸糖蛋白/富含亮氨酸糖蛋白　leucine-rich glycoprotein, LRG
富含 AU 元件/富含 AU 元件　AU-rich element, ARE
富集/富集[作用]　enrichment
富集培养/滋補培養,增殖培養　enrichment culture
富集培养基/滋補培養基,增菌培養基,補給性培養基　enrichment medium
富集偏差/富集偏差　enrichment bias
富集系数/濃縮係數　concentration factor, CF
富营养/富營養,過營養,營養豐富　eutrophy
富营养化/富營養化,優養化　eutrophication
富组亲动蛋白/富組親動蛋白　hisactophilin
腹板/腹板　sternum, ventral plate, ventral shield
腹[板]线/腹線　sternal line
腹瓣/腹瓣　ventral valve
腹柄/腹柄,腰節　pedicel, petiole, petiolus
腹[部]/腹部　abdomen, gaster, metasoma
腹侧板/腹側板　ventral-lateral plate
腹侧被盖区/腹側蓋[膜]區　ventral tegmental area, VTA
腹侧沟/腹側溝　sternopleural sulcus
腹侧呼吸神经元群/腹側呼吸神經元群　ventral respiratory neuron group
腹侧呼吸组/腹側呼吸組　ventral respiratory group
腹侧皮质脊髓束/腹側皮質脊髓束　anterior corticospinal tract
腹侧片/腹側片　sternopleurite
腹侧片鬃/腹側片剛毛　sternopleural bristle
腹侧线/腹側線　sternopleural line
腹产卵瓣/腹産卵瓣　ventrovalvula
腹[肠]系膜/腹腸系膜　ventral mesentery
腹刺/腹刺　ventral spine
腹担子/内生擔子　endobasidium
腹窦/腹竇　ventral sinus
腹盾/腹盾　ventral shield
腹缝线/腹縫線　ventral suture
腹刚毛/腹剛毛　neuroseta
腹肛板/腹肛板　ventri-anal shield, ventro-anal plate
腹膈/腹膈膜　ventral diaphragm
腹根/腹根　ventral root
腹沟/腹溝　ventral furrow
腹管/腹管　cornicles, corniculus, siphunculus
腹痕/腹痕　ventral impression
腹横肌/腹橫肌　transversus abdominis muscle
腹肌/腹肌　abdominal muscle, ventral muscle, musculus ventralis
腹脊/腹脊　ventral ridge
腹脊沟/腹脊溝　sternacostal sulcus
腹甲/腹甲　sternum, sternite, plastron
腹甲沟/腹甲溝　sternal groove, sternal sulcus
腹节/腹節　abdomere, abdominal segment
腹颈沟突/腹頸溝突　ventrosejugal enantiophysis
腹静脉/腹靜脈　abdominal vein
腹菌类/腹菌類　gasteromycetes
腹口尾蚴/腹口尾蚴　gasterostome cercaria
腹肋/腹肋　ventral rib, abdominal rib
腹毛/腹毛　ventrals, ventral seta
腹毛动物/腹毛動物　gastrotrich
腹毛式/腹毛列　ventral setation formula
腹鸣[音]/腹鳴[音]　borborygmus
腹膜/腹膜　peritoneum
腹膜腔/腹膜腔　peritoneal cavity

腹膜索/腹膜索,圍腔膜索 peritoneal chord
腹膜细胞/腹膜細胞,圍腔膜細胞 peritoneal cell
腹膜褶/腹膜褶,圍腔膜褶 peritoneal fold
腹囊/腹囊 ventral pouch
腹内片/腹内片 abdominal endosternite
腹内突/腹内骨突 sternal apophysis
腹内斜肌/腹内斜肌 internal oblique muscle of abdomen
腹皮肋/腹壁肋骨,腹皮肋骨 abdominal rib, gastralia rib
腹片/腹片 abdominal sclerite, sternite, ventralia
腹鳍/腹鰭 ventral fin, pelvic fin
腹鳍降肌/腹鰭下降肌,腹鰭下掣肌 depressor ventralis muscle
腹鳍收肌/腹鰭内收肌 adductor ventralis muscle
腹鳍缩肌/腹鰭牽縮肌 retractor ventralis muscle
腹鳍提肌/腹鰭舉肌 levator ventralis muscle
腹鳍引肌/腹鰭牽引肌 protractor ventralis muscle
腹鳍展肌/腹鰭外展肌 abductor ventralis muscle
腹气管/腹氣管 ventral trachea
腹腔动脉/腹腔動脈 celiac artery, coeliac artery
腹桥/腹橋 plagula
腹塞/腹塞 ventral plug
腹神经节/腹神經節 ventral ganglion
腹神经索/腹神經索,腹神經鏈 ventral nerve cord
腹式呼吸/腹式呼吸 abdominal breathing
腹束/腹束 ventral carpellary bundle
腹突/腹突 ventral process
腹突起/腹突起 ventral abdominal appendage
腹外侧视前区/腹外側視前區 ventrolateral preoptic area, VLPO
腹外斜肌/腹外斜肌 external oblique muscle of abdomen
腹腕板/腹腕板 ventral arm plate
腹吸盘/腹吸盤 acetabulum, ventral sucker
腹吸盘前窝/腹吸盤前窩 preacetabular pit
腹吸盘指数/腹吸盤指數 acetabular index
腹腺/腹腺 ventral gland, abdominal gland
腹腺毛/腹腺毛 ventroglandularium
腹心反射/腹心反射 abdominocardiac reflex
腹须/腹鬚 ventral cirrus
腹叶/腹[面]葉 amphigaster, amphigastrium, underleaf
腹褶/腹褶 metapleural fold
腹针/腹針 gastric spiculum
腹肢/腹肢 neuropodium, pleopod
腹直肌/腹直肌 rectus abdominis muscle
腹栉/腹櫛 abdominal comb
腹主动脉/腹主動脈,腹大動脈 abdominal aorta
腹足/腹足 abdominal leg, proleg
腹足类/腹足類 gastropod
覆翅/覆翅 tegmen, proala coriacea
覆盖/覆蓋 covering
覆盖层/覆蓋層 tectum
覆盖物/覆蓋物 mulch
覆盖植被/覆蓋植被 cover vegetation
覆瓦状花被卷叠式/覆瓦狀花被捲疊式 imbricate aestivation
覆瓦状叶序/覆瓦狀葉序 imbricate phyllotaxy

G

改组带/改組帶 reorganization band
钙泵/鈣泵，鈣離子幫浦 calcium pump
钙波/鈣波 calcium wave
钙沉积/鈣沉積 calcinosis
钙触发钙释放/鈣致鈣釋放，鈣誘發鈣釋放，鈣誘導鈣釋放 calcium-induced calcium release, CICR
钙传感性蛋白质/鈣感應蛋白質 calcium sensor protein
钙促蛋白/鈣促蛋白 caltropin
钙蛋白酶/鈣蛋白酶 calpain
钙蛋白酶抑制蛋白/鈣蛋白酶抑制蛋白 calpastatin
钙电蛋白/鈣電蛋白 calelectrin
钙调动/鈣調動，鈣動員 calcium mobilization
钙动用激素/鈣動用激素 calcium mobilizing hormone
钙动员/鈣動員，鈣調動 calcium mobilization
钙防卫蛋白/鈣防衛蛋白 calprotectin
钙峰/鈣峰 calcium peak
钙感光蛋白/鈣感光蛋白 calphotin
钙化[固]醇/鈣化[固]醇，沉鈣固醇，促鈣醇 calciferol, viosterol
钙化血管细胞/鈣化血管細胞 calcifying vascular cell, CVC
钙化[作用]/鈣化[作用] calcification
钙火花/鈣火花 calcium spark
钙激活钾[离子]通道/鈣[離子]啟動鉀通道 calcium-activated potassium channel
钙激活氯[离子]通道/鈣[離子]啟動氯通道 calcium-activated chloride channel, CaCC
钙结合蛋白[质]/鈣結合蛋白[質] calcium-binding protein, CaBP, calbindin
钙介蛋白/鈣介蛋白 calcimedin
钙精蛋白/鈣精蛋白 calspermin
钙空穴/鈣空穴 calcium blink
钙库/鈣庫 calcium pool, calcium store
钙库操纵性钙[离子]内流/鈣庫操縱性鈣[離子]內流 store-operated calcium entry, SOCE
钙库操纵性钙[离子]通道/鈣庫操縱性鈣[離子]通道，鈣庫調控鈣離子通道，鈣池操縱鈣離子通道 store-operated calcium channel, SOCC
钙库调控钙[离子]通道/鈣庫調控鈣離子通道，鈣庫操縱性鈣[離子]通道，鈣池操縱鈣離子通道 store-operated calcium channel, SOCC
钙夸克/鈣誇克 calcium quark
钙离子敏感性光蛋白/鈣離子敏感性光蛋白 calcium-sensitive photoprotein
钙离子诱导转化/鈣離子誘導轉化 calcium-induced transformation
钙离子载体/鈣離子載體 calcium ionophore
钙粒蛋白/鈣粒蛋白 calgranulin
钙连蛋白/鈣聯蛋白，鈣連[伴護]蛋白 calnexin
钙磷蛋白/鈣磷蛋白 calcyphosine
钙磷脂结合蛋白/鈣磷脂結合蛋白 calphobindin
钙脉冲/鈣脈衝 calcium blip
钙 ATP 酶/鈣 ATP 酶 calcium ATPase, Ca^{2+}-ATPase
钙黏素/鈣黏素，鈣黏[著]蛋白 cadherin
钙黏[着]蛋白/鈣黏[著]蛋白，鈣黏素 cadherin
钙喷发/鈣噴發 calcium puff
钙牵蛋白/鈣牽蛋白 caltractin
钙三醇/鈣化三醇 calcitriol
钙三醇受体/鈣化三醇受體 calcitriol receptor
钙闪烁/鈣閃爍 calcium flicker
钙[视]网膜蛋白/鈣視網膜蛋白 calretinin
钙释放/鈣釋放 calcium release
钙释放单元/鈣釋放單元 calcium release unit, CRU
钙释放激活钙[离子]通道/鈣離子釋放激活性鈣通道，鈣[離子]釋放啟動鈣離子通道 calcium release-activated calcium channel, CRAC
钙释放通道/鈣釋放通道 calcium release channel
钙瞬变/鈣瞬變 calcium transient
钙索动物/鈣索動物 calcichordates
钙调蛋白/鈣調蛋白，攜鈣素，調鈣素 calmodulin, CaM
钙调蛋白结合蛋白/鈣調蛋白結合蛋白 caldesmon
钙调蛋白依赖性蛋白激酶/鈣調蛋白依賴性蛋白激酶 calmodulin-dependent protein kinase, CaMK
钙调理蛋白/鈣調理蛋白 calponin
钙调磷酸酶/鈣調磷酸酶 calcineurin
钙调素/鈣調[節]蛋白，攜鈣素，調鈣素 calmodulin, CaM
钙通道/鈣離子通道，鈣管道 calcium channel

钙土植物/鈣土植物,嗜石灰植物,嗜鈣植物 calcicole plant, calciphyte
钙网蛋白/鈣網[伴護]蛋白 calreticulin, calregulin
钙稳态/鈣穩態 calcium homeostasis
钙吸收障碍/鈣吸收障礙 calcium malabsorption
钙小体/鈣小體 calciosome
钙[小]星/鈣[小]星 calcium sparkle
钙信号/鈣訊號 calcium signal
钙血症/鈣血症 calcemia
钙依赖蛋白质/依賴鈣蛋白質 calcium-dependent protein
钙依赖性蛋白激酶/鈣依賴性蛋白激酶 calcium-dependent protein kinase, CDPK
钙影蛋白/鈣影蛋白,血影蛋白 calspectin
钙诱发钙释放/鈣誘發鈣釋放,鈣致鈣釋放,鈣誘導鈣釋放 calcium-induced calcium release, CICR
钙振荡/鈣振盪 calcium oscillation
钙指纹/鈣指紋 calcium fingerprint
钙致钙释放/鈣致鈣釋放,鈣誘發鈣釋放,鈣誘導鈣釋放 calcium-induced calcium release, CICR
钙中介蛋白质/鈣中介蛋白質 calcium mediatory protein
钙周期蛋白/鈣週期蛋白 calcyclin
钙阻蛋白/鈣阻蛋白 calcicludine
盖板/蓋板 opercular valve
盖表皮/蓋表皮 tectocuticle
盖玻片/蓋玻片 coverslip, cover glass
盖玻片培养/蓋玻片培養 coverslip culture
盖层/蓋層 tegmentum
盖度/覆蓋度 cover degree, coverage
盖度级/覆蓋級 cover class
盖革计数器/蓋革計數器 Geiger counter
盖革-米勒计数器/蓋革-繆勒計數器 Geiger-Müller counter
盖果/蓋果 pyxis, pyxidium
盖角层/蓋角層 tectostracum
盖膜/蓋膜 tectorial membrane
盖片/蓋片 operculum
盖娅假说/蓋婭假説 Gaia hypothesis
概率/概率,機率,或然率 probability
概率单位变换/機率單位變換 probit transformation
概率值分析法/機率值分析法 probit analysis
概念模型/概念模式 conceptual model
概念神经元/概念神經元 concept neuron
干草原/乾草原,高草原 grass heath
干沉降/乾沉降 dry fallout
干谷/乾谷 dry valley
干果/乾果 dry fruit
干旱/乾旱 drought
干旱带/乾旱帶 arid zone
干旱环境/乾旱環境 arid environment
干旱休眠/乾燥休眠,旱期休眠 drought dormancy
干荒地植物/乾荒地植物 chersophyte
干荒漠/乾荒漠 siccideserta
干极/乾極 dry pole
干季/乾季 dry season
干浆果/乾漿果 dry berry
干酵母/乾酵母 dry yeast
干酪/乾酪,起司 cheese
干扰/干擾,擾動 interference, perturbation, disturbance
RNA 干扰/RNA 干擾 RNA interference, RNAi
干扰斑块/擾動斑塊 disturbance patch
CRISPR 干扰技术/CRISPR 干擾技術 CRISPR interference technology
干扰竞争/干擾性競爭 interference competition
干扰缺损颗粒/干擾缺損顆粒 defective interfering particle
干扰素/干擾素 interferon, IFN
α-干扰素/α-干擾素 interferon-α, IFN-α
β-干扰素/β-干擾素 interferon-β, IFN-β
γ-干扰素/γ-干擾素 interferon-γ, IFN-γ
干扰素受体/干擾素受體 interferon receptor, IFNR
α-β-干扰素受体/α-β-干擾素受體 interferon α-β receptor, IFN α-βR
γ-干扰素受体/γ-干擾素受體 interferon-γ receptor, IFN-γR
干扰素受体家族/干擾素受體家族 interferon receptor family
γ-干扰素诱导蛋白/γ-干擾素誘導蛋白 interferon-γ inducible protein
干扰素诱导的 T 细胞 α-趋化因子/干擾素誘導的 T 細胞 α-趨化因子 interferon-inducible T cell α-chemoattractant
γ-干扰素诱生因子/γ-干擾素誘生因子 interferon-γ inducing factor, IGIF
干扰素原/干擾素原 interferonogen
干扰小 RNA/干擾小 RNA,小[片段]干擾 RNA,短[小]干擾 RNA small interfering RNA, siRNA
干扰小 RNA 随机文库/短小片段干擾 RNA 隨機庫,siRNA 隨機庫 small interfering RNA random library, siRNA random library
干热灭菌/乾熱滅菌[法] dry heat sterilization, hot air sterilization
干热灭菌器/乾熱殺菌器 dry heat sterilizer
干涉/干涉 interference

干涉显微镜/干擾顯微鏡 interference microscope
干湿球湿度计/乾濕[球濕度]計 psychrometer
干物质/乾物質 dry matter, dry substance
干物质生产量/乾物產量 dry matter production
干性草甸/乾性草甸 dry meadow
干燥培养基/脱水培養基,乾粉培養基 dehydrated medium
干燥热风/乾燥熱風 chinook
干燥散热/乾燥散熱 dry heat loss
干种子浸泡法/乾種子浸泡法 dry seed imbibition
干重/乾重[量] dry weight
干柱头/乾柱頭 dry stigma
甘氨酸/甘氨酸,甘胺酸,胺基乙酸 glycine, Gly
甘氨酰胺核糖核苷酸/甘氨醯胺核苷酸 glycinamide ribonucleotide
甘丙肽/甘丙肽,甘丙胺素 galanin
甘草根糖苷/甘草根糖苷 liquiritoside
甘草甜素/甘草皂苷,甘草素,甘草酸 glycyrrhizin, glycyrrhizinic acid
甘草皂苷/甘草皂苷,甘草素,甘草酸 glycyrrhizin, glycyrrhizinic acid
甘露氨酸/甘露氨酸 mannopine
甘露聚糖/甘露聚糖 mannan
甘露聚糖酶/聚甘露糖酶 mannase
甘露鸟氨酸/甘露鳥氨酸 mannopinic acid
甘露糖/甘露糖 mannose
甘露[糖]醇/甘露醇 mannitol
甘露糖苷酶/甘露糖苷酶 mannosidase
甘露糖苷贮积症/甘露糖儲積症,甘露苷症 mannosidosis
甘露糖结合蛋白[质]/甘露糖結合蛋白 mannose-binding protein, mannan-binding protein, MBP
甘露糖结合凝集素/甘露糖結合凝集素 mannose-binding lectin, mannan-binding lectin, MBL
甘露糖结合凝集素途径/甘露糖結合凝集素途徑,甘露糖結合凝集素路徑 mannose-binding lectin pathway, MBL pathway
甘露糖结合凝集素相关丝氨酸蛋白酶/甘露糖結合凝集素相關絲氨酸蛋白酶 mannose-binding lectin-associated serine protease, MBL-associated serine protease, MASP
甘露糖-6-磷酸/甘露糖-6-磷酸 mannose-6-phosphate
甘露糖-6-磷酸受体/甘露糖-6-磷酸受體 mannose-6-phosphate receptor, M6PR
甘露糖醛酸/甘露糖醛酸 mannuronic acid
甘露糖受体/甘露糖受體 mannose receptor
甘露糖-岩藻糖受体/甘露糖-岩藻糖受體 mannosyl-fucosyl receptor, MFR
甘油/甘油 glycerol, glycerin
甘油单油酸酯/甘油單油酸酯 glycerol monooleate
甘油单酯/單甘油酯,一[酸]甘油酯 monoglyceride
甘油二酯/雙[酸]甘油酯,二[酸]甘油酯 diglyceride
甘油激酶/甘油激酶 glycerokinase, glycerol kinase
甘油磷酸/甘油磷酸,磷酸甘油 glycerophosphate
α-甘油磷酸穿梭/α-甘油磷酸回路 α-glycerophosphate shuttle
α-甘油磷酸循环/α-甘油磷酸循環 α-glycerophosphate cycle
甘油磷酰胆碱/甘油磷醯膽鹼 glycerophosphocholine, glycerophosphoryl choline
甘油磷酰乙醇胺/甘油磷醯乙醇胺 glycerophosphoethanolamine, glycerophosphoryl ethanolamine, GPE
甘油磷脂/甘油磷脂 glycerophosphatide
甘油醛/甘油醛 glyceraldehyde
甘油醛-3-磷酸/甘油醛-3-磷酸 glyceraldehyde-3-phosphate
甘油醛-3-磷酸脱氢酶/甘油醛-3-磷酸脱氫酶 glyceraldehyde-3-phosphate dehydrogenase
甘油三酯/三[酸]甘油酯,甘油三[酸]酯 triglyceride
甘油酸/甘油酸 glyceric acid, glycerate
甘油酸-3-磷酸/甘油酸-3-磷酸 glycerate-3-phosphate
甘油酸途径/甘油酸途徑 glycerate pathway
甘油脂质/甘油脂類 glycerolipid
甘油酯/甘油酯 glyceride
甘油酯水解酶/甘油酯水解酶 glycerol ester hydrolase
肝/肝 liver
肝白蛋白/肝白蛋白 hepatoalbumin
肝板/肝板 hepatic plate, liver plate
肝刺/肝刺 hepatic spine
肝胆汁/肝膽汁,肝膽液 hepatic bile
肝动脉/肝動脈 hepatic artery
肝豆状核变性/肝豆狀核變性 hepatolenticular degeneration
肝沟/肝溝 hepatic groove
肝管/肝管 hepatic duct
肝核黄素/肝核黃素 hepatoflavin
肝脊/肝脊 hepatic carina
肝静脉/肝靜脈 hepatic vein
肝盲囊/肝盲囊 hepatic cecum
肝门/肝門 porta hepatis
肝门静脉/肝門靜脈 hepatic portal vein

肝配蛋白/肝配蛋白,Eph 蛋白 ephrin
肝配蛋白受体/Eph 受體 ephrin receptor
肝清蛋白/肝白蛋白 hepatoalbumin
肝球蛋白/肝球蛋白 hepatoglobulin
肝区/肝區 hepatic region
肝韧带/肝韌帶 hepatic ligament
肝闰管/肝閏管 Hering canal
肝-肾反射/肝-腎反射 hepato-renal reflex
肝素/肝素 heparin
肝素辅因子/肝素輔因子 heparin cofactor
肝素结合表皮生长因子/肝素結合表皮生長因子 heparin-binding epidermal growth factor, HB-EGF
肝素结合生长因子/肝素結合生長因子 heparin-binding growth factor
肝素修饰/肝素修飾 heparin modification
肝酸/肝酸 jacaric acid
肝糖磷脂/肝糖磷脂 jecorin
肝胃韧带/肝胃韌帶 hepatogastric ligament
肝细胞/肝細胞 hepatocyte, liver cell
肝细胞刺激因子/肝細胞刺激因子 hepatocyte stimulating factor
肝细胞核因子/肝細胞核因子 hepatocyte nuclear factor
肝细胞生长因子/肝細胞生長因子 hepatocyte growth factor, HGF
肝细胞生长因子受体/肝細胞生長因子受體 hepatocyte growth factor receptor
肝细胞移植/肝細胞移植 hepatocellular transplantation
肝下区/肝下區 subhepatic region
肝血窦/肝血竇 liver sinusoid
肝胰管/肝胰管 hepatopancreatic duct
肝胰脏/肝胰臟 hepatopancreas
肝脏活化相关趋化因子/肝活化相關趨化因子 liver activation-related chemokine
肝脏组织工程/肝臟組織工程 liver tissue engineering
苷元/苷元,糖苷配基 aglycon, aglycone
柑果/柑果 hesperidium, hespidium
柑橘葡糖苷酶/柑苷酶 citrus glucosidase
杆菌/桿菌 rod
杆菌肽/桿菌肽,[枯草]桿菌素 bacitracin
杆丝胞/桿絲胞 rhabdocyst
杆形染色体/桿狀染色體 rod chromosome
杆状病毒/桿狀病毒 baculovirus
杆状病毒表达系统/桿狀病毒表達系統 baculovirus expression system
杆状带/桿狀帶 bacillary band
杆状二尖骨针/桿狀二尖骨針 rhabdus amphioxea
杆状体/桿狀體 rhabdos, rhabdite
杆状线粒体/桿狀粒線體,絲狀體 chondriocont, plastocont
杆状蚴/桿狀蚴 rhabtidiform larva
杆状肢/桿狀肢 stenopodium
感棒/感棒 solenidion, sensory rod, sensory club
感杆/感桿[小體],桿狀小體 rhabdomere
感杆束/感桿束,視官柱體 rhabdom
感官/感覺器官 sensory organ, sense organ
感官特殊能/感官特殊能 specific energy of sense
感光迟钝性/感光遲鈍性 photic hyposensitiveness
感光膜/感光膜 photosensory membrane
感光色素/發光色素 photopigment
感光视紫红质/光視紫質 lumirhodopsin
感光细胞/感光細胞 photoreceptor cell
感光小器/感光小器 ocellus
感光性/感光性,傾光性,趨光性 photonasty
感化性/傾化性,趨化性 chemonasty
感觉/感覺 sense, sensation
感觉板/感覺板 sense plate
感觉编码/感覺編碼 sensory coding
感觉冲动/感覺衝動 sensory impulse
感觉棍/感覺棍 rhopalium, cordylus
感觉换能/感覺傳導 sensory transduction
感觉毛/感覺毛 aesthetasc
感觉模态/感覺模態,感官種類 sensory modality
感觉器官/感覺器官 sensory organ, sense organ
感觉缺失/感覺缺失 anesthesia
感觉神经假体/感覺神經假體 sensory neural prosthesis
感觉神经末梢/感覺神經末梢 sensory nerve ending
感觉神经元/感覺神經元 sensory neuron
感觉生态学/感覺生態學 sense-ecology
感觉视紫红质/感覺視紫紅質 sensory rhodopsin, SR
感觉适应/感覺適應 sensory adaptation
感觉替代/感覺替代 sensory substitution
感觉投射系统/感覺投射系統 sensory projection system
感觉纤毛/感覺纖毛 tastcilien
感觉信息加工/感覺訊息加工 sensory information processing
感觉行为/感覺行為 sensory behavior
感觉阈/感覺閾限 sensory threshold
感觉运动皮质/感覺運動皮質 sensorimotor cortex
感觉运动区/感覺運動區 sensorimotor area
感觉运动整合/感覺運動整合 sensorimotor

integration, sensory-motor integration
感觉柱/感覺柱 sensory column
感觉转导/感覺傳導 sensory transduction
感橛/導音桿 scolopale, scolops
感毛/感[覺]毛 sensory seta
感毛基/感毛基 sensillary base
感器/感覺器 sensillum
感器窝/盅毛窩 bothridium
感染/感染 infection
感染复数/感染複數 multiplicity of infection, MOI
感染剂量/感染劑量 infective dose, ID
感染力/感染力 infectivity
感染密度/感染密度 density of infection
感染免疫/感染免疫 infection immunity
感染期/感染期 infection phase
感染性/感染性 infectivity
感染性核酸/感染性核酸 infectious nucleic acid
感染性棘头体/感染性棘頭體 cystacanth
感染原/傳染原,感染物,致病因子 infectious agent
感染中心/感染中心 infectious center
感染周期/感染週期 infection cycle
感受器/[感]受器 receptor, sensory receptor
感受器电位/受器電位 receptor potential
感受器换能作用/感受器换能作用 transduction of receptor
感受态/感受態,勝任性,反應能力 competence
感受态细胞/勝任細胞 competent cell
感受性/感受性,接受性 susceptibility, receptivity
感受野/感受野,接受域,受納區 receptive field
感夜性/感夜性,向夜性 nyctinasty, nyctitropism
感夜运动/感夜運動 nyctinastic movement
感音性耳聋/感音性耳聾 sensorineural hearing loss
感应激酶/感應激酶 sensor kinase
感应运动/誘起運動,刺激運動 paratonic movement
感知机/感知器,辨認器 perceptron
感知觉能力/感知覺能力 sentience
干群/幹群,主群 stem-group
干细胞/幹細胞 stem cell
干细胞表面标志物/幹細胞表面標誌物 stem cell surface marker
干细胞产品/幹細胞產品 stem cell product
干细胞储存/幹細胞儲存 stem cell storage
干细胞分离制备/幹細胞分離製備 preparation of stem cell
干细胞工程/幹細胞工程 stem cell engineering
干细胞基因治疗/幹細胞基因治療 stem cell gene therapy
干细胞精原细胞/幹精原細胞 stem cell spermatogonium
干细胞库/幹細胞庫 stem cell bank
干细胞批量制备/幹細胞批量製備 mass preparation of stem cell
干细胞三维培养/幹細胞三維培養 three-dimensional culture of stem cell
干细胞生长因子/幹細胞生長因子 stem cell growth factor
干[细胞]系/幹細胞系 stem line
干细胞医学工程/幹細胞醫學工程 stem cell medical engineering
干细胞移植/幹細胞移植 stem cell transplantation, SCT
干细胞因子/幹細胞因子 stem cell factor, SCF
干细胞质量控制/幹細胞品質控制 stem cell quality control
干细胞治疗/幹細胞治療 stem cell therapy
干种/幹種,主種 stem-species
冈珀茨曲线/岡波茨曲線 Gompertz curve
冈崎片段/岡崎片段 Okazaki fragment
冈上肌/岡上肌,棘上肌 supraspinatus muscle
冈上窝/棘上窩 supraspinatus fossa, supraspinous fossa
冈瓦纳古[大]陆/岡瓦納古陸 Gondwana
冈下肌/棘下肌 infraspinatus muscle
冈下窝/棘下窩 infraspinous fossa
刚节/剛節 setiger
刚节幼体/剛節幼體 setiger juvenile
刚毛/剛毛,長毛 seta, macrotrichia, chaeta
刚毛泡/剛毛泡 setal follicle
刚毛束/剛毛束 setal fascicle
刚体修正/剛體修正 rigid-body refinement
刚叶/剛葉 setal lobe
肛板/肛板 anal shield, anal plate
肛瓣/肛瓣 anal valve
肛柄/肛柄 anal pedicel
肛侧/肛側 anal side
肛侧板/肛側板 paraproct, parapodial plate, adanal shield
肛侧孔/肛側孔 adanal pore
肛侧毛/肛側毛 adanal seta
肛道/肛道 proctodeum
肛道腺/肛道腺 proctodeal gland
肛垫/肛墊 anal pad
肛附器/肛附器 anal appendage
肛沟/肛溝 anal groove
肛后板/肛後板 postanal plate
肛后侧毛/肛後側毛 lateral postanals

肛后横沟/肛後横溝 postanal transversal groove
肛后毛/肛後毛 postanal seta, postanals
肛后中沟/肛後中溝 postanal median groove
肛环/肛環 circumanal ring
肛节/肛節 anal segment
肛孔/肛孔 anal pore
肛鳞/肛鱗 anal scale
肛毛/肛[剛]毛 anal seta
肛门/肛門 anus, vent, anal orifice
肛[门]腺/肛門腺 anal gland
肛前板/肛前板 preanal plate
肛前沟/肛前溝 preanal groove
肛前孔/肛前孔 preanal pore
肛前毛/肛前毛 preanal seta
肛前器/肛前器 preanal organ
肛前吸盘/肛前吸盤 preanal sucker
肛丘/肛丘 anal tubercle
肛乳突/肛乳突 anal papilla
肛上板/肛上板 epiproct, supraanal plate
肛生殖节/肛生殖節 anogenital segment
肛室/肛室 anal chamber
肛窝/肛窩 anal pit
肛吸盘/肛吸盤 anal sucker
肛吸盘板/肛吸盤板 anal sucker plate
肛下板/肛下板 hypopygium, hypoproct, hypandrium
肛下带线/肛下帶線 subanal fasciole
肛下盾板/肛下盾板 subanal plastron
肛下犁突/肛下犁突 vomer subanalis
肛须/肛鬚 anal cirrus
肛周窦/肛周竇 paranal sinus
肛周腺/肛周腺 circumanal gland
肛锥/肛錐 anal cone
纲/綱 class
岗哨细胞/崗哨細胞 sentinel cell
高氨酸血症/高氨酸血症 aminoacidemia
高半胱氨酸/高半胱氨酸,昇半胱氨酸,同型半胱氨酸 homocysteine, Hcy
高倍物镜/高倍物鏡 high power objective
高苯丙氨酸血症/高苯丙氨酸血症 hyperphenylalaninemia
高变区/高度變異區,超變區 hypervariable region, HVR
高丙种球蛋白血症/高 γ-球蛋白血症 hypergammaglobulinemia
高草群落/高莖草本植被,高莖草原 altherbosa
高草稀树草原/高草稀樹草原,熱帶高草草原 high grass savanna
高潮线/高潮線,滿潮線 high tidal mark, high water line
高出叶/高出葉 hypsophyll, upper leaf
高催乳素血症/高促乳素血症 hyperprolactinemia
高胆红素血症/高膽紅素血症 hyperbilirubinemia
高等植物/高等植物 higher plant
高地草原/高地草原,查帕達高原 chapadas, high veld
高碘酸希夫反应/高碘酸希夫反應,過碘酸席夫反應,過碘酸史氏反應 periodic acid-Schiff reaction, PAS reaction
高度重复 DNA/高度重複 DNA highly repetitive DNA, hyperreiterated DNA
高度重复序列/高度重複序列 highly repetitive sequence
高度计/高度計,測高儀,海拔計 altimeter
高尔顿定律/高爾頓法則,戈耳頓氏法則 Galton law
高尔基带/高爾基[氏]帶 Golgi zone
高尔基[复合]体/高爾基[氏]體,高基[氏]體 Golgi body, Golgi apparatus, Golgi complex
高尔基腱反射/高爾基[氏]腱反射 Golgi tendon reflex
高尔基腱器/高爾基[氏]腱器官 Golgi tendon organ
高尔基囊/高爾基[氏]囊 Golgi sac
高尔基泡/高爾基[氏]液泡 Golgi vacuole
高尔基片层/高爾基[氏]片層 Golgi lamella
高尔基染色/高爾基[氏]染色 Golgi staining
[高尔基体]扁平膜囊/小囊,球囊 saccule
高尔基体蛋白/高爾基蛋白 golgin
高尔基网/高爾基[氏]網 Golgi network
高尔基细胞/高爾基[氏]細胞 Golgi cell
高尔基小泡/高爾基[氏]小泡 Golgi vesicle
高尔基Ⅰ型神经元/高爾基Ⅰ型神經元 Golgi type Ⅰ neuron
高尔基Ⅱ型神经元/高爾基Ⅱ型神經元 Golgi type Ⅱ neuron
高放射性废物/高放射性廢物 high-level radioactive waste
高分辨染色体显带/高分辨染色體顯帶 high-resolution chromosome banding
高分辨显带技术/高分辨顯帶技術 high-resolution banding technique
高分子量激肽原/高分子量激肽原 high molecular weight kininogen, HMWK
高分子量 B 细胞生长因子/高分子量 B 細胞生長因子 high molecular weight B cell growth factor, HMW-BCGF
高钙血症/高鈣血症 hypercalcemia

高甘露糖型寡糖/高甘露糖型寡糖 high-mannose oligosaccharide
高冠齿/高冠齒 hypsodont
高胱氨酸/高胱氨酸,同型胱氨酸 homocystine
高胱氨酸尿[症]/高胱氨酸尿症,同型胱氨酸尿症 homocystinuria
高海拔低氧/高空低氧 altitude hypoxia
高海拔生理学/高海拔生理學,高原生理學 high-altitude physiology
高海藻糖激素/昇海藻糖激素,昇花粉糖激素 hypertrehalosemic hormone
高寒植物/寒地植物 psychrophyte
高级神经活动/高級神經活動 higher nervous activity
高钾血症/高鉀血症 hyperkalemia
高角环形暗场成像/高角環形暗場成像 high angle annular dark-field imaging, HAADF
高茎草/高莖草 tallgrass
高茎草本植被/高莖草本植被 tall herbaceous vegetation
高茎草原/高[莖]草原 tallgrass prairie
高精氨酸/高精氨酸 homoarginine
高空低氧/高空低氧 altitude hypoxia
高空减压病/高空減壓病 altitude decompression sickness
高空胃肠胀气/高空胃腸脹氣 barometerism
高酪氨酸血症/高酪氨酸血症 hypertyrosinemia
高粱醇溶蛋白/高粱醇溶蛋白,蜀黍蛋白 kafirin
高量营养物/高量營養物,巨量養分 macronutrient
高磷血症/高磷血症 hyperphosphatemia
高密度遗传图/高密度遺傳圖 dense genetic map
高密度脂蛋白/高密度脂蛋白 high density lipoprotein, HDL
高密度脂蛋白胆固醇/高密度脂蛋白膽固醇 high density lipoprotein cholesterol, HDL-cholesterol
高免疫性/高免疫性 hyperimmunity
高钠血症/高鈉血症 hypernatremia
高内皮细胞小静脉/高内皮[細胞]小静脈 high endothelial venule, HEV
高能键/高能鍵 energy-rich bond
高能磷酸化合物/高能磷酸化合物,高磷磷酸鹽 energy-rich phosphate
高能磷酸键/高能磷酸[酯]鍵 energy-rich phosphate bond, high-energy phosphate bond
高浓度配方/高濃度配方 high concentration formula
高频重组/高頻[率]重組 high frequency of recombination, Hfr
高频重组菌株/高頻重組菌株 high frequency of recombination strain, Hfr strain
高频转导/高頻轉導 high frequency transduction
高球蛋白血症紫癜/高球蛋白血症紫癜 purpura hyperglobulinemia
高区耐受/高區帶[免疫]耐受性 high-zone tolerance
高山矮曲林/高山矮曲林,矮林 elfin forest, elfin woodland, krummholz
高山矮曲树/高山矮曲樹,矮樹 pygmy tree
高山病/高山病,高山症 mountain sickness
高山草甸/高山草原 alpine meadow, alpine mat
高山带/高山帶,高山區 alpine belt, alpine zone, alpine region
高山冻原/高山凍原 alpine tundra
高山植物/高山植物 acrophyte, alpine plant
高山植物群落/高山植物群落 acrophytia
高渗尿/高滲尿 hyperosmotic urine, hypertonic urine
高渗溶液/高滲溶液 hypertonic solution
高丝氨酸/高絲氨酸 homoserine
高斯法则/高斯法則 Gause rule
高斯假说/高斯假説 Gause hypothesis
高斯焦点/高斯焦點 Gaussian focus
高斯原理/高斯原理 Gause principle
高速离心/高速離心 high-speed centrifugation
高速离心去核法/高速離心去核法 high-speed centrifugal enucleation
高速逆流色谱法/高速逆流色譜法 high-speed counter-current chromatography
高速泳动族蛋白/高速泳動群蛋白,高遷移率族蛋白,HMG 蛋白 high-mobility group protein, HMG protein
高碳酸血症/高碳酸血症 hypercapnia
高铁螯合物还原酶/高鐵螯合物還原酶 ferric-chelate reducetase
高铁血红蛋白/高鐵血紅蛋白,高鐵血紅素,變性血紅素 methemoglobin
高铁血红蛋白血症/高鐵血紅蛋白血症 methemoglobinemia
高铁血红素/高鐵血紅素,血質 hematin
高通量测序/高通量測序 high-throughput sequencing
高通量基因组/高通量基因體 high-throughput genome, HTG
高通量基因组测序/高通量基因體測序 high-throughput genome sequencing
高通量毛细管电泳/高通量毛細管電泳 high-throughput capillary electrophoresis
高通量筛选/高通量篩選 high-throughput screening, HTS

高通量药物筛选/高通量藥物篩選 high-throughput drug screening, HTS
高同型半胱氨酸血症/高同型半胱氨酸血症 hyperhomocysteinemia, HHcy
高位芽植物/高位芽植物 phanerophyte
高位沼泽/高位沼[澤],高暫沼澤 high-moor, raised bog
高位沼泽盆地/高地濕原盆地 hollow
高位沼泽土/高位沼土 high-moor soil
高温生理学/高温生理學 high temperature physiology
高温瞬时消毒/高温短時消毒法 high temperature short time method, HTST
高温植物/高温植物 megatherm
高狭盐性/高狹鹽性 polystenohaline
高效空气过滤器/高效率空氣微粒過濾器 high efficiency particulate air filter, HEPA filter
高效亲和层析/高效親和層析法 high-performance affinity chromatography, HPAC
高效液相层析/高效[能]液相層析法 high-performance liquid chromatography, HPLC
高效液相色谱法/高效[能]液相層析法 high-performance liquid chromatography, HPLC
高血糖[症]/高血糖症 hyperglycemia
高血压/高血壓 hypertension
高血压前期/高血壓前期 prehypertension
高压电镜/高壓電子顯微鏡 high-voltage electron microscope, HVEM
高压电泳/高壓電泳 high-voltage electrophoresis
高压电子显微镜/高壓電子顯微鏡 high-voltage electron microscope, HVEM
高压复性/高壓復性 high-pressure refolding
高压灌注输送/高壓灌注輸送 drug infusion with high-pressure
高压冷冻/高壓冷凍 high-pressure freezing
高压灭菌锅/高壓滅菌鍋 high-pressure sterilization pot
高压灭菌器/[高温]高壓滅菌器 autoclave
高压神经综合征/高壓神經綜合症 high-pressure nervous syndrome, HPNS
高压系统感受器/高壓系統感受器 high-pressure receptor
高压氧/高壓氧,高比例氧氣 hyperbaric oxygen, HBO
高压液相层析/高壓液相層析法 high-pressure liquid chromatography, HPLC
高压液相色谱法/高壓液相層析法 high-pressure liquid chromatography, HPLC
高压液相色谱仪/高壓液相層析儀 high-pressure liquid chromatograph
高压匀浆机/高壓勻漿機 high-pressure homogeniser
高压蒸汽灭菌/高壓蒸汽滅菌[法] high-pressure steam sterilization, autoclaving
高盐水/高鹽水,超鹽水 hyperhaline water, ultrahaline water
高氧/高氧 hyperxia
高胰岛素血症/高胰島素血症 hyperinsulinemia
高异亮氨酸/高異亮氨酸 homoisoleucine
高应答个体/高反應者 high responder
高原/高原 high altitude, plateau
高原暴露/高原暴露 high altitude exposure
高原病/高海拔病,高山症 high altitude disease
高原低氧/高原低氧 high altitude hypoxia
高原肺动脉高压/高原肺動脈高壓 high altitude pulmonary hypertension
高原肺水肿/高山性肺水腫 high altitude pulmonary edema
高原红细胞增多症/高原紅細胞增多症 high altitude polycythemia
高原环境/高原環境 high altitude environment
高原咳嗽/高原咳嗽 high altitude cough
高原脑水肿/高原腦水腫 high altitude cerebral edema
高原气候/高地氣候 high altitude climate
高原生理学/高原生理學,高海拔生理學 high altitude physiology
高原视网膜病/高原視網膜病 high altitude retinopathy
高原适应/高原適應 high altitude adaptation
高原衰退/高原衰退 high altitude deterioration
高原衰退症/高原衰退症 high altitude deterioration syndrome
高原头痛/高原頭痛 high altitude headache
高原习服/高原習服 high altitude acclimatization
高原心脏病/高原心臟病 high altitude heart disease
高原训练/高地訓練 high altitude training
高照度反应/高照度反應 high-irradiance response, HIR
高脂蛋白血症/高脂蛋白血症 hyperlipoproteinemia
高脂血症/高脂血症 hyperlipidemia
高住低练/高住低練 living high-training low, Hi-Lo
高住高练/高住高練 living high-training high, Hi-Hi
高住高练低训/高住高練低訓 living high-training high-training low, Hi-Hi-Lo
睾酮/睾[固]酮 testosterone
睾酮雌二醇结合球蛋白/睾固酮-雌二醇結合球蛋白

testosterone-estradiol binding globulin，TEBG
睾酮替代疗法/睾酮替代療法 testosterone replacement therapy
睾丸/睾丸 testis
睾丸蛋白聚糖/睾丸蛋白聚糖 testican
睾丸决定因子/睾丸決定因子 testis-determining factor，TDF
睾丸女性化/睾丸女性化，睾丸雌性化 testicular feminization
睾丸网/睾丸網 rete testis
睾丸小隔/睾丸小隔 septula testis
睾丸小叶/睾丸小葉 testicular lobule，lobulus testis
睾丸雄激素/睾丸雄激素 andrin
稿模标本/稿模式 chirotype
告警声/警戒聲 alarm call
告警信息素/警戒費洛蒙，警戒傳訊素 alarm pheromone，alert pheromone
戈德堡-霍格内斯框/戈德堡-霍格内斯框 Goldberg-Hogness box
戈德曼方程/哥德曼[氏]方程式 Goldman equation
割裂基因/斷裂基因，分段型基因 split gene，interrupted gene
割裂脑/分腦，裂腦 split brain
歌鸣/鳴唱，歌曲 song
歌曲/歌曲，鳴唱 song
革兰[氏]染色/革蘭[氏]著色法 Gram staining
革兰[氏]阳性菌/革蘭[氏]陽性菌 Gram-positive bacteria
革兰[氏]阴性菌/革蘭[氏]陰性菌 Gram-negative bacteria
革片/革片 corium
格局分析/格局分析 pattern analysis
格拉夫卵泡/格拉夫卵泡 Graafian follicle
格兰杰因果关系/葛蘭哲因果關係 Granger causality
格雷夫斯病/格雷[氏]病 Graves disease
格雷姆定律/格雷姆定律 Graham law
格陵兰冰芯/格陵蘭冰芯 Greenland ice core
格洛格尔[定]律/格洛格定律，格婁傑定則，哥勞傑規則 Gloger rule
格氏器/格氏器 Grandjean organ
格式塔/格式塔，完形，模樣 gestalt
格式塔理论/完形理論，型態理論 gestalt theory
格室/格室 cancellus
格思里试验/格思里試驗 Guthrie test
隔壁/隔壁 septum
隔代遗传/隔代遺傳 skipped generation
隔担子/異擔子 heterobasidium
隔颈/隔頸 septal neck
隔绝抗原/隱蔽抗原，隱藏[式]抗原 veiled antigen，hidden antigen，sequestered antigen
隔孔器/隔孔器 septal pore organelle
隔离/隔離 isolation
隔离臂/隔離臂 spacer arm
隔离分化/地理分隔，隔離演化 vicariance
隔离机制/隔離機制 isolation mechanism，isolating mechanism
隔离群/隔離群 isolate
隔离群体/隔離群體 isolated population
隔离学说/隔離學説 isolation theory
隔离种/隔離種，島嶼種，孤立種 insular species
隔离子/絶緣子 insulator
隔[膜]/隔[膜] diaphragm，mesentery，septum
隔[膜]孔帽/隔[膜]孔帽 septal pore cap
隔膜丝/隔膜絲 mesenterial filament
隔年结实/隔年結實，隔年結果 alternate year bearing，alternate bearing
隔片/隔片 septum
隔片鞘/隔片鞘 septotheca
隔片珊瑚肋/隔片珊瑚肋 septocosta
隔热性冷习服/隔熱性冷習服 insulative cold acclimatization
膈/膈，横膈膜 diaphragm
膈呼吸/膈呼吸 diaphragmatic breathing
膈神经/膈神經 phrenic nerve
个案分析原则/個案分析原則 case-by-case principle
个案审查原则/個案分析原則 case-by-case principle
个虫/個蟲 zooid
个虫间连络/個蟲間連絡 interzooidal communication
个虫列/個蟲列 zooidal row
个虫群/個蟲群 zooidal group
个虫束/個蟲束 zooidal fascicle
个人防护装备/個人護具 personal protective equipment，PPE
个体变异/個體變異 individual variation
个体辨认法/個體辨識法 individual identification method
个体发生/個體發生，個體發育 ontogeny，ontogenesis
个体发育/個體發育，個體發生 ontogeny，ontogenesis
个体发育体系/個體發育體系 ontogenic system
个体间距/個體間距 individual distance
个体论概念/個體論概念 individualistic concept
个体论学派/個體論學派 individualistic school
个体密度/個體密度 individual density

个体乳酸阈/個體乳酸閾 individual lactic acid threshold, ILAT
个体生态学/個體生態學 autecology, autoecology, individual ecology
个体生物学/個體生物學 idiobiology
个体生长率/個體生長率 individual growth rate
个体无氧阈/個體無氧閾 individual anaerobic threshold, IAT
个体性/個體性 individuality
个体选择/個體選擇 individual selection
个字药/個字藥 divergent anther
各向同性温度因子/各向同性温度因子 isotropic temperature factor
各向异性/各向異性,異向性 anisotropism, anisotropy
各向异性带/各向異性層,異向帶 anisotropic band
各向异性扩散滤波/各向異性擴散濾波 anisotropic diffusion filter
各向异性温度因子/各向異性温度因子 anisotropic temperature factor
铬绿/鉻綠 chrome green
铬释放试验/鉻釋放試驗,鉻釋出分析 chromium release assay
给位/供點 donor site
给效应/給光效應 on-effect
根/根 root, radix
根瘤/根結 root knot
根被/根被 velamen
根被皮/根被皮 epiblem
根柄/根柄 rhizomorphore
根部饥饿/根部飢餓 root starvation
根插/根插 root cutting
根出条/根蘗,根出吸芽 root sucker
根出叶/根出葉 root leaf
根刺/根刺 root spine, root thorn
根带/根帶 root zone, root band
根蛋白/根蛋白 radixin
根端/根端 root apex
根腐病/根腐病 root rot
根杆骨针/根桿骨針 rhizoclone
根个虫/根個蟲 rhizoid
根冠/根冠,根帽 root cap
根冠比/根莖比 root-shoot ratio
根冠原/根冠原,根帽原 calyptrogen
根极/根極 root pole
根际/根際,根圈 rhizosphere
根际微生物/根際微生物 rhizospheric microorganism
根迹/根跡 root trace
根尖/根尖 root tip
根接/根接 root grafting
根茎地下芽植物/根莖地下芽植物 rhizome geophyte
根茎过渡区/根莖過渡區 root-stem transition zone
根颈/根冠 root crown, corona
根卷枝/根捲枝 radiculus
根瘤/根瘤 root nodule, root tubercle
根瘤菌/根瘤菌 root nodule bacteria, rhizobium
根瘤菌剂/根瘤菌劑 rhizobium inoculant, nitragin
根螨/根蟎 root mite
根毛/根毛 root hair
根毛层/根毛層 piliferous layer
根毛区/根毛區,根毛帶 root hair zone
根霉促进素/根瘤菌素 rhizopin
根霉蝶呤/根[黴]蝶呤,麴菌素 rhizopterin
根霉菌/根黴菌 rhizopus
根囊/根囊 root pocket
根蘖/根蘖 root sprout
根攀植物/根攀緣植物 root climber
根培养/根培養 root culture
根皮苷/根皮苷,根皮酯 phlorizin, phloridzin
根皮素/根皮素 phloretin
根片/根部 radix
根鞘/根鞘 root sheath
根生花序/根生花序 radical inflorescence
根生花植物/根生花植物 rhizanthous plant
根生长激素/根生長激素 root growth hormone
根收缩/根收縮 root contraction
根束/根束 rooting tuft
根丝体/根絲體,根毛體,鞭毛基體 rhizoplast
根头形骨针/根頭形骨針 rooted head
根托/根托,根座 rhizophore
根系/根系 root system
根系竞争/根系競爭 root system competition
根纤维/根纖維 radicular fiber
根压/根壓 root pressure
根压学说/根壓説 root pressure theory
根叶形骨针/根葉形骨針 rooted leaf
根枝骨针/根枝骨針 rhizoclad
根柱/根柱 rhizostyle
根[状]茎/根[狀]莖,地下莖 rhizome, rhizoma, root stock
根状菌丝体/根狀菌絲體 rhizomycelium
根状体/菌索,根狀菌絲束 mycelial cord, rhizomorph
根状系/根狀系 root-like system

根足/根足 rhizopodium
跟骨/跟骨,踵骨 calcaneus, calcaneum bone
跟踪行为/追蹤行為 tracking behavior
跟座/跟座 talonid
艮他霉素/正大黴素,健他黴素 gentamicin
更年期/更年期 climacteric period
更苏植物/更甦植物 resurrection plant
更新/更新,再生 regeneration
更新概率模型/更新概率模型 renewal probability model
更新砍伐/更新伐 regeneration cutting
更新世/更新世 Pleistocene Epoch, Pleistocene
庚二酸/庚二酸 pimelic acid
庚糖/庚糖,七碳糖 heptose
梗动体/梗動體 pecilokont
梗基/梗基,基底梗子 metulae, metula
梗节/梗節 pedicel, pedicellus
梗突/梗突 pectinelle
工兵蚁/工兵蟻 desmergate
工程核酶/工程核酶 engineered ribozyme
工雌蚁/工雌蟻 dinergatogynomorph
工蜂/工蜂 worker
工频电磁辐射/工頻電磁輻射 power frequency electromagnetic radiation
工雄蚁/工雄蟻 ergatandromorph
工业黑化现象/工業黑化[現象] industrial melanism
工业微生物/工業微生物 industrial microbe
工业微生物学/工業微生物學 industrial microbiology
工业用酶/工業用酶 industrial enzyme
工蚁/工蟻 ergate
工作记忆/工作記憶 working memory
工作记忆模型/工作記憶模型 working memory model
弓脉/弓脈 arculus
弓束骨针/弓束骨針 toxadragma
弓形骨针/弓形骨針 toxa
弓旋骨针/弓旋骨針 toxaspire
弓状核/弓狀核 arcuate nucleus
公畜模型/公畜模型 sire model
公畜-母畜模型/公畜-母畜模型 sire-dam model
公共干细胞库/公共幹細胞庫 common stem cell bank
公害动物防治/滋擾性動物防治 nuisance animal control
功率密度/功率密度 power density
功率谱/功率譜 power spectrum
功能/功能 function
功能残气量/功能殘餘[容]量 functional residual capacity, FRC
功能蛋白质组学/功能蛋白[質]組學 functional proteomics
功能定位/[大腦]功能定位 functional localization
功能多样性/功能多樣性 functional diversity
功能反应/功能反應,機能反應 functional response
功能分化/功能分化 ergonomy
功能丰余性/功能重複性 functional redundancy
功能互补/功能互補 functional complementation
功能获得突变/功能獲得突變 gain-of-function mutation
功能基因组/功能基因組,功能基因體 functional genome
功能基因组学/功能基因組學,功能基因體學 functional genomics
功能克隆/功能選殖 functional cloning
功能群/功能群 guild, functional group
功能生态位/功能生態位 functional niche
功能失去突变/功能喪失突變 loss-of-function mutation
功能食物网/功能性食物網 functional food web
功能收敛假说/功能收斂假説 functional convergence hypothesis
功能未定读框/功能未定讀框,非指定解讀框架 unassigned reading frame
功能性重复基因序列/功能性重複基因序列 functional repetitive gene sequence
功能性去核法/功能性去核法 functional enucleation
功能异染色质/兼性異染色質 facultative heterochromatin
SH[功能]域/SH 功能區 Src homology domain, SH domain
SH1[功能]域/SH1 功能區,Src 同源 1 域,SH1 域 Src homology 1 domain, SH1 domain
SH2[功能]域/SH2 功能區,Src 同源 2 域,SH2 域 Src homology 2 domain, SH2 domain
SH3[功能]域/SH3 功能區,Src 同源 3 域,SH3 域 Src homology 3 domain, SH3 domain
功能柱/功能柱 functional column
攻击力/攻擊力 aggressivity
攻击趋声性/攻擊趨聲性 aggressive phonotaxis
攻击素/攻擊素 aggressin
攻击信息素/螫釋費洛蒙 sting pheromone
攻击行为/攻擊行為 aggressive behavior
攻击[性]拟态/攻擊[性]擬態 aggressive mimicry
攻膜复合物/膜攻擊複合體 membrane-attack complex, MAC

攻膜复合物抑制因子/膜攻擊複合體抑制因子 membrane-attack complex inhibitor factor, MACIF
供猎牧场/供獵牧場,狩獵牧場 game pasture
供能反应/供能反應 energizing reaction
供体/供體,供給者 donor
供体细胞/供體細胞 donor cell
供氧速率/供氧速率 oxygen transmission rate, OTR
供者淋巴细胞输注/捐贈者淋巴細胞輸注,捐贈者淋巴球輸注 donor lymphocyte infusion, DLI
供者特异性输血/捐贈者特異性輸血 donor-specific transfusion, DST
肱动脉/肱動脈 brachial artery
肱动脉-踝动脉脉搏波传导速度/肱動脈-踝動脈脈搏波傳導速度 brachial-ankle artery pulse wave velocity, brachial-ankle artery PWV, baPWV
肱骨/肱骨 humerus
肱肌/肱肌 brachialis muscle
肱腺/肱腺 humeral gland
宫颈扩张/宮頸擴張 cervical dilatation
宫颈软化/宮頸軟化 cervical softening
宫缩/宮縮 uterine contraction
巩膜/鞏膜 sclera
巩膜[骨]环/鞏膜[骨]環 sclerotic ring
巩膜软骨/鞏膜軟骨 sclerotic cartilage
拱齿型/拱齒型 camarodont type
共变子/共變子 covarion
共表达/共同表達 coexpression
共沉淀[反应]/共沉澱法 coprecipitation
共传递/共同傳遞 cotransmission
共刺激/共刺激 costimulation
共刺激分子/共刺激分子 costimulatory molecule
共刺激信号/共刺激訊號 costimulatory signal
共存/共存 coexistence
共存属/共存屬 binding genera
共代谢/共代謝 cometabolism
共代谢过程/共代謝過程 cometabolism process
共毒系数/共毒係數 cotoxicity coefficient
共轭多烯酸/共軛多烯酸 conjugated polyene acid
共轭生态规划/共軛生態規劃 conjugate ecological planning
共轭亚油酸/共軛亞油酸 conjugated linoleic acid, CLA
共翻译/共轉譯 cotranslation
共翻译分泌/共轉譯分泌 cotranslational secrection
共翻译切割/共轉譯切割 cotranslational cleavage
共翻译糖基化/共轉譯糖基化 cotranslational glycosylation
共翻译移框/共轉譯移碼 cotranslational frameshifting
共翻译运输/共轉譯運輸 cotranslational transport
共翻译整合/共轉譯整合 cotranslational integration
共翻译转移/共轉譯轉移 cotranslational transfer
共翻译转运/轉譯中移位,共同移動變位 cotranslational translocation
共分离/共分離 cosegregation
共骨/共骨 coenosteum
共固定化作用/共固定化作用 coimmobilization
共合体/共合體 cointegrant
α-γ 共激活/α-γ 共激活作用,α-γ 共啟動 alpha-gamma coactivation
共济蛋白/共濟蛋白 frataxin
共济失调/共濟失調,運動失調 ataxia
共寄生/共寄生 synparasitism
共价闭合环状 DNA/共價閉鎖式環狀 DNA,共價密環型 DNA covalently closed circular DNA, cccDNA
共价闭环/共價密環 covalently closed circle, CCC
共价闭环 DNA/共價閉鎖式環狀 DNA,共價密環型 DNA covalently closed circular DNA, cccDNA
共价层析/共價層析法,共價色譜法 covalent chromatography
共价催化/共價催化 covalent catalysis
共价键/共價鍵 covalent bond
共价结合法/共價結合 covalent binding
共价色谱法/共價色譜法,共價層析法 covalent chromatography
共价调节酶/共價調節酶 covalent regulatory enzyme
共价修饰调节/共價修飾調節 regulation by covalent modification
共价延伸/共價延伸 covalent elongation, covalent extension
共建种/共建種 coedificato
共聚焦显微术/共聚焦顯微術 confocal microscopy
共扩增系统/共擴增系統 coamplification system
共模标本/總模式,同模[式標本],協模 cotype
共凝素/共凝集素,膠固素,團集素 conglutinin
共培养/共培養,混合細胞培養 cocultivation, coculture
共栖结合/共棲結合 commensal union
共亲系数/共親係數,共祖係數 coancestry coefficient
共情/同理心 empathy
共肉/共肉 coenosarc
共生/共生[現象],共棲 symbiosis

共生腐生植物/共生腐生植物,共生腐生菌 symbiotic saprophyte
共生固氮生物/共生固氮生物 symbiotic nitrogen fixer
共生固氮作用/共生固氮作用 symbiotic nitrogen fixation
共生蓝藻/共生藍藻 syncyanosen
共生起源/共生進化 symbiogenesis
共生生物/共生生物,共生體,連體生活體 symbiont, symbion, symbiote
共生藻/共生藻 phycobiont
共适应/共適應,相互適應 coadaptation
共受体/輔[助]受體,輔助受器,協同受體 coreceptor
共同抗原/共同抗原 common antigen
共同 γ-链/共同 γ-鏈 common γ chain
共同淋巴样前体细胞/共同淋巴樣前驅細胞 common lymphoid precursor, CLP
共同前体造血干细胞/共同前驅物造血幹細胞 common precursor hematopoietic stem cell
共同摄食地/共同攝食地 common feeding ground
共同衍征/共[同]衍徵,共同裔徵 synapomorphy
共同祖征/共[同]祖徵 symplesiomorphy
共尾蚴/共尾蚴,多頭蚴 coenurus
共位群/[生態]同功群,同資源種團,共食種 guild
共无性型/共無性型 synanamorph
共显性/共顯性,等顯性 codominance
共显性等位基因/等顯性等位基因 codominant allele
共线性/共線性 colinearity
共线性转录物/共線性轉録物 colinear transcript
共芽/共芽 common bud
共抑制/共抑制,共阻抑 cosuppression
共用模体/共有模體,共有基序 consensus motif
共优种/共優種 codominant species
共有决定簇/公有決定位 public determinant
共有模体/共有模體,共有基序 consensus motif
共有特异性/公有特異性 public specificity
共有序列/共有序列,一致序列,共有順序 consensus sequence
共有序列巢式 PCR/共有序列巢式 PCR consensus nested PCR
共运输/同向運輸,同向轉移 symport
共振子/共振器 resonator
共整合质粒/共整合質體 cointegrating plasmid
共质/共質 symplasm
共质体/共質體 symplast
共质体运输/共質體運輸 symplastic translocation
共质域/共質區 symplasmic domain
共转变/共轉變 coconversion
共转导/共[同]轉導,併發轉導,共[同]傳導 cotransduction
共转化/共轉化 cotransformation
共转录/共轉録 cotranscription
共转录调节/共轉録調節 cotranscriptional regulation
共转录物/共轉録物 cotranscript
共转染/共轉染 cotransfection
共转运/共運輸,協同運輸 cotransport
共阻抑/共阻抑,共抑制 cosuppression
共祖率/共祖率 coancestry
勾棘骨针/勾棘骨針 uncinate
佝偻病/佝僂病 rickets
沟/溝,槽,刻溝 groove, furrow, sulcus
沟系/溝系 canal system
钩/鉤 hook
钩刺/鉤刺 hooked spine
钩刺环/鉤刺環 girdle of hooked granule
钩端螺旋体疫苗/鉤端螺旋體疫苗 leptospirosis vaccine
钩骨/鉤骨 unciform bone
钩介幼体/鉤介幼體 glochidium
钩毛蚴/鉤毛蚴 coracidium
钩突/鉤突 barbed process
钩腕棘/鉤腕棘 hooked arm spine
钩形突/長鋏 labis
钩状细胞/鉤狀細胞 crozier cell
构件/構件,組件 module
构件生物/構件生物 modular organism
构件因子/構件因子 architectural factor
构象/構象,構形 conformation
RNA 构象/RNA 構象 RNA conformation
构象表位/構象表位,結構性抗原表位 conformation epitope
构象涨落/構象漲落 conformational fluctuation
构象子态/構象子態 conformational substate
构型/構型,組態 configuration
构造湿地系统/構造濕地系統 constructed wetland system
构造种/構造種 structural species
估计/估計 estimation
估计传递力/估計傳遞力 estimated transmit ability
估计寿命/估計壽命,生命期望,預期壽命 life expectancy
估计育种值/估計育種值 estimated breeding value
孤雌发育/單性發育 parthenogenetic development
孤雌核配/單性核配 parthenogamy

孤雌两核融合/單性受精生殖 parthenomixis
孤雌生殖/孤雌生殖,單性生殖,單性繁殖 parthenogenesis, monogony, parthenogenetic reproduction
孤雌生殖雌虫/單性生殖雌體,單性母體 parthenogenetic female
孤雌生殖世代/單性生殖世代 parthenogenetic generation
孤雌生殖细胞/單性生殖細胞,單性生殖個體 parthenogonidium
孤雌胎生蚜/孤雌胎生蚜,孤雌生無翅雌蟲 virginogenia
孤独基因/離析基因,孤生基因 orphan gene, orphon
孤儿受体/孤兒受體,孤生受體 orphan receptor
孤儿无性型/孤兒無性型 orphan anamorph
孤立淋巴小结/孤立淋巴小結 solitary lymphatic nodule
孤立脑/孤立腦 cerveau isolé
孤立生境/孤立生境,孤立棲地,棲地島 habitat island
孤立生态系统/孤立生態系 isolated ecosystem
孤立头/孤立頭 encéphale isolé
孤立系统/孤立系統 isolated system
孤束核/孤束核 nucleus tractus solitarius, NTS
孤雄生殖/單雄生殖,雄性生殖 patrogenesis
蓇葖果/蓇葖果 follicle
古北界/古北界,古北區,舊北區 Palearctic realm
古德帕斯丘综合征/古巴士德氏症候群,庫帕氏症候群 Goodpasture syndrome
古地磁现象/古地磁現象 paleomagnetism
古动物学/古動物學 paleozoology
古核生物/古[細]菌 archaea
古菌/古[細]菌 archaea
古菌病毒/古菌病毒 archaeal virus
古菌视紫红质/古[細]菌視紫紅質 archea rhodopsin
古昆虫学/古昆蟲學 paleoentomology
古老特有性/古老特有性 epibiotic endemism
古老特有种/古老特有種 epibiotic endemic species
古老植物/古老植物 epibiotic plant
古洛糖/古洛糖 gulose
古皮质/古腦皮質 paleopallium
古嘌苷/古嘌苷 archeosine
古群落生态学/古群落生態學 paleosynecology
古热带区/古熱帶區,舊熱帶區 paleotropical region
古热带植物区/古熱帶植物區 paleotropical floral kingdom
古生代/古生代 Paleozoic Era
古生代植物/古生代植物 paleophyte
古生茎叶植物/古生莖葉植物 paleocormophyte
古生态事件/古生態事件 paleoecological event
古生态学/古生態學 paleoecology, palaeoecology
古生物地理学/古生物地理學 paleobiogeography
古生物化学/古生物化學 paleobiochemistry
古生物群落/古生物群落,化石群集 paleobiocenosis
古生物学/古生物學 paleobiology, paleontology
古微生物学/古微生物學 paleomicrobiology
古新世/古新世 Plaeocene Epoch, Plaeocene
古演替系列/古演替系列,古代變遷植物相 eosere, paleosere
古植代/古植代 paleophytic era
古植物学/古植物學 phytopaleontology
谷氨酸/穀氨酸,穀胺酸,麩胺酸 glutamic acid, Glu
谷氨酸合酶/穀氨酸合酶 glutamate synthase
谷氨酸脱氢酶/穀氨酸脱氫酶 glutamate dehydrogenase
谷氨酸脱羧酶/穀氨酸脱羧酶 glutamate decarboxylase
谷氨酰胺/穀氨酰胺,穀胺醯胺 glutamine, Gln
谷氨酰胺酶/穀氨醯胺酶 glutaminase
γ-谷氨酰循环/γ-穀氨酰循環,γ-穀氨酰迴圈 γ-glutamyl cycle
谷氨酰转移酶/穀氨酰轉移酶 glutamyltransferase
谷丙转氨酶/穀丙轉胺酶,穀氨酸-丙氨酸轉胺酶,丙氨酸胺基轉移酶 glutamic-pyruvic transaminase, GPT, alanine aminotransferase
谷草转氨酶/穀草轉胺酶,穀氨酸-草醯乙酸轉胺酶,麩胺酸草乙酸轉胺酶 glutamic-oxaloacetic transaminase, GOT
谷醇溶蛋白/穀醇溶蛋白 prolamin, prolamine
谷蛋白/穀蛋白 glutelin
谷固醇/穀固醇,穀脂醇 sitosterol
谷固醇血症/穀固醇血症,穀脂醇血症 sitosterolemia
谷胱甘肽/穀胱甘肽,麩胱甘肽,麩胱氨酸 glutathione, GSH
S-谷胱甘肽/*S*-穀胱甘肽,*S*-麩胱甘肽 *S*-glutathione
谷胱甘肽过氧化物酶/穀胱甘肽過氧化物酶,麩胱氨酸過氧化酶 glutathione peroxidase, GPX
谷胱甘肽还原酶/穀胱甘肽還原酶,麩胺基硫還原酶 glutathione reductase
谷胱甘肽合成酶/穀胱甘肽合成酶 glutathione synthetase
谷胱甘肽 *S*-转移酶/穀胱甘肽 *S*-轉移酶,麩胱氨酸 *S*-轉化酶 glutathione *S*-transferase, GST

谷氏菌素/谷氏菌素 gougerotin
谷氧还蛋白/穀氧化還原蛋白 glutaredoxin
股/股 cohort, thigh
股动脉/股動脈 femoral artery
股骨/股骨 femur
股节/股節,腿節 femur
股孔/股孔 femoral pore
股直肌/股直肌 rectus femoris muscle
股中间肌/股間肌 vastus intermedius muscle
骨/骨 bone
骨板/骨板 bone lamella, plate
骨板粒/骨板粒 skeletal plaque
骨重建/骨重建 bone remodeling
骨传导/骨傳導 bone conduction, osteoconduction
骨单位/骨單位 osteon
骨发生/骨發生,骨質生成 osteogenesis
骨缝/骨縫 suture
骨钙蛋白/骨鈣蛋白,骨鈣化素 osteocalcin
骨钙素/骨鈣蛋白,骨鈣化素 osteocalcin
骨甘蛋白聚糖/骨甘蛋白聚糖 osteoglycin
骨骼/骨骼 skeleton
骨骼肌/骨骼肌 skeletal muscle
骨骼生长因子/骨骼生長因子 skeletal growth factor, SGF
骨更新/骨更新 bone turnover
骨骺生长板/骨骺生長板,骨骺生成板 epiphyseal growth plate
骨化三醇/鈣化三醇 calcitriol
骨化性肌炎/肌肉骨化症 myositis ossificans
骨化中心/骨化中心 ossification center
骨化[作用]/骨化[作用] ossification, sclerotization
骨基质/骨基質 bone matrix
骨棘球蚴/骨棘球蚴 osseous hydatid
骨架菌丝/骨架菌絲 skeletal hypha
骨架连接蛋白/骨架聯接蛋白 articulin
骨架区/架構區 framework region
骨架[型]蛋白/骨架[型]蛋白 skelemin, skeleton protein
骨降解/骨降解 bone degradation
骨胶原/骨膠原 ossein
骨结/骨結 scleronoduli
骨矿物质密度/骨質密度 bone mineral density, BMD
骨连素/骨黏連蛋白,骨結合素,黏骨素 osteonectin, ON
骨量/骨量 bone mass
骨鳞/骨鱗 bony scale
骨龄/骨齡 skeletal age, bone age
骨领/骨領 bone collar
骨螺旋板/骨螺旋板 osseous spiral lamina
骨迷路/骨迷路 osseous labyrinth
骨泌素/骨泌素 osteocrin
骨密度/骨密度 bone density
骨密质/緻密骨 compact bone
骨内膜/骨内膜 endosteum
骨黏附蛋白聚糖/骨黏附蛋白聚糖 osteoadherin
骨盆/骨盆 pelvis
骨片/骨片 spicula, sclerite
骨桥蛋白/骨橋蛋白,骨橋素 osteopontin, OPN
骨桥素/骨橋素,骨橋蛋白 osteopontin, OPN
骨生成蛋白/成骨蛋白 osteogenin
骨松质/疏鬆骨 spongy bone, cancellous bone
骨髓/骨髓 bone marrow
骨髓干细胞/骨髓幹細胞 bone marrow stem cell, BMSC
骨髓基质细胞/骨髓基質細胞 bone marrow stromal cell
骨髓间充质干细胞/骨髓間充質幹細胞 bone marrow mesenchymal stem cell, BMSC
骨髓库/骨髓庫 bone marrow bank
骨髓瘤/骨髓瘤 myeloma
骨髓瘤蛋白/骨髓瘤蛋白 myeloma protein
骨髓瘤细胞/骨髓瘤細胞 myeloma cell
骨髓衍生干细胞/骨髓衍生幹細胞 bone marrow-derived stem cell
骨髓衍生细胞/骨髓衍生細胞 bone marrow-derived cell
骨髓移植/骨髓移植 bone marrow transplantation
骨痛病/痛痛症 itai-itai disease
骨突/骨突 condyle, condylus
骨唾液酸蛋白/骨唾液酸蛋白 bone sialoprotein
骨外膜/骨外膜 periosteum
骨吸收/骨吸收 bone resorption
骨细胞/骨細胞 osteocyte
骨小管/骨小管 bone canaliculus
骨小梁/骨小梁 bone trabecula
骨形成/骨形成 bone formation
骨形成蛋白/骨形態形成蛋白,骨形態發生蛋白 bone morphogenetic protein, BMP
骨形成蛋白-15/骨形態形成蛋白-15 bone morphogenetic protein-15, BMP15
骨形成蛋白受体/骨形態形成蛋白受體 bone morphogenetic protein receptor, BMPR
骨形态发生蛋白/骨形態發生蛋白,骨形態形成蛋白 bone morphogenetic protein, BMP
骨衍生物支架/骨衍生物支架 bone derivative

scaffold
骨硬化病/骨質石化症 osteopetrosis, Albers-Schonberg disease
骨诱导性/骨誘導性 osteoinduction
骨诱导因子/骨誘導因子 osteoinductive factor
骨粘连蛋白/骨黏連蛋白,骨結合素,粘骨素 osteonectin
骨针/骨針 sclere, spicule
骨质刺/骨刺 ossified spine
骨质簇/骨質簇 sclerodermite
骨质疏松症/骨質疏鬆症 osteoporosis
骨组织/骨組織 bone tissue
骨组织工程/骨組織工程 bone tissue engineering
骨组织工程支架/骨組織工程支架 bone tissue engineering scaffold
钴胺传递蛋白/鈷胺傳遞蛋白,運鈷胺蛋白 transcobalamin
钴胺素/鈷胺素 cobalamin
钴胺素还原酶/鈷胺素還原酶 cobalamin reductase
钴胺酰胺/鈷胺醯胺 cobamide
鼓槌体/鼓槌體 drumstick
鼓骨/鼓骨 tympanic bone
鼓膜/鼓膜 tympanic membrane, tympanum, timbal
鼓膜器/鼓膜器,聽器 tympanic organ, tympanal organ
鼓膜叶/鼓膜葉 tympanal lobe
鼓膜张肌/鼓膜張肌 tensor tympani muscle
鼓泡/鼓泡 tympanic bulla
鼓韧带/鼓韌帶 tympanic ligament
鼓舌骨/鼓舌骨 tympanohyal bone
鼓室/鼓室 tympanic cavity
鼓室阶/鼓室階 scala tympani
鼓围耳骨/鼓圍耳骨 tympano-periotic bone
固醇/固醇,甾醇 sterol
固醇结合蛋白/固醇結合蛋白 sterol-binding protein
固醇类生物碱/固醇類生物鹼 sterol alkaloid
固醇调节元件结合蛋白/固醇調節元件結合蛋白,甾體激素調節元件結合蛋白 sterol regulatory element-binding protein
固醇载体蛋白[质]/固醇載體蛋白,運固醇蛋白 sterol carrier protein, SCP
固醇脂/固醇脂 sterol ester
固醇转运蛋白/固醇轉運蛋白,甾體激素轉運蛋白 sterol transfer protein
固氮菌剂/固氮菌劑 azotogen
固氮酶/固氮酶 nitrogenase
固氮酶组分 1/固氮酶組分 1 nitrogenase 1
固氮酶组分 2/固氮酶組分 2 nitrogenase 2
固氮生物/固氮生物 diazotroph, diazotrophic organism
固氮细菌/固氮菌 nitrogen-fixing bacteria
固氮[作用]/固氮作用 nitrogen fixation
固导声/固導聲 solid-borne sound
固定/固定 fixation
固定床生物反应器/固定床生物反應器 fixed bed bioreactor
固定等位基因模型/固定等位基因模型 fixed allele model
固定动作模式/固定動作模式,固定行為模式 fixed action pattern, FAP
固定毒/固定病毒 fixed virus
固定化酶/固定化酶,固定化酵素 immobilized enzyme, fixed enzyme
固定化酶反应器/固定化酶反應器 immobilized enzyme reactor
固定化细胞/固定化細胞 immobilized cell
固定化细胞传质/固定化細胞傳質 immobilized cell mass transfer
固定化细胞发酵/固定化細胞發酵 immobilized cell fermentation
固定剂/固定劑 fixative
固定年龄分布/穩定年齡分布 stationary age distribution
固定酸/固定酸 fixed acid
固定细胞/固定細胞 fixed cell
固定细胞培养/固定細胞培養 fixed cell culture
固定相/固定相 fixed phase, stationary phase
固定效应/固定效應 fixed effect
固定效应模型/固定效應模型 fixed effect model
固定行为型/固定行為模式,固定動作模式 fixed action pattern, FAP
固定型翅形体/固定型翅形體 immovable pteromorpha
固定型种群/穩定族群 stationary population
固定指数/固定[作用]指數 fixation index
固定指数概率/固定作用指數概率 fixation index probability
固定指数时间/固定作用指數時間 fixation index time
固绿/固綠 fast green
固缩/固縮[現象] pycnosis, pyknosis
固态发酵/固態發酵,固體發酵 solid state fermentation
固体发酵/固體發酵,固態發酵 solid state fermentation
固体废物/固體廢棄物 solid waste

固体培养/固體培養 solid culture
固体培养基/固體培養基 solid medium
固体闪烁计数仪/固體閃爍計數器 solid scintillation counter
固体脂质纳米颗粒/固體脂類奈米顆粒 solid lipid nanoparticle, SLN
固吸器/固吸器,附著器 holdfast, haptor, adhering apparatus
固相/固相 solid phase
固相萃取/固相萃取 solid phase extraction, SPE
固相放射免疫测定/固相放射免疫測定,固相放射免疫分析 solid phase radioimmunoassay
固相复性/固相復性 solid phase refolding
固相技术/固相技術 solid phase technique
固相免疫测定/固相免疫測定,固相免疫分析 solid phase immunoassay
固胸型/固胸型 firmisternia
固液分离/固體液體分離 solid-liquid separation
固有层/固有層 lamina propria
固有层淋巴细胞/固有層淋巴細胞 lamina propria lymphocyte, LPL
固有分泌/固有分泌,持續型分泌,恆定型分泌 constitutive secretion
固有结缔组织/固有結締組織 connective tissue proper
固有免疫/天然免疫,先天性免疫[力] innate immunity
固有免疫应答/天然免疫反應 innate immune response
固着/固着,固著 sessile
固着胞/固著胞 pexicyst
固着动物/固著[性]動物 sedentary animal, sessile animal
固着端/固著端 sessile end
固着铗/固著鋏 attaching clamp
固着鸟头体/固著鳥頭體 sessile avicularium
固着盘/固著盤 attaching disc
固着器/固著器,附著器 attaching organ, holdfast
固着生物/固著生物 periphyton, sessile organism
固着突/固著突 adhesive papilla
固着性休芽/固著性休芽 sessoblast
瓜氨酸/瓜胺酸 citrulline
瓜尔涅里小体/天花包涵體 Guarnieri body
瓜实蝇性诱剂/瓜實蠅性誘劑 cuelure
瓜形/瓜形 curcumbitate
刮器/刮器 scraper, rasp
刮吸式口器/刮吸式口器 scratching mouthparts
胍基修饰/胍基修飾 guanidine modification
胍乙酸/胍乙酸 guanidinoacetic acid
寡合饲料/寡合飼料 oligidic diet
寡核苷酸/寡[聚]核苷酸,低聚核苷酸 oligonucleotide
寡核苷酸标识序列/寡核苷酸標識序列 oligonucleotide signature sequence
寡核苷酸定向诱变/寡核苷酸定向誘變,寡核苷酸定點突變,寡核苷酸指導的誘變 oligonucleotide-directed mutagenesis
寡核苷酸连接测定法/寡核苷酸連接測定法,寡核苷酸連接分析 oligonucleotide ligation assay, OLA
寡核苷酸连接分析/寡核苷酸連接分析,寡核苷酸連接測定法 oligonucleotide ligation assay, OLA
寡核苷酸探针/寡核苷酸探針 oligonucleotide probe
寡核苷酸微阵列/寡[聚]核苷酸微陣列 oligonucleotide array
寡核苷酸诱变/寡核苷酸誘變 oligonucleotide mutagenesis
寡核糖核苷酸/寡[聚]核糖核苷酸 oligoribonucleotide
寡基因/寡基因 oligogene
寡聚蛋白质/寡聚蛋白質 oligomeric protein
寡聚化/低聚合[作用] oligomerization
寡聚体/寡聚體,寡聚物,低聚物 oligomer
寡霉素/寡黴素 oligomycin
寡食性/寡食性 oligophagy
寡食者/寡食者,寡食性動物 oligophage
寡肽/寡肽 oligopeptide
寡糖/寡糖,低聚糖 oligosaccharide
寡糖基转移酶/寡糖基轉移酶 oligosaccharyltransferase, OT
寡糖素/寡糖素 oligosaccharin
寡脱氧核糖核苷酸/寡去氧核糖核苷酸 oligodeoxyribonucleotide, ODN
寡脱氧胸苷酸/寡去氧胸腺[核]苷酸 oligodeoxythymidylic acid, oligo(dT)
寡脱氧胸苷酸纤维素/寡去氧胸腺苷酸纖維素 oligo(dT)-cellulose
寡脱氧胸苷酸纤维素亲和层析/寡去氧胸腺苷酸纖維素親和層析法 oligo(dT)-cellulose affinity chromatography
寡污带/寡污水帶,貧腐水帶 oligosaprobic zone
寡污生物/寡污生物 oligosaprobe
2′,5′-寡腺苷酸/2′,5′-寡腺苷酸,2′,5′-寡(A) 2′,5′-oligoadenylate, 2′,5′-oligo(A)
2′,5′-寡腺苷酸合成酶/2′,5′-寡腺苷酸合成酶 2′,5′-oligoadenylate synthetase
寡性滞育/寡性滯育 oligo-diapause

寡循环湖/寡循環湖 oligomictic lake
寡盐性/寡鹽性 oligohaline
寡盐性种/寡鹽生物 oligohalobion
挂锁探针/掛鎖探針 padlock probe
关键被捕食者/關鍵被捕食者 keystone prey
关键病原体/關鍵病原體 keystone pathogen
关键步骤/關鍵步驟 committed step
关键改造者/關鍵改造者 keystone modifier
关键互惠共生种/關鍵互惠共生種 keystone matualist
关键寄生物/關鍵寄生物 keystone parasite
关键竞争者/關鍵競爭者 keystone competitor
关键期/關鍵期 critical period
关键因子/關鍵因子 key factor
关键因子分析/關鍵因子分析 key factor analysis
关键植食者/關鍵植食者 keystone herbivore
关键种/關鍵種,基石種 key species, keystone species
关节/關節 joint, articulation
关节骨/關節骨 articular bone
关节面/關節面 articular facet
关节囊/關節囊 joint capsule
关节腔/關節腔 joint cavity
关节软骨/關節軟骨 articular cartilage
关节鳃/關節鰓 arthrobranchia
关节突间关节/關節突間關節 zygapophysial joint
关节下瘤/關節下瘤 subarticular tubercle
关联/關聯 association
关联 tRNA/關聯 tRNA cognate tRNA
关联分析/關聯分析 association analysis
关联系数/關聯係數 association coefficient, AC, coefficient of association
关联性负变/關聯負電位變化,隨因負性變化 contingent negative variation, CNV
关卡/關卡,檢查點,檢控點 checkpoint
G_1 关卡/G_1 關卡,G_1 檢查點 G_1 phase checkpoint
G_2 关卡/G_2 關卡,G_2 檢查點 G_2 phase checkpoint
关于特别是水禽栖息地的国际重要湿地公约/國際重要水鳥棲地保護公約 Convention on Wetlands of International Importance Especially as Waterfowl Habitat
观摩学习/觀摩學習 empathic learning, observation learning
观念模/觀念模,異模式 ideotype
观赏植物/觀賞植物,裝飾用植物 ornamental plant, decorative plant
观叶植物/觀葉植物 foliage plant
冠部/冠部 capitutum
冠层/冠層,林冠 canopy, forest canopy
冠蛋白/冠蛋白 coronin
冠缝/頭蓋縫 coronal suture, metopic suture, epicranial structure
冠骨针/冠骨針 crown
冠海胆型/冠海膽型 diadematoid type
冠脊/冠脊 crista metopica
冠脉循环/冠脈循環 coronary circulation
冠毛/冠毛 pappus, pappose
冠囊体/冠囊體 stephanocyst
冠纹/頭中央線 medium coronary stripe
冠瘿/冠癭 crown gall
冠瘿氨酸/冠癭鹼,冠癭胺酸,胍基氨酸 opine
冠瘿病/冠癭病 crown-gall disease
冠瘿碱/冠癭鹼,冠癭胺酸,胍基氨酸 opine
冠羽/冠羽 crest
冠状动脉/冠狀動脈 coronary artery
管胞/管胞,假導管 tracheid
管齿型/管齒型 aulodont type
管碟法/圓筒平板法,杯碟法 cylinder plate method
管沟骨针/管溝骨針 canalaria
管核/管核 tube nucleus
管家基因/管家基因,持家基因,看家基因 house-keeping gene
管栖动物/管棲動物 tubicole, tubicolous animal
管腔/管腔 rohr
管肾/腎管 nephridium
管式凝胶电泳/管式凝膠電泳 tube gel electrophoresis
管髓体/管髓體 tubular myelin
管细胞/管細胞 solenocyte, tube cell
管牙/管牙 solenoglyphic tooth
管状个虫/管狀個蟲 siphonozooid
管状花/管狀花 tubular flower
管状花冠/管狀花冠 tubular corolla
管状结构组织工程/管狀結構組織工程 tubular structure tissue engineering
管状中柱/管狀中柱 siphonostele
管足/管足 podium
贯穿叶/抱莖葉,貫生葉 perfoliate leaf
贯壳型腕环/貫殼型腕環 terebratelliform loop
贯眼纹/過眼線 transocular stripe
惯性/慣性 inertia
惯性阻力/慣性阻力 inertial resistance
灌丛/灌叢 scrub
灌丛沙漠/灌叢沙漠 creosote bush desert
灌溉/灌溉 irrigation
灌流培养/灌流培養 perfusion culture

灌流培养系统/灌流培養系統 perfusion culture system
灌流限制/灌流限制 perfusion limitation
灌流小室培养系统/灌流腔培養系統 perfused chamber culture system
灌流压/灌流壓,灌注壓 perfusion pressure
灌木/灌木 shrub, frutescence
灌木层/灌木層,低木層 bush layer
灌木丛/灌木叢,[小樹]叢林 boscage, bush-wood
灌木带/灌木帶 shrub zone
灌木荒漠/灌木漠地 shrub desert
灌木植被/灌木植被 shrubby vegetation
灌木植物/灌木植物 suffruticosa plant
灌注式生物反应器/灌注式生物反應器 perfusion bioreactor
光饱和/光飽和 light saturation
光饱和点/光飽和點 light saturation point
光保护/光保護 photoprotection
光变曲线/光變曲線 light curve
光变态反应/光過敏性 photoallergy
光补偿点/光補償點 light compensation point
光捕获/光捕獲 light harvesting
光产物/光產物 photoproduct
光胆红素/光膽紅素 photobilirubin
光蛋白聚糖/光蛋白聚糖 lumican
光电位/光生電位 photopotential
光电子运输/光電子運輸 photoelectron transport
光动力焊接/光動力焊接 photodynamic welding
光动力效应/光動力效應,光動力效果,光照活化作用 photodynamic effect
光动力学疗法/光動力學療法 photodynamic therapy, PDT, photochemotherapy
光动力学作用/光動力學作用 photodynamic action
光毒素/光毒素 phototoxin
光毒性/光毒性 phototoxicity
光毒性化合物/光毒性化合物 phototoxic compound
光度计/光度計 photometer
光钝化作用/光不活化作用 photoinactivation
光发射电子显微术/光發射電子顯微術 photoemission electron microscopy, PEEM
光反应/光反應 light reaction, photoreaction
光复活修复/光致活化修復 photoreactivation repair
光复活[作用]/光復活[作用],光[致]活化作用,光再活[性]化 photoreactivation, photorecovery
光感器/感光器 sensillum opticum
光感受作用/光感受 photoreception
光合[表]面/光合面 photosynthetic surface
光合薄壁组织/光合薄壁組織 photosynthetic parenchyma
光合产物/光合產物 photosynthate, photosynthetic product
光合单位/光合單位 photosynthetic unit, PSU
光合电子传递链/光合電子傳遞鏈 photosynthetic electron transport chain
光合电子传递速率/光合電子傳遞速率 photosynthetic electron transfer rate
光合反应中心/光合作用中心 photosynthetic reaction center
光合呼吸比/光合呼吸比 photosynthesis to respiration ratio
光合量子产率/光合量子產率 photosynthetic quantum yield
光合磷酸化/光合磷酸化[作用] photophosphorylation
光合膜/光合膜 photosynthetic membrane
光合商/光合商[數] photosynthetic quotient
光合水分利用效率/光合水利用效率 photosynthetic water use efficiency
光合速率/光合[作用]速率 photosynthetic rate
光合碳还原环/光合碳還原環 photosynthetic carbon reduction cycle
光合碳同化/光合碳同化 photosynthetic carbon assimilation
光[合]系统/光合系統 photosynthetic system
光合细菌/光合[成]細菌 photosynthetic bacteria, PSB
光合效率/光合效率 photosynthetic efficiency
光合有效辐射/光合有效輻射 photosynthetically active radiation, PAR
光合组织/光合組織 photosynthetic tissue
光合作用/光合作用 photosynthesis
光合作用-光响应曲线/光合作用-光響應曲線 photosynthesis-light response curve
光合作用原初反应/光合作用原初反應 photosynthetic primary reaction
光呼吸[作用]/光呼吸[作用] photorespiration
光滑型/光滑型 smooth type
光滑型菌落/光滑菌落 smooth colony
光化学/光化學 photochemistry
光化学猝灭/光化學猝滅 photochemical quenching
光化学法/光化學法 photochemical method
光化学反应/光化學反應 photochemical reaction
光化学过程/光化學過程 photochemical process
光化学内化作用/光化學内化作用 photochemical internalization
光化学污染/光化學污染 photochemical pollution

光化学烟雾/光化學煙霧 photochemical smog
光幻视/光幻視 phosphene
光黄素/光黄素 lumiflavin
光活化/光活化作用 photoactivation
光活化反应/光活化反應,光作用反應 photoactive reaction
光激运动/光活動性,趨光運動,光趨動性 photokinesis
光极/光極 optrode
光降解/光降解[反應] photodegradation
光交联/光交聯 photocrosslinking
光解质/光分解形成物質 photolyte
光解[作用]/光解,光[分]解作用,光裂解[作用] photolysis
光镜/光學顯微鏡 light microscope
光聚合/光聚合[作用] photopolymerization
光可逆性/光逆轉性 photoreversibility
光控遗传修饰技术/光控遺傳修飾技術 optogenetics
光老化/光老化 photoageing
光亮带/光亮帶,[真]透光帶 euphotic zone
光疗/光電治療術 phototherapy
光裂合酶/光[裂]解酶 photolyase
光流视场/光流視場 optical flow field
光罗盘定向/光羅盤定向 light-compass orientation
光毛质/光毛質 actinopiline
光门控离子通道/光門控離子通道 photogated ionic channel
光密度/光密度 optical density, OD
光密度法/光密度法 densitometry
光密度计/光密度計 densitometer, photodensitometer
光密度扫描仪/光密度掃描器 scanning densitometer
光免疫学/光免疫學 photoimmunology
光面内质网/平滑内質網 smooth endoplasmic reticulum
光灭活作用/光不活化作用 photoinactivation
光敏蛋白/光敏蛋白 photosensitive protein
光敏感性/光敏感,光敏性 photosensitivity
光敏感种子/光敏感種子 light-sensitive seed
光敏黄蛋白/光激活黄蛋白質 photoreactive yellow protein
光敏剂/光敏劑 photosensitizer
光敏色素/植物光敏[色]素 phytochrome
光敏作用/光敏感化[作用] photosensitization
光能测定仪/感光計,光量計 actinometer
光能利用率/光能利用率 light utilization efficiency
光能无机营养/光能無機營養 photolithotrophy
光能无机营养菌/光能無機營養菌 photolithotrophic bacteria
光能无机自养/光能無機自營 photolithoautotrophy
光[能]异养/光[能]異養,光異營[現象] photoheterotrophy
光能异养菌/光能異養菌,光能異營菌 photoheterotrophic bacteria
光[能]异养生物/光[能]異營生物 photoheterotroph
光能营养/光能營養 phototrophy
光能有机异养/光能有機異養 photoorganoheterotrophy
光能有机营养/光能有機營養 photoorganotrophy
光能有机营养菌/光能有機營養菌 photoorganotrophic bacteria
光能有机营养生物/光能有機營養生物 photoorganotroph
光能转化效率/光能轉化效率 light energy conversion efficiency
光[能]自养/光[能]自養,光自營[現象] photoautotrophy
光能自养菌/光自營細菌 photoautotrophic bacteria
光[能]自养生物/光[能]自營生物 photoautotroph, phototroph
光镊/光[學]鑷子,光鉗 optical tweezers
光皮肤病/光皮膚病 photodermatosis
光皮肤病学/光皮膚病學 photodermatology
光漂白/光漂白 photobleaching
[光]谱分析/光譜分析 spectral analysis, spectroanalysis
光谱蓝移/藍位移 hypsochromic shift
光谱敏感性/光譜靈敏度 spectral sensitivity
光谱术/光譜術 spectroscopy
光谱学/光譜學 spectroscopy
光强度/光強度 light intensity
光亲和标记/光親和標記 photoaffinity labeling
光亲和探针/光親和探針 photoaffinity probe
光色素/光色素 lumichrome
光生态学/光生態學 photoecology
光生物传感器/光生物感測器 light biosensor
光生物传感性蛋白质/光生物感應蛋白質 optical biosensor protein
光生物物理学/光生物物理學 photobiophysics
光生物学/光生物學 photobiology
光声成像/光聲成像 photoacoustic imaging, PAI
光声光谱学/光聲光譜學 photoacoustic spectroscopy
光时间线索/光時間線索 photic time cue
光视蛋白/光視蛋白 photopsin

光适应/光適應,亮適應 light adaptation
光受体/光受體 photoreceptor
光损害效应/光損害效應 photodestructive effect
光同化作用/光同化作用 photo-assimilation
光头刺骨针/光頭刺骨針 crown spine
光稳定色素/光穩定色素 photostable pigment
光污染/光污染 light pollution
光物理学/光物理學 photophysics
光吸收截面/光吸收截面 light absorption cross section
光系统/光系統 photosystem, PS
光系统Ⅰ/光系統Ⅰ,光合系統一 photosystem Ⅰ, PSⅠ
光系统Ⅱ/光系統Ⅱ,光合系統二 photosystem Ⅱ, PSⅡ
光系统电子传递反应/光系統電子傳遞反應 photosystem electron-transfer reaction
光系统核心复合物/光系統核心複合物 photosystem core complex
光细胞/光細胞 photocyte
光纤传感器/光纖感測器 optical fiber sensor
光心理学/光心理學 photopsychology
光信号转导/光信號轉導 light signaling
光形态建成/光形態形成 photomorphogenesis
光性角膜炎/光性角膜炎 photokeratitis
光学断层显微术/光學斷層顯微術 optical sectioning microscopy
光学活性/光學活性 optical activity
光学镊子/光[學]鑷子,光鉗 optical tweezers
光学显微镜/光學顯微鏡 light microscope
光学相干层析成像/光同調斷層掃描 optical coherence tomography, OCT
光养菌/光合營養細菌 phototrophic bacteria
光氧化/光氧化作用 photooxidation
光医学/光醫學 photomedicine
光异构化/光異構化[作用] photoisomerization
光抑制/光抑制 photoinhibition
光引导化学合成探针/光引導化學合成探針 light guide chemical synthesis probe
光诱导/光誘導 photoinduction
光诱导周期/光週期誘導次數 photoinductive cycle
光运动/光運動 photomovement
光照阶段/光照期 photophase, photostage
光照培养箱/光照培養箱 illuminating incubator
光诊断/光診斷 photodiagnosis
光致癌/光致癌 photocarcinogenesis
光致变色性/光色現象,光色性 photochromism
光致基因毒性/光致基因毒性 photogenotoxicity
光致溶血/光致溶血,光照性溶血 photohemolysis
光致生氧/光加氧反應 photooxygenation
光[致]形态发生/光形態形成 photomorphogenesis
光周期/光週期 photoperiod
光周期处理/光週期處理 photoperiodic treatment
光周期刺激/光週期刺激 photoperiodic stimulus
光周期反应/光週期反應,光週[期]作用 photoperiodic reaction
光周期感应/光週期感受 photoperiodical perception
光周期现象/光週期現象,光週期性,光週期律 photoperiodism, photoperiodicity
光周期性/光週期性,光週期現象,光週期律 photoperiodism, photoperiodicity
光周期诱导/光週期誘導 photoperiodic induction
光转导/光轉導 phototransduction
光转化/光轉化 phototransformation
光子计数统计/光子計數統計 photocount statistics
光子注量/光子流通量 photon fluence
胱氨酸/胱氨酸,胱胺酸 cystine
胱氨酸还原酶/胱氨酸還原酶 cystine reductase
胱氨酸尿症/胱氨酸尿症 cystinuria
胱氨酸贮积症/胱氨酸症 cystinosis
胱硫醚/胱硫醚 cystathionine
胱硫醚酶/胱硫醚酶 cystathionase
胱天蛋白酶/凋亡蛋白酶,半胱氨酸-天冬氨酸特異性蛋白酶,胱冬肽酶 caspase, cysteine-containing aspartate-specific protease, cysteine aspartic acid-specific protease
胱天蛋白酶募集域/凋亡蛋白酶募集區域 caspase recruitment domain, CARD
胱天蛋白酶原/硫胱氨酸蛋白酶原 procaspase
广布种/廣布種,全球種,泛適應種 cosmopolitan species, cosmopolite, ubiquitist
广带性/廣帶性 euryzone
广动力域神经元/廣動力域神經元 wide dynamic range neuron
广幅植物/廣適性植物 euryvalent
广幅种/廣棲種,廣適應者 euryecious species, generalist
广光性生物/廣光性生物,寬光性生物 euryphotic organism
广谱抗生素/廣效抗生素 broad-spectrum antibiotics
广栖性/廣棲性 euryoecic, eurytope
广深性/廣深性 eurybathic
广湿性动物/廣濕性動物 euryhygric animal
广食性/廣食性 euryphagy
广适性/廣適性 eurytropy
广适种/廣棲種,廣適應者 euryecious species,

generalist
广宿主范围/廣義宿主範圍 broad host range
广温性/廣温性 eurythermal, eurythermic, curythermal
广温性生物/廣温性生物 eurythermal organism
广压性/廣壓性 eurybaric
广盐性/廣鹽性 euryhalinity, euryhaline, eurysalinity
广盐性生物/寬鹽性生物 euryhaline organism
广氧性/廣氧性 euryoxybiotic
广氧性生物/廣氧性生物,寬酸性生物 euryoxybiont, euryoxybiotic organism
广义适合度/内含適合度,總適存度 inclusive fitness
广义遗传力/廣義遺傳率 broad heritability, broad-sense heritability, heritability in the broad sense
广义遗传率/廣義遺傳率 broad heritability, broad-sense heritability, heritability in the broad sense
广义最小二乘法/廣義最小平方 generalized least squares, GLS
广营养性/廣營養性 eurytrophy
广域性/廣域性 eurychoric, euryoky
归巢/歸巢,回歸,歸航 homing
归巢内含肽/回歸内含肽 homing intein
归巢内含子/回歸内含子 homing intron
归巢 DNA 内切酶/自導引 DNA 内切酶 homing DNA endonuclease
归巢受体/回歸[接]受體 homing receptor
归航行为/回巢行為,歸路行為 homing behavior
归化/歸化,馴化,自然化 naturalization
归化植物/歸化植物 naturalized plant
归一化植被指数/常態化差異植被指數 normalized differential vegetation index, NDVI
规范化 cDNA 文库/規範化 cDNA 庫 nomolized cDNA library
规范序列/標準序列 canonical sequence
规则波动/規則波動,規律性波動 regular fluctuation
规则对称表面层/規則對稱表面層 hexagonally packed intermediate layer, HPI layer
规则分布/規則分布 regular distribution
规则抗体/規則抗體 regular antibody
规则萌发孔/規則萌發孔 nomotreme
硅胶培养基/矽膠培養基 silica-gel basal medium
硅神经元/矽神經元 silicon neuron
硅酸盐细菌/矽酸鹽細菌 silicate bacteria
硅烷化/矽烷化 silanizing, silanization
硅藻软泥/矽藻軟泥,矽藻軟土 diatomaceous ooze
硅藻色素/矽藻素 diatomin
硅藻土/矽藻土 diatom earth, diatomaceous earth, infasorial earth
硅质膜鞘/矽質膜鞘 silicalemma
鲑精蛋白/鮭精蛋白 salmin
轨道阱/軌道阱 orbitrap
轨迹稳定性/軌跡穩定性 trajectory stability
鬼笔[毒]环肽/鬼筆[毒]環肽,鬼筆鹼,毒蠅虎蕈鹼 phalloidin
鬼笔毒素/鬼筆毒素,毒蕈肽 phallotoxin
鬼笔菌/鬼筆菌 stinkhorn
鬼伞菌素/鬼傘菌素 coprinin
癸酸/癸酸,羊脂酸,十碳烷酸 capric acid, decanoic acid
癸酸甘油酯/癸酸甘油酯 caprin, decanoin
桂皮醇/桂皮醇,馬苯基丙烯醇,肉桂醇 cinnamic alcohol, styrone
桂皮酸/桂皮酸,肉桂酸 cinnamic acid
桂皮油/桂皮油,肉桂油 cassia oil
桧酸/檜酸,薩界檜酸 sabinic acid
桧萜/檜萜,薩界檜萜 sabinene
桧萜醇/[薩界]檜萜醇 sabinol
滚动反应/側傾響應 roll response
滚翻机制/翻轉機制 flip-flop mechanism
滚管技术/滚管技術 rolling tube technique
滚管培养/滚管培養 rolling tube cultivation
滚环复制/滚環[式]複製 rolling circle replication
滚环模型/滚環模型 rolling circle model
滚瓶培养/滚瓶培養 roller bottle culture
滚轴式骨针/滚軸式骨針 cylinder
棍棒形骨针/棍棒形骨針 rod
郭霍法则/柯霍[氏]準則,柯霍[氏]假説 Koch postulate
果孢子/果孢子 carpospore
果孢[子]囊/果孢子囊 carposporangium
果胞/果胞 carpogonium, carpogone
果胞丝/果胞絲 carpogonial filament
果柄/子器柄 podetium
果冻卷/膠凍捲 jelly roll
果冻卷模体/果凍捲模體 jelly roll motif
果核/果核 putamen
果胶/果膠 pectin
果胶裂合酶/果膠裂合酶 pectin lyase
果胶酶/果膠[溶解]酶,溶果膠酶,凝果膠酶 pectolytic enzyme, pectase, pectinase
果胶水解试验/果膠水解試驗 pectin hydrolysis test
果胶酸/果膠酸 pectic acid
果胶酸二糖裂合酶/果膠酯二糖裂合酶 pectate disaccharide-lyase

果胶酸裂合酶/果膠酸裂合酶 pectate lyase
果胶糖/果膠糖 pectose
果胶物质/果膠質 pectic substance
果胶酯酶/果膠酯酶 pectinesterase
果胶酯酸/果膠酯酸 pectinic acid
果聚糖/果聚糖 fructan, fructosan, levan
果聚糖产生试验/果聚糖産生試驗 levan production test
果聚糖 β-果糖苷酶/果聚糖 β-果糖苷酶 fructan β-fructosidase
果皮/果皮 fruit coat, pericarp
果肉/果肉 sarcocarp
果实/果實 fruit
果实直感/果實直感 metaxenia
[果]室/果室 camara
果糖/果糖 fructose, fruit sugar, levulose
果糖-1,6-二磷酸/果糖-1,6-二磷酸,果糖-1,6-雙磷酸 fructose-1,6-diphosphate, fructose-1,6-bisphosphate
果糖-2,6-二磷酸/果糖-2,6-二磷酸,果糖-2,6-雙磷酸 fructose-2,6-diphosphate, fructose-2,6-bisphosphate
果糖-1,6-二磷酸[酯]酶/果糖-1,6-二磷酸酯酶,果糖-1,6-雙磷酸酯酶 fructose-1,6-diphosphatase, fructose-1,6-bisphosphatase
果糖苷/果糖苷 fructoside
果糖苷酶/果糖苷酶 fructosidase
果糖激酶/果糖激酶 fructokinase
果糖-6-磷酸/果糖-6-磷酸 fructose-6-phosphate
果糖磷酸激酶/果糖磷酸激酶 phosphofructokinase
果糖尿症/果糖尿症 fructosuria
果糖-1,6-双磷酸/果糖-1,6-雙磷酸,果糖-1,6-二磷酸 fructose-1,6-diphosphate, fructose-1,6-bisphosphate
果糖-2,6-双磷酸/果糖-2,6-雙磷酸,果糖-2,6-二磷酸 fructose-2,6-diphosphate, fructose-2,6-bisphosphate
果糖-1,6-双磷酸[酯]酶/果糖-1,6-雙磷酸酯酶,果糖-1,6-二磷酸酯酶 fructose-1,6-diphosphatase, fructose-1,6-bisphosphatase
果糖血症/果糖血症 fructosemia
果托/果托 fruit receptacle
果心/果心 centrum
果序/果序 infructescence
果蝇蝶呤/果蠅蝶呤 drosopterin
果蝇硫激肽/果蠅硫激肽 drosulfakinin
果蝇抑肌肽/果蠅抑肌肽 dromyosuppresin
裹蛹/全繭蛹,包裹蛹 pupa folliculata, incased pupa
过饱和安全系数/過飽和安全係數 supersaturation safety coefficient
过表达/過量表達,過度表達 overexpression
过捕/過漁,過度捕撈 overfishing, overharvesting
过低[种群]密度/過低族群密度 underpopulation
过碘酸希夫反应/過碘酸席夫反應,過碘酸史氏反應,高碘酸希夫反應 periodic acid-Schiff reaction, PAS reaction
过碘酸氧化/過碘酸氧化 periodate oxidation
过度捕捞/過度捕撈,過漁 overfishing, overharvesting
过度反应/過度反應,緊急反應 overreaction, hyperarousal
过度放牧/過度放牧 overgrazing
过度分化/過度分化 overdifferentiation
过度开发/過度利用 overexploitation
过度利用/過度利用 overexploitation
过度疲劳/過度疲勞 overfatigue
过度生长/過度生長,肥大 overgrowth, hypermorphosis, auxesis
过度训练/過度訓練 overtraining
过度训练综合征/過度訓練綜合症 overtraining syndrome
过渡带/過渡帶 transitional zone, transition zone
过渡顶极/過渡極相,暫時安定群落,暫時頂極群落 transient climax
过渡节/過渡節 transition segment
过渡螺旋/過渡螺旋 transitional helix
过渡区/過渡區 transition zone
过渡态/過渡態 transition state
过渡态类似物/過渡態類似物 transition state analogue
过渡型/過渡型 transitional type
过渡性多态现象/過渡性多態現象 transient polymorphism
过渡性多态性/過渡性多態現象 transient polymorphism
过继免疫/過繼性免疫,繼承性免疫,移植性免疫 adoptive immunity
过继耐受/過繼性耐受性,移植耐受性 adoptive tolerance
过继性细胞免疫治疗/過繼性細胞免疫治療 adoptive cellular immunotherapy
过继转移/過繼轉移 adoptive transfer
过寄生/過寄生,超寄生,多次寄生 superparasitism
过交配/過交配 hypergamesis
过境鸟/過境鳥 transit bird
过客 DNA/過客 DNA passenger DNA

过客病毒/過客病毒 passenger virus
过冷/過冷 supercooling
过冷却点/過冷卻點 supercooling point
过量代谢/過量代謝 excess metabolism
过路细胞/過路細胞 passenger cell
过滤/過濾 filtration
过滤除菌/過濾除菌,過濾滅菌 filtration sterilization
过滤机/過濾器 filter
过滤介质/過濾介質 filtration medium
过滤速率/過濾速率 filtration rate
过滤终点/濾過終點 filtration end point
过滤阻力/過濾阻力 filtration resistance
过敏毒素/過敏毒素 anaphylatoxin
过敏毒素灭活因子/過敏毒素抑制劑 anaphylatoxin inactivator
过敏反应/過敏反應 anaphylaxis
过敏性/過敏[感]性,高敏[感]性 hypersensitivity
过敏性分析/過敏性分析 allergic analysis
过敏性嗜酸性粒细胞趋化因子/過敏性嗜酸性球趨化因子 eosinophil chemotactic factor of anaphylaxis
过敏性休克/過敏性休克 anaphylactic shock
过敏性紫癜/過敏性紫癜[病] anaphylactoid purpura
过敏原/過敏原,致敏原 allergen, anaphylactogen
过敏原性/過敏原性 allergenicity
过期产/過期産 postterm delivery
过期妊娠/過期妊娠 postterm pregnancy, prolonged pregnancy, postdate gestation
过熟林分/過熟林分 overmature forest stand
过兴奋性/高興奮性 hyper-irritability
过氧化氢/過氧化氫 hydrogen peroxide
过氧化氢酶/過氧化氫酶,觸媒 catalase, CAT
过氧化氢酶试验/觸酶試驗 catalase test
过氧化物酶/過氧化物酶 peroxidase, POD
过氧化物酶-抗过氧化物酶/過氧化物酶-抗過氧化物酶,過氧化酵素-抗過氧化酵素 peroxidase-antiperoxidase, PAP
过氧化物酶-抗过氧化物酶技术/過氧化物酶-抗過氧化物酶技術 peroxidase-antiperoxidase technique, PAP technique
过氧化物酶-抗过氧化物酶染色/過氧化物酶-抗過氧化酶染色,PAP 染色 peroxidase-antiperoxidase staining, PAP staining
过氧化物酶体/過氧化物酶體 peroxisome
过氧化物酶体病/過氧化物酶體病 peroxisomal disease
过氧化物酶体引导信号/過氧化物酶體標的訊號 peroxisomal targeting signal, PTS
过氧化物酶体引导序列/過氧化物酶體標的序列 peroxisomal targeting sequence, PTS
过氧化物酶体增殖物激活受体/過氧化物酶體增殖物激活受體 peroxisome proliferator-activated receptor, PPAR
过氧化物酶体自噬/過氧化物酶體自噬 pexophagy
过氧亚硝基/過氧亞硝基 peroxynitrite

H

哈勃-韦斯反应/哈勃-韋斯反應 Harber-Weiss reaction
哈德腺/哈氏腺 Harder gland
哈迪-温伯格定律/哈温定律 Hardy-Weinberg law
哈迪-温伯格平衡/哈迪-温伯格平衡,哈温平衡 Hardy-Weinberg equilibrium
哈迪-温伯格平衡模型/哈温平衡模式 Hardy-Weinberg equilibrium model
哈迪-温伯格原则/哈温原則 Hardy-Weinberg principle
哈克峰/哈克峰 Harker peak
哈克截面/哈克截面 Harker section
哈勒曼-斯特雷夫综合征/海勒曼-史德萊夫氏症候群 Hallermann-Streiff syndrome
哈姆试验/哈姆氏試驗 Ham test
哈森施泰因-赖夏特模型/哈森施泰因-賴夏特模型 Hassenstein-Reichardt model
哈氏管/哈氏管 Haversian canal
哈氏器/哈氏器 Haller organ
哈氏网/哈氏網 Hartig net
哈氏系统/哈氏系統 Haversian system
哈索尔小体/哈氏小體 Hassall corpuscle
哈特兰-拉特利夫方程/哈特蘭-拉特利夫方程式 Hatline-Ratliff equation
哈特纳普病/哈特納布氏疾病 Hartnup disease
哈沃斯投影式/哈沃斯投影式 Haworth projection
海岸林/海岸林,沿岸森林 littoral forest, maritime forest
海岸群落/沿岸群落,沿岸群集 coastal community
海岸湿地/海岸濕地,海洋濕地 marine wetland, coastal wetland
海岸植被/海岸植被,海邊植被 maritime vegetation
海豹肢畸形/海豹肢畸形,短肢畸形 phocomelia
海滨荒漠[群落]/海岸荒原 littorideserta
海滨荒原/海岸荒原 littorideserta
海滨群落/海濱群落 psamathium
海潮林/海潮林 tidal forest
海刺猬型/海刺猬型 glyptocidaroid type
海带多糖/海帶多糖,昆布多糖 laminaran, laminarin
海带二糖/海帶二糖,昆布[二]糖 laminaribiose
海胆类/海膽類 echinoids
海胆凝[集]素/海膽凝素 echinoidin
海胆幼体/海膽幼體 echinopluteus
海胆原基/海膽原基 echinus rudiment
海淡水洄游/河海洄游 diadromy
海登海因小胃/海登漢氏小胃 Heidenhain pouch
海底沉积物/海底沉積物 submarine sediment
海底群落/海底群落,海底群聚 marine bottom community
海底热泉/海底熱泉 hydrothermal vent
海底热泉生态系统/海底熱泉生態系 hydrothermal vent ecosystem
海克诱剂/海克誘劑,己誘劑 hexalure
海拉细胞/海拉細胞,HeLa 細胞 HeLa cell
海流/海流,洋流 ocean current
海马/海馬[體] hippocampus
海马钙结合蛋白/海馬鈣結合蛋白 hippocalcin
海马沟/海馬溝 hippocampal sulcus
海马旁皮质/海馬旁皮層 parahippocampal cortex
海绵动物/海綿動物 sponge
海绵器/海綿器 spongy organ
海绵腔/海綿腔 spongocoel
海绵丝/海綿絲 spongin fiber
海绵丝细胞/海綿絲細胞 spongiablast
海绵体/海綿體 corpus cavernosum
海绵硬蛋白/海綿素 spongin
海绵质/海綿質 spongioplasm
海绵质细胞/海綿質細胞 spongocyte
海绵组织/海綿組織 spongy tissue
海面微表层/海洋微表層 sea-surface microlayer
海螵蛸支架/海螵蛸支架 cuttlefish bone scaffold
海平面变化/海水面運動 eustatic movement
海平面上升/海平面上昇 sea-level rise
海侵时期/海侵時期,海進時期 transgression stage
海人草酸/海人草酸,紅藻氨酸 kainic acid
海参类/海參類 stelleroids
海生植物/海生植物 thalassophyte
海水/海水 marine water
海水浮游生物/鹹水浮游生物,鹽水浮游生物,海水性浮游生物 haliplankton, haloplankton
海水养殖/海水養殖 mariculture
海雪/海雪,海洋雪花 marine snow

海岩群落/海岩群落,海岩群聚 actium
海洋/海洋 marine
海洋沉积物/海洋堆積物 marine deposit
海洋浮游生物/海洋浮游生物,海生浮游生物 halonereid, marine plankton, thalassoplankton
海洋洄游/海洋洄游,純海洋性洄游 oceanodromous migration
海洋牧场/海洋牧場 sea ranching, sea farming
海洋群落/海洋群落,海洋群聚 oceanium
海洋生态系统/海洋生態系 marine ecosystem
海洋生态学/海洋生態學 marine ecology
海洋生态演替/海洋生態演替,海洋生態消長 marine succession
海洋生物群/海洋生物相 marine biota
海洋生物生产力/海洋生物生產力 marine biological productivity
海洋生物学/海洋生物學 marine biology
海洋湿地/海洋濕地,海岸濕地 marine wetland, coastal wetland
海洋微生物学/海洋微生物學 marine microbiology
海洋温盐环流输送带/海洋溫鹽環流輸送帶 oceanic thermohaline conveyor belt
海洋污染/海洋污染 marine pollution
海洋细菌/海洋細菌 marine bacteria
海洋性气候/海洋性氣候 oceanic climate
海藻/海藻 marine algae, thalassophyte
海藻病/藻害 algosis
海藻床/巨藻床 kelp bed, sea-weed bed
海藻酸/藻酸,褐藻糖酸 alginic acid
海藻酸钙/褐藻酸鈣 calcium alginate
海藻糖/海藻糖,花粉糖 trehalose
海藻糖-6,6-二霉菌酸[酯]/海藻糖-6,6-雙分枝菌酸酯 trehalose-6,6-dimycolate
海藻糖酶/海藻糖酶 trehalase
海藻植被/海藻植被 marine algae vegetation
氦氧潜水/氦氧潛水 helium-oxygen diving, heliox diving
氦语音/氦語言 helium voice, helium speech
害虫/害蟲 insect pest
害虫生物防治/害蟲生物防治 biological control of insect pest
害虫压力假说/害蟲壓力假説 pest pressure hypothesis
含氮激素/含氮激素 nitrogenous hormone
含晶厚壁组织/含晶厚壁組織 crystal sclerenchyma
含晶细胞/含晶細胞 crystalliferous cell, crystal cell
含晶异细胞/含晶異形細胞 crystal idioblast
含菌体/含菌體 mycetome, bacteriome
含菌细胞/含菌細胞,足菌腫細胞 mycetocyte, bacteriocyte
GC 含量/GC 含量 G-C content
含氰苷/含氰苷 cyanogentic glycoside
含水层/含水層 aquifer
含水冷冻切片术/含水冷凍切片術 frozen-hydrated section
含水量/含水量 water content
含铁蛋白质/含鐵蛋白質 iron protein
含铁钼蛋白质/含鐵鉬蛋白質 iron-molybdenum protein
含硒 tRNA/含硒 tRNA selenium-containing tRNA
含硒蛋白质/含硒蛋白質 selenoprotein
含硒酶/含硒酶 selenoenzyme
[含]锌酶/[含]鋅酶 zinc enzyme
含羞草氨酸/含羞草氨酸 mimosine
焓/焓 enthalpy
寒带/寒帶 frigid zone, cold zone
寒害/寒害 chilling injury
寒荒漠群落/寒漠群落 frigorideserta
寒极/寒極 cold pole
寒冷防御反应/寒冷防禦反應 cold defense response
寒冷诱发高血压/寒冷誘發高血壓 cold-induced hypertension, CIH
寒冷指数/寒冷係數,冷度指數 coldness index, CI
寒流/寒流 cold current
寒漠/寒漠 cold desert
寒温带/冷溫帶 cool temperate zone
寒武纪/寒武紀 Cambrian, Cambrian Period
寒武纪大爆发/寒武紀大爆發 Cambrian explosion
寒武纪植物/寒武紀植物 Cambrian plant
罕用密码子/罕用密碼子 rare codon
汉密尔顿法则/漢彌頓[氏]法則 Hamilton rule
汗腺/汗腺 sweat gland
旱害/旱害 drought injury
旱期休眠/旱期休眠,乾燥休眠 drought dormancy
旱生常绿灌丛/旱生常綠灌叢,僞馬基灌叢 pseudomacchia, pseudomaqui
旱生动物/旱生動物 xerocole
旱生形态/旱生形態,耐旱形態 xeromorphism
旱生盐土植物/旱生鹽土植物 xerohalophyte
旱生演替/旱生演替,旱生消長 xerarch succession, xeric succession
旱生演替系列/旱生演替系列 xerosere
旱生植被/旱生植被 xeromorphic vegetation
旱生植物/旱生植物,耐旱植物,乾生植物 xerophyte, xerophil, xerophile
旱生植物群落/旱生植物群落 xerophytia

航海生理学/航海生理學 nautical physiology
航空航天生理学/航太生理學 aerospace physiology
航天病/太空病 space sickness
航天生理学/太空生理學 aviation physiology, space physiology
毫米波辐射/毫米波輻射 millimeter wave radiation
好望角植物区/好望角植物區 Cape floral kingdom
好动种类/好動種類 kinetophilous species
好氧不产氧光合作用/好氧不産氧光合作用 aerobic anoxygenic photosynthesis
好氧处理/好氧處理,氧化處理 aerobic treatment
好氧发酵/好氧發酵,嗜氧發酵 aerobic fermentation
好氧培养/需氧培養,嗜氧培養 aerobic culture
好氧生物/好氧生物,需氧性生物 aerobe
耗散结构/耗散結構 dissipative structure
耗散[结构]理论/耗散結構理論 dissipative theory
耗氧量/耗氧量 oxygen consumption, oxygen uptake
禾草/禾草 grass
禾草冻原/禾草凍原 grass tundra
禾草类指数/禾草類指數 agrostological index
禾草稀树草原/禾草稀樹草原,疏林草原 grass savanna
禾草沼泽/禾草沼 grass moor
合瓣/合瓣 gamopetal, sympetaly
合瓣花/合瓣花 sympetalous flower
合瓣花冠/合瓣花冠 gamopetalous corolla, sympetalous corolla
合胞特化/合胞特化 syncytial specification
合胞体/合胞體,融合細胞,合體細胞 syncytium
合胞体论/合胞體論 syncytial theory
合胞体黏腺/合胞體黏腺 syncytial cement
合并选择/組合選擇 combined selection
合并选择指数/組合選擇指數 combined selection index
合唱/合唱,合鳴 chorus
合巢集群/合巢群集 synoecium
cDNA 合成/cDNA 合成 cDNA synthesis
DNA 合成/DNA 合成 DNA synthesis
合成代谢/合成代謝,同化代謝 anabolism
合成后期/合成後期,G_2 期 postsynthetic phase, postsynthetic gap$_2$ period, G_2 phase
合成基因开关/合成基因開關 synthetic gene switch
合成基因振荡器/合成基因振盪器 synthetic gene oscillator
合成基因组/合成基因組,合成基因體 synthetic genome
合成基因组学/合成基因組學,合成基因體學 synthetic genomics
合成接头/合成接頭 synthetic linker
合成抗原/合成抗原 synthetic antigen
合成酶/合成酶 synthetase
合成培养基/合成培養基 synthetic medium
合成期/合成期,S 期 synthesis phase, S phase
合成前期/合成前期 presynthetic phase
合成生物学/合成生物學 synthetic biology
合成肽疫苗/合成肽疫苗 synthetic peptide vaccine
合成仪/合成儀 synthesizer
合成有机材料/合成有機材料 synthetic organic material
合成有机材料支架/合成有機材料支架 synthetic organic material scaffold
合成种/合成種 syndeme, synthetic species
合点/合點 chalaza
合点受精/合點受精 chalazogamy
合点吸器/合點吸器 chalazal haustorium
合法名称/合法名稱 legitimate name
合腹节/合腹節 synsternite
合格发表/合法發表,有效發表 valid publication
合隔桁/合隔桁 synapticulae
合关节/合關節 synarthry
合关节疣/合關節疣 synarthrial tubercle
合核[体]/合[子]核,結合核 synkaryon, syncaryon
合核细胞/合核細胞 synkaryocyte
合欢氨酸/合歡氨酸,脲基丙氨酸 albizziin
合荐骨/愈合薦骨,綜薦骨 synsacrum
合酶/合酶 synthase
ACC 合酶/ACC 合酶 1-aminocyclopropane-1-carboxylate synthase, ACC synthase
ATP 合酶/ATP 合[成]酶 ATP synthase
合鸣/合鳴,合唱 chorus
合模式/全模標本,同模式標本,等價模式標本 syntype, cotype
合膜/合膜 synhymenium
合[片]萼/合[片]萼,萼片合生 synsepal, gamosepal, gamosepalous calyx
合蕊冠/合蕊冠 gynostegium
合蕊柱/合蕊柱 gynostemium
合筛顶系/合篩頂系 ethmophract apical system
合神经节/合神經節 synganglion
合生雌蕊/聚合雌蕊 syncarpous pistil
合生叶/合生葉 connate leaf
合生元/合生元,合生原 synbiotics
合生原/合生原,合生元 synbiotics
合生子房/合生子房 syncarpous ovary
合适性假说/合適性假説 favorableness hypothesis

合体[细胞]滋养层/合胞滋養層,合體細胞營養層,融合細胞滋養層 syncytiotrophoblast
合纤毛/合纖毛 syncilium
合线期/偶絲期,接合絲期 zygotene, zygonema
合意法/共同法 consensus method
合意树/共同樹 consensus tree
合意指标/共同指標 consensus index
合轴/合軸 sympodium
合轴孢子/合軸孢子 sympodulospore
合轴分枝式/合軸分枝式 sympodial branching
合轴花序/合軸花序 sympodial inflorescence
合子/合子 zygote
合子后隔离/合子後分離 postzygotic isolation
合子基因/合子基因 zygotic gene
合子基因表达开始/合子基因表達開始 zygotic gene expression onset
合子囊/合子囊 zygocyst
合子期/合子期,接合期 zygophase
合子前隔离/合子前分離 prezygotic isolation
合子诱导/合子誘導 zygotic induction
合作/合作 cooperation
合作狩猎/協同狩獵 cooperative hunting
河岸林/河岸林,濱岸林 riparian forest
河岸植被/河岸植被,濱岸植被 riparian vegetation
河底生物带/低流區,低流帶 hyporheic zone
河口浮游生物/河口浮游生物 estuarine plankton
河口生态系统/河口生態系 estuarine ecosystem
河口[湾]/河口 estuary
河流浮游生物/河流浮游生物,河川浮游生物 potamoplankton, riverine plankton
河流阶地/河流階地 river terrace
河流连续体概念/河流連續體概念 river continuum concept
河流漂浮生物/河流漂浮生物 heteroplanobios
河流群落/河流群落,河流群聚 potamium, potamic community
河流生态系统/河流生態系 river ecosystem
河鲀毒素/河豚毒素 tetrodotoxin, TTX
荷叶效应/蓮花效應 lotus effect
核/核 stone
核 RNA/核 RNA nuclear RNA
核被膜/核被膜,核套膜 nuclear envelope
核鞭毛系统/核鞭毛系統 karyomastigont
核重编程/核重程式設計 nuclear reprogramming
核重建/核重建 nuclear reconstitution
核穿壁/核突出 nuclear extrusion
核磁共振/核磁共振 nuclear magnetic resonance, NMR
核磁共振波谱法/核磁共振波譜法 nuclear magnetic resonance spectroscopy
核磁共振成像/核磁共振成像,核磁共振造影 nuclear magnetic resonance imaging, NMR-imaging
核袋纤维/核袋纖維 nuclear bag fiber
核蛋白/核蛋白 nucleoprotein
核电磁脉冲/核電磁脈衝 nuclear electromagnetic pulse, nuclear EMP
核定位/核定位 nuclear localization
核定位信号/核定位訊號,核定位訊息 nuclear localization signal, NLS
核定位序列/核定位序列 nuclear localization sequence
核毒素/核毒素 nucleotoxin
核二型性/核二型性,核雙型現象 nuclear dimorphism, nuclear dualism
核分裂/[細胞]核分裂 nuclear division, karyokinesis
核辐射/核輻射 nuclear radiation
核苷/核苷 nucleoside
核苷二磷酸/核苷二磷酸 nucleoside diphosphate, NDP
核苷二磷酸还原酶/核苷二磷酸還原酶 ribonucleoside diphosphate reductase
核苷类抗生素/核苷抗生素類 nucleoside antibiotics
核苷磷酸化酶/核苷磷酸化酶,核苷加磷酸酶 nucleoside phosphorylase
核苷酶/核苷酶 nucleosidase
核苷三磷酸/核苷三磷酸 nucleoside triphosphate, NTP
核苷三磷酸还原酶/核苷三磷酸還原酶 ribonucleoside triphosphate reductase
核苷水解酶/核苷水解酶 nucleoside hydrolase
核苷酸/核苷酸 nucleotide
N 核苷酸/N 核苷酸 N-nucleotide
P 核苷酸/P 核苷酸 P-nucleotide
核苷酸变化/核苷酸變化 nucleotide change
核苷酸残基/核苷酸殘基 nucleotide residue
核苷酸插入/核苷酸插入 nucleotide insertion
核苷酸倒位/核苷酸倒位 nucleotide inversion
核苷酸颠换/核苷酸置換 nucleotide transversion
核苷酸对/核苷酸對 nucleotide pair
核苷酸对替换/核苷酸對取代 nucleotide-pair substitution
核苷酸附加/核苷酸附加 nucleotide addition
核苷酸基转移酶/核苷酸基轉移酶 nucleotidyltransferase
核苷酸焦磷酸酶/核苷酸焦磷酸酶 nucleotide

pyrophosphatase
核苷酸酶/核苷酸酶 nucleotidase
核苷酸切除修复/核苷酸切除修復 nucleotide excision repair, NER
核苷酸缺失/核苷酸缺失 nucleotide deletion
核苷酸水解酶/核苷酸水解酶 nucleotidyl hydrolase
核苷酸糖/核苷酸糖 nucleotide sugar
核苷酸替换/核苷酸取代 nucleotide substitution, nucleotide replacement
核苷酸序列/核苷酸序列,核酸一級結構 nucleotide sequence
核苷酸序列数据库/核苷酸序列資料庫 nucleotide sequence database
核苷酸转换/核苷酸轉換 nucleotide transition
RNA 核苷酸转移酶/RNA 核苷醯轉移酶 RNA nucleotidyltransferase
核苷一磷酸/核苷一磷酸 nucleoside monophosphate, NMP
核苷转运体/核苷轉運體,核苷運輸蛋白 nucleoside transporter
核骨架/核骨架 nuclear skeleton, karyoskeleton
[核]骨架附着区/骨架附著區,支架附著區 scaffold attachment region, SAR
核固缩/核固縮,核濃縮 karyopyknosis, pyknosis
核果/核果 drupe, stone fruit
核果肉/核果肉 naucum
核果状坚果/胡桃果 tryma
核化蛋白/核化蛋白,成核蛋白 nucleating protein
核环/核環 nuclear ring
核黄素/核黄素 riboflavin
核基因/核基因 nuclear gene
核基因组/核基因組,核基因體 nuclear genome
核基质/核基質 nuclear matrix
[核]基质附着区/基質附著區 matrix attachment region, MAR
核精蛋白/核魚精蛋白 nucleoprotamine
核菌地衣/核菌地衣 pyrenolichen
核菌果/核果狀果實 pyrenocarp
核菌类/核菌類 pyrenomycetes, pyrnomycetes
核壳内类病毒/擬病毒 virusoid
核壳[体]/核蛋白殼[體],核衣殼,核蛋白鞘 nucleocapsid
核孔/核孔 nuclear pore
核孔蛋白/核孔蛋白 nucleoporin
核孔复合体/核孔複合體 nuclear pore complex, NPC
核篮/核籃 nuclear basket
核连缀转录分析/核連綴轉録分析 nuclear run-on transcription assay
核链纤维/核鏈纖維 nuclear chain fiber
核帽/核帽 nuclear cap
核酶/核[糖]酶,核糖[核酸]酵素,核酸代酶 ribozyme
核膜/核膜 karyolemma, karyomembrane, nuclear membrane
核膜层蛋白/核[纖]層蛋白,薄片質 lamin
核内倍增/核内複製 endoduplication
核[内]不均一 RNA/不均一核 RNA,異質性核 RNA,異源核 RNA heterogeneous nuclear RNA, hnRNA
核内多倍体/核内多倍體,核内倍數體 endopolyploid
核内多倍体化/核内倍數體化 endopolyploidization
核内多倍性/核内多倍性,核内倍數性 endopolyploidy
核内纺锤体/核内紡錘體 intranuclear spindle
核内含子/核内含子 nuclear intron
核内体/核内體 endosome
核内小 RNA/核内小 RNA small nuclear RNA, snRNA
核内小核糖核蛋白体/核内小核糖核蛋白體 snurposome
核内异质 RNA/不均一核 RNA,異質性核 RNA,異源核 RNA heterogeneous nuclear RNA, hnRNA
核内有丝分裂/核内有絲分裂 mesomitosis, endomitosis
核内[再]复制/核内再複製 endoreduplication
核欧沃豪斯效应/核奥佛豪瑟效應,核奥弗豪澤效應 nuclear Overhauser effect, NOE
核旁体/核旁體 idiosome
核配/核配,核融合 karyogamy
核破裂/核破裂,核崩解 karyorrhexis, karyoclasis
核腔/核腔 nuclear cavity
核球/核球 karyosphere
核仁/核仁 nucleolus
核仁 RNA/核仁 RNA nucleolar RNA
核仁蛋白/核仁蛋白,核仁素 nucleolin
核仁活性过敏/核仁活性過高 nucleolar hyperactivity
核仁结合染色质/核仁附著染色質 nucleolar-associated chromatin
[核仁]颗粒区/顆粒區 pars granulosa
核仁磷蛋白/核仁磷蛋白 nucleophosmin
核仁内粒/核仁内粒 nucleolinus
核仁[内]小 RNA/核仁内小 RNA,小[分子]核仁 RNA small nucleolar RNA, snoRNA
核仁器/核仁器 nucleolar apparatus

核仁区/核仁帶 nucleolar zone
核仁染色体/核仁染色體 nucleolar chromosome
核仁染色质/核仁染色質 nucleolar chromatin, nucleolus chromatin
核仁丝/核仁絲,核仁線團 nucleolonema
[核仁]无定形区/非定形區 pars amorpha
[核仁]纤维蛋白/核仁纖維蛋白,纖維絲蛋白 fibrillarin
[核仁]纤维区/纖維區 pars fibrosa
[核仁]纤维中心/纖維中心 fibrillar center, FC
核仁显性/核仁顯性 nucleolar dominance
核仁线/核仁絲,核仁線團 nucleolonema
核仁小核糖核蛋白/核仁小核糖核蛋白 small nucleolar ribonucleoprotein, snoRNP
核仁液泡/核仁液泡 nucleolus vacuole
核仁缢痕/核仁縊縮部,第二縊縮部 nucleolar constriction
核仁组织区/核仁組成區,核仁組成中心 nucleolar-organizing region, nucleolus-organizing region, NOR
核仁组织区位点多态性/核仁組成區位點多態性 nucleolar organizer region-site polymorphism
核仁组织染色体/核仁組成染色體 nucleolar-organizing chromosome
核仁组织者/核仁組成體,核仁組成中心,核仁組成者 nucleolar organizer
核溶解/核溶解 karyolysis
核融合/核融合 nuclear fusion, karyomixis
核受体/核受體 nuclear receptor
核受体共抑制物/核受體共抑制物 nuclear receptor corepressor, NcoR
核受体家族/核受體家族 nuclear receptor family
[核]输出蛋白/輸出蛋白,[胞核]外輸蛋白 exportin
核输出受体/核輸出受體 nuclear export receptor
核输出信号/核輸出訊號,出核訊號 nuclear export signal, NES
[核]输入蛋白/輸入蛋白,[胞核]内輸蛋白 importin
核输入受体/核輸入受體 nuclear import receptor
核输入信号/核輸入訊號,入核訊號 nuclear import signal, NIS
核双型现象/核雙型現象,核二型性 nuclear dimorphism, nuclear dualism
核丝/核絲 nucleonema, linin
核丝网/核絲網 linin reticulum
核素/核素 nuclein
核酸/核酸 nucleic acid
核酸分子杂交/核酸分子雜交 nucleic acid molecular hybridization, molecular hybridization of nucleic acid
核酸分子杂交检测法/核酸分子雜交檢測法 nucleic acid molecular hybridization assay
核酸酶/核酸酶 nuclease
S1 核酸酶/S1 核酸酶 S1 nuclease
核酸酶保护分析/核酸酶保護分析 nuclease protection assay
S1 核酸酶保护分析/S1 核酸酶保護分析 S1 nuclease protection assay
核酸酶作图/核酸酶定位 nuclease mapping
S1 核酸酶作图/S1 核酸酶作圖,S1 核酸酶定位 S1 nuclease mapping
核酸内切酶/核酸内切酶 endonuclease
AP 核酸内切酶/AP 核酸内切酶,脱嘌呤嘧啶核酸内切酶 AP endonuclease
核酸数据库/核酸數據庫,核酸資料庫 nucleic acid database
核酸探针/核酸探針 nucleic acid probe
核酸外切酶/核酸外切酶 exonuclease
核酸外切酶编辑/核酸外切酶編輯 exonuclease editing
核酸芯片/核酸晶片 nucleic acid chip
核酸序列扩增法/依賴核酸序列擴增法,核酸增幅技術 nucleic acid sequence-based amplification, NASBA
核酸疫苗/核酸疫苗 nucleic acid vaccine
核酸组蛋白/核組蛋白 nucleohistone
核碎裂/核崩解,核破裂 karyorrhexis, karyoclasis
核糖/核糖 ribose
核糖核蛋白/核糖核蛋白 ribonucleoprotein, RNP
核糖核蛋白复合体/核糖核蛋白複合體 ribonucleoprotein complex
核糖核蛋白颗粒/核糖核蛋白顆粒 ribonucleoprotein particle
核糖核苷/核糖核苷 ribonucleoside
核糖核苷酸/核糖核苷酸 ribonucleotide
核糖核苷酸还原酶/核糖核苷酸還原酶 ribonucleotide reductase
核糖核酸/核糖核酸 ribonucleic acid, RNA
核糖核酸编辑/RNA 編輯 RNA editing
核糖核酸多聚体/核糖核酸多聚體 ribopolymer
核糖核酸开关/核糖核酸開關 ribonucleic acid switch
核糖核酸酶/核糖核酸酶,RNA 酶 ribonuclease, RNase
核糖核酸酶 A/核糖核酸酶 A ribonuclease A
核糖核酸酶 H/核糖核酸酶 H ribonuclease H
核糖核酸酶 P/核糖核酸酶 P ribonuclease P
核糖核酸酶 T1/核糖核酸酶 T1 ribonuclease T1
核糖核酸酶保护测定/核糖核酸酶保護檢驗

ribonuclease protection assay, RNase protection assay
核糖基化/核糖基化作用 ribosylation
ADP 核糖基化/ADP 核糖基化[作用] adenosine diphosphate ribosylation, ADP-ribosylation
ADP 核糖基化因子/ADP 核糖基化因子,腺苷二磷酸核糖化因子 ADP-ribosylation factor, ARF
ADP 核糖基化因子结合蛋白/ADP 核糖基化因子結合蛋白 arfaptin
核糖霉素/核糖黴素 ribostamycin
核糖体/核糖體 ribosome
核糖体 DNA/核糖體 DNA ribosomal DNA, rDNA
核糖体 RNA/核糖體 RNA ribosomal RNA, rRNA
核糖体蛋白[质]/核糖體蛋白 ribosomal protein
核糖体 P 蛋白自身抗体/核糖體 P 蛋白自體抗體 ribosomal P-protein autoantibody
核糖体基因/核糖體基因 ribosomal gene
核糖体 RNA 基因/核糖體 RNA 基因 ribosomal RNA gene
核糖体结合糖蛋白/核糖體結合糖蛋白,核糖體受體蛋白 ribophorin
核糖体结合位点/核糖體結合位點,核糖體識別部位 ribosome binding site
核糖体结合序列/核糖體結合序列 ribosome binding sequence, RBS
核糖体进入位点/核糖體進入位點 ribosome entry site
核糖体失活蛋白质/核糖體失活蛋白質 ribosome inactivating protein, RIP
核糖体识别位点/核糖體識別位點,核糖體識別部位 ribosome recognition site
核糖体释放因子/核糖體釋放因子 ribosome releasing factor, RRF
核糖体小 RNA/小分子核糖體 RNA small ribosomal RNA
核糖体亚基/核糖體亞基 ribosomal subunit
核糖体移动/核糖體移動 ribosome movement
核糖体移码/核糖體移碼 ribosomal frameshift
核糖体展示技术/核糖體展示技術 ribosome display
核糖体装配/核糖體裝配 ribosome assembly
核糖体自噬/核糖體自噬 ribophagy
核糖胸苷/核糖胸苷 ribothymidine
核体/核質體 karyoplast
核酮糖/核酮糖 ribulose
核酮糖双磷酸/核酮糖雙磷酸,雙磷酸核酮糖 ribulose bisphosphate
核酮糖-1,5-双磷酸羧化酶/核酮糖-1,5-雙磷酸羧化酶 ribulose-1,5-bisphosphate carboxylase
核酮糖-1,5-双磷酸羧化酶加氧酶/核酮糖-1,5-雙磷酸羧化酶加氧酶 ribulose-1,5-bisphosphate carboxylase-oxygenase, Rubisco
核透明质/核透明質 nucleohyaloplasm, nuclear hyaloplasm
核外基因/核外基因,[細]胞質基因 plasmagene, plasmogene, cytogene
核外粒体/核外粒體 ectosome
核外遗传/核外遺傳 extranuclear inheritance
核外遗传因子/核外遺傳因子 extranuclear genetic element
核网/核網 nucleoreticulum
核网期/核網期 dictyotene stage
核网丝/核網絲 karyomitome
核微粒体/核微粒體 karyomicrosome
核纤层/核纖層 nuclear lamina
核[纤]层蛋白/核[纖]層蛋白,薄片質 lamin
核相交替/核相交替 alternation of nuclear phase
核小核糖核蛋白颗粒/核小核糖核蛋白顆粒 small nuclear ribonucleoprotein particle, snRNP
核小体/核小體 nucleosome
核小体定位/核小體定位 nucleosome positioning
核小体分相/核小體分相 nucleosome phasing
核小体核心/核小體核心 nucleosome core
核小体核心颗粒/核小體核心顆粒 nucleosome core particle
核小体装配/核小體裝配 nucleosome assembly
核心/核心 core
核心 DNA/核心 DNA core DNA
核心分布/蔓延分布,叢生分布 contagious distribution
核心 *O*-聚糖/核心 *O*-聚糖 core *O*-glycan
核心颗粒/核心顆粒 core particle
核心酶/核心酶 core enzyme
核心启动子/核心啟動子 core promoter
核心启动子元件/核心啟動子元件 core promoter element
核心生境/核心棲地 core habitat
核心糖基化/核心糖基化 core glycosylation
核心序列/核心序列 core sequence
核心意识/核心意識 core consciousness
核星体/核星體 karyaster
核星[体]期/核星[體]期 karyaster stage
核形态学/核形態學 karyomorphology
核型/核型,染色體組型 karyotype, caryotype
核型多角体病/核[型]多角體病 nucleopolyhedrosis
核型多角体病毒/核[型]多角體病毒 nuclear polyhedrosis virus, nucleopolyhedrovirus, NPV

核型分类学/核型分類學 karyotaxonomy
核型分析/核型分析 karyotype analysis, karyotyping
核型[模式]图/核型[模式]圖,染色體[組型]圖 karyogram, idiogram, caryogram
核型胚乳/核型胚乳 nuclear type endosperm
核性别/核性别 nuclear sex
核性别鉴定/核性别鑒定 nuclear sexing
核芽生/核出芽 nuclear budding
核液/核液 karyenchyma, karyolymph, nuclear sap
核[液]泡/核[液]泡 nuclear vacuole
核[衣]壳/核衣殻,核蛋白殻[體],核蛋白鞘 nucleocapsid
核移植/核移植 nuclear transplantation, nuclear transfer, NT
核移植胚胎干细胞/核移植胚胎幹細胞 nuclear transfer embryonic stem cell
核移植转基因技术/核移植轉基因技術 nuclear transfer transgenic technology
核遗传学/核遺傳學 karyogenetics
核因子/核因子 nuclear factor
核因子 κB/核因子 κB nuclear factor-κB, NF-κB
核因子 κB 受体激活蛋白/核因子 κB 受體活化物,核因子 κB 受體啟動物 receptor activator of nuclear factor-κB, RANK
核因子 κB 受体激活蛋白配体/核因子 κB 受體活化物配體 receptor activator of nuclear factor-κB ligand, RANKL
核有丝分裂器蛋白/核有絲分裂器蛋白 nuclear mitotic apparatus protein, NuMA
核域/核心區 core area
核质/核質 caryoplasm, karyoplasm, karyotin
核质比/核質比 nucleo-cytoplasmic ratio, karyoplasmic ratio, nucleoplasmic ratio
核质不亲和性/核質不親和性 nucleo-cytoplasmic incompatibility
核质蛋白/核質蛋白 nucleoplasmin
核质关系/核質關係 nucleo-cytoplasmic relation
核质互作/核質相互作用 nucleo-cytoplasmic interaction
核质丝/核質絲 nucleodesma, karyodesma
核质相互作用/核質相互作用 nucleo-cytoplasmic interaction
核质杂种细胞/核質雜種細胞 nucleo-cytoplasmic hybrid cell
核质指数/核質指數 nucleoplasmic index
核周池/核周池 perinuclear cisterna
核周期/核週期 nuclear cycle
核周体/核周體,核周質,圍核質 perikaryon
核周质/核周質,核周體,圍核質 perikaryon
核注射/核注射 nuclear injection
核转录终止分析/核失控分析 nuclear run-off assay
核转位信号/核移位訊號 nuclear translocation signal, NTS
核自旋/核自旋 nuclear spin
核组装/核組裝 nuclear assembly
盒式机制/盒式機制,片盒機制 cassette mechanism
盒式模型/盒式模型 cassette model
盒式诱变/盒式誘變 cassette mutagenesis
颌弓/頜弓,頜弧 mandibular arch
颌口类/有頜類 gnathostomata
颌下腺/頜下腺 submaxillary gland
颌下腺蛋白酶/頜下腺蛋白酶 submaxillary gland protease
颌腺/上頜腺 maxillary gland
赫布假说/赫布假説 Hebb hypothesis
赫布学习律/赫布學習律 Hebbian learning law
赫尔希-蔡斯实验/赫希-卻斯實驗 Hershey-Chase experiment
赫克通肠道菌琼脂/赫克通腸道菌瓊脂 Hektoen enteric agar, HE agar
褐腐/褐腐病 brown rot
褐腐菌/褐腐菌 brown rot fungus
褐煤酸/褐煤酸,二十八烷酸 montanic acid
褐色体/褐色體 brown body
褐色脂肪/褐色脂肪,棕脂肪 brown fat
褐色脂肪组织/褐色脂肪組織 brown fat tissue, brown adipose tissue
褐藻素/褐藻素,脱鎂葉緑素 pheophytin
[褐]藻酸/藻酸,褐藻糖酸 alginic acid
黑白瓶法/明暗瓶法 light and dark bottle method
黑变作用/黑化作用 melanization
黑-伯二氏反射/黑林-伯魯反射 Hering-Breuer reflex
黑潮/黑潮 kuroshio
黑痘病/點潰病,瘡痂病 spot anthracnose
黑粉病/黑穗病 smut disease
黑粉菌/黑穗菌 smut fungus
黑粉菌酸/黑粉菌酸 ustilagic acid
黑钙土/黑鈣土 chernozem
黑化病/黑變病 melanosis
黑化[型]/黑化[型] melanism
黑芥子酶/芥子酶 myrosin
黑克尔律/黑克爾定律 Haeckel law
黑[色]素/黑[色]素 melanin, melanotic pigment
黑色素颗粒/黑[色]素顆粒 melanin granule

黑[色]素体/黑[色]素體 melanosome
黑色素细胞/黑[色]素細胞 melanocyte, melanophore
黑视/黑視 blackout
黑素尿/黑[色]素尿症 melanuria
黑素浓集激素/黑[色]素濃集激素 melanin concentrating hormone, MCH
黑土/黑土,黑色土壤 black soil, black earth
黑细胞组织/黑細胞組織 melasmatic tissue
黑箱理论/黑箱理論 black-box theory
黑箱模型/黑箱模型 black-box model
黑心病/心腐病 black heart
黑星病/黑星病 freckle
黑脂膜/黑脂膜 black lipid membrane, BLM
黑质/黑質 substantia nigra
黑质网状部/黑質網狀部 reticular part of substantia nigra, substantia nigra pars reticulata
黑质纹状体通路/黑質紋狀體通路,黑質紋狀體路徑 nigrostriatal pathway
黑质致密部/黑質緻密部 compact part of substantia nigra, substantia nigra pars compacta
痕迹器官/原始器官,未發育器官,退化器官 rudimentary organ
痕迹条件反射/痕跡條件反射 trace conditioned reflex
痕迹性状/痕跡性狀,痕跡形質 rudimentary character
痕量元素/微量元素 trace element
亨德里克森-拉特曼系数/亨德里克森-拉特曼係數 Hendrick-son-Lattman coefficient
亨盖特培养/亨蓋特培養 Hungate cultivation
亨勒袢/亨[利]氏環,亨勒氏襻 Henle loop
亨利定律/亨利定律 Henry law
亨森结/亨森氏結 Hensen node
恒齿/恆齒 permanent tooth
恒齿齿系/恆齒齒列 permanent dentition
恒定比率重吸收/恆定比率重吸收 constant fraction reabsorption
恒定分泌途径/恆定分泌途徑,固有分泌途徑 constitutive secretory pathway
恒定链/不變異鏈 invariant chain
恒定平截/恆定平截 constant truncation
恒定区/恆定區 constant region, C region
恒定洗脱/等度沖提,等度溶析 isocratic elution
恒定性/恆定性 constancy
恒定性剪接/恆定型剪接,組成型剪接 constitutive splicing
恒定性异染色质/組成型異染色質 constitutive heterochromatin
恒化培养/恆化培養 chemostat culture
恒化器/恆化器 chemostat
恒流灌流/恆流灌流 constant-flow perfusion
恒流搅拌罐反应器/恆流攪拌罐反應器 constant-flow stirred tank reactor
恒渗透压动物/恆滲透壓動物 homoiosmotic animal
恒水性植物/恆水性植物 homoiohydric plant
恒梯度器/恆梯度器 gradostat
恒温动物/恆溫動物 homeothermic animal, homeotherm
恒温培养箱/恆溫培養箱 constant temperature incubator
恒温箱/培養箱 incubator
恒温性/恆溫性 homeothermia, homeothermy, homeothermism
恒温浴槽/恆溫槽 thermostatic bath
恒向趋地性/恆向趨地性 geomenotaxis
恒向趋性/恆向趨性,恆定角度趨向性 menotaxis
恒有度/恆存度,穩定性 constance, constancy
恒有种/恆有種,恆存種,常存種 constant species
恒浊培养/恆濁培養 constant cloud culture
恒浊器/恆濁器 turbidostat
横板/横板 tabula
横背巾膜/横背巾膜 transverse dorsal hood
横锤担子/横錘擔子 chiastobasidium
横带片/横突片 transtilla
横腹型/横腹型 diagastric type
横杆/横桿 transverse rod
横隔[壁]扩张肌/横隔擴張肌 diaphragmatic dilator
横隔[壁]括约肌/横隔括約肌 diaphragmatic sphincter
横管/横管 crossing canal
横管系统/横管系統,T 系統 transverse tubular system
横肌/横肌 transverse muscle, musculus transversalis
横结肠/横結腸 transverse colon
横径/横徑 diameter transversa
横梁/横梁 cross beam
横脉/横脈 crossvein
横桥/横橋 cross-bridge
横桥周期/横橋週期 cross-bridge cycling
横切面/横切面 cross section, transverse section
横生胚珠/横生胚珠 hemitropous ovule
横突/横突 transverse process
横突棘肌/横突棘肌 transversospinalis muscle
横突间肌/横突間肌 intertransverse muscle
横纹面/横紋面 striated area

横卧射线细胞/横臥射線細胞 procumbent ray cell
横向弛豫/横向弛豫 transverse relaxation
横向弛豫优化谱/横向弛豫優化譜 transverse relaxation-optimized spectroscopy, TROSY
横向定位/横向定位 transverse orientation
横向光性/横趨光性 diaphototropism
横向力显微镜/横向力顯微鏡 lateral force microscope, LFM
横向纤维/横向纖維 transverse fiber
横向性/横向性 diatropism
横小管/横小管 transverse tubule, T-tubule
横行毛基单元/横行毛基單元 parateny
横行性/横行性 laterigrade
横叶/横葉 translamella
横缘群/進化群 glade
横枝/横枝 trabecula
红斑/紅斑 erythema
红斑毒素/致紅毒素,發紅毒素 erythrogenic toxin
[红斑]狼疮试验/紅斑性狼瘡試驗 lupus erythematosus test, LE test
[红斑]狼疮细胞/紅斑性狼瘡細胞 lupus erythematosus cell
红比霉素/紅比黴素 rubidomycin
红潮/紅潮,赤潮 red tide, akashio
红蝶呤/紅蝶呤 erythropterin
红光视紫红质/紅光視紫紅質 bathorhodopsin
红光效应/紅光效應 red-light effect
红核/紅核 red nucleus
红核脊髓束/紅核脊髓束,紅核脊髓徑 rubrospinal tract
红糊精/紅[色]糊精 erythrodextrin
红皇后假说/紅皇后假説 Red Queen hypothesis
红肌/紅肌 red muscle
红肌纤维/紅肌纖維 red muscle fiber, red fiber
红假单胞菌素/紅假單胞菌素 rhodopseudomonacin
红降/紅降 red drop
红铃虫性诱剂/紅鈴蟲性誘劑 gossyplure
红绿拮抗细胞/紅綠拮抗細胞 red-green opponent cell
红霉素/紅黴素 erythromycin
红黏土/紅黏土 red clay
红曲/紅麴 hongqu, fermentum rubrum
红壤/紅壤,紅土,磚紅[化]土 red soil, red earth
红肾豆凝集素/植物血凝素 phytohemagglutinin, PHA
红视/紅視 redout
红树林/紅樹林 mangrove
红树林群落/紅樹林群落 mangrove community
红树林生态学/紅樹林生態學 mangrove ecology
红髓/紅髓 red pulp
红体/血體 corpus hemorrhagicum
红土化[作用]/紅土化[作用],紅壤化[作用] lateritization, latosolization
红外差谱术/紅外差譜術 infrared difference spectroscopy
红外分光光度法/紅外分光光度法 infrared spectrophotometry
红外光/紅外[線]光 infrared light, IR light
红外光谱术/紅外光譜法 infrared spectroscopy
红外期/紅外期 exocrythrocytic stage
红外线/紅外線 infrared
红细胞/紅細胞,紅血球 erythrocyte, red blood cell, RBC
红细胞爆裂型集落形成单位/紅血球爆式集落形成單位 erythrocytic burst-forming unit, burst forming unit-erythroid, BFU-E
红细胞变形性/紅細胞變形性 erythrocyte deformability, deformability of red blood cell
红细胞沉降率/紅血球沉降速率,紅血球沉澱率 erythrocyte sedimentation rate, ESR
红细胞叠积/紅細胞疊積,紅細胞聚集,紅細胞疊連 erythrocyte aggregation, erythrocyte rouleux
红细胞发生/紅細胞發生,紅血球生成 erythrocytopoiesis, erythropoiesis
红细胞集落刺激因子/紅血球集落刺激因子 erythroid-colony stimulating factor
红细胞集落形成单位/紅血球集落形成單位 erythrocytic colony forming unit, colony forming unit-erythroid, CFU-E
红细胞聚集/紅細胞聚集,紅細胞疊積,紅細胞疊連 erythrocyte aggregation, erythrocyte rouleux
红细胞抗原/紅血球抗原 red cell antigen
红细胞克吕佩尔样因子/紅血球克呂佩爾樣因子 erythroid Krüppel-like factor, EKLF
红细胞连接抗原抗球蛋白试验/紅血球連接抗原抗球蛋白試驗 red cell-linked antigen antiglobulin test
红细胞滤过指数/紅血球濾過指數 red cell filtration index
红细胞内裂体生殖/紅細胞内裂體生殖 erythrocytic schizogony
红细胞内期/紅細胞内期 erythrocytic phase
红细胞黏附试验/紅血球黏附試驗 red cell adhesion test
红细胞凝集试验/紅血球凝集試驗 erythrocyte agglutination test

红细胞溶解素/溶血素 erythrolysin, hemolysin
红细胞生成/紅細胞發生,紅血球生成 erythrocytopoiesis, erythropoiesis
红细胞生成素受体/紅血球生成素受體 erythropoietin receptor, EPOR
红细胞生成素受体超家族/紅血球生成素受體超家族 erythropoietin receptor superfamily
红细胞糖苷脂/紅血球糖苷脂 globoside
红细胞外裂体生殖/紅血球外裂體生殖 exoerythrocytic schizogony
红细胞外期/紅血球外期 exoerythrocytic stage
红细胞系列鞘糖脂/紅細胞系列糖神經鞘脂質,球系列糖神經鞘脂質 globo-series glycosphingolipid
红细胞血影/紅血球血影 erythrocyte ghost
红腺/紅腺 red gland
红移/紅位移 bathochromic shift
红藻氨酸/紅藻氨酸,海人草酸 kainic acid
红藻淀粉/紅藻澱粉 floridean starch
宏电流/宏電流 macroscopic current
宏分类学/宏分類學,大分類學,巨分類學 macrotaxonomy
宏[观]进化/巨演化,大進化 macroevolution
宏观限制图谱/巨觀限制圖 macrorestriction map
宏基因组/宏基因組,元基因體,元基因組 metagenome
宏基因组学/宏基因組學,元基因組學 metagenomics
宏种晶方法/宏種晶方法 crystal marcoseeding
虹彩病毒/虹彩病毒 iridescent virus, irido virus
虹彩病毒病/虹彩病毒病 iridescent virus disease
虹彩细胞/虹彩細胞,反光細胞 iridocyte
虹管/虹管 siphon
虹膜/虹膜 iris
虹膜反光层/虹膜色素層 iris tapetum
虹膜色素细胞/虹膜色素細胞 iris pigment cell
虹色/虹色,虹彩 iridescence
虹吸式/虹吸式 siphoning type
虹吸式口器/虹吸式口器 siphoning mouthparts
洪积台地/洪積臺地 diluvial upland
洪涝湿地/洪泛濕地 flood wetland
喉/喉 larynx
喉肌/喉肌 muscle of larynx
喉囊/喉囊 gular pouch, gular sac
喉内缩肌/喉内縮肌 internal constrictor muscle of larynx
喉腔/喉腔 laryngeal cavity
喉软骨/喉頭軟骨 laryngeal cartilage
喉凸/下唇瓣突 palate
喉腺/喉腺 laryngeal gland, throat gland
喉褶/喉褶 gular fold, gular plica
猴肾细胞/猴腎細胞 monkey kidney cell
骺/骺 epiphysis
骺板/骺板 epiphyseal plate
后凹椎体/後凹椎體 opisthocoelous centrum
后白蛋白/後白蛋白,後清蛋白 postalbumin
后板/後板 metaplax
后半体/後半體 hysterosoma
后半体板/後半體板 hysterosomal shield
后半体背侧毛/後半體背側毛 dorsolateral hysterosomal seta
后半体背中毛/後半體背中毛 dorsocentral hysterosomal seta
后半体腹毛/後半體腹毛 ventral hysterosomal seta
后半体亚背侧毛/後半體亞背側毛 dorsosublateral hysterosomal seta
后瓣旁簇/後瓣旁簇 posterior parasquamal tuft
后背板/後背板 postnotum, phragmanotum, notogaster
后背板毛/後背板毛 notogastral seta
后背侧板/後背側板 metazonite
后背翅突/後背翅突 scutalaria, posterior notal wing process
后背腕/後背腕 postero-dorsal arm
后闭壳肌/後閉殼肌 posterior adductor muscle
后鞭毛体/後鞭毛體 opisthomastigote
后滨/後濱,後灘 back shore
后冰期/後冰期 post-glacial period
后侧瓣/後側瓣 lateroposterior flap
后侧齿/後側齒 posterior lateral tooth
后侧刺/後側刺 retrolateral spine
后侧缝/後側縫 disjugal suture
后侧毛/後側毛 posterior lateral seta
后侧片/後側片 epimeron, postpleuron
后侧腕/後側腕 postero-lateral arm
后侧眼/後側眼 posterior lateral eye
后层通气法/後層通氣法 posterior layer ventilation
后肠/後腸 proctodeum, proctodaeum, hindgut
后肠门/後腸門 posterior intestinal portal
后肠系膜动脉/後腸系膜動脈 posterior mesenteric artery
后超极化/後超極化 after-hyperpolarization
后成论/後成説,後生説,漸成論 postformation theory, epigenesis theory, epigenesis
后成期/後成期 epigenetic period
后成说/後成説,後生説,漸成論 postformation theory, epigenesis theory, epigenesis

后成现象/後成現象　metathetely
后成[质]体/後生質體　metaplasmic body
后齿堤/後牙堤　retromargin
后除极/後除極,後去極化　after-depolarization
后触腺毛/觸後腺毛　postantennal glandularia
后唇基/後唇基　postclypeus
后唇基节/後唇基節　postmentum
后代测验/後代測驗,後代檢測　progeny test
后带现象/後區現象　back zone phenomenon
后担轮幼体/後擔輪幼體　metatrochophore
后胆色素/後膽色素,膽素,膽汁三烯　bilin
后电位/後電位　after-potential
后顶极/後極相　post climax
后额板/後額板　metaclypeus
后耳骨/後耳骨　opisthotic bone, opisthotica
后发酵/後發酵　secondary fermentation
后房/後房　posterior chamber
后纺器/後紡器,後絲疣　posterior spinneret
后放电/後放電,後遺波　after-discharge
后跗节/後跗節,蹠節　metatarsus
后负荷/後負荷　afterload
后腹部/後腹部　postabdomen
后腹吸盘瓣/後腹吸盤瓣,腹吸盤後瓣　postacetabular flap
后概率/後概率,事後機率　posterior probability
后刚叶/後剛葉　postsetal lobe
后宫型/後宮型　opisthodelphic type
后沟/後溝,後水管　posterior canal
后沟牙/後溝牙　opisthoglyphic tooth
后股节/後股節　postfemur
后关节突/後關節突　posterior articular process
后管肾/後腎管　metanephridium
后环节/後環節　metasomite
后基板/後基板　metacoxa
后基片/後基片　meron
后基因组计划/後基因體計劃　post genome project
后继适应/後繼適應　abaptation
后颊/後頰　postgena
后颊桥/後頰橋　postgenal bridge, genaponta
后尖/後錐　metacone
后节/後節　deutomerite
后颈/後頸　nape
后胫毛/後脛毛　posterior tibiala
后颏/後頦　postmentum
后口动物/後口動物　deuterostome
后口式/後口式　opisthognathous type
后眶部/後眶部　postorbit
后眶鬃/眼緣後剛毛　postorbital bristle
后连合/後連合　posterior commissure
后模[标本]/後模[式],次模式標本　metatype
后脑/後腦,第三腦,食道葉　metencephalon, hind brain, tritocerebrum
后期/後期　anaphase
后期 A/後期 A　anaphase A
后期 B/後期 B　anaphase B
后期促进复合物/細胞分裂後期促進複合體　anaphase-promoting complex, APC
后期反应/後期反應　late phase reaction
后[期]肾/後腎　metanephros
后[期]无节幼体/後無節幼體　metanauplius larva
后期延迟/後期遲延　anaphase lag
后期滞后/後期遲延　anaphase lag
后气门/後氣門,後氣孔　poststigma
后气门孔/後氣門孔　poststigmatic pore
后气门前肋/後氣門前肋　beret
后腔静脉/後腔静脈,後大静脈　postcaval vein
后清蛋白/後清蛋白,後白蛋白　postalbumin
后躯/後軀　metasoma
后去极化/後去極化,後除極　after-depolarization
后若螨/第二若螨,次若螨　deutonymph
后鳃体/後鰓體　ultimobranchial body
后三叉骨针/後三叉骨針　anatriaene
后上侧片/後上側片　subalare, postalifer
后生动物/後生動物　metazoan
后生木质部/後生木質部　metaxylem, deutoxylem
后生韧皮部/後生韌皮部　metaphloem
后生叶/後出葉,成長葉　metaphyll
后示通信/後示通訊　metacommunication
后熟/後熟　aging
后随链/延遲股　lagging strand
后绦蚴/後絛蚴　metacestode
后体/後體　metasome, metasoma
后体腔/後體腔　metacoel
后天免疫/後天免疫　postnatal immunity
后天行为/後天行為,習得行為　learned behavior
后同名/後同名　secondary homonym
后头[部]/後頭部　hind head, occiput
后头触须/後頭觸鬚　occipital cirrus
后头沟/後頭溝　occipital sulcus
后头孔/後頭孔　foramen magnum, occipital foramen
后头神经节/後頭神經節,後頭神經球　occipital ganglion
后头突/後頭突　odontoidea
后头域/後頭域　occipital area
后腕/後腕　posterior arm
后微管/後微管　posterior microtubule

后尾蚴/後尾蚴　excysted metacercaria
后位肾/後腎,晚腎　opisthonephros
后吸盘/後吸盤　posterior sucker
后吸器/後吸器　opisthaptor
后膝毛/後膝毛　posterior genuala
后纤毛环/後纖毛環　metatroch
后向鞭毛/反向鞭毛　recurrent flagellum
后向掩蔽/後向遮蔽,逆向遮蔽　backward masking
后像/後像　after-image
后小动脉/後微動脈　metarteriole
后小尖/後峰　metaconule
后囟/後囟[門]　posterior fontanelle
后星骨针/後星骨針　metaster
后胸/後胸　metathorax
后胸背板/後胸原背板　metanotum
后胸侧板/後胸側板　metapleuron
后胸腹板/後胸腹板　metasternum
后嗅检器/後嗅檢器　aboral osphradium
后续个虫/後續個蟲　successive zooid
后悬骨/後懸骨　postphragma
后选模式/選模[式],選型　lectotype
后循环型/後循環型　metacyclic form
后眼列/後眼列　posterior row of eye
后叶/後葉　posterior lobe, poster
后叶激素运载蛋白/後葉激素運載蛋白,神經垂體素運載蛋白　neurophysin
后裔/後裔　descendance
后翼骨/後翼骨　metapterygoid bone
后阴片/後陰片　lamella postvaginalis
后蛹/第二蛹　deutochrysalis
后幽门管/後幽門管　apochete
后幽门孔/後幽門孔　apopyle
后原肠胚/後原腸胚　metagastrula
后缘区/後緣區　posterior marginal zone
后肢肌/後肢肌　muscle of posterior limb
后肢缺血/後肢缺血　hind limb ischemia, HLI
后肢悬挂/後肢懸掛　hind limb suspension
后直肌/後直肌　posterior rectus muscle
后殖片/後殖片　postgenital sclerite
后中沟/後中溝　posterior median groove
后中眼/後中眼　posterior median eye
后主静脉/後主靜脈　posterior cardinal vein
后转板/後轉板　palintrope
后仔虫/後仔蟲　opisthe
后足/後足　hindleg
后足体/後足體[部]　metapodosoma
后足体腹中毛/後足體腹中毛　medioventral metapodosomal seta
厚孢子囊/真孢子囊,厚壁孢子囊　eusporangium
厚壁孢子/厚壁孢子,厚膜孢子　chlamydospore, chlamydoconidium
厚壁组织/厚壁組織　sclerenchyma
厚齿型/厚齒型　pachyodont
厚角细胞/厚角細胞　collenchymatous cell, collenchyma cell
厚角组织/厚角組織　collenchyma
厚垣孢子/厚壁孢子,厚膜孢子　chlamydospore, chlamydoconidium
厚垣囊/厚膜囊　chlamydocyst
候鸟/候鳥　migrant bird
候选基因/候選基因　candidate gene
候选基因分析/候選基因分析　candidate gene approach
鲎变形细胞溶解物试验/鱟變形細胞溶解物試驗　limulus amoebocyte lysate test, LAL test
鲎抗菌肽/鱟抗菌肽　tachyplesin
鲎凝集素/鱟凝集素　limulin
鲎试验/鱟試驗　limulus assay
呼出气/呼出氣　expiratory gas
呼气/呼氣[作用]　expiration
呼气肌/呼氣肌　expiratory muscle
呼气时间/呼氣時間　expiratory duration
呼吸/呼吸[作用]　respiration
呼吸爆发/呼吸爆發　respiratory burst
呼吸储备/呼吸儲量,呼吸儲備力　breathing reserve
呼吸道阻力/呼吸道阻力,氣道阻力　airway resistance
呼吸道阻塞/呼吸道阻塞　respiratory tract obstruction
呼吸毒剂/呼吸毒物　respiratory poison
呼吸根/呼吸根　respiratory root, breathing root, pneumathodium
呼吸功/呼吸功　work of breathing
呼吸管/呼吸管　respiratory tube
呼吸过度/呼吸過度,呼吸增強　hyperpnea
呼吸过缓/呼吸徐緩　bradypnea
呼吸过速/呼吸急促,呼吸速迫　tachypnea
呼吸缓慢/呼吸徐緩　bradypnea
呼吸肌/呼吸肌　respiratory muscle
呼吸肌本体感受性反射/呼吸肌本體感受性反射　proprioceptive reflex of respiratory muscle
呼吸肌麻痹/呼吸肌麻痺　respiratory muscle paralysis, RMP
呼吸急促/呼吸急促,呼吸速迫　tachypnea
呼吸计/呼吸計　respirometer
呼吸减弱/呼吸不足,呼吸淺慢　hypopnea

呼吸角/呼吸角,喇叭狀呼吸管　respiratory trumpet
呼吸节律/呼吸節律　respiratory rhythm
呼吸窘迫综合征/呼吸窘迫綜合症　respiratory distress syndrome, RDS
呼吸孔/呼吸孔,通氣孔,噴氣孔　respiratory pore, air pore, blow hole
呼吸控制率/呼吸控制率　respiratory control ratio, RCR
呼吸困难/呼吸困難　dyspnea
呼吸力学/呼吸力學　breathing mechanics
呼吸链/呼吸鏈　respiratory chain
呼吸流/呼吸流　respiratory current
呼吸酶/呼吸酶,呼吸酵素　respiration enzyme, respiratory enzyme
呼吸描记器/呼吸描記器,呼吸描記圖　pneumograph, pneumatogram
呼吸膜/呼吸膜　respiratory membrane
呼吸频率/呼吸頻率　respiratory frequency
呼吸期/呼吸期　respiratory phase
呼吸器官/呼吸器官　respiratory organ
呼吸强度/呼吸強度　respiratory intensity
呼吸色素/呼吸色素　respiratory pigment
呼吸色素原/呼吸色素原　respiration chromogen
呼吸商/呼吸商　respiratory quotient, RQ
呼吸神经元/呼吸神經元　respiratory neuron
呼吸生理学/呼吸生理學　respiratory physiology
呼吸生物量比/呼吸生物量比　respiration to biomass ratio
呼吸树/呼吸樹　respiratory tree
呼吸丝/呼吸絲　respiratory filament
呼吸速率/呼吸[速]率　respiratory rate
呼吸速率计/呼吸速度描記器　pneumotachograph
呼吸损失/呼吸損失　respiration loss
呼吸调整中枢/呼吸調節中樞　pneumotaxic center
呼吸停止/呼吸停止　respiratory arrest
呼吸系数/呼吸係數　respiration coefficient, respiratory coefficient
呼吸系统/呼吸系統　respiratory system
呼吸消费量/呼吸消耗量　respiratory consumption
呼吸效率/呼吸效率　respiration efficiency
呼吸型式/呼吸型　breathing pattern
呼吸性蒸发散热/呼吸性蒸發散熱　respiratory evaporative heat loss
呼吸跃变/呼吸躍變　climacteric
呼吸运动/呼吸運動　respiratory movement
呼吸暂停/呼吸暫停,窒息性失眠　apnea, apnoea
呼吸增强/呼吸增強,呼吸過度　hyperpnea
呼吸中枢/呼吸中樞　respiratory center
呼吸周期/呼吸週期　breathing cycle
忽视综合征/忽視綜合症,忽視症候群　neglect syndrome
弧骨/弧骨　compass
弧菌/弧菌　vibrio
弧菌溶血素/弧菌溶血素　vibriolysin
弧形骨针/弧形骨針　bracket
弧形脉序/弧形脈序　arcuate venation
弧胸型/弧胸型　arcifera
胡蜂巢/胡蜂巢　vesparium
胡椒型/胡椒型　piperad type
胡萝卜醇/胡蘿蔔素醇　carotenol, carotol
胡萝卜素/胡蘿蔔素　carotene
β-胡萝卜素/β-胡蘿蔔素　β-carotene
胡萝卜素双加氧酶/胡蘿蔔素雙加氧酶　carotene dioxygenase
胡斯坦碱基配对/胡斯坦鹼基配對　Hoogsteen base pairing
壶腹/壺腹　ampulla
壶腹嵴/壺腹嵴　crista ampullaris
壶腹帽/壺腹帽　cupula
壶菌/壺狀菌　chytrid
壶状腺/壺狀腺　ampulliform gland
湖底静水层/湖下層,底水層　hypolimnile, hypolimnion
湖上层/表水層　epilimnile, epilimnion
湖下层/湖下層,底水層　hypolimnile, hypolimnion
湖相沉积/湖泊沉積　lacustrine deposit
湖心浮游生物/湖心浮游生物　eulimnoplankton
湖沼带/湖沼帶,湖沼區　limnetic zone
湖沼动物/湖沼動物　limnicole
湖沼浮游生物/湖沼浮游生物,淡水浮游生物　limnoplankton, freshwater plankton
湖沼群落/湖沼群落,鹽湖群落　limnium
湖沼湿地/湖泊濕地,湖積濕地　lacustrine wetland
湖沼学/湖沼學,淡水生物學,陸水學　limnology
槲果/槲果　acorn
槲寄生毒蛋白/槲寄生毒蛋白　viscusin
槲寄生凝集素/槲寄生凝集素　mistletoe lectin, viscumin
糊粉/糊粉　aleurone
糊粉层/糊粉層　aleurone layer
糊粉粒/糊粉粒　aleurone grain
糊精/糊精　dextrin, amylin
糊精结晶生成试验/糊精結晶生成試驗　dextrin crystal formation test
α-糊精酶/α-糊精酶　α-dextrinase
α-糊精内切-1,6-α-葡糖苷酶/α-糊精内切-1,6-α-

葡糖苷酶 α-dextrin endo-1,6-α-glucosidase
虎克定律/虎克定律 Hooke law
虎蛇毒蛋白/虎蛇毒蛋白 notexin
琥珀/琥珀型 amber
琥珀密码子/琥珀[型]密碼子 amber codon
琥珀酸/琥珀酸,丁二酸 succinic acid, amber acid
琥珀酸脱氢酶/琥珀酸脱氫酶 succinate dehydrogenase
琥珀突变/琥珀型突變 amber mutation
琥珀突变校正基因/琥珀突變校正基因,琥珀突變抑制基因 amber mutation suppressor, amber suppressor
琥珀突变体/琥珀[型]突變體,琥珀突變種 amber mutant
琥珀突变型/琥珀[型]突變體,琥珀突變種 amber mutant
琥珀突变抑制基因/琥珀突變抑制基因,琥珀突變校正基因 amber mutation suppressor, amber suppressor
琥珀[突变]阻抑/琥珀抑制,琥珀校正 amber suppression
琥珀突变阻抑基因/琥珀突變抑制基因,琥珀突變校正基因 amber mutation suppressor, amber suppressor
琥珀酰胆碱/琥珀醯膽鹼 succinylcholine
琥珀酰辅酶 A/琥珀醯輔酶 A succinylcoenzyme A
琥珀酰化/琥珀酰化,琥珀醯化 succinylation
琥珀酰聚糖/琥珀醯聚糖 succinoglycan
互变异构/互變異構 tautomerism
互变异构体/互變異構體,異構互變體 tautomer
互变异构移位/轉位異構互變 tautomeric shift
互补/互補 complementary
互补 DNA/互補 DNA complementary DNA, cDNA
互补 RNA/互補 RNA complementary RNA, cRNA
α-互补/α-互補 α-complementation, alpha-complemention
互补测验/互補測驗 complementation test
互补分析/互補分析 complementation analysis
互补基因/互補基因 complementary gene
互补碱基/互補鹼基 complementary base
互补交配/互補交配 complementary mating
互补决定区/互補決定區 complementary-determining region, CDR
互补决定区移植抗体/人類化抗體,CDR 移植抗體 complementary-determining region grafted antibody, CDR grafted antibody
互补链/互補鏈,互補股 complementary chain, complementary strand
互补锚定 PCR/互補錨定 PCR complementary anchored PCR
互补群/互補群 complementation group
互补色/[互]補色 complementary color
互补色适应/互補色適應 complementary chromatic adaptation
互补 DNA 探针/互補 DNA 探針 complementary DNA probe, cDNA probe
互补图/互補圖 complementation map
互补位/互補位,對位 paratope
互补 DNA 文库/互補 DNA 庫,cDNA 庫 complementary DNA library, cDNA library
互补效应/互補效應 complementary effect
互补型/互補型 complementary type
互补性/互補性 complementarity
互补序列/互補序列 complementary sequence
互补[作用]/互補作用 complementation
互斥相/互斥相 repulsion phase
互传人兽互通病/互傳人獸互通病 amphixenosis
互感反应/同感反應 consensual reaction
互感性对光反射/互感性對光反射 consensual light reflex
互惠共生/互利共生,互依共存,互搏共生 mutualism, mutualistic symbiosis
互惠集群/互惠群集 symphilia
互接种族/互接種族 cross inoculation group
互抗/互抗 mutual antagonism
互利/互利 reciprocal altruism
互利共生/互利共生,互依共存,互搏共生 mutualism, mutualistic symbiosis
互利素/互利素,互益素,新洛蒙 synomone
互列纹孔式/互列紋孔式 alternate pitting
互生/後繼共生,後續共生 metabiosis
互生叶/互生葉 alternate leaf
互生叶序/互生葉序 alternate phyllotaxis
互锁机制/互鎖機制 interlocking mechanism
互锁染色体/互鎖染色體 interlocked chromosome
互相关系数/互相關係數 cross-correlation coefficient
互养共栖/互飼現象,互養作用,營養共生 syntrophism, syntrophy
互益素/互益素,互利素,新洛蒙 synomone
互引相/相引相 coupling phase
互营/互飼現象,互養作用,營養共生 syntrophism, syntrophy
互作偏差/交互偏差 interaction deviation
互作效应/交互作用效應 interaction effect
护骨素/護骨素,蝕骨細胞抑制因子

osteoprotegerin, OPG
护骨因子/護骨素,蝕骨細胞抑制因子 osteoprotegerin, OPG
护骨因子配体/蝕骨細胞抑制因子配體 osteoprotegerin ligand, OPGL
护器/護器 tutaculum
花/花 flower, blossom
花斑/花斑 variegation
花斑染色/雜色染色 harlequin staining
花斑染色体/雜色染色體 harlequin chromosome
花斑位置效应/斑紋位置效果 variegated position effect
花斑叶/斑葉病 mottle leaf
花瓣/花瓣 petal
花瓣化/花瓣化 petaloidy
花瓣维管束/花瓣維管束 petal bundle
花被/花被 perigone, floral envelope, perianth
花被卷叠式/花被捲疊式 aestivation, prefloration
花被片/花被片 tepal, perianth lobe, perianth segment
花柄/花柄,花梗 pedicel
花程式/花式 floral formula
花唇骨针/花唇骨針 candelabrum
花簇/花簇,花叢 flower cluster
花萼/花萼 calyx
花萼瓣化性/花瓣花萼 calycanthemy
花粉/花粉 pollen, anther dust
花粉败育/花粉退化 pollen abortion
花粉板/花粉板 pollen plate
花粉病/花粉病 pollenosis
花粉不育性/花粉不育性,花粉不孕性 pollen sterility
花粉超敏反应/花粉過敏反應 pollen hypersensitivity
花粉分离/花粉分離 pollen segregation
花粉分析/花粉分析 pollen analysis
花粉复壮/花粉機能恢復 pollen restoration
花粉管/花粉管 pollen tube
花粉管核/花粉管核 pollen tube nucleus
花粉管竞争/花粉管競争 pollen tube competition
花粉管通道法/花粉管通道法 pollen tube pathway
花粉管细胞/花粉管細胞 pollen tube cell
花粉激素/花粉激素 pollen hormone
花粉夹/花粉夾 pollen press
花粉块/花粉塊 pollen mass
花粉块柄/花粉塊柄 caudicle
花粉篮/花粉籃,花粉槽,花粉筐 pollen basket, corbicula
花粉粒/花粉粒 pollen grain
花粉粒有丝分裂/花粉粒有絲分裂 pollen grain mitosis
花粉流/花粉流 pollen flow
花粉母细胞/花粉母細胞 pollen mother cell
花粉囊/花粉囊 pollen sac
花粉胚囊/花粉胚囊 pollen embryo sac
花粉培养/花粉培養 pollen culture
花粉谱/花粉譜 pollen spectrum
花粉鞘/花粉鞘 pollenkitt
花粉亲本/花粉親體,雄親 pollen parent
花粉刷/花粉刷 pollen brush, scopa
花粉四分体/花粉四分子 pollen tetrad
花粉四面体/花粉四面體 pollen tetrahedron
花粉图式/花粉分布圖,花粉圖[譜] pollen diagram
花粉团/花粉團 pollinarium
花粉外壁/花粉外壁 exine, extine
花粉致死/花粉致死 pollen lethal
花盖/花蓋 perigone
花梗/花梗,花柄 pedicel
花冠/花冠 corolla
花冠裂片/花冠裂片 corolla lobe
花冠筒/花冠筒 corolla tube
花冠檐/花冠緣 corolla limb
花管/花管,花冠筒 floral tube
花后现象/花後現象 postfloral phenomena, postfloration
花候/花季 flowering season
花黄素/花黄素 anthochlorin, anthoxanthin
花葵苷/天竺葵花青素,天竺葵花紅素 pelargonin
花葵素/天竺葵花色苷基 pelargonidin
花蕾/花蕾,花芽 floral bud, flower bud, alabastrum
花轮/花輪 floral whorl
花轮减少/花輪減少 oligotaxy
花蜜/花蜜 nectar
花蜜腺/花蜜腺 floral nectary
花内蜜腺/花内蜜腺 intrafloral nectary
花盘/花盤 floral disc
花期灌溉/花期灌溉 irrigation at flowering stage
花器官/花器官 floral organ
花蕊同长/花蕊同長 homogony
花蕊异长/花蕊異長 heterogony
花色素/花色素,花青素 anthocyanidin
花色[素]苷/花青[素]苷 anthocyanin
花色素苷载体/花青素體 anthocyanophore
花色素酶/花色素酶 anthocyanase
花生凝集素/花生凝集素 peanut agglutinin, PNA
花生四烯酸/花生四烯酸 arachidonic acid, AA
花生酸/花生酸,二十烷酸 arachidic acid, eicosanoic

acid
花束期/花束期 bouquet stage
花束状短果枝/花束狀果枝 bouquet spur
花丝/花絲 filament
花丝骨针/花絲骨針 floricome
花坛/花壇 flower bed
花葶/花葶 scape
花图解/花誌 anthography
花图式/花圖式 floral diagram
花托/花托 floral receptacle, thalamus
花外蜜腺/花外蜜腺 extrafloral nectary
花纹样体/花紋樣體 rosette
花形口缘/花形口緣 floscelle
花序/花序 inflorescence
花序梗/總花梗,穗梗 peduncle
花序轴/花序軸 rachis
花芽/花芽,花蕾 floral bud, flower bud, alabastrum
花芽分化/花芽分化 flower bud differentiation
花药/花藥 anther
花椰菜花叶病毒/花椰菜嵌紋病毒,花椰菜鑲嵌病毒 cauliflower mosaic virus, CaMV
花椰菜花叶病毒35S启动子/花椰菜嵌紋病毒35S 啟動子 cauliflower mosaic virus 35S promoter
花叶/花葉 floral leaf
花颖/花穎 flowering glume
花原端/花莖端 floral apex
花原基/花原基 flower primordium
花枝末梢/花枝末梢 flower-spray ending
花轴/花軸 floral axis
花柱/花柱 style
花柱道/花柱溝 stylar canal, style canal
[花]柱基/花柱下盤,柱腳 stylopodium
花柱嫁接法/花柱嫁接法 style grafting method
花柱同长/花柱同長,花柱等長 homostyle, homostyly
花柱异长/花柱異長,異形花柱 heterostyle, heterostyly
花柱异长花/異柱花 heterostyled flower
花柱异长现象/花柱異長性 heterostylism
划痕试验/刮痕試驗 scratch test
划线[分离]/劃線接種 streaking
划线培养/劃線培養 streak cultivation
划线培养物/劃線培養菌 streak culture
划线平板/劃線平板 streak plate
华莱士线/華萊士線 Wallace line
滑车/滑車 trochlea
滑车神经/滑車神經 trochlear nerve
滑动钳/滑動鉗 sliding clamp
滑膜/滑膜 synovial membrane
滑膜关节/滑膜關節 synovial joint
滑卡/滑動鉗 sliding clamp
滑行/滑行 gliding, sliding
滑行细菌/滑行細菌 gliding bacteria
滑行细丝学说/滑行[細絲]學說 sliding filament theory
化粪池系统/化糞池系統 septic tank system
化感毛/化感毛 chemosensory seta
化工醇/化工醇 chemical polyol
化能合成/化能合成作用 chemosynthesis
化能无机异养/化能無機異養 chemolithoheterotrophy
化能无机营养/化能無機營養,無機化能營養 chemolithotrophy
化能无机营养菌/化能無機營養菌 chemolithotrophic bacteria
化能无机自养/化能無機自養 chemolithoautotrophy
化能异养/化能異養 chemoheterotrophy
化能异养菌/化能異養菌 chemoheterotrophic bacteria
化能异养生物/化能異養生物 chemoheterotroph
化能营养/化能營養 chemotrophy
化能有机营养/化能有機營養 chemoorganotrophy
化能有机营养菌/化能有機營養菌 chemoorganotrophic bacteria
化能自养/化能自養,化學自營現象 chemoautotrophy, chemoautotrophism
化能自养菌/化能自養菌 chemoautotrophic bacteria
化能自养生物/化能自養生物,化學自營生物,化合自營生物 chemoautotroph
化生/化生,組織轉化,轉變 metaplasia
化石/化石 fossil
化石化作用/化石化作用 fossilization
化石群落/化石群集 oryctocoenosis, oryktocoenosis
化石生物群落/化石群聚 fossil biocoenosis
化石种/化石種 fossil species
化性/化性 voltinism
化学不育剂/化學不育劑 chemosterilant
DNA化学测序法/DNA化學測序法 chemical method of DNA sequencing
化学除叶/藥劑脱葉 chemical defoliation
化学传递/化學傳遞 chemical transmission
化学刺激/化學刺激 chemical irritation
化学刺激物/化學刺激物 chemical irritant
化学错配裂解/化學錯配裂解法,錯配化學切割 chemical mismatch cleavage, CMC
化学错配切割/化學錯配裂解法,錯配化學切割

chemical mismatch cleavage, CMC
化学递质/化學遞質,化學傳遞物質 chemical transmitter
化学发光/化學發光,化學冷光 chemiluminescence
化学发光标记/化學發光標記 chemiluminescence labeling
化学发光分析/化學發光分析 chemiluminometry
化学发光酶免疫测定/化學發光酶免疫分析 chemiluminescence enzyme immunoassay
化学发光免疫测定/化學發光免疫分析 chemiluminescence immunoassay, CLIA
化学发光免疫分析/化學發光免疫分析 chemiluminescence immunoassay, CLIA
化学发光自显影/化學發光自顯影,化學冷光自顯影 chemiluminescent autography
化学法/化學方法 chemical method
化学防卫/化學防衛,化學防禦 chemical defense
化学防御/化學防禦,化學防衛 chemical defense
化学防治/化學防治 chemical control
化学分化/化學分化 chemical differentiation
化学分类学/化學分類學 chemotaxonomy
化学分析/化學分析 chemical analysis
化学改性法/化學改性法 chemical modification method
化学感觉/化學感覺 chemoreception
化学感受器/化學[感]受器,化學受體 chemoreceptor
化学感受性反射/化學感受性反射 chemoreceptor reflex
化学固定/化學固定,化學固著 chemical fixation
化学光度计/測光計,感光計,光量計 actinometer
化学规定饲料/化學規定飼料 chemically defined diet
化学合成/化學合成 chemical synthesis, chemosynthesis
化学环境/化學環境 chemical environment
化学基因组学/化學基因體學 chemical genomics
化学降解法/化學降解法 chemical degradation method
化学进化/化學進化 chemical evolution
化学疗法/化學療法 chemotherapy
化学-门控离子通道/化學-門控離子通道 chemical-gated ion channel
化学免疫治疗/化學免疫療法 chemoimmunotherapy
化学灭菌法/化學殺菌[法] chemical sterilization
化学能/化學能 chemical energy
化学排斥物/化學排斥物 chemorepellent
化学胚胎学/化學胚胎學 chemical embryology
化学屏障/化學屏障 chemical barrier
化学渗透/化學滲透 chemiosmosis
化学渗透假说/化學滲透假説 chemiosmotic hypothesis
化学生态学/化學生態學 chemical ecology
化学受体/化學受體,化學[感]受器 chemoreceptor
化学梯度/化學性質梯度,化學性質漸差 chemogradient
化学调节/化學調節 chemical regulation
化学通信/化學通信 chemical communication
化学突触/化學突觸 chemical synapse
化学突触传递/化學突觸傳遞 chemical synaptic transmission
化学脱叶/藥劑脱葉 chemical defoliation
化学位移/化學位移 chemical shift
化学限定培养基/化學性界定培養基 chemically defined medium
化学信号/化學訊號 chemical signal
化学信使/化學信使,化學傳訊者 chemical messenger
化学型/化學型 chemovar, chemotype
化学性体温调节/化學性體温調節 chemical thermoregulation
化学[性]消化/化學[性]消化 chemical digestion
化学性质/化學特性 chemical property
化学修复/化學修復 chemical remediation
化学修饰/化學修飾 chemical modification
化学需氧量/化學需氧量 chemical oxygen demand, COD
化学诱变/化學誘變 chemical mutagenesis
化学诱变剂/化學誘變劑,化學誘變原 chemical mutagen
化学诱导去核法/化學誘導去核法 chemical-induced enucleation
化学治疗剂/化學治療劑 chemotherapeutic agent
化蛹激素/化蛹激素 pupation hormone
化源感觉/化源感覺 topochemical sense
化妆品用酶/化妝品用酶 enzyme for cosmetics
怀丁苷/懷丁苷 wybutosine
怀俄苷/懷俄苷 wyosine
怀孕/懷孕,妊娠 pregnancy, gestation
槐糖/槐糖 sophorose
踝/踝,跗 ankle
踝臂指数/踝臂指數 ankle-brachial index, ABI
踝蛋白/連絲蛋白 talin
踝关节/踝關節 ankle joint
坏死/壞死 necrosis
坏死斑/壞疽斑 necrotic spot

坏死病毒/壞死病毒 necrosis virus
坏死毒素/壞死毒素,潰死毒素 necrotoxin
坏死性淋巴结炎/壞死性淋巴結炎 necrotizing lymphadenitis
坏死营养/壞死營養 necrotrophy
坏死组织激素/壞死激素,潰瘍激素 necrohormone
还原方法/還原法 reduction method
还原剂/還原劑 reducer, reductant
还原论/還原主義,簡化論,化約主義 reductionism
还原酶/還原酶 reductase
还原末端/還原末端 reducing terminus
还原型辅酶Ⅰ/還原型輔酶Ⅰ,還原型菸鹼醯胺腺嘌呤二核苷酸 reduced nicotinamide adenine dinucleotide, NADH
还原型辅酶Ⅱ/還原型輔酶Ⅱ,還原型菸鹼醯胺腺嘌呤二核苷酸磷酸 reduced nicotinamide adenine dinucleotide phosphate, NADPH
还原型黄素腺嘌呤二核苷酸/還原型黃素腺嘌呤二核苷酸 reduced flavin adenine dinucleotide, $FADH_2$
还原型烟酰胺腺嘌呤二核苷酸/還原型菸鹼醯胺腺嘌呤二核苷酸,還原型輔酶Ⅰ reduced nicotinamide adenine dinucleotide, NADH
还原型烟酰胺腺嘌呤二核苷酸磷酸/還原型菸鹼醯胺腺嘌呤二核苷酸磷酸,還原型輔酶Ⅱ reduced nicotinamide adenine dinucleotide phosphate, NADPH
还原性模型/簡化模型,化約模型 reductionistic model
还原血红蛋白/還原血紅蛋白 reduced hemoglobin
还原应激/還原應激 reductive stress
还原者/分解者 decomposer
环/環 loop
D环/D環,二氫尿嘧啶環 dihydrouracil loop, D-loop
DNA环/DNA環 DNA loop, DNA circle
R环/R環 R loop
环岸带/環岸帶 circalittoral zone
环斑病/環斑病,輪紋病 ring spot
环孢[菌]素/環孢素 cyclosporin
环孢素A/環孢素A cyclosporin A, CsA
环层小体/環層小體 lamellar corpuscle
环带/環帶 clitellum, girdle
环带胎盘/環帶胎盤 zonary placenta
环丁烷嘧啶二聚体/環丁烷嘧啶二聚體 cyclobutane pyrimidine dimmer, CPD
环二磷酸腺苷核糖/環二磷酸腺苷核糖 cyclic adenosine diphosphate ribose, cADPR
环割/環剥 girdling
环庚糖/七環糖 septanose
环骨板/環骨板 circumferential lamella
环管/環管 tubulus annulatus, sperm access, circular canal
环管薄壁组织/環管薄壁組織 vasicentric parenchyma
环管口/環管口 solenostome
D环合成/D環合成 D-loop synthesis
环核苷酸/環核苷酸 cyclic nucleotide
环核苷酸磷酸二酯酶/環核苷酸磷酸二酯酶 cyclic nucleotide phosphodiesterase
环核苷酸门控通道/環核苷酸門控通道 cyclic nucleotide-gated channel
环痕/環痕 annellide
环痕[分生]孢子/環痕孢子 annelloconidium, annellospore
环痕梗/環痕梗 annellophore
环糊精/環化糊精,環狀澱粉 cyclodextrin
环糊精模拟酶/環糊精模擬酶 cyclodextrin mimetic enzyme
环化酶/環化酶 cyclase
环肌/環肌 circular muscle
环己六醇/環己六醇,肌醇 inositol
环己酰亚胺/環己醯亞胺,放線菌酮 cycloheximide
环加氧酶/環加氧酶,環氧合酶 cyclooxygenase, COX
环甲肌/環甲肌 cricothyroid muscle
环礁/環礁 atoll
环境/環境 environment
环境安全性/環境安全 environmental safety
环境保护/環境保護,環境保育 environmental conservation
环境变异/環境變異 environmental variation
环境承载力/環境負荷量,環境容納量,環境承載量 environmental carrying capacity
环境毒理学/環境毒理學 environmental toxicology
环境多态现象/環境多型現象 environmental polymorphism
环境反应/環境反應 biapocrisis
环境方差/環境變方 environmental variance
环境工程/環境工程 environmental engineering
环境光生物学/環境光生物學 environmental photobiology
环境基因组计划/環境基因體計劃 environmental genome project
环境基因组学/環境基因體學 environmental genomics

环境激素/環境激素,環境賀爾蒙,環境荷爾蒙 environmental hormone
环境绩效指标/環境績效指標 environmental performance index, EPI
环境[决定]论/環境[決定]論 environmentalism
环境决定性/環境決定性 environmental determination
环境抗性/環境抗性,環境阻力 environmental resistance
环境昆虫学/環境昆蟲學 environmental entomology
环境离差/環境偏差 environmental deviation
环境取向/環境取向 environmental preference
环境容量/環境容量 environmental capacity
环境生理学/環境生理學 environmental physiology
环境生物安全/環境生物安全 environmental biosafety
环境生物物理学/環境生物物理學 environmental biophysics
环境生物学/環境生物學 environmental biology
环境适合度/環境適合度 environmental fitness, fitness of environment
环境适应/環境適應 environmental adaptation
环境释放试验/環境釋放試驗 enlarged field testing
环境梯度/環境梯度 environmental gradient
环境退化/環境退化 environmental degradation
环境微生物学/環境微生物學 environmental microbiology
环境温度/環境溫度 ambient temperature
环境相关[性]/環境相關性 environmental correlation
环境响应性纳米给药系统/環境回應性奈米給藥系統 stimuli-responsive nanodrug delivery system
环境效应/環境效應 environmental effect
环境协方差/環境變積,環境協變方 environmental covariance
环境性别决定/環境性決定 environmental sex determination
环境选择/環境選擇,環境淘汰 environmental selection
环境异质性假说/環境異質性假説 environmental heterogeneity hypothesis
环境因子/環境因子 environmental factor
环境影响评估/環境影響評估 environmental impact assessment, EIA
环境指标/環境指標 environmental indicator
环境质量/環境品質 environmental quality
环境质量标准/環境品質標準 environmental quality standard
环境自净/環境自淨 environmental self-purification, environmental self-cleaning
环境综合体/環境綜合體,環境複合體 environmental complex
环境阻力/環境阻力,環境抗性 environmental resistance
环孔材/環孔材 ring porous wood
环列叶肉/環列葉肉 centric mesophyll
环磷酰胺/環磷醯胺 cyclophosphamide
环流发酵罐/環流發酵槽 loop fermenter
环流圈/環流圈 circulation cell
环卵沉淀反应/環卵沉澱反應 circumoval precipitate reaction, COPR
环鸟苷酸/環鳥苷酸,環鳥[核]苷單磷酸,環單磷酸鳥苷 cyclic guanylic acid, cyclic guanosine monophosphate, cGMP
环鸟苷酸特异性磷酸二酯酶/環鳥苷酸特異性磷酸二酯酶 cyclic guanosine monophosphate-specific phosphodiesterase, cGMP-specific phosphodiesterase
环腔/環腔 ring coelom
环绕细胞/環繞細胞 encircling cell
环杓背肌/背環杓肌 dorsal cricoarytenoid muscle
环杓侧肌/側環杓肌 lateral cricoarytenoid muscle
环生/環生 perichaetine
环式趾钩/環列趾鉤 circle crochets
环丝氨酸/環絲氨酸 cycloserine
环髓带/環髓帶 perimedullary zone
环肽/環肽 cyclic peptide, cyclopeptide
环肽合成酶/環肽合成酶 cyclic peptide synthetase
环烷烃/環烴 naphthenic hydrocarbon
环[纹]/環[紋] annulation
环纹导管/環紋導管 ringed vessel
环戊二烯杀虫剂/環二烯殺蟲劑 cyclodiene insecticide
环戊烷/環戊烷 pentamethylene, cyclopentane
环腺/環腺 Weismann ring, ring gland
环腺苷酸/環腺苷酸,環腺[核]苷單磷酸,環一磷酸腺苷 cyclic adenylic acid, cyclic adenosine monophosphate, cAMP
环腺苷酸应答元件/環腺苷酸應答元件,cAMP 反應元件 cyclic adenosine monophosphate response element, cAMP response element, CRE
环形动物/環節動物 annelid
环形聚合酶延伸法/環形聚合酶延伸法 circular polymerase extension cloning
环旋末梢/環旋末梢 annulo-spiral ending
环氧合酶/環氧合酶,環加氧酶 cyclooxygenase, COX

环氧花生四烯酸/環氧花生四烯酸 cis-epoxyeicosatrienoic acid, EET
环氧化物[水解]酶/環氧化物[水解]酶 epoxide hydrolase
环志/繫放,腳環法 banding, ringing, banding
环状 DNA/環狀 DNA circular DNA
环状 RNA/環狀 RNA circular RNA
环状部/環狀部 annulus
环状沉淀反应/環狀沉澱反應 ring precipitation
环状沉淀试验/環狀沉澱試驗 ring precipitation test
环状重组 PCR/環狀重組 PCR circular recombination PCR
环状光阑/環狀光圈 annular diaphragm
环状结构域/環狀結構域 loop domain
环状染色体/環狀染色體,環形染色體 ring chromosome
环状软骨/環狀軟骨 cricoid cartilage
环状试验/環狀試驗 ring test
环状胎盘/環狀胎盤 ring placenta
环状体期/環狀體期 ring stage
环状褶/環狀褶 ring fold
环状皱襞/環狀皺襞 plica circularis
R 环作图/R 環定位 R loop mapping
寰枢关节/寰樞關節 atlantoaxial joint
寰枕关节/寰枕關節 atlantooccipital joint
寰椎/寰椎 atlas
缓步动物/緩步動物 tardigrade
缓冲间/緩衝室 buffer room
缓冲拮抗/緩衝拮抗 agonistic buffering
缓冲配对离子/緩衝配對離子 buffer counterion
缓冲区/緩衝區,緩衝帶 buffer zone
缓冲神经/緩衝神經 buffer nerve
缓冲液梯度聚丙烯酰胺凝胶/緩衝液梯度聚丙烯醯胺凝膠 buffer-gradient polyacrylamide gel
缓冲种/緩衝種,替代[獵物]種 buffer species
缓激肽/[舒]緩激肽 bradykinin
缓激肽增强肽/舒緩激肽增強肽 bradykinin potentiating peptide, BPP
缓慢进化/演化偏慢 bradytely
缓释/緩釋 sustained release
缓释剂/緩釋劑 controlled release formulation
幻痛/幻痛 phantom pain
换气气管/通氣氣管 ventilation trachea
换羽/換羽 molt
唤醒系统/覺醒系統 arousal system
患病率/盛行率,流行率 prevalence rate
荒漠/荒漠,沙漠 desert
荒漠灌丛/沙漠灌叢 desert scrub
荒漠化/沙漠化 desertification
荒漠群落/沙漠群落,荒漠群聚 deserta, eremium, eremus
荒漠生态系统/沙漠生態系 desert ecosystem
荒漠植物/沙漠植物 eremad, eremophyte
黄斑/黃斑 macula lutea
黄斑嵌纹病/黃斑嵌紋病 aucuba mosaic
黄疸病/膿病 grasserie, jaundice
黄苷/黃[嘌呤核]苷 xanthosine
黄苷[一磷]酸/黃[嘌呤核]苷一磷酸,黃苷酸 xanthosine monophosphate, XMP, xanthylic acid
黄化/黃化,白化 etiolation
黄僵病/黃僵病 yellow muscardine
黄尿酸/黃尿酸 xanthurenic acid
黄嘌呤/黃嘌呤,2,6-二羥基嘌呤 xanthine
黄嘌呤磷酸核糖转移酶/黃嘌呤磷酸核糖轉移酶 xanthine phosphoribosyltransferase, XPRT
黄嘌呤-鸟嘌呤磷酸核糖转移酶/黃嘌呤-鳥嘌呤磷酸核糖轉移酶 xanthine-guanine phosphoribosyltransferase
黄嘌呤氧化酶/黃嘌呤氧化酶 xanthine oxidase
黄曲霉毒素/黃麴毒素 aflatoxin
黄热病病毒/黃熱病毒 yellow fever virus
黄热病疫苗/黃熱病疫苗 yellow fever vaccine
黄色蛋白/黃蛋白[質] xanthoprotein
黄色蛋白反应/黃蛋白反應 xanthoprotein reaction
黄色黏球菌素/黃色黏球菌素 xanthacin
黄色素细胞/黃色素細胞 xantholeucophore, xanthophore
黄色细胞/黃色細胞 chlorogogue cell
黄视紫红质/黃視紫紅質 xanthorhodopsin
黄素/黃素 flavin
黄素单核苷酸/黃素單核苷酸,黃素一核苷酸 flavin mononucleotide, FMN
黄素单核苷酸还原酶/黃素單核苷酸還原酶,FMN 還原酶 flavin mononucleotide reductase, FMN reductase
黄素蛋白/黃素蛋白 flavoprotein, FP
黄素辅因子/黃素輔因子 flavin cofactor
黄素酶/黃素酶 flavoenzyme
黄素体/黃素體 xanthosome
黄素腺嘌呤二核苷酸/黃素腺嘌呤二核苷酸 flavin adenine dinucleotide, FAD
黄素血红蛋白/黃素血紅蛋白 flavohemoglobin
黄素氧还蛋白/黃素氧化還原蛋白 flavodoxin
黄体/黃體 corpus luteum
黄体化/黃體形成 luteinization
黄体化激素/黃體[成長]激素,黃體促素,促黃體素

luteinizing hormone
黄体解体/黄體解體,黄體分解 luteolysis
黄体期/黄體期 luteal phase
黄体溶解/黄體解體,黄體分解 luteolysis
黄体素/黄體素 lutein
黄体酮/黄體酮,[助]孕酮,助孕素 progesterone
黄酮/黄酮 flavone
黄酮类化合物/類黄酮 flavonoid
黄土/黄土 loess
黄新月/黄新月 yellow crescent
黄锈病/黄銹病 yellow rust
黄癣菌丝/黄癬鹿角狀菌絲 favic chandelier mycelium
黄原胶/黄原膠 xanthangum, xanthan
黄脂酸/黄脂酸 copalic acid
蝗促肌肽/蝗促肌肽 locustamyotropin
蝗黄嘌呤/蝗黄嘌呤 acridioxanthin
蝗焦激肽/蝗焦激肽 locustapyrokinin
蝗抗利尿肽/蝗抗利尿肽 neuroparsin
蝗硫激肽/蝗硫激肽 locustasulfakinin
蝗速激肽/蝗速激肽 locustatachykinin
蝗眼色素/蝗眼色素 acridiommatin
蝗抑肌肽/蝗抑肌肽 locustamyosuppresin
磺胺嘧啶/磺胺嘧啶 sulfadiazine
磺化/磺酸化[作用],磺化[作用] sulfonation, sulphonation
磺化铝酞菁/磺酸化鋁酞菁 sulfonated aluminum phthalocyanine, SALPC
磺基丙氨酸/磺基丙氨酸 cysteic acid
磺基转移酶/磺基轉移酶 sulfotransferase
灰分/灰分 ash
灰化[作用]/灰壤化作用 podzolization
灰黄霉素/灰黄黴素 griseofulvin
灰霾/灰霾 dust-haze
灰霉素/灰黴素 grisein
灰壤/灰[色土]壤 podzol
灰[色]新月/灰[色]新月 gray crescent
灰土/灰白土壤 spodosol soil
灰细胞/灰細胞 gray cell
灰箱模型/灰箱模型 gray box model
灰质/灰質 gray matter
灰质连合/灰質連合 gray commissure
挥发性脂肪酸/揮發性脂肪酸 volatile fatty acid
挥发油/揮發油,芳香油 volatile oil
挥舞展示/揮舞展示 waving display
恢复/恢復,復原 restoration, recovery, restitution
恢复蛋白/恢復蛋白 recoverin
恢复力/恢復力,回復力 resilience
恢复系/恢復系 restorer
辉光放电/輝光放電 glow discharge
回摆角/回擺角 oscillation angle
回避性反射/回避性反射 avoidance reflex
回避性条件反射/回避性條件反射 conditioned avoidance reflex
回补反应/補給反應 anaplerotic reaction
回哺/回哺 regurgitation
回肠/迴腸 ileum
回荡/回響 reverberation
回复突变/回復突變 back mutation, reverse mutation, reversion
回复[突变]体/回復突變體,回復突變種 revertant
回归/回歸 regression
回归方程/回歸方程式 regression equation
回归分析/回歸分析 regression analysis
回归亲本/回歸親本,輪回親本 recurrent parent
回归系数/回歸係數 regression coefficient
回交/回交,反交 backcross, back-crossing
回交比率/回交比率 backcross ratio
回交传粉/回交授粉 back pollination
回交亲本/回交親本 backcross parent
回交纤维/回交纖維 crisscrossed fiber
回交育种法/回交育種法 backcross breeding method
回交杂种/回交雜種 backcross hybrid
回交转育/回交轉育 backcross transformation
回漏/回漏 back-leak
RNA 回路设计/RNA 回路設計 design of RNA circuit
回迁/重新拓殖 recolonization
回神经/回神經,返神經,逆走神經 recurrent nerve
回声定位/回聲定位,回音定位 echolocation
回声定位蝙蝠/回聲定位蝙蝠 echolocating bat
回声状态机/回聲狀態機 echo state machine
回收运输/回收運輸 retrieval transport
回跳/回躍,回縮 rebound
回文对称/迴文[序列],旋轉對稱序列,旋轉對稱順序 palindrome, palindromic sequence
回文序列/迴文[序列],旋轉對稱序列,旋轉對稱順序 palindrome, palindromic sequence
回忆应答/記憶反應,復甦反應 anamnestic response
回转器/植物回轉器 clinostat
洄游/洄游 migration
洄游群/洄游群 migratory group
洄游性鱼类/洄游性魚類 migratory fish
汇合培养/滿盤培養 confluent culture
汇源关系/匯源關係 sink-source relationship

汇种群/匯族群 sink population
会集/聚集 assembling, sembling
会聚/會聚 convergence
会联蛋白/會聯蛋白 synexin
会厌/會厭 epiglottis
会厌管/會厭管 epiglottic spout
会厌软骨/會厭軟骨 epiglottal cartilage
会阴/會陰 perineum
会阴花纹/會陰類型 perineal pattern
会阴腺/會陰腺 perineal gland
彗差/彗[形象]差 coma aberration
惠特克指数/惠特克指數 Whittaker index
喙/喙 rostrum, beak, proboscis
喙槽/喙槽 rostral though
喙齿/喙齒 dens of proboscis
喙盾/喙盾 rostral shield
喙沟/喙溝 rostral groove
喙骨/烏喙骨 coracoid
喙毛/喙毛 rostral seta
喙突/喙狀突 coracoid process
昏迷/昏迷 coma
婚刺/婚姻刺 nuptial spine
婚垫/婚姻墊 nuptial pad
婚飞/婚飛,求婚飛翔 nuptial flight, mating flight
婚后飞行/婚後飛行 post-nuptial flight
婚后换羽/繁殖期後換羽 post-nuptial molt
婚前换羽/繁殖期前換羽 pre-nuptial molt
婚色/婚姻色 nuptial coloration
婚食/婚食,求偶餵食 courtship feeding, nuptial feeding
婚羽/婚羽,飾羽 nuptial plumage
[浑]浊度/濁度 turbidity
混倍体/混倍體 mixoploid
混倍性/混倍性 mixoploidy
DNA 混编/DNA 混排,DNA 改組,DNA 洗牌技術 DNA shuffling
混播/混播 mixed sowing
混沌/混沌 chaos
混沌理论/混沌理論 chaos theory
混合白细胞反应/混合白血球反應 mixed leucocyte reaction
混合潮/混合潮 mixed tide
混合动物区系/混合動物相 mixed fauna
混合短杆菌肽/[混合]短桿菌肽,酪菌素 tyrothricin
混合分型血清/混合分型血清 pooled typing serum
混合感染/混合感染 mixed infection
混合功能氧化酶/混合功能氧化酶 mixed functional oxidase
混合花粉/混合花粉 pollen mixture
混合花序/混合花序 mixed inflorescence
混合家系/混合家系 mixed family
混合抗球蛋白反应/混合抗球蛋白反應 mixed antiglobulin reaction, MAR
混合淋巴细胞反应/混合淋巴球反應 mixed lymphocyte reaction, MLR
混合淋巴细胞培养/混合淋巴球培養 mixed lymphocyte culture, MLC
混合淋巴细胞试验/混合淋巴球試驗 mixed lymphocyte test
混合淋巴细胞肿瘤细胞培养/混合淋巴球腫瘤細胞培養 mixed lymphocyte tumor cell culture, MLTC
混合模式色谱/混合模式層析法,混合模式色譜法 mixed-mode chromatography, MMC
混合模式色谱填料/混合模式色譜填料 mixed-mode chromatographic medium
混合模型/混合模型 mixed model
混合模型方程组/混合模型方程組 mixed model equations, MME
混合凝集反应/混合凝集反應 mixed agglutination reaction
混合培养/混合培養,混菌培養 mixed cultivation
混合培养物/混合培養菌 mixed culture
混合培养物发酵/混合培養菌發酵,多菌發酵 mixed culture fermentation
混合生长/混合生長 mixed growth
混合授粉/混合授粉 mixed pollination
混合酸发酵/混合酸發酵 mixed acid fermentation
混合突触/混合突觸 mixed synapse
混合微胶粒/混合微膠粒 mixed micelle
混合性结缔组织病/混合結締組織病變 mixed connective tissue disease
混合选择/混合選擇 mass selection, bulk selection
混合芽/混合芽 mixed bud
混合遗传/融合遺傳 blending inheritance
混合营养/混合營養 mixotrophy
混合育种/混合育種 mass breeding
混合正常人免疫球蛋白/混合正常人免疫球蛋白 pooled normal human immunoglobulin
混合智能系统/混合智能系統 hybrid intelligent system
混交雌体/混交雌體 mictic female
混交群落/混交群落 mictium
混菌发酵/混菌發酵 mixed fermentation
混菌培养/混菌培養,混合培養 mixed cultivation
混隐色/混隱色 disruptive coloration

混杂群动物/混雜群動物 mongrel colony animal
混植/混植 mixed planting
混种竞争/混合種間互害共存競爭 mixed species competition
混浊噬斑/混濁噬斑 turbid plaque
混作/混作 mixed cropping
活捕器/活捕器,活捕陷阱 live-trap
活捕陷阱/活捕陷阱,活捕器 live-trap
活的非可培养状态/活的但非可培養狀態 viable but non-culturable, VBNC
活动度/活動度 locomotor activity
活动范围/活動範圍 home range
活动汗腺/活動汗腺 active sweat gland
活动力/活動力 motility
活动图/活動圖 actograph
活动休眠体/活動遷移體 active hypopus, hypopus motile
活根/緑根 green root
AMP 活化的蛋白激酶/AMP 活化的蛋白激酶 adenosine monophosphate-activated protein kinase, AMP-activated protein kinase, AMPK
活化分析/活化分析 activation analysis
活化剂/活化劑 activator
活化巨噬细胞/活化巨噬細胞 activated macrophage
活化淋巴细胞/活化淋巴細胞 activated lymphocyte
活化能/活化能,激活能 activation energy
活化区/活化區 active zone
活化素/活化素,促進素,激活素 activin
C 活化因子前体转化酶/C 活化因子前體轉化酶 C proactivator convertase
活化诱导的细胞死亡/活化誘導的細胞死亡 activation-induced cell death, AICD
活化诱导的肿瘤坏死因子受体/活化誘導的腫瘤壞死因子受體 activation-inducible tumor necrosis factor receptor, activation-inducible TNFR, AITR
活化诱导的肿瘤坏死因子受体配体/活化誘導[的]腫瘤壞死因子受體配體 activation-inducible TNFR ligand, AITRL
活化[作用]/活化[作用],激活[作用] activation
活菌苗/活菌苗 live bacterial vaccine
活力/活力 vigor
活食者/活食者 biophage
活体代谢/活體代謝 *in vivo* metabolism
[活]体内/[活]體内,生體内 *in vivo*
活体荧光技术/活體螢光技術 *in vivo* fluorescence technique
活性/活性 activity
活性部位/活性部位 active site
活性氮/活性氮 reactive nitrogen species, RNS
活性氮中间物/活性氮介質 reactive nitrogen intermediate, RNI
活性干酵母/活性乾酵母 active dry yeast
活性盒/活性盒 active cassette
活性片段/活性片段 active fragment
活性区/活化區 active zone
活性染色质/活性染色質 active chromatin
活性酸度/活性酸度 active acidity
活性位点/活性部位 active site
活性污泥/活性污泥 activated sludge
活性污泥法/活性污泥法 activated sludge process
活性系数/活動性係數 activity coefficient
活性氧/活性氧 active oxygen, reactive oxygen species, ROS
活性氧中间物/活性氧介質 reactive oxygen intermediate, ROI
活性中心/活性中心,活動中心 active center, activity center
活性组分/活性成分 active ingredient
活疫苗/活[菌]疫苗 live vaccine
火成演替/火成演替 pyrogenic succession
火成因子/火成因子 fire-generated factor
火促草类/火促禾草類 fire-enhancing grass
火箭电泳/火箭型電泳 rocket electrophoresis
火箭免疫电泳/火箭型免疫電泳,火箭式免疫電泳分析法 rocket immunoelectrophoresis
火炬形骨针/火炬形骨針 torch
火烧[演替]极顶/火燒後極相,火燒後[演替]頂極群落 fire climax
火焰光度计/火焰光度計 flame photometer
火焰灭菌/火焰滅菌[法] flame sterilization
或战或逃反应/打或逃反應,戰或逃反應 fight-or-flight response
货币虫/貨幣蟲 nummulite
获得性免疫/獲得性免疫,後天性免疫 acquired immunity
获得性免疫耐受性/後天性免疫耐受性 acquired immunological tolerance
获得性免疫缺陷病/後天免疫缺陷病 acquired immunodeficiency disease
获得性免疫缺陷综合征/愛滋病,後天性免疫缺失症[候群],後天性免疫不全症[候群] acquired immunodeficiency syndrome, AIDS
获得性 C1 抑制因子缺乏症/後天性 C1 抑制因子缺乏 acquired C1 inhibitor deficiency
获得性状/獲得性狀,後天[性]性狀,後天特徵 acquired character

获得性状遗传/獲得性狀遺傳,後天性狀遺傳 inheritance of acquired character
获能/獲能[作用] capacitation
获取/習得 acquisition
霍尔丹法则/霍爾登氏法則,哈耳丹法則 Haldane rule
霍尔丹效应/霍爾登氏效應 Haldane effect
霍格内斯框/霍格内斯框 Hogness box
霍利迪结构/何氏結構 Holliday structure
霍利迪连接体/何氏連接體 Holliday junction
霍利迪模型/何氏模型 Holliday model
霍乱毒素/霍亂毒素 cholera toxin
霍乱灭活疫苗/霍亂不活化疫苗 cholera inactivated vaccine
霍普菲尔德模型/霍普菲爾模型,何普菲模型 Hopfield model
霍普夫分岔/霍普夫分岔 Hopf bifurcation
霍普夫分支/霍普夫分岔 Hopf bifurcation
霍奇金病/霍奇金氏病,何傑金氏病 Hodgkin disease
霍奇金-赫胥黎方程/霍奇金-赫胥黎方程式 Hodgkin-Huxley equation
霍奇金-赫胥黎模型/霍奇金-赫胥黎模型,H-H 模型 Hodgkin-Huxley model
霍奇金循环/霍奇金循環 Hodgkin cycle
霍氏[封固]液/霍氏液 Hoyer medium

J

击倒抗性/抗擊倒性 knock-down resistance
击倒中量/半數擊倒劑量 median knock-down dosage
击倒中时/半數擊倒時間 median knock-down time
饥饿收缩/飢餓收縮 hunger contraction
饥饿中枢/飢餓中樞 hunger center
机-电转导/機-電轉導 mechanoelectrical transduction
机会代价/機會成本 opportunity cost
机会性感染/伺機性感染 opportunistic infection
机会因子/機會因子 opportunity factor
机会致病菌/伺機性致病菌 opportunistic pathogen
机会种/機會種,隨機種,漂泊種 opportunistic species, fugitive species
机器动物/機器動物 animat
机械感受器/機械感受器,機械性受器,機械性受體 mechanoreceptor, mechanical receptor
机械化学偶联/機械化學偶聯 mechanochemical coupling
机械力转导/機械力訊號傳遞 mechanotransduction
机械门控离子通道/機械門控離子通道 mechanically-gated ion channel
机械敏感性离子通道/機械敏感性離子通道 mechanosensitive ion channel
机械伤害性感受器/機械傷害性感受器 mechanical nociceptor
机械消化/機械消化 mechanical digestion
机械组织/機械組織 mechanical tissue
机制/機制 mechanism
肌氨酸/肌氨酸,肌胺酸 sarcosine
肌氨酸脱氢酶/肌氨酸脱氫酶,甲基甘氨酸去氫酶 sarcosine dehydrogenase
肌氨酸血症/肌氨酸血症 sarcosinemia
肌槽/肌槽 muscular socket
肌层间卡哈尔间质细胞/肌層間卡哈爾間質細胞,肌層間 ICC myenteric interstitial cell of Cajal, myenteric ICC, ICC-MY
肌成束蛋白/肌成束蛋白 fascin
肌成纤维细胞/肌纖維母細胞 myofibroblast
肌醇/肌醇,環己六醇 inositol
肌醇单磷酸酶/肌醇單磷酸酶 inositol monophosphatase
肌醇磷脂/肌醇磷脂 lipositol
肌醇六磷酸/肌醇六磷酸,六磷酸肌醇 inositol hexaphosphate, IP_6
肌醇三磷酸/肌醇三磷酸,三磷酸肌醇 inositol triphosphate, IP_3
肌醇脂-3-激酶/肌醇脂-3-激酶 inositol lipid 3-kinase
肌磁图描记术/肌磁描記術 magnetomyography, MMG
肌带/肌帶 muscle strand
肌电控制/肌電控制 myoelectric control
肌电图/肌電圖 electromyogram, EMG
肌电图机/肌電圖儀 electromyograph
肌动蛋白/肌動蛋白,肌纖蛋白 actin
F 肌动蛋白/F 肌動蛋白,纖維狀肌動蛋白,絲狀纖維肌動蛋白 filamentous actin, fibrous actin, F-actin
G 肌动蛋白/G 肌動蛋白,球狀肌動蛋白 globular actin, G-actin
肌动蛋白结合蛋白/肌動蛋白結合蛋白 actin-binding protein
肌动蛋白解聚因子/肌動蛋白解聚因子 actin depolymerizing factor
肌动蛋白粒/肌動蛋白粒 actomere
肌动蛋白启动子/肌動蛋白啟動子 actin promoter
肌动蛋白丝/肌動蛋白絲,肌動蛋白纖維 actin filament
肌动蛋白丝解聚蛋白/肌動蛋白絲去聚合蛋白 actin filament depolymerizing protein
肌动蛋白细胞骨架/肌動蛋白細胞骨架 actin cytoskeleton
[肌动蛋白]抑制蛋白/肌動蛋白抑制蛋白,G 肌動蛋白結合蛋白,前纖維蛋白 profilin
肌动结合蛋白/肌動結合蛋白 actobindin
肌动描记器/肌動描記器 myograph
肌动球蛋白/肌動球蛋白,肌動凝蛋白 actomyosin
肌钙蛋白/肌鈣蛋白 troponin
[肌]钙集蛋白/集鈣蛋白,隱鈣素 calsequestrin
肌钙腔蛋白/肌鈣腔蛋白 sarcalumenin
肌苷/肌苷 inosine
肌苷二磷酸/肌苷二磷酸 inosine diphosphate, IDP

肌苷三磷酸/肌苷三磷酸 inosine triphosphate, ITP
肌苷酸/肌苷酸 inosinic acid
肌苷一磷酸/肌苷一磷酸 inosine monophosphate, IMP
肌隔/肌隔 myocomma
肌管/肌管 myotube
肌痕/肌痕 muscle scar
肌红蛋白/肌紅蛋白,肌紅素 myoglobin
肌红蛋白尿/肌紅蛋白尿 myoglobinuria
肌-肌醇/肌-肌醇 myo-inositol
肌基质蛋白/肌基質蛋白 myostromin
肌激酶/肌激酶 myokinase
肌脊/肌脊 muscle ridge
肌间神经丛/腸肌神經叢 myenteric nervous plexus
肌腱组织工程/肌腱組織工程 tendon tissue engineering
肌浆蛋白/肌漿蛋白,肌凝蛋白 myogen
肌节/肌節 myotome
肌节腔/肌節腔 myocoel
肌紧张/肌緊張 muscle tonus
肌巨蛋白/肌巨蛋白 titin
肌粒/肌粒[線體] sarcosome
肌联蛋白/肌聯蛋白 connectin
肌膜/肌[纖維]膜,内質膜 sarcolemma
肌内间质卡哈尔细胞/肌内間質卡哈爾細胞,肌内 ICC intramuscular interstitial cell of Cajal, intramuscular ICC, ICC-IM
肌内膜/肌内膜 endomysium
肌旗/肌旗 muscle banner
肌切蛋白/肌切蛋白 scinderin
肌清蛋白/肌清蛋白,肌白蛋白 myoalbumin
肌球蛋白/肌球蛋白,肌凝蛋白 myosin
肌球蛋白轻链激酶/肌球蛋白輕鏈激酶 myosin light chain kinase, MLCK
肌球蛋白轻链磷酸酶/肌球蛋白輕鏈磷酸酶 myosin light chain phosphatase, MLCP
肌球蛋白丝/肌球蛋白絲 myosin filament
肌肉/肌肉 muscle
肌[肉]层/肌[肉]層 muscle layer, lamina muscularis
肌肉干细胞/肌肉幹細胞 muscle stem cell
肌肉痉挛学说/肌肉痙攣學説 muscle spasm theory
肌肉力量/肌力 muscular strength
肌肉耐力/肌肉耐力 muscular endurance
肌肉疲劳指数/肌肉疲勞指數 muscle fatigue index
肌肉强度/肌力 muscular strength
肌肉适能/肌肉適能 muscular fitness
肌肉素/肌肉素 musclin
肌肉损伤学说/肌肉損傷學説 muscle damage theory
肌肉痛/肌痛 myalgia
肌肉助推器/肌肉助推器 muscle-boosting device
肌肉组织/肌肉組織 muscle tissue
肌肉组织工程/肌肉組織工程 muscular tissue engineering
肌上皮细胞/肌上皮細胞 myoepithelial cell
肌生成抑制蛋白/肌生成抑制蛋白,肌肉生長抑制素 myostatin
肌束膜/肌束膜 perimysium
肌丝/肌絲 myofilament, myoneme
肌丝滑动机制/滑絲機制 sliding filament mechanism
肌丝滑动模型/肌絲滑動模式,滑絲模型 sliding filament model
肌丝滑动学说/滑絲理論,滑行細絲學說 sliding filament theory
肌伺服模型/肌伺服模式 muscle servo model
肌酸/肌酸 creatine
肌[酸]酐/肌酸酐 creatinine
肌酸酐清除率/肌酸酐廓清率 creatinine clearance
肌酸磷酸激酶/肌酸磷酸激酶 creatine phosphokinase, CPK
肌梭/肌梭 muscle spindle
肌肽/肌肽 carnosine
肌调肽/肌調肽 myomodulin
肌外膜/肌外膜 epimysium
肌萎缩性脊髓侧索硬化症/肌肉萎縮性脊髓側索硬化症 amyotrophic lateral sclerosis
肌卫星细胞/肌衛星細胞 muscle satellite cell
肌胃/肌胃 muscular stomach
肌细胞/肌細胞 myocyte
肌细胞生成蛋白/肌細胞生成蛋白,肌細胞生成素,生肌素 myogenin
肌细胞增强因子/肌細胞增強因子 myocyte enhancer factor, MEF
肌纤维/肌纖維 muscle fiber, myofiber
肌纤维肥大/肌纖維肥大 myofiber hypertrophy
肌纤维类型/肌纖維類型 myofiber type
肌纤维增生/肌纖維增生 myofiber hypoplasia, myofiber hyperplasia
肌小管/肌小管 sarcotubule
肌[小]节/肌[小]節 sarcomere
肌养蛋白/肌營養不良蛋白,肌[肉]萎縮蛋白 dystrophin
肌养蛋白聚糖/肌營養不良蛋白聚糖 dystroglycan
肌样细胞/肌樣細胞 myoid cell

肌营养相关蛋白/肌養相關蛋白 utrophin
肌原纤维/肌原纖維 myofibril
肌源性反应/肌源性反應 myogenic reaction
肌源性活动/肌源性活動 myogenic activity
肌源性学说/肌源性學説 myogenic theory
肌张力/肌張力,肌肉緊張度 muscle tension
肌质/肌質,肌漿 sarcoplasm
肌质蛋白/肌漿蛋白,肌凝蛋白 myogen
肌质-内质网钙泵/肌質-内質網鈣泵 sarco-endoplasmic reticulum Ca^{2+}-ATPase, SERCA
肌质网/肌質網,肌漿網 sarcoplasmic reticulum
肌皱丝/肌皺絲 myophrisk
鸡精蛋白/雞精蛋白 galline
鸡锰蛋白/雞錳蛋白 avimanganin
鸡免疫球蛋白/禽類免疫球蛋白 fowl immunoglobulin
鸡胚接种/雞胚接種 chick embryo inoculation
奇静脉/奇靜脈 azygos vein
奇鳍/奇鰭 median fin
奇[数]多倍体/不定數多倍體 anisopolyploid
奇网/迷網 rete mirabile
奇异值分解/異常值分解 singular value decomposition, SVD
积极优生学/積極優生學 positive eugenics
基板/基板 basal lamina, basal plate, placode
基本分生组织/基本分生組織 ground meristem
基本培养基/基本培養基,最低營養素培養基 minimal medium
基本气味/基本氣味 primary odor
基本营养生长/基本營養生長 basic vegetative growth
基本指令/基本指令 basic instruction
基本种/基本種 elementary species
基本组织/基本組織 fundamental tissue, ground tissue
基部受精/基底受精 basigamy
基部突起/基部突起 proximal process
基侧板/基側板 coxopleura
基侧片/基側片 coxola, coxopleurite
基础产热率/基礎產熱率 basal heat producing rate
基础代谢/基礎代謝 basal metabolism
基础代谢率/基礎代謝率 basal metabolic rate, BMR
基础电节律/基底電位節律 basic electrical rhythm
基础免疫学/基礎免疫學 basic immunology
基础培养基/基礎培養基 basic medium
基础生态位/基本生態位,基礎生態區位 fundamental niche
基础水平元件/基礎水平元件 basal level element, BLE
基[础]态/基態 ground state, base state
基础体温/基礎體温 basal body temperature, BBT
基础味觉/基本味覺 basic taste sensation
基础胃液分泌/基礎胃液分泌 basic gastric juice secretion
基础转录/基礎轉録 basal transcription
基础转录因子/基礎轉録因子 basal transcription factor
基础转录装置/基礎轉録裝置 basal transcription apparatus
基底/基底 basis, substratum
基[底]扁平细胞/基部扁平細胞 basopinacocyte
基底侧膜/基底側膜 basolateral membrane
基底层/基底層 stratum basale
基[底]膜/基[底]膜 basement membrane, basal lamina, basilar membrane
基底膜结合蛋白聚糖/基底膜結合蛋白聚糖 bamacan
基底膜连接蛋白质/基底膜連接蛋白質 basement membrane link protein
基底前脑/基底前腦 basal forebrain
基底神经节/基底神經節 basal ganglia
基底细胞癌/基底細胞癌 basal cell carcinoma
基蝶骨/基蝶骨 basisphenoid bone
基跗节/基跗節 basitarsus
基腹弧/基腹弧,負性片 vinculum
基腹片/主腹片 basisternum
基盖度/基蓋度 basal coverage
基股节/基股節,基腿節 basifemur
基骨片/基骨片 basilar sclerite
基后桥/基節後側腹合區 postcoxale, postcoxal bridge
基喙/喙基 basiproboscis
基脊/基脊 basal keel
基节/基節 coxa, basipodite, coxopodite
基节板/基節板,莖節板 epimeral plate, coxal plate
基节板孔/基節板孔 epimeron pore
基节板毛/基節板毛 epimeral seta
基节板群/基節板群 coxal group, epimeron group
基节刺/基節刺 basial spine
基节缝/基節縫 coxasuture
基[节]间板/基節間板 intercoxal plate
基节间毛/亞肩毛 subhumeral seta
基节毛/基節毛 coxisternal seta, coxal seta
基节囊/基節囊 coxal sac, eversible sac
基节上毛/基節上毛,上基節剛毛 supracoxal seta

基节上腺/基節上腺　supracoxal gland
基节上褶/基節上褶　supracoxal fold
基节突/基節突　coxal process, coxacoila
基节窝/基節窩　coxal cavity, acetabulum
基节腺/基節腺　coxal gland
基节腺毛/基節腺毛　epiroglandularia
基节液/基節液　coxal fluid
基节褶/基節褶　coxal fold
基孔室/基孔室　basal porechamber
基粒/基粒,葉綠餅　granum
基粒类囊体/基粒類囊體　granum-thylakoid
基粒片层/基粒薄片　grana lamella
基鳞片/基鱗片　basicosta
基毛/基毛　bases seta
基名/基[原異]名　basionym
基囊/基囊　basal sac
基内菌丝体/基內菌體　substrate mycelium
基盘/基盤　basal disc
基片/基片　basal piece
基鳍骨/基鰭骨　basipterygium
基前桥/基節前側腹合區　precoxale, precoxal bridge
基强度/電流基強度　rheobase
基群/基群　basal group
基群丛/基群叢　sociation
基鳃骨/基鰓骨　basibranchial bone
基舌骨/基舌骨　basihyal bone
基生花柱/底生花柱　basilar style
基生胎座式/基生胎座式　basal placentation
基生叶/基生葉　basal leaf, radical leaf
基塘系统/基塘系統　dike-pond system
基塘系统景观/基塘系統地景　dike-pond system landscape
基体/[鞭毛]基體　basal body
基突/基突　cornu
基团转位/基團轉位,群轉位作用　group translocation
基腿节/基腿節　basifemur
基蜕膜/基蛻膜　basal decidua
基位种/基位種　basal species
基细胞/基底細胞　basal cell
基线/基線　base line
基胸板/基胸板　coxosternum
基须/基骨針　basalia
基序/模體,模組,功能區域　motif
基血囊/基血囊　basal hematodocha
基因/基因　gene
基因靶向/基因靶向,基因標的　gene targeting
基因本体论/基因本體論　gene ontology
基因编辑/基因編輯　gene editing
基因表达/基因表達,基因表現　gene expression
基因表达谱/基因表達譜　gene expression profile
基因表达体系/基因表達體系　gene expression system
基因表达调控/基因表達調控　gene expression regulation
基因表达学说/基因表達學説　gene expression hypothesis
基因病/基因病　genopathy
基因捕获/基因捕獲　gene trap
基因操作/基因操作,遺傳操作　gene manipulation, genetic manipulation
基因产物/基因產物　gene product
基因超家族/基因超家族　gene superfamily
基因沉默/基因緘默化,基因默化,基因静默　gene silencing
基因重叠/基因重疊　gene overlapping
基因重复/基因重複　gene duplication, gene reiteration
基因重复和趋异/基因重複及趨異　gene duplication and divergence
基因重排/基因重排　gene rearrangement
基因重配/基因重配　gene resortment
基因重组/基因重組　gene recombination
基因传感器/基因感測器　genosensor
基因簇/基因簇,基因群　gene cluster
基因打靶/基因標的,基因靶向　gene targeting
基因打靶技术/基因打靶技術　gene targeting technology
基因带/基因線　genonema, genophore
基因递送/基因傳送,基因傳遞　gene delivery
基因叠加/基因疊加　gene staking
基因定点整合/基因定點整合　gene site-specific integration
基因定位/基因定位,基因作圖　gene localization, gene mapping
基因定位图/基因定位圖　gene-based map
基因多态性/基因多態性　gene polymorphism
基因多效性/基因多效性　gene pleiotropism
基因多样性/基因多樣性,遺傳多樣性　genetic diversity, gene diversity
基因多样性指数/基因多樣性指數　gene diversity index
基因非翻译区/基因非轉譯區　non-translational region of gene
基因分化/基因分化　gene differentiation
基因分化系数/基因分化係數　coefficient of gene

differentiation
基因分析/基因分析 gene analysis
基因丰余/基因冗餘,基因重複性 gene redundancy
基因俘获/基因捕獲 gene trap
基因俘获载体/基因捕獲載體 gene trap vector
基因复合体/基因綜合體 gene complex
基因改组/基因改組,基因混排 gene shuffling
基因跟踪/基因追蹤 gene tracking
基因工程/基因工程,遺傳工程 genetic engineering
基因工程法确定通量控制系数/基因工程法確定通量控制係數 genetic engineering method to determine the flux control coefficient
基因工程减毒活疫苗/基因工程減毒活疫苗 genetically engineered live-attenuated vaccine
基因工程抗体/基因工程抗體,遺傳工程抗體 genetic engineering antibody
基因工程人乳头瘤病毒疫苗/基因工程人乳頭瘤病毒疫苗 genetically engineered human papillomavirus vaccine
基因工程亚单位疫苗/基因工程亞單位疫苗 genetically engineered subunit vaccine
基因工程药物/基因工程藥物 genetic engineering medicine
基因工程乙肝疫苗/基因工程乙肝疫苗 genetically engineered hepatitis B vaccine
基因工程疫苗/基因工程疫苗 genetic engineering vaccine, genetically engineered vaccine
基因构建体/基因構建體 gene construct
基因固定/基因固定 fixation of gene
基因过量表达/基因過量表達 gene overexpression
基因回路/基因回路 genetic circuit, gene circuit
基因混编/基因混排,基因改組 gene shuffling
基因激活/基因激活,基因活化 gene activation
基因集[合]富集分析/基因集[合]富集分析 gene set enrichment analysis, GSEA
基因剂量/基因劑量 gene dosage
基因家族/基因家族 gene family
基因甲基化/基因甲基化 gene methylation
基因间 DNA/基因間 DNA intergenic DNA
基因间重组/基因間重組 intergenic recombination
基因间区/基因間區 intergenic region, IG region
基因间区长非编码 RNA/基因間區長非編碼 RNA long intergenic noncoding RNA, lincRNA
基因间序列/基因間序列 intergenic sequence
基因间抑制/基因間抑制,基因間阻抑 intergenic suppression
基因间抑制突变/基因間抑制突變 intergenic suppressor mutation
基因间阻抑/基因間阻抑,基因間抑制 intergenic suppression
基因检测技术/基因檢測技術 genetic testing technology
基因剪接/基因剪接 gene splicing
基因渐渗/基因漸滲 gene introgression
基因矫正/基因矯正 gene correction
基因结构/基因結構 gene structure
基因聚类分析/基因聚類 gene clustering
基因开关/基因開關,遺傳開關 genetic switch
基因拷贝/基因拷貝,基因複製 gene copy
基因克隆/基因克隆,基因選殖,基因繁殖 gene cloning
基因库/基因庫,基因池 gene pool
基因扩散/基因擴散 gene dispersal
基因扩增/基因擴增,基因增殖,基因放大 gene amplification
基因流/基因流[動] gene flow
基因密度/基因密度 gene density
基因免疫/基因免疫 genetic immunization, gene immunization
基因内重组/基因内重組 intragenic recombination
基因内互补/基因内互補 intragenic complementation
基因内回复/基因内回復 intragenic reversion
基因内基因/基因内基因 gene within gene
基因内启动子/基因内啟動子 intragenic promoter
基因内删除/基因内刪除 intragenic deletion
基因内抑制/基因内抑制,基因内阻抑 intragenic suppression
基因内抑制突变/基因内抑制突變 intragenic suppressor mutation
基因内阻抑/基因内阻抑,基因内抑制 intragenic suppression
基因耦联/基因耦聯 coupling of gene
基因片段/基因片段 gene segment
C 基因片段/C 基因片段 constant gene segment, C gene segment
D 基因片段/D 基因片段 diversity gene segment, D gene segment
J 基因片段/J 基因片段 joining gene segment, J gene segment
V 基因片段/V 基因片段,可變區基因片段 variable gene segment, V gene segment
基因漂变/基因漂變,基因漂移 gene drift
基因漂移/基因漂移,基因漂變 gene drift
基因频率/基因頻率 gene frequency
基因频率分布/基因頻率分布 gene frequency

distribution
基因频率随机变化/基因頻率隨機變化 stochastic change of gene frequency
基因平衡/基因平衡 genic balance
基因破坏/基因破壞，基因分裂 gene disruption
基因枪/基因槍 gene gun
基因敲除/基因剔除，基因移除 gene knockout
基因敲除小鼠/基因剔除小鼠 gene knockout mouse
基因敲减/基因敲減，基因敲落，基因減量 gene knockdown
基因敲落/基因敲落，基因敲減，基因減量 gene knockdown
基因敲入/基因敲入，基因送入，基因植入 gene knockin
基因切换/遺傳開關，基因開關 genetic switch
基因趋异/基因分歧 gene divergence
基因缺陷/基因缺損 gene defect
基因群/基因群 gene battery
基因融合/基因融合 gene fusion
基因冗余/基因冗餘，基因重複性 gene redundancy
基因生态同类群/基因生態同類群 genoecodeme
基因失活/基因失活 gene inactivation
基因树/基因樹 gene tree
基因数/基因數 gene number
基因数悖理/基因數悖理 gene number paradox
基因数据库/基因資料庫 gene data bank
基因顺序/基因順序 gene order
基因探针/基因探針 gene probe
基因特异性转录因子/基因特異性轉錄因子 gene-specific transcription factor
基因剔除/基因剔除，基因移除 gene knockout
基因调节/基因調節 gene regulation
基因调控网络/基因調控網絡 gene regulatory network，GRN
基因同一性/基因一致性 gene identity
基因突变/基因突變 gene mutation
基因图[谱]/基因圖[譜]，遺傳圖[譜] gene map，genetic map
基因外重复回文序列/基因外重複迴文序列 repetitive extragenic palindrome，REP
基因外启动子/基因外啟動子 extragenic promoter
基因外突变/基因外突變 extragenic mutation
基因网络/基因網絡 gene network
基因位置效应/基因位置效應 gene position effect
基因[文]库/基因庫，基因資料庫，基因池 gene library，gene bank
基因污染/基因污染 gene pollution
基因系统发育/基因系統發生 gene phylogeny
基因线/基因線 genonema，genophore
基因相互作用/基因交互作用 gene interaction
基因芯片/基因晶片 gene chip
基因型/基因型 genotype
基因型比值/基因型比率 genotypic ratio
基因型方差/基因型方差，基因型變方 genotypic variance
基因型分析/基因型分析 genotypic analysis
基因型分型/基因型分型 genotyping
基因型频率/基因型頻率 genotypic frequency
基因型适应/基因型適應 genotypic adaptation
基因型值/基因型值 genotypic value
基因学说/基因學説 gene theory
基因一致性/基因一致性 gene identity
基因疫苗/基因疫苗 gene vaccine
基因疫苗接种/基因疫苗接種 genetic vaccination
基因印记/基因印記，遺傳印痕 genetic imprinting
基因诱捕/基因捕獲 gene trap
基因增强/基因增殖，基因擴大 gene augmentation
基因增强治疗/基因增殖治療，基因擴大治療 gene augmentation therapy
基因诊断/基因診斷 gene diagnosis
基因振荡器/基因振盪器 genetic oscillator
基因整合/基因整合 gene integration，genetic integration
基因指纹/基因指紋，遺傳指紋 genetic fingerprint
基因治疗/基因治療 gene therapy
基因置换/基因置換，基因替代，基因替換 gene replacement，gene substitution
基因转变/基因轉換 gene conversion
基因转换/基因轉換 gene conversion
基因转移/基因轉移 gene transfer
基因转座/基因轉座，基因轉位 gene transposition
基因足迹/基因遺跡 gene relics
基因组/基因組，基因體 genome
基因组 DNA/基因體 DNA genomic DNA
基因组编辑技术/基因體編輯技術 genome editing technology
基因组不等价/基因體不等價 genomic non-equivalence
基因组不稳定性/基因體不穩定性 genomic instability
基因组步移/基因體步查 genomic walking
基因组测序/基因組測序，基因體定序 genomic sequencing
基因组尺度代谢网络/全基因體代謝網絡，基因體尺度代謝網絡 genome-scale metabolic network，GSMN

基因组重构/基因體重構　genome reorganization
基因组重排/基因組重排,基因體重排　genome rearrangement
基因组错配扫描/基因體錯配掃描　genome mismatch scanning, GMS
基因组错配筛查/基因體錯配篩選　genome mismatch screening, GMS
基因组当量/基因體當量　genome equivalent
基因组岛/基因體島　genomic island
基因组等价/基因體等價　genomic equivalence
基因组多样性计划/基因體多樣性計劃　genome diversity program
基因组复杂度/基因體複雜度　genome complexity
基因组改组/基因體改組,基因體混排　genome shuffling
基因组工程/基因體工程　genome engineering
基因组构/基因體構　gene organization
基因组规模代谢网络/全基因體代謝網絡,基因體尺度代謝網絡　genome-scale metabolic network, GSMN
基因组规模代谢网络模型/全基因體代謝網絡模型　genome-scale metabolic network model, genome-scale metabolic model, GSMM
基因组进化/基因體進化　genome evolution
基因组浏览器/基因體瀏覽器　genome browser
基因组扫描/基因體掃描　genome scanning
基因组识别码/基因體識别碼　genome barcode
基因组数据库/基因體資料庫　genomics database
基因组探针/基因體探針　genomic probe
基因组图谱/基因體圖譜　genomic map
基因组途径/基因體途徑　genomic pathway
基因组文库/基因體庫　genomic library
基因组效应/基因體效應　genomic effect
基因组信息学/基因體資訊學　genome informatics
基因组序列草图/基因體初稿序列　draft genome sequence
基因组序列数据库/基因體序列資料庫　genome sequence database
基因组学/基因體學　genomics
基因组移植/基因體移植　genome transplantation
基因组印记/基因體印記,基因體印痕　genomic imprinting
基因组原位杂交/基因體原位雜交　genomic *in situ* hybridization, GISH
基因组指纹分析/基因體指紋分析　genomic fingerprinting
基因组指纹图/基因體指紋圖　genome fingerprinting map
基因组注释/基因體注釋　genome annotation
基因组足迹分析/基因體足跡分析　genomic footprinting
基因组组构/基因體組構　genome organization
基因组作图/基因體作圖,基因體定位　genome mapping, genomic mapping
基因作图/基因作圖,基因定位　gene mapping
基因座/基因座,位點　gene locus, locus
HLA 基因座/HLA 基因座　HLA locus
lpr 基因座/lpr 基因座[位]　lymphoproliferation locus, lpr locus
基因座控制区/基因座控制區　locus control region, LCR
基因座连锁分析/基因座連鎖分析　locus linkage analysis
基因座异质性/基因座異質性　locus heterogenicity
基于表位的疫苗设计/依抗體表位的疫苗設計　epitope-based vaccine design, EBVD
基于测序的 HLA 分型/依賴序列的 HLA 分型　sequence-based HLA typing
基于 PCR 的 HLA 分型/基於 PCR 的 HLA 分型　PCR-based HLA typing
基于结构的序列比对/基於結構的序列比對　structure-based sequence alignment
基于结构的药物设计/基於結構的藥物設計　structure-based drug design
基于配体的药物设计/基於配體的藥物設計　ligand-based drug design
基于受体的药物设计/基於受體的藥物設計　receptor-based drug design
基于碎片的药物设计/基於碎片的藥物設計　fragment-based drug design, FBDD
基于特征的注意/基於特徵的注意　feature-based attention
基于位置的注意/基於位置的注意　location-based attention
基于物体的注意/基於物體的注意　object-based attention
基于转录的扩增系统/基於轉録之放大系統　transcription-based amplification system, TAS
基元模式分析/基元模式分析　elementary mode analysis, EMA
基原异名/基[原異]名　basionym
基褶/翅基褶　basal fold, plica basalis
基枕骨/基枕骨　basioccipital bone
基肢节/肢基節　coxopodite
基肢片/腹足基片　coxite, coxosternite
基[植被]带/基帶　basal zone

基质/基質　ground substance, matrix
基质层/基質層　hypothallus
基质蛋白/基質蛋白　stromatin
基质辅助激光解吸电离/基質輔助雷射脱附游離　matrix-assisted laser desorption-ionization, MALDI
基质金属蛋白酶/基質金屬蛋白酶　matrix metalloproteinase, MMP
基质类囊体/基質類囊體　stroma-thylakoid
基质片层/基質片層　stroma lamella
基质细胞/基質細胞　stromal cell
基质血管成分/基質血管成分　stromal vascular fraction, SVF
基质支架/基質支架　matrix scaffold
基株/基株　genet
基转片/轉動小片　trochantin
基准标记/基準標記　fiducial marker
基着药/底生藥　innate anther
畸变/畸變,異常　aberration, distortion
畸胎癌/畸胎癌　teratocarcinoma
畸胎瘤/畸胎瘤　teratoma
畸形/畸形　malformation
畸形发生/畸形發生,畸胎發生　teratogenesis
畸形细胞/畸形細胞　teratocyte
畸形学/畸形學　teratology, dysmorphology
畸形有丝分裂/畸形有絲分裂,異常有絲分裂　aberrant mitosis
畸形综合征/畸形症候群　malformation syndrome
畸形足/畸形足　clubfoot
激动剂/激動劑　agonist
激动肽/激動肽,催動[胜]肽　exendin, agonist peptide
激发复合体/激發錯合體　exciplex
激发光谱/激發光譜　excitation spectrum
激发能传递/激發能傳遞　excitation energy transfer
激发态/激發態　excited state
激光光解/雷射光解　laser photolysis
激光拉曼光谱[学]/雷射拉曼光譜[學]　laser Raman spectroscopy
激光散斑衬比成像/雷射散斑襯比成像　laser speckle contrast imaging, LSCI
激光扫描共[聚]焦显微镜/雷射掃描共聚焦顯微鏡　laser scanning confocal microscope, confocal scanning laser microscope, CLSM
激光扫描共聚焦荧光显微镜/雷射掃描共聚焦螢光顯微鏡　laser scanning confocal fluorescence microscope, LSCFM
激光生物学/雷射生物學　laser biology
激光微束法/雷射微束法　laser micro-dissection transformation
激光显微镜/激光顯微鏡　laser microscope
激光衍射法/雷射衍射法　ektacytometry
激光增强拉曼散射/雷射增強拉曼散射　laser stimulated Raman scattering
激活蛋白/活化素,促進素,激活素　activin
cAMP 激活的交换蛋白/cAMP 啟動的交換蛋白　exchange protein activated by cAMP, EPAC
激活剂/活化劑,活化物　activator
激活剂调节/活化劑調節,啟動劑調節　activator adjustment
激活区/活化區　active zone
激活素/激活素,活化素,促進素　activin
激活调节/活性調節　regulation of activity
激活物/活化劑,活化物　activator
激活 T 细胞趋化蛋白-1/活化 T 細胞趨化蛋白-1　stimulated T cell chemoattractant protein-1
激活效应/啟動效應　activational effect
激活域/活化域　activation domain
激活中心/活化中心　activation center
激活[作用]/激活[作用],活化[作用]　activation
激流群落/激流群落,激流群聚　lotic community, swift-water community
激酶/激酶　kinase
JAK 激酶/JAK 激酶　Janus kinase, JAK
Jun 激酶/Jun 激酶　Jun kinase, JNK
MAP 激酶/MAP 激酶,促分裂原活化蛋白激酶,致裂原活化型蛋白激酶　mitogen-activated protein kinase, MAP kinase, MAPK
NAD 激酶/NAD 激酶　NAD kinase
MAP 激酶激酶/促分裂原活化蛋白激酶激酶　mitogen-activated protein kinase kinase, MAPKK
MAP 激酶激酶激酶/促分裂原活化蛋白激酶激酶激酶　mitogen-activated protein kinase kinase kinase, MAPKKK
激泌素/激泌素　crinin
激怒反应/群體反擊　mobbing reaction
激惹感受器/激惹感受器　irritant receptor
激素/激素,荷爾蒙,賀爾蒙　hormone
激素剥夺/激素剥奪　hormone deprivation
激素反应元件/激素反應元件,激素應答元件,激素回應元件　hormone response element, HRE
激素过多症/激素過多症　hormonosis
激素核受体/激素核受體　hormone nuclear receptor
激素缺乏症/激素缺乏症　hormonoprivia
激素生成/激素生成　hormonogenesis
激素受体/激素受體　hormone receptor
激素调控转录因子/激素調控轉録因子　hormone-

regulated transcription factor
激素信号传送/激素訊號傳導,激素訊息傳遞 hormone signaling
激素应答元件/激素應答元件,激素反應元件,激素回應元件 hormone response element, HRE
激素原/激素原,前激素 hormonogen, prohormone
激素原转化酶/激素原轉化酶 prohormone convertase
激素缀合物/激素接合物 hormone conjugate
激肽/激肽,基寧 kinin
激肽酶/激肽酶 kininase
激肽释放酶/激肽釋放酶,胰舒血管素 kallikrein
激肽受体/激肽受體 kinin receptor
激肽原/激肽原 kininogen
激肽原酶/激肽原酶 kininogenase
激脂激素/激脂激素,脂肪動用激素,促脂[解激]素 adipokinetic hormone, AKH
激子/激子 exciton
激子传递/激子轉移 exciton transfer
吉布斯自由能/吉布斯自由能 Gibbs free energy
吉兰-巴雷综合征/格巴二氏症候群 Guillain-Barr syndrome
吉姆萨染色/吉姆沙染色 Giemsa staining
吉姆萨显带/吉姆薩顯帶,G 顯帶,吉姆沙顯帶 Giemsa banding, G-banding
吉欧霉素/吉歐黴素 zeocin
吉普森等温一步连接法/吉布森等温一步連接法 Gibson isothermal one-step ligation
级/級,進化群 grade
级进杂交/級進雜交 grading up
级联层析/級聯層析法 cascade chromatography
级联发酵/級聯發酵 cascade fermentation
级联反应/級聯反應,連鎖反應,梯瀑反應 cascade, cascade reaction, cascade response
级联模型/級聯模型,瀑布模式 cascade model
极/極 pole
极低密度脂蛋白/極低密度脂蛋白 very low density lipoprotein, VLDL
极地带/極帶 polar zone
极地高原/極地高原 arctoalpine
极地三碘甲腺原氨酸综合征/極地三碘甲腺原氨酸症候群 polar triiodothyronine syndrome
极端酶/極端酶 extremozyme
极端耐盐微生物/極端耐鹽微生物 extremohalo tolerant microorganism
极端嗜热微生物/極端嗜熱微生物 extremothermophile
极端细菌/極端細菌 extreme bacteria
极副卫细胞/極副衛細胞 polar subsidiary cell
极沟/極溝 polar furrow
极管/極管 polar tube
极光激酶 B/極光激酶 B aurora B
极核/極核 polar nucleus, pole nucleus
极化/極化 polarization
极化子/極化子 polaron
极环/極環 polar ring
极粒/極粒 polar granule
极帽/極帽 polar cap
极帽期/極帽期 polar cap stage
极面[区]/極面 polar area
极囊/極囊 polar capsule
极球/極球 polar corpuscle
极圈/極圈 polar circle
极射线/極射線 polar ray
极生孢子/端極孢子 polar spore
极丝/極絲 polar filament
极体/極體 polar body
极危种/極度瀕危種 critical species
极细胞/極細胞 pole cell
极限糊精/極限糊精,澱粉糊精 amylodextrin, limit dextrin
α-极限糊精/α-極限糊精,α-澱粉糊精 α-amylodextrin
β-极限糊精/β-極限糊精,β-澱粉糊精 β-amylodextrin
极限糊精酶/極限糊精酶 limit dextrinase
极限环/極限環 limit cycle
极限体长/極限體長 asympototic length
极限体重/極限體重 asympototic weight
极限相似性/限制相似度 limiting similarity
极性/極性 polarity
极性构成/極性構成 polar organization
极性活性区/極化活動區 zone of polarizing activity, ZPA
极性基体复合体/極性基體複合體 polar basal body-complex, PBB-complex
极性基团/極性基 polar group
极性突变/極性突變 polar mutation, polarity mutation
极性突变体/極性突變型 polarity mutant
极性突变型/極性突變型 polarity mutant
极性运动/向極移動 polar movement
极性运输/極性運轉,極部運輸 polar transport
极样激酶 1/Polo 樣激酶 1 Polo-like kinase 1, Plk1
极叶/極葉 polar lobe
极周细胞/極周細胞 peripolar cell

即时基因/速發早期基因,立即早期基因 immediate early gene
即时致死带/即時致死帶 zone of immediate death
即早期基因/立即早期基因,速發早期基因 immediate early gene
急流动物区系/急流動物相 torrential fauna
急流生物/急流生物 rheophile
急拍蛋白/快蛋白,外毛細胞運動蛋白 prestin
急性播散性脑脊髓炎/急性瀰漫性腦脊髓炎 acute-disseminated encephalomyelitis
急性低氧/急性低氧 acute hypoxia
急性动物试验/急性動物試驗 acute animal testing
急性高山病/急性高山病 acute mountain sickness
急性高原病/急性高原病 acute high altitude disease
急性高原反应/急性高原反應 acute high altitude reaction
急性肌肉酸痛/急性肌肉酸痛 acute muscle soreness
急性间歇性卟啉病/急性間歇性紫質症 acute intermittent porphyria
急性淋巴细胞白血病/急性淋巴細胞性白血病,急性淋巴球性白血病 acute lymphocytic leukemia
急性免疫复合物型肾小球肾炎/急性免疫複合體型腎小球腎炎 acute immune complex type glomerulonephritis
急性排斥反应/急性排斥[反應] acute rejection
急性期蛋白/急性期蛋白質 acute phase protein
急性期物质/急性期物質 acute phase substance
急性期血清/急性期血清 acute phase serum
急性期应答/急性期反應 acute phase response, acute phase reaction
急性痛/急性痛 acute pain
急性血管性排斥反应/急性血管性排斥 acute vascular rejection, AVR
急性炎性脱髓鞘多神经病/急性炎性去髓鞘型多發性神經病變 acute inflammatory demyelinating polyneuropathy, AIDP
急性炎症学说/急性炎症學説 acute inflammation theory
急转演替/急轉演替,急速演替 abrupt succession
疾病动物模型/疾病動物模型 animal disease model
疾病基因组学/疾病基因體學 disease genomics
疾病谱/致病圖 morbid map
棘/棘,刺 spine, acantha, acanthus
棘白霉素/棘白黴素,棘球白素 echinocandin
棘层/棘層 stratum spinosum
棘杆/棘桿 stachel
棘间肌/棘間肌 interspinous muscle
棘口尾蚴/棘口尾蚴 echinostome cercaria
棘毛/棘毛 cirrus
棘毛小膜/棘毛小膜 cirromembranelle
棘皮动物/棘皮動物 echinoderm
棘球白素/棘球白素,棘白黴素 echinocandin
棘球蚴/棘球蚴 echinococcus
棘球蚴沙/棘球蚴沙 hydatid sand
棘球子囊/棘球子囊 daughter cyst
棘头虫/鉤頭蟲 acanthocephala, thorny-headed worm
棘头虫病/鉤頭蟲病 acanthocephaliasis
棘头动物/棘頭動物 acanthocephalan
棘头体/棘頭體 acanthella
棘头蚴/鉤頭蚴 acanthor
棘星形骨针/棘星形骨針 thornstar
棘枝/棘枝 acidotus
棘状骨骼/棘狀骨骼 echinating
棘状骨针/棘狀骨針 calthrops
集钙蛋白/集鈣蛋白,隱鈣素 calsequestrin
集光复合体/集光複合體,光能捕獲複合體 light-harvesting complex, LHC
集光叶绿素蛋白复合物/集光葉綠素蛋白複合體 light-harvesting chlorophyll protein complex, LHCP
集光中心/集光中心,光能捕獲中心 light-harvesting center
集合管/集合管 collecting duct
集合淋巴管/集合淋巴管 collecting lymphatic vessel
集合群落/關聯群落,關聯群聚 metacommunity
集合小管/集合小管,收集小管 collecting tubule
集合种群/關聯族群,複合族群 metapopulation
集聚/聚集 assembling, sembling
集聚细胞/腎[原]細胞 nephrocyte
集聚性黏附/集聚性黏附 aggregative adherence
集流/集流,[物]質流 mass flow
集落/聚落,細胞群落 colony
集落刺激因子/集落刺激因子,群落刺激因子,聚落刺激因子 colony stimulating factor, CSF
集落生成单位/聚落生成單位,菌落形成單位 colony forming unit, CFU
集群/群集,集合體,小群落 assembly, assemblage
集群分布/聚集分布,叢狀分布,塊狀分布 clustered distribution
集群[分布]种群/蔓延族群 contagious population
集群灭绝/大滅絶,動物相滅絶 mass extinction
集群性/群集性 sociability, gregariousness
集体防御/集體防禦,群體防衛 group defense
集体求偶/集體求偶 communal courtship
集团蠕动/總蠕動 mass peristalsis
集团选择/混合選擇 mass selection, bulk selection

集约放牧/集約放牧地 dense pasture
集约农业/集約農業 intensive agriculture
集子囊/集子囊 synascus
嵴/脊 ridge
嵴膜/脊膜 cristae membrane, CM
嵴数/紋數 ridge count
嵴线/紋線 ridge line
瘠地群落/瘠地群落,瘠地群聚 tirium
几丁二糖/幾丁二糖 chitobiose
几丁化/幾丁質化,殼質化,殼糖化 chitinization
几丁质/幾丁質,殼聚糖,甲殼素 chitin
几丁质合成酶/幾丁質合成酶,殼多糖合成酶 chitin synthetase
几丁质合成酶抑制剂/幾丁質合成酶抑制劑 chitin-synthetase inhibitor
几丁质酶/幾丁質酶,殼糖酶,殼質酶 chitinase
几何分布/幾何分布 geometric distribution
几何级数增长/幾何級數增長 geometric growth
几何平均/幾何平均 geometric mean
几何相似放大技术/幾何相似放大技術 scaling-up based on geometric similarity
几何增长率/幾何增長率,幾何增加率 geometric rate of increase
几何种群增长/幾何型族群增長,幾何族群成長 geometric population growth
己聚糖/聚己糖 hexosan
己醛糖/己醛糖 aldohexose
己酸/己酸,羊油酸 caproic acid
己酸甘油酯/己酸甘油酯 tricaproin, caproin
己糖/己糖,六碳糖 hexose
己糖胺/己糖胺 hexosamine
己糖激酶/己糖激酶 hexokinase
己糖磷酸支路/己糖一磷酸支路,己糖一磷酸分路 hexose monophosphate shunt
己酮糖/酮己糖 hexulose, ketohexose
己诱剂/己誘劑,海克誘劑 hexalure
挤压伤/擠壓傷 squeeze, diver's squeeze
脊/脊 carina, crista
脊齿型/脊齒型 stirodont type
脊底型/脊底型 tropybasic type
脊丘系/脊丘系 spinothalamic lemniscus
脊神经/脊神經 spinal nerve
脊髓/脊髓 spinal cord
脊髓背角/脊髓背角 spinal dorsal horn
脊髓臂旁束/脊髓臂旁束,脊髓臂旁徑 spinoparabranchial tract
脊髓动物/脊髓動物 spinal animal
脊髓反射/脊[髓]反射 spinal reflex
脊髓灰质炎灭活疫苗/脊髓灰質炎滅活疫苗,不活性小兒麻痺病毒疫苗 inactivated poliovirus vaccine, IPV
脊髓前外侧柱切断术/脊髓前外側柱切斷術 anterolateral cordotomy
脊髓丘脑后束/脊髓丘腦後束,外側脊髓丘腦徑 lateral spinothalamic tract
脊髓丘脑前束/脊髓丘腦前束,前脊髓丘腦徑 anterior spinothalamic tract
脊髓丘脑束/脊髓丘腦束,脊髓丘腦徑 spinothalamic tract
脊髓网状丘脑束/脊髓網狀丘腦束 spinoreticulothalamic tract
脊髓下丘脑束/脊髓下丘腦束,脊髓下丘腦徑 spinohypothalamic tract
脊髓小脑/脊髓小腦 spinocerebellum
脊髓休克/脊髓休克 spinal shock
脊髓组织工程/脊髓組織工程 spinal cord tissue engineering
脊索/脊索 notochord
脊索板/脊索板 chordal plate
脊索动物/脊索動物 chordate
脊索中胚层/脊索中胚層 chorda-mesoderm
脊腺/脊腺 vertebral gland
脊型齿/脊型齒 lophodont
脊性尾蚴/脊性尾蚴 lophocercaria
脊柱/脊柱 vertebral column
脊柱裂/脊柱裂 spinabifida, rachischisis
脊状疣足/脊狀疣足 torus
脊椎动物/脊椎動物 vertebrate
脊椎动物病毒/脊椎動物病毒 vertebrate virus
脊椎动物选择性比例/脊椎動物選擇性比例 vertebrate selectivity ratio, VSR
脊椎动物学/脊椎動物學 vertebrate zoology
戟形骨针/戟形骨針 hastate
HDP 计划/全球變遷人文面向科學計劃 International Human Dimension Programme on Global Environmental Change, IHDP
计划免疫接种/計劃免疫接種 planned immunization
计数室/計數區 counting chamber
计数样方法/計數樣方法,計數樣區法 count quadrat method
DNA 计算/DNA 計算 DNA computing
计算蛋白质组学/計算蛋白質體學 computational proteomics
计算机辅助设计/計算機輔助設計 computer-aided design
计算机模拟/計算機模擬 computer simulation

计算基因组学/計算基因體學 computational genomics
计算神经解剖学/計算神經解剖學 computational neuroanatomy
计算神经科学/計算神經科學 computational neuroscience
计算神经行为学/計算神經行為學 computational neuroethology
计算生物学/計算生物學 computational biology
计算生物学引导设计/計算生物學引導設計 computational biology-guided design
LOD 记分/對數優勢比 logarithm of the odd score, LOD score
记录电极/記録電極,誘導電極 recording electrode
记名样方/記名樣方 list quadrat
记名样方法/記名樣方法 list quadrat method
记纹鼓/記波器,描波器 kymograph
记忆/記憶 memory
记忆巩固/記憶穩固,記憶凝固 memory consolidation
记忆广度/記憶廣度 memory span
记忆痕迹/記憶痕跡 engram
记忆获得/記憶獲得 memory acquisition
记忆示波器/記憶[體]示波器 memory oscilloscope
记忆提取/記憶提取 memeory retrieval
记忆细胞/記憶[性]細胞 memory cell
记忆 B 细胞/記憶性 B 細胞 memory B cell, Bm cell
记忆 T 细胞/記憶性 T 細胞 memory T cell, Tm cell
记忆消退/記憶消退 memory extinction
记忆再巩固/記憶再鞏固 memory reconsolidation
CIB 技术/CIB 技術 CIB technique
SELEX 技术/指數富集配體的系統演化技術,SELEX 技術 systematic evolution of ligands by exponential enrichment, SELEX
忌避性/忌避性 repellency
季风林/季風林,季雨林 monsoon forest
季节隔离/季節隔壁 seasonal isolation
季节河[流]/間歇性河[流],臨時河 intermittent stream, ephemeral stream
季节频率/季節頻率 seasonal frequency
季节迁徙/季節性遷徙,季節性遷移,季節性洄游 seasonal migration
季节色/季節色 seasonal coloration
季节生活史/季節生活史 seasonal history
季节胎生/季節胎生 seasonal viviparity
季节替代种/季節替代種 seasonal vicariad
季节性/季節性 seasonality
季节性繁殖/季節性繁殖 seasonal breeding
季节性节律/季節性律動 seasonal rhythm
季节演替/季節性消長,季節性演替 seasonal succession, aspection
季节周期/季節週期 seasonal cycle
季节周期性/季節週期性 seasonal periodicity
季节最低值/季節最低值 seasonal minimum
季节最高值/季節最高值 seasonal maximum
季相/季相[變遷] seasonal aspect, aspect
季相演替/季節性演替,季節性消長 seasonal succession, aspection
季雨林/季雨林,季風林 monsoon forest
剂量补偿效应/劑量代償效應 dosage compensation effect
剂量补偿作用/劑量代償作用 dosage compensation
剂量重复/劑量重複 dosage repetition
剂量当量/當量劑量,等價劑量 dose equivalent
剂量对数-概率回归线/劑量對數機率線 log dosage-probability line, LD-P line
剂量-反应关系/劑量-反應關係,劑量與反應相關性 dose-response relationship
剂量-死亡率曲线/劑量-死亡率曲線 dosage-mortality curve
剂量效应/劑量效應,劑量效果 dose effect, dosage effect
剂量-效应关系/劑量效應關係 dose-effect relation
剂型/劑型 formulation
继代培养/繼代培養,傳代培養,移種 secondary culture, subculture, subculturing
继发变应原/繼發性過敏原 secondary allergen
继发感染/繼發感染 secondary infection
继发性感染原/繼發性感染菌 secondary invader
继发性高血压/繼發性高血壓 secondary hypertension
继发性免疫缺陷/繼發性免疫缺陷 secondary immunodeficiency
继发性免疫缺陷病/繼發性免疫缺陷病 secondary immunodeficiency disease
继发性饮水/次發性飲水 secondary drinking water
继发性主动转运/次級主動運輸 secondary active transport
继时性对比/繼時性對比 successive contrast
寄居动物/寄居動物,寄生動物 inquiline
寄栖互利共生/棲所共利共生 endoecism
寄生虫/寄生蟲 parasite
寄生虫病/寄生蟲病 parasitic disease, parasitosis
寄生虫感染/寄生蟲感染 parasitic infection

寄生虫学/寄生蟲學 parasitology
寄生根/寄生根 parasitic root, haustorial root
寄生昆虫/寄生性昆蟲 parasitic insect
寄生链/寄生鏈 parasite chain
寄生泡/寄生泡 parasitophorous vacuole, periparasitic vacuole
寄生去势/寄生去勢 parasitic castration
寄生群落/寄生群落,寄生群聚 opium
寄生食物链/寄生食物鏈 parasite food chain
寄生胎/寄生胎 parasitus
寄生物/寄生物,寄生者 parasite
寄生物介导性选择/寄生物媒介性[選]擇 parasite-mediated sexual selection
寄生[现象]/寄生[現象] parasitism
寄生性螨类/寄生性蟎類 parasitic mites
寄生性人兽互通病/寄生性人獸互通病,寄生性人畜共通病 parasitic zoonosis
寄生雄性/寄生雄性 parasitic male
寄生杂草/寄生雜草 parasitic weed
寄生植物/寄生植物,植物性寄生物,寄生菌 parasitic plant, phytoparasite
寄食昆虫/寄食昆蟲 inquiline
寄主/寄主,宿主 host
寄主回避性/寄生回避性 host avoidance
寄主-寄生物相互作用/寄主-寄生物交互作用 host-parasite interaction
寄主密度/寄主密度 host density
寄主识别/寄主識別 host recognition
寄主适合性/寄主適合性 host suitability
寄主选择性/宿主選擇,宿主淘汰 host selection
寄主植物/寄主植物 host plant
寄主专一性/寄主專一性,宿主專屬性 host specificity
寄主状态/寄主狀態 host condition
寂静伤害性感受器/寂静傷害性感受器 silent nociceptor
加倍剂量/加倍劑量 doubling dosage
加词/小名 epithet
加德纳综合征/加德氏症候群 Gardner syndrome
加富培养基/滋養培養基 enriched medium
加工/加工,處理 processing
mRNA 加工/mRNA 加工 mRNA processing
RNA 加工/RNA 加工,RNA 處理 RNA processing
加工蛋白酶/加工蛋白酶 processing protease
加工信号/加工訊號,加工訊息 processing signal
DNA 加合物/DNA 添加物 DNA adduct
加厚生长/肥厚生長 thickening growth
加减法/加減法 plus-minus method
加里格群落/加里格灌叢 garrigue
加量组胺试验/加量組[織]胺試驗,增加組胺試驗,增大組胺試驗 augmented histamine test
加帽/加帽[作用] capping
加帽 mRNA/加帽 mRNA capped mRNA
mRNA 加帽/mRNA 加帽 mRNA capping
RNA 加帽/RNA 加帽 RNA capping
加帽蛋白/加帽蛋白 capping protein
加帽酶/加帽酶 capping enzyme
加帽位点/[加]帽位點 cap site
加强免疫接种/加強免疫接種 booster immunization
加权背投影/加權背投影 weighted back projection, WBP
加速期/加速期 acceleration period
加速性排斥反应/加速性排斥[反應] accelerated rejection
加尾/加尾,拖尾 tailing
AT 加尾/AT 加尾 A-T tailing
GC 加尾/GC 加尾 G-C tailing
加性重组/累加性重組 additive recombination
加性基因/累加性基因 additive gene
加性效应/累加等位基因效應 additive allelic effect
加性遗传方差/累加性遺傳變方 additive genetic variance
加性遗传值模型/累加性遺傳值模型 additive genetic value model
加压/加壓 compression
加压舱/加壓艙 compression chamber
加压催产素/[加壓]催產素 vasotocin
加压呼吸/加壓呼吸 pressure breathing
加压区/加壓區 pressor area
加压性关节痛/加壓性關節痛 compression arthralgia
加压循环发酵罐/加壓循環發酵槽 pressure cycle fermenter
加压蒸汽灭菌/高壓蒸汽滅菌[法] high-pressure steam sterilization, autoclaving
加氧酶/加氧酶,氧合酶 oxygenase
夹捕器/夾捕器,彈夾器 snap-trap
夹心法分析/夾心法分析 sandwich assay
夹心技术/夾心技術,三明治技術 sandwich technique
夹心杂交/夾心雜交 sandwich hybridization
家蚕抗菌肽/家蠶抗菌肽 moricin
家蚕肽/家蠶肽 bombyxin
家蚕微粒子病/蠶微粒子病 pebrine disease
家河理论/家河理論,親河理論 home stream theory
家谱/譜系,血統 pedigree

家谱分析/譜系分析　pedigree analysis
家系内选择/科内育種　within-family selection
家系选择/家系選擇　family selection
家蝇性诱剂/家蠅性誘劑　muscalure
家用X射线光机/家用X射線光機　in-house X-ray generator
家族/家族　family
Alu 家族/*Alu* 家族　*Alu* family
CEPH 家族/CEPH 家族　Centre d'Etude du Polymorphisme Humain family, CEPH family, CEPH pedigree
家族免疫/家族免疫　familial immunity
家族群/家族群,親族　kin group
家族性低胆固醇血症/家族性低膽固醇血症　familial hypocholesterolemia
家族性低磷[酸盐]血症/家族性低磷酸鹽血症　familial hypophosphatemia
家族性低β-脂蛋白血症/家族性低β-脂蛋白血症　familial hypobetalipoproteinemia
家族性复合高脂血症/家族性複合高脂血症　familial combined hyperlipidemia
家族性高胆固醇血症/家族性高膽固醇血症　familial hypercholesterolemia
家族性高脂血症/家族性高脂血症　familial hyperlipidemia
家族性结肠癌基因/家族性結腸癌基因　familial colon cancer gene, FCC gene
家族性状/家族性狀　familial trait
荚豆二糖/莢豆二糖,蠶豆二糖　vicianose
荚果/莢果　legume, pod
荚膜/莢膜　capsule, granule
荚膜多糖/莢膜多糖　capsular polysaccharide
荚膜多糖疫苗/莢膜多糖疫苗　capsular polysaccharide vaccine
荚膜抗原/莢膜抗原　capsular antigen
荚膜膨胀试验/莢膜膨脹試驗　quellung test
颊/頰　cheek, bucca, gena
颊齿/頰齒　cheek tooth
颊刺/頰刺　pterygostomian spine
颊隆面/頰隆面　buccal dilation, occiput dilation
颊毛/頰毛　genal seta
颊囊/頰囊　cheek pouch
颊区/頰區　pterygostomian region
颊肽/頰肽　buccalin
颊突/頰突　genal process
颊纹/頰線　cheek stripe, malar stripe
颊窝/頰窩　facial pit
颊下沟/頰下縫　subgenal suture
颊栉/頰櫛　genal comb
甲/甲　nail
甲胺氮营养/甲胺氮營養　methazotrophy
甲板/甲板　nail plate
甲苯胺蓝/甲苯胺藍,胺甲苯藍　toluidine blue
甲醇/甲醇　methanol
甲地孕酮/甲地孕酮　megestrolacetate
甲肝减毒活疫苗/甲肝減毒活疫苗　live hepatitis A vaccine
5-甲基胞嘧啶/5-甲基胞嘧啶　5-methylcytosine
甲基丙二酸尿症/甲基丙二酸尿症　methylmalonicaciduria
甲基丙烯酰辅酶A/甲基丙烯醯 CoA　methacrylyl-CoA
甲基固醇单加氧酶/甲基固醇單加氧酶　methylsterol monooxygenase
甲基红/甲基紅　methyl red
甲基红试验/甲基紅試驗　methyl red test
甲基化/甲基化　methylation
DNA 甲基化/DNA 甲基化　DNA methylation
RNA 甲基化/RNA 甲基化　RNA methylation
甲基化干扰试验/甲基化干擾試驗　methylation interference assay
甲基化酶/甲基化酶　methylase
DNA 甲基化酶/DNA 甲基化酶　DNA methylase
RNA 甲基化酶/RNA 甲基化酶　RNA methylase
甲基化特异性 PCR/甲基化特異性 PCR,甲基化特異性聚合酶鏈反應　methylation specific PCR
甲基化特异性聚合酶链反应/甲基化特異性聚合酶鏈反應,甲基化特異性 PCR　methylation specific PCR
甲基磺酸乙酯诱变/甲基磺酸乙酯誘變,EMS 誘變　ethyl methanesulfonate mutagenesis, EMS mutagenesis
甲基绿/甲基綠　methyl green
甲基绿-派洛宁染色/甲基綠-派洛寧染色　methyl green-pyronin staining
甲基萘醌/甲基萘醌　menaquinone
甲基炔诺酮/甲基炔諾酮　norgestrel
N-甲基脱氧野尻霉素/*N*-甲基去氧野尻黴素　*N*-methyldeoxynojirimycin
甲基营养/甲基營養　methylotrophy
甲基营养菌/甲基營養菌　methylotrophic bacteria
甲基转移酶/甲基轉移酶,轉甲基酶　methyltransferase, transmethylase
DNA 甲基转移酶/DNA 甲基轉移酶,DNA 甲基化酶　DNA methyltransferase
甲基紫/甲基紫　methyl violet

甲硫氨酸/甲硫氨酸,甲硫胺酸 methionine, Met
甲硫氨酸 tRNA/甲硫氨酸 tRNA methionine tRNA
甲硫氨酸特异性氨肽酶/甲硫氨酸特異性氨肽酶 methionine-specific aminopeptidase, Met-specific aminopeptidase
甲脒类杀虫剂/甲脒類殺蟲劑 formamidines
甲萘醌/甲萘醌 menadione
甲泼尼龙/甲潑尼龍 methylprednisolone
甲羟戊酸/甲羥戊酸,3-甲基-3,5-二羥基戊酸 mevalonic acid
甲羟戊酸-5-焦磷酸/甲羥戊酸-5-焦磷酸 mevalonate-5-pyrophosphate
甲桥/側橋 bridge
甲壳/甲殼 crusta
甲壳动物/甲殼動物 crustacean
甲壳动物学/甲殼動物學,蟹類學 carcinology
甲壳蓝蛋白/甲殼藍蛋白 crustacyanin
甲壳类浮游生物/甲殼類浮游生物 crustacean plankton
甲壳质/幾丁質,殼多糖,甲殼素 chitin
甲壳质支架/幾丁質支架,甲殼素支架 chitin scaffold
甲醛/甲醛 formaldehyde
甲杓肌/甲杓肌 thyroarytenoid muscle
甲舌骨/甲舌骨 thyrohyal bone
甲酸/甲酸 formic acid
甲酸脱氢酶/甲酸脱氫酶 formic dehydrogenase
甲酸盐延胡索酸盐试验/甲酸鹽延胡索酸鹽試驗 formate-fumarate test
甲胎蛋白/甲胎蛋白,甲型胎兒蛋白,α-胎兒蛋白 alpha-fetolprotein, α-fetoprotein, AFP
甲烷发酵/甲烷發酵,沼氣發酵 methane fermentation
甲烷呋喃/甲烷呋喃 methanofuran
甲烷菌软骨素/甲烷菌軟骨素 methanochondroitin
甲烷粒体/甲烷粒體 methanochondria
甲烷膜粒/甲烷膜粒 methanochondrion
甲烷形成作用/甲烷形成作用 methangenesis
甲烷营养/甲烷營養 methanotrophy
甲酰胺/甲酰胺,甲醯胺 methanamide, fornamide, formylamide
甲酰胺酶/甲醯胺酶 formamidase
甲酰化作用/甲酰化[作用],甲醯化[作用] formylation
甲酰基/甲酰基,甲醯基 formyl
甲酰甲硫氨酸/甲醯甲硫氨酸 formylmethionine, fMet
甲孕酮/甲孕酮 provera
甲状旁腺/甲狀旁腺,副甲狀腺 parathyroid gland
甲状旁腺功能减退[症]/甲狀旁腺低能症 hypoparathyroidism
甲状旁腺功能亢进[症]/甲狀旁腺高能症 hyperparathyroidism
甲状旁腺[激]素/甲狀旁腺[激]素,副甲狀腺素 parathyroid hormone, PTH, parathyrin
甲状旁腺[激]素家族/甲狀旁腺[激]素家族 parathyroid hormone family
甲状旁腺[激]素受体/甲狀旁腺[激]素受體 parathyroid hormone receptor
甲状旁腺[激]素相关肽/甲狀旁腺[激]素相關肽 parathyroid hormone-related peptide, PTHrP
甲状旁腺[激]素相关肽受体/甲狀旁腺[激]素相關肽受體 parathyroid hormone-related peptide receptor, PTHrP receptor
甲状软骨/甲狀軟骨 thyroid cartilage
甲状腺/甲狀腺 thyroid gland, thyroid
甲状腺功能减退[症]/甲狀腺機能減退[症],甲狀腺低能症 hypothyroidism, hypothyrosis, hypothyrea
甲状腺功能亢进[症]/甲狀腺機能亢進[症],甲狀腺高能症 hyperthyroidism, hyperthyrosis, hyperthyrea
甲状腺功能正常/甲狀腺機能正常 euthyroidism
甲状腺过氧化物酶/甲狀腺過氧化物酶 thyroid peroxidase, thyroperoxidase, TPO
甲状腺过氧化物酶自身抗体/甲狀腺抗體過氧化物酶自體抗體 thyroid peroxidase autoantibody, TPOAb
甲状腺激素/甲狀腺激素 thyroid hormone, TH
甲状腺激素抵抗/甲狀腺激素抵抗 thyroid hormone resistance
甲状腺激素受体/甲狀腺激素受體 thyroid hormone receptor, TR
甲状腺激素应答元件/甲狀腺[激]素應答元件 thyroid hormone response element, TRE
甲状腺胶质/甲狀腺膠質 thyroid colloid
甲状腺抗体/甲狀腺抗體 thyroid antibody
甲状腺球蛋白/甲狀腺球蛋白 thyroglobulin, TG
甲状腺素/甲狀腺素 thyroxine, Thx
甲状腺素结合前白蛋白/甲狀腺素結合前白蛋白 thyroxine-binding prealbumin, TBPA
甲状腺素结合前清蛋白/甲狀腺素結合前白蛋白 thyroxine-binding prealbumin, TBPA
甲状腺素结合球蛋白/甲狀腺素結合球蛋白 thyroxine-binding globulin, TBG
甲状腺素结合球蛋白缺乏症/甲狀腺素結合球蛋白

缺乏症　thyroxine-binding globulin deficiency, TBG deficiency
甲状腺素视黄质运载蛋白/甲狀腺素視黃質運載蛋白,甲狀腺素轉運蛋白　transthyretin, TTR
甲状腺素转运蛋白/甲狀腺素轉運蛋白,甲狀腺素視黃質運載蛋白　transthyretin, TTR
甲[状]腺原氨酸/甲狀腺原氨酸,3,5,3′-三碘甲狀腺原氨酸　thyronine
甲状腺肿/甲狀腺腫　goiter
钾氯共转运体/鉀氯聯合轉運體　potassium-chlorime cotransprter, KCC
钾钠离子交换/鉀鈉離子交換　potassium-sodium exchange
钾内平衡/鉀内平衡　balance of the potassium inside
钾通道/鉀通道　potassium channel
钾外平衡/鉀外平衡　balance of the potassium outside
钾细菌肥料/鉀細菌肥料　potassium bacteria inoculant
钾-氩测年/鉀氬定年,鉀-氬定年法　K-Ar dating
钾-氩计时/鉀氬定年,鉀-氬定年法　K-Ar dating
假孢丝/假孢絲　pseudocapillitium
假薄壁组织/假薄壁組織,異形菌絲組織　pseudoparenchyma, paraplectenchyma
假闭花受精/假閉花受精　pseudocleistogamy
假病毒/假病毒　pseudovirus
假病毒粒子/假病毒粒子,假病毒體　pseudovirion
假病毒体/假病毒體,假病毒粒子　pseudovirion
假侧丝/假側絲,擬側絲,偽側絲　pseudoparaphysis
假常染色体区/假常染色體區　pseudoautosomal region
假常染色体区段/假常染色體區段　pseudoautosomal segment
假常染色体遗传/假常染色體遺傳　pseudoautosomal inheritance
假超显性/假超顯性　pseudooverdominance
假唇/假唇　pseudolabium
假单孢氧还蛋白/假單孢氧還原蛋白質　putidaredoxin
假单胞菌外毒素/緑膿桿菌外毒素　pseudomonas exotoxin, PE
假单倍体/假單倍體　pseudohaploid
假单花/假花　pseudanthium
假单极神经元/假單極神經元　pseudounipolar neuron
假单极细胞/假單極細胞　pseudounipolar cell
假底物/假底物,假基質　pseudosubstrate
假顶芽/假頂芽　pseudoterminal bud
假冬眠/假冬眠　pseudohibernation
假洞居生物/假洞居生物　pseudotroglobiont
假窦/假竇　pseudosinus
假盾区/假盾區　pseudoscutum
假多价染色体/假多價染色體　pseudomultivalent
假多形/假多形　pseudopolymorphism
假额角/假額角　pseudorostrum
假二倍体/假二倍體　pseudodiploid
假二歧分枝/假二歧分枝,假二叉分枝,假叉狀分枝　false dichotomous branching, false dichotomy
假分枝/假分枝,擬分枝　false branching, false ramification
假浮游生物/假浮游性生物,暫時性浮游生物,偶然性浮游生物　pseudoplankton
假复层上皮/假複層上皮　pseudostratified epithelium
假隔膜/假隔膜　pseudoseptum
假根/假根　rhizoid
假根细胞/假根細胞　rhizoid cell
假果/假果　false fruit
假核蛋白/假核蛋白　pseudonuclein
假核仁/假核仁　pseudonucleolus
假花被/假花被　pseudoperianth
假花说/假花説　pseudanthium theory
假基因/假基因,偽基因　pseudogene
假[基因]多效性/假多效性　spurious pleiotropism
假寄生/假寄生,擬寄生　pseudoparasitism
假寄生虫/假寄生蟲　pseudoparasite, spurious parasite
假交叉/假交叉　pseudochiasma
假角蛋白/假角蛋白　pseudokeratin
假结/假結　pseudoknot
RNA 假结/RNA 假結　RNA pseudoknot
假菌根/假菌根　pseudomycorrhiza
假菌核平板图/假菌核平板圖　pseudosclerotial plate
假菌胶团/假菌膠團　pseudozoagloea
假菌丝体/假菌絲體　pseudomycelium
假孔/假孔　pseudopore
假口围/假圍口　pseudoperistome
假篮咽管/假籃咽管　pseudonasse
假连锁/假連鎖　pseudolinkage
假鳞茎/假鱗莖　pseudobulb
假脉/假脈　false vein, false nerve
假面状花冠/假面狀花冠　personate corolla
假膜/假膜,偽膜　pseudomembrane
假囊/擬囊　pseudosaccus
假囊群盖/擬囊群膜　false indusium
假年轮/假年輪,偽年輪　false annual ring
假尿苷/假尿苷　pseudouridine

假尿苷酸/假尿苷酸 pseudouridylic acid
假怒/佯怒 sham rage
假胚/假胚 pseudoembryo
假胚囊/假胚囊 pseudoembryo sac
假匍茎/假匍莖 pseudostolon
假气管/假氣管 pseudotracheae
假气门毛/假氣門毛 pseudostigmatic seta
假气门器/假氣門器 pseudostigmata, pseudostigmatal organ
假轻链/替代輕鏈 surrogate light chain, SLC
假球蛋白/假球蛋白,擬球蛋白 pseudoglobulin
假群体/假群體 pseudocolony
假稔性/擬可孕性,偽稔性 pseudofertility
假融合/假融合,假受精生殖,營養細胞核融合 pseudomixis
假鳃/假鰓 pseudobranch
假溞状幼体/假溞狀幼體 pseudozoea larva
假上肢/假上肢 pseudepipodite, pseudoepipodite
假嗜酸性粒细胞/假嗜酸性粒細胞 pseudoacidophilic granulocyte
假受精/假受精 false fertilization
假梳理/假梳理 mock preening
假双着丝粒染色体/假雙著絲點染色體 pseudodicentric chromosome
假水生植物/兩棲植物,水陸兩生植物 amphiphyte, amphibious plant
假说/假説 hypothesis
假蒴柄/假蒴柄 pseudoseta
假蒴萼/假蒴萼 pseudoperianth
假蒴轴/假蒴軸 pseudocolumella
假死/假死 asphyxy
假死[状]态/假死狀態 thanatosis
假饲/假餵食 sham feeding
假随体/假隨體 pseudosatellite
假肽聚糖/假肽聚糖 pseudopeptidoglycan
假弹丝/假彈絲 pseudoelater
假体腔/假體腔 pseudocoel, pseudocoele
假体腔动物/假體腔動物 pseudocoelomate
假同型分裂/假同型核分裂 pseudohomeotypic division
假头节/假頭節 pseudoscolex
假外因适应/假外因適應 pseudoexogenous adaptation
假外肢/假外肢 pseudexopodite, pseudoexopodite
假稳定状态/假穩定狀態 apparent steady state
假无配生殖/擬無配生殖 pseudo-apogamy
假显性/擬顯性 pseudodominance
假心材/假心材,偽心材 false heartwood, false duramen
假形成层/假形成層 pseudocambium
假型包装/假型包裝 pseudotyping
假型病毒/假型病毒 pseudotype virus
假性变态反应/偽變態反應 pseudoallergic reaction
假性贫血/假性貧血 pseudoanemia
假性缺氧/假性缺氧 pseudohypoxia
假性软骨发育不全/假性軟骨發育不全[症] pseudoachondroplasia
假血红蛋白/假血紅蛋白 pseudohemoglobin
假循环光合磷酸化/假循環光合磷酸化 pseudocyclic photophosphorylation
假循环式电子传递/假迴圈式電子傳遞 pseudocyclic electron transport
假衍征/假衍徵,假裔徵 pseudoapomorphy
假阴茎囊/假陰莖囊 false cirrus pouch
假原质团/假原質團,偽原質團 pseudoplasmodium
假缘膜/假緣膜 velarium
假孕/假[懷]孕,假妊娠 pseudopregnancy, pseudocyesis
假杂种/假雜種 false hybrid
假再生/假再生 false regeneration
假疹壳/假疹殼 pseudopunctate shell
假植物生长素/擬生長素 pseudoauxin
假中柱/假中柱 pseudostele
假种皮/假種皮,種被,種衣 arillus
假轴/假軸 false axis
假子囊果/假子囊果 pseudothecium
假[子]囊壳/假子囊殼 pseudothecium, pseudoperithecium
嫁接/嫁接 graft, grafting
尖棒骨针/尖棒骨針 oxystrongyle
尖翅蠊素/[灰色蜚蠊]雄性識別費洛蒙 nauphoetin
尖端/尖端 subula
尖头多指并指[畸形]/尖頭多指併指[畸形] acrocephalopolysyndactyly, Carpenter syndrome
尖头多趾并趾[畸形]/尖頭多趾併趾[畸形] acrocephalopolysyndactyly, Carpenter syndrome
尖头骨针/尖頭骨針 oxytylote
尖突/尖突 cuspis
尖翼/尖翼 pointed wing
间苯二酚/間苯二酚,羥基酚 hydroxyphenol, resorcinol
间冰期/間冰期 interglacial period, interglacial stage
间步带/間步帶 interambulacral area, interambulacrum
间插骨/插入骨 intercalarium
间插体节/間插體節 intercalary segment

间插序列/間插序列,介入序列,插入序列 intervening sequence, IVS
间齿/間齒 intermedian tooth
间充质/間[充]質,間葉[組織] mesenchyme
间充质干细胞/間[充]質幹細胞 mesenchymal stem cell, MSC
间充质干细胞表面标志物/間[充]質幹細胞表面標誌物 mesenchymal stem cell surface marker
间充质干细胞过滤分离器/間[充]質幹細胞過濾分離器 mesenchymal stem cell filtration separator
间充质干细胞库/間[充]質幹細胞庫 mesenchymal stem cell bank
间充质细胞/間[充]質細胞 mesenchyme cell
间唇/間唇 interlabium, interband
间带/帶間 interband
间额/間額,額間帶 interfrontalia, frontal vitta
间额鬃/間額剛毛 interfrontal bristle
间辐/間輻 interradius
间辐板/間輻板 interradial plate
间辐片/間輻片 interradial piece
间腹片/間腹片 intersternite
间骨板/間骨板 interstitial lamella
间级/中間型 intercaste
间脊/間脊 intermediate carina
间介软骨/間介軟骨 intercalary cartilage
间介中胚层/間介中胚層,中段中胚層 intermediate mesoderm
间孔/間孔 misopore
间毛/間毛 intercalary seta, intermedial seta
间脑/間腦 diencephalon
间皮/中皮 mesothelium
间期/間期 interphase
间期核/間期核 interphase nucleus
间期细胞遗传学/間期細胞遺傳學 interphase cytogenetics
间鳃盖骨/間鰓蓋骨 interopercular bone
间舌骨/間舌骨 interhyal bone
间生态/復甦 anabiosis
间视/中間視覺 mesopic vision
间室/間室 mesooecium
间体/間體 mesosome
间位核/間位核 interposed nucleus
间位肾上腺素/間位腎上腺素,變腎上腺素 metadrenaline
间弦音器/間弦音器 intermediate chordotonal organ
间小齿/間小齒 intermedian denticle
间型霉素/間型黴素 formycin, oyamycin
间性雌体/間性雌體 intersexual female
间性体/間性體,雌雄間體 intersex
间性雄体/間性雄體 intersexual male
间缘板/間緣板 inter-marginal plate
间质卡哈尔细胞/間質卡哈爾細胞,卡哈爾間質細胞 interstitial cell of Cajal, ICC
间质生长/間質生長 interstitial growth
间质细胞/間質細胞,間隙細胞 interstitial cell
间质细胞刺激素/間質細胞刺激素 interstitial cell stimulating hormone
间质腺/間質腺 interstitial gland
间质组织/間質組織 interstitial tissue, interstitium
间椎体/間椎體 intercentrum
肩板/肩板,上膊板 humeral plate, scapullet, aileron
肩带/肩帶 pectoral girdle
肩峰/肩峰突 acromion
肩关节/肩關節 glenohumeral joint
肩横脉/肩横脈,上膊横脈 humeral crossvein
肩后鬃/肩後剛毛 posthumeral bristle
肩胛/肩胛,上膊板 humeral callus
肩胛冈/髆棘 scapular spine
肩胛骨/肩胛骨 scapula
肩胛提肌/肩胛舉肌 levator scapulae muscle
肩胛下肌/肩胛骨下肌 subscapularis muscle
肩角/肩角,上膊角 humeral angle
肩臼/肩臼窩 glenoid cavity, glenoid fossa
肩毛/肩毛,上膊剛毛 humeral seta, humeral
肩片/肩片 epaulet
肩区/肩區 humeral region
肩锁关节/肩峰鎖骨關節 acromioclavicular joint
肩纤毛带/肩纖毛帶 epaulettes
肩羽/肩羽 scapular
肩鬃/肩鬃,上膊鬃毛 humeral bristle
监测器/監測器 monitor, detector
兼向性病毒/雙嗜性病毒 amphotropic virus
兼性病原体/兼性病原體 facultative pathogen
兼性病原性细菌/兼性病原性細菌 facultative pathogenic bacteria
兼性单性生殖/兼性單性生殖,兼性孤雌生殖,附單性生殖 facultative parthenogenesis
兼性腐生/兼性腐生,任意腐生 facultative saprophytism
兼性腐生物/兼性腐生物,兼腐生植物,任意腐生植物 facultative saprobe, facultative saprophyte
兼[性]孤雌生殖/兼性孤雌生殖,兼性單性生殖,附單性生殖 facultative parthenogenesis
兼性互惠共生/兼性互利共生 facultative mutualism
兼性互利共生/兼性互利共生 facultative mutualism
兼性寄生/兼性寄生 facultative parasitism

兼性寄生虫/兼性寄生蟲 facultative parasite
兼性寄生物/兼性寄生物,兼性活物寄生菌,任意寄生菌 facultative parasite
兼性离子/雙性離子,兩性離子 zwitterion, amphion, amphoteric ion
兼性离子缓冲液/雙性離子緩衝液 zwitterionic buffer
兼性离子交换树脂/雙性離子交换樹脂,兩性離子交换樹脂 amphoteric ion-exchange resin
兼性离子配对层析/雙性離子配對層析法 zwitterion pair chromatography
兼性耐盐性/兼好鹽性 facultative halophilic
兼性嗜冷微生物/兼性嗜冷微生物 facultative psychrophilic microorganism
兼性无融生殖/兼無性生殖,有條件的無融合生殖,兼不受精生殖 facultative apomixis
兼性厌氧菌/兼性厭氧菌,兼性厭氧性細菌 facultative anaerobe, facultative anaerobic bacteria
兼性异染色质/兼性異染色質 facultative heterochromatin
兼性因子/兼性因子,偶發因子 facultative factor
兼性营养/兼性營養 amphitrophy
兼性滞育/兼性滯育 facultative diapause
茧/繭 cocoon
茧酶/繭酶 cocoonase
TUNEL 检测/TUNEL 檢測 terminal deoxynucleotidyl transferase-mediated dUTP-biotin nick-end labeling assay, TUNEL assay
检查点/檢查點,關卡,檢控點 checkpoint
G_1 检查点/G_1 檢查點,G_1 關卡 G_1 phase checkpoint
G_2 检查点/G_2 檢查點,G_2 關卡 G_2 phase checkpoint
检查点基因/檢查點基因,控制點基因 checkpoint gene
检控点/檢控點,檢查點,關卡 checkpoint
检索表/[分類]檢索表 key
检压计/檢壓計,[流體]壓力計 manometer
检验刺激/檢驗刺激 test stimulus
检疫/檢疫 quarantine
检疫昆虫学/檢疫昆蟲學 quarantine entomology
检疫区/檢疫區 quarantine area
减毒[活]疫苗/減毒[活菌]疫苗 attenuated vaccine
减毒疫苗治疗/減毒疫苗療法 attenuated vaccine therapy
减毒株/減毒株 attenuated strain
减毒[作用]/減毒[作用],減弱作用 attenuation
减幅振荡/減幅振盪 damped oscillation
减耗环/減耗環 decreasing consumption loop
减核精子/減[染色體]數精子 oligopyrene sperm
减量调节/減效調節,下降調節 down regulation
减量调节物/減效調節物,下降調節物 down regulator
减慢充盈期/減慢充盈期 period of reduced filling
减慢射血期/減慢射血期 reduced ejection phase, period of slow ejection
减色效应/減色效應 hypochromic effect
减少者/減少者 decreaser
减数分裂/減數分裂 meiosis, reduction division
C 减数分裂/C 減數分裂,秋水仙鹼阻斷減數分裂 colchicine meiosis, C-meiosis
减数分裂孢子/減數分裂孢子 meiospore
减数分裂孢子囊/減數分裂孢子囊 meiosporangium
减数分裂后分离/減數後分離 postmeiotic segregation
减数分裂后融合/減數後融合 postmeiotic fusion
减数分裂期/減數分裂期 reduction division phase
减数分裂前有丝分裂/成熟前有絲分裂 premeiotic mitosis
减数分裂无配子生殖/減數無配生殖 meiotic apogamy
减数分裂作图/減數分裂圖 meiotic map
减效突变/減效突變 down mutation
减压/減壓 decompression
减压病/減壓症 decompression sickness
减压反射/減壓反射,低壓反射 depressor reflex
减压区/減壓區,降壓區 depressor area
减压神经/減壓神經,低壓神經 depressor nerve
减压性骨坏死/減壓性骨壞死 dysbaric osteonecrosis
剪根/剪根 root pruning
剪接/剪接 splicing
mRNA 剪接/mRNA 剪接 mRNA splicing
PCR 剪接/PCR 剪接 PCR splicing
RNA 剪接/RNA 剪接 RNA splicing
tRNA 剪接/tRNA 剪接 tRNA splicing
剪接变体/剪接變[異]體 splicing variant, splice variant
剪接重叠延伸 PCR/剪接重疊延伸 PCR splicing overlapping extension PCR
剪接重叠延伸聚合酶链反应/剪接重疊延伸 PCR splicing overlapping extension PCR
剪接复合体/剪接複合體,剪接複合物 splicing complex
剪接供体/剪接供體 splice donor
剪接供体位点/剪接供體位點 donor splicing site
剪接接纳体/剪接接納體,剪接受體 splice acceptor
剪接接头/剪接接頭 splicing junction
剪接酶/剪接酶 splicing enzyme

剪接前导[序列]RNA/剪接先導 RNA,剪接前導 RNA　spliced leader RNA
剪接前体/剪接前體,前剪接體　prespliceosome
剪接受体/剪接受體,剪接接納體　splice acceptor
剪接受体位点/剪接受體位點　splice acceptor site
剪接体/剪接體　spliceosome
剪接体循环/剪接體循環,剪接體週期　spliceosome cycle
剪接体周期/剪接體週期,剪接體循環　spliceosome cycle
剪接突变/剪接突變　splicing mutation
剪接位点/剪接位點　splicing site, splice site
3′-剪接位点/3′-剪接位點　3′-splicing site
5′-剪接位点/5′-剪接位點　5′-splicing site
剪接先导序列/剪接先導序列　spliced leader sequence
剪接先导[序列]RNA/剪接先導 RNA,剪接前導 RNA　spliced leader RNA
剪接[衔接]点/剪接接頭　splice junction
剪接信号/剪接訊號,剪接訊息　splicing signal
剪接型重组/剪接型重組　splice recombination
剪接因子/剪接因子　splicing factor
mRNA 剪接因子/mRNA 剪接因子　mRNA splicing factor
RNA 剪接因子/RNA 剪接因子　RNA splicing factor
剪接载体/剪接載體　splicing vector
剪接增强子/剪接強化子　splicing enhancer
剪切/剪切　shear
剪切稠化/剪切稠化　shear thickening
剪切分子动力学模拟/剪切分子動力學模擬　shear molecular dynamics simulation
剪切力/剪切力　shear force
剪切率/剪切率,切變速率　shear rate
剪切模量/剪切模量,切變模量　shear modulus
剪切稀化/剪切稀化　shear thinning
剪[切]应力/剪應力,切應力　shear stress
剪形叉棘/剪形叉棘　forficiform pedicellaria
剪应力反应元件/剪應力反應元件　shear stress response element
剪趾法/剪趾法　toe-clipping method
睑板/瞼板　tarsal plate, tarsus
睑板腺/瞼板腺　tarsal gland
简并 PCR/簡併 PCR　degenerate PCR
简并寡核苷酸引物 PCR/簡併寡核苷酸引物 PCR　degenerate oligonucleotide primer PCR
简并密码子/簡併[性]密碼子　degenerate codon
简并[性]/簡併[性],簡併化　degeneracy
简并遗传密码/簡併遺傳密碼　degeneracy genetic code
简并引物/簡併引子　degenerate primer
简单重复序列/簡單重複序列,簡單序列重複　simple sequence repeat, SSR
简单重复序列 PCR/簡單序列重複 PCR　simple sequence repeat PCR
简单重复序列多态性/簡單序列重複多態性,簡單序列重複多型性　simple sequence repeat polymorphism, SSRP
简单等位基因辨别 PCR/簡單等位基因辨别 PCR　simple allele-discriminating PCR
简单多胚[现象]/簡單多胚[現象]　simple polyembryony
简单锋电位/簡單鋒電位　simple spike
简单花序/簡單花序　simple inflorescence
简单扩散/簡單擴散,自由擴散,單純擴散　simple diffusion
简单染色/單染法　simple staining
简单细胞/簡單細胞　simple cell
简单序列 DNA/簡單序列 DNA　simple sequence DNA
简单序列长度多态图/簡單序列長度多態圖　simple sequence length polymorphism map, SSLP map
简单序列长度多态性/簡單序列長度多態性,簡單序列長度多型性　simple sequence length polymorphism, SSLP
简单遗传/簡單遺傳　simple inheritance
简单易位/簡單易位　simple translocation
简弓/簡弓　simple arch
简化动物模型/簡化動物模型　reduced animal model
简化论/簡化論,還原主義,化約主義　reductionism
简化眼/簡約眼　reduced eye
简缩发生/簡縮發生　tachygenesis
简约法/簡約法　parsimony
简约眼/簡約眼　reduced eye
碱基/鹼基　base
碱基比/鹼基比　base ratio
碱基插入/鹼基插入　base insertion
碱基堆积/鹼基堆積,鹼[基]層疊　base stacking
碱基堆积力/鹼基堆積力　base stacking force
碱基对/鹼基對　base pair, bp
碱基类似物/鹼基類似物　base analog
碱基配对/鹼基配對　base pairing
碱基配对法则/鹼基配對法則　base pairing rule
碱基切除修复/鹼基切除修復　base excision repair, BER
碱基缺失/鹼基缺失　base deletion
碱基三联体/鹼基三聯體　base triple

碱基特异性核糖核酸酶/鹼基特異性核糖核酸酶 base-specific ribonuclease
碱基特异性裂解法/鹼基特異性裂解法 base-specific cleavage method
碱基修复/鹼基修復 base repair
碱基指认/鹼基指認 base calling
碱基置换/鹼基置換,鹼基取代 base substitution
碱基组成/鹼基組成 base composition
碱裂解法/鹼裂解法 alkaline lysis procedure
碱水解/鹼水解作用 alkaline hydrolysis
碱土/鹼性土壤 alkali soil
碱腺/鹼腺 alkaline gland
碱性成纤维细胞生长因子/鹼性成纖維細胞生長因子,鹼性纖維母細胞生長因子 basic fibroblast growth factor, bFGF
碱性蛋白酶/鹼性蛋白酶 alkaline protease
碱性拉链模体/鹼性拉鏈模體 basic zipper motif
碱性亮氨酸拉链/鹼性亮氨酸拉鏈 basic leucine zipper
碱性磷酸[酯]酶/鹼性磷酸[酯]酶 alkaline phosphatase, BAP
碱性螺旋-环-螺旋/鹼性螺旋-環-螺旋 basic helix-loop-helix, bHLH
碱性凝胶电泳/鹼性凝膠電泳 alkaline gel electrophoresis
碱性脂肪酶/鹼性脂肪酶 alkaline lipase
碱性植物/耐鹼植物 alkaliplant
碱血症/鹼血症 alkalemia
碱沼/鹼沼,礦質泥炭沼澤 fen, minerotrophic mire
碱中毒/鹼中毒 alkalosis
间断层/間斷層,不連續層 discontinuity layer
间断分布/間斷分布,不連續分布 discontinuous distribution, disjunctive distribution
间断分布区/間斷分布區 areal disjunction, discontinuous areal
间断共生/間斷共生 disjunctive symbiosis
间断进化/斷續演化 punctuated evolution
间断年轮/不連續年輪 discontinuous ring
间断平衡/間斷平衡,斷續平衡 punctuated equilibrium
间断平衡说/斷續平衡説,中斷平衡演化説 punctuated equilibrium theory
间断性光动力[学]疗法/間斷性光動力[學]療法 light fractionation photodynamic therapy, light fractionation PDT
间隔 DNA/間隔 DNA spacer DNA
间隔 RNA/間隔 RNA spacer RNA
间隔法/距離法 distance method
间隔区/間隔序列區 space region
间接补体结合试验/間接補體結合試驗 indirect complement fixation test
间接测热法/間接熱量測定法 indirect calorimetry
间接法确定通量控制系数/間接法確定通量控制係數 indirect method to determine the flux control coefficient
间接法原位 PCR/間接法原位 PCR indirect *in situ* PCR
间接抗球蛋白试验/間接抗球蛋白試驗 indirect antiglobulin test
间接抗氧化剂/間接抗氧化劑 indirect antioxidant
间接萌发/間接發芽 indirect germination
间接酶联免疫吸附测定/間接酶聯免疫吸附分析 indirect enzyme-linked immunosorbent assay
间接免疫荧光技术/間接免疫螢光技術 indirect immunofluorescent technique
间接模板假说/間接模板假説 indirect template hypothesis
间接凝集反应/間接凝集反應 indirect agglutination
间接凝集抑制反应/間接凝集抑制反應 indirect agglutination inhibition
间接识别/間接識别 indirect recognition
间接通路/間接通路 indirect pathway
间接选择/間接選擇 indirect selection
间接血凝试验/間接凝血試驗,間接血球凝集試驗 indirect hemagglutination test
间接抑制/間接抑制 indirect inhibition
间接荧光抗体技术/間接螢光抗體技術 indirect fluorescent antibody technique
间隙连接/縫隙連接,隙型連接,裂隙接合 gap junction, GJ
间隙连接蛋白/間隙連接蛋白,接合蛋白 connexin
间隙水/間隙水 interstitial water
间歇河[流]/間歇性河[流],臨時河 intermittent stream, ephemeral stream
间歇灭菌/間歇滅菌,間歇殺菌,分步滅菌 fractional sterilization, discontinuous sterilization
间歇性低氧/間歇性低氧 intermittent hypoxia
间歇性低氧训练/間歇性低氧訓練 intermittent hypoxia training
间歇性河口/間歇性河口 intermittent estuary
间歇循环训练/間歇循環訓練 interval-circuit training
间歇训练/間歇訓練 interval training
间作/間作,間植 intercropping, interplanting
间作作物/間作作物 catch crop
建成种群/立足族群 established population

建立者效应/建立者效應,創始者效應,奠基者效應 founder effect
建立者原则/奠基者原理 founder principle
建立者种群/奠基者族群 founder population
建模/建模 modeling
建群/建群,聚落形成 colonization
建群种/建群種 constructive species, edificato
荐骨/薦骨,骶骨 sacrum
荐棘肌/薦棘肌 sacrospinalis muscle
荐髂关节/薦髂關節 sacroiliac joint
荐前椎/薦前椎 presacral vertebra
荐神经/薦神經 sacral nerve
荐尾关节/薦尾關節 sacrococcygeal joint
荐椎/薦椎,骶椎 sacral vertebra
剑板/劍腹板 xiphiplastron
剑蛋白/劍蛋白 katanin
剑鱼精蛋白/劍魚精蛋白 xiphin
健康体适能/健康體適能 health-related physical fitness
健霉素/健黴素,福提黴素 fortimicin
渐变混交群/漸變亞族群 clinodeme
渐变论/漸變說 gradualism
渐变群/漸變群,生態群 cline
渐变态类/微變態類,漸進變態類 paurometabola
渐成论/漸成論,後成說,後生說 postformation theory, epigenesis theory, epigenesis
渐成式发育/漸成式發育 epigenetic development
渐尖头/尖頭 acumen
渐进超负荷原则/漸進超負荷原則 principle of progressive overload
渐进式进化/漸進式演化 progressive evolution
渐近线/漸近線 asymptote
渐渗杂交/漸滲雜交,趨中雜交 introgressive hybridization, introgression hybridization
渐衰变异性/漸衰變異性 fading variability
渐危种/漸危種 vulnerable species
渐新世/漸新世 Oligocene Epoch, Oligocene
腱/腱 tendon
腱反射/腱反射 tendon reflex
腱器官/腱器官 tendon organ
鉴别/鑒別 diagnosis
鉴别碱基/辨別者鹼基 discriminator base
鉴别培养基/鑒別培養基,區分性培養基 differential medium
鉴别染色/鑒別染色 differential staining
鉴别特征/鑒別特徵 diagnostic characteristics
鉴定/鑒定 identification
鉴定细菌学/鑒定細菌學 determinative bacteriology
箭泡/箭泡 akontobolocyst
江古田植物区系/江古田植物相 egota flora
豇豆球蛋白/豇豆球蛋白 vignin
浆果/漿果 berry, bacca
浆膜/漿膜,基膜 serosa, serous membrane
浆膜表皮/漿膜表皮 serosal cuticle
浆膜下间质卡哈尔细胞/漿膜下間質卡哈爾細胞 subserosal interstitial cell of Cajal, subserosal ICC, ICC-SS
浆母细胞/漿母細胞 plasmablast
浆片/漿片 lodicule
浆细胞/[血]漿細胞 plasma cell, plasmocyte
浆细胞恶液质/漿細胞惡液質 plasma cell dyscrasia
浆细胞抗原-1/漿細胞抗原-1 plasmocyte antigen-1
浆羊膜腔/漿羊膜腔 sero-amnion cavity
浆液腺/漿液腺 serous gland
浆液腺泡/漿液腺泡 serous acinus
僵人综合征/僵硬人症 stiffman syndrome
僵直/僵直 rigor
僵住状/僵住狀 catalepsy
缰蛋白/韁蛋白 kalinin
奖励系统/獎賞系統,酬賞系統 reward system
桨状刚毛/槳狀剛毛 paddle seta
降尘/降塵 dustfall
降颚肌/降顎肌 mandibular depressor
降钙素/降鈣素,抑鈣素 calcitonin, CT
降钙素基因相关肽/降鈣素基因相關肽 calcitonin gene-related peptide, CGRP
降钙素受体/降鈣素受體 calcitonin receptor
降钙素受体样受体/降鈣素受體樣受體 calcitonin receptor-like receptor, CRLR
降钙因子/降鈣因子 caldecrin
降海产卵鱼/降海產卵魚 catadromous fish
降海洄游/降海[河]洄游 catadromy
降河繁殖/降海[河]洄游 catadromy
降结肠/降結腸 descending colon
降解/降解 degradation
降解体/降解體,分解體 degradosome
RNA 降解体/RNA 降解體 RNA degradosome
mRNA 降解途径/mRNA 降解途徑 mRNA degradation pathway
降解物组/降解物體 degradome
降解物组学/降解物體學 degradomics
降解性质粒/降解性質體 degrading plasmid
降落 PCR/降落 PCR touchdown PCR
降落比/降落比 fall ratio
降水蒸发指数/降水蒸發指數 precipitation-evaporation index

降速期/降速期 deceleration period
降压区/降壓區,減壓區 depressor area
降脂蛋白/降脂蛋白 adipsin
降植烷酸/降植烷酸,四甲基十五烷酸 pristanic acid
降中波/降中波,重搏波,重脈波 dicrotic wave
降中峡/降中峽,重搏波切跡 dicrotic notch, dicrotic incisure
交哺[现象]/交哺現象 trophallaxis
交叉/交叉 chiasma
交叉叉棘/交叉叉棘 crossed pedicellaria
交叉场/交叉場 cross field
交叉场纹孔式/交叉場紋孔式 cross-field pitting
交叉单面说/交叉單面説 one-plane theory of chiasma
交叉蛋白/交叉蛋白 intersectin
交叉电泳/交叉[反應]電泳 crossed electrophoresis
交叉定位/交叉局部化 localization of chiasma
交叉端化/交叉端化 terminalization of chiasma
交叉反应/交叉反應 cross reaction
交叉反应性抗体/交叉反應性抗體 cross-reacting antibody
交叉反应性抗原/交叉反應性抗原 cross-reacting antigen
交叉复活/交叉激活[作用] cross reactivation
交叉局部化/交叉局部化 localization of chiasma
交叉抗性/交互抗性 cross resistance
交叉免疫电泳/交叉[反應]免疫電泳 crossed immunoelectrophoresis
交叉耐受性/交叉耐受性 cross tolerance
交叉耐药性/交叉耐藥性,交叉抗性,交互抗性 cross resistance
交叉凝集[反应]/交叉凝集反應 cross agglutination
交叉帕特森峰/交叉帕特森峰 cross-Patterson peak
交叉配合/交叉配合 cross-matching
交叉配型/交叉配型 cross typing
交叉配血试验/交叉配血試驗 cross-match test
交叉亲和免疫电泳/交叉[反應]親和性免疫電泳 crossed affinity immunoelectrophoresis
交叉伸肌反射/交叉伸肌反射 crossed extensor reflex
交叉双面说/交叉雙面説 two-plane theory of chiasma
交叉提呈/交叉抗原呈現,交叉抗原遞呈 cross-presentation
交叉污染/交叉污染 cross contamination
交叉吸收试验/交叉吸收試驗 cross absorption test
交叉形成/交叉形成 chiasma formation
交叉型假说/交叉型假説 chiasma type hypothesis
交叉旋转函数/交叉旋轉函數 cross-rotation function
交叉循环/交叉循環 cross circulation
交叉中心化/交叉中心化 chiasma centralization
交错切割/錯開切割 staggered cut
交错切口/錯開切口 staggered cut
交错式热不对称 PCR/熱不對稱交錯 PCR thermal asymmetric interlaced PCR, TAIL-PCR
交错突细胞/交錯突細胞 interdigitating cell
交错延伸法/交錯延伸法 staggered extension method
交感紧张/交感緊張 sympathetic tone
交感神经节/交感神經節 sympathetic ganglion
交感神经链/交感神經鏈 sympathetic chain
交感神经系统/交感神經系統 sympathetic nervous system
交感-肾上腺髓质系统/交感-腎上腺髓質系統 sympathetic-adrenomedullary system
交感肾上腺系统/交感腎上腺系統 sympathoadrenal system
交感缩血管紧张/交感縮血管緊張 sympathetic vasoconstrictor tone
交合刺/交接刺 spicule
交合刺囊/交接刺囊 spicular sac, spicular pouch
交合刺鞘/交接刺鞘 spicular sheath
交合伞/交合囊 copulatory bursa
交互对生式/交叉對生,十字形對生 decussation
交互寄生/交互寄生 reciprocal parasitism
交互抗性/交互抗性,交叉耐藥性,交叉抗性 cross resistance
交互利他行为/交互利他行為,互利 reciprocal altruism
交互磷酸化/交互磷酸化 interactive phosphorylation
交互拟态/交互擬態 reciprocal mimicry
交互神经支配/交互神經支配 reciprocal innervation
交互式联系/互動式聯繫 recurrent connection
交互突触/交互突觸 reciprocal synapse
交互抑制/相互抑制 reciprocal inhibition
交互作用/交互作用,交感作用 interaction
交换/交换,互換 crossover, crossing over, exchange
交换库/交換庫 exchange pool
交换量/置換容量 exchange capacity
交换频率/交換頻率 exchange frequency
交换型/交換型 crossover type
交换性酸度/置換酸度 exchange acidity
交换性盐基/可置換鹽基 exchangeable base
交换性阳离子/可置換陽離子 exchangeable cation
交换性阴离子/可置換陰離子,可交換陰離子 exchangeable anion

交换血管/交換血管 exchange vessel
交换抑制因子/交換抑制因子,交換抑制基因 crossover suppressor, crossover repressor
交换值/交換值 crossing-over value
交接管/交接管 copulatory tube
交接器/交接器 copulatory organ
交接区心律失常/交接區心律失常 junctional arrhythmia
交联/交聯 cross-linking
DNA 交联/DNA 交聯 DNA crosslink
交联蛋白/交聯蛋白 cross-linking protein
交联淀粉/交聯澱粉,架橋澱粉 cross-linked starch, cross-bonded starch
交联酶聚集体/交聯酶聚集體 cross-linked enzyme aggregate
交联组装/交聯組裝 cross-linked assembly
交配/交配 mating
交配干扰/交配干擾,迷向法 mating disruption
交配集群/交配群集 synhesia
交配季/交配季 mating season
交配孔/交配孔,生殖孔 copulatory opening, ostium
交配库/交配庫 mating pool
交配囊/交尾囊 copulatory pouch, bursa copulatrix
交配前行为/交配前行為 premating behavior
交配群/交配群 mating continuum
[交]配素/交配素,配子激素 gamone
交配同类群/交配亞族群 gamodeme
交配系统/交配系統,配對系統,配種制度 mating system
交配行为/交配行為,交尾行為,交合行為 mating behavior, copulatory behavior
交配型/交配型,接合型,配對型 mating type, MAT, mating pattern
交配型转换/交配型轉換 mating type switching
交沙霉素/交沙黴素 josamycin
交替变异/對立變異 alternative variation
交替底物抑制/交替受質抑制作用 alternative substrate inhibition
交替分布/相間分布 alternative distribution
交替结实/隔年結實,隔年結果 alternate year bearing, alternate bearing
交替显性/交替顯性 alternating dominance
交替遗传/交替遺傳 alternative inheritance
交尾/交尾,交合 copulation
胶被膜/膠被膜 gelatinous envelope
胶充质/膠充質 collenchyma
胶蛋白/膠蛋白 glue protein
胶冻卷/膠凍捲 jelly roll
胶固补体吸收试验/黏合性補體吸收試驗 conglutinating complement absorption test
胶固反应/黏合作用,凝集 conglutination
胶固素/膠固素,共凝集素,黏合素 conglutinin
胶固素固相试验/黏合素固相試驗 conglutinin solid phase test
胶[霉]毒素/黴膠毒素 gliotoxin
胶膜菌丝/膠膜菌絲 gloeoplerous hypha
胶囊期/膠囊期 gleocystic stage
胶黏管/膠黏管 cement duct
胶黏腺/膠黏腺 cement gland
胶凝作用/膠化 gelification, gelatinization
胶泡表网/膠狀原生質帶 sarcodictyum
胶泡基网/膠泡基網 sarcomatrix
胶泡内网/膠泡內網 sarcoplegma
胶群体期/膠群體期 palmella stage
胶束电动毛细管色谱法/膠束電動毛細管層析法 micellar electrokinetic capillary chromatography, MECC
胶束体系模拟酶/膠束體系模擬酶 micellar system mimic enzyme
胶束系统/膠束系統 micelle system
胶丝鞭毛体/黏菌鞭毛體 myxoflagellate
胶丝变形体/黏菌變形體 myxamoeba
胶态/膠體狀態 colloidal state
胶态分散/膠狀分散 colloidal dispersion
胶体/膠體 colloid
胶体金试验/膠體金試驗 colloid gold test
胶体渗透压/膠體滲透壓 colloid osmotic pressure, colloidal osmotic pressure
胶体素/膠體素 colloidin
胶体吞噬[作用]/膠體吞噬作用 colloidophagy
胶体学说/膠體學說 colloidal theory
胶团聚集模型/膠團聚集模型 micelle aggregation model
胶原[蛋白]/膠原[蛋白] collagen
胶原螺旋/膠原螺旋 collagen helix
胶原酶/膠原酶 collagenase
胶原凝[集]素/膠原凝[集]素 collectin
胶原细胞/膠原細胞,星膠細胞 collencyte
胶原纤维/膠原纖維 collagen fiber
胶原诱发关节炎/膠原蛋白誘發關節炎 collagen-induced arthritis, CIA
胶原原纤维/膠原原纖維 collagen fibril
胶原支架/膠原支架 collagen scaffold
胶质传导/膠質傳導 gliotransmission
胶质地衣/膠質地衣 gleolichen
胶质递质/膠質遞質 gliotransmitter

胶质浮游生物/膠質浮游生物 kalloplankton, kollaplankton
胶质细胞/膠質細胞 glial cell, glia
胶质细胞生长因子/膠質細胞生長因子 glial growth factor, GGF
胶质[细胞原]纤维酸性蛋白/神經膠質纖絲酸性蛋白,膠質原纖維酸蛋白 glial fibrillary acidic protein, GFAP
胶质细胞源性神经营养因子/膠質細胞衍生神經營養因子 glial cell-derived neurotrophic factor, GDNF
焦棓酸盐/焦棓酸鹽 pyrogallate
焦谷氨酸/焦谷氨酸 pyroglutamic acid
焦磷酸/焦磷酸 pyrophosphoric acid
焦磷酸化酶/焦磷酸化酶 pyrophosphorylase
焦磷酸酶/焦磷酸酶 pyrophosphatase
焦曲菌素/焦麴菌素 ustin
焦深/焦深[度] depth of focus
焦碳酸二乙酯/焦碳酸二乙酯 diethyl pyrocarbonate, DEPC
焦[性]没食子酸盐/焦棓酸鹽 pyrogallate
鲛肝醇/鮫肝醇 chimyl alcohol
礁/礁 reef
礁滩/礁灘 reef flat
角/角 cornu
角变/扇形突變 sectoring, sector mutation
角叉聚糖/角叉聚糖,紅藻膠 carrageenan
角刺浮游生物/角刺浮游生物 chaetoplankton
角蛋白/角[質]蛋白,角[質]素 keratin, ceratin
角蛋白聚糖/角蛋白聚糖 karatocan
角蛋白酶/角蛋白酶 keratinase
角苷脂/角苷脂,角糖脂 kerasin, cerasin
角后瘤/額瘤,觸角基瘤 frontal elevation, postantennal tubercle
角化/角[質]化 keratinization
角基膜/觸角基膜 antacoria, basantenna
角蝰毒素/角蝰毒素 sarafotoxin
角膜/角膜 cornea
角膜试验/角膜試驗 corneal test
角膜伪瞳孔/角膜偽瞳孔 corneal pseudopupil
角膜细胞/角膜細胞 corneal cell
角膜缘/角膜緣 corneal limbus
角膜缘干细胞/角膜緣幹細胞 limbal stem cell
角膜组织工程/角膜組織工程 corneal tissue engineering
角母蛋白/角母蛋白 eleidin
角皮凸/角皮凸 boss
角皮窝/角皮窩 cuticular pit
角鳃骨/角鰓骨 ceratobranchial bone
角舌骨/角舌骨 ceratohyal bone
角下沟/角下溝 subantennal suture
角质/角質,表皮質 cutin
角质层/角質層 cuticle, stratum corneum
角质层分泌/角質層分泌 cuticular excretion
角质刺/角質刺 horny spine
角质蛋白/角質蛋白 cornifin
角质骨骼/角質骨骼 keratose
角质颌/角質頜 horny jaw
角质环/角質環 cuticular ring
角质降解酶/角質分解酶 cutin-degrading enzyme
角质膜/角質膜 cuticle
角质膜形成[作用]/角質膜形成[作用],角質化 cuticularization
角质膜蒸腾/角質層蒸散 cuticular transpiration
角质鳍条/角條 ceratotrichia
角质细胞/角質細胞 horny cell
角质形成细胞/角質形成細胞 keratinocyte
角质形成细胞生长因子/角質形成細胞生長因子 keratinocyte growth factor, KGF
绞盘形骨针/絞盤形骨針 capstan
绞杀植物/纏勒植物 strangler
铰合板/鉸合板 hinge plate
铰合部/鉸合部 hinge
铰合齿/鉸合齒 hinge tooth
铰合韧带/鉸合韌帶 hinge ligament
铰合线/鉸合線 hinge line
铰合缘/鉸合緣 hinge margin
铰链角/鉸鏈角 hinge angle
矫正交配/矯正配種 corrective mating
脚桥被盖核/腳橋被蓋核 pedunculopontine tegmental nucleus, PPT
脚踏石假说/[島嶼]墊石假說,[島嶼]踏腳石假說 stepping-stone hypothesis
脚踏石模型/[島嶼]墊石模式,[島嶼]踏腳石模式 stepping-stone model
脚掌/腳掌 sole of foot
搅拌釜式发酵罐/攪拌釜式發酵槽 stirred tank fermenter
搅拌功率/攪拌功率 stirring power
搅拌瓶/攪拌瓶 stirred flask
搅拌瓶培养/攪拌瓶培養 stirred flask culture
搅拌式生物反应器/攪拌式生物反應器 stirred bioreactor
校对/校對 proofreading
校对活性/校對活性 proofreading activity
校正/校正 correction

校正 tRNA/校正 tRNA,抑制型 tRNA,阻抑 tRNA suppressor tRNA
校正突变/校正突變,基因内抑制突變 correct mutation
校正性眼球跳动/校正性眼球跳動 corrective saccade
窖蛋白/窖蛋白,陷窩蛋白,小窩蛋白 caveolin
酵解能系统/酵解能系統 glycolytic system
酵母氨酸/酵母氨酸,戊二酰蘸氨酸 saccharopine
酵母氨酸脱氢酶/酵母氨酸脱氫酶 saccharopine dehydrogenase
酵母表达系统/酵母表達系統 yeast gene expression system
酵母单杂交系统/酵母單雜交系統 yeast-one-hybrid system
酵母多糖/酵母多糖 yeast polysaccharide
酵母附加体质粒/酵母附加型質體 yeast episomal plasmid, YEp
酵母复制型质粒/酵母複製型質體 yeast replicating plasmid, YRp
酵母膏/酵母膏,酵母萃取物 yeast extract
酵母膏-甘露醇培养基/酵母萃取物-甘露醇培養基 yeast extract-mannitol medium
酵母膏-麦芽汁培养基/酵母萃取物-麥芽萃取物肉湯培養基 yeast extract-malt extract broth, YM broth
酵母固醇/酵母固醇,酵母甾醇 zymosterol
酵母聚糖/酵母聚糖 zymosan
酵母[菌]/酵母 yeast
酵母克隆载体/酵母選殖載體 yeast cloning vector
酵母人工染色体/酵母人工染色體,人造酵母染色體 yeast artificial chromosome, YAC
酵母受体细胞/酵母受體細胞 yeast receptor cell
酵母双杂交系统/酵母雙雜交系統,酵母雙雜合系統 yeast two-hybrid system
酵母提取粉/酵母萃取粉 yeast extract powder
酵母型菌落/酵母型菌落 yeast type colony
酵母增强组合文库/酵母增強組合庫 yeast enhanced combinatorial library
酵母展示技术/酵母展示技術 yeast display
酵母整合型质粒/酵母整合型質體 yeast integrative plasmid, YIp
酵母中心粒质粒/酵母中心粒質體 yeast centromeric plasmid, YCp
酵母转座子元件/酵母轉位子元件,Ty 元件 yeast transposon element, Ty element
酵母自解物/酵母自溶物 yeast autolyzate
阶段发育/階段發育 phasic development
阶段改变/階段改變 phasic change
阶段减压/階段減壓 stage decompression
阶段性浮游生物/暫時性浮游生物,臨時浮游生物 meroplankton, transitory plankton
阶段性理论/階段性理論 phasic theory
阶段异质性/階段異質性 phasic heterogeneity
阶脉/階脈 gradate crossvein
阶梯等位基因/階梯等位基因 step allelomorph, step allele
阶梯现象/階梯現象 staircase phenomenon, treppe
阶元系统/階層系統,層級,位階 hierarchy
阶跃式洗脱/階躍式洗脱 step elution
接触蛋白/接觸蛋白 contactin
接触导向/接觸導向 contact guidance
接触面/界面 interface
接触位点/附著位置,連結位置 attachment site, adsorption site
接触性超敏反应/接觸性過敏反應 contact hypersensitivity
接触性毒剂/接觸毒 contact poison
接触性化学物质/接觸性化學物質 contact chemicals
接触性杀虫剂/接觸性殺蟲劑 contact insecticide
接触性信息素/接觸性性費洛蒙 contact sex pheromone
接触样点法/樣點接觸法,樣點截取法 point-contact method
接触抑制/接觸抑制 contact inhibition
接触因子/接觸因子 contact factor
接骨木毒蛋白/接骨木毒蛋白 nigrin
接合孢子/接合孢子 zygospore
接合孢子柄/接合孢子柄 zygosporophore
接合孢子梗/接合孢子梗 zygophore
接合孢子囊/接合孢子囊 zygosporangium
接合后体/接合後體 exconjugant
接合阶段/合子期,接合期 zygophase
接合菌/接合菌綱,藻菌類 zygomycete
接合生殖/接合生殖 conjugation
接合体/接合體 conjugant
接合型/接合型,交配型,配對型 mating type, MAT, mating pattern
接合枝/接合枝 zygophore
接合转移/接合轉移 conjugation transformation
[接]合子/[接]合子 zygote
接合[作用]/接合[作用] conjugation
接纳茎/接納莖,氨基酸臂 acceptor stem, amino acid arm
接纳体/接納體 acceptor

接受突变率/接受突變率 percent accepted mutation, PAM
接受位点/接受位點 acceptor site
接头 DNA/聯結子 DNA,連接 DNA linker DNA
接头插入/聯結子插入 linker insertion
接头蛋白/接頭蛋白 junctin
接头片段/連接片段 linker fragment
接种/接種 inoculation, inoculating, inoculate
接种铲/接種鏟 inoculating shovel
接种反应/接種反應 vaccination reaction
接种钩/接種鉤 inoculating hook
接种环/接種環 inoculating loop
接种量/接種量 inoculum size
接种量效应/接種量效應 inoculum effect
接种器/接種器 inoculator
接种试验/接種試驗 inoculation test
接种室/接種室 inoculation chamber
接种物/接種體,接種原 inoculum
接种箱/接種箱 inoculation hood
接种针/接種針 inoculating needle
街[病]毒/街頭病毒 street virus
孑遗/孑遺 relict, relic
孑遗动物区系/孑遺動物相 relict fauna
孑遗分布区/孑遺分布區 relict area
孑遗群落/孑遺群集 relict community
孑遗特有种/孑遺特有種 relict endemic species, paleo-endemic species
孑遗植物区系/孑遺植物相 relict flora
孑遗种/孑遺種,殘存種,古老種 relict species, epibiotic species, epibiotics
节/節 segment, node
节孢子/斷生孢子,關節孢子,有節孢子 arthrospore
节段单倍性/節段單倍性 segmental haploidy
节段性肠炎/節段性腸炎 segmental enteritis
节段异源多倍体/節段異源多倍體 segmental allopolyploid
节分生孢子/節孢子,關節分生孢子 arthric conidium, arthroconidium
节后神经纤维/節後神經纖維 postganglionic nerve fiber
节后神经元/節後神經元 postganglionic neuron
节后纤维/節後纖維 postganglionic fiber
节间/節間 internode
节间反射/節間反射 intersegmental reflex
节间膜/節間膜 intersegmental membrane, conjunctivum
节间生长/節間生長 internodal growth
节间细胞/節間細胞 internodal cell
节间腺/節間腺 interproglottidal gland
节间褶/節間褶 intersegmental fold
节律/節律 rhythm
α-节律/α-節律 α-rhythm
β-节律/β-節律 β-rhythm
δ-节律/δ-節律 δ-rhythm
θ-节律/θ-節律 θ-rhythm
节律运动/節律運動 rhythmic movement
节片/節片 segment, proglottid
节片生殖/節裂 strobilation
节前神经纤维/節前神經纖維 preganglionic nerve fiber
节前神经元/節前神經元 preganglionic neuron
节前纤维/節前纖維 preganglionic fiber
节水农业/節水農業 water-saving agriculture
节体/節體 segmenter
节细胞层/節細胞層 ganglion cell layer
节胸幼体/節胸幼體 calyptopis
节肢动物/節肢動物 arthropod
节肢动物化/節肢動物化 arthropodization
节肢弹性蛋白/節肢彈性蛋白 resilin
节肢系列/節肢系列 arthro-series
节椎关节/節椎關節 zygospondylous articulation
节奏波/節奏波 metachronal wave
杰多霉素/傑多黴素 jadomycin
杰夫里斯模型/傑夫里斯模型 Jeffress model
拮抗共生/拮抗[性]共生 antagonistic symbiosis, enantiobiosis
拮抗肌/拮抗肌,對抗肌 antagonist muscle
拮抗剂/拮抗劑 antagonist
拮抗色觉学说/顏色對向論,補色理論 opponent color theory
拮抗肽/拮抗肽 antagonist peptide
拮抗行为/拮抗行為,敵對行為 agonistic behavior
拮抗作用/拮抗作用 antagonism, antagonistic action
洁净工作台/超淨臺,無菌操作臺 super clean bench, laminar flow cabinet
洁净剂/消毒劑,殺菌劑 sanitizer
洁霉素/林可黴素 lincomycin
结肠/結腸 colon
结肠系膜/結腸系膜 mesocolon
结蛋白/肌絲間蛋白 desmin
结蛋白丝/結蛋白絲 desmin filament
结缔绒膜胎盘/結締絨膜胎盤 syndesmochorial placenta
结缔组织/結締組織 connective tissue
结缔组织肥大细胞/結締組織肥大細胞 connective tissue mast cell

结缔组织活化肽/結締組織活化肽 connective tissue-activating peptide, CTAP
RNA 结构/RNA 結構 RNA structure
θ-结构/θ-結構 θ-structure
结构斑块/結構斑塊,結構區塊,結構嵌塊體 structural patch
结构比对/結構比對 structural alignment
结构纯合子/結構同型合子 structural homozygote
结构蛋白/結構蛋白 structural protein
结构蛋白质组学/結構蛋白質體學 structural proteomics
结构分子生物学/結構分子生物學 structural molecular biology
结构互补性/結構互補性 structural complementarity
结构基因/結構基因 structural gene, structure gene
结构基因组学/結構基因體學 structural genomics
结构畸变/結構畸變 structural aberration
结构模体/結構模體 structural motif
结构染色/結構染色 structural staining
结构色/結構色,構造色 structural color
结构生物信息学/結構生物資訊學 structural bioinformatics
结构生物学/結構生物學 structural biology
结构突变/結構突變 structural mutation
结构相似性/結構相似性 structural similarity
结构修正/結構精修 structure refinement
结构因子/結構因子 structure factor
结构域/結構域 structural domain
结构域复制/結構域複製 domain duplication
结构域混编/結構域混排 domain shuffling
结构元件/結構元件 structural element
结构杂合性/結構雜合性,構造異型接合性 structural heterozygosity
结构杂合子/結構異型合子 structural heterozygote
结构植物学/結構植物學 structural botany
结果/結果 fruitage, bearing
结果[年]龄/結果樹齡,果齡 fruiting age
结果习性/結果習性 bearing habit, fruiting habit
结果枝/結果枝 bearing shoot, fruiting shoot
结合臂/結合臂 brachium conjunctivum
结合变构机制/結合改變機制 binding-change mechanism
结合变构模型/結合改變模型 binding-change model
结合部位/結合部位 binding site
结合蛋白[质]/結合蛋白[質],接合蛋白[質] conjugated protein, binding protein
GTP 结合蛋白[质]/GTP 結合蛋白,G 蛋白 GTP binding protein, G-protein
TATA 结合蛋白[质]/TATA 結合蛋白 TATA-binding protein, TBP
TATA 结合蛋白[质]相关因子/TATA 結合蛋白相關因子,TBP 相關因子 TATA-binding protein-associated factor, TBP-associated factor, TAF
DNA 结合分析/DNA 結合分析 DNA-binding assay
ATP 结合盒蛋白/ATP 結合盒蛋白,ABC 蛋白 ATP-binding cassette protein, ABC protein
ATP 结合盒转运体/ATP 結合盒運輸蛋白,ABC 轉運體 ATP-binding cassette transporter, ABC transporter
结合模体/結合模體 binding motif
DNA 结合模体/DNA 結合模體 DNA-binding motif
结合泡/結合泡 concrement vacuole
结合亲和力/結合親和力 binding affinity
结合水/結合水 bound water
结合疫苗/結合疫苗 conjugate vaccine
DNA 结合域/DNA 結合域 DNA-binding domain
结合种/共存種 binding species
结核病/結核病 tuberculosis, TB
结核菌素/結核菌素 tuberculin
结核菌素单位/結核菌素單位 tuberculin unit, TU
结核菌素反应/結核菌素反應 tuberculin reaction
结核菌素皮内试验/結核菌素皮內試驗 Mantoux test, intradermal terbuculin test
结核菌素试验/結核菌素試驗 tuberculin test
结核菌酸/結核菌酸 phthioic acid
结核疫苗/結核疫苗 tuberculosis vaccine
结核硬脂酸/結核硬脂酸 phthioic acid, tuberculostearic acid
结节/結節 tubercle, tuberculum
结节部/結節部 pars tuberalis
结节蛋白/結節蛋白 tuberin
结节-漏斗系统/結節-漏斗系統 tubero-infundibular system
结节乳头核/結節乳突神經核 tuberomammillary nucleus, TMN
结节性硬化症/結節性硬化症 tuberous sclerosis
结节状菌丝/結節狀菌絲 nodular mycelium
结晶/結晶 crystal
结晶条件空间/結晶條件空間 crystallization condition space
结晶条件筛选/結晶條件篩選 screening of crystallization condition
结晶紫/結晶紫 crystal violet
结瘤基因/根瘤基因 nodulation gene, nod gene

结脉/結脈　node, nodus
结膜/結膜　conjunctiva, conjunctive tunic
结群防卫/群體防衛,集體防禦　group defense
结群行为/群體行為　grouping behavior
结实/結果　fruitage, bearing
结实[年]龄/結果樹齡,果齡　fruiting age, bearing age
睫毛/睫毛　eyelash
睫腺/睫腺　ciliary gland
睫状神经营养因子/睫狀神經營養因子,睫狀神經滋養因子　ciliary neurotrophic factor, CNTF
睫状神经营养因子受体/睫狀神經營養因子受體　ciliary neurotrophic factor receptor, CNTFR
睫状体/睫狀體,纖毛體　ciliary body
截短基因/截短基因　truncated gene
截断选择/截斷選擇　truncation selection
截留分子量/截留分子量　molecular weight cut-off
截留率/截留率　rejection ratio
截平分布/截斷分布　truncated distribution
姐妹群/姐妹群,姊妹群　sister group
姐妹染色单体/姐妹染色分體,姊妹染色分體　sister chromatid
姐妹染色单体交换/姐妹染色分體互換　sister chromatid exchange, SCE
姐妹种/同胞種,姊妹種,近緣種　sibling species, sister species
解毒作用/解毒作用,去毒作用　detoxification
解读/解讀　reading
解聚/解聚合[作用],去聚合作用　depolymerization
解聚酶/解聚[合]酶,去聚合酶　depolymerase
解离/解離　dissociation
解离常数/解離常數　dissociation constant
解离酶/解離酶,分解酶　resolvase
解离位点/解離位點　resolvation site
解链/解鏈,熔解　melting
解链蛋白[质]/解鏈蛋白[質]　unwinding protein
解链环状 DNA/解鏈環狀 DNA　unwound circle DNA
DNA 解链酶/DNA 解鏈酶,DNA 解旋酶　DNA unwinding enzyme, DNA helicase
解链曲线/解鏈曲線,熔解曲線　melting curve
解链温度/解鏈溫度,熔解溫度　melting temperature
解码/解碼　decoding
解偶联/解偶[聯],非偶合　uncoupling
解偶联蛋白/解偶聯蛋白　uncoupling protein, UCP
解偶联剂/解偶聯劑　uncoupling agent, uncoupler
解剖无效腔/解剖死腔　anatomic dead space
解剖显微镜/解剖顯微鏡　dissecting microscope
解剖学/解剖學　anatomy
解热/解熱　pyretolysis
解释模式/解釋模式,附加模式　epitype
解旋/解旋,鬆解　unwinding
DNA 解旋/DNA 解[螺]旋　DNA unwinding
解旋酶/解旋酶　untwisting enzyme, unwinding enzyme, helicase
DNA 解旋酶/DNA 解旋酶,DNA 解鏈酶　DNA helicase, DNA unwinding enzyme
RNA 解旋酶/RNA 解旋酶　RNA helicase
解折叠/解折疊,去折疊　unfolding
解整合素/解整合素,去組合蛋白　disintegrin
解整合素-金属蛋白酶/解整合素-金屬蛋白酶　a disintegrin and metalloproteinase, ADAM
解整联蛋白/解整合素,去組合蛋白　disintegrin
介电电泳/介電電泳　dielectrophoresis, DEP
介观动力学/介觀動力學　mesoscopic dynamics
介入放射治疗/介入放射治療　interventional radiotherapy
介体/介體,雙受體　amboceptor
介质工程/介質工程　medium engineering
戒断症状/戒斷症狀　withdrawal symptom
芥子醇/芥子醇　sinapyl alcohol
芥子酰胆碱酯/芥子酸膽鹼酯　sinapine
界/界　kingdom
界标/地標　landmark
界面/界面　interface
界面蛋白/界面蛋白,彈性蛋白微原纖維界面定位蛋白　elastin microfibril interface-located protein, emilin
界面试验/界面試驗　interfacial test
界面脂/界面脂　boundary lipid
界限薄壁组织/界限薄壁組織　boundary parenchyma
疥疮/疥瘡　scabies
疥螨/疥蟎　sarcoptid mite
金白蘑菇凝集素/金白蘑菇凝集素　aureobasidioagglutinin
金蝶呤/金蝶呤　chrysopterin
金霉素/金黴素　aureomycin, duomycin
金葡菌核酸酶/[金黄色]葡萄球菌核酸酶　staphylococcal nuclease
金葡菌激酶/[金黄色]葡萄球菌激酶,葡激酶　staphylokinase
金属螯合蛋白质/金屬螯合蛋白質　metal-chelating protein
金属螯合亲和层析/金屬螯合親和層析法　metal-chelate affinity chromatography
金属卟啉模拟酶/金屬卟啉模擬酶　metalloporphyrin

mimic enzyme
金属蛋白/金屬蛋白 metalloprotein
金属蛋白酶/金屬蛋白酶 metalloprotease, metalloproteinase
金属蛋白酶组织抑制物/金屬蛋白酶組織抑制物,組織金屬蛋白酶抑制蛋白 tissue inhibitor of metalloproteinase, TIMP
金属核酶/金屬核酶 metalloribozyme
金属黄素蛋白/金屬黄素蛋白 metalloflavoprotein
金属离子激活酶/金屬離子活化酶 metal ion-activated enzyme
金属离子替换/金屬離子替换 metal ion replacement
金属硫蛋白/金屬硫蛋白,金屬巰基蛋白 metallothionein, MT
金属酶/金屬酶 metalloenzyme
金属纳米团簇/金屬奈米團簇 metallic nanoclusters, MNCs
金属内切蛋白酶/金屬内切蛋白酶 metalloendoprotease
金属配体亲和层析/金屬配體親和層析法 metal-ligand affinity chromatography
金属配位结合位点/金屬配位結合位點 metal coordination site
金属亲和层析/金屬親和層析法 metal affinity chromatography
金属肽/金屬肽 metallopeptide
金属肽酶/金屬肽酶 metallopeptidase
金属调节蛋白质/金屬調節蛋白 metalloregulatory protein
金属亚硝酰配合物/金屬亞硝醯錯合物 metal nitrosyl complex
金属应答元件/金屬應答元件,金屬反應元件 metal response element, MRE
金星幼体/腺介幼體 cypris larva
金藻海带胶/金藻海帶多糖 chrysolaminarin
紧急接种/緊急接種 emergent vaccination
紧密度/緊密度,密閉度 closeness
紧密连接/緊密連接,緊密型連結,閉鎖連接 tight junction, occluding junction
紧密黏附素/緊密黏附素 intimin
紧张感受器/張力感受器,聲音感受器 tonic receptor
紧张型精神分裂症/僵直型精神分裂[症],僵直型精神分裂疾患 catatonic schizophrenia
紧张性放电/緊張性放電 tonic discharge
紧张性迷路反射/緊張性迷路反射,迷路緊張反射 tonic labyrinthine reflex
紧张性牵张反射/緊張性牽張反射 tonic stretch reflex
紧张性收缩/緊張性收縮,強直性收縮 tonic contraction
紧张性运动单位/緊張性運動單位 tonic motor unit
紧张性作用/緊張性作用 tonic action
进化/進化,演化 evolution
进化迟滞/演化遲滯現象 evolutionary retardation
进化动力学/演化動力學 evolutionary dynamics
进化对策/演化策略 evolutionary strategy
进化分类学/進化分類學,演化分類學 evolutionary taxonomy
进化负荷/演化負荷 evolutionary load
进化过程/演化過程 evolutionary process
进化基因组学/演化基因體學 evolution genomics
进化节奏/演化節奏 tempo of evolution
进化静力学/演化静力學 evolutionary statics
进化距离/演化距離 evolutionary distance
进化军备竞赛/演化軍備競賽 evolutionary arm race
进化论/進化論,演化論 evolution theory, evolutionism, evolutionary theory
进化免疫学/演化免疫學 evolutionary immunology
进化逆行/演化逆行現象 evolutionary reversion
进化胚胎学/演化胚胎學 evolutionary embryology
进化潜能/演化潛能 evolutionary potential
进化趋势/演化趨勢 trend of evolution
进化趋异/演化趨異 evolutionary divergence
进化生态学/進化生態學,演化生態學 evolutionary ecology
进化生物学/演化生物學 evolutionary biology
进化时间/演化時間 evolutionary time
进化速率/演化速率 evolutionary rate
进化算法/演化演算法 evolutionary algorithm
进化稳定对策/演化穩定策略,穩定演化策略 evolutionary stable strategy, ESS
进化稳态/演化穩定 evolutionary homeostasis
[进化]系统树/系統樹,親緣關係樹,種系發生樹 phylogenetic tree, dendrogram
进化系统树分析/系統樹分析 phylogenetic tree analysis
进化系统学/演化系統[分類]學 evolutionary systematics
进化新征/演化新徵 evolutionary novelty
进化选择/演化選擇 evolutionary selection
进化压/演化壓力 evolution pressure
进化延滞/演化遲滯現象 evolutionary retardation
进化遗传学/演化遺傳學 evolutionary genetics
进化载量/演化負荷 evolutional load

进化枝/演化支,支序群,分支[群] clade
进化钟/演化鐘 evolutionary clock
进化种/演化種 evolutionary species
进料量/進料量 loading quantity
进入位点/進入位點,進入部位 entry site
进食量/進食量 food intake
进展演替/進展演替,前進演替 progressive succession
近侧区/近端區 proximal region
近侧肾单位/近側腎單位,近側腎元 proximal nephron
近侧序列元件/近側序列元件 proximal sequence element, PSE
近侧-远侧规律/近側-遠側規律 proximal-distal rule
近侧中心粒/近側中心粒 proximal centriole
近场电位/近場電位 near-field potential
近场扫描光学显微术/近場掃描光學顯微術 near-field scanning optical microscopy, NSOM
近代生物学/現生生物學 neontology
近等裂/近等分裂 adequal cleavage
近点/近點 near point
近端小管/近端小管 proximal tubule
近端序列元件/近側序列元件 proximal sequence element, PSE
近端着丝粒/近端著絲點 subtelocentric
近端着丝粒染色体/近端著絲點染色體,近端中節染色體 acrocentric chromosome, subtelocentric chromosome
近反射/近反射 near reflex
近辐/近輻 adradii
近红外光谱法/近紅外光譜法 near-infrared spectrometry, NIR
近极面/近極面 proximal face
近交/近親交配,近親繁殖 inbreeding, inbreed
近交衰退/近交衰退 inbreeding depression
近交系/近交系,純種株 inbred line, I line, inbred strain
近交系动物/近交系動物 inbred strain animal
近交系数/近交係數 coefficient of inbreeding, inbreeding coefficient
近交系小鼠/近交系小鼠 inbred strain mouse
近交种/近親交配種 inbreeding species
近模标本/近模式 plesiotype
近膜域/近膜域 juxtamembrane domain
近亲/近親 consanguinity
近亲婚配/近親婚配 consanguineous marriage
近亲交配/近親交配 consanguineous mating
近亲系数/近親係數,親緣係數 coefficient of consanguinity, coefficient of coancestry
近球细胞/球旁細胞,近腎小球細胞 juxtaglomerular cell
近球小体/球旁器,近腎小球器 juxtaglomerular apparatus, JGA
近曲小管/近曲小管 proximal convoluted tubule
近群种/近群種 coenospecies
近上皮细胞/近上皮細胞 adepithelial cell
近视/近視 myopia
近似/近似 affinis, aff.
近似种/近似種 allied species
近髓肾单位/近髓腎單位,近髓質腎元 juxtamedullary nephron
近系群/並系群,偏系群 paraphyletic group
近星骨针/近星骨針 plesiaster
近因/近因 proximate cause, proximate causation
近直小管/近直小管 proximal straight tubule
近中着丝粒/亞中央著絲點,近中間著絲點 submetacentric
近中着丝粒染色体/亞中央著絲點染色體 submetacentric chromosome
近轴细胞/近軸細胞 adaxial cell
近昼夜起搏细胞/近晝夜起搏器細胞 circadian pacemaker cell
近昼夜振荡子/近晝夜振盪子 circadian oscillator
浸水带/浸水帶 emersion zone
浸水实验/浸水試驗 water immersion test
浸银技术/浸銀技術 silver impregnation technique
禁伐林/保留林 reserve forest
禁忌克隆/禁忌克隆,禁忌細胞株 forbidden clone
禁猎区/禁獵區,保護區 sanctuary
禁牧区/限外區 exclosure
茎/莖 stem
茎瓣/莖瓣 pedicle valve
茎刺/莖刺 stem thorn
茎腐病/莖腐病 stem rot
茎根比/莖根比 top-root ratio
茎花现象/莖花現象,幹生花現象 cauliflory
茎化/莖化 hectocotylization
茎化腕/莖化腕 hectocotylized arm
茎-环结构/莖-環結構 stem-loop structure
茎肌/莖肌 peduncular muscle
茎节/[小顎]莖節 stipes
茎卷须/莖捲鬚 stem tendril
茎口/口針通道 stylostome
茎流/樹幹徑流 stem flow
茎培养/莖培養 stem culture
茎舌骨/莖舌骨 stylohyal bone

茎生花序/莖生花序 cauline inflorescence
茎生叶/莖生葉 stem leaf
茎丝体/原絲分枝體 caulonema
茎突咽肌/莖突咽肌 stylopharyngeus muscle
茎压/莖壓 stem pressure
茎叶期/莖葉期 rachidial phase
茎叶体/莖葉體 kormus, cormus
茎叶植物/莖葉植物 cormophyte
茎周部/莖周部 pericaulome
经典 MHC 基因/古典 MHC 基因 classical MHC gene
经典[激活]途径/古典途徑,古典路徑 classical pathway, CP
经典假说/經典假説 classical hypothesis
经典模型/經典模型 classical model
经典条件反射/經典條件反射 classical conditioning reflex, classical conditioned reflex
经度地带性/經度地帶性 longitudinal zonality
经发育期传递/經發育期傳播 transstadial transmission
经济加权值/經濟加權值 economic weight
经济昆虫学/經濟昆蟲學 economic entomology
经济灭绝/經濟性滅絶 economic extinction
经济生态系统/經濟生態系 economic ecosystem
经济危害水平/經濟為害水準 economic injury level, EIL
经济系数/經濟係數 economic coefficient
经济阈值/經濟閾值,經濟限界 economic threshold, ET
经济植物/經濟植物 economic plant
经济植物学/經濟植物學 economic botany
经裂/經裂,經割,縱向卵裂 meridional cleavage
经卵表传递/經卵傳播 transovum transmission
经卵巢传递/經卵巢傳播,經卵巢傳染 transovarial transmission, transovarian transmission
经皮附睾精子抽吸术/經皮附睾精子抽吸術 percutaneous epididymal sperm aspiration, PESA
经通道易化扩散/經通道易化擴散 facilitated diffusion via channel
经验风险/經驗風險 empiric risk
经载体易化扩散/經載體易化擴散 facilitated diffusion via carrier
荆棘灌丛/荆棘灌叢 thorn scrub
荆棘林/荆棘林,多刺旱生林 thorn forest
荆毛/荆毛 eupathidium, acanthoides
惊叫声/驚叫聲 squel
惊恐症/驚懼症 panic disorder
惊吓效应/驚嚇效應 startle effect
晶胞/晶胞 crystallocyst, unit cell, cell
晶胞参数/晶胞参數 cell parameter
晶边/晶稜 crystal edge
晶簇/晶簇 druse
晶带/晶帶 crystallographic zone, zone
晶带轴/晶帶軸 zone axis
晶杆/晶桿,杵晶體 crystalline style
晶格/晶格 crystal lattice
晶格假说/格子假説,格子理論 lattice hypothesis
晶核/晶核 crystal nucleus
晶棱指数/晶稜指數,晶軸指數 crystal axial indices
晶毛/結晶毛 crystal hair
晶面/晶格面 lattice plane, crystal face
晶面指数/晶面指數 crystal indices, indices of lattice plane, index of crystal face
晶砂/結晶砂 crystal sand
晶体/晶體 crystal
晶体病毒/結晶病毒 crystalline virus
晶体病毒蛋白/結晶病毒蛋白 crystalline virus protein
晶体蛋白/晶體蛋白 crystallin
晶体蛋白基因/晶體蛋白基因 crystal protein gene
晶体渗透压/晶體滲透壓 crystal osmotic pressure
晶体生长/晶體生長 crystal growth
晶体退火/晶體退火 crystal annealing
晶体学点群/結晶學點群 crystallographic point group
晶体学对称性/結晶學對稱 crystallographic symmetry
晶体学特殊位置/結晶學特殊位置 crystallographic special position
晶体衍射/晶體衍射,晶體繞射 crystal diffraction
晶体诱导趋化因子/晶體誘導趨化因子 crystal-induced chemotatic factor
晶突/晶突 conea
晶系/晶系 crystal system
晶状双折射/晶狀雙折射,晶狀複曲折 crystalline birefringence
晶状体/晶狀體 lens
晶状体板/晶狀體板 lens placode
晶状体泡/晶狀體泡 lens vesicle
晶锥/晶錐體 crystalline cone
晶锥细胞/含晶錐細胞 crystalline cone cell
晶锥眼/真晶錐眼 eucone eye, eucone ommatidum
腈水合酶/腈水合酶 nitrile hydratase
腈水解酶/腈水解酶 nitrilase
精氨琥珀酸合成酶缺乏症/精氨琥珀酸合成酶缺乏症 argininosuccinic acid synthetase deficiency

精氨琥珀酸酶缺乏症/精氨琥珀酸酶缺乏症 argininosuccinase deficiency
精氨[基]琥珀酸/精氨[基]琥珀酸 argininosuccinic acid
精氨酸/精氨酸,精胺酸 arginine, Arg
精氨酸-甘氨酸-天冬氨酸序列/精氨酸-甘氨酸-天門冬氨酸序列,RGD 序列 RGD sequence
精氨酸酶/精氨酸酶 arginase
精氨酸酶缺乏症/精氨酸酶缺乏症 arginase deficiency
精氨酸升压素/精氨酸加壓素,精氨酸增壓素 arginine vasopressin, AVP
精氨酸双水解酶试验/精氨酸雙水解酶試驗 arginine dihydrolase test
精胺/精胺 spermine
精包/精莢 spermatophore
精包膜/外精包 ectospermatophore
精孢子/精孢子 antheridiospore
精辨觉/精辨覺 epicritic sensation
精巢/精巢 testis
精核/精核 spermonucleus, sperm nucleus
8-精[加压]催产素/8-精氨酸[加壓]催産素,8-精縮宫素 8-arginine vasotocin, AVT
精荚/精莢 spermatophore
精荚囊/精莢囊 spermatophore sac
精浆/精漿 seminal plasma
精胶蛋白/精膠蛋白 semenogelin
[精]结合蛋白/[精]結合蛋白 bindin
精孔/精孔 micropyle
精漏斗/精漏斗 sperm funnel
精脒/亞精胺,精咪,精胺素 spermidine
精明捕食假说/精明捕食假説 prudent predation hypothesis
精明捕食者/精明捕食者 prudent predator
精母细胞/精母細胞 sperm mother cell, spermatocyte
精囊/精囊 seminal vesicle
精确切除/精確切除 precise excision
精确性/精確性 precision
8-精缩宫素/8-精縮宫素,8-精氨酸[加壓]催産素 8-arginine vasotocin, AVT
精索/精索 spermatic cord
精网/精網 sperm web
精液/精液 semen, seminal fluid
精液蛋白/精液蛋白 spermatin, spermatine
精油/精油 essential oil
精原干细胞/精原幹細胞 spermatogonial stem cell, SSC
精原干细胞法/精原幹細胞法 method of spermatogonial stem cell
精原细胞/精原細胞 spermatogonium
精制/精製 refine
精子/精子 sperm, spermatozoon
精子包被抗原/精子覆被抗原,精子披覆抗原 sperm coating antigen
精子鞭毛/精子鞭毛 spermatic flagellum
精子穿入/精子穿入,精子入卵 sperm penetration
精子穿入道/精子穿入道 sperm penetration path
[精子]穿入点/[精子]穿入點 point of entrance
精子蛋白/精子蛋白 sperm protein
精子发生/精子發生,精子生成,精子形成 spermatogenesis, spermateleosis
精子发生周期/生精週期 spermatogenic cycle
精子梗/精子梗 spermationphore
精子活力/精子活力 motility of sperm
精子介导载体法/精子介導載體法 sperm-mediated carrier method
精子竞争/精子競争 sperm competition
精子抗原/精子抗原 sperm antigen
精子凝集素/精子凝集素 spermagglutinin
精子排放/精子排放 spermiation
精子器/精子器,性孢子器 spermogone, spermogonium
精子取代机制/精子取代機制 sperm displacement mechanism
精子缺乏症因子基因座/精子缺乏症因子基因座 azoospermia factor locus, AZF locus
精子生成带/精子生成帶 zone of sperm transformation
精[子]细胞/精細胞 spermatid
精子形成/精子形成,精子發生,精子生成 spermiogenesis, spermateleosis
精子-滋养层交叉反应抗原/精子-滋養層交叉反應抗原 sperm-trophoblast cross-reacting antigen
鲸蜡/鯨蠟,軟脂酸鯨蠟酯 cetin, spermaceti wax
鲸蜡醇/鯨蠟醇 spermol
鲸蜡器/鯨蠟器,鯨腦油器 spermaceti organ
鲸须/鯨鬚 baleen
鲸须板/鯨鬚板 baleen plate
井冈霉素/井岡黴素,有效黴素 validamycin
肼解/肼解作用 hydrazinolysis
颈/頸 neck
颈板/頸板 collum, jugularium, jugular plate
颈半棘肌/頸半棘肌 semispinalis cervicis muscle
颈部/頸部 cervicum, cervix, crag
颈侧囊/頸側囊 lateral flap

颈丛/頸神經叢 cervical plexus
颈动脉/頸動脈 carotid artery
颈动脉导管/頸動脈導管 carotid duct
颈动脉窦/頸動脈竇 carotid sinus
颈动脉窦压力感受器反射/頸動脈竇壓力感受器反射 carotid sinus baroreceptor reflex
颈动脉弓/頸動脈弓,頸動脈弧 carotid arch
颈动脉-肱动脉脉搏波传导速度/頸動脈-肱動脈脈搏波傳導速度 carotid-brachial artery pulse wave velocity, cbPWV
颈动脉-股动脉脉搏波传导速度/頸動脈-股動脈脈搏波傳導速度 carotid-femoral artery pulse wave velocity, carotid-femoral artery PWV, cfPWV
颈动脉体/頸動脈體 carotid body
颈缝/頸縫 sejugal suture
颈腐病/冠腐病 crown rot
颈沟/頸溝 cervical groove
颈肌/頸肌 muscle of neck
颈棘肌/頸棘肌 spinalis cervicis
颈脊/頸脊 cervical carina
颈节/頸節 collum segment
颈筋膜/頸筋膜,頸肌膜 cervical fascia
颈卵器/頸卵器,藏卵器 archegonium
颈卵器植物/頸卵器植物 archegoniatae
颈膜/頸膜 cervical membrane, cervacoria
颈内动脉/內頸動脈 internal carotid artery
颈内静脉/內頸靜脈 internal jugular vein
颈黏液细胞/頸黏液細胞 neck mucocus cell
颈片/頸骨片 cervical sclerite, cervicalia jugular sclerite
颈器/頸器 nuchal organ
颈[牵]缩肌/頸縮肌 neck retractor
颈区/頸區 neck region
颈乳突/頸乳突 cervical papilla
颈神经/頸神經 cervical nerve
颈体/頸體 neck body
颈外动脉/外頸動脈 external carotid artery
颈外静脉/外頸靜脈 external jugular vein
颈腺/頸腺 nuchal gland, cervical gland
颈翼膜/頸翼膜 cervical ala
颈褶/頸褶 jugular plica, cervical fold
颈椎/頸椎 cervical vertebra
颈最长肌/頸最長肌 longissimus cervicis muscle
景观/景觀,地景 landscape
景观多样性/景觀多樣性 landscape diversity
景观分形维数/景觀分形維度,景觀碎形維度 landscape fractal dimension
景观格局/景觀格局 landscape pattern
景观规划/景觀規劃 landscape planning
景观过程/景觀過程,地景過程 landscape process
景观设计/景觀設計 landscape design
景观生态学/景觀生態學,地景生態學 landscape ecology
景观镶嵌体/景觀鑲嵌體 landscape mosaic
景观形状指数/景觀形狀指數 landscape shape index
景观指数/景觀指數 landscape index, landscape metrics
景天庚酮糖/景天庚酮糖 sedoheptulose
景天[科]酸代谢/景天[科]酸代謝 crassulacean acid metabolism, CAM
景天酸代谢光合作用/景天酸代謝光合作用 crassulacean acid metabolism photosynthesis, CAM photosynthesis
景天酸代谢植物/景天酸代謝植物,CAM 植物 crassulacean acid metabolism plant, CAM plant
警戒标志/警戒標誌 warning mark
警戒防御系统/警戒防禦系統 alarm-defense system
警戒复原系统/警戒復原系統 alarm-recruitment system
警戒色/警戒色,宣告色 warning coloration, aposematic coloration, advertising color
警戒声/警戒聲 alarm call
警戒态/警戒狀態 aposematism
警戒信息素/警戒費洛蒙,警戒傳訊素 alarm pheromone, alert pheromone
警戒作用/警戒作用 aposematism
径分脉/徑分脈 radial sector
径干脉/徑幹脈 radial stem vein
径横脉/徑脈橫脈 radial crossvein
径列条/徑列條 trabeculae
径流/徑流 runoff
径流系数/徑流係數 runoff coefficient
径脉/徑脈 radius
径脉结节/徑脈結節 radial node
径切面/徑切面 radial section
径室/徑脈室 radial cell
径向壁/徑向壁 radial wall
径向层析/徑向層析法 radial chromatography
径向色谱法/徑向層析法 radial chromatography
径中横脉/徑中橫脈 radio-medial crossvein
净初级生产比率/淨初級生產比率 net primary production per gross primary production ratio
净初级生产力/淨初級生產力 net primary productivity, NPP
净初级生产量/淨初級生產量 net primary production, NPP

净次级生产量/淨次級生產量 net secondary production
净地上生产力/地上部淨生產力 net aboveground productivity, NAP
净第二性生产量/淨次級生產量 net secondary production
净第一性生产力/淨初級生產力 net primary productivity, NPP
净第一性生产量/淨初級生產量 net primary production, NPP
净繁殖率/淨繁殖率,淨生殖率,淨增殖率 net reproduction rate
净辐射/淨輻射 net radiation
净光合速率/淨光合速率 net photosynthetic rate
净光合[作用]/淨光合[作用] net photosynthesis
净化/清潔 cleaning
净角器/清角器 strigilis, antenna cleaner
净滤过/淨濾過 net filtration
净排酸/淨排酸 net acid excretion, NAE
净群落生产力/淨群落生產力,群集淨生產力 net community productivity
净生产比率/淨生產比率 net production per gross production ratio
净生产量/淨生產量 net production
净生产率/淨生產率 net production rate, NPR
净生产效率/淨生產效率 net production efficiency, efficiency of net production
净生态系统生产力/淨生態系生產力,生態系淨生產力 net ecosystem productivity, NEP
净生物群系生产力/淨生物群系生產力 net biome productivity, NBP
净生长量/淨生長量 net growth
净生殖率/淨生殖率,淨繁殖率,淨增殖率 net reproduction rate
净生殖值/淨生殖值 net reproductive value
净同化/淨同化[作用] net assimilation
净同化率/淨同化率 net assimilation rate, NAR
净增加量/淨增加量 net increase
胫/脛,小腿 shank
胫背毛/脛背毛 dorsal tibial seta
胫鞭毛/脛鞭毛 mastitibiala, mastibial seta
胫侧毛/脛側毛 lateral tibial seta
胫腓关节/脛腓關節 tibiofibular joint
胫跗骨/脛跗骨 tibiotarsus
胫跗节/脛跗節 tibiotarsus
胫腹毛/脛腹毛 ventral tibial seta
胫骨/脛骨 tibia
胫骨前肌/前脛骨肌 tibialis anterior muscle
胫节/脛節 tibia
胫节距/脛距 tibial spur
胫毛/脛毛 tibiala, tibial seta
胫腺/脛腺 tibial gland
竞争/競爭 competition
竞争 DNA/競爭者 DNA competitor DNA
竞争 PCR/競爭 PCR,競爭聚合酶鏈反應 competitive PCR, cPCR
竞争定量聚合酶链反应/競爭性定量 PCR competitive quantitative PCR
竞争共存/競爭共存 competitive coexistence
竞争假说/競爭假說 competition hypothesis
竞争聚合酶链反应/競爭聚合酶鏈反應,競爭 PCR competitive PCR, cPCR
竞争理论/競爭理論,競爭學説 competition theory
竞争密度效应/競爭密度效應 competition-density effect, C-D effect
竞争[能]力/競爭能力 competitive ability, competitive capacity
竞争排斥/競爭排斥,競爭互斥 competitive exclusion
竞争排斥原理/競爭排斥原理,競爭互斥原理 competition exclusion principle, principle of competitive exclusion
竞争平衡/競爭平衡 competition equilibrium
竞争曲线/競爭曲線 competition curve
竞争释放/競爭釋放 competitive release
竞争替代/競爭置換 competitive displacement
竞争替代原理/競爭置換原理 competitive displacement principle
竞争系数/競爭係數 competitive coefficient, coefficient of competition
竞争相互作用/競爭交互作用 competitive interaction
竞争性结合/競爭性結合 competitive association
竞争性抑制/競爭性抑制 competitive inhibition
竞争性抑制剂/競爭性抑制劑 competitive inhibitor
竞争序/競爭序 competition order
竞争选择/競爭選擇 competitive selection
竞争学说/競爭學説,競爭理論 competition theory
竞争压力/競爭壓力 competition pressure
竞争优势/競爭優勢,有利競爭 competitive dominance, competitive advantage
竞争杂交/競爭雜交 competitive hybridization
竞争者/競爭者 competitor
静孢子/靜孢子,不動孢子,無毛孢子 aplanospore
静电力/靜電力 electrostatic force
静电相互作用/靜電交互作用 electrostatic

interaction
静脉/静脈　vein
静脉窦/静脈竇　venous sinus
静脉回流/静脈回流　venous return
静脉曲张/静脈曲張　varicose vein
静脉[血]压/静脈[血]壓　venous blood pressure
静脉注射免疫球蛋白/静脈給予免疫球蛋白　intravenous immunoglobulin, IVIg
静水浮游生物/静水性浮游生物　stagnoplankton
静水群落/静水群落,静水群聚　lenetic community
静水生态系统/静水生態系,止水生態系　lentic ecosystem
静水生物/静水生物　stagnophile
静水水域/静水　standing water, lentic habitat
静态肺顺应性/静態肺順應性　static lung compliance
静态模型/静態模型,静態模式　static model
静态生命表/静態生命表　static life table
静位感觉/静位感覺　static sensation
静息电位/静息電位,静止電位　resting potential, RP
静息膜电位/静息膜電位　resting membrane potential
静息细胞/静止細胞,休眠細胞　resting cell
静纤毛/静纖毛　stereocilium
静止代谢率/静止代謝率　resting metabolic rate
静止核/休止核　resting nucleus
静止期/静止期　quiescence
静止染色体/静止染色體　resting chromosome
静止性震颤/静止性震顫　resting tremor
静置培养/静置培養　static culture, static cultivation
镜检/鏡檢　microscopic examination
镜台/鏡臺,載物臺　stage
镜台测微尺/載物臺測微計,載物臺測微器,鏡臺測微計　stage micrometer
镜台测微计/鏡臺測微計,載物臺測微計,載物臺測微器　stage micrometer
镜像对称分裂/鏡像對稱分裂　symmetrogenic fission
镜像神经元/鏡像神經元　mirror neuron
镜像细胞/鏡像細胞　mirror cell
九倍体/九倍體　enneaploid
九倍性/九倍性　enneaploidy
九聚体/九聚體　nonamer
酒精消毒/酒精消毒　alcohol disinfection
酒石酸/酒石酸　tartaric acid
旧结核菌素/舊結核菌素　old tuberculin, OT
旧皮质/舊皮質　palecortex
旧纹状体/原紋狀體　paleostriatum
臼齿/臼齒　molar tooth
臼齿突/臼齒突　molar process
就地保护/就地保育　*in situ* conservation
就地保育/就地保育　*in situ* conservation
就地基因库/就地基因庫　*in situ* gene bank
拘留蛋白/抑制蛋白　arrestin
居间分生组织/居間分生組織　intercalary meristem
居间骨针/居間骨針　intermedia
居间生长/居間生長　intercalary growth
居群/族群　population
居氏器/居氏器　Cuvierian organ
居维叶器/居氏器　Cuvierian organ
局部电流/局部電流　local current
局部电位/局部電位　local potential
局部反应/局部反應　local response
局部分层湖/局部循環湖,不完全對流湖　meromictic lake
局部感染/局部感染　local infection
局部过敏反应/局部過敏反應　local anaphylaxis
局部回路神经元/局部回路神經元　local circuit neuron
局部激素/局部激素　local hormone
局部控制区/局部控制區　local control region, LCR
局部淋巴结/局部淋巴結　regional node
局部免疫/局部免疫　local immunity
局部神经元回路/局部神經元回路　local neuronal circuit
局部随机诱变/局部隨機誘變　localized random mutagenesis
局部稳态反应/局部穩態反應　local homeostatic response
局部性冷损伤/局部性冷損傷　local cold injury
局部循环湖/局部循環湖,不完全對流湖　meromictic lake
局部杂合子/局部合子,部分合子　merozygote
局泌汗腺/局泌汗腺　merocrine sweat gland
局限性转导/限制性轉導　restricted transduction
局域表面等离激元共振/局域表面電漿子共振　localized surface plasmon resonance
局灶性黏附/局部性黏附　localized adherence
局质分泌/局[漿分]泌,局部分泌　merocrine
局质分泌腺/局漿分泌腺　merocrine gland
菊粉/菊粉,菊糖,土木香糖　inulin, dahlin
菊粉酶/菊糖酶　inulinase
菊糖/菊糖,菊粉,土木香糖　inulin
菊糖酶/菊糖酶　inulinase
菊糖清除率/菊糖清除率,菊糖廓清率　inulin

clearance
咀嚼/咀嚼 mastication
咀嚼肌/咀嚼肌 muscle of mastication
咀嚼器/咀嚼器 gizzard
咀嚼式/咀嚼式 chewing type
咀嚼叶/咀嚼葉 masticatory lobe
咀吮式口器/咀舐式口器 chewing-lapping mouthparts
枸橼酸/枸櫞酸,檸檬酸 citric acid
举足肌/舉足肌 pedal elevator muscle
巨大染色体/巨[大]染色體 giant chromosome
巨[大]细胞/巨[大]細胞,畸形細胞 giant cell
巨[大]质粒/巨[大]質體 megaplasmid
巨蛋白/巨蛋白 giantin
巨核/巨核,大核 macronucleus, meganucleus
巨核细胞/巨核細胞,大核細胞 megakaryocyte
巨核细胞刺激因子/巨核細胞刺激因子 megakaryocyte stimulating factor
巨核细胞集落刺激因子/巨核細胞集落刺激因子 megakaryocyte colony-stimulating factor, Meg-CSF
巨核细胞集落形成单位/巨核細胞集落形成單位 colony forming unit-megakaryocyte, CFU-Meg
巨核细胞生长发育因子/巨核細胞生長發育因子 megakaryocyte growth and development factor, MGDF
巨毛/巨毛 macrochaeta
巨膜片钳技术/巨膜片箝技術 giant membrane patch-clamp
巨球蛋白/巨球蛋白 macroglobulin
巨球蛋白血症/巨球蛋白血症 macroglobulinemia
巨球型/巨球型 megalospheric form
巨人症/巨人症 gigantism
巨噬细胞/巨噬細胞,大噬菌體 macrophage
巨噬细胞产生的趋化因子/巨噬細胞衍生趨化因子 macrophage-derived chemokine
巨噬细胞集落刺激因子/巨噬細胞集落刺激因子,巨噬細胞群落刺激因子 macrophage colony-stimulating factor, M-CSF
巨噬细胞集落抑制因子/巨噬細胞集落抑制因子 macrophage colony-inhibitory factor
巨噬细胞介导的细胞毒作用/巨噬細胞引導的細胞毒性作用 macrophage-mediated cytotoxicity
巨噬细胞趋化因子/巨噬細胞趨化因子 macrophage chemotactic factor, MCF
巨噬细胞系/巨噬菌系統 macrophagic system
巨噬细胞细胞毒因子/巨噬細胞細胞毒殺因子 macrophage cytotoxic factor
巨噬细胞炎症蛋白/巨噬細胞發炎蛋白 macrophage inflammatory protein, MIP
巨噬细胞移动抑制因子/巨噬細胞移動抑制因子 macrophage migration inhibition factor, MIF
巨噬细胞抑制因子/巨噬細胞抑制因子 macrophage inhibition factor, MIF
巨细胞病毒免疫球蛋白/巨細胞病毒免疫球蛋白 cytomegalovirus immunoglobulin
巨型 RNA/巨 RNA giant RNA
巨型底栖生物/巨型底棲生物 megabenthos
巨型浮游生物/巨型浮游生物 megaloplankton, megaplankton
巨型菌落/巨型菌落 giant colony
巨型染色体/巨[大]染色體 giant chromosome, megachromosome
巨轴突/巨軸突 giant axon
巨自噬/巨自噬 macroautophagy
拒食剂/拒食劑,抗食物質 antifeedant
拒盐/拒鹽 salt exclusion
具翅胸节/生翅胸節 pterothorax
具刺壳/具刺殼 spiny shell
具冠毛种子/具冠毛種子 comospore
具环染色单体/環狀染色分體,環狀一價染色體 loop chromatid
具巾刚毛/具巾剛毛 hooded seta
具橛感器/導音管,導音感覺器,鐘形感器 scolopidium, scolopophorous sensillum
具橛神经胞/具橛神經胞 scolophore
具鳞根出条/具鱗根出條 turion
具囊尾蚴/具囊尾蚴 cystophorous cercaria
具腺叶/有腺葉 adenophyllus
具缘刚毛/具緣剛毛 limbate seta
具褶壳/褶狀殼 plicated shell
具滋卵巢管/滋養型卵巢管 meroistic ovariole
据通信/據通信 in litteris, in litt.
据引证文献/據引用文獻 in opere citato, in op. cit.
距/距 spur, calcar
距跟关节/距跟關節 talocalcanean joint
距骨/距骨 talus, astragalus bone
距离法/距離法 distance method
距离感受器/遠距離受容器 distance receptor
距离隔离模型/距離隔離模型 isolation-by-distance model
距离几何/距離幾何演算法 distance geometry, DG
距离效应/間距效應 distance effect
距离指数/距離指數 distance index
锯齿/鋸齒 crenate
锯齿列/鋸齒列 serration
锯齿形飞行/鋸齒形飛行 zigzag flight

锯齿状/鋸齒狀 spination
锯鳞肽/鋸鱗肽 echiststin
聚氨基酸支架/聚氨基酸支架 polyamino acid scaffold
聚半乳糖醛酸/多元乳糖醛酸 polygalacturonic acid
聚丙烯/聚丙烯 polypropylene
聚丙烯酰胺凝胶/聚丙烯醯胺凝膠 polyacrylamide gel
聚丙烯酰胺凝胶电泳/聚丙烯醯胺凝膠電泳 polyacrylamide gel electrophoresis, PAGE
聚簇/簇生,成簇 cluster
聚丁酸支架/聚丁酸支架 polybutyric acid scaffold
聚附信息素/聚附信息素 aggregation and attachment pheromone
聚谷氨酸/聚穀氨酸,多基麩氨酸 polyglutamic acid
聚谷氨酰基作用/聚穀氨醯基作用 polyglutamoylation
聚光镜/聚光鏡 condenser
聚硅酸盐平板/聚矽酸鹽平板 polysilicate plate
聚合果/[花序]聚合果 coenocarpium, conocarpium
聚合核果/聚合核果 drupetum
聚合酶/聚合酶 polymerase
DNA 聚合酶/DNA 聚合酶 DNA polymerase
DNA 聚合酶Ⅰ/DNA 聚合酶Ⅰ DNA polymeraseⅠ
DNA 聚合酶Ⅱ/DNA 聚合酶Ⅱ DNA polymeraseⅡ
DNA 聚合酶 Ⅲ/DNA 聚合酶 Ⅲ DNA polymerase Ⅲ
RNA 聚合酶/RNA 聚合酶,核糖核酸聚合酶 RNA polymerase
RNA 聚合酶Ⅰ/RNA 聚合酶Ⅰ RNA polymeraseⅠ
RNA 聚合酶Ⅱ/RNA 聚合酶Ⅱ RNA polymeraseⅡ
RNA 聚合酶 Ⅲ/RNA 聚合酶 Ⅲ RNA polymerase Ⅲ
Taq DNA 聚合酶/Taq DNA 聚合酶 Taq DNA polymerase
T7 RNA 聚合酶催化的荧光扩增技术/T7 RNA 聚合酶催化的螢光擴增技術 fluorescent amplification catalyzed by T7 RNA polymerase technique, FACTT
RNA 聚合酶Ⅰ抗体/RNA 聚合酶Ⅰ抗體 RNA polymeraseⅠantibody
聚合酶链反应/聚合酶鏈反應,聚合酶連鎖反應 polymerase chain reaction, PCR
Alu 聚合酶链反应/*Alu* 聚合酶鏈反應 *Alu*-PCR
聚合酶链反应-单链构象多态性/聚合酶鏈反應-單鏈 DNA 構象多態性分析 PCR single strand conformation polymorphism, PCR-SSCP
聚合酶链反应剪接/PCR 剪接 PCR splicing
聚合染色粒/聚合染色粒 aggregate chromomere
聚合射线/聚合射線 aggregate ray
聚合式联系/聚合式聯繫 convergent connection
聚合体/聚合體 aggregate, diamorph
聚合物/聚合物 polymer
聚合物模拟酶/聚合物模擬酶 polymer artificial enzyme
聚合物纳米给药系统/聚合物奈米給藥系統 polymetic nanodrug delivery system
聚合腺/聚合腺 aggregate gland
聚合作用/聚合作用 polymerization
聚花果/聚花果,多花果,複果 collective fruit, multiple fruit
聚集/聚集,聚生,群聚 aggregation
聚集蛋白/聚集蛋白 aggregin
聚集蛋白聚糖/聚集蛋白聚糖 aggrecan
聚集分布/聚集分布,群聚分布,叢聚分布 aggregated distribution, clumped distribution, hyperdispersion
聚集信息素/聚集費洛蒙 aggregation pheromone, assembly pheromone
聚集指数/聚集指數 aggregation index
聚己酸内酯支架/聚己酸内酯支架 polycaprolactone scaffold
聚焦/聚焦,焦點 focus
聚焦层析/聚焦層析法 chromatofocusing
聚类/聚類 clustering
聚类分析/聚類分析 cluster analysis
聚磷腈支架/聚磷腈支架 polyphosphazene scaffold
聚磷酸酯支架/聚磷酸酯支架 polyphosphoester scaffold
聚拢蛋白/内收蛋白 adducin
聚醚类抗生素/聚醚類抗生素,多醚抗生素類 polyether antibiotics
聚免疫球蛋白受体/聚免疫球蛋白受體 poly-immunoglobulin receptor, poly-Ig receptor
聚 β-羟基丁酸酯/聚 β-羥基丁酸酯 poly-β-hydroxybutyrate, PHB
聚羟基乙酸支架/聚羥基乙酸支架 poly-hydroxyacetic acid scaffold
聚群反应/聚集反應 aggregative response
聚群灭绝/大滅絕,動物相滅絕 mass extinction
聚扰/聚擾 mobbing
聚乳酸聚羟基乙酸共聚支架/聚乳酸聚羥基乙酸共聚支架 polylactic glycolic acid copolymer scaffold
聚乳酸支架/聚乳酸支架 polylactic acid scaffold
聚伞花序/聚傘花序 cyme
聚伞圆锥花序/簇集圓錐花序,密[集圓]錐花序,密

束花序 thyrse, thyrsus
聚伞状分枝式/聚傘分枝式 cymose branching
聚生/類聚 assemblage
聚嗜极生物/聚嗜極生物 polyextremophile
聚酸酐支架/聚酸酐支架 polyanhydride scaffold
聚糖/聚糖 glycan
N-聚糖/*N*-聚糖 *N*-glycan
O-聚糖/*O*-聚糖 *O*-glycan
聚糖磷脂酰肌醇/聚糖磷脂醯肌醇 glycan-phosphatidylinositol, G-PI
N-聚糖酶/*N*-聚糖酶 *N*-glycanase
聚心皮果/聚心皮果,莓狀果實 etaerio, aetaerio, etarium
聚眼/聚眼 agglomerate eye
聚药/聚藥 synandrium
聚药雄蕊/聚藥雄蕊 syngenesious stamen
聚乙二醇/聚乙[烯]二醇 polyethylene glycol, PEG
聚乙二醇沉淀/聚乙二醇沉澱,PEG 沉澱 polyethylene glycol precipitation, PEG precipitation
聚乙二醇介导转化法/聚乙二醇介導轉化法 polyethylene glycol-mediated transformation
聚乙二醇支架/聚乙二醇支架 polyethylene glycol scaffold
聚乙烯/聚乙烯 polyethylene
聚乙烯吡咯烷酮/聚乙烯吡咯烷酮 polyvinylpyrrolidone, PVP
聚乙烯醇酸支架/聚乙烯醇酸支架 polyvinyl alcohol acid scaffold
聚乙烯醇支架/聚乙烯醇支架 polyvinyl alcohol scaffold
聚翼薄壁组织/聚翼薄膜組織 confluent parenchyma
聚自噬/聚自噬 aggrephagy
卷曲螺旋/卷曲螺旋,螺旋狀螺旋 coiled coil
卷曲螺旋预测/卷曲螺旋預測 coiled coil prediction
卷曲霉素/卷麴黴素 capreomycin, capromycin
卷式膜/卷式膜 spiral-wound membrane
卷束骨针/卷束骨針 sigmadragma
卷丝囊/卷絲胞 volvent
卷须/卷鬚 tendril
卷旋孢子/螺[旋]孢子 helicospore
卷旋骨针/卷旋骨針 sigmaspire
卷枝/卷枝 cirrus
卷枝间疣/卷枝間疣 intercirral tubercle
眷群/眷群,妻妾群 harem
决定/決定作用 determination
决定系数/決定係數 coefficient of determination
决定因子/決定因子 determinative factor
决定子/決定子 determinant
觉醒/覺醒,不眠 wakefulness
绝对爆发力/絕對爆發力 absolute explosive power
绝对补充量/絕對補充量 absolute recruitment
绝对不应期/絕對不應期 absolute refractory period
绝对密度/絕對密度 absolute density
绝对湿度/絕對濕度 absolute humidity
绝对温度/絕對溫度 absolute temperature
绝对异名/絕對異名 absolute synonym
绝对致死基因/完全致死基因 absolute lethal gene
绝对种群估值/絕對族群估值 absolute population estimate
绝对最低致死温度/絕對最低致死溫度 absolute minimum fatal temperature
绝对最高致死温度/絕對最高致死溫度 absolute maximum fatal temperature
绝迹种/絕跡種 extirpated species
绝经期/絕經期,停經期,更年期 menopause
绝育/絕育 sterilization
绝缘位点/絕緣位點 insulator site
绝缘性传导/絕緣性傳導 insulated conduction
绝缘子/絕緣子 insulator
蕨类植物/蕨類植物 fern, pteridophyte
蕨类植物型/蕨類植物型 fern type
蕨类植物学/蕨類[植物]學 filicology, pteridology
蕨叶/蕨葉,棕櫚葉,葉狀體 frond
嚼吸式/嚼吸式 chewing-lapping type
攫腕/攫腕 grasping arm
攫肢/攫肢 raptorial limb
均变说/均變説 uniformitarianism
均等分裂/均等分裂,等核質分裂 equational division, equal division, homeokinesis
均等分裂期/均等分裂期 equational division phase
均等卵裂/均等卵裂 equal cleavage
均方距离/均方距離 mean square distance
均衡生长/均衡生長 balanced growth
均黄卵/均黄卵 isolecithal egg
均染区/均勻染色區 homogeneous staining region, HSR
均相酶免疫测定/均相酶免疫分析,同質性酵素免疫分析 homogeneous enzyme immunoassay
均一化 cDNA 文库/正規化 cDNA 庫 normalized cDNA library
均一化作用/均一化作用 homogenization
均一性/均一性,均質性,同質性 homogeneity, homogenicity
均匀度/均勻度,均等性 evenness, equitability
均匀度指数/均勻度指數 evenness index
均匀分布/均勻分布 uniform distribution, regular

distribution
均匀染色区/均匀染色區 homogeneous staining region, HSR
k-均值聚类/*k*-平均數叢聚 *k*-means clustering
龟裂杀菌素/[龜]裂黴素 rimocidin
菌胞/含菌細胞,足菌腫細胞 mycetocyte, bacteriocyte, mycetosome
菌柄/菌柄 stipe
菌柄皮层/菌柄皮層 stipitipellis
[菌]醭/菌膜,菌衣,菌皮 pellicle, mycoderm
菌盖/菌蓋,菌傘,菌帽 pileus
菌盖囊状体/菌蓋囊狀體 pileocystidium
菌盖皮层/菌蓋皮層 pileipellis
菌根/菌根 mycorrhiza
菌根鞘/菌根鞘 mycoclena
菌根营养/菌根營養 mycotrophy
菌根真菌/菌根真菌 mycorrhizal fungus
菌核/菌核 sclerotium
菌核果/菌核果 sclerocarp
菌红素/菌紅素 bacterioerythrin
菌环/菌環,蕈環 annulus
菌剂/微生物接種劑 microbial inoculant
菌胶团/菌膠團 zoogloea
菌绿素/細菌葉緑素 bacteriochlorophyll
菌落/菌落 colony
菌落 PCR/菌落 PCR colony PCR
菌落计数/分格計數板 colony counting
菌落计数仪/菌落計數儀 bacterial colony counter
菌落免疫印迹法/菌落免疫印漬法 colony immunoblotting
菌落形成单位/菌落形成單位,聚落生成單位 colony forming unit, CFU
菌落印迹法/菌落印漬法 colony blotting
菌落印迹原位杂交/菌落印漬原位雜交 colony imprinting *in situ* hybridization
菌落原位杂交/菌落原位雜交 colony *in situ* hybridization
菌落杂交/菌落雜交 colony hybridization, Grunstern-Hogness procedure
菌毛/菌毛,纖毛,線毛 pilus, cilium, fimbrium
菌毛蛋白/菌毛蛋白,纖毛蛋白 pilin, cilium, fimbrillin
菌霉素/菌黴素 mycomycin
菌苗/細菌疫苗 bacterial vaccine
菌苗疗法/疫苗療法 vaccine therapy, vaccinotherapy
菌膜/菌膜,菌衣,菌皮 pellicle, mycoderm
菌膜网/蕈裙,孢膜,囊群膜 indusium
菌黏素/菌黏素 glischrin
菌裙/蕈裙,孢膜,囊群膜 indusium
菌群/菌群 flora
菌群失调/菌群失調 dysbacteriosis
菌肉/菌肉 context
菌肉菌丝/菌肉菌絲 contextual hypha
菌食性螨类/菌食性蟎類 mycetophagous mites, mycophagous mites
菌丝/菌絲 hypha
菌丝层/菌絲層 subiculum, subicle
菌丝段/菌絲片段 hyphal fragment
菌丝尖端切割分离法/菌絲尖端切割分離法 hypha tip isolation
菌丝球/菌絲球 mycelium pellet
菌丝融合/菌絲融合 anastomosis
菌丝融合群/菌絲融合群 anastomosis group
菌丝束/孢梗束 coremium
菌丝索/菌絲索 funiculus, funicle, funicular cord
菌丝体/菌絲體 mycelium, spawn
菌丝体系/菌絲體系 mitic system
菌丝酰胺/菌絲酰胺,菌絲醯胺 mycelianamide
菌髓/菌髓 trama
菌索/菌索,根狀菌絲束 mycelial cord, rhizomorph
菌索基/菌索基 hapteron
菌苔/菌苔 lawn
菌套/菌套 mantle
菌体/菌體 thallus, fungus body
[菌体]附器/附器 appendage
菌体抗原/菌體抗原 somatic antigen
菌蜕/殘骸 ghost
菌托/菌托 volva
菌纤索/菌絲索 funiculus, funicle, funicular cord
菌血症/菌血症 bacteremia
菌瘿/菌癭 fungus gall, mycocecidium
菌藻植物/菌藻植物,原葉體植物 thallophyte
菌褶/菌褶薄層 lamella, gill
菌针/針形刺,針形剛毛 acicula
菌种保藏/菌種保藏 culture preservation
菌种改良/菌種改良 strain improvement
菌种退化/菌種退化 strain degeneration
菌株/菌株 strain
菌柱/[孢子]囊軸 columella
菌紫红质/菌紫質,細菌視紫質 bacteriorhodopsin
菌紫素/菌紫素 bacteriopurpurin

K

咖啡碱/咖啡鹼,咖啡因 caffeine, theine
卡巴[颗]粒/卡巴粒 kappa particle
卡波西水痘样疹/卡波西氏水痘樣疹 Kaposi varicelliform eruption, KVE
卡恩试验/康氏沉澱試驗 Kahn test
卡尔文循环/卡爾文[氏]循環 Calvin cycle
卡哈尔间质细胞/卡哈爾間質細胞,間質卡哈爾細胞 interstitial cell of Cajal, ICC
卡价/熱量,熱值,卡值 caloric value
卡介苗/卡介苗 Bacillus Calmette-Guérin vaccine, BCG vaccine
卡拉胶/卡拉膠,角叉菜膠,紅藻膠 carrageenan
卡隆粒/卡隆粒 charomid
卡隆噬菌体/卡隆噬菌體 Charon phage
卡隆载体/卡隆載體,夏隆載體 Charon vector
卡鲁比星/洋紅黴素 carminomycin
卡那霉素/卡那黴素 kanamycin
卡森方程/卡森方程式 Casson equation
卡森流体/卡森流體 Casson fluid
卡森屈服应力/卡森屈服應力 Casson yield stress
卡斯塔碱/卡斯塔鹼 castanospermine
卡斯特斯效应/克斯特效應 Custers effect
卡塔赫纳生物安全议定书/卡塔赫納生物安全議定書 Cartegena Protocol on Biosafety
卡廷加群落/卡廷加群落,多刺茂密灌叢 caatinga
开窗理论/開窗理論 open window theory
开颚肌/開顎肌 mandibular divarigator
开尔文-沃伊特模型/克耳文-沃伊特模型 Kelvin-Voigt model
开放大洋/開闊大洋 open ocean
开放概率/開放概率 opening probability
开放生长系统/開放生長系統 open growth system
开放系统/開放系統 open system
开放系统循环/開放系統循環 circulation of open system
开关基因/開關基因 switch gene
开关码/開關碼 switching code
开管循环系统/開放循環系統 open vascular system
开花/開花 anthesis, effloresce, flowering
开花激素/開花激素,開花荷爾蒙 anthesin, flowering hormone
开花受精/開花傳粉 chasmogamy
开花诱导/開花誘導,催花 flower induction
开环/開環 open circle
开环 DNA/開放式環狀 DNA open circular DNA
开环控制系统/開環控制系統 open-loop control system
开环系统/開環系統 open-loop system
开掘足/開掘足 fossorial leg
开壳肌/開殼肌 divarigator, diductor
开乐霉素/腐黴素 carriomycin
开裂/裂開 dehiscence
开室/開室 open cell
开拓种/拓殖種 colonizing species
凯泊耳器官/凱氏器官 Keber organ
凯萨努森林病/凱薩努森林病 Kyasanur forest disease
凯氏定氮法/凱氏定氮法,克達法 Kjeldahl determination
凯氏液/凱氏液 Keifer solution
铠/鎧 pallet
铠甲动物/鎧甲動物 loriciferan
坎贝尔模型/坎貝爾模型 Campbell model
坎宁安蚀斑技术/坎寧安氏蝕斑技術 Cunningham plaque technique
坎农-巴德理论/坎農-巴德理論 Cannon-Bard theory
糠虾[期]幼体/糠蝦幼體,糠蝦[期]幼蟲 mysis larva
抗癌基因/抗癌基因,抑癌基因 antioncogene
抗氨[基]酰 tRNA 合成酶自身抗体/抗氨醯 tRNA 合成酶自體抗體 anti-aminoacyl tRNA synthetase autoantibody
抗白喉血清/抗白喉血清 antidiphtheric serum
抗表皮基[底]膜带抗体/抗表皮基[底]膜帶抗體 anti-basement membrane zone antibody, anti-BMZ antibody
抗病毒抗体/抗病毒抗體 antiviral antibody
抗病毒免疫/抗病毒免疫 antiviral immunity
抗病基因类似物/抗病基因類似物 resistance gene analogs
抗病育种/抗病育種 disease-resistance breeding
抗波形蛋白抗体/抗波形蛋白抗體 anti-vimentin antibody

抗补体/抗補體 anticomplementary
抗虫性/抗蟲性 insect-resistance
抗雌激素/抗雌激素 antiestrogen
抗促甲状腺激素受体抗体/抗促甲狀腺激素受體抗體 anti-thyrotropin receptor antibody, anti-TRAb
抗代谢物/抗代謝物 antimetabolite
抗 CD8 单克隆抗体/抗 CD8 單株抗體 anti-CD8 monoclonal antibody, anti-CD8McAb
抗胆碱酯酶剂/抗膽鹼酯酶劑 anticholinesterase agent
抗蛋白酶 3 抗体/抗蛋白酶 3 抗體 anti-proteinase 3 antibody
抗蛋白酶肽/抗蛋白酶肽 antipain
抗滴虫霉素/抗滴蟲黴素,刺黴素 trichomycin
抗冻蛋白质/抗凍蛋白質 antifreeze protein
抗冻肽/抗凍肽 antifreeze peptide
抗冻糖蛋白/抗凍糖蛋白 antifreeze glycoprotein
抗冻性/抗凍性 freezing-resistance
抗毒素/抗毒素 antitoxin
抗毒素免疫/抗毒素免疫 antitoxic immunity
抗毒素血清/抗毒素血清 antitoxic serum
抗独特型抗体/抗特異型抗體,抗個體基因型抗體 antiidiotypic antibody
抗独特型疫苗/抗特異型疫苗 anti-idiotype vaccine
抗反馈突变体/抗回饋突變種 feedback-resistant mutant
抗反馈突变型/抗回饋突變種 feedback-resistant mutant
抗纺锤体抗体/抗紡錘體抗體 anti-nuclear mitotic spindle apparatus antibody
抗辐射微生物/抗輻射微生物 radioresistant microorganism
抗辐射效应/抗輻射效應 antiradiation effect
抗肝肾微粒体抗体/抗肝腎微粒體抗體 anti-liver kidney microsomal antibody, anti-LKM antibody
抗肝细胞膜抗体/抗肝細胞膜抗體 anti-liver membrane antibody
抗感染免疫/抗感染免疫 anti-infection immunity
抗高尔基体抗体/抗高爾基[氏]體抗體 anti-Golgi apparatus antibody, AGAA
抗攻击素/抗攻擊素 antiaggressin
抗骨骼肌抗体/抗骨骼肌抗體 anti-skeletal muscle antibody
抗过敏反应/抗過敏反應 antianaphylaxis
抗寒性/抗寒性,抗冬性,耐寒性 winter-resistance, cold-resistance
抗寒植物/抗寒植物 cold-resistant plant
抗旱性/抗旱性 drought-resistance
抗核抗体/抗核抗體 antinuclear antibody
抗[核仁]纤维蛋白抗体/抗[核仁]纖維蛋白抗體,抗細纖維素抗體 anti-fibrillarin antibody, AFA
抗核糖体 P 蛋白自身抗体/抗核糖體 P 蛋白自體抗體 anti-ribosomal P protein autoantibody
抗核糖体抗体/抗核糖體抗體 anti-ribosomal antibody
抗核周因子自身抗体/抗核周因子自體抗體 anti-perinuclear factor autoantibody, APF
抗红细胞自身抗体/抗紅血球自體抗體 anti-red blood cell autoantibody
抗坏血酸/抗壞血酸 ascorbic acid
抗环瓜氨酸肽抗体/抗環瓜氨酸肽抗體 anti-cyclic citrullinated peptide antibody, anti-CCP antibody
抗黄体溶解性蛋白质/抗黃體溶解性蛋白質 antiluteolytic protein
抗击倒基因/抗擊倒性基因 knockdown resistance gene
抗肌动蛋白自身抗体/抗肌動蛋白自體[性]抗體 anti-actin autoantibody, AAA
抗肌萎缩蛋白/肌[肉]萎縮蛋白,肌營養不良蛋白 dystrophin
抗肌纤维膜抗体/抗肌纖維膜抗體 anti-sacrolemma antibody, ASA
抗激素/抗激素 antihormone
抗甲状腺过氧化物酶自身抗体/抗甲狀腺過氧化物酶自體抗體 anti-thyroid peroxidase autoantibody, anti-TPOAb
抗甲状腺球蛋白/抗甲狀腺球蛋白 anti-thyroblobulin, anti-TG
抗甲状腺球蛋白抗体/抗甲狀腺球蛋白抗體 anti-thyroglobulin antibody, anti-TGAb
抗甲状腺微粒体抗体/抗甲狀腺微粒體抗體 anti-thyroid microsome antibody, anti-TMAb
抗焦虑药物/抗焦慮藥物 anxiolytic drug
抗角蛋白抗体/抗角蛋白抗體 antikeratin antibody, AKA
抗 RNA 聚合酶 Ⅰ 抗体/抗 RNA 聚合酶 Ⅰ 抗體 anti-RNA polymerase Ⅰ antibody
抗聚集信息素/抗聚集費洛蒙 epideictic pheromone
抗菌剂/抗菌劑 antibacterial agent
抗菌免疫/抗菌免疫 antibacterial immunity
抗菌谱/抗菌範圍 antimicrobial spectrum
抗菌肽/抗菌肽,抗微生物肽 antibiotic peptide, antimicrobial peptide
抗抗体/抗抗體,第二抗體 anti-antibody
抗可溶性肝抗原抗体/抗可溶性肝抗原抗體 antisoluble liver antigen antibody, anti-SLA

抗类天疱疮抗体/抗類天皰瘡抗體 anti-pemphigoid antibody
抗利尿/抗利尿 antidiuresis
抗利尿[激]素/抗利尿[激]素 antidiuretic hormone, ADH
抗利尿肽/抗利尿[激]肽 antidiuretic peptide
抗链球菌溶血素 O/抗鏈球菌溶血素 O antistreptolysin O, ASO
抗链球菌溶血素 O 试验/抗鏈球菌溶血素 O 試驗 antistreptolysin O test, ASO test
抗淋巴细胞血清/抗淋巴細胞血清 anti-lymphocyte serum, ALS
抗磷脂抗体/抗磷脂[質]抗體 anti-phospholipid antibody, APA
抗卵巢抗体/抗卵巢抗體 antiovary antibody
抗酶/抗酶,抗酵素 antienzyme
抗霉素/抗[毒]黴素 antimycin
抗米勒管激素/抗繆勒管激素,抗苗勒管激素 anti-Müllerian hormone, AMH
抗凝蛋白质/抗凝血蛋白質 anticoagulant protein
抗凝集素/抗凝[集]素 antiagglutinin
抗凝剂/抗凝劑 anticoagulant, decoagulant
抗凝血酶/抗凝血酶,凝血酶抑制劑 antithrombin, AT
抗凝血酶 Ⅲ/抗凝血酶 Ⅲ,凝血酶抑制劑 Ⅲ antithrombin Ⅲ, AT Ⅲ
抗凝[作用]/抗凝[血作用] anticoagulation
抗排卵肽/抗排卵肽 antide
抗平滑肌抗体/抗平滑肌抗體 anti-smooth muscle antibody, anti-SMA
抗浦肯野细胞抗体/抗浦金埃[氏]細胞抗體 anti-Purkinje cell antibody, anti-PCA
抗球蛋白/抗球蛋白 antiglobulin
抗球蛋白抗体/抗球蛋白抗體 antiglobulin antibody
抗球蛋白试验/抗球蛋白試驗 antiglobulin test
抗球蛋白消耗试验/抗球蛋白消耗試驗 antiglobulin consumption test
抗球蛋白抑制试验/抗球蛋白抑制試驗 antiglobulin inhibition test
抗去污剂膜/抗去污劑膜 detergent-resistant membrane, DRM
抗热性/抗熱性,耐熱性 heat resistance
抗溶[菌]素/抗[細胞]溶素 antilysin
抗溶酶体抗体/抗溶酶體抗體 anti-lysosomal antibody
抗蠕霉素/安太黴素 anthelmycin
抗神经炎素/抗神經炎素 aneurin
抗神经元细胞核抗体/抗神經元細胞核抗體 anti-neuronal nuclear antibody, ANNA
抗肾上腺抗体/抗腎上腺抗體 anti-adrenal antibody, AAA
抗肾上腺皮质抗体/抗腎上腺皮質抗體 anti-adrenal cortex antibody
抗肾小管基[底]膜抗体/抗腎小管基底膜抗體 anti-tubular basement membrane antibody, anti-TBM antibody
抗肾小球基[底]膜抗体/抗腎小球基底膜抗體 anti-glomerular basement membrane antibody, anti-GBM antibody
抗生素/抗生素 antibiotic
抗生素抗性/抗生素抗藥性 antibiotic resistance
抗生素抗性基因筛选/抗生素抗藥性基因篩選 antibiotic resistant gene screening
抗生素敏感试验/抗生素感受性試驗,藥敏試驗 antibiotics-sensitivity test
抗生物素蛋白/抗生物素蛋白,卵白素,親和素 avidin
抗生物素蛋白-生物素-过氧化物酶复合物技术/卵白素-生物素-過氧化氫酶複合物技術 avidin-biotin-peroxidase complex technique, ABC technique
抗生物素蛋白-生物素染色/卵白素-生物素染色 avidin-biotin staining, ABS
抗生长素/抗生長素 antiauxin, auxin antagonist
抗生[作用]/抗生[作用],抗生現象 antibiosis
抗 O 试验/抗鏈球菌溶血素 O 試驗 antistreptolysin O test, ASO test
抗受精素/抗受精素 antifertilizin
抗双链 DNA 抗体/抗雙股 DNA 抗體 anti-double strand DNA antibody
抗霜性/抗霜性,抗寒性 frost resistance
抗酸杆菌/抗酸桿菌 acid-fast bacillus
抗酸细菌染色/抗酸性染色 acid-fast staining
抗髓过氧化物酶抗体/抗髓過氧化物酶抗體,抗 MPO 抗體 anti-myeloperoxidase antibody, anti-MPO antibody
抗体/抗體 antibody, Ab
H 抗体/H 抗體 H antibody
Rh 抗体/Rh 抗體 Rh antibody
抗体半衰期/抗體半衰期 antibody half life
抗体独特型/抗體特異型 antibody idiotype
抗体多样性/抗體多樣性 antibody diversity
抗体分泌细胞/抗體生成細胞 antibody-producting cell
抗体工程/抗體工程 antibody engineering
抗体工程药物/抗體工程藥物 antibody engineering

drug
抗体过剩/抗體過剩 antibody excess
抗体结合部位/抗體結合部位 antibody combining site
抗体库展示技术/抗體庫展示技術 antibody display technique
抗体 H 链/抗體重鏈 heavy chain of antibody
抗体 L 链/抗體輕鏈 light chain of antibody
抗体酶/抗體酶,催化[性]抗體 abzyme
抗体偶联物/抗體偶聯物 antibody drug conjugate, ADC
抗体片段/抗體片段 antibody fragment
抗体轻链/抗體輕鏈 light chain of antibody
抗体[文]库/抗體庫 antibody library, antibody repertoire
抗体吸收试验/抗體吸附試驗 antibody absorption test
抗体芯片/抗體晶片 antibody chip
抗体依赖细胞介导的细胞毒[性]作用/抗體依賴細胞介導的細胞毒性作用,抗體依賴型細胞性胞殺作用,抗體依賴性毒殺細胞反應 antibody-dependent cell-mediated cytotoxicity, ADCC
抗体异质性/抗體異質性 antibody heterogeneity
抗体应答/抗體反應 antibody response
抗体重链/抗體重鏈 heavy chain of antibody
抗天疱疮抗体/抗天皰瘡抗體 anti-pemphigus antibody
抗突变基因/抗突變基因 antimutator
抗微生物剂/抗微生物劑 antimicrobial agent
抗微生物肽/抗微生物肽 protegrin
抗微生物指数/抗微生物指數 antimicrobial index
抗胃壁细胞抗体/抗胃壁細胞抗體 anti-parietal cell antibody
抗污性/抗污性 pollution resistance
抗纤溶酶/抗纖溶酶 antiplasmin
抗限制突变体/抗限制突變種 restriction-resistant mutant
抗限制突变型/抗限制突變種 restriction-resistant mutant
抗线粒体抗体/抗粒線體抗體 anti-mitochondrial antibody, AMA
抗心肌抗体/抗心肌抗體 anti-myocardial antibody
抗心磷脂抗体/抗心磷脂抗體,抗牛心脂素抗體 anticardiolipin antibody, ACA
抗心律失常肽/抗心律失常肽 antiarrhythmic peptide
抗信号识别颗粒自身抗体/抗訊息識別顆粒自體抗體,抗訊號辨識顆粒自體抗體 anti-signal recognition particle autoantibody, anti-SRP autoantibody
抗性/抗性 resistance
抗性等位基因/抗性等位基因 resistance allele
抗性基因/抗性基因 resistant gene, resistance gene
抗性基因频率/抗性基因頻率 resistance gene frequency
抗性筛选/抗性篩選 resistance screening
抗性适应/抗性適應 resistance adaptation
抗性突变/抗性突變 resistant mutation
抗性治理/抗藥性管理 resistance management
抗血清/抗血清 antiserum
抗血友病球蛋白/抗血友病球蛋白 antihemophilic globulin
抗血友病因子/抗血友病因子 antihemophilic factor, AHF
抗盐性/抗鹽性 salt resistance
抗氧化/抗氧化 antioxidation
抗氧化反应元件/抗氧反應元件,抗氧化回應元件 antioxidant response element, ARE
抗氧化剂/抗氧化劑 antioxidant
抗氧化酶/抗氧化酶 antioxidant enzyme, antioxidation enzyme
抗氧化响应元件/抗氧化反應元件,抗氧化回應元件 antioxidant response element, ARE
抗药蛋白/抗藥蛋白 sorcin
抗药性/抗藥性,殺蟲劑抗性 drug resistance, insecticide resistance, pesticide resistance
抗药性基因/抗藥性基因 drug-resistance gene
抗药性监测/抗藥性監測 monitoring for resistance
抗药性检测/抗藥性檢定 detection for resistance
抗药性决定因子/抗藥性決定因子,耐藥性決定因子 resistance determining factor
抗药性菌株/耐藥性菌株 drug-resistant strain
抗药性指数/抗性指數 resistance index
抗[药]性质粒/抗[藥]性質體,R 質體 resistance plasmid, R plasmid
抗[药]性转移因子/抗[藥]性轉移因子,R 因子 resistance transfer factor, RTF
抗胰蛋白酶/抗胰蛋白酶,胰蛋白酶抑制劑 antitrypsin
α_1-抗胰蛋白酶/α_1-抗胰蛋白酶,α_1-胰蛋白酶抑制劑 α_1-antitrypsin
α_1-抗胰蛋白酶缺乏症/甲一型抗胰蛋白酶缺乏症 α_1-antitrypsin deficiency
抗胰岛素蛋白/抗胰島素蛋白,抵抗素 resistin
抗胰岛素抗体/抗胰島素抗體 anti-insulin antibody, AIA

抗胰岛细胞自身抗体/抗胰島細胞自體抗體 anti-islet cell autoantibody, ICA
抗抑郁药物/抗抑鬱藥物 antidepressant drug
抗引诱剂/抗引誘劑 anti-attractant
抗营养因子/抗營養因子 antinutritional factor
抗原/抗原 antigen, Ag
CD 抗原/CD 抗原,分化組群抗原 cluster of differentiation antigen, CD antigen
H-2 抗原/H-2 抗原 histocompatibility-2 antigen, H-2 antigen
H-Y 抗原/H-Y 抗原 histocompatibility-Y antigen, H-Y antigen
Ia 抗原/免疫相關抗原,I 區域相關抗原 immuno-associated antigen, I region-associated antigen, Ia antigen
Ly 抗原/淋巴球抗原 lymphocyte antigen, Ly antigen
MHC 抗原/MHC 抗原,主要組織相容性複合體抗原 major histocompatibility complex antigen, MHC antigen
O 抗原/O 抗原 O antigen
Rh 抗原/Rh 抗原 Rh antigen
T 抗原/T 抗原 T antigen
Thy 抗原/Thy 抗原 Thy antigen
Vi 抗原/毒力抗原 virulence antigen, Vi antigen
抗原变异/抗原變異 antigenic variation
抗原呈递/抗原呈現[作用],抗原表達 antigen presenting, antigen presentation
抗原呈递细胞/抗原呈遞細胞,抗原呈現細胞 antigen-presenting cell, APC
抗原过剩/抗原過剩 antigen excess
抗原加工/抗原加工,抗原處理[作用] antigen processing
抗原加工相关转运体/抗原處理結合之轉運者 transporter-associated with antigen processing, TAP
抗原交联/抗原交聯,抗原交錯連結 antigen cross-linking
抗原结合部位/抗原結合位 antigen-binding site, antigen-combining site
抗原结合价/抗原結合價 antigenic valence
抗原结合片段/抗原結合片段 fragment of antigen binding, Fab fragment
抗原竞争/抗原競爭 antigenic competition
抗原决定簇/抗原決定區,抗原決定[部]位,抗原決定基 antigenic determinant
抗原-抗体反应/抗原抗體反應 antigen-antibody reaction
抗原-抗体复合物/抗原抗體複合物 antigen-antibody complex
抗原扩散常数/抗原擴散常數 antigen diffusion constant
抗原内影像/抗原内影像 internal image of antigen
抗原缺失/抗原缺失 antigenic deletion
抗原识别/抗原識别,抗原辨識 antigen recognition
抗原识别激活模体/抗原辨識活化基序 antigen recognition activation motif, ARAM
抗原识别受体/抗原辨識受體 antigen recognition receptor
抗原识别位点/抗原識别位點,抗原辨識點 antigen recognition site
抗原受体/抗原受體 antigen receptor
抗原肽/抗原肽 antigenic peptide
抗原肽转运[蛋白]体/抗原肽運輸蛋白 transporter of antigenic peptide, TAP
抗原特异性免疫应答/抗原特異性免疫反應 antigen-specific immune response
抗原提呈/抗原呈現[作用],抗原表達 antigen presenting, antigen presentation
抗原提呈细胞/抗原呈現細胞,抗原呈遞細胞 antigen-presenting cell, APC
抗原调变/抗原調節作用 antigenic modulation
抗原突变/抗原突變 antigenic mutation
抗原限制位/抗原識别位,凝聚部位 agretope
抗原性/抗原性 antigenicity
抗原性变换/抗原轉化 antigenic transformation
抗原性多糖/抗原多糖類 antigenic polysaccharide
抗原性漂移/抗原性漂移 antigenic drift
抗原性转变/抗原性轉換,抗原性轉移 antigenic shift
抗原性转换/抗原性轉换,抗原性轉移 antigenic shift
抗原异质性/抗原異質性 antigen heterogeneity
抗增殖蛋白/抑制素 prohibitin
抗增殖抗体的靶抗原-1/抗增殖抗體的標的物-1 target of an antiproliferative antibody-1, TAPA-1
抗增殖细胞核抗原抗体/抗增殖細胞核抗原抗體 anti-proliferating cell nuclear antigen antibody, anti-PCNA antibody
抗真菌剂/抗真菌劑 antimycotics, antifungal agent
抗脂肪肝激素/促脂解[激]素,脂肪動用激素,脂促素 lipotropin, lipotropic hormone, LPH
抗脂肪肝现象/抗脂肪肝現象 lipotropism
抗中心粒自身抗体/抗中心粒自體抗體 anti-centriole autoantibody
抗中性粒细胞胞质抗体/細胞質抗嗜中性球抗體

antineutrophilic cytoplasmic antibody, ANCA
抗中性粒细胞核周抗体/周邊抗嗜中性球抗體,周邊抗嗜中性球抗體　perinuclear antineutrophilic cytoplasmic antibody, pANCA
抗终止子/抗終止子　anti-terminator
抗终止作用/抗終止作用,反終止　antitermination
抗转录终止作用/轉録抗終止作用　transcriptional antitermination
抗着丝粒抗体/抗著絲點抗體　anti-centromere antibody, ACA
抗 rRNP 自身抗体/抗核糖體 P 蛋白自體抗體　anti-ribosomal P protein autoantibody
抗阻训练/抗阻訓練　resistance training
抗组胺/抗組織胺　antihistamine
抗组蛋白抗体/抗組蛋白抗體　anti-histone antibody
考马斯亮蓝/考馬斯亮藍　Coomassie brilliant blue
拷贝数/複製數　copy number
拷贝数依赖型基因表达/套數依賴型基因表達　copy number dependent gene expression
拷贝选择/複製選擇　copy choice
苛求菌/挑剔性微生物　fastidious microorganism
柯氏试剂/柯氏試劑　Kovac reagent
柯氏氧化酶试剂/柯氏氧化酶試劑　Kovac oxidase reagent
柯斯特染色/柯斯特染色　Koester staining
科/科　family
科尔蒂器/科爾蒂氏器　organ of Corti
科尔戈罗夫后顾方程/科莫高洛夫後顧方程式　Kolmogorov backward equation
科尔戈罗夫前瞻方程/科莫高洛夫前瞻方程式　Kolmogorov forward equation
科赫现象/柯霍氏現象　Koch phenomenon
科凯恩综合征/可凱因症　Cockayne syndrome
科克循环/科克循環,科克迴圈　Kok cycle
科里奥利加速度/柯氏加速度　Coriolis acceleration
科普法则/柯普法則　Cope rule
科氏试验/科爾默[氏]試驗　Kolmer test
科氏细胞/科爾默[氏]細胞　Kolmer cell
科组/科群　family group
颏/頦　mentum
颏盖/頦蓋　mentotectum
颏沟/頦溝　mental groove
颏毛/頦毛　mentum seta
颏纹/喉線　mental stripe
颏须/頦鬚　chin barbel, chin bristle, mental barbel
颗粒胞吐/顆粒胞吐,顆粒外吐　granule exocytosis
颗粒层/顆粒層　stratum granulosum
颗粒蛋白/顆粒蛋白　granin
颗粒钙蛋白/顆粒鈣蛋白　grancalcin
颗粒黄体细胞/顆粒黃體細胞　granular lutein cell
颗粒溶素/顆粒溶素　granulysin
颗粒释放肽/顆粒釋放肽　granuliberin
颗粒体/顆粒體,小顆粒　granule, capsule
颗粒体病/顆粒體病　granulosis
颗粒体病毒/顆粒體病毒　granulosis virus, GV
颗粒体蛋白/顆粒[體]蛋白　granulin
颗粒物/顆粒物　particulate matter, particulate material
颗粒细胞/顆粒[性]細胞,顆粒層細胞　granulosa cell, granule cell
颗粒细胞层/顆粒細胞層　granular cell layer
颗粒性分泌/顆粒性分泌　granulocrine
颗粒性抗原/顆粒性抗原　particulate antigen
颗粒性侵入物/顆粒性侵入物　particulate invader
颗粒血细胞/顆粒血細胞　granular hemocyte
颗粒遗传/顆粒遺傳　particulate inheritance
颗粒质/顆粒質　polioplasm
颗粒组分/顆粒組分　granular component, GC
髁/髁　condyle
髁突/骨突　condyle, condylus
壳/殼　shell, corona
壳板/殼板　compartment, valve
壳体/殼體,衣殼,蛋白殼　capsid
壳腺/殼腺　shell gland, nidamental gland
壳状地衣/殼狀地衣　crustose lichen
咳嗽反射/咳嗽反射　cough reflex
可变臂/可變臂　variable arm
可变等位基因模型/可變對偶基因模型　variable allele model
可变环/可變環　variable loop
可变 RNA 加工/選擇性 RNA 加工　alternative RNA processing
可变剪接/可變剪接,選擇性剪接　alternative splicing
可变剪接 mRNA/選擇性剪接 mRNA　alternatively spliced mRNA
可变 RNA 剪接/選擇性 RNA 剪接　alternative RNA splicing
可变剪接因子/選擇性剪接因子　alternative splicing factor, ASF
可变聚腺苷酸化/可變聚腺苷酸化　alternative polyadenylation
可变区/可變區[域],[可]變異區　variable region, V region
可变区群/可變區群　variable region group
可变数目串联重复/可變數目串聯重複,小衛星 DNA

variable number tandem repeat, variable number of tandem repeat, VNTR
可变位点/易變座位,突變座位 mutable site
可变转录/選擇性轉録 alternative transcription
可变转录起始/選擇性轉録起始 alternative transcription initiation
可测性状/可測性狀 measurable character
可持续管理/可持續管理,永續管理 sustainable management
可持续利用/可持續利用,永續利用 sustainable use
可持续农业/可持續農業,永續農業 sustainable agriculture, permaculture
可的松/脱氫皮質酮 cortisone
可动型翅形体/可動型翅形體 movable pteromopha
可动遗传因子/流動遺傳成分 mobile genetic element
可动指/可動指 movable finger
可读框/開讀框,開放讀碼區,開放譯讀區 open reading frame, ORF
可发酵性/可發酵性 fermentability
可复制型载体/可複製型載體 replication-competent vector
可感蒸发/顯汗 sensible perspiration
可更新资源/可更新資源,可再生[性]資源 renewable resources, regenerative resources
可挥发性酸/揮發酸 volatile acid
可见度/可見度,能見度 visibility
可见光/可見光 visible light
可见突变/可見突變 visible mutation
可接受点突变/可接受點突變 point-accepted mutation, PAM
可结晶片段/可結晶片段,Fc 片段 crystallizable fragment, Fc fragment
可卡因/可卡因,古柯鹼 cocaine
可卡因-苯丙胺调节转录肽/可卡因-苯[異]丙胺調節轉録肽,古柯鹼及安非他命調控轉録肽 cocaine and amphetamine-regulated transcript peptide, CART
可逆性抑制剂/可逆性抑制劑 reversible inhibitor
可逆修饰/可逆修飾 reversible modification
可逆抑制/可逆抑制 reversible inhibition
可凝蛋白/可凝蛋白質 coagulable protein
可溶性 NSF 附着蛋白/可溶性 NSF 附著蛋白,可溶性 NSF 固著蛋白 soluble *N*-ethylmaleimide-sensitive factor attachment protein, soluble NSF attachment protein, SNAP
可溶性 NSF 附着蛋白受体/可溶性 NSF 附著蛋白受體 soluble NSF attachment protein receptor, SNARE
可溶性复合物/可溶性複合體 soluble complex
可溶性抗原/可溶性抗原,溶解性抗原 soluble antigen
可溶性免疫复合物/可溶性免疫複合體 soluble immune complex
可溶性鸟苷酸环化酶/可溶性鳥苷酸環化酶 soluble guanylyl cyclase, sGC
可溶性受体/可溶性受體 soluble receptor
可溶性细胞因子受体/可溶性細胞介素受體 soluble cytokine receptor, sCKR
可溶性 *N*-乙基马来酰亚胺敏感因子附着蛋白/可溶性 NSF 附著蛋白,可溶性 NSF 固著蛋白 soluble *N*-ethylmaleimide-sensitive factor attachment protein, soluble NSF attachment protein, SNAP
可适应的生态系统管理/適應性生態系管理 adaptive ecosystem management, AEM
可塑变形性/可塑性變性 plastic deformation
可塑性/可塑性 plasticity
可突变性/可突變性,突變力 mutability
可兴奋膜/可興奮膜 excitable membrane
可兴奋细胞/可興奮細胞 excitable cell
可移动基因/可移動基因 movable gene
可移动散在遗传因子/可移動分散遺傳元件 mobile dispersed genetic element, mdg element
可遗传变异/遺傳變異,内因性變異 autogenous variation
可用率曲线/可用率曲線 availability curve
可用[学]名/可用名 available name
可诱导基因/可誘導基因,可誘發基因 inducible gene
[可]诱导噬菌体/誘導噬菌體 inducible phage
可诱发基因/可誘發基因,可誘導基因 inducible gene
可再生资源/可再生[性]資源,可更新資源 renewable resources, regenerative resources
可注射骨移植替代物/可注射骨移植替代物 injectable bone graft substitute
可注射支架/可注射支架 injectable scaffold
可追踪体系/可追蹤體系 trace ability system
渴觉/渴感 thirst sensation
克拉布特里效应/葡萄糖效應,反巴斯德效應 Crabtree effect
克拉拉细胞/克氏細胞 Clara cell
克拉维酸/棒酸 clavulanic acid
克劳泽终球/克勞斯氏終球 Krause end bulb
克雷布斯循环/克氏循環 Krebs cycle
克里木-刚果出血热/克里木-剛果出血熱 Crimean-

Congo hemorrhagic fever
克列诺聚合酶/克列諾聚合酶 Klenow polymerase
克列诺片段/克列諾片段，克萊諾片段 Klenow fragment
克林霉素/克林黴菌 clindamycin
克隆/克隆，無性繁殖[系]，選殖 clone
cDNA 克隆/cDNA 克隆，cDNA 選殖 cDNA cloning
DNA 克隆/DNA 克隆，DNA 選殖 DNA cloning
PCR 克隆/PCR 克隆，PCR 選殖 PCR cloning
克隆变异/無性繁殖變異，無性複製變異 clonal variation
克隆变异体/無性繁殖變異體，無性複製變異體，無性複製變異株 clonal variant
克隆繁殖/無性繁殖 clonal propagation
克隆化/複製，選殖 cloning
克隆扩增/克隆擴增，複製擴增 clonal expansion
克隆流产假说/克隆流產假説 clonal abortion hypothesis
克隆率/克隆率，複製效率 cloning efficiency
克隆胚/克隆胚 cloned embryo
克隆缺失/克隆刪除 clonal deletion
克隆生长/株系生長，複製生長 clonal growth
克隆位点/克隆位點 cloning site
克隆无反应性/克隆無反應性 clonal anergy
克隆选择学说/克隆選擇學説，無性繁殖選擇理論 clonal selection theory
克隆载体/克隆載體，選殖載體，複製載體 cloning vector, cloning vehicle
克隆植物/殖株植物 clone plant
克鲁维效应/克魯維效應 Kluyver effect
克鲁宗综合征/克魯松氏症候群 Crouzon syndrome
克罗恩病/孔羅氏症，庫隆氏疾病 Crohn disease
克罗莫结构域/克羅莫結構域 chromodomain
克木毒蛋白/克木毒蛋白 camphorin
克努森双击假说/努特生雙重打擊假說 Knudson two-hit hypothesis
克氏[扁]瓶/甲魚形瓶 Kolle flask
克韦姆反应/克温氏反應 Kveim reaction
克韦姆试验/克温氏試驗 Kveim test
刻点/點刻 punctation
刻纹/斑紋 sculpture, maculation
客虫/客居生物 synoekete
客观异名/客觀異名 objective synonym
客栖/客棲，客居 synoecy, metochy, symphily
肯普肽/肯普肽 kemptide
肯特肽/肯特肽，避孕四肽 kentsin
空斑/空斑，溶菌斑，噬[菌]斑 plaque
空斑技术/溶菌斑技術，蝕斑技術 plaque technique
空斑形成细胞/空斑形成細胞，溶菌斑形成細胞 plaque forming cell, PFC
空斑形成细胞分析/空斑形成細胞分析，溶菌斑形成細胞分析 plaque forming cell assay
空肠/空腸 jejunum
空个虫/空個蟲 kenozooid
空间尺度/空間尺度 space scale
空间充填模型/空間填塞式分子模型 space-filling model
空间定向/空間定向 spatial orientation
空间定向能力/空間定向能力 spatial orientation capability
空间定向障碍/空間迷向 spatial disorientation
空间分辨率/空間解析度 spatial resolution
空间辐射/空間輻射 space radiation
空间感觉/空間感覺 space sense
空间格局/空間格局 spatial pattern
空间隔离/空間隔離 spatial isolation
空间骨质丢失/空間骨質丟失 space bone loss
空间结构模型/空間填塞式分子模型 space-filling model
空间解析度/空間解析度 spatial resolution
空间近视/空間近視，太空近視 empty-field myopia
空间景观模型/空間景觀模型，空間地景模型 spatial landscape model
空间连续自由流电泳/空間連續自由流電泳 space continuous free-flow electrophoresis
空间排阻层析/空間排除層析法，尺寸排除色層分析法 steric exclusion chromatography
空间钳位问题/空間鉗位問題 space clamp problem
空间群/空間群 space group
空间生命科学/太空生命科學 space life science
空间生态位/空間生態位 spatial niche
空间生物反应器/空間生物反應器 space bioreactor
空间生物分离/空間生物分離 space biodissociation
空间生物加工/空間生物加工 space bioprocessing
空间生物学/太空生物學 space biology
空间视觉/空間視覺 spatial vision
空间梯度/空間梯度 spatial gradient
空间位阻效应/空間位阻效應 steric repulsion effect
空间学习/空間學習 spatial learning
空间延迟反应任务/空間延遲反應任務 spatial-delayed response task
空间异质性/空間異質性 spatial heterogeneity
空间异质性学说/空間異質性學説 theory of spatial heterogenity
空间诱变育种/空間誘變育種 space mutation breeding

空间运动病/空間運動病　space motion sickness
空间整合/空間整合　spatial integration
空间质量作用模型/空間質量作用模型　steric mass-action model
空间自相关/空間自相關　spatial auto-correlation
空间自相关分析/空間自相關分析　spatial auto-correlation analysis
空气传导/空氣傳導　air conduction
空气过滤器/空氣[過]濾器　air filter
空气污染/空氣污染,大氣污染　air pollution
空心纤维反应器/空心纖維反應器　hollow fiber reactor
空晕病/暈機　airsickness
空载反应/空載反應,閒置反應　idling reaction
空中传播/空中傳播　air-borne
空中漂浮生物/空中漂浮生物,空中浮游生物　aeroplankton, air plankton
空中漂浮植物/空中浮游植物　aeroplanktophyte
空中失能/空中失能　inflight incapacitation
空中种群/空中族群　aerial population
孔/孔　ostium
孔板/孔板　pore plate
孔出孢子/孔出孢子　porospore
孔出分生孢子/孔出分生孢子　poroconidium
孔带/孔帶　pore area
孔道/孔道　porous channel
孔对/孔對　pore pair
孔沟/孔溝　colporate
孔径分布/孔徑分布　pore size distrbution
孔口/孔口,小孔　ostiole
孔粒/孔粒　porate grain
孔裂/孔裂,孔口裂開　poral dehiscence, porous dehiscence
孔膜/孔膜　pore membrane
孔袢/孔襻　pore loop
孔腔/孔腔　vestibulum
孔区/孔區　porosa area
孔雀绿溶液/孔雀綠染液　malachite green solution
孔室/孔室　pore chamber
孔纹导管/孔紋導管　pitted vessel
孔细胞/[小]孔細胞　porocyte
孔隙率/孔隙率　porosity
孔缘裂开/孔緣裂開　porricidal dehiscence
恐暗肽/恐暗肽　scotophobin
空白试验/空白試驗,對照試驗　blank test
空位/空位,間隙　gap
空位罚分/空位罰分,間隙罰分　gap penalty
空隙分析/GAP 分析,地理取向過程分析　geographical approach process analysis, GAP analysis
控释/控釋　controlled release
控制部分/控制部分　controlling part
控制火烧/控制焚燒　controlled burning
控制论/控制論,控制學,搴控學　cybernetics
控制论机体/控制論機體　cybernetic organism, cyborg
控制论系统/控制論系統　cybernetic system
控制系统/控制系統　control system
控制性超促排卵/控制性超促排卵　controlled ovarian hyperstimulation, COH
控制元件/控制元件,控制因子　controlling element
控制指令/控制指令　controlling command
口/口　mouth
口表膜下纤毛系/口下纖列　oral infraciliature
口部/口部,口器　mouth part, oral part
口侧沟/口側縫　pleurostomal suture
口侧毛/口側毛　adoral seta
口侧膜/口側膜　paroral membrane
口侧区/口側區　pleurostomal area
口道/口道,口陷　stomodeum
口道沟/口道溝　siphonoglyph
口道囊胚/口道囊胚　stomoblastula
口盾/口盾　mouth shield, oral shield
口服脊髓灰质炎病毒活疫苗/口服活性小兒麻痺病毒疫苗　live oral poliovirus vaccine, OPV
口服轮状病毒活疫苗/口服活性輪狀病毒疫苗　live oral rotavirus vaccine
口服伤寒疫苗/口服抗傷寒疫苗　oral vaccine against typhoid
[口腹]吸盘比/[口腹]吸盤比　sucker ratio
口盖/口蓋　operculum
口盖肌/口蓋肌　opercular muscle
口-肛缝/口-肛縫　bucco-anal striae
口更新/口更換　oral replacement
口沟/口溝　oral groove
口钩/口鉤　oral hook, mouth hook
口管/口管　buccal tube
口后部/口後部　metastomium
口后缝/口後縫　postoral suture
口后附肢/口後附肢　postoral appendage
口后杆/口後桿　postoral rod
口后沟/口下縫　hypostomal suture
口后环/口後環　postoral ring
口后片/口後片,口下片　hypostomal sclerite, hypostome
口后桥/口下橋　hypostomal bridge

口后区/口下區 hypostomal area
口后叶/口後部 metastomium
口后子午线/口後子午線 postoral meridian
口环/口環 oral ring
口棘/口棘 mouth papilla, oral papilla
口甲/口甲 buccal armature
口渴中枢/口渴中樞 thirst center
口框/口框 buccal frame
口肋/口肋 oral rib
口笠/口笠 oral hood
口漏斗/口吻漏斗 buccal funnel
口面/口面 actinal surface, oral surface
口面骨骼/口面骨骼 actinal skeleton
口面间辐区/口面間輻區 oral interradial area
口-面-指综合征/口面指症候群 oral-facial-digital syndrome, OFD syndrome
口囊/口囊 buccal capsule
口盘/口盤 oral disc
口器/口器 mouthparts, trophi
口器发生/口部生成 stomatogenesis
口前板/口前板 epistome
口前部/口前部 prostomium
口前触手/口前觸手 prostomial tentacle
口前触须/口前觸鬚 prostomial palp
口前刺/口前刺 preoral sting
口前缝/口前縫 preoral suture
口前杆/口前桿 preoral rod
口前隔[壁]/口前隔 preoral septum
口前腔/口前腔 preoral cavity
口前腔括约肌/口前腔括約肌 atrial sphincter
口前区/口前區 prebuccal area
口前神经区/口前神經區 preoral nervous field
口前庭/口前庭 oral vestibule
口前纤毛器/口前纖毛器 preoral ciliary apparatus, PCA
口前叶/口前葉 peripheral lobe, preoral lobe, prostomium
口前栉/口前櫛 preoral comb
口腔/口腔 buccal cavity, oral cavity, mouth cavity
口腔温度/口腔溫度 oral temperature
口腔腺/口腔腺 oral gland
口腔组织工程/口腔組織工程 oral cavity tissue engineering
口区/口區 oral area, aperture
口乳突/口乳突 oral papilla
口上沟/口上縫 epistomal suture, frontoclypeal suture
口上卵胞/口上卵胞 hyperstomial ovicell
口上片/口上片 epistome
口上突起/口上突起 epistome
口上突起环/口上突起環 epistomial ring
口神经节/口神經節 buccal ganglion
口神经索/口神經索 buccal nerve cord
口神经系/口神經系 oral neural system
口索/口索 stomochord
口蹄疫/口蹄疫 foot and mouth disease, FMD
口凸/口凸 bourrelet
口围/口圍,圍口 peristome
口围卵胞/圍口卵胞 peristomial ovicell
口吸盘/口吸盤 oral sucker
口下板后毛/口下板後毛 posthypostomal seta
口下片/口下片,口後片 hypostomal sclerite, hypostome
口须/口鬚 barbel
口羽枝/口羽枝 oral pinnule
口缘/口緣 peristome, peristomium
口缘纤毛穗/近口纖毛穗 adoral ciliary fringe
口缘纤毛旋/近口纖毛旋 adoral ciliary spiral
口缘鬃/口緣剛毛 peristomal bristle
口栅/口柵 apertural bar
口针/口針 stylet, spear
口针鞘/口針鞘 stylophore
口锥/口針 stylet, spear
口锥杆/口針鞘 stylet shaft
口锥球/口針球 stylet knob
口锥套/口針套 stylet protector
口鬃/髭毛 beard, mystax
扣除基因文库/相減式基因庫 subtractive gene library
扣除克隆/相減式選殖 subtractive cloning
扣除 cDNA 克隆/扣除 cDNA 克隆,相減式 cDNA 選殖 subtracted cDNA cloning, subtractive cDNA cloning
扣除探针/刪減探針 subtracted probe
扣除 cDNA 文库/扣除 cDNA 庫,相減式 cDNA 庫 subtracted cDNA library
扣除杂交/扣除雜交,相減式雜交,刪減雜交作用 subtractive hybridization
扣状体/扣狀體 button
枯斑/壞疽斑 necrotic spot
枯草杆菌蛋白酶/枯草桿菌蛋白酶 subtilisin
枯草菌素/枯草菌素 subtilin
枯草热/花粉病 pollenosis
枯熟期/枯熟期 dead stage
枯萎病/疫病 blight
枯枝落叶/枯枝落葉,凋落物 litter

枯枝落叶层/枯枝落葉層 litter horizon, litter layer
苦毒宁受体/苦毒寧受體 picrotoxinin receptor
苦瓜毒蛋白/苦瓜毒蛋白 momordin
苦马豆碱/苦馬豆鹼 swainsonine
苦味酸/苦味酸 picric acid
苦味酸卡红/苦洋紅 picrocarmine
苦味酸盐/苦味酸鹽 picrate
苦乌头碱/次烏頭 napelline
库姆斯试验/昆氏試驗 Coombs test
库普弗细胞/庫弗氏細胞,庫柏法細胞,枯否氏細胞 Kupffer cell
库容性钙内流/庫容性鈣內流 capacitive calcium entry, CCE
库斯莫呼吸/庫斯毛耳氏呼吸 Kussmaul respiration, Kussmaul breathing
库网络/庫網絡 reservoir network
库欣反应/庫欣反應 Cushing response
跨壁压/跨[胸]壁壓,血管内外壓差 transmural pressure
跨肺压/經肺壓力 transpulmonary pressure
跨膜蛋白/跨膜蛋白 transmembrane protein, membrane-spanning protein
跨膜电位/跨膜電位 transmembrane potential
跨膜钙离子梯度/跨膜鈣離子梯度 calcium-transmembrane gradient
跨膜激活物、钙调节物及亲环蛋白配体相互作用物/跨膜活化物、鈣調節物及親環蛋白配體相互作用物 transmembrane activator and calcium modulator and cyclophilin ligand interactor, TACI
跨膜[结构]域/跨膜[結構]域 transmembrane domain, TMD
跨膜螺旋预测/跨膜螺旋預測 transmembrane helix prediction
跨膜通道/跨膜通道 transmembrane channel
跨膜通道蛋白/跨膜通道蛋白 transmembrane channel protein
跨膜信号转导/跨膜訊號轉導,跨膜訊息轉導 transmembrane signal transduction
跨膜质子梯度/跨膜質子梯度 transmembrane proton gradient
跨膜转运/跨膜運輸 transmembrane transport
跨上皮电压/跨上皮電壓 transepithelial voltage
跨神经元变性/跨神經元變性,跨神經元退化 transneuronal degeneration
跨双层螺旋/跨雙層螺旋 transbilayer helix
跨突触基因调节/跨突觸基因調節 trans-synaptic gene regulation
跨细胞通路/跨細胞通路 transcellular pathway
跨细胞运输/跨細胞運輸,跨細胞轉運 transcellular transport
跨[细]胞转运/跨細胞轉運,跨細胞運輸 transcellular transport
跨纤维传导型/跨纖維傳導型 across fiber pattern
块根/塊根 root tuber
块茎/塊莖 stem tuber
块茎地下植物/塊莖地下植物 tuber geophyte
块菌/塊菌 truffle, tuber, tuberous
快波/快波 fast wave, action potential
快波睡眠/快波睡眠 fast wave sleep, FWS
快蛋白/快蛋白,外毛細胞運動蛋白 prestin
快反应动作电位/快反應動作電位 fast response action potential
快反应细胞/快反應細胞 fast response cell
快肌/快肌 fast-twitch muscle
快肌纤维/快縮肌纖維 fast-twitch fiber, FT fiber
快抗疲劳运动单位/快抗疲勞運動單位 fast fatigue-resistant motor unit
快适应感受器/快適應感受器 rapidly adapting receptor
快速 PCR/快速 PCR fast PCR
快速充盈期/快速充盈期 period of rapid filling
快速蛋白质液相层析/快速蛋白質液相層析法,高速蛋白質液相層析法 fast protein liquid chromatography, FPLC
快速低温变性共扩增 PCR/快速低温變性共擴增 PCR fast co-amplification at lower denaturation temperature PCR
快速反应动力学/快速反應動力學 rapid-reaction kinetics
快速傅里叶变换/快速傅立葉變換 fast Fourier transform, FFT
快速检测试纸条/快速檢測試紙條 rapid detection test strip
快速进化/快速進化,快速演化 tachytelic evolution
快速聚合酶链组装法/快速聚合酶鏈組裝法 rapid polymerase chain assembly
快速冷冻/快速冷凍 quick freezing
快速冷冻深度蚀刻/快速冷凍深度蝕刻 quick freeze deep etching
快速射血期/快速射血期 rapid ejection phase, period of rapid ejection
快速血浆反应素试验/快速血漿反應素試驗 rapid plasma reagin test, RPR test
快速眼动睡眠/快速眼[球轉]動睡眠 rapid eye movement sleep, REM sleep, REMS
快速印迹法/快速印漬法,快速轉漬法 quick blot

快停突变体/快停突變體　fast-stop mutant
快痛/快痛　fast pain
快易疲劳运动单位/快易疲勞運動單位　fast fatigable motor unit
快振荡/快振盪　fast oscillation
快中子辐射/快中子輻射　fast neutron radiation
宽沟/寬溝　wide groove
宽叶/闊葉　broad leaf
宽幽门孔/寬幽門孔　eurypylorus
髋/髖　hip
髋骨/髖骨　hip bone
髋关节/髖關節　hip joint
髋关节脱位/髖關節脱位,髖關節脱臼　dislocation of hip joint
髋臼/髀臼　acetabulum
狂犬病/狂犬病　rabies
狂犬病免疫球蛋白/狂犬病免疫球蛋白　rabies immunoglobulin
狂犬病疫苗/狂犬病疫苗　rabies vaccine
矿化作用/礦化作用,成礦作用　mineralization
矿物质循环/礦物質循環　mineral cycle, mineral cycling
矿质泥炭沼泽/礦質泥炭沼澤,鹼沼　fen, minerotrophic mire
矿质营养/礦質營養,無機營養　mineral nutrient
矿质元素/礦質元素　mineral element
CAT 框/CAT 框　CAT box
CCAAT 框/CCAAT 框　CCAAT box
GC 框/GC 框　GC box
TATA 框/TATA 框　TATA box
框[架]/框[架]　frame
框架模型/框架模型　framework model
框架序列/框架序列　draft sequence
HMG 框模体/HMG 框模體,HMG 框結構域　HMG-box motif
框内起始密码子/碼框内起始密碼子　in-frame start codon
框内跳译/跳碼　frame hopping, bypassing
框内终止密码子/碼框内終止密碼子　in-frame stop codon
眶蝶骨/眶蝶骨　orbitosphenoid bone
眶后骨/後眶骨　postorbital bone
眶间隔/眶間隔　interorbital septum
眶筋膜/眶筋膜　orbital fascia
眶前骨/前眶骨　preorbital bone
眶区/眶區　orbital region
眶窝/眶窩　orbital fossa
眶上骨/上眶骨　supraorbital bone
眶下骨/下眶骨　infraorbital bone
眶下腺/眶下腺　suborbital gland
眶鬃/眶剛毛　orbital bristle
盔瓣/盔瓣　galea
奎尼酸/奎尼酸,奎寧酸　quinic acid
奎宁/奎寧　quinine
喹吖因[荧光]显带/螢光染劑奎納克林顯帶,Q 顯帶　quinacrine banding, Q-banding
昆布多糖/昆布多糖,海帶多糖　laminaran, laminarin
昆布多糖酶/昆布多糖酶　laminarinase
昆布[二]糖/昆布[二]糖,海帶二糖　laminariose, laminaribiose
昆虫/昆蟲　insect
昆虫病理学/昆蟲病理學　insect pathology
昆虫病原体/昆蟲病原體　entomopathogen
昆虫病原性/昆蟲病原性　entomopathogenicity
昆虫超微结构/昆蟲超微結構　insect ultrastructure
昆虫传播/昆蟲傳播　entomochory
昆虫痘病毒/昆蟲痘病毒　entomopox virus, EPV
昆虫痘病毒病/昆蟲痘病毒病　entomopox virus disease
昆虫毒理学/昆蟲毒理學　insect toxicology
昆虫技术学/昆蟲技術學　insect technology
昆虫寄生性线虫/蟲生線蟲　entomogenous nematode
昆虫精子学/昆蟲精子學　insect spermatology
昆虫聚集信息素/昆蟲聚集費洛蒙　insect aggregation pheromone
昆虫媒介/昆蟲媒介　insect vector
昆虫免疫原/昆蟲抗原　insect immunogen
昆虫胚胎学/昆蟲胚胎學　insect embryology
昆虫神经肽/昆蟲神經肽　insect neuropeptide
昆虫生理学/昆蟲生理學　insect physiology
昆虫生态学/昆蟲生態學　insect ecology
昆虫生物地理学/昆蟲生物地理學　insect biogeography
昆虫生物化学/昆蟲生物化學　insect biochemistry
昆虫生物学/昆蟲生物學　insect bionomics, insect biology
昆虫生长调节剂/昆蟲生長調節劑　insect growth regulator, IGR
昆虫食谱学/昆蟲食譜學　insect dietetics
昆虫系统学/昆蟲系統分類學　insect systematics
昆虫细胞表达系统/昆蟲細胞表達系統　insect cell expression system
昆虫细胞遗传学/昆蟲細胞遺傳學　insect cytogenetics
昆虫行为学/昆蟲行為學　insect ethology, insect

behavior
昆虫形态测量学/昆蟲形態測量學 insect morphometrics
昆虫形态学/昆蟲形態學 insect morphology
昆虫学/昆蟲學 entomology
昆虫药理学/昆蟲藥理學 insect pharmacology
昆虫资源/昆蟲資源 insect resources
醌蛋白/醌蛋白 quinoprotein
醌循环/醌循環,醌迴圈 quinone cycle, Q-cycle
扩大基因/擴大基因 extension gene
扩大免疫接种规划/擴大免疫接種規劃 expanded program immunization, EPI
扩口纹孔/廣口導孔,廣口孔紋,廣口膜孔 dilated pit
扩散/擴散,散布,播遷 dispersion, dispersal, diffusion
扩散电位/擴散電位 diffusion potential
扩散光学层析成像/擴散光學層析成像 diffuse optical tomography, DOT
扩散过程/擴散過程 diffusion process
扩散节细胞/擴散節細胞 diffuse ganglion cell
扩散碰撞模型/擴散碰撞模型 diffusion-collision model
扩散前死亡率/播遷前死亡率 predispersal mortality
扩散前种子捕食/播遷前種子被捕食[現象] predispersal seed predation
扩散容量/擴散容量 diffusion capacity
扩散室/擴散室 diffusion chamber
扩散系数/擴散係數 diffusion coefficient
扩散限制/擴散限制 diffusion limited
扩散信息素/擴散費洛蒙,遷散費洛蒙 dispersal pheromone
扩散型/擴散型 dispersion pattern
扩散蚜/擴散蚜 vagrant
扩散因子/擴散因子 diffusion factor, spreading factor
扩增/擴增,增殖作用,放大 amplification
DNA 扩增/DNA 擴增,DNA 增殖作用 DNA amplification
rDNA 扩增/rDNA 擴增,rDNA 放大 rDNA amplification
扩增错配检测/擴增及錯配檢測 amplification mismatch detection, AMD
DNA 扩增多态性/DNA 擴增多態性,DNA 擴增多型性 DNA amplification polymorphism
扩增敏感仪/擴增敏感儀 amplisensor
扩增片段长度多态性/擴增片段長度多態性,擴增片段長度多型性,增殖片段長度多型性 amplified fragment length polymorphism, AFLP
扩增受阻突变系统/擴增耐突變系統,增殖阻礙突變系統 amplification refractory mutation system, ARMS
扩增物/擴增物 amplimer
扩增子/擴增子,複製子 amplicon
扩展单体型/擴展單元型 extented haplotype
扩展协同进化/發散共同演化 diffuse coevolution
扩张/擴張,舒張 dilatation
括约肌/括約肌 sphincter
蛞蝓体/偽原質團,假原質團 pseudoplasmodium
阔叶/闊葉 broad leaf
阔叶材/闊葉木,硬木 hardwood
阔叶常绿灌木群落/常綠淵葉灌叢 laurifruticeta
阔叶常绿木本群落/常綠闊葉林群落,温帶雨林 lauriligosa
阔叶林/闊葉林 broadleaf forest
廓羽/廓羽,覆羽 contour feather

L

拉东定理/拉東定理 Radon theorem
拉尔模型/拉爾模型 Rall model
拉格朗日方法/拉格朗日法 Lagrangian method
拉马克学说/拉馬克學説,拉馬克主義 Lamarckism
拉曼共焦显微光谱术/拉曼共焦顯微光譜術 Raman confocal microspectroscopy
拉曼光谱分析/拉曼光譜分析 Raman spectrum analysis
拉曼光谱学/拉曼光譜學 Raman spectroscopy
拉姆萨尔湿地公约/拉姆薩爾濕地公約 Ramsar Convention on Wetlands
拉普拉斯定律/拉普拉斯定律 Laplace law
拉塞尔-西尔弗综合征/羅素-西弗氏症 Russell-Silver syndrome
拉伸分子动力学模拟/拉伸分子動力學模擬 steered molecular dynamics simulation
拉氏图/拉氏圖 Ramachandran map, Ramachandran plot
拉特克囊/雷克氏囊 Rathke pouch
拉针仪/拉針儀 micropipette puller
喇叭虫素/喇叭蟲素 stentorin
腊肠形孢子/香腸形孢子 allantospore
腊叶标本/臘葉標本 herbarium sheet, exsiccata
蜡/蠟 wax
蜡被/蠟被 cerotegument
蜡醇/蠟醇,二十六烷醇 wax alcohol, ceryl alcohol
蜡膜/蠟膜 cere
蜡丝/蠟絲 wax filament
蜡酸/蠟酸,二十六烷酸 cerotic acid, cerotinic acid
辣根过氧化物酶/山葵過氧化酶 horseradish peroxidase, HRP
来苏糖/來蘇糖,異木糖,膠木糖 lyxose
莱昂假说/萊昂氏假說 Lyon hypothesis
莱昂作用/萊昂氏作用 Lyonization
莱姆病/萊姆氏病 Lyme disease
莱姆病疫苗/萊姆氏病疫苗 Lyme disease vaccine
莱斯利矩阵/萊斯利矩陣 Leslie matrix
赖氨酸/賴氨酸,賴胺酸,離胺酸 lysine, Lys
赖氨酸升压素/賴氨酸加壓素 lysine vasopressin
赖氨酸脱羧酶/賴氨酸脫羧酶 lysine decarboxylase
赖氨酸脱羧酶试验/賴氨酸脫羧酶試驗 lysine decarboxylase test
赖胞苷/賴胞苷 lysidine
赖斯纳膜/賴斯納膜 Reissner membrane
赖特平衡/賴特平衡 Wright equilibrium
赖特效应/賴特效應 Wright effect
兰加特脑炎/蘭加特腦炎 Langat encephalitis
阑尾/闌尾,蚓突 vermiform appendix
蓝白斑筛选/藍白斑篩選 blue-white screening, blue-white selection
蓝斑[核]/藍斑核 locus coeruleus
蓝变/青變 blue stain
蓝光受体/藍光受體 blue-light photoreceptor
蓝光效应/藍光效應 blue-light effect
蓝黄拮抗通道/藍黃拮抗通道 blue-yellow opponent channel
蓝绿藻类浮游生物/藍綠藻類浮游生物 desmoplankton
蓝色病/藍色病 blue disease
蓝筛朴毒蛋白/藍篩樸毒蛋白 sieboldin
蓝氏链球菌分群试验/藍氏鏈球菌分群試驗 Lancefield streptococcal grouping test
蓝细菌/藍[綠]菌 cyanobacterium
蓝细菌噬菌体/藍細菌噬菌體 cyanobacteria phage
蓝藻抗病毒蛋白/藍藻抗病毒蛋白 cyanovirin
篮咽管/籃咽管 nasse
篮状细胞/籃狀細胞 basket cell
郎飞结/郎氏結 node of Ranvier
廊道/廊道,走廊 corridor
朗格汉斯岛/蘭[格罕]氏小島,朗格罕氏島 islet of Langerhans
朗格汉斯细胞/朗格罕氏細胞,蘭格罕氏細胞 Langerhans cell
劳动生理学/工作生理學 work physiology
劳厄方程/勞厄方程式 Laue condition
劳厄群/勞厄群 Laue group
劳厄衍射/勞厄繞射 Laue diffraction
劳里法/勞里法 Lowry method
劳氏管/勞氏管 Laurer canal
劳斯肉瘤病毒/勞斯肉瘤病毒 Rous sarcoma virus, RSV
劳亚古[大]陆/勞亞古陸 Laurasia

劳亚植物区系/勞亞植物相 Laurasia flora
醪液/酸膠 mash
老花授粉/老花授粉,老花傳粉 old flower pollination
老化/老化,衰老 aging, senescence
老茎开花现象/莖花現象,幹生花現象 cauliflory
老视/老花[眼] presbyopia
老体/老年體 senile
酪氨酸/酪氨酸,酪胺酸 tyrosine, Tyr
酪氨酸氨裂合酶/酪氨酸胺裂解酶 tyrosine ammonia-lyase, TAL
酪氨酸蛋白磷酸酶/酪氨酸蛋白磷酸酶,蛋白[質]酪氨酸磷酸酶 protein tyrosine phosphatase, PTP
酪氨酸酚溶酶/酪氨酸酚溶酶 tyrosine phenol-lyase
酪氨酸激酶/酪氨酸激酶 tyrosine kinase, TK
酪氨酸激酶偶联受体/酪氨酸激酶偶聯受體 tyrosine kinase-linked receptor
酪氨酸激酶相关受体/酪氨酸激酶相關受體 tyrosine kinase-associated receptor
酪氨酸激酶[型]受体/酪氨酸激酶[型]受體 tyrosine kinase receptor, TKR
酪氨酸磷酸酶/酪氨酸磷酸酶 tyrosine phosphatase
酪氨酸酶/酪氨酸酶 tyrosinase
酪氨酸羟化酶/酪氨酸羥化酶 tyrosine hydroxylase, TH
酪胺/酪胺 tyramine
酪蛋白/酪蛋白 casein
酪蛋白氨基酸/酪蛋白氨基酸 casamino acid
酪蛋白激酶/酪蛋白激酶 casein kinase, CK
酪蛋白水解试验/酪蛋白水解試驗 casein hydrolysis test
酪酪肽/YY 肽 peptide tyrosine tyrosine, PYY
酪神经肽/神經肽 Y neuropeptide tyrosine, neuropeptide Y, NPY
雷诺丁受体/雷諾丁受體 ryanodine receptor, RyR
雷诺数/雷諾數 Reynold number
雷帕霉素/雷帕黴素 rapamycin
雷帕霉素靶蛋白/雷帕黴素靶蛋白 mammalian target of rapamycin, mTOR
雷蚴/雷蚴 redia
蕾期授粉/蕾期授粉 bud pollination
累变发生/前進演化,累變進化 anagenesis
累积超显性/累積超顯性 cumulative overdominance
累积毒性/累積性毒性 cumulative toxicity
累积膜/累積膜 built-up film
累积物/累積物 summator
累积效应/累積效應 cumulative effect
肋刺/肋刺 costula
肋沟/肋溝 costal groove
肋骨/肋骨 rib, costa
[肋骨]钩突/[肋骨]鉤突 uncinate process
肋横突关节/肋橫突關節 costotransverse joint
肋间动脉/肋間動脈 intercostal artery
肋间肌/肋間肌 intercostal muscle
肋结节/肋結節 tuberculum of rib
肋盔/肋盔 costate shield
肋软骨关节/肋軟骨關節 costochondral joint
肋头/肋頭 capitulum of rib
肋椎关节/肋椎關節 costovertebral joint
泪骨/淚骨 lacrimal bone, lachrymal bone
泪腺/淚腺 lacrimal gland
泪液/淚液 tear
类白僵菌素/類白僵菌素 bassianolide
类白[细胞]介素-1 受体辅助蛋白/介白素-1 受體輔助蛋白樣 IL-1 receptor accessory protein-like, IL-1RAcPL
类别转换/類別轉換 class switch, class switching
类病毒/類病毒,無殼病毒,擬病毒 viroid
类侧丝/類側絲,擬側絲,偽側絲 paraphysoid
类蛋白质/類蛋白質 proteinoid
类等基因系/同基因型系,同類品系 congenic strain
类毒素/類毒素 toxoid
类毒素疫苗/類毒素疫苗 toxoid vaccine
类二十烷酸/類二十烷酸,類花生酸 eicosanoid
MHC Ⅰ类分子/第一類主要組織相容性抗原複合體分子 MHC class Ⅰ molecule
MHC Ⅱ类分子/第二類主要組織相容性抗原複合體分子 MHC class Ⅱ molecule
类风湿关节炎/類風濕性關節炎 rheumatoid arthritis
类风湿因子/類風濕性因子 rheumatoid factor, RF
类共生/準共生 parasymbiosis
类骨质/類骨質 osteoid
类固醇/類固醇 steroid
类固醇合成/類固醇合成,類固醇生成,甾體[激素]生成 steroidogenesis
类固醇 5α-还原酶缺乏症/類固醇 5α-還原酶缺乏症 steroid 5α-reductase deficiency
类固醇激素/類固醇激素 steroid hormone
类固醇激素受体/類固醇激素受體 steroid hormone receptor
类固醇硫酸酯酶缺乏症/類固醇酸硫酯酶缺乏症 steroid sulfatase deficiency
类固醇皮质激素/皮質類固醇,皮質類甾醇[激素] corticosteroid
类固醇 21-羟化酶缺乏症/類固醇 21-羥化酶缺乏症

steroid 21-hydroxylase deficiency
类固醇生成/類固醇生成，甾體［激素］生成，類固醇合成 steroidogenesis
类固醇生成激素/類固醇生成激素 steroidogenic hormone
类固醇生成急性调控蛋白/類固醇生成急性調節蛋白，甾體激素生成急性調節蛋白 steroidogenic acute regulatory protein, StAR
类固醇生成因子-1/類固醇生成因子-1，甾體激素生成因子-1 steroidogenic factor 1, SF1
类固醇生物碱/類固醇生物鹼 steroid alkaloid
类固醇受体/類固醇受體 steroid receptor
类固醇受体超家族/類固醇受體超［家］族 steroid receptor superfamily
类固醇受体辅激活物/類固醇受體輔［助］活化物 steroid receptor coactivator
类固醇酸/類固醇酸 steroid acid
类过敏反应/類過敏性反應 anaphylactoid reaction
类过敏原/類過敏原 allergoid
类核/類核，擬核 nucleoid
类胡萝卜素/類胡蘿蔔素 carotenoid
类花生酸/類花生酸，類二十烷酸 eicosanoid
MHC Ⅰ类基因/MHC 第一型基因 MHC class Ⅰ gene
MHC Ⅱ类基因/MHC 第二型基因 MHC class Ⅱ gene
MHC Ⅲ类基因/MHC 第三型基因 MHC class Ⅲ gene
MHC Ⅰ类［基因］缺陷/MHC 第一型缺陷 MHC class Ⅰ deficiency
MHC Ⅱ类［基因］缺陷/MHC 第二型缺陷 MHC class Ⅱ deficiency
类激素/類激素 anahormone
类酵母型菌落/酵母樣菌落 yeast-like colony
类菌体/類似細菌體，類細菌 bacteroid
类菌体周膜/類菌體周膜 peribacteroid membrane
类囊体/類囊體，層狀體 thylakoid
类凝集素/似凝集素 agglutinoid
类群/群［體］ group
类群选择/集體選擇，群［體選］擇 group selection
类染色体/擬染色體，似染色體 chromatoid body, chromosomoid
类社会/類社會 quasisocial
类社会性昆虫/類社會性昆蟲 parasocial insect
类视黄醇/類視黃醇 retinoid
类视黄醇 X 受体/類視黃醇 X 受體 retinoid X receptor, RXR
类似 DNA 的 RNA/擬 DNA 之 RNA DNA-like RNA, D-RNA, dRNA
类天疱疮抗体/類天皰瘡抗體 pemphigoid antibody
类萜/類萜 terpenoid
类显性/類顯性 quasidominance
类信息素/類費洛蒙 parapheromone
类异戊二烯/類異戊二烯 isoprenoid
类缘丝/類緣絲，擬緣絲 periphysoid
类周丝/類緣絲，擬緣絲 periphysoid
类帚胚/類帚胚 scopuloid
类柱头组织/柱頭狀組織 stigmatoid tissue
类锥体/類錐體 conoid
棱脊状骨针/稜脊狀骨針 shuttle
棱鳞/稜鱗 keeled scale
棱形骨/小多角骨 trapezoid, trapezoid bone
棱状组织/稜狀組織 prismenchyma
冷床/冷床 cold frame
冷冻保护剂/冷凍保護劑 cryoprotectant
冷冻超薄切片术/冷凍超薄切片技術 cryoultramicrotomy, ultracryotomy
冷冻电镜术/冷凍電鏡術，冷凍電子顯微術 cryo-electron microscopy, electron cryomicroscopy
冷冻电子显微术/冷凍電子顯微術，冷凍電鏡術 cryo-electron microscopy, electron cryomicroscopy
冷冻断裂/冷凍斷裂，冷凍裂解 freeze fracturing, freeze cleaving, freeze cracking
冷冻断裂复型［技术］/冷凍斷裂複製［技術］ freeze fractune replica, freeze-fracture replication
冷冻法/冷凍法 cryotechnique
冷冻负染/冷凍負染 cryo-negative staining
冷冻干燥/冷凍乾燥，凍乾 lyophilization, freeze-drying
冷冻固定/冷凍固定 cryofixation
冷冻切片术/冷凍切片術 freezing microtomy, cryotomy
冷冻上样环/冷凍上樣環 cryo-loop
冷冻蚀刻/冷凍蝕刻，冰凍蝕刻 freeze etching
冷冻蚀刻复型［技术］/冷凍蝕刻複製，冰凍蝕刻複製 freeze etch replica, freeze-etching replication
冷冻撕裂/冷凍斷裂，冷凍裂解 freeze fracturing, freeze cleaving, freeze cracking
冷冻损伤/冷凍損傷 cryodamage
冷冻系统/冷凍系統 cryo-system
冷冻置换/冷凍置換，冰凍置換 freeze substitution
冷感受器/冷［覺］受器 cold receptor
冷光/冷光 cold light
冷光源/冷光源 cold light source
冷柜/低溫冷凍機，冰凍器 freezer
冷害/冷害，寒害 cold injury

冷激蛋白/冷激蛋白,冷休克蛋白 cold shock protein
冷激应答/冷激應答 cold shock response
冷觉/冷覺 cold sensation
冷利尿/冷利尿 cold-diuresis
冷[免疫]球蛋白/冷沉球蛋白,冷凝球蛋白,冷凍球蛋白 cryoglobulin
冷敏感突变体/冷敏突變體 cold-sensitive mutant
冷敏感突变型/冷敏突變體 cold-sensitive mutant
冷敏神经元/冷敏神經元 cold-sensitive neuron
冷耐受/耐寒性 cold tolerance
冷凝集素/冷凝集素 cold agglutinin
冷凝集素血症/冷凝集素血症 cold agglutinemia
冷凝集素综合征/冷凝集素症候群 cold agglutinin syndrome
冷凝集现象/冷凝集現象 cold agglutination phenomenon
冷凝器/冷凝器 condenser
冷球蛋白血症/冷凍球蛋白血症 cryoglobulinemia
冷伤害性感受器/冷傷害性感受器 cold nociceptor
冷升压反射/冷昇壓反射 cold-pressor reflex
冷适应/冷適應,寒冷氣候適應,寒冷適應作用 cold acclimatization, cold adaptation
冷水性世界种/冷水性世界種 cold water cosmopolitan
冷损伤/寒害,冷害 cold injury
冷痛/冷痛,寒濕痛 crymodynia
冷习服/冷適應,寒冷氣候適應,寒冷適應作用 cold acclimatization, cold adaptation
冷纤维蛋白原/冷凝纖維蛋白原 cryfibrinogen
冷纤维蛋白原血症/冷凝纖維蛋白原血症 cryofibrinogenemia
冷血动物/冷血動物 cold-blooded animal
冷血凝集反应/冷血凝集反應 cold heagglutination
冷诱导产热/冷誘導産熱 cold-induced thermogenesis
厘摩/分摩 centimorgan, cM
离岸流/離岸流 offshore current
离瓣/離瓣 choripetal
离瓣花/離瓣花,多瓣花 choripetalous flower, apopetalous flower, dialypetalous flower
离瓣花冠/離瓣花冠 choripetalous corolla, dialypetalous corolla, schizopetalous corolla
离壁具橛胞/皮下導音器,離皮導音管 subintegumental scolophore
离层/離層 abscission layer
离巢雏/離巢雛[鳥] fledgling
离巢性/離巢性 nidifugity
离巢幼龄动物群/離巢小動物 creche
离巢幼鸟/離巢雛[鳥] fledgling
离萼/離片萼,多片萼 chorisepalous calyx, dialysepalous calyx, polysepalous calyx
离管薄壁组织/離管薄壁組織 apotracheal parenchyma
离壳型/離殼型 apopheredermes
离区/離層帶,離層區 abscission zone
离散/離散 vicariance
离散剂/促溶劑,離液劑 chaotropic agent, chaotrope
离散时间模型/離散時間模型 discrete time model
离散随机变量/離散隨機變量,分立隨機變數 discrete random variable
离散型模型/離散模型 discrete model
离生雄蕊/離生雄蕊 distinct stamen
离室药/離室藥 distractile anther
离体/離體,體外,試管内 *in vitro*
离体表达克隆法/離體表達無菌繁殖法 *in vitro* expression cloning, IVEC
离体代谢/離體代謝,試管内代謝 *in vitro* metabolism
离体组织工程/離體組織工程 *in vitro* tissue engineering
离心/離心 centrifugation
离心分离/離心分離 centrifugation separation
离心分离机/離心分離機 centrifugation separator
离心分离因数/離心分離因數 centrifuging factor
离心辐骨针/離心輻骨針 exactine
离心机/離心機 centrifuge
离心加厚/離心肥厚 centrifugal thickening
离心控制/離心控制 centrifugal control
离心皮雌蕊/離生雌蕊 apocarpous pistil
离心皮果/離生皮果 apocarp
离心收缩/離心收縮 eccentric contraction
离心速度/離心速度 centrifugal speed
离心显微镜/離心顯微鏡 centrifuge microscope
离心训练/離心訓練 eccentric training
离心运动/離心運動 eccentric exercise
离心柱层析/離心柱層析法 spun-column chromatography
离眼式/離眼式 dichoptic type
离蛹/裸蛹 free pupa, pupa exarata
离征/衍徵,裔徵,近裔共性 apomorphy
离趾足/離趾足 eleutherodactylous foot
离子泵/離子泵 ion pump
离子层析/離子層析法,離子色譜法 ion chromatography
离子电流/離子電流 ion current
离子电泳/離子電泳 ionophoresis

离子对/離子對 ion pair
离子钙/離子鈣 ionized calcium
离子[化]源/游離源 ionization source
离子键/離子鍵 ionic bond
离子交换层析/離子交換層析法,離子交換色譜法,離子交換色層法 ion exchange chromatography, IEC
离子交换剂/離子交換劑 ion exchanger
离子交换色谱法/離子交換色譜法,離子交換層析法,離子交換色層法 ion exchange chromatography, IEC
离子交换树脂/離子交換樹脂 ion exchange resin
离子交换柱/離子交換管柱 ion exchange column
离子结合/離子結合 ion binding
离子阱/離子阱 ion trap
离子敏场效应晶体管传感器/離子敏場效應電晶體感測器 ion-sensitive field-effect transistor sensor
离子排斥层析/離子排除層析法 ion exclusion chromatography, ICE
离子排阻色谱法/離子排除層析法 ion exclusion chromatography, ICE
离子配对层析/離子配對層析法 ion-pairing chromatography
离子配对色谱法/離子配對層析法 ion-pairing chromatography
离子驱动力/離子驅動力 ionic driving force
离子色谱法/離子色譜法,離子層析法 ion chromatography
离子束介导转化法/離子束介導轉化法 ion bean-mediated transformation
离子淌度质谱/離子淌度質譜 ion mobility mass spectrometry
离子梯度/離子梯度 ion gradient
离子通道/離子通道 ion channel, ionic channel
离子通道蛋白/離子通道蛋白 ion channel protein
离子通道门控/離子通道閘控 ion channel gating
离子通道型受体/離子通道型受體 ion channel receptor, ionotropic receptor
离子透入/離子電滲入法 iontophoresis
离子选择电极/離子選擇[性]電極 ion selective electrode
离子选择通透性/離子選擇通透性 ionic permselectivity
离子选择性/離子選擇性 ion selectivity
离子学说/離子論 ionic theory
离子液体系统/離子液體系統 ionic liquid system
离子载体/離子載體,親離子基,親離子團 ionophore, ion carrier
离子注入法/離子注入法,離子植入 ion-injection method, ion implantation
离子转运蛋白/離子轉運蛋白,離子運輸蛋白 ion transporter
离子转运肽/離子運送肽 ion transport peptide
离子阻滞/離子阻滯 ion retardation
梨浆虫病/梨形蟲病 piroplasmosis
梨形器/梨狀器 pyriform apparatus, pyriform organ
梨状肌/梨狀肌 piriformis muscle
梨状腺/梨狀腺 pyriform gland
梨状叶/梨狀葉 pyriform lobe
犁骨/犁骨,鋤骨 vomer bone
犁骨齿/犁骨齒,鋤骨齒 vomerine tooth
犁骨脊/犁骨脊,鋤骨脊 vomerine ridge
李斯特菌病/李斯特菌病,李斯特氏菌症 listeriosis
里斯克蛋白质/里斯克蛋白質 Rieske protein
理论免疫学/理論免疫學 theoretical immunology
理论生态学/理論生態學 theoretical ecology
理论生物学/理論生物學 theoretical biology
理论塔板高度/理論板當量高度 height of a theoretical plate, HETP
理论塔板数/理論板數 theoretical plate number
理想品种/理想品種 ideal variety
理想群体/理想群體 idealized population
理想自由分布/理想自由分布 ideal free distribution
理性药物设计/理性藥物設計 rational drug design
力传递/力傳遞 mechanotransmission
力蛋白/力蛋白 herculin
力学-化学耦合/力學-化學耦合 mechanical-chemical coupling
力学生物学/力學生物學 mechanobiology
力学-生物学耦合/力學-生物學耦合 mechanical-biological coupling
历史生物地理学/歷史生物地理學 historical biogeography
立地/立地 site
立地价值/立地價值 site value
立地因子/立地因子 site factor
立地指示植物/立地指標植物 site indicator plant
立地质量/立地品質 site quality
立方晶系/立方晶系 cubic system
立方上皮/立方上皮 cuboidal epithelium
立克次[氏]体/立克次氏菌 rickettsia
立克次[氏]体病/立克次氏體病 rickettsiosis
立克次[氏]体学/立克次氏體學 rickettsiology
立木/立木 standing tree
立体辨别/實體感 stereognosis
立体定位仪/立體定位儀 stereotaxic apparatus

立体化学制约的结构修正/立體化學制約的結構修正 stereochemistrically restrained refinement
立体绿化/立體綠化 vertical planting
立体农业/立體農業 multi-storied agriculture
立体视觉/立體視覺,立體視像,實體鏡視像 stereoscopic vision
立体图/立體圖,極射圖,赤面投影圖 stereogram
立体纤毛/實體纖毛,硬纖毛 stereocilium
立体显微镜/立體顯微鏡,解剖顯微鏡 stereomicroscope, dissecting microscope, stereoscopic microscope
立体选择性/立體選擇性 stereoselectivity
立体异构[现象]/立體異構性 stereoisomerism
立体专一性/立體專一性 stereospecificity
立柱/立柱 pillar
丽蝇蛋白/麗蠅蛋白 calliphorin
利比希最低量法则/利比希最低量定律,李比西最低因子定律 Liebig law of the minimum
利比希最小因子定律/利比希最低量定律,李比西最低因子定律 Liebig law of the minimum
利夫森鞭毛染色/利夫森鞭毛染色 Leifson flagellar staining
利福霉素/利福黴素 rifamycin
利福平/利福平 rifampicin
利己素/利己素,益己素,種間費洛蒙 allomone
利己行为/利己行為 egoism
利马豆凝集素/利馬豆凝集素 lima bean agglutinin
利尿/利尿 diuresis
利尿激素/利尿激素 diuretic hormone
利尿钠激素/利尿鈉激素,鈉尿激素 natriuretic hormone
利尿钠肽/尿鈉肽,排鈉肽 natriuretic peptide
利尿素/利尿素,尿舒張肽 urodilatin
利尿肽/利尿肽 diuretic peptide
利什曼期/利什曼期 leishmanial stage
利他适应/利他適應,舍己適應 altruistic adaptation
利他素/利他素,益他素,開洛蒙 kairomone
利他现象/利他現象,利他性,利他主義 altruism
利他行为/利他行為 altruistic behavior
利他主义/利他主義,利他性,利他現象 altruism
利用时/利用時間 utilization time
利用性竞争/利用性競爭 exploitation competition
栗钙土/栗鈣土 chestnut soil
砾石/礫石 gravel
笠贝酮/笠貝酮 limatulone
γ-粒/γ-粒 gamma particle, γ-particle
粒齿/粒齒 dysodont
粒度/粒度 grain
粒细胞/粒細胞,顆粒[性白血]球,顆粒血細胞 granulocyte
粒细胞-单核细胞集落形成单位/粒細胞-單核細胞集落形成單位 colony forming unit-granulocyte and monocyte, colony forming unit-granulocyte-monocyte, CFU-GM
粒细胞发生/粒細胞發生 granulocytopoiesis
粒细胞集落刺激因子/粒細胞集落刺激因子,顆粒球群落刺激因子 granulocyte colony stimulating factor, G-CSF
粒细胞-巨噬细胞集落刺激因子/粒細胞-巨噬細胞集落刺激因子,顆粒球-巨噬細胞群落刺激因子 granulocyte-macrophage colony stimulating factor, GM-CSF
粒细胞-巨噬细胞集落刺激因子受体/粒細胞-巨噬細胞集落刺激因子受體 granulocyte-macrophage colony stimulating factor receptor, GM-CSFR
粒细胞趋化蛋白/粒細胞趨化蛋白 granulocyte chemoattractant protein
粒细胞趋化肽/粒細胞趨化肽 granulocyte chemotactic peptide, GCP
粒细胞生成/粒細胞生成,顆粒球生成 granulopoiesis
粒状鸟苷酸环化酶/粒狀鳥苷酸環化酶 particulate guanylyl cyclase
粒状细胞通路/粒狀細胞通路 koniocellular pathway
粒子电泳/粒子電泳 particle electrophoresis
粒子辐射/粒子輻射 particle radiation
粒子轰击/粒子轟擊法,快速粒子撞擊 particle bombardment
粒子枪/粒子槍 particle gun
连点探针/連接探針 linking probe
连读/通讀,破讀 read-through
连读翻译/通讀轉譯 read-through translation
连读突变/通讀突變 read-through mutation
连读阻抑/通讀抑制,通讀阻抑 read-through suppression
连萼瘦果/連萼瘦果 cypsela
连环 DNA/多聯體 DNA concatemeric DNA
DNA 连环/DNA 成鏈作用 DNA catenation
连环数/連環數,連接數 linking number
连环素/聯蛋白,連環蛋白,鏈蛋白 catenin
连接/連接 ligation
DNA 连接/DNA 連接 DNA ligation
VDJC 连接/VDJC 連接 VDJC joining
VJC 连接/VJC 連接 VJC joining
连接棒/連接棒 connective bar
连接蛋白/連接蛋白 nectin

连接度/連接度,連通性　connectivity, connectedness
连接度指数/連接度指數　connectivity index
连接多样性/連接多樣性　junctional diversity
连接复合体/連接複合體　junctional complex
N-连接寡糖/*N*-連接寡糖,*N*-聯寡糖　*N*-linked oligosaccharide
O-连接寡糖/*O*-連接寡糖,*O*-聯寡糖　*O*-linked oligosaccharide
连接管/連接管　connecting tube
连接肌质网/連接肌質網　junctional sarcoplasmic reticulum, JSR
连接介导 PCR/連接介導 PCR,接合性 PCR,接合性聚合酶鏈反應　ligation-mediated PCR
连接介导聚合酶链反应/連接介導 PCR,接合性 PCR,接合性聚合酶鏈反應　ligation-mediated PCR
连接扩增/連接擴增　ligation amplification
连接扩增反应/連接擴增反應,接合擴增反應　ligation amplification reaction, LAR
连接链/連接鏈,J 鏈　joining chain, J chain
连接锚定 PCR/連接錨定 PCR,接合錨定 PCR,連接錨定聚合酶鏈反應　ligation-anchored PCR
连接锚定聚合酶链反应/連接錨定聚合酶鏈反應,連接錨定 PCR,接合錨定 PCR　ligation-anchored PCR
连接酶/連接酶,接合酶　ligase
DNA 连接酶/DNA 連接酶　DNA ligase
RNA 连接酶/RNA 連接酶　RNA ligase
T4 DNA 连接酶/T4 DNA 連接酶　T4 DNA ligase
T4 RNA 连接酶/T4 RNA 連接酶　T4 RNA ligase
Taq DNA 连接酶/Taq DNA 連接酶　Taq DNA ligase
连接酶链[式]反应/連接酶鏈反應,連接酶連鎖反應　ligase chain reaction, LCR
连接数/連接數,連環數　linking number
连接数颠倒现象/連接數顛倒現象　linking number paradox
连接体/連接體,聯結子　linker
连接文库/連接庫　linking library
连接物/連接物　adapter, adaptor
连接物 PCR/連接物 PCR　linker-adaptor PCR
连接纤丝/連接纖絲　desmose
连接小管/連接小管　connecting tubule
连接性食物网/連接性食物網　connectedness food web
连接子/連接子,接合質　connexon
连接子蛋白/間隙連接蛋白,接合蛋白　connexin
连接组/連接組　connectome
连孔/連孔　communication pore
连滤泡上皮/連濾泡上皮　follicle-associated epithelium, FAE
连丝小管/連絲小管　desmotubule
连四硫酸盐肉汤/四硫磺酸鹽肉湯　tetrathionate broth
连锁/連鎖　linkage
X 连锁/X 連鎖　X linkage
Y 连锁/Y 連鎖　Y linkage
连锁孢子/連珠孢子　hormospore
连锁不平衡/連鎖不平衡,連接非均衡性　linkage disequilibrium
X 连锁低磷酸血症/X 連鎖低磷酸血症　X-linked hypophosphatemia
连锁定律/連鎖定律　law of linkage
连锁分析/連鎖分析　linking analysis
X 连锁高 IgM 综合征/X 性聯高 IgM 症候群　X-linked hyper immunoglobulin M syndrome, XHIM
连锁基因/連鎖基因　linked gene
X 连锁慢性肉芽肿病/X 性聯慢性肉芽腫病　X-linked chronic granulomatous disease
连锁平衡/連鎖平衡　linkage equilibrium
连锁群/連鎖群　linkage group
连锁体/連鎖體,連珠體,子絲體　hormogonium, hormogon
连锁图/連鎖圖[譜]　linkage map, genetic map
X 连锁无丙种球蛋白血症/X 性聯無丙種球蛋白血症,X 連結性無 γ-球蛋白血症　X-linked agammaglobulinemia, XLA
连锁相/連鎖相　linkage phase
X 连锁遗传/X 連鎖遺傳　X-linked inheritance
Y 连锁遗传/Y 染色體連鎖遺傳,Y 性聯遺傳　Y-linked inheritance
X 连锁隐性/X 連鎖隱性　X-linked recessive
连锁值/連鎖值　linkage value
X 连锁重症联合免疫缺陷病/X 性聯嚴重合併性免疫缺乏症　X-linked severe combined immunodeficiency, X-linked SCID, XSCID
连锁作图/連鎖定位　linkage mapping
连通性/環通度　circuity
连续 PCR/連續 PCR　continuous PCR
连续变异/連續變異　continuous variation
连续表位/連續抗原表位,連續型抗原決定部位　continuous epitope
连续波电子自旋共振/連續波電子自旋共振　continuos-wave eletron spin resonance, continuous-wave ESR
连续层析/連續層析法　continuous chromatography

连续雌雄同体/連接雌雄同體 consecutive hermaphroditism
连续发酵/連續發酵 continuous fermentation
连续法/連續法 continuous method
连续放牧/連續放牧,連續啃食 continuous grazing
连续高压蒸汽灭菌/連續高壓蒸汽滅菌 continuous autoclaving
连续流动电泳/連續流動電泳 continuous flow electrophoresis
连续流动培养系统/連續流動培養系統 continuous flow culture system
连续流动式 PCR 芯片/連續流動式 PCR 晶片 continuous flow PCR chip
连续流离心/連續流動離心[分離] continuous flow centrifugation
连续流热梯度 PCR/連續流熱梯度 PCR continuous flow thermal gradient PCR
连续灭菌/連續滅菌法,持續滅菌法 continuous sterilization
连续培养/連續培養 continuous culture, continuous cultivation
连续切片/連續切片 serial section
连续群落/連續性群落,連續性群集 continuous community
连续双分裂/連續雙分裂 falintomy
连续梯度/連續梯度 continuous gradient
连续体/[群集]連續體 continuum
连续体指数/群集連續指數 continuum index
连续统/[群集]連續體 continuum
连续突触/連續突觸,串聯突觸 serial synapse
连续稳定性群落/持續穩定性群落 continuously stable community
连续细胞系/無限細胞系 infinite cell line, continuous cell line
连续性分泌/持續型分泌,固有分泌,恆定型分泌 constitutive secretion
连续[性]随机变量/連續性隨機變量,連續性隨機變數 continuous random variable
连续性状/連續性狀 continuous character, continuous trait
连续样方/連續樣區 continuous quadrat
连续自由流动电泳/連續自由流動電泳 continuous free flow electrophoresis
连缀转录分析/連綴轉録分析 run-on transcription assay
连作/連作 continuous cropping
莲子凝集素/蓮子凝集素 lotus agglutinin
莲座层/蓮座層 rosette tier
莲座胚/蓮座胚,壓縮胚 rosette embryo
莲座细胞/玫瓣細胞,壓縮細胞 rosette cell
莲座叶/叢葉,簇葉 rosette leaf
莲座状植物/叢葉植物 rosette plant
联苯胺/聯苯胺 benzidine
联蛋白/聯蛋白,連環蛋白,鏈蛋白 catenin
联合超显性/聯合超顯性 associative overdominance
联合蛋白聚糖/聯合蛋白聚糖,黏結蛋白聚糖 syndecan
联合概率/聯合概率 joint probability
联合固氮微生物/聯合固氮微生物 associative nitrogen fixer
联合固氮作用/聯合固氮作用 association nitrogen fixation
联合免疫缺陷/複合式免疫缺乏,結合免疫缺陷 combined immunodeficiency
联合敏感性/聯合敏感性 combined sensitivity
MHC 联合识别/MHC 聯合識别,主要組織相容性複合體聯合識别 MHC associative recognition
联合脱氨作用/聯合脱胺作用 transdeamination
联合型学习/聯繫學習,聯結學習,聯想學習 associative learning
联合疫苗/混合菌苗 combined vaccine
联会/聯會 synapsis, syndesis
联会复合体/聯會複合體 synaptonemal complex, SC
联会面/聯會面 synaptic plane
联会染色丝纽/聯會染色絲紐 auxospireme
联结/聯結 bonding
联赖氨酸/聯賴氨酸,聯賴胺酸 syndesine
联立[相]眼/聯立[相]眼 apposition eye
联立像/聯立影像 apposition image
联络核/聯絡核 associated nucleus
联络菌丝/纏繞菌絲 binding hyphae
联络区/聯合區 association area
联络神经元/聯絡神經元,聯合神經元 association neuron
联囊体/蟠曲子囊體 plasmodiocarp
联丝蛋白/聯絲蛋白 synemin
联系学习/聯繫學習,聯結學習,聯想學習 associative learning
联系种/共存種 binding species
联想机/聯想機 associatron
联想失认症/聯結失識症 associative agnosia
镰孢菌/鐮孢菌,立枯病菌,青枯病菌 fusarium
镰孢菌酸/鐮孢菌酸 fusarinic acid
镰刀形细胞贫血[症]/鐮刀形細胞貧血症 sickle cell anemia

镰刀形细胞性状/鐮刀形細胞特徵 sickle cell trait
镰刀形血红蛋白/鐮刀形血紅蛋白 sickle hemoglobin
镰形刚毛/鐮形剛毛 falcate seta, falciger
镰状聚伞花序/鐮狀聚傘花序,卷傘花序 drepanium
镰状韧带/鐮狀韌帶 falciform ligament
镰状突/鐮狀突,鐮刀形突起 falciform process
镰状细胞贫血[症]/鐮刀形細胞貧血症 sickle cell anemia
镰状细胞性状/鐮刀形細胞特徵 sickle cell trait
镰状血红蛋白/鐮刀形血紅蛋白 sickle hemoglobin
链/鏈,股 strand, chain
J 链/J 鏈,連接鏈 joining chain, J chain
α-链/α-鏈 alpha chain, α-chain
β-链/β-鏈 beta chain, β-chain
链孢红素/鏈孢紅素 neurosporene
链道酶/鏈道酶,鏈球菌去氧核糖核酸酶,鏈球菌 DNA 酶 streptodornase, SD
链分离凝胶电泳/鏈分離凝膠電泳 strand separating gel electrophoresis
链格孢毒素/鏈格孢毒素 alternaria toxin
链黑菌素/鏈黴黑素 streptonigrin, rufocromomycin
链黑霉素/鏈黴黑素 streptonigrin, rufocromomycin
链滑动/鏈滑動,股滑動 strand-slippage
链间氢键/鏈間氫鍵 interchain hydrogen bond
链霉蛋白酶/鏈黴蛋白酶 pronase
链霉二糖胺/鏈黴二糖胺 streptobiosamine
链霉菌/鏈黴菌 streptomyce
链霉抗生物素蛋白/鏈黴抗生物素蛋白,鏈黴親和素,鏈黴卵白素 streptavidin
链霉亲和素/鏈黴親和素,鏈黴卵白素,鏈黴抗生物素蛋白 streptavidin
链霉素/鏈黴素 streptomycin
链霉糖/鏈黴糖 streptose
链末端终止法/鏈末端終止法 chain-termination method
链内氢键/鏈內氫鍵 intrachain hydrogen bond
链球菌/鏈球菌 streptococcus
链[球菌]激酶/鏈[球菌]激酶 streptokinase, SK
链球菌 DNA 酶/鏈球菌 DNA 酶,鏈道酶,鏈球菌去氧核糖核酸酶 streptodornase, SD
链球菌溶血素/鏈球菌溶血素 streptolysin, streptocolysin, streptococcolysin
链球菌素/鏈球菌素,灰鏈菌素 streptocin
κ-链缺陷/κ-鏈缺乏症 κ-chain deficiency
链丝菌素/鏈絲菌素 streptothricin
链锁式联系/鏈鎖式聯繫 chain connection
链体/横裂體 strobila
链尾蚴/鏈尾蚴 strobilocercus
链星骨针/鏈星骨針 streptaster
链阳性菌素/鏈陽性菌素 streptogramin
链置换扩增/鏈置換擴增 strand displacement amplification, SDA
链终止密码子/鏈終止密碼子 chain-termination codon
链终止子/鏈終止子 chain terminator
链状群体/鏈狀群體 catenoid colony
链状神经索/鏈狀神經系統,鏈狀神經節 chain-type nervous system
链状神经系统/鏈狀神經系統,鏈狀神經節 chain-type nervous system
链状线粒体/絲狀粒線體 chondriomite
链阻断抗氧化剂/鏈阻斷抗氧化劑 chain-breaking antioxidant
两凹椎体/雙凹椎體 amphicoelous centrum
两被花/兩被花,二層花被花 dichlamydeous flower
两步连接/兩步連接 two-step ligation
两侧对称/兩側對稱花,左右對稱 bisymmetry, bilateral symmetry, zygomorphy
两侧对称花/兩側對稱花,左右對稱花 zygomorphic flower, zygomorphous flower
两侧对称花冠/不整齊花冠 zygomorphic corolla
两侧对称祖先/兩側對稱祖先 dipleurula ancestor
两点辨别阈/兩點辨別閾 two-point discrimination threshold
两度定居/兩度定居 double colonization
两端单[鞭]毛菌/兩端單毛菌,雙毛菌 amphitrichate
两端气门呼吸/兩端氣門呼吸 amphipneustic respiration
两极出芽/兩極出芽 bipolar budding
两极分布/雙極分布 bipolar distribution
两极染色/兩極染色法 bipolar staining
两极同源/兩極同源,雙極性,兩極性 bipolarity
两极性/兩極性,雙極性,兩極同源 bipolarity
两面气孔叶/兩面氣孔葉 amphistomatous leaf
两面神家族蛋白/兩面神家族蛋白 Janus family protein
两囊幼体/兩囊幼體 amphiblastula
两栖动物/兩棲類動物,兩生類動物 amphibian
两栖爬行类学/兩棲爬蟲類學 herpetology
两栖植物/兩棲植物,水陸兩生植物 amphiphyte, amphibious plant
两亲螺旋/兩親性螺旋 amphipathic helix
两亲螺旋蛋白质/兩親性螺旋蛋白質 amphipathic helical protein

两亲性/兩親性,酸鹼兩性 amphiphilicity, amphipathy
两[亲]性分子/兩親性分子,雙性分子 amphipathic molecule
两染性/複染性 dichromophilism
两性冲突/兩性衝突 sexual conflict
两性电解质/兩性電解質 ampholyte
两性管/兩性管 hermaphroditic duct
两性花/兩性花,雌雄兩全花 bisexual flower, hermaphrodite flower
两性畸形/兩性同體現象 hermaphroditism, androgynism
两性结合/兩性結合 amphigamy
两性离子/兩性離子,雙性離子 zwitterion, amphion, amphoteric ion
两性离子交换树脂/兩性離子交換樹脂,雙性離子交換樹脂 amphoteric ion-exchange resin
两性霉素/兩性黴素 amphotericin
两性囊/兩性囊 hermaphroditic pouch, hermaphroditic vesicle
两性融合/兩性融合,親質融合,兩性生殖 amphimixis
两性融合二倍体/兩性融合二倍體 amphimictic diploid
两性融合体/兩性融合體 amphimict
两性生殖/兩性生殖,雙性生殖 amphigony, bisexual reproduction
两性现象/兩性現象 androgynism, bisexuality
两性异形/兩性異型,雌雄雙型,性雙型 sexual dimorphism
两用代谢途径/兩用代謝途徑 amphibolic pathway
两游现象/兩游現象,二次游泳性 diplanetism
亮氨酸/亮氨酸,亮胺酸,白氨酸 leucine, Leu
亮氨酸氨肽酶/亮氨酸胺肽酶 leucine aminopeptidase
亮氨酸拉链/亮氨酸拉鏈 leucine zipper
亮氨酸拉链模体/亮氨酸拉鏈模體,亮氨酸拉鏈結構域 leucine zipper motif, LZ motif
亮度/亮度 brightness, luminance
亮胶/亮膠,金藻海帶膠 leucosin, chrysolaminarin
亮抑蛋白酶肽/亮抑蛋白酶肽 leupeptin
亮藻多糖/金藻海帶多糖 chrysolaminarin
量热法/量熱法,熱量測定法,測熱術 calorimetry
量子产额/量子産額 quantum yield
量子点/量子點 quantum dot
量子分析/量子分析 quantal analysis
量子含量/量子含量 quantal content
量子生物学/量子生物學 quantum biology
量子式进化/量子式進化,量子式演化 quantum evolution
量子式物种形成/量子式物種形成,量子式種化 quantum speciation
量子释放/量子釋放 quantal release
量子探测效率/量子探測效率 detective quantum efficiency, DQE
量子效率/量子效率 quantum efficiency
獠牙/獠牙 tusk
列齿/列齒 taxodont
列联表/關連表 contingency table
烈性噬菌体/烈性噬菌體,溶菌性噬菌體,毒性噬菌體 virulent phage
捩椎关节/捩椎關節 streptospondylous articulation
猎食模型/獵食模型 predator-prey model
猎物/獵物,被捕[食]者,被掠者 prey
裂鼻型/裂鼻型 schizorhinal
裂齿/裂齒 carnassial tooth
裂齿型/裂齒型 schizodont
裂簇虫/裂簇蟲 schizocystis gregarinoid
裂点簇区/斷裂點叢集區 breakpoint cluster region, BCR
裂腭型/裂腭型 schizognathism
裂缝/裂縫,裂溝 cleft
裂果/裂果 dehiscent fruit
裂冠型触手冠/裂冠型觸手冠 schizophorus lophophore
裂管/裂管 rimule
裂合酶/裂解酶 lyase
AP 裂合酶/AP 裂解酶,脱嘌呤嘧啶裂解酶 AP lyase
裂解病毒疫苗/裂解病毒疫苗 split virus vaccine
裂解反应/溶解反應 lytic response
裂解期/裂解期,溶解期 rise phase, lytic phase
裂解性病毒/溶菌病毒 lytic virus
裂解性感染/裂性感染 lytic infection
裂解周期/裂解週期,溶解性週期 lytic cycle
裂空素/裂空素 nephrin
裂囊壁子囊/裂囊壁子囊 fissitunicate ascus
裂片/裂片 lobe, bothridium
裂生多胚[现象]/裂生多胚[現象] cleavage polyembryony
裂体腔/裂體腔 schizocoel
裂体腔法/裂體腔法 schizocoelic method
裂体生殖/裂配生殖,分裂[生殖],二等分裂 schizogony, fissiparity, fission
裂体生殖期/裂配生殖期 schizogonic stage
裂体生殖周期/裂配生殖週期 schizogonic cycle

裂头蚴/裂頭蚴,全尾蚴 pleurocercoid larva, sparganum
裂隙/缺口,間隙 gap
裂隙基因/缺口基因,間隙基因 gap gene
裂隙相/間隙相 gap phase
裂芽/裂芽 isidium
裂殖/裂配生殖,分裂[生殖],二等分裂 schizogony, fissiparity, fission
裂殖体/裂殖體,無性生殖體 schizont, agamont
裂殖植物/裂殖植物 fission plant, schizophyte
裂殖子/裂殖子 merozoite
裂殖子胚/裂殖子胚 cytomere, merocyst
鬣鳞/鬣鱗 crest scale
鬣毛/鬣毛 mane
邻氨基苯甲酸/鄰氨基苯甲酸 anthranilic acid
邻苯二酚/鄰苯二酚,兒茶酚 catechol
邻地物种形成/鄰域種化 parapatric speciation
邻分泌/鄰分泌 juxtacrine
邻接法/鄰[近連]接法 neighbor-joining method
邻接基因综合征/鄰接基因症候群 contiguous gene syndrome
邻近相互作用/鄰近交互作用 proximate interaction
邻近效应/鄰近效應 proximity effect
邻近依赖性调节/鄰近依賴性調節,鄰近依賴型調控 context-dependent regulation
邻羟基苯甲酸/鄰羥基苯甲酸,水楊酸 salicylic acid, SA
邻域分布/鄰域分布 parapatry
邻域物种形成/鄰域種化 parapatric speciation
林窗模型/間隙模型,間隙模式 gap model
林道/林道 forest road
林德曼比/林德曼比[率] Lindeman ratio
林德曼定律/林德曼定律,百分之十定律 Lindeman law
林德曼效率/林德曼效率 Lindeman efficiency
林底层生物/林地生物 patobiont
林分/林分 stand, forest stand
林分结构/林分結構,林分構造 stand structure
林分密度/林分密度 stand density
林分气候/林地氣候 stand climate
林格[溶]液/林格氏液,任氏液 Ringer solution
林冠[层]/林冠[層],冠層 canopy, forest canopy
[林]冠盖度/冠層覆蓋度 canopy cover
林冠密度/林冠密度 density of canopy
林火/林火 forest fire
林可霉素/林可黴素 lincomycin
林肯-彼得松指数/林肯-彼得森指數 Lincoln-Peterson index
林肯指数/林肯指數 Lincoln index
林奈种/林奈命名種 Linnean species
林内放牧/林内放牧 forest grazing
林栖动物/林棲動物 arboreal animal
林型/林型 forest type
林缘/林緣 forest margin, forest edge
临床免疫学/臨床免疫學 clinical immunology
临床试验/[新藥]臨床試驗 clinical trial
临床细胞遗传学/臨床細胞遺傳學 clinical cytogenetics
临床血液流变学/臨床血液流變學 clinical hemorheology
临床遗传学/臨床遺傳學 clinical genetics
临界暗期/臨界暗期 dark-period
临界闭合压/臨界閉合壓 critical closing pressure
临界带宽/臨界頻帶寬 critical bandwidth
临界点/臨界點 critical point
临界点干燥法/臨界點乾燥法 critical-point drying method
临界高温/上臨界温度,高臨界温度 upper critical temperature
临界光周期/臨界光週期 critical photoperiod
临界剂量/臨界劑量 critical dose
临界浓度/臨界濃度 critical concentration
临界期/臨界期 critical phase, critical period
临界热增量/臨界熱增量 critical thermal increment
临界日长/臨界日長,臨界日照 critical day-length
临界[溶解]氧/臨界溶氧 critical dissolved oxygen
临界融合频率/臨界融合頻率,臨界[停閃]頻率 critical fusion frequency, CFF
临界杀菌浓度/臨界殺菌濃度 critical killing concentration
临界深度/臨界深度 critical depth
临界体长/臨界體長 critical size
临界通量/臨界通量 critical flux
临界温度/臨界温度 critical temperature
临界稀释率/臨界稀釋率 critical dilution rate
临界指数/臨界指數 critical exponent
临界质壁分离/臨界質[壁分]離 critical plasmolysis
临界质壁分离浓度/臨界質離濃度 critical plasmolytic concentration
临界昼长/臨界日長,臨界日照 critical day-length
临界状态/臨界狀態 critical state
临时模板随机嵌合生长技术/臨時範本隨機嵌合生長技術 random chimeragenesis on transient template, RACHITT
临时驻栖/野營,露營 bivouac
淋巴/淋巴 lymph

淋巴导管/淋巴導管 lymphatic duct
淋巴窦/淋巴竇 lymphatic sinus, lymph sinus
淋巴毒素/淋巴毒素 lymphotoxin, LT
淋巴毒素-β/β-淋巴毒素 lymphotoxin-β, LTβ
淋巴毒素-β受体/β-淋巴毒素受體 lymphotoxin-β receptor, LTβR
淋巴管/淋巴管 lymph vessel, lymphatic vessel
淋巴[管]泵/淋巴[管]泵 lymphatic pump, lymph pump
淋巴回流/淋巴回流 lymphatic return
淋巴集结/淋巴集結 aggregate lymphatic nodule
淋巴结/淋巴結 lymph node, lymphonodus, lymphonod
淋巴瘤/淋巴瘤 lymphoma
淋巴瘤样肉芽肿病/淋巴瘤樣肉芽腫症 lymphomatoid granulomatosis
淋巴滤泡/淋巴濾泡 lymphoid follicle
淋巴母细胞/淋巴母細胞 lymphoblast
B淋巴母细胞/B淋巴母細胞 B lymphoblast
淋巴器官/淋巴器官 lymphoid organ
淋巴上皮滤泡/淋巴上皮濾泡 lympho-epithelial follicle
淋巴-上皮小结/淋巴-上皮小結 lympho-epithelial nodule
淋巴-上皮组织/淋巴-上皮組織 lympho-epithelial tissue
淋巴生成/淋巴液生成 lymphogenesis
淋巴水肿/淋巴水腫 lymphedema
淋巴通道/淋巴通道 lymph channel
淋巴系统/淋巴系統 lymphatic system, lymphatics
淋巴细胞/淋巴細胞,淋巴球 lymphocyte
B淋巴细胞/B淋巴細胞,B淋巴球 B lymphocyte
T淋巴细胞/T淋巴細胞,T淋巴球 T lymphocyte
淋巴细胞白血病/淋巴球白血病 lymphocytic leukemia
B淋巴细胞刺激因子/B淋巴球刺激因子 B lymphocyte stimulator, BLyS
淋巴细胞功能抗原/淋巴球功能抗原 lymphocyte functional antigen, LFA
淋巴细胞功能相关抗原/淋巴球功能相關性抗原 lymphocyte function-associated antigen
淋巴细胞归巢/淋巴細胞歸家 lymphocyte homing
淋巴细胞归巢受体/淋巴細胞歸家受器,淋巴球回歸受體 lymphocyte homing receptor, LHR
淋巴细胞和单核细胞趋化因子/淋巴球和單核細胞趨化因子 lymphocyte and monocyte chemoattractant
淋巴细胞集落形成单位/淋巴細胞集落形成單位 colony forming unit-lymphocyte, CFU-L
淋巴细胞介导的胞毒性试验/淋巴球引導的細胞毒性試驗 lymphocyte-mediated cytotoxicity test
淋巴细胞介导的细胞裂解/淋巴球引導的細胞裂解 lymphocyte-mediated cell lysis
淋巴细胞决定簇/淋巴球決定簇,淋巴球決定位 lymphocyte determinant
淋巴细胞抗原/淋巴球抗原 lymphocyte antigen, Ly antigen
T淋巴细胞抗原受体/T淋巴球抗原受體 T lymphocyte antigen receptor
T淋巴细胞抗原特异性辅助因子/T淋巴球抗原特異性輔助因子 T lymphocyte antigen-specific helper factor
T淋巴细胞抗原特异性抑制因子/T淋巴球抗原特異性抑制因子 T lymphocyte antigen-specific suppressor factor
淋巴细胞库/淋巴細胞庫,淋巴球庫 lymphocyte repertoire
B淋巴细胞库/B淋巴細胞庫,B淋巴球庫 B lymphocyte repertoire
T淋巴细胞库/T淋巴細胞庫,T淋巴球庫 T lymphocyte repertoire
淋巴细胞脉络丛脑膜炎/淋巴球性脈絡叢腦膜炎 lymphocytic choriomeningitis
B淋巴细胞耐受[性]/B淋巴球耐受性 B lymphocyte tolerance
淋巴细胞趋化因子/淋巴球趨化因子 lymphocyte chemotactic factor
B淋巴细胞趋化因子/B淋巴球趨化因子 B lymphocyte chemoattractant
淋巴细胞生成/淋巴細胞形成,淋巴球形成 lymphopoiesis
淋巴细胞生成素/淋巴細胞生成素 lymphopoietin
淋巴细胞受体/淋巴細胞受體 lymphocyte receptor
B淋巴细胞受体/B淋巴細胞受體 B lymphocyte receptor
T淋巴细胞受体/T淋巴細胞受體 T lymphocyte receptor
淋巴细胞受体库/淋巴細胞受體庫,淋巴球受體庫,淋巴細胞受體譜 lymphocyte receptor repertoire
T淋巴细胞受体库/T淋巴細胞受體庫,T淋巴球受體庫 T lymphocyte receptor repertoire
淋巴细胞受体谱/淋巴細胞受體譜,淋巴球受體庫,淋巴細胞受體庫 lymphocyte receptor repertoire
淋巴细胞细胞毒试验/淋巴球毒性試驗 lymphocytotoxicity test, LCT

T-B淋巴细胞协同作用/T-B淋巴細胞協同作用 T-B lymphocyte cooperation
T-T淋巴细胞协同作用/T-T淋巴細胞協同作用 T-T lymphocyte cooperation
T淋巴细胞亚类/T淋巴細胞亞群 T lymphocyte subset
T淋巴细胞亚群/T淋巴細胞亞群 T lymphocyte subset
淋巴细胞源性趋化因子/淋巴細胞衍生趨化因子 lymphocyte-derived chemotactic factor, LDCF
淋巴细胞再循环/淋巴球再循環 lymphocyte recirculation
淋巴细胞再循环库/淋巴球再循環庫 lymphocyte recirculating pool
淋巴细胞转化试验/淋巴球轉型試驗,淋巴細胞變形試驗 lymphocyte transformation test
淋巴小结/淋巴小結 lymphatic nodule, lymphoid nodule
淋巴心/淋巴心臟 lymph heart
淋巴样干细胞/淋巴樣幹細胞 lymphoid stem cell, LSC
淋巴样树突状细胞/淋巴樹突細胞 lymphoid dendritic cell
淋巴样祖细胞/淋巴原始細胞 lymphoid progenitor
淋巴液/淋巴液 lymph fluid
淋巴因子/淋巴因子,淋巴激[活]素,淋巴球活質 lymphokine
淋巴因子激活的杀伤细胞/淋巴激素活化型殺手細胞,淋巴介質活化性殺手細胞 lymphokine-activated killer cell, LAK cell
淋巴组织/淋巴組織 lymphatic tissue, lymphoid tissue
淋溶层/溶脱層,洗出層 eluvial horizon, eluvial layer
淋溶作用/淋溶作用,洗出作用 eluviation
淋洗作用/淋洗作用,淋溶作用 leaching
磷壁酸/磷壁酸,臺口酸,包壁酸 teichoic acid
磷蛋白/磷蛋白[質] phosphoprotein
磷蛋白磷酸酶/磷蛋白質磷酸酶 phosphoprotein phosphatase
磷肥/磷肥 phosphoric manure
磷光/磷光 phosphorescence
磷霉素/磷黴素 phosphonomycin, fosfomycin
磷平衡/磷平衡 phosphorus balance
磷酸/磷酸 phosphoric acid
磷酸氨基酸/磷酸氨基酸 phosphoamino acid
磷酸氨基酸分析/磷酸氨基酸分析 phosphoamino acid analysis
磷酸吡哆醛/磷酸吡哆醛 pyridoxal phosphate
磷酸丙糖异构酶/磷酸三碳糖互變酶,磷酸三碳糖互變酵素 phosphotriose isomerase
磷酸单酯键/磷酸單酯鍵 phosphomonoester bond
磷酸二羟丙酮/磷酸二羥丙酮 dihydroxyacetone phosphate
磷酸二酯法/磷酸二酯法 phosphodiester method
磷酸二酯键/磷酸二酯鍵 phosphodiester bond
磷酸二酯酶/磷酸二酯酶 phosphodiesterase, PDE
磷酸钙共沉淀/磷酸鈣共沉澱 calcium phosphate coprecipitation
磷酸钙-DNA共沉淀/磷酸鈣-DNA共沉澱 calcium phosphate-DNA coprecipitation
磷酸钙骨水泥支架/磷酸鈣骨水泥支架 calcium phosphate cement scaffold
磷酸钙支架/磷酸鈣支架 calcium phosphate scaffold
磷酸钙转染/磷酸鈣轉染 calcium phosphate transfection
磷酸甘露糖异构酶/磷酸甘露糖同質異構體互變酶 phosphomannose isomerase
磷酸甘油醛/磷酸甘油醛 phosphoglyceraldehyde
3-磷酸甘油醛/3-磷酸甘油醛 3-phosphoglyceraldehyde
磷酸甘油醛脱氢酶/磷酸甘油醛脱氫酶 phosphoglyceraldehyde dehydrogenase
磷酸甘油酸/磷酸甘油酸 phosphoglycerate
3-磷酸甘油酸/3-磷酸甘油酸 3-phosphoglycerate
磷酸甘油酸变位酶/磷酸甘油酸變位酶 phosphoglyceromutase
磷酸甘油酸激酶/磷酸甘油酸激酶 phosphoglycerate kinase
磷酸果糖激酶/磷酸果糖激酶 phosphofructokinase, PFK
磷酸核糖变位酶/磷酸核酮糖變位酶 phosphoribomutase
磷酸核糖甘氨酰胺甲酰基转移酶/磷酸核糖甘氨醯胺甲醯基轉移酶 phosphoribosyl glycinamide formyltransferase
磷酸核糖[基]焦磷酸/磷酸核糖基焦磷酸,焦磷酸核糖 phosphoribosyl pyrophosphate, PRPP
磷酸化胆碱酯酶/磷酸化膽鹼酯酶 phosphorylated cholinesterase
磷酸化级联反应/磷酸化級聯反應 phosphorylation cascade
磷酸化酶/磷酸化酶 phosphorylase
磷酸化酶激酶/磷酸化酶激酶 phosphorylase kinase
磷酸化[作用]/磷酸化[作用],加磷氧基作用 phosphorylation

磷酸肌醇/磷酸肌醇 phosphoinositide
磷酸肌醇-3-激酶/磷酸肌醇-3-激酶 phosphatidylinositide 3-kinase, phosphoinositide 3-kinase, PI_3K
磷酸肌醇磷酸酶/磷酸肌醇磷酸酶 phosphoinositide phosphatase
磷酸肌醇酶/磷酸肌醇酶 phosphoinositidase
磷酸肌酸/磷酸肌酸 phosphocreatine, creatine phosphate, CP
磷酸激酶/磷酸激酶 phosphokinase
磷酸己糖激酶/磷酸六碳糖激酶 phosphohexokinase
磷酸键/磷酸鍵 phosphate bond
磷酸解/磷酸解[作用],加磷酸分解 phosphorolysis
磷酸精氨酸/磷酸精氨酸,磷鮭卵酸 phosphoarginine
磷酸酪氨酸/磷酸酪氨酸 phosphotyrosine
磷酸酪氨酸激酶/磷酸酪氨酸激酶 phosphotyrosine kinase
磷酸酪氨酸磷酸酶/磷酸酪氨酸磷酸酶 phosphotyrosine phosphatase, PTP
磷酸酶/磷酸酶 phosphatase
磷酸酶试验/磷酸酶試驗 phosphatase test
磷酸葡糖变位酶/磷酸葡萄糖變位酶,葡萄糖磷酸變位酶 phosphoglucomutase, PGM
磷酸葡糖酸脱氢酶/磷酸葡萄糖酸脱氫酶 phosphogluconate dehydrogenase
磷酸葡糖酸支路/磷酸葡萄糖酸支路 phosphogluconate shunt
磷酸葡糖异构酶/磷酸葡萄糖異構酶,磷酸葡萄糖同質異構體互變酶 phosphoglucoisomerase, glucose-phosphate isomerase
α-磷酸三钙支架/α-磷酸三鈣支架 alpha tricalcium phosphate scaffold
磷酸三酯法/磷酸三酯法 phosphotriester method
磷酸丝氨酸/磷酸絲氨酸 phosphoserine
磷酸苏氨酸/磷酸蘇氨酸 phosphothreonine
磷酸戊糖异构酶/磷酸五碳糖同質異體互變酶 phosphopentose isomerase
磷酸烯醇丙酮酸/磷酸烯醇丙酮酸 phosphoenolpyruvic acid, phosphoenolpyruvate, PEP
磷酸烯醇丙酮酸羧[化]激酶/磷酸烯醇丙酮酸羧化激酶 phosphoenolpyruvate carboxykinase
磷酸烯醇丙酮酸-糖磷酸转移酶/磷酸烯醇丙酮酸-糖磷酸轉移酶 phosphoenolpyruvate-sugar phosphotransferase
3′-磷酸腺苷-5′-磷酰硫酸/3′-磷酸腺苷-5′-磷醯硫酸 3′-phosphoadenosine-5′-phosphosulfate, PAPS
磷酸盐/磷酸鹽,磷酸化合物 phosphate
磷酸盐离子/磷酸[根]離子 phosphate ion
磷酸脂蛋白/磷酸脂蛋白 phospholipoprotein
磷酸酯/磷酸酯 phosphoric acid ester
磷酸酯法/磷酸酯法 phosphate method
磷酸酯酶/磷酸酯酶 phosphoesterase
磷酸酯转移/磷酸酯轉移 phosphoester transfer
磷酸转酮酶/磷酸轉酮酶 phosphoketolase
磷酸转移酶/磷酸轉移酶 phosphotransferase
磷糖蛋白/磷酸葡萄糖蛋白 phosphoglucoprotein
磷钨酸/磷鎢酸 phosphotungstic acid
磷细菌肥料/磷細菌肥料 phosphorous bacteria inoculant
磷虾类后期幼体/磷蝦類後期幼體 crytopia
磷酰胺酶/磷醯胺酶 phosphoamidase
磷酰胆碱/磷酰膽鹼,磷醯膽鹼 phosphorylcholine, PC
磷酰化常数/磷醯化常數 phosphorylation constant
磷循环/磷循環 phosphorus cycle
磷脂/磷脂[質] phospholipid, PL, phosphatide
磷脂促翻转酶/磷脂促翻轉酶 phospholipid scramblase
磷脂交换蛋白/磷脂交換蛋白 phospholipid exchange protein
磷脂酶/磷脂[質]酶 phospholipase, phosphatidase
磷脂双层/磷脂雙層 phospholipid bilayer
磷脂酸/磷脂酸 phosphatidic acid, PA
磷脂酰胆碱/磷脂酰膽鹼,磷脂醯膽鹼 phosphatidylcholine, PC
磷脂酰甘油/磷脂醯甘油 phosphatidylglycerol, PG
磷脂酰肌醇/磷脂酰肌醇,磷脂醯肌醇 phosphatidylinositol, PI
磷脂酰肌醇蛋白聚糖/磷脂醯肌醇蛋白聚糖 glypican
磷脂酰肌醇激酶/磷脂醯肌醇激酶 phosphatidylinositol kinase
磷脂酰肌醇-3-激酶/磷脂醯肌醇-3-激酶 phosphatidylinositol 3-kinase
磷脂酰肌醇聚糖/磷脂醯肌醇聚糖 phosphatidylinositol glycan
磷脂酰肌醇磷酸/磷脂醯肌醇磷酸 phosphatidylinositol phosphate, PIP
磷脂酰肌醇-3-羟激酶/磷脂醯肌醇-3-羥基激酶 phosphatidylinositol 3-hydroxy kinase, PI_2K
磷脂酰肌醇-4,5-双磷酸/磷脂醯肌醇-4,5-雙磷酸 phosphatidylinositol 4,5-bisphosphate, PIP_2
磷脂酰肌醇循环/磷脂醯肌醇循環 phosphatidylinositol cycle

磷脂酰肌醇应答/磷脂醯肌醇應答 phosphatidylinositol response
磷脂酰肌醇转换/磷脂醯肌醇轉換 phosphotidylinositol turnover
磷脂酰丝氨酸/磷脂酰絲氨酸,磷脂醯絲胺酸 phosphatidylserine, PS
磷脂酰丝氨酸受体/磷脂醯絲氨酸受體 phosphatidyl serine receptor
磷脂酰乙醇胺/磷脂醯乙醇胺 phosphatidylethanolamine, PE
鳞/鱗 scale, shield
鳞板/鱗板 dissepiment
鳞柄毒蕈肽/毒蕈肽 virotoxin
鳞骨/鱗骨 squamosal bone
鳞骨片/鱗骨片 scale
鳞茎地下芽植物/鱗莖地下芽植物 geophyta bulbosa
鳞毛/鱗毛 paraphyllium
鳞盘/鱗盤 squamodisc
鳞片/鱗片 scale, lepis, elytron
鳞片柄/鱗片柄 elytrophore
鳞片状地衣体/鱗片狀地衣體 squamulose thallus
鳞形感器/鱗狀感覺器 squamiform sensillum, sensillum squamiformium
鳞芽/鱗芽 scaly bud
鳞叶/鱗葉 scaly leaf
鳞质鳍条/鱗狀鰭條 lepidotrichia
鳞状毛/鱗[狀]毛 scale hair
鳞状膜片/鱗狀膜片 squama
膦酰二肽/膦醯二肽 phosphoramidon
灵菌毒素/靈菌毒素 prodigiosus toxin
灵菌红素/靈[桿]菌紅素,紅色桿菌紅素 prodigiosin
灵敏/敏捷性 agility
灵长类/靈長類 primate
灵长类学/靈長類學 primatology
铃蟾抗菌肽/鈴蟾抗菌肽 bombinin
铃蟾肽/鈴蟾肽,鈴蟾素 bombesin
菱脑/菱腦 rhombencephalon
菱形平滑肌细胞/菱形平滑肌細胞 rhomboid-smooth muscle cell, R-SMC
菱形气管网结/菱形氣管網結 diamond anastomose
菱形体/菱形體 rhombogen
翎骨针/翎骨針 point
翎领/翎領 ruff
零合基因/缺偶基因 nullozygous gene
零彗差合轴/零彗差合軸 coma-free alignment
零级反应/零級反應 zero-order reaction
零假说/虛擬假説 null hypothesis
零[净]增长等值线/零淨生長等值線 zero net growth isoline, ZNGI
零模型/零模型,假設模型 null model
零泄漏/零泄漏 zero leaking
龄/齡 instar
龄级/齡級 age class
龄期/齡期 stadium
龄组/年齡組 age group
领鞭毛体/領鞭毛體 choanomastigote
领部/領部 collaret
领刺/領棘 collar spine
领片/領片 patagium
领腔/領腔 collar cavity
领头/領導 leadership
领细胞/領細胞 choanocyte, collar cell
领细胞层/領細胞層 choanosome, choanoderm
领细胞室/領細胞室,襟細胞室 choanocyte chamber
领域/領域 territory
领域防御/領域防禦 territory defence
领域信息素/領域費洛蒙 territorial pheromone
领域行为/領域行為 territorial behavior
领域性/領域性,地盤性 territoriality
留巢雏/留巢幼雛 nestling
留巢性/留巢性 nidicolocity, hidicolocity
留鸟/留鳥 resident bird, resident
流变学/流變學 rheology
流变仪/流變儀 rheometer
流产菌素/流產[菌]素 abortin
流产溶原性/流產溶原性 abortive lysogeny
流产转导/流產[性]轉導 abortive transduction
流程图/流程圖 flow chart
流出液/流出液 outflow
流动分子动力学模拟/流動分子動力學模擬 flow molecular dynamics simulation
流动库/流動庫 labile pool
流动沙丘/流動沙丘,移動性沙丘 mobile dune, migratory dune
流动室/流動腔 flow chamber
流动速度剖面/流場剖面 flow profile
流动镶嵌模型/流動鑲嵌模型,流體鑲嵌模型 fluid mosaic model
流动相/流動相 mobile phase
流感/流感,流行性感冒 influenza
流感病毒/流感病毒 influenza virus
流感灭活病毒疫苗/流感去活性病毒疫苗 influenza inactivated virus vaccine
流化床反应器/流化床反應器,流動層反應器 fluidized bed reactor
流化床生物反应器/流化床生物反應器 fluidized

bed bioreactor
流加培养/流加培養,饋料批次培養,饋料批式培養 fed-batch culture
流[量]平衡分析/流[量]平衡分析,通量平衡分析 flux balance analysis, FBA
流沙荒漠/流沙荒漠 mobilideserta
流式核型分析/流式核型分析 flow karyotyping
流式细胞分选器/流式細胞分選器,流式細胞分離儀 flow cell sorter
流式细胞分选仪/流式細胞分選器,流式細胞分離儀 flow cell sorter
流式细胞术/流式細胞術,流動式細胞測量術 flow cytometry, FCM
流式细胞仪/流式細胞儀,流動式細胞測量儀 flow cytometer, FCM
流式细胞仪技术/流式細胞儀技術 flow cytometer technology
流水动物/流水動物 eotic animal
流水浮游生物/流水浮游生物 rheoplankton
流水生态系统/流水生態系 lotic ecosystem
流水营养生物/流水營養生物 rheotrophic organism
流水植物/流水植物 rheophyte
流体静[力]压/流體静力壓,流體静壓力 hydrostatic pressure
流体镶嵌模型/流體鑲嵌模型,流動鑲嵌模型 fluid mosaic model
流通电泳/流通電泳 flow-through electrophoresis
流通蒸汽灭菌器/流通蒸汽滅菌器 Arnold steam sterilizer
流相液体层析/流相液態層析法 flow phase liquid chromatography, FPLC
流行率/流行率,盛行率 prevalence rate
流行性感冒/流行性感冒,流感 influenza
流域/流域,集水區 catchment
流域管理/流域管理,集水區管理 watershed management
流域生态学/流域生態學 watershed ecology
琉蚁二醛/琉蟻二醛 iridodial
硫胺素/硫胺素 thiamine
硫胺素焦磷酸/硫胺素焦磷酸,焦磷酸硫胺素 thiamine pyrophosphate, TPP
硫代磷酸寡核苷酸/硫代磷酸寡核苷酸 phosphorothioate oligonucleotide
硫呼吸/硫呼吸 sulphur respiration
硫化氢/硫化氫 hydrogen sulfide, sulfur hydride, sulfuretted hydrogen
硫化氢产生试验/硫化氫產生試驗 hydrogen sulfide production test, H_2S production test
硫化作用/硫化作用 sulfur oxidation
硫磺[样]颗粒/硫粒 sulfur granule
硫激酶/硫激酶 thiokinase
硫解酶/硫解酶 thiolase
硫堇/硫堇,硫寧 thionine
硫链丝菌素/硫鏈絲菌素 thiostrepton
硫链丝菌肽/硫鏈絲菌素 thiostrepton
硫霉素/硫黴素,噻烯黴素 thienamycin, thiomycin
硫[脑]苷脂/硫腦苷脂 sulfatide
硫[脑]苷脂酶/硫腦苷脂酶 sulfatidase
硫葡糖苷酶/硫葡萄糖苷酶 thioglucosidase
硫氰酸[生成]酶/硫氰酸[生成]酶 rhodanese, rhodanase
硫色素/硫色素 thiochrome
硫酸阿托品/硫酸阿托平 atropine sulfate
硫酸铵沉淀/硫酸銨沉澱 ammonium sulfate precipitation
硫酸铵分级/硫酸銨分級 ammonium sulfate fractionation
硫酸二甲酯/硫酸二甲酯 dimethyl sulfate, DMS
硫酸二甲酯保护分析/硫酸二甲酯保護分析,DMS 保護分析 dimethyl sulfate protection assay, DMS protection assay
硫酸二甲酯足迹法/硫酸二甲酯足跡法,DMS 足跡法 dimethyl sulfate footprinting, DMS footprinting
硫酸化/硫酸化[作用] sulfation
硫酸角质素/硫酸角質素 keratan sulfate
硫酸类肝素/硫酸類肝素,硫酸乙醯肝素 heparan sulfate
硫酸皮肤素/硫酸皮膚素 dermatan sulfate
硫酸葡聚糖/硫酸葡聚糖 dextran sulfate
硫酸软骨素/硫酸軟骨素 chondroitin sulfate
硫酸软骨素支架/硫酸軟骨素支架 chondroitin sulfate scaffold
硫酸盐还原菌/硫酸鹽還原菌 sulfate-reducing bacteria
硫酸盐还原作用/硫酸鹽還原作用 sulfate reduction
硫酸乙酰肝素/硫酸乙醯肝素,硫酸類肝素 heparan sulfate, HS
硫酸酯酶/硫酸酯酶 sulfatase
硫藤黄素/硫藤黄菌素 thiolutin
硫细菌/硫細菌 sulfur bacteria
硫辛酸/硫辛酸 lipoic acid
硫辛酰胺/硫辛酰胺,硫脂醯胺 lipoamide
硫辛酰胺还原转乙酰基酶/硫辛醯胺還原酶轉乙醯基酶 lipoamide reductase-transacetylase
硫辛酰胺脱氢酶/硫辛醯胺脱氫酶 lipoamide dehydrogenase, dihydrolipoamide dehydrogenase

硫辛酰基/硫辛醯基　lipoyl
硫辛酰赖氨酸/硫脂醯賴氨酸　lipoyllysine
硫循环/硫循環　sulfur cycle
硫氧还蛋白/硫氧還蛋白,硫氧化還原蛋白　thioredoxin
硫氧还蛋白-二硫键还原酶/硫氧化還原蛋白-二硫鍵還原酶　thioredoxin-disulfide reductase
硫氧还蛋白过氧化物酶/硫氧化還原蛋白過氧化物酶　thioredoxin peroxidase, TPx
硫氧还蛋白还原酶/硫氧化還原蛋白還原酶　thioredoxin reductase
硫氧化物/硫氧化物　sulfur oxide
硫脂/硫脂　sulfolipid
硫酯酶/硫酯酶　thioesterase
硫转移酶/硫轉移酶　sulfurtransferase
硫唑嘌呤/硫唑嘌呤　azathioprine, AZA
瘤/瘤　bump
瘤棒骨针/瘤棒骨針　kyphorhabd
瘤杆骨片/瘤桿骨片　ennomoclone
瘤角/瘤角　stubby horn
瘤胃/瘤胃　rumen
瘤胃微生物学/瘤胃微生物學　rumen microbiology
瘤胃液-葡萄糖-纤维二糖琼脂培养基/瘤胃液-葡萄糖-纖維二糖瓊脂培養基,RGCA 瓊脂培養基　rumen fluid-glucose-cellobiose agar medium, RGCA medium
六倍体/六倍體,六元體　hexaploid
六倍性/六倍體性　hexaploidy
六方晶系/六方晶系　hexagonal system
六辐骨针/六輻骨針　hexactine, hexact
六钩蚴/六鉤蚴　oncosphere, hexacanth
六角相/六角相　hexagonal phase
六邻体/六鄰體,六鄰粒　hexon, hexonmer
六碳糖/六碳糖,己糖　hexose
六糖/六糖　hexaose
六星骨针/六星骨針　hexaster
六原型/六原型,六芒型　hexarch
六足动物/六足動物　hexapod
龙胆二糖/龍膽二糖　gentiobiose
龙胆三糖/龍膽三糖　gentianose
龙胆紫/龍膽紫　gentian violet
龙骨板/龍骨板　carinal plate
龙骨瓣/龍骨瓣　carina, keel
龙骨突/龍骨突　keel
龙虾肽酶/龍蝦肽酶,蝦紅素　astacin
龙虾幼体/透明幼體　puerulus larva
笼式运载体/籠形載體　cage carrier
笼形结构/籠形結構　cage structure
笼状化合物/籠形化合物　caged compound
笼状体/籠狀體　basket
漏电流/漏[電]流,背景電流　leak current
漏斗/漏斗　infundibulum
漏斗管/漏斗管　funnel siphon
漏斗基/漏斗基　funnel base
漏斗器/漏斗器　funnel organ
漏斗陷/漏斗凹　funnel excavation
漏斗状花冠/漏斗狀花冠,漏斗形花冠　funnel-shaped corolla, infundibular corolla
漏通道/漏通道　leak channel
卢里亚-贝尔塔尼培养基/盧里亞-貝爾塔尼培養基,LB 培養基　Luria-Bertani medium, LB medium
卢氏血型系统/盧氏血型系統　Lutheran blood group system
芦苇沼泽/蘆葦沼澤　reed swamp
颅/顱　cranium, skull
颅侧区/頭側區　parietal
颅骨/顱骨　cranium
颅内脑电图/顱內腦電圖　intracranial electro-encephalogram
颅内压/顱內壓　intracranial pressure, ICP
颅内自我刺激/顱內自我刺激　intracranial self stimulation
鲁菲尼小体/魯菲尼氏小體　Ruffini corpuscle
鲁氏碘液/魯氏碘液　Lugol iodine solution
陆地生态系统/陸生生態系,陸域生態系　terrestrial ecosystem
陆地生物/陸地生物　terricole
陆地卫星/大地衛星　landsat
陆架动物区系/陸棚動物相　shelf fauna
陆栖动物/陸棲動物,陸生動物　terrestrial animal
陆桥假说/陸橋假説　continental bridge hypothesis
陆生动物/陸生動物,陸棲動物　terrestrial animal
陆生植物/陸生植物　terrestrial plant
鹿角/鹿角　antler
鹿角状菌丝/鹿角狀菌絲,分叉菌絲　dichophysis, dichohyphidia
鹿茸/鹿茸　velvet
鹿苔/馴鹿苔　reindeer moss
路径积分/路徑積分　path integration
路易斯抗原/劉易斯抗原　Lewis antigen
路易斯血型物质/劉易斯血型物質　Lewis blood group substance
露地栽培/露地栽培　open culture, out door culture, raising seedling on the open
露点/露點　dew point
吕夫勒血清培养基/吕氏血清培養基　Loeffler serum

medium
吕氏甲烯蓝/呂氏美藍,鹼性美藍 Loeffler methylene blue
吕氏美蓝/呂氏美藍,鹼性美藍 Loeffler methylene blue
吕氏血清培养基/呂氏血清培養基 Loeffler serum medium
吕氏亚甲蓝/呂氏美藍,鹼性美藍 Loeffler methylene blue
旅鸟/旅鳥 passing bird
旅游生态学/遊憩生態學 recreation ecology
绿带/綠帶 green belt
绿豆核酸酶/綠豆核酸酶 mungbean nuclease
绿肥/綠肥 green manure
绿肥作物/綠肥作物 green manure crop
绿胡须效应/綠鬍鬚效應 green beard effect
绿僵病/綠僵病 green muscardine
绿僵菌素/綠僵菌素 destruxins
绿敏细胞/綠敏細胞 green-sensitive cell
绿脓蛋白/綠膿菌素 pyosin
绿脓杆菌溶血素/綠膿桿菌溶血素 pyocyanolysin
绿脓[菌]素/綠膿青素 pyocyanin
绿脓菌荧光素/綠膿桿菌螢光素,膿螢光素 pyofluorescein
绿色革命/綠色革命 green revolution
绿色化工/綠色化工產業 green chemical industry
绿色能源/綠色能源 green energy
绿色食品/綠色食品 green food
绿色文明/綠色文明 green civilization
绿色荧光蛋白/綠色螢光蛋白 green fluorescent protein, GFP
绿色植物/綠色植物 chlorophyte, green plant
绿色组织/綠色組織,葉綠組織 chlorenchyma
绿苋毒蛋白/綠莧毒蛋白 amaranthin
绿腺/綠腺 green gland
绿藻素/綠藻素,細球藻素 chlorellin
绿洲/綠洲 oasis
氯地孕酮/氯地孕酮 chlormadinone
氯度/氯度,氯量 chlorinity, chlorosity
氯仿/氯仿,三氯甲烷 chloroform, formyl trichloride
氯氟碳化物/氟氯碳化物,氟氯代烴 chlorofluorocarbons, CFCs
氯氟烃/氟氯碳化物,氟氯代烴 chlorofluorocarbons, CFCs
氯含量/氯度,氯量 chlorinity, chlorosity
氯化三苯基四氮唑法/氯化三苯四唑法,TTC 法 triphenyl tetrazolium chloride method, TTCM
氯化铯离心/氯化銫離心 cesium chloride centrifugation
氯霉素/氯黴素 chloramphenicol
氯霉素扩增/氯黴素擴增 chloramphenicol amplification
氯霉素乙酰转移酶/氯黴素乙醯轉移酶 chloramphenicol acetyltransferase, CAT
氯霉素乙酰转移酶测定/氯黴素乙醯轉移酶測定 chloramphenicol acetyltransferase assay, CAT assay
氯芪酚柠檬酸试验/氯芪酚檸檬酸試驗,枸橼酸克羅米芬試驗 clomiphene citrate test
氯醛糖/氯醛糖 chloralose
氯四环素/氯四環素 chloroteracycline
氯通道/氯離子通道 chloride channel
氯细胞/氯細胞 chloride cell
氯转移/氯轉移 chloride shift
滤过/濾過,過濾 filtration
滤过分数/濾過分數 filtration fraction, FF
滤过裂孔/濾過裂孔 filtration slit pore
滤过裂孔膜/濾過裂孔膜 filtration slit membrane, filtration slit diaphragm
滤过膜/濾膜器 filter membrane
滤过钠排泄分数/濾過鈉排泄分數 filtration sodium excretion fraction, FENa
滤过平衡/濾過平衡 filtration equilibrium
滤过系数/濾過係數 filtration coefficient
滤过性病毒/濾過性病毒,可濾過病毒 filtrable virus
滤膜杂交/濾膜雜交 filter hybridization
滤泡/濾泡 follicle
滤泡间上皮/濾泡間上皮 interfollicular epithelium, IFE
滤泡旁细胞/濾泡旁細胞 parafollicular cell
滤泡树突状细胞/濾泡樹突細胞 follicle dendritic cell, FDC
滤泡相关上皮细胞/濾泡相關上皮細胞 follicle-associated epithelial cell, FAE cell
滤食/濾食 filter feeding
滤食动物/濾食動物,濾食者 filter feeder
滤室/濾室 filter chamber
孪蛋白/孿蛋白,雙能蛋白 geminin
孪生斑/孿生斑,雙生斑 twin spot
孪生种/孿生種 twin species
挛缩/攣縮 contracture
卵/卵[細胞],卵[子] egg, ovum, oosphere
卵鞍/卵鞍,蝶鞍 ephippium
卵孢子/卵孢子 oospore
卵胞/卵胞 ovicell
卵巢/卵巢 ovary

卵巢发育不全/卵巢發育不全 ovarian hypoplasia
卵巢管/卵巢管,微卵管 ovariole
卵巢球/卵巢球 ovarian ball
卵巢蜕皮素形成激素/卵巢蜕皮素生成激素 ovarian ecdysteroidergic hormone, OEH
卵巢早衰/卵巢早衰 premature ovarian failure, premature ovarian insufficiency, POI
卵巢周期/卵巢週期 ovarian cycle
卵齿/卵齒 egg tooth
卵袋/卵囊 egg sac
卵发育神经激素/卵發育神經分泌激素 egg development neurosecretory hormone, EDNH
卵孵化/卵孵化 egg hatching
卵盖/卵蓋 egg cap, operculum
卵睾/卵睾 ovotestis
卵核/卵核 female gametic nucleus
卵核分裂/卵核分裂 ookinesis
卵红蛋白/卵紅蛋白 ovorubin
卵黄/卵黄 vitellus, yolk
卵黄被/卵黄外膜 vitelline envelope
卵黄蛋白/卵黄蛋白 livetin
卵黄蛋白原/卵黄[蛋白]原蛋白,卵黄生成素 vitellogenin, Vg
卵黄动脉/卵黄動脈 vitelline artery
卵黄发生/卵黄發生 vitellogenesis
卵黄分裂/卵黄分裂 yolk cleavage
卵黄高磷蛋白/卵黄高磷蛋白 phosvitin
卵黄管/卵黄管 yolk duct, vitelline duct
卵黄静脉/卵黄静脈 vitelline vein
卵黄抗体/卵黄抗體 vitelline antibody
卵黄类黏蛋白/卵黄類黏蛋白 vitellomucoid
卵黄磷蛋白/卵黄磷蛋白 vitellin
卵黄磷肽/卵黄磷肽 ovotyrin
卵黄滤泡/卵黄濾泡 vitelline follicle
卵黄膜/卵黄膜 vitelline membrane
卵黄囊/卵黄囊 yolk sac
卵黄内胚层/卵黄内胚層 yolk endoderm
卵黄腔/卵黄腔 lecithocoel
卵黄生成素/卵黄生成素,卵黄[蛋白]原蛋白 vitellogenin, Vg
卵黄栓/卵黄栓 yolk plug
卵黄体/卵黄體 vitellus
卵[黄系]带/卵[黄繫]帶 chalaza
卵黄细胞/卵黄細胞 yolk cell
卵黄腺/卵黄腺 vitelline gland, yolk gland, vitellarium
卵黄形成期/卵黄形成期 period of yolk formation
卵黄原蛋白/卵黄[蛋白]原蛋白,卵黄生成素 vitellogenin, Vg
卵黄脂[磷]蛋白/卵黄脂磷蛋白,脂卵磷蛋白 lipovitellin, LVT
卵黄贮囊/卵黄貯囊 vitelline reservoir
卵黄总管/卵黄總管 common vitelline duct
卵精巢/卵睾 ovotestis
卵菌类/卵菌類,遊走菌類,藻菌 oomycetes
卵壳/卵殻 chorion, shell
卵壳蛋白/卵殻蛋白 chorionin, chorion protein
卵壳发生/卵殻發生 choriogenesis
卵孔/卵孔 micropyle
卵孔盖/卵孔蓋 micropyle cap
卵块/卵塊,卵團 egg mass, egg batch
卵块袋/卵塊袋 egg string
卵块发育/卵片發育,無卵核受精,卵片發生 merogony
卵类黏蛋白/卵類黏蛋白 ovomucoid
卵裂/卵裂,分裂 cleavage
卵裂沟/卵裂溝 cleavage furrow
卵裂核/卵裂核 cleavage nucleus
卵裂面/卵裂面,劈裂面 cleavage plane
卵裂腔/卵裂腔 segmentation cavity, cleavage cavity
卵裂球/卵裂球,分裂球,分割球 blastomere
卵裂型/卵裂型,劈裂型 cleavage type
卵磷脂/卵磷脂 lecithin
卵磷脂-胆固醇酰基转移酶/卵磷脂膽固醇醯基轉移酶 lecithin-cholesterol acyltransferase, LCAT
卵磷脂酶/卵磷脂酶 lecithinase
卵磷脂酶试验/卵磷脂酶試驗 lecithinase test
卵模/卵模 ootype
卵膜/卵膜 egg envelope, egg membrane
卵母细胞/卵母細胞 oocyte
卵母细胞成熟/卵母細胞成熟 oocyte maturation
卵母细胞成熟抑制物/卵母細胞成熟抑制物 oocyte maturation inhibitor, OMI
卵母细胞获能/卵母細胞獲能 oocyte capacitation
卵囊/卵囊 egg sac, egg capsule, oocyst
卵囊残体/卵囊殘體 oocyst residuum
卵囊管/卵囊管 ooduct
卵黏蛋白/卵黏蛋白 ovomucin
卵泡/卵[巢濾]泡 ovarian follicle, follicle
卵泡闭锁/卵泡閉鎖,濾泡閉鎖 follicular atresia
卵泡刺激素/促卵泡[激]素,促濾泡素,濾泡刺激素 follicle-stimulating hormone, FSH
卵泡刺激素阈值/卵泡刺激素閾值 follicle-stimulating hormone threshold, FSH threshold
卵泡发生/卵泡生成,濾泡生成 folliculogenesis
卵泡发育/卵泡發育 follicular development

卵泡开放/卵泡開放,濾泡開放 follicle patency
卵泡颗粒细胞培养/卵泡顆粒細胞培養 cultivation of ovarian granulose cell
卵泡膜/卵泡膜 follicular theca, theca folliculi
卵泡膜黄体细胞/卵泡膜黃體細胞 theca lutein cell
卵泡膜细胞/卵泡膜細胞 theca cell
卵泡期/濾泡期,增殖期,增生期 follicular phase, roliferative phase
卵泡腔/卵泡腔 follicular cavity
卵泡生长/卵泡生長 growth of follicle
卵泡特异蛋白/濾泡特異蛋白 follicle-specific protein
卵泡细胞/卵泡細胞,濾泡細胞 follicle cell, follicular cell
卵泡选择/卵泡選擇 follicle selection
卵泡液/卵泡液 follicular fluid
卵泡抑素/促濾泡素抑制素,濾泡抑素,抑濾泡素 follistatin, FST
卵配子/卵配子,雌配子,大配子 oogamete
卵器/卵器 egg apparatus
卵鞘/卵鞘 ootheca
卵鞘蛋白/卵鞘蛋白 oothecin
卵清蛋白/卵清蛋白 ovalbumin
卵丘/卵丘 ovarium mound, cumulus oophorus
卵丘颗粒细胞/卵丘顆粒細胞 cumulus granular cell
卵丘扩展/卵丘擴展 cumulus expansion
卵球/卵球 oosphere
卵生/卵生 oviparity
卵生动物/卵生動物 ovipara, oviparous animal
卵生珊瑚虫/卵生個蟲 oozooid
卵生体/卵生體 oozooid
卵式生殖/卵配生殖,卵配結合 oogamy
卵室/卵室 egg chamber, ooecium
卵室口/卵室口 ooecial orifice
卵室口盖/卵室口蓋 ooecial operculum
卵室囊/卵室囊 ooecial vesicle
卵胎生/卵胎生 ovoviviparity
卵胎生动物/卵胎生動物 ovoviviparous animal
卵特异蛋白/卵特異蛋白 egg-specific protein
卵吸收/卵吸收 oosorption
卵形成/卵形成 ovification
卵形成器/卵形成器 oogenotop
卵蛹/卵蛹 schadonophan
卵原细胞/卵原細胞 oogonium
卵运铁蛋白/卵運鐵蛋白 ovotransferrin
卵质/卵質 ooplasm, ovoplasm
卵质内单精子注射/精子細胞漿內注射 intracytoplasmic sperm injection, ICSI
卵质体/卵質體 ooplast
卵中心体/卵中心 oocenter, ovocenter
卵周膜/卵周膜 perivitelline membrane
卵周隙/卵周空隙,卵周間隙 perivitelline space
卵周液/卵周液 perivitelline fluid
卵轴/卵軸 egg axis
卵子发生/卵子發生,卵子形成 oogenesis
掠夺信息素/掠奪費洛蒙 robbing pheromone
掠夺性攻击/掠奪性攻擊 predatory aggression
掠食体/掠食體 theront
伦敦黏土植物区系/倫敦黏土層植物區系 London clay flora
伦纳效应/倫納氏效應 Renner effect
伦施法则/倫施法則 Rensch rule
伦氏液/倫氏液 Lundlad solution
轮带/輪帶 trochal band
轮骨/輪骨 rotule
轮荒农业/遊墾農業 shift agriculture
轮回亲本/輪回親本,回歸親本 recurrent parent
轮生/輪生 verticillation, whorl
轮生叶/輪生葉 verticillate leaf
轮生叶序/輪生葉序 verticillate phyllotaxis
轮替运动障碍/輪替運動障礙 dysdiadochokinesia
轮形动物/輪形動物 rotifer
轮形体/輪形體 wheel
轮疣/輪疣 wheel papilla
轮状花冠/輻狀花冠 rotate corolla, wheel-shaped corolla
轮状聚伞花序/輪[狀聚]傘花序 verticillaster
罗伯逊裂解/羅伯遜裂解 Robertsonian fission
罗伯逊易位/羅伯遜易位,端點著絲粒易位 Robertsonian translocation
罗丹明/若丹明,鹼性蕊香紅 rhodamine
罗伦瓮/勞氏罍 ampulla of Lorenzini
罗沙米星/薔薇黴素 rosamicin, rosaramicin
罗氏染色/羅曼落司基染色 Romanowsky stain
罗斯曼折叠模式/羅斯曼折疊 Rossman fold
逻辑门回路/邏輯門回路 logic gate circuit
逻辑斯谛方程/邏輯斯諦方程式,推理方程式,邏輯方程式 logistic equation
逻辑斯谛曲线/邏輯斯諦曲線,推理曲線 logistic curve
逻辑斯谛增长/邏輯斯諦成長,推理成長 logistic growth
逻辑斯谛增长方程/邏輯斯諦成長方程式,推理曲線成長方程式 logistic growth equation
逻辑斯谛种群生长/邏輯斯諦式族群成長,推理曲線式族群成長 logistic population growth

螺层/螺層 spiral whorl
螺顶/螺頂 apex
螺冠型触手冠/螺冠型觸手冠 spirolophorus lophophore
螺环/螺環,旋圈 whorl
DNA 螺距/DNA 螺距 DNA pitch
螺纹导管/螺紋導管 spiral vessel
螺纹管胞/螺紋管胞 spiral tracheid
螺纹加厚/螺紋加厚 spiral thickening
螺线管/螺線管 solenoid
螺线管结构/螺線管結構 solenoid structure
螺线管模型/螺線管模型 solenoid model
螺形二歧分枝式/螺形二歧分枝式 helicoid dichotomous branching
螺形聚伞花序/螺[旋]狀聚傘花序,捲傘花序 bostryx, helicoid cyme
螺旋/螺旋 helix
α-螺旋/α-螺旋 alpha helix, α-helix,
β-螺旋/β-螺旋 beta helix, β-helix
螺旋瓣/螺旋瓣 spiral valve
螺旋部/螺旋部 spire
螺旋参数/螺旋參數 helix parameter
螺旋度/螺旋度,螺旋性,螺旋率 helicity
螺旋对称/螺旋對稱 helical symmetry
螺旋-环-螺旋模体/螺旋-環-螺旋模體,螺旋-環-螺旋基序,螺旋纏繞螺旋基本花紋 helix-loop-helix motif
螺旋浆式环形发酵罐/螺旋槳式環形發酵槽 propeller loop fermenter
螺旋浆状扭曲/螺旋槳狀扭曲 propeller twisting
螺旋结构/螺旋結構 helical structure
螺旋菌/螺旋菌 spirillum, spirochetes
螺旋菌丝/螺旋菌絲 spiral hypha
螺旋卵裂/螺旋卵裂,旋裂 spiral cleavage
螺旋霉素/螺旋黴素 spiramycin
螺旋平板计数仪/螺旋平板計數儀 spiral plate counter
螺旋器/螺旋器 spiral organ
螺旋去稳定蛋白[质]/螺旋去穩性蛋白,螺旋減穩定蛋白 helix-destabilizing protein, HDP
螺旋韧带/螺旋韌帶 spiral ligament
螺旋神经节/螺旋神經節 spiral ganglion
螺旋生长/螺旋生長 spiral growth
α-螺旋束/α-螺旋束 α-helix bundle
螺旋丝/螺旋絲,螺旋帶 spiral filament, taenidium
螺旋体/螺旋體 spire, spirochaete
螺旋腕/螺旋腕 spiral arm
螺旋形成/螺旋形成 spiralization
螺旋形态/螺旋型態 helical morphology
螺旋性/螺旋性 spirality
螺旋缘/螺旋緣 spiral limbus
螺旋运动/回旋運動 spiral motion
螺旋轴/螺旋軸 screw axis
螺旋-转角-螺旋/螺旋-轉角-螺旋 helix-turn-helix
螺旋-转角-螺旋模体/螺旋-轉角-螺旋模體,螺旋-轉角-螺旋基序 helix-turn-helix motif
螺旋状排列/螺旋排列 spiral arrangement
螺旋状叶序/螺旋葉序 spiral phyllotaxy
螺原体/螺漿體 spiroplasma
螺轴肌/殼軸肌 columellar muscle
螺状聚伞花序/螺[旋]狀聚傘花序,捲傘花序 bostryx, helicoid cyme
螺状体/螺狀體 spiral zooid
螺状纹理/螺旋紋理 spiral grain
螺状钟乳体/螺旋鐘乳體 helicoid cystolith
裸 DNA/裸 DNA naked DNA
裸孢子/裸孢子 gymnospore
裸壁/裸壁 gymnocyst
裸地/裸地,不毛地 bare land, denuded land
裸地景观/裸地景觀,剝蝕地景 denuded landscape
裸根/裸出根 open root
裸果型发育/裸果型發育,真裸子實層式發育 eugymnohymenial development
裸花/裸花 naked flower
裸基因/裸基因 naked gene
裸蕨植物/裸蕨植物,松葉蕨類 psilophyte
裸菌/裸細菌 gymnobacteria
裸淋巴细胞综合征/裸淋巴球症候群 bare lymphocyte syndrome, BLS
裸露病毒/裸露病毒 naked virus
裸露病毒[粒]体/裸露病毒粒子 naked virion
裸露病毒粒子/裸露病毒粒子 naked virion
裸卵/裸卵 naked ovum
裸名/裸名,無效名,空名稱 nomen nudum, nom. nud.
裸囊壳/裸囊殼 gymnothecium
裸区/裸區 apterium
裸鼠/裸鼠 nude mouse
裸头尾蚴/裸頭尾蚴 gymnocephalus cercaria
裸细胞/裸細胞 null cell
裸芽/裸芽 naked bud
裸蛹/裸蛹 free pupa, pupa exarata
裸质体/裸質體 gymnoplast
裸子植物/裸子植物 gymnosperm
瘰粒/疣 wart
洛伐他汀/洛伐他汀 lovastatin

洛克[溶]液/樂克氏溶液 Locke solution
洛伦齐尼瓮/勞氏罍 ampulla of Lorenzini
洛马群落/落馬植被 loma
洛氏病/洛氏病 Lorsch disease
洛特卡-沃尔泰拉方程/羅特卡-弗爾特拉方程式，L-V 方程式 Lotka-Volterra equation
洛特卡-沃尔泰拉模型/羅特卡-弗爾特拉模型，L-V 模型 Lotka-Volterra model
洛文[定]律/洛文定律 Loven law
落尘/落塵 fallout
落基山斑疹热/落磯山斑疹熱 Rocky Mountain spotted fever
落基山斑疹热疫苗/落磯山斑點熱疫苗 Rocky Mountain spotted fever vaccine
落皮层/落皮層，外層樹皮 rhytidome
落射光显微镜/表面激發顯微鏡 epi-illumination microscope
落叶/落葉，脱葉 deciduous leaf, effoliation
落叶采收器/落葉採收器 litter trap
落叶剂/落葉劑，脱葉劑 defoliant
落叶阔叶林/落葉闊葉林 deciduous broad-leaved forest
落叶阔叶林带/落葉闊葉林帶 deciduous broad-leaved forest zone
落叶林/落葉林 deciduous forest
落叶木本群落/落葉木本群落 deciduilignosa
落叶树/落葉樹 deciduous tree
落叶针叶林/落葉針葉林 deciduous coniferous forest

M

孖肌/孖肌　gemellus muscle
麻风菌素/麻風菌素　lepromin
麻风菌素试验/麻風菌素試驗　lepromin test
麻疯树毒蛋白/麻瘋樹毒蛋白　curcin
麻仁球蛋白/麻仁球蛋白　edestin
麻蝇半胱氨酸蛋白酶抑制蛋白/麻蠅半胱氨酸蛋白酶抑制蛋白　sarcocystatin
麻蝇抗菌肽/麻蠅抗菌肽　sarcotoxin
麻疹病毒/麻疹病毒　measles virus
麻疹和风疹病毒活疫苗/麻疹和風疹活病毒疫苗　measles and rubella virus vaccine live
麻疹活病毒疫苗/麻疹活病毒疫苗　measles live virus vaccine
麻疹、腮腺炎和风疹联合病毒活疫苗/麻疹、腮腺炎及風疹活病毒疫苗　measles, mumps and rubella virus combined vaccine live
[马]鼻疽菌素试验/鼻疽菌素試驗　mallein test
马槟榔甜蛋白/馬檳榔甜蛋白　mabinlin
马勃/馬勃,灰蕈[擔]　puffball
马传染性贫血驴白细胞活疫苗/馬傳染性貧血驢白血球活疫苗　equine infectious anemia donkey leukocyte live vaccine
马达蛋白[质]/馬達蛋白,運動蛋白,動力型蛋白質　motor protein
马丁培养基/馬丁培養基　Martin medium
马兜铃酸/馬兜鈴酸　aristolochic acid
马尔-阿尔布斯运动学习理论/馬爾-阿爾布斯運動學習理論　Marr-Albus theory of motor learning
马尔萨斯过渔/馬爾薩斯過漁　Malthusian overfishing
马尔萨斯模型/馬爾薩斯模型　Malthusian model
马尔萨斯增长/馬爾薩斯成長,指數型[族群]成長　Malthusian growth
马方综合征/馬方氏症候群　Marfan syndrome
马赫带/馬赫頻帶　Mach band
马基斯群落/馬基斯植被　maquis, macchia
马加莱夫演替模式/馬加萊夫演替模式　Margalef model of succession
马抗血清/馬抗血清　horse antiserum
马克萨姆-吉尔伯特法/馬克薩姆-吉爾伯特法　Maxam-Gilbert method
马来酸/馬來酸,順丁烯二酸　maleic acid
马来亚病/馬來亞病　Malaya disease
马雷定律/馬萊氏定律　Marey law
马铃薯葡萄糖琼脂/馬鈴薯葡萄糖瓊脂　potato dextrose agar, PDA
马铃薯琼脂/馬鈴薯瓊脂,馬鈴薯洋菜　potato agar
马免疫球蛋白/馬免疫球蛋白　equine immunoglobulin
马尿酸/馬尿酸　hippuric acid
马氏管/馬氏管　Malpighian tube
马氏诱捕器/馬氏網,馬萊誘捕器　Malaise trap
马蹄内翻足/馬蹄內翻足　talipes equinovarus
马修斯系数/馬修斯係數　Matthews coefficient
玛加利亚-卡拉门台阶实验/瑪加利亞-卡拉門臺階實驗　Margaria-Kalamen staircase test
迈博姆腺/梅勃敏腺　Meibomian gland
迈斯纳神经丛/梅斯納氏神經叢　Meissner plexus
迈斯纳小体/梅斯納氏小體,邁斯納氏小體　Meissner corpuscle
麦醇溶蛋白/麥醇溶蛋白　gliadin
麦迪霉素/麥迪加黴素　midecamycin, mydecamycin
麦谷蛋白/麥穀蛋白　glutenin
麦基恩模型/麥基恩模型　Mckean model
麦角/麥角　ergot
麦角毒素/麥角毒素　ergotoxin
麦角钙化[固]醇/麥角鈣化[固]醇,麥角促鈣醇,麥角成骨醇　ergocalciferol
麦角固醇/麥角固醇,麥角甾醇　ergosterol
麦角肽/麥角肽　ergopeptide
麦角新碱/麥角新素　ergometrine, ergonovine
麦角中毒/麥角中毒　ergotism
麦卡洛克-皮茨模型/M-P 模型　McCulloch-Pitts model
麦康凯培养基/麥康凱培養基　MacConkey medium
麦考酚酸/黴酚酸　mycophenolic acid
麦克阿瑟平衡说/麥克阿瑟平衡說　MacArthur equilibrium theory
麦克阿瑟折棒模型/麥克阿瑟斷棍模型　MacArthur broken-stick model
麦克尔软骨/美凱爾氏軟骨　Meckel cartilage
麦克法兰比浊管/麥克法蘭比濁管　McFarland

turbidity tube
麦克诺顿优势指数/麥克諾頓優勢指數 McNaughton dominance index
麦胚/麥胚,小麥胚芽 wheat germ
麦胚抽提物/麥胚抽提物 wheat germ extract
麦胚凝集素/麥胚凝集素,小麥胚芽凝集素 wheat-germ agglutinin, WGA
麦胚系统/麥胚系統 wheat-germ system
麦氏培养基/麥康凱培養基 MacConkey medium
麦氏染色/麥氏染色法 MacChiavello staining
麦芽糖/麥芽糖 maltose
麦芽糖操纵子/麥芽糖操縱子 mal operon
麦芽糖糊精/麥芽糖糊精 maltodextrin
麦芽糖孔蛋白/麥芽糖孔蛋白 maltoporin
麦芽糖酶/麥芽糖酶 maltase
麦芽汁/麥芽汁,麥芽抽出物,麥芽萃取液 malt extract, malt infusion, malt wort
麦芽汁培养基/麥芽萃取液培養基 malt extract medium
脉搏/脈搏 pulse
脉搏波/脈[搏]波 pulse wave
脉搏波传导速度/脈搏波傳導速度 pulse wave velocity, PWV
脉搏描记器/脈搏描記器,脈波計 sphygmograph
脉搏图/脈波圖,脈搏曲線 sphygmogram
脉[搏]压/脈搏壓 pulse pressure
脉冲/脈衝 pulse
脉冲标记技术/脈衝標記技術 pulse-labeling technique
脉冲重复率/脈波重複率 pulse repetition rate
脉冲[电]场凝胶电泳/脈衝[電]場凝膠電泳 pulsed-field gel electrophoresis, PFGE
脉冲电子-核双共振/脈衝電子-核雙共振 pulsed electron-nuclear double resonance, pulsed ENDOR
脉冲电子自旋共振/脈衝電子自旋共振 pulse eletron spin resonance, pulse ESR
脉冲发放神经元模型/脈衝發放神經元模型 spiking neuron model
脉冲辐解/脈衝輻解 pulse radiolysis
脉冲辐射/脈衝輻射 pulse radiation
脉冲傅里叶变换核磁共振[波谱]仪/脈衝傅立葉變換核磁共振光譜儀 pulsed Fourier transform NMR spectrometer
脉冲交变电场凝胶电泳/脈衝交變電場凝膠電泳 pulse alternative field gel electrophoresis
脉冲宽度/脈寬 pulse duration, pulse width
脉冲式分泌/脈衝式分泌 pulsatile secretion
脉冲追踪标记/脈衝追蹤標記 pulse-chase labeling
脉冲追踪分析/脈衝追蹤分析 pulse-chase analysis
脉动流/脈動流動 pulsatile flow
脉动式血氧仪/脈動式血氧儀 pulse oximeter
脉段/脈段 vein sector
脉弓/脈弓,脈弧 hemal arch
脉棘/脈棘 hemal spine
脉宽/脈寬 pulse duration, pulse width
脉率/脈搏數[率] pulse rate
脉络丛/脈絡叢 choroid plexus
脉络膜/脈絡膜 choroid
脉络膜腺/脈絡膜腺 choroid gland
脉序/脈序,脈相 venation, nervulation, neuration
满蹼/滿蹼 fully webbed
螨/蟎 acarid
螨病/蟎病 acariasis, acaridiasis, acarinosis
螨岛/蟎島 mite island
螨类群落带/蟎類分布帶 zone of acarina
螨性变态反应/蟎敏感性 mite sensitivity
螨性皮炎/蟎性皮炎 acarodermatisis
螨植共生/蟎植共生 acarophily, acarophytium
曼德勒滤器/曼德勒氏[矽藻土]過濾器 Mandler filter
蔓条样末梢/蔓樣終末,路徑樣末梢 trail ending
蔓延地上芽植物/蔓延地表植物 chamaephyta velantia
蔓延度/蔓延單位 contagion
蔓延分布/蔓延分布,叢生分布 contagious distribution
蔓延过程/蔓延過程 contagious process
蔓足/蔓足 cirrus
漫游底栖生物/漫游底棲生物 vagile benthos
慢病毒/慢病毒 lentivirus, slow virus
慢病毒载体/慢病毒載體 lentiviral vector
慢病毒载体技术/慢病毒載體技術 slow virus carrier technology
慢波/慢波 slow wave
慢波睡眠/慢波睡眠 slow wave sleep, SWS
慢反应动作电位/慢反應動作電位 slow response action potential
慢反应物质/慢反應性物質 slow reacting substance
慢反应细胞/慢反應細胞 slow response cell
慢化/慢化 slowing down
慢扫描 CCD 相机/慢掃描 CCD 相機 slow scan CCD camera
慢适应感受器/慢適應感受器 slowly adapting receptor
慢[缩]肌/慢[縮]肌 slow-twitch muscle
慢[缩]肌纤维/慢[縮]肌纖維 slow-twitch fiber, ST

fiber
慢停突变体/慢停突變體 slow-stop mutant
慢痛/慢痛 slow pain
慢突触传递/慢突觸傳遞 slow synaptic transmission
慢突触延迟/慢突觸延遲 slow synaptic delay
慢性低氧/慢性低氧 chronic hypoxia
慢性毒理试验/慢性毒性試驗 chronic toxicity test
慢性高原病/慢性高原病 chronic high altitude disease
慢性淋巴细胞白血病/慢性淋巴球性白血症 chronic lymphocytic leukemia, CLL
慢性淋巴细胞性甲状腺炎/慢性淋巴球性甲狀腺炎 chronic lymphocytic thyroiditis
慢性排斥反应/慢性排斥反應 chronic rejection
慢性皮肤黏膜念珠菌病/慢性皮膚黏膜念珠菌病 chronic mucocutaneous candidiasis
慢性疲劳综合征/慢性疲勞症候群 chronic fatigue syndrome, CFS
慢性肉芽肿病/慢性肉芽腫疾病 chronic granulomatous disease
慢性髓细胞性白血病/慢性骨髓球性白血症 chronic myelogenous leukemia, CML
慢性疼痛/慢性疼痛 chronic pain
慢性血管排斥反应/慢性血管排斥反應 chronic vascular rejection
慢性血清性肾炎/慢性血清性腎炎 chronic serum nephritis
慢性荨麻疹/慢性蕁麻疹 chronic urticaria
慢性移植物排斥反应/慢性移植物排斥反應 chronic graft rejection
慢性照射/慢性照射,長期照射 chronic irradiation
慢运动单位/慢運動單位 slow motor unit
慢殖子/慢殖子 bradyzoite
芒状发生说/上向演化 aristogenesis
芒状刚毛/芒狀剛毛 aristate seta
盲/盲,失明 blindness
盲肠/盲腸 cecum
盲传/盲目傳代 blind passage
盲点/盲點 blind spot
盲管/盲管,盲束 diverticulum
盲囊/盲囊 diverticulum
牻牛儿[基]焦磷酸/牻牛兒基焦磷酸 geranylpyrophosphate
莽草酸/莽草酸 shikimic acid
蟒蛇胆酸/蟒蛇膽酸 pythonic acid
猫艾滋病/貓後天[性]免疫缺失症候群 feline acquired immunodeficiency syndrome, FAIDS
猫获得性免疫缺陷综合征/貓後天[性]免疫缺失症候群 feline acquired immunodeficiency syndrome, FAIDS
猫叫综合征/貓哭症 cri du chat syndrome, 5p syndrome, cat's cry syndrome
毛/毛 hair
毛孢子/毛孢子 trichospore
毛被/毛被,皮毛 indumentum, pelage
毛颚动物/毛顎動物 chaetognath
毛干/毛幹 hair shaft
毛根/毛根 hair root
毛根诱导质粒/毛根誘導質體,毛根誘生質體,Ri 質體 root-inducing plasmid, Ri-plasmid
毛梗分生孢子/毛梗分生孢子 capilliconidium
毛管腹膜组织/毛管腹膜組織 vasoperitoneal tissue
毛果芸香碱/毛果芸香鹼 pilocarpine
毛基单元/毛基單元 kinetid
毛基皮层单元系统/毛基皮層單元系統 kinetome
毛基索/毛基索 kinety
毛基索侧生型/毛基索側生型 parakinetal
毛基索端生型/毛基索端生型 apokinetal, telokinetal
毛基索段/毛基索段 kinetal segment
毛基索断片/毛基索斷片 kinetofragment, kinetofragmon
毛基索缝系统/毛基索縫系統 kinetal suture system
毛基索横生型/毛基索橫生型 perkinetal
毛基索间生型/毛基索間生型 interkinetal
毛基索口生型/毛基索口生型 buccokinetal
毛基索下微管/毛基索下微管 subkinetal microtubule
毛基体/動體,[鞭毛]基體 kinetosome
毛基体系统/鞭毛系統 mastigont system
毛基质/毛基質 hair matrix
毛角质/毛角質 hair cuticle
毛节/毛節 nodulus
毛瘤/[叢]毛瘤 verruca
毛霉菌/毛黴菌 mucor
毛囊/毛囊 hair follicle
毛囊干细胞/毛囊幹細胞 hair follicle stem cell
毛内癣菌/毛内癬菌 endothrix
毛皮收购记录/毛皮記錄 pelt record
毛皮质/毛皮質 hair cortex
毛球/毛球 hair bulb
毛乳头/毛乳頭 hair papilla
毛束骨针/毛束骨針 trichodragma
毛髓质/毛髓質 hair medulla
毛透明蛋白/毛透明蛋白 trichohyalin
毛外癣菌/毛外癬菌 ectothrix

毛尾尾蚴/毛尾尾蚴 trichocercous cercaria
毛细胞/毛細胞 hair cell
毛细胞白血病/毛細胞白血病,髮狀細胞性白血病 hairy cell leukemia
毛细管/毛細管 capillary
毛细管等电聚焦/毛細管等電聚焦 capillary isoelectric focusing, CIEF
毛细管等速电泳/毛細管等速電泳 capillary isotachophoresis, CITP
毛细管电色谱法/毛細管電色譜法 capillary electrochromatography, CEC
毛细管电泳/毛細管電泳 capillary electrophoresis, CE
毛细管盲囊/微血管盲囊 capillary caecum
毛细管黏度计/毛細管黏度計 capillary viscometer
毛细管凝胶电泳/毛細管凝膠電泳 capillary gel electrophoresis, CGE
毛细管培养/毛細管培養 capillary culture
毛细管气相层析/毛細管氣相層析法 capillary gas chromatography
毛细管区带电泳/毛細管區帶電泳 capillary zone electrophoresis, CZE
毛细管色谱法/毛細管色譜法,毛細管層析法 capillary chromatography
毛[细]管势/毛管勢能,毛細管位能 capillary potential
毛[细]管水/毛細管水,微管水 capillary water
毛细管自由流动电泳/毛細管自由流動電泳 capillary free flow electrophoresis, CFFE
毛细淋巴管/淋巴毛細管,淋巴微[血]管 lymphatic capillary, lymph capillary
毛细血管/毛細[血]管,微血管 blood capillary
毛细[血]管脆性/毛細管脆性 capillary fragility
毛细血管后微静脉/後毛細血管微靜脈,微血管後微靜脈 postcapillary venule
毛细血管渗漏/毛細血管滲漏 capillary leakage
毛细血管渗漏综合征/毛細血管滲漏症候群 capillary leakage syndrome, CLS
毛细[血]管通透性/毛細[血]管滲透性 capillary permeability
毛细血管血压/毛細[血]管壓力 capillary pressure
毛形感器/毛狀感覺器 trichoid sensillum, sensillum trichodeum
毛序/毛序 hair arrangement
毛瘿/毛癭,絨毛 erineum
毛蚴/毛蚴 miracidium
毛羽/針羽 filoplume, pin-feather
毛原细胞/生毛細胞 trichogen, trichogenous cell
毛毡/毛癭,絨毛 erineum
毛状刚毛/毛狀剛毛 plumous seta
毛状石细胞/毛狀石細胞 trichosclereid
毛状体/毛狀體 trichome
矛口尾蚴/矛口尾蚴 xiphidiocercaria
矛形雄蚁/矛形雄蟻 dorylaner
矛状刚毛/矛狀剛毛 harpoon seta
锚臂/錨臂 anchor-arm
锚蛋白/錨蛋白,連結蛋白 ankyrin, anchorin
锚定 PCR/錨式 PCR,錨式聚合酶鏈反應 anchored PCR
锚定蛋白/錨定蛋白 anchoring protein
GPI 锚定蛋白/GPI 錨定蛋白 glycosylphosphatidylinositol-anchored protein, GPI-anchored protein
锚定基因/錨式基因 anchor gene
锚定聚合酶链反应/錨式聚合酶鏈反應,錨式 PCR anchored PCR
锚定连接/錨定連接,錨定連結 anchoring junction
锚杆/錨桿 shaft
锚钩/錨鉤 anchor, hamulus
锚丝/繫固細纖維 anchoring filament
锚突/胸突 anchoral process
锚形体/錨形體 anchor
锚着残基/錨定殘基 anchor residue
锚着因子/固著因子 anchoring factor
铆钉假说/鉚釘假説 rivet-popper hypothesis
帽/帽 cap
mRNA 帽/mRNA 帽 mRNA cap
Z 帽蛋白/Z 帽蛋白 cap Z protein
帽化/帽化 capping
帽结合蛋白[质]/帽結合蛋白[質] cap-binding protein, CBP
mRNA 帽结合蛋白[质]/mRNA 帽結合蛋白[質] mRNA cap-binding protein
帽状胎盘/帽狀胎盤 cap placenta
帽状幼体/帽狀幼體 pilidium
玫板/玫板 rosette
玫瓣骨针/玫瓣骨針 rosette
玫瑰板/玫瑰板 rosette plate
E 玫瑰花结/紅血球玫瑰花結 erythrocyte rosette, E rosette
EA 玫瑰花结/紅血球-抗體玫瑰花結 erythrocyte-antibody rosette, EA rosette
EAC 玫瑰花结/紅血球-抗體-補體玫瑰花結 erythrocyte antibody complement rosette, EAC rosette
玫瑰花结技术/玫瑰花結技術 rosette technique

[玫瑰]花结形成细胞/玫瑰花結形成細胞 rosette forming cell, RFC
玫红酸/玫紅酸 rosolic acid, aurin
眉叉/眉叉 brow tine
眉纹/眉線 superciliary stripe
莓螨器/莓蟎器 rhagidial organ
梅毒螺旋体抗体微量血凝试验/梅毒螺旋體抗體微量血凝集試驗 microhemagglutination for antibody to *Treponema pallidum*, MHA-TP
梅克尔触盘/梅克爾氏觸盤,墨氏觸覺盤 Merkel tactile disk
梅克尔细胞/梅克爾氏細胞 Merkel cell
梅利斯腺/梅氏腺 Mehlis gland
梅氏腺/梅氏腺 Mehlis gland
媒介人兽互通病/媒介人獸互通病,媒介人畜共通病 meta-zoonosis
媒染/媒染染色 mordant dyeing
媒染剂/媒染劑 mordant
酶/酶,酵素 enzyme
ATP 酶/ATP 酶,腺苷三磷酸酶,三磷酸腺苷酶 adenosine triphosphatase, ATPase
DNA 酶/DNA 酶,去氧核糖核酸酶,脱氧核糖核酸酶 deoxyribonuclease, DNase
GTP 酶/GTP 酶,鳥苷三磷酸酶 guanosine triphosphatase, GTPase
RNA 酶/RNA 酶,核糖核酸酶 ribonuclease, RNase
酶半理性设计/酶半理性設計 enzyme semi-rational design
DNA 酶保护分析/DNA 酶保護分析 DNase protection assay
DNA 酶Ⅰ保护足迹法/DNA 酶Ⅰ保護足跡法 DNase Ⅰ-protected footprinting
酶比活性/酶比活性 specific activity of enzyme
酶标记免疫定位/酶標記免疫定位 enzyme labeling immuno-localization
DNA 酶Ⅰ超敏感部位/DNA 酶Ⅰ超敏感部位 DNase Ⅰ hypersensitive site
DNA 酶Ⅰ超敏感性/DNA 酶Ⅰ超敏感性 DNase Ⅰ hypersensitivity
酶传感器/酶感測器,酵素感測器 enzyme sensor, enzymatic biosensor
酶[促反应]动力学/酶動力學,酵素動力學 enzyme kinetics
酶促反应机制/酶反應機制 enzyme reaction mechanism
酶催化/酶催化 enzyme catalysis
酶催化机制/酶催化機制 enzyme catalytic mechanism
酶错配剪切/酶錯配剪切 enzyme mismatch cleavage
酶单位/酶單位 enzyme unit
酶蛋白/酶蛋白 pheron
酶-底物复合物/酶-受質複合物 enzyme-substrate complex
酶电极/酶電極,酵素電極 enzyme electrode
酶电极传感器/酶電極感測器 enzyme electrode sensor
酶定向进化/酶定向演化 enzyme directed evolution
酶多重性/酶多重性,酵素多樣性 enzyme multiplicity
酶多态性/酶多態性 enzyme polymorphism, multiple form of an enzyme
酶多样性/酶多重性,酵素多樣性 enzyme multiplicity
酶反应器/酶反應器 enzyme reactor
酶放大免疫测定技术/酶放大免疫測定法 enzyme multiplied immunoassay technique
酶分类/酶分類,酵素分類 enzyme classification, EC
酶分子定向进化/酶分子定向演化 enzyme molecular directed evolution
酶分子理性设计/酶分子理性設計 enzyme molecular rational design
酶分子修饰/酶分子修飾 enzyme molecule modification
酶工程/酶工程,酵素工程 enzyme engineering
酶固定化/酶固定[法],酵素固定化 enzyme immobilization
酶合成动力学/酶合成動力學 enzyme synthesize kinetics
GTP 酶活化蛋白/GTP 酶活化蛋白,GTP 酶啟動蛋白 GTPase-activating protein, GTPase-accelerating protein, GAP
酶活力/酶活性 enzyme activity
GTP 酶激活蛋白/GTP 酶活化蛋白,GTP 酶啟動蛋白 GTPase-activating protein, GTPase-accelerating protein, GAP
酶级联反应/酶級聯反應 enzyme cascade
酶解肌球蛋白/酶解肌球蛋白 meromyosin
酶解作用/酶解作用,酵素分解[作用] enzymolysis, zymolysis
酶类蛋白质/酶蛋白,酵素蛋白 enzyme protein
酶类药物/酶類藥物 enzyme drug
酶联免疫斑点试验/酶聯免疫斑點試驗,酵素免疫分析式點試驗 enzyme-linked immunospot assay, ELISPOT assay
酶联免疫吸附测定/酶聯免疫吸附測定,酵素連接免

疫吸附分析，酵素免疫吸附法 enzyme-linked immunosorbent assay, ELISA
酶联免疫吸附分析/酶聯免疫吸附測定，酵素連接免疫吸附分析，酵素免疫吸附法 enzyme-linked immunosorbent assay, ELISA
酶联受体/酶聯受體，酵素連接性受體 enzyme-linked receptor
酶联荧光免疫测定/酶聯螢光免疫測定，酶連接螢光免疫分析 enzyme-linked fluoroimmunoassay
酶免疫测定/酶免疫測定，酵素免疫分析 enzyme immunoassay, EIA
酶免疫组织化学/酶免疫組織化學 enzyme immunohistochemistry
酶膜反应器/酶膜反應器 enzyme membrane reactor
酶浓度调节/酶濃度調節 regulation of enzyme concentration
酶偶联分析法/酶偶聯分析法 enzyme coupling analysis
酶谱/酶譜 enzymogram, zymogram
酶切扩增多态性序列标记/酶切擴增多態性序列標記 cleaved amplified polymorphic sequence marker, CAPS marker
酶区域选择性/酶區域選擇性 enzyme regioselectivity
酶热敏电阻传感器/酶熱敏電阻感測器 enzyme thermistor sensor
酶失活/酶失活，酶鈍化 enzymic inactivation
酶体外定向进化/酶體外定向演化 directed evolution of enzyme *in vitro*
酶调节[作用]/酶調節，酵素調節 enzyme regulation
酶系/酶系 enzyme system
酶细胞化学/酶細胞化學 enzyme cytochemistry
酶细胞学/酶細胞學 enzyme cytology
酶性核酸/核[糖]酶，核糖[核酸]酵素，核酸代酶 ribozyme
酶性抗体/抗體酶，催化[性]抗體 abzyme
酶学/酶學，酵素學 enzymology
酶抑制/酶抑制 enzyme repression
酶抑制剂/酶抑制劑 enzyme inhibitor
酶抑制剂复合物/酶抑制劑複合物 enzyme-inhibitor complex
酶应用/酶應用 enzyme application
酶原/酶原，酵素原 proenzyme, zymogen
酶原激活调节/酶原啟動調節 zymogen activation control
酶原粒/酶原粒，酵素原粒 zymogen granule
酶制备/酶製備，酵素製品 enzyme preparation
DNA 酶足迹法/DNA 酶足跡法 DNase footprinting
DNA 酶 I 足迹法/DNA 酶 I 足跡法 DNase I footprinting
酶作用机制/酶作用機制 enzyme mechanism
霉变/黴變 mould deterioration
霉蛋白/黴蛋白 mucorin
霉酚酸/黴酚酸 mycophenolic acid
霉酚酸酯/黴酚酸酯 mycophenolate mofetil, MMF
霉腐微生物学/黴腐微生物學 biodeteriorative microbiology
霉菌/黴菌 mold, mould
霉菌病/黴菌病 mildew
霉帚/帚狀枝 penicillus
每搏输出量/心搏出量 stroke volume
每搏作功/每搏作功，搏出功 stroke work
每分功/每分功 minute work
每分通气量/每分通氣量 minute ventilation, minute ventilation volume
每分钟计数/每分鐘計數 counts per minute
每分钟蜕变数/每分鐘蜕變數 decay per minute, disintegration per minute
美登木素/安絲菌素 ansamitocin
美蓝/美藍，亞甲藍 methylene blue
美蓝还原试验/美藍還原試驗 methylene blue reduction test
[美洲]商陆丝裂原/美洲商陸致裂殖原 pokeweed mitogen, PWN
美洲幼虫腐臭病/美洲幼蟲腐敗病 American foulbrood
门/門 hilum, hilus, phylum
门齿/門齒 incisor tooth
门管/門管 portal canal
门静脉/門靜脈 portal vein
门控/門控，閘控 gating
门控电流/門控電流，閘門電流 gating current
门控离子通道/門控離子通道，閘控[型]離子通道 gated ion channel
门控通道/門控通道，閘控[型]通道 gated channel
门控学说/門控學説，閘門控制論 gate-control theory
门控运输/門控運輸 gated transport
门细胞/門細胞 hilus cell
萌发/萌發 germination
萌发孔/萌發孔 aperture
萌发抑制物/發芽抑制物質 germination inhibitor
萌芽繁殖体/萌芽繁殖體 blastochore
萌芽更新/萌芽更新 coppice regeneration, copse regeneration
蒙特卡罗模拟/蒙地卡羅模擬 Monte Carlo

simulation
孟德尔比率/孟德爾比率 Mendelian ratio
孟德尔抽样/孟德爾抽樣 Mendelian sampling
孟德尔抽样离差/孟德爾抽樣離差 Mendelian sampling deviation
孟德尔基因座/孟德爾基因座 Mendelian locus
孟德尔式群体/孟德爾群體 Mendelian population
孟德尔性状/孟德爾性狀 Mendelian character
孟德尔遗传/孟德爾遺傳 Mendelian inheritance
孟德尔遗传定律/孟德爾遺傳定律 Mendel law of inheritance, Mendel law
孟买型/孟買型 Bombay phenotype
咪唑基修饰/咪唑基修飾 imidazole group modification
咪唑立宾/咪唑立賓 mizoribine, MZR
弥散淋巴组织/瀰散淋巴組織,分散形淋巴組織 diffuse lymphoid tissue
弥散黏附性大肠埃希[氏]菌/瀰散黏附性大腸桿菌 diffusely adherent *Escherichia coli*, DAEC
弥散双极细胞/瀰散雙極細胞 diffuse bipolar cell
弥散胎盘/瀰散胎盤 diffuse placenta
弥散性黏附/瀰散性黏附 diffuse adherence
弥散着丝粒/全著絲點 holocentromere
迷齿/迷齒 labyrinthodont
迷路紧张反射/迷路緊張反射,緊張性迷路反射 tonic labyrinthine reflex
迷鸟/迷鳥 vagrant bird, straggler
迷向法/迷向法,交配干擾 mating disruption
迷走-迷走反射/迷走-迷走反射 vago-vagal reflex
迷走神经/迷走神經 vagus nerve
迷走脱逸/迷走神經脱逸 vagal escape
迷走-胰岛素系统/迷走-胰島素系統 vago-insulin system
迷走抑胃素/迷走抑胃膜素 vagogastrone
糜蛋白酶/胰凝乳[蛋白]酶 chymotrypsin
糜蛋白酶原/胰凝乳[蛋白]酶原 chymotrypsinogen
米尔贝霉素/米爾貝黴素 milbemycin
米-费综合征/密-費症候群 Miller-Fisher syndrome
米谷蛋白/米穀蛋白 oryzenin
米勒管/繆勒[氏]管 Müllerian duct
米勒管抑制物/繆勒[氏]管抑制物質 Müllerian tube inhibitor substance, Müllerian inhibiting substance, MIS
米勒拟态/繆勒[氏]擬態,穆氏擬態 Müllerian mimicry
米勒泡/繆勒[氏]泡 Müller vesicle
米勒氏幼虫/繆勒[氏]幼蟲 Müller larva
米勒细胞/繆勒細胞 Müller cell
米伦反应/米倫反應 Millon reaction
米色鼠/灰褐色老鼠 beige mouse
米氏常数/米氏常數 Michaelis constant
米氏动力学/米-門氏動力學 Michaelis-Menten kinetics
米氏方程/米氏方程式,米-門氏方程式,米開勒斯氏-曼登氏方程式 Michaelis-Menten equation, Michaelis equation
觅食/覓食 foraging
觅食策略/覓食策略 foraging strategy
觅食行为/覓食行為 foraging behavior, food-seeking behavior
泌钙细胞/泌鈣細胞 etching cell
泌胶细胞/泌膠細胞 iophocyte
泌尿生理学/泌尿生理學 urinary physiology
泌尿生殖道相关淋巴组织/泌尿生殖器相關淋巴組織 urogenital-associated lymphoid tissue, UALT
泌尿系统/泌尿系統 urinary system
泌乳/泌乳 lactation
泌丝器/絹絲腺 sericterium
泌酸细胞/泌酸細胞,酸分泌細胞 oxyntic cell, acid-secreting cell
泌盐/泌鹽,排鹽 salt excretion
密闭林分/鬱閉林分 closed stand
密闭缺氧/密閉缺氧 hermetic hypoxia
密闭群落/密閉群落,封閉群集 closed community
密闭[森]林/鬱閉林 closed forest
密闭系统循环/閉鎖系循環 circulation of closed system
密播/密播 dense sowing, thick sowing
密度/密度 density
密度比/密度比率 density ratio
密度比例因子/密度比例因子,密度相關因子 density-proportional factor
密度干扰因子/密度擾動因子 density-disturbing factor
密度关联过程/密度關聯過程 density-related process
密度-聚集度系数/密度-集合度係數 density-contagiousness coefficient
密度控制反应/密度管制反應 density-governing reaction
密度控制因子/密度管制因子 density-governing factor
密度梯度/密度梯度 density gradient
密度梯度离心/密度梯度離心 density gradient centrifugation
密度突变层/密度躍層 pycnocline

密度效应/密度效應，密度效果　density effect
密度修正/密度修正　density modification, density improvement
密度依赖的细胞生长抑制/密度依賴性細胞生長抑制　density-dependent cell growth inhibition
密度依赖学说/密度依變説　density-dependent theory
密度跃层/密度躍層　pycnocline
密度制约/密度制約，密度依變，密度依存　density-dependent, density-dependence
密度制约控制/密度依變控制　density-dependent control
密度制约学说/密度依變説　density-dependent theory
密度制约因子/密度制約因子，密度依變因子　density-dependent factor
密封蛋白/封閉蛋白　claudin
密码/密碼　code
密码比/編碼比　coding ratio
[密码]错编/密碼錯編，錯誤編碼　miscoding
密码简并/密碼簡併[性]　code degeneracy
密码学/密碼學　cryptography
密码子/密碼子　codon
密码子差数/密碼子差數　codon difference
密码子家族/密碼子[家]族　codon family
密码子偏倚/密碼子偏倚，密碼子偏愛　codon bias, codon preference
密码子适应指数/密碼子適應指數　codon adaptation index, CAI
密码子选用/密碼子選擇　codon usage
密伞花序/密傘花序　fascicle
密伞圆锥花序/密錐花序　panicled thyrsoid cyme
密实度/密實度　compactness
密丝组织/密絲組織，菌絲組織　plectenchyma
密星骨针/密星骨針　pycnaster
幂律流体/冪次律流體　power law fluid
嘧啶/嘧啶　pyrimidine, Pyr
嘧啶二聚体/嘧啶二聚體　pyrimidine dimer
嘧啶核苷/嘧啶核苷　pyrimidine nucleoside
嘧啶核苷酸/嘧啶核苷酸　pyrimidine nucleotide
蜜二糖/蜜二糖　melibiose
蜜二糖酶/蜜二糖酶　melibiase
蜜蜂抗菌肽/蜜蜂抗菌素　apidaecin
蜜蜂微粒子病/[蜜蜂]微粒子病　nosema disease
蜜蜂蝇蛆病/蜜蜂蠅蛆病　apimyiasis
[蜜蜂]幼虫腐臭病/臭窩症，蜜蜂巢腐病　foulbrood
蜜距/蜜距　nectariferous spur
蜜孔/蜜孔　honey pore
蜜囊/蜜囊　honey sac
蜜胃/蜜胃　honey stomach
蜜腺/蜜腺　nectary, nectar gland
蜜腺柄/蜜腺柄，莖腺柄　adenophore
蜜源作物/蜜源作物　honey crop
绵毛/綿毛　pubes, tomentum
绵羊红细胞/綿羊紅細胞，綿羊紅血球　sheep red blood cell
绵羊红细胞受体/綿羊紅血球[接]受體　sheep erythrocyte receptor
绵羊免疫球蛋白/綿羊免疫球蛋白　ovine immunoglobulin
棉酚/棉子酚，棉子素，棉子毒　gossypol
棉塞/棉塞　cotton plug
棉纤维素/棉纖維素　cotton cellulose
棉象甲性诱剂/棉象甲性誘劑　grandlure
棉子糖/棉子糖，蜜三糖　raffinose
棉子糖酶/棉子糖酶　raffinase
免疫 PCR/免疫 PCR　immuno-PCR
免疫比浊法/免疫比濁法　immunonephelometry
免疫标记技术/免疫標記技術　immunolabeling technique
免疫病理学/免疫病理學　immunopathology
免疫捕捉 PCR/免疫捕捉 PCR　immuno-capture PCR
免疫测定/免疫測定，免疫分析　immunoassay
免疫沉淀法/免疫沉澱法，免疫沉澱[反應]　immunoprecipitation
免疫程序/免疫程序　program of immunization
免疫传感器/免疫感測器　immunosensor
免疫磁珠/免疫磁珠　immunomagnetic bead
免疫刺激复合物/免疫刺激複合物　immune stimulating complex, ISCOM
免疫促进/免疫促進，免疫增強　immunological enhancement
免疫电镜/免疫電[子顯微]鏡　immune electron microscope, IEM
免疫电镜术/免疫電鏡術，免疫電子顯微鏡術　immunoelectron microscopy, IEM
免疫电泳/免疫電泳　immunoelectrophoresis, IEP, IE
免疫定位/免疫定位　immuno-localization
免疫毒理学/免疫毒理學　immunotoxicology
免疫毒素/免疫毒素　immunotoxin
免疫反应/免疫反應　immunological reaction
免疫反应性/免疫反應性　immunoreactivity
免疫防御/免疫防禦　immune defense
免疫放射测定/免疫放射測定　immunoradiometric

assay, IRMA
免疫分析/免疫分析,免疫測定法 immunoassay
免疫分子/免疫分子 immune molecule
免疫复合物/免疫複合物,免疫複合體 immune complex, IC
免疫复合物包被小体/免疫複合體包被小體 immune complex-coated body, iccosome
免疫复合物病/免疫複合體疾病 immune complex disease
免疫复合物肾小球肾炎/免疫複合體腎小球腎炎 immune complex glomerulonephritis
免疫复合物型/免疫複合體型 immune complex type
免疫复合物型超敏反应/免疫複合體型過敏反應 immune complex type hypersensitivity
免疫共沉淀/免疫共沉澱 co-immunoprecipitation
免疫固定电泳/免疫固定電泳 immunofixation electrophoresis, IFE
免疫过滤/免疫過濾 immunofiltration
免疫过氧化物酶染色/免疫過氧化酶染色 immunoperoxidase staining
免疫核糖核酸/免疫核糖核酸 immunogenic RNA, iRNA
免疫忽视/免疫忽視 immunological ignorance, immune ignorance
免疫化学/免疫化學 immunochemistry
免疫化学发光/免疫化學發光 immunochemiluminescence
免疫化学发光分析/免疫化學發光分析 immunochemiluminometry
免疫活化细胞/免疫性活化細胞 immunologically activated cell
免疫活性细胞/免疫活性細胞,免疫勝任細胞 immunocompetent cell, ICC
免疫豁免/免疫性特權 immune privilege
免疫豁免部位/免疫性特權部位 immunologically privileged site, immune privileged site
免疫基因敲除/免疫基因剔除 immunogene knockout
免疫基因敲入/免疫基因置入 immunogene knockin
免疫基因剔除/免疫基因剔除 immunogene knockout
免疫基因治疗/免疫基因治療 immune adjustment
免疫记忆/免疫記憶 immunological memory
免疫寄生虫学/免疫寄生蟲學 immunoparasitology
免疫监视/免疫監視 immune surveillance
免疫监视假说/免疫監視假説 immunologic surveillance hypothesis
免疫检测/免疫檢測 immunological detection
免疫胶固素/免疫膠固素,免疫黏著素 immunoconglutinin
免疫胶体金/免疫膠體金 immunocolloidal gold
免疫胶体金技术/免疫膠體金技術 immunocolloidal gold technique
免疫接种/免疫接種 immunization
免疫接种策略/免疫接種策略 immunization strategy
免疫金标记技术/免疫金標記技術 immunogold labeling technique
免疫金染色/免疫金染色 immunogold staining
免疫金试剂/免疫金試劑 immunogold reagent
免疫金银染色/免疫金銀染色 immunogold-silver staining, IGSS
免疫巨噬细胞/免疫巨噬細胞 immune macrophage
免疫距离/免疫距離 immunological distance
免疫抗体/免疫[性]抗體 immune antibody
免疫扩散/免疫擴散 immunodiffusion
免疫扩散技术/免疫擴散技術 immunodiffusion technique
免疫[力]/免疫[力] immunity
免疫疗法/免疫療法,免疫治療 immunotherapy
免疫麻痹/免疫麻痺 immune paralysis
免疫酶标技术/免疫酶標技術,酵素免疫技術 immunoenzymatic technique
免疫母细胞/免疫母細胞 immunoblast
免疫母细胞性淋巴结病/免疫母細胞性淋巴結病 immunoblastic lymphadenopathy
免疫耐受[性]/免疫耐受性,免疫耐力 immunological tolerance
免疫内环境稳定/免疫恆定作用 immune homeostasis
免疫黏附/免疫吸附作用,免疫黏連 immune adherence
免疫排斥[反应]/免疫排斥作用 immunological rejection
免疫排除/免疫排除 immune elimination
免疫偏离/免疫偏離,免疫偏差 immune deviation
免疫屏障/免疫屏障 immunologic barrier
免疫器官/免疫器官 immune organ
免疫亲和层析/免疫親和[性]層析法,免疫親和性色層分析法 immunoaffinity chromatography
免疫亲和蛋白/免疫親和蛋白,免疫親和素 immunophilin
免疫亲和性/免疫親和性 immunoaffinity
免疫球蛋白/免疫球蛋白 immunoglobulin, Ig
免疫球蛋白 A/免疫球蛋白 A immunoglobulin A, IgA

免疫球蛋白 D/免疫球蛋白 D immunoglobulin D, IgD
免疫球蛋白 E/免疫球蛋白 E immunoglobulin E, IgE
免疫球蛋白 G/免疫球蛋白 G immunoglobulin G, IgG
免疫球蛋白 M/免疫球蛋白 M immunoglobulin M, IgM
免疫球蛋白 Y/免疫球蛋白 Y immunoglobulin Y, IgY
免疫球蛋白超家族/免疫球蛋白超家族,免疫球蛋白大家族 immunoglobulin superfamily, IgSF
免疫球蛋白基因/免疫球蛋白基因 immunoglobulin gene, Ig gene
免疫球蛋白基因超家族/免疫球蛋白基因超家族 immunoglobulin gene superfamily
免疫球蛋白基因重排/免疫球蛋白基因重排 immunoglobulin gene rearrangement
免疫球蛋白基因簇/免疫球蛋白基因簇 immunoglobulin gene cluster
免疫球蛋白基因片段/免疫球蛋白基因片段 immunoglobulin gene segment
免疫球蛋白结构域/免疫球蛋白功能區 immunoglobulin domain, Ig domain
免疫球蛋白结合蛋白质/免疫球蛋白結合蛋白質 immunoglobulin-binding protein, Bip
免疫球蛋白类别/免疫球蛋白類別 immunoglobulin class, Ig class
免疫球蛋白 α-链/免疫球蛋白 α-鏈 immunoglobulin α-chain
免疫球蛋白 γ-链/免疫球蛋白 γ-鏈 immunoglobulin γ-chain
免疫球蛋白 δ-链/免疫球蛋白 δ-鏈 immunoglobulin δ-chain
免疫球蛋白 ε-链/免疫球蛋白 ε-鏈 immunoglobulin ε-chain
免疫球蛋白 μ-链/免疫球蛋白 μ-鏈 immunoglobulin μ-chain
免疫球蛋白 A 肾病/免疫球蛋白 A 腎病 immunoglobulin A nephropathy, IgA nephropathy
免疫球蛋白五聚体/免疫球蛋白五聚體 immunoglobulin pentamer, Ig pentamer
免疫球蛋白亚类/免疫球蛋白亞型 immunoglobulin subclass
免疫球蛋白 G 亚类/免疫球蛋白 G 亞型 immunoglobulin G subclass, IgG subclass
免疫球蛋白 G 亚类缺陷/免疫球蛋白 G 亞型缺乏症 immunoglobulin G subclass deficiency
免疫球蛋白折叠/免疫球蛋白折疊 immunoglobulin fold
免疫球蛋白制剂/免疫球蛋白制劑 immunoglobulin preparation
免疫球蛋白重链结合蛋白质/免疫球蛋白重鏈結合蛋白 immunoglobulin heavy chain binding protein
免疫去势/免疫去勢 immunocastrate
免疫缺陷/免疫缺陷 immunodeficiency
免疫缺陷病/免疫缺陷病 immunodeficiency disease, IDD
免疫溶菌作用/免疫溶菌作用 immune bacteriolysis
免疫溶血/免疫溶血反應 immune hemolysis
免疫融合蛋白/免疫融合蛋白 immunofusion protein
免疫筛选/免疫篩選 immunoscreening
免疫神经递质/免疫神經遞質 immunoneurotransmitter
免疫生物传感器技术/免疫生物感測器技術 immuno biosensor technique
免疫生物学/免疫生物學 immunobiology
免疫失败/免疫失敗 failure of vaccination
[免疫]失能/[免疫]無反應性 anergy
免疫失调/免疫失調 immune disorder
免疫识别受体/免疫識別受體 immune recognition receptor
免疫嗜素/免疫親和蛋白,免疫親和素 immunophilin
免疫受体酪氨酸激活模体/免疫受體酪氨酸活化模體,免疫受體酪胺酸活化基序 immunoreceptor tyrosine-based activation motif, ITAM
免疫受体酪氨酸抑制模体/免疫受體酪氨酸抑制模體,免疫受體酪胺酸抑制基序 immunoreceptor tyrosine-based inhibitory motif, ITIM
免疫逃逸/免疫逃避作用 immune evasion
免疫特惠区/免疫性特權部位 immunologically privileged site, immune privileged site
免疫特权/免疫性特權 immune privilege
免疫调节/免疫調節 immune regulation
免疫调节剂/免疫調節劑 immunomodulator
免疫调理素/免疫調理素 immune opsonin
免疫铁蛋白技术/免疫鐵蛋白技術 immunoferritin technique
免疫突触/免疫突觸 immunological synapse
免疫途径/免疫途徑 route of immunization
免疫网络/免疫網絡 immunological network
免疫网络学说/免疫網絡學說 immunological network theory
免疫无应答性/免疫無反應性 immunological unresponsiveness

免疫吸附/免疫吸附 immunoadsorption
免疫吸附剂/免疫吸附劑 immunoadsorbent
免疫吸附血凝测定/免疫吸附血凝集測定 immune adherence hemagglutination assay, IAHA
免疫系统/免疫系統 immune system
免疫细胞/免疫細胞 immune cell, immunocyte
免疫细胞化学[法]/免疫細胞化學[法] immunocytochemistry, ICC
免疫细胞粘连/免疫細胞黏連,免疫細胞黏著作用 immunocytoadherence
免疫细胞治疗/免疫細胞治療 immune cell therapy
免疫显性/免疫顯性 immunodominance
免疫相关抗原/免疫相關抗原,I區域相關抗原 immuno-associated antigen, Ia antigen
免疫性/免疫性 immunity
免疫性血小板减少性紫癜/免疫性血小板減少性紫癜 immune thrombocytopenic purpura
免疫修复疗法/免疫修復療法 immunorestoration therapy
免疫选择/免疫選擇法 immunoselection
免疫学/免疫學 immunology
免疫血清/免疫血清 immune serum
免疫血清球蛋白/免疫血清球蛋白 immune serum globulin
免疫血液学/免疫血液學 immunohematology
免疫药理学/免疫藥理學 immunopharmacology
免疫遗传学/免疫遺傳學 immunogenetics, immunological genetics
免疫抑制/免疫抑制 immune suppression
免疫抑制剂/免疫抑制劑 immunosuppressive agent, immunosuppressant
免疫抑制疗法/免疫抑制療法 immunosuppressive therapy
免疫印迹法/免疫印跡法,免疫印漬法,西方墨點法 immunoblotting, immunoblot
免疫荧光/免疫熒光,免疫螢光 immunofluorescence
免疫荧光标记/免疫螢光標記 immunofluorescent labeling
免疫荧光技术/免疫螢光技術 immunofluorescence technique
免疫荧光试验/免疫螢光試驗 immunofluorescence test
免疫荧光显微术/免疫螢光顯微鏡術 immunofluorescence microscopy
免疫应答/免疫反應 immune response
免疫应答基因/免疫反應基因 immune response gene, Ir gene
免疫预防/免疫性預防 immunoprophylaxis
免疫原/免疫原 immunogen
免疫原性/免疫原性 immunogenicity
免疫原性表位/免疫抗原決定位 immunogenic epitope
免疫增强/免疫增強,免疫促進 immunological enhancement
免疫增生病/免疫增殖性疾病 immunoproliferative disease
免疫诊断/免疫診斷 immunologic diagnosis, immunodiagnosis
免疫诊断学/免疫診斷學 immunodiagnostics
免疫治疗/免疫治療,免疫療法 immunotherapy
免疫珠试验/免疫珠試驗 immunobead test, IBT
免疫组织化学[法]/免疫組織化學[法] immunohistochemistry
免疫佐剂/免疫佐劑 immunological adjuvant
面/面 face
面肌/面肌 facial muscle
面积差异弹性/面積差異彈性 area difference elasticity
面积模量/面積模量 area modulus
面积效应/面積效應 area effect
面孔失认症/臉孔失認症 prosopagnosia
面盘/面盤 facial disk, velum
面盘幼体/面盤幼體 veliger
面神经/顏面神經 facial nerve
面神经核/面神經核 facial nucleus
面[神经]旁核/面[神經]旁核 parafacial zone, PZ
面探测器/面探測器 area detector
面心晶胞/面心單位晶胞 face-centered unit cell
面源污染/非點源污染 non-point source pollution
苗端/莖端 shoot apex
描述/描述 description
描述生物学/描述生物學,記載生物學 descriptive biology
灭活脊髓灰质炎病毒疫苗/脊髓灰質炎滅活疫苗,不活性小兒麻痺病毒疫苗 inactivated poliovirus vaccine, IPV
灭活疫苗/滅活疫苗,去活疫苗 inactivated vaccine
灭活因子/滅活因子,滅活劑 inactivator
灭绝/滅絕 extinction
K 灭绝 /*K* 滅絕 *K*-extinction
r 灭绝 /*r* 滅絕 *r*-extinction
灭绝概率/滅絕機率 extinction probability, EP
灭绝率/滅絕[速]率,遞減率 extinction rate, rate of extinction
灭绝曲线/絕滅曲線 extinction curve
灭绝漩涡/滅絕漩渦 extinction vortex

灭绝种/滅絶種 extinct species
灭菌/滅菌,殺菌 sterilization
灭菌器/滅菌器 sterilizer
民族植物学/民族植物學 ethnobotany
皿状体/皿狀體 plakea
敏感模型/感受性模型 sensitivity model
敏感期/敏感期 sensitive period
pH 敏感水凝胶支架/pH 敏感水凝膠支架 pH-sensitive hydrogel scaffold
敏感性/敏感性 sensitivity
敏感指数/感受指數 sensitive index
敏化/敏化 sensitization
敏化细菌/致敏細菌,敏感菌苗 sensitized bacteria
明暗瓶法/明暗瓶法 light and dark bottle technique
明场成像/明場成像 bright-field imaging
明带/明帶,亮帶 light band
明胶/明膠 gelatin
明胶水解试验/明膠水解試驗 gelatin hydrolysis test
明胶液化/明膠液化 gelatin liquefaction
明胶液化试验/明膠液化試驗 gelatin liquefaction test
明胶支架/明膠支架 gelatin scaffold
明区/明區 area pellucida
明视场显微镜/明視野顯微鏡,亮視野顯微鏡 bright-field microscope
明视觉/明視覺,白晝視覺 photopic vision
明视野显微镜/明視野顯微鏡,亮視野顯微鏡 bright-field microscope
明适应/光適應,亮適應 light adaptation
鸣骨/鳴骨 pessulus
鸣管/鳴管 syrinx
鸣叫/鳴叫 call
鸣叫计数/鳴叫計數 call count
鸣啭/鳴唱,歌曲 song
命名/命名 nomenclature
命名法规/命名法規 nomenclature code
命名法异名/命名法異名 nomenclatural synonym
命运/命運 fate
命运图/發育命運圖 fate map
模仿/模仿 imitation
模仿行为/模仿行為 mimetic behavior
模糊图/模稜兩可圖形 ambiguous figure
模件/序列元件,模組 module
模块/序列元件,模組 module
模拟/模擬 simulation
模拟多态/模擬多態,仿真多態 mimetic polymorphism
模拟高原训练/模擬高原訓練 simulating altitude training
模拟酶/模擬酶 mimic enzyme
SOD 模拟酶/SOD 模擬酶,超氧化物歧化酶模擬酶 superoxide dismutase mimic enzyme, SOD mimic enzyme
模拟模型/模擬模型 simulant model
模拟筛选/模擬篩選 *in silico* screening
模拟神经元/模擬神經元 imictron
模拟突变体/模擬突變體 mimic mutant
模拟退火算法/模擬退火演算法 simulated annealing algorithm
模拟退火修正/模擬退火修正 simulated annealing refinement
模拟微重力/模擬微重力 simulated microgravity
模拟移动床色谱/模擬移動床色譜法,模擬移動床層析法 simulated moving-bed chromatography
模拟自然感染/模擬自然感染 mimicking natural infection
模式/模式,[類]型 type
模式标本/模式標本 type specimen
模式标定/模式標本選定 typification
模式产地/模式產地 type locality
模式概念/模式概念 typology
模式科/模式科 type family
模式目/模式目 type order
模式培养物/標準培養物,標準培養菌 type culture
模式生物/模式生物 model organism
模式识别/模式識别 pattern recognition
模式识别受体/模式識别受體 pattern recognition receptor, PRR
模式属/模式屬 type genus
模式宿主/模式宿主 type host
模式形成/模式形成,樣式形成 pattern formation
模式选定/模式選擇 type selection
模式种/模式種 type species
模式株/模式菌株 type strain
模式组/模式系列 type series
模态/模態 modality
模体/模體,模組,功能區域 motif
模型/模型,模式 model
模型搭建/模式建立 model building
膜/膜 membrane
膜被/膜被 membrane coat
膜泵/膜泵,膜幫浦 membrane pump
膜边体/膜邊體,鬚邊體,質膜外泡 lomasome
膜表面免疫球蛋白/膜表面免疫球蛋白 surface membrane immunoglobulin, SmIg
膜不对称性/膜不對稱性 membrane asymmetry

膜部/膜部 pars astringins
膜插入信号/膜插入訊號,膜插入訊息 membrane insertion signal
膜长度常数/膜長度常數 membrane length constant
膜成骨/膜性硬骨 membranous bone
膜重建/膜重建 membrane reconstitution
膜触发假说/膜觸發假説 membrane trigger hypothesis
膜蛋白插入/膜蛋白插入 membrane protein insertion
膜蛋白重建/膜蛋白重建 membrane protein reconstitution
膜蛋白扩散/膜蛋白擴散 membrane protein diffusion
膜蛋白拓扑/膜蛋白拓撲 topology of membrane protein
膜蛋白[质]/膜蛋白[質],膜主體蛋白 membrane protein
膜电导/膜電導 membrane conductance
膜电极/膜電極 membrane electrode
膜电流/膜電流 membrane current
膜电容/膜電容 membrane capacitance
膜电位/膜電位 membrane potential
膜电泳/膜電泳 membrane electrophoresis
膜电阻/薄膜電阻 membrane resistance
膜定位/膜定位 membrane localization
膜动力学/膜動力學 membrane dynamics
膜毒素/膜毒素 membrane toxin
膜筏/膜筏 membrane raft
膜反应曲线/膜反應曲線 membrane responsive curve
膜分离/膜分離 membrane separation
膜分离器/膜分離器 membrane separator
膜分裂/膜分裂 membrane fission
膜分配/膜分配 membrane partitioning
膜封闭/膜封接 membrane sealing
膜辅因子蛋白/膜輔因子蛋白 membrane cofactor protein, MCP
膜附着结构/膜附著結構 membrane attachment structure
膜骨架/膜骨架 membrane skeleton
膜骨架蛋白/膜骨架蛋白 membrane skeleton protein
膜过滤/膜過濾 membrane filtration
膜过滤技术/膜過濾技術 membrane filter technique
膜合成/膜合成 membrane synthesis
膜疾病/膜疾病 membrane disease
膜计算/膜計算 membrane computing
膜间隙/膜間隙,膜間腔 intermembrane space
膜[结构]域/膜[結構]區域 membrane domain
膜近侧区/膜近側區 membrane-proximal region
膜抗体/膜抗體 membrane antibody
膜抗原/膜抗原 membrane antigen
膜抗原受体/膜抗原受體 membrane antigen receptor
膜空间常数/膜空間常數 membrane space constant
[膜]孔蛋白/孔蛋白 porin
膜离子通道/膜離子通道 membrane ion channel
膜联蛋白/膜聯蛋白 annexin
膜裂解/膜溶解 membrane lysis
膜磷壁酸/膜磷壁酸 membrane teichoic acid
膜磷脂/膜磷脂 membrane phospholipid
膜流动性/[細胞]膜流動性,膜流體性 membrane fluidity
膜滤器/膜濾器,薄膜[過]濾器 membrane filter
膜螺旋板/膜螺旋板 membranous spiral lamina
膜锚/膜錨著點 membrane anchor
膜迷路/膜迷路 membranous labyrinth
膜免疫球蛋白/膜免疫球蛋白 membrane immunoglobulin, mIg
膜免疫荧光/膜免疫螢光 membrane immunofluorescence
膜募集/膜募集,膜補充 membrane recruitment
膜囊/膜囊 membranous sac
[膜]内侧翻外/内側翻外 inside out
膜内成骨/膜内骨化 intramembranous ossification
膜黏附/膜黏附 membrane adhesion
膜盘/膜盤 membranous disc
膜旁池系/膜旁池系 paramembraneous cisternal system
膜片钳/膜片箝[制] patch clamp
膜片钳记录技术/膜片箝術,膜片箝制記録法 patch-clamp recording technique
膜平衡/膜平衡 membrane equilibrium
膜桥蛋白/膜橋蛋白 ponticulin
膜区室/膜區室 membrane compartment
膜融合/膜融合 membrane fusion
膜色谱法/膜色譜法,膜層析法 membrane chromatography
膜上腔/膜上腔 epistege
膜渗透压计/膜滲透壓計 membrane osmometer
膜生物反应器/膜生物反應器,膜生物回應器 membrane bioreactor, MBR
膜生物物理学/膜生物物理學 membrane biophysics
膜时间常数/膜時間常數 membrane time constant
膜受体/膜受體 membrane receptor

膜输入阻抗/膜輸入阻抗　membrane input resistance
膜水解/膜水解　membrane hydrolysis
膜 pH 梯度/膜 pH 梯度　membrane pH gradient
膜天冬氨酸蛋白酶/膜天冬氨酸蛋白酶　memapsin
膜通道/膜通道　membrane channel
膜通道蛋白/膜通道蛋白　membrane channel protein
膜通量/膜通量　membrane flux
膜通透性/膜通透性　membrane permeability
膜突蛋白/膜突蛋白　moesin
膜突样蛋白/膜突樣蛋白　merlin
膜拓扑学/膜拓撲學　membrane topology
膜微区/膜微區　membrane microdomain
膜蜗管/膜耳蝸　membranous cochlea
膜污染/膜污染　membrane fouling
膜下孔/膜下孔　opesium
膜下腔/膜下腔　hypostegal cavity
膜消化/膜消化，膜分解　membrane digestion
膜形变/膜形變　membrane deformation
膜性结构域/膜微區　membrane microdomain
膜性小泡/膜小泡　membrane vesicle
膜学说/膜學説　membrane theory
膜厣/膜口蓋　epiphragm
膜原细胞/膜原細胞，臼細胞　tormogen, tormogen cell
膜源寡糖/膜源寡糖　membrane-derived oligosaccharide, MDO
膜远侧区/膜遠側區　membrane-distal region
膜运输/膜運輸　membrane transport, membrane trafficking
膜再循环/膜再循環　membrane recycling
膜载体/膜載體　membrane carrier
膜增生性肾小球肾炎/膜厚增殖性腎小球腎炎　membranoprolierative glomerulonephritis
膜整合锥/膜整合錐　membrane-integrated cone
膜脂/膜脂　membrane lipid
膜质突起/膜質突起　membraneous process
膜质子传导/膜質子傳導　membrane proton conduction
膜皱褶/膜皺褶　membrane ruffling
膜转位/膜轉位　membrane translocation
膜转位蛋白/膜轉位蛋白　membrane translocator
膜转运/膜運輸　membrane transport, membrane trafficking
膜转运蛋白/膜轉運蛋白，膜運輸蛋白　membrane transporter
膜阻抗/膜阻抗　membrane impedance
[摩擦]发声器/發聲器　stridulating organ
摩擦发音/摩擦發音　stridulation
摩尔根单位/摩根單位　morgan unit
摩尔凝固热/莫耳凝固熱　mole solidifying heat
摩托蛋白[质]/馬達蛋白，運動蛋白，動力型蛋白質　motor protein
磨齿环/磨齒環　milled ring
磨碎胃/磨碎胃　masticatory stomach
蘑菇素/蘑菇素，香菇素　agaricin
蘑菇酸/蘑菇酸，松蕈酸　agaricinic acid, agaric acid
末端标记/末端標記　end-labeling
末端补平/末端補平　end-filling, filling-in, end-polishing
末端重复/末端重複　terminal repetition
末端蛋白/末端蛋白　terminal protein, TP
末端反向重复[序列]/末端反向重複[序列]，末端轉化重複　inverted terminal repeat, ITR
末端分析/末端分析　terminal analysis
末端丰余/末端冗餘，末端過剩　terminal redundancy
末端个虫/末端個蟲　distal zooid
cDNA 末端快速扩增法/cDNA 末端快速擴增法，cDNA 端點快速放大法　rapid amplification of cDNA end, RACE
末端酶/末端酶　terminase
末端内含子/末端内含子　outron
末端尿苷酸转移酶/末端尿苷酸轉移酶　terminal uridylyltransferase, TUTase
末端缺失/末端缺失　terminal deletion
末端染色粒/末端染色粒　telochromomere
末端冗余/末端冗餘，末端過剩　terminal redundancy
末端糖基化/末端糖基化　terminal glycosylation
末端突起/末端突起　terminal process
末端脱氧核苷酸转移酶/末端去氧核苷酸轉移酶　terminal deoxynucleotidyl transferase, TdT
RNA 末端腺苷酸转移酶/RNA 末端腺苷酸轉移酶　RNA terminal riboadenylate transferase
末端氧化/末端氧化作用　terminal oxidation
末端氧化酶/末端氧化酶　terminal oxidase
末端易位/末端易位　terminal translocation
末端转移酶/末端轉移酶　terminal transferase
末脑/末腦　myelencephalon
末期/末期　telophase
末期授粉/末期傳粉，季末傳粉　end-season pollination
末期相/末期相　final phase
末梢羽枝/末梢羽枝　distal pinnule
末体/末體　opisthosoma
末体板/末體板　opisthosomatal plate
末体背板/末體背板　opisthonotal shield, opisthonotum

末体侧腺/末體側腺 latero-opisthosomal gland
末体腹板/末體腹板 opisthoventral shield
末体腹中毛/末體腹中毛 medioventral opisthosomal seta
没食子/没食子 nutgall
茉莉酸/茉莉酸 jasmonic acid, JA
莫里斯-莱卡尔模型/莫里斯-萊卡爾模型 Morris-Lecar model
莫利斯水迷宫/莫氏水迷津 Morris water maze
莫内甜蛋白/莫内甜蛋白,應樂果甜蛋白 monellin
莫能霉素/莫能黴素 monensin
墨角藻黄素/墨角藻黄素,岩藻黄素,鹿角藻黄素 fucoxanthin
墨角藻聚糖/岩藻聚糖,鹿角藻糖聚糖 fucosan
墨卡托投影/麥卡特投影[法] Mercator projection
墨囊/墨囊 ink sac
墨西哥玉米事件/墨西哥玉米事件 Mexican corn event
墨腺/墨腺 ink gland
墨汁荚膜染色/印度墨汁莢膜染色 India-ink capsule staining
模板/模板 template
模板 RNA/模板 RNA,模板核糖核酸 template RNA
模板辅助法/模板輔助法 template-assisted method
模板链/模板鏈,模板股 template strand
模板选择假说/複製選擇假説 copy choice hypothesis
模板学说/模板學説 template theory
母孢子/母孢子 sporont
母胞蚴/母胞蚴 mother sporocyst
母本/母本 female parent, mother parent
母本选择/母本選拔 mother parent selection
母本植物/母本植物,雌株,雌性植物 female plant, pistillate plant, mother plant
母核/母核 mother nucleus
母雷蚴/母雷蚴 mother redia
母鳞茎/母鱗莖,母球 mother bulb
母亲年龄效应/母體年齡效應 maternal age effect
母球/母球,母鱗莖 mother bulb
母体基因/母體[效應]基因 maternal gene
母体免疫系统/母體免疫系統 mother's immune system
母体妊娠识别/母體妊娠識别 maternal recognition of pregnancy
母体绒毛叶/母體絨毛葉 maternal cotyledon
母体效应/母體效應 maternal effect
母体效应基因/母體效應基因 maternal effect gene
母体信息/母體訊息,母體資訊 maternal information
母体遗传/母體遺傳 maternal inheritance
母系蛋白/胞外基質蛋白 matrilin
母系群/母系群 materilineal
母细胞/母細胞,芽細胞 mother cell, blast cell, metrocyte
母细胞化/母細胞化 blastoformation
母性/母性 maternity
母性行为/母性行為 maternal behavior
母血疗法/母血[注射]療法 maternohemotherapy
母液/母液 mother liquid
母源抗体/母體抗體 maternal antibody
母源免疫力/母體免疫性 maternal immunity
母株/母株植物 stock plant
母子集群/母子群集 monogynopaedium
拇趾/拇趾 hallux
木本群落/木本群落,樹林[群系] lignosa
木本植物/木本植物 woody plant, xylophyte
木鳖毒蛋白 S/木鼈根毒蛋白 S momorcochin S
木薄壁组织/木質部薄壁組織 wood parenchyma
木薄壁组织束/木質部薄壁組織束 wood parenchyma strand
木材/木材 wood
木材解剖学/木材解剖學 wood anatomy, xylotomy
木材纹理/木理,木紋 woody texture
木瓜蛋白酶/[番]木瓜蛋白酶,木瓜酵素,番木瓜素 papain, papainase
木焦油/木焦油 wood tar
木聚糖/木聚糖,木聚糖 xylan
木聚糖酶/木[糖]聚糖酶,木膠多糖酶 xylanase
木蜡酸/木蠟酸 lignoceric acid
木霉/木黴 trichoderma
木霉菌素/木黴菌素 trichodermin
木葡聚糖/木葡聚糖 xyloglucan
木栓/木栓 cork, phellem
木栓层/木栓層 cork layer
木栓化/木栓化 suberization, corkification
木栓皮层/木栓皮層 cork cortex
木栓细胞/木栓細胞 cork cell
木栓形成/木栓形成 cork formation
木栓形成层/木栓形成層 cork cambium
木栓质/木栓質 suberin
木栓组织/木栓組織 cork tissue
木素纤维素/木質纖維素 lignocellulose
木素纤维素降解/木質纖維素降解 lignocellulose degradation

木糖/木糖 xylose
木糖醇/木糖醇 xylitol
木糖-赖氨酸脱氧胆酸盐琼脂/木糖-賴氨酸去氧膽酸鹽瓊脂 xylose-lysine deoxycholate agar，XLD agar
木糖异构酶/木糖異構酶 xylose isomerase
木酮糖/木酮糖 xylulose
木酮糖还原酶/木酮糖還原酶 xylulose reductase
木酮糖-5-磷酸/木酮糖-5-磷酸 xylulose-5-phosphate
木酮糖脱氢酶/木酮糖脱氫酶 xylulose dehydrogenase
木质部/木質部 xylem
木质根/木質根 woody root
木质光敏素/木質光敏素，木部色素 xylochrome
木质化/木[質]化 lignification
木质茎/木質莖 woody stem
木质瘤/木瘤，樹癭 xyloma
木[质]素/木[質]素，木質 lignin
木质藤本/木質藤本 woody climber
木质纤维/木質纖維 woody fiber
目/目 order
目标基因/目標基因，目的基因，靶標基因 target gene
目标性状/目標性狀，標的性狀 target trait，objective trait
目的基因/目的基因，目標基因，靶標基因 target gene
目镜/目鏡 ocular，eyepiece
目镜测微尺/目鏡測微尺，目鏡測微器，目鏡測微計 ocular micrometer，eyepiece micrometer
目镜测微计/目鏡測微計，目鏡測微尺，目鏡測微器 ocular micrometer，eyepiece micrometer
牧草/牧草 pasture grass
牧场/牧場 pasture
牧食食物链/刮食食物鏈，啃食食物鏈 grazing food chain
募集/募集，徵召，補充 recruitment
幕骨/幕狀骨 tentorium
幕骨陷/幕狀骨穴 tentorial pit
穆斯堡尔谱法/穆斯堡爾譜法 Mössbauer spectroscopy
穆斯堡尔效应/穆斯堡爾效應，梅斯堡效應 Mössbauer effect

N

那氏信息素/那氏費洛蒙 Nosanov pheromone
纳精囊/納精囊 spermatheca, seminal receptacle
纳精型/納精型 tocospermic type
纳克/奈克 nanogram, ng
纳滤/奈濾 nanofiltration
纳米/奈米 nanometer, nm
纳米标记技术/奈米標記技術 nanolabeling
纳米病理学/奈米病理學 nanopathology
纳米材料/奈米材料 nanomaterials
纳米材料的环境释放/奈米材料的環境釋放 release and exposure scenario of nanomaterials
纳米材料风险评估/奈米材料風險評估 risk assessment of nanomaterials
纳米材料-细胞相互作用/奈米材料-細胞相互作用 nanomaterial-cell interaction
纳米尺度/奈米尺度 nanoscale
纳米蛋白载体/奈米蛋白載體 protein nanocarrier
纳米电机系统/奈米電機系統 nanoelectromechanical system, NEMS
纳米毒理学/奈米毒理學 nanotoxicology
纳米仿生界面/奈米仿生界面 nanobionic interface
纳米仿生学/奈米仿生學 nanobionics
纳米分子马达/奈米分子馬達 nanomolecular motor
纳米分子影像技术/奈米分子影像技術 nanomolecular imaging
纳米复合材料/奈米複合材料 nanocomposite materials
纳米光热疗法/奈米光熱治療 nanophotothermal therapy
纳米混悬液给药系统/奈米混懸液給藥系統 nanosuspension drug delivery system
纳米机器人/奈米機器人 nanorobot
纳米基因载体/奈米基因載體 gene nanocarrier
纳米给药系统/奈米給藥系統 nanodrug delivery system, NDDS
纳米技术/奈米技術 nanotechnology
纳米检测技术/奈米檢測技術 nanodetection
纳米胶束给药系统/奈米膠束給藥系統 nanomicelle drug delivery system
纳米晶体分子/奈米晶體分子 nanocrystal molecule
纳米抗体/奈米抗體 nanobody
纳米科学/奈米科學 nanoscience
纳米[颗]粒/奈米[顆]粒 nanoparticle, NP
纳米颗粒免疫识别/奈米顆粒免疫識別 nanoparticle immunological recognition
纳米颗粒内化/奈米顆粒内化 nanoparticle internalization
纳米控释系统/奈米控釋系統 nanocontrolled delivery system, nanocontrolled releasing system
纳米酶/奈米酶 nanozyme
纳米免疫分析法/奈米免疫分析法 nano-immunoassay
纳米生物安全性/奈米生物安全性 nanobiosafety
纳米生物材料/奈米生物材料 nanobiomaterials
纳米生物传感器/奈米生物感測器 nanobiosensor
纳米生物电子学/奈米生物電子學 nanobioelectonics
纳米生物惰性材料/奈米生物惰性材料 bioinert nanomaterials
纳米生物光学检测技术/奈米生物光學檢測技術 nanobiological optical detection
纳米生物活性材料/奈米生物活性材料 bioactive nanomaterials
纳米生物技术/奈米生物技術 nanobiotechnology
纳米生物界面/奈米生物界面 nanobiointerface
纳米生物器件/奈米生物器件 nanobiodevice
纳米生物探剂/奈米生物探劑 nanobioprobe
纳米生物效应/奈米生物效應 nanobioeffect
纳米生物芯片/奈米生物晶片 nanobiochip
纳米生物学/奈米生物學 nanobiology
纳米生物医学工程/奈米生物醫學工程 nanobiomedical engineering
纳米通道/奈米通道 nanochannel
纳米拓扑相互作用/奈米拓撲相互作用 nanotopographic interaction
纳米微孔/奈米微孔 nanopore
纳米微针/奈米微針 nanomicroneedle
纳米药理学/奈米藥理學 nanopharmacology
纳米药物/奈米藥物 nanopharmaceuticals
纳米药物载体/奈米藥物載體 drug nanocarrier
纳米医学/奈米醫學 nanomedicine
纳米再生医学/奈米再生醫學 nanoregenerative

medicine
纳米载体/奈米載體 nanovehicle, nanocarrier
纳米造影剂/奈米造影劑 nanoparticle contrast agent
纳米诊断学/奈米診斷學 nanodiagnosis
纳米诊疗学/奈米診療學 nanotheranostics
纳米制剂/奈米製劑 nanoformulation
纳米佐剂/奈米佐劑 nanoadjuvant
纳入体/納入體,[核]内體 receptosome
纳升高通量 PCR 芯片/奈昇高通量 PCR 晶片 nanoditer high-throughput PCR chip
纳他霉素/鏈黴菌素 natamycin
纳武单抗/納武單抗 nivolumab, Opdivo
钠泵/鈉泵,鈉幫浦 sodium pump
钠胆酸同向转运体/鈉膽酸同向轉運體 Na^+-bile acid symporter
钠碘同向转运体/鈉碘同向轉運體,鈉碘協同轉運體 sodium-iodide cotransporter, sodium-iodide symporter, NIS
钠碘协同转运蛋白/鈉碘同向轉運體,鈉碘協同轉運體 sodium-iodide cotransporter, sodium-iodide symporter, NIS
钠钙[离子]交换/鈉鈣交换 sodium-calcium exchange
钠钙[离子]交换体/鈉鈣交换體 sodium-calcium exchanger
钠钾泵/鈉鉀泵,鈉鉀幫浦 sodium-potassium pump
钠钾氯共转运体/鈉鉀氯協同轉運體,Na-K-Cl 聯合轉運體 Na-K-Cl cotransporter, NKCC
钠钾氯协同转运体/鈉鉀氯協同轉運體,Na-K-Cl 聯合轉運體 Na-K-Cl cotransporter, NKCC
钠钾 ATP 酶/鈉鉀 ATP 酶 sodium-potassium ATPase
钠钾同向转运体/鈉鉀協同轉運體,鈉鉀共轉體 sodium-potassium cotransporter, sodium-potassium symporter
钠钾协同转运蛋白/鈉鉀協同轉運體,鈉鉀共轉體 sodium-potassium cotransporter, sodium-potassium symporter
钠磷共转运体/鈉磷共轉體 sodium-phosphate cotransporter
钠磷协同转运蛋白/鈉磷共轉體 sodium-phosphate cotransporter
钠氯[离子]共转运体/鈉氯協同轉運體,鈉氯聯合轉運體 sodium-chloride cotransporter, NCC, NCCT
钠氯离子协同转运蛋白/鈉氯協同轉運體,鈉氯聯合轉運體 sodium-chloride cotransporter, NCC, NCCT
钠尿肽受体/鈉尿肽受體 natriuretic peptide receptor, NPR
钠-葡萄糖协同转运蛋白/鈉葡萄糖協同轉運體 sodium-glucose cotransporter, sodium-dependent glucose cotransporter, sodium-glucose linked transporter
钠-葡萄糖协同转运蛋白 1/鈉葡萄糖協同轉運體 1 sodium-glucose linked cotransporter 1, SGLT1
钠-葡萄糖协同转运蛋白 2/鈉葡萄糖協同轉運體 2 sodium-glucose linked cotransporter 2, SGLT2
钠氢[离子]交换体/鈉氫交换體 sodium-hydrogen exchanger, NHE
钠碳酸氢根共转运体/鈉碳酸氫根聯合轉運體,Na^+-HCO_3^- 聯合轉運體 Na^+-HCO_3^- cotransporter
钠碳酸氢根协同转运蛋白/鈉碳酸氫根聯合轉運體,Na^+-HCO_3^- 聯合轉運體 Na^+-HCO_3^- cotransporter
钠通道/鈉通道 sodium channel
钠依赖载体/鈉依賴載體 sodium-dependent carrier
钠脂肪酸同向转运体/鈉脂肪酸同向轉運體 Na^+-fatty acid symporter
奈曼分布/奈曼分布 Neyman distribution
奈瑟染色/奈瑟氏染色 Neisser staining
耐冬性/耐冬性,抗冬性,抗寒性 winter hardiness, winter resistance
耐冻性/耐凍性 freezing tolerance
耐冻植物/耐凍植物 freezing-tolerant plant
耐毒性/耐毒性 toxic tolerance
耐过动物/耐受動物 patient animal
耐寒性/耐寒性 cold hardiness, frost hardiness, cold tolerance
耐旱性/耐旱性 drought tolerance
耐火植物/耐火植物 pyrophyte
耐碱微生物/耐鹼微生物 alkalitolerant microorganism
耐金属生物/耐金屬生物 metallotolerant
耐冷微生物/耐冷微生物 psychrotolerant microorganism
耐力/耐[受能]力 endurance, endurance capacity
耐逆性/耐逆性 stress tolerance
耐热肠毒素/耐熱腸毒素 heat-stable enterotoxin
耐热微生物/耐熱微生物 thermoduric microorganism
耐热细菌/嗜高温菌,嗜熱菌 thermophilic bacteria
耐热性/耐熱性 heat tolerance, heat hardiness
耐热性 DNA 聚合酶/Taq DNA 聚合酶 Taq DNA polymerase
耐热植物/耐熱植物 thermophyte
耐受极限/耐受極限,容許限界,容許限量 tolerance

limit, limit of tolerance
耐受限度/耐受極限,容許限界,容許限量 tolerance limit, limit of tolerance
耐[受]性/耐[受]性 tolerance
耐受性定律/耐受律 law of tolerance
耐受原/免疫耐原 tolerogen
耐酸微生物/耐酸微生物 aciduric microorganism, acido-tolerant microorganism
耐温性/耐溫性 temperature toleration
耐污染物种/耐性種,耐污種 tolerant species
耐污性/耐污性 pollution tolerance
耐性种/耐性種,耐污種 tolerant species
耐压酶/耐壓酶 pressure-resistant enzyme
耐压微生物/耐壓微生物 barotolerant microorganism
耐压性/耐壓性 barotolerant
耐盐微生物/耐鹽微生物,耐鹵微生物 halotolerant microorganism
耐盐性/耐鹽性 salt tolerance, salinity tolerance
耐盐性试验/耐鹽性試驗 halotolerant test
耐氧菌/耐氧菌 aerotolerant bacteria
耐氧微生物/耐氧微生物 aerotolerant microorganism
耐氧性/耐氧性 aerotolerant
耐药性决定因子/耐藥性決定因子,抗藥性決定因子 resistance determining factor
耐药性转移因子/抗[藥]性轉移因子,R因子 resistance transfer factor RTF
耐阴性/耐陰性 shade-tolerance, tolerance of shade
耐阴植物/耐陰植物 shade-enduring plant
耐拥挤植物/耐擁擠植物 stress-tolerant plant
耐有机溶剂酶/耐有機溶劑酶 organic solvent tolerant enzyme
耐重金属酶/耐重金屬酶 heavy metal resistant enzyme
萘/萘 naphthalene, naphthalin
萘酚/萘酚 naphthol
萘酚橙/萘酚橙 naphthol orange
萘酚黄/萘酚黄 naphthol yellow
萘酚蓝黑/萘酚藍黑 naphthol blue black
萘酚绿/萘酚緑 naphthol green
萘红/萘紅 naphthalene red
萘醌/萘酚醌 naphthoquinone
萘烷/萘烷,十氫化萘 naphthane
萘氧基/萘氧基 naphthoxy
萘乙酸/萘乙酸,萘醋酸 naphthalene acetic acid, NAA
男性化/[女子]男性化 virilism
南部松小蠹诱剂/南部松小蠹誘劑 frontalin
南昌霉素/南昌黴素 nanchangmycin
南方涛动/南方震盪 southern oscillation, SO
南非干燥高原/[南非]乾燥臺地 karroo
南非干燥台地/[南非]乾燥臺地 karroo
南瓜子氨酸/南瓜子氨酸 cucurbitin
南瓜子醇/甜瓜醇 cucurbitol
南回归线/南回歸線 Tropic of Capricorn
南极界/南極界,南極區 Antarctic realm
南极凝视/南極凝視 antarctic stare
南极区/南極區,南極界 Antarctic realm
南界/南界,澳洲界 Notogaea, Notogaeic realm
南森瓶/南森瓶 Nansen bottle
囊/囊 capsule
囊瓣/囊瓣 cystigenic valve
囊包蛋白/外皮蛋白,包殼蛋白 involucrin
囊胞体/囊胞體 sarcostyle
囊层被/囊層被 epithecium
囊层基/囊層基 hypothecium
囊雏病/囊雛病 sacbrood
囊导管/交尾囊管 ductus bursae
囊盖/囊蓋 operculum
囊果/囊果 cystocarp
囊合子/囊合子 cystozygote
囊基膜/基質層,下生菌絲 hypothallus
囊间丝/囊間絲,囊間組織 hamathecium
囊间组织/囊間組織,囊間絲 hamathecium
囊领/囊領 collar, collarette
囊毛/囊狀毛 bladder hair
囊毛蚴/囊毛蚴 oncomiracidium
囊膜/被膜,包膜,外膜 developmental membrane, envelope
囊膜病毒/披膜病毒 enveloped virus
囊盘被/囊盤被 excipulum
囊盘上层/上子實層 epithecium
囊泡/囊泡,小泡 vesicle
囊泡病毒/子囊病毒 ascovirus
囊泡出芽/囊泡出芽 vesicle budding
囊泡锚定/囊泡錨定 vesicle docking
囊泡融合/囊泡融合 vesicle fusion
囊泡释放/囊泡釋放 vesicle release
囊泡小体/囊泡小體 vesiculo-vacuolar organelle, VVO
囊泡运输/囊泡運輸,小泡運輸 vesicle transport, vesicular traffic
囊胚/囊胚 blastula
囊胚层/囊胚層 blastoderm
[囊]胚泡/胚泡,胚囊,囊胚 blastocyst

囊胚腔/囊胚腔 blastocoel
囊胚形成/囊胚形成 blastulation
囊砂/棘球蚴砂 hydatid sand, cyst sand
囊实体/子囊果,子囊殻 ascocarp, ascoma
囊托/囊托 apophysis
囊外区/囊外區 extracapsular zone
囊尾尾蚴/囊尾尾蚴 cystocercous cercaria
囊尾蚴/囊尾蚴 cysticercus
囊形突/囊狀器 saccus
囊性纤维化/囊腫纖維化,囊性纖維變性 cystic fibrosis, CF
囊性纤维化穿膜传导调节蛋白/囊性纖維化跨膜傳導調節蛋白 cystic fibrosis transmembrane conductance regulator, CFTR
囊液/囊液 hydatid fluid
囊蚴/囊蚴 metacercaria
囊轴/[孢子]囊軸 columella
囊状杯/囊狀杯 cystigenous cup
囊状卵泡/囊狀卵泡 vesicular follicle, antral follicle
囊状体/囊狀體 cystidium
脑/腦 brain, encephalon
脑侧神经连索/腦側神經連索 cerebro-pleural connective
脑-肠肽/腦-腸肽 brain-gut peptide
脑磁图/腦磁波儀,腦磁圖儀 magnetoencephalogram, MEG
脑电图/腦電波圖 electroencephalogram, EEG
脑淀粉样血管病/腦澱粉樣血管病 cerebral amyloid angiopathy, CAA
脑发育调节蛋白/腦發育[調節]蛋白 drebrin
脑啡肽/腦啡[肽],腦素 enkephalin, ENK
脑啡肽酶/腦啡肽酶 enkephalinase
脑啡肽能神经元/腦啡肽能神經元 enkephalin neuron
脑啡肽原/腦啡肽原 proenkephalin
脑肝肾综合征/腦肝腎症候群 cerebrohepatorenal syndrome
脑苷脂/腦苷脂 cerebroside
脑干/腦幹 brain stem
脑干网状结构/腦幹網狀結構 brain stem reticular formation
脑沟/腦溝 sulcus
脑回/腦回 gyrus
脑机接口/腦機界面,人機介面 brain-machine interface, brain-computer interface, BCI
脑激素/腦激素 brain hormone
脑脊膜/腦脊膜 meninges
脑脊液/腦脊液 cerebrospinal fluid, CSF
脑脊液循环/腦脊液循環 circulation of cerebrospinal fluid
脑科学/腦科學 brain science
脑利尿钠肽/腦利尿鈉肽,腦鈉[尿]肽 brain natriuretic peptide, BNP
脑磷脂/腦磷脂 cephalin
脑颅/腦顱 neurocranium
脑膜炎奈瑟菌疫苗/奈瑟氏腦膜炎疫苗 *Neisseria meningitis* vaccine
脑膜炎球菌多糖疫苗/腦膜炎球菌多糖疫苗 meningococcal polysaccharide vaccine
脑钠[尿]肽/腦鈉[尿]肽,腦利尿鈉肽 brain natriuretic peptide, BNP
脑泡/腦泡 cerebral vesicle
脑皮层电图/皮層腦電圖 electrocorticogram, ECG
脑皮质电图/皮層腦電圖 electrocorticogram, ECG
脑羟脂酸/腦羥脂酸,2-羥[基]二十四烷酸 cerebronic acid
脑桥/腦橋,橋腦 pons
脑桥臂/腦橋臂,橋腦臂 brachium pontis
脑桥呼吸群/腦橋呼吸群,腦橋呼吸組 pontine respiratory group, PRG
脑桥呼吸组/腦橋呼吸組,腦橋呼吸群 pontine respiratory group, PRG
脑缺血反应/腦缺血反應 cerebral ischemic response
脑砂/腦砂 brain sand, acervulus cerebralis
脑神经/腦神經 cranial nerve
脑神经节/腦神經節 cerebral ganglion
脑实质/腦實質 brain parenchyma
脑室/腦室 brain ventricle
脑衰蛋白/腦衰蛋白 collapsin
脑死亡/腦死亡 brain death
脑网络组/腦網絡組 brainnetome
脑匣/腦殼 brain case
脑下神经节/腦下神經節,腦下神經球 hypocerebral ganglion
脑酰胺/神經酰胺,神經醯胺 ceramide, Cer
脑腺/腦腺 cerebral gland
脑循环/腦循環 cerebral circulation
脑源性神经营养因子/腦源性神經營養因子,腦衍生神經營養因子 brain-derived neurotrophic factor, BDNF
脑源性生长因子/腦源性生長因子,腦衍生生長因子 brain-derived growth factor, BDGF
脑脏神经连索/腦臟神經連索 cerebro-visceral connective
脑足神经连索/腦足神經連索 cerebro-pedal connective

内板/内腹板　entoplastron
内包被/内包被,内殼　endoperidium
内鼻孔/内鼻孔　internal naris, choana
内壁/内壁,内膜　endosporium, intine
内壁层/子囊内壁　endotunica
内鞭/内鞭　inner flagellum
内扁平细胞/内扁平細胞　endopinacocyte
内表皮/内表皮,内角皮　endocuticle, entocuticle
内禀增长力/内稟增長力　innate capacity for increase
内禀增长率/内在增殖率,内在增長率　intrinsic rate of increase
内禀自然增长率/内在自然增殖率　intrinsic rate of natural increase
内布拉斯加冰期/内布拉斯加冰期　Nebraskan glacial period
内部分解位点/内部分辨位點　internal resolution site
内部核糖体进入位点/内部核糖體進入位點　internal ribosome entry site, IRES
内部节点/内部節點　internal node
内部启动子/内部啟動子　internal promoter
内部引导序列/内部引導序列,内在前導序列　internal guide sequence, IGS
内部指导序列/内部引導序列,内在前導序列　internal guide sequence, IGS
内参值/内參值　internal reference value
内侧前脑束/前腦内側神經束　medial forebrain bundle
内侧前庭脊髓束/内側前庭脊髓束,前庭脊内徑　medial vestibulospinal tract
内层底栖生物/底内底棲生物,内生底棲生物　endobenthos
内产卵瓣/内產卵瓣　intervalvula
内出芽[生殖]/内出芽　internal budding, endogenous budding, endogemmy
内触手芽/内觸手芽　intratentacular budding
内唇/内唇,上咽頭　inner lip, epipharynx, epiglossa
内唇片/内唇骨片,上咽頭骨片　epipharyngeal sclerite
内唇乳突/内唇乳突　interno-labial papilla
内带线/内帶線　internal fasciole
内袋/内袋　inner sac
内单加氧酶/内單加氧酶　internal monooxygenase
内动力土[壤]/内動力土[壤]　endodynamorphic soil
内毒素/内毒素　endotoxin
δ-内毒素/δ-内毒素　δ-endotoxin
内颚侧叶/内顎側葉　lacinella
内颚叶/内顎葉,小顎内瓣　lacinia
内耳/内耳　internal ear
内啡肽/内啡肽,[腦]内啡　endorphin
β-内啡肽/β-腦内啡,β-内嗎啡　β-endorphin
内分泌/内分泌　endocrine, internal secretion
内分泌干扰物/内分泌干擾物　endocrine disruptor
内分泌器官/内分泌器官　endocrine organ
内分泌生理学/内分泌生理學　endocrine physiology
内分泌系统/内分泌系統　endocrine system
内分泌细胞/内分泌細胞　endocrine cell
内分泌腺/内分泌腺　endocrine gland
内分泌信号传送/内分泌訊息傳遞　endocrine signaling
内分泌学/内分泌學　endocrinology
内分生孢子/内[生]分生孢子　endoconidium
内稃/内稃　inner glume
内附肢/内附肢　appendix interna
内感受器/内感[受]器,内受器　interoceptor
内肛动物/内肛動物　entoproct
内革片/内革片　endocorium
内根鞘/内根鞘　inner root sheath, internal root sheath
内共生/内共生[作用]　endosymbiosis
内共生体/内共生體　endosymbiont
内共生学说/内共生假説　endosymbiotic hypothesis
内骨骼/内骨骼　endoskeleton
内果皮/内果皮,内果壁　endocarp
内含颗粒/内含顆粒　inclusion granule
内含肽/内含肽,内隱蛋白　intein
内含子/内含子,介入子　intron
tRNA 内含子/tRNA 内含子　transfer RNA intron, tRNA intron
内含子编码蛋白/内含子編碼蛋白　intron-encoded protein
内含子编码核酸内切酶/内含子編碼核酸内切酶　intron-encoded endonuclease
内含子迟现/内含子遲現　intron late
内含子分支点/内含子分支點　intron branch point
内含子归巢/内含子回歸,内含子返巢　intron homing
内含子套索/内含子套索　intron lariat
内含子移动/内含子移動　intron mobility
内含子早现/内含子早現　intron early
内含子转座/内含子轉位　intron transposition
内核层/内核層　inner nuclear layer
内核膜/内核膜　inner nuclear membrane
内呼吸/内呼吸　internal respiration
内化/内[質]化　internalization

内环境/内[在]環境 internal environment
内环境稳定/内環境穩定,體内平衡,體内恆定 homeostasis
内磺蛋白/内磺肽 endosulfine
内混合功能氧化酶/内混合功能氧化酶 internal mixed functional oxidase
内基小体/[狂瘋犬病]内基小體,内格里氏小體 Negri body
内基因子/内基因子 endogenote
内寄生/内寄生 endoparasitism
内寄生物/内寄生物,内寄生者 endoparasite
内寄生性/内寄生性 internal parasitism
内交叉/内交叉 internal chiasma
内角皮/内角皮 endocuticle
内铰合板/内鉸合板 inner hinge plate
内界膜/内界膜 inner limiting membrane
内聚力学说/内聚力學説 cohesion theory
内卷/内捲,退化 involution
内卷沟/内捲溝 aporhysis
内菌幕/内菌幕,内蓋膜 inner veil
内口膜/内口膜 endoral membrane
内联蛋白/内聯蛋白 endonexin
内淋巴/内淋巴 endolymph
内淋巴导管/内淋巴導管 endolymphatic duct
内淋巴电位/内淋巴電位差 endolymphatic potential
内淋巴管孔/内淋巴管孔 aperture of endolymphatic duct
内淋巴囊/内淋巴囊 endolymphatic sac
内淋巴窝/内淋巴窩 endolymphatic fossa
内陆常绿阔叶林/哈莫克林,中生森林 hammock forest
内陆水域/内陸水[域] inland water
内卵壳/内卵殼 endochorion
内卵室/内卵室 entooecium
内螺旋/内螺旋 internal coiling
内面向外记录模式/内面向外記録模式 inside-out recording
内膜接受态/内膜接受態 endometrial receptivity
内膜系统/内膜系統 endomembrane system
内囊/内囊 inner vesicle
内囊盘被/内囊盤被,髓囊盤被,盤下層 medullary excipulum
内胚层/内胚層 endoderm, endoblast
内胚层间质/内胚層間質 entomesenchyme
内披蛋白/外皮蛋白,包殼蛋白 involucrin
内皮/内皮 endothelium
内皮白细胞黏附分子/内皮白血球黏附分子 endothelial leucocyte adhesion molecule
内皮层/内皮層 endodermis
内皮联蛋白/内皮聯蛋白 endoglin
内皮绒膜胎盘/内皮絨膜胎盤 endotheliochorial placenta
内皮生长因子/内皮生長因子 endothelial growth factor
内皮素/内皮素,内皮肽 endothelin, ET
内皮素受体/内皮素受體 endothelin receptor
内皮素原前体/内皮素原前體,前内皮素原 preproendothelin, preET
内皮素转换酶/内皮素轉換酶,内皮肽轉化酶 endothelin-converting enzyme, ECE
内皮肽/内皮肽,内皮素 endothelin, ET
内皮肽转化酶/内皮肽轉化酶,内皮素轉換酶 endothelin-converting enzyme, ECE
内皮唾液酸蛋白/内皮唾液酸蛋白 endosialin
内皮细胞/内皮細胞,内層細胞 endothelial cell
内皮细胞蛋白C受体/内皮細胞蛋白C受體 endothelial protein C receptor, EPCR
内皮细胞舒血管因子/内皮細胞舒血管因子,内波源性舒張因子,内皮衍生放鬆因子 endothelium-derived relaxing factor, EDRF
内皮细胞缩血管因子/内皮細胞縮血管因子,内皮源性收縮因子 endothelium-derived contracting factor, EDCF
内皮细胞源性血管舒张因子/内皮細胞舒血管因子,内皮源性舒張因子,内皮衍生放鬆因子 endothelium-derived relaxing factor, EDRF
内皮型一氧化氮合酶/内皮型一氧化氮合酶 endothelial nitric oxide synthase, eNOS
内皮依赖性超极化因子/内皮源性超極化因子,内皮衍生超極化因子 endothelium-derived hyperpolarizing factor, EDHF
内皮源性超极化因子/内皮源性超極化因子,内皮衍生超極化因子 endothelium-derived hyperpolarizing factor, EDHF
内皮源性收缩因子/内皮細胞收縮因子,内皮細胞源性縮血管因子 endothelium-derived contracting factor, EDCF
内皮源性舒张因子/内皮源性舒張因子,内皮細胞舒血管因子,内皮衍生放鬆因子 endothelium-derived relaxing factor, EDRF
内皮组织/内皮組織 endothelial tissue
内蹼/内蹼 inner web
内栖动物/内棲動物 infauna, endofauna
内栖生物/底内生物,内生生物 endobiont
内腔/腔室 atrium
内鞘/内鞘 endotheca

内鞘鳞板/内鞘鱗板 endothecal dissepiment
内切核酸酶/核酸内切酶 endonuclease
内切核糖核酸酶/核糖核酸内切酶 endoribonuclease
内切几丁质酶/内切幾丁質酶 endochitinase
内切葡聚糖酶/葡聚糖内切酶,内葡聚糖酶 endoglucanase
内切糖苷酶/糖苷内切酶 endoglycosidase
内切脱氧核糖核酸酶/去氧核糖核酸内切酶 endodeoxyribonuclease
内群/内群 ingroup
内韧带/内韌帶 inner ligament
内韧带托/内韌帶托 chondrophore
内溶[菌]素/内溶素 endolysin
内融合/内融合 endomixis
内乳动脉/内乳動脈 internal mammary artery
内渗/内滲透 endosmosis
内生/内生,内長 endogeny
内生孢子/内[生]孢子 endospore, endogenous spore, endogonium
内生担子/内生擔子 endobasidium
内生发芽/内發芽 endogermination
内生发育/内生發育 endogenous development
内生分枝/内長分枝 endogenous branching
内生肌苷/内生肌苷 endogenous creatinine
内生肌苷清除率/内生肌苷清除率 endogenous creatinine clearance
内生茎/内長莖 endogenous stem
内生菌根/内生菌根 endotrophic mycorrhiza, endomycorrhiza
内生韧皮部/内生韌皮部 internal phloem
内生色素/内生色素 endogenous pigment
内生源/内在起源 endogenous origin
内生真菌/内生真菌 endomycete
内生植物/内生植物,内生菌 endophyte, entophyte
内生致冷原/内在性致冷原 endogenous cryogen
内生致热原/内源性熱原,内在性致熱質 endogenous pyrogen
内生周期/内生週期 endogenous cycle
内始式/内源型 endarch
内始式维管束/内源型維管束 endarch bundle
内收蛋白/内收蛋白 adducin
内水体积/内部體積 inner volume
内蒴齿/内蒴齒 endostome, endostomium
内隧道/内隧道 inner tunnel
内肽酶/肽鏈内切酶 endopeptidase
内体/[核]内體,納入體 receptosome
内体腔/内體腔 inner coelom
内调素/内調素 endocoid
内突骨/内突骨 apophysis
内[吞]体/[胞]内體,吞噬小體 endosome
内吞作用/内吞作用,胞吞作用,細胞吞噬 endocytosis
内外生菌根/内外生菌根,外生内菌根 ectendotrophic mycorrhiza, ectendomycorrhiza
内外营养/内外營養 ectendotrophy
内腕栉/内腕櫛 inner arm comb
内网层/内網層 inner plexiform layer
内温动物/内温動物 endotherm, endothermic animal
内温性/内温性 endothermy
内吸杀虫剂/系統性殺蟲劑 systemic insecticide
内膝毛/内膝毛 internal genual seta
内细胞团/内細胞團,内細胞群 inner cell mass, ICM
β-内酰胺类抗生素/β-内醯胺類抗生素 β-lactam antibiotics
内酰胺酶/内酰胺酶,内醯胺酶 lactamase
内陷/内陷 invagination
内陷卵胞/内陷卵胞 endooecial ovicell
内向电流/内向電流 inward current
内向药/内向花藥 introrse anther
内向整流/内向整流 inward rectification
内向整流钾通道/内向整流鉀通道 inward-rectifier potassium channel, inwardly rectifying potassium channel
内消旋肌醇/内消旋肌醇,中纖維醇 meso-inositol
内楔骨/内楔骨 entocuneiform bone
内斜肌/内斜肌 internal oblique muscle
内嗅皮质/内嗅皮質 entorhinal cortex
内旋转/内轉動 internal rotation
内眼板/内眼板 insert
内眼眶叶/内眼眶葉 inner orbital lobe
内阳茎/内陰莖 endophallus
内阳茎基鞘/内鞘 endotheca
内叶/内葉 endite
内叶足/内葉足 endolobopodium
内移/内移 ingression
内因/内因,内在因子 intrinsic factor
内因动态演替/内動性演替,内動性消長 endodynamic succession
内因[性]演替/内因演替 endogenetic succession
内因运动/内因運動 endogenous movement
内隐编码/内隱編碼 implicit coding
内隐记忆/内隱記憶 implicit memory
内颖/内稃 inner glume
内影像/内影像 internal image

内源病毒/内源病毒,内生性病毒 endogenous virus
内源感染/内源感染,内生性感染 endogenous infection
内源呼吸/内源呼吸,基本呼吸 endogenous respiration
内源基因/内源基因,内生基因 endogenous gene
内源节律/内源節律,内生律動,内在週律 endogenous rhythm
内源逆转录病毒/内源逆轉録病毒 endogenous retrovirus
内[源]适应/内適應 endoadaptation
内源性阿片样肽/内源性阿片樣肽 endogenous opioid peptide
内源性产热/内源性産熱 endogenous heat production
内源性凋亡途径/内源性凋亡途徑 intrinsic apoptosis pathway
内源性抗原/内源性抗原 endogenous antigen
内源性凝血/内源性凝血 intrinsic coagulation
内源性硝基血管扩张药/内源性硝基血管擴張藥,内源性硝基血管舒張劑 endogenous nitrovasodilator, EDNO
内源性硝基血管舒张剂/内源性硝基血管舒張劑,内源性硝基血管擴張藥 endogenous nitrovasodilator, EDNO
内源性原病毒/内源性原病毒,内生性前病毒 endogenous provirus
内源性[致]热原/内源性熱原,内在性致熱質 endogenous pyrogen
内源性注意/内源性注意 endogenous attention
内源周期性/内源週期性,内在週期性 endogenous periodicity
内在蛋白质/内在蛋白質 intrinsic protein
内在毒性/内在毒性 intrinsic toxicity
内在光敏感视网膜神经节细胞/内在光敏感視網膜神經節細胞 intrinsically photosensitive retinal ganglion cell, ipRGC
内在节律/内源節律,内生律動,内在週律 endogenous rhythm
内在膜蛋白/内在膜蛋白[質],膜内蛋白 intrinsic membrane protein
内在因子/内在因子,内因 intrinsic factor
内在终止子/内在終止子 intrinsic terminator
内脏感觉/内臟感覺 visceral sensation
内脏骨骼/内臟骨骼 visceral skeleton
内脏平滑肌/内臟平滑肌 visceral smooth muscle
[内]脏神经系统/[内]臟神經系統 visceral nervous system
内脏痛/内臟痛 visceral pain
内脏团/内臟團 visceral mass
内照射/内照射 internal irradiation
内肢/内肢 endopod, endopodite
内殖毛/内殖毛 endogenital seta
内酯/内酯 lactone
内质/内質 endoplasm
内质膜/内質膜,肌[纖維]膜 sarcolemma
内质体/内質體 endoplast
内质网/内質網 endoplasmic reticulum, ER
内质网回收信号/内質網回收訊號 endoplasmic reticulum retrieval signal, ER-retrieval signal
内质网-线粒体接触点/内質網-粒線體接觸點 endoplasmic reticulum-mitochondrial contact site
内质网相关蛋白降解/内質網相關蛋白降解 endoplasmic reticulum-associated degradation, EARD
内质网信号序列/内質網訊息序列 endoplasmic reticulum signal sequence, ER-signal sequence
内质网应激/内質網應激 endoplasmic reticulum stress
内质网驻留蛋白/内質網駐留蛋白 endoplasmic reticulum retention protein, ER-retention protein
内质网驻留信号/内質網駐留訊號 endoplasmic reticulum retention signal, ER-retention signal
内中胚层细胞/内中胚層細胞 entomesodermal cell
内种皮/内種皮 endopleura, internal seed coat
内珠被/内珠皮 inner integument
内珠孔/内珠孔 endostome
内柱/内柱 endostyle
内转换/内轉換 internal conversion
内转录间隔区/内轉録間隔區 internal transcribed spacer, ITS
内锥体/内錐體 inner cone
内子座/内子座 endostroma
嫩枝/小枝 branchlet
能荷/能荷 energy charge
能汇/能匯 energy sink
能见度/能見度,可見度 visibility
能量补助/能量補助,輔加能量 energy subsidy
能量传递/能量傳遞,能量傳輸,能量轉移 energy transfer
能量代谢/能量代謝 energy metabolism
能量代谢率/能量代謝率 energy metabolic rate, EMR
能量过滤成像/能量過濾成像 energy filter imaging, EFI
能量过滤透射电镜/能量過濾透射電鏡 energy-

filtered transmission electron microscope, EFTEM
能量耗散/能量耗散 energy dissipation
能量交换/能量交换 energy exchange
能量金字塔/能量[金字]塔 energy pyramid, pyramid of energy
能量流程图/能量流程圖 energy flow diagram
能量流动/能量流通,能流 energy flow, energy flux
能量平衡/能量平衡 energy balance
能量收支/能量收支,能量預算 energy budget
能量守恒/能量守恆 energy conservation
能量输出/能量輸出 energy output
能量输入/能量輸入 energy input
能量消耗/能量消耗 energy expenditure
能量效率/能量效率 energy efficiency
能量预算/能量預算,能量收支 energy budget
能量注量/能通量 energy fluence
能量转换/能量轉換 energy transformation, energy conversion
能量转换者/能量轉換者 energy transformer
能量锥体/能量[金字]塔 energy pyramid, pyramid of energy
能流/能流,能量流通 energy flow, energy flux
能流食物网/能量流食物網 energy flow food web
能配群/能配群 comparium
能斯特方程/能斯特[氏]方程式 Nernst equation
能育花/可孕性花 fertile flower
能育花粉/可孕性花粉 fertile pollen
能育小羽片/可孕性小羽片 fertile pinnule
能育性/能育性,可孕性 fertility
能育叶/能育葉 fertile leaf, fertile frond, sporophyll
能育羽片/可孕性羽片,產孢子羽片 fertile pinna
能育植株/可孕性植物 fertile plant
能障/能障 energy barrier
能值/能[量]值 emergy, energy value
能值功率/能值功率 empower
尼德勒曼-翁施算法/尼德勒曼-翁施演算法 Needleman-Wunsch algorithm
尼可霉素/尼可黴素,日光黴素 nikkomycin
尼龙膜/尼龍膜 nylon membrane
尼氏染色/尼氏染色 Nissl staining
尼氏体/尼氏體 Nissl body
泥流/泥流 mud-flow
泥盆纪/泥盆紀 Devonian, Devonian Period
泥石流/泥石流 debris flow, mud and rock flow
泥滩/泥灘 mudflat
泥滩[生物]群落/泥灘群落,泥灘群聚 ochthium, pelochthium
泥炭/泥炭 peat
泥炭土/泥炭土 peat soil
泥炭藓/泥炭蘚 sphagnum
泥炭藓草本群落/泥炭蘚草原群落,泥炭蘚濕原,高層濕原 sphagniprata, sphagnum highmoor, sphagniherbosa
泥炭藓型地上芽植物/泥炭蘚型地表植物 chamaephyta sphagnoides
泥炭藓沼泽/苔泥[炭]沼,苔灌叢沼 sphagnum bog, sphagnum moor
泥炭沼泽/泥炭沼,深泥沼 mire, peat bog
拟包被/擬包被 pseudoperidium
拟孢囊/擬胞囊,偽胞 pseudocyst
拟[辨识]色/擬[辨識]色 pseudosematic color
拟表型/擬表型 phenocopy
拟病毒/擬病毒 virusoid
拟薄壁组织/假薄壁組織,異形菌絲組織 pseudoparenchyma, paraplectenchyma
拟侧丝/擬側絲,類側絲,假側絲 paraphysoid, pseudoparaphysis
拟常染色体区段/假常染色體區段 pseudoautosomal segment
拟除虫菊酯类杀虫剂/合成除蟲菊精殺蟲劑 pyrethroid insecticides
拟胆碱酯酶/擬膽鹼酯酶 pseudocholine esterase
拟等位基因/擬等位基因,擬對偶基因 pseudoallele, semi-allele
拟反馈抑制/擬回饋抑制 pseudo-feedback inhibition
拟杆菌/擬桿菌 bacteroide
拟工蚁/擬工蟻 ergatoid
拟合/擬合,套配 fitting
拟核/擬核,類核 nucleoid
拟回复突变/擬回復突變 pseudoreversion
拟基因/假基因,偽基因 pseudogene
拟基因型/擬基因型 genocopy
拟极细胞/側極細胞 parapolar cell
拟寄生/擬寄生,假寄生 parasitoidism, pseudoparasitism
拟寄生物/擬寄生物,致命寄生物,類寄生生物 parasitoid
拟假种皮/擬假種皮,類似假種皮 arillode
拟交叉/假交叉 pseudochiasma
拟接合孢子/單性接合孢子,無性接合孢子,非接合孢子 azygospore
拟茎体/莖狀體 caulidium
拟晶体/擬晶體 crystalloid
拟连锁不平衡/類連鎖不平衡 quasi-linkage equilibrium, QLE
拟裸子实层式发育/半裸果型發育,擬裸子實層式發

育 paragymnophymenial development
拟萌发孔/擬萌發孔 aperturoid, tremoid
拟木栓细胞/擬木栓細胞,似木栓細胞 phelloid cell
拟囊尾蚴/擬囊尾蚴 cysticercoid
拟亲和性/假親和性 pseudocompatibility
拟球蛋白/假球蛋白,擬球蛋白 pseudoglobulin
拟染色体/擬染色體,似染色體 chromatoid body, chromosomoid
拟人主义/擬人主義,擬人觀 anthropomorphism
拟软体动物/似軟體動物 molluscoid
拟色/擬色 mimic coloration
拟生毛体/假生毛體 pseudoblepharoplast
拟水蚤幼体/擬水蚤幼體 erichthus larva
拟四跗类/擬四跗類,擬四節類 pseudotetramera
拟态/擬態 mimicry, mimesis
拟态客虫/擬態客蟲 mimetic synoëkete
拟糖物/擬糖物 glycomimetics
拟显性/擬顯性 pseudodominance
拟叶螨/偽葉蟎 false spider mite
拟叶体/擬葉體 phyllidium
拟遗传/假遺傳 pseudoheredity
拟蚁客/擬蟻客 pseudosymphile
拟蛹/亞若蟲 subnymph
拟有丝分裂/擬有絲分裂 paramitosis
拟质壁分离/假質離 pseudoplasmolysis
拟主齿/擬主齒 pseudocardinal tooth
拟柱头组织/類柱頭組織,柱頭狀組織 stigmatoid tissue
逆 PCR/逆 PCR,逆聚合酶鏈反應 reverse PCR
逆城市化/逆都市化 counter-urbanization
逆促旋酶/逆回旋酶,逆旋轉酶 reverse gyrase
逆环化/逆環化 reverse cyclization
逆剪接/反向剪接 reverse splicing
逆进化/逆演化 counter-evolution
逆境/逆境,緊迫 stress
逆境蛋白[质]/逆境蛋白,壓力蛋白 stress protein
逆境生理学/逆境生理學 stress physiology
逆境训练/嫌惡制約法 aversive conditioning
逆聚合酶链反应/逆聚合酶鏈反應,逆 PCR reverse PCR
逆流倍增/逆流倍增 counter-current multiplication
逆流萃取/逆流萃取 counter-current extraction
逆流交换/逆流交換,對流交換 counter-current exchange
逆流热交换/逆流熱交換 counter-current heat exchange
逆流色谱法/逆流色譜法,逆流層析法 counter-current chromatography
逆流循环/逆流循環,對流循環 counter-current circulation
逆没食子鞣质酸/鞣花單寧酸 ellagitannic acid
逆适应/逆適應 counter-adaptation
逆温层/逆温層 inversion layer
逆问题/逆推問題 inverse problem
逆向传导/逆向傳導 antidromic conduction
逆向火箭免疫电泳/逆向火箭免疫電泳 reverse rocket immunoelectrophoresis
逆向运输/逆向運輸 retrograde transport
逆向轴突运输/逆行軸突運輸 retrograde axonal transport
逆向转运体/反向轉運體,反向運輸蛋白 antiporter
逆向转座/逆向轉位 inverse transposition
逆行变态/逆行變態 retrogressive metamorphosis
逆行变性/逆行性變性,回溯性[神經]退化 retrograde degeneration
逆行发育/逆行性發育,逆向發育 retrogressive development
逆行性遗忘/逆行性健忘,回溯性失憶症,逆向失憶症 retrograde amnesia
逆行演替/逆行演替,退行[性]演替,退行性消長 retrogressive succession
逆行轴突运输/逆行軸突運輸 retrograde axonal transport
逆旋转酶/逆旋轉酶,逆回旋酶 reverse gyrase
逆选择/反[向]選擇,反淘汰 counterselection
逆转电位/逆轉電位 reversal potential
逆转录/逆轉録,反轉録 reverse transcription
逆转录 PCR/逆轉録 PCR,逆轉録聚合酶鏈反應,反轉録 PCR reverse transcription polymerase chain reaction, reverse transcription PCR, RT-PCR
逆转录病毒/逆轉録病毒,反轉録病毒 retrovirus, reverse transcription virus
逆转录病毒载体/逆轉録病毒載體 retrovirus vector
逆转录假基因/逆轉録偽基因 retropseudogene
逆转录聚合酶链反应/逆轉録聚合酶鏈反應,逆轉録 PCR,反轉録 PCR reverse transcription polymerase chain reaction, reverse transcription PCR, RT-PCR
逆转录酶/逆轉録酶,反轉録酶 reverse transcriptase
逆转录酶基因/逆轉録酶基因,反轉録酶基因 reverse transcriptase gene
逆转录酶抑素/逆轉録酶抑素,逆轉録酶抑制劑,制反轉録酶素 revistin
逆转录酶抑制剂/逆轉録酶抑制劑,逆轉録酶抑素,制反轉録酶素 revistin
逆转录元件/逆轉録元件,反轉録因子 retroelement

逆[转录]转座子/逆[轉録]轉座子,逆轉位子 retrotransposon, retroposon
逆转录转座[作用]/逆轉録轉座,反轉録轉位[作用] retrotransposition, retroposition
逆转录子/逆跳躍子,反轉録子 retron
匿带/隱帶 stabilimentum
匿名DNA/匿名DNA anonymous DNA
匿名标记/匿名標記 anonymous marker
年代面积假说/年代面積假説 age and area hypothesis
年代种/年代種,時序種 chronological species
年节律/年節律 annual rhythm, cirannual rhythm
年龄比/年齡比 age ratio
年龄变异/年齡變異 age variation
年龄分布/年齡分布,齡期分布 age distribution
年龄分工/年齡分工,異齡行為多型 age polyethism
年龄鉴定特征/年齡鑒定形質 age determination character
年龄结构/年齡結構,齡級結構 age structure
年龄结构模型/年齡結構模式 age structure model
年龄金字塔/年齡[金字]塔 age pyramid
年龄特征生命表/年齡别生命表 age-specific life table
年龄体长换算表/年齡-體長換算表 age-length key
年龄锥体/年齡[金字]塔 age pyramid
年龄组成/年齡組成 age composition
年轮/年輪 annual ring
年平均摄取量/年平均攝取量,年平均吸收量 mean annual uptake
年热能收支/年熱收支 annual heat budget
年收支/年收支 annual budget
年周期/年週期,年循環 annual cycle
黏孢子/黏孢子 myxospore
黏孢子团/黏孢子團 gloiospore
黏变形体/黏菌變形體 myxamoeba
黏捕法/黏捕法 sticky-trap method
黏蛋白/黏蛋白,黏液素,黏質 mucin, mucoprotein
黏蛋白样血管地址素/黏蛋白樣血管定址素 mucin-like vascular addressin
黏度/黏度 viscosity
黏度测定法/黏度測定法 viscometry
黏度计/黏度計,滯性計 viscometer, viscosimeter
黏[端质]粒/黏接質體,黏粒 cosmid
黏多糖/黏多糖 mucopolysaccharide
黏多糖贮积症/黏多糖貯積病 mucopolysaccharidosis
黏附/黏附,黏著 adherence
黏附蛋白/黏附蛋白,附著蛋白,黏附素 adhesin
黏附分子/黏著分子,黏連分子 adhesion molecule, AM
黏附集群/黏附群集 syncollesia
黏附器/黏[著]器 adhesive organ
黏附受体/黏著受體 adhesion receptor
黏附素/黏附素,黏附蛋白,附著蛋白 adhesin
黏附细胞/貼附性細胞,貼壁式細胞 adherent cell
黏附性蛋白质/黏著蛋白質,附著性蛋白質 adhesion protein
黏合线/黏合線 cement line
黏结蛋白聚糖/黏結蛋白聚糖,聯合蛋白聚糖 syndecan
黏结蛋白聚糖家族/黏結蛋白聚糖家族 syndecan family
黏菌/黏菌 myxomycete, slime mold, slime mould
[黏菌]大囊胞/[黏細菌]大胞囊,大包囊 macrocyst
黏菌素/黏菌素 colistin
黏菌体/黏菌體 aethalium
[黏菌]小囊胞/[黏細菌]小囊胞,小包囊 microcyst
黏粒文库/黏接質體庫 cosmid library
黏毛/黏毛 tenent hair
黏膜/黏膜 mucosa
黏膜层/黏膜層 mucous layer
黏膜地址素/黏膜定址素 mucosal addressin
黏膜地址素细胞黏附分子/黏膜定址性細胞黏著分子 mucosal addressin cell adhesion molecule, MadCAM
黏膜肥大细胞/黏膜肥大細胞 mucosal mast cell
黏膜肌层/黏膜肌層 muscularis mucosa
黏膜免疫系统/黏膜免疫系統 mucosal immune system
黏膜屏障/黏膜屏障 mucosal barrier
黏膜下层/黏膜下層 submucosa
黏膜下间质卡哈尔细胞/黏膜下間質卡哈爾細胞 submucosal interstitial cell of Cajal, submucosal ICC, ICC-SM
黏膜下神经丛/黏膜下神經叢 submucosal plexus
黏膜相关淋巴组织/黏膜相關淋巴組織 mucosal-associated lymphoid tissue, MALT
黏膜效应部位/黏膜效應部位 mucosal effector site
黏膜诱导部位/黏膜誘導部位 mucosal inductive site
黏盘/黏盤 claypan
黏器/黏器 tribocytic organ
黏丝囊/黏絲胞 glutinant
黏肽/黏肽 mucopeptide
黏弹性/黏彈性 viscoelasticity
黏土/黏土,黏粒 clay
黏系列/黏系列 muco-series

黏细胞/黏細胞　colloblast
黏细菌/黏液細菌　slime bacteria, myxobacteria
黏性卵/黏著卵　adhesive egg
黏[性末]端/黏性末端,黏著端　sticky end, cohesive end, cohesive terminus
黏液/黏液　mucus
黏液胞/黏液胞　mucocyst
黏液层/黏液層　slime layer
黏液屏障/黏液屏障　mucous barrier
黏液细胞/黏液細胞　mucous cell
黏液纤毛转运/黏液纖毛轉運　mucociliary transport
黏液纤毛装置/黏液纖毛裝置　mucociliary apparatus
黏液腺/黏液腺　mucous gland
黏液腺泡/黏液腺泡　mucous acinus
黏液型菌落/黏液狀菌落　mucoid colony
黏液足/黏液足　mucous pad
黏藻黄素/藍藻黄素　myxoxanthin
黏脂贮积症/黏脂症　mucolipidosis
黏滞阻力/黏滯阻力　viscous resistance
黏着斑/黏著斑,點狀黏附　plaque, focal adhesion, macula adherens
黏着斑蛋白/黏著斑蛋白,紐帶蛋白　vinculin
黏着斑复合体/黏著斑複合體　focal adhesion complex
黏着斑激酶/黏著斑激酶,點狀黏附激酶　focal adhesion kinase, FAK
黏着带/黏著帶,附著帶　adhesion belt
黏着蛋白质/黏著蛋白質,附著性蛋白質　adhesion protein
黏着连接/黏著連接,黏連結合,黏合連接　adhering junction, adherens junction
黏着盘/盤狀附著器,盤狀固著器　adhesive disc
黏着器/黏[著]器　adhesive organ
黏着丝/黏著絲　adhesive filament
黏着小带/黏著小帶　zonula adherens
黏着性联合/黏著接合　sticky association
黏着性染色体桥/黏著染色體橋　sticky chromosome bridge
黏着因子/黏著因子　adhesion factor
黏着诱捕器/黏捕器　sticky trap
黏足/黏足　myxopodium
念珠理论/念珠理論　bead theory
念珠模型/染色質珠串模型　beads-on-a-string
[念]珠状纤丝/珠狀纖維絲　beaded filament, beaded-chain filament
酿造/釀造　brewing
酿造技术/釀造技術　brewing technique
鸟氨酸/鳥氨酸,鳥胺酸　ornithine
鸟氨酸氨甲酰基转移酶/鳥氨酸胺甲醯基轉移酶,鳥氨酸轉胺甲醯酶　ornithine transcarbamylase, ornithine carbamyl transferase, OCT
鸟氨酸氨甲酰转移酶缺乏症/鳥氨酸氨基甲醯轉移酶缺乏症　ornithine transcarbamylase deficiency, OTC deficiency
鸟氨酸脱羧酶/鳥氨酸脱羧酶　ornithine decarboxylase
鸟氨酸循环/鳥氨酸循環　ornithine cycle
鸟氨酸转氨甲酰酶/鳥氨酸轉胺甲酰酶,鳥氨酸胺甲醯基轉移酶　ornithine transcarbamylase, ornithine carbamyl transferase, OCT
鸟氨胭脂碱/鳥胺胭脂鹼　nopalinic acid, ornaline
鸟巢菌/鳥巢菌　bird's nest fungus
鸟催产素/鳥催産素　mesotocin
鸟二磷/鳥二磷,鳥[嘌呤核]苷二磷酸　guanosine diphosphate, GDP
鸟粪/鳥糞　guano
鸟苷/鳥[嘌呤核]苷　guanosine, G, Guo
鸟苷二磷酸/鳥[嘌呤核]苷二磷酸,鳥二磷　guanosine diphosphate, GDP
鸟苷二磷酸解离刺激因子/鳥苷二磷酸解離刺激因子　GDP dissociation stimulator, GDS
鸟苷二磷酸解离抑制因子/鳥苷二磷酸解離抑制因子　GDP dissociation inhibitor, GDI
鸟苷二磷酸解离抑制因子的置换因子/鳥苷二磷酸解離促進因子　GDI displacement factor, GDF
鸟苷三磷酸/鳥[嘌呤核]苷三磷酸,鳥三磷　guanosine triphosphate, GTP
鸟苷三磷酸环水解酶缺乏型/鳥苷三磷酸環水解酶缺乏型　guanosine triphosphate cyclohydrolase deficient form
鸟苷三磷酸酶/鳥苷三磷酸酶,GTP 酶　guanosine triphosphatase, GTPase
鸟苷酸/鳥[嘌呤核]苷酸　guanylic acid
鸟苷酸环化酶/鳥苷酸環化酶　guanylate cyclase, guanylyl cyclase, cGMPase
鸟苷酸环化酶受体/鳥苷酸環化酶型受體　guanylate cyclase receptor
鸟苷肽/鳥苷肽　guanylin
鸟苷一磷酸/鳥[嘌呤核]苷一磷酸,鳥一磷　guanosine monophosphate, GMP
mRNA 鸟苷转移酶/mRNA 鳥苷轉移酶　mRNA guanyltransferase
鸟环志/鳥類標誌法　bird-banding
鸟类/鳥類　birds
鸟类方言/鳥類方言　dialects in birds
鸟类区系/鳥類相　avifauna

鸟类学/鳥類學 ornithology
鸟媒/鳥媒 ornithophily
鸟媒花/鳥媒花 ornithophilous flower
鸟媒植物/鳥媒植物 ornithophilous plant
鸟嘌呤/鳥嘌呤 guanine, Gua
鸟嘌呤-胞嘧啶含量/GC 含量 G-C content
鸟[嘌呤核]苷酸交换因子/鳥[嘌呤核]苷酸交换因子 guanine nucleotide exchange factor, GEF
鸟嘌呤核苷酸结合蛋白质/鳥[嘌呤核]苷酸結合蛋白,GTP 結合蛋白,G 蛋白 guanine nucleotide-binding protein, GTP-binding protein
鸟[嘌呤核]苷酸释放因子/鳥嘌呤核苷酸釋放因子 guanine nucleotide release factor, GRF
鸟嘌呤脱氨酶/鳥嘌呤脱胺酶 guanine deaminase
鸟枪蛋白质组学/鳥槍蛋白質體學 shotgun proteomics
鸟枪法测序/鳥槍法測序,霰彈槍定序 shotgun sequencing
鸟枪法克隆/鳥槍克隆法,霰彈槍法 shotgun cloning
鸟枪脂质组学/鳥槍脂質組學 shotgun lipidomics
鸟三磷/鳥三磷,鳥[嘌呤核]苷三磷酸 guanosine triphosphate, GTP
鸟头体/鳥頭體 avicularium
鸟头状齿片钩毛/鳥頭狀齒片鉤毛 avicular uncinus
鸟头状刚毛/鳥頭狀剛毛 avicular seta
鸟一磷/鳥一磷,鳥[嘌呤核]苷一磷酸 guanosine monophosphate, GMP
[鸟]嘴/鳥喙 bill
尿/尿[液] urine
尿崩症/尿崩症 diabetes insipidus
尿卟啉/尿卟啉,尿紫質 uroporphyrin
尿卟啉原/尿卟啉原,尿紫質原 uroporphyrinogen
尿肠管/尿腸管 uroproct
尿重碳酸盐增多/尿重碳酸鹽增多,碳酸氫鹽尿,重碳酸鹽尿 bicarbonaturia
尿胆素/尿膽素 urobilin
尿胆素原/尿膽素原 urobilinogen
尿道/尿道 urethra
尿道海绵体/尿道海綿體 corpus cavernosum urethrae
尿道球腺/尿道球腺 bulbourethral gland
尿毒症/尿毒症 uremia, urinaemia
尿二磷/尿二磷,尿苷二磷酸 uridine diphosphate, UDP
尿苷/尿[嘧啶核]苷 uridine
尿苷二磷酸/尿苷二磷酸,尿二磷 uridine diphosphate, UDP
尿苷二磷酸葡糖/尿苷二磷酸葡萄糖 uridine diphosphate glucose, UDPG
尿苷二磷酸-糖/尿苷二磷酸-糖 uridine diphosphate sugar, UDP-sugar
尿苷三磷酸/尿苷三磷酸,尿三磷 uridine triphosphate, UTP
尿苷酸/尿[嘧啶核]苷酸 uridylic acid
尿苷酰转移酶/尿苷醯轉移酶 uridyl transferase
尿苷一磷酸/尿苷一磷酸,尿一磷 uridine monophosphate, UMP
尿黑酸/尿黑酸 homogentisic acid
尿黑酸[尿]症/尿黑酸尿,黑尿症 alcaptonuria, alkaptonuria
尿激酶/尿激酶 urokinase, UK
尿激酶型纤溶酶原激活物/尿激酶型纖維蛋白溶酶原活化劑,尿激酶型纖溶酶原啟動物 urokinase-type plasminogen activator, uPA
尿激酶原/尿激酶原 prourokinase
尿极/尿極 urinary pole
尿钾增多/鉀尿,尿鉀排泄 kaliuresis
尿刊酸/尿刊酸 urocanic acid
尿刊酸酶/尿刊酸酶 urocanase
尿量/尿量 urinary volume, urinary output
尿磷酸盐增多/磷酸鹽尿 phosphaturia
尿氯增多/氯尿,尿氯排泄 chloriuresis
尿嘧啶/尿嘧啶,2,4-二羥基嘧啶 uracil
尿嘧啶干扰试验/尿嘧啶干擾試驗 uracil interference assay
尿嘧啶-DNA 糖苷酶/尿嘧啶-DNA 糖苷酶 uracil-DNA glycosidase, UDG
尿嘧啶-DNA 糖基水解酶/尿嘧啶-DNA 糖基水解酶 uracil-DNA glycosylase
尿嘧啶特异性切除试剂/尿嘧啶特異性切除試劑 uracil-specific excision reagent
尿钠增多/鈉尿,尿鈉排泄 natriuresis
尿囊/尿囊 allantois
尿囊膀胱/尿囊膀胱 allantoic bladder
尿囊绒膜/尿囊絨[毛]膜 chorioallantoic membrane, chorioallantois
尿囊素/尿囊素 allantoin
尿囊酸/尿囊酸 allantoic acid
尿浓缩机制/尿濃縮機制 urinary concentrating mechanism
尿桥蛋白/尿橋蛋白 uropontin
尿三磷/尿三磷,尿苷三磷酸 uridine triphosphate, UTP
尿色素原/尿色素原 urochromogen
尿生成/尿形成 urine formation
尿失禁/尿失禁,小便失禁 urine incontinence

尿舒张肽/尿舒張肽,利尿素 urodilatin
尿素/尿素,脲 urea
尿素酶/尿素酶,脲酶,尿素酵素 urease
尿素生成/尿素生成 ureogenesis
尿素循环/尿素循環,脲循環 urea cycle, ornithine cycle
尿素循环障碍/尿素循環異常 urea cycle disorder
尿素再循环/尿素再循環 urea recirculation
尿酸/尿酸 uric acid
尿酸酶/尿酸酶 uricase
尿酸盐细胞/尿酸鹽細胞 urate cell, urocyte
尿酸氧化酶/尿酸氧化酶,尿酸氧化酵素 urate oxidase
尿调制蛋白/尿調製蛋白,尿調理素 uromodulin
尿胃蛋白酶/尿胃蛋白酶 uropepsin
尿胃蛋白酶原/尿胃蛋白酶原 uropepsinogen
尿稀释机制/尿稀釋機制 urinary diluting mechanism
尿液酸化/尿液酸化 acidification of urine
尿一磷/尿一磷,尿苷一磷酸 uridine monophosphate, UMP
尿抑胃素/尿抑胃素 urogastrone
尿意/尿意 micturition desire
尿殖道/尿生殖道 urodeum
尿殖孔/尿生殖孔 urogenital aperture
尿殖器官/泌尿生殖器官 urogenital organ
尿殖乳突/尿生殖突 urogenital papilla
尿潴留/尿瀦留 urine retention
脲/脲,尿素 urea
脲酶/脲酶,尿素酶,尿素酵素 urease
脲酶试验/脲酶試驗 urease test
镊合状花被卷叠式/鑷合狀花被捲疊式 valvate aestivation
颞骨/顳骨 temporal bone
颞颌关节/顳顎關節 temporomandibular joint
颞孔/顳窩 temporal fossa
颞毛/顳毛 temporal seta
颞窝/顳窩 temporal fossa
颞叶/顳葉 temporal lobe
颞褶/顳褶 temporal fold
宁南霉素/寧南黴素 ningnanmycin
柠檬酸/檸檬酸,枸櫞酸 citric acid
柠檬酸合酶/檸檬酸合酶 citrate synthase
ATP 柠檬酸合酶/ATP 檸檬酸合酶 ATP-citrate synthase
柠檬酸裂合酶/檸檬酸裂解酶 citrate lyase
ATP 柠檬酸裂合酶/ATP 檸檬酸裂解酶 ATP-citrate lyase, ACL
柠檬酸循环/檸檬酸循環 citric acid cycle
柠檬酸盐试验/檸檬酸鹽試驗 citrate test
柠[檬]烯/苧烯,檸檬油精 limonene
柠檬油精/檸檬油精,苧烯 limonene
凝固/凝固 clotting
凝固酶/凝固酶 coagulase
凝固酶试验/凝固酶試驗 coagulase test
凝固酶因子/凝固酶因子 coagulase factor
凝固作用/凝固作用 coagulation
凝集反应/凝集反應 agglutination reaction
凝集-溶解试验/凝集-溶解試驗 agglutination-lysis test
凝集试验/凝集試驗 agglutination test
凝集素/[外源]凝集素,凝集蛋白 lectin, agglutinin
凝集素亲和层析/外源凝集素親和層析法 lectin affinity chromatography
凝集素途径/凝集素途徑,凝集素路徑 lectin pathway, LP
凝集素吞噬/外源凝集素吞噬 lectinophagocytosis
凝集抑制试验/凝集抑制試驗 agglutination inhibition test
凝集原/凝集[素]原,凝集元 agglutinogen
凝集质/凝集物質 agglutinating substance
凝集[作用]/凝集作用 agglutination
凝胶/凝膠 gel
凝胶包埋法/凝膠包埋法 gel entrapment
凝胶层析/凝膠層析法 gel chromatography
凝胶电泳/凝膠電泳 gel electrophoresis
凝胶放射自显影/凝膠放射自顯影 gel autoradiograph
凝胶过滤/凝膠過濾 gel filtration
凝胶过滤层析/凝膠過濾層析法,凝膠過濾色譜技術 gel filtration chromatography, GFC
凝胶过滤色谱法/凝膠過濾層析法,凝膠過濾色譜技術 gel filtration chromatography, GFC
凝胶化/膠化 gelification, gelatinization
凝胶扩散试验/凝膠擴散試驗 gel diffusion test
凝胶酶/凝膠酶 gelase
凝胶迁移率变动分析/凝膠遷移率變動分析 gel mobility shift assay
凝胶色谱法/凝膠層析法 gel chromatography
凝胶渗透层析/凝膠滲透層析法,凝膠滲透色譜技術 gel permeation chromatography, GPC
凝胶渗透色谱法/凝膠滲透層析法,凝膠滲透色譜技術 gel permeation chromatography, GPC
凝胶相/凝膠相 gel phase
凝胶移位结合分析/凝膠移位結合分析 gel-shift binding assay

凝胶阻滞分析/凝膠阻滯分析 gel retardation assay
凝结/凝結 coagulation
凝聚沉淀法/凝聚沉澱法 coagulating sedimentation
凝聚染色质/濃縮染色質 condensed chromatin
凝溶胶蛋白/[凝]溶膠蛋白,凝膠溶素 gelsolin
凝乳酶/凝乳酶 chymosin
凝乳酶原/凝乳[酶]原 pexinogen, prochymosin
凝视时间假说/凝視時間假説 stare duration hypothesis
凝缩蛋白/縮合蛋白 condensin
凝血/凝血作用 blood coagulation, blood clotting
凝血噁烷/凝血脂素,前列凝素 thromboxane, TX
凝血酶/凝血酶,纖維蛋白酶 thrombin
凝血酶激活的纤溶抑制物/凝血酶啟動的纖溶抑制物 thrombin-activatable fibrinolysis inhibitor, TAFI
凝血酶切割位点/凝血酶切割位點 thrombin cleavage site
凝血[酶]调节蛋白/凝血[酶]調節蛋白,血栓調節蛋白 thrombomodulin, TM
凝血酶抑制剂/凝血酶抑制劑,抗凝血酶 antithrombin, AT
凝血酶原/凝血酶原 prothrombin
凝血酶原致活物原/凝血致活酶酶原 thromboplastinogen
凝血时间/凝血時間 clotting time
凝血细胞/凝血細胞,血栓細胞 thrombocyte
凝血细胞发生/凝血細胞發生,血小板生成 thrombopoiesis
凝血因子/凝血因子 blood coagulation factor, clotting factor
[凝血]因子Ⅰ/凝血因子Ⅰ,第一因子 factor Ⅰ
[凝血]因子Ⅱ/凝血因子Ⅱ,第二因子 factor Ⅱ
[凝血]因子Ⅲ/凝血因子Ⅲ,第三因子 factor Ⅲ
[凝血]因子Ⅳ/凝血因子Ⅳ,第四因子 factor Ⅳ
[凝血]因子Ⅴ/凝血因子Ⅴ,第五因子 factor Ⅴ
[凝血]因子Ⅶ/凝血因子Ⅶ,第七因子 factor Ⅶ
[凝血]因子Ⅷ/凝血因子Ⅷ,第八因子 factor Ⅷ
[凝血]因子Ⅸ/凝血因子Ⅸ,第九因子 factor Ⅸ
[凝血]因子Ⅹ/凝血因子Ⅹ,第十因子 factor Ⅹ
[凝血]因子Ⅺ/凝血因子Ⅺ,第十一因子 factor Ⅺ
[凝血]因子Ⅻ/凝血因子Ⅻ,第十二因子 factor Ⅻ
[凝血]因子XⅢ/凝血因子XⅢ,第十三因子 factor XⅢ
牛顿流体/牛頓流體 Newtonian fluid
牛顿黏度/牛頓黏度 Newtonian viscosity
牛顿黏性定律/牛頓黏性定律 Newton law of viscosity
牛轭湖/牛軛湖,新月湖 oxbow lake
牛肝菌/牛肝菌 bolete
牛海绵状脑病/牛海綿狀腦病 bovine spongiform encephalopathy, BSE
牛磺酸/牛磺酸 taurine
牛津杯/牛津杯 Oxford cup
牛津单位/牛津單位 Oxford unit
牛津菌株/牛津菌株 Oxford strain
牛抗菌肽/牛抗菌肽 bactenecin
牛免疫球蛋白/牛免疫球蛋白 bovine immunoglobulin
牛囊尾蚴/牛囊尾蚴 cysticercus bovis
牛脾磷酸二酯酶/牛脾磷酸二酯酶 bovine spleen phosphodiesterase
牛γ球蛋白/牛γ球蛋白 bovine gamma globulin
牛肉膏/牛肉萃取物 beef extract
牛肉汁/牛肉湯 beef broth
牛乳头状瘤病毒/牛乳突瘤病毒 bovine papilloma virus, BPV
牛膝蜕皮酮/牛膝蜕皮酮 inokosterone
牛血清白蛋白/牛血清白蛋白 bovine serum albumin, BSA
牛血清清蛋白/牛血清白蛋白 bovine serum albumin, BSA
牛胰核糖核酸酶/牛胰核糖核酸酶 bovine pancreatic ribonuclease
DNA 扭曲/DNA 扭曲 DNA twist
扭曲构象/偏轉構象,間扭式構形 gauche conformation
扭转/扭轉 twist
扭转反应/扭轉反應 torque response
扭转角动力学/扭轉角動力學 torsion angle dynamics
扭转数/扭轉數,盤繞數 twisting number
DNA 扭转应力/DNA 扭轉應力 DNA torsional stress
纽虫/紐蟲,吻蟲 proboscis worm
纽体/紐體 υ-body
纽形动物/紐形動物 nemertinean
钮突/鈕突 adhering ridge
钮穴/鈕穴 adhering groove
农村生态系统/農村生態系 rural ecosystem
农地指示生物/農地指標生物 agricultural indicator
农杆菌/農桿菌 agrobacterium
农杆糖酯/農桿糖酯 agrocinopine
农林复合生态系统/農林複合生態系 agro-forest ecosystem
农田生态系统/農田生態系 farm land ecosystem

农药残留/農藥殘留 pesticide residue
农药污染/農藥污染 pesticide pollution
农业昆虫学/農業昆蟲學 agricultural entomology
农业螨类学/農業蟎類學 agricultural acarology
农业生态系统/農業生態系 agro-ecosystem
农业生物群落/農業生物群集 agrobiocoenosis
农业生物学/農業生物學 agrobiology
农业微生物学/農業微生物學 agricultural microbiology
浓度极化/濃度極化 concentration polarization
浓度控制系数/濃度控制係數 concentration control coefficient, CCC
浓核病毒/濃核病毒 densonucleosis virus, densovirus, DNV
浓核症/濃核症 densonucleosis
浓缩胶/濃縮膠 stacking gel
浓缩期/凝縮期,凝線期 synizesis
浓缩物/濃縮物 concentrate
浓缩系数/濃縮係數 concentration factor, CF
脓病/膿病 grasserie, jaundice
脓红素/膿紅素 pyorubin
奴工蚁/奴工蟻 auxiliary worker
奴役[现象]/奴役現象 dulosis
努南综合征/努南氏症候群 Noonan syndrome
女运动员三联征/女運動員三聯症 female athlete triad
暖流/暖流 warm current
暖温带/暖温帶 warm-temperate zone
暖温带落叶林/暖温帶落葉林 warm-temperate deciduous forest
暖温带雨林/暖温帶雨林 warm-temperate rain forest
疟[原虫]色素/瘧原蟲色素 hemozoin
诺卡菌素/諾卡菌素,奴卡菌素 nocardin, nocardicin

O

欧拉方法/歐拉法　Eulerian method
欧米茄体/歐米茄體　omegasome
欧石楠灌木群落/石楠科低木群系　ericifruticeta
欧石楠型木本群落/石楠科木本群系　ericilignosa
欧氏管/歐氏管　Eustachian tube
呕吐反射/嘔吐反射　vomiting reflex
偶倍多倍体/偶數多倍體　isopolyploid
偶氮苯还原酶/偶氮苯還原酶　azobenzene reductase
偶氮胆红素/偶氮膽紅素　azobilirubin
偶氮蛋白/偶氮蛋白　azoprotein
偶氮还原酶/偶氮還原酶　azoreductase
偶氮染色法/偶氮染料染色法　azo-dye method
偶发隔膜/偶發隔膜　adventitious septum
偶核细胞/偶核細胞　zeugite
偶极耦合/偶極耦合　dipolar coupling
偶见群/偶成群　casual society
偶见宿主/偶見宿主，機遇宿主　accidental host, incidental host
偶见种/偶見種，偶存種　accidental species, incidental species, casual species
PCR 偶联连接酶链[式]反应/PCR 偶聯連接酶鏈[式]反應　PCR-coupled ligase chain reaction
偶联磷酸化/偶聯磷酸化　coupled phosphorylation
偶联氧化/偶聯氧化，偶合氧化[作用]　coupled oxidation
偶联因子/偶聯因子　coupling factor
偶联柱层析/偶聯柱層析法　coupled column chromatography
偶栖林底层生物/林地偶棲生物　patoxene
偶栖土壤生物/偶土棲生物　geoxene
偶鳍/偶鰭　paired fins
偶然变异/偶然變異　accident variation
偶然单性生殖/偶發單性生殖，機遇性單性生殖　accidental parthenogenesis
偶然浮游生物/偶然浮游生物，暫時性浮游生物　tychoplankton
偶然寄生/偶發寄生　occasional parasitism
偶然寄生虫/偶然寄生蟲，機遇寄生蟲　accidental parasite, occasional parasite
偶线期/偶絲期，接合絲期　zygotene, zygonema
偶穴居生物/偶穴居生物　trogloxene
耦合/耦合　coupling
J 耦合/J[角動量]耦合　J coupling
耦联转运/偶聯運輸，共[同]運輸，協同運輸　coupled transport

P

爬行动物/爬行動物,爬蟲類動物 reptile
爬行类/爬蟲類 reptiles
帕金森病/帕金森[氏]病 Parkinson disease
帕拉莫群落/帕爾莫高原 paramo
帕内特细胞/帕内特[氏]細胞 Paneth cell
帕尼扎孔/潘氏孔 Panizza pore
帕佩兹环路/巴貝茲回路 Papez circuit
帕奇尼小体/帕奇尼[氏]小體 Pacinian corpuscle
帕[斯卡]/帕斯卡 Pascal
帕特森峰/帕特森峰 Patterson peak
帕特森函数/帕特森函數 Patterson function
排氨/排氨 ammonotely
排氨-尿素型代谢/排氨-尿素型代謝 amino-ureotelism
排氨型代谢/排氨型代謝 ammonotelism
排比/排比,比對,對齊 alignment, align
排便反射/排便反射 defecation reflex
排斥/排斥 rejection, repulsion
排斥反应/排斥反應 rejection reaction
排斥作图/排斥定位 exclusion mapping
排出/排出 excrete
排出小体/排出小體 extrusome
排氮/去氮 denitrogen
排放学说/齊射理論,陣發學說 volley theory
排粪/排糞 defecation
排卵/排卵 ovulation
排卵管/排卵器 ovijector
排卵器/排卵器 ovijector
排卵前/排卵前 preovulation
排尿/排尿 micturition, urination, uresis
排尿反射/排尿反射 micturition reflex
排尿素-尿酸型代谢/排尿素-尿酸型代謝 ureo-uricotelism
排尿素型代谢/排尿素型代謝 ureotelism
排尿酸型代谢/排尿酸型代謝,尿酸排泄 uricotelism
排尿异常/排尿異常,排尿障礙 paruria
排乳反射/排乳反射 milk ejection reflex
排泄/排泄,排遺 excretion, egestion
排泄管/排泄管 excretory canal, excretory duct
排泄孔/排泄孔 excretory pore
排泄口/排泄口 excurrent vent
排泄囊/排泄囊 excretory vesicle, excretory bladder
排泄物/排泄物 egesta
排泄细胞/排泄細胞 excretory cell
排泄小管/排泄小管 excretory tubule
排序/[空間]排序 ordination
排盐/排鹽 salt elimination
排遗/排遺,排泄 excretion, egestion
排阻层析/排阻層析法 exclusion chromatography
排阻色谱法/排阻層析法 exclusion chromatography
牌板/牌板 lamella
派/派 section
派尔斑/派氏[集合淋巴]結,培氏斑 Peyer patch
派尔集合淋巴结/派氏[集合淋巴]結,培氏斑 Peyer patch
蒎烯/蒎烯 pinene
潘蛋白/潘蛋白 pendrin
潘帕斯群落/潘帕斯群落 pampas
攀树适应/攀樹適應 tree climbing adaptation
攀缘/攀緣 climb
攀缘草本/攀緣草本 climbing herb
攀缘根/攀緣根 climbing root
攀缘灌木/攀緣灌木 climbing shrub
攀缘茎/攀緣莖 climbing stem
攀缘竞争/混戰競爭,共滅型競爭 scramble competition
攀缘毛/攀緣毛 climbing hair
攀缘藤本/攀緣藤本 climbing vine
攀缘纤维/攀緣纖維 climbing fiber
攀缘植物/攀緣植物,纏繞植物 climbing plant, climber
Z盘/Z盤 Z disc
盘纺锤形骨针/盤紡錘形骨針 disk-spindle
盘冠型触手冠/盤冠型觸手冠 tropholophorus lophophore
盘花/中心花,管狀花 disc flower
盘菌/盤菌 discomycetes, cup fungi
盘菌地衣/盤菌地衣 discolichen
盘六辐骨针/盤六輻骨針 discohexact, discohexactine
盘六星骨针/盤六星骨針 discohexaster

盘三叉骨针/盤三叉骨針 discotriaene
盘尾尾蚴/盤尾尾蚴 cotylocercous cercaria
盘形刺胞/盤形刺胞 discobolocyst
盘形群体/盤狀群體 discoid colony
盘形胎盘/盤形胎盤 discoidal placenta
盘形原肠胚/盤形原腸胚 discogastrula
盘状花托/盤狀花托 cotyloid receptacle
盘状卵裂/盤狀卵裂,盤狀分裂 discoidal cleavage
盘状囊胚/盤狀囊胚 discoblastula
盘状凝胶电泳/盤狀凝膠電泳,圓盤凝膠電泳 disk gel electrophoresis
盘状胎盘/盤狀胎盤 disc placenta
盘状子囊果/盤狀子囊果,盤子器 discocarp
判别分析/判别分析 discriminatory analysis
彷徨变异/波動變異 fluctuating variation
庞纳特方格法/龐尼特[氏]方格法 Punnett square method
旁侧促进/旁側促進 lateral promotion
旁侧序列/旁側序列,側翼序列,毗鄰序列 flanking sequence
旁触相互作用/旁觸相互作用 ephaptic interaction
旁额毛/側額剛毛 adfrontal seta
旁额片/側額片 adfrontal sclerite
旁分泌/旁分泌 paracrine, paracrine secretion
旁分泌信号传送/旁分泌訊息傳遞 paracrine signaling
旁分泌因子/旁分泌因子 paracrine factor
旁观者现象/旁觀者現象 bystander phenomenon
旁观者效应/旁觀者效應 bystander effect
旁邻细胞/旁觀者細胞 bystander cell
旁路 RNA 剪接/選擇性 RNA 剪接 alternative RNA splicing
旁路途径/替代途徑,替代路徑 alternative pathway, AP
旁系同源基因/同種同源基因,種內同源基因,重組同源基因 paralogous gene
旁系同源序列/同種同源序列 paralogous sequence
膀胱/膀胱 urinary bladder
膀胱内压/膀胱內壓 intravesical pressure
膀胱-肾反射/膀胱-腎反射 vesico-renal reflex
膀胱组织工程/膀胱組織工程 bladder tissue engineering
庖肉培养基/庖肉培養基,碎肉培養基 cooked meat medium
泡层/泡層 calymma
泡沫电极/泡沫電極 foam electrode
泡囊丛枝菌根/囊泡叢枝內生菌根 vesicular-arbuscular mycorrhiza
泡囊菌根/囊泡菌根 vesicular mycorrhiza
泡蛙肽/泡蛙肽 physalaemin
泡细胞/泡細胞 cystencyte
泡心细胞/泡心細胞 centroacinar cell
泡型接头 PCR/泡型接頭 PCR bubble-PCR
泡罩塔发酵罐/泡罩塔發酵槽 bubble column fermenter
泡质/泡質 alveolar substance
泡周线粒体/泡周粒線體 perivacuolar chondriosome
泡状叉棘/泡狀叉棘 alveolate pedicellaria
泡状棘球蚴/泡狀棘球蚴 alveolar hydatid
泡状鳞板/泡狀鱗板 vesicular dissepiment
泡状体/泡狀體 vesicle
疱疹病毒入侵介质/皰疹病毒入侵介質 herpesvirus entry mediator, HVEM
胚斑/胚斑 germinal spot
胚柄/胚柄,懸柄 fetal stalk, suspensor
胚柄细胞/胚柄細胞,懸柄細胞 suspensor cell
胚层/胚層 embryonic layer, germ layer
胚层前期/胚層前期 pregermlayer stage
胚带/胚帶 germ band, germinal band
胚动/胚動 blastokinesis
胚盾/胚盾 embryonic shield
胚根/胚根 radicel
胚根背倚胚/胚根背倚胚 notorrhizal embryo
胚根鞘/胚根鞘 coleorhiza
胚根原/胚根原 hypophysis
胚根缘倚胚/胚根緣倚胚 pleurorhizal embryo
胚冠/胚帽 embryo cap
胚后期发育/胚後期發育 postembryonic development
胚环/胚環 germ ring
胚结/胚結 embryonic knot
胚茎/小莖 stemlet
胚壳/胚殼 protegalum
胚孔/胚孔 blastopore
胚孔唇/胚孔唇 blastoporal lip
胚块/胚塊 germinal mass
胚膜/胚膜 germinal membrane
胚囊/胚囊 embryo sac
胚囊管/胚囊管 embryo sac tube
胚囊核/胚囊核 embryo sac nucleus
胚囊竞争/胚囊競爭 embryo sac competition
胚囊母细胞/胚囊母細胞 embryo sac mother cell
胚囊吸器/胚囊吸器 embryo sac haustorium
胚内体腔/胚內體腔 intraembryonic coelom, intraembryonic coelomic cavity
胚盘/胚盤 blastodisc, germinal disc, embryonic

disk
胚泡定位/胚泡定位 blastocyst location
胚泡迁移/胚泡遷移 blastocyst migration
胚区定位/胚區定位 germinal localization
胚乳/胚乳 endosperm
胚乳核/胚乳核 endosperm nucleus
胚乳母细胞/胚乳母細胞 endosperm mother cell
胚乳胚/胚乳胚 endosperm embryo
胚乳培养/胚乳培養 endosperm culture
胚乳吸器/胚乳吸器 endosperm haustorium
胚乳原/胚乳始原 endosperm anlage
胚乳原始细胞/胚乳始原細胞 endosperm initial cell
胚[胎]/胚[胎] embryo
胚胎癌性细胞/胚胎癌[性]細胞 embryonal carcinoma cell, EC cell
胚胎发生/胚胎發生,胚胎發育,胚胎形成 embryo development, embryogenesis, embryogeny
胚胎发育/胚胎發育,胚胎發生,胚胎形成 embryo development, embryogenesis, embryogeny
胚胎分割/胚胎分割 embryo splitting
胚胎干细胞/胚[胎]幹細胞 embryonic stem cell, ES cell, ESC
胚胎干细胞法/胚胎幹細胞法 embryonic stem cell method
胚胎干细胞介导技术/胚胎幹細胞介導技術 embryonic stem cell-mediated technology
胚胎干细胞库/胚胎幹細胞庫 embryonic stem cell bank
胚胎干细胞嵌合体/胚胎幹細胞嵌合體 embryonic stem cell chimera, ES cell chimera
胚胎工程/胚胎工程 embryo engineering
胚胎抗原/胚胎抗原 embryonic antigen
胚胎冷冻/胚胎冷凍 embryo cryopreservation
胚胎瘤/胚胎瘤 embryoma
胚胎黏附/胚胎黏附 embryonic adhesion
胚胎培养/胚[胎]培養 embryo culture
胚[胎]期/胚[胎]期 embryonic stage
胚胎融合/胚胎融合 embryo fusion
胚胎生殖细胞/胚胎生殖細胞 embryonic germ cell, EG cell
胚胎提取物/胚抽出液 embryo extract
胚胎系统发育/胚胎系統發育,系統胚胎發育 phylembryogenesis
胚胎系统发育说/胚胎系統發育説 theory of phylembryogenesis
胚胎性硫糖蛋白抗原/胚胎性硫糖蛋白抗原 fetal sulfoslycoprotein antigen, FSA
胚胎学/胚胎學,發生學 embryology
胚胎移植/胚移植,胚轉移 embryo transplantation, embryo transfer
胚胎营养/胚胎營養,胚體營養 embryotrophy
胚[胎]诱导/胚[胎]誘導 embryonic induction
胚胎植入/胚胎植入 embryo implantation
[胚胎]植入前遗传学筛查/[胚胎]植入前遺傳學篩查 preimplantation genetic screening, PGS
[胚胎]植入前遗传学诊断/[胚胎]植入前遺傳學診斷 preimplantation genetic diagnosis, PGD
胚胎致死/胚致死 embryonic lethal
胚胎滞育/胚胎滯育 embryonic diapause
胚胎组织/胚[胎]組織,胚性組織 embryonic tissue
胚体/胚體 embryo proper
胚体壁/胚體壁 somatopleura
胚体上升/倒胚法,倒胚作用 anatrepsis
胚体下降/胚體下降 catatrepsis, katatrepsis
胚突变/胚突變 germinal mutation
胚托/胚托,胚柄 embryophore
胚外体腔/胚外體腔 extraembryonic coelom, exocoelom
胚细胞/胚細胞 embryonic cell
胚型/胚型 embryonic type
胚性群体/胚性群體 embryo-colony
胚性愈伤组织/胚性愈傷組織,胚性愈合組織 embryonic callus
胚性愈伤组织培养/胚性愈合組織培養 embryogenic callus culture
胚芽/胚芽 germ, plumule
胚芽分生组织/幼芽分生組織 plumular meristem
胚芽米/胚芽米 milled rice with embryo
胚芽鞘/芽鞘 coleoptile
胚芽原/胚芽原 epiphysis
胚原基/胚芽 germ, plumule
胚原始细胞/胚原細胞 embryo initial cell
胚脏壁/胚臟壁 splanchnopleura
胚周区/胚周區 periblast
胚轴/胚軸 embryo axis, embryonal axis
胚珠/胚珠 ovule
胚珠培养/胚珠培養 ovule culture
胚状体/胚狀體,不定胚,胚胎體 embryoid, embryoid body, EB
胚状体培养/胚狀體培養,胚[胎]體培養 embryoid culture
培养/培養 cultivation
培养基/培養基,培養液 culture medium, culture solution
培养皿/培養皿 Petri dish
培养瓶/培養瓶 culture flask

培养物/培養物,菌種,培養菌　culture
培养箱/培養箱　incubator
培养液/培養液,培養基　culture medium, culture solution
配对/配對　pairing
DNA 配对/DNA 配對　DNA pairing
配对规则基因/配對規則基因,成對規則基因　pair-rule gene
配对框/配對框　paired box, Pax
配对域/配對域　pairing domain
配合力/組合力　combining ability
配基/配[位]基,配位子　ligand
配基组装/配基組裝　ligand immobilization
配模[标本]/配模,異性模式標本,異型標本　allotype
配囊柄/配囊柄,接合孢子柄　suspensor
配囊交配/配囊交配　gametangial copulation
配偶键/配偶連接,配偶連結　pair-bonding
配偶联结/配偶連接,配偶連結　pair-bonding
配偶外交配/配偶外交配　extra-pair copulation, EPC
配偶选择/擇偶　mate choice
配偶制/配對系統,交配系統,配種制度　mating system
配体/配體　ligand
配体蛋白/配體蛋白　ligandin
配体交换层析/配體交換層析法　ligand exchange chromatography
配体结合口袋/配體結合口袋　ligand-binding pocket
配体门控离子通道/配體門控離子通道,配體閘控[型]離子通道　ligand-gated ion channel
配体门控受体/配體門控[型]受體　ligand-gated receptor
配体-配体相互作用/配體-配體相互作用　ligand-ligand interaction
配体设计/配體設計　ligand design
配体-受体相互作用/配體-受體相互作用　ligand-receptor interaction
配体提呈/配體呈現　ligand presentation
配体调控转录因子/配體調控轉録因子　ligand-regulated transcription factor
配体效率/配體效率　ligand efficiency
配体印迹法/配體印漬法　ligand blotting
配体诱导胞吞/配體誘導的胞吞作用　ligand-induced endocytosis
配体诱导二聚化/配體誘導的二聚化作用　ligand-induced dimerization
配体诱导内化/配體誘導的内質化作用　ligand-induced internalization
配原细胞/配原細胞　gametogonium
配子/配子　gamete
配子不亲和性/配子不親和性　gametic incompatibility
配子发生/配子發生,配子形成　gametogenesis, gametogeny
配子减数分裂/配子減數分裂　gametic meiosis
配子菌体/配子原葉體　gametothallus
配子克隆变异/配子形成變異　gametoclonal variation
配子模型/配子模型　gametic model
配子母体/配子母細胞　gamont
配子母体配合/配子母細胞配合　gamontogamy
配子母细胞/配子母細胞　gametocyte
配子囊/配子囊　gametangium, gametocyst
配子囊残体/配子囊殘體　gametocyst residuum
配子染色体数/配子染色體數　gametic chromosome number
配子生成素/配子生成素　gametogenous hormone
配子生殖/配子生殖　gametogony
配子体/配子體　gametophyte
配子体世代/配子體世代　gametophyte generation
配子体异型/配子體異型　anisogamonty
配子同型/配子同型　homogamety, isogamy
配子细胞/配子細胞　gametid, gametid cell
配子形成/配子形成,配子發生　gametogenesis, gametogeny
配子异型/配子異型　heterogamety
配子印记/配子印記,配子印痕　gametic imprinting
喷镀术/陰影投射　shadow casting
喷射环流发酵罐/噴射環流發酵槽　jet loop fermenter
喷射体/噴射體　ejectisome
喷水孔/噴水孔　spiracle
喷嚏反射/噴嚏反射　sneezing reflex
盆地/盆地　basin
盆栽/盆植　pot culture
硼酸/硼酸　boric acid
硼中子捕获治疗/硼中子捕獲治療　boron neutron capture therapy
膨大跗端/膨大跗端,撥掘肢　vexillum
膨体/膨體,静脈曲張體　quellkörper, varicosity
膨头骨片/膨頭骨片　dicranoclona
膨压/膨壓　turgor pressure, turgor
膨胀运动/膨壓運動　turgor movement
碰撞/碰撞　collision
碰撞理论/碰撞理論　collision theory

碰撞诱导解离/碰撞誘發解離 collision-induced dissociation, CID
批次发酵/分批發酵 batch fermentation
批次培养/批次培養,批式培養,分批培養 batch culture, batch cultivation
批式发酵/分批發酵 batch fermentation
皮层/皮層 cortex, dermal epithelium, tegument
皮层细胞/皮層細胞 tegumental cell
皮层原/皮層原 periblem
皮层原原始细胞/皮層原始原細胞 periblem initial cell
皮刺/皮刺 aculeus
皮动脉/皮動脈 cutaneous artery
皮尔逊相关系数/皮爾遜相關係數 Pearson correlation coefficient
皮啡肽/皮啡肽 dermorphin
皮肤/皮膚 skin
皮肤电导/皮膚電導 skin conductance
皮肤反应因子/皮膚反應因子 skin reactive factor
皮肤感受器/皮膚受器 skin receptor
皮肤干细胞/皮膚幹細胞 skin stem cell
皮肤光分型/皮膚光分型 skin phototype
皮肤过敏反应/皮膚過敏反應 cutaneous anaphylaxis
皮肤坏死毒素/皮膚壞死毒素 dermatonecrotoxin
皮肤淋巴细胞相关抗原/皮膚淋巴細胞相關抗原 cutaneous lymphocyte-associated antigen, CLA
皮肤免疫系统/皮膚免疫系統 cutaneous immune system
皮肤试验/皮膚試驗 skin test
皮肤温度/皮層温度 skin temperature
皮肤相关淋巴组织/皮膚相關淋巴組織 cutaneous-associated lymphoid tissue, CALT
皮肤源性前体细胞/皮膚源性前體細胞 skin-derived precursor cell, SKP
皮肤真菌/皮膚癬菌 dermatophyte
皮肤致敏抗体/皮膚致敏性抗體 skin sensitizing antibody
皮肤组织工程/皮膚組織工程 skin tissue engineering
皮肌囊/皮肌囊 dermomuscular sac
皮肌细胞/皮肌細胞 epitheliomuscular cell
皮肌炎/皮肌炎 dermatomyositis, DM
皮棘/皮棘 tegumental spine
皮克/皮克 pictogram, pg
皮孔/皮孔 dermal pore
皮脑啡肽/皮腦啡肽 dermenkaphaline
皮鳃/皮鰓 papula
皮鳃区/皮鰓區 papularium
皮上划痕人用布氏菌活疫苗/皮上劃痕人用布氏菌活疫苗 brucella vaccine live for percutaneous scarification
皮上划痕人用炭疽活疫苗/皮上劃痕人用炭疽疫苗 anthrax vaccine live for percutaneous scarification
皮髓质交界区/皮髓質交界處 corticomedullary junction
皮纹学/皮紋學 dermatoglyphics
皮下组织/皮下組織 hypodermis, subcutaneous tissue
皮屑抗原/皮屑抗原 dander antigen
皮抑菌肽/皮抑菌肽 dermaseptin
皮褶/皮褶 skinfold
皮褶厚度/皮褶厚度,皮膚襞厚度 skinfold thickness
皮褶厚度测量法/皮褶厚度測量法 skinfold thickness measure
皮脂腺/皮脂腺 sebaceous gland
皮质/皮質,皮層 cortex
皮质层/皮質層 lamina corticalis, tela corticalis
皮质醇/皮質醇 cortisol
皮质醇结合球蛋白/皮質醇結合球蛋白 cortisol-binding globulin
皮质代表区/皮質代表區 cortical representation
皮质反应/皮質反應 cortical reaction
皮质功能柱/皮質功能柱 cortical functional column
皮质骨针/皮質骨針 dermalia
皮质[激]素运载蛋白/運皮質激素蛋白 transcortin
皮质集合管/皮質集合管 cortical collecting duct, CCD
皮质脊髓侧束/皮質脊髓側束,皮質脊[髓]側徑 lateral corticospinal tract
皮质脊髓腹侧束/腹側皮質脊髓束,皮質脊髓腹側徑 ventral corticospinal tract
皮质脊髓前束/皮質脊髓前束,皮質脊髓前徑 anterior corticospinal tract
皮质脊髓束/皮質脊髓束,皮質脊[髓]徑 corticospinal tract
皮质间质细胞/皮質間質細胞 cortical interstitial cell
皮质颗粒/皮質顆粒 cortical granule
皮质类固醇/皮質類固醇,類皮質脂酮,皮質類甾醇 corticosteroid
皮质类固醇结合球蛋白/皮質類固醇結合球蛋白,皮質類甾醇結合球蛋白 corticosteroid-binding globulin, CBG
皮质迷路/皮質迷路 cortical labyrinth
皮质脑电图/皮質腦電圖 cortical electroencephalogram

皮质泡/皮質泡 cortical vesicle
皮质神经假体/皮質神經假體 cortical neural prosthesis
皮质肾单位/皮質腎單位,皮質腎元 cortical nephron
皮质素/皮質[激]素 cortin
皮质酮/皮質酮,皮質固醇 corticosterone
皮质纹状体通路/皮質紋狀體通路 corticostriatal pathway
皮质小脑/皮質小腦 cerebrocerebellum
皮质型/皮質型 corticotype
皮质延髓束/皮質延腦束 corticobulbar tract
皮质运动区/皮質運動區 cortical motor area
毗邻序列分析/毗鄰序列分析 nearest neighbor sequence analysis
啤酒/啤酒 beer
脾/脾 spleen
脾白细胞激活因子/促吞噬肽,塔夫茲肽 tuftsin
脾动脉/脾動脈 splenic artery
脾集落形成单位/脾細胞集落形成單位,脾細胞族群形成單位 colony forming unit-spleen, CFU-S
脾索/脾索 splenic cord
脾小结/脾小結 splenic nodule, splenic follicle
脾[血]窦/脾血竇 splenic sinusoid
蜱/蜱 tick
蜱传麻痹症/蜱傳麻痺症 tick-borne paralysis
蜱抗凝肽/蜱抗凝肽,壁蝨抗凝肽 tick anticoagulant peptide, TAP
蜱螨学/蜱蟎學 acarology
蜱媒出血热/蜱媒出血熱 tick-borne hemorrhagic fever
蜱媒回归热/蜱媒回歸熱 tick-borne recurrens, spirochaetosis
蜱瘫/蜱傳麻痺症 tick-borne paralysis
匹马菌素/多馬黴素 pimaricin
匹配概率/配對概率 matching probability
匹配系数法/匹配係數法 matching coefficient method
匹配序列/配對序列 matched sequence
偏爱密码子/偏愛密碼子 favorable codon
偏侧投掷症/偏側投擲症 hemiballismus
偏差/偏差 deviation
偏父遗传/偏父遺傳 patroclinal inheritance
偏光显微镜/偏[極]光顯微鏡 polarization microscope
偏害共栖/片害共生,片害共棲,單害共生 amensalism
偏害共生/片害共生,片害共棲,單害共生 amensalism
偏利共栖/片利共生,片利共棲,偏利共存 commensalism
偏利共生/片利共生,片利共棲,偏利共存 commensalism
偏利素/腐物激素 apneumone
偏母遗传/母系遺傳 matrocliny, matroclinal inheritance
偏途[演替]顶极/偏途極相,人為極峰群落,干擾性極峰相 disclimax, plagioclimax
偏途演替系列/偏途演替系列,傾斜地演替系列 plagiosere
偏系分类单元/偏系分類單元,並系分類單元 paraphyletic taxon
偏系群/偏系群,並系群 paraphyletic group
偏下性/偏下性 hyponasty
偏向受精/偏向受精 preferential fertilization
偏心生长/偏心生長 eccentric growth
偏性比/性比偏差 biased sex ratio
偏振光/偏[振]光 polarized light
偏振光镜分析/旋光分析法 polariscopic analysis
偏[振]光视觉/偏光視覺 polarization vision
胼胝/胼胝 callus, callosity
胼胝板/胝質板 callus plate
胼胝体/胼胝體 corpus callosum
胼胝质/胼胝質,愈創葡聚糖 callose
β-片层/β-折板,貝他折板,β-板頁 β-sheet, β-pleated sheet, beta-pleated sheet
片叉骨针/片叉骨針 phyllotriaene
片段/片段 fragment
α-片段/α-片段 alpha-fragment
Fab 片段/Fab 片段,抗原結合片段 fragment of antigen binding, Fab fragment
Fc 片段/Fc 片段,可結晶片段,抗體之結晶片段 crystallizable fragment, Fc fragment
J 片段/J 片段 joining segment, J segment
片段化蛋白/片段化蛋白 fragmin
片段化酶/片段化酶 fragmentin
Fc 片段融合/Fc 片段融合 Fc fragment fusion
片段运动/片段運動,擺動 segmental motion
片状突起/片狀突起 lamellar process
片[状伪]足/片狀偽足,瓣狀偽足 lamellipodium
漂浮草甸/漂浮草甸 floating meadow
漂浮动物/漂浮動物 zooneuston
漂浮生物/漂浮生物 neuston
漂浮性休芽/漂浮性休芽 floatoblast
漂浮植物/漂浮植物,浮水植物,浮葉植物 floating plant, planophyte

漂浮植物群落/漂浮[性]植物群落 floating plant community
漂流卵/漂流卵 drifting egg
漂流生物/漂流[性]生物,流動生物 drifting organism
漂鸟/漂鳥 wandering bird
飘带模型/飄帶模型 ribbon model
嘌呤/嘌呤 purine, Pu, Pur
嘌呤核苷/嘌呤核苷 purine nucleoside
嘌呤核苷磷酸化酶/嘌呤核苷磷酸化酶,嘌呤核苷磷解酶 purine nucleoside phosphorylase, PNP
嘌呤核苷磷酸化酶缺乏症/嘌呤核苷磷酸化酶缺陷 purine nucleoside phosphorylase deficiency
嘌呤核苷酸/嘌呤核苷酸 purine nucleotide
嘌呤核苷酸循环/嘌呤核苷酸循環 purine nucleotide cycle
嘌呤霉素/嘌呤黴素 puromycin
贫齿型/貧齒型 desmodont
贫养/貧養 oligotrophy
贫养植物/貧養植物 oligotrophic plant
贫营养湖/貧養湖 oligotrophic lake
贫营养化/貧養化 oligotrophication
贫营养微生物/貧營養微生物,寡營養微生物 oligotrophic microorganism
贫[营]养细菌/貧營養菌,寡營養菌 oligotrophic bacteria
频度/頻度 frequency
频率/頻率 frequency
频率百分比/頻率百分比 frequency percentage
频率表/頻率表 frequency table
频率不相关适应/頻率不相關適應 frequency-independent fitness
频率[定]律/頻率[定]律 frequency law
频率分布/頻率分布 frequency distribution
频率调谐/頻率調諧 frequency tuning
频率相关适应/頻率相關適應 frequency-dependent fitness
频率依赖选择/頻率依賴選擇,頻率依存[型]天擇 frequency-dependent selection
频率指数/頻率指數 index of frequency
频率制约/頻率依存 frequency dependent
频率制约性选择/頻率依賴選擇,頻率依存[型]天擇 frequency-dependent selection
频谱/頻率圖譜 frequency spectrum
品系/品系 strain, line
品系繁育/品系育種,系統育種 line breeding
品系间杂交/品系間雜交 line cross
品系间杂种/品系間雜種 interstock hybrid
品种/品種 variety, breed, cultivar
品种保存/品種保存 variety preservation
品种间嫁接/品種間嫁接 intervarietal grafting
品种间杂交/品種間雜交 intervarietal crossing
品种间杂种/品種間雜種 intervarietal hybrid
品种间自由异花传粉/品種間自由異花傳粉 intervarietal free cross pollination
品种间自由杂交/品種間自由雜交 intervarietal free crossing
品种鉴定/品種檢定 variety certification
品种内繁殖/品種內繁殖 intravarietal breeding
品种内杂交/品種內雜交 intravarietal crossing
品种特性/品種特性 varietalness
品种退化/品種退化 variety degeneration
品种形成/品種形成 formation of variety
平板划线/平板劃線 plate streaking
平板计数/平板計數,菌落計數 plate counting
平板接种/平板接種 plating
平板膜/平板膜 flat membrane
平板培养/平板培養 plate culture, plate cultivation
平板培养基/平板培養基 plate medium
平板培养物/平板培養菌 plate culture
平扁/平扁 depressed
平底型/平底型 platybasic type
平端/鈍[性末]端 blunt end, blunt terminus, flush end
平端化/鈍端化 blunting
平端连接/鈍端連接術 blunt end ligation
平[罐]酸败/平酸腐敗 flat sour spoilage
平罐酸败菌/平酸腐敗[細]菌 flat sour bacteria
平衡 PCR/平衡 PCR,平衡聚合酶鏈反應 balanced PCR
平衡斑/平衡斑 macula statica
平衡棒/平衡棍 halter, malleoli, poiser
平衡胞/平衡胞 statocyst
平衡常数/平衡常數 equilibrium constant
平衡等值线/平衡等值線 equilibrium isoline
平衡电位/平衡電位 equilibrium potential
平衡多态现象/平衡多態現象,平衡多型性,平衡多態性 balanced polymorphism
平衡多态性/平衡多態性,平衡多型性,平衡多態現象 balanced polymorphism
平衡负荷/平衡負荷 balanced load
平衡感觉/平衡感覺 equilibrium sensation
平衡嵴/平衡嵴 crista statica
平衡假说/均衡假說 balanced hypothesis
平衡聚合酶链反应/平衡聚合酶鏈反應,平衡 PCR balanced PCR

平衡理论/平衡理論 equilibrium theory
平衡连锁/平衡連鎖 balanced linkage
平衡密度/平衡密度 equilibrium density
平衡密度梯度离心/平衡密度梯度離心 equilibrium density-gradient centrifugation
平衡囊/平衡胞 statocyst
平衡器/平衡器 otocyst
平衡群体/平衡群體 equilibrium population
平衡染色体/平衡染色體 balancer chromosome
平衡染色体频率/平衡染色體頻率 equilibrium chromosome frequency
平衡三级三体/平衡三級三體 balanced tertiary trisomic
平衡石/平衡石,耳石 statolith
平衡透析法/平衡透析法 equilibrium dialysis
平衡细胞/平衡細胞 statocyte
平衡选择/平衡選擇,平衡[型]天擇 balancing selection
平衡异核体/平衡異核體,平衡雜核體 balanced heterokaryon, balanced heterocaryon
平衡易位/平衡易位 balanced translocation
平衡致死/平衡致死 balanced lethal
平衡致死基因/平衡致死基因 balanced lethal gene
平衡致死系/平衡致死系統 balanced lethal system
平滑肌/平滑肌 smooth muscle
平滑肌蛋白/平滑肌蛋白 smooth muscle protein
平滑肌肌球蛋白重链/平滑肌肌球蛋白重鏈 smooth muscle myosin heavy chain, SM-MHC
平滑肌细胞/平滑肌細胞 smooth muscle cell, SMC
平滑追踪/平滑追蹤 smooth pursuit
平静呼吸/平静呼吸,呼吸正常 eupnea
平均残基量/平均殘基量 mean residue weight
平均动脉压/平均動脈壓 mean arterial pressure
平均龄期/平均齡期 mean instar
平均密度/平均密度 average density
平均皮肤温度/平均膚温 mean skin temperature
平均世代时间/平均世代時間,世代平均長度 mean generation time
平均适合度/平均適合度 mean fitness
平均数标准误[差]/平均值標準誤[差] standard error of the mean
平均体温/平均體温 mean body temperature
平均拥挤度/平均擁擠度 mean crowding
平均拥挤度-平均密度比/平均擁擠度-平均密度比 mean crowding-mean density ratio
平均诱发电位/平均誘發電位 average evoked potential
平均预期寿命/預期壽命中量值 median life expectancy
平均值/平均值 mean value
平均最近邻距/平均最近鄰距 mean distance to nearest neighbor
平面脂双层/平面脂雙層 planar lipid bilayer
平台摆动培养/平臺擺動培養 swing platform culture
平行变异/平行變異 parallel variation
平行加工/平行加工 parellel processing
平行渐变群/平行變群 parallel cline
平行进化/平行演化 parallel evolution, parallelism
平行螺旋/平行螺旋 paranemic coiling, paranemic spiral, parallel spiral
平行 β-片层/平行 β-片層 parallel β-sheet
平行群落/平行群落,平行群集 parallel community
平行 DNA 三链体/平行 DNA 三鏈體 parallel DNA triplex
平行同形/平行同形 parallel homeomorphy
平行突变/平行突變 parallel mutation
平行纤维/平行纖維 parallel fiber
平移函数/平移函數 translation function
平移振动旋进修正/平移振動旋進修正 translation libration screw-motion refinement, TLS refinement
平周壁/平周壁 periclinal wall
平周分裂/平周壁分裂 periclinal division
苹果酸/蘋果酸 malic acid
苹果酸酶/蘋果酸酶 malic enzyme
苹果酸-天冬氨酸循环/蘋果酸-天門冬氨酸循環 malate-aspartate cycle
苹果酸脱氢酶/蘋果酸脱氫酶 malate dehydrogenase
苹果小卷蛾性诱剂/蘋果小卷蛾性誘劑 codlemone
苹婆酸/蘋婆酸 sterculic acid
屏障效应/屏障效應 barrier effect
屏状骨/門骨 claustrum
屏状核/屏狀核,屏狀巢 claustrum
瓶梗/瓶梗 phialide
瓶梗孢子/瓶狀孢子 phialospore
瓶梗分生孢子/瓶梗孢子 phialoconidium
瓶颈效应/瓶頸效應 bottleneck effect
瓶刷形分枝/瓶刷形分枝 bottle brush
瓶状囊/瓶狀囊 lagena
瓶状叶/瓶狀葉,杯狀葉 ascidium, ascidial leaf
泼尼松/潑尼松,普賴松,強體松 prednisone
泼尼松龙/潑尼松龍 prednisolone
破骨细胞/破骨細胞,碎骨細胞 osteoclast
破骨细胞分化因子/破骨細胞分化因子 osteoclast differentiation factor, ODF
破骨细胞生成抑制因子/破骨細胞生成抑制因子

osteoclastogenesis inhibitory factor, OCIF
破裂卵泡/破裂卵泡 ruptured follicle
破软骨细胞/破軟骨細胞，軟骨破壞細胞 chondroclast
破伤风/破傷風 tetanus
破伤风毒素/破傷風毒素 tetanus toxin
破伤风[菌]痉挛毒素/破傷風痙攣毒素 tetanospasmin
破伤风[菌]溶血素/破傷風溶血素 tetanolysin
破伤风抗毒素/破傷風抗毒素 tetanus antitoxin
破伤风免疫球蛋白/破傷風免疫球蛋白 tetanus immunoglobulin
破丝蛋白/消去蛋白，破解蛋白 destrin
破碎化指数/破碎化指數 fragmentation index
破碎细胞/破碎細胞 disrupting cell
破牙细胞/破牙質細胞 odontoclast
破折细胞/破折細胞，裂斷細胞 clasmatocyte
剖面法/斷面法 bisect method
铺地草本植物/草皮植物 carpet herb
铺地地下芽植物/鋪地地下芽植物 mat geophyte
铺地植物/鋪地植物 mattae
铺满培养/滿盤培養 confluent culture
匍匐地面芽植物/匍匐地面芽植物 creeping hemicryptophyte
匍匐地上芽植物/匍匐地表植物 chamaephyta reptantia
匍匐繁殖/匍莖生殖 stolonization
匍匐茎/匍匐莖，走莖，平伏莖 creeping stem, stolon, procumbent stem
匍匐[菌]丝/匍匐菌絲 stolon
匍匐水螅根/生殖根，匍根 stolon
匍匐植物/匍匐植物，蔓生植物 creeping plant, stoloniferous plant, trailing plant
匍茎生殖/匍莖生殖 stolonization
脯氨酸/脯氨酸，脯胺酸 proline, Pro
脯氨酸尿症/脯氨酸尿症 prolinuria
脯氨酸脱氢酶/脯氨酸脱氫酶 proline dehydrogenase
脯氨酰氨基酸二肽酶/脯氨醯氨基酸二肽酶 prolinase
葡甘露聚糖/葡甘露聚糖 glucomannan
葡激酶/葡激酶，[金黄色]葡萄球菌激酶 staphylokinase
葡聚糖/葡聚糖，聚葡萄糖 glucan, glucosan
葡聚糖酶/葡聚糖酶 glucanase, dextranase
β-葡聚糖酶/β-葡聚糖酶 β-glucanase, β-dextranase
DEAE 葡聚糖凝胶/DEAE 葡聚糖凝膠，二乙胺乙基葡聚糖凝膠 diethylaminoethyl dextran gel, DEAE-dextran gel
葡聚糖色谱填料/葡聚糖色譜填料 sephadex medium
DEAE 葡聚糖转染/DEAE 葡聚糖轉染 DEAE-dextran transfection
葡糖胺/葡萄糖胺 glucosamine
葡糖胺聚糖/葡萄糖胺聚糖 glucosaminoglycan
葡糖胺肽/黏肽 mucopeptide
葡糖-丙氨酸循环/葡萄糖-丙氨酸循環 glucose-alanine cycle
葡糖淀粉酶/葡萄糖澱粉酶 glucoamylase
葡糖苷/葡萄糖苷 glucoside
葡糖苷酶/葡萄糖苷酶 glucosidase
α-葡糖苷酶/α-葡萄糖苷酶 α-glucosidase
β-葡糖苷酶/β-葡萄糖苷酶 β-glucosidase
葡糖[苷]神经酰胺/葡萄糖神經醯胺 glucosylceramide
葡糖苷酸基转移酶/葡糖苷酸基轉移酶，葡萄糖醛酸基轉移酶 glucuronyl transferase
葡糖基化/葡萄糖基化 glucosylation
葡糖基转移酶/葡萄糖基轉移酶 glucosyltransferase
葡糖激酶/葡萄糖激酶 glucokinase
葡糖-1-磷酸/葡萄糖-1-磷酸 glucose-1-phosphate
葡糖-6-磷酸/葡萄糖-6-磷酸 glucose-6-phosphate
葡糖磷酸变位酶/磷酸葡萄糖變位酶，葡萄糖磷酸變位酶 phosphoglucomutase, PGM
葡糖-6-磷酸酶/葡萄糖-6-磷酸酶 glucose-6-phosphatase
葡糖-6-磷酸脱氢酶/葡萄糖-6-磷酸脱氫酶 glucose-6-phosphate dehydrogenase, G6PD
葡糖硫苷酶/芥子酶 myrosin
葡糖脑苷脂/葡萄糖腦苷脂 glucocerebroside
葡糖脑苷脂酶/葡萄糖腦苷脂酶 glucocerebrosidase
葡糖醛酸/葡萄糖醛酸 glucuronic acid
葡糖醛酸内酯/葡萄糖醛酸内酯 glucuronolactone
葡糖醛酸[糖苷]酶/葡萄糖醛酸[糖苷]酶，葡糖苷酸酶 glucuronidase
β-葡糖醛酸[糖苷]酶染色/β-葡糖醛酸[糖苷]酶染色 β-glucuronidase staining
葡糖神经酰胺酶/葡萄糖神經醯胺酶，葡萄糖腦苷脂酶 glucosylceramidase, glucocerebrosidase
葡糖酸磷酸支路/磷酸葡萄糖酸支路 phosphogluconate shunt
葡糖酸内酯/葡萄糖酸内酯 gluconolactone
葡糖酸盐氧化试验/葡萄糖酸鹽氧化試驗 gluconate oxidation test
葡糖异构化/葡萄糖異構化 glucose isomerization
葡糖异构酶/葡萄糖異構酶 glucose isomerase

葡糖异生/葡萄糖生成作用,葡萄糖新生作用,糖新生 gluconeogenesis, glucogenesis, GNG
葡糖转运蛋白/葡萄糖轉運蛋白 gluose transporter, GLUT
葡萄膜炎/葡萄膜炎 uveitis
葡萄球菌/葡萄球菌 staphylococcus
葡萄球菌A蛋白/葡萄球菌A蛋白 staphylococcal protein A, SPA
[葡萄球菌]凝固酶/[金黄色]葡萄球菌凝固酶 staphylocoagulase
葡萄球菌溶血素/葡萄球菌溶血素 staphylolysin
葡萄球菌素/葡萄球菌素 staphylococcin
葡萄球菌烫伤样皮肤综合征/葡萄球菌脱皮症候群 staphylococcal scalded skin syndrome, SSSS
葡萄糖/葡萄糖 glucose
葡萄糖测定/葡萄糖測定 glucose determination
葡[萄]糖-6-磷酸脱氢酶缺乏症/葡萄糖-6-磷酸脱氫酶缺乏症,葡萄糖六磷酸鹽去氫酶缺乏症 glucose-6-phosphate dehydrogenase deficiency
葡[萄]糖醛缩酶/葡萄糖醛縮酶 glucose aldolase
葡[萄]糖酸/葡萄糖酸 gluconic acid
葡[萄]糖-天冬酰胺琼脂/葡萄糖-天冬醯胺瓊脂 glucose-asparagine agar
葡[萄]糖效应/葡萄糖效應,反巴斯德效應 glucose effect
葡[萄]糖氧化酶/葡萄糖氧化酶 glucose oxidase
[葡萄]糖依赖性胰岛素释放肽/葡萄糖依賴性促胰島素肽 glucose-dependent insulinotropic peptide, GIP
葡[萄]糖转运体/葡萄糖轉運體 glucose transporter, GLUT
葡萄糖最大重吸收[速]率/葡萄糖最大重吸收[速]率 maximal glucose reabsorption rate
葡萄糖最大转运率/葡萄糖最大轉運率 maximal rate of transport of glucose
葡萄样末梢/葡萄狀末梢 grape ending
葡萄状腺/葡萄狀腺 aciniform gland
浦肯野细胞/浦金耶[氏]細胞,浦金埃[氏]細胞 Purkinje cell
浦肯野细胞胞质抗体/浦金耶[氏]細胞胞質抗體 Purkinje cell cytoplasmic antibody
浦肯野细胞层/浦金耶[氏]細胞層,普爾欽細胞層 Purkinje cell layer
浦肯野纤维/浦金耶[氏]纖維 Purkinje fiber
浦肯野转移/浦金耶[氏]位移 Purkinje shift
普遍性转导/普遍性轉導 generalized transduction
普遍性转录因子/通用轉録因子,一般轉録因子 general transcription factor
普查/普查,清點,盤點 inventory
普法伊费尔[溶菌]现象/費氏溶菌反應 Pfeiffer phenomenon
普拉德-威利综合征/普達-威利症候群 Prader-Willi syndrome
普雷里群落/北美草原,大草原,草原群落 prairie, prairie community
普里布诺框/普里布諾框,普里布諾區 Pribnow box
普列克底物蛋白/普列克底物蛋白 pleckstrin
普鲁兰多糖/普魯聚糖,普魯蘭 pullulan
普纳群落/普納群落,普納草原 puna
普斯陶伊事件/普斯陶伊事件 Pusztai incident
普通动物学/普通動物學 general zoology
普通个虫/普通個蟲 ordinary zooid
普通级动物/傳統式動物 conventional animal, CV animal
普通昆虫学/普通昆蟲學 general entomology
普通生理学/普通生理學 general physiology
普通微生物学/普通微生物學 general microbiology
谱系/譜系 pedigree, lineage
谱系繁殖/譜系繁殖,系統栽培 pedigree culture
谱系学/譜系學,系譜學 genealogy
蹼/蹼 web
蹼迹/蹼跡 rudimentary web
蹼足/蹼足 palmate foot, webbed foot
瀑布错觉/瀑布錯覺 waterfall illusion
瀑布学说/級聯理論 cascade theory, water-fall theory
曝气池/曝氣池 aeration basin
曝气法/曝氣法 aeration process

Q

七穿膜域受体/七跨膜域受體 seven transmembrane domain receptor
七聚体/七聚體 heptamer
七碳糖/七碳糖,庚糖 heptose
七叶苷/七葉苷,栗糖苷 esculin, aesulin
七叶苷水解试验/七葉苷水解試驗 esculin hydrolysis test
妻妾群/妻妾群,眷群 harem
栖巢/棲所 roost
栖地承载力/棲地承載力 habitat capability
栖地恢复/棲地復育 rehabilitation
栖地结构/棲地結構 habitat structure
栖地适宜度/棲地適宜度 habitat suitability
栖地质量/棲地品質 habitat quality
栖地状况/棲地狀況 habitat availability
栖肌/棲肌 ambiens muscle
栖木生物/木棲生物 lignicole
栖息处/棲息處 roosting place
栖息地/棲[息]地,棲所,生境 habitat
栖息地斑块/棲地斑塊,棲地嵌塊,棲地區塊 habitat patch
栖息地岛屿/孤立棲地,棲地島,孤立生境 habitat island
栖息地多样性/棲地多樣性,生境多樣性 habitat diversity
栖息地隔离/棲地隔離,生境隔離 habitat isolation
栖息地基质/棲地基質,棲地基底 habitat matrix
栖息地类型/棲地類型 habitat type
栖息地型/棲息地型 habitat form
栖息地选择/棲地選擇,棲所選擇 habitat selection
栖息地因子/棲息地因子 habitat factor
栖息群/棲息群 roosting colony
G_0 期/G_0 期 G_0 phase
G_1 期/G_1 期 presynthetic gap_1 period, G_1 phase
G_2 期/G_2 期 postsynthetic gap_2 period, G_2 phase
M 期/M 期,有絲分裂期 mitotic phase, M phase
S 期/S 期,合成期 synthetic phase, S phase
M 期促进因子/M 期促進因子 M phase-promoting factor, MPF
S 期促进因子/S 期促進因子 S phase-promoting factor, SPF
期前收缩/期前收縮,過早收縮 premature systole, premature beat
期外 DNA 合成/期外 DNA 合成,不按時的 DNA 合成 unscheduled DNA synthesis
期望值/期望值 expect value, E value
Ⅰ期药物代谢酶/Ⅰ期藥物代謝酶 phase Ⅰ drug metabolizing enzyme
Ⅱ期药物代谢酶/Ⅱ期藥物代謝酶 phase Ⅱ drug metabolizing enzyme
欺骗色/矇騙色 deceiving coloration
齐变模型/齊變模型,對稱模型 concerted model
齐鸣/齊鳴 chorusing
齐-内染色/萋-尼兩氏染色,齊-内兩氏染色 Ziehl-Neelsen staining
奇霉素/壯觀黴素,放線壯觀素 spectinomycin
奇异果甜蛋白/奇異果甜蛋白 thaumatin
歧化酶/歧化酶 dismutase
歧化选择/分裂[型]天擇,分裂選擇,歧化天擇 disruptive selection
脐/臍 navel, umbilicus
脐侧附肢/臍側附肢 hilar appendage
脐带间充质干细胞/臍帶間充質幹細胞 umbilical cord mesenchymal stem cell
脐扣/臍扣 belly-button
脐面/臍面 umbilical side
脐索基/菌索基 hapteron
脐血库/臍血庫 cord blood bank
脐血移植/臍血移植 umbilical cord blood transplant
棋盘法/龐尼特[氏]方格法 Punnett square method
旗瓣/旗瓣 banner, standard
旗叶/劍葉,禾草頂葉 boot leaf
鳍/鰭 fin
鳍棘/鰭棘 fin spine
鳍脚/鰭腳 clasper
鳍膜/鰭膜 fin membrane
鳍式/鰭式 fin formula
鳍条/鰭條 fin ray
鳍肢/鰭肢 flipper
乞食声/乞食聲 begging call
启动/啟動,促進 promotion
启动电位/啟動電位 generator potential

启动子/啟動子 promotor, promoter, P
启动子捕获/啟動子捕獲 promoter trapping
启动子封堵/啟動子封堵 promoter occulsion
启动子减弱突变体/啟動子減效突變體 down promoter mutant
启动子减弱[作用]/啟動子減弱[作用] promoter damping
启动子减效突变/啟動子減效突變 down promoter mutation
启动子解脱/啟動子解脱 promoter escape
启动子近侧序列/啟動子近側序列 promoter-proximal sequence
启动子近侧元件/啟動子近側元件 promoter-proximal element
启动子近侧转录物/啟動子近側轉録物 promoter-proximal transcript
启动子可及性/啟動子可及性 promoter accessibility
启动子清除/啟動子清除 promoter clearance
启动子清除时间/啟動子清除時間 promoter clear time
启动子上调突变/啟動子增效突變 up-promoter mutation
启动子抑制/啟動子抑制 promoter suppression
启动子元件/啟動子元件 promoter element
启动子增强突变体/啟動子增效突變體 up-promoter mutant
启动子增效突变/啟動子增效突變 up-promoter mutation
启动子阻抑/啟動子抑制 promoter suppression
启发式/啟發,捷思法 heuristics
起搏单位/起搏單位 pacemaker unit
起搏点/起搏點,節律點 pacemaker
起搏电流/起搏電流 pacemaker current
起搏电位/起搏電位 pacemaker potential
起搏细胞/起搏細胞,節律點細胞 pacemaker cell
起始 DNA/起始 DNA initiator DNA, iDNA
起始 tRNA/起始 tRNA initiator tRNA
起[始]点识别复合体/起[始]點識别複合體,起始序列辨識複合體,起點辨識複合物 origin recognition complex, ORC
起始复合体/起始複合體,起始複合物 initiation complex
起始复合物/起始複合體,起始複合物 initiation complex
起始密码子/起始密碼子 start codon, initiation codon, initiator
起始位点/起始位點 initiation site
起始信号/起始訊息 initiation signal
起始延伸复合物/起始延伸複合物 initial elongation complex
起始因子/起始因子 initiation factor, IF
起始子/起始子 initiator
起源中心/起源中心 center of origin
起源中心论/起源中心論,起源中心學説 theory of center of origin
起源中心学说/起源中心學説,起源中心論 theory of center of origin
起子/菌元 starter
气导/氣導 air conduction
气导声/氣導聲 air-borne sound
气道/氣道 airway
气道反应性/氣道反應性 airway responsiveness
气道高反应性/氣道高反應性 airway hyperresponsiveness
气道阻力/氣道阻力,呼吸道阻力 airway resistance
气洞/氣洞 aeropyle
气盾呼吸/腹甲呼吸 plastron respiration
气浮法/空氣浮選[法] air flotation
气固层析/氣固層析法 gas-solid chromatography, GSC
气管/氣管 trachea
气管环/氣管環 tracheal ring
气管龛/氣管龕 tracheal recess, tracheal camera
气管连索/氣管連索,氣管連合 tracheal commissure
气管软骨/氣管軟骨 tracheal cartilage
气管鳃/氣管鰓 tracheal gill
气管上腺/氣門上腺 epitracheal gland
气管系统/氣管系統 tracheal system
气候变化/氣候變遷 climatic change
气候带/氣候帶 climate zone, climatic zone
气候顶极[群落]/氣候極[盛]相 climatic climax
气候区/氣候區 climatic province
气候图/氣候圖 climatograph, climograph, climatic chart
气候稳定性/氣候穩定性 climatic stability
气候稳定学说/氣候穩定學説 climatic stability theory, theory of climatic stability
气候型/氣候型 climatype
气候性演替/氣候性演替 climatic succession
气候雪线/氣候雪線 climatic snowline
气候循环/氣候週期 climatic cycle
气候演替系列/氣候演替系列 clisere
气候因子/氣候因子,氣候因素 climatic factor
气候周期/氣候週期 climatic cycle
气候宗/氣候性品種 climatic race
气环/氣環 pneumatic ring, air-cell ring

气菌溶胞蛋白/氣單胞菌溶菌蛋白　aerolysin
气孔/氣孔　stoma, pneumathodium
气孔导度/氣孔導度　stomatal conductance
气孔计/氣孔開度計　porometer
气孔开度/氣孔開口,孔口　stomatal aperture
气孔母细胞/氣孔母細胞　stomatal mother cell
气孔运动/氣孔運動　stomatal movement
气孔蒸腾/氣孔蒸散　stomatal transpiration
气孔指数/氣孔指數　stomatal index
气孔阻力/氣孔阻力,氣孔抵抗　stomatal resistance
气流感受器/氣流感受器　air-flow receptor
气缕/氣縷　plume
气门/氣門　stigma
气门鞍/氣門鞍　saddle of stigma
气门板/氣門板　stigmatic shield
气门沟/氣門溝　spiracular sulcus, spiracular groove, stigmatic cleft
气门孔/氣門孔　spiracular opening
气门括约肌/氣孔括約肌　spiracular sphincter
气门裂/氣門裂　ostium
气门气管/氣孔氣管　spiracular trachea
气门鳃/氣孔鰓　spiracular gill
气门室/氣孔室　spiracular atrium
气门腺/氣孔腺　spiracle gland, spiracular gland
气囊/氣囊　air sac, air vesicle, pneumathode
气泡/氣泡　gas vacuole
气溶胶/氣[溶]膠　aerosol
气升式发酵罐/氣昇式發酵罐,氣昇式發酵器,氣昇式發酵槽　airlift fermenter
气升式生物反应器/氣昇式生物反應器　airlift bioreactor
气生根/氣[生]根　aerial root
气生菌丝/氣生菌絲,空中菌絲　aerial hypha
气生菌丝体/空中菌絲體　aerial mycelium
气生微生物/空中微生物　air microorganism
气生叶/氣生葉,出水葉　aerial leaf
气生幼螨/氣生幼蟎　aerial larva
气生藻类/氣生藻類　aerial algae
气生植物/氣生植物　air plant, aerial plant, aerophyte
气生种群/空中族群　aerial population
气室/氣室　air-cell
气锁/氣鎖室　airlock
气态物循环/氣態物循環　gaseous cycle
气提发酵/氣提發酵　gas stripping fermentation
气体分离膜/氣體分離透膜　gas separation membrane
气体驱动培养/氣昇式培養　airlift culture
气体诱发渗透压/氣體誘發滲透壓　gas-induced osmosis
气味标记/氣味標識　scent marking
气味感觉神经元/嗅覺神經元　odorant sensitive neuron
气味结合蛋白/氣味結合蛋白　odor-binding protein, odorant-binding protein, OBP
气味强度指数/氣味強度指數　odor intensity index
气味腺/氣味腺,香腺　odoriferous gland
气温/氣温　air temperature
气温直减率/温度直減率　temperature lapse rate
气腺/氣腺　gas gland
气相层析/氣相層析法,氣相色譜法　gas chromatography, GC
气相层析-质谱联用/氣相層析質譜聯用　gas chromatography-mass spectrometry, GC-MS
气相蛋白质测序仪/氣相蛋白質測序儀　gas-phase protein sequencer
气相反应系统/氣相反應系統　gas reaction system
气相扩散法/氣相擴散法　vapor diffusion method
气相色谱法/氣相色譜法,氣相層析法　gas chromatography, GC
气胸/氣胸　pneumothorax
气穴现象/穴蝕現象　cavitation
气-血屏障/氣-血屏障　blood-air barrier
气压表/氣壓表　barometer
气压计/氣壓計　barograph
气压性损伤/氣壓性傷害　barotrauma
气液层析/氣液[相]層析法　gas-liquid chromatography, GLC
气液传质表面积/氣液傳質表面積　gas-liquid mass transfer surface area
气液色谱法/氣液[相]層析法　gas-liquid chromatography, GLC
弃耕地/廢耕地　abandoned field
X 器/X 器　X-organ
Y 器/Y 器　Y-organ
器孢子/器孢子　pycnidiospore
器官/器官　organ
器官保存/器官保存　organ preservation
器官发生/器官發生,器官形成　organogenesis
器官培养/器官培養　organ culture
器官生理学/器官生理學　organ physiology
器官生物反应器/器官生物反應器　organ bioreactor
器官特异性抗原/器官專一性抗原　organ specific antigen
器官形成/器官形成,器官發生　organogenesis
器官型培养/器官型培養　organotypic culture

器官学/器官學 organology
器官血型/器官血型 organ blood type
器官芽/器官芽 imaginal disc, imaginal bud
器官移植/器官移植 organ transplantation
器菌核/器菌核 pycnosclerotium
器内受精/器内受精 angiogamy
恰佩克培养基/察氏培養基 Czapek medium
髂动脉/髂動脈 iliac artery
髂骨/髂骨 ilium, iliac bone
髂静脉/髂静脈 iliac vein
髂肋肌/髂肋肌 iliocostalis muscle
髂总动脉/總髂動脈 common iliac artery
髂坐孔/髂坐孔 ilioischiatic foramen
千碱基/千鹼基 kilobase, kb
千碱基对/千鹼基對 kilobase pair, kbp
千年生态系统评估/千禧年生態系評估 millennium ecosystem assessment
迁出/遷出 emigration
迁出者/遷出者 emigrant
迁地保护/異地保育,域外保育,移地保育 *ex situ* conservation
迁飞/遷徙,遷移,遷棲 migration
迁飞路线/遷飛路線,遷徙途徑 fly way
迁入/遷入,遷移 immigration
迁入者/遷入者 immigrant
迁散信息素/擴散費洛蒙,遷散費洛蒙 dispersal pheromone
迁徙/遷徙,遷移,遷棲 migration
迁徙动物/遷徙動物 migrant
迁徙机制/遷徙機制 migration mechanism
迁徙期/遷徙期 nomadic phase
迁徙群聚/遷徙群聚 symporium
迁徙选择/遷徙選擇 migrant selection
迁延照射/長期曝露 prolonged exposure, prolonged irradiation
迁移/遷移,遷徙,遷棲 migration
迁移蛋白[质]/移動[性]蛋白 movement protein
迁移负荷/遷移負荷 immigration load
迁移率/遷移率 mobility
迁移率变动分析/遷移率變動分析,位移遲滯分析法 mobility shift assay
迁移速率/遷移率 migration rate
迁移系数/遷移係數 coefficient of migration
迁移性放牧/季節移牧 transhumance
牵出试验/牽出試驗 pull-down experiment
牵拉假说/拉力假説 pull hypothesis
牵涉痛/位移痛 referred pain
牵缩丝/柄肌 spasmoneme
牵缩丝纤维/牽縮絲纖維 retrodesmal fiber
牵缩纤维/牽縮纖維 retractor fiber
牵引感受器/伸張受器,伸展感受器 stretch receptor
牵引肌/牽引肌 protractor
牵引纤丝/牽引纖絲 traction fiber
牵张反射/伸張反射 stretch reflex, myotatic reflex
牵张感受器/伸張受器,伸展感受器 stretch receptor
牵张激活钾通道/牽張啟動鉀通道 stretch-activated potassium channel
牵张控制通道/牽張控制通道 stretch-operated channel
铅中毒/鉛中毒 saturnism
前阿黑皮素原/前阿黑皮素原,先-前腦啡黑細胞促素皮質促素 preproopiomelanocortin, pre-POMC
前凹椎体/前凹椎體 procoelous centrum
前白蛋白/前白蛋白,前清蛋白 prealbumin
前板叶/前葉突 anterior shield lobe
前半体/前半體 proterosoma
前包钦格复合体/前包欽格複合體 pre-Bötzinger complex
前孢子细胞/前孢子細胞 prespore cell
前背板/前背板 pretergite, prodorsal shield, prodorsum
前背侧板/前背側板 prozonite
前背杆/前背桿 antero-dorsal rod
前背体/前背體 aspidosoma
前闭壳肌/前閉殼肌 anterior adductor muscle
前壁/前壁 frontal wall
前臂/前臂 forearm
前鞭毛/前[部]鞭毛 tractellum
前鞭毛体/前鞭毛體 promastigote
前滨/前濱 foreshore
前柄细胞/前柄細胞 prestalk cell
前病毒/前病毒,原病毒 provirus
前侧齿/前側齒 anterior lateral tooth
前侧刺/前側刺 prolateral spine
前侧杆/前側桿 anterolateral rod
前侧角/前側角 anterolateral horn
前侧毛/前側毛 anterolateral seta
前侧片/前側片 episternum
前侧眼/前側眼 anterior lateral eye
前侧鬃/前胸側板剛毛 propleural bristle
前肠/前腸 foregut
前肠门/前腸門 anterior intestinal portal
前肠系膜动脉/前腸系膜動脈 anterior mesenteric artery
前成花素/前成花素 proflorigen
前齿堤/前牙堤 promargin

前触角/前觸角 preantenna
前触角神经节/前觸角神經節 preantennal ganglion
前触角体节/前觸角體節 preantennal segment
前触腺毛/觸前腺毛 preantennal glandularia
前唇基/前唇基 anteclypeus
前唇基节/前唇基節 promentum
前带/前區帶 prozone
前带现象/前區現象 frontal zone phenomenon
前蛋白质原/前蛋白質原 preproprotein
前导链/先導股,前導股,領先股 leading strand
前导链-后滞链模型/先導股-延遲股模型 leading strand-lagging strand model
前导区/先導區 leader region
前导肽/前導肽,先導肽,領導肽 leading peptide, leader peptide
前导肽酶/導肽酶 leader peptidase
前导序列/前導序列,先導序列 leader sequence
前蝶骨/前蝶骨 presphenoid bone
前顶体/前頂體 proacrosome
前盾沟/前盾溝 prescutal sulcus
前盾片/前盾片 prescutum, protergite
前额叶皮质/前額葉皮質 prefrontal cortex
前耳骨/前耳骨 prootic bone, prootica
前发酵/前發酵,初發酵,主發酵 primary fermentation
前反馈/前饋 feed-forward
前反馈控制/前饋控制 feed-forward control
前反馈控制系统/前饋控制系統 feed-forward control system
前房/前房 anterior chamber
前纺器/前紡器,前絲疣 anterior spinneret
前跗节/前跗節 pretarsus
前跗节盖/前跗節蓋 pretarsal operculum
前跗毛/前跗毛 pretarsala
前负荷/前負荷 preload
前复制复合体/前複製複合體 pre-replication complex, pre-RC, PRC
前腹沟/前腹溝 presternal sulcus
前腹片/前[胸]腹片 presternum
前概率/前概率 prior probability
前感毛/前感器 prebacillum
前刚叶/前剛葉 presetal lobe
前宫型/前宫型 prodelphic type
前沟/前水管 anterior canal
前沟牙/前溝牙 proteroglyphic tooth
前股股节/前股股節 prefemuro-femur
前股节/前股節 prefemur
前关节突/前關節突 anterior articular process
前寒武纪/前寒武紀 Precambrian Period, Precambrian
前核/前核,原核 pronucleus, prokaryon
前核融合/原核融合 pronucleus fusion
前核糖体 RNA/前核糖體 RNA,前 rRNA precursor ribosomal RNA, precursor rRNA, pre-rRNA
前核体/前核體 prenuclear body
前颌齿/前頜齒 premaxillary tooth
前颌骨/前頜骨 premaxillary bone
前颌腺/前頜腺 premaxillary gland
前后宫型/前後宫型 amphidelphic type
前后减数分裂/前後減數分裂 apohomotypic meiosis
前花粉/前花粉,原花粉 prepollen
前环节/前環節 prosomite
前基因组/前基因體 pregenome
前基因组 mRNA/前基因體 mRNA pregenomic mRNA
前激素原/前激素原 preprohormone
前激肽释放酶/前激肽釋放酶 prekallikrein
前棘头体/前棘頭體 preacanthella
前脊/前脊 frontal keel
前脊沟/前脊溝 antecostal sulcus
前加速因子/前加速因子 proaccelerin
前尖/前錐 paracone
前减数分裂/前減數分裂 prereductional division, premeiosis
前剪接体/前剪接體,剪接前體 prespliceosome
前胶原/前膠原蛋白,原膠原蛋白,膠原蛋白原 procollagen
前节/前節 protomerite
前进进化/前進演化,累變進化 anagenesis
前胫毛/前脛毛 anterior tibiala
前胫突/大距 epiphysis
前臼齿/前臼齒 premolar tooth
前锯肌/前鋸肌 serratus anterior muscle
前抗微生物肽/前抗微生物肽,卡塞林 cathelin
前颏/前頦 prementum
前口/前口 prestomum
前口环/前口環 preoral loop
前口区/前口區 frontal aperture
前口式/前口式 prognathous type
前盔/前盔 frontal shield
前连合/前連合 anterior commissure
前连索/前背神經連索 anterior dorsal commissure
前联会/前聯會 presynapsis
前列环素/前列腺環素,環前列腺素 prostacyclin, prostaglandin I_2, PGI_2
前列环素合酶/前列腺環素合成酶 prostacyclin

synthase, prostaglandin-I synthase, PGIS
前列腺/前列腺 prostate, prostate gland
前列腺蛋白/前列腺蛋白 prostatein
前列腺球/前列腺球 prostatic bulb
前列腺素/前列腺素 prostaglandin, PG
前列腺素类激素/前列腺素類激素 prostanoid
前列腺素脱氢酶/前列腺素脱氫酶 prostaglandin dehydrogenase
前列腺烷酸/前列腺烷酸 prostanoic acid
前列腺细胞/前列腺細胞 prostatic cell
前膜/前膜 frontal membrane
前脑/前[大]腦 prosencephalon, forebrain, procerebrum
前脑啡肽原/前腦啡肽原 preproenkephalin
前脑桥/前大腦橋 protocerebral bridge, pons cerebralis
前内皮素原/前内皮素原,内皮素原前體 preproendothelin, preET
前期/前期 prophase
前期再重复/前期[再]重複 proreduplication
前起始复合体/前起始複合體,起始前複合體 preinitiation complex, PIC
前气门/前氣門,前氣孔 prostigma
前腔静脉/前大静脈 precaval vein
前清蛋白/前清蛋白,前白蛋白 prealbumin
前区/前區 frontal area
前驱症状/前驅症狀 prodrome
前染色体/前染色體 prochromosome
前染色体期/前染色體期 prochromosome stage
前鳃盖骨/前鰓蓋骨 preopercular bone
前三叉骨针/前三叉骨針 protriaene
前溞状幼体/前溞狀幼體 antizoea larva
前筛骨/前篩骨 preethmoid bone
前上肢/前上肢 preepipodite
前神经孔/前神經孔 anterior neuropore
前神经生长因子/前神經生長因子 pro-nerve growth factor, pro-NGF
前肾/原腎 pronephros
前生命化学/前生命化學 prebiotic chemistry
前生殖节/前生殖節,生殖前節 pregenital segment
前生殖节胸板/前生殖節胸板 pregenital sternite
前适应/前適應,預先適應,先期適應 preadaptation
前噬菌体/原噬菌體 prophage
前手性选择性/前手性選擇性 prochiral selectivity
前四叉骨针/前四叉骨針 protetraene
前体/前體,前驅物 prosome, prosoma, precursor
前[体]mRNA/前信使 RNA,前 mRNA pre-messenger RNA, precursor mRNA, pre-mRNA
前体 RNA/前驅 RNA precursor RNA, pre-RNA
前[体]rRNA/前核糖體 RNA,前 rRNA precursor ribosomal RNA, precursor rRNA, pre-rRNA
前体蛋白/前驅蛋白 precursor protein
前体 RNA 加工蛋白/前驅 RNA 加工蛋白 precursor RNA processing protein
前体细胞/前體細胞,前驅細胞,祖細胞 precursor, progenitor cell
前庭/前庭 vestibule
前庭窗/前庭窗 fenestra vestibuli, vestibular window
前庭感觉/前庭感覺 vestibular sensation
前庭感受器/前庭感受器 vestibular receptor
前庭沟/前庭溝 vestibular groove
前庭管/前庭管 vestibular canal
前庭脊髓束/前庭脊髓束 vestibulospinal tract
前庭阶/前庭階 scala vestibuli
前庭孔/前庭孔 vestibular pore
前庭扩张肌/前庭擴張肌 vestibular dilator
前庭迷路/前庭迷路 vestibular labyrinth
前庭膜/前庭膜 vestibular membrane
前庭神经核/前庭神經核 vestibular nucleus
前庭神经核复合体/前庭神經核複合體,前庭核團複合體 vestibular nuclear complex
前庭窝/前庭窩 vestibular concavity
前庭蜗器/前庭蝸器 vestibulocochlear organ
前庭蜗神经/前庭耳蝸神經 vestibulocochlear nerve
前庭小脑/前庭小腦 vestibulocerebellum
前庭-眼反射/前庭-動眼反射 vestibulo-ocular reflex
前庭自主神经反射/前庭自主神經反射 vestibular autonomatic nerve reflex
前头部/前頭部 fore head
前突变/前突變 permutation, premutation
前外侧系/前外側系 anterior lateral system
前网期/前網期 protobroch
前位个虫/前位個蟲 preceeding zooid
前胃/前胃 proventriculus
前稳态/穩態前 presteady state
前吸器/前吸器 prohaptor
前膝毛/前膝毛 anterior genuala
前 B 细胞/前 B 細胞 pre-B cell
前 T 细胞/前 T 細胞 pre-T cell
前 B 细胞刺激因子/前 B 細胞刺激因子 pre-B cell stimulatory factor
前 B 细胞受体/前 B 細胞受體 pre-B cell receptor
前 T 细胞受体/前 T 細胞受體 pre-T cell receptor
前细线期/前細絲期 preleptotene, preleptotene

stage, preleptonema
前纤毛/前纖毛 frontal cilium
前纤毛环/前纖毛環 prototroch
前纤维蛋白/前纖維蛋白,G 肌動蛋白結合蛋白,肌動蛋白抑制蛋白 profilin
前显花植物/前顯花植物 pre-phanerogam
前向掩蔽/前向遮蔽 forward masking
前囟/前囟[門] anterior fontanelle
前信使 RNA/前信使 RNA,前 mRNA pre-messenger RNA, precursor mRNA, pre-mRNA
前信息素/前費洛蒙 propheromone, prepheromone
前行性/前行性 prograde
前胸/前胸 prothorax
前胸板/前胸板 presternite
前胸腺/前胸腺 prothoracic gland
前嗅检器/前嗅檢器 oral osphradium
前悬骨/前懸骨 prephragma
前循环型/前循環型 procyclic form
前芽孢/前芽孢 forespore
前咽/前咽 prepharynx
前咽吸盘/前咽吸盤 buccal sucker
前沿层析/前沿層析法 frontal chromatography
前沿分析/前沿分析 frontal analysis
前眼列/前眼列 anterior row of eyes
前[演替]顶极/前[演替]極相,前巔峰群落 preclimax
前羊膜/前羊膜 proamnion
前叶/前葉 anterior lobe, prolamella, anter
前叶突/前葉突 anterior shield lobe
前胰岛素原/前胰島素原 preproinsulin
前翼骨/前翼骨 prepterygoid bone
前阴道/前陰道 provagina
前阴片/前陰片 lamella antevaginalis
前幽门孔/前幽門孔 prosopyle
前幼螨/前幼蟎 prelarva
前诱变损伤/前誘變損傷 premutagenic lesion
前诱导/前誘導 pre-induction
前原淋巴细胞/原淋巴母細胞 prolymphoblast
前原噬菌体/前原噬菌體 preprophage
前缘刺/前緣刺 costal spine
前缘脉/前緣脈 costa
前运动皮质/前運動皮質 premotor cortex
前仔虫/前仔蟲 proter
前肢肌/前肢肌 muscle of anterior limb
前直肌/前直肌 anterior rectus muscle
前趾足/前趾足 pamprodactylous foot
前质体/前質體 proplastid
前置胎盘/前置胎盤 placenta previa
前中期/前中期 prometaphase
前中突/前中突 anteromedian projection
前中眼/前中眼 anterior median eye
前主静脉/前主靜脈 anterior cardinal vein
前转变素/前轉化素 proconvertin
前自噬结构/前自噬結構 preautophagosomal structure, PAS
前自噬体/前自噬體 preautophagosome
前足/前足 foreleg
前足体/前足體[部] propodosoma
前足体板/前足體板 propodosomatal plate, proponotal shield
前足体背毛/前足體背毛 dorsal propodosomal seta
前足体侧隆突/前足體側突 propodolateral apophysis
前足体腹突/前足體腹突 propodoventral enantiophysis
前足体突/前足體突 propodosomal lobe
钳合蛋白/鉗合蛋白 sequestrin
钳位均匀电场电泳/鉗位均勻電場電泳 contour-clamped homogeneous electric field electrophoresis, CHEF electrophoresis
钳形叉棘/鉗形叉棘 forcipiform pedicellaria
钳制 PCR/箝制 PCR clamping PCR
钳状骨针/鉗狀骨針 forcep
潜伏变异性/潛在變異性 potential variability
潜伏病毒/潛伏病毒 latent virus
潜伏期/潛伏期 latent period, potential period, incubation period
潜伏型病毒/潛伏型病毒,隱祕病毒 occult virus
潜伏性感染/潛伏性感染,潛在性感染 latent infection
潜伏学习/潛伏學習 latent learning, exploratory learning
潜能/潛能,潛值 potency
潜热/潛熱 latent heat
潜水动物区系/地下水動物相 phreatic fauna
潜水反射/潛水反射 diving reflex
潜水灰壤/潛水灰壤 ground water podzol soil
潜水减压病/潛水減壓病 diving decompression sickness
潜水生理学/潛水生理學 diving physiology
潜水员放漂/潛水員放漂 diver's blow-up
潜水员眩晕症/潛水員眩暈症 diver's staggers
潜意识/無意識 unconsciousness
潜意识过程/潛意識歷程 unconscious process
潜隐体/潛隱體 cryptozoite
潜育层/潛育層,灰黏層,淡青色土層 gley horizon,

glei horizon
潜育作用/潛育作用,灰黏化作用 gleization
潜在地力/潛在地力 potential soil productivity
潜在多样性/潛在多樣性 potential diversity
潜在起搏点/潛起搏點,潛在節律點 latent pacemaker
潜在性感染/潛在性感染,潛伏性感染 latent infection
潜在蒸发/位蒸發作用,勢蒸發量 potential evaporation
潜在蒸散/位蒸發散作用,勢蒸發散量 potential evapotranspiration, PET
浅海带/淺海區,近海區 neritic zone, neritic province
浅海动物区系/淺海動物相 neritic fauna
浅海浮游生物/淺海浮游生物,沿海性浮游生物 neritic plankton
浅海区/淺海區,近海區 neritic zone, neritic province
浅盘发酵/淺盤發酵 shallow tray fermentation
浅盘培养/淺盤培養 shallow tray culture, shallow dish culture
浅沼泽/灌木澤 pocosin
茜[草]素/茜[草]素 alizarin
茜素红/茜素紅 alizarin red
茜素黄/茜素黃 alizarin yellow
茜素蓝/茜素藍 alizarin blue
嵌合/嵌合 gomphosis
嵌合 DNA/嵌合 DNA chimeric DNA
嵌合蛋白/嵌合蛋白 chimerin, chimeric protein
嵌合基因/嵌合基因 chimeric gene
嵌合基因组/嵌合基因組 mosaic genome
嵌合抗体/嵌合[性]抗體,複合抗體 chimeric antibody
嵌合抗原受体 T 细胞疗法/嵌合抗原受體 T 細胞療法,CART 細胞療法 chimeric antigen receptor T Cell therapy, CART cell therapy
嵌合体/嵌合體,鑲嵌體 chimera, mosaic
嵌合性/嵌合性 chimerism
嵌合质粒/嵌合質體 chimeric plasmid
嵌入剂/嵌入劑,螯合劑 intercalating agent, intercalator
DNA 嵌入剂/DNA 嵌入劑 DNA intercalator
嵌入片/嵌入片 insertional lamina
枪丝/槍絲 acontium
腔孢类/腔菌類 coelomycetes
腔胞/腔胞 coelomocyte
腔肠/腔腸 coelenteron
腔肠动物/腔腸動物 coelenterate
腔肠素/腔腸素 coelenterazine
腔分泌/腔分泌 luminal secretion, solinocrine
腔菌/腔菌 loculoascomycetes
腔膜/腔膜,頂膜 luminal membrane
腔内亚单位/管腔内亞單位 luminal subunit
腔上囊/腔上囊 cloacal bursa
腔上囊类同器官/腔上囊類同器官 bursa equivalent
腔窝/腔窩 alveolus
腔隙/腔隙 lacuna
腔隙系统/腔隙系統 lacunar system
腔锥感器/腔狀感覺器 coeloconic sensillum
强的松/潑尼松,普賴松,強體松 prednisone
强毒株/有毒菌株 virulent strain
强度-时间曲线/強度持續曲線 strength-duration curve
强度调谐/強度調諧 intensity tuning
强啡肽/強啡肽 dynorphin
强啡肽原/強啡肽原 prodynorphin
强化/增強,加強 reinforcement
强碱型离子交换剂/強鹼型離子交換劑 strong base type ion exchanger
强酸型离子交换剂/強酸型離子交換劑 strong acid type ion exchanger
强心苷/強心苷 cardenolide
强行共栖/強迫共棲 synecthry
强阳离子交换剂/強陽離子交換劑 strong cation exchanger
强阴离子交换剂/強陰離子交換劑 strong anion exchanger
强直后增强/強直[刺激]後增強 post-tetanic potentiation, PTP
强直收缩/強直性痙攣,強直刺激 tetanus
强直性肌营养不良/強直性肌失養症 myotonic dystrophy
强直性脊柱炎/關節強硬性脊椎炎,僵直性脊髓炎 ankylosing spondylitis
强制性标识/強制性標識 compulsive labeling
强制异核体/強迫異核體 forced heterocaryon
强终止 DNA/強終止 DNA strong stop DNA
强壮性/穩健性,穩固性 robustness
墙孔/牆孔 dietellae
墙缘/牆緣 mural rim
蔷薇丛枝病/薔薇叢枝病,薔薇簇葉病 rose rosette
蔷薇霉素/薔薇黴素 rosamicin, rosaramicin
羟胺/羥胺 hydroxylamine
羟胺还原酶/羥胺還原酶 hydroxylamine reductase
25-羟胆钙化醇/25-羥膽鈣化醇

25-hydroxycholecalciferol
羟丁赖氨酸/羥丁賴氨酸 butyl hydroxy lysine
羟丁酸/羥丁酸,羥酪酸 hydroxybutyric acid
羟丁酸脱氢酶/羥丁酸脱氫酶 hydroxybutyrate dehydrogenase
羟化酶/羥化酶 hydroxylase
羟基丙酮酸/羥基丙酮酸 hydroxypyruvic acid
羟基丙酮酸还原酶/羥基丙酮酸還原酶 hydroxypyruvate reductase
羟基二十碳四烯酸/羥基二十碳四烯酸 hydroxyeicosatetraenoic acid, HETE
羟基谷氨酸/羥基穀氨酸,羥基麩氨酸 hydroxyglutamic acid
羟基化/羥化作用 hydroxylation
β-羟[基]-β-甲戊二酸单酰辅酶 A/β-羥[基]-β-甲戊二酸單醯輔酶 A β-hydroxy-β-methylglutaryl-coenzyme A
3-羟[基]-3-甲戊二酸单酰辅酶 A 还原酶/3-羥[基]-3-甲戊二酸單醯輔酶 A 還原酶 3-hydroxy-3-methylglutaryl coenzyme A reductase
羟基磷灰石/羥基磷灰石 hydroxyapatite, HA
羟基磷灰石支架/羥基磷灰石支架 hydroxyapatite scaffold
羟基磷酸丙酮酸/磷酸羥基丙酮酸 hydroxypyruvate phosphate
羟基神经酸/羥基神經酸 hydroxynervonic acid
20-羟基蜕皮酮/20-羥基蜕皮素 20-hydroxy-ecdysterone
N-羟基-2-乙酰胺基芴还原酶/*N*-羥基-2-乙醯基芴還原酶 *N*-hydroxy-2-acetamidofluorene reductase
羟甲基转移酶/羥甲基轉移酶 hydroxymethyl transferase
3-羟-3-甲戊醛酸/3-羥基-3-甲基戊醛酸 mevaldic acid
羟赖氨酸/羥[基]賴氨酸 hydroxylysine, Hyl
羟脑苷脂/羥腦苷脂 cerebron, phrenosin
17-羟皮质类固醇/17-羥皮質類固醇 17-hydroxycorticosteroid
17-羟皮质酮/17-羥皮質酮 17-hydroxycorticosterone
羟脯氨酸/羥脯氨酸,羥吡咯氨酸 hydroxyproline, Hyl
羟色氨酸/羥[基]色氨酸 hydroxytryptophane
5-羟色氨酸/5-羥[基]色氨酸 5-hydroxytryptophane
5-羟色胺/5-羥[基]色胺,血清素 5-hydroxytryptamine, 5-HT, serotonin
5-羟色胺受体/5-羥色胺受體 serotonin receptor
5-羟色胺选择性重摄取抑制剂/5-羥色胺選擇性重攝取抑制劑 serotonin-selective reuptake inhibitor, SSRI
N-羟乙酰神经氨酸/*N*-羥乙醯神經胺酸 *N*-glycolylneuraminic acid, *N*-hydroxyacetylneuraminic acid
12-羟油酸/蓖麻[油]酸 ricinolic acid, ricinoleic acid
17α-羟孕酮/17α-羥助孕酮 17α-hydroxyprogesterone
羟自由基/羥[自由]基 hydroxyl radical
强迫克隆化/強迫選殖法 forced cloning
强迫症/強迫症,強迫疾患 obsessive-compulsive disorder, OCD
强迫自花受精/強迫自花受精 compulsory self-fertilization
强启动子/強啟動子 strong promoter
敲除/剔除,移除 knockout
敲击反应/敲擊反應 drumming reaction
乔丹律/喬丹律,約旦氏法則 Jordan rule
乔利-塞贝尔法/喬利-塞貝爾法 Jolly-Seber method
乔木/喬木 arbor
乔木层/喬木層 tree layer, tree stratum
乔木带/喬木帶 tree zone
侨蚜/轉移寄主蚜 alienicola
桥本甲状腺炎/橋本氏甲狀腺炎 Hashimoto thyroiditis
桥虫/橋蟲 bridge worm
桥蛋白质/橋蛋白質 pontin protein
桥接/橋接 bridge grafting
桥粒/橋粒,胞橋小體 desmosome
桥粒斑蛋白/橋粒斑蛋白 desmoplakin
桥粒钙蛋白/橋粒鈣蛋白 desmocalmin
桥粒胶蛋白/橋粒膠[黏]蛋白 desmocollin
桥粒联结蛋白/橋粒聯結蛋白 desmoyokin
桥粒黏蛋白/橋粒黏合蛋白,橋粒糖蛋白 desmoglein
桥连自组装/橋連自組裝 bridge with self-assembly
桥联抗生物素蛋白-生物素法/橋聯抗生物素蛋白-生物素法,橋聯卵白素-生物素法 bridged avidin-biotin method, BAB method
壳斗/殼斗 cupule
壳多糖/殼多糖,幾丁質,甲殼素 chitin
壳角化/殼質化,明角質形成,殼糖化 chitinization
壳聚糖/幾丁聚糖,去乙醯殼多糖,聚葡萄胺糖 chitosan
壳糖胺/殼糖胺 chitosamine
鞘/鞘 sheath, theca
鞘氨醇/鞘氨醇,神經鞘胺醇 sphingosine, 4-sphingenine, sphingol

鞘氨醇半乳糖苷/鞘氨醇半乳糖苷 psychosine
鞘翅缘突/鞘翅緣突 elytral flange
鞘肌/肌肉包鞘 muscularis
鞘磷脂/神經鞘磷脂 sphingomyelin, sphingophospholipid
鞘毛细血管/鞘毛細毛管 sheathed capillary
鞘糖脂/糖神經鞘脂質,糖原[神經]鞘脂類 glycosphingolipid, glycosylsphingolipid
鞘细菌/有鞘[細]菌 sheathed bacteria
鞘脂/神經鞘脂質 sphingolipid
鞘质/鞘質 thecoplasm
切板/切板 cutting plate
切变/切變 shearing
切变率/剪切率,切變速率 shear rate
切齿/切齒 incisor
切齿突/切齒突 incisor process
切除/切除 excise, excision
切除核酸酶/切除核酸酶 excision nuclease
切除酶/切除酶 exicisionase, excisionase, Xis
切除修复/切補修復,切除式修復 excision repair
切割/切割 cleave, cut
切割蛋白/切割蛋白,肌割蛋白 severin
切割扩增多态性序列/切割擴增多態性序列 cleaved amplified polymorphic sequence
切沟侵蚀/溝蝕 gully erosion
切口/切口 nick
切口闭合酶/切口閉合酶 nick-closing enzyme
切口酶/切口酶 nickase
切口平移/切口移位,切斷轉譯,缺口轉譯 nick translation
切离/切除 excise, excision
切片/切片 section
切片机/切片機 microtome
切丝蛋白/載肌動蛋白,肌動蛋白絲解聚[合]因子 actophorin
切向流动/切向流 tangential flow
切向纤维/切向纖維 tangential fiber
切应力/切應力,剪應力 shear stress
茄形骨针/茄形骨針 leptoclados-type club
侵犯行为/攻擊行為 aggressive behavior
侵害[作用]/相害作用,相互侵害 disoperation
侵略性/侵略性 aggressiveness
侵染/感染 infection
侵染期幼虫/感染期幼蟲 infective juvenile
侵染线/侵染線 invasive line
侵染中心/感染中心 infectious center
侵入/侵入,入侵 invasion
侵入生长/侵入生長 intrusive growth
侵润性伪足/侵潤性偽足 invadopodium
侵蚀基准面/侵蝕基準面 base level of erosion
侵蚀循环/侵蝕循環,侵蝕週期 erosion cycle, cycle of erosion
侵蚀周期/侵蝕週期,侵蝕循環 erosion cycle, cycle of erosion
侵蚀[作用]/侵蝕,沖刷,沖蝕 erosion
侵袭/侵襲,侵染 infestation
侵袭力/侵襲力,侵襲性 invasiveness
侵袭素/侵襲素 invasin
亲本类型/親代型 parental form
亲本印记/親代印記,親代印痕 parental imprinting
亲本组合/親代組合 parental combination
亲雌激素蛋白/親雌激素蛋白 estrophilin
亲代/親代 parental generation
亲代 DNA/親代 DNA parental DNA
亲代操纵/親代操縱 parental manipulation
亲代抚育/親代撫育,親代照料 parental care, brood care
亲代基因组印记/親代基因體印記 parental genomic imprinting
亲代类型/親代型 parental form
亲代双型/親代雙型 parental ditype, PD
亲代双型四分体/親代雙型四分子 parental ditype tetrad
亲代投资/親代投資 parental investment
亲代行为/親代行為 parental behavior
亲代印记/親代印記,親代印痕 parental imprinting
亲代照料/親代照料,親代撫育 parental care, brood care
亲敌现象/親敵現象 dear enemy phenomenon
亲合力/總結合力 avidity
亲合力假说/總結合力假説 avidity hypothesis
亲和标记/親和標記,親和性標定法 affinity labeling
亲和标记技术/親和標記技術 affinity labeling technique
亲和层析/親和層析法,親和色譜法 affinity chromatography
亲和纯化/親和純化 affinity purification
Rab 亲和蛋白/Rab 親和蛋白 rabphilin
亲和力/親和力 affinity
亲和力成熟/親和力成熟 affinity maturation
亲和毛细管电泳/親和毛細管電泳 affinity capillary electrophoresis, ACE
亲和色谱法/親和色譜法,親和層析法 affinity chromatography
亲和素/親和素,抗生物素蛋白,卵白素 avidin
亲和素-生物素-过氧化物酶复合物技术/抗生物素

蛋白-生物素-過氧化氫酶複合物技術 avidin-biotin-peroxidase complex technique, ABC technique
亲和性/親和性 affinity
亲和柱/親和柱 affinity column
亲核蛋白/親核蛋白 karyophilic protein
亲环蛋白/親環蛋白 cyclophilin
亲棘蛋白/親棘蛋白 spinophilin
亲近繁殖/同系交配,近親繁殖,純種交配 endogamy
亲菌素/親菌素 bacteriotropin
亲硫吸附层析/親硫吸附層析法 thiophilic absorption chromatography
亲硫作用层析/親硫作用層析法 thiophilic interaction chromatography
亲属选择/親屬選擇,親緣選擇,親緣選汰 kin selection
亲水氨基酸残基/親水氨基酸殘基 hydrophilic amino acid residue
亲水基/親水基 hydrophilic group
亲水激素/親水激素 hydrophilic hormone
亲水相互作用液相色谱法/親水[交互]作用液相色譜法 hydrophilic interaction liquid chromatography, HILIC
亲水性/親水性 hydrophilicity
亲水性[分布]图/親水性分布圖 hydropathy profile
亲水作用/親水[交互]作用 hydrophilic interaction
亲铁蛋白/親鐵蛋白 siderophilin
亲同种细胞抗体/親同種細胞抗體 homocytotropic antibody
亲异种细胞抗体/親異種細胞抗體 heterocytotropic antibody
亲银细胞/親銀細胞 argentaffin cell
亲油性化合物/親油性化合物 oleophyllic compound
亲缘辨别/親緣辨别 kin discrimination
亲缘关系/親緣關係,血緣關係 kinship
亲缘间相关/親緣間相關 correlation between relatives
亲缘识别/親緣識别 kin recognition
亲缘系数/親緣係數,血緣係數,近親係數 coefficient of relationship, relationship coefficient, coefficient of relatedness
亲缘选择/親緣選擇,親屬選擇,親緣選汰 kin selection
亲缘种/同胞種,姊妹種,近緣種 sibling species, sister species
亲脂激素/親脂激素 lipophilic hormone
亲脂凝胶层析/親脂凝膠層析法 lipophilic gel chromatography
亲脂凝胶色谱法/親脂凝膠層析法 lipophilic gel chromatography
亲脂素/親脂素 lipophilin
亲脂性/親脂性 lipophilicity
亲中心体蛋白/親中心體蛋白 centrophilin
亲子关系/親子關係 paternity
亲子集群/親子群集 patrogynopaedium
亲子鉴定/親子鑒定 paternity test
琴形裂/琴形裂 lyrifissure
琴形器/琴形器,隙狀器 lyriform organ
禽抗肿瘤病毒/禽抗腫瘤病毒 avian anti-cancer virus
禽流感/禽流感 avian influenza, AI
青春期/青春期 puberty
青春期高血压/青春期高血壓 puberty hypertension
青春期延迟/青春期延遲 delayed puberty
青光眼/青光眼 glaucoma
青霉菌/青黴菌 penicillium
青霉素/青黴素,盤尼西林 penicillin
青霉素富集法/青黴素增殖法 penicillin enrichment technique
青霉素过敏/青黴素過敏 penicillin allergy
青霉素酶/青黴素酶 penicillinase
青霉素酰胺酶/青黴素醯胺酶 penicillin amidase
青霉素酰胺水解酶/青黴素醯胺水解酶 penicillin amidohydrolase
青霉素酰化酶/青黴素醯化酶 penicillin acylase
青霉酸/青黴酸 penicillic acid
青霉氧化酶/青黴氧化酶 natatin
青腰虫素/隱翅蟲素,青腰蟲素 pederin
青腰虫酮/隱翅蟲酮 pederone
青贮饲料/青貯飼料 silage
轻链/輕鏈 light chain, L chain
κ-[轻]链/κ-[輕]鏈,卡巴輕鏈 kappa light chain, κ chain
λ-[轻]链/λ-[輕]鏈 lambda light chain, λ chain
轻链恒定区/輕鏈恆定區 light chain constant region
轻链可变区/輕鏈可變區 light chain variable region
轻链启动子/輕鏈啓動子 light-strand promotor, LSP
轻链亚型/輕鏈亞型 light chain subtype
轻酶解肌球蛋白/輕酶解肌球蛋白 light meromyosin, LMM
氢泵/氫泵 hydrogen pump
氢氘交换/[氫]氘交换 deuterium exchange, hydrogen-deuterium exchange, HD exchange
氢化可的松/氫化可的松,氫羥腎上腺皮質素

hydrocortisone
氢化酶/氫化酶 hydrogenase
氢化萘胺/氫萘酚胺 hydronaphthylamine
氢化萘酚/氫萘酚 hydronaphthol
氢化作用/氫化作用 hydrogenation
氢键/氫鍵 hydrogen bond
氢钠离子交换/氫鈉離子交換 hydrogen-sodium exchange
氢细菌/氫細菌 hydrogen bacteria
氢营养菌/氫營養菌 hydrogenotrophic bacteria
倾注培养法/傾注培養法 pour plate method
清巢/清巢 nest clarifying
清晨水势/清晨水勢,凌晨水勢 predawn water potential
清除共生/清除共生 cleaning symbiosis
清除率/清除率 clearance
清除率试验/清除率試驗,肅清試驗 clearance test
清蛋白/清蛋白,白蛋白 albumin
清蛋白激活蛋白/白蛋白活化蛋白 albondin
清蛋白尿/白蛋白尿[症] albuminuria
清蛋白-球蛋白比值/白蛋白-球蛋白比值 albumin-globulin ratio
清道夫受体/清道夫受體 scavenger receptor
清洁共生/清除共生 cleaning symbiosis
清洁级动物/清潔級動物 clean animal, CL animal
清洁能源/清潔能源 clean energy
清洁区/清潔區 cleaning area
清扫肢/清掃肢 cleaning foot
清水生物/清水生物 catharobia
鲭组蛋白/鯖組蛋白 scombron, scombrone
情感性攻击/情感性攻擊 affective aggression
情感障碍/情感疾患 affective disorder
情景记忆/情景記憶,情節記憶 episodic memory
情绪/情緒 emotion
情绪生理反应/情緒生理反應 emotional physiological reaction
氰钴胺素/氰鈷胺素 cyanocobalamin
氰钴胺素还原酶/氰鈷胺素還原酶 cyanocobalamin reductase
氰化钾试验/氰化鉀試驗 cyanide test, KCN test
氰酸盐/氰酸鹽 cyanate
庆大霉素/正大黴素,健他黴素 gentamicin
穹窿/穹窿 fornix
穹窿区/穹窿區 dome area
穹窿下器/穹窿下器 subfornical organ, SFO
琼斯-莫特反应/瓊斯-莫特反應 Jones-Mote reaction
琼脂/瓊脂,洋菜 agar
EMB 琼脂/伊紅美藍瓊脂 eosin-methylene blue agar, EMB agar
琼脂板涂布法/瓊脂板塗布法 agar plate spreading method
琼脂扩散试验/瓊脂擴散試驗 agar diffusion test
琼脂凝胶/瓊脂凝膠 agar gel
琼脂-凝胶反应/瓊脂-凝膠反應 agar-gel reaction
RGCA 琼脂培养基/RGCA 瓊脂培養基,瘤胃液-葡萄糖-纖維二糖瓊脂培養基 rumen fluid-glucose-cellobiose agar medium, RGCA medium
琼脂平板/瓊脂平板 agar plate
琼脂糖/瓊脂糖,洋菜糖 agarose
琼脂糖酶/瓊脂糖酶 agarase
琼脂糖凝胶/瓊脂糖凝膠,瓊脂洋菜凝膠 agarose gel
琼脂糖凝胶电泳/瓊脂糖凝膠電泳,瓊脂洋菜膠體電泳 agarose gel electrophoresis
琼脂糖色谱填料/瓊脂糖色譜填料 agarose chromatographic medium
琼脂糖支架/瓊脂糖支架 agarose scaffold
琼脂小岛器官培养系统/瓊脂小島器官培養系統 agar-island organ culture system
琼脂斜面/瓊脂斜面 agar slant
丘脑/丘腦 thalamus, TH
丘脑非特异投射/丘腦非特異性投射 thalamic nonspecific projection
丘脑腹前核/丘腦腹前核 ventral anterior nucleus of thalamus
丘脑腹外侧核/丘腦腹外側核 ventral-lateral nucleus of thalamus
丘脑后部/丘腦後部,後視丘,後丘腦 metathalamus
丘脑上部/丘腦上部,上視丘,上丘腦 epithalamus
丘脑下部/丘腦下部,下視丘,下丘腦 hypothalamus
丘型齿/丘型齒 bunodont
秋季环流/秋季翻流 fall overturn
秋季换羽/秋季換羽 autumn molt
秋水仙碱/秋水仙鹼,秋水仙素 colchicine
秋水仙碱效应/秋水仙素效應,C 效應 colchicine effect
秋水仙素/秋水仙素,秋水仙鹼 colchicine
秋水仙酰胺/乙醯甲基秋水仙素 colcemid, colchamine
秋休芽/秋休芽 autumn statoblast
蚯蚓血红蛋白/蚯蚓血紅蛋白 hemerythrin, haemerythrin
求爱行为/展示 presenting
求偶/求偶 courtship
求偶场/求偶場[所],競偶場 lek

求偶礼物/求偶贈禮 nuptial gift
求偶色/求偶色 courtship coloration
求偶声/求偶聲 courtship song
求偶喂食/求偶餵食,婚食 courtship feeding, nuptial feeding
求偶舞/求偶舞 nuptial dance
求偶行为/求偶行為 courtship behavior
求偶展示/求偶展示,示愛行為 courtship display
球棒骨针/球棒骨針 clavule
球棒形骨针/球棒形骨針 ballon club
球包囊/球狀胞 sphaerocyst
球孢子菌病/球黴菌症 coccidiomycosis
球孢子菌素/球黴菌素 coccidioidin
球鞭毛体/球鞭毛體 sphaeromastigote
球差/球面像差 spherical aberration
球蛋白/球蛋白 globulin
α-球蛋白/α-球蛋白 alpha globulin, α-globulin
γ-球蛋白/γ-球蛋白,丙種球蛋白 gamma globulin, γ-globulin
球杆骨针/球桿骨針 sphaeroclone
球杆菌/球桿菌 coccobacillus
球果/球果,毬果 cone, strobile
球棘/球棘 sphaeridium
球茎/球莖 corm
球晶/球晶體 sphaerocrystal
球菌/球菌 coccus
球六辐骨针/球六輻骨針 spherohexact, spherohexactine
球六星骨针/球六星骨針 sphaerohexaster
球毛壳菌素/球毛殼菌素 chaetoglobosin
球内系膜细胞/球内系膜細胞 intraglomerular mesangial cell
球拍状菌丝体/網球拍狀菌絲體 racquet mycelium
球石粒/球石 coccolith
球外系膜细胞/球外系膜細胞 extraglomerular mesangial cell, lacis cell
球系列鞘糖脂/球系列糖神經鞘脂質,紅細胞系列糖神經鞘脂質 globo-series glycosphingolipid
球星骨针/球星骨針 sphaeraster
球形叉棘/球形叉棘 globiferous pedicellaria
球形骨针/球形骨針 spheroid
球形晶体/球晶體 sphaerocrystal
球形群体/球形群體 spherical colony
球形体/球形質體,原生質球狀體 spheroplast
球形细胞/球狀紅血球,球狀血細胞 spherulocyte, spherule cell, spherocyte
球形细胞静脉畸形/球形細胞静脈畸形 glomuvenous malformation, GVM
球形细胞增多症/球狀紅血球症 spherocytosis
球状胞/球狀胞 sphaerocyst
球状带/球狀帶 zona glomerulosa
球状蛋白[质]/球狀蛋白[質] globular protein
球状骨针/球狀骨針 spheres, sphaerae
球状核/球狀核 globose nucleus
球状肌动蛋白/球狀肌動蛋白,G肌動蛋白 globular actin, G-actin
球[状]囊/球[狀]囊 saccule
球状体/球狀體,微粒體 spheroid, spherule, orbicule
球状体病/球狀體病 spheroidosis
球状细胞/球狀細胞 globoferous cell
球状细胞组织/球狀細胞組織 sphaerenchyma
β-巯基丙酮酸/β-巰基丙酮酸 β-mercaptopyruvate
巯基蛋白酶/巰基蛋白酶 thiol protease, sulfhydryl protease
巯基封闭试剂/巰基封閉試劑 thiol blocking reagent
7-巯基庚酰苏氨酸磷酸酯/7-巰基庚醯蘇氨酸磷酸酯 7-mercaptoheptanoylthreonine phosphate
巯基激活的溶细胞素/巰基啟動的溶細胞素 thiol-activated cytolysin, SH-activated cytolysin
巯基嘌呤/巰[基]嘌呤 mercaptopurine, purinethiol
巯基修饰/巰基修飾 thiol modification, thiol group modification
巯基亚硝基化/巰基亞硝基化 sulfhydryl nitrosylation, *S*-nitrosation
巯基乙胺/巰基乙胺 mercapto-ethylamine
巯基乙醇/巰基乙醇 mercapto-ethanol
区/區 region
区别种/區別種,分化種 differential species
区带电泳/區帶電泳 zonal electrophoresis, ZE
区带离心/區帶離心 zonal centrifugation
区分剂量/鑒別劑量 discriminating dose
区室/分室 compartment
区室化[作用]/分室作用,分室化,單位化 compartmentalization, compartmentation
区域尺度/區域尺度 regional scale
区域定位图/區域定位圖 regional map
区域群丛/區域群叢 regional association
区域群落/區域群落 regional community
曲/麴 qu
曲古霉素/抗滴蟲黴素,刺黴素 trichomycin
曲霉毒素/麴黴毒素 aspertoxin
曲霉菌素/麴菌素 aspergillin
曲面绘制/面繪製 surface rendering
曲生胚珠/曲生胚珠,橫生胚珠 amphitropous ovule
曲酸/麴酸 kojic acid

曲细精管/曲精小管,生精小管 seminiferous tubule
曲细精管上皮/細精管上皮,生精小管上皮 seminiferous tubule epithelium
曲形腕环/曲形腕環 recurved loop
曲张体/膨體,静脈曲張體 quellkörper, varicosity
驱避性/忌避性 repellency
驱动蛋白/驅動蛋白,傳動素,致動蛋白 kinesin
驱动蛋白结合蛋白/驅動連接蛋白,移動結合蛋白 kinectin
驱蛔萜/驅蛔萜 ascaridole
屈从/臣服,順從 submission
屈服炫耀/臣服展示 submissive display
屈服应力/屈服應力 yield stress
屈光不正/屈光不正 ametropia, refraction error
屈光度/屈光度 diopter
屈光计/屈光度測定器 dioptometer
屈肌-伸肌规律/屈肌-伸肌規律 flexor-extensor rule
屈[曲]反射/屈[曲]反射 flexion reflex
屈曲刚毛/屈曲剛毛 crooklike seta
屈肢症/屈肢症 bends
躯干[部]/軀幹部 trunk, metastomium
躯干肢/軀幹肢 trunk limb
躯体/軀體 idiosoma
躯体定位组构/軀體定位組構 somatotopic organization
躯体感[觉]/軀體覺,軀體感 somatic sensation
躯体感觉皮质/體感覺皮質 somatosensory cortex
躯体痛/軀體痛 somatic pain
躯体效应/軀體效應 somatic effect
躯体运动系统/軀體運動系統 somatic motor system
躯椎/軀幹椎 trunk vertebra
趋暗性/趨暗性 skototaxis
趋避性/趨避性,驚動性 phobotaxis
趋触性/趨觸性,趨實性 thigmotaxis, stereotaxis
趋磁细菌/趨磁細菌 magnetotactic bacteria
趋磁性/趨磁性,磁趨向性 magnetotaxis
趋地性/趨地性 geotaxis
趋电性/趨電性 galvanotaxis, electrotaxis
趋风性/趨風性 anemotaxis
趋高性/趨高性 hypsotaxis
趋光集群/趨光群集 symphotia
趋光性/趨光性 phototaxis, phototaxy
趋光运动/趨光運動,光活動性,光趨動性 photokinesis
趋合子性/趨接合性 zygotaxis
趋化物/趨化蛋白,趨化因子 chemotaxin, chemotactic factor
趋化性/趨化性,向化性 chemotaxis, chemotaxy
趋化性测定/趨化分析 chemotactic assay
趋化性激素/趨化性激素,趨化性荷爾蒙 chemotactic hormone
趋化性肽/趨化肽 chemotactic peptide
趋化因子/趨化因子,趨化[激]素,趨化介素 chemokine
趋化因子受体/趨化因子受體,趨化因子接受器 chemokine receptor
趋化因子 C 亚家族/C 類趨化因子亞家族 chemokine C subfamily
趋化因子 CC 亚家族/CC 類趨化因子亞家族 chemokine CC subfamily
趋化因子 CXC 亚家族/CXC 類趨化因子亞家族 chemokine CXC subfamily
趋化因子 CX3C 亚家族/CX3C 類趨化因子亞家族 chemokine CX3C subfamily
趋化应答/趨化反應 chemotactic response
趋化脂质/趨化脂質 chemotactic lipid
趋激性/趨激性 telotaxis, topotaxis
趋流性/趨流性 rheotaxis
趋偏[振]光性/趨偏[振]光性 polarotaxis
趋气性/趨氣性 aerotaxis
趋渗性/趨滲性,趨稠性 osmotaxis
趋声性/趨聲性 phonotaxis
趋湿性/趨濕性,趨水性 hydrotaxis
趋实性/趨實性,趨觸性 thigmotaxis, stereotaxis
趋水性/趨水性,趨濕性 hydrotaxis
趋同/趨同 convergence
趋同进化/趨同進化,趨同演化 convergent evolution
趋同群落/趨同群落 convergent community
趋同伸展/趨同延伸 convergent extention
趋同特征/趨同性狀 convergent character
趋同同型/趨同同型 convergent homeomorphy
趋同性/趨同性 homoplasy
趋温性/趨溫性,趨熱性 thermotaxis
趋向性条件反射/趨向性條件反射 conditioned approach reflex
趋星性/趨星性 astrotaxis
趋性/趨[向]性 taxis
趋压性/趨壓性 barotaxis
趋氧性/趨氧性,趨氣性 aerotaxis, oxygentaxis
趋异/趨異 divergence
趋异进化/趨異演化 divergent evolution
趋异适应/趨異適應,支系内適應 divergent adaptation, cladogenic adaptation
趋异抑制剂/趨異抑制劑 anisotropic inhibitor

趋重性/趨重性 gravitaxis
渠限发育/限向發育,定向發育 canalized development
渠限性状/渠限性狀 canalized character
取代行为/取代行為 displacement behavior
取代型载体/取代型載體,置换型載體 replacement vector, substitution vector
取食刺激剂/激食因子,取食刺激素 feeding stimulant, phagostimulant
取食抑制剂/抑食因子,抑食物質,阻食物 feeding suppressant, feeding deterrent
取食诱发剂/促食因子,促食物質 feeding incitant
η-取向/η-取向,Eta 取向 eta orientation, η-orientation
μ-取向/μ-取向 mu orientation, μ-orientation
取向选择性/取向選擇性 orientation selectivity
取样/取樣,採樣,抽樣 sampling
取样比率/取樣率 sampling ratio
取样变异/取樣變異 sampling variation
取样单元/取樣單位 sampling unit
取样法/取樣法 sampling method
取样分布/取樣分布,抽樣分布 sampling distribution
取样误差/取樣誤差 sampling error
去包被/去包被 uncoating
去除调查法/移除調查法 removal census
去除法/移除法 removal method
去除取样法/移除取樣法 removal sampling
去传入/傳入神經阻滯 deafferentation
去春化[作用]/去春化 devernalization
去大脑动物/去大腦動物 decerebrate animal
去大脑僵直/去大腦性僵直 decerebrate rigidity
去大脑强直/去大腦性僵直 decerebrate rigidity
去蛋白作用/去蛋白作用 deproteinization
去分化/去分化,反分化,解除分化 dedifferentiation
去核/去核[作用] enucleation, denucleation
去核仁/去核仁 enucleolation
去核细胞/除核細胞 enucleated cell
去黄化/逆黄化,去白化 de-etiolation
去[获]能/去[獲]能 decapacitation
去激活/去活化 deactivation
去极化/去極化,除極化 depolarization
去甲肾上腺素/去甲腎上腺素,正腎上腺素 noradrenalin, norepinephrine, NE
去甲酰酶/去甲醯基酶,脱甲醯酶 deformylase
去离子水/去礦質水 demineralized water
去联会/去聯會作用 desynapsis
去磷蛋白/去磷蛋白 dephosphin
去磷酸化/去磷酸化 dephosphorylation
去磷酰化常数/去磷醯化常數 dephosphorylation constant
去神经增敏/去神經增敏 denervation hypersensitization
去神经[支配]/去神經[支配],去神經性 denervation
去糖基化/去糖基化,去糖基作用 deglycosylation
去天冬氨酸血管紧张素 I/去天冬氨酸血管緊張素 I des-aspartate-angiotensin-I, DAA-I
去同步化/去同步化[作用],失調 desynchronization
去透明带仓鼠卵-精子穿透试验/去透明帶倉鼠卵精子穿入試驗 zona-free hamster egg-sperm penetration assay, zona-free hamster egg penetration test
去稳定元件/去穩定元件 destablizing element
去污染/去污染[作用] decontamination
去雄/去雄 emasculation
去亚硝基化/去亞硝基化 denitrosation
去氧血红蛋白/去氧血紅蛋白,去氧血紅素 deoxyhemoglobin, deoxygenated hemoglobin
去抑制/去抑制,消除抑制 disinhibition
去阻遏作用/去阻遏作用 derepression
权重因子/加權因子 weighting factor
全氨基酸尿症/全氨基酸尿症 generalized aminoaciduria
全北界/全北界,全北極區 Holarctic realm, Holarctic region
全鼻型/全鼻型 holorhinal
全变态发育/[完]全變態發育 holometabolous development
全变态类/[完]全變態類 holometabola
全表达谱/全表達譜 global expression profile
全纯饲料/全純飼料 holidic diet
全蛋白质/全蛋白質 holoprotein
全反构象/全反構象 all-trans conformation
全反构型/全反構型 all-trans configuration
全缝型/全縫型 holoid
全腹板/全腹板 holoventral plate, holoventral shield
全腹型/全腹型 hologastric type
全合子/全合子 holozygote
全或无定律/全或無定律,全有[或]全無律 all-or-none law, all-or-none rule
全基因组测序/全基因組測序,全基因體測序 whole genome sequencing
全基因组范围代谢网络/全基因體代謝網絡,基因體尺度代謝網絡 genome-scale metabolic network, GSMN

全基因组工程/全基因組工程 genome-scale engineering
全基因组关联分析/全基因組關聯分析 genome-wide association study, GWAS
全基因组扩增/全基因體擴增 whole-genome amplification, WGA
全基因组鸟枪法测序/全基因組鳥槍法測序,全基因體鳥槍法測序 whole-genome shotgun sequencing
全寄生物/全寄生物 holoparasite
全寄生性/完全寄生 holoparasitism
全局工作空间模型/全局工作空間模型 global workspace model
全局调节/全局調節,全局調控,全域調控 global regulation
全局调节子/全局調節子 global regulon
全局调控/全局調控,全局調節,全域調控 global regulation
全局稳定性/全球穩定性 global stability
全局转录机器工程/全局轉録機器工程 global transcriptional machinery engineering, gTME
全卷沟/全捲溝 diarhysis
全抗体/全抗體 whole antibody
全联型/全接型 holostyly
全裂/[完]全卵裂 holoblastic cleavage
全酶/全酶,完整酵素 holoenzyme
全面胎座式/全面胎座式 superficial placentation
全模[标本]/全模[標本],同模式標本,等價模式標本 syntype, cotype
全模型/全模型 full model
全内反射荧光显微术/全反射螢光顯微鏡術 total internal reflection fluorescence microscopy, TIRF microscopy, TIRFM
全能干细胞/全能幹細胞 totipotent stem cell, TSC
全能性/全能性 totipotency
全能性细胞/全能性細胞 totipotent cell
全配[偶]子/全配子 hologamete
全蹼/全蹼 entirely webbed
全球变化/全球變遷 global change
全球变暖/全球暖化 global warming
全球定位系统/全球定位系統 global positioning system, GPS
全球环境变化的人文因素计划/全球變遷人文面向科學計劃 International Human Dimension Programme on Global Environmental Change, IHDP
全球生态学/全球生態學 global ecology
全球稳定性/全球穩定性 global stability
全人源抗体/全人源抗體 whole humanized antibody
全日潮/全日潮 diurnal tide
全鳃/全鰓 holobranch
全色盲/全色盲 achromatopsia
全身计数器/全身計數器 whole-body counter
全身性感染/全身性感染 systemic infection, generalized infection
全身性牛痘/全身性水痘疹 generalized vaccinia
全同胞/全同胞 full-sib
全同胞交配/全同胞交配 full-sib mating
全头类/全頭類 holocephalan
全突变/全突變 full mutation
全尾蚴/全尾蚴 plerocercoid, sparganum
全息记忆/全像記憶體 holographic memory
全细胞电流/全細胞電流 whole-cell current
全细胞[式]记录/全細胞[式]記録 whole-cell recording
全消色差透镜/複消色差透鏡 apochromatic lens
全新世/全新世 Holocene, Holocene Epoch
全型/全型 holomorph
全循环湖/全循環湖 holomietic lake
全缘生长/全緣生長 holoperipheral growth
全针六星骨针/全針六星骨針 holoxyhexaster
全植型营养/全植型營養,完全植物性營養 holophytic nutrition
全质分泌/全分泌 holocrine, holocrine secretion
全质分泌腺/全分泌腺 holocrine gland
全质粒扩增诱变/全質體擴增誘變 whole plasmid amplification mutagenesis
全种群治理/全族群治理 total population management
全周期性种/完全生活環種 holocyclic species
全着药/全著藥 adnate anther
拳卷胚珠/拳捲胚珠 circinotropous ovule
醛胺缩合/醛胺縮合 aldimine condensation
醛醇缩合/醛醇縮合 aldol condensation
醛固酮/醛固酮 aldosterone
醛固酮分泌抑制因子/醛固酮分泌抑制因子 aldosterone secretion inhibitory factor
醛固酮合酶/醛固酮合酶 aldosterone synthase
醛固酮减少症/醛固酮過少症,低醛[固]酮症 hypoaldosteronism
醛固酮诱导蛋白/醛固酮誘導蛋白 aldosterone-induced protein, AIP
醛固酮增多症/醛固酮過多症,高醛[固]酮症 hyperaldosteronism
醛赖氨酸/醛賴氨酸 allysine
醛缩酶/醛縮酶 aldolase
醛糖/醛糖 aldose

[醛]糖酸/[醛]糖酸 aldonic acid
醛脱氢酶/醛脱氫酶 aldehyde dehydrogenase
醛[亚]胺/醛[亞]胺 aldimine
醛氧化酶/醛氧化酶 aldehyde oxidase
颧弓/顴弓 zygomatic arch
颧骨/顴骨,頄骨 zygomatic bone, malar bone
犬齿/犬齒 canine tooth
犬免疫球蛋白/犬免疫球蛋白 canine immunoglobulin
犬尿酸/犬尿酸 kynurenic acid
犬尿酸原/犬尿酸原 kynurenine
炔诺酮/炔諾酮,乙炔睪酮 aethisteron
缺倍体/缺倍體 nulliploid
缺对[染色体]性/缺對性,零染色體性 nullisomy
缺乏症/缺乏症 deficiency symptom
缺环式趾钩/缺環列趾鉤 penellipse crochets
缺口/缺口,間隙,縫隙 gap
缺口基因/缺口基因,間隙基因 gap gene
缺口平移/切口移位,缺口轉譯,切斷轉譯 nick translation
缺口修复/缺口修復,間隙修復 gap repair
缺磷症/缺磷症 phosphorous deficiency
缺绿症/缺綠症,黃化 chlorosis
缺硼症/缺硼症 boron deficiency
缺省途径/缺省途徑,預設途徑 default pathway
缺失/缺失 deletion, deficiency
缺失纯合子/缺失同型合子 deletion homozygote
缺失定位/缺失定位 deletion mapping
缺失复合体/缺失複合體 deletion complex
缺失环/缺失環 deletion loop
缺失体/缺失體 deletant
缺失突变/缺失突變 deletion mutation
缺失杂合子/缺失異型合子 deletion heterozygote
缺失锥/缺失錐 missing cone
缺失作图/缺失定位 deletion mapping
缺损[型]病毒/缺損病毒,缺陷病毒 defective virus
缺体单倍体/缺對單倍體 nullisomic haploid
缺体分析法/缺對體分析,零染色體分析 nullisomic analysis
缺体[生物]/缺對生物,零染色體生物 nullisome
缺体四体补偿现象/缺對四體補償現象 nulli-tetracompensation
缺铁症/缺鐵症 iron deficiency
缺尾拟囊尾蚴/缺尾擬囊尾蚴 cercocystis
缺陷[型]原噬菌体/缺陷原噬菌體 defective prophage
缺陷原则/缺陷原則 handicap principle
缺血性脑卒中/缺血性腦卒中 ischemic stroke, IS
缺血修饰白蛋白/缺血修飾白蛋白 ischemia-modified albumin
缺血再灌注/缺血再灌注 ischemia-reperfusion, IR
缺氧/缺氧,低氧 hypoxia
缺氧诱导因子/缺氧誘導因子,低氧誘導因子 hypoxia-inducible factor, HIF
雀腭型/雀腭型 aegithognathism
确定成分培养基/確定培養基,限定培養液 defined medium
确定成分培养液/確定培養基,限定培養液 defined medium
确定性模型/確立性模型,確定性模式 deterministic model
确定性系统/確定性系統 deterministic system
确立细胞系/已建立細胞系 established cell line
确立学名/有效名 valid name
确限度/[群落]確限度,獨占度 exclusiveness, fidelity
确限种/獨占種 exclusive species
裙礁/裙礁,緣礁 fringing reef
群丛/群叢 association
群丛变型/變異型 variant
群丛地理变异/群叢地理變異 geographical variant of association
群飞/群飛,紛飛 swarming
群集度/社群度 sociability
群集现象/群集現象 colonization
群间选择/群間選擇,群間淘汰 intergroup selection, interdemic selection
群居寄生/群居寄生,群聚寄生,社會寄生 gregarious parasitism, social parasitism
群居相/群居相 gregaria phase
群居性昆虫/聚落昆蟲 colonial insect
群聚/群聚,聚集,聚生 aggregation
群聚复合体/群落複合體,群聚複合體 community complex
群聚指数/聚集指數 aggregation index
群落/群落,群集,群聚 community, coenosium
群落表/群集表 community table
群落表面/群集面 community surface
群落成分/群聚成分 community component
群落代谢/群集代謝 community metabolism
群落动态/群落動態 community dynamics
群落动态学/群落動態學,動態群落學 syndynamics
群落发生演替/群落發生演替,親源演替 syngenetic succession
群落分布学/群落分布學 synchorology
群落分类/群落分類 community classification

群落分类单位/群落分類單位 syntaxon
群落分类学/群落分類學 syntaxonomy
群落复合体/群落複合體,群聚複合體 community complex
群落功能/群集功能 community function
群落呼吸/群集呼吸 community respiration
群落环/群集環 community ring
群落渐变群/群集漸變群 coenocline
群落交错区/群落交會區,生態交會區,生態過渡區 ecotone
群落结构/群集結構,群聚結構 community structure
群落类型/群落型,群集型 community type, coenotype
群落连续体/群集連續體 community continuum
群落能量学/群集能量學 community energetics
群落平衡/群集平衡 community equilibrium
群落社会/群落社會 holocoen
群落生活/群集生活 coenobiosis
群落生境/群聚生境 biotope
群落生理学/群落生理學 synphysiology
群落生态群/群集漸變群 coenocline
群落生态学/群落生態學,群聚生態學,群集生態學 community ecology
群落调节/群集調節 community regulation
群落稳定性/群集穩定性 community stability
群落系数/群落係數,群集係數,群聚係數 coefficient of community
群落系统发生/群落系統發生 phylocoenogenesis
群落系统发生学/群落系統學 synphylogeny
群落系统发育/群落系統發生 phylocoenogenesis
群落系统分类学/群落系統分類學 synsystematics
群落相似系数/群集相似係數 coefficient of community similarity
群落镶嵌/嵌鑲型群集 community mosaic
群落形态学/群落形態學 synmorphology
群落学/群落學,群集學 coenology
群落演替/群集演替,群集消長 community succession
群落整合性/群集整合性 community integration
群落总生产率/群集總生產率 community gross production rate
群落组成/群落組分,群集組成,群聚組成 community composition
群落组织/群集組織 community organization
群凝集反应/群凝集反應 group agglutination
群属/群團 alliance
群特异性抗原/群特異性抗原 group-specific antigen
群体/群體,族群 colony, population
群体倍增时间/族群倍增時間 population doubling time
群体倍增水平/族群倍增水平 population doubling level
群体编码/群體編碼 population coding
群体捕食/群體捕食 group predation
群体发育/群體發育 astogeny
群体繁殖/群體繁殖 colonial breeding
群体分裂/群體分裂 colonial division
群体感应/群體感應 quorum sensing
群体论/群體論 colonial theory
群体密度/族群密度 population density
群体免疫/族群免疫 herd immunity
群体气味/群體氣味 colony odor
群体生态学/群體生態學 synecology
群体狩猎/團體狩獵 group hunting
群体体腔/群體體腔 colonial coelom
群体通信/群體通訊 mass communication
群体细胞遗传学/族群細胞遺傳學 population cytogenetics
群体形成/群體形成 colony formation
群体形成类型/群體形成類型 colony formation pattern
群[体]选择/群[體選]擇,集體選擇 group selection
群体遗传学/族群遺傳學,種群遺傳學 population genetics
群体征召/群體補充 group recruitment
群系/群系 formation
群相/群相,亞植物群落區 faciation
群游[现象]/群游,遊走[現象] swarm, swarming
群育变化/群育變化 astogenetic change

R

染料排斥试验/染料排除試驗 dye exclusion test
染料植物/染料植物 dyestuff plant
NBT 染色/NBT 染色,硝基藍四唑染色 nitroblue tetrazolium staining, NBT staining
PAP 染色/PAP 染色,過氧化物酶-抗過氧化酶染色 peroxidase-antiperoxidase staining, PAP staining
染色单体/染色分體 chromatid
染色单体断裂/染色分體斷裂,染色分體裂斷 chromatid break, chromatid breakage
染色单体分离/染色分體分離 chromatid segregation
染色单体复合/染色分體再愈合 chromatid reunion
染色单体互换/染色分體互换 chromatid interchange
染色单体畸变/染色分體畸變,染色分體異常 chromatid aberration
染色单体间隙/染色分體間隙,染色分體縫隙 chromatid gap
染色单体粒/染色分體粒 chromatid grain
染色单体连接蛋白/染色分體連接蛋白 chromatid linking protein
染色单体纽/染色分體紐 chromatid tie
染色单体桥/染色分體橋 chromatid bridge
染色单体易位/染色分體易位 chromatid translocation
染色单体转变/染色分體轉變 chromatid conversion
染色[法]/染色[法] staining
染色反应/染色反應 staining reaction
染色剂/染色劑 stain
染色粒/染色粒 chromomere
染色粒带/染色小粒帶 chromomere band
染色粒间区/染色粒間區 interchromomere
染色粒学说/染色小粒學説 chromomere theory
染色体/染色體 chromosome
A 染色体/A 染色體 A chromosome
B 染色体/B 染色體,副染色體,超額染色體 B chromosome
W 染色体/W 染色體 W chromosome
X 染色体/X 染色體 X chromosome
Y 染色体/Y 染色體 Y chromosome
Z 染色体/Z 染色體 Z chromosome
染色体臂/染色體臂 chromosome arm
[染色体]臂比/臂比 arm ratio
染色体变异/染色體變異 chromosomal variation
染色体病/染色體疾病 chromosomal disease
染色体不分离/染色體不分離 chromosome non-disjunction
染色体不平衡/染色體不平衡 chromosome imbalance
染色体不亲和性/染色體不親和性 chromosome incompatibility
染色体不稳定综合征/染色體不穩定症候群 chromosome instability syndrome
染色体不育/染色體不孕性 chromosome sterility
染色体步查/染色體步查,染色體步移 chromosome walking
染色体步移/染色體步移,染色體步查 chromosome walking
染色体超前凝聚/染色體超前凝聚 premature chromosome condensation, PCC
染色体乘客复合物/染色體乘客複合體 chromosome passenger complex, CPC
染色体重复/染色體重複 chromosome duplication, chromosome repeat
染色体重建/染色體重建 chromosome reconstitution
染色体重接/染色體再連接 chromosome rejoining, chromosome reunion
染色体重排/染色體重排 chromosomal rearrangement, chromosome rearrangement
染色体重塑/染色體重塑 chromosome remodeling
染色体脆性/染色體脆性 chromosome fragility
染色体带/染色體帶 chromosomal band
[染色体]带型/[染色體]帶型 banding pattern
染色体单分体/染色體單分體 chromosome monad
染色体蛋白/染色體蛋白,染色體朊 chromosomin
染色体定位/染色體定位 chromosome orientation
染色体丢失/染色體丟失,染色體去除,染色體減少 chromosome elimination, chromosome loss, chromosome diminution
染色体断裂/染色體斷裂,染色體裂斷 chromosomal break, chromosome breakage, chromosome fragmentation
染色体断裂点/染色體斷裂點 chromosome break

point
染色体断裂综合征/染色體斷裂症候群 chromosome breakage syndrome
染色体多态现象/染色體多態性,染色體多型性 chromosomal polymorphism
染色体多态性/染色體多態性,染色體多型性 chromosomal polymorphism
染色体二分体/染色體二分體 chromosome dyad
染色体分带/染色體分帶,染色體顯帶 chromosome banding
染色体分离/染色體分離 chromosome disjunction, segregation of chromosome
染色体分选/染色體分選 chromosome sorting
染色体粉碎/染色體粉碎 chromosome pulverization
染色体复制/染色體複製,染色體重複 chromosome replication
染色体干涉/染色體干擾 chromosomal interference
染色体工程/染色體工程 chromosome engineering
染色体构象捕获/染色體構象捕獲 chromosome conformation capture
染色体互换/染色體互換 chromosome interchange
染色体环/染色體環 chromosome ring, chromosome circle
染色体基数/染色體基數 chromosome basic number, basic number of chromosome
染色体基质/染色體基質 chromosome matrix
染色体畸变/染色體畸變,染色體異常 chromosomal aberration, chromosome aberration
染色体加倍/染色體加倍 chromosome doubling
染色体间重组/染色體間重組 interchromosomal recombination
染色体间平衡/染色體間均衡 interchromosome balance
染色体交叉/染色體交叉 chromosomal chiasma, chromosome chiasmata
染色体接合/染色體接合,染色體配對 chromosome conjugation
染色体结/染色體結 chromosome knob
染色体结构/染色體結構,染色體構造 chromosome structure
染色体结构变异/染色體結構變異,染色體構造變化 chromosomal structural change
染色体结构维持蛋白质/染色體架構維持蛋白質 structural maintenance of chromosome protein, SMC protein
染色体介导的基因转移/染色體介導之基因轉移 chromosome-mediated gene transfer, CMGT
染色体联合/染色體聯合,染色體聯組 chromosome association
染色体联会/染色體聯會 chromosome synapsis
染色体链/染色體鏈 chromosome chain
染色体裂隙/染色體間隙 chromosome gap
染色体螺旋/染色體螺旋 chromosome coiling
染色体内重组/染色體內重組 intrachromosomal recombination
染色体鸟枪序列/染色體鳥槍序列 chromosome shotgun sequence
染色体排列/染色體排列 chromosome arrangement
染色体泡/染色體泡 chromosomal vesicle
染色体配对/染色體配對 chromosome pairing
染色体片段/染色體斷片 chromosome segment
染色体匍移/染色體緩移 chromosome crawling
染色体嵌合体/染色體嵌合體 chromosome mosaic
染色体嵌合现象/染色體嵌合性 chromosome mosaicism
染色体桥/染色體橋 chromosome bridge
染色体取代/染色體置換 chromosome substitution
染色体缺失/染色體缺失 chromosome deletion
染色体融合/染色體融合 chromosome fusion
Y 染色体上 RNA 识别模体基因/Y 染色體上 RNA 識別模體基因 Y-located RNA recognition motif gene, YRRM gene
X 染色体失活/X 染色體失活[現象],X 染色體不活化 X chromosome inactivation, X-inactivation
X 染色体失活特异转录因子/X 染色體失活專一轉録因子 X-inactive specific transcription factor, XIST
染色体收缩/染色體收縮 chromosome contraction
染色体疏松团/染色體疏鬆團,染色體膨部 chromosome puff
染色体数/染色體數[目] chromosome number
染色体丝/染色體絲 chromosome fiber, chromosome thread
染色体四分体/染色體四分體,染色體四分子 chromosome tetrad
染色体随体/染色體隨體,衛星染色體 chromosome satellite
染色体套/染色體組 chromosome set
染色体跳查/染色體跳躍 chromosome jumping
染色体跳查文库/染色體跳躍庫 chromosome jumping library
染色体跳移/染色體跳躍 chromosome jumping
染色体突变/染色體突變 chromosomal mutation, chromosome mutation
染色体图/染色體圖 chromosome map
染色体涂染/染色體塗染 chromosome painting
染色体外 DNA/染色體外 DNA extrachromosomal

DNA
染色体外遗传/染色體外遺傳 extrachromosomal inheritance
染色体微管/染色體微管 chromosomal microtubule
染色体位移/染色體位移 chromosomal shift
染色体文库/染色體文庫 chromosome library
染色体显带/染色體顯帶,染色體分帶 chromosome banding
染色体显带技术/染色體顯帶技術,染色體分帶技術 chromosome banding technique
染色体显微切割术/染色體顯微切割術,染色體顯微解剖 chromosome microdissection
染色体消减/染色體丢失,染色體去除,染色體減少 chromosome elimination, chromosome loss, chromosome diminution
染色体小管/染色體小管 chromosomal tubule
染色体行为/染色體行為 chromosome behavior
染色体型/染色體型 chromosomal pattern
Y 染色体性别决定区/Y 染色體性别決定區 sex-determining region of Y chromosome, SRY
染色体学/染色體學 chromosomology, chromosomics
染色体学说/染色體學説 chromosome theory
染色体移动/染色體移動,染色體行動 chromosome movement, chromosome mobilization
染色体易位/染色體易位,染色體轉位 chromosome translocation
染色体印迹/染色體印漬法 chromosome blotting
染色体原位抑制杂交/染色體原位抑制雜交 chromosomal *in situ* suppression hybridization, CISS hybridization
染色体原位杂交/染色體原位雜交 chromosomal *in situ* hybridization
染色体再接合/染色體再連接 chromosome rejoining, chromosome reunion
染色体胀泡/染色體膨部,染色體疏鬆團 chromosome puff
染色体着陆/染色體著陸 chromosome landing
染色体整合位点/染色體整合位點 chromosomal integration site
染色体支架/染色體支架 chromosome scaffold
染色体置换/染色體置換 chromosome substitution
[染色体]中间节段/中間段 interstitial segment
染色体周期/染色體週期 chromosome cycle
染色体轴/染色體軸,染色體核心 chromosome core
染色体组/染色體組 chromosome set, chromosome complement
染色体组型/染色體組型,核型 karyotype, caryotype
染色体组型[模式]图/核型[模式]圖,染色體[組型]圖 karyogram, idiogram, caryogram
染色体作图/染色體作圖 chromosome mapping
染色微粒/染色微粒 chromiole
染色线/染色絲 chromonema
染色质/染色質 chromatin, chromatin substance
X 染色质/X 染色質 X chromatin
Y 染色质/Y 染色質 Y chromatin
染色质重塑/染色質重塑,染色質重建 chromatin remodeling
染色质重塑复合物/染色質重塑複合體,染色質重組複合體 chromatin-remodeling complex
染色质结/染色質結 chromatin knot
染色质免疫沉淀/染色質免疫沉澱 chromatin immunoprecipitation, ChIP
染色质凝聚/染色質凝集,染色質濃縮 chromatin agglutination, chromatin condensation
染色质器/染色質器 chromatic apparatus
染色质桥/染色質橋 chromatin bridge
染色质球/染色質球 chromatic sphere
染色质溶解/染色質溶解 chromatolysis
染色质丝/染色質絲,染色質纖維 chromatic thread, chromatin fiber
染色质体/染色質體 chromatic body
染色质网/染色質網 chromatin network
染色质像/染色質像 chromatic figure
染色质消减/染色質縮減 chromatin diminution
染色质小体/染色質小體 chromotosome
染色质组装因子/染色質組裝因子 chromatin assembly factor
染色中心/染色中心 chromosome center, chromocenter
壤土/壤土 loam
桡尺远侧关节/橈尺遠側關節,末端橈尺關節 distal radioulnar joint
桡骨/橈骨 radius
桡足幼体/橈足幼體 copepodid larva, copepodite
扰动/擾動 perturbation
热/熱 heat
Q 热/Q 熱 Q fever
热变性作用/熱變性作用 thermodenaturation
热不对称 PCR/熱不對稱 PCR thermal asymmetric PCR
热不对称交错 PCR/熱不對稱交錯 PCR thermal asymmetric interlaced PCR, TAIL-PCR
热不适/熱不適 thermal discomfort
热带草/熱帶禾草類,暖地牧草類 tropical grass

热带红壤/熱帶紅土 tropical red earth
热带界/非洲界,非洲區 Afrotropical realm
热带林带/熱帶林帶 tropical forest zone
热带落叶林/熱帶落葉林 tropical deciduous forest
[热带]稀树草原/稀樹草原,熱帶草原 savanna
热带雨林/熱帶雨林 tropical rain forest, pluviilignosa
热带雨林生物群系/熱帶雨林生物群系 tropical rain forest biome
热带植物/熱帶植物 tropical plant
热岛/熱島 heat island
热点/熱點 hot spot
热点和冷点/熱點和冷點 hot spot and cold spot
热防御反应/熱防禦反應 heat defense response
热辐射/熱[能]輻射 thermal radiation
热感受器/熱感受器 warm receptor
热固定/熱固定 heat fixation
热环境/熱環境 thermal environment
热汇/熱匯 heat sink
热积蓄/熱積聚,蓄熱 heat accumulation
热激/熱休克 heat shock
热激蛋白/熱休克蛋白 heat shock protein, HSP, Hsp
热激反应/熱休克反應,熱休克回應 heat shock response
热激关联蛋白/熱休克相關蛋白 heat shock cognate protein
热激基因/熱休克基因 heat shock gene
热激应答/熱休克反應,熱休克回應 heat shock response
热激应答元件/熱休克反應元件 heat shock response element, HSE
热僵/熱僵,熱痺 heat rigor
热交换/熱交換 heat exchange
热痉挛/熱痙攣,中暑痙攣 heat cramp
热觉/熱覺 heat sensation
热量测定法/熱量測定法,量熱法,測熱術 calorimetry
热量计/熱量計 calorimeter
热[量]平衡/熱[量]平衡 heat balance
热量收支/熱[量]收支 heat budget
热敏神经元/熱敏神經元 heat-sensitive neuron, warm-sensitive neuron
热耐受/耐熱性 heat tolerance
热启动/熱起動 hot start
热强度评价/熱強度評價 hot strength evaluation
热球蛋白/熱球蛋白 pyroglobulin
热伤害性感受器/熱傷害性[感]受器 thermal nociceptor
热射病/熱射病,中暑 heat stroke
热身运动/熱身運動,暖身活動 warming up
热生物传感器/熱生物感測器 thermal biosensor
热声成像/熱聲成像 thermoacoustic imaging, TAI
热适宜/熱舒適 thermal comfort
热适应/熱適應 heat adaptation
热释光剂量计/熱發光劑量計 thermoluminescent dosimeter
热衰竭/熱衰竭 heat exhaustion
热调节中枢/熱調節中樞 heat regulating center
热通量/熱通量 heat flux
热稳定抗原/熱穩定抗原 heat-stable antigen
热污染/熱污染 thermal pollution, heat pollution
热习服/熱習服 heat acclimatization
热限/熱限 heat limit
热效应/熱效應 thermal effect
热虚脱/熱虚脱 heat collapse
热盐环流/温鹽環流 thermohaline circulation
热应激/熱應激 heat strain
热源/熱源 heat source
热值/熱量,熱[卡]值 caloric value
热[致]死点/熱致死温度,熱死點 thermal death point, TDP
热[致]死时/熱致死時間 thermal death time, TDT
热致死温度/熱致死温度,熱死點 thermal death point, TDP
热滞蛋白/熱滯蛋白 thermal hysteresis protein
人布植物/人布植物 androchore
人畜共患病/人畜共通病,人獸互通病,人畜共同傳染病 zoonosis
人传人兽互通病/人傳人獸互通病,人傳人畜共通病 zooanthropozoonosis
人痘接种/痘毒接種 variolation
人端粒酶/人端粒酶 human telomerase
人耳鼠/人耳鼠 human ear rat
人二倍体细胞狂犬病疫苗/人類雙套細胞製備的不活化狂犬病疫苗 human diploid cell rabies vaccine
人工被动免疫[接种]/人工被動免疫[法] artificial passive immunization
人工催熟/人工催熟 artificial ripening
人工单性生殖/人工單性生殖,人工孤雌生殖 artificial parthenogenesis
人工冬眠/人工冬眠 induced hibernation
人工放牧/人工放養 artificial stocking
人工孤雌生殖/人工孤雌生殖,人工單性生殖 artificial parthenogenesis
人工呼吸/人工呼吸 artificial respiration, artificial

breathing
人工呼吸器/人工呼吸器 artificial respirator
人工环境生态学/人工環境生態學 hemerocology
人工获得性免疫/人工後天免疫性 artificially acquired immunity
人工基膜/人工基膜 matrigel
人工礁/人工漁礁 artificial reef
人工景观/人造景觀 man-made landscape
人工抗原/人工抗原 artificial antigen
人工酶/人造酶,人造酵素 artificial enzyme
人工免疫/人工免疫性 artificial immunity
人工免疫接种/人工免疫法 artificial immunization
人工免疫系统/人工免疫系統 artificial immune system, AIS
人工膜/人工膜 artificial membrane
人工脑/人工腦 artificial brain
人工气候/人造氣候 man-made climate
人工气候室/人工氣候室 phytotrone, phytotron
人工气候习服/人工氣候習服 artificial acclimatization
人工器官/人工器官,人造臟器 artificial organ
人工染色体/人造染色體 artificial chromosome
P1 人工染色体/P1 人工染色體 P1 artificial chromosome, PAC
人工染色体法/人工染色體法 artificial chromosome method
人工染色体载体/人工染色體載體 artificial chromosome vector
人工神经元/人工神經元 artificial neuron
人工生命体/人工生命 artificial life
人工生态系[统]/人工生態系 artificial ecosystem, man-made ecosystem
人工视网膜/人工視網膜 artificial retina
人工授粉/人工授粉 artificial pollination
人工授精/人工授精 artificial insemination, artificial fertilization
人工饲料/人工飼料 artificial diet
人工微型染色体/人工微小染色體 artificial minichromosome
人工选择/人工選擇,人[為選]擇 artificial selection
人工意识/人工意識 artificial consciousness
人工诱导/人工誘導 artificially induced
人工杂交/人工雜交 artificial crossing, artificial mating
人工智能/人工智慧 artificial intelligence
人工重力/人工重力,人造重力 artificial gravity
人工重力航天模拟器/人工重力航天模擬器 artificial gravity spacecraft simulator
人工主动免疫[接种]/人工主動免疫[法] artificial active immunization
人-机环境系统/人-機環境系統 man-machine-environment system
人绝经促性腺素/人絶經期促性腺[激]素,人停經促性腺素 human menopausal gonadotropin, HMG
人抗鼠抗体/人[類]抗鼠抗體 human anti-mouse antibody, HAMA
人抗鼠抗体反应/人[類]抗鼠抗體反應 human anti-mouse antibody reaction, HAMA reaction
人[类]白细胞抗原/人[類]白血球抗原,人[類]白細胞抗原 human leukocyte antigen, HLA
人[类]白细胞抗原 G/人類白血球抗原 G human leukocyte antigen-G, HLA-G
人[类]白细胞抗原复合体/人[類]白血球抗原複合體,HLA 複合體 human leukocyte antigen complex, HLA complex
人[类]白细胞抗原系统/人[類]白細胞抗原系 human leukocyte antigen system, HLA
人[类]白细胞抗原组织相容性系统/人[類]白血球抗原組織相容性系統 human leukocyte antigen histocompatibility system, HLA histocompatibility system
人类蛋白质组计划/人類蛋白質體計劃 Human Proteomics Project, HPP
人类多态研究中心家族/CEPH 家族 Centre d'Etude du Polymorphisme Humain family, CEPH family, CEPH pedigree
人类基因组/人類基因組,人類基因體 human genome
人类基因组计划/人類基因組計劃,人類基因體計劃,人類基因圖譜計劃 Human Genome Project, HGP
人类基因作图/人類基因作圖 human gene mapping
人类免疫缺陷病毒/人類免疫不全症病毒,人類免疫缺乏症病毒,愛滋病毒 human immunodeficiency virus, HIV
人类免疫学/人類免疫學 human immunology
人类人工染色体/人類人工染色體 human artificial chromosome, HAC
人类生态学/人類生態學 human ecology
人类细胞组计划/人類細胞體計劃 Human Cytome Project, HCP
人类血小板抗原/人類血小板抗原 human platelet antigen, HPA
人毛细管内皮细胞/人毛細管内皮細胞 human microvascular endothelial cell, HMEC
人脑计算机/濕件電腦 wetware computer, artificial

organic brain, neurocomputer
人胚胎肾/人胚胎腎 human embryonic kidney, HEK
人破伤风免疫球蛋白/人類破傷風免疫球蛋白 human tetanus immunoglobulin
人脐静脉内皮细胞/人臍靜脈内皮細胞 human umbilical vein endothelial cell, HUVEC
人 γ-球蛋白/人 γ-球蛋白 human gamma globulin
人绒毛膜促性腺[激]素/人類絨毛膜促性腺[激]素 human chorionic gonadotropin, HCG
人绒毛膜促性腺[激]素抗原/人類絨毛膜促性腺[激]素抗原 human chorionic gonadotropin antigen
人绒毛膜生长[激]素/人絨毛膜生長激素 human chorionic somatomammotropin, HCS
人乳头瘤病毒/人類乳頭瘤病毒 human papillomavirus, HPV
人参皂苷/人參皂苷 ginsenoside, GS
人生长激素变异体/人生長激素變異體 human growth hormone variant, hGH-V
人兽互通病/人獸互通病,人畜共通病,人畜共同傳染病 zoonosis
人胎盘促性腺[激]素/人胎盤促性腺[激]素 human placental gonadotropin, HPL
人胎盘催乳素/人類胎盤促乳素 human placental lactogen, HPL
人体寄生虫学/人類寄生蟲學 human parasitology
人体生理学/人體生理學 human physiology
人为顶极[群落]/偏途極相,人為極峰群落,干擾性極峰相 disclimax, plagioclimax
人为分布/人為散布 brotochore
人为分类/人為分類 artificial classification
人为富营养湖/人為優養湖 cultural eutrophic lake
人为富营养化/人為優養化 cultural eutrophication
人为干扰/人為干擾 human disturbance
人为宿主/人為宿主 factitious host
人为驯化/人為馴化,[實驗]馴化 acclimation
人为演替/人為演替,人為消長 anthropogenic succession, brotium
人为因子/人為因子 anthropic factor
人为植被/人為植被 anthropogenic vegetation
人 T 细胞白血病病毒/人類 T 細胞白血病病毒 human T cell leukemia virus
人与生物圈计划/人與生物圈計劃 Man and the Biosphere Programme, MAB Programme
人源单克隆抗体/人源單株抗體 humanized monoclonal antibody
人源化抗体/人類化抗體 humanized antibody
人造景观/人造景觀 man-made landscape
人造酶/人造酶,人造酵素 artificial enzyme
人造器官/人工器官,人造臟器 artificial organ
人造重力/人造重力,人工重力 artificial gravity
人主动脉内皮细胞/人主動脈内皮細胞 human aortic endothelial cell, HAEC
人字骨/人字骨 chevron bone
壬醛/壬醛 pelargonaldehyde
壬酸/壬酸,天竺葵酸 pelargonic acid
忍耐性/忍耐性 durability
刃天青试验/刃天青試驗 resazurin test
认可点突变/可接受點突變 accepted point mutation, point accepted mutation, PAM
认知机器人学/認知機器人學 cognitive robotics, intelligent robotics
认知映射/認知映射 cognitive mapping
任意引物 PCR/任意引物 PCR,隨意引子 PCR arbitrarily primed polymerase chain reaction, AP-PCR
韧带/韌帶 ligament
韧带沟/韌帶溝 ligament groove
韧带脊/韌帶脊 ligament ridge
韧带囊/韌帶囊 ligament sac
韧带窝/韌帶窩 ligament pit
韧带组织工程/韌帶組織工程 ligament tissue engineering
韧皮薄壁组织/韌皮部薄壁組織 phloem parenchyma
韧皮部/韌皮部 phloem, bast
韧皮部岛/韌皮部島 phloem island
韧皮部母细胞/韌皮部母細胞 phloem mother cell
韧皮管胞/韌皮[寄生]管胞 phloeotracheide
韧皮射线/韌皮[部]射線,韌皮髓線 phloem ray
韧皮束/韌皮束 phloem bundle, bast strand
韧皮细胞/韌皮細胞 phloem cell, bast cell
韧皮纤维/韌皮[部]纖維 phloem fiber, bast fiber
韧致辐射/韌致輻射,制動輻射 bremsstrahlung
妊娠/妊娠,懷孕 pregnancy, gestation
妊娠黄体/妊娠黃體 corpus luteum of pregnancy
妊娠识别/妊娠識别 pregnancy recognition
妊娠糖尿病/妊娠糖尿病 gestational diabetes mellitus, GDM
妊娠相关子宫内膜蛋白/妊娠相關子宫内膜蛋白 glycodelin
日本丽金龟性诱剂/日本麗金龜性引誘劑 japanilure
日补偿点/日補償點 daily compensation point
日度/日度[數] degree-day
日光霉素/日光黴素,尼可黴素 nikkomycin
日活动型/晝活動型 diurnal type

日积温/日積温　daily cumulative temperature
日节律/日週律　daily rhythm
日历年龄/實際年齡　chronological age
日眠/日眠　diurnation
日射热/日射病,中暑　sun stroke
日演替/日演替,日消長　daily succession
日[照]射量/日射量　amount of insolation
日[照]中性植物/日[照]中性植物,中性日照植物　day-neutral plant
日周期/日週期　daily periodicity
茸鞭/茸鞭,流蘇型鞭毛　tinsel flagellum, tinsel type flagellum
绒毛/絨毛　villus
绒毛蛋白/絨毛蛋白　villin
绒毛膜/絨毛膜　chorion
绒毛膜促甲状腺素/絨毛膜促甲狀腺[激]素　chorionic thyrotropin
绒毛膜促性腺[激]素/絨毛膜促性腺[激]素,絨毛膜性腺促素　chorionic gonadotropin
绒毛膜膜间充质干细胞/絨毛膜膜間充質幹細胞　chorionic membrane mesenchymal stem cell
绒[毛]膜绒毛活检/絨[毛]膜絨毛活組織檢查　chorionic villus biopsy
绒[毛]膜绒毛取样/絨[毛]膜絨毛取樣　chorionic villus sampling, CVS
绒毛膜生长素催乳素/絨毛膜生長催乳[激]素　chorionic somatomammotropin, choriomammotropin
绒毛前期胚/絨毛前期胚　previllous embryo
绒毛吸取/絨毛吸取　villus aspiration
绒膜卵黄囊胎盘/絨膜卵黄囊胎盤,卵黄絨毛膜胎盤　choriovitelline placenta
绒膜尿囊胎盘/絨膜尿囊胎盤,絨毛尿膜囊胎盤　chorioallantoic placenta
绒球/絨球,小腦鬈　flocculus
绒球小结叶/絨球小結葉　flocculonodular lobe
绒羽/絨羽　down-feather
绒毡层/絨氈層　tapetum
容积比重/容積比重　bulk specific gravity
容积导体/容積導體　volume conductor
容积性渴/液量式口渴　volumetric thirst
容精球/容精球　fundus
容量负荷/容量負荷　volume load
容量感受器/容量感受器,體積受器　volume receptor
容量感受器反射/容量感受器反射　volume receptor reflex
容量血管/容量血管　capacitance vessel
容受性舒张/接納性弛緩　receptive relaxation
溶基质蛋白酶/溶基質蛋白酶　stromelysin
溶剂萃取发酵/溶劑萃取發酵　solvent extraction fermentation
溶剂干扰法/溶劑干擾法　solvent-perturbation method
溶剂环/溶劑環　solvent ring
溶剂可及表面积/溶劑可及表面積　solvent accessible surface area
溶剂平滑法/溶劑平滑法　solvent flattening
溶解二氧化碳电极/溶解二氧化碳電極　dissolved carbon dioxide electrode
溶解力/溶解力　solvation force
溶解氧/溶氧[量]　dissolved oxygen, DO
溶菌剂/溶菌劑　bacteriolysant
溶菌酶/溶菌酶,溶菌酵素　lysozyme, LYZ
溶菌酶抗性试验/溶菌酶抗性試驗　lysozyme resistant test
溶菌丝作用/溶菌絲作用　hypholytic action
溶菌素/溶菌素　bacteriolysin
溶菌性细菌/溶化菌類　lysobacteria
溶菌[作用]/溶菌[作用],細菌溶解　bacteriolysis
溶酶体/溶酶體,溶[小]體,溶菌體　lysosome
溶酶体降解 Bid 蛋白因子/溶酶體降解 Bid 蛋白因子　lysosomal Bid degradation factor, LBDF
溶酶体酶/溶酶體酶　lysosomal enzyme
溶酶体水解酶/溶酶體水解酶　lysosomal hydrolase
溶酶体酸性脂肪酶/溶酶體酸性脂肪酶　lysosomal acid lipase
溶酶体型分泌/溶酶體型分泌　lysosomal secretion
溶酶体贮积症/溶酶體貯積症,溶小體儲積症　lysosomal storage disease
溶葡萄球菌/溶葡萄球菌　dissolve staphylococcus aureus
溶葡萄球菌素/溶葡萄球菌素　lysostaphin
溶素/溶素　lysin
溶细胞酶/溶細胞酶　lyticase, zymolyase, zymolase
溶细胞素/溶細胞素,細胞溶素　cytolysin
溶[细]菌反应/細菌溶解反應　bacteriolytic reaction
溶血空斑试验/溶血空斑試驗,溶血性溶菌斑分析　hemolytic plaque assay, hemolytic plaque test
溶血磷脂酶/溶血磷脂酶　lysophospholipase
溶血磷脂酸/溶血磷脂酸　lysophosphatidic acid
溶血磷脂酰胆碱/溶血磷脂醯膽鹼　lysophosphatidylcholine
溶血卵磷脂/溶血卵磷脂　lysolecithin
溶血试验/溶血試驗　hemolytic test, haemolysis test
溶血素/溶血素　hemolysin
溶血[作用]/溶血[作用]　hemolysis, haemolysis

溶氧电极/溶氧電極 dissolved oxygen electrode
溶液拖曳/溶液拖曳 solvent drag
溶原化/溶原化,溶源化 lysogenization
溶原菌/溶源菌 lysogen
溶原现象/溶源性,溶原性,産噬菌體性 lysogenesis, lysogeny
溶原性/溶原性,溶源性,産噬菌體性 lysogenesis, lysogeny
溶原性病毒/溶源性病毒 lysogenic virus
溶原性噬菌体/溶源性噬菌體 lysogenic phage
溶原性细菌/溶源性細菌,溶原菌 lysogenic bacteria
溶原性循环/溶源性循環 lysogenic cycle
溶原性转换/溶源性轉化 lysogenic conversion
溶质清除率/溶質清除率 clearance of total solute
溶质载体超家族/溶質載體超家族 solute carrier superfamily, SLC superfamily
溶组织腺/溶組織腺 histolytic gland
熔解/熔解,解鏈 melting
熔球态/熔球態 molten globule state
融合/融合 fusion
融合 PCR/融合 PCR fusion PCR
融合病毒蛋白/融合病毒蛋白 fusin
融合蛋白/融合蛋白 fusion protein
融合机器/融合機器 fusion machinery
融合基因/融合基因 fusion gene
融合极核/併合極核 polar fusion nucleus
融合孔/融合孔 fusion pore
融合膜/融合膜,結合膜 nexus
融合肽/融合肽 fusion peptide
融合体/融合體 syzygy
融合现象/融合現象 fusion phenomenon
融合性状/融合性狀 blending character
融合遗传/融合遺傳 blending inheritance
融合子/融合子 fusant
融核[体]/合核[體] synkaryon
融膜蛋白/融膜蛋白 parafusin
冗余 DNA/冗餘 DNA,豐餘 DNA redundant DNA
冗余种/冗餘種,[物]種冗餘 redundancy species, species redundancy
冗余种假说/冗餘種假説 species redundancy hypothesis
柔海胆型/柔海膽型 echinothuroid type
柔膜细菌/柔膜菌 mollicutes
柔荑花序/柔荑花序 ament, catkin
鞣化激素/鞣化激素 bursicon
鞣酸/鞣酸 tannic acid
鞣酸化红细胞试验/鞣酸化紅血球試驗 tanned red cell test
鞣酸酶/鞣酸酶 tannase
鞣质/鞣質,丹寧 tannin
肉孢囊/肉孢囊 sarcocyst
肉垂/肉垂 wattle
[肉]豆蔻醇/肉豆蔻醇 myristic alcohol
[肉]豆蔻醚/肉豆蔻精 myristicin
[肉]豆蔻脑/肉豆蔻腦 myristicol
[肉]豆蔻萜/肉豆蔻油精 myristicene
肉豆蔻酰化修饰/肉豆蔻醯化修飾 nutmeg acylation modification
[肉]豆蔻油精/肉豆蔻油精 myristicene
肉毒[杆菌]毒素/肉毒[桿菌]毒素 botulinum toxin, BTX, BONT
肉毒碱脂酰转移酶/肉毒鹼脂醯轉移酶 carnitine acyltransferase
肉毒抗毒素/肉毒桿菌抗毒素 botulinum antitoxin
肉毒食物中毒/肉毒中毒 botulism
肉膏/肉抽出液 meat extract
肉羹培养液/肉汁培養液 bouillon culture solution
肉冠/肉冠 comb
肉桂醇/肉桂醇,桂皮醇,馬苯基丙烯醇 cinnamic alcohol, styrone
肉桂酸/肉桂酸,桂皮酸 cinnamic acid
肉桂酸肉桂酯/桂皮酸桂皮酯 cinnamyl cinnamate
肉桂油/肉桂油,桂皮油 cassia oil
肉果/肉果 fleshy fruit, sarcocarp
肉碱/肉鹼 carnitine
肉角/肉角 fleshy horn
肉茎/肉莖 pedicle, peduncle
肉茎盖/肉莖蓋 deltidium
肉茎高位芽植物/多肉地上植物 phaenerophyta succulenta
肉茎植物/[多]肉莖植物 stem succulent
肉裾/肉裙 lappet
肉瘤/肉瘤 sarcoma
肉食螨/肉食蟎 cheyletid mite
肉穗花序/肉穗花序 spadix
肉汤/肉汁 bouillon, meat extract, broth
肉汤培养/肉湯培養 broth cultivation, broth culture
肉汤培养物/肉湯培養物,液體培養物 broth culture
肉突/肉突 carnucle
肉芽肿/肉芽腫 granuloma
肉叶植物/肉葉植物 chylophylla
肉质根/肉質根,多肉根 succulent root, fleshy root
肉质茎/肉質莖,多肉莖 succulent stem, fleshy stem
肉质芽/肉質芽,多肉芽 succulent bud, fleshy bud
肉质叶/肉質葉,多肉葉 succulent leaf, fleshy leaf

肉质植物/肉質植物,多肉植物 succulent plant, succlent
蠕变/蠕變,潛變 creep
蠕虫/蠕蟲 helminth, vermes, worm
蠕虫病/蠕蟲病 helminthiasis, helminthosis
蠕虫链模型/蠕蟲鏈模型 wormlike chain model
蠕虫学/蠕蟲學 helminthology
蠕虫血红蛋白/螺血紅蛋白,蝸紅質 helicorubin
蠕动/蠕動 peristalsis
蠕动泵/蠕動泵 peristaltic pump
蠕动冲/蠕動衝擊 peristaltic rush
蠕形螨/蠕形蟎 demodicid mite
蠕形螨病/蠕形蟎病 demodicidosis
蠕状曲折/蠕狀曲折 wormlike convolution
蠕状运动/蠕狀運動 vermiform movement
乳白蛋白/乳白蛋白 lactalbumin, lactoalbumin
乳白密码子/乳白密碼子,棕土密碼子 opal codon, umber codon
乳白型突变/乳白型突變 opal mutation
乳齿/乳齒 deciduous tooth
乳齿齿系/乳齒齒列 deciduous dentition
乳房/乳房 breast
乳杆菌/乳桿菌 lactobacillus
乳杆菌酸/乳桿菌酸 lactobacillic acid
乳过氧化物酶/乳過氧化物酶 lactoperoxidase
乳化液 PCR/乳化液 PCR emulsion PCR
乳化[作用]/乳化[作用] emulsification, emulsifying
乳环状试验/乳汁環狀試驗 milk ring test
乳胶固定试验/膠乳結合試驗 latex fixation test
乳胶凝集试验/膠乳凝集試驗 latex agglutination test
乳链菌肽/乳酸鏈球菌肽,乳酸鏈球菌素 nisin
乳糜/乳糜 chyle
乳糜管/乳糜管 lacteal
乳糜尿/乳糜尿 chyluria
乳糜微粒/乳糜微粒 chylomicron, CM
乳品微生物学/乳品微生物學 diary microbiology
乳清蛋白/乳清蛋白,乳白蛋白 lactalbumin, lactoalbumin
乳清苷/乳清[酸核]苷 orotidine
乳清苷酸/乳清苷酸 orotidylic acid
乳清苷一磷酸/乳清[酸核]苷一磷酸 orotidine monophosphate
乳清酸/乳清酸 orotic acid
乳球蛋白/乳球蛋白 lactoglobulin
乳球菌/乳球菌 lactococcus
乳酸/乳酸 lactic acid
乳酸测定/乳酸測定 determination of lactic acid
乳酸菌/乳酸菌 lactic acid bacteria
乳酸链球菌素/乳酸鏈球菌素,乳酸鏈球菌肽 nisin
乳酸-羟基乙酸共聚物支架/乳酸-羥基乙酸共聚物支架 lactic acid-glycolic acid copolymer scaffold
乳酸脱氢酶/乳酸[鹽]脱氫酶 lactate dehydrogenase
乳酸阈值/乳酸閾值 lactate threshold, LT
乳糖/乳糖 lactose
乳糖胺聚糖/乳糖胺聚糖 lactosaminoglycan
乳糖不耐受/乳糖不耐症 lactose intolerance
乳糖操纵子/乳糖操縱子 lactose operon, lac operon
乳糖操纵子阻抑蛋白/乳糖操縱子抑制蛋白 lac repressor
乳糖酶/乳糖酶 lactase
乳糖尿/乳糖尿 lactosuria
乳糖酸/乳糖酸 lactobionic acid
乳糖系列/乳糖系列 lacto-series
乳铁蛋白/乳酸鐵蛋白 lactoferrin
乳头/乳頭 nipple, teat, papilla
乳头层/乳頭層 papillary layer
乳头肌/乳頭肌 papillary muscle
乳头突/乳頭突 mamelon
乳头状瘤病毒/乳頭腫病毒 papilloma virus
乳突/乳突 papilla
乳腺/乳腺 mammary gland
乳腺干细胞/乳腺幹細胞 mammary gland stem cell
乳腺上皮细胞/乳腺上皮細胞 mammary epithelial cell
乳腺生物反应器/乳腺生物反應器 mammary gland bioreactor
乳腺细胞/乳腺細胞 mammary gland cell
乳腺炎/乳腺炎,乳房炎 mastitis
乳牙牙髓干细胞库/乳牙牙髓幹細胞庫 dental pulp stem cell bank
乳运铁蛋白/乳運鐵蛋白 lactotransferrin
乳汁管/乳汁管 laticiferous tube, latex duct
乳汁器/乳汁器 laticifer
乳状菌病/乳化病 milky disease
入胞分泌/入胞分泌 cytocrine secretion
入侵/入侵,侵入 invasion
入侵力/侵襲力,侵襲性 invasiveness
入侵种/入侵種 invasive species
入球微动脉/入球微動脈 afferent arteriole
入鳃动脉/入鰓動脈 afferent branchial artery
入鳃静脉/入鰓静脈 afferent branchial vein
入鳃水沟/入鰓水溝 ingalant branchial canal
入渗/入滲作用 infiltration
入渗量/入滲量 infiltration capacity

入水管/入水管　incurrent canal, inhalant siphon
入水孔/入水孔　incurrent pore
软腭/軟腭　soft palate
软骨/軟骨　cartilage
软骨成骨/軟骨性骨　cartilage bone
软骨蛋白聚糖/軟骨蛋白聚糖　chondroproteoglycan
软骨发生/軟骨生成　chondrogenesis
软骨发育不良/軟骨生成減退　hypochondroplasia
软骨发育不全/軟骨發育不全[症]　achondroplasia, chondrodysplasia
软骨钙结合蛋白/軟骨鈣結合蛋白　chondrocalcin
软骨关节/軟骨關節　cartilage joint
软骨环/軟骨環　cartilaginous ring
软骨基质/軟骨基質　cartilage matrix
软骨间关节/軟骨間關節　interchondral joint
软骨结合/軟骨連合　synchondrosis
软骨颅/軟[骨]顱　chondrocranium
软骨膜/軟骨膜　perichondrium
软骨内成骨/軟骨内骨化　endochondral ossification
软骨生物反应器/軟骨生物反應器　cartilage bioreactor
软骨细胞/軟骨細胞　chondrocyte
软骨鱼催产素/軟骨魚催產素　glumitocin
软骨粘连蛋白/軟骨黏連蛋白　chondronectin
软骨针/軟骨針　cartilaginous stylet
软骨组织/軟骨組織　cartilage tissue
软骨组织工程/軟骨組織工程　cartilage tissue engineering
软骨组织工程支架/軟骨組織工程支架　cartilage tissue engineering scaffold
软化栽培/軟化栽培　blanching culture
软胶质/軟膠質　maltha
软膜/軟膜　pia mater
软木脂/軟木脂　suberin
软泥/軟泥　ooze
软释放/軟釋放　soft release
软体动物/軟體動物　mollusk, mollusc
软体动物大小[定]律/軟體動物大小[定]律　mollusk size rule
软体动物学/軟體動物學　malacology
软体系列/軟體系列　mollu-series
软物质/軟物質　soft matter
软脂酸/軟脂酸,棕櫚酸,十六烷酸　palmitic acid
软脂酸鲸蜡酯/軟脂酸鯨蠟酯,鯨蠟　cetin, spermaceti wax
软脂酮/棕櫚酮　palmitone
朊病毒/傳染性蛋白顆粒,病原性蛋白顆粒,普里昂蛋白　prion, proteinaceous infectious particle
朊粒/傳染性蛋白顆粒,病原性蛋白顆粒,普里昂蛋白　prion, proteinaceous infectious particle
锐度/[敏]鋭度　acuity
锐突/鋭突　mucco
瑞氏染色/瑞特[氏]染色　Wright staining
瑞斯托菌素/瑞斯特黴素　ristocetin, ristomycin
闰管/閏管　intercalated duct
闰盘/閏盤　intercalated disk
闰细胞/閏細胞　intercalated cell
若虫/若蟲　nymph
若虫期/若蟲期　nymphal stage
弱齿型/弱齒型　dysodont
弱毒株/弱毒株　low virulent strain
弱光层/弱光層,弱光帶,貧光帶　dysphotic zone, disphotic zone
弱光带/弱光帶,弱光層,貧光帶　dysphotic zone, disphotic zone
弱化子/弱化子,減弱子　attenuator
弱化[作用]/弱化[作用]　attenuation
弱激光疗法/弱雷射療法　low level laser therapy, LLLT
弱碱型离子交换剂/弱鹼型離子交換劑　weak base type ion exchanger
弱酸型离子交换剂/弱酸型離子交換劑　weak acid type ion exchanger
弱相位物体/弱相位物體　weak-phase object
弱相位物体近似/弱相位物體近似　weak-phase object approximation, WPOA
弱阳离子交换剂/弱陽離子交換劑　weak cation exchanger
弱阴离子交换剂/弱陰離子交換劑　weak anion exchanger

S

撒播/撒播 broadcast sowing
撒勃尔群落/撒勃爾群落 subor
脎/脎 osazone
萨宾疫苗/沙賓[氏]疫苗 Sabin vaccine
萨金特纵跳试验/薩金特縱跳試驗 Sargent jump test, Sargent vertical jump test
萨卡多分类系统/薩卡多分類系統 Saccardoan classification
萨慎法/南方印漬法,DNA 印漬法,瑟慎墨點法 Southern blotting
萨瓦纳/稀樹草原,熱帶草原 savanna
腮腺/腮腺 parotid gland
腮腺素/腮腺素 parotin
腮足/腮足 gnathopod
噻烯霉素/噻烯黴素,硫黴素 thienamycin, thiomycin
鳃/鰓 gill, branchia
鳃瓣/鰓瓣 gill lamella
鳃盖/鰓蓋 operculum
鳃盖骨/鰓蓋骨 opercular bone
鳃盖开肌/鰓蓋開肌 dilator opercular muscle
鳃盖孔/鰓蓋孔 opercular aperture
鳃盖膜/鰓蓋膜 branchiostegal membrane
鳃盖收肌/鰓蓋内收肌 adductor opercular muscle
鳃盖提肌/鰓蓋舉肌 levator opercular muscle
鳃盖条/鰓蓋條 branchiostegal ray
鳃隔/鰓間隔 interbranchial septum
鳃弓/鰓弓,鰓弧 branchial arch
鳃弓降肌/鰓弓下降肌,鰓弓下掣肌 depressor arcus branchial muscle
鳃弓连肌/鰓弓連肌 interbranchialis muscle
鳃弓收肌/鰓弓内收肌 adductor arcus branchial muscle
鳃弓提肌/鰓弓舉肌 levator arcus branchial muscle
鳃甲/鰓甲 branchiostegite
鳃甲刺/鰓甲刺 branchiostegal spine
鳃甲缝/鰓甲縫 linea homolica, linea thalassinica, linea anomurica
鳃节/鰓節 branchiomere
鳃节肌/鰓節肌 branchiomeric muscle
鳃孔/鰓孔 gill opening
鳃裂/鰓裂 gill slit, branchial cleft
鳃笼/鰓籠 branchial basket
鳃囊/鰓囊 gill pouch
鳃耙/鰓耙 gill raker
鳃区/鰓區 branchial region
鳃上齿/鰓上齒 epibranchial tooth
鳃上动脉/鰓上動脈 epibranchial artery
鳃上腔/鰓上腔 suprabranchial chamber
鳃神经节/鰓神經節 branchial ganglion
鳃式/鰓式 branchial formula
鳃室/鰓室 branchial chamber
鳃丝/鰓絲 gill filament
鳃峡/鰓峽 isthmus
鳃下区/鰓下區 subbranchial region
鳃小叶/鰓小葉 branchial lobule
鳃心静脉/鰓心静脈 branchio-cardiac vein
塞拉利尼事件/塞拉利尼事件 Sierra cellini event
塞托利细胞/賽特利[氏]細胞,塞特利[氏]細胞,史托利[氏]細胞 Sertoli cell
赛前减量训练/賽前減量訓練 tapering
赛前减量训练期/賽前減量訓練期 tapering period
赛前状态/賽前狀態 pre-competition state
赛氏漏斗/賽茨濾器 Seitz filter
赛氏[细菌]滤器/賽茨濾器 Seitz filter
三倍体/三倍體 triploid
三倍性/三倍性 triploidy
三叉叉棘/三叉叉棘 tridentate pedicellaria
三叉点/三叉點 triradius
三叉骨针/三叉骨針 triaene
三叉神经/三叉神經 trigeminal nerve
三重捕捉法/三重捕捉法 triple catch method
三重反应/三重反應 triple response
三重寄生/三重寄生 triploparasitism
三重芽/三重芽 triple bud
三出复叶/三出複葉 ternate compound leaf
三出脉/三出脈 ternate vein
三雌蕊花/三雌蕊花 trigynous flower
三次寄生/三級寄生 tertiary parasitism
三次三叉骨针/三次三叉骨針 trichotriaene
三单倍体/三[染色體組]單倍體 trihaploid
三道体区/三道體區 trivium

三点测交/三點測交　three-point test
三碘甲状腺原氨酸/三碘甲狀腺素,三碘甲狀腺原胺酸　3,5,3′-triiodothyronine, T_3
三叠纪/三疊紀　Triassic Period
三丁酰甘油/三丁酸甘油酯,甘油三丁酸酯　tributyrin
三对孔板/三對孔板　trigeminate
三方晶系/三方晶系　triagonal system
三辐骨针/三輻骨針　triactine, triact
三辐爪状骨针/三輻爪狀骨針　arcuate
三杆骨针/三桿骨針　triod
三共振实验/三共振實驗　triple resonance experiment
三股螺旋/三鏈螺旋,三重螺旋　triple helix, triplex
三骨管/三骨管　triosseal canal
三冠骨针/三冠骨針　trilophous microcalthrops
三癸酰甘油/三癸醯甘油,三癸酸甘油酯　tricaprin
三核苷酸扩展/三核苷酸擴展　trinucleotide expansion
三核异核体/三核異核體　trikaryon
三花瓣花/三花瓣花　tripetalous flower
三化/三化　trivoltine
三环[结构]域/三環域,Kringle 域　Kringle domain
三环中柱/三環中柱　tricyclic stele
三级处理/三級處理　tertiary treatment
三级飞羽/三級飛羽　tertiary feather
三级隔片/三級隔片　tertiary septum
三级寄生/三級寄生　tertiary parasitism
三级结构/三級結構　tertiary structure
三级卵膜/三級卵膜　tertiary egg envelope
三级卵泡/三級卵泡　tertiary follicle
三级氢键/三級氫鍵　tertiary hydrogen bond
三级消费者/三級消費者,三級消耗者　tertiary consumer
三级支气管/三級支氣管　tertiary bronchus, parabronchus
三极生态系统/三極生態系統　tripolar ecosystem
三己酰甘油/三己醯甘油,三己酸甘油酯　tricaproin
三寄主蜱/三寄主蜱　three-host tick
三甲基鸟苷/三甲基鳥苷　trimethylguanosine, TMG
三价[染色]体/三價[染色]體　trivalent, trivalent chromosome
三尖瓣/三尖瓣　tricuspid valve
三角板/三角板　deltoid plate
三角冠/三角冠　tricuspid cap
三角肌/三角肌　deltoid muscle
三角孔/三角孔　delthyrium, triangular notch
三角双板/三角雙板　deltidial plate
三角洲/三角洲　delta
三角座/下臼齒三尖,三角形下臼齒　trigonid
三脚蛋白[复合体]/三腳蛋白[複合體]　triskelion
三脚骨/三腳骨　tripus
三精入卵/三精入卵　trispermy
三孔型/三孔型　trifora
三口道芽/三口道芽　triple-stomodeal budding
三联体/三聯體　triad, triplet
三联体密码/三聯體密碼　triplet code
三联疫苗/三聯疫苗　triple vaccine
三链 DNA/三鏈 DNA　triple-stranded DNA
三链体/三鏈體　triplex
三链体 DNA/三鏈體 DNA　triplex DNA
三列杂交/三列雜交　tri-allel cross
三磷酸肌醇/三磷酸肌醇,肌醇三磷酸　inositol triphosphate, IP_3
三磷酸肌醇磷脂/三磷酸肌醇磷脂　triphosphoinositide
三磷酸肌醇受体/三磷酸肌醇受體　inositol triphosphate receptor, IP_3R
三磷酸腺苷/三磷酸腺苷,腺苷三磷酸,腺三磷　adenosine triphosphate, ATP
三磷酸腺苷-磷酸肌酸系统/三磷酸腺苷-磷酸肌酸系統　adenosine triphosphate-creatine phosphate system, ATP-CP system
三名法/三名法　trinominal nomenclature
三名组合/三名組合　ternary combination
三 X 女性/三 X 染色體女性　triple X female
三胚层/三胚層　triploblastic
三歧聚伞花序/三歧聚傘花序　trichasium
三羟甲基氨基甲烷/三羥甲基氨基甲烷　trihydroxymethyl aminomethane
三亲本杂交/三親本雜交　triparental mating
三染色体型遗传/三染色體遺傳　trisomic inheritance
三色学说/三原色理論　trichromatic theory
三射[染色]体/三輻射染色體　triradial chromosome
三十四烷酸/三十四烷酸　gheddic acid
三宿主蜱/三寄主蜱　three-host tick
三羧酸循环/三羧酸循環　tricarboxylic acid cycle
三态性/三態性,三型性　trimorphism
三碳糖/三碳糖,丙糖　triose
三糖/三糖　trisaccharide
三糖铁琼脂/三糖鐵瓊脂　triple-sugar-iron agar, TSI agar
三体比率/三染色體分離比　trisomic ratio
三体[染色体]生物/三體　trisome
三体性/三[染色]體性　trisomy

三体雄蕊/三體雄蕊 triadelphous stamen
三体植物/三染色體植物 trisomic plant
三萜/三萜 triterpene
三头肌/三頭肌 triceps muscle
三维结构叠合/三維結構疊合 three-dimensional structure superposition
三维支架材料/三維支架材料 three-dimensional scaffold materials
三系杂交/三系雜交 triple cross
三系杂种/三系雜種 trilinear hybrid
三酰甘油/三醯[基]甘油 triacylglycerol, TAG, triglyceride
三酰甘油脂肪酶/甘油三酯脂肪酶 triglyceride lipase
三线态/三重態 triplet state
三斜晶系/三斜晶系 triclinic system
三辛酰甘油/三辛酸甘油酯 tricaprylin
三型现象/三態性,三型性 trimorphism
三叶草结构/三葉草結構 clover leaf structure
三叶叉棘/三葉叉棘 triphyllous pedicellaria
三叶肽/三葉肽 trefoil peptide
三叶幼体/三葉幼體 trilobite larva
三乙酰甘油/三乙酸甘油酯 triacetin
三硬脂酰甘油/三硬脂酸甘油酯 tristearin, tristeroylglycerol
三域学说/三域學説 three domain theory
三元杂种杂交/三性雜種雜交 trihybrid cross
三原色觉学说/三原色理論 trichromatic theory
三原型/三原型 triarch
三月桂酰甘油/三月桂酸甘油酯,三月桂醯甘油酯,月桂酯 trilaurin
三趾足/三趾足 tridactylous foot
三轴骨针/三軸骨針 triaxon
三主寄生/三重寄生 trixeny parasite
伞部/傘部 fimbria, umbrella
伞房花序/傘房花序 corymb
伞房状聚伞花序/傘房狀聚傘花序 corymbose cyme
伞辐肋/傘輻肋 bursal ray
伞菌/香蕈,洋菇 agaric
伞菌氨酸/傘菌氨酸 agarfitine, agaritine
伞膜/傘膜 umbrella
伞形花序/傘形花序 umbel
伞形聚伞花序/傘形聚傘花序 umbellate cyme
伞形状圆锥花序/傘錐花序 corymbothyrsus
散点图/散布圖 scatter diagram
散光/散光 astigmatism
散居相/散居型 solitaria phase
散孔材/散孔材 diffuse-porous wood
散乱复制/散亂複製 dispersive replication
散漫神经系/散漫神經系 diffuse nervous system
散生[植物]群丛/散生群叢 open association
散生中柱/散生中柱 atactostele
散穗花序/散穗花序 panicled spike
散在重复序列/散布型重複序列 interspersed repeat sequence
散在重复序列 PCR/散布型重複序列 PCR interspersed repetitive sequence PCR
散在分裂体/散在分裂體 sporadin
散布/播散 dissemination
散布重复序列/散布型重複序列 interspersed repeat sequence
散布多态现象/散播多型性 dispersal polymorphism
散布基因家族/散布基因家族 interspersed gene family
散布力/散布力 vagility
散布中心/分散中心 center of dispersal
散发/散發 emission
散发器/散發器 dispenser
散热/散熱[作用] thermolysis, body heat loss, heat dissipation
散热中枢/散熱中樞 thermolytic center
桑格-库森法/桑格-庫森法 Sanger-Coulson method
桑寄生/桑寄生 parasite scurrula
桑葚胚/桑椹胚 morula
桑葚[胚]黏着蛋白/桑椹[胚]黏著蛋白 uvomorulin
丧失突变/喪失突變 loss mutation
搔反射/抓反射 scratch reflex
溞状幼体/溞狀幼體 zoea larva
扫描电镜/掃描[式]電鏡,掃描[式]電子顯微鏡 scanning electron microscope, SEM
扫描电子显微镜/掃描[式]電子顯微鏡,掃描[式]電鏡 scanning electron microscope, SEM
扫描电子显微像三维重构/掃描電子顯微像三維重構 scanning electron microscopy 3D reconstruction
扫描共焦显微镜术/掃描共聚焦顯微鏡術 scanning confocal microscopy
扫描近场光学显微镜/掃描近場光學顯微鏡,近場掃描光學顯微鏡 scanning near-field optical microscope, SNOM
扫描近场光学显微术/掃描近場光學顯微術,近場掃描光學顯微術 scanning near-field optical microscopy
扫描隧道电镜/掃描穿隧電鏡,掃描隧道電子顯微鏡 scanning tunnel electron microscope, STEM
扫描隧道显微镜/掃描隧道顯微鏡,掃描穿隧顯微鏡 scanning tunneling microscope, STM

扫描隧道显微术/掃描穿隧顯微法,掃描穿隧顯微術 scanning tunneling microscopy
扫描探针显微镜/掃描探針顯微鏡 scanning probe microscope, SPM
扫描透射电子显微镜/掃描穿透[式]電子顯微鏡 scanning transmission electron microscope, STEM
扫描透射电子显微术/掃描透射電子顯微術,掃描穿透[式]電子顯微術 scanning transmission electron microscopy
扫描显微分光光度计/掃描顯微分光光度計 scanning microspectrophotometer
色氨酸/色氨酸,色胺酸 tryptophan, tryptophane, Trp
色氨酸操纵子/色氨酸操縱子,trp 操縱子 tryptophan operon, trp operon
色氨酸合成酶/色氨酸合成酶 tryptophan synthetase
色氨酸启动子/色氨酸啟動子,trp 啟動子 trp promotor
色氨肽/色胺肽 tryptophyllin
色胺/色胺 tryptamine
色辨别/色辨别,辨色力 color discrimination
色差/色差 chromatic aberration
色度/色度 chromaticity
色对比/色對比 color contrast
色觉/色[視]覺,辨色 color vision
色盲/色盲 color blindness
色谱法/色譜法,層析法 chromatography
色谱复性/色譜復性 chromatographic refolding
色谱介质/色譜介質 chromatographic medium
色谱图/層析譜,色層譜,色帶 chromatogram
色弱/色弱 color weakness
色散/色散 energy spread, energy dispersion
色素层/色素層 pigment layer
色[素]蛋白/色素蛋白 chromoprotein
色素[颗]粒/色素粒 pigment granule
色素上皮层/色素上皮層 pigment epithelial layer
色素上皮细胞/色素上皮細胞 pigment epithelial cell
色素失调症/色素失調症 incontinentia pigmenti
色素体/色素體,載色素細胞 chromatophore
色素细胞/色素細胞 chromocyte, pigment cell
色素形成/色素形成 chromogenesis
色素原/色素原 chromogen
色素质/色素質 chromatoplasm
色素组织/色素組織 pigment tissue
色质体/色質體,有色體,雜色體 chromoplast, chromoplastid
森林/森林,喬木林 forest, sylva
森林带/森林帶 forest zone
森林地被物/被覆林地落葉層,地表有機層,枯枝落葉層 forest floor
森林界限/森林界限,[森]林線,樹線 timber line, tree line, forest limit
森林昆虫学/森林昆蟲學 forest entomology
森林立地型/森林立地型 forest site type
森林脑炎灭活疫苗/蜱媒腦炎滅活疫苗 tick-borne encephalitis vaccine
森林气象学/森林氣象學 forest meteorology
森林生境指示植物/立地指標植物 site indicator plant
森林生态系统/森林生態系 forest ecosystem
森林生态学/森林生態學 forest ecology
[森]林线/[森]林線,樹線,森林界限 timber line, tree line, forest limit
森林影响/森林影響 forest influence
森林游憩/森林遊樂 forest recreation
森林植物/森林植物 forest plant
森林植物学/森林植物學 forest botany
森林指示植物/森林指標植物 forest indicator
森珀器/森珀器 Semper organ
森氏细胞/森氏細胞 Semper cell
杀白细胞素/殺白血球素 leucocidin
杀孢子剂/殺芽孢劑 sporicide
杀病毒剂/殺病毒劑 virucide
杀虫剂/殺蟲劑 insecticide
杀虫剂前体/殺蟲劑前體 preinsecticide
杀虫抗生素/殺蟲抗生素 antiinsect antibiotic
杀稻瘟素/殺稻瘟菌素,胞黴素 blasticidin
杀假丝菌素/殺假絲菌素,殺念珠菌素 candicidin
杀菌灯/紫外線燈 ultraviolet lamp
杀菌剂/殺菌劑 germicide, bactericidal agent, bactericide
杀卵剂/殺卵劑 ovicide
杀螨剂/殺蟎劑 miticide
杀螨素/殺蟎素 tetranactin
杀念珠菌素/殺念珠菌素,殺假絲菌素 candicidin
杀青虫素 A/殺青蟲素 A piericidin
杀伤细胞/殺傷細胞,殺手細胞 killer cell, K cell
杀伤 T 细胞/殺手 T 細胞 killer T cell
杀伤细胞激活性受体/殺手細胞活化受體 killer activation receptor, KAR
杀伤细胞抑制性受体/殺手細胞抑制受體 killer inhibitory receptor, KIR
杀[细]菌素/殺菌素 bactericidin
杀线虫剂/殺線蟲劑 nematocide
杀雄作用/殺雄作用 androcidal action

杀婴现象/殺嬰現象 infanticide
杀鱼菌素/殺魚菌素 teleocidin
杀藻剂/滅藻劑,除藻劑 algicide
杀真菌剂/殺真菌劑,殺黴菌劑 fungicide, mycocide
沙比纤维/沙比纖維 Sharpey fiber
沙蚕毒类杀虫剂/類沙蠶毒殺蟲劑 nereistoxin insecticide
沙[尘]暴/沙塵暴 sandstorm
沙间生物/砂隙生物 mesopsammon
沙门氏菌病/沙門氏菌病 salmonellosis
沙门-志贺氏琼脂[培养基]/沙門氏菌-志賀氏菌培養基,SS 培養基 Salmonella-Shigella agar
沙面生物/砂表性生物 epipsammon
沙漠沉积/沙漠堆積 desert deposit
沙漠化/沙漠化 desertification
沙漠气候/沙漠氣候 desert climate
沙漠群落/沙漠群落,沙漠群集,荒漠群落 desert community
沙内生物/砂棲性生物 endopsammon
沙丘/沙丘 dune
沙丘固定/沙丘固定[作用] dune fixation
沙丘群落/沙丘群落,砂丘群落 thinium
沙丘生物/沙丘生物 thinicole
沙丘植被/沙丘植被 sand dune vegetation
沙丘植物/沙丘植物 dune plant
沙生生物/沙生生物,沙粒間生物 psammon
沙生演替系列/沙地演替系列,海濱演替系列 psammosere
沙生植被/沙地植被 psammophytic vegetation
沙生植物/沙地植物 psammophyte
沙氏囊/沙氏囊 Saefftigen pouch
沙氏葡萄糖琼脂/沙氏葡萄糖瓊脂 Sabouraud dextrose agar
沙滩/沙灘 sandy beach
沙浴/沙浴 sand bathing
砂囊/砂囊 gizzard
砂土保藏/砂土保藏 preservation on sand-soil
砂土管/砂土管 sand-soil tube
鲨胆固醇/鯊膽固醇 scymnol
鲨肝醇/鯊肝醇,十八烷基甘油醚 batyl alcohol
鲨肌醇/鯊肌醇 scyllitol, scyllo-inositol
鲨烷/角鯊烷 squalane
鲨烯/角鯊烯 squalene
鲨油醇/鯊油醇 selachyl alcohol
筛板/篩板 sieve plate, madreporic plate, cribellum
筛胞/篩胞 sieve cell
筛查/篩選 screening
筛骨/篩骨 ethmoid bone
筛管/篩管 sieve tube, madreporic canal
筛孔/篩孔 sieve pore, madreporic pore
筛器/篩器 cribellum, cribriform organ
筛器腺/篩器腺 cribellate gland
筛区/篩域 sieve area
筛选/篩選 screening
筛选富集/過濾濃縮 filtration enrichment
筛选连接法/篩選連接法 ligation by selection, LBS
筛选说/篩選抉擇説 sieve selection hypothesis
筛域/篩域 sieve area
筛状孔/篩狀孔 cribriporal
晒斑/曬斑 sunburn
晒伤/曬傷 sunburn
晒伤细胞/曬傷細胞 sunburn cell
山地/山地 montane
山地生物群系/山地生物區系 orobiome
山梨聚糖/山梨聚糖 sorbitan
山梨糖/山梨糖 sorbose
山梨[糖]醇/山梨[糖]醇 sorbitol
山麓地带/丘陵地帶 hill belt, colline zone
山萮酸/山萮酸,[正]二十二烷酸 docosanoic acid, behenic acid
芟除样方/裸地樣方 denuded quadrat
杉毒病/杉毒病 Wadtracht disease
删减图/刪減圖 omit map
珊瑚/珊瑚 coral
珊瑚白化/珊瑚白化 coral bleaching
珊瑚杯/珊瑚杯 calice
珊瑚骼/珊瑚骼 corallum
珊瑚冠/珊瑚冠 anthocodia
珊瑚冠公式/珊瑚冠公式 anthocodial formula
珊瑚冠类别/珊瑚冠類別 anthocodial grade
珊瑚冠柱/珊瑚冠柱 anthostele
珊瑚礁/珊瑚礁 coral reef
珊瑚肋/珊瑚肋 costa
珊瑚生态系统/珊瑚生態系 coral reef ecosystem
珊瑚石/珊瑚石 corallite
珊瑚芽/珊瑚芽,裂芽 isidium
栅格像元/網格單元,網格單位 grid cell, raster cell
闪光光解/閃光光解 flash photolysis
闪光盲/閃光視盲 flash blindness
闪光融合频率/閃光臨界融合頻率 flicker fusion frequency, FFF
闪光幼体/閃光幼體 glaucothoe
闪光滞后错觉/閃光滯後錯覺 flash-lag illusion
闪烁计数仪/閃爍計數器 scintillation counter
闪烁体/閃爍體 scintillon

闪烁液/閃爍液 scintillation cocktail
闪现遏制/閃現遏制 flash suppression
扇形突变/扇形突變 sectoring, sector mutation
扇叶/扇葉 flabellum
扇状聚伞花序/扇狀聚傘花序 fan-shaped cyme, rhipidium
膳食纤维/膳食纖維 dietary fiber
伤害感受/傷害感受 nociception
伤害性感受器/傷害性[感]受器,痛覺受器 nociceptor
伤害性特异神经元/傷害特異神經元 nociceptive specific neuron
伤寒 Ⅵ 多糖疫苗/Ⅵ 多糖傷寒疫苗 typhoid Ⅵ polysaccharide vaccine
伤寒沙门菌疫苗/沙門氏傷寒桿菌疫苗 *Salmonella typhi* vaccine
伤寒疫苗/傷寒疫苗 typhoid vaccine
伤流/傷流 bleeding
伤流压/傷流壓,溢泌壓 bleeding pressure
商陆毒蛋白/商陸毒蛋白 dodecandrin
商陆毒素/商陸毒素 phytolaccatoxin
商业无菌/商業無菌 commercial sterility
熵/熵,能趨疲 entropy
上板/上腹甲,上腹板 epiplastron
上背/翕 mantle
上背舌叶/上背舌葉 supranotoligule
上鼻甲/上鼻甲 superior concha
上鞭/上鞭 upper flagellum
上表皮/上角皮[層] epicuticle
上不动关节/上不動關節 epizygal
上步带骨/上步帶骨 supra-ambulacral ossicle
上侧板/上側板 latus superius
上层/上層 overstory
上层带/上層洋帶,表層洋帶 epipelagic zone
上层浮游生物/上層浮游生物,表層性浮游生物,附生浮游生物 epiplankton, autopelagic plankton
上层木/上層木 tree of overstory
上层疏伐/冠層疏伐 crown thinning
上层游泳生物/上層游泳生物 supranekton
上触角/上觸角 superior antenna
上唇/上唇 upper lip, epichile, labrum
上唇神经/上唇神經 labral nerve
上唇腺/上唇腺 supralabial gland
上担子/上擔子 epibasidium
上颚/上顎,大顎 mandible
上颚杆/上顎桿,大顎桿 mandibular lever
上颚片/上顎片,大顎片 mandibular plate, jugum
上颚神经节/大顎神經節,大顎神經球 mandibular ganglion
上颚腺/大顎腺 mandibular gland
上颚腺信息素/大顎腺費洛蒙 mandibular gland pheromone
上耳骨/上耳骨 epiotic bone
上盖/上蓋 tegmen
上颌齿/上頜齒 maxillary tooth
上颌骨/上頜骨 maxillary bone
上后侧片/上後側片 anepimeron
上后头/上後頭 epicephalon
上基侧片/上基側片 anapleurite
上颊/上頰 temopora
上角皮/上角皮[層] epicuticle
上眶鬃/上眶剛毛 superior orbitals, vertical orbitals
上临界温度/上臨界溫度,高臨界溫度 upper critical temperature
上面发酵/上層發酵,頂層發酵 top fermentation
上面酵母/上層酵母,頂[層]酵母 top yeast
上内唇/上唇上咽頭 labrum-epipharynx
上胚层/上胚層,外胚層 epiblast
上胚轴/上胚軸,子葉上軸 epicotyl
上胚轴休眠/上胚軸休眠 epicotyl dormancy
上皮/上皮 epithelium
上皮癌/癌 carcinoma
上皮层/上皮層 epithelial lining
上皮钙黏素/上皮型鈣黏附素 epithelial cadherin, E-cadherin
上皮钙黏着蛋白/上皮型鈣黏附素 epithelial cadherin, E-cadherin
上皮干细胞/上皮幹細胞 epithelial stem cell
上皮-间充质相互作用/上皮-間[充]質交互作用,上皮-間葉交互作用 epithelial-mesenchymal interaction
上皮钠通道/上皮鈉通道 epithelial sodium channel, ENaC
上皮内淋巴细胞/上皮內淋巴細胞 intraepithelial lymphocyte, IEL
上皮绒膜胎盘/上皮絨膜胎盤 epitheliochorial placenta
上皮生长因子/上皮生長因子,表皮生長因子 epidermal growth factor, epithelial growth factor, EGF
上皮调节蛋白/上皮調節蛋白 epiregulin
上皮网状细胞/上皮網狀細胞 epithelial reticular cell
上皮细胞/上皮細胞 epithelial cell
上皮细胞衍生的中性粒细胞活化因子/上皮細胞衍生嗜中性球活化因子 epithelial cell-derived

neutrophil-activating factor
上皮样细胞/上皮樣細胞 epithelioid cell
上皮因子/上皮因子 epithelin
上皮组织/上皮組織 epithelial tissue
上脐/上臍孔 superior umbilicus
上前侧片/上前側片 anepisternum, supraepisternum
上前气门鬃/上前氣門剛毛 auxiliary prostigmal seta
上清液/上清液 supernatant
上丘/上[視]丘 superior colliculus
上鳃骨/上鰓骨 epibranchial bone
上伞/上傘 exumbrella
上舌骨/上舌骨 epihyal bone
上升流/上昇流,湧昇流 upwelling
上升流生态系统/湧昇流生態系 upwelling ecosystem
上升相/上昇相 rising phase
上调[节]/向上調節,向上調控 up regulation
上位萼/上位萼,上生萼 epigynous calyx
上位方差/上位變方 epistatic variance
上位花/上位花,子房下位花 epigynous flower
上位基因/上位基因 epistatic gene
上位离差/上位偏差 epistatic deviation
上位显性/上位顯性 epistatic dominance
上位效应/上位效應 epistatic effect
上位性/上位性 epistasis
上位着生雄蕊/上位雄蕊 epigynous stamen
上位子房/上位子房 superior ovary
上向皮层骨针/上向皮層骨針 autodermalia
上向胃层骨针/上向胃層骨針 autogastralia
上斜肌/上斜肌 superior oblique muscle
上新世/上新世 Pliocene Epoch, Pliocene
上行激活系统/上行活化系統,上行激發系統 ascending activating system
上行控制/上行控制,由下而上控制 bottom-up control, down-up control
上行毛细管转移/上行毛細管轉移 upward capillary transfer
上行鳃瓣/上行鰓瓣 ascending lamella
上行听觉通路/上行聽覺通路 ascending auditory pathway
上行效应/上行效應 bottom-up effect
上游/上游 upstream
上游表达序列/上游表達序列,上游表現序列 upstream expressing sequence, UES
上游刺激因子/上游刺激因子 upstream stimulating factor, USF
上游激活序列/上游激活序列,上游活化序列 upstream activating sequence, UAS
上游激活因子/上游激活因子 upstream activation factor, USF
上游结合因子/上游結合因子 upstream binding factor, UBF
上游可读框/上游開讀框,上游開放讀碼區 upstream open reading frame, uORF
上游控制元件/上游控制元件 upstream control element, UCE
上游启动子元件/上游啟動子元件 upstream promoter element, UPE
上游调节序列/上游調節序列 upstream regulatory sequence
上游调控元件/上游控制元件 upstream control element, UCE
上游调控子/上游調控子 upstream regulator
上游序列/上游序列 upstream sequence
上游诱导序列/上游誘導序列 upstream inducing sequence, UIS
上游阻抑序列/上游抑制序列,上游阻遏序列 upstream repressing sequence, URS
上缘板/上緣板 supramarginal plate
上运动神经元/上運動神經元 upper motor neuron
上枕骨/上枕骨 supraoccipital bone
上肢/上肢 epipod, epipodite
上直肌/上直肌 superior rectus muscle
上转胚珠/上向胚珠,倒生及彎生胚珠 epitropous ovule
上锥/上錐 epicone
尚邦法则/尚邦法則 Chambon rule
烧结玻璃滤器/燒結玻璃濾器 sintered glass filter
烧失量/燒失量 loss-on-ignition
烧灼灭菌/焚化滅菌[法] incineration
杓横肌/杓横肌,横杓肌 transverse arytenoid muscle
杓状软骨/杓狀軟骨 arytenoid cartilage
少耕法/減犁系統 less-tillage system, reduced tillage system
少汗性外胚层发育不良/少汗性外胚層發育不全 hypohidrotic ectodermal dysplasia
少黄卵/少黄卵 oligolecithal egg, microlecithal egg
少肌型/少肌型 meromyarian type
少孔板/少孔板 oligoporous plate
少尿症/少尿症 oliguria
少数优势/少數優勢 minority advantage
少突[神经]胶质细胞/少突[神經]膠質細胞,寡樹突細胞,寡突膠質細胞 oligodendrocyte
奢侈基因/奢侈基因,旺勢基因 luxury gene
奢侈吸收/奢侈吸收 luxury absorption

舌/舌 tongue, lingua
舌板/舌腹甲,舌腹板 hyoplastron
舌侧片/角片,軸節間片 lorum
舌弓/舌弓,舌弧 hyoid arch
舌骨器/舌器 hyoid apparatus
舌骨上肌/舌骨上肌 suprahyoid muscle
舌骨下肌/舌骨下肌 infrahyoid muscle
舌颌骨/舌頜骨 hyomandibular bone
舌肌/舌肌 muscle of tongue, tongue muscle
舌联型/舌接型 hyostyly
舌乳头/舌乳頭 lingual papilla
舌突起/舌突起 odontophore
舌系带/舌繫帶 lingual frenulum
舌下神经/舌下神經 hypoglossal nerve
舌下腺/舌下腺 sublingual gland
舌悬骨/舌懸骨,下咽頭懸骨 fulturae, suspensorium of the hypopharynx
舌咽神经/舌咽神經 glossopharyngeal nerve
舌叶/舌葉 ligula, ligule
舌脂肪酶/舌脂肪酶 lingual lipase
舌状花/舌狀花 ligulate flower
舌状花冠/舌狀花冠 ligulate corolla
舌状体/舌狀體 colulus
蛇孢菌素/蛇孢菌素 ophiobollin
蛇毒磷酸二酯酶/蛇毒磷酸二酯酶 snake venom phosphodiesterase
蛇毒凝血酶/蛇毒凝血酶 reptilase
蛇杆骨针/蛇桿骨針 ophirhabd
蛇首叉棘/蛇首叉棘 ophiocephalous pedicellaria
蛇尾幼体/蛇尾幼體 ophiopluteus
蛇纹石植被/蛇紋石植被 serpentine vegetation
蛇状骨针/蛇狀骨針 eulerhabd
社会等级/社會等級,社會階層,社會階級 social hierarchy
社会生物学/社會生物學 sociobiology
社会信息素/社會[性]費洛蒙 social pheromone
社会行为/社會行為 social behavior
社会性/社會性 sociality
社会性昆虫/社會[性]昆蟲 social insect
社会性易化/社會性易化,社會促進 social facilitation
社区免疫/社區免疫力 community immunity
社群/社群,社會 society
社群等级/社會等級,社會階層,社會階級 social hierarchy
社群化/社群化 socialization
社群渐变群/社群漸變群 sociocline
社群结构/社會結構 social structure
社群联结/社會聯結,社會連結,社會鍵 social bond
社群拟态/社會性擬態 social mimicry
社群漂移/社群漂移 social drift
社群生物学/社會生物學 sociobiology
社群首领/社群首領 alpha
社群图/社群圖 sociogram
社群稳态/社群穩態 social homeostasis
社群性/社群性 sociality
社群性学习/社會學習 social learning
社群选择/社會選擇 social selection
社群压力/社會壓力 social stress
社群优势/社會優勢 social dominance
射齿型/射齒型 actinodont
射精/射精 ejaculation
射精泵/射精泵 ejaculatory pump
射精管/射精管 ejaculatory duct
射精管球/射精管球[體] ejaculatory bulb
射精囊/射精囊 ejaculatory vesicle
射频辐射/射頻輻射 radio frequency radiation
射线/射線 ray
射线薄壁组织/射髓薄壁組織 ray parenchyma
X射线计算机断层成像/X射線電腦斷層成像 X-ray computed tomography, X-CT
X射线晶体学/X射線晶體學,X射線結晶學 X-ray crystallography
X射线晶体衍射/X射線晶體衍射 X-ray crystal diffraction
X射线束发散度/X射線束輻散度 divergence of X-ray beam
X射线吸收近边结构/X射線吸收近能帶緣結構 X-ray absorption near edge structure, XANES
X射线吸收精细结构/X射線吸收精細結構 X-ray absorption fine structure, XAFS
X射线显微分析/X射線顯微分析,X射線微區分析 X-ray microanalysis
X射线显微镜/X射線顯微鏡 X-ray microscope
X射线衍射/X射線衍射,X射線繞射,X光繞射 X-ray diffraction
射线原始细胞/射髓[組織]原始細胞,放射狀組織原始細胞 ray initial cell, ray initial
X射线源/X射線源,倫琴射線源 X-ray source
射血分数/射血分數,噴血分數 ejection fraction
射血期/射血期,排出期 ejection period
摄食/攝食,取食 feeding, ingestion
摄食部位/取食部位,取食地點 feeding site
摄食垂直移动/攝食垂直移動 diet vertical migration, DVM
摄食地点/取食場所 feeding place

摄食高度/啃食高度 grazing height
摄食激素/攝食激素 feeding hormone
摄食量/進食量 food intake
摄食率/啃食率 grazing rate
摄食生态位/攝食生態位,取食生態[席]位 feeding niche, food niche
摄食适应/攝食適應 feeding adaptation
摄食水流/取食水流 feeding current
摄食习性/攝食習性,食性 feeding habit, food habit
摄食行为/攝食行為 feeding behavior
摄食学说/攝食學説 theory of grazing
摄食中枢/攝食中樞,餓覺中樞 feeding center
摄氧/攝氧 oxygen uptake
摄氧速率/攝氧速率 oxygen uptake rate
麝香草酚/麝香草酚 thymol
麝香腺/麝香腺 musk gland
伸长期/延伸期 elongating stage
伸长区/延伸區,延長區 elongation zone
伸长生长/延伸生長 elongation growth
伸缩泡/伸縮泡,收縮泡 contractile vacuole
伸展蛋白/伸展蛋白 extensin
伸展反射/伸展反射 extension reflex
伸展期/伸展期 extension period
伸足肌/伸足肌 pedal protractor muscle
身体成分/身體組成 body composition
身体密度/身體密度 body density
深部地下微生物学/深部地下微生物學 deep subsurface microbiology
深部感觉/深部感覺 deep sensation
深部脑刺激/腦部深層刺激 deep brain stimulation
深层带/深層洋帶 bathypelagic zone
深层发酵/深層發酵,沉没發酵 submerged fermentation
深层菌落/深層菌落 deep colony
深层培养/深層培養 submerged cultivation
深[层]皮质/深部皮質 deep cortex
深[层]皮质单位/深部皮質單位 deep cortex unit
深[层]皮质复合体/深部皮質複合體 deep cortex complex
深低温保藏/超低温保存 cryopreservation
深底带/深水帶 profundal zone
深度处理/三級處理 tertiary treatment
深海[底]带/深層區 bathyal zone
深海底栖生物/深海底棲生物 abyssal benthos
深海浮游生物/深海浮游生物 abyssopelagic plankton
深海区/深海區,深海帶 abyssal zone
深海群落/深海群落,深海群聚,深水層底群集 abyssobenthic community, abyssal community, pontium
深海散射层/深海散射層 deep scattering layer, DSL
深海细菌/深海細菌 deep-sea bacteria
深海渔业/深海漁業 deep-sea fishery
深呼吸/深呼吸,困難呼吸,呼吸困難 labored breathing, forced breathing, deep breathing
深肌丛间质卡哈尔细胞/深肌叢間質卡哈爾細胞 deep muscular plexus interstitial cell of Cajal, deep muscular plexus ICC, ICC-DMP
深腱反射/深腱反射 deep tendon reflex
深水散射层/深海散射層,深海散亂層 deep scattering layer, DSL
深伪瞳孔/深偽瞳孔 deep pseudopupil
深渊层/深層洋帶區 abyssopelagic zone
深渊[底]带/深海帶,深海區 abyssal zone
深渊动物区系/深海動物相 abyssal fauna
深渊平原/深海平原 abyssal plain
深渊山丘/深海山丘 abyssal hill
深渊水层带/深層洋帶區 abyssopelagic zone
深沼草本群落/深沼草本群落 terrificientiherbosa
神经/神經 nerve
神经氨酸/神經氨酸,神經胺酸 neuraminic acid
神经氨酸酶/神經氨糖酸[苷]酶 neuraminidase
神经白细胞素/神經白細胞素 neuroleukin
神经板/神經板 neural plate
神经胞质/神經胞質,神經漿 neuroplasm
神经编码/神經編碼 neural coding
神经变性/神經變性,神經退化 neural degeneration
神经病理性痛/神經性病變疼痛 neuropathic pain
神经部/神經部 pars nervosa
神经肠孔/神經腸孔 neurenteric pore
神经场/神經場 neural field
神经成像/神經成像 neuroimaging
神经冲动/神經衝動 nerve impulse
神经垂体/神經垂體 neurohypophysis
神经垂体激素/神經垂體激素,腦垂體後葉激素,腦垂腺後葉素 neurohypophyseal hormone, hypophysin
神经垂体素运载蛋白/神經垂體素運載蛋白,後葉激素運載蛋白 neurophysin
神经磁图描记术/神經磁圖描記術 magnetoneurography
神经丛/神經叢 nerve plexus
神经达尔文主义/神經達爾文主義 neural Darwinism
神经蛋白聚糖/神經蛋白聚糖 neurocan

神经递质/神經遞質,神經傳遞物[質] neurotransmitter
神经递质转运体/神經遞質轉運體 neurotransmitter transporter
神经电子学/神經電子學 neuroelectronics
神经动力学/神經動力學 neurodynamics
神经毒力/神經毒力 neurovirulence
神经毒素/神經毒素 neurotoxin
神经毒性/神經毒性 neurotoxicity
神经毒性酯酶/神經毒性酯酶 neurotoxic esterase, NTE
神经发生/神經發生,神經形成 neurogenesis
神经分泌细胞/神經分泌細胞 neurosecretory cell
神经分泌[作用]/神經分泌[作用] neurocrine, neurosecretion
神经钙蛋白/神經鈣蛋白 neurocalcin
神经钙黏素/神經鈣黏附素 neural cadherin, N-cadherin
神经钙黏着蛋白/神經鈣黏附素 neural cadherin, N-cadherin
神经苷脂/神經苷脂,神經糖苷 nervon
神经干细胞/神經幹細胞 neural stem cell, NSC
神经工程/神經工程 neural engineering, neuroengineering
神经沟/神經溝 neural groove
神经管/神經管 neural tube
神经管缺陷/神經管缺陷 neural tube defect
神经核/神經核 nucleus
神经回路/神經回路 neural circuit, nerve circuit
神经活动原则/神經活動原則 nervous activity principle
神经机器人学/神經機器人學 neurorobotics
神经机械学/神經機械學 neuromechanics
神经肌肉带/神經肌肉帶 neuromuscular band
神经肌肉接头/神經肌肉會合處,神經肌肉接合點 neuromuscular junction
神经肌梭/神經肌梭 neuromuscular spindle
神经激素/神經激素 neurohormone
神经激肽/神經激肽 neurokinin
神经集群/神經集群 neural ensemble, neuronal ensemble
神经嵴/神經嵴 neural crest
神经嵴细胞/神經嵴細胞 neural crest cell, NCC
神经嵴源性干细胞/神經嵴源性幹細胞 neural crest-derived stem cell, NCSC
神经计算机/神經電腦 neurocomputer
神经技术/神經技術 neurotechnology
神经假体/神經假體 neural prosthesis, neuroprosthesis
神经假体学/神經假體學 neuroprosthetics
神经腱梭/神經腱梭 neurotendinal spindle
神经降压素/神經降壓肽,神經調壓素 neurotensin, NT
神经降压肽/神經降壓肽,神經調壓素 neurotensin, NT
神经胶质/神經膠質 neuroglia
神经胶质蛋白/神經膠質蛋白 neuroglian
神经胶质界膜/神經膠質界膜 glial limiting membrane
神经胶质抗原 2 蛋白聚糖/神經膠質抗原 2 蛋白聚糖,NG2 蛋白聚糖 neuron-glial antigen 2 proteoglycan, NG2 proteoglycan
神经胶质细胞/神經膠質細胞 neuroglial cell
神经角蛋白/神經角蛋白 neurokeratin
神经接口/神經接口,神經介面 neural interface
神经节/神經節,神經球 ganglion
神经节层/視神經層 periopticon
神经节苷脂/神經節苷脂 ganglioside, GA
神经节苷脂贮积症/神經節苷脂貯積症,神經節苷脂症 gangliosidosis
神经节连索/神經節連索,神經球索 ganglionic commissure
神经节肽/甘丙肽,甘丙胺素 galanin
神经节系列/神經節系列 ganglio-series
神经介肽/神經介肽,神經調節肽 neuromedin, NM
神经康复/神經康復 neuro-rehabilitation
神经科学/神經科學 neuroscience
神经颗粒蛋白/神經顆粒蛋白 neurogranin
神经可塑性/神經可塑性 neural plasticity
神经孔/神經孔 neuropore
神经控制/神經控制 neural control
神经控制论/神經控制論 neurocybernetics
神经类型/神經類型 nervous type
神经连接蛋白/神經連接蛋白 neurexin
神经瘤/神經瘤 neuroma
神经脉冲/神經脈衝,神經衝動 nerve impulse
神经免疫发生/神經免疫發生 neuroimmunogenesis
神经免疫调节/神經免疫調節 neuroimmunomodulation
神经免疫学/神經免疫學 neuroimmunology
神经膜/神經膜 neurilemma
神经膜细胞/神經膜細胞 neurilemmal cell
神经末梢/神經末梢 nerve ending, nerve terminal
神经内分泌/神經內分泌 neuroendocrine
神经内分泌免疫调节网络/神經內分泌免疫調節網絡 neuro-endocrine-immunoregulatory network

神经内分泌免疫网络/神經内分泌免疫網絡　neuro-endocrine-immune network
神经内分泌免疫学/神經内分泌免疫學　neuroendocrinimmunology
神经内分泌调控/神經内分泌調控　regulation of neuroendocrine
神经内分泌细胞/神經内分泌細胞　neuroendocrine cell
神经内分泌学/神經内分泌學　neuroendocrinology
神经内膜/神經内膜　endoneurium
神经胚/神經胚　neurula
神经胚形成/神經胚形成,神經管生成　neurulation
神经配蛋白/神經配蛋白,神經連接蛋白　neuroligin, NL
[神经]鞘磷脂酶/神經鞘磷脂酶　sphingomyelinase
神经鞘脂质/神經鞘脂質　sphingolipid
神经鞘脂贮积症/神經鞘脂[質]病　sphingolipidosis
神经丘/神經丘　neuromast
神经趋化因子/神經趨化因子　neurotactin
神经认知网络/神經認知網絡　neurocognitive network
神经上孔/神經上孔　supraneural pore
神经上皮/神經上皮　neuroepithelium
神经上皮干细胞蛋白/神經表皮幹蛋白,中間絲蛋白,巢蛋白　nestin
神经上皮细胞/神經上皮細胞　neuroepithelial cell
神经生理学/神經生理學　neurophysiology
神经生物趋向性/神經嚮動　neurobiotaxis
神经生物物理学/神經生物物理學　neurobiophysics
神经生物学/神經生物學　neurobiology
神经生长蛋白/神經生長蛋白　neurolin
神经生长因子/神經生長因子　nerve growth factor, NGF
神经束/神經束　nerve tract, fasciculus
神经束蛋白/神經束蛋白　neurofascin
神经束膜/神經束膜　perineurium
神经丝/神經[微]絲　neurofilament
神经丝蛋白/神經絲蛋白　neurofilament protein
神经酸/神經酸　nervonic acid
神经损伤诱导蛋白/神經損傷誘導蛋白　ninjurin
神经索/神經索　nerve cord, neurochord
神经肽/神經肽　neuropeptide, NP
神经肽 Y/神經肽 Y　neuropeptide tyrosine, neuropeptide Y, NPY
神经肽酪氨酸/神經肽 Y　neuropeptide tyrosine, neuropeptide Y, NPY
神经体液/神經體液　neurohumor
神经体液调节/神經體液調節　neurohumoral regulation
神经调节/神經調節　neuroregulation, neural regulation
神经调节蛋白/神經調節蛋白　neuregulin, NRG
神经调节肽/神經調節肽,神經介肽　neuromedin, NM
神经调节肽 U/神經調節肽 U　neuromedin U, NMU
神经调制/神經調制,神經調變　neuromodulation, neural modulation
神经调制蛋白/神經調制蛋白　neuromodulin
神经调质/神經調質,神經調節物質　neuromodulator
神经通路/神經通路　neural pathway, neuropathway, nervous pathway
神经突/神經[元]突　neurite
神经外膜/神經外膜　epineurium
神经外胚层/神經外胚層　neuroectoderm
神经网络/神經網絡　neural network
神经微管/神經微管　neurotubule
神经胃肠病学/神經胃腸病學　neuron enterology
神经系统/神經系統　nervous system
神经细胞/神經細胞　nerve cell
神经细胞黏附分子/神經細胞黏附分子,神經細胞黏著分子　neural cell adhesion molecule, NCAM
神经纤毛蛋白/神經纖毛蛋白　neuropilin
神经[纤]丝蛋白/神經[纖]絲蛋白　neurofilament protein, NFP
神经纤维/神經纖維　nerve fiber
神经纤维层/神經纖維層　nerve fiber layer
神经纤维结/神經纖維結　node of nerve fiber
神经纤维瘤病/神經纖維瘤病　neurofibromatosis
神经纤维瘤蛋白/神經纖維瘤蛋白　neurofibromin
神经纤维球/神經纖維球　glomerulus
神经酰胺/神經酰胺,神經醯胺　ceramide, Cer
神经酰胺酶/神經醯胺酶　ceramidase
神经小室/神經小室　nerve chamber
神经信号/神經訊號,神經訊息　neural signal
神经信号处理/神經訊號處理　neural signal processing
神经信息学/神經信息學,神經訊息學　neuroinformatics
神经行为学/神經行為學　neuroethology
神经性贪食[症]/心因性暴食症　bulimia nervosa
神经性厌食[症]/神經性厭食症　anorexia nervosa
神经修复术/神經修復術　neural prosthetics, neuroprosthetics
神经雪崩/神經雪崩　neural avalanche
神经血器官/神經血器官　neurohemal organ

神经炎症/神經炎症 neuroinflammation
神经药理学/神經藥理學 neuropharmacology
神经遗传学/神經遺傳學 neurogenetics
神经营养性效应/神經營養性作用 neurotrophic effect
神经营养因子/神經營養因子,神經滋養因子 neurotrophic factor, NTF, neurotrophin
神经营养因子受体家族/神經營養因子受體家族,神經元細胞生長因子受體家族 neurotrophin receptor family
神经语义学/神經語義學 neurosemantics
神经元/神經元 neuron
神经元变性/神經元變性,神經元退化 neuron degeneration
神经元仿真环境/神經元仿真環境 neuron simulation environment
神经元孤儿受体/神經元孤兒受體 neuron orphan receptor, NOR
神经元回路/神經元回路 neuronal circuit
神经[元]胶质瘤源性生长因子/神經[元]膠質瘤衍生生長因子 glioma-derived growth factor, GDGF
神经元模型/神經元模型 neuron model
神经元生物物理模型/神經元生物物理模型 biophysical model of neuron
神经元识别/神經元識別 neuronal recognition
神经元型一氧化氮合酶/神經元型一氧化氮合酶 neuronal nitric oxide synthase, nNOS
神经元学说/神經元學説 neuron doctrine
神经元振子/神經元振子 neuronal oscillator
神经元质膜受体/神經元質膜受體,神經原生質膜受體 neuronal plasma membrane receptor
神经[原]肠管/神經[原]腸管 neurenteric canal
神经原纤维/神經原纖維 neurofibril
神经再生/神經再生 neural regeneration
神经毡/神經氈 neuropil
神经粘连蛋白/神經黏連蛋白 neuronectin
神经哲学/神經哲學 neurophilosophy, philosophy of neuroscience
神经褶/神經褶 neural fold, neural ridge
神经诊断/神經診斷 neuro-diagnostics
神经振荡/神經振盪 neural oscillation
神经整合作用/神經整合作用 nervous integration
神经支配/神經支配 innervation
神经治疗/神經治療,神經療法 neuro-therapeutics
神经终丝/神經終絲 neuropodium
神经珠蛋白/神經珠蛋白 neuroglobin
神经组织/神經組織 nervous tissue, nerve tissue
神经组织工程/神經組織工程 nerve tissue engineering
神经组织工程支架/神經組織工程支架 nerve tissue engineering scaffold
神经组织再生/神經組織再生 neural tissue regeneration
IgA 肾病/免疫球蛋白 A 腎病,IgA 腎病 immunoglobulin A nephropathy, IgA nephropathy
肾单位/腎單位,腎元 nephron
肾导管/腎導管 nephridioduct
肾钙结合蛋白/腎鈣結合蛋白 nephrocalcin
肾功能储备/腎功能儲備,腎臟儲備力 renal reserve capacity
肾管/腎管 nephridium
肾管囊/腎管囊 nephridial pocket
肾间组织/腎間組織 interrenal tissue
肾交感神经消融术/腎交感神經消融術 renal sympathetic denervation, RSD
肾孔/腎孔 nephridiopore
肾口/腎口 nephrostome
肾利尿钠肽/腎利尿鈉肽 renal natriuretic peptide, RNP
肾门/腎門 renal hilum
肾门静脉/腎門靜脈 renal portal vein
肾浓缩能力/腎濃縮能力 renal concentrating ability
肾皮质/腎皮質 renal cortex
肾乳头/腎乳突 renal papilla
肾乳突/腎乳突 nephridial papilla
肾上腺/腎上腺 adrenal gland
肾上腺功能初现/腎上腺[皮質]初徵 adrenarche
肾上腺脊髓神经病/腎上腺脊髓性神經病變型 adrenomyeloneuropathy
肾上腺脑白质营养不良/腎上腺腦白質失養症 adrenoleukodystrophy
肾上腺皮质/腎上腺皮質 adrenal cortex
肾上腺皮质功能不全/腎上腺[皮質]機能不全,腎上腺[皮質]機能不足 adrenal insufficiency
肾上腺皮质功能减退[症]/腎上腺皮質低能症 hypoadrenocorticism, hypocorticism, hypocorticalism
肾上腺皮质功能亢进[症]/腎上腺皮質機能亢進症 hyperadrenocorticism, hypercorticism, hypercorticalism
肾上腺皮质[激]素/腎上腺皮質激素 adrenal cortical hormone
肾上腺皮质铁氧还蛋白/腎上腺皮質鐵氧化還原蛋白 adrenodoxin
肾上腺素/腎上腺素 adrenalin, adrenaline, epinephrine

肾上腺素能神经纤维/腎上腺素能神經纖維 adrenergic fiber

肾上腺素[能]受体/腎上腺素受體,腎上腺素受器 adrenoreceptor, adrenoceptor, adrenergic receptor

β-肾上腺素受体激酶/β-腎上腺素受體激酶 β-adrenergic receptor kinase, βARK, BARK

肾上腺髓质/腎上腺髓質 adrenal medulla

肾上腺髓质素/腎上腺髓質素,腎上腺髓質肽 adrenomedullin

肾[上腺]髓质肽/腎上腺髓質肽,腎上腺髓質素 adrenomedullin

肾上腺雄酮/腎上腺雄酮,雄[固]烯二酮 androstenedione

肾-肾反射/腎-腎反射 reno-renal reflex

肾素/腎素,血管緊張素原酶 renin

肾素-血管紧张素-醛固酮系统/腎素-血管緊張素-醛固酮系統,腎素-血管收縮素-醛固酮系統 renin-angiotensin-aldosterone system, RAAS

肾素原受体/腎素原受體 prorenin receptor

肾髓质/腎髓質 renal medulla

[肾]髓质高渗/[腎]髓質高滲 hypertonicity in the medulla

[肾]髓质渗透压梯度/[腎]髓質滲透壓梯度 medullary osmotic pressure gradient

肾糖阈/腎臟之葡萄糖閾值 renal glucose threshold, renal threshold for glucose

肾体液控制系统/腎體液控制系統 renal-body fluid control system

肾窝/腎窩 nephridial pit

肾小管/腎小管,細腎管 renal tubule

肾小管重吸收/腎小管重吸收,細腎管吸回作用 tubular reabsorption

肾小管对氨基马尿酸最大排泄量/腎小管對氨基馬尿酸最大排泄量 maximal tubular paraaminohippurate excretory capacity

肾小管分泌/腎小管分泌 tubular secretion

肾小管负荷/腎小管負荷 tubular load

肾小管净重吸收/腎小管淨重吸收 net tubular reabsorption

肾小管净分泌/腎小管淨分泌 net tubular secretion

肾小管上皮细胞/腎小管上皮細胞 renal tubular epithelial cell

肾小管-肾小球反馈/腎小管腎小球間反饋 tubulo-glomerular feedback

肾小管最大转运率/腎小管最大轉運率 maximal rate for tubular transport, tubular transport maximum

肾小囊/腎小[球]囊 renal capsule

[肾小]囊内压/[腎小]囊内壓 capsular hydrostatic pressure

肾小球/腎小球,腎絲球 glomerulus, renal glomerulus

肾小球基底膜/腎小球基底膜 glomerular basal membrane, GBM

肾小球滤过/腎小球濾過 glomerular filtration

肾小球滤过率/腎小球濾過率 glomerular filtration rate, GFR

肾小球毛细血管压/腎小球毛細血管壓 glomerular capillary pressure

肾小球内皮细胞/腎小球内皮細胞 glomerular endothelial cell

[肾小]球旁器/球旁器,近腎小球器 juxtaglomerular apparatus, JGA

[肾小]球旁细胞/球旁細胞,近腎小球細胞 juxtaglomerular cell

肾小球-肾小管平衡/球管平衡 glomerulo-tubular balance

肾小球外系膜区/腎小球外系膜區 extraglomerular mesangial area

肾小球有效滤过压/腎小球有效濾過壓 glomerular effective filtration pressure

肾小球脏层上皮细胞/腎小球臟層上皮細胞 glomerular visceral epithelial cell, GVEC

肾小体/腎小體 renal corpuscle

肾性骨营养不良[症]/腎性骨營養不良[症] renal osteodystrophy

肾性尿崩症/腎性尿崩症 nephrogenic diabetes insipidus

肾血浆流量/腎[臟]血漿流量 renal plasma flow, RPF

肾血流量/腎血流量 renal blood flow, RBF

肾炎因子/腎炎因子 nephritic factor, NeF

肾[脏]/腎[臟] kidney

肾脏储备力/腎臟儲備力,腎功能儲備 renal reserve capacity

肾脏激素/腎臟激素 kidney hormone

肾脏生理学/腎生理學 renal physiology

肾质/腎質 nephridioplasm

肾柱/腎柱 renal column

肾综合征出血热/腎綜合徵出血熱,腎併發性出血熱 hemorrhagic fever with renal syndrome, RSHF

渗出液/滲出液 diffusate

渗漏突变/滲漏突變 leaky mutation

渗漏突变体/滲漏突變體,滲漏突變種 leaky mutant

渗漏突变型/滲漏突變體,滲漏突變種 leaky mutant

渗水采集器/淋集裝置 lysimeter

渗透层析/滲透層析法 permeation chromatography
渗透脆性/滲透脆性 osmotic fragility
渗透理论/滲透理論 percolation theory
渗透临界值/滲透臨界值,滲透閾值 percolation threshold
渗透浓度/滲透濃度 osmotic concentration
渗透清除率/滲透清除率 osmolar clearance
渗透势/滲透勢 osmotic potential
渗透性/滲透性,通透性,透過性 permeability
渗透性口渴/滲透性口渴 osmometric thirst
渗透性利尿/滲透性利尿 osmotic diuresis
渗透[性]营养/滲透[性]營養 osmotrophy
渗透压/滲透壓 osmotic pressure
渗透压感受器/滲透壓感受器 osmoreceptor
渗透[压]计/滲透[壓]計 osmometer
渗透压顺应生物/隨滲生物,滲透壓順應者 osmoconformer
渗透[压]调节/滲透壓調節[作用] osmotic regulation, osmoregulation, osmotic adjustment
渗透压调节开关/滲透壓調節開關 osmoregulatory switch
渗透压调节者/滲透壓調節者 osmoregulator
渗透阈值/滲透閾值,滲透臨界值 percolation threshold
渗透值/滲透值,滲透價 osmotic value
渗透[作用]/滲透[作用] osmosis, permeation
渗养者/滲養者 osmotroph
升[血]糖素/昇[血]糖素,[胰]高血糖素 glucagon
生产/生産 production
生产参数/生産參數 production parameter
生产力/生産力 productivity
生产力假说/生産力假說 productivity hypothesis
生产力理论/生産力理論 productivity theory
[生]产量/[生]産量 production, yield
生产率/生産[速]率 production rate
生产生态学/生産生態學 production ecology
生产水分利用效率/生産水分利用效率 water use efficiency of productivity
生产性试验/生産性試驗 productive test
生产者/生産者 producer
生成物/生成物,産物 product
生成细胞/生成細胞,建立者細胞,創始細胞 founder cell
生醇发酵/酒精發酵 alcoholic fermentation
生存蛋白/生存蛋白 livin
生存竞争/生存競爭 struggle for survival, struggle for existence
生存竞争能力/生存競爭能力 survival competitiveness
生存力/生存力,生命力,活力 vitality, viability, vital capacity
生存率/存活率,成活率 survival rate
生存潜力/存活潛力 survival potential
生存曲线/生存曲線,存活曲線 survival curve, survivorship curve
生存者/存活者 survivor
生地化循环/生地化循環,生物地球化學循環,生物地質化學循環 biogeochemical cycle
生电泵/生電泵,産電位幫浦,産電位泵 electrogenic pump
生电钠泵/電致鈉泵 electrogenic sodium pump
生发层/生發層 stratum germinativum, germinal layer
生发囊/育囊 brood capsule
生发泡/生發泡,胚泡,胚核 germinal vesicle, GV
生发泡破裂/生發泡破裂 germinal vesicle break down, GVBD
生发细胞/生發細胞 germinal cell
生发中心/生發中心 germinal center
生防作用物/生防防治體 biocontrol agent
生根/發根 rooting, root initiation
生根[能]力/發根力 rooting ability
生根区/根圈,發根區 rooting zone
生骨构造/生骨構造,造骨構造 skeletogenous structure
生骨肌节/生骨肌節 scleromyotome
生骨节/生骨節 sclerotome
生红酸/生紅酸,十八碳烯炔酸 isanic acid, erythrogenic acid
生化/生物化學 biochemistry
生化标志/生化標誌 biochemical marker
生化多态性/生化多態性 biochemical polymorphism
生化反应/生化反應 biochemical reaction
生化工程/生化工程 biochemical enigeering
生化培养基/生化培養基 biochemical medium
生化突变体/生化突變體 biochemical mutant
生化突变型/生化突變體 biochemical mutant
生化细胞学/生化細胞學 biochemical cytology
生化需氧量/生化需氧量 biochemical oxygen demand, BOD
生化遗传学/生化遺傳學 biochemical genetics
生活废物/生活廢棄物 sanitary waste
生活力/生命力,活力,生存力 vitality, viability, vital capacity
生活史/生活史,生命週期,生命環 life cycle, life history

生活史对策/生活史對策,生活史策略 life history strategy
生活型/生活型,生命形式 life form, vegetative form
生活型谱/生活型譜 life form spectrum
生活周期/生命週期,生活史,生命環 life cycle, life history
生机论/生機論 vital theory, vitalism
生肌节/生肌節 myotome
生腱蛋白/腱生蛋白 tenascin
生精上皮/生精上皮 seminiferous epithelium, spermatogenic epithelium
生精细胞/生精細胞 spermatogenic cell
生精小管/生精小管,曲精小管,細精管 seminiferous tubule
生精小管上皮/生精小管上皮,細精管上皮 seminiferous tubule epithelium
生精周期/生精週期 spermatogenic cycle
生境/生境,棲[息]地,棲所 habitat
生境岛/孤立棲地,棲地島,孤立生境 habitat island
生境多样性/生境多樣性,棲地多樣性 habitat diversity
生境分离/棲地分離 habitat segregation
生境隔离/生境隔離,棲地隔離 habitat isolation
生境偏爱/棲地偏好 habitat preference
生境破碎/棲地碎裂 habitat fragmentation
生境生态位/棲地生態[區]位 habitat niche
生境适宜度/棲地適宜度 habitat suitability
生境适宜度指数/棲地適宜性指數 habitat suitability index, HIS
生境适应性/棲地偏好 habitat preference
生境选择/棲地選擇,棲所選擇 habitat selection
生口区/生口區 stomatogenic field
生口子午线/生口子午線 stomatogenous meridian
生理出生率/生理出生率 physiological natality
生理多精受精/生理多精受精 physiologic polyspermy
生理多态现象/生理多態現象,生理多態性 physiological polymorphism
生理发生/生理發生 physiogenesis
生理干旱/生理乾旱 physiological drought
生理干燥/生理乾燥 physiological dryness
生理隔离/生理隔離 physiological isolation
生理化学/生理化學 physiological chemistry, physiochemistry
生理基因组学/生理基因組學,生理基因體學 physiological genomics
生理节律/生理節律 physiological rhythm
生理解剖学/生理解剖學 physiological anatomy
生理零点/生理零點 physiological zero
生理屏障/生理屏障 physiologic barrier
生理生态学/生理生態學 physiological ecology, physioecology
生理时间/生理時間 physiological time
生理适应/生理適應 physiological adaptation
生理寿命/生理壽命 physiological longevity
生理死亡率/生理死亡率 physiological mortality
生理无效腔/生理無效腔 physiological dead space
生理小种/生理小種 physiological race
生理选择性/生理選擇性 physiological selectivity
生理学/生理學 physiology
生理盐水/生理鹽水 physiological saline
生理遗传学/生理遺傳學 physiological genetics
生理与代谢特征/生理與代謝特徵 physiological and metabolic characteristics
生理种/生理種 physiological species
生理组/生理組 physiome
生理组计划/生理組計劃 physiome project
生理组学/生理組學 physiomics
生毛点/生毛點 setigerous spot, piliferous spot
生毛体/生毛體,毛基體,成鞭毛體 blepharoplast
生毛细胞/毛原細胞 trichoblast
生命保障系统/維生系統,生命維持系統 life-support system
生命表/生命表 life table
生命参数/生命參數 vital parameter
生命带/生命帶,生物[分布]帶 life zone, life belt
生命过程/生命過程 vital process
生命科学/生命科學 life science, bioscience
生命力/生命力,活力,生存力 vitality, viability, vital capacity
生命期望/生命期望,估計壽命,預期壽命 life expectancy
生命强度/生命強度 life intensity
生命曲线/生命曲線 life curve
生命统计/生命統計 vital statistics
生命网/生命網 web of life
生命元素/生命元素 bioelement
生命支持系统/維生系統,生命維持系統 life-support system
生命指数/生命指數 vital index
生命最适度/生命最適度 vital optimum
生皮节/生皮節 dermatome
生热素/生熱素 thermogenin
生色团/生色團,發色團 chromophore
生肾节/生腎節 nephrotome, nephromere

生肾组织/生腎組織　nephrogenic tissue
生死比率/生死比率，出生死亡比率　birth-death ratio
生态保护/生態保育　ecological conservation
生态报复/生態報復　ecological boomerang
生态变异/生態變異　ecological variation
生态表型/生態表[現]型，生態變型反應　ecophene, ecophenotype
生态表型变异/生態表型變異　ecophenotypic variation
生态差型/生態差型　ecocline
生态常数/生態常數　ecological constant
生态场/生態場　ecological field
生态冲击/生態衝擊，生態反衝　ecological impact, ecological backlash
生态重叠/生態重疊　ecological overlap
生态出生率/生態出生率　ecological natality
生态岛/生態島　ecological island
生态等值性/生態等值性，生態等位性　ecological equivalence
生态等值种/生態等位種　ecological equivalent
生态地理分歧/生態地理歧異　ecogeographical divergence
生态地理学/生態地理學　ecological geography
生态调查法/生態調查法　ecological survey method
生态顶极/生態極[峰]相　ecological climax
生态动物地理学/生態動物地理學　ecological zoogeography, ecozoogeography
生态毒理学/生態毒理學　ecotoxicology
生态对策/生態對策，生態策略　ecological strategy, bionomic strategy
生态多态现象/生態多態現象，生態多態性　ecological polymorphism
生态多态性/生態多態性，生態多態現象　ecological polymorphism
生态繁殖群/生態族群，生態繁殖亞族群　ecodeme
生态分布/生態分布　ecological distribution
生态幅[度]/生態幅度　ecological amplitude
生态复合体/生態複合體，生態綜合體　ecological complex
生态复杂性/生態複雜性　ecological complexity
生态隔离/生態隔離　ecological isolation
生态工程/生態工程　ecological engineering
生态管理/生態管理　ecological management
生态光照单位/生態光照單位　ecological light unit
生态过渡带/生態過渡區，群落交會區，生態交會區　ecotone
生态化学物质/生態化學品，生態化合物　eco-chemicals
生态环境/生態環境　ecological environment
生态恢复/生態復育　ecological restoration
生态基因组学/生態基因體學　ecological genomics
生态技术/生態技術，生態工法　ecological technique
生态价/生態價，生態值　ecological valence, ecological valency, ecological value
生态结构/生態結構　ecological structure
生态金字塔/生態[金字]塔，生態錐體，生態[層]塔　ecological pyramid
生态景观/生態景觀，生態地景　eco-landscape, ecoscape
生态控制/生態防治　ecological control
生态零值/生態零點　ecological zero
生态流/生態流　ecological flow
生态旅游/生態旅遊　ecological tourism, ecotourism
生态密度/生態密度　ecological density
生态耐性/生態耐性　ecological tolerance
生态能量学/生態能量學　ecological energetics, ecoenergetics
生态年龄/生態年齡　ecological age
生态农场/生態農場　ecological farm
生态浓缩/生態濃縮　ecological concentration
生态平衡/生態平衡　ecological equilibrium, ecological balance, eubiosis
生态平衡表/生態平衡表　ecological balance sheet
生态气候/生態氣候　ecoclimate
生态气候适应/生態氣候適應　ecoclimatic adaptation
生态气候图解/氣候特性圖　climate diagram
生态区/生態區　ecotope
生态圈/生態圈　ecosphere
生态群/生態[類]群　ecological group
生态入侵/生態入侵　ecological invasion
生态生理学/生態生理學　ecological physiology, ecophysiology
生态生物地理学/生物生態地理學　ecological biogeography
生态时间/生態時間　ecological time
生态史/生態史　ecological history
生态适应/生態適應　ecological adaptation
生态释放/生態釋放　ecological release
生态寿命/生態壽命　ecological longevity
生态死亡率/生態死亡率　ecological mortality
生态梯度/生態梯度　ecological gradient
生态替代种/生態替代種，生態同宗對應種　ecological vicariad
生态调节/生態調節　ecoregulation
生态通道模型/生態途徑模式　ecopath model

生态同类群/生態[繁殖亞]族群 ecodeme
生态同源/生態同源 ecological homologue
生态危机/生態危機 ecological crisis
生态位/生態[區]位,生態棲位,生態席位 niche, ecological niche
生态位变异假说/生態位變異假説 niche variation hypothesis
生态位重叠/生態[區]位重疊,生態席位重疊 niche overlap
生态位分化/生態[區]位分化,生態席位分化 niche differentiation
生态位分离/生態位分離 niche separation
生态位互补性/生態位互補性 niche complementarity
生态位空间/生態[區]位空間 niche space
生态位宽度/生態[席]位寬度 niche width, niche breadth
生态位维度/生態位維度 niche dimension
生态位维数/生態位維度 niche dimension
生态位压缩/生態[席]位壓縮 compression of niche
生态位优先占领假说/生態位優先占有假説 niche-preemption hypothesis
生态位转移/生態位轉移 niche shift
生态稳定性/生態穩定性 ecological stability
生态稳态/生態恆定,生態自動平衡 ecological homeostasis
生态系类型/生態系類型 type of ecosystem, ecosystem-type
生态系统/生態系[統] ecosystem
生态系统承载力/生態系承載力 ecosystem carrying capacity
生态系统多样性/生態系多樣性 ecosystem diversity
生态系统发育/生態系發展,生態系演變 ecosystem development
生态系统分室模型/生態系分室模型,生態系單位模型 compartment model of ecosystem
生态系统服务/生態系服務 ecosystem service
生态系统服务价值/生態系[統]服務價值 value of ecosystem service, ecosystem service value
生态系统功能/生態系功能 ecosystem function
生态系统管理/生態系[統]管理 ecosystem management
生态系统净交换/生態系淨交換 net ecosystem exchange, NEE
生态系统能量学/生態系能量學,生態系力能學 ecosystem energetics
生态系统生态学/生態系生態學 ecosystem ecology
生态系统稳定性/生態系[統]穩定性 ecosystem stability
生态系统效率/生態系效率 ecosystem efficiency
生态系统与生物多样性经济学/生態系與生物多樣性經濟學 economics of ecosystem and biodiversity, TEEB
生态系统组分/生態系組成因子 component of ecosystem
生态小[生]境/生態[區]位,生態棲位,生態席位 ecological niche
生态效率/生態效率 ecological efficiency
生态信息素/生態費洛蒙 ecomone
生态型/生態型 ecotype, ecological type
生态性状/生態性狀 ecological character
生态选择性/生態選擇性 ecological selectivity
生态学/生態學 ecology, oecology, bionomics
生态循环/生態循環 ecocycling
生态亚系[统]/次生態系 ecological subsystem
生态亚种/生態亞種 ecological subspecies
生态演替/生態演替,生態消長 ecological succession
生态一致性/生態一致性 ecological consistence
生态遗传学/生態遺傳學 ecological genetics, ecogenetics
生态意义/生態意義 ecological significance
生态因子/生態因子 ecological factor
生态影响/生態影響 ecological impact
生态优势/生態優勢 ecological dominance
生态育种/生態育種 ecological breeding
生态阈值/生態閾值,生態閥值,生態低限 ecological threshold
生态占用/生態足跡 ecological footprint
生态障碍/生態障礙,生態界限 ecological barrier
生态值/生態值,生態價 ecological valence, ecological valency, ecological value
生态指示种/生態指標 ecological indicator
生态治理/生態管理 ecological management
生态种/生態種 ecospecies
生态[种]发生/生態發生 ecogenesis
生态锥体/生態錐體,生態[金字]塔,生態[層]塔 ecological pyramid
生态宗/生態宗,生態品種,生態族 ecological race
生态综合体/生態綜合體,生態複合體 ecological complex
生态足迹/生態足跡 ecological footprint
生态族/生態族,生態品種,生態宗 ecological race
生态最适度/生態最適度,最適生態條件 ecological optimum
生糖氨基酸/生糖氨基酸 glycogenic amino acid, glucogenic amino acid
生酮氨基酸/生酮氨基酸 ketogenic amino acid

生酮激素/生酮激素　ketogenic hormone
生酮生糖氨基酸/生酮生糖氨基酸　ketogenic and glycogenic amino acid
生酮作用/酮體生成,酮產生　ketogenesis
生统遗传学/生物統計遺傳學　biometrical genetics
生网体/生網體　bothrosome, sagenogen, sagenetosome
生物/生物　living being, organism, biont
生物安全/生物安全,生物保全　biosafety, biological safety, biosecurity
生物安全[操作]柜/生物安全[操作]櫃　biosafety cabinet, biological safety cabinet, BSC
生物安全等级/生物安全等級　biosafety level, BSL, biosafety class
生物安全法规/生物安全法規　biosafety law and regulation
生物安全防护/生物安全防護　biosafety containment
生物安全风险交流/生物安全風險交流　biosafety risk communication
生物安全风险评价/生物安全風險評價　biosafety risk assessment
生物安全风险预测/生物安全風險預測　biosafety risk prediction
生物安全公众认知/生物安全公眾認知　public awareness of biosafety
生物安全管理条例/生物安全管理條例　biosafety regulation
生物安全评价/生物安全評價　biosafety assessment, biosafety evaluation
生物安全评价个案分析原则/生物安全評價個案分析原則　case-by-case principle of biosafety assessment
生物安全评价科学原则/生物安全評價科學原則　science-based principle of biosafety assessment
生物安全评价预防原则/生物安全評價預防原則　precautionary principle of biosafety assessment
生物安全实验室/生物安全實驗室　biosafety laboratory
生物安全委员会/生物安全委員會　biosafety committee
生物安全性/生物安全性　biosafety
生物安全证书/生物安全證書　biosafety certificate
生物胺/生物胺　biogenic amine
生物胺系统/生物胺系統　biogenic amine system
生物半衰期/生物半衰期　biological half-life
生物标记/生物標記,生物徵跡　biomarker, biosignature
生物标志/生物標記,生物徵跡　biomarker, biosignature
生物表面活性剂/生物表面活性劑,生物界面活性劑　biological surfactant, biosurfactant
生物材料/生物材料　biomaterials
生物材料支架/生物材料支架　biomaterial scaffold
生物残留群/生物殘留群,生物殘體群　liptocoenos
生物测定/生物測定,生物檢定,生物分析　biological assay, bioassay
生物层积学/生物化石分布學　biostratinomy, biostratonomy
生物沉积/生物沉積　biodeposition
生物成分/生物成分　biotic component
生物成像技术/生物成像技術　biological imaging
生物传感器/生物傳感器,生物感應器,生物感測器　biosensor
生物磁效应/生物磁效應　biomagnetic effect
生物磁学/生物磁學　biomagnetism
生物催化剂/生物催化劑,生物觸媒　biocatalyst
生物催化剂工程/生物催化劑工程　biocatalyst engineering
生物催化系统/生物催化系統　biocatalyst system
生物催化[作用]/生物催化[作用]　biocatalysis
生物大分子/生物大分子　biomacromolecule
生物大分子自组装/生物大分子自組裝　self-assembly of biological macromolecule
生物带/生物帶　biozone
生物底盘/生物底盤　biological chassis
生物地层学/生物化石層序學　biostratigraphy
生物地磁学/生物地磁學　biological gyomagnetism
生物地理区/生物地理區　biotic province
生物地理群落/生物地理群落,生物[地理]群集　biogeocoenosis
生物地理学/生物地理學　biogeography
生物地球化学/生物地球化學,生物地理化學　biogeochemistry
生物地球化学循环/生物地球化學循環,生物地質化學循環,生地化循環　biogeochemical cycle
生物电/生物電　bioelectricity
生物电磁学/生物電磁學　bioelectromagnetism
生物电积分仪/生物電積分儀　bioelectrical integrator
生物电前级放大器/生物電前置放大器　bioelectrical preamplifier
生物电前置放大器/生物電前置放大器　bioelectrical preamplifier
生物电微分仪/生物電微分儀　bioelectrical differentiator
生物电子学/生物電子學　bioelectronics

生物顶极[群落]/生物頂極[群落],生物極[盛]相,生物巔峰群落　biotic climax
生物多聚体/生物多聚體,生物聚合物　biopolymer
生物多样性/生物多樣性　biodiversity, biological diversity
生物多样性公约/生物多樣性公約　Convention on Biological Diversity, CBD
生物多样性热点/生物多樣性熱點　biodiversity hotspot
生物多样性信息学/生物多樣性資訊學　biodiversity informatics
生物惰性材料/生物惰性材料　bioinert materials
生物发光/生物發光　bioluminescence
生物发光共振能量转移/生物發光共振能量轉移　biolumínesence resonance energy transfer, BRET
生物发光免疫测定/生物發光免疫分析　bioluminescent immunoassay, BLIA
生物发光探针/生物發光探針　bioluminescent probe
生物发生律/生物發生律　biogenetic law
生物发生说/生源説,生物發生論,生物形成説　biogenesis
生物反馈/生物回饋　biofeedback
生物反应分离耦合/生物反應分離耦合　bioreaction and separation coupling
生物反应工程/生物反應工程　bioreaction engineering
生物反应器/生物反應器　bioreactor
生物反应器传热/生物反應器傳熱　bioreactor heat transfer
生物反应器传质/生物反應器傳質　bioreactor mass transfer
生物反应器培养/生物反應器培養　bioreactor culture
生物反应强化/生物反應強化　bioreaction strengthen
生物防治/生物防治　biological control
生物仿制药/生物仿製藥　biosimilar products
生物放大[效应]/生物放大[效應],生物擴大作用　biological magnification, biomagnification
生物分布学/生物分布學　chorology
生物分离工程/生物分離工程　bioseparation engineering
生物分子/生物分子　biomolecule
生物分子电子学/生物分子電子學　biomolecular electronics
生物分子印迹酶/生物分子印跡酶　biological molecularly imprinted enzyme
生物负荷/生物負荷量　bioburden
生物富集/生物富集　bioenrichment, biological enrichment
生物隔离/生物隔離　biological isolation
生物[个]体/生物[個]體　bion, biont
生物工程/生物工程　bioengineering, biological engineering
生物固氮作用/生物固氮作用　biological nitrogen fixation
生物光子/生物光子　biophoton
生物合成/生物合成　biosynthesis
生物合成法/生物合成法　biosynthesis method
生物合成途径/生物合成途徑　biosynthetic pathway
生物化学/生物化學　biochemistry
生物化学进化/生物化學演化,生化演化　biochemical evolution
生物化学与分子生物学/生物化學與分子生物學　biochemistry and molecular biology
生物还原作用/生物還原作用　bio-reduction
生物恢复/生物修復　bioremediation
生物活性玻璃支架/生物活性玻璃支架　bioactive glass scaffold
生物积累系数/生物累積係數　bioaccumulation factor, bioaccumulative coefficient
生物积累[作用]/生物累積　biological accumulation, bioaccumulation
生物基/生物基　bio-base
生物计算/生物計算　biocomputing
生物计算机/生物計算機　biocomputer
生物技术/生物技術　biotechnology
生物季节/生物季節　biotic season
生物剂/生物劑　bioagent, biological agent
生物剂型工程/生物劑型工程　bioformulation engineering
生物监测/生物監測　biological monitoring, biomonitoring
生物碱/生物鹼　alkaloid
生物降解[作用]/生物降解[作用]　biodegradation
生物接触氧化反应器/生物接觸氧化槽　biological contact oxidation reactor
生物节律/生物節律,生物律動　biological rhythm, biorhythm
生物界面活性剂/生物界面活性劑,生物表面活性劑　biological surfactant, biosurfactant
生物经济学/生物經濟學　bioeconomics
生物景带/生物景帶[線]　biochore
生物净化/生物淨化　biological purification
生物聚合物/生物聚合物,生物多聚體　biopolymer
生物抗性/生物抗性　biotic resistance

生物可降解纳米材料/生物可降解奈米材料 biodegradable nanomaterials
生物可降解性/生物降解力 biodegradability
生物[可]利用度/生物利用率 bioavailability
生物可利用性/生物有效性 bioavailability
生物恐怖主义/生物恐怖主義 bioterrorism, bioterror
生物控制论/生物控制論 biological cybernetics, biocybernetics
生物块/生物塊 biobrick
生物矿化[作用]/生物礦化[作用] biomineralization
生物力学/生物力學 biomechanics
生物力药理学/生物力藥理學 biomechanopharmacology
生物炼制/生物煉製 biorefinery
生物量/生物量 biomass
生物量呼吸量比/生物量呼吸量比 biomass-respiration ratio
生物量金字塔/生物量[金字]塔 biomass pyramid, pyramid of biomass
生物量热法/生物量熱法 biocalorimetry
生物量增量/生物量增量 biomass increment
生物量锥体/生物量[金字]塔 biomass pyramid, pyramid of biomass
生物流变学/生物流變學 biorheology
生物滤池/生物濾池,生物過濾器 biological filter
生物伦理学/生物倫理學 bioethics
生物膜/生物膜 biomembrane, biofilm
生物膜法/生物膜法 biofilm process
生物膜拆离与重建/生物膜拆離與重建 biomembrane resolution and reconstitution
生物能[力]学/生物能[力]學,生物能量學 bioenergetics
生物能[量]学/生物能量學,生物能[力]學 bioenergetics
生物年龄/生物年齡 biological age
生物黏弹性/生物黏彈性 bioviscoelasticity
生物农药/生物農藥 bio-pesticide
生物浓缩/生物濃縮[作用] biological concentration, bioconcentration
生物浓缩系数/生物濃縮係數 bioconcentration factor
生物平衡/生物平衡 biotic balance, biotic equilibrium
生物评估/生物評估 biological assessment
生物屏障/生物屏障,生物障礙,生物界限 biological barrier, biotic barrier
生物谱/生物譜 biological spectrum
生物气候带/生物氣候帶 bioclimatic zone
生物气候定律/生物氣候律 bioclimatic law
生物气候法则/生物氣候律 bioclimatic law
生物气候图/生物氣候圖 bioclimatograph
生物气溶胶/生物氣溶膠 bioaerosol
生物气象学/生物氣象學 biometeorology
生物潜力/生殖潛力,生物潛能 biotic potential
生物侵蚀/生物侵蝕 bioerosion
生物亲和性传感器/生物親和性感測器 biological affinity sensor
生物区/生物區 biotic region, bioregion
生物区系/生物相 biota
生物圈/生物圈,生物界 biosphere
生物圈保护/生物圈保育 biosphere conservation
生物圈 2 号/生物圈 2 號 biosphere 2
生物全息术/生物全息術 bioholography
生物群落/生物群落,生物群集,生物社會 biocommunity, biocoenosis, biocoenosium
生物群落学/生物群落學,生物群集學,生物社會學 biocenotics, biocenology
生物群区/生物群區,生物群系,生物區系 biome, biotic formation
生物群系/生物群系,生物群區,生物區系 biome, biotic formation
生物燃料/生物燃料 biofuel
生物扰动/生物擾動 bioturbation
生物热价/生物熱價 biological thermal equivalent
生物人工肝/生物人工肝 bioartificial liver
生物人工肝细胞反应器/生物人工肝細胞反應器 biological artificial liver cell reactor
生物入侵/生物入侵 biological invasion
生物色谱/生物色譜法,生物層析法 biochromatography
生物杀虫剂/生物殺蟲劑 bioinsecticide
生物社会学/生物社會學 coenobiology
生物社群互助/生物社群互動 biosocial facilitation
生物神经网络/生物神經網絡 biological neural network
生物生产力/生物生產力 biological productivity
生物生态地理学/生態生物地理學 ecobiogeography
生物声呐/生物聲吶,生物聲納 biosonar
生物声呐系统/生物聲納系統 biosonar system
生物湿法冶金/生物濕法冶金 biohydrometallurgy
生物数学/生物數學 biological mathematics, biomathematics
生物素/生物素 biotin
生物素化 DNA/生物素化 DNA biotinylated DNA
生物素化核苷酸/生物素化核苷酸 biotinylated nucleotide

生物素-抗生物素蛋白-链霉抗生物素蛋白标记/生物素-卵白素-鏈黴卵白素標記 biotin-avidin-streptavidin labeling
生物素-抗生物素蛋白系统/生物素-抗生物素蛋白系統 biotin-avidin system, BAS
生物素-链霉抗生物素蛋白系统/生物素-鏈黴卵白素系統 biotin-streptavidin system
生物素-亲和素系统/生物素-抗生物素蛋白系統 biotin-avidin system, BAS
生物素羧化酶/生物素羧化酶 biotin carboxylase
生物素探针/生物素標記探針 biotinylated probe
生物素酰胺酶缺乏症/生物素酶缺乏症 biotinidase deficiency
生物素修饰/生物素修飾 biotin modification
生物素依赖性羧化酶缺乏症/生物素依賴性羧化酶缺乏症 biotin-dependent carboxylase deficiency
生物素阻遏蛋白/生物素阻遏蛋白 biorepressor
生物塑料/生物塑料,生物塑膠 bioplastics
生物碎屑/生物碎屑,有機碎屑 organic detritus
生物陶瓷支架/生物陶瓷支架 biological ceramic scaffold
生物调节/生物制約 biological conditioning
生物通气法/生物通氣法 bioventing process
生物统计学/生物統計學 biostatistics, biometrics, biometry
生物退化/生物衰退,生物變質 biodeterioration
生物脱氮/生物脱氮 biological removal of nitrogen
生物完整性/生物完整性,生物整合性 biological integrity
生物完整性指数/生物整合性指數 index of biological integrity, index of biotic integrity, IBI
生物烷化剂/生物性烷化劑 biological alkylating agent
生物网络/生物網絡 biological network
生物危害/生物危害 biohazard
生物威胁/生物威脅 biothreat
生物无机化学/生物無機化學 bioinorganic chemistry
生物武器/生物武器 bioloigical weapon, bio-weapon
生物物理化学/生物物理化學 biophysical chemistry
生物物理学/生物物理學 biophysics
生物吸附/生物吸附作用 biological adsorption
生物系统/生物系統,生物體系 biological system, biosystem
生物系统效率/生物系統效率 efficiency of biological system
生物限制技术/生物限制技術 bioconfinement technology
生物相/生物相,化石相 biota, biofacies
生物相图/生物相圖,化石相圖 biofacies map
生物芯片/生物晶片 biochip
生物信息/生物信息,生物訊息 bioinformation
生物信息处理仪/生物訊息處理儀 biological signal processor
生物信息论/生物信息理論 biological information theory
生物信息学/生物信息學,生物訊息學 bioinformatics
生物信息学分析/生物信息學分析 bioinformatics analysis
生物信息学数据库/生物信息學資料庫 bioinformatics database
生物型/生物型,同型小種 biotype, biovar
生物修复/生物修復 bioremediation
生物修复机制/生物修復機制 biological repair mechanism
生物需氧量/生物需氧量 biological oxygen demand, BOD
生物蓄积系数/生物累積係數 bioaccumulative coefficient
生物悬浮物/生物懸浮物 bioseston
生物学/生物學 biology
生物学限控措施/生物學限控措施 biological containment
生物学性状/生物特徵 biological character
生物压力/生物壓力 biotic pressure
生物演替/生物演替 biotic succession
生物氧化/生物氧化[作用] biological oxidation, bio-oxidation
生物[氧化]塘/生物[氧化]塘 biological oxidation pond
生物遥测/生物遥測[法],生物追蹤 biotelemetry
生物遥测扫描器/生物遥測掃描器 biotelescanner
生物遗传资源衍生所有权/生物遺傳資源衍生所有權 derived property right of biogenetic resources
生物因子/生物因子,生物因素 biotic factor
生物应答调节剂/生物反應調節劑 biological response modifier, BRM
生物有机化学/生物有機化學 bioorganic chemistry
生物有效性/生物有效性 bioavailability
生物淤积/生物污垢 biofouling
生物再生生命保障系统/生物再生維生系統,生物再生生命維持系統 bioregenerative life-support system, BLSS
生物战/生物戰 biological warfare, biowar
生物战剂/生物戰劑 biological warfare agent

生物障碍/生物障礙,生物屏障,生物界限 biological barrier, biotic barrier
生物真实性神经网络模型/生物真實性神經網絡模型 biologically realistic neural network model
生物整体性/生物整合性,生物完整性 biological integrity
生物整体性指数/生物整合性指數 index of biological integrity, index of biotic integrity, IBI
生物整治/生物修復 bioremediation
生物指数/生物指數 biotic index
生物志/生物誌 biota
生物制品/生物製品 biological product
生物制药/生物製藥 biopharming
生物制造纳米材料/生物製造奈米材料 biofabrication nanomaterials
生物质/生物質 biomass
生物质谱法/生物質譜法 biological mass spectrometry
生物致劣/生物衰退,生物變質 biodeterioration
生物钟/生物[時]鐘,生理鐘 biological clock, bioclock
生物钟学/生物鐘學 biochronometry
生物种/生物種 biological species
生物种概念/生物種概念 biological species concept
生物周期现象/生物週期性 biological periodism
生物转化/生物轉化[作用] biotransformation, biological transformation
生物转盘/生物轉盤 biological disc, biodisc
生物转盘法/生物轉盤法,旋轉生物接觸氧化法 biodisc process
生物宗/生物族 biological race
生物组件/生物組件 biological device
生氧光合作用/生氧光合作用,產氧光合作用 oxygenic photosynthesis
生氧光细菌/生氧光細菌,產氧光細菌 oxyphotobacteria
生育/生育 procreation
生育酚/生育酚 tocopherol
生育控制/生育控制,節育 birth control
生育力/生育力 fertility
生育力表/生育力表 fertility table
生育率/生育率,可孕率,受精率 fertility, fertility rate
生源论/生源説,生物發生論,生物形成説 biogenesis
生源说/生源説,生物發生論,生物形成説 biogenesis
生源性蠕虫/生源性蠕蟲 biohelminth
生源性蠕虫病/生源性蠕蟲病 biohelminthiasis
生长/生長 growth
生长叉/生長叉 growing fork
生长带/生長帶 zone of growth, growing zone
生长点/生長點 growing point, growth point, vegetative point
生长端/生長端 growing end
生长发育/成長發育 growth and development
生长分化因子/生長分化因子 growth differentiation factor
生长分析/生長分析,生長解析 growth analysis
生长激素/生長激素,促體素 somatotropin, growth hormone, GH
生长激素促分泌素/生長激素促分泌素,飢餓肽 growth hormone secretagogue, GHS
生长激素促分泌素受体/生長激素促分泌素受體 growth hormone secretagogue receptor, GHSR
生长激素释放激素/生長激素釋放激素,生長素釋素 growth hormone-releasing hormone, GHRH
生长激素释放因子/生長激素釋放因子 growth hormone-releasing factor, GHRF, GRF
生长激素受体/生長激素受體 growth hormone receptor, GHR
生长激素调节激素/生長激素調節激素 growth hormone regulatory hormone
生长激素抑制[激]素/生長抑素,生長激素[釋放]抑制激素,體抑素 somatostatin, growth hormone inhibiting hormone, GHIH
生长季[节]/生長季[節] growing season
生长量/生長量 amount of growth
生长率/生長率,成長率 growth rate
生长卵泡/生長卵泡 growing follicle
生长轮/生長輪,年輪 growth ring
生长谱/生長譜 auxanogram
生长谱测定[法]/生長譜測定,營養要求決定法 auxanography
生长期/生長期,成長期 growth period, vegetation period, growing stage
生长曲线/生長曲線,成長曲線 growth curve
生长素拮抗剂/抗生長素 antiauxin, auxin antagonist
生长素介质/生長素介質,促生長因子,體介質 somatomedin, SOM
生长调节素/生長素介質,促生長因子,體介質 somatomedin, SOM
生长调节肽/生長素介質,促生長因子,體介質 somatomedin, SOM
生长习性/生長習性 growth habit

生长系数/生長係數 coefficient of growth
生长线/生長線 growth line
生长相关基因/生長相關基因 growth-related gene, GRG
生长效率/生長效率 growth efficiency
生长型/生長型 growth form
生长延缓剂/生長延緩劑,生長抑制物質 growth retardant
生长抑素/生長抑素,生長激素[釋放]抑制激素,體抑素 somatostatin, growth hormone inhibiting hormone, GHIH
生长抑制/生長抑制 staling
生长抑制基因/生長抑制基因 growth suppressor gene
生长抑制试验/生長抑制試驗 growth inhibition test, GIT
生长因子/生長因子 growth factor, GF
生长因子受体/生長因子受體,生長因子接受器 growth factor receptor, GFR
生长缘/生長緣 growing margin
生长运动/生長運動 growth movement
生长中心/生長中心 growth center
生长锥/生長錐 growth cone, increment borer, vegetative cone
生长阻滞和 DNA 损伤/生長停滯及 DNA 損傷 growth arrest and DNA damage, GADD
生长阻滞肽/生長阻滯肽 growth-blocking peptide
生殖/生殖,繁殖 reproduction, breeding
生殖板/生殖板 genital plate
生殖苞/生殖苞 inflorescence
生殖成本/生殖成本,繁殖成本 reproductive cost
生殖窗/窗[孔],透明斑,透明紋 fenestra
生殖刺突/性尾突,攫握器基 gonostylus, harpago
生殖带/生殖帶 clitellum
生殖道/生殖道 genital meatus
生殖窦/生殖竇 genital sinus
生殖毒性/生殖毒性 reproductive toxicity
生殖对策/生殖對策,繁殖策略,生殖策略 reproductive strategy
生殖盖/生殖蓋板 genital shield, genital operculum
生殖干细胞/生殖幹細胞 germline stem cell
生殖隔离/生殖隔離 reproductive isolation
生殖个虫/生殖個蟲 gonozooid
生殖弓/生殖弓 arcus genitalis
生殖沟/生殖溝 genital groove
生殖核/生殖核 generative nucleus, reproductive nucleus
生殖洄游/生殖洄游,產卵遷移,產卵洄游 spawning migration, breeding migration
生殖基节/生殖基節 genital coxa
生殖基片/生殖片基節 gonocoxite
生殖嵴/生殖嵴 genital ridge
生殖价/生殖價,繁殖價 reproductive value
生殖节/生殖節 genital segment
生殖菌丝/生殖菌絲 generative hypha, reproductive hypha
生殖菌丝体/生殖菌絲體,繁殖菌絲體 reproductive mycelium
生殖孔/生殖孔 genital pore, gonopore, genital orifice
生殖棱/生殖稜 gonangulum
生殖力/生殖力,繁殖力 fecundity, fertility
生殖联结/生殖聯結 genital junction
生殖量/生殖產出,繁殖產出 reproductive output
生殖裂口/生殖裂口 bursal slit
生殖笼/生殖籠 corbula
生殖率/生殖率,繁殖率 reproduction rate, reproductive rate
生殖免疫学/生殖免疫學 reproductive immunology
生殖内分泌/生殖内分泌 reproductive endocrine
生殖内分泌学/生殖内分泌學 reproductive endocrinology
生殖[能]力/繁殖力,生殖力 reproductive capacity
生殖努力/生殖努力,繁殖努力 reproductive effort
生殖盘/生殖盤 gonotyl
生殖期/生殖期 reproductive period
生殖器官/生殖器官 genital organ, reproductive organ
生殖器性别/生殖器性別 genital sex, phenotypic sex, gonadal sex
生殖前隔离/生殖前隔離 prezygotic isolation
生殖前节/生殖前節,前生殖節 pregenital segment
生殖潜能/生殖潛能,繁殖潛能,生殖潛力 reproductive potential
生殖腔/生殖腔 genital atrium, genital chamber
生殖鞘/生殖鞘 gonotheca
生殖球/生殖球 genital bulb
生殖区/生殖區 genital area, genital field
生殖乳突/生殖乳突 genital papilla
生殖上皮/生殖上皮 germinal epithelium
生殖生理学/生殖生理學 reproductive physiology
生殖生物学/生殖生物學 reproductive biology
生殖生长/生殖生長 reproductive growth
生殖失败/生殖失敗,繁殖失敗 reproductive failure
生殖索/生殖索 genital cord
生殖态/生殖態 epitoky

生殖体/生殖體 gonophore
生殖同步/生殖同步 reproductive synchrony
生殖帷/生殖帷 apron, genital apron
生殖吸盘/生殖吸盤 genital sucker
生殖系统/生殖系統 reproductive system, genital system
生殖细胞/生殖細胞,增殖細胞 germ cell, germocyte, gonoblast
生殖细胞基因治疗/生殖細胞基因治療 germ cell gene therapy
生殖[细胞谱]系/生殖細胞系,種系 germ line
生殖细胞突变/生殖細胞突變 germinal mutation
生殖下腔/生殖下腔 subgenital porticus
生殖下窝/生殖下窩 subgenital pit
生殖腺/生殖腺,性腺 gonad, genital gland
生殖腺指数/性腺體重指數,生殖腺指標 gonadosomatic index, GSI
生殖行为/生殖行為,繁殖行為 reproductive behavior
生殖性克隆/生殖性克隆 reproductive clone
生殖循环/生殖週期,繁殖週期 reproductive cycle
生殖叶/生殖葉 genital lobe
生殖疣/生殖瘤 nemathecium
生殖羽枝/生殖羽枝 genital pinnule
生殖褶/生殖褶,生殖襞 genital fold
生殖肢/生殖肢 gonopod
生殖质/生殖[細胞]質,種質 germplasm
生殖滞育/生殖滯育 reproductive diapause
生殖周期/生殖週期,繁殖週期 reproductive cycle
生殖锥/生殖錐 genital cone
生殖滋养分离/生殖滋養分離 gonotrophic dissociation
生殖滋养调和/生殖滋養調和 gonotrophic concordance
声波酶传感器/聲波酶感測器 enzyme acoustic sensor
声波图/聲波圖,聲譜圖 sonogram, sound spectrogram
声[波]引诱/聲[引]誘 sonic attraction
声带/聲帶 vocal cord
声反应/聲反應 phonoresponse
声门/聲門 glottis
声囊/聲囊 vocal sac
声通信/聲通信,聲通訊 sound communication, acoustic communication
声像/聲像 acoustic image
声信号加工/聲訊號加工 sound signal processing
声信号识别/聲訊號識别 sound signal recognition
声压/聲壓 sound pressure
声压级/聲壓等級 sound pressure level, SPL
声音频率辨别/聲音頻率辨别 sound frequency discrimination
声音强度辨别/聲音強度辨别 sound intensity discrimination
声源定位/聲源定位 sound localization
绳状体/索狀體 restiform body
胜者全取/赢者全取 winner-take-all
剩余空间/剩餘空間 residual space
剩余生产量/剩餘生產量 surplus production
剩余生产量模型/剩餘生產量模型 surplus production model
剩余污泥/剩餘污泥 surplus sludge, excess sludge
剩余值/剩餘值 residual value
尸胺/屍胺,1,5-戊二胺 cadaverine
尸食性螨类/屍食性蟎類 necrophagous mites
尸养寄生物/屍養寄生物 necrotrophic parasite
失汇/失匯 missing sink
失活/失活,不活性化,滅能作用 inactivation
失活染色质/失活染色質 inactive chromatin
失活中心/失活中心 inactivation center
X 失活中心/X 失活中心 X-inactivation center, XIC
失控复制/失控複製 runaway replication
失控性选择/失控性擇 runaway sexual selection
失控质粒载体/失控質體載體 runaway plasmid vector
失控转录分析/失控轉録分析 run-off transcription assay
失血/失血 blood loss
失重/失重 weightlessness
施肥/施肥 applied fertilizer, fertilizer application
施肥量/施肥量 amount of applied fertilizer
施佩曼组织者/史培曼組織者 Spemann organizer
施氏层/施氏層 Schmidt layer
施万膜蛋白/施萬膜蛋白 schwannomin
施万细胞/施萬細胞,許旺[氏]細胞 Schwann cell
施万细胞瘤源性生长因子/施萬細胞瘤源性生長因子 Schwannoma-derived growth factor
湿草甸/潤草甸 moist meadow
湿地/溼地 wetland
湿地草本植被/溼地草原 humidiherbosa
湿地公园/溼地公園 wetland park
湿地生态系统/溼地生態系 wetland ecosystem
湿地生态学/溼地生態學 wetland ecology
湿动态/溼動態 hydrokinesis
湿度/溼度 humidity
湿度表/溼度計 hygrometer

湿度计/濕度計，濕度儀 hygrograph
湿度因子/濕度因子 humidity factor
湿感受器/濕度感應器 hygroreceptor
湿旱生植物/濕旱生植物，季節性變形植物 tropophyte
湿件计算机/濕件電腦 wetware computer, artificial organic brain, neurocomputer
湿冷病/濕冷病 wet cold disease
湿润系数/濕度係數 moisture coefficient
湿生动物/濕生動物 hygrocole
湿生植物/濕生植物 hygrophyte
湿岩生物/濕岩生物 hygropetrobios
湿盐生植物/濕鹽生植物 hydro-halophyte
十八碳四烯酸/十八碳四烯酸 octadecatetraenoic acid, parinaric acid
十八碳烯炔酸/十八碳烯炔酸，生紅酸 isanic acid, erythrogenic acid
十八烷醇/十八烷醇，硬脂醇 stearyl alcohol
十八烷基甘油醚/十八烷基甘油醚，鯊肝醇 batyl alcohol
十八烷酸/十八烷酸，硬脂酸 octadecanoic acid
十倍减少时间/90%滅菌時間，九成滅菌時間 decimal reduction time
十倍体/十倍體 decaploid
十二倍体/十二倍體 dodecaploid
十二指肠/十二指腸 duodenum
十二指肠本部/十二指腸本部 duodenum proper
十二指肠前脂肪酶/十二指腸前脂肪酶 preduodenal lipase
十二指肠球部/十二指腸球部 duodenal ampulla
[十二指肠]球抑胃素/球抑胃素 bulbogastrone
十钩蚴/十鉤蚴 lycophora, decacanth
十六烷基三甲基溴化铵法/十六烷基三甲基溴化銨法，CTAB 法 cetyl trimethyl ammonium bromide method, CTAB method, hexadecyl trimethyl ammonium bromide method
十六烷基溴化吡啶鎓沉淀法/十六烷基溴化吡啶鎓沉澱法 cetylpyridinium bromide precipitation, CPB precipitation
十碳烷酸/十碳烷酸，癸酸，羊脂酸 capric acid, decanoic acid
十一倍体/十一倍體 hendecaploid
十字骨针/十字骨針 stauract, stauractine
十字形二歧分枝式/十字形二歧分枝式 cruciate dichotomy
十字形骨针/十字形骨針 cross
十字形花冠/十字形花冠 cruciferous corolla, cruciate corolla, cruciform corolla
十字形环/十字形環 cruciform loop
十字形结构/十字形結構 cruciform structure
石胆酸/石膽酸 lithocholic acid
石耳葡聚糖/石耳葡聚糖 pustulan
石管/石管 stone canal
石化果/石化果實，硬果 carpolith
石化[森]林/石化[森]林 petrified forest
石化树/石化樹 petrified tree
石化作用/石化作用 petrification
石灰环/石灰環 calcareous ring
石灰体/石灰體 calcareous body
石灰岩/石灰岩 limestone
石灰岩性植物群落/石灰岩性植物群落 calcipetrile
石蜡切片/石蠟切片 paraffin section
石面生物/石面生物 epilithic organism, epilithion
石面植物/石面植物 epilithophyte
石内植物/石内植物 endolithophyte
石栖动物/石棲動物 petrocole, lapidicolous animal
石蕊甘露醇琼脂/石蕊甘露醇瓊脂，石蕊甘露醇洋菜 litmus mannite agar
石蕊牛奶试验/石蕊牛奶試驗 litmus milk test
石生群落/石生群落 lithic community
石生演替系列/岩生演替系列 lithosere
石生植物/石生植物，岩生植物 chomophyte, lithophyte, petrophyte
石炭纪/石炭紀 Carboniferous Period
石炭酸/石炭酸，酚，羥基苯 carbolic acid, phenol
石炭酸品红/石炭酸品紅，石炭酸一複紅液 carbol fuchsin
石细胞/石細胞 sclereid, lithocyte, stone cell
石隙植物/石隙植物，岩隙植物 chasmophyte, endolithophyte
石油微生物学/石油微生物學 petroleum microbiology
石质体/石質體 lithosome
石质土/石質土 lithosol
时差显微术/時移顯微術 time-lapse microscopy
时差荧光显微术/時移螢光顯微術 time-lapse fluorescence microscopy
时程调谐/時程調諧 duration tuning
时度/時度[數] degree-hour
时间编码/時間編碼 temporal coding
时间尺度/時間尺度 temporal scale
时间-存活曲线/時間-存活曲線 time-survival curve
时间分辨/時間分辨 temporal resolution
时间分辨光谱术/時間分辨能譜術 time-resolved spectroscopy
时间分辨率/時間分辨率，時間分解力，時間解析度

time resolution
时间分辨荧光免疫分析/時差式螢光免疫分析 time-resolved fluoroimmunoassay, TRFIA
时间格局/時間格局,時間樣式,時間模式 temporal pattern
时间隔离/時間隔離 temporal isolation
时间节律/時間節律 temporal rhythm
时间结构/時間結構 temporal structure
时间生态位/時間生態[區]位,時間生態席位 temporal niche
时间生物学/時間生物學 chronobiology
时间相关单光子计数/時間相關單光子計數 time-correlated single-photon counting, TCSPC
时间序列显微术/時移顯微術 time-lapse microscopy
时间序列荧光显微术/時移螢光顯微術 time-lapse fluorescence microscopy
时间依赖性/時間相依 time-dependent
时间整合/時間整合 temporal integration
时间总和[作用]/時間[性]加成,時間累積作用 temporal summation
时觉/時覺 chronesthesy
时空尺度/時空尺度 spatial and temporal scale
时空格局/時空格局,時空模式 spatial and temporal pattern
时空结构/時空結構 temporal-spatial structure
时序基因/時序基因,分時基因,時程性基因 temporal gene
时序调节/時序調節,時程性調節 temporal regulation
时序小 RNA/小時序 RNA small temporal RNA, stRNA
时域掩蔽/時域掩蔽 temporal masking
时值/時值 chronaxie
时值凶兆/時值凶兆 chronorisk
时滞/時滯 time lag, time delay
时钟蛋白/時鐘蛋白 clock protein
时钟机制/時鐘機構 clock mechanism
时钟基因/時鐘基因 clock gene
时钟输出/時鐘輸出 clock output
时钟输入/時鐘輸入 clock input
时钟调节基因/時鐘調節基因 clock-regulated gene
时钟细胞/時鐘細胞 clock cell
识别/識別 recognition
识别蛋白/識別蛋白 recognition protein
识别和结合/識別和結合 recognition and binding
识别记忆/辨識記憶 recognition memory
识别螺旋/辨識螺旋 recognition helix
识别神经元/識別神經元 gnostic neuron
识别唾液酸的免疫球蛋白超家族凝集素/識別唾液酸的免疫球蛋白超家族凝集素 sialic acid-recognizing immunoglobulin superfamily lectin, Siglec
识别位点/識別位點,辨識位 recognition site
识别序列/識別序列 recognition sequence
识别元件/識別元件 recognition element
识别子/識別子 discriminator
实测密度/實測密度 actual density
实际出生率/實際出生率 realized natality
实际等位基因数/實際等位基因數 actual number of allele
实际年龄/實際年齡 chronological age
实际生态位/實際生態[區]位,實際生態席位,現實生態席位 realized niche
实际死亡率/實際死亡率 realized mortality
实际蒸散/實際蒸散,實際蒸發散量 actual evaportranspiration, AET
实空间/實空間 real space
实[囊]胚/實胚,中實幼體,中實蚴 parenchymula
实时 PCR/即時 PCR,即時聚合酶鏈反應 real-time PCR
实时定量 PCR/即時定量 PCR real-time quantitative PCR
实时反转录 PCR/即時 RT-PCR,即時反轉錄 PCR real-time RT-PCR
实时聚合酶链反应/即時 PCR,即時聚合酶鏈反應 real-time PCR
实现遗传力/實現遺傳力 realized heritability
实现遗传率/實現遺傳力 realized heritability
实现遗传相关/實現遺傳相關 realized genetic correlation
实心花柱/實心花柱 solid style
实星骨针/實星骨針 sterraster
实验/實驗 experiment
实验动物/實驗動物 laboratory animal
实验分类学/實驗分類學 experimental taxonomy
实验胚胎学/實驗胚胎學 experimental embryology
实验设计/實驗設計,試驗設計 experimental design
实验生理学/實驗生理學 experimental physiology
实验生态系/實驗生態系,微宇宙,微型生態池 microcosm
实验生态学/實驗生態學 experimental ecology
实验生物学/實驗生物學 experimental biology
实验室分区/實驗室分區 laboratory area
实验室细胞培养技术/實驗室細胞培養技術 laboratory cell culture technology
实验室相关感染/實驗室相關感染 laboratory-

associated infection
实验误差/實驗誤差 experimental error
实验细胞学/實驗細胞學 experimental cytology
实验形态学/實驗形態學 experimental morphology
实验性变态反应性脑脊髓炎/實驗性過敏性腦脊髓炎 experimental allergic encephalomyelitis, EAE
实验性变态反应性重症肌无力/實驗性過敏性重症肌無力 experimental allergic myasthenia gravis
实验性甲状腺炎/實驗性甲狀腺炎 experimental thyroiditis
实验性疫苗/實驗性疫苗 experimental vaccine
实验性自身免疫性重症肌无力/實驗性自身免疫性重症肌無力 experimental autoimmune myasthenia gravis, EAMG
[实验]驯化/[實驗]馴化,人為馴化 acclimation
实验遗传学/實驗遺傳學 experimental genetics
实原肠胚/實原腸胚 stereogastrula
实质/實質,主質 parenchyma
实质等同性/實質等同性 substantial equivalence
实质等同性原则/實質等同性原則 principle of substantial equivalence
实质泡/實質泡 parenchymal vesicle
食草动物/草食動物,草食者,植食動物 herbivore, grazing animal, phytophage
食草偏好性/啃食偏好性 grazing preference
食虫动物/食蟲動物 insectivore
食虫性/食蟲性 entomophagy
食虫叶/捕蟲葉 insectivorous leaf
食虫植物/食蟲植物,食肉植物,捕蟲植物 insectivorous plant, carnivorous plant
食道/食道,食管 esophagus, oesophagus
食道肠瓣/食道腸瓣 oesophago-intestinal valve
食道球/食道球 oesophageal bulb
食道上神经节/食道上神經節,食道上神經球 supraesophageal ganglion
食道神经连索/食道神經連索,食道神經鏈 esophageal commissure, oesophageal commissure
食道下神经节/食道下神經節,食道下神經球 suboesophageal ganglion
食底泥动物/食[底]泥動物,沉積物攝食動物 deposit feeder
食底栖生物动物/底食者 benthivore
食底栖生物者/攝食底棲生物者 benthos feeder
食地衣动物/食地衣動物 lichenophage
食窦/食竇,食腔,食室 cibarium, cibarial chamber
食粪动物/食糞動物 coprophage
食粪性/食糞性 coprophagy
食浮游生物动物/食浮游生物動物 planktivore
食腐动物/食腐動物,腐食動物 saprophage, saprovore, scavenger
食腐性/食腐性,腐食性 saprophagy
食谷动物/食穀動物,食種子動物 granivore
食谷类/食穀類 grainvore
食谷食物链/食種子食物鏈 granivorous food chain
食管/食管,食道 esophagus
食管囊/食管囊 esophageal sac
食管内压/食管内壓 intraesophageal pressure
食管下括约肌/食管下括約肌 lower esophageal sphincter
食管腺/食道腺 esophageal gland
食果动物/食果動物,果食性動物 frugivore, frugivorous animal, carpophage
食果性/食果性,果食性 frugivorous
食禾草性/食禾草性 graminivorous
食花蜜食物链/食花蜜食物鏈 nectar food chain
食菌甲诱醇/食菌甲誘醇,蠹聚集費洛蒙 sulcatol
食菌类/食菌類 mould feeder
食菌性/食菌性,菌食性 fungivore
食客/供食者,營養性共生生物 trophobiont
食料微生物比/食微比 food-to-microorganism ratio
食毛/食毛 feeding hair
食糜/食糜 chyme
食蜜动物/食蜜動物 nectarivore
食蜜性/食蜜性 melliphagy, nectar feeding
食木动物/食木動物 xylophage, hylophage
食木性/食木性,木食性 xylophagy
食泥动物/食泥動物 limnophage
食泥者/食泥者,泥食者 ilyotrophe
食品安全评价/食品安全評價 food safety assessment
食品级细菌/食品級細菌 food-grade bacteria
食品微生物学/食品微生物學 food microbiology
食品用酶/食品用酶 enzyme for food
食肉动物/食肉動物,肉食動物 sacrophage, carnivore
食肉性/食肉性,肉食性 sarcophagy
食肉植物/食肉植物,捕蟲植物,食蟲植物 insectivorous plant, carnivorous plant
食尸动物/食屍動物 necrophage
食尸性/食屍性,屍食性 necrophagy
食室/食室,食腔,食竇 cibarium, cibarial chamber
食死地被物者/食落葉者 litter feeder
食碎屑动物/食碎屑動物,食碎屑者,屑食類 detritivore, detritus feeder
食土动物/食土動物 geophage
食微生物动物/食微生物動物,食微生物者

microbivore
食物道/食物道　food meatus, food channel
食物关系/攝食關係　food relationship
食物环/食物環　food cycle
食物环节/食物環節　food link
食物金字塔/食物[金字]塔　food pyramid
食物净值/食物淨值　net food value
食物竞争/食物競爭　food competition
食物卡价/食物卡價,食物熱價　thermal equivalent of food
食物可利用性假说/食物可利用性假說　food availability hypothesis
食物链/食物鏈　food chain
食物链效率/食物鏈效率　food chain efficiency
食物泡/食物泡　food vacuole
食物热价/食物熱價,食物卡價　thermal equivalent of food
[食物]特殊动力效应/特種生熱效應　specific dynamic effect, SDE
[食物]特殊动力作用/特種生熱作用　specific dynamic action, SDA
食物网/食物網　food web
食物消费量/攝食量　food consumption
食物选择/食物選擇　food selection
食物异级/營養異級　trophogeny
食物引诱物/食物誘引劑,食誘劑　food attractant
食物中毒/食物中毒,食品中毒　food poisoning
食物转化效率/食物轉化效率,食物轉換效率　food conversion efficiency, efficiency of food conversion
食物锥体/食物[金字]塔　food pyramid
食性/食性,攝食習性　feeding habit, food habit
食性可塑性/食性可塑性,營養可塑性　trophic plasticity
食血动物/食血動物　sanquinivore, hematophage
食叶动物/食葉動物　defoliater, folivore
食叶昆虫/食葉蟲　defoliating insect
食蚁类/食蟻類　myrmecophage
食用植物/食用植物　food plant
食鱼动物/食魚動物　ichthyovorous animal
食鱼性/食魚性,魚食性　piscivory
食欲/食慾　appetite
食欲刺激[激]素/飢餓肽,胃生長激素釋放激素　ghrelin
食欲过盛/食慾過盛　bulemia
食欲素/食慾激素　orexin, hyporetin
食欲肽/食慾肽　orexigenic peptide
食源性病原菌/食源性病原菌　foodborne pathogen
食源性疾病/食源性疾病,食品媒介疾病　foodborne disease
食藻动物/食藻動物,藻食性動物　algivore
食枝芽/食芽　browsing
食枝芽动物/食芽動物　browsevore
食植动物/食草動物,草食者,植食動物　grazing animal, phytophage, herbivore
食植类昆虫/植食性昆蟲　phytophagous insect
蚀斑形成细胞/溶菌斑形成細胞,空斑形成細胞　plaque forming cell, PFC
蚀羽/冬羽　eclipse plumage
史密斯-沃特曼算法/史密斯-沃特曼演算法　Smith-Waterman algorithm
史前归化植物/史前歸化植物　prehistoric naturalized plant
矢囊/矢囊　dart sac
使用价值/工具性價值　instrumental value
始段锋电位/始段鋒電位　initial segment spike
始生代/始生代,太古代　Archeozoic Era
始新世/始新世　Eocene Epoch
始祖保守区/始祖保留區　ancient conserved region, ACR
始祖生物/始祖生物,原生命　progenote
示爱/示愛行為,求偶展示　courtship display
示量行为/示量行為　conventional behavior
示踪技术/示蹤技術　tracer technique
示踪染料/示蹤染料　tracking dye
示踪物/示蹤物,追蹤劑　tracer
示踪信息素/蹤跡費洛蒙　trail pheromone, trace pheromone
世代/世代　generation
世代重叠/世代重疊　generation overlap, overlapping of generation
世代间隔/世代間距　generation interval
世代交替/世代交替　alternation of generations, metagenesis
世代离散/世代離散,分立世代　discrete of generation
世代时间/世代時間　generation time
RNA 世界/RNA 世界　RNA world
世界性植物/全球性植物　cosmopolitan plant
世界遗产公约/世界遺産公約　World Heritage Convention
世界种/廣布種,全球種,泛適應種　cosmopolitan species, cosmopolite, ubiquitist
世界自然保护联盟红皮书/世界自然保育聯盟紅皮書　IUCN Red Data Book
世界自然保护联盟红色名录/世界自然保育聯盟紅色名録　IUCN Red List

世界自然遗产名录/世界遺産名録 World Heritage List
世系分析/親緣分析 phyletic analysis
事件相关电位/事件關聯電位 event-related potential
事先知情同意/事先知情同意 advance informed agreement
饰带/飾帶 cordon
饰胶蛋白聚糖/飾膠蛋白聚糖 decorin
试错学习/試誤學習 trial and error learning
试管加倍/試管加倍 test-tube doubling
试管嫁接/試管嫁接 test-tube grafting
试管培养/試管培養 test-tube culture
试管授粉/試管授粉 test-tube pollination
试管授精/試管授精 test-tube fertilization
试管婴儿/試管嬰兒 test-tube baby
试管婴儿技术/試管嬰兒技術 test-tube baby technology
试管育种/試管育種 test-tube breeding
试剂/試劑 reagent
试剂盒/試劑盒 kit
VDRL 试验/性病研究室試驗,梅毒血清學玻片試驗 Venereal Disease Research Laboratory test, VDRL test
VP 试验/伯波二氏試驗,歐-普兩氏試驗 Voges-Proskauer test, VP test
试验植被/試驗植被 experimental vegetation
试验种群/試驗族群 experimental population
视板/視板 optic placode, optic plate
视杯/視杯 optic cup
视差/視差,像差 parallax, disparity
视蛋白/視[紫]蛋白 opsin
视动反应/視動反應 optomotor reaction, optomotor response
视动系统/視動系統 optomotor system, visuomotor system
视杆后眼/視桿後眼 postbacillar eye
视杆前眼/視桿前眼 prebacillar eye
视杆视锥层/視桿視錐層 layer of rod and cone
视杆细胞/視桿細胞 rod cell
视杆型光感受器细胞/視桿型光感受器細胞 rhabdomeric photoreceptor cell
视黑蛋白/視黑素 melanopsin
视黄醇/視黃醇,抗乾眼醇 retinol
视黄醇结合蛋白[质]/視黃醇結合蛋白 retinol-binding protein, RBP
视黄醛/視黃醛 retinal, retinene
视黄醛蛋白质/視黃醛蛋白質 retinal protein
视黄醛脱氢酶/視黃醛脱氫酶 retinal dehydrogenase
视黄醛氧化酶/視黃醛氧化酶 retinal oxidase
视黄酸/視黃酸 retinoic acid
视黄酸受体/視黃酸受體 retinoic acid receptor, RAR
视黄质/視黃質 xanthopsin
视交叉/視[神經]交叉 optic chiasma
视交叉上核/視交叉上核 suprachiasmatic nucleus, SCN
视角/視角 visual angle
视觉/視覺 vision
视觉剥夺/視剥奪,視覺喪失 visual deprivation
视觉分辨/視覺辨别 visual discrimination
视觉计算理论/視覺計算理論 computational theory of vision
视觉敏锐度/視覺敏感度,視敏度,視力 visual acuity
视[觉]盘/視[覺]盤 optic disc
视[觉]皮质/視覺皮質 visual cortex
视觉器官/視覺器官 visual organ
视觉-前庭失匹配/視覺-前庭失匹配 visual-vestibular mismatch
视觉搜索/視覺搜索 visual search
视[觉]通路/視覺通路,視覺路徑 visual pathway
视觉通信/視覺通訊,視覺溝通 visual communication
视觉筒/視覺筒 optic cartridge
视觉性共济失调/視覺性共濟失調 optic ataxia
视觉暂留/視覺暫留 persistence of vision
视力/視力,視覺敏感度,視敏度 visual acuity
视密度/視密度,表觀密度 apparent density
视敏度/視敏度,視覺敏感度,視力 visual acuity
视内髓/視内髓 opticon
视泡/視泡 optic vesicle
视频图形显示/視頻圖形顯示 videographic display
视前区/視前區 preoptic area, POA
视青质/視紫藍質,視紫藍素 iodopsin
视色蛋白质/視色蛋白質 visual chromoprotein
视色素/視色素 visual pigment
视上核/視上核 supraoptic nucleus
视神经/視神經 optic nerve
视神经节/視神經節 optic ganglion
视神经乳头/視神經乳突 papilla of optic nerve, optic papilla
视神经原节/複眼神經原節,眼神經球 ocular neuromere
视束/視束 optic tract
视调节/視力適應 visual accommodation

视投射/視像投射 visual projection
[视]突触频率/突觸頻率 synaptic frequency
视外髓/視外髓 epiopticon
视网膜/視網膜 retina
视网膜磁图/視網膜磁圖 magnetoretinogram
视网膜电图/視網膜電圖,電網圖 electroretinogram, ERG
视网膜母细胞瘤/視網膜母細胞瘤,視網膜胚細胞瘤,成視網膜細胞瘤 retinoblastoma
视网膜母细胞瘤基因/視網膜母細胞瘤基因 retinoblastoma gene, Rb gene
[视]网膜色素/[視]網膜色素 retinal pigment
视网膜[神经]节细胞/視網膜神經節細胞 retinal ganglion cell, RGC
[视]网膜细胞/[視]網膜細胞 retina cell
视网膜映射拓扑组构/視網膜映射拓撲組構 retinotopic organization
视小网膜/小網膜,網膜體 retinula, retinophore
视野/視野 visual field
视野计/視野計 perimeter
视叶/視葉 optic lobe
视阈/視閾 visual threshold
视轴/視軸 visual axis
视锥蛋白/視錐蛋白 visinin
视锥细胞/視錐細胞 cone cell
视紫[红]质/視紫[紅]質,視紫素 rhodopsin, retinal-based visual pigment
视紫红质激酶/視紫紅質激酶 rhodopsin kinase, RK
视紫蓝质/視紫藍質,視紫藍素 iodopsin
适氮植物/嗜氮植物,喜氮植物 nitrophyte, nitrophilous plant, nitrophile
适冬性/嗜冬性 chimonophile
适洞动物/真洞棲動物 eucaval animal
适洞性/嗜洞性 troglophile
适腐性/嗜腐性 saprophile
适钙植物/嗜鈣植物,嗜石灰植物,鈣土植物 calciphilous plant, calcicole plant, calciphyte
适寒性/嗜寒性,嗜冷性 psychrophile, cryophile
适寒植物/適寒植物 hekistotherm
适旱变态/適旱變態 xeromorphosis
适合度/適合度 fitness
适口性/適口性 palatability
适农田动物/耕地動物 agrophile
适[配]体/適配體 aptamer
适配性组装/適配性組裝 fitment assembly
适沙生物/嗜沙生物,砂生生物 psammophile
适生城市植物/適城市植物 urbanphil plant
适酸性/嗜酸性 acidophile
适酸植物/適酸植物,酸性[土]植物 acid plant, oxylophyte, acidophyte
适温/適温 optimal temperature
适雪性/嗜雪性 chionophile
适阳植物/[喜]陽光植物,好日性植物 heliophilous plant, heliophyte, heliophile
适宜刺激/適當刺激 adequate stimulus
适宜种/適宜種 preferential species
适蚁动物/嗜蟻動物 myrmecophile
适蚁植物/喜蟻植物,蟻生植物 ant plant, myrmecophyte
适应/適應,順應 accustomization, adaptation
适应补偿/適應補償 adaptive compensation
适应程度/適應程度 adaptedness
适应带/適應帶,適應界 adaptive zone
适应分化/適應分化 kladogenesis
适应峰/適應高峰 adaptive peak
适应计/適應計,暗適應測試儀 adaptometer
适应量/適應量 adaptive capacity
适应酶/適應酶,適應酵素 adaptive enzyme
适应面/適應面 adaptive surface
适应趋同/適應趨同 adaptive convergence
适应色/適應色 adaptive coloration
适应退化/適應退化 adaptative regression
适应型/適應型 adaptation type, adaptation pattern, epharmone
适应性/適應性 adaptability
适应性锻炼/適應性訓練 adaptive training
适应性反应/適應反應 adaptive response
适应[性]辐射/適應輻射 adaptive radiation
适应性共振理论/適應性共振理論 adaptive resonance theory, ART
适应[性]进化/適應[性]演化 adaptive evolution
适应性控制/適應控制 adaptive control
适应性扩散/適應性擴散 adaptive dispersion
适应性留存/適應現象,免疫遷就現象 accommodation
适应性免疫/適應性免疫,後天性免疫,主動免疫 adaptive immunity
适应性免疫应答/適應性免疫反應,主動免疫反應 adaptive immune response
适应性调节 T 细胞/適應性調節 T 細胞 adaptive regulatory T cell
适应性细胞保护作用/適應性細胞保護作用 adaptive cytoprotection
适应性行为/適應行為 adaptive behavior
适应性选择/適應[性]選擇 adaptive selection

适应性指数整合-发放模型/適應性指數整合-發放模型 adaptive exponential integrate-and-fire model
适应性状发生/適應性狀發生 adaptogenesis
适应值/適應值 adaptive value
适雨植物/適雨植物,嗜雨植物,好雨性植物 ombrophile, ombrophyte, rain-loving plant
适者生存/適者生存 survival of the fittest
室管/室管 siphuncle
室管膜细胞/室管膜細胞 ependymal cell
室间隔/室間隔 interventricular septum
室间孔/室間孔 interventricular foramen, interzooidal pore
室间鸟头体/室間鳥頭體 interzooidal avicularium
室口/室口 orifice
室旁核/室旁核 paraventricular nucleus
室温/室溫 room temperature
室性心律失常/室性心律不整,心室性不整脈 ventricular arrhythmia
舐吸式/舐吸式,舐吮式 sponging type
舐吸式口器/舐吮式口器 licking mouthparts, sponging mouthparts, lapping mouthparts
释放素/釋放素 liberin
释放信号/釋放訊號 releasor
释放信息素/釋放性費洛蒙 releaser pheromone
释放因子/釋放因子 release factor, RF, releaser
嗜暗期/嗜暗期 skotophile phase
嗜捕性/嗜捕性 trap addictedness
嗜池沼性/嗜沼澤性 tiphophile
嗜大洋性/嗜大洋性 pelagophile
嗜氮植被/嗜氮植被 nitrophilous vegetation
嗜氮植物/嗜氮植物,喜氮植物 nitrophyte, nitrophilous plant, nitrophile
嗜低温性/嗜低溫性 hypothermophile
嗜碘泡/嗜碘泡 iodinophilous vacuole, iodophilous vacuole
嗜冬性/嗜冬性 chimonophile
嗜洞性/嗜洞性 troglophile
嗜锇性/嗜鋨性,好鋨性 osmiophile
嗜锇血小板/嗜鋨血小板 osmiophilic platelet
嗜二氧化碳微生物/嗜二氧化碳微生物 capnophile
嗜腐生物/嗜腐生物 saprophile
嗜腐性/嗜腐性 saprophile
嗜高渗生物/嗜滲壓生物,耐滲壓生物 osmophile
嗜高渗细菌/嗜滲透壓菌 osmophilic bacteria
嗜高渗性/嗜高滲性,好稠性 osmophily
嗜铬粒蛋白/嗜鉻粒蛋白 chromogranin
嗜铬粒蛋白 A/嗜鉻粒蛋白 A chromogranin A
嗜铬粒蛋白 B/嗜鉻粒蛋白 B chromogranin B
嗜铬粒结合蛋白/嗜鉻粒結合蛋白 chromobindin
嗜铬粒膜蛋白/嗜鉻粒膜蛋白 chromomembrin
嗜铬粒抑制肽/嗜鉻粒抑制肽 chromostatin
嗜铬细胞/嗜鉻細胞 chromaffin cell
嗜铬性/嗜鉻性 chromaffinity
嗜铬组织/嗜鉻組織 chromaffin tissue
嗜共生/嗜共生 symphile
嗜光期/嗜光期 photophile phase
嗜光性/嗜光性 photophile
嗜硅植物/嗜矽酸植物 silicicolous plant
嗜海性/嗜海性 thalassophile
嗜寒性/嗜寒性,嗜冷性 psychrophile, cryophile
嗜旱性/嗜旱性 xerophile
嗜河流性/嗜河流性 potamophile
嗜荒漠性/嗜荒漠性 eremophile
嗜极生物/嗜極端生物 extremophile
嗜碱酶/嗜鹼酶 alkalophilic enzyme
嗜碱染色微粒/鹼性染色小粒 basichromiole
嗜碱微生物/嗜鹼微生物 alkalinophilic microorganism, alkaliphile
嗜碱性/嗜鹼性 basophilia
嗜碱性粒细胞/嗜鹼性粒細胞,嗜鹼性[白血]球 basophilic granulocyte, basophil
嗜碱性粒细胞脱[颗]粒试验/嗜鹼性白血球脱粒試驗 basophil degranulation test
嗜碱性细胞/嗜鹼性細胞 basophilic cell
嗜碱性植被/嗜鹼性植被,適鹼植被 basophilous vegetation
嗜巨噬细胞抗体/嗜巨噬細胞抗體,親巨噬細胞抗體 macrophage cytophilic antibody
嗜冷酶/嗜冷酶 psychrophilic enzyme
嗜冷生物/嗜冷生物,低温生物,嗜寒生物 psychrophile, cryophile, psychrophilic organism
嗜冷[细]菌/嗜冷[細]菌,低温[細]菌 psychrophilic bacteria, psychrophile
嗜冷性/嗜冷性,嗜寒性 psychrophile, cryophile
嗜林性/嗜林性 hylophile
嗜流性植被/嗜流性植被 rheophilic vegetation
嗜硫菌/嗜硫菌 thiophilic bacteria
嗜木性/嗜木性 xylophile
嗜泥滩性/嗜泥灘性 octhophile
嗜泉[水]性/嗜泉性 crenophile
嗜热菌蛋白酶/嗜熱菌蛋白酶 thermolysin, thermophilic protease
嗜热酶/嗜熱酶 thermozyme
嗜热生物/嗜熱生物,嗜熱菌 thermophile
嗜热酸菌/嗜熱酸菌 thermoacidophile
嗜乳脂蛋白/嗜乳脂蛋白 butyrophilin

嗜色粒/嗜色粒　chromatophile granule
嗜色细胞/嗜色細胞　chromophilic cell
嗜杀酵母菌/嗜殺酵母菌　killer yeast
嗜沙丘性/嗜沙丘性　thinophile
嗜深海性/嗜深海性　pontophile
嗜石性/嗜石性　petrodophile
嗜食性/食物偏好　food preference
嗜树梢性/嗜樹梢性　acrodendrophily
嗜树性/嗜樹性　dendrophile
嗜水性/嗜水性　hydrophile
嗜酸菌/嗜酸[細]菌　acidophilic bacteria
嗜酸生物/嗜酸性生物　acidophile
嗜酸性/嗜酸性　acidophile
嗜酸性粒细胞/嗜酸性粒細胞,嗜酸性[白血]球,嗜伊紅粒細胞　eosinophilic granulocyte, eosinophil
嗜酸性粒细胞集落生成单位/嗜酸性粒細胞集落生成單位　colony-forming unit-eosinophil, CFU-EO
嗜酸性粒细胞趋化性多肽/嗜酸性粒細胞趨化性多肽,嗜伊紅粒細胞趨化性多肽　eosinophil chemotactic peptide
嗜酸性粒细胞趋化因子/嗜酸性粒細胞趨化因子　eotaxin
嗜酸性粒细胞生成素/嗜酸性粒細胞生成素,嗜伊紅粒細胞生成素　eosinophilopoietin
嗜酸性粒细胞性肌膜炎/嗜酸性[白血]球肌膜炎　eosinophilic myolemmitis
嗜酸性细胞/嗜酸性細胞　oxyphil cell, acidophilic cell
嗜酸性植被/嗜酸性植被　acidophilous vegetation
嗜天青颗粒/嗜天青顆粒　azurophilic granule
嗜铁菌/嗜鐵菌　siderophilic bacteria
嗜同性抗体/嗜同性抗體　isophile antibody
嗜同性抗原/嗜同性抗原　isophile antigen
嗜土性/嗜土性　geophile
嗜温生物/[嗜]中溫生物　mesophile, mesotherm
嗜温性/嗜溫性　thermophile, thermophily
嗜溪流性/嗜溪流性　rheophile
嗜细胞[性]抗体/嗜細胞抗體　cytophilic antibody
嗜狭高温生物/嗜窄高溫生物　stenothermophile
嗜雪性/嗜雪性　chionophile
嗜雪植物/嗜雪植物　chionophile
嗜压菌/嗜壓[細]菌　barophilic bacteria, piezophile, barophile
嗜岩性/嗜岩性　phellophile
嗜盐菌/嗜鹽[細]菌　halophilic bacteria, halophile, halobacteria
嗜盐菌视紫红质/嗜鹽菌視紫紅質　halorhodopsin
嗜盐酶/嗜鹽酶　halophilic enzyme
嗜盐性/嗜鹽性　halophile
嗜洋性/嗜洋性　oceanophile
嗜氧性/嗜氧性　oxyphile
嗜伊红粒细胞/嗜伊紅粒細胞,嗜酸性[白血]球,嗜酸性粒細胞　eosinophilic granulocyte, eosinophil
嗜蚁动物/嗜蟻動物　myrmecophile
嗜异性抗体/嗜異性抗體　heterophil antibody
嗜异性抗原/嗜異性抗原　heterophilic antigen
嗜异性粒细胞/嗜異性粒細胞　heterophilic granulocyte
嗜异性凝集试验/嗜異性凝集試驗　heterophil agglutination test
嗜银系/嗜銀系　argyrome
嗜银细胞/嗜銀細胞　argyrophilic cell
嗜银性/嗜銀性　argyrophilia
[嗜]中性粒细胞/嗜中性粒細胞,嗜中性[白血]球　neutrophil, neutrophilic granulocyte
噬斑测定/噬[菌]斑檢定,溶菌斑分析　plaque assay
噬斑突变株/溶菌斑突變株　plaque mutant
噬斑形成单位/噬[菌]斑形成單位,溶菌斑形成單位　plaque forming unit, pfu, PFU
噬斑原位杂交/溶菌斑原位雜交　plaque in situ hybridization
噬[菌]斑/噬[菌]斑,溶菌斑,空斑　plaque
噬[菌]斑杂交/噬[菌]斑雜交　plaque hybridization
噬[菌]粒/噬[菌]粒　phagemid, phasmid
噬菌体/噬菌體　bacteriophage, phage
DNA 噬菌体/DNA 噬菌體　DNA phage
M13 噬菌体/M13 噬菌體　M13 bacteriophage, M13 phage
Mu 噬菌体/Mu 噬菌體　Mu bacteriophase
P1 噬菌体/P1 噬菌體　P1 phage
λ-噬菌体/λ-噬菌體　lambda phage, λ phage
噬菌体变型/噬菌體變型　phagevar
噬菌体表面展示/噬菌體表面展示,噬菌體表面呈現　phage surface display
[噬菌体]串联体/連環體　concatemer
[噬菌体]N 蛋白/N 蛋白　N-protein
[噬菌体]顶部壳粒/頂部殼粒　apical capsomere
[噬菌体]顶体/頂體　apex
噬菌体分型/噬菌體分型,噬菌體型類別法　bacteriophage typing, phage typing
[噬菌体]基片插孔/[噬菌體]基片插孔　base-plate hub
[噬菌体]基片丝/[噬菌體]基片絲　base-plate fibril
[噬菌体]基片楔突/[噬菌體]基片楔突　base-plate wedge
[噬菌体]畸形体/畸形體　monster

[噬菌体]颈部/頸部 collar
[噬菌体]颈圈/頸圈 connector
[噬菌体]颈须/頸鬚 whisker
[噬菌体]聚合头部/聚合頭部 polyhead
[噬菌体]聚合尾鞘/聚合尾鞘 polysheath
噬菌体抗体/噬菌體抗體 phage antibody
[噬菌体]裂解量/裂解數,釋出數量 burst size
[噬菌体]裂解阻抑/溶菌抑制 lysis inhibition
λ-噬菌体末端酶/λ-噬菌體末端酶 λ-phage terminase
噬菌体人工染色体/噬菌體人工染色體 phage artificial chromosome, PAC
噬菌体随机肽[文]库/噬菌體隨機肽庫 phage random peptide library
[噬菌体]髓部/中心,核心 core
噬菌体肽[文]库/噬菌體肽庫 phage peptide library
[噬菌体]尾板/基板 base plate
[噬菌体]尾管/尾管 tail tube
[噬菌体]尾鞘/尾鞘 tail shealth
[噬菌体]尾丝/尾纖,尾絲 tail fiber
[噬菌体]尾丝抗原/尾絲抗原 fiber antigen
[噬菌体]先导蛋白/先導蛋白 pilot protein
噬菌体型/噬菌體型 phagetype
噬菌体学/嗜菌體學 bacteriophagology
噬菌体杂交/噬菌體交配 phage cross
噬菌体载体/噬菌體載體 phage carrier, phage vector
噬菌体展示/噬菌體展示,噬菌體呈現 phage display
噬菌体展示技术/噬菌體展示技術,噬菌體顯示技術 phage display technique
噬菌体展示[文]库/噬菌體展示庫,噬菌體表現庫 phage display library
噬菌体中和试验/噬菌體中和試驗 bacteriophage neutralization test, phage neutralization test
噬菌体转变/噬菌體轉變,噬菌變型 phage conversion
噬菌体转染/噬菌體轉染 bacteriophage transfection
噬菌现象/噬菌現象 bacteriophagia, bacteriophagy
噬菌型/噬菌型 phagovar
噬菌性溶素/噬菌性溶素 bacteriophagic lysin
噬藻体/噬藻體 phycophage
螯毛/刺毛,毒腺毛 urticating hair
螯针/螯刺 sting
螯针腺/螯針腺 sting gland
匙板/匙板 spondylium
匙骨/匙骨 cleithrum
匙状刚毛/匙狀剛毛 spatulate seta
收获法/收穫法,收割法 harvest method
收肌/[内]收肌,内轉肌 adductor, adductor muscle
收集管/收集管 collecting canal
收集泡/收集泡 receiving vacuole
收缩/收縮 contraction
收缩蛋白质/收縮蛋白質 contractile protein
收缩根/收縮根 contractile root
收缩环/收縮環 contractile ring
收缩泡/收縮泡,伸縮泡 contractile vacuole
收缩期/收縮期 systolic phase
收缩期末容积/[心室]收縮末期容積 end-systolic volume, ESV
收缩期末压-容积关系曲线/收縮末期壓[力]-容積關係曲線 end-systolic pressure-volume relationship, ESPVR
收缩效能/收縮效能 performance of contraction
收缩性/收縮性 contractility
收缩压/收縮壓 systolic pressure
收缩总和/收縮總和 summation of contraction
收足肌/收足肌 pedal retractor muscle
手/手 hand
手动气锁/手動氣鎖 manual airlock
手术移植/手術移植 surgical transplantation
EF 手形/EF 手形[結構] EF-hand
手性/手性,掌性,不對稱性 chirality
手性色谱/手性層析法,手性色譜法 chiral chromatography
守护共生/守護共棲 phylacobiosis
首同名/首同名 senior homonym
首异名/首異名 senior synonym
寿命/壽命 longevity, duration of life, life span
寿命蛋白/壽命蛋白 mortalin, MOT
受动者/受動者 coactee
受害生态系统/受害生態系 damaged ecosystem
受害允许界限/損害容許水準 tolerable injury level
受激发射损耗显微术/受激發射損耗顯微術 stimulated emission depletion microscopy, STED
受激拉曼散射显微术/受激拉曼散射顯微術 stimulated Raman scattering microscopy, SRS microscopy
受激子/激發雙體,準分子 excimer
受精/受精[作用] fertilization, spermatiation
受精波/受精波 fertilization wave
受精冲动/受精衝動 fertilization impulse
受精道/受精道 canal of fecundation
受精管/受精管 fertilization tube, fertilizing tube
受精后联合/受精後聯合 postinsemination association

受精抗原/受精抗原 fertilization antigen
受精抗原-1/受精抗原-1 fertilization antigen-1, FA-1
受精抗原-2/受精抗原-2 fertilization antigen-2, FA-2
受精率/受精率 fertility rate
受精卵/受精卵 fertilized egg, fertilized ovum, oosperm
受精膜/受精膜 fertilization membrane
受精囊孔/受精囊孔 spermathecal orifice
受精丝/受精絲 receptive hypha, trichogyne, fertilization filament
受精素/受精素 fertilizin
受精停滞/受精停滯 fertilization stasis
受精锥/受精錐,受精突起 fertilization cone
受控部分/受控部分 controlled part
受控生态生命保障系统/受控生態生命維持系統,受控生態維生系統 controlled ecological life-support system, CELSS
受控生态系统/受控生態系,控制型生態系 controlled ecosystem
受磷蛋白/受磷蛋白 phospholamban
受体/受體 receptor, recipient
LDL 受体/低密度脂蛋白受體 low-density lipoprotein receptor, LDL receptor
SNAP 受体/可溶性 NSF 附著蛋白受體 soluble NSF attachment protein receptor, SNARE
Toll 受体/Toll 受體 Toll receptor, TLR
受体编辑/受體編輯 receptor editing
受体操控性钙离子内流/受體操控鈣離子内流 receptor-operated calcium entry, ROCE
受体操控性钙离子通道/受體操控鈣離子通道 receptor-operated calcium channel, ROCC
受体操控性通道/受體操控通道 receptor-operated channel, ROC
受体超家族/受體超家族 receptor superfamily
受体储备/受體儲備 receptor reserve
受体蛋白/受體蛋白 receptor protein
cAMP 受体蛋白/cAMP 受體蛋白,環腺苷酸受體蛋白 cAMP receptor protein, CRP
受体[蛋白]激酶/受體[蛋白]激酶 receptor kinase
受体蛋白酪氨酸磷酸酶/受體蛋白酪氨酸磷酸酶 receptor protein tyrosine phosphatase
受体电位/受體電位,受器電位 receptor potential
受体复敏/受體復敏 receptor resensitization
受体活化因子/受體活化物 receptor activator
NF-κB 受体活化因子/核因子 κB 受體活化物,核因子 κB 受體啟動物,NF-κB 因子受體活化物 receptor activator of nuclear factor-κB, receptor activator of NF-κB, RANK
受体激动剂/受體激動劑 receptor agonist
受体激活蛋白/受體活化物 receptor activator
NF-κB 受体激活蛋白/核因子 κB 受體活化物,核因子 κB 受體啟動物,NF-κB 因子受體活化物 receptor activator of nuclear factor-κB, receptor activator of NF-κB, RANK
NF-κB 受体激活蛋白配体/核因子 κB 受體活化物配體,NF-κB 因子受體活化物配體 receptor activator of nuclear factor-κB ligand, RANKL
受体剪接位点/受體剪接位點,剪接接受位 acceptor splicing site
受体交叉/受體交叉 receptor cross
受体拮抗剂/受體拮抗劑 receptor antagonist
受体介导的胞吞[作用]/受體介導的胞吞作用,受體媒介[式]胞吞作用,受體引導之胞噬作用 receptor-mediated endocytosis
受体介导的胞饮[作用]/受體介導的胞飲作用 receptor-mediated pinocytosis
受体介导的调节作用/受體介導的調控作用,受體媒介[式]調節作用 receptor-mediated control
受体酪氨酸蛋白激酶/受體酪氨酸蛋白激酶 receptor tyrosine protein kinase, RTPK
受体酪氨酸激酶/受體酪氨酸激酶 receptor tyrosine kinase, RTK
受体酪氨酸磷酸酶/受體酪氨酸磷酸酶 receptor tyrosine phosphatase, RTP
受体内化/受體内化 receptor internalization
受体鸟苷酸环化酶/受體鳥苷酸環化酶 receptor guanylate cyclase
受体破坏酶/受體破壞酶 receptor destroying enzyme, RDE
受体适配法/受體適配法 receptor fitting
受体丝氨酸-苏氨酸蛋白激酶/受體絲氨酸-蘇氨酸蛋白激酶 receptor serine-threonine protein kinase, RSTPK
受体丝氨酸-苏氨酸激酶/受體絲氨酸-蘇氨酸激酶 receptor serine-threonine kinase, RSTK
受体调控性通道/受體操控通道 receptor-operated channel, ROC
受体脱敏/受體脱敏 receptor desensitization
受体细胞/受體細胞 recipient cell
受体相关酪氨酸激酶/受體相關酪氨酸激酶 receptor-associated tyrosine kinase
受体相互作用蛋白/受體相互作用蛋白 receptor-interacting protein, RIP
受体学说/受體學説 receptor theory

受体植物/受體植物 recipient plant
受调分泌/受調控[式]分泌,調控分泌 regulated secretion, regulatory secretion
受位/接受位[點],受體部位 acceptor site
受胁未定种/受威脅未定種 intermediate species
受胁[物]种/受威脅物種 threatened species
受孕个虫/受孕個蟲 fertilizing zooid
狩猎动物/狩獵動物 game animal
狩猎管理/狩獵管理,狩獵經營 game management
狩猎经营/狩獵經營,狩獵管理 game management
狩猎牧场/狩獵牧場,供獵牧場 game pasture
授粉/授粉[作用],傳粉[作用] pollination
授精/授精 insemination
授乳/哺乳 lactation
授时因子/校時器,内部定時器 zeitgeber, time-giver
兽传人兽互通病/獸傳人畜共通病 anthropozoonosis
兽类学/哺乳動物學 mammalogy, theriology
兽医寄生虫学/獸醫寄生蟲學,家畜寄生蟲學 veterinary parasitology
兽医昆虫学/獸醫昆蟲學 veterinary entomology
兽医免疫学/獸醫免疫學 veterinary immunology
兽医生理学/獸醫生理學 veterinary physiology
兽医微生物学/獸醫微生物學 veterinary microbiology
瘦蛋白/瘦蛋白,瘦素 leptin, LP
瘦果/瘦果 achene, akene
瘦素/瘦素,瘦蛋白 leptin, LP
瘦素受体/瘦素受體 leptin receptor
瘦体重/瘦體質量 lean body mass, LBM
书肺/書肺 book-lung
枢椎/樞椎 axis
梳理/[自我]梳理 preening, grooming
梳毛/梳毛,櫛毛 pectinate seta
梳[状]孢梗/梳狀孢梗 sporocladium
梳状齿钩毛/梳狀齒鉤毛 pectinate uncinus
梳状菌丝/梳狀菌絲 pectinate mycelium
舒尔茨-戴尔试验/舒爾茨-戴爾試驗 Schultz-Dale test
舒-法斯曼法/舒-法斯曼法 Chou-Fasman method
舒-法斯曼分析/舒-法斯曼分析 Chou-Fasman analysis
舒-法斯曼算法/舒-法斯曼算法 Chou-Fasman algorithm
舒血管肠肽/舒血管腸肽,血管活性小腸肽 vasoactive intestinal peptide, VIP
舒血管神经/血管舒張神經 vasodilator nerve
舒张/舒張,舒緩 relaxation
舒张末期/[心]舒張後期 diastasis
舒张期/舒張期 relaxing period
舒张期末容积/[心室]舒張末期容積 end-diastolic volume, EDV
舒张期末压/舒張末期壓 end-diastolic pressure
舒张前期/舒張前期 protodiastole
舒张压/舒張壓 diastolic pressure
疏灌丛/灌叢群落 shrubland
疏果/疏果,摘果 fruit thinning
疏果剂/摘果劑 fruit thinning agent
疏忽盲/不注意視盲 inattentional blindness
疏花/疏花,摘花 flower thinning, defloration, deblossoming
疏林/疏林 open forest
疏水氨基酸残基/疏水氨基酸殘基 hydrophobic amino acid residue
疏水层析/疏水層析法 hydrophobic chromatography
疏水键/疏水鍵 hydrophobic bond
疏水内核/疏水内核 hydrophobic core
疏水塌陷模型/疏水塌陷模型 hydrophobic-collapse model
疏水效应/疏水效應 hydrophobic effect
疏水性/疏水性 hydrophobicity
疏水性分析/疏水性分析 hydrophobic analysis
疏水真空清除器模型/疏水真空清除器模型 hydrophobic vacuum cleaner model
疏水真空吸尘器模型/疏水真空清除器模型 hydrophobic vacuum cleaner model
疏水作用/疏水[交互]作用 hydrophobic interaction
疏水作用层析/疏水作用層析法,疏水[交互]作用色譜法 hydrophobic interaction chromatography
疏水作用色谱法/疏水作用層析法,疏水[交互]作用色譜法 hydrophobic interaction chromatography
疏丝组织/梭形組織 prosenchyma
疏松结缔组织/疏鬆結締組織 loose connective tissue
疏松淋巴组织/疏鬆淋巴組織 loose lymphoid tissue
疏油性化合物/疏油性化合物 oleophobic compound
疏植/疏植 sparse planting
RNA 输出/RNA 輸出 RNA export
输出变量/輸出變量 output variable
mRNA 输出蛋白/mRNA 輸出蛋白 mRNA exporter
输出环境/輸出環境 output environment
输出淋巴管/輸出淋巴管 efferent lymphatic vessel
输精管/輸精管 vas deferens, spermaductus
输卵沟/輸卵溝 oviducal channel
输卵管/輸卵管 oviduct
输卵管萼/卵萼 egg calyx

输尿管/輸尿管 ureter
输尿管膀胱/輸尿管膀胱 tubal bladder
输乳管/輸乳管 lactiferous duct
输入环境/輸入環境 input environment
输入淋巴管/輸入淋巴管 afferent lymphatic vessel
输入特异性/輸入特異性 input specificity
输送宿主/轉續宿主 paratenic host, transport host
输血/輸血 blood transfusion
输血反应/輸血反應 transfusion reaction
熟精内肽酶/熟精内肽酶 initiatorin
熟精内肽酶抑制素/熟精内肽酶抑制素 initiatorin inhibitor
属/屬 genus
属典型种/屬典型種 generitype
属间嫁接/屬間嫁接 intergeneric grafting
属间杂交/屬間雜交 intergeneric hybridization, bigeneric cross
属间杂种/屬間雜種 intergeneric hybrid
属模/屬模 genotype
属群模/屬同模 genosyntype
属同模/屬同模 genosyntype
属组/屬群 genus group
鼠白血病病毒/鼠白血病病毒 murine leukemia virus, MLV
鼠李糖/鼠李糖 rhamnose
鼠李糖醇/鼠李醇,己五醇 rhamnitol
鼠乳腺瘤病毒/鼠乳房腫瘤病毒 murine mammary tumor virus, MMTV
鼠蹊孔/鼠蹊孔 inguinal pore
鼠蹊腺/鼠蹊腺 inguinal gland
鼠疫菌素/鼠疫桿菌素 pesticin
鼠疫耶氏菌疫苗/鼠疫[耶氏]桿菌疫苗 *Yersinia pestis* vaccine
鼠疫疫苗/鼠疫疫苗 plague vaccine
束缚配体/束縛配體 tethered ligand
束缚生长素/結合生長素 bound auxin
束缚水/束縛水 bound water
束缚因子/束縛因子 commitment factor
束间形成层/束間形成層 interfascicular cambium
束阑/中心光束遮擋器 beamstop
束丝/孢梗束 coremium
束细胞/束細胞 bundle cell
束中木质部/束中木質部,束内木質部 fascicular xylem
束中形成层/束中形成層,束内形成層 fascicular cambium
束状带/束狀帶 zona fasciculata
树顶病/樹頂病 tree top disease, wipfel disease
树干/樹幹 trunk
树干解析/樹幹解析 stem analysis
树高比/樹高比 tree height ratio
树高曲线/樹高曲線 height curve
树冠/樹冠 crown, tree crown, canopy
树冠比/樹冠比 crown ratio
树冠层/樹冠層 crown canopy, crown layer, crown cover
树冠厚度/樹冠厚度 crown depth
树冠火/樹冠火 crown fire
树冠级/樹冠級 crown class
树冠面/樹冠面 crown surface
树冠投影图/樹冠投影圖 crown projection diagram
树胶道/樹膠道 gum canal, gum duct
树径测量/樹徑測量 diameter measurement
树径记录仪/樹徑自記生長計 dendrograph
树篱/樹籬 hedgerow, espalier
树瘤/樹瘤 burl
树木年代学/年輪學,樹齡學 dendrochronology
树[木]线/樹線,[森]林線,森林界限 timber line, tree line, forest limit
树木学/樹木學 dendrology
树皮/樹皮 bark
树皮苔藓/樹皮苔蘚 corticolous bryophyte
树栖动物/樹棲性動物 arboreal animal, hylacole
树上附生植物/樹上附生植物,樹木附生植物 epiphyta arboricosa
树势/樹勢 tree vigor
树-树突触/樹-樹突觸,樹突間突觸 dendro-dendritic synapse
树-体突触/樹-體突觸 dendro-somatic synapse
树突/樹突,樹狀突起 dendrite
树突棘/樹突棘 dendritic spine, gemmule
树突运输/樹突運輸 dendritic transport
树突状上皮细胞/樹突上皮細胞 dendritic epidermal cell
树突状上皮 T 细胞/樹突上皮 T 細胞 dendritic epidermal T cell, dETC
树突[状]细胞/樹突細胞,樹狀細胞 dendritic cell, DC
树突状细胞趋化因子/樹突細胞趨化因子,樹突細胞趨化細胞激素 dendritic cell chemokine
树限/樹限 tree limit
树眼镜蛇毒素/樹眼鏡蛇毒素 dendrotoxin
树雨/樹雨,霧滴 fog drip
树沼/沼澤 swamp
树枝状群体/樹枝狀群體 dendritic colony, dendroid colony, arboroid

树脂/樹脂　resin, peucine
树脂包埋/樹脂包埋　resin embedding
树脂道/樹脂道　resin canal, resin duct
树脂腔/樹脂腔　resin cavity
树-轴突触/樹-軸突觸　dendro-axonic synapse
树状骨针/樹狀骨針　dendritic sclere
树状[进化]图/系統樹[圖],親緣樹　dendrogram
树状毛/樹狀毛　dendroid hair
树状鳃/樹狀鰓　arborescent branchia
树状子实层端菌丝/樹狀子實層端菌絲　dendrohyphidia
竖棘突肌/豎棘突肌　erector spine muscle
竖毛/豎毛　piloerection
竖毛肌/豎毛肌　arrector pilorum
数据合并/數據合併　merging
数据积分/數據積分　integrating
数据库/數據庫,資料庫　data base
DNA 数据库/DNA 資料庫　DNA database
数据库指导设计/資料庫指導設計　database-guided design
数据挖掘/資料挖掘　data mining
数量调查法/數量調查法　census method
数量金字塔/數[量金字]塔　pyramid of number, number pyramid
数量抗性基因座/數量抗性基因座,數量抗性位點　quantitative resistance locus
数量抗性位点/數量抗性位點,數量抗性基因座　quantitative resistance locus
数量性状/數量性狀,定量性狀,數量特徵　quantitative character, quantitative trait
数量性状基因座/數量性狀基因座,數量性狀位點　quantitative trait locus, QTL
数量性状位点/數量性狀位點,數量性狀基因座　quantitative trait locus, QTL
数量遗传/數量遺傳,定量遺傳　quantitative inheritance
数量遗传说/數量遺傳説　quantitative inheritance theory
数量遗传学/數量遺傳學　quantitative genetics
数量锥体/數[量金字]塔　pyramid of number, number pyramid
数目畸变/數目畸變　numerical aberration
数学模型/數學模型,數學模式　mathematical model
数学期望/數學期望　mathematic expectation
数学生态学/數學生態學　mathematical ecology
数值反应/數值反應,數量反應　numerical response
数值分类/數值分類　numerical classification
数值分类学/數值分類學　numerical taxonomy
数值孔径/數值孔徑　numerical aperture
数字 PCR/數字 PCR　digital PCR
数字机体/數字機體　digital organism
刷细胞/刷狀細胞　brush cell
刷状刚毛/刷狀剛毛　penicillate seta
刷状缘/刷狀緣　brush border
衰变/衰變,衰退　decay
衰变加速因子/衰變加速因子,衰退加速因子　decay accelerating factor, DAF
衰减/衰減　attenuation
衰减区/衰減區　attenuator region
衰减效应/衰減效應　depletion effect
衰老/衰老,老化　aging, senescence
衰老蛋白/早老素　presenilin
衰老端粒学说/老化端粒學説　telomeric theory of aging
衰老生理学/衰老生理學　aging physiology
衰老损耗理论/老化之耗損理論　wear-and-tear theory of aging
衰老型/[細菌]衰殘型,退化型　involution form
衰落群体/衰落群落,發育不良群落　depauperate colony
衰退/退化　degeneracy
衰亡期/衰退期,衰減期　decline phase
闩骨/閂骨　claustrum
栓化作用/木栓化作用　suberification
栓毛/釘狀毛　peg-like seta
栓内层/栓内層,栓皮層,綠皮層　phelloderm
栓体/栓體　stieda body
栓状核/栓狀核　emboliform nucleus
栓锥感器/柄錐感器,柄狀感覺器　styloconic sensillum
双半乳糖甘油二酯/二半乳糖甘油二酯　digalactosyl diglyceride, DGDG
双棒眼/雙棒眼,狹棒眼　double bar
双孢担孢子/雙孢子　dispore
双孢子胚囊/雙孢子胚囊　bisporic embryo sac
双胞孢子/雙胞孢子,單隔孢子　didymospore
双胞分生孢子/雙胞分生孢子　didmoconidium
双杯形骨针/雙環形骨針　double cup
双倍体细胞形成/雙倍性體細胞形成　disomaty
双被花/兩被花,二輪花,二層花被花　dichlamydeous flower
双边滤波/雙邊濾波　bilateral filter
双标记 PCR/雙標記 PCR　double-tagged PCR
双丙烯酰胺/雙丙烯醯胺　bisacrylamide
双波长分光光度计/雙波長分光光度計　double wavelength spectrophotometer

双层免疫荧光技术/雙層免疫螢光術 double layer immunofluorescence
双层瓶/雙層瓶 double bottle
双层荧光抗体技术/雙層螢光抗體技術 double layer fluorescent antibody technique
双叉刚毛/雙叉剛毛 bifid seta
双齿刚毛/雙齒剛毛 bidentate seta
双翅果/雙翅果 double samara
双翅[抗]菌肽/雙翅抗菌肽,雙翅素 diptercin, diptericin
双虫媒花/二種蟲媒花 dientomophilous flower
双重壁/雙重壁 double wall
双重泊松分布/雙重帕松分布,雙重卜瓦松分布 double Poisson distribution
双重不对称 PCR/雙重不對稱 PCR dual asymmetrical PCR
双重抽样/雙重抽樣,雙重取樣 double sampling
双[重]感染/雙[重]感染 double infection
双重神经支配/雙重神經支配 double innervation
双重杂合子/雙重異型合子,二基因異型合子 double heterozygote
双传嵌合体/雙傳嵌合體 amphoheterogony
双雌受精/雙雌受精,雙卵受精 digyny
双单倍体/雙單倍體,二染色體組單倍體 dihaploid, amphihaploid
双单体[生物]/雙單[染色]體生物 dimonosome, double monosome
双倒数作图法/雙倒數作圖法 double-reciprocal plot, Lineweaver-Burk plot
双点体/雙中心體,雙中心粒 diplosome
双多倍体/雙多倍體 amphipolyploid
双耳听觉/雙耳聽覺 binaural hearing
双二倍体/雙二倍體,複二倍體,複二元體 amphidiploid
双二倍性/雙二倍性,複二倍性 amphidiploidy
双房簇虫/雙房簇蟲 dicystid gregarine
双纺锤形骨针/雙紡錘形骨針 double spindle
双扉高压蒸汽灭菌器/雙門高壓蒸汽滅菌器 double-doors autoclave
双分子速率常数/雙分子速率常數 bimolecular rate constant
双分子荧光互补/雙分子螢光互補 bimolecular fluorescence complementation, BiFC
双分子脂膜/雙分子脂膜 bimolecular lipid membrane
双峰分布/雙峰分布 bimodal distribution
双峰生长曲线/雙峰生長曲線,二次生長曲線,雙期生長曲線 diauxic growth curve
双杆菌/雙桿菌 diplobacillus
双功能载体/雙功能載體 bifunctional vector
双功能质粒/雙功能質體 bifunctional plasmid
双宫型/雙宮型 didelphic type
双沟型/雙溝型 sycon
双-γ-谷氨酰半胱氨酸还原酶/雙-γ-穀氨醯半胱氨酸還原酶 bis-γ-glutamylcystine reductase
双固氮酶/雙固氮酶 dinitrogenase
双固氮酶还原酶/雙固氮酶還原酶 dinitrogenase reductase
双冠骨针/雙冠骨針 dilophous microcalthrops
双冠型触手冠/雙冠型觸手冠 zygolophorus lophophore
双光束分光光度计/雙光束分光光度計 double beam spectrophotometer
双光束光度计/雙光束光度計 double beam photometer
双光束光镊/雙光束光鑷 dual-beam optical tweezers
双光增益效应/埃默森增益效應,雙光增強效應 Emerson enhancement effect
双光子激发/雙光子激發 two-photon excitation
双光子激发显微术/雙光子激發顯微術 two-photon excitation microscopy
双光子激光扫描荧光显微术/雙光子雷射掃描螢光顯微術 two-photon laser scanning fluorescence microscopy
双核/雙核 amphinucleus
双核阶段/雙核期,二核相 dikaryophase
双核仁/雙核仁 amphinucleolus
双核体/雙核體 dikaryon
双核细胞/雙核細胞 dikaryocyte
双核杂种/雙核雜種,二核性雜種 dikaryotic hybrid
双环萼/雙環萼 dicyclic calyx
双极成神经细胞/雙極神經母細胞 bipolar neuroblast
双极神经元/雙極神經元 bipolar neuron
双极生态系统/雙極生態系 dipolar ecosystem
双极细胞/雙極細胞 bipolar cell
双棘突起/雙叉突起 bifurcated process
双加氧酶/二加氧酶 dioxygenase
双夹心免疫荧光法/三明治免疫螢光法 sandwich immunoflurescence
双价抗体/二價抗體 bivalent antibody
双尖刚毛/雙尖剛毛 bifid needle chaeta
双尖骨针/雙尖骨針 amphioxea
双交换/雙互換 double crossing over, double exchange
双交杂种/雙交雜種 double hybrid

双角子宫/雙角子宮 bicornute uterus
双节触角/雙節觸角 biarticulate antenna
双节触手/雙節觸手 biarticulate tentacle
双节触须/雙節觸鬚 biarticulate palp
双拮抗神经元/雙拮抗神經元 double-opponent neurons
双解丝蛋白/雙解絲蛋白 twinfilin
双精卵/雙精卵 dispermic egg
双精入卵/雙精入卵,雙精受精 dispermy, dispermic fertitization
双精受精/雙精受精,雙精入卵 dispermy, dispermic fertitization
双聚焦荧光相关光谱术/雙聚焦螢光相關光譜術 dual-focus fluorescence correlation spectroscopy, 2fFCS
双聚伞花序/雙聚傘花序 dicyme
双抗体/雙抗體 diabody
双抗体夹心法/雙[重]抗體三明治法 double antibody sandwich method
双壳/雙殼 bivalve
双壳幼虫/雙殼幼體 cyphonaute larva
双孔/雙孔 diplopore, diporate
双孔式/雙孔式 ditrysian type
双口道芽/雙口道芽 di-stomodeal budding
双口尾蚴/雙口尾蚴 distome cercaria
双库尼茨抑制剂/雙庫尼抑制劑 bikunin
双连续立方液态有序相/雙連續立方液態有序相 bicontinuous cubic liquid-ordered phase
双联体/雙聯體 doublet
双联型/雙接型 amphistyly
双链/雙鏈,雙股 double strand
双链 DNA/雙鏈 DNA,雙股 DNA double-stranded DNA, dsDNA
双链 RNA/雙鏈 RNA,雙股 RNA double-stranded RNA, dsRNA
双链 DNA 病毒/雙鏈 DNA 病毒 dsDNA virus
双链 RNA 病毒/雙鏈 RNA 病毒 dsRNA virus
双链断裂/雙鏈斷裂,雙股斷裂 double-strand break, DSE
双链断裂修复模型/雙鏈斷裂修復模型 double-strand break-repair model
双链互补 DNA/雙鏈互補 DNA double-stranded cDNA, dscDNA
双链 DNA 结合域/雙鏈 DNA 結合域 dsDNA-binding domain
双链 RNA 结合域/雙鏈 RNA 結合域 dsRNA-binding domain
双链体/雙螺旋體,複式體 duplex
双链体 DNA/雙螺旋 DNA,複式 DNA duplex DNA
双列板/雙列板 distichal plate
双列杂交/雙對等基因交叉 diallel cross
2,3-双磷酸甘油酸/2,3-雙磷酸甘油酸,2,3-二磷酸甘油酸 2,3-diphosphoglycerate, 2,3-DPG, 2,3-bisphosphoglycerate
2,3-双磷酸甘油酸支路/2,3-雙磷酸甘油酸支路 2,3-bisphosphoglycerate shunt
双磷脂酰甘油/二磷脂醯甘油 diphosphatidylglycerol, cardiolipin
双卵受精/雙卵受精,雙雌受精 digyny
双卵双胎/異卵雙生,異卵雙胎 dizygotic twins, fraternal twins, non-identical twins
双轮骨针/雙輪骨針 birotule
双轮形骨针/雙輪形骨針 double wheel
双轮幼虫/雙輪幼蟲 amphitrocha
双螺旋/雙[股]螺旋 double helix
双螺旋模型/雙螺旋模型 double helix model
双毛/伴生毛 duplex setae
双面角/雙面角,二面角 dihedral angle
双名法/雙名法,二名式命名法,二名法 binominal nomenclature
双膜片钳记录模式/雙膜片箝記録模式 double patch-clamp recording
双目显微镜/雙目顯微鏡 binocular microscope
双囊壁子囊/雙囊壁子囊 bitunicate ascus
双能蛋白/雙能蛋白,孿蛋白 geminin
双年轮/雙年輪 double annual ring
双盘骨针/雙盤骨針 amphidisc
双盘形骨针/雙盤形骨針 double disc
双胚层/雙胚層 diploblastic
双平椎体/雙平椎體 amphiplatyan centrum
双栖蛋白聚糖/雙棲蛋白聚糖 amphiglycan
双歧杆菌/雙歧桿菌 bifidobacterium
双潜能期/雙潛能期 bipotential stage
双腔子宫/雙腔子宮 bipartite uterus
双亲合子/雙親合子 biparental zygote
双亲遗传/雙親遺傳 biparental inheritance, amphilepsis
双亲中值/兩親本平均值 mid-parent value
双亲中值指数/兩親中間指數 mid-parent index
双氢阿维菌素/艾弗麥克素 ivermectin
双氢睾酮/二氫睾[固]酮 dihydrotestosterone, DHT
5α-双氢睾酮/5α-二氫睾[固]酮 5α-dihydrotestosterone
双球菌/雙球菌 diplococcus
双球形骨针/雙球形骨針 double sphere
双任务范式/雙任務範式 dual-task paradigm

双韧管状中柱/雙韌管狀中柱 amphiphloic siphonostele
双韧维管束/雙韌維管束,複並立維管束,雙並生維管束 bicollateral vascular bundle
双三叉骨针/雙三叉骨針 amphitriaene
双三体[生物]/雙三[染色]體生物 ditrisomic, double trisomic
双三体性/雙三體性 ditrisomy
双色荧光交叉相关光谱术/雙色螢光交叉相關光譜術 dual-color fluorescence cross-correlation spectroscopy
双生初虫/雙生初蟲 twin ancestrula
双生杂种/雙生雜種 twin hybrid
双生种/孿生種 twin species
双生子法/雙生子研究法,孿生研究法 twin method
双生子卵性诊断/合子型式診斷 zygosity diagnosis
双识别/雙識别 dual recognition
双识别假说/雙識别假説 dual recognition hypothesis
双受精/雙[重]受精 double fertilization
双受体/雙受體,介體 amboceptor
双瘦果/雙瘦果,雙懸果 achenodium
双水相/雙水相 aqueous two-phase
双顺反子 mRNA/雙順反子 mRNA bicistronic mRNA
双四倍体/雙四倍體 double tetraploid
双缩脲/雙[縮]脲 biuret
双缩脲反应/雙[縮]脲反應 biuret reaction
双态[性]真菌/雙態真菌,雙形性黴菌 dimorphic fungi
双糖/雙糖,二糖 disaccharide
双糖链蛋白聚糖/雙糖鏈蛋白聚糖 biglycan
双特异性抗体/雙特異性抗體 bispecific antibody, BsAb
双特异性抗体分子/雙特異性抗體分子 bispecific antibody molecule
双特异性磷酸酶/雙[重]特異性蛋白磷酸酶 dual specificity phosphatase
双体/二體 disome, disomic
双体节/雙體節 diplosomite
双替代法/雙替代法 double replacement method
双调蛋白/雙調蛋白 amphiregulin
双萜/雙萜 diterpene
双头骨针/雙頭骨針 tylote
双头肋骨/雙頭肋骨 double headed rib
双脱氧测序/雙去氧測序,雙去氧定序 dideoxy sequencing
双脱氧法/雙去氧法 dideoxy method
双脱氧核苷三磷酸/雙去氧[核糖]核苷三磷酸 dideoxyribonucleoside triphosphate, ddNTP
双脱氧核苷酸/雙去氧核苷酸 dideoxynucleotide
双脱氧链终止法/雙去氧鏈末端終止法 dideoxy chain-termination method
双脱氧指纹/雙去氧指紋 dideoxy fingerprint, ddF
双微染色体/雙微染色體 double minute chromosome, DMC
双微体/雙微體 double minute, DM
双稳态知觉/雙穩態知覺 bistable percept
双细胞毛/雙細胞毛 bicellular hair
双细胞双促性腺[激]素学说/雙細胞和雙促性腺[激]素學説 two-cell, two-gonadotropin theory
双显性个体/雙顯性個體 double dominant
双线期/雙絲期 diplotene, diplonema
双线性/雙線性 amphilinearity
双向层析/二維層析法 two-dimensional chromatography
双向电泳/雙向電泳,二維電泳 two-dimensional electrophoresis
DNA 双向分型/DNA 雙向分型 two-dimensional DNA typing, 2D DNA typing
双向复制/雙向複製 bi-directional replication
双向免疫扩散/雙向免疫擴散 double immunodiffusion
双向免疫扩散试验/雙向免疫擴散試驗 double immunodiffusion test
双向凝胶电泳/雙向凝膠電泳,二維凝膠電泳 two-dimensional gel electrophoresis, 2D gel electrophoresis
双向启动子/雙向啟動子 bi-directional promoter
双向琼脂扩散/雙向瓊脂擴散 double agar diffusion
双向色谱法/二維層析法 two-dimensional chromatography
双向信号传送/雙向訊息傳遞 bi-directional signaling
双向运输/雙向運輸 bi-directional translocation, bidirectional transport
双向转录/雙向轉録 bi-directional transcription
双相动作电位/雙相動作電位 biphasic action potential
双相基因组/雙相基因組,雙相基因體 biphasic genome
双相培养/雙相培養 biphasic cultivation
双效菌素/雙效菌素 zwittermicin
双信号/雙訊號 double singal
双信号模型/雙訊號模式 two-signal model
双信使系统/雙信使系統 double messenger system

双星骨针/雙星骨針 amphiaster
双星体/雙星體 amphiaster
双星[体]有丝分裂/雙星有絲分裂 amphiastral mitosis
双星象/雙星像 amphiastral figure
双星形骨针/雙星形骨針 double star
双型膜/雙型膜 stichodyad
双性群/雙性群 bisexual group
双胸复合物/雙胸複合體 bithorax complex
双雄受精/雙雄受精 diandry
双休眠/雙[重]休眠性 double dormancy
双序趾钩/雙序趾鉤 biordinal crochets
双悬果/雙懸果 cremocarp
双眼竞争/雙眼競爭 binocular competition, binocular rivalry
双眼视差/雙眼視差,雙眼像差 binocular parallax, binocular disparity
双眼视觉/雙眼視覺 binocular vision
双眼视像融合/雙眼視像融合,兩眼視像湊合 binocular fusion
双阳性细胞/雙陽性細胞 double positive cell
CD4CD8 双阳性 T 细胞/CD4CD8 雙陽性胸腺細胞 CD4CD8 double-positive T cell
双叶形触手冠/雙葉形觸手冠 bilabulate lophophore
双叶型疣足/雙葉型疣足 biramous parapodium
双义 RNA/雙義 RNA ambisense RNA
双义基因组/雙義基因組,雙義基因體 ambisense genome
双因子信号转导系统/雙因子訊號轉導系統 two-component signal transduction system
双因子杂种/雙因子雜種,二基因雜種 diheterozygote, dihybrid
双因子杂种率/雙因子雜種率,二基因雜種分離比 dihybrid ratio
双阴性细胞/雙陰性細胞 double negative cell
CD4CD8 双阴性 T 细胞/CD4CD8 雙陰性胸腺細胞 CD4CD8 double-negative T cell
双萤光素酶报告分析/雙螢光素酶報告分析 dual luciferase reporter assay
双元载体/雙元載體 binary vector
双杂交/雙雜交 double cross
双杂交测试/雙雜交測試 two-hybrid assay
双杂交系统/雙雜交系統 two-hybrid system
双杂交种/雙雜交雜種,雙交種 double cross hybrid
双载蛋白/雙載蛋白 amphiphysin
双枝型附肢/雙枝型附肢 biramous type appendage
双栉刚毛/雙櫛剛毛 bipinnate seta
双周节律/雙週節律 biweekly rhythm
双转化/雙轉化 double transformation
双锥形骨针/雙錐形骨針 double cone
双着丝粒桥/雙著絲點橋,二中節染色體橋 dicentric bridge
双着丝粒染色体/雙著絲點染色體,二中節染色體 dicentric chromosome
双子宫/雙子宮 duplex uterus
双子叶植物/雙子葉植物 dicotyls, dicotyledon
双组分调节系统/雙組分調節系統 two-component regulatory system
霜害/霜害 frost injury
霜蚀/霜蝕 frost erosion
霜线/霜線 frost line
水包油包水乳化佐剂/水包油包水乳化佐劑 water-in-oil-in-water emulsion adjuvant
水孢子/水中孢子 hydrospore
[水]表下漂浮生物/表下漂浮生物,表層漂浮生物 epineuston
[水]表下漂浮生物/水表下漂浮生物 hyponeuston, infraneuston
水布植物/水媒植物 hydrochore
水层区/水層區,遠洋帶 pelagic zone, pelagic division, pelagic province
水层生物/水層生物 pelagos
水底植物/水底植物,底棲植物,底生植物 benthophyte, phytobenthos
水痘-带状疱疹免疫球蛋白/水痘帶狀皰疹免疫球蛋白 varicella-zoster immunoglobulin
水肺/水肺 water lung, aqua lung
水分饱和亏缺/水分飽和虧缺 water saturation deficit, WSD
水分保持/水分保持 water conservation
水分差额/水分收支 water budget
水分短缺/水分短缺 water shortage
水分利用效率/水分利用效率 water use efficiency, WUE
水分平衡/水分平衡 water balance, water equilibrium
水分收支/水分收支 water budget
水分胁迫/水緊迫,水分逆境 water stress
水钴胺素还原酶/水鈷胺素還原酶 aquacobalamin reductase
水管/水管 siphon
水管板/水管板 siphonoplax
水管收缩肌/水管收縮肌 siphonal retractor muscle
水管系/水管系 water vascular system
水合酶/水合酶,水化酶 hydratase, hydrase
水合水/水合水,化合水 hydration water

水化酶/水化酶,水合酶 hydratase, hydrase
水活度/水活度 water activity
水结构/水結構 water structure
水解酪蛋白培养基/水解酪蛋白培養基 casein hydrolysate medium
水解酶/水解酶,水解酵素 hydrolase, hydrolytic enzyme
水解[作用]/水解[作用] hydrolysis
水浸片/濕片 wet-mount slide
水孔蛋白/水孔蛋白,水通道蛋白 aquaporin, AQP
水利尿/水利尿 water dieresis
水媒/水媒 hydrophily
水媒传粉/水媒傳粉 hydrophilous pollination
水面当量/水面當量 surface-equivalent
水面气候/水面氣候 hydroclimate
水母[发光]蛋白/水母[發光]蛋白 aequorin
水母[体]/水母[體] medusa
水凝胶纳米给药系统/水凝膠奈米給藥系統 hydrogel nanodrug delivery system
水凝胶支架/水凝膠支架 hydrogel scaffold
水漂生物/水漂生物 pleuston
水平板凝胶电泳/水平板凝膠電泳 horizontal slab gel electrophoresis
水平出芽/水平出芽 horizontal budding
水平出芽群体/水平出芽群體 horizontal budding colony
水平传播/水平傳播 horizontal transmission
水平传递/水平傳遞 horizontal transmission
水平地带性/水平地帶性 horizontal zonality
水平分布/水平分布 horizontal distribution
水平基因转移/水平基因傳遞 horizontal gene transfer
水平生骨隔/水平骨質隔,骨質横隔 horizontal skeletogenous septum
水平生命表/水平生命表 horizontal life table
水平头裂/水平頭裂 horizontal cephalic slit
水平细胞/水平細胞 horizontal cell
水平转头/水平轉頭,水平轉子 swing-out rotor
水腔/水腔 hydrocoel
水圈/水圈 hydrosphere
水泉群落/水泉群落,泉水群落,水泉群聚 crenium
水溶性维生素/水溶性維生素 water-soluble vitamin
水生/水生 aquatic, hydric
水生草本群落/水生草本群落,水生草原 aquiherbosa, aquiprata
水生地下芽植物/水生地下植物 hydrogeophyte
水生动物/水生動物 hydrocole, hydrocole animal
水生浮游生物/水生浮游生物 hydroplankton
水生群落/水生群落,水生群聚 aquatic community
水生生态系统/水域生態系 aquatic ecosystem
水生生物/水生生物 hydrobiont, hydrobios
水生生物学/水生生物學 hydrobiology
水生食肉动物/水生食肉動物 hydradephage
水生微生物学/水生微生物學 aquatic microbiology
水生形态/水生形態 hydromorphism
水生穴居动物/水生穴居動物 aquatic cave animal
水生演替/水生演替,水生消長 hydrarch succession, hydroarch succession
水生演替系列/水生演替系列,水生消長系列 hydroarch sere, hydrosere
水生植物/水生植物 aquatic plant, water plant, hydrophyte
水势/水勢 water potential
水苏糖/水蘇[四]糖 stachyose, lupeose
水通道/水通道 water channel
水通道蛋白/水通道蛋白,水孔蛋白 aquaporin, AQP
水通道蛋白-1/水通道蛋白-1 aquaporin-1, AQP1
水通道蛋白-2/水通道蛋白-2 aquaporin-2, AQP2
水通道蛋白穿梭假说/水通道蛋白穿梭假説 water-channel protein shuttle hypothesis
水土保持/水土保持 water and soil conservation
水土流失/水土流失 water and soil loss
水团/水團 water mass
水污染/水[質]污染 water pollution
[水]螅根/螅根 hydrorhiza
[水]螅茎/螅莖 hydrocaulus
[水]螅鞘/螅鞘 hydrotheca
水螅肽/棘皮蛋白 pedin
水螅[体]/水螅[體] polyp, hydranth
[水]螅枝/螅枝 hydrocladium
水下视觉/水下視覺 underwater vision
水下听觉/水下聽覺 underwater hearing, underwater audition
水下芽植物/水下芽植物 hydrocryptophyte
水循环/水[文]循環 hydrologic cycle, water cycle
水咽球/水咽球 aquapharyngeal bulb
水杨酸/水楊酸,鄰羥基苯甲酸 salicylic acid, SA
水-有机溶剂单相系统/水-有機溶劑單相系統 water and organic solvent single-phase system
水-有机溶剂双相系统/水-有機溶劑雙相系統 water and organic solvent two-phase system
水俣病/水俣病,汞中毒[症] Minamata disease
水域生态系统/水域生態系 aquatic ecosystem
水质监测/水質監測 water-quality monitoring
水质评价/水質評估 water-quality assessment

[水]蛭素/[水]蛭素 hirudin
水肿/水腫 edema
水组织/水組織 pleurenchyma
睡眠/睡眠 sleep
睡眠觉醒周期/睡眠覺醒週期,睡眠清醒週期 sleep-wake cycle, sleep-waking cycle
睡眠清醒周期/睡眠清醒週期,睡眠覺醒週期 sleep-wake cycle, sleep-waking cycle
睡眠诱导肽/睡眠誘導肽 sleep inducing peptide, SIP
δ-睡眠诱导肽/δ-睡眠誘導肽 δ-sleep inducing peptide
睡眠中枢/睡眠中樞 sleep center
睡眠锥状波/睡眠紡錘波 sleep spindle
顺从姿态/臣服姿勢 submissive posture
顺丁烯二酸/順丁烯二酸,馬來酸 maleic acid
顺反测验/順反測驗 *cis-trans* test
顺反位置效应/順反位置效應 *cis-trans* position effect
顺反异构/順反異構 *cis-trans* isomerism
顺反异构酶/順反異構酶 *cis-trans* isomerase
顺反子/順反子 cistron
顺反子间区/順反子間區 intercistronic region
顺反子内互补测验/順反子內互補測驗 intracistronic complementation test
顺风飞行/順風飛行 downwind flight
[顺]芥子酸/[順]芥子酸,順-13-二十二烯酸,二十二碳-順-13-烯酸 erucic acid, sinapic acid
顺面/順[式]面,接受面 *cis*-face
顺面高尔基网/高爾基[氏]體順面網,順式高爾基[氏]體網 *cis*-Golgi network, CGN
顺式构象/順式構象,順向構象 *cis*-conformation
顺式互补/順式互補 *cis*-complementation
顺式剪接/順式剪接 *cis*-splicing
顺式切割/順式切割 *cis*-cleavage
顺式调节/順式調節 *cis*-regulation
顺式显性/順式顯性 *cis*-dominance
顺式相/相引相 coupling phase
顺式异构/順式異構 *cis*-isomerism
顺式异构体/順式異構體 *cis*-isomer
顺式作用/順式作用 *cis*-acting
顺式作用核酶/順式作用核酶 *cis*-acting ribozyme
顺式作用基因/順式作用基因 *cis*-acting gene
顺式作用基因座/順式作用基因座 *cis*-acting locus
顺式作用序列/順式作用序列 *cis*-acting sequence
顺式作用元件/順式作用元件 *cis*-acting element
顺乌头酸/順烏頭酸 *cis*-aconitic acid
顺乌头酸酶/[順]烏頭酸酶 aconitase
顺向插入/同向插入 direct insertion
顺向传导/順向傳導 orthodromic conduction
顺向构象/順向構象,順式構象 cisoid conformation
顺向运输/順行運輸 anterograde transport
顺行性遗忘/順行性健忘,遠事遺忘 anterograde amnesia
顺序雌雄同体/順序雌雄同體 sequential hermaphrodite
顺序四分子/順序四分子 ordered tetrad
顺序四分子分析/順序四分子分析 ordered tetrad analysis
顺序选择法/順序選擇 tandem selection
顺应/順應,調節,順適 accommodation, conformation
顺应者/順應者 conformer
瞬间代谢物浓度法确定通量控制系数/瞬間代謝物濃度法確定通量控制係數 transient metabolite concentration method to determine the flux control coefficient
瞬间配对/觸離配對 touch-and-go pairing
瞬膜/瞬膜 nictitating membrane
瞬时表达/瞬時表達,暫時表現,暫態表達 transient expression
瞬时补充率/瞬時補充率,瞬間補充率 instantaneous rate of recruitment
瞬时出生率/瞬時出生率,瞬間出生率 instantaneous birth rate
瞬时感受器电位/暫態感受器電位,暫態受體電位 transient receptor potential, TRP
瞬时感受器电位通道/暫態感受器電位通道,TRP 通道 transient receptor potential channel, TRP channel
瞬时全死亡率/瞬間全死亡率 instantaneous rate of mortality
瞬时剩余生产率/瞬間剩餘生產率 instantaneous rate of surplus production
瞬时受体电位/暫態感受器電位,暫態受體電位 transient receptor potential, TRP
瞬时死亡率/瞬時死亡率,瞬間死亡率 instantaneous death rate, instantaneous mortality rate
瞬时[型]感受器/暫態感受器 transient receptor
瞬时渔获死亡率/瞬間漁獲死亡率 instantaneous rate of fishing mortality
瞬时增长率/瞬間增長率,瞬間增加率 instantaneous rate of increase, instantaneous growth rate, percapita rate of increase
瞬时转染/瞬時轉染,暫態轉染,暫時轉染 transient

transfection
瞬时自然死亡率/瞬間自然死亡率 instantaneous rate of natural mortality
瞬褶/瞬褶 nictitating fold
蒴苞/蒴苞 involucre
蒴齿/蒴齒 peristomal teeth, peristome
蒴齿层/蒴齒層 peristomium
蒴萼/蒴萼 perianth
蒴果/蒴果 capsule
蒴莲根毒蛋白/蒴蓮根毒蛋白 volkensin
蒴轴/蒴軸 columella
丝/絲 filament, silk
丝氨酸/絲氨酸,絲胺酸 serine, Ser
丝氨酸蛋白酶/絲氨酸蛋白酶 serine protease, serine proteinase
丝氨酸蛋白酶抑制物/絲氨酸蛋白酶抑制物,絲酶抑制蛋白 serine protease inhibitor, serpin
丝氨酸-苏氨酸蛋白激酶/絲氨酸-蘇氨酸蛋白激酶 serine-threonine protein kinase
丝氨酸-苏氨酸蛋白磷酸酶/絲氨酸-蘇氨酸蛋白磷酸酶 serine-threonine protein phosphatase
丝氨酸-苏氨酸蛋白酶/絲氨酸-蘇氨酸蛋白酶 serine-threonine protein protease
丝氨酸-苏氨酸激酶/絲氨酸-蘇氨酸激酶 serine-threonine kinase
丝氨酸-苏氨酸激酶受体/絲氨酸-蘇氨酸激酶受體 serine-threonine kinase receptor, RSTK
丝氨酸-苏氨酸磷酸酶/絲氨酸-蘇氨酸磷酸酶 serine-threonine phosphatase
丝氨酸酯酶/絲氨酸酯酶 serine esterase
丝孢菌/絲孢菌 hyphomycete
丝甘蛋白聚糖/絲甘蛋白聚糖 serglycin
丝间联系/絲間聯繫 interfilamental junction
丝间质/絲間質 interfilar substance, paramitome
丝胶蛋白/絲膠蛋白 sericin
丝孔/絲孔 nematopore
丝联蛋白/介連蛋白 internexin
丝裂霉素/絲裂黴素 mitomycin
丝裂原/促分裂原,致裂原,有絲分裂促進劑 mitogen
丝裂原激活的蛋白激酶/促分裂原活化蛋白激酶,MAP 激酶,致裂原活化型蛋白激酶 mitogen-activated protein kinase, MAPK
丝裂原激活的蛋白激酶级联反应/促分裂原活化蛋白激酶級聯反應 mitogen-activated protein kinase cascade, MAPK cascade
丝酶抑制蛋白/絲酶抑制蛋白,絲氨酸蛋白酶抑制物 serine protease inhibitor, serpin
丝膜/絲膜 cortina
丝切蛋白/絲切蛋白 cofilin
丝石竹毒蛋白/絲石竹毒蛋白 gypsophilin
丝噬体/絲噬體 lagmid
丝束蛋白/絲束蛋白,[菌]毛蛋白 fimbrin, plastin
丝心蛋白/絲心蛋白,生絲素 fibroin
丝心蛋白酶/絲心蛋白酶 fibroinase
丝状冠毛/絲狀冠毛 pilose pappus
丝[状]鳃/絲鰓 trichobranchiate
丝状噬菌体/絲狀噬菌體 filamentous bacteriophage
丝[状伪]足/絲[狀偽]足 filopodium
丝状温度敏感蛋白/絲狀溫度敏感蛋白,絲狀温敏蛋白,Fts 蛋白 filamentous temperature sensitive protein, Fts protein
丝状型菌落/絲狀[型]菌落 filamentous type colony
丝状蚴/絲狀蚴 filariform larva
丝状真菌/絲狀真菌 filamentous fungus
丝状真菌受体细胞/絲狀真菌受體細胞 receptor cell of filamentous fungus
斯金纳箱/斯金納箱 Skinner box
斯卡查德方程/斯卡恰方程式 Scatchard equation
斯卡查德分析/斯卡恰分析 Scatchard analysis
斯卡查德作图/斯卡恰作圖法 Scatchard plotting
斯氏器/斯氏器 Stewart organ
斯塔林方程/斯塔林方程式 Starling equation
斯塔林假说/斯塔林假説 Starling hypothesis
斯坦尼钙调节蛋白/司坦尼鈣調節蛋白 stanniocalcin, STC
斯图亚特因子/司徒氏因子Ⅹ Stuart-Prower factor
斯托克斯-爱因斯坦关系/斯托克斯-愛因斯坦關係 Stokes-Einstein relation
斯托克斯半径/斯托克斯半徑 Stokes radius
斯托克斯定律/斯托克斯定律 Stokes law
斯托克斯频移/斯托克斯位移 Stokes shift
斯韦德贝里单位/斯維德伯格單位,史式單位,斯伯單位 Svedberg unit
死浮游生物/死浮游生物 necroplankton
死亡蛋白/死亡蛋白 death protein
死亡结构域/死亡結構域 death domain, DD
死亡率/死亡率 mortality, death rate
死亡期/死亡期 death phase
死亡曲线/死亡曲線 mortality curve
死亡受体/死亡受體 death receptor, DR
死亡受体介导途径/死亡受體介導途徑 death receptor-mediated pathway
死亡效应域/死亡效應域 death effector domain, DED
死亡诱导信号复合体/死亡誘導訊息複合體,死亡誘

導訊號複合體 death-inducing signaling complex, DISC
四孢子胚囊/四孢子胚囊 tetrasporic embryo sac
四倍体/四倍體,四元植物 tetraploid, tetraplont
四倍性/四倍性 tetraploidy
四叉骨针/四叉骨針 tetraene
四重寄生物/四重寄生物,四重寄生蟲 quarternary parasite
四次穿膜蛋白/四次跨膜蛋白 tetraspanin
四次跨膜蛋白/四次跨膜蛋白 tetraspanin
四单倍体/四染色體單倍體 tetrahaploid
四等分卵裂/四等分卵裂 homoquadrant cleavage
四碘甲状腺原氨酸/四碘甲狀腺素 3,5,3′, 5′-tetraiodothyronine, T_4
四叠体/四疊體 corpora quadrigemina
四二倍体/四重二倍體 quadruple diploid
四方晶系/四方晶系 tetragonal system
四分孢子/四分孢子 tetraspore
四分孢子囊/四[分]孢子囊 tetrasporangium
四分大孢子/四分大孢子 megaspore tetrad
四分膜/四分膜 quadrulus
四分染色单体/染色分體四分體,染色分體四分子 chromatid tetrad
四分体/四分體 tetrad
四分体痕/四分體痕,四子痕 tetrad scar
四分小孢子/四分小孢子 microspore tetrad
四分子分析/四分子分析,四分體分析 tetrad ananlysis
四辐骨针/四輻骨針 tetractine, tetract
四辐爪状骨针/四輻爪狀骨針 anchorate
四冠骨针/四冠骨針 tetralophous microcalthrops
四核苷酸/四核苷酸 tetranucleotide
四核苷酸假说/四核苷酸假説 tetranucleotide hypothesis
四核苷酸酶/四核苷酸酶 tetranucleotidase
四环素/四環素 tetracycline
四环素类抗生素/四環黴素類 tetracyclines, tetracycline antibiotic
四基板/四基板 tetrabasal
四级结构/四級結構 quaternary structure
四极纺锤体/四極紡錘體 quadripolar spindle
四价[染色]体/四價[染色]體 quadrivalent, tetravalent chromosome
四孔型/四孔型 quadrifora
四联凝[集]素/四聯凝素 tetranectin
四联球菌/四聯球菌 tetrads
四联体/四聯體,四分體 tetrad, quadruplet
四链体 DNA/四鏈體 DNA,四螺旋 DNA,四顯性組合 DNA tetraplex DNA, quadruplex DNA
四螺旋束/四螺旋束 four-helix bundle
四膜式[口]器/四膜式口器 tetrahymenium
四盘蚴/四盤蚴 tetrathyridium
四强雄蕊/四強雄蕊 tetradynamous stamen
四氢叶酸/四氫葉酸 tetrahydrofolic acid
四氢叶酸脱氢酶/四氫葉酸脱氫酶 tetrahydrofolate dehydrogenase
四射[染色]体/四射染色體 quadriradial chromosome
四室药/四室藥 quadrilocular anther
四数花/四數花 tetramerous flower
四碳糖/四碳糖,丁糖 tetrose
四糖/四糖 tetrasaccharide
四体/四[染色]體 tetrasomie
四体二倍性/四染色體二倍體性 tetrasomic diploidy
四体[染色体]性/四體[染色體]性 tetrasomy
四体雄蕊/四體雄蕊 tetradelphous stamen
四体遗传/四[染色]體遺傳 tetrasomic inheritance
四显性组合/四顯性組合 quadriplex, quadruplex
四线双交换/四股雙互换 four strand double crossingover
四型/四型 tetratype, T
四型四分体/四型四分子 tetratype tetrad
四叶轮生/四葉輪生 quarternate arrangement
四叶型触手冠/四葉型觸手冠 quadrilobulate lophophore
四乙铵/四乙銨 tetraethylammonium, TEA
四枝骨片/四枝骨片 tetraclad, tetraclone, tetracrepid desma
四指叉棘/四指叉棘 tetradactylous pedicellaria
四轴骨片/四軸骨片 tetracrepid
四轴骨针/四軸骨針 tetraxon
四足动物/四足動物 tetrapod
四祖杂种/四祖雜種,四原雜種 quaternary hybrid
四唑氮法/四唑氮法 tetrazolium method
似亲孢子/似親孢子 autospore
似然竞争/表觀競爭,外顯競爭 apparent competition
似然性/似然性 likelihood
饲料作物/飼料作物 forage crop, fodder-crop
饲养层/飼養層 feeder layer
饲养细胞/飼養細胞 feeder cell
饲用植物/飼料植物 forage plant
松胞菌素/細胞鬆弛素,鬆胞素 cytochalasin
松弛蛋白/鬆弛蛋白 relaxation protein
松弛环状 DNA/鬆弛環狀 DNA,鬆環 DNA relaxed circular DNA

松弛控制/放鬆控制　relaxed control
松弛素/鬆弛素　relaxin
松弛[型]DNA/鬆弛型 DNA　relaxed DNA
松弛型突变体/鬆弛突變體　relaxed mutant
松弛型质粒/鬆弛型質體　relaxed plasmid
松二糖/松二糖　turanose
松果体/松果體,松果腺　pineal body, pineal gland
松果体激素/松果體激素　pineal hormone
松果体细胞/松果體細胞　pinealocyte
松果腺/松果腺,松果體　pineal body, pineal gland
松果眼/松果眼　pineal eye
松萝酸/松蔓酸,地衣酸　usnic acid, usninic acid, usnein
松三糖/松三糖　melezitose
松散膜片钳/鬆散膜片箝　loose patch-clamp
松香/松香　colophonium
松蕈酸/松蕈酸　agaric acid
搜索常数/搜索常數　quest constant
搜寻印象/搜尋形象　search image
薮枝螅发光蛋白/藪枝螅發光蛋白　obelin
苏氨酸/蘇氨酸,蘇胺酸,羥丁胺酸　threonine, Thr
苏氨酸脱氨酶/蘇氨酸脫胺酶　threonine deaminase
苏氨酸脱水酶/蘇氨酸脫水酶　threonine dehydratase
苏木精/蘇木精,蘇木素　haematoxylin, hematoxylin
苏木素/蘇木素,蘇木精　haematoxylin, hematoxylin
苏糖/蘇糖　threose
苏[糖]型构型/蘇[糖]型構型　threo-configuration
苏糖型异构体/蘇糖型異構體　threo-isomer
苏云金菌素/蘇雲金菌素　thuricin
苏云金素/蘇雲金素,蘇力菌素　thuringiensin
俗名/俗名　colloquial name, common name, vernacular name
素陶滤器/素陶濾菌器　unglazed porcelain filter
速度沉降/速度沉降　velocity sedimentation
速度离心/速度離心　velocity centrifugation
速度-容积曲线/速度-容積曲線　velocity-volume curve
速度视差/速度視差　velocity parallax
速发型超敏反应/即發型過敏反應　immediate type hypersensitivity
速固醇/速固醇,速甾醇　tachysterol
速激肽/速激肽　tachykinin
速激肽受体/速激肽受體　tachykinin receptor, NK
速流技术/速流技術　rapid flow technique
速率公式/速率公式　velocity formula
速率区带离心/速率區帶離心　rate-zonal centrifugation
速溶突变体/速溶突變體　rapid lysis mutant
速溶突变型/速溶突變體　rapid lysis mutant
速殖子/速殖子　tachyzoite
宿被瘦果/有被瘦果　diclesium
宿存鞘/宿存鞘　persistent sheath
宿存叶/宿存葉　persistent leaf
宿萼/宿萼,有蒂[的]　persistent calyx
宿萼蒴果/宿萼蒴果,下生果　diplotegium
宿根/多年生根　perennial root
宿主/宿主,寄主　host
宿主范围/宿主範圍,寄主範圍　host range
宿主范围突变体/寄主範圍突變體　host-range mutant, hr mutant
宿主交替/宿主交替　alternation of host
宿主抗性/宿主抗性　host resistance
宿主抗移植物反应/宿主抗移植物反應　host versus graft reaction, HVGR
宿主控制的限制修饰系统/宿主控制的限制修飾系統　host-controlled restriction modification system
宿主控制的限制修饰作用/宿主控制的限制修飾作用　host-controlled restriction and modification, HCRM
宿主特异性/寄主專一性,宿主專屬性　host specificity
宿主细胞/寄主細胞　host cell
宿主诱导修饰/寄主誘發變異　host-induced modification
宿主专一性/寄主專一性,宿主專屬性　host specificity
嗉囊/嗉囊　crop
塑胶膜培养/塑膠膜培養　plastic film culture
塑模标本/塑模標本,塑模式,塑型　plastotype
溯河产卵鱼/溯河產卵魚　anadromous fish
溯河繁殖/溯河繁殖　anadromy
溯河洄游/溯河洄游　anadromous migration
溯祖理论/溯祖理論　coalescence theory
溯祖时间/溯祖時間　coalescence time
酸败/酸敗　vancidity, spoilage
酸沉降/酸[性]沉降　acidic precipitation, acid deposition
酸蛋白酶/酸蛋白酶　pepsinase
酸度/酸度,酸性　acidity
酸化[作用]/酸化[作用]　acidification
酸碱催化/酸鹼催化[作用]　acid-base catalysis
酸碱代谢/酸鹼代謝　acid-base metabolism
酸碱平衡/酸鹼平衡　acid-base balance
酸敏感离子通道/酸敏感離子通道　acid-sensing ion channel, ASIC
酸生演替系列/酸性演替系列　oxysere

酸土植物/喜酸植物,適酸植物,酸[性]土植物 oxylophyte, oxyphile
酸性成纤维细胞生长因子/酸性纖維母細胞生長因子 acid fibroblast growth factor, aFGF
酸性蛋白酶/酸[性]蛋白酶 acid protease
酸性湖/酸營養湖 acidotrophic lake
酸性磷酸[酯]酶/酸性磷酸酶 acid phosphatase
酸性泥炭沼泽/酸沼,矮叢沼,雨養深泥沼 bog, ombrotrophic mire, moor
酸性品红/酸性品紅,酸性復紅 acid fuchsin
酸性染料/酸性染料 acid dye
酸性溶液/酸性溶液 acidic solution
酸性神经鞘磷酸酶/酸性神經鞘磷酸酶 acid sphingomyelinase, ASMase
酸性水解酶/酸水解酶,酸水解酵素 acid hydrolase
酸性糖蛋白/酸性糖蛋白 acid glycoprotein
α_1-酸性糖蛋白/α_1-酸性糖蛋白 α_1-acid glycoprotein
酸性土[壤]/酸性土壤 acid soil
酸性岩/酸性岩 acidic rock
酸性脂[肪]酶/酸性脂酶 acid lipase
酸性脂酶缺乏症/酸性脂酶缺乏症 acid lipase deficiency
酸性指示植物/酸性地指標植物 acidophilous indicator plant
酸血症/酸血症 acidemia
酸雨/酸雨 acid rain
酸沼/酸沼,矮叢沼,雨養深泥沼 bog, ombrotrophic mire, moor
酸值/酸值,酸數 acid number, acid value
酸中毒/酸中毒 acidosis
算法/演算法 algorithm
随机 PCR/隨機 PCR,隨機聚合酶鏈反應 random PCR
随机变量/隨機變量,隨機變數,逢機變數 random variable, stochastic variable
随机抽样[法]/隨機抽樣,逢機取樣 random sampling
随机点立体图/隨機點立體圖,隨機點體視圖 random-dot stereogram, RDS
随机点体视图/隨機點體視圖,隨機點立體圖 random-dot stereogram, RDS
随机分布/隨機分布 random distribution
随机分配/隨機分配 random assortment
随机共振/隨機共振 stochastic resonance
随机寡核苷酸诱变/隨機寡核苷酸誘變 random oligonucleotide mutagenesis
随机光学重建显微术/隨機光學重建顯微術 stochastic optical reconstruction microscopy, STORM
随机婚配/隨機婚配 random mating, panmixis
随机交配/隨機交配,逢機交配 random mating, panmixis
随机交配群体/隨機交配族群,隨機婚配群體 random mating population, panmictic population
随机交配指数/隨機交配指數 panmictic index
随机景观模型/隨機景觀模型,隨機地景模型 stochastic landscape model
随机聚合酶链反应/隨機聚合酶鏈反應,隨機 PCR random PCR
随机扩增多态性 DNA/隨機擴增多態性 DNA,隨機擴增多型性 DNA random amplified polymorphic DNA, RAPD
随机扩增多态性 DNA 标记/隨機擴增多態性 DNA 標記 random amplified polymorphic DNA marker
随机灭绝/隨機滅絶 stochastic extinction
随机模型/隨機模型,隨機模式 stochastic model
随机配对法/隨機配對法,逢機毗鄰法 random pairs method
随机漂变/隨機漂變 random drift
随机神经场/隨機神經場 random neural field
随机生态位边界假说/隨機生態位邊界假説 random niche-boundary hypothesis
随机突变/隨機突變,逢機突變 random mutation
随机系统/隨機系統 stochastic system
随机效应/隨機[性]效應,機率性效應 random effect, stochastic effect
随机效应模型/隨機效應模型 random effect model
随机样本/隨機樣本,逢機樣本 random sample
随机遗传漂变/隨機遺傳漂變 random genetic drift
随机引物/隨機引物,隨意引子 random primer, arbitrary primer
随机引物 PCR/隨機引物 PCR,任意引物 PCR arbitrarily primed polymerase chain reaction, AP-PCR, random primed PCR
随机引物标记/隨機引物標記 random primer labeling
随机诱变/隨機誘變 random mutagenesis
随机整合/隨機整合 random integration
随机锥体倾转重构/隨機錐體傾轉重構 random conical tilt reconstruction, RCT reconstruction
随渗生物/隨滲生物,滲透壓順應者 osmoconformer
随体/隨體,衛星 satellite
随体 DNA/隨體 DNA,衛星 DNA,從屬 DNA satellite DNA
随体联合/隨體聯合 satellite association
随体区/隨體區 satellite zone, SAT-zone

随体染色体/隨體染色體 satellite chromosome, SAT-chromosome
随意呼吸/隨意呼吸 voluntary breathing, voluntary respiration
随意肌/隨意肌 voluntary muscle
随意控制眼球跳动/隨意控制眼球跳動 voluntary saccade
随意运动/隨意運動,自主運動 voluntary movement
随遇种/廣適種 indifferent species
髓/髓 medulla, pith
髓放线/髓放線 medullary ray
髓过氧化物酶/髓過氧化物酶,髓性過氧化氫酶,髓性過氧化酵素 myeloperoxidase, MPO
髓过氧化物酶缺乏症/髓過氧化物酶缺陷症 myeloperoxidase deficiency
髓核/核心,核軸 core, nucleoid
髓壳/髓殼 medullary shell
髓磷脂/髓磷脂,髓鞘質 myelin
髓磷脂蛋白脂质/髓磷脂蛋白脂類 myelin proteolipid
髓囊盘被/髓囊盤被,内囊盤被,盤下層 medullary excipulum
髓袢/髓襻,髓環 medullary loop
髓旁肾单位/近髓質腎單位,近髓質腎元 juxtamedullary nephron
髓鞘/髓鞘 myelin sheath
髓鞘蛋白质/髓鞘蛋白質 myelin protein
髓鞘寡突胶质糖蛋白/[髓]鞘寡突膠質糖蛋白 myelin oligodendroglia glyceprotein
髓鞘碱性蛋白[质]/髓鞘鹼性蛋白[質] myelin basic protein
髓鞘切迹/髓鞘切痕 incisure of myelin
髓鞘相关糖蛋白/[髓]鞘相關糖蛋白 myelin-associated glycoprotein, MAG
髓鞘质/髓鞘質,髓磷脂 myelin
髓射线/髓射線 medullary ray, pith ray
髓索/髓索 medullary cord
髓外造血/髓外造血 extramedullary hemopoiesis, extramedullary hematopoiesis
髓样树突状细胞/骨髓樹突細胞 myeloid dendritic cell
髓样祖细胞/骨髓原始細胞 myeloid progenitor
髓质/髓質 medulla
髓质集合管/髓質集合管 medullary collecting duct
髓质间质细胞/髓質間質細胞 medullary interstitial cell
髓质[淋巴]窦/髓[質淋巴]竇 medullary sinus
碎化/碎化 break down
碎屑/碎屑,腐屑 detritus
碎屑食物链/碎屑食物鏈 detritus food chain
碎屑食物途径/碎屑途徑 detrital pathway
碎屑食性摄食/碎屑攝食 detritus feeding
穗状花序/穗狀花序 spike
穗状聚伞花序/穗狀聚傘花序 spicate cyme
损耗环/損耗環 consumptive loop
损耗模量/損耗模數 loss modulus
DNA 损伤/DNA 損傷 DNA damage
损伤电位/損傷電位 injury potential
DNA 损伤感应子/DNA 損傷感應子 DNA damage sensor
DNA 损伤剂/DNA 損傷劑 DNA damage agent
DNA 损伤检查点/DNA 損傷檢驗點 DNA damage checkpoint
DNA 损伤信号/DNA 損傷訊號 DNA damage signaling
DNA 损伤应答/DNA 損傷反應 DNA damage response
莎草沼泽/莎草泥炭沼 sedge bog
梭孢子/梭孢子,紡錘孢子 fuseau
梭菌/梭菌 clostridium
梭菌蛋白酶/梭菌蛋白酶 clostripain
梭内肌纤维/梭内肌纖維,肌梭内纖維 intrafusal muscle fiber
梭外肌纤维/梭外肌纖維,肌梭外纖維 extrafusal muscle fiber
梭形杆菌/梭桿菌 fusobacterium
梭形平滑肌细胞/梭形平滑肌細胞 spindle-shaped smooth muscle cell, S-SMC
羧化酶/羧化酶 carboxylase
羧基蛋白酶/羧基蛋白酶 carboxyl protease
羧基端/羧基[末]端,C 端 carboxyl terminal, C-terminal, C-terminus
羧基端结构域/羧基[末]端結構域,C 端結構域 carboxy-terminal domain, C-terminal domain, CTD
γ-羧基谷氨酸/γ-羧基穀氨酸 γ-carboxyl glutamic acid
4-羧基固醇 3-脱氢酶/4-羧基固醇-3-脱氫酶 sterol-4-carboxylate 3-dehydrogenase
γ-羧[基]化/γ-羧化[作用] γ-carboxylation
羧基歧化酶/羧基歧化酶 carboxydismutase
羧基修饰/羧基修飾 carboxyl modification
羧基转移酶/羧基轉移酶,轉羧基酶 transcarboxylase, carboxyl transferase
羧甲基纤维素/羧甲基纖維素 carboxymethyl cellulose
羧酸/羧酸 carboxylic acid
羧肽酶/羧肽酶 carboxypeptidase

羧肽酶 A/羧肽酶 A carboxypeptidase A
羧肽酶 B/羧肽酶 B carboxypeptidase B
羧肽酶原/羧肽酶原,原羧肽酶,碳氧肽酶原 procarboxypeptidase
缩肠绒毛素/腸絨毛收縮素,絨毛激素 villikinin
缩胆囊素/縮膽囊肽,膽囊收縮素 cholecystokinin, CCK
缩胆囊素释放肽/縮膽囊肽釋放肽 cholecystokinin-releasing peptide, CCK-releasing peptide
缩胆囊肽/縮膽囊肽,膽囊收縮素 cholecystokinin, CCK
缩短病/短縮病 brachyosis
缩短期/縮短期 shortening period, phase of shortening
缩短热/縮短熱 shortening heat
缩宫素/催産素,子宫收縮素 oxytocin, OT, pitocin
缩醛/縮醛 acetal
缩醛磷脂/縮醛磷脂 acetal phosphatide, plasmalogen
缩鳃反射/縮鰓反射 gill-withdrawal reflex
缩时显微电影术/定時顯微電影技術 time-lapse microcinematography
缩酮/縮酮 ketal
缩血管神经/血管收縮神經 vasoconstrictor nerve
索/索 chord, chorda
索腭型/索顎型,繫腭型 desmognathism
索恩环/索恩環 Thon ring
索尔克疫苗/沙克[氏]疫苗 Salk vaccine
索饵场/索餌場 feeding ground
索饵洄游/索餌洄游,攝食洄游,覓食遷移 feeding migration
索节/索節,絲狀節 funicle
索氏提取器/索氏提取器 Soxhlet extractor
索素蛋白/索素蛋白 chordin protein
索趾足/索趾足 desmodactylous foot
索状管胞/束狀管胞,索狀假導管 strand tracheid
索状物/索狀物 pallial siphuncle
索状因子/索狀因子 cord factor
琐飞/斷續飛行 appetitive flight, trivial flight
锁骨/鎖骨 clavicle
锁骨下动脉/鎖骨下動脈 subclavian artery
锁骨下静脉/鎖骨下静脈 subclavian vein
锁核酸/鎖核酸 locked nucleic acid, LNA
锁链素/鎖鏈[賴胺]素,鎖聯酸 desmosine
锁突/鎖突 locking flange
锁相/鎖相 phase-locking
锁钥模型/鎖鑰模型 lock and key model
锁钥学说/鎖鑰學説 lock and key theory
锁状联合/鎖狀聯合 clamp connection
锁状细胞/鎖狀細胞 clamp cell

T

他感[化学]物质/相剋物質,種間交感物質,相生相剋化感物 allelochemics, allelochemicals, allelopathic substance
他感素/相剋物質,種間交感物質,相生相剋化感物 allelochemics, allelochemicals, allelopathic substance
他感作用/[植物]相剋作用,抑他作用,異株剋生 allelopathy
他克莫司/他克莫司,藤澤黴素 tacrolimus
他梳理/他梳理 allogrooming
塌陷多肽链/塌陷多肽鏈 collapsed polypeptide chain
塔格糖/塔格糖 tagatose
塔罗糖/塔羅糖 talose
塔式发酵罐/塔式發酵槽,柱式發酵槽 column fermenter
踏车现象/踏車運動,[細胞骨架]消長現象 tread milling
α-胎蛋白/甲型胎兒蛋白,α-胎兒蛋白 alpha-fetoprotein, α-fetoprotein, AFP
胎[儿]/胎[兒] fetus
胎儿氨基蝶呤效应/胎兒氨基蝶呤效應 fetal aminopterin effect
胎儿抗原/胎兒抗原,胚胎抗原 fetal antigen
胎儿抗原性/胎兒抗原性 fetal antigenicity
胎儿血红蛋白/胎兒血紅蛋白,胎血紅素 fetal hemoglobin
胎膜/胎膜 fetal membrane
胎膜破裂/胎膜破裂 rupture of membrane
胎牛血清/胎牛血清 fetal calf serum
胎盘/胎盤 placenta
胎盘催乳素/胎盤催乳素,胎盤促乳素 placental lactogen, PL
胎盘动物/胎盤動物 placentalia
胎盘钙黏素/胎盤型鈣黏蛋白 placental cadherin, P-cadherin
胎盘钙黏着蛋白/胎盤型鈣黏蛋白 placental cadherin, P-cadherin
胎盘干细胞库/胎盤幹細胞庫 placental stem cell bank
胎盘间充质干细胞/胎盤間充質幹細胞 placenta-derived mesenchymal stem cell
胎盘免疫/胎盤免疫 placental immunity
胎盘屏障/胎盤屏障 placental barrier
胎盘球蛋白/胎盤球蛋白 placental globulin
胎盘生长因子/胎盤生長因子 placental growth factor, PIGF
胎盘形成/胎盤形成 placentation, placenta formation
胎盘转运/胎盤轉運,胎盤運輸 placental transport
胎球蛋白/胎球蛋白 fetuin
胎生/胎生 viviparity
胎生动物/胎生動物 viviparous animal
胎循环/胎循環 fetal circulation
胎仔数/胎仔數,窩仔數 litter size
胎座/胎座 placenta
胎座式/胎座式 placentation
台阶实验/登階測驗 step test
台盼蓝/台盼藍,錐蟲藍 trypan blue
台盼蓝染色法/台盼藍染色法 trypan blue staining method
苔类[植物]/蘚類[植物] liverwort
苔藓动物/苔蘚動物 moss animal, bryozoan, ectoproct
苔藓冻原/蘚類苔原,濕蘚原 moss-tundra
苔藓群落学/蘚苔群落學 bryocoenology
苔藓纤维/苔蘚纖維 mossy fiber
苔藓植物/苔蘚植物,蘚苔類 bryophyte
苔藓植物学/苔蘚學 bryology
太古代/太古代,始生代 Archeozoic Era
太赫兹波辐射/太赫茲波輻射 terahertz wave radiation
太平洋两岸分布/太平洋兩岸分布 amphi-Pacific distribution
太阳辐射/太陽輻射 solar radiation
太阳辐射曲线/太陽輻射曲線 solar radiation curve
太阳跟踪/太陽跟蹤 solar tracking
太阳黑子周期/太陽黑點週期 sunspot cycle
太阳能值/太陽能值 solar emergy
太阳能值转换率/太陽能換率 solar transformity
太阳日时钟/太陽日時鐘 solar-day clock
太阳紫外辐射/太陽紫外輻射 solar ultraviolet

radiation
态模标本/態模式,形態模式標本 morphotype
肽/肽,胜 peptide
肽 YY/肽 YY peptide tyrosine tyrosine, PYY
C 肽/C 肽 C-peptide
α-肽/α-肽 α-peptide, alpha peptide
肽单元/肽單元 peptide unit
肽合成/肽合成 peptide synthesis
肽核酸/肽核酸 peptide nucleic acid, PNA
肽基二肽酶 A/肽基二肽酶 A peptidyl-dipeptidase A
肽基脯氨酰基顺反异构酶/肽基脯氨醯[基]順反異構酶 peptidyl-prolyl *cis-trans* isomerase, PPIase
肽键/肽鍵,肽聯 peptide bond, peptide linkage
肽结合槽/肽結合溝槽 peptide-binding cleft
肽结合模体/肽結合模體,肽結合基序 peptide-binding motif
肽聚糖/肽聚糖 peptidoglycan
肽类激素/肽激素 peptide hormone
肽链/肽鏈 peptide chain
肽酶/肽酶 peptidase
肽能伤害性感受器/肽能傷害性感受器 peptidergic nociceptor
肽能纤维/肽能纖維 peptidergic fiber
肽平面/肽平面 peptide plane
肽扫描技术/肽掃描技術 peptide scanning technique, pepscan
肽-*N*-糖苷酶 F/肽-*N*-糖苷酶 F peptide-*N*-glycosidase F, PNGase F
肽图/肽圖 peptide map
肽文库/肽庫 peptide library
肽酰 tRNA/肽醯 tRNA,肽基轉移 RNA peptidyl-tRNA
肽酰位/肽基部位,肽醯位,P 位 peptidyl site, P site
肽酰转移酶/轉肽基酶,肽基轉移酶 transpeptidylase, peptidyl transferase
肽质量指纹谱/肽質量指紋譜 peptide mass fingerprinting, PMF
肽转运[蛋白]体/肽運輸蛋白,肽運載蛋白 peptide transporter
肽作图/肽作圖 peptide mapping
泰加林/泰加林,北方針葉林,北寒針葉林 taiga, northern coniferous forest
泰乐菌素/泰樂黴[菌]素,泰黴素 tylosin
泰勒虫病/泰勒蟲病 theileriasis
泰勒幂法则/泰勒[氏]冪法則 Taylor power law
泰威糖/泰威糖 tyvelose
坛囊/罈囊 ampulla
坛形刺丝胞/罈形刺絲胞 ampullocyst
坛形感器/罈狀感覺器,壺形感器 ampullaceous sensillum
坛形器/罈形器 ampulla
坛状花冠/壺狀花冠 urceolate corolla
弹[孢]丝/彈絲 elater
弹连蛋白/彈連蛋白 elastonectin
弹器基/彈器基 manubrium, furcular base
弹跳纤毛/彈跳纖毛 springborsten
弹性/彈性,回復力,恢復力 elasticity, resilience
弹性蛋白/彈性蛋白 elastin
弹性蛋白酶/彈性蛋白酶 elastase
弹性蛋白酶抑制剂/彈性蛋白酶抑制劑 elafin
弹性蛋白酶原/彈性蛋白酶原 proelastase
弹性蛋白微原纤维界面定位蛋白/彈性蛋白微原纖維界面定位蛋白,界面蛋白 elastin microfibril interface-located protein, emilin
弹性蛋白原/彈性蛋白原,原彈性蛋白 tropoelastin, proelastin
弹性蛋白支架/彈性蛋白支架 elastic protein scaffold
弹性模量/彈性模數 elastic modulus
弹性腔模型/彈性腔模型,風箱模型 Windkessel model, elastic chamber model
弹性软骨/彈性軟骨 elastic cartilage
弹性散射/彈性散射 elastic scattering
弹性稳定性/彈性穩定性,復原穩定性 resilience stability
弹性系数/彈性係數 elasticity coefficients
弹性纤维/彈性纖維 elastic fiber
弹性响应/彈性響應 elastic response
弹性贮器血管/彈性貯器血管 Windkessel vessel
弹性阻力/彈性阻力 elastic resistance
檀香萜/檀香萜 santalene
炭疽病/炭疽[病],脾脫疽 anthracnose, anthraconosis, anthrax
炭疽杆菌疫苗/炭疽芽孢桿菌疫苗 *Bacillus anthracis* vaccine
炭疽疫苗/炭疽疫苗 anthrax vaccine
探究行为/探索行為,搜尋行為 exploratory behavior, investigative behavior, searching behavior
探索行为/探索行為,搜尋行為 exploratory behavior, investigative behavior, searching behavior
探针/探針 probe
DNA 探针/DNA 探針 DNA probe
RNA 探针/RNA 探針 RNA probe
TaqMan 探针技术/TaqMan 探針技術 TaqMan probe technique

探针阻滞分析/探針阻滯分析,凝膠遷移率變動分析 probe retardation assay
碳氮比/碳氮比 carbon-nitrogen ratio
碳-14 定年法/碳-14 定年[法] carbon-14 dating
碳固存/碳封存 carbon sequestration
碳固定/固碳作用 carbon fixation
碳-3 光合作用/三碳光合作用 C_3 photosynthesis
碳-4 光合作用/四碳光合作用 C_4 photosynthesis
碳化硅晶须介导转化/碳化矽晶鬚介導轉化 silicon carbide whisker-mediated transformation
碳汇/碳匯 carbon sink
碳获取/碳獲取 carbon acquisition
碳库/碳庫 carbon pool, carbon stock
碳链裂解酶/碳鏈裂解酶 desmolase
碳流/碳流 carbon flow
碳贸易/碳交易 carbon trade
碳平衡/碳平衡,碳均衡 carbon balance
碳水化合物/碳水化合物,醣類 carbohydrate
碳酸/碳酸 carbonic acid
碳酸酐酶/碳酸酐酶 carbonic anhydrase
碳酸型[外壳]/碳酸型外殼 calcareous type
碳同化[作用]/碳同化作用 carbon assimilation
碳信用/碳信用 carbon credit
碳循环/碳循環 carbon cycle
碳氧血红蛋白/碳氧血紅蛋白,一氧化碳血紅素 carboxyhemoglobin, HbCO
碳源/碳源 carbon source
碳源同化试验/碳源同化試驗 carbon source assimilation test
碳债/碳債 carbon debt
碳-3 植物/三碳植物,C_3型植物 C_3 plant
碳-4 植物/四碳植物,C_4型植物 C_4 plant
羧基酰胺水解酶/羧基醯胺水解酶 carboxylamide hydrolase
唐南平衡/唐南平衡 Donnan equilibrium
糖/糖 saccharide, sugar
糖胺聚糖/糖胺聚糖 glycosaminoglycan
糖胺聚糖结合蛋白/糖胺聚糖結合蛋白,胺基葡聚糖結合蛋白 glycosaminoglycan-binding protein
糖包埋/糖包埋 sugar embedding
糖被/糖質包被,臟梅糖,糖外被 glycocalyx
糖测序/糖測序,糖定序 carbohydrate sequencing
糖产气试验/糖產氣試驗 gas production from carbohydrate test
糖醇/糖醇 alditol
糖蛋白/糖蛋白 glycoprotein, GP
P 糖蛋白/P 糖蛋白 permeability glycoprotein, P-glycoprotein, P-gp
糖萼/糖質包被,臟梅糖,糖外被 glycocalyx
糖二酸/糖二酸 aldaric acid, saccharic acid
糖发酵试验/糖發酵試驗 carbohydrate fermentation test
糖复合体/糖複合物,糖接合物 glycoconjugate
糖苷/糖苷 glycoside
糖苷键/糖苷鍵 glycosidic bond
糖苷酶/糖苷酶 glycosidase
DNA *N*-糖苷酶/DNA *N*-糖苷酶 DNA *N*-glycosylase
糖苷配基/糖苷配基,苷元 aglycon, aglycone
糖核苷酸/糖核苷酸 sugar nucleotide
糖核苷酸转运蛋白/糖核苷酸轉運蛋白 sugar nucleotide transporter
糖化淀粉酶/糖澱粉酶 saccharogenic amylase
糖化剂/糖化劑 sacchariferous agent
糖化修饰/糖化修飾 glycosylated modification
糖化[作用]/糖化[作用] glycation, saccharification
糖基/糖基 glycone
糖基甘油酯/糖基甘油酯,糖基脂醯甘油 glycosyl acylglycerol, glycoglyceride
糖基化/糖基化[作用] glycosylation
N-糖基化/*N*-糖基化 *N*-glycosylation
O-糖基化/*O*-糖基化 *O*-glycosylation
糖基化蛋白[质]/糖基化蛋白 glycosylated protein
糖基化酶/糖基化酶 glycosylase
糖基化修饰/糖基化修飾 glycosylation modification
糖基磷脂酰肌醇/糖基磷脂醯肌醇 glycosylphosphatidyl inositol, GPI
糖基磷脂酰肌醇化/糖基磷脂醯肌醇化 glypiation
糖基磷脂酰肌醇锚/糖基磷脂醯肌醇錨 glycosyl phosphatidylinositol anchor
糖基磷脂酰肌醇锚定蛋白/糖基磷脂醯肌醇錨定蛋白,糖基磷脂醯肌醇固著蛋白 glycosylphosphatidyl inositol-anchored protein
糖基脂酰甘油/糖基脂醯甘油,糖基甘油酯 glycosyl acylglycerol, glycoglyceride
糖基转移酶/糖基轉移酶 glycosyltransferase
糖酵解/糖解[作用],糖原酵解,糖分解 glycolysis
糖精/糖精 saccharin
糖类/醣類,碳水化合物 carbohydrate
糖蜜/糖蜜 molasses
糖耐量曲线/糖耐量曲線 glucose tolerance curve
糖尿病/糖尿病 diabetes mellitus
糖尿症/糖尿[症],葡萄糖尿症 glucosuria, glycosuria
糖皮质[激]素/糖皮質[激]素 glucocorticoid
糖皮质激素反应元件/糖皮質激素反應元件,糖皮質

激素應答元件,糖皮質素回應元件 glucocorticoid response element, GRE
糖皮质激素受体/糖皮質激素受體 glucocorticoid receptor, GR
糖皮质激素应答元件/糖皮質激素應答元件,糖皮質激素反應元件,糖皮質素回應元件 glucocorticoid response element, GRE
糖皮质激素诱导的肿瘤坏死因子受体/糖皮質激素誘導的腫瘤壞死因子受體 glucocorticoid-induced tumor necrosis factor receptor, glucocorticoid-induced TNFR, GITR
糖皮质类固醇/糖皮質類固醇 glucocorticosteroid
糖醛酸/糖醛酸 alduronic acid
糖醛酸磷壁酸/糖醛酸磷壁酸 teichuronic acid
糖生成/葡萄糖生成作用,葡萄糖新生作用,糖新生 gluconeogenesis, glucogenesis, GNG
糖生物学/糖類生物學 glycobiology
糖水解酶/糖水解酶 carbohydrase
糖肽/糖肽 glycopeptide
糖酰化依赖性细胞黏附分子/糖醯化依賴性細胞黏著分子 glycosylation-dependent cell adhesion molecule
糖形/糖化形式 glycoform
糖型/糖型 glycotype
糖原/糖原,肝糖 glycogen
糖原蛋白/糖原蛋白 glycogenin
糖原分解/糖原分解作用,肝糖分解 glycogenolysis
糖原节省/糖原節省 glycogen sparing
糖原-6-葡聚糖水解酶/糖原-6-葡聚糖水解酶 glycogen 6-glucanohydrolase
糖原生成/糖原生成作用,肝糖生成 glycogenesis
糖原贮积症/糖原貯積症,肝糖儲積症 glycogen storage disease, glycogenoses
糖脂/糖脂[質] glycolipid
糖指纹分析/糖指紋分析 carbohydrate fingerprinting
糖缀合物/糖複合物,糖接合物 glycoconjugate
糖组/糖組,糖體 glycome
糖组学/糖組學,糖體學 glycomics
糖作图/糖作圖 carbohydrate mapping
绦虫/條蟲 cestode, tapeworm
绦虫病/條蟲病 cestodiasis
绦虫学/條蟲學 cestodology
逃避策略/逃避策略 avoidance strategy
逃避对策/逃避策略 avoidance strategy
逃避机制/逃避機制 escape mechanism
逃命共存/逃命共存 fugitive coexistence
淘选/淘選 panning
套叠基因/巢式基因 nested gene
套盒式开裂/套盒式開裂 jack-in-the-box dehiscence
套[马]索 RNA/套索 RNA lariat RNA
套[马]索结构/套索結構 lariat, lariat structure
套式病毒/套式病毒 nidovirus
套索中间体/套索中間體 lariat intermediate
套细胞/套細胞,附加細胞,外殼細胞 amphicyte, jacket cell
套装论/套裝論 encasement theory
特定出生率/特定出生率 specific natality
特定等位基因 PCR 扩增法/特定等位基因 PCR 擴增法,特定對偶基因 PCR 放大 PCR amplification of specific allele, PASA
特定年龄出生率/特定年齡出生率,年齡別出生率 age-specific natality, age-specific natality rate
特定年龄存活率/年齡別存活率 age-specific survival rate
特定年龄生命表/年齡別生命表 age-specific life table
特定年龄生殖力/年齡別孕卵數,年齡別生殖力,齡別繁殖力 age-specific fecundity, age-specific fertility
特定年龄死亡率/年齡別死亡率 age-specific mortality
特定神经能/特定神經能 specific nerve energy
特定时间生命表/特定時間生命表 time-specific life table
特定死亡率/特定死亡率 specific mortality
特发性多神经炎/特發性多神經炎,自發性多[發]神經炎 idiopathic polyneuritis
特发性 $CD4^+$ T 细胞减少症/特發性 $CD4^+$ T 淋巴球減少症 idiopathic $CD4^+$ T lymphocytopenia
特发性血小板减少性紫癜/特發性血小板減少性紫癜[症],自發性血小板低下性紫斑症 idiopathic thrombocytopenic purpura
特化/特化,專化 specialization
特化器官/特化器官 specialized organ
特化种/特化種,專化種 specialized species
特立中央胎座式/分離中央胎座式 free-central placentation
特殊传导系统/特殊傳導系統 specific conduction system
特殊感觉/特殊感覺 special sense
特殊环境/特殊環境 special environment
特殊环境学/特殊環境學 ectology
特殊配合力/特殊配合力 specific combiningability
特殊适应性进化/特别適應性演化 idioadaptive evolution

特殊营养/特殊營養　idiotrophy
特需营养要求型/特需營養要求型，營養特需型　idiotroph
特异反应假说/特異反應假説　idiosyncratic response hypothesis
特异感觉接替核/特異感覺接轉核，特異感覺中繼核　specific sensory relay nucleus
特异基因激活现象/特異基因活化現象　specific gene activation
特异投射系统/特異投射系統　specific projection system
特异性/特異性，專一性　specificity
特异性抗原/特異性抗原　specific antigen
cGMP 特异性磷酸二酯酶/cGMP 特異性磷酸二酯酶　cyclic guanosine monophosphate-specific phosphodiesterase, cGMP-specific phosphodiesterase
特异性免疫/特異性免疫，專一性免疫　specific immunity
特异性免疫接种/特異性免疫接種　specific immunization
特异性免疫疗法/特異性免疫療法　specific immunotherapy
特异性免疫应答/特異性免疫反應，專一性免疫反應　specific immune response
特异性主动免疫治疗/特異性主動免疫治療　specific active immunotherapy
特异性转导/特異性轉導　specialized transduction
特异性转录因子/特異性轉録因子，專一性轉録因子　specific transcription factor
特应性/特應性，特異反應性　atopy
特应性过敏反应/特應性過敏反應，異位性過敏　atopic allergy
特有现象/特有性　endemism
特有性/特有性　endemism
特有性密度/特有性密度，地方性密度　endemic density
特有有害生物/特有有害生物　endemic pest
特有种/特有種，地方種，固有種　endemic species
特征/特徵，特性　character
特征动物/示徵動物　characteristic animal
特征极性/特徵極性　polarity of character
特征检测器/特徵偵測器　feature detector
特征密度/特徵密度　characteristic density
特征替代/性狀替換，性狀置換，形質置換　character displacement
特征序列/特徵序列　signature sequence
特征整合理论/特徵整合論　feature integration theory
特征种/特徵種，標識種　characteristic species
特征状态/特徵狀態　character state
疼痛基质/疼痛基質　pain matrix
藤本高位芽植物/藤本地上植物　phaenerophyta scandentia
藤本植物/藤本植物　vine, liana
藤壶胶/藤壺膠　barnacle cement
藤壶区/藤壺區　balanus zone
藤泽霉素/藤澤黴素，他克莫司　tacrolimus
剔除/剔除，移除　knockout, knock-out
梯度/梯度　gradient
梯度变异/梯度變異　cline
梯度电泳/梯度電泳　gradient electrophoresis
梯度分析/梯度分析　gradient analysis
梯度固定法/梯度固定法　gradient fixation method, GraFix method
梯度离心/梯度離心　gradient centrifugation
梯度凝胶电泳/梯度凝膠電泳　gradient gel electrophoresis
梯度培养板/梯度培養盤，梯度平板　gradient plate
梯度平板/梯度平板，梯度培養盤　gradient plate
梯度洗脱/梯度洗提，梯度淘析，梯度沖提　gradient elution
梯度洗脱层析/梯度洗提層析法　gradient elution chromatography
梯度形成器/梯度形成器　gradient former
梯纹导管/梯紋導管　scalariform vessel
DNA 梯状标志/DNA 梯狀標誌　DNA ladder marker
梯状穿孔/梯狀穿孔　scalariform perforation
梯状神经系[统]/梯狀神經系[統]　ladder-type nervous system
提肌/提肌　elevator
提取分离法/提取分離法　extraction and separation method
蹄/蹄　hoof
蹄行/蹄行　unguligrade
体被/體被　integument
体壁/體壁　body wall
体壁层/體壁層　parietal layer
体壁腹膜/體壁腹膜　somatic peritoneum
体壁神经系统/體壁神經系統　integumental nervous system
体壁中胚层/體壁中胚層　somatic mesoderm, parietal mesoderm
体表共生/體表共生　epoekie
体表面积/體表面積　body surface area
体表屏障/體表屏障　body surface barrier
体表温度/體表温度　shell temperature

体部分化/體部分化 somatization
体长频度分布/體長頻度分布 length-frequency distribution
体动脉弓/體動脈弓,體動脈弧 systemic arch
体段划分/體節分段法 tagmosis
体感诱发电位/體感誘發電位 somatosensory evoked potential
体核温度/體核温度,中心温度,核心温度 core temperature
体环/體環 annulus
体肌丝/體肌絲 somatoneme
体积传氧系数/體積傳氧係數 volume oxygen transfer coefficient
体积描记器/體積描記器 plethysmograph
体积摩尔浓度/體積莫耳濃度 molarity
[体]节/[體]節 segment, somite, metamere
体节板/體節板 segmental plate
体节极性基因/體節極性基因 segment polarity gene
体节器/體節器 segmental organ
体节前期胚/體節前期胚 presomite embryo
体孔/體孔 body pore
体力活动/身體活動 physical activity
体螺层/體螺層 body whorl
体内共生/體内共生 parachorium, entoekie, raumparasitism
体内活体染色/活體内染色 intravital staining
体内卵发育/體内卵發育 endotoky
体内受精/體内受精 *in vivo* fertilization, entosomatic fertilization, internal fertilization
[体内]稳态/内環境穩定,體内平衡,體内恆定 homeostasis
体内足迹法/體内足跡法 *in vivo* footprinting
体能/體能,身體健適 physical fitness
体能评价/體能評價 physical fitness assessment
体腔/體腔 coelom
体腔壁痛/體腔壁痛 parietal pain
体腔动物/體腔動物 coelomate
体腔管/體腔管 coelomoduct
体腔孔/體腔孔 coelomopore
体腔口/體腔口 coelomostome
体腔形成/體腔形成 coelomation
体躯隔[壁]/體軀隔 trunk septum
体躯腔/體軀腔 trunk coelom
体热量/體熱量 body heat content
体热平衡/體熱平衡 body heat balance, body thermal equilibrium
体生孢子/體生孢子,無梗孢子,菌絲孢子 thallospore
体生分生孢子/體生分生孢子 thallic conidium
体视图/立體圖,赤面投影圖 stereogram
体视显微镜/立體顯微鏡 stereomicroscope, stereoscopic microscope
体-树突触/體-樹突觸 somato-dendritic synapse
体素体模/體素體模 voxel phantom
体-体突触/體-體突觸 somato-somatic synapse
体外/體外,[離體]試管内 *in vitro*
体外包装/體外包裝,體外組裝 *in vitro* packaging
体外重组/體外重組 *in vitro* recombination
体外发生/培養繁殖,人工繁殖 ectogenesis
体外翻译/體外轉譯 translation *in vitro*, *in vitro* translation
体外活体染色/體外活體染色 supravital staining
体外卵发育/體外卵發育 exotoky
体外纳精器/雌性交接器 thelycum
体外培养/體外培養,離體培養 *in vitro* culture
体外受精/體外[人工]受精 *in vitro* fertilization, IVF, external fertilization
体外受精-胚胎移植/體外受精-胚胎移植 *in vitro* fertilization-embryo transfer, IVF-ET
体外随机重组法/體外隨機重組法 random recombination *in vitro*
体外诱变/體外誘變 *in vitro* mutagenesis
体外转录/體外轉録 *in vitro* transcription, transcription *in vitro*
体温/體温 body temperature
体温分域/體温分域 temperature topography
体温过低/體温過低,温度過低,失温 hypothermia
体温过高/體温過高,過熱 hyperthermia
体温恒定/體温恆定 thermostasis
体温节律/體温節律 body temperature rhythm
体温调定点/體温調定點 set-point of body temperature
体温调节/體温調節,温度調節 thermoregulation, temperature regulation
体温调节中枢/體温調節中樞 thermotaxic center
体细胞/體細胞 somatic cell
体细胞变异/體細胞變異 somatic variation
体细胞不亲和性/體細胞不親和性 somatic incompatibility
体细胞超变/體細胞超[突]變 somatic hypermutation
体细胞重编程/體細胞重程式設計 somatic reprogramming
体细胞重组/體細胞重組 somatic recombination
体细胞单性生殖/體細胞單性生殖,二倍體單性生殖 ooapogamy

体细胞多倍性/體細胞多倍體化 polysomaty
体细胞高频突变/體細胞超[突]變 somatic hypermutation
体细胞核移植/體細胞核移植,體細胞核轉移 somatic cell nuclear transfer
体细胞基因治疗/體細胞基因治療 somatic gene therapy
体细胞接合/體細胞接合,體細胞配合 somatogamy
体细胞抗原/體細胞抗原,菌體抗原 somatic antigen
体细胞克隆变异/體細胞選殖變異,體細胞株變異 somaclonal variation
体细胞配合/體細胞配合,體細胞接合 somatogamy
体细胞[染色体]交换/體細胞[染色體]交換,體細胞[染色體]互换 somatic crossing over
体细胞[染色体]联会/體細胞[染色體]聯會 somatic synapsis
体细胞[染色体]配对/體細胞[染色體]配對 somatic pairing
体细胞突变/體細胞突變 somatic mutation
体细胞突变学说/體細胞突變學説 somatic mutation theory
体细胞无性系变异/體細胞選殖變異,體細胞株變異 somaclonal variation
体细胞遗传学/體細胞遺傳學 somatic cell genetics
体细胞杂交/體細胞雜交 somatic hybridization
体细胞杂种/體細胞雜種 somatic cell hybrid
体细胞治疗/體細胞治療 somatic cell therapy
体心晶胞/體心晶胞 body-centered unit cell
体型选择捕食/體型選擇捕食 size-selection predation
体循环/體循環,全身[性]循環 systemic circulation
体液/體液 body fluid
体液沸腾/體液沸騰 ebullism
体液免疫/體液[性]免疫 humoral immunity
体液免疫应答/體液[性]免疫反應 humoral immune response
体液平衡/體液平衡 body fluid equilibrium
体液调节/體液調節 humoral regulation
体液因子/體液因子 humoral factor
体褶/體褶 body fold
体质发生/體質發生 somatogenesis
体质量指数/身體質量指數 body mass index, BMI
体质特征/體質特徵 constitutive character
体重指数/身體質量指數 body mass index, BMI
体轴/體軸 body axis
体-轴突触/體-軸突觸 somato-axonic synapse
体柱/體柱 scapus
体子午线/體子午線 somatic-meridian
替代/替代,取代,置换 substitution
替代单倍体/替代單倍體,取代單倍體 substitution haploid
替代负荷/替代負荷,取代負荷 substitutional load
替代环/替代環,二氫尿嘧啶環,D環 displacement loop, D-loop
替代轻链/替代輕鏈 surrogate light chain, SLC
替代群落/替换群落,替代群聚 substitute community
替代宿主/中間寄主,替代寄主,交替寄主 alternative host, alternate host
替代途径/替代途徑,替代路徑 alternative pathway, AP
替代现象/替代作用,地理分隔作用,地理分隔現象 vicarism
替代[学]名/替代學名,替换名稱 substitute name, replacement name
替代遗传学/代换遺傳學 surrogate genetics
替代种/替代種,地理分隔種 substitute species, vicarious species
替换/替换 replacement
替换活动/替换活動 displacement activity
替换率/替换率 replacement rate
替考拉宁/替考拉寧 teicoplanin, teichomycin
[天蚕]杀菌肽/天蠶殺菌肽 cecropin
天敌/天敵 natural enemy
天冬氨酸/天[門]冬氨酸,天[門]冬胺酸 aspartic acid, Asp
天冬氨酸蛋白酶/天[門]冬氨酸蛋白酶 aspartic protease
天冬氨酸转氨甲酰酶/天[門]冬氨酸轉胺甲醯酶 aspartate transcarbamylase, ATCase
天冬氨酸转氨酶/天[門]冬氨酸轉胺酶,天[門]冬氨酸胺基轉移酶 aspartate aminotransferase, aspartate transaminase, AST
天冬苯丙二肽酯/天[門]冬苯丙二肽酯 aspartame
天冬酰胺/天[門]冬醯胺 asparagine, Asn
天冬酰胺连接寡糖/天[門]冬醯胺連接寡糖 asparagine-linked oligosaccharide
天冬酰胺酶/天[門]冬醯胺酶 asparaginase
天花包含体/天花包涵體 Guarnieri body
天花粉蛋白/天花粉蛋白 trichosanthin
天花疫苗/天花疫苗 smallpox vaccine
天疱疮/天皰瘡 pemphigus
天疱疮抗体/天皰瘡抗體 pemphigus antibody
天青 B/天青 B,天藍 B azure B
天青蛋白/天青蛋白 azurin
天青菌素/天青菌素 celesticetin
天然草地/天然草地 native grassland

天然公园/天然公園,自然公園 natural park
天然[构象]态/天然[構象]態 native state
天然纪念物/天然紀念物,自然遺產 natural monument
天然抗体/天然抗體 natural antibody
天然抗氧化剂/天然抗氧化劑 natural antioxidant
天然抗原/天然抗原 natural antigen
天然林/天然林 natural forest
天然林更新/天然林更新 natural forest regeneration
天然免疫/天然免疫,自然免疫,先天性免疫力 natural immunity
天然牧场/天然牧草地,放牧草地 native pasture, wild pasture
天然耐受/自然耐受性 natural tolerance
天然培养基/天然培養基 natural medium
天然杀伤细胞/自然殺手細胞,天生殺手細胞,自然殺傷細胞 natural killer cell, NK cell
天然珊瑚支架/天然珊瑚支架 natural coral scaffold
天然宿主/天然寄主 natural host
天然调节[性]T 细胞/自然調節性 T 細胞,天然調節性 T 細胞 natural regulatory T cell
天然细胞毒性受体/自然細胞毒性受體 natural cytotoxicity receptor, NCR
天然杂交/天然雜交 natural crossing
天然杂种/天然雜種 natural hybrid
天然植被/天然植被 natural vegetation
天线/天線 antenna
天线复合物/天線複合體 antenna complex
添补反应/補給反應 anaplerotic reaction
添加剂/添加劑 additive
田间持水量/田間持水量 field capacity, field moisture capacity, field water capacity
田间试验/田間試驗 field experiment
田野动物/田野動物 campestral animal
甜菜毒蛋白/甜菜毒蛋白 betavulgin
甜菜碱/甜菜鹼,甜菜素 betaine
甜气/甜氣 sweet gas
填充床反应器/填充床反應器 packed bed reactor
填充片段/填充片段 stuffer fragment
填充细胞/填充細胞 compensatory cell, complementary cell
条带移位分析/條帶位移分析 band-shift analysis
条件刺激/條件刺激,制約刺激 conditioned stimulus
条件反射/條件反射 conditioned reflex, conditional reflex
条件反射泛化/條件反射泛化 generalization of conditioned reflex
条件反射分化/條件反射分化 differentiation of conditioned reflex
条件反应/條件反應 conditional response
条件概率/條件概率 conditional probability
条件化/條件化,制約 conditioning
条件基因/條件基因 conditional gene
条件基因打靶/條件基因標的 conditional gene targeting
条件基因敲除/條件基因剔除 conditional gene knockout
条件基因剔除/條件基因剔除 conditional gene knockout
条件培养基/條件培養基 conditioned medium
条件溶血试验/條件性溶血試驗 conditioned hemolysis test
条件特化/條件特化 conditional specification
条件突变/條件突變 conditional mutation
条件突变体/條件突變體,條件突變種 conditional mutant
条件性免疫反应/條件性免疫反應 conditioned inmmune response
条件致病菌/條件致病菌,機會致病菌 conditioned pathogen
条件致死/條件致死 conditional lethal
条件致死突变/條件致死突變 conditional lethal mutation
条件致死突变体/條件致死性突變體 conditional lethal mutant
条纹/條紋,溝紋 stria
条形斑点杂交/狹縫印漬雜交,狹縫點墨雜交 slot blot hybridization
条锈病/條銹病 stripe rust
调蛋白/調蛋白 heregulin
调定点/設定點 set point
调定点温度/調定點溫度 set-point temperature, T-set
调和生物区系/調和生物相 harmonic biota
调节/調節,調整,節制 regulation
调节部位/調節位點,調節位置 regulatory site
调节蛋白/調節蛋白 regulatory protein
调节回路/調節回路 regulatory circuit
调节活化正常 T 细胞表达和分泌因子/調節活化正常 T 細胞表達和分泌因子 regulated upon activation normal T cell expressed and secreted factor, RANTES
调节基因/調節基因 regulator gene, regulatory gene
调节基因筛选/調節基因篩選,修飾基因篩選 modifier screen
调节级联/調節級聯 regulatory cascade

调节剂/調節劑,調節物 regulator
调节酶/調節酶 regulatory enzyme
调节启动子/調節啟動子,調控啟動子 regulatory promoter
调节区/調節區 regulatory region
调节网络/調節網絡 regulatory network
调节位点/調節位點,調節位置 regulatory site
调节物/調節物,調節劑 regulator
调节系统/調節系統,調制系統 modulating system
调节型分泌/受調控[式]分泌,調控分泌 regulated secretion, regulatory secretion
调节性容积减少/調節性容積減少 regulatory volume decrease, RVD
调节性容积增加/調節性容積增加 regulatory volume increase, RVI
调节学说/調節學説 regulation theory
调节亚基/調節亞基 regulatory subunit
调节因子/調節因子 regulatory factor
调节域/調節[結構]域 regulatory domain
调节元件/調節元件 regulatory element
调节子/調節子 regulon
调节组/調節組,調節體 regulome
调节组学/調節組學,調節體學 regulomics
调控区/調控區 control region
调控通量平衡分析算法/調控通量平衡分析演算法 regulatory flux balance analysis, rFBA
调控小 RNA/調控小 RNA small regulatory RNA
调控元件/調節元件 regulatory element
调理素/調理素 opsonin
调理吞噬/調理吞噬 opsono-phagocytosis
调理吞噬试验/調理吞噬試驗 opsono-cytophagic test
调理性粘连/調理性黏附 opsonic adherence
调理作用/調理作用 opsonization
调谐密码子/調節密碼子 modulating codon
调谐曲线/調諧曲線,調適曲線 tuning curve
调谐子/調制物,調節物,調節子 modulator
调整肌/調整肌 adjustor
调整卵/調整卵 regulation egg
调整囊/調整囊 compendatrix, compensation sac
调整囊孔/調整囊孔 ascopore
调整式发育/調整式發育 regulative development
调整[型]卵/調整[型]卵,調控卵 regulatory egg
调整型卵裂/調整型卵裂 regulative cleavage
调制/調制,調節 modulation
调制传递函数/調制轉換函數,調變傳送函數 modulation transfer function, MTF
调制物/調制物,調節物,調節子 modulator
调制系统/調制系統,調節系統 modulating system
DNA 跳查技术/DNA 跳躍技術 DNA jumping technique
跳查文库/跳躍庫 jumping library, hopping library
跳码/跳碼 frame hopping, bypassing
DNA 跳移技术/DNA 跳躍技術 DNA jumping technique
跳跃反射/跳躍反射 hopping reflex, hopping response
跳跃基因/跳躍基因 jumping gene
跳跃[式]传导/跳躍傳導 saltatory conduction
跳跃[式]复制/跳躍[式]複製 saltatory replication
跳跃式物种形成/跳躍式物種形成 saltational speciation
跳跃足/跳躍足 saltatorial leg
贴壁培养/貼壁式[細胞]培養 attachment culture, adherent culture
贴壁依赖性/錨定依賴性,依賴固著性,固著依賴性 anchorage dependence
贴壁依赖性生长/錨定依賴性生長,依賴固著生長 anchorage-dependent growth
贴壁依赖性细胞/錨定依賴性細胞,依賴貼附細胞 anchorage-dependent cell
贴壁因子/錨定因子,固著因子 anchoring factor
萜/萜類,松烯油 terpene
萜品醇/萜品醇 terpineol
萜品烯/萜品烯 terpinene
萜烷/萜烷,薄荷烷 terpane
铁蛋白/鐵蛋白 ferritin
铁蛋白粒/鐵蛋白粒 ferritin granule
铁还原酶/鐵還原酶 iron reductase
铁离子调节因子/鐵離子調節因子 iron regulatory factor, IRF
铁离子应答元件/鐵離子反應元件 iron-responsive element
铁离子应答元件结合蛋白/鐵離子反應元件結合蛋白 iron-responsive element-binding protein, IRE-BP, IRBP
铁硫蛋白/鐵硫蛋白 iron-sulfur protein
铁硫中心/鐵硫中心 iron-sulfur center
铁苏木精/鐵蘇木精 iron hematoxylin
铁调节蛋白/鐵調節蛋白 iron regulatory protein, IRP
铁细菌/鐵細菌 iron bacteria
铁循环/鐵循環 iron cycle
铁氧还蛋白/鐵氧化還原蛋白 ferredoxin
铁氧还蛋白-$NADP^+$ 还原酶/鐵氧化還原蛋白-$NADP^+$ 還原酶 ferredoxin-$NADP^+$ reductase

铁载体/載鐵體 siderophore
听凹/聽凹 acoustic fovea
听板/聽板 auditory placode
听骨链/聽骨鏈 ossicular chain
听壶/聽壺 lagena
听脊/聽脊 crista acoustica
听觉/聽覺 audition, hearing
听觉可塑性/聽覺可塑性 auditory plasticity
听觉器官/聽覺器官 auditory organ
听觉适应/聽覺適應 auditory adaptation
听觉信号/聽覺訊號,聽覺訊息 acoustic signal
听觉掩蔽/聽覺掩蔽 audiomasking
听觉转导/聽覺轉導 auditory transduction
听力计/聽力計 audiometer
听力曲线/聽力曲線 audiometric curve, hearing threshold curve
听力水平/聽力位準 hearing level
听力图/聽力圖 audiogram
听毛/聽毛 trichobothrium
听膜簇/聽膜簇 tympanic tuft
听膜小窝/聽膜小窩 tympanic pit
听泡/聽泡 auditory vesicle, otic vesicle
听器/聽器,鼓膜器 tympanic organ, tympanal organ
听神经/聽神經 auditory nerve
听神经元/聽神經元 auditory neuron
听神经元反应区域/聽神經元反應區域 response area of auditory neuron
听神经元特征频率/聽神經元特徵頻率 characteristic frequency of auditory neuron
听窝/聽窩 auditory pit
听弦/聽弦 auditory string
听小骨/聽小骨 auditory ossicle
听域/聽域 hearing span, audible area
听阈/聽閾 auditory threshold
停靠蛋白质/停靠蛋白質 docking protein
停留时间/停留時間,保留時間 retention time
停流技术/停流技術 stopped flow technique
停止转移序列/停止轉移序列 stop transfer sequence
停滞进化/停滯演化 stagnant evolution
挺水植物/挺水植物,出水植物 emerged plant
TRP 通道/TRP 通道,暫態感受器電位通道 transient receptor potential channel, TRP channel
通道蛋白/通道蛋白 channel protein
通道内在蛋白/通道内在蛋白 channel intrinsic protein
通道视紫红质/通道視紫紅質 channel rhodopsin
通道形成肽/通道形成肽 channel-forming peptide
通道[运]载体/通道[運]載體 channel carrier
通读/通讀 read-through
通贯型/通貫型 simple crease
通径分析/通徑分析 path analysis
通径系数/通徑係數 path coefficient
通量/通量 flux
通量控制系数/通量控制係數 flux control coefficient, FCC
通量平衡分析/通量平衡分析,流[量]平衡分析 flux balance analysis, FBA
通气/通氣,氣曝 ventilation, aeration
通气不足/換氣不足 hypoventilation
通气根/通氣根 aerating root
通气灌流比值/通氣-灌流比值 ventilation-perfusion ratio
通气过度/過度換氣,換氣過度 hyperventilation
通气孔/通氣孔 ventilating pit
通气量/通氣量 air flow
通气无氧阈/通氣無氧閾 ventilation aerobic threshold
通气血流比值/通氣-灌流比值 ventilation-perfusion ratio
通气阈/通氣閾 ventilatory threshold, VT
通气增强/換氣過度,過度換氣 hyperventilation
通气组织/通氣組織 aerenchyma
通透酶/通透酶,滲透酶,透膜酶 permease
[通]透性/通透性,透過性 permeability
通透性增高因子/通透性增加因子 permeability increasing factor
通透性转变/通透性轉變,通透性轉換 permeability transition, PT
通透性转变孔/通透性轉變孔,通透性轉運孔 permeability transition pore, PTP
通透性转变通道/通透性轉變孔,通透性轉運孔 permeability transition pore, PTP
通透选择性/選擇通透性 permselectivity
通信/通訊 communication
通信连续性/通訊連續性 connectedness
通用 PCR/通用 PCR universal PCR
通用杠杆/萬能槓桿 universal lever
通用密码/通用密碼 universal code
通用启动子/通用啟動子 generic promoter
通用选择指数/一般選擇指數 general selection index
通用遗传密码/通用遺傳密碼 universal genetic code
通用引物/通用引物,通用引子 universal primer
通用支架/萬能支架 universal stand
通用转录因子/通用轉錄因子,一般轉錄因子

general transcription factor
同胞/同胞 sibling, sib
同胞对分析/同胞對分析 sib-pair analysis
同胞分析/同胞分析 sib-analysis
同胞关系/同胞關係 sibship
同胞交配/同胞交配,兄妹授粉 sib mating, adelphogamy
同胞配对法/同胞配對法 sib-pair method
同胞群/同胞群 sibgroup, sibship
同胞选择/同胞選擇 sib selection
同胞种/同胞種,姊妹種,近緣種 sibling species, sister species
同倍体/同倍體 homoploid
同步迭代[代数]重构算法/同時迭代重建技術 simultaneous iterative reconstruction technique, SIRT
同步发放链/同步發放鏈 synfire chain
同步辐射/同步輻射 synchrotron radiation
同步合成型/同步合成型 synchronization type
同步化/同步化,同步作用,同時化 synchronization
同步激发光谱术/同步激發光譜術 synchronous excitation spectroscopy
同步加速器/同步加速器 synchrotron
同步培养/同步培養 synchronous cultivation
同步生长/同步生長 synchronous growth
同步性/同步性,同時性,齊時性 synchrony, synchronism
同步因子/同步因子 synchronizer
同部大核/同部大核 homomerous macronucleus
同侧对称分裂/同側對稱分裂 homothetogenic fission
同层地衣/同層地衣 homoeomerous lichen
同层式菌髓/同層式菌髓 homoiomerous trama
同齿关节/同齒關節 homogomph articulation
同促效应/同配[位]體間變構效應 homotropic effect
[同代]建巢群/共同群體 communal
同担子/同擔子 homobasidium
同等位基因/同等位基因,同對偶基因 isoallel, iso-allele
同地分布/同域分布 sympatry
同地[物]种/同域[物]種,同地區種 sympatric species
同地物种形成/同域種化,同域成種作用,同域物種形成 sympatric speciation
同地演替系列/同生演替系列,同生消長系列 cosere
同点等位基因/同質等位基因,同質對偶基因 homoallele
同动态昆虫/同動態昆蟲 homodynamic insect
同多糖/同多糖 homopolysaccharide
同感/同理心 empathy
同工 tRNA/同工 tRNA,同功 tRNA isoacceptor tRNA, isoaccepting tRNA
同工蛋白质/同功蛋白質 isoprotein
同工激素/同功激素 isohormone
同工酶/同功[異構]酶,同功異構酵素 isoenzyme, isozyme
同工凝集素/同功凝集素 isolectin
同功/同功[性] analogy
同功器官/同功器官 analogous organ
同合子/同[基因]型合子 autozygote
同核体/同核體 homokaryon, homocaryon
同化产物/同化產物 assimilation product
同化淀粉/同化澱粉 assimilation starch
同化-呼吸量比/同化-呼吸量比 assimilation-respiration ratio
同化力/同化力 assimilatory power
同化商/同化商 assimilatory quotient
同化系统/同化系統 assimilation system
同化细胞/同化細胞 assimilatory cell
同化效率/同化效率 assimilation efficiency, AE, efficiency of assimilation
同化性硫酸盐还原作用/同化性硫酸鹽還原作用 assimilatory sulfur reduction
同化性硝酸盐还原作用/同化性硝酸鹽還原作用 assimilatory nitrate reduction
同化组织/同化組織 assimilatory tissue
同化[作用]/同化[作用] assimilation
同肌型/同肌型 holomyarian type
同基因免疫/同種免疫 isoimmunization
同基因移植/同基因[型]移植,同型移植 isogeneic transplantation, syngeneic transplantation, syngeneic graft
同基因移植物/同基因[型]移植物 isograft, isogeneic graft, syngeneic graft
同极双体/同極雙體 homopolar doublet
同晶置换/同晶置換 isomorphous replacement
同聚尾巴/同聚尾巴 homopolymeric tail
同聚物/同聚物 homopolymer
同聚物加尾/同聚物加尾 homopolymeric tailing
同类[品]系/同類品系,同基因型系 congenic strain
同类群/繁殖[亞族]群,同族群,同群種 deme
同类系小鼠/同類系小鼠 congenic strain mouse
同类相食/同種相殘,同種相食,同類相殘 cannibalism

同龄林分/同齡林分 even-aged stand
同龄群/同齡群,同齡組 cohort
同龄群生命表/同齡群生命表 cohort life table
同龄组/同齡組,同齡群 cohort
同卵双生/同卵雙生,同卵[性]雙生兒,同卵雙胞胎 identical twins, monovular twins, monozygotic twins
同律分节/同律分節 homonomous metamerism
同模式异名/同模式異名 homotypic synonym
同模属/同模屬 isotypic genus
同配生殖/同配生殖,同形配子接合,同型配子接合 isogamy, homogamy
同配性别/同配性别 homogametic sex
同栖共生/同棲共生 calobiosis
同期发情/發情週期化 estrus synchronization
同切点酶/同切點酶 isoschizomer
同群内不育/群内不孕性 intraclass sterility
同染色体核型/同核型 homokaryotype, HOK
同上/同上 ditto
同生群/同齡群,同齡組 cohort
同生群分析/同齡群分析,年級群分析 cohort analysis
同生群生命表/同齡群生命表 cohort life table
同生群世代时间/同齡群世代期間 cohort generation time
同生演替系列/同生演替系列,同生消長系列 cosere
同时雌雄同体/同時雌雄同體 simultaneous hermaphrodite
同时感染/同時感染 coinfection
同时性/同時性,同步性,齊時性 synchrony, synchronism
同时性对比/同時對比 simultaneous contrast
同属种/同屬種 congeneric species
同塑性/同塑性 homoplasy
同尾酶/同尾酶 isocaudamer
同位素/同位素 isotope
同位素编辑拉曼光谱术/同位素編輯拉曼光譜術 isotope-edited Raman spectroscopy
同位素标记/同位素標記 isotope labeling, isotopic labeling
同位素标记异构体分布向量/同位素標記異構體分布向量 isotopically labeled isomer distribution vector
同位素交换法/同位素交换法 isotope exchange method
同位素示踪/同位素示蹤 isotopic tagging, isotopic tracing
同位素示踪物/同位素示蹤物 isotopic tracer
同窝相残/同窩相殘 brood cannibalism
[同物]异名/[同物]異名 synonym, syn.
同系层析/同系層析法 homochromatography
同系交配/同系交配,近親繁殖,純種交配 endogamy
同系抗体/同族抗體,同種[異體]抗體 isoantibody
同系群/同系群 lineage group
同系物/同系物 homolog
同系移植/同基因[型]移植,同型移植 isogeneic transplantation, syngeneic transplantation, syngeneic graft
同系移植物/同基因[型]移植物 isograft, isogeneic graft, syngeneic graft
同线基因/同線基因 syntenic gene
同线检测/同線檢測 syntenic test
同线性/同線性 synteny
同向重复/同向重複 direct repeat
同向[共]运输/同向運輸,同向轉移 symport
同向性病毒/嗜同種型病毒 ecotropic virus
同向转运/同向運輸,同向轉移 symport
同向转运蛋白/同向運輸蛋白 symporter
同向转运体/同向運輸蛋白 symporter
同相世代交替/同核相世代交替 homophasic alternation of generations
同心层/同心層 concentric layer
同心电极/同心電極 coaxal electrode
同心体/同心體 concentric body
同心维管束/同心維管束 concentric vascular bundle
同心圆骨板/同心圓骨板 concentric lamella
同形孢子/同形孢子,同型孢子 isospore, homospore
同形孢子囊/同形孢子囊 homosporangium
同形接合体/同形接合體 isoconjugant
同形配子/同形配子,同型配子 isogamete
同形配子囊/同形配子囊,同型配子囊 isogametangium, homogametangium
同形配子囊配合/同形配子囊接合,同型配子囊接合 isogametangiogamy
同形染色体/同形染色體 homomorphic chromosome
同形世代交替/同形世代交替,等形世代交替 isomorphic alternation of generations
同形特征/同塑特徵 homoplasy character
同形游动配子/同形游動配子 isoplanogamete
同型/同型 homotype
同型半胱氨酸/同型半胱氨酸,昇半胱氨酸,高半胱氨酸 homocysteine, Hcy
同型[产]乙酸细菌/同型[產]乙酸細菌 homoacetogenic bacteria

同型齿/同型齒 homodont
同型发酵/同型發酵,同質發酵作用 homofermentation
同型发酵乳酸菌/同型發酵乳酸菌 homofermentative lactic bacteria
同型分裂/同型分裂 homotypic division
同型胱氨酸尿症/同型胱氨酸尿症,高胱氨酸尿症 homocystinuria
同型联会/同型[染色體]聯會 homeosynapsis
同型配子/同型配子 homogamete
同型融合/同型融合 homotypic fusion
同型乳酸发酵/同型乳酸發酵 homolactic fermentation
同型生活史/同型生命週期 homogonic life cycle
同型特异性/同型特異性 isotypic specificity
同型有丝分裂/同型有絲分裂 homeotypic mitosis
同型种/[外表]同型種 phenon
同型转化/同型轉化,同源轉化 autogenic transformation
同义密码子/同義密碼子 synonymous codon, synonym
同义突变/同義突變 synonymous mutation, samesense mutation
同域成种/同域物種形成,同域種化,同域成種作用 sympatric speciation
同域分布/同域分布 sympatry
同域[物]种/同域[物]種,同地區種 sympatric species
同域物种形成/同域物種形成,同域種化,同域成種作用 sympatric speciation
同域杂交/同域雜交 sympatric hybridization
同源便携区/同源便攜區 portable region of homology
同源重组/同源重組 homologous recombination
同源蛋白质/同源蛋白質 homologous protein
同源多倍单倍体/同源多倍單倍體 autopolyhaploid
同源多倍体/同源多倍體 autopolyploid
同源多倍性/同源多倍性 autopolyploidy
同源多元单倍体/同源多倍單倍體 autopolyhaploid
同源二倍化/同源二倍化 autodiploidization
同源二倍体/同源二倍體 autodiploid
同源二价[染色]体/同質二價染色體 autobivalent
同源分子对接/同源分子對接 homology docking
同源辅助质粒/同源輔助質體 homologous helper plasmid
同源复合体/同源複合體 homocomplex
同源基因/同源基因 homologous gene, isogene
同源基因改组/同源基因改組,同源基因混排 homologous gene shuffling
同源建模/同源建模 homology modeling
同源结构域/同源結構域 homology domain
同源抗血清/同源抗血清 homologous antisera
同源克隆/同源選殖,同源複製,同源無性生殖法 homologous cloning, homology cloning
同源联会/同源聯會 autosynapsis, autosyndesis
同源免疫噬菌体/同源免疫噬菌體 homoimmune phage
同源片段/同源片段 homologous fragment
同源器官/同源器官 homologous organ
同源区段/同源區段 homology segment
同源染色体/同源染色體 homologous chromosome
同源[染色体]配对/同源配對 autosyndetic pairing
同源扫描诱变/同源掃描誘變 homologous scanning mutagenesis
同源双链/同源雙鏈,同源雙股 homoduplex
同源四倍体/同源四倍體 autotetraploid
同源四倍性/同源四倍性 autotetraploidy
同源物/同源物 homologue, homolog
同源限制性/同源限制性 homologous restriction
同源限制因子/同源限制因子 homologous restriction factor, HRF
同源相同基因/同源相同基因 gene identical by descent
同源性/同源性,同源現象 homology
DNA 同源性/DNA 同源性 DNA homology
同源性抗原/同源抗原 homologous antigen
同源性搜索/同源性搜索 homology searching
同源性状/同源性狀 homologous character
同源依赖基因沉默/同源依賴基因緘默化 homology-dependent gene silencing
同源异倍体/同源異倍體,同源非整倍數體 autoheteroploid
同源异倍性/同源異倍性 autoheteroploidy
同源异形/同源異形,同源異型 homeosis
同源异形蛋白[质]/同源異型蛋白 homeoprotein
同源异形复合体/同源異型複合體 homeotic complex, HOM-C
同源异形基因/同源異形基因,同源異型基因 homeotic gene
同源[异形]框/同源框,同源區 homeobox, Hox
同源[异形]框基因/同源框基因,同源區基因 homeobox gene, Hox gene
同源异形突变/同源異型突變 homeotic mutation
同源异形突变体/同源異型突變株 homeotic mutant
同源异形选择者基因/同源異型選擇者基因 homeotic selector gene
同源[异形]域/同源異型[功能]域,同源[結構]域

homeodomain
同源异源多倍体/同源異源多倍體 auto-allopolyploid
同源异源体/同源異源體,同源異質倍數體 autoalloploid, auto-alloploid
同源域蛋白[质]/同源域蛋白 homeodomain protein
同征/同徵 homoplasy
同质群体/同質群體,同質族群 homogeneous population
同质性/同質性,均一性,均質性 homogeneity, homogenicity
同质性系数/同質性係數,均質性係數 coefficient of homogeneity
同种核移植/同種核移植,種内核移植 nuclear transfer in homologous species
同种抗原/同種抗原,同型抗原 isoantigen
同种凝集素/同種凝集素 isoagglutinin
同种相残/同種相殘,同種相食,同類相殘 cannibalism
同种型/同型 isotype
同种型变异/同型變異 isotypic variation
同种型排斥/同型排斥 isotypic exclusion
同种移植/同種移植 homoioplastic transplantation, homotransplantation
同种移植物/同種移植物 homograft
同种移植物反应/同種移植物反應 homograft reaction
同种移植物排斥[反应]/同種移植物排斥反應 homograft rejection
同种异基因/同種異體基因 allogene
[同种]异基因移植物/[同種]異體移植物 allograft, allogeneic graft
同种异体干细胞/同種異體幹細胞 allogeneic stem cell
同种异体干细胞移植/同種異體幹細胞移植 allogeneic stem cell transplantation
同种异体细胞/同種異體細胞 allogeneic cell
同种异体移植/同種異體移植 allograft, allogeneic graft
同种异型/同種異型 allotype
Gm 同种异型/Gm 同種異型 gamma chain marker allotype, Gm allotype
Km 同种异型/Km 同種異型 kappa chain marker allotype, Km allotype
同种异型基因表达/同種異型基因表達,同種異型基因表現 allotropic gene expression
同种异型决定簇/同種異型決定位 allotypic determinant
同种异型抗血清/同種異體抗血清 alloantiserum
同种异型抗原/同種異體抗原 alloantigen, isoantigen
同种异型酶/異型酶,等位基因[同功]酶,異位酶 alloenzyme, allozyme
同种异型免疫/同種異體免疫性 alloimmunity
同种异型识别/同種異體識別 allogeneic recognition, allorecognition
同株异花受精/同株異花受精 geitonogamy
同株异化授粉/同株異花受精 geitonogamy
同资源种团/同資源種團,[生態]同功群,共食種 guild
同宗配合/同宗配合[現象],同宗接合[現象] homothallism
同宗异宗配合/同宗異宗配合 amphithallism
同族凝集素/同功凝集素 isolectin
同组异序 DNA 序列/同組異序 DNA 序列 isometric DNA sequence
同祖染色体/部分同源染色體,近同源染色體 homeologous chromosome
桐[油]酸/桐[油]酸,油桐酸 eleostearic acid, aleuritic acid
铜蛋白/銅蛋白 cuprein
铜蓝蛋白/[血漿]銅藍蛋白 ceruloplasmin, caeruloplasmin
铜离子原位染色/銅離子原位染色 copper ion *in situ* staining
童虫/童蟲 schistosomulum
α-酮丁酸/α-酮丁酸 α-ketobutyric acid
17-酮类固醇/17-酮類固醇 17-ketosteroid
β-酮硫解酶/β-酮硫解酶 β-ketothiolase
酮尿症/酮尿症 ketonuria
酮酸/酮酸 keto acid
酮糖/酮糖 ketose
酮体/酮體 ketone body
α-酮戊二酸/α-酮戊二酸 α-ketoglutaric acid
酮-烯醇互变异构/酮-烯醇互變異構 keto-enol tautomerism
酮血症/酮血症 ketonemia
酮脂酰辅酶 A/酮脂醯輔酶 A ketoacyl CoA
酮中毒/酮中毒 ketosis
瞳孔/瞳孔 pupil
瞳孔测量法/瞳孔測量法 pupillometry
瞳孔对光反射/瞳孔對光反射 pupillary light reflex, PLR
瞳孔反射/瞳孔反射 pupillary reflex
瞳孔放大肌/瞳孔放大肌 dilator muscle of pupil
瞳孔近反射/瞳孔近反射 pupillary near reflex

瞳孔括约肌/瞳孔括約肌 sphincter muscle of pupil
瞳孔调节反射/瞳孔調節反射 pupillary accommodation reflex
统计量/統計量 statistic
统计遗传学/統計遺傳學 statistical genetics
桶孔覆垫/桶孔覆墊 parenthesome
桶孔隔膜/桶孔隔膜 dolipore septum
β-桶形结构/β-[折疊]桶 β-barrel
筒状花冠/管狀花冠 tubular corolla
痛[觉]/痛覺,疼痛 pain, pain sensation
痛觉超敏/痛覺超敏 allodynia
痛觉过敏/痛覺過敏,痛感過敏 hyperalgesia
痛觉缺失/痛覺缺失 analgesia
痛增强物质/痛增強物質 pain-enhancing substance
偷猎/偷獵,盜獵 poaching
偷窃寄生现象/偷竊寄生現象 kleptoparasitism
偷袭/偷襲 sneak attack
头板/頭板 cephalic plate
头半棘肌/頭半棘肌 semispinalis capitis muscle
头孢菌素/頭孢菌素 cephalosporin
头孢菌素酶/頭孢菌素酶 cephalosporinase
头[部]/頭部 head, cephalon
头部形成/頭部形成,頭化現象 cephalization
头侧板/頭側板 cephalic pleurite
头朝向细胞/頭朝向細胞,頭方向細胞 head-direction cell, HD cell, HDC
头蛋白/頭蛋白 noggin
头低位倾斜卧床实验/頭低位傾斜臥床實驗 head-down tilt bed rest test
头顶/頭頂 crown, vertex
头顶诱发电位/頭頂誘發電位 vertex evoked potential
头盾/頭盾 cephalic shield
头方向细胞/頭方向細胞,頭朝向細胞 head-direction cell, HD cell, HDC
头盖/頭蓋 tectum
头盖缝/頭縫 epicranial suture, ecdysial line
头感器/雙器,化感器 amphid
头高位倾斜实验/頭高位傾斜實驗 head up tilt test
头沟/頭溝 cerebral groove, cephalic groove
头骨/頭骨 skull
头极/頭極 cephalic pole
头夹肌/頭夾肌 splenius capitis muscle
头尖骨针/頭尖骨針 tyloxea
头节/頭節 scolex
头槛/頭檻 cephalic cage
头壳/頭殼,頭鞘 head capsule
头孔/頭孔 head pore
头裂/頭裂 cephalic slit
头领/頭領 head collar
头幔/頭幔 cephalic veil
头霉素/頭黴素類 cephamycin
头帕型/頭帕型 cidaroid type
头盘/頭盤 cephalic disk
头皮脑电图/頭皮腦電圖 scalp electroencephalogram
头期/頭期 cephalic phase
头器/頭器 head organ
头鞘/頭鞘,頭殼 head capsule
头乳突/頭乳突 cephalic papilla
头软骨/頭軟骨 cranial cartilage
头肾/頭腎 head kidney
头丝/頭絲 cephalic filament
头索动物/頭索動物 cephalochordate
头突/頭突 head process
头窝/頭窩 camerostoma
头腺/頭腺 cephalic gland
头相关传递函数/頭相關傳遞函數,頭部關聯傳遞函數 head-related transfer function, HRTF
头相关脉冲响应/頭相關脈衝回應 head-related impulse response, HRIR
头向集中/頭部形成,頭化現象 cephalization
头斜肌/頭斜肌 obliquus capitis muscle
头星骨针/頭星骨針 tylaster
头胸部/頭胸部 cephalothorax
头胸甲/頭胸甲 carapace
头叶/頭葉 head lobe, cerebral lobe
头缘/頭緣 cephalic rim
头枝骨针/頭枝骨針 tyloclad
头状部/頭狀部 capitulum
头状骨/頭狀骨 capital bone
头状花序/頭狀花序 head, capitulum
头状聚伞花序/聚傘狀花序 cymose inflorescence
头锥/頭錐 cephalic cone
头足/頭足 cephalopodium
头最长肌/頭最長肌 longissimus capitis muscle
投射神经元/投射神經元 projection neuron
投影术/陰影投射 shadow casting
骰骨/骰骨 cuboid bone
透光层/透光層,透光帶,真光帶 photic zone, euphotic zone
透光带/透光帶,透光層,真光帶 photic zone, euphotic zone
透光伐/除伐 cleaning, release cutting
透镜/透鏡 lens
透孔/透孔 lunule

透明斑/透明斑,窗[孔],透明紋 fenestra
透明层/透明層 stratum lucidum
透明带/透明帶 zona pellucida, ZP
透明带反应/透明帶反應 zona pellucida reaction
透明带精子结合蛋白/透明帶精子結合蛋白 zona pellucida sperm-binding protein
透明带黏附蛋白/透明帶黏附蛋白 zonadhesin
透明度/透明度 transparency
透明度计/透明度計 diaphanometer
透明剂/透明劑 transparent reagent
透明角质/透明角質 keratohyalin
透明角质颗粒/透明角質顆粒 keratohyalin granule
透明帽/透明帽 hyaline cap
透明软骨/透明軟骨 hyaline cartilage
透明噬斑/透明噬斑 transparent plaque
透明体/透明體 hyalosome
透明质/透明質 hyaloplasm
透明质酸/透明質酸,玻尿酸,玻糖醛酸 hyaluronic acid, hyaluronan, hyaluronate
透明质酸和凝集素结合的调制蛋白聚糖/透明質酸和凝集素結合的調制蛋白聚糖,透凝蛋白聚糖 hyaluronan- and lectin-binding modular proteoglycan, HLPG, hyalectan
透明质酸酶/透明質酸酶,玻尿酸酶,玻糖醛酸酶 hyaluronidase, alidase
透明质酸黏素/透明質酸黏素,玻尿酸黏素 hyalherin
透明质酸支架/透明質酸支架 hyaluronic acid scaffold
透明足/透明足 pharopodium
透凝蛋白聚糖/透凝蛋白聚糖,透明質酸和凝集素結合的調制蛋白聚糖 hyaluronan- and lectin-binding modular proteoglycan, HLPG, hyalectan
透气性/透氣性 air permeability, gas permeability
透射电子显微镜/透射電子顯微鏡,穿透式電子顯微鏡 transmission electron microscope, TEM
透射扫描电子显微镜/穿透式掃描電子顯微鏡 transmission scanning electron microscope, TSEM
透水层/透水層 permeable layer, pervious stratum
透水性/透水性 water permeability
透析/透析 dialysis
透析袋/透析袋 dialysis bag
透析管/透析管 dialysis tube
透析培养/透析培養 dialysis cultivation
透析培养装置/透析培養裝置 dialysis culture unit
透析液/透析液,透析物 dialysate
透性系数/滲透性係數 permeability coefficient
凸起/凸起 bulge
突变/突變 mutation
突变蛋白质/突變蛋白質 mutein
突变发生/突變發生 mutagenesis
突变范围/突變範圍 mutational range
突变负荷/突變負荷 mutational load
突变固定/突變固定 mutation fixation
突变合成/突變合成 mutasynthesis
突变基因/突變基因 mutant gene
突变基因寿命/突變基因壽命 age of mutant gene
突变加强/突變加強 mutafacience
突变距离/突變距離 mutation distance
突变论/突變説 mutation theory, mutationism
突变率/突變率,突變速度 mutation rate, rate of mutation
突变频率/突變頻率 mutation frequency
突变频率衰退/突變頻率下降 mutation frequency decline
突变平衡/突變平衡 mutational equilibrium
突变谱/突變譜 mutational spectrum
突变起始/突變起始 mutation initiation
突变区/突變區 mutant sector
突变趋向/突變趨勢 mutation trend
突变热点/突變熱點,突變集中點 mutational hotspot
突变筛选/突變篩選 mutation screening
突变体/突變體,突變種,突變型 mutant
突变体筛选/突變體篩選 mutant screening
突变图/突變圖 mutation map
突变位点/突變座位,突變位置,突變點 mutational site
突变协同作用/突變協同作用 mutational synergism
突变型/突變型,突變體,突變種 mutant
突变[学]说/突變説 mutation theory, mutationism
突变压[力]/突變壓[力] mutation pressure
突变延迟/突變延遲 mutational lag, mutational delay
突变诱导/突變誘導 mutation induction
突变育种/突變育種,誘變育種 mutation breeding
突变子/突變子,突變元,突變單位 muton
突出末端/突出末端 protruding terminus
突出雄蕊/突出雄蕊 exserted stamen
突触/突觸 synapse
突触传递/突觸間傳遞,神經鏈傳導,突觸傳導 synaptic transmission
突触传递可塑性/突觸傳遞可塑性 plasticity of synaptic transmission
突触蛋白/突觸蛋白 synapsin
突触蛋白聚糖/突觸蛋白聚糖 agrin

突触缝隙/突觸縫隙,突觸間隙 synaptic cleft, synaptic gap
突触核蛋白/突觸核蛋白 synuclein
突触后电位/突觸後電位 postsynaptic potential
突触后膜/突觸後膜 postsynaptic membrane
突触后抑制/突觸後抑制 postsynaptic inhibition
突触后易化/突觸後易化 postsynaptic facilitation
突触后致密带/突觸後緻密帶 postsynaptic density
突触间隙/突觸間隙,突觸縫隙 synaptic cleft, synaptic gap
突触结合蛋白/突觸結合蛋白 synaptotagmin
突触可塑性/突觸可塑性 synaptic plasticity
突触孔蛋白/突觸孔蛋白 synaptoporin
突触囊泡/突觸囊泡,突觸[小]泡 synaptic vesicle
突触前电位/突觸前電位 presynaptic potential
突触前膜/突觸前膜 presynaptic membrane
突触前受体/突觸前受體 presynaptic receptor
突触前抑制/突觸前抑制 presynaptic inhibition
突触前易化/突觸前易化 presynaptic facilitation
突触融合蛋白/突觸融合蛋白 syntaxin
突触三联复合体/突觸三聯複合體 tripartite synapse
突触同化长时程增强/突觸同化長時程增強 homosynaptic long-term potentiation, homosynaptic LTP
突触[小]泡/突觸[小]泡,突觸囊泡 synaptic vesicle
突触[小]泡蛋白/突觸[小]泡蛋白 synaptophysin
突触[小]泡磷酸酶/突觸[小]泡磷酸酶 synaptojanin
突触小体/突觸小體 synaptosome
突触小体相关蛋白[质]/突觸小體相關蛋白[質] synaptosome-associated protein, SNAP
突触信号传送/突觸訊息傳遞 synaptic signaling
突触延迟/突觸遲滯 synaptic delay
突触异化长时程增强/突觸異化長時程增強 heterosynaptic long-term potentiation, heterosynaptic LTP
突发病征/發作病症 paroxysm
突发生态种/突發生態種 abrupt ecospecies
突盘/裂片 bothridium
突起/突起,突出 enation, apophysis
突起学说/突出説 enation theory
突生进化/突生演化,劇變演化,突發演化 emergent evolution
突状腺/突狀腺 sinusoid
突锥状刚毛/突錐狀剛毛 sublate seta
图解样方/圖示樣方 chart quadrat
图距/圖距 map distance
图距单位/圖距單位 map unit
图灵测试/杜林測試 Turing test
图模[标本]/圖模[式] autotype
图式形成/模式形成 pattern formation
图像重构/影像重建,影像重現 image reconstruction
图像对位/影像對準 image alignment
图像分析/圖像分析 image analysis
图像记忆/圖像記憶 iconic memory
图像掩膜/圖像掩膜 image mask
图像荧光计/圖像熒光計,圖像螢光計 imaging fluorometer
图形检测细胞/圖形檢測細胞 figure direction cell
C_3 途径/三碳途徑 C_3 pathway
C_4 途径/四碳途徑 C_4 pathway
SOS 途径/SOS 途徑 SOS pathway
涂布培养法/塗平板培養法 spread plate method
涂布器/塗布棒 spreader, glass spreader
涂片/塗片,抹片 smear
土地改良/土地改良 land amelioration, land improvement
土地利用规划/土地使用規劃 land-use planning
土地利用与土地覆盖变化/土地利用與地表覆蓋變遷[計劃] land-use and land-cover change, LUCC
土拉菌病/土拉菌病 tularaemia
土链/土鏈 catena
土霉素/土黴素,地靈黴素,氧四環素 oxytetracycline, terramycin
土栖大型动物区系/土棲大型動物相 soil macrofauna
土栖动物区系/土棲動物相 soil fauna
土栖小型动物区系/土棲微動物相 soil microfauna
土栖中型动物区系/土棲中型動物相 soil mesofauna
土壤[地]带/土壤帶 soil zone
土壤地带性/土壤地帶性,土壤成帶性 soil zonality
土壤动物区系/土棲動物相 soil fauna
土壤恶化/土壤劣化 soil deterioration
土壤发生/成土作用,土壤化育 pedogenesis
土壤发生演替/土壤發生演替,成土演替 edaphogenic succession
土壤肥力/土壤肥力 soil fertility
土壤改良/土壤改良 soil amelioration
土壤改良剂/土壤改良劑 soil amendment
土壤杆菌素/土壤桿菌素 agrobacteriocin
土壤含水量/土壤含水量 soil water content
土壤碱化作用/土壤鹼化作用 soil alkalization
土壤结持度/土壤結持度 soil consistency
土壤毛管水/土壤毛管水 soil capillary water
土壤气候/土壤氣候 soil climate
土壤侵蚀/土壤侵蝕 soil erosion

土壤圈/土壤圈 pedoshpere
土壤群落/土壤性群集 edaphic community
土壤群系/土壤[植物]群系 edaphic formation
土壤容重/土壤容重 soil bulk density
土壤杀菌/土壤殺菌 soil sterilization
土壤生产力/土壤生產力 soil productivity
土壤生态型/土壤生態型 edaphic ecotype
土壤生态影响/土壤生態影響 soil ecological impact
土壤生物/土壤生物,土棲生物 geobiont, soil organism
土壤水分/土壤水 soil moisture
土壤水分常数/土壤水常數 soil moisture constant
土壤水分枯竭/土壤水枯竭 soil water depletion
土壤水分特征曲线/土壤水特性曲線 soil moisture characteristic curve, soil water characteristic curve
土壤水生生物/土壤水生生物 edaphonekton
土壤酸度/土壤酸度 soil acidity
土壤调理剂/土壤調理劑 soil adjustment microbe inoculant
土壤退化/土壤劣化 soil deterioration
土壤微生物/土壤微生物 soil microorganism
土壤微生物学/土壤微生物學 soil microbiology
土壤萎蔫系数/土壤凋萎係數 soil wilting coefficient
土壤污染/土壤污染 soil pollution, soil contamination
土壤污染指数/土壤污染指數 soil pollution index
土壤消毒/土壤殺菌 soil sterilization
土壤形成/土壤形成 soil formation
土壤演化/土壤演化 soil evolution
土壤[演替]顶极/土壤性極[峰]相,土壤安定群叢,土壤終極群落 edaphic climax, pedoclimax
土壤因子/土壤因子,土壤因素 edaphic factor
土壤有效水/土壤有效水 soil available water
土壤诊断/土壤診斷 soil diagnosis
土壤-植被关系/土壤-植被關係 soil-vegetation relationship
土壤指示植物/土壤指標植物 edaphic indicator plant
土壤自由水/土壤自由水 soil free water
土源性蠕虫/土源性蠕蟲 geohelminth
土源性蠕虫病/土源性蠕蟲病 geohelminthiasis
土著区系/原生植物相,原宿區系 indigenous flora
土著微生物/土著微生物 autochthonous microbe
土著种/本地種,本土種,原生種 indigenous species, native species, endemic species
吐根碱/吐根鹼,吐根素 ipecamine, emetine
吐弃块/吐棄塊 pellet
吐水[现象]/泌溢[現象] guttation
吐丝/吐絲 fusule
兔化病毒/兔化病毒 lapinized virus
兔化法/兔化 lapinization
兔化疫苗/兔化疫苗 lapinized vaccine
兔精子膜自身抗原/兔精子膜自體抗原 rabbit sperm membrane autoantigen, RSA
湍流/擾流,亂流,紊流 turbulent flow, turbulence
团聚体/團聚體 coacervate
团伞花序/團傘花序 glomerule
团藻视蛋白/團藻視蛋白 volvoxopsin
腿节/腿節 femur
退化/退化,退行 degeneration, retrogression, regression
退化变态/退化變態 degenerative metamorphosis
退化雌蕊/退化雌蕊 pistillode
退化蛋白/退化蛋白 degenerin
退化多形/退化多形 degenerative polymorphism
退化器官/退化器官,痕跡器官,殘遺器官 vestigial organ
退化生态系统/退化生態系 degraded ecosystem
退化性状/退化性狀,退化特徵 degenerative character, regressive character
退化雄蕊/退化雄蕊 staminodium, staminode
退化演替/退化[性]演替,退行性消長,逆行演替 retrogressive succession, regressive succession
退化种/退化種 regressive species
退火/退火 annealing
退缩运动/狹隘運動 narrowing movement
退行[性]进化/退行[性]演化,逆行演化 retrogressive evolution, regressive evolution
退行[性]演化/退行[性]演化,逆行演化 retrogressive evolution, regressive evolution
蜕壳激素/蜕殼激素,羽化激素 eclosion hormone, EH
蜕壳节律/羽化節律 eclosion rhythm
蜕壳时钟/羽化時鐘 eclosion clock
蜕裂线/頭縫 epicranial suture, ecdysial line
蜕膜/蜕膜 decidua
蜕膜催乳素/蜕膜催乳素 decidual prolactin, dPRL
蜕膜化/蜕膜化 decidualization
蜕膜胎盘/蜕膜胎盤 deciduous placenta
蜕膜细胞/蜕膜細胞 decidual cell
蜕皮/蜕皮 ecdysis, molting
蜕皮后期/蜕皮後期 postmolt, metecdysis
蜕皮[激]素/蜕皮[激]素 ecdysone, ecdyson
α-蜕皮[激]素/α-蜕皮[激]素 α-ecdysone
β-蜕皮[激]素/β-蜕皮[激]素 β-ecdysone
蜕皮间期/蜕皮間期 intermolt

蜕皮类固醇激素/蜕皮類固醇激素 ecdysteroid hormone
蜕皮前期/蜕皮前期 premolt, proecdysis
蜕皮腺/蜕皮腺 exuvial gland, molting gland
蜕皮液/蜕皮液 ecdysial fluid, molting fluid
蜕皮引发激素/蜕皮誘發激素 ecdysis triggering hormone, ETH
蜕皮甾酮/蜕皮甾酮 ecdysterone
蜕皮周期/蜕皮週期 molting cycle
褪黑[激]素/褪黑激素,抑黑素 melatonin
褪色/褪色 fading
吞蛋白/吞蛋白 endophilin
吞排循环/吞排循環 endocytic-exocytic cycle
吞排作用/胞飲作用 cytosis
吞食/吞食 engulfment
吞噬虫/吞噬蟲 phagocitella
吞噬功能缺陷/吞噬作用缺陷 phagocytosis deficiency
吞噬泡/吞噬泡 phagocytic vacuole
吞噬溶酶体/吞噬溶酶體 phagolysosome
吞噬试验/吞噬作用試驗 phagocytosis test
吞噬素/吞噬細胞素 phagocytin
吞噬细胞/吞噬細胞 phagocyte
吞噬细胞溶解/吞噬裂解,吞菌體崩解 phagolysis, phagocytolysis
吞噬细胞糖蛋白-1/吞噬細胞糖蛋白-1 phagocytic glycoprotein-1, Pgp-1
吞噬[小]体/吞噬[小]體 phagosome
吞噬营养/吞噬營養 phagotrophy
吞噬指数/吞噬指數 phagocytic index, phagocytosis index
吞噬质/吞噬質 phagoplasm
吞噬[作用]/吞噬作用 phagocytosis
吞咽/吞嚥 gulp, swallowing, deglutation
吞咽反射/吞嚥反射 swallowing reflex, deglutation reflex
吞饮体/胞飲體 pinosome
吞饮[作用]/胞飲作用,吞飲[作用] pinocytosis
臀大肌/臀大肌 gluteus maximus muscle
臀角/臀角 anal angle
臀鳍/臀鰭 anal fin
臀鳍降肌/臀鰭下降肌,臀鰭下掣肌 depressor analis muscle
臀鳍倾肌/臀鰭傾肌 inclinator analis muscle
臀鳍竖肌/臀鰭豎肌 erector analis muscle
臀鳍缩肌/臀鰭牽縮肌,臀鰭收縮肌 retractor analis muscle
臀褶/臀褶 vannal fold, anal fold, plica vannalis
臀胝/臀胝 ischial callositym, callus cerci
臀栉/臀櫛 anal comb
臀中肌/臀中肌 gluteus medius muscle
臀足/臀足,尾足 caudal leg, caudal proleg
托盘状花冠/高碟形花冠,盆形花冠 hypocrateriform corolla
托片宿存花托/貝托片花托,穎狀苞花托 chaffy receptacle
托叶/托葉 stipule
托叶迹/托葉跡 stipular trace
托叶卷须/托葉捲鬚 stipular tendril
托叶鞘/托葉鞘 stipular sheath
拖丝/曳絲 dragline
脱氨酶/脱胺酶,去胺酶 deaminase, desaminase
脱氨作用/脱氨基作用,脱胺[作用],去胺[作用] deamination
脱靶效应/脱靶效應 off-target effect
脱包囊/脱包囊 excystment
脱饱和酶/脱飽和酶 desaturase
脱春化/去春化 devernalization
脱氮作用/脱氮作用,去氮作用,反硝化作用 denitrification
脱碘酶/脱碘酶,去碘酶 deiodinase
脱分化[作用]/去分化,反分化,解除分化 dedifferentiation
脱辅蛋白质/脱輔蛋白質 apoprotein
脱辅[基]酶/脱輔基酶,去輔基酶蛋白,主酵素 apoenzyme
脱钙钙调蛋白/脱鈣鈣調蛋白 apocalmodulin
脱钙肌钙蛋白/脱鈣肌鈣蛋白 apotroponin
脱钙作用/脱鈣作用,去鈣作用 decalcification
脱核/脱核 karyorrhexis
脱黄化/逆黄化,去白化 de-etiolation
脱甲基作用/脱甲基作用,去甲基作用 demethylation
脱甲酰酶/脱甲醯酶,去甲醯基酶 deformylase
脱矿质水/去礦質水 demineralized water
脱硫作用/脱硫[作用],去硫[作用] desulfidation, desulfuration
脱落/脱離[現象] abscission
脱落蛋白质/斷裂蛋白質 split protein
脱落酸/脱落酸,離層酸 abscisic acid, ABA
脱镁叶绿素/脱鎂葉緑素 pheophytin
脱嘧啶位点/無嘧啶位點,無嘧啶部位 apyrimidinic site
脱敏[作用]/去敏感作用,減敏作用 desensitization
脱嘌呤位点/無嘌呤位點,無嘌呤部位 apurinic site
脱嘌呤作用/脱嘌呤作用 depurination

脱壳/脱殼,去包被 uncoating
脱壳酶/脱殼酶,脱外被酶 uncoating enzyme
脱壳 ATP 酶/脱殼 ATP 酶 uncoating ATPase
脱氢表雄[固]酮/脱氫表雄固酮,去氫表雄固酮,去氫異雄固酮 dehydroepiandrosterone, DHEA
7-脱氢胆固醇/7-脱氫膽固醇,7-去氫膽甾醇 7-dehydrocholesterol
脱氢酶/脱氫酶,去氫酶 dehydrogenase
NADH 脱氢酶复合体/NADH 脱氫酶複合物,NADH 去氫酶複合體 NADH dehydrogenase complex
3-脱氢视黄醇/3-去氫視黄醇 3-dehydroretinol
脱氢萤光素/脱氫螢光素 dehydroluciferin
脱氢作用/脱氫作用,去氫作用 dehydrogenation
脱色/脱色,去色 decolorization
脱适应/去適應 deadaptation
脱水剂/脱水劑 dehydration reagent
脱水酶/脱水酶 dehydratase, anhydrase
脱水收缩/脱水收縮 syneresis
脱水[作用]/脱水[作用],失水[作用] anhydration, desiccation
脱羧酶/脱羧酶,去羧酶 decarboxylase
脱羧作用/脱羧作用,去羧[基]作用 decarboxylation
脱铁铁蛋白/脱鐵鐵蛋白 apoferritin
脱铁运铁蛋白/脱鐵運鐵蛋白 apotransferrin
脱习服/脱習服 deacclimatization
脱细胞外基质支架/脱細胞胞外基質支架 acellular extracellular matrix scaffold
脱酰 tRNA/脱醯 tRNA deacylated tRNA
脱腺苷酸化/去腺苷酸化 deadenylation
脱硝作用/脱硝作用,去硝作用 denitration
脱盐/脱鹽 desalting
脱氧/脱氧[作用],脱氧[反應],去氧[反應] deoxygenation
脱氧胞苷/去氧胞苷 deoxycytidine, dC
脱氧胞苷二磷酸/去氧胞苷二磷酸 deoxycytidine diphosphate, dCDP
脱氧胞苷三磷酸/去氧胞苷三磷酸 deoxycytidine triphosphate, dCTP
脱氧胞苷酸/去氧胞苷酸 deoxycytidylic acid
脱氧胞苷一磷酸/去氧胞苷一磷酸 deoxycytidine monophosphate, dCMP
脱氧次黄苷三磷酸/去氧肌苷三磷酸 deoxyinosine triphosphate, dITP
脱氧胆酸/去氧膽酸 deoxycholic acid
脱氧胆酸-柠檬酸盐琼脂/去氧膽酸-檸檬酸鹽瓊脂 deoxycholate-citrate agar, DCA
脱氧核苷/脱氧核苷,去氧核苷 deoxynucleoside
脱氧核苷酸/脱氧核苷酸,去氧核苷酸 deoxynucleotide
脱氧核酶/去氧核酸代酶 deoxyribozyme
脱氧核糖/去氧核糖 deoxyribose
脱氧核糖变位酶/去氧核糖變位酶 deoxyribomutase
脱氧核糖二嘧啶光裂合酶/去氧核糖二嘧啶光裂解酶 deoxyribodipyrimidine photolyase
脱氧核糖核苷/脱氧核糖核苷,去氧核糖核苷 deoxyribonucleoside
脱氧[核糖]核苷二磷酸/去氧[核糖]核苷二磷酸 deoxyribonucleoside diphosphate
脱氧[核糖]核苷三磷酸/去氧[核糖]核苷三磷酸 deoxyribonucleoside triphosphate
脱氧核糖核苷酸/脱氧核糖核苷酸,去氧核糖核苷酸 deoxyribonucleotide
脱氧[核糖]核苷一磷酸/去氧[核糖]核苷一磷酸 deoxyribonucleoside monophosphate
脱氧核糖核酸/脱氧核糖核酸,去氧核糖核酸 deoxyribonucleic acid, DNA
脱氧核糖核酸酶/脱氧核糖核酸酶,去氧核糖核酸酶,DNA 酶 deoxyribonuclease, DNase
脱氧核糖醛缩酶/去氧核糖醛縮酶 deoxyriboaldolase
脱氧肌苷/去氧肌苷 deoxyinosine, dI
脱氧肌苷三磷酸/去氧肌苷三磷酸 deoxyinosine triphosphate, dITP
15-脱氧精胍素/15-去氧精胍素 15-deoxyspergualin, 15-DSG
脱氧鸟苷/去氧鳥苷 deoxyguanosine, dG
脱氧鸟苷二磷酸/去氧鳥苷二磷酸 deoxyguanosine diphosphate, dGDP
脱氧鸟苷三磷酸/去氧鳥苷三磷酸 deoxyguanosine triphosphate, dGTP
脱氧鸟苷酸/去氧鳥苷酸 deoxyguanylic acid
脱氧鸟苷一磷酸/去氧鳥苷一磷酸 deoxyguanosine monophosphate, dGMP
脱氧尿苷/去氧尿苷 deoxyuridine, dU
脱氧尿苷酸/去氧尿苷酸 deoxyuridylic acid
脱氧尿苷一磷酸/去氧尿苷一磷酸 deoxyuridine monophosphate, dUMP
脱氧皮质醇/去氧皮質醇 deoxycortisol
脱氧皮质酮/去氧皮質酮 deoxycorticosterone, DOC
脱氧葡萄糖/去氧葡萄糖 deoxyglucose
脱氧糖/脱氧糖,去氧糖 deoxysugar
脱氧腺苷/去氧腺苷 deoxyadenosine, dA
脱氧腺苷二磷酸/去氧腺苷二磷酸 deoxyadenosine diphosphate, dADP
脱氧腺苷三磷酸/去氧腺苷三磷酸 deoxyadenosine triphosphate, dATP

脱氧腺苷酸/去氧腺苷酸 deoxyadenylic acid
脱氧腺苷一磷酸/去氧腺苷一磷酸 deoxyadenosine monophosphate, dAMP
脱氧胸苷/脱氧胸苷,去氧胸腺苷 deoxythymidine, dT
脱氧胸苷二磷酸/去氧胸腺苷二磷酸 deoxythymidine diphosphate, dTDP
脱氧胸苷三磷酸/去氧胸腺苷三磷酸 deoxythymidine triphosphate, dTTP
脱氧胸苷酸/去氧胸腺苷酸 deoxythymidylic acid
脱氧胸苷一磷酸/去氧胸腺苷一磷酸 deoxythymidine monophosphate, dTMP
脱氧胸腺嘧啶核苷/去氧胸腺苷,脱氧胸苷 deoxythymidine, dT
脱氧雪腐镰孢霉烯醇/去氧雪腐鐮孢黴烯醇 deoxynivalenol
脱叶剂/脱葉劑,落葉劑 defoliant
脱乙酰作用/去乙醯作用 deacetylation
脱支酶/脱支酶,去分支酶 debranching enzyme
妥布[拉]霉素/妥布黴素 tobramycin
椭球/橢球,橢圓體 ellipsoid
椭圆囊/橢圓囊 utricle
DNA 拓扑学/DNA 拓撲學 DNA topology
拓扑异构酶/拓撲異構酶 topoisomerase
DNA 拓扑异构酶/DNA 拓撲異構酶 DNA topoisomerase
拓扑异构体/拓撲異構體 topoisomer, topological isomer
拓殖/拓殖 colonization
拓殖率/拓殖率 rate of colonization
拓殖曲线/拓殖曲線 colonization curve
拓殖速率/拓殖速率 colonization rate
拓殖种/拓殖種 colonizing species
唾腺染色体/唾腺染色體 salivary gland chromosome
[唾腺染色体]疏松区/疏鬆區 puff zone
唾液/唾液 saliva
唾液泵/唾液泵 salivary pump, infunda
唾液蛋白/唾液酸蛋白,涎蛋白 sialoprotein
唾液淀粉酶/唾液澱粉酶 ptyalin, salivary amylase
唾液窦/唾竇,唾液囊,唾液腔 salivarium
唾液黏蛋白/唾液黏蛋白 sialomucin
唾液酸/唾液酸,涎酸 sialic acid
唾液酸寡糖/唾液酸寡糖 sialyloligosaccharide
唾液酸结合免疫球蛋白样凝集素/唾液酸結合免疫球蛋白樣凝集素 sialic acid-binding immunoglobulin-like lectin, Siglec
唾液酸结合凝集素/唾液酸結合凝集素 sialic acid-binding lectin
唾液酸酶/唾液酸酶,涎酸酶 sialidase
唾液酸酶抑素/唾液酸酶抑素,唾液酸酶抑制劑,制唾[液]酸酶素 siastatin
唾液酸酶抑制剂/唾液酸酶抑制劑,唾液酸酶抑素,制唾[液]酸酶素 siastatin
唾液酸黏附蛋白/唾液酸黏附蛋白 sialoadhesin
唾液酸鞘糖脂/唾液酸糖神經鞘脂質 sialoglycosphingolipid
唾液酸糖蛋白/唾液酸糖蛋白 sialoglycoprotein
唾液酸糖肽/唾液酸糖肽 sialoglycopeptide
唾液酸贮积症/唾液酸沉積症,涎酸酶缺乏症 sialidosis
唾液酰基转移酶/唾液醯基轉移酶 sialyltransferase
唾液腺/唾液腺 salivary gland
唾针/唾針 salivary stylet

W

蛙[紧张]肽/蛙肽 ranatensin
蛙皮降压肽/蛙皮降壓肽 sauvagine
蛙皮肽/蛙皮肽 frog skin peptide
瓦尔堡呼吸计/瓦爾堡呼吸計,瓦氏呼吸計 Warburg respirometer
瓦尔德霍夫发酵罐/伍德夫發酵槽 Waldhof fermenter
瓦尔萨尔瓦动作/瓦氏操作,伐沙爾式 Valsalva maneuver
瓦色曼试验/瓦色曼試驗 Wasserman test
瓦氏高速捣碎器/瓦氏高速搗碎器 Waring blender
瓦氏呼吸计/瓦氏呼吸計,瓦爾堡呼吸計 Warburg respirometer
瓦氏简约法/瓦格納簡約性 Wagner parsimony
瓦斯曼拟态/華斯曼擬態 Wasmannian mimicry
瓦状细胞/瓦狀直立細胞,重疊細胞 tile cell
歪形海胆/歪形海膽,不規則海膽 irregular echinoid
歪型尾/歪型尾 heterocercal tail
外包/外包 epiboly
外包蛋白/外包蛋白 epibolin
外被蛋白/外被體蛋白 coat protein, COP
外被蛋白 Ⅰ/外被體蛋白 Ⅰ coat protein Ⅰ, coatomer protein Ⅰ, COP Ⅰ
外被蛋白 Ⅱ/外被體蛋白 Ⅱ coat protein Ⅱ, coatomer protein Ⅱ, COP Ⅱ
外被体/外被體 coatomer
外壁/外壁 exine
外壁层/外壁層 exotunica
外壁性蛋白质/外壁性蛋白質 exine-held protein
外鞭/外鞭 outer flagellum
外扁平细胞/外扁平細胞 ectopinacocyte
外表皮/外角皮 exocuticle
外表型/外在表[現]型,外來表[現]型,適應後表[現]型 exophenotype
外侧顶区内皮质/外側頂區内皮質 lateral intraparietal cortex, LIP
外侧皮质脊髓束/外側皮質脊髓束,皮質脊側徑 lateral corticospinal tract
外侧前庭脊髓束/外側前庭脊髓束,前庭脊側徑 lateral vestibulospinal tract
外层/外層 exothecium
外场强化色谱法/外場強化色譜法,外場強化層析法 field-improved chromatography
外出芽/外出芽 external budding, exogenous budding, exogemmy
外触手芽/外觸手芽 extratentacular budding
外唇/外唇 outer lip
外雌器/外雌器 epigynum
外代谢产物/體外代謝產物 extrametabolite
外动性土壤/外動性土壤 ectodynamorphic soil
外动性演替/外動性演替,外動性消長 ectodynamic succession
外毒素/外毒素 exotoxin
α-外毒素/α-外毒素 α-exotoxin
β-外毒素/β-外毒素 β-exotoxin
外颚基叶/外顎基節 basigalea
外颚叶/外顎葉 galea
外耳/外耳 external ear
外耳道/外耳道 external auditory meatus
外耳道共振效应/外耳道共振效應 resonance effect of meatus
外翻出芽/外翻出芽 evaginative budding, evaginogemmy
外-斐反应/魏-斐二氏反應 Weil-Felix reaction
外分泌/外分泌 exocrine, eccrine, excrine
外分泌腺/外分泌腺 exocrine gland, eccrine gland
外分生孢子/外生分生孢子 ectoconidium
外稃/外稃 lemma, outer glume
外附生生物/外附生生物 epicole
外感受器/外受器 exteroceptor
外肛动物/外肛動物 ectoprocta
外根鞘/外根鞘 outer root sheath, external root sheath
外共生/外共生 ectosymbiosis
外共生体/外共生體 ectosymbiont
外骨骼/外骨骼 exoskeleton
外果皮/外果[壁]皮 epicarp, exocarp
外核层/外核層 outer nuclear layer
外核膜/外核膜 outer nuclear membrane
外呼吸/外呼吸 exterior respiration, external respiration
外花被/外花被 outer perianth

外基因子/外基因子 exogenote
外激素/外激素，費洛蒙，信息素 pheromone
外寄生/外寄生 ectoparasitism, external parasitism
外寄生螨类/外寄生蟎類 ectoparasitic mites
外寄生物/外寄生物，外寄生者 ectoparasite
外加生长/外加生長 appositional growth
外交叉/外神經交叉 external chiasma
外角皮/外角皮 exocuticle
外角质层/外角皮 exocuticle
外节点/外節點 external node
外界膜/外界膜 outer limiting membrane
外界信号/外部信號，外部訊號 external signal
外精包/外精包 ectospermatophore
外卷沟/外捲溝 epirhysis
外菌幕/外菌幕 universal veil
外孔式/外孔式 exotrysian type
外来侵入种/外來入侵種 alien invasive species
外来植物/外來植物 alien plant
外来种/外來種，引入種 alien species, exotic species, allochthonous species
外淋巴/外淋巴 perilymph
外淋巴隙/外淋巴隙 perilymphatic space
外卵室/外卵室 ectooecium
外轮对瓣式/外輪對瓣式 obdiplostemony
外轮对瓣雄蕊/外輪對瓣雄蕊 obdiplostemonous stamen
外轮对萼雄蕊/外輪對萼雄蕊 diplostemonous stamen
外面向外式记录/外面向外式記録 outside-out recording
外膜/外膜 tunica externa, outer membrane
外膜成纤维细胞/外膜成纖維細胞，外膜纖維母細胞 adventitial fibroblast, AF
外木质型/外木質型 ectoxylar type
外囊盘被/外囊盤被 ectal excipulum, parathecium
外排体/胞外體，外來體 exosome
外排作用/胞吐作用，胞泌作用，胞外分泌 exocytosis
外胚层/外胚層 ectoderm, ectoblast
外胚层顶嵴/頂端外胚層嵴，頂生表皮嵴 apical ectodermal ridge, AER
外胚层间质/外胚層間質 ectomesenchyme
外胚乳/外胚乳 perisperm
外胚叶/殘留子葉，退化子葉 epiblast
外皮/外皮 cuticle
外蹼/外蹼 outer web
外鞘/外鞘 epitheca
外鞘鳞板/外鞘鱗板 exothecal dissepiment
外切核酸酶/外切核酸酶，核酸外切酶 exonuclease
外切葡聚糖酶/外切葡聚糖酶，葡聚糖外切酶 exoglucanase
外切糖苷酶/糖苷外切酶 exoglycosidase
外切体/外切酶體 exosome
外切体复合体/外切酶體複合物 exosome complex
外群/外群 outgroup
外韧带/外韌帶 outer ligament
外韧管状中柱/外韌皮管狀中柱 ectophloic siphonostele
外韧维管束/外韌維管束 collateral vascular bundle
外韧型/外韌皮型 ectophloic type
外绒毡层膜/外絨氈層膜 extra-tapetal membrane
外筛骨/外篩骨 ectethmoid bone
外渗/外滲透 exosmosis
外生孢子/外生孢子 ectospore, exospore, exogenous spore
外生分枝/外生分枝 exogenous branching
外生菌根/外生菌根 ectomycorrhiza, ectotrophic mycorrhiza, ECM
外生源/外生起源 exogenous origin
外生真菌/外生真菌 ectomycete
外生植物/外生植物 ectophyte
外生殖器/外生殖器 genitalia
外生周期/外生週期 exogenous cycle
外始式/外始式 exarch
外水体积/空隙體積 void volume
外蒴齿/外蒴齒 exoperistome, exostomium
外隧道/外隧道 outer tunnel
外套层/外套層，套膜層 mantle zone
外套窦/外套竇，套膜竇 pallial sinus
外套反转/外套反轉 mantle reversal
外套沟/外套溝 mantle groove
外套膜/外套[膜]，套膜 mantle
外套腔/外套腔，套膜腔 mantle cavity
外套乳头/外套乳頭 mantle papillae
外套神经节/外套神經節 pallial ganglion
外套收缩肌/外套收縮肌 pallial retractor muscle
外套湾/外套竇 pallial sinus
外套线/外套線 pallial line
外套眼/外套眼 pallial eye
外套叶/外套葉 mantle lobe
外套缘/外套緣 mantle edge
外套褶/外套褶 mantle fold
外体腔/外體腔 outer coelom
外凸/外凸，外突 evagination
外凸原肠胚/外凸原腸胚 exogastrula
外推法/外推法，外插法 extrapolation

外推假说/推力假説 push hypothesis
外网层/外網層 outer plexiform layer
外温动物/外温動物 ectotherm, ectothermic animal
外温性/外温性 ectothermy
外显编码/外顯編碼 explicit coding
外显记忆/外顯記憶 explicit memory
外显率/外顯率 penetrance
外显肽/外顯肽,外顯蛋白 extein
外显子/外顯子,表現序列 exon
外显子捕获/外顯子捕獲 exon trapping
外显子捕获法/外顯子捕獲法 exon trapping method
外显子捕获系统/外顯子捕獲系統 exon trapping system
外显子插入/外顯子插入 exon insertion
外显子重复/外顯子重複,外顯子複製 exon duplication
外显子改组/外顯子改組,外顯子混排,外顯子洗牌 exon shuffling
外显子互换/外顯子互換 exon exchange
外显子滑动/外顯子滑動 exon sliding
外显子混编/外顯子混排,外顯子改組,外顯子洗牌 exon shuffling
外显子结合部位/外顯子結合部位 exon-binding site, EBS
外显子扩增法/外顯子擴增法 exon amplifiation
外显子跳读/外顯子漏讀,外顯子跳接 exon skipping
外向电流/外向電流 outward current
外向药/外向藥 extrorse anther
外向整流/外向整流 outward rectification
外消旋化/外消旋化 racemization
外楔骨/外楔骨 ectocuneiform bone
外斜肌/外斜肌 external oblique muscle
外咽片/外咽片 gula, gular plate
外咽区/外咽區 gutter area
外咽褶/外咽褶 gutter fold
外延意识/外延意識 extended consciousness
外眼板/外眼板 exsert
外养生物/外[營]養生物,外養寄生物 ectotroph
外叶/外葉 exite
外叶足/外葉足 exolobopodium
外抑制基因/外抑制基因,外抑制子 external suppressor
外因/外因 extrinsic factor
外因[性]演替/外因動力演替 exogenetic succession
外颖/外穎 outer glume, inferior glume
外源 DNA/外源 DNA foreign DNA
外源基因/外源基因,外生基因 exogenous gene
外源基因清除技术/外源基因清除技術 gene-deletor technology
外[源]适应/外[源]適應 exoadaptation
外源物/異生物質,外源化合物 xenobiotics
外源性凋亡途径/外源性凋亡途徑 extrinic apoptosis pathway
外源性抗原/外源性抗原 exogenous antigen
外源性凝血/外源性凝血 extrinsic coagulation
外源性[致]热原/外源[致]熱原,外生性[致]熱原 exogenous pyrogen
外源性注意/外源性注意 exogenous attention
外在膜蛋白/外在膜蛋白 extrinsic membrane protein
外展神经/外展神經,外旋神經 abducent nerve
外展纹孔口/外展紋孔口 extended aperture
外照射/外照射 external irradiation
外枕骨/外枕骨 exoccipital bone
外肢/外肢 exopod, exopodite
外植/體外組織培養,移植 explantation
外植块/組織塊 explant
外植体/外植體 explant
外质/外質 ectoplasm, ectosarc, exoplasm
外质体/外質體 ectoplast
外质足/外質足,上足 epipod, epipodium
外周蛋白/外周蛋白,周圍蛋白,周邊素 peripherin
外周化学感受器/周邊化學[感]受器,周邊化學受體 peripheral chemoreceptor
外周静脉压/外周静脈壓,周圍静脈壓 peripheral venous pressure
外周淋巴结地址素/周邊淋巴結定址素 peripheral node addressin
外周淋巴结血管地址素/周邊淋巴結血管定址素 peripheral lymphonode vascular addressin, PNAd
外周淋巴[样]器官/周邊淋巴器官,周圍淋巴器官 peripheral lymphoid organ
外周免疫器官/周邊免疫器官 peripheral immune organ
外周敏感化/外周敏感化,周邊致敏 peripheral sensitization
外周膜蛋白/膜周邊蛋白,周圍膜蛋白 peripheral membrane protein
外周耐受/周邊耐受 peripheral tolerance
外周髓鞘型蛋白质/周圍髓鞘型蛋白質 peripheral myelin protein
外周听觉系统/外周聽覺系統 peripheral auditory system
外周温度感受器/外周温度[感]受器 peripheral thermoreceptor

外周血单核细胞/周邊血液單核細胞　peripheral blood mononuclear cell, PBMC
外周血管阻力/外周血管阻力,周圍血管阻力　peripheral vascular resistance, PVR
外周血淋巴细胞/周邊血液淋巴細胞　peripheral blood lymphocyte, PBL
外周振荡子/外周振盪子　peripheral oscillator
外周阻力单位/周圍阻力單位　peripheral resistance unit, PRU
外轴骨骼/外軸骨骼　extra-axial skeleton
外珠被/外珠被　outer integument
外锥体/外錐體　outer cone
外子囊/外子囊　ectoascus
外祖父法/外祖父法　grandfather method
外祖父模型/母體外祖父模型　maternal grandsire model
弯胚/彎胚　curved embryo
弯胚带/彎胚帶　ankyloblastic germ band
弯曲 DNA/彎曲 DNA　bent DNA
DNA 弯曲/DNA 彎曲　DNA bending
弯曲杆菌病/曲狀桿菌病,彎曲菌病　campylobacteriosis
弯生胚珠/彎生胚珠　campylotropous ovule
弯形 DNA/彎形 DNA　curved DNA
弯咽管/彎咽管　cyrtos
弯折/彎折,扭折　kink
豌豆骨/豌豆骨　pisiform bone
豌豆球蛋白/豌豆球蛋白　vicilin
[完]全变态/完全變態　complete metamorphosis
完全蛋白质/完全蛋白質　complete protein
完全低温变性共扩增 PCR/完全低溫變性共擴增 PCR　complete co-amplification at lower denaturation temperature PCR
完全花/完全花　perfect flower
完全阶段/完全階段　perfect state
完全菌环/完全菌環,完全環帶　perfect annulus
完全抗体/完全抗體　complete antibody
完全抗原/完全抗原　complete antigen
完全连锁/完全連鎖　complete linkage
完全卵裂/完全卵裂,全裂　holoblastic cleavage
完全密度依赖因子/完全密度依變因子　perfectly density-dependent factor
完全培养基/完全培養基　complete medium
完全吞噬/完全吞噬　complete phagocytosis
完全雄性/完全雄性　holandry
完全选择/完全選擇　complete selection
完全叶/完全葉　complete leaf
完全真菌/完全真菌　perfect fungus
完全转导/完全轉導　complete transduction
完形/完形,格式塔,模樣　gestalt
顽拗物/頑拗物　recalcitrant compound
烷化剂/烷化劑　alkylating agent
DNA 烷基化/DNA 烷基化　DNA alkylation
烷基化[作用]/烷基化[作用]　alkylation
烷基醚脂酰甘油/烷基醚脂醯甘油　alkylether acylglycerol
烷基转移酶/烷基轉移酶　alkyltransferase
挽回系统/檢索系統　retrieval system
挽回载体/檢索載體　retriever vector
晚材/晚材　late wood
晚成雏/晚成鳥,晚熟體　altrices
晚成性/晚成性,晚熟性　altricialism
晚重组结/晚重組節　late recombination nodule
晚出同名/晚出同名　later homonym
晚感受器电位/遲發感受器電位　late receptor potential, LRP
晚裂殖子/晚裂殖子　telomerozoite
晚期蛋白/晚期蛋白　late protein
晚期基因/晚期基因　late gene
晚期内[吞]体/晚期胞内體　late endosome
晚幼红细胞/正母紅血球,正紅血球母細胞　acidophilic erythroblast, normoblast, metarubricyte
晚幼粒细胞/後髓細胞,變形骨髓細胞　metamyelocyte
碗状胞/碗狀胞　phialocyst
万古霉素/萬古黴素　vancomycin
腕/腕　arm, wrist, brachiole
腕板/腕板　brachialia
腕瓣/腕瓣　brachial valve
腕沟/腕溝　brachial groove
腕钩/腕鉤　crura
腕钩槽/腕鉤槽　crural trough
腕钩基/腕鉤基　crural base
腕钩尖/腕鉤尖　crural point
腕钩连板/腕鉤連板　cruralium
腕钩突起/腕鉤突起　crural process
腕钩窝/腕鉤窩　crural fossette
腕钩支板/腕鉤支板　crural plate
腕骨/腕骨　carpal bone, brachidium
腕骨突起/腕骨突起　brachidium process
腕骨支柱/腕骨支柱　brachidium support
腕关节/腕關節　wrist joint
腕管/腕管　arm canal
腕环/腕環　loop
腕棘/腕棘　arm spine
腕脊/腕脊　arm ridge

腕间隔/腕間隔　interbrachial septum
腕间膜/腕間膜　interbrachial membrane
腕节/腕節　carpopodite，carpus，wrist
腕腔/腕腔　arm cavity
腕神经节/腕神經節　brachial ganglion
腕丝/腕絲　cirrus
腕型/腕型　brachidial pattern
腕型变化/腕型變化　brachidial change
腕掌关节/腕掌關節　carpometacarpal joint
腕褶/腕褶　brachial fold
腕支柱/腕支柱　brachidial support
腕趾/腕趾　pad
腕栉/腕櫛　arm comb
腕足动物/腕足動物　brachiopod
网板/網狀板　reticular lamina
网柄菌凝素/盤狀菌凝素　discoidin
网蛋白/網蛋白　plectin
网钙结合蛋白/網鈣結合蛋白　reticulocalbin
网格层/網格層　clathrum
网格蛋白/格形蛋白，内涵蛋白，包涵素　clathrin
网格蛋白介导的胞吞作用/格形蛋白介導的胞吞作用　clathrin-mediated endocytosis
网格蛋白有被小泡/格形蛋白有被小泡，内涵蛋白包覆囊泡　clathrin-coated vesicle，CCV
网格蛋白有被小窝/格形蛋白有覆小窩，内涵蛋白包被小窩　clathrin-coated pit，CCP
网格系统/網格[圖]系統　grid system
网格自动机/細胞自動機，元胞自動機　cellular automata
网架假侧丝/網架假側絲，産孢組織擬側絲　trabeculate pseudoparaphysis
网结[现象]/網結，聯結　anastomosis
网络/網絡，網路　network
网络分析/網絡分析　network analysis
网络模块/網絡模組　network module
网络支配指数/網絡支配指數　index of network ascendancy
网膜投射图/網膜投射圖　retinotopic map
网膜外光感受/網膜外光感受　extraretinal photoreception
网丝胞/網絲胞　clathrocyst
网胃/網胃　reticulum
网纹导管/網紋導管　reticulate vessel，reticulate trachea
网纹管胞/網紋管胞　reticulated tracheid
网纹加厚/網紋加厚　reticulate thickening
网硬蛋白/網硬蛋白　reticulin
网织红细胞/網織紅血球，網狀紅血球　reticulocyte
网织红细胞裂解物/網織紅血球裂解物　reticulocyte lysate
网状孢子堆/網狀孢子堆　dictyosorus
网状孢子囊/網狀孢子囊　dictyosporangium
网状薄壁组织/網狀薄壁組織　reticulate parenchyma
网状层/網狀層　reticular layer
网状穿孔/網狀穿孔　reticulate perforation
网状带/網狀帶　zona reticularis
网状骨骼/網狀骨骼　dictyonalia
网状骨片/網狀骨片　desma
网状激活系统/網狀活化系統　reticular activating system，RAS
网状脊髓束/網狀脊髓束，網狀脊髓徑　reticulospinal tract
网[状假]足/網[狀偽]足　reticulopodium
网状结构/網狀結構　reticular formation
网状脉/網狀[葉]脈　reticular vein
网状脉序/網狀脈序　reticulate venation，netted venation
网状皿形体/網狀皿形體　reticulate cup
网状内皮系统/網狀内皮系統　reticuloendothelial system，RES
网状球形体/網狀球形體　reticulate sphere
网[状伪]足/網[狀偽]足　reticulopodium
网状细胞/網狀細胞　reticular cell
网状纤维/網狀纖維　reticular fiber
网状中柱/網狀中柱　dictyostele
网状组织/網狀組織　reticular tissue
往返迁移/復返遷移　return migration
危害系数/危害係數　coefficient of injury
威尔逊症/威爾森病　Wilson disease
威吓色/威嚇色　threatening coloration
威吓行为/威嚇行為　threat behavior
威瑟器/威氏器　With organ
威斯科特-奥尔德里奇综合征/威-阿症候群　Wiskott-Aldrich syndrome，WAS
威胁姿势/威嚇姿勢　threat posture
微 RNA/微 RNA　microRNA，miRNA
微孢子虫/微孢子蟲　microsporidium
微孢子虫病/微孢子蟲病　microsporidiosis
微胞饮/微胞飲作用　micropinocytosis
微变态/微變態　epimorphosis
微波辐射/微波輻射　microwave radiation
微不均一性/微不均一性　microheterogeneity
DNA 微不均一性/DNA 微不均一性　DNA microheterogeneity
微虫室/微蟲室　zooecicule
微穿刺技术/微穿刺技術　micropuncture technique

微创介入细胞治疗/微創介入細胞治療 minimally invasive cell therapy
微刺/微刺 microtrichia
微滴培养/微滴培養 microdroplet culture
微电极/微電極 microelectrode
微电极放大器/微電極放大器 microelectrode amplifier
微电极拉制器/微電極拉製器 microelectrode puller
微电流/微電流 microscopic current
微电泳仪/微電泳儀 microiontophoresis apparatus
微动脉/小動脈 arteriole
微动物区系/微動物相 microfauna
微动作用/微動力作用 oligodynamic action
微端丝/微細胞質突起 microspike
微分干涉相差显微镜/[微分]干涉相位差顯微鏡 differential interference contrast microscope, DICM
微个虫/微個蟲 nanozooid
微[观]进化/微[小]演化 microevolution
微管/微管 microtubule, MT
微管成束蛋白/微管成束蛋白 syncolin
微管重复蛋白/微管重複蛋白 microtubule repetitive protein
微管蛋白/微管蛋白 tubulin
微管蛋白负极/微管蛋白負極 minus end of tubulin
γ-微管蛋白环状复合物/γ-微管蛋白環狀複合體 γ-tubulin ring complex, γTuBC
微管蛋白正极/微管蛋白正極 plus end of tubulin
微管滑动机制/微管滑動機制 sliding microtubule mechanism
微管滑动学说/微管滑動學説 sliding microtubule theory
微管结合蛋白/微管結合蛋白 microtubule-binding protein
微管溃散蛋白/災變蛋白 catastrophin
微管连接蛋白/微管連接蛋白 nexin
微管切割蛋白/微管切割蛋白 microtubule-severing protein
微管去稳定蛋白/微管去穩定蛋白 stathmin
微管相关蛋白[质]/微管相關蛋白,微管締合蛋白 microtubule-associated protein, MAP
微管组织中心/微管組織中心 microtubule organizing center, MTOC
微灌流技术/微灌注術 microperfusion technique
微过氧化物酶体/微過氧化酶體 microperoxisome
微核/微核,小核 micronucleus
微核细胞/小核細胞 micronucleated cell
微核效应/微核效應 micronucleus effect
微环境/微[觀]環境 microenvironment
微环境效应/微環境效應 microenvironmental effect
微棘/微細胞質突起 microspike
微荚膜/微莢膜 microcapsule
微胶粒/微膠粒 micelle
微胶粒脂酶/微膠粒脂酶 micelle lipase
微胶粒作用/微胞化 micellization
微胫毛/微脛毛 microtibiala, microtibial seta
微静脉/微静脈,小静脈 venule
微距/微距 microspur
微菌素/微菌素 microcin
微克隆/微選殖 microcloning
微孔/微孔 micropore
微孔板筛选法/微孔板篩選法 microtiter plate screening
微孔板悬浮法/微孔板懸浮法 microplate suspension method
微[孔过]滤/微[孔過]濾 millipore filtration, microfiltration
微孔滤器/微孔濾器 millipore filter, microporous filter
微孔膜滤器/微孔膜過濾器 millipore membrane filter
微粒辐射/微粒輻射 granular radiation
微粒体/微粒體 microsome
微粒体酶类/微粒體酶類 microsomal enzymes
微粒体前列腺素 E 合[成]酶 1/微粒體前列腺素 E 合[成]酶 1 microsomal prostaglandin E synthase-1, mPGES-1
微粒子病/微粒子病 nosemosis
微量层析/微量層析法 microchromatography
微量电泳/微量電泳 microelectrophoresis
微量动力作用/微動力作用 oligodynamic action
微量分析/微量分析 microanalysis
微量灌流泵/微量灌流泵 microperfusion pump
微量离心/微量離心 microcentrifugation
微量离子电泳/微量離子電泳 micro-ionophoresis
微量培养/微量培養 microculture
微量喂饲/微量飼餵 microfeeding
微量移液器/微量吸管 micropipette, micropipet
微量营养物/微量營養物,微量養分,微量營養素 micronutrient
微量元素/微量元素,次要元素 microelement, minor element
微流变学/微流變學 microrheology
微流控 PCR/微流控 PCR microflow-through PCR
微流控技术/微流控技術 microfluidic technology
微流控芯片/微流控晶片 microfluidic chip
微流体数字 PCR/微流體數位 PCR microfluidic

digital PCR
微瘤/微瘤 microtubercle
微卵黄原蛋白/微卵黄原蛋白 microvitellogenin
微毛/微毛 microchaeta
微囊/微膠囊 microcapsule
微囊化/微膠囊化 microencapsulation
微囊培养/微囊培養 microcapsule culture
微栖地/微棲地,微棲所,微環境 microhabitat
微气管/微氣管 tracheole
微嵌合/微嵌合 microchimerism
微腔式 PCR 芯片/微腔式 PCR 晶片 microchamber PCR chip
微球蛋白/微球蛋白 microglobulin
α_1-微球蛋白/α_1-微球蛋白 α_1-microglobulin, α_1-MG
β-微球蛋白/β-微球蛋白 β-microglobulin
β_2-微球蛋白/β_2-微球蛋白 β_2-microglobulin, β_2-M
微球菌核酸酶/微球菌核酸酶 micrococcal nuclease
微球细胞固定法/微球細胞固定法 microsphere cell immobilization
微绒毛/微絨毛 microvillus
微生态平衡/微生態平衡 microeubiosis
微生态失调/微生態失調 microdysbiosis
微生态学/微生態學 microecology
微生态制剂/微生態製劑 microecologics
微生物/微生物 microorganism, microbion, microbe
微生物传感器/微生物感測器 microbial sensor, microbiosensor
微生物代谢组学/微生物代謝組學 microbial metabolomics
微生物蛋白质组学/微生物蛋白質組學 microbial proteomics
微生物垫/微生物墊 microbial mat
微生物法医学/微生物法醫學 microbial forensics
微生物防治/微生物防治 microbial control
微生物肥料/微生物肥料,菌肥 microbial fertilizer
微生物分解/微生物分解 microbial breakdown
微生物分类学/微生物分類學 microbial taxonomy
微生物环/微生物環 microbial loop
微生物基因组学/微生物基因組學,微生物基因體學 microbial genomics
微生物接种剂/微生物接種劑 microbial inoculant
微生物进化工程/微生物演化工程 microbial evolutionary engineering
微生物浸矿/微生物浸礦 microbial leaching
微生物农药/微生物農藥 microbial pesticide
微生物培养/微生物培養 microbial culture
微生物区系/微生物相,微生物菌群 microflora, microbiota
微生物燃料电池/微生物燃料電池 microbial fuel cell
微生物杀虫剂/微生物殺蟲劑 microbial insecticide, microbial pesticide
微生物生理学/微生物生理學 microbial physiology
微生物生态系统/微生物生態系 microbial ecosystem
微生物生态学/微生物生態學 microbial ecology
微生物生物化学/微生物生物化學 microbial biochemistry
微生物食物环/微生物食物環 microbial food loop
微生物絮凝剂/微生物混凝劑 microbial flocculant
微生物学/微生物學 microbiology
微生物遗传学/微生物遺傳學 microbial genetics
微生物源追踪/微生物源追蹤 microbial source tracking
微食物网/微生物食物網 microbial food web
微室培养/微室培養 microchamber culture
微嗜氮菌/微嗜氮菌 oligonitrophilic bacteria
微束照射/微束照射 microbeam irradiation
微水有机溶剂单相系统/微水有機溶劑單相系統 micro-water organic solvent single-phase system
微丝/微絲 microfilament, MF, microneme
微丝切割蛋白/微絲切割蛋白 adseverin
微丝蚴/微絲蚴 microfilaria
微体/微[粒]體 microbody
微体化石/微化石 microfossil
微体-脂质小球状复合体/微體-脂質小球狀複合體 microbody-lipid globule complex
微 RNA 调控/微 RNA 調控 microRNA regulation
微突变/微突變 micromutation
微团/微團 micelle, micell
微微型浮游生物/超微[型]浮游生物,皮級浮游生物 picoplankton
微尾尾蚴/微尾尾蚴 microcercous cercaria
微卫星/微衛星 microsatellite
微卫星 DNA/微衛星 DNA,微從屬 DNA microsatellite DNA
微卫星标记/微衛星標記 microsatellite marker
微卫星 DNA 不稳定性/微衛星 DNA 不穩定性 microsatellite DNA instability
微卫星多态性/微衛星多態性 microsatellite polymorphism
微卫星 DNA 多态性/微衛星 DNA 多態性,微衛星 DNA 多型性 microsatellite DNA polymorphism
微吸管技术/微吸管技術 micropipette aspiration technique

微膝毛/微膝毛 microgenual seta, microgenuala
微系统技术/微系統技術 microsystem technology
微细胞/微[型]細胞 microcell
微细胞遗传学/微細胞遺傳學 microcytogenetics
微小浮游生物/微小浮游生物,微細浮游生物,微型浮游生物 nannoplankton
微[小]气候/微氣候 microclimate
微小染色体/微小染色體 minute chromosome
微效基因/微效基因 minor gene
微形叶/微形葉 nanophyll
微型[底栖]动物/微型動物相 nannofauna
微型底栖生物/微型底棲生物 microbenthos
微型地衣/微型地衣 microlichen
微型浮游生物/微型浮游生物,微小浮游生物,微細浮游生物 nannoplankton
微型染色体/微型染色體,袖珍染色體 minichromosome
微[型]生态系统/微生態系 microecosystem
微型生物反应器/微型生物反應器 micro-bioreactor, mini-bioreactor
微型游泳生物/微[型]游泳生物 micronekton
微型藻类/微藻類 microalgae
微需氧菌/微嗜氧菌,微好氧菌 microaerobe, microaerophile
微血管损伤/微血管損傷 microvascular damage, MVD
微循环/微循環 microcirculation
微循环产孢/微循環産孢 microcycle conidiation
微眼/微眼 aesthete
微演替/微演替,微消長 micro-succession
微意识状态/微意識狀態 minimally conscious state
微宇宙/微宇宙,微型生態池 microcosm
微原纤维/微原纖維,微纖絲 microfibril
微原纤维蛋白质/微原纖維蛋白質 microfibrillar protein
微载体/微載體 microcarrier
微载体免疫 PCR/微載體免疫 PCR microcarrier immuno-PCR
微载体培养/微載體培養 microcarrier culture
微载体生物反应器/微載體生物反應器 microcarrier bioreactor
微阵列/微陣列 microarray
DNA 微阵列/DNA 微陣列 DNA microarray
微植食性螨类/微植食性蟎類 microphytophagous mites
微终板电位/微終板電位 miniature endplate potential, mEPP
微种晶方法/微種晶方法 crystal microseeding
微重力/微重力 microgravity
微重力生物学效应/微重力生物學效應 microgravity bioeffect
微[皱]褶细胞/微皺褶細胞 microfold cell, MC
微自噬/微自噬[作用] microautophagy
韦伯-费希纳感觉定律/韋伯-費希納感覺定律,韋-費感覺定律 Weber-Fechner law of sensation
韦伯器[官]/韋伯器[官] Weber organ
韦伯小骨/韋伯小骨 Weber ossicle
韦-费感觉定律/韋-費感覺定律,韋伯-費希納感覺定律 Weber-Fechner law of sensation
韦尼克区/韋尼克[氏]區 Wernicke area
韦氏肉芽肿病/韋格内[氏]肉芽腫病 Wegener granulomatosis
围背甲缝/圍背甲縫 circumgastric suture
围鞭毛膜/圍鞭毛膜 periflagellar membrane
围雌器/圍雌器 perigynium
围动脉淋巴鞘/圍動脈淋巴鞘,動脈周圍淋巴鞘 periarteriolar lymphoid sheath, PALS
围颚环/圍顎環 perignathic girdle
围耳骨/圍耳骨 periotic bone
围腹缝/圍背甲縫 circumgastric suture
围腹吸盘褶/圍腹吸盤褶 circumacetabular fold
围肛板/圍肛板 periproct plate
围肛部/圍肛部 periproct
围肛纤毛/圍肛纖毛 perianal cilium
围隔生态系统/圈隔式生態系 enclosure ecosystem
围骨针海绵质/圍骨針海綿質 perispicular spongin
围基节/圍基節 pericoxa
围绝经期/圍絶經期 perimenopausal period
围口板/圍口板 peristomial plate
围口部/圍口部 peristome
围口触手/圍口觸手 tentacular cirrus
围口触须/圍口觸鬚 peristomium cirrus
围口刺/圍口刺 perioral spine
围口冠/圍口冠 circumoral crown
围口环/圍口環 circumoral ring
围口节/圍口節 peristomium
围口排泄环/圍口排泄環 circumoral excretory ring
围眶骨/圍眼眶骨 circumorbital bone
围囊/圍囊 atrial sac
围鞘/圍鞘 perisare, perisarc
围鳃腔/圍鰓腔 atrium
围鳃腔孔/圍鰓腔孔 atriopore
围食膜/圍食膜 peritrophic membrane
围椭球淋巴鞘/圍橢球淋巴鞘,橢球周圍淋巴鞘 periellipsoidal lymphatic sheath, PELS
围腺[骨]片/圍腺骨片 glandular sclerite

围腺细胞/圍腺細胞 atrial gland cell
围心窦/圍心竇 pericardial sinus
围心腔/圍心腔 pericardial cavity, pericardial chamber, cardiocoelom
围心细胞/圍心細胞 pericardial cell
围咽环/圍咽環 circumpharyngeal ring
围咽腔/圍咽腔 periesophageal space
围咽神经/圍咽神經 circumpharyngeal nerve
围阳茎器/圍陰莖器 periphallus, periphallic organ
围阴器/圍雌器 perigynium
围蛹/圍蛹 coarctate pupa, puparium
围脏鞘/圍臟鞘 peritoneal sheath
围栅/籬片 pali
围栅瓣/籬片瓣 paliform lobe
围殖毛/圍殖毛 perigenital seta
围轴细胞/周心細胞 pericentral cell
围足部/圍足部 peripodium
维持热/維持熱 maintenance heat
维持行为/維持行為 maintenance behavior
维恩图/文氏圖 Venn diagram
维管解剖学/維管解剖學 vascular anatomy
维管射线/維管射線 vascular ray
维管束/維管束 vascular bundle, fibro-vascular bundle
维管束鞘/維管束鞘 vascular bundle sheath
维管束系统/維管束系統 fascicular system
维管[束]植物/維管[束]植物 vascular plant
维管形成层/維管[束]形成層 vascular cambium
维管隐花植物/維管[束]隱花植物 vascular cryptogam
维管柱/維管柱 vascular cylinder
维管组织/維管組織 vascular tissue
维甲醇结合蛋白[质]/視黃醇結合蛋白 retinol-binding protein, RBP
维甲酸/視黃酸,視網酸 retinoic acid
维克多霉素/優勝黴素 victomycin
维罗毒素/維羅毒素 verotoxin
维纳级数/維納級數 Wiener series
维纳滤波器/維納濾波器 Wiener filter
维生素/維生素,維他命 vitamin
维生素 A/維生素 A,維生素甲一 vitamin A
维生素 B_1/維生素 B_1 vitamin B_1
维生素 B_2/維生素 B_2 vitamin B_2
维生素 B_5/維生素 B_5 vitamin B_5
维生素 B_6/維生素 B_6 vitamin B_6
维生素 B_8/維生素 B_8,維生素乙八 vitamin B_8
维生素 B_{12}/維生素 B_{12} vitamin B_{12}
维生素 B_c/維生素 B_c,維生素乙$_c$ vitamin B_c
维生素 C/維生素 C vitamin C
维生素 D/維生素 D,維生素丁一 vitamin D
维生素 D_2/維生素 D_2 vitamin D_2
维生素 D_3/維生素 D_3 vitamin D_3
维生素 E/維生素 E vitamin E
维生素 H/維生素 H vitamin H
维生素 K/維生素 K vitamin K
维生素 L/維生素 L vitamin L
维生素 M/維生素 M vitamin M
维生素 P/維生素 P vitamin P
维生素 PP/維生素 PP vitamin PP
维生素过多症/維生素過多症,高維生素症 hypervitaminosis
维生素缺乏症/維生素缺乏症,低維生素症 hypovitaminosis
维生素 D 受体/維生素 D 受體 vitamin D receptor
维生素原/維生素原,原維生素 provitamin, previtamin
维斯他霉素/威斯他黴素,維斯塔黴素 vistamycin
伪包囊/擬胞囊,假囊,偽胞 pseudocyst
伪产卵器/偽產卵器 false ovipositor
伪复型刚毛/偽複型剛毛 pseudocompound seta
伪复眼/偽複眼 pseudocompound eye
伪隔膜/假隔膜 pseudoseptum
伪横腹型/假横腹型 pseudodiagastric type
伪接触位移/偽接觸位移 pseudocontact shift, PCS
伪接合/偽接合 pseudoconjugation
伪口/偽口 pseudostome
伪膜/偽膜 pseudomembrane
伪小膜/偽小膜 pseudomembranelle
伪心材/偽心材,假心材 false heartwood, false duramen
伪阳茎/偽陰莖 pseudophallus, pseudopenis
伪原质团/偽原質團,假原質團 pseudoplasmodium
伪中脉/偽中脈 pseudomedia
伪肘脉/偽肘脈 pseudocubitus
伪柱体/偽柱體 pseudopaxillae
伪装/偽裝,保護色 camouflage
伪足/偽足 pseudopodium
尾板/尾板 tail plate
尾[部]/尾部 tail, pygidium
尾叉/尾叉 caudal furca, anal fork
尾垂体/尾垂體 urohypophysis
尾促皮质肽/尿促皮質素 urocortin
尾动脉/尾動脈 caudal artery
尾段/尾段 end piece
尾附肢/尾附肢 caudal appendage
尾杆骨/尾桿骨,尾柱骨 urostyle

尾感器/幻器,尾覺器　phasmid
尾合纤毛束/尾合纖毛束　caudalia
尾棘/尾棘　caudal spine
尾加压素/尾體素,尾緊張素,硬骨魚緊張肽　urotensin
尾铗/尾鋏　forceps
尾交感神经系统/尾交感神經系統　caudal sympathetic nervous system
尾节/尾節　telson, periproct, pygidium
尾紧张肽/尾體素,尾緊張素,硬骨魚緊張肽　urotensin
尾静脉/尾靜脈　caudal vein
尾毛/尾毛　telosomal seta, caudal seta
尾鳍/尾鰭　caudal fin
尾鳍屈肌/尾鰭屈肌　flexor caudi muscle
尾鳍收肌/尾鰭内收肌　adductor caudi muscle
尾壳核/尾殼核　caudate putamen, CPu
尾扇/尾扇　tail fan, rhipidura
尾上骨/尾上骨　epural bone
尾舌骨/尾舌骨　urohyal bone
尾神经/尾神經　coccygeal nerve
尾随离子/尾隨離子　trailing ion
尾随序列/尾隨序列　tailer sequence
尾索/尾索　urochord
尾索动物/尾索動物　urochordate
尾体/尾體　telosome
尾突/尾突　socius, urogomphus, caudal appendage
尾臀/尾臀　cauda
尾臀膜/尾臀膜　caudal membrane
尾下骨/尾下骨　hypural bone
尾纤毛/尾纖毛　caudal cilium
尾腺/尾腺　caudal gland
尾须/尾鬚　cercus
尾叶/尾葉　tail fluke
尾翼膜/尾翼膜　caudal ala
尾蚴/尾蚴　cercaria
尾蚴膜反应/尾蚴膜反應　cercarian huellen reaction, CHR
尾羽/尾羽　tail feather, rectrix
尾肢/尾肢　uropoda, uropodite, pygopod
尾脂腺/尾脂腺　uropygial gland
尾状核/尾狀核　caudate, nucleus
尾椎/尾椎　caudal vertebra
尾综骨/尾綜骨　pygostyle
纬度地带性/緯度地帶性　latitudinal zonality
纬裂/緯裂,横向卵裂,緯割　latitudinal cleavage
委内瑞拉草原/利亞諾植被,熱帶無樹草原　llano
萎蔫/凋萎　wilting
萎蔫点/凋萎點　wilting point
萎蔫湿度/凋萎濕度　wilting moisture
萎蔫系数/凋萎係數　wilting coefficient
萎缩/萎縮,減縮現象　atrophy
鲔精蛋白/鮪精蛋白　thynnin
卫生填埋/衛生掩埋　sanitary landfill
卫星 DNA/衛星 DNA,隨體 DNA,從屬 DNA　satellite DNA
卫星 RNA/衛星 RNA　satellite RNA
α-卫星 DNA/α-衛星 DNA,α-樣 DNA　α-satellite DNA, α-DNA
卫星病毒/衛星病毒　satellite virus
卫星核酸/衛星核酸　satellite nucleic acids
α-卫星 DNA 家族/α-衛星 DNA 家族　alpha-satellite DNA family
卫星菌落/衛星菌落　satellite colony
卫星区域/衛星區域　satellite region
卫星细胞/衛星細胞　satellite cell
卫星现象/衛星現象　satellitism
卫星影像/衛星影像　satellite image
未成熟期/未成熟期　immature stage
未成熟 B 细胞/未成熟 B 細胞　immature B cell
未定种/未定種　species indeterminata, sp. indet.
未发表新种/未發表種　species nova inedita, sp. nov. in.
未分化细胞/未分化細胞　undifferentiated cell
未减数孢子生殖/不減數孢子生殖,不完全減數分裂　apomeiosis
未鉴定读框/產物未定讀框,未定義解讀框架　unidentified reading frame, URF
未刊学名/待刊名　manuscript name
未培养微生物/未能培養微生物　uncultured microorganism
未受精透明带/未受精透明帶　unfertilized hyaline layer
未熟节片/未熟節片,幼節　immature segment, immature proglottid
未折叠蛋白反应/未折疊蛋白回應　unfolded protein response, UPR
A 位/A 位,氨酰位,胺醯位　aminoacyl site, A site
E 位/E 位,出口位,退出位　exit site, E site
P 位/P 位,肽基部位,肽醯位　peptidyl site, P site
位点/位點　site
位点特异性重组/定點重組,特定位重組　site-specific recombination
位点特异性重组系统/定點重組系統　site-specific recombination system
位点专一重组/定點重組,特定位重組　site-specific

recombination
位点专一重组系统/定點重組系統 site-specific recombination system
位点专一诱变/定點誘變,特定位誘變 site-specific mutagenesis, site-directed mutagenesis
位相性放电/位相性放電 phasic discharge
位相性牵张反射/位相性牽張反射 phasic stretch reflex
位相性收缩/位相性收縮 phasic contraction
位移速度/位移速度 displacement speed
位置感觉/位置感覺 position sense
位置权重矩阵/位置權重矩陣 position weight matrix, PWM
位置未[确]定/地位未定 incertae sedis
位置细胞/位置細胞,方位細胞 place cell
位置效应/位置效應 position effect
位置信息/位置信息,位置訊息 positional information
位置野/位置野 place field
位置值/位置值 positional value
味[多]肽/味肽 gustin
味觉/味覺 gustatory sensation, taste, gustation
味觉对比/味覺對比 taste contrast
味觉感受器/味覺[感]受器 gustatory receptor, taste receptor
味觉感受器细胞/味覺[感]受器細胞 gustatory receptor cell
味觉阈/味覺閾值,味覺低限 taste threshold
味蕾/味蕾 taste bud
味盲/味盲 taste blindness, non-taster
味器/味器 gustatory organ
味细胞/味細胞 taste cell
味腺/味腺 taste gland
味转导素/味轉導素 gustducin, gusducin
胃/胃 stomach
胃层/胃層 gastral epithelium
胃肠道起搏细胞/胃腸道起搏細胞 gastrointestinal pacemaking cell
胃肠反射/胃腸反射 gastrointestinal reflex
胃肠激素/胃腸[道]激素 gastrointestinal hormone, gut hormone
胃肠淋巴组织/胃腸淋巴組織 gastrointestinal lymphoid tissue
胃肠生理学/胃腸生理學 gastrointestinal physiology
胃肠学/胃腸學 gastroenterology
胃蛋白酶/胃蛋白酶 pepsin
胃蛋白酶抑制剂/胃蛋白酶抑制劑,胃液素抑制者 pepstatin, pepsin inhibitor
胃蛋白酶原/胃蛋白酶原,胃液素原 pepsinogen
胃底/胃底[部] fundus
胃底腺/胃底腺 fundic gland
胃动脉/胃動脈 gastric artery
胃盾/胃盾 gastric shield
胃沟/胃溝 gastric groove
胃肌电图/胃肌電圖 gastro-electromyogram
胃瘘/胃瘻 gastric fistula
胃盲囊/胃盲囊 caecum
胃酶解血管紧张肽/胃酶[解]血管緊張素 pepsitensin
胃酶细胞/胃酶細胞 zymogenic cell, peptic cell
胃泌[激]素/胃泌[激]素,胃催素,促胃液[激]素 gastrin
胃泌素释放肽/胃泌[激]素釋放肽 gastrin-releasing peptide
胃磨/胃磨 gastric mill
胃黏膜/胃黏膜 gastric mucosa
胃黏膜屏障/胃黏膜屏障 gastric mucosal barrier
胃黏液-碳酸氢盐屏障/胃黏液-碳酸氫鹽屏障 gastric mucus-bicarbonate barrier
胃排空/胃排空 gastric emptying
胃泡/胃泡 gastriole
胃期/胃階段 gastric phase
胃腔/胃腔 gastral cavity
胃区/胃區 gastric region
胃上刺/胃上刺 epigastric spine
胃神经系统/胃神經系統 stomatogastric nervous system
胃生长激素释放素/胃生長激素釋放激素,飢餓肽 ghrelin
胃石/胃石 gastrolith
胃丝/胃絲 gastral filament
胃体壁隔膜/胃體壁隔膜 gastroparietal band
胃外区/胃外域 epigastrium
胃腺/胃腺 gastric gland
胃小凹/胃小凹 gastric pit
胃绪/胃緒 funiculus
胃液/胃液 gastric juice
胃液分泌肠期/胃液分泌腸期 intestinal phase of gastric juice secretion
胃液分泌头期/胃液分泌頭期 cephalic phase of gastric juice secretion
胃液分泌胃期/胃液分泌胃期 gastric phase of gastric juice secretion
胃液酸度/胃液酸度 gastric acidity
胃脂肪酶/胃脂酶 gastric lipase
蝂硝基烯/蝂硝基烯 nitroalkene

魏氏环/魏斯曼環 Weismann ring
魏斯曼学说/魏斯曼學説 Weissmanism
温带草原/温帶草原 temperate grassland
温带落叶林/温帶落葉林 temperate deciduous forest
温带森林/温帶林 temperate forest
温带雨林/温帶雨林 temperate rain forest
温带针叶林/温帶針葉林 temperate coniferous forest
温度电极/温度電極 temperature electrode
温度感觉/温度感覺 temperature sensation
温度感受器/温度感受器 thermoreceptor, temperature receptor
温度横扫型凝胶电泳/温度横掃型凝膠電泳 temperature sweep gel electrophoresis
温度敏感基因/温度敏感基因 temperature-sensitive gene, ts gene
温度敏感水凝胶支架/温度敏感水凝膠支架 temperature-sensitive hydrogel scaffold
温度敏感突变/温度敏感突變 temperature-sensitive mutation, ts mutation
温度敏感突变体/温度敏感突變體,温度敏感突變種,温度敏感變異株 temperature-sensitive mutant, ts mutant
温度敏感突变型/温度敏感突變體,温度敏感突變種,温度敏感變異株 temperature-sensitive mutant, ts mutant
温度偏好/温度偏好,温度選擇 thermopreferendum
温度适应/温度適應,温度調適 thermal adaptation
温度适中范围/温度適中範圍 thermal neutral zone
温度舒适区/適温帶 thermal comfort zone
温度顺应/温度順應 thermoconformation
温度顺应者/温度順應者 temperature conformer
PCR 温度梯度凝胶电泳/PCR 温度梯度凝膠電泳 PCR-temperature gradient gel electrophoresis
温度调节者/温度調節者 thermoregulator
温度图仪/温度記録器 thermograph
温度系数/温度係數 temperature coefficient
温度效应/温度效應 temperature effect
温度性迁移/温度性遷移 thermal migration
温度选择/温度選擇,温度偏好 thermopreferendum
温度跃变/温度躍變 temperature jump
温和噬菌体/温和[性]噬菌體,潛溶噬菌體 temperate phage
温和相/温和相 template phase
温控型表达/温控型表達 temperature-regulated expression
温控型启动子/温控型啟動子 temperature-regulated promoter
温敏突变体/温度敏感突變體,温度敏感突變種,温度敏感變異株 temperature-sensitive mutant, ts mutant
温暖指数/温暖指數 warmth index, WI
温泉群落/温泉群落,温泉群聚 thermium
温泉生物/温泉生物 hot spring organism
温热性出汗/温熱性出汗 thermal sweating
温湿图/温濕圖,温度雨量圖 temperature-moisture graph, hydrotherm figure, thermo-hygrogram
温室气体/温室氣體 greenhouse gas, GHG
温室生态系统/温室生態系 greenhouse ecosystem
温室效应/温室效應 greenhouse effect
温型抗体/温性抗體 warm antibody
温血动物/温血動物 warm-blooded animal
温跃层/温躍層,躍温層,斜温層 thermocline
温周期/温週期 thermoperiod
温周期性/温週期性 thermoperiodism
文化昆虫学/文化昆蟲學 cultural entomology
cDNA 文库/cDNA 庫,互補 DNA 庫 cDNA library
DNA 文库/DNA 庫 DNA library
纹孔/紋孔,導孔 pit
纹孔场/紋孔區,導孔區 pit field
纹孔环/紋孔環,導孔環 pit annulus
纹孔腔/紋孔腔 pit cavity
纹理/紋理,織構 texture
纹状管/紋狀管 striated duct
纹状体/紋狀體 striatum, corpus striatum, neostriatum
纹状缘/紋狀緣 striated border
吻/吻,喙 proboscis, rostrum, beak
吻板/吻板 rostrum
吻侧板/吻側板 rostro-lateral compartment, latus rostrale
吻虫/吻蟲,紐蟲 proboscis worm
吻钩/吻鉤 rostellar hook
吻腔动物/吻腔動物 rhynchocoel
吻鞘/吻鞘 proboscis receptacle
吻突/吻突 proboscis
吻血窦/吻血竇 rostal sinus
吻针基座/吻針基座 style base
紊流/紊流,擾流,亂流 turbulent flow, turbulence
稳定表达/穩定表達 stable expression
稳定草场/永久牧場 permanent pasture
稳定电位/穩定電位 steady potential
稳定多态现象/穩定多態性 stable polymorphism
稳定多态性/穩定多態性 stable polymorphism
稳定核 RNA/穩定核 RNA stable nuclear RNA
稳定[化]选择/穩定[化]選擇,穩定[型]天擇

stabilizing selection, normalizing selection
稳定极限环/穩定極限週期 stable limit cycle
稳定剂/穩定劑 stabilizer
稳定进化对策/穩定演化策略,演化穩定策略 evolutionary stable strategy, ESS
稳定流动/穩定流動 stable flow
稳定年龄分布/穩定年齡分布 stable age distribution
稳定平衡/穩定平衡 stable equilibrium
稳定期/穩定期 stationary phase, stable phase
稳定群落/穩定群落 stable community
稳定同位素分析/穩定同位素分析 stable isotope analysis
稳定型位置效应/穩定型位置效應 stable-type position effect
稳定型种群/穩定族群 stable population
稳定性/穩定性 stability
mRNA 稳定性/mRNA 穩定性 mRNA stability
RNA 稳定性/RNA 穩定性 RNA stability
稳定整合/穩定整合 stable integration
稳定植物群落/穩定植物群落 stable phytocoenosium
稳定周期性振动/穩定週期性振動 stable cyclic oscillation
稳定转染/穩定轉染 stable transfection
稳[定状]态/穩[定狀]態,恆定狀態 steady state
稳态 mRNA/穩態 mRNA steady-state mRNA
稳态 RNA/穩態 RNA steady-state RNA
稳态激活曲线/穩態啟動曲線 steady-state activation curve
稳态控制系统/穩態控制系統 homeostatic control system
稳态失活曲线/穩態失活曲線 steady-state inactivation curve
稳态转录/穩態轉録 steady-state transcription
涡流/渦流 vortex flow
涡流相关法/渦流性相關法 eddy correlation method
窝/窩 fossa, clutch, brood
窝卵数/窩卵數,產卵數 clutch size
窝芽/窩芽 cryptogemmy
蜗窗/蝸窗 fenestra cochleae
蜗孔/蝸孔 helicotrema
蜗媒/蝸牛媒介 malacophily
蜗媒花/蝸牛媒介花 malacophilous flower
蜗媒植物/蝸牛媒植物 malacophilous plant
蜗牛肠酶/蝸牛腸酶 snail gut enzyme
蜗牛素/蝸牛素 helicin
蜗轴/蝸軸 modiolus
沃尔夫定律/沃爾夫[氏]律,瓦福律 Wolff law
沃尔夫管/沃爾夫[氏]管 Wolffian duct
沃尔泰拉级数/沃爾泰拉級數 Volterra series
沃鲁宁菌丝/伏魯寧菌絲 Woronin hypha
沃鲁宁体/伏魯寧體 Woronin body
沃默斯利理论/沃默斯利理論 Womersley theory
沃默斯利数/沃默斯利數 Womersley number
沃森-克里克碱基配对/華生-克里克鹼基配對,華森-克里克模型 Watson-Crick base pairing
沃森-克里克模型/華生-克里克模型,華森-克里克模型,瓦特生-克里克模型 Watson-Crick model
乌纳染色/翁娜染色 Unna staining
乌氏体/烏氏體 Ubisch body
乌贼蛋白/烏賊蛋白 squidulin
污泥/污泥 sludge
污泥处理/污泥處理 sludge treatment
污泥浓缩/污泥濃縮 sludge thickening
污泥膨胀/污泥蓬鬆[現象] sludge bulking
污染/污染,沾染 pollution, contamination
污染负荷/污染負荷 pollution load
污染监测/污染監測 pollution monitoring
污染控制/污染控制,污染防治 pollution control
污染区/污染區 contamination area
污染人兽互通病/污染人獸互通病,腐生型人畜共通病 sapro-zoonosis
污染水平/污染度 pollution level
污染物/污染物 pollutant, contaminant
污染预防/污染預防 pollution prevention
污染源/污染源 pollution source
污染指示生物/污染指標生物 pollution indicating organism
污水/污水 sewage
污水处理/污水處理 sewage treatment
污水处理场/污水處理場 sewage farm
污水动物/污水動物 saprobic animal, saprobiotic animal
污水浮游生物/污水浮游生物,腐生浮游生物 saproplankton
污水灌溉/污水灌溉 sewage irrigation
污水生物/污水生物,腐生生物 saprobiont, saprobia
污损生物/污損生物,污著生物 fouling organism
污着群落/污損生物群落 fouling community
污着生物/污著生物,污損生物 fouling organism
屋顶花园/屋頂庭園 roof garden
无瓣花/無花瓣花 apetalous flower
无孢子酵母菌/無孢子酵母菌 asporogenous yeast
无孢子生殖/無孢子生殖 apospory
无被花/無花被花 achlamydeous flower

无壁[细]菌类/軟壁菌類 tenericutes
无鞭毛体/無鞭毛體 amastigote
无变态/無變態 ametabola
无标度网络/無標度網絡 scale free network
无标记转基因技术/無標記轉基因技術 unmarked genetically modified technology
无柄腹吸盘/無柄腹吸盤 sessile acetabulum
无柄乳突/無柄乳突 sessile papilla
无[彩]色/無彩顏色,非彩色 achromatic color
无参照对位/無參照對位 reference-free alignment
无草休闲地/無草休耕區 bare fallow
无翅雌蚁/無翅雌蟻 ergatogyne
无翅形体/無翅[形]體 aptera
无翅型/無翅型 apterous form
无蛋白培养/無蛋白培養 protein-free culture
无蛋白培养基/無蛋白[質]培養基,無蛋白培養液 protein-free medium
无定形区/無定形區,不定形區 anarchic field
无颚蛹/無顎蛹 adecticous pupa
无反应性/免疫無反應性 anergy
无辐射跃迁/無輻射躍遷 radiationless transition
无辅助病毒包装细胞/無輔助病毒包裹細胞 helper-free packaging cell
无盖卵室/無蓋卵室 acleithral ooecium
无刚毛体节/無剛毛體節 asetigerous segment
无隔孢子/無隔孢子 amerospore
无隔担子/無隔擔子 holobasidium
无隔菌丝/無隔菌絲,管狀菌絲 non-septate hyphae
无梗孢子/無梗孢子,體生孢子,菌絲孢子 thallospore
无功能 DNA/無功能 DNA nonfunctional DNA
无功能重复基因序列/無功能重複基因序列 nonfunctional repetitive gene sequence
无功能基因/無功能基因 nonfunctional gene
无沟边/無溝邊 asulcal side
无沟牙/無溝牙 aglyphic tooth
无关共栖/中性共生,無利害共棲 neutralism
无管腺/無管腺 ductless gland
无光层/無光帶 aphotic zone
无光带/無光帶 aphotic zone
无规卷曲/無規線圈,不規則形,隨意螺線 random coil
无过氧化氢酶血症/無過氧化氫酶血症 acatalasemia
无汗症/無汗症,缺汗症 anhidrosis
无核鞭毛系统/無核鞭毛系統 akaryomastigont
无核精子/無核精子 apyrene sperm, apyrene spermatozoon
无核细胞/無核細胞 akaryote, anucleate cell
无颌类/無頜類 agnatha
无花果蛋白酶/無花果蛋白酶 ficin
无花果花叶病/無花果嵌紋病 fig mosaic
无环带孢子囊/無環帶孢子囊 exannulate sporangium
无环带聚合囊/無環帶聚合孢子囊 exannulate synangium
无黄卵/無黄卵 alecithal egg
无灰干重/無灰乾重 ash-free dry weight
无灰重量/無灰重量 ash-free weight
无魂人/無魂人 zombie
无活性受体/無活性受體 inactive receptor
无机材料/無機材料 inorganic materials
无机材料支架/無機材料支架 inorganic material scaffold
无机氮利用试验/無機氮利用試驗 inorganic nitrogen utilization test
无机化能营养/無機化能營養,化能無機營養 chemolithotrophy
无机焦磷酸/無機焦磷酸 inorganic pyrophosphate
无机膜/無機膜 inorganic membrane
无机纳米材料/無機奈米材料 inorganic nanomaterials
无机纳米给药系统/無機奈米給藥系統 inorganic nanodrug delivery system
无机纳米粒子载体/無機奈米粒子載體 inorganic nanoparticle-based vector
无机营养/無機營養,礦質[無機]化能營養 lithotrophy
无机营养菌/無機營養菌 lithotrophic bacteria
无机营养生物/無機營養生物 lithotroph
无脊椎动物/無脊椎動物 invertebrate
无脊椎动物病毒/無脊椎動物病毒 invertebrate virus
无脊椎动物连接蛋白/無脊椎動物連接蛋白 innexin
无脊椎动物学/無脊椎動物學 invertebrate zoology
无脊椎动物血红蛋白/無脊椎動物血紅蛋白 erythrocruorin
无记述名/裸名,無效名,空名稱 nomen nudum, nom. nud.
无碱基位点/無鹼基位點 abasic site
无节幼体/無節幼體,無節幼蟲 nauplius larva
无节幼体眼/無節幼蟲眼 naupliar eye
无茎植物/無莖植物 acaulescent plant
无晶锥眼/無晶錐眼 acone eye
无精子/無精子,精子缺乏 azoospermia
无菌/無菌 asepsis, sterile

无菌操作/無菌操作技術 aseptic technique
无菌动物/無菌動物 germ-free animal
无菌灌装/無菌裝填 aseptic filling
无菌技术/無菌操作技術 aseptic technique
无菌检验/無菌試驗 sterility test
无菌植物/無菌植物 germ-free plant
无菌状态/無菌狀態 germ-free condition, aseptic condition
无颗粒细胞/無顆粒細胞 agranulocyte
无量纲流速/無因次流速 nondimentional velocity
无量纲数/無因次數 dimensionless number, nondimensional parameter
无脉叶片/無脈葉片,小葉片 aphlebia
无嘧啶核酸/無嘧啶核酸 apyrimidinic acid
无嘧啶位点/無嘧啶位點,無嘧啶部位 apyrimidinic site
无名动脉/無名動脈 innominate artery
无名静脉/無名靜脈 innominate vein
无囊盖类/無囊蓋類 inoperculatae
无能性/無能性 nullipotency
无尿[症]/無尿症 anuria
无排卵周期/無卵性月經週期 anovulatory cycle
无胚乳种子/無胚乳種子 exalbuminous seed
无配[子]生殖/無配[子]生殖,無性生殖,不受精生殖 apogamy, agamocytogony, agamogenesis
无配子种子生殖/無配結籽 agamospermy
无偏估计量/無偏估計值 unbiased estimate
无偏估计值/無偏估計值 unbiased estimate
无嘌呤核酸/無嘌呤核酸 apurinic acid
无嘌呤嘧啶裂合酶/脱嘌呤嘧啶裂解酶,AP 裂解酶 apurinic-apyrimidinic lyase, AP lyase
无嘌呤嘧啶位点/無嘌呤嘧啶位點,缺鹼基位 apurinic-apyrimidinic site, AP site
无嘌呤位点/無嘌呤位點,無嘌呤部位 apurinic site
无 γ-球蛋白血症/無 γ-球蛋白血症 agammaglobulinemia
无融合/無融合 amixis
无融合结实/無融合結實,配子體無配[子]生殖 apogamogony
无融合生殖/無融合生殖,不受精生殖 apomixis
无融合种/無配[子]生殖種 apogameon
无色孢子/無色孢子 hyalospore
无生源说/無生源説,天然發生説,自生論 abiogenesis, spontaneous generation, archigenesis
无霜带/無霜帶 frostless belt
无霜季/無霜期 frostless season
无丝分裂/無絲分裂,直接分裂 amitosis, amitotic division, direct division
无髓[鞘]神经纤维/無髓[鞘]神經纖維 unmyelinated nerve fiber
无胎盘动物/無胎盤動物 aplacentalia
无特定病原动物/無特定病原[菌]動物 specific pathogen free animal, SPFA
无体腔动物/無體腔動物 acoelomate
无头类/無頭類 acraniate
无唾液酸糖蛋白/無唾液酸糖蛋白 asialoglycoprotein, ASGP
无唾液酸血清类黏蛋白/無唾液酸血清類黏蛋白 asialoorosomucoid, ASOR
无维管束植物/無維管束植物 non-vascular plant
无尾精子/無尾精子 spherospermium
无尾尾蚴/無尾尾蚴 cercariaeum
无细胞百日咳疫苗/非細胞性百日咳疫苗 acellular pertussis vaccine
无细胞表达体系/無細胞表達體系 cell-free expression system
无细胞抽提物/無細胞萃取液 cell-free extract
无细胞翻译/無細胞轉譯 cell-free translation
无细胞翻译系统/無細胞轉譯系統 cell-free translation system
无细胞提取物/無細胞萃取液 cell-free extract
无细胞系统/無細胞系統 cell-free system
无细胞转录/無細胞轉録 cell-free transcription
无显性组合/無顯性組合,[多倍體]零顯性型,零顯體 nulliplex
无限花序/無限花序,不定花序 indeterminate inflorescence
无限群体/無限群體,無限族群 infinite population
无限伞房花序/無限傘房花序 indefinite corymb
无限细胞系/無限細胞株 infinite cell line, continuous cell line
无限增长/無限生長 indeterminate growth
无限增殖化/永生化,胚質不滅,細胞不死化 immortalization
无限种群/無限族群 infinite population
无线电追踪/無線電追蹤 radio tracking
无腺区/無腺體區 pars nonglandularis
无效 DNA/無效 DNA null DNA
无效纯合子/無效同型合子 nullizygote
无效等位基因/無效等位基因,無效對偶基因 null allele, amorph
无效名/無效名 invalid name
无效腔/無效腔 dead space
无效突变/無效突變 null mutation
无星[体]有丝分裂/無星有絲分裂 anastral mitosis
无性孢子/無性孢子 asexual spore

无性繁殖/營養繁殖,營養生殖,無性生殖 vegetative reproduction, vegetative propagation
无性分离/營養[體]分離 vegetative segregation
无性后代/無性後代 vegetative progeny
无性花/無性花,無雌雄蕊花,中性花 asexual flower, neutral flower, neuter flower
无性阶段/不完全階段,不完全期 imperfect state, imperfect stage
无性接合孢子/無性接合孢子,非接合孢子,單性接合孢子 azygospore
无性生殖/無性生殖 asexual reproduction
无性生殖阶段/無性生殖階段 asexual reproductive phase
无性[生殖]种/無性[生殖]種,無配種,不受精生殖種 agamospecies
无性世代/無性世代 asexual generation, agamobium
无性系种群/無性繁殖族群 clonal population
无性腺症/無性腺症 agonadism
无性型/無性型 anamorph
无性原植体/無性葉狀體 plethysmothallus
无性杂交/無性雜交 asexual hybridization
无性杂种/無性雜種 asexual hybrid
无性种/無性種,無配種,不受精生殖種 apomictic species
无序/無序 disorder
无血清培养/無血清培養 serum-free culture
无血清培养基/無血清培養基 serum-free medium
无血清培养液/無血清培養基 serum-free medium
无羊膜动物/無羊膜動物 anamniote
无氧代谢/無氧代謝,厭氧新陳代謝 anaerobic metabolism
无氧代谢能力/無氧代謝能力 anaerobic metabolism capacity, anaerobic capacity
无氧功率/無氧動力 anaerobic power, AP
无氧光细菌/無氧光細菌 anoxyphotobacteria
无氧呼吸/無氧呼吸,厭氧呼吸 anaerobic respiration
无氧耐力/無氧耐力 anaerobic endurance
无氧生活/無氧生活,厭氧生活 anaerobiosis
无氧阈/無氧閾值 anaerobic threshold, AT
无氧阈强度/無氧閾強度 anaerobic threshold intensity
无样地取样/無樣區取樣 plotless sampling
无义介导的 mRNA 降解/無義介導的 mRNA 分解 nonsense-mediated mRNA degradation, NMD
无义介导的 mRNA 衰变/無義介導的 mRNA 衰變 nonsense-mediated mRNA decay, NMD
无义密码子/無[意]義密碼子 nonsense codon
无义突变/無[意]義突變 nonsense mutation
无义突变体/無義突變體 nonsense mutant
无义抑制/無[意]義抑制,無義阻抑 nonsense suppression
无义抑制因子/無[意]義抑制基因,無[意]義阻抑因子,無[意]義阻抑基因 nonsense suppressor
无义阻抑/無義阻抑,無[意]義抑制 nonsense suppression
无义阻抑基因/無[意]義阻抑基因,無[意]義抑制基因,無[意]義阻抑因子 nonsense suppressor
无义阻抑因子/無[意]義阻抑因子,無[意]義抑制基因,無[意]義阻抑基因 nonsense suppressor
无异生培养/無菌培養,純[淨]培養 axenic cultivation
无益共生/無益共生 hamabiosis
无意人为引入植物/人為引進植物 anthropophyte
无意识/無意識 unconsciousness
无意识情绪/無意識情緒 unconscious emotion
无用 DNA/次品 DNA,垃圾 DNA junk DNA
无疣足体节/無疣足體節 apodous segment
无张力膀胱/失張膀胱 atonic bladder
无针芽球/無刺芽球 inermous gemmule
无疹壳/無疹殼 impunctate shell
无枝骨片/無枝骨片 acrepid desma
无 β-脂蛋白血症/無 β-脂蛋白血症 abetalipoproteinemia
无轴突细胞/無軸突細胞 amacrine cell
无着丝粒倒位/無著絲點倒位 akinetic inversion
无着丝粒断片/無著絲點片段,無中節染色體斷片 acentric fragment
无着丝粒环/無著絲點環 acentric ring
无着丝粒染色体/無著絲粒染色體,無著絲點染色體,無中節染色體 acentric chromosome, akinetic chromosome
无着丝粒-双着丝粒易位/無著絲點-雙著絲點易位 acentric-dicentric translocation
无滋卵巢/無滋養型卵巢 panoistic ovary
无滋卵巢管/無滋養型卵巢管 panoistic ovariole
无子叶植物/無子葉植物 acotyledon
五倍体/五倍體,五元體 pentaploid
五倍性/五倍性 pentaploidy
五触手幼体/五觸手幼體 pentactula
五基数花/五數花 pentamerous flower
五级结构/五級結構 quinary structure
五聚体形成/五聚體形成 pentamer formation
五口动物/五口動物 pentastomid, tongue worm
五邻体/五鄰體 penton
五肽促胃液素/五肽促胃酸激素,五肽胃泌素

pentagastrin
五糖/戊糖,五碳糖 pentose, pentaose
五体雄蕊/五體雄蕊 pentadelphous stamen
五腕海百合期/五腕海百合期 pentacrinoid stage
伍德-沃克曼反应/伍得-韋而克曼反應 Wood-Werkman reaction
舞蹈病/舞蹈病 tarantism
舞蹈语言/舞蹈語言 dance language
舞毒蛾性诱剂/舞毒蛾性誘劑 disparlure
戊聚糖/戊聚糖 pentosan
戊醛/戊醛 pentanal, valeraldehyde
戊糖/戊糖,五碳糖 pentose, pentaose
戊糖苷/戊糖苷 pentoside
戊糖苷酶/戊糖苷酶 pentosidase
戊糖磷酸途径/戊糖磷酸途徑 pentose-phosphate pathway
戊糖尿症/戊糖尿[症],五碳糖尿病 pentosuria
戊烯/戊烯 pentene, amylene
物候隔离/物候隔離,季節性隔離 phenological isolation
物候期/季節相 phenological phase
物候学/物候學,生物季節學 phenology
物镜/物鏡 objective lens, objective
物镜测微计/載物臺測微器 objective micrometer
物理环境/物理環境 physical environment
物理抗性/物理抗性,物理性抵抗 physical resistance
物理屏障/物理屏障 physical barrier
物理热价/物理熱價 physical thermal equivalent
物理生态学/物理生態學 physical ecology
物理图[谱]/物理圖[譜] physical map
物理吸附法/物理吸附 physical adsorption
物理信号/物理訊號,物理訊息 physical signal
物理选择/物理選擇 physical selection
物理因子/物理因子 physical factor
物理障碍/物理障礙,天然限制,天然障礙 physical barrier
物理作图/物理定位 physical mapping
P 物质/P 物質 substance P, SP
物质流/物質流 matter flow, material flow
物质流分析/物質流分析 material flow analysis, MFA
物质收支/物質收支 material budget
物质循环/物質循環,物質迴圈 matter cycle, material cycle, cycle of material
[物]种/[物]種 species
物种饱和度/物種飽和度 species saturation
物种保育/物種保育 species conservation
物种不变论/物種不變論 theory of species immutability
物种度量定律/物種尺度定律 species scaling law
物种多度曲线/物種豐量曲線 species-abundance curve
物种多样性/物種多樣性 diversity of species, species diversity
物种多样性指数/物種多樣性指數,[物]種歧異度指數 index of species diversity, species diversity index
物种丰度曲线/物種豐量曲線 species-abundance curve
物种丰富度/物種豐[富]度 species richness
物种恒定学说/物種恆定學說 theory of fixity of species
物种界限/物種界線 species boundary
物种均匀度/物種[均]勻度 species evenness
物种灭绝/物種滅絕 species extinction
物种起源/物種起源,物種原始 origin of species
物种气味/物種氣味 species odor
物种群集/物種聚縮 species packing
[物]种冗余/[物]種冗餘,冗餘種 species redundancy, redundancy species
物种冗余假说/冗餘種假說 species redundancy hypothesis
物种入侵/物種入侵 species invasion
物种识别/物種識別,物種辨識 species recognition
物种相似性/物種相似度 species similarity
物种形成/種化[作用],物種演變 speciation
物种选择/物種選擇 species selection
物种周转/物種週轉 species turnover
物种资源/物種資源 species resources
物种组合/物種組合 species combination
误差/誤差 error
误导损伤/誤導損傷 misinstructional lesion
雾雨/樹雨,霧滴 fog drip

X

西部松小蠹诱剂/西部松小蠹誘劑　exo-brevicomin
西格玛病毒/西格瑪病毒　sigma virus
西葫芦毒蛋白/西葫蘆毒蛋白　pepocin
西罗莫司/西羅莫司　sirolimus
西蒙斯柠檬酸盐琼脂/辛蒙斯檸檬酸鹽瓊脂　Simmons citrate agar
吸槽/吸溝　bothrium
吸虫/吸蟲　trematode, fluke
吸虫病/吸蟲病　trematodiasis
吸虫学/吸蟲學　trematology
吸附百日咳、白喉、破伤风联合疫苗/吸附百日咳、白喉、破傷風聯合疫苗　adsorbed diphtheria-tetanus-pertussis combined vaccine
吸附层析/吸附層析法　adsorption chromatography, absorbent chromatography
吸附狂犬病疫苗/吸附狂犬病疫苗　rabies vaccine adsorbed, RVA
吸附色谱法/吸附層析法　adsorption chromatography, absorbent chromatography
吸附位点/吸附[部]位,附著位置　adsorption site, attachment site
吸附洗脱试验/吸附洗脱試驗,吸附及沖出法試驗　adsorption elution test
吸附[作用]/吸附[作用]　adsorption, attachment
吸附作用过程/吸附過程　adsorption process
吸根/吸根　haustorial root
吸管/吸管　straw
吸光测定法/吸光測定法　absorptiometry
吸光度/吸光度　absorbance
吸光率/吸光率,吸收率　absorbancy
吸光性/吸光性　absorptivity
吸能反应/吸能反應　endergonic reaction
吸盘/吸盤　sucking disk, sucker, haptor
吸泡/吸泡,肺泡　alveolus
吸气/吸氣　inspiration
吸气肌/吸氣肌　inspiratory muscle
吸气量/吸氣量　inspiratory capacity
吸气切断机制/吸氣切斷機制　inspiratory off-switch mechanism
吸气时间/吸氣時間　inspiratory duration
吸气中枢/吸氣中樞　inspiratory center
吸器/吸器　haustorium
吸器细胞/吸器細胞　haustorium cell
吸热反应/吸熱反應　endothermic reaction
吸入气/吸入氣　inspiratory gas
吸湿系数/吸濕係數　hygroscopic coefficient
吸收边/吸收邊緣　absorption edge
吸收池/吸收槽,比色管　absorption cell
吸收反差/吸收襯度　absorption contrast
吸收根/吸收根　absorbing root
吸收光谱/吸收光譜　absorption spectrum
吸收[光谱]带/吸收[譜]帶　absorption band
吸收剂/吸收劑　absorbent
吸收剂量/吸收劑量　absorbed dose
吸收剂量率/吸收劑量率　absorbed dose rate
吸收校正/吸收校正,吸收修正　absorption correction
吸收毛/吸收毛,吸水毛　absorptive hair
吸收曲线/吸收曲線　absorption curve
吸收试验/吸收試驗　absorption test
吸收损耗/吸收損耗　absorption loss
吸收系数/吸收係數　absorption coefficient, coefficient of absorption
吸收细胞/吸收細胞　absorptive cell
吸收组织/吸收組織,吸水組織　absorptive tissue
吸收[作用]/吸收[作用]　absorption
吸吮触手/吸吮觸手　endosprit, suctorial tentacle, sucking tentacle
吸吮型口器/吸吮型口器　suctorial mouth parts
吸胃/吸胃　sucking stomach
吸液汁类/吸汁液類,汁食性者,吸汁液者　sap feeder, juice sucker
吸引子/吸引子　attractor
希尔反应/希爾反應　Hill reaction
希尔方程/希爾方程　Hill equation
希尔模型/希爾模型　Hill model
希尔作图法/希爾作圖法　Hill plotting
希夫碱/席夫鹼　Schiff base
希夫试剂/席夫試劑　Schiff reagent
希腊钥匙模体/希臘鑰匙模體　Greek key motif
希氏束/希氏束　His bundle
析因设计/析因設計,複因子設計　factorial design

析因试验/析因實驗,因素分析實驗 factorial experiment
硒代半胱氨酸/硒代半胱氨酸 selenocysteine
硒代甲硫氨酸衍生物晶体/硒代甲硫氨酸衍生物晶體 selenomethionine derivative crystal
硒尿苷/硒尿苷 selenouridine
硒酸[盐]呼吸/硒酸[鹽]呼吸 selenate respiration
悉生动物/無菌動物,菌明動物 gnotobiotic animal, GN animal
悉生生物/無菌生物,限菌生物 gnotobiote
悉生生物学/無菌生物學,含特定菌生物學 gnotobiology
烯醇/烯醇 enol
烯醇丙酮酸/烯醇丙酮酸 enolpyruvic acid
烯醇丙酮酸磷酸羧激酶/磷酸烯醇丙酮酸羧化激酶 phosphoenolpyruvate carboxykinase
烯醇化酶/烯醇[化]酶 enolase
5-烯醇式丙酮酰莽草酸-3-磷酸合酶/5-烯醇式丙酮醯莽草酸-3-磷酸合酶 5-enolpyruvylshikimate-3-phosphate synthase, EPSP synthase
烯脑苷脂/烯腦苷脂,神經苷脂 nervon
烯脂酰辅酶A/脂烯醯[基]輔酶A enoyl CoA
稀释法/稀釋法 dilution method
稀释复性/稀釋復性 dilution renaturation
稀释计数/稀釋計數 dilution count
稀释剂/稀釋劑 diluent
稀释率/稀釋率,稀釋度 dilution rate
稀释平板分离法/稀釋平板分離法 dilution-plate method
稀释效应/稀釋效應 dilution effect
稀疏/稀疏 rarefaction
稀疏编码/稀疏編碼 sparse coding
稀疏培养/稀疏培養 spare culture
稀疏群落/疏生群落,開放群落 open community
稀疏时间编码/稀疏時間編碼 sparse temporal coding
稀疏植被/稀疏植被,開放植被 sparse vegetation, open vegetation
稀树草原/温帶疏樹[大]草原 parkland
稀有变异/稀有變異 rare variation
稀有度/稀有度,罕見度 rarity
稀有核苷/稀有核苷 minor nucleoside
稀有碱基/稀有鹼基 unusual base, minor base
稀有种/稀有種,罕見種 rare species
翕/翕 mantle
犀角/犀角 rhino horn
锡克试验/錫克試驗 Schick test
溪流群落/溪流群落,溪流群聚 rhoium
蜥腭型/蜥腭型 saurognathism
膝鞭毛/膝鞭毛 mastigenuala, mastigenual seta
膝关节/膝關節 knee joint
膝毛/膝毛 genuala
膝跳反射/膝跳反射 knee jerk reflex, patellar reflex
膝状突起/膝狀突起 apophysis
螅状幼体/螅狀幼體,原芽體 hydrula
习得性行为/習得行為,後天行為 learned behavior
习服/氣候適應 acclimatization, accustomization
习惯化/習慣化,習慣性 habituation
习性/習性 habit
袭击行为/襲擊行為 raiding behavior
洗涤剂用酶/洗滌劑用酶 enzyme for detergent
DNA 洗牌技术/DNA 洗牌技術,DNA 混排,DNA 改組 DNA shuffling
洗脱/洗脱,溶析,洗出 elution
洗脱体积/洗脱體積 elution volume
洗脱物/洗脱物,洗出物 eluate
洗脱液/洗出液,溶析液 eluent
喜氮植物/喜氮植物,嗜氮植物 nitrophyte, nitrophilous plant, nitrophile
喜钙植物/嗜鈣植物,嗜石灰植物,鈣土植物 calciphilous plant, calcicole plant, calciphyte
喜光树/陽性樹 intolerant tree
喜光种子/需光種子,好光[性]種子 light seed, light-favored seed
喜花昆虫/嗜花昆蟲 anthophilous insect
喜沙生物/砂生生物 psammophile
喜酸植物/適酸植物,酸性[土]植物 acid plant, oxylophyte, acidophyte
喜温性/喜温性 thermophile,thermophily
喜硝植物/喜硝植物,硝酸植物 nitrate plant
喜雪植物/嗜雪植物 chionophile
喜阳植物/喜陽光植物,好日性植物,陽光植物 heliophilous plant, heliophyte, heliophile
喜蚁植物/喜蟻植物,蟻生植物 ant plant, myrmecophyte
喜雨植物/適雨植物,嗜雨植物,好雨性植物 ombrophile, ombrophyte, rain-loving plant
喜蝎性/喜蠍性 chrymosymphily
系/系 series
系间跨越/系間轉換,系間穿越 intersystem crossing
系缰钩/翅韁鉤,翅基鉤 retinaculum
系列关系系数/系列相關係數 serial correlation coefficient
系列基因表达分析/基因表達系列分析 serial analysis of gene expression, SAGE
系列同源/系列同源 serial homology

系膜基质/系膜基質 mesangial matrix
系膜细胞/系膜細胞 mesangial cell
系谱/譜系 pedigree, lineage
系谱分析/譜系分析 pedigree analysis
系谱图/譜系圖 pedigree diagram
系谱学/系譜學,譜系學 genealogy
系数矩阵/係數矩陣 coefficient matrix
系丝胞/繫絲胞 haptocyst
系统/系統 system
APUD 系统/胺前體攝取和脱羧系統 amine precursor uptake and decarboxylation system, APUD system
系统辨识/系統辨識 system identification
系统抽样/系統抽樣,系統取樣 systematic sampling
系统地理学/親緣地理學,地理親緣學 phylogeography
系统发生/系統發生,親緣關係,種系發生 phylogeny, phylogenesis
系统发生生物地理学/親緣地理學,地理親緣學 phylogeography
系统[发生]树/系統樹,親緣[關係]樹,種系發生樹 phylogenetic tree
系统发生图/系統發生圖 phylogram
系统发生学/系統發生學,譜系學,親緣關係學 phylogenetics
系统发育/系統發生,親緣關係,種系發生 phylogeny, phylogenesis
系统发育分类/系統發育分類,系譜分類 phylogenetic classification
系统发育种概念/種系發生種概念,親緣種概念 phylogenetic species concept
系统分布/系統分布 systematic distribution
系统分析/系統分析 system analysis
系统解剖学/系統解剖學 phylogenetic anatomy
系统论/系統理論 system theory
系统神经科学/系統神經科學 systems neuroscience
系统生态学/系統生態學 system ecology
系统生物学/系統生物學 systematic biology, systems biology
系统树/系統樹 family tree, systematic tree
系统素/系統素 systemin
系统微生物学/系統微生物學 systematic microbiology
系统细菌学/系統細菌學 systematic bacteriology
系统消光/系統消光 systematic absence, systematic extinction
系统形态学/系統形態學 phylogenetic morphology
系统性红斑狼疮/全身性紅斑狼瘡 systemic lupus erythematosus, SLE
系统选择/系統選擇 systematic selection
系统学/系統學 systemtics
系统植物学/系統植物學,植物系統學 phylogenetic botany, systematic botany
系统组织学/系統組織學 phylogenetic histology
细胞/細胞 cell
APUD 细胞/APUD 細胞,胺前體攝取和脱羧細胞 amine precursor uptake and decarboxylation cell, APUD cell
B-2 细胞/B-2 細胞 B-2 cell
$CD4^+CD2^+$ T 细胞/$CD4^+CD2^+$ T 細胞 $CD4^+CD2^+$ T cell
$CD4^+CD25^+$ T 细胞/$CD4^+CD25^+$ T 細胞 $CD4^+CD25^+$ T cell
$CD4^+$ T 细胞/$CD4^+$ T 細胞 $CD4^+$ T cell
$CD8^+$ T 细胞/$CD8^+$ T 細胞 $CD8^+$ T cell
CHO 细胞/中國倉鼠卵巢細胞 Chinese hamster ovary cell, CHO cell
DN 细胞/CD4CD8 雙陰性胸腺細胞 CD4CD8 double-negative T cell
DP 细胞/CD4CD8 雙陽性胸腺細胞 CD4CD8 double-positive T cell
K 细胞/殺手細胞,殺傷細胞 killer cell, K cell
LAK 细胞/淋巴激素活化型殺手細胞,淋巴介質活化性殺手細胞 lymphokine-activated killer cell, LAK cell
M 细胞/微皺褶細胞 microfold cell, MC
NK 细胞/自然殺手細胞,天生殺手細胞,自然殺傷細胞 natural killer cell, NK cell
细胞癌基因/細胞[致]癌基因,c[致]癌基因,原致癌基因 cellular oncogene, c-oncogene
细胞靶向/細胞靶向 cell targeting
细胞板/細胞板 cell plate
细胞保护作用/細胞保護[作用] cytoprotection
细胞壁/細胞壁 cell wall
细胞表面/細胞表面 cell surface
B 细胞表面抗原/B 細胞表面抗原 B cell surface antigen
T 细胞表面抗原/T 細胞表面抗原 T cell surface antigen
细胞表面识别/細胞表面識别 cell surface recognition
细胞表面受体/細胞表面受體 cell surface receptor
细胞表面展示/細胞表面展示 cell surface display
B 细胞表位/B 細胞表位,B 細胞抗原決定位 B cell epitope
T 细胞表位/T 細胞表位,T 細胞抗原決定位 T cell

epitope
细胞病变效应/細胞病變效應 cytopathic effect, CPE
细胞病理学/細胞病理學 cell pathology, cytopathology, cellular pathology
Raji 细胞[测定]法/雷基細胞分析 Raji cell assay
B 细胞成熟/B 細胞成熟 B cell maturation
B 细胞成熟因子/B 細胞成熟因子 B cell maturation factor, BMF
细胞重编程/細胞重程式設計 cellular reprogramming
细胞穿刺/細胞穿刺 cell poking
细胞穿膜肽/細胞穿膜肽 cell-penetrating peptide
细胞传感器/細胞感測器 cellar biosensor
细胞纯化/細胞純化 cell purification
细胞磁测量术/細胞磁場量測術 cytomagnetometry
细胞存活率/細胞存活率 cell survival rate
细胞电泳/細胞電泳 cell electrophoresis
细胞凋亡/細胞凋亡 apoptosis
细胞动力学/細胞動力學 cytokinetics, cytodynamics
细胞毒试验/細胞毒性試驗 cytotoxicity test
细胞毒素/細胞毒素 cytotoxin
细胞毒型超敏反应/細胞毒型過敏反應 cytotoxic type hypersensitivity
细胞毒[性]抗体/細胞毒性抗體 cytotoxic antibody
细胞毒性 T 淋巴细胞/細胞胞毒型 T 淋巴球,[細胞]毒殺型 T 淋巴球 cytotoxic T lymphocyte, CTL
细胞毒性 T 细胞/細胞毒性 T 細胞,胞毒[型]T 細胞 cytotoxic T cell
细胞毒性 T 细胞分化因子/胞毒[型]T 細胞分化因子 cytotoxic T cell differentiation factor
细胞毒性 T 细胞活化抗原-4/胞毒[型]T 細胞活化抗原-4 cytotoxic T lymphocyte activation antigen-4, CTL activation antigen-4
细胞多核化/多核細胞形成 polykaryocytosis
细胞发生/細胞發生 cytogenesis
T 细胞非依赖性抗体应答/不依賴 T 細胞的抗體反應 T cell independent antibody response
细胞非自主性/細胞非自主性 cell non-autonomous
细胞分光光度测定法/細胞分光光度測定法,細胞光譜檢視法 cytospectrophotometry
细胞分化/細胞分化 cell differentiation, cellular differentiation
B 细胞分化因子/B 細胞分化因子 B cell differentiation factor, BCDF
T 细胞分化因子/T 細胞分化因子 T cell differentiation factor, TCDF
细胞分类器/細胞分選儀,細胞分離儀 cell sorter
细胞分类学/細胞分類學 cytotaxonomy
细胞分离/細胞分離 cell separation
细胞分裂/細胞分裂 cell division
细胞分裂素/細胞分裂[激]素,細胞激動素 cytokinin, kinetin
细胞分裂抑制剂/細胞分裂抑制劑 cell division inhibitor
细胞分裂周期基因/細胞分裂週期基因 cell division cycle gene, cdc gene
细胞分选/細胞分選 cell sorting
细胞分选仪/細胞分選儀,細胞分離儀 cell sorter
B 细胞辅助因子/B 細胞輔助因子 B cell helper factor, BCHF
T 细胞辅助因子/T 細胞輔助因子 T cell helper factor, TCHF
细胞工厂/細胞工廠 cell factory
细胞工程/細胞工程 cell engineering
细胞骨架/細胞骨架 cytoskeleton
细胞骨架蛋白质/細胞骨架蛋白質 cytoskeletal protein
细胞骨架元件/細胞骨架元件 cytoskeletal element
B 细胞冠区/B 細胞冠 B cell corona
细胞光度术/細胞光度術 cytophotometry
细胞归巢/細胞歸巢 cell homing
T 细胞归巢/T 細胞歸巢,T 細胞返家 T cell homing
细胞过滤/細胞過濾 cell filtration
细胞海绵质/細胞海綿質 cytospongium
细胞核/細胞核 nucleus
细胞核蛋白聚糖/細胞核蛋白聚糖 nuclear proteoglycan
细胞核学/細胞核學 karyology, caryology
细胞呼吸[作用]/細胞呼吸[作用] cellular respiration
细胞化学/細胞化學 cytochemistry
细胞坏死/細胞壞死 cellular necrosis
细胞黄素/細胞黃素 cytoflavin
细胞混合/細胞混合 cytomixis
B 细胞活化/B 細胞活化作用 B cell activation
T 细胞活化连接蛋白/T 細胞活化連接蛋白 linker for activation of T cell, LAT
B 细胞活化因子/B 細胞活化因子 B cell-activating factor, BAF
B 细胞活化因子受体/B 細胞活化因子受體 B cell-activating factor receptor, BAF-R
细胞基质/細胞基質 cell matrix
细胞基质黏附/細胞基質黏附,細胞基質黏著 cell-matrix adhesion

细胞基质黏附分子/細胞基質黏附分子 cell-matrix adhesion molecule
细胞激动素/細胞激動素,細胞分裂[激]素 cytokinin, kinetin
T细胞激活蛋白/T細胞活化蛋白 T cell activation protein
细胞激素/細胞激素 cytohormone
细胞极性/細胞極性 cell polarity
细胞集合/細胞集合 cell aggregation
细胞计量术/細胞計量術 cytometry
细胞计数/細胞計數 cell count
[细]胞间层/細胞間層 intercellular layer
[细]胞间电耦合/細胞間電耦合 electric coupling of cells
[细]胞间黏附分子/細胞間黏著分子,細胞間附著分子 intercellular adhesion molecule, ICAM
[细]胞间桥/[細]胞間橋 intercellular bridge
[细]胞间通信/[細]胞間通訊 intercellular cross-talk, intercellular communication
[细]胞间质/細胞間質 intercellular substance
细胞检查/細胞檢定法 cytoscopy
[细]胞间隙/[細]胞間隙 intercellular space
细胞角蛋白/細胞角蛋白 cytokeratin
细胞节律/細胞節律 cell rhythm
细胞解体/細胞解體 cytoclasis
细胞介导免疫/細胞介導免疫,細胞媒介免疫,細胞性免疫 cell-mediated immunity, CMI
细胞介导免疫应答/細胞介導免疫反應,細胞性免疫反應 cell-mediated immune response
细胞静止因子/細胞静止因子 cytostatic factor, CSF
细胞决定/細胞決定 cell determination
B细胞抗原受体/B細胞抗原受體 B cell antigen receptor
T细胞抗原受体/T細胞抗原受體 T cell antigen receptor
细胞克隆/細胞複製 cell cloning
细胞库/細胞庫 cell bank, cell repository
细胞跨膜迁移/細胞跨膜遷移 cell transmigration
细胞连接/細胞連接 cell junction
细胞疗法/細胞療法,細胞治療 cell therapy
CART细胞疗法/CART細胞療法 chimeric antigen receptor T cell therapy, CART cell therapy
LAK细胞疗法/LAK細胞療法 lymphokine-activated killer cell therapy, LAK cell therapy
细胞裂解/細胞溶解 cytolysis
细胞流变学/細胞流變學 cytorheology
细胞免疫/細胞免疫 cellular immunity
细胞免疫学/細胞免疫學 cellular immunology
细胞免疫应答/細胞免疫反應 cellular immune response
[细]胞膜/細胞膜 cell membrane
细胞内含物/細胞内含物 cell inclusion, cell content
细胞内记录[模式]/細胞内記録[模式] intracellular recording
细胞内介导物/細胞内介導物 intracellular mediator
[细]胞内酶/[細]胞内酶,[細]胞内酵素 intracellular enzyme
[细]胞内膜/[細]胞内膜 intracellular membrane
[细]胞内受体/[細]胞内受體 intracellular receptor
[细]胞内消化/[細]胞内消化 intracellular digestion
细胞内液/細胞内液 intracellular fluid
细胞内运动/[細]胞内運動 intracellular movement
细胞能[力]学/細胞能力學 cytoenergetics
细胞黏附/細胞黏附,細胞黏著 cell adhesion
细胞黏附分子/細胞黏附分子,細胞黏連分子,細胞黏著分子 cell adhesion molecule, CAM
细胞黏附受体/細胞黏附受體 cell adhesion receptor
细胞旁路转运/細胞旁路轉運 paracellular transport
细胞旁通路/細胞旁通路 paracellular pathway
细胞培养/細胞培養 cell culture
细胞培养板/細胞培養板 cell culture plate
细胞培养工程/細胞培養工程 cell culture engineering
细胞培养基/細胞培養基 cell culture medium
细胞培养基添加物/細胞培養基添加物 cell culture medium additive
细胞培养瓶/細胞培養瓶 cell culture bottle
细胞培养室/細胞培養室 cell culture room
细胞培养种类/細胞培養種類 type of cell culture
细胞破碎/細胞破碎 cell disruption
细胞谱系/細胞譜系 cell lineage
细胞器/[細]胞器 organelle
细胞器靶向纳米载体/細胞器靶向奈米載體 organelle targeting nanocarrier
细胞器基因组/胞器基因組,[細]胞器基因體 organelle genome
细胞器移植/胞器移植 organelle transplantation
细胞器遗传学/胞器遺傳學 organelle genetics
细胞器质粒/胞器質體 organelle plasmid
细胞迁移/細胞遷移 cell migration
细胞牵引力显微术/細胞牽引力顯微術 cell traction force microscopy
[细胞]腔/細胞腔,内腔 lumen
细胞亲和层析/細胞親和[性]層析法 cell affinity chromatography

细胞亲和力/細胞親和力 cellular affinity
细胞亲和色谱法/細胞親和[性]層析法 cell affinity chromatography
细胞区室/細胞間室 cellular compartment
细胞趋性/細胞趨性 cytotaxis
细胞群体/細胞群體 cell colony
细胞绒毛蛋白/細胞絨毛蛋白 cytovillin
细胞溶解/細胞溶解 cytolysis
细胞溶解型超敏反应/細胞溶解型過敏反應 cytolytic type hypersensitivity
细胞融合/細胞融合 cytomixis, cell fusion
细胞三维培养/細胞三維培養 cell three-dimensional culture
细胞色素/細胞色素 cytochrome
细胞色素 b_5/細胞色素 b_5 cytochrome b_5
细胞色素 P450/細胞色素 P450 cytochrome P450
细胞色素 b_5 还原酶/細胞色素 b_5 還原酶 cytochrome b_5 reductase
细胞色素 P450 还原酶/細胞色素 P450 還原酶 cytochrome P450 reductase
细胞色素 P450 基因/細胞色素 P450 基因 cytochrome P450 gene
细胞色素氧化酶/細胞色素氧化酶 cytochrome oxidase
细胞社会性/細胞社會性 cell sociality
细胞社会学/細胞社會學 cell sociology
细胞伸长/細胞伸長 cell elongation
细胞渗出液/細胞滲出液 cellular exudate
细胞生理学/細胞生理學 cell physiology, cytophysiology, cellular physiology
细胞生态学/細胞生態學 cytoecology
细胞生物物理学/細胞生物物理學 cell biophysics
细胞生物学/細胞生物學 cell biology, cytobiology
细胞生长/細胞生長 cell growth
细胞生长动力学/細胞生長動力學 cell growth kinetics
细胞生长因子/細胞生長因子 cell growth factor
B 细胞生长因子/B 細胞生長因子 B cell growth factor, BCRF
T 细胞生长因子/T 細胞生長因子 T cell growth factor, TCGF
细胞识别/細胞識別,細胞辨識 cell recognition
B 细胞识别/B 細胞識別,B 細胞認知作用 B cell recognition
T 细胞识别/T 細胞識別,T 細胞認知作用 T cell recognition
细胞世代时间/細胞世代時間 cell generation time
细胞受精素/細胞受精素 cytofertilizin
细胞受体/細胞受體 cell receptor
B 细胞受体/B 細胞受體 B cell receptor, BCR
T 细胞受体/T 細胞受體 T cell receptor, TCR
细胞衰老/細胞衰老 cell aging, cell senescence
细胞死亡/細胞死亡 cell death
细胞松弛素/細胞鬆弛素,細胞分裂抑素,鬆胞素 cytochalasin
细胞贴附式记录/細胞貼附式記録,細胞吸附式記録 cell-attached recording, on-cell recording
细胞通信/細胞通訊,細胞溝通 cell communication
细胞透明质/細胞透明質 cytohyaloplasm
细胞外被/細胞外套 cell coat
[细]胞外钙敏感受体/細胞外鈣敏感受體 extracellular calcium-sensing receptor, CaSR
[细]胞外基质/[細]胞外基質 extracellular matrix, ECM
[细]胞外基质受体/[細]胞外基質受體 extracellular matrix receptor
细胞外记录[模式]/細胞外記録[模式] extracellular recording
[细]胞外消化/[細]胞外消化 extracellular digestion
[细]胞外液/[細]胞外液 extracellular fluid
细胞吸附式记录/細胞吸附式記録,細胞貼附式記録 cell-attached recording, on-cell recording
细胞系/細胞系,細胞株 cell line
L 细胞系/L 細胞系 L cell line
细胞向性/細胞間向性 cytotropism
细胞信号传导/細胞信號傳送,細胞訊息傳遞 cell signaling
细胞信号传送/細胞信號傳送,細胞訊息傳遞 cell signaling
细胞形成/細胞形成 cell formation
细胞形成分析/細胞形成分析 cytogenic analysis
细胞形成质/細胞形成質 cytoblastema
细胞形态学/細胞形態學 cell morphology, cytomorphology, cellular morphology
细胞学/細胞學 cytology
细胞学干扰/細胞學干擾 cytological interference
细胞学说/細胞學説 cell theory, cell doctrine
细胞学图/細胞學圖 cytological map
X 细胞压碎器/X 細胞壓碎器 X cell press, X press
细胞亚株/細胞亞株 cell substrain
T 细胞阳性选择/T 細胞正選擇 T cell positive selection
[细]胞液/[細]胞液 cell sap, cytolymph
T 细胞依赖性抗体应答/依賴 T 細胞的抗體反應 T cell dependent antibody response
T 细胞依赖性抗原/T 依賴型抗原,胸腺依賴性抗原

thymus-dependent antigen, T-dependent antigen, TD-Ag
细胞移动/細胞移動 cell locomotion
细胞移植/細胞移植 cell transplantation
细胞遗传/細胞遺傳 cell heredity
细胞遗传毒性/細胞遺傳毒性 cytogenetic toxicity
细胞遗传学/細胞遺傳學 cytogenetics, cell genetics
细胞遗传学变化/細胞遺傳變化 cytogenetic change
细胞遗传学图/細胞遺傳圖 cytogenetic map
细胞[异源]嵌合体/細胞嵌合體 cytochimera
T细胞疫苗/T細胞疫苗 T cell vaccine
细胞因子/細胞介素,細胞激素 cytokine
细胞因子反应基因/細胞介素反應基因 cytokine-responsive gene
细胞因子合成抑制因子/細胞介素合成抑制因子 cytokine synthesis inhibitory factor
细胞因子疗法/細胞介素療法,細胞激素療法 cytokine therapy
细胞因子受体/細胞介素受體,細胞激素受體 cytokine receptor
细胞因子受体超家族/細胞介素受體超家族 cytokine receptor superfamily
细胞因子信号传送阻抑物/細胞因子訊號傳送阻抑物,細胞介素訊息傳導抑制因子 suppressor of cytokine signaling, SOCS
T细胞阴性选择/T細胞負選擇 T cell negative selection
细胞荧光测定术/細胞螢光測定法 cytofluorometry
细胞原位杂交/細胞原位雜交 *in situ* cytohybridization
细胞运动/細胞移動 cell movement
细胞运动性/細胞移動性 cell mobility
细胞杂交/細胞雜交 cell hybridization
B细胞杂交瘤/B細胞雜交瘤,B細胞融合瘤 B cell hybridoma
T细胞杂交瘤/T細胞雜交瘤,T細胞融合瘤 T cell hybridoma
细胞增殖/細胞增殖,細胞增生 cell proliferation, cell multiplication
[细]胞质/[細]胞質 cytoplasm
[细]胞质迟延/[細]胞質遲延 cytoplasmic lag
[细]胞质基因/[細]胞質基因,核外基因 plasmagene, plasmogene
[细]胞质基因组/[細]胞質基因組,[細]胞質基因體 plasmon, cytoplasmic genome
[细]胞质囊/[細]胞質囊 cytoplasmic vesicle
[细]胞质前列腺素E合酶/[細]胞質前列腺素E合酶 cytosolic prostaglandin E synthase, CPGES
[细]胞质桥/[細]胞質橋 cytoplasmic bridge
[细]胞质突变/[細]胞質突變 cytoplasmic mutation
[细]胞质雄性不育/[細]胞質雄性不孕 cytoplasmic malesterility
[细]胞质遗传/[細]胞質遺傳 cytoplasmic inheritance
细胞治疗/細胞治療,細胞療法 cell therapy
细胞致死性/細胞致死性 cell lethality
细胞周期/細胞週期 cell cycle
[细胞]周期蛋白/週期蛋白,週轉蛋白,週期素 cyclin
[细胞]周期蛋白依赖性激酶/週期蛋白依賴[性]激酶,依賴[細胞]週期蛋白激酶 cyclin-dependent kinase, CDK, Cdk
[细胞]周期蛋白依赖性激酶激活激酶/週期蛋白依賴激酶活化激酶 cyclin-dependent kinase-activating kinase, CAK
[细胞]周期蛋白依赖性激酶抑制剂/週期蛋白依賴性激酶抑制劑 cyclin-dependent kinase inhibitor, CDKI
[细胞]周期蛋白依赖性激酶抑制因子/週期蛋白依賴激酶抑制劑 cyclin-dependent kinase inhibitor, CKI
细胞周期检查点/細胞週期檢查點,細胞週期檢驗點 cell cycle checkpoint
细胞周期依赖性元件/細胞週期依賴性元件 cell cycle-dependent element, CDE
细胞周网/細胞周網 pericellular net
细胞株/細胞株,細胞品系 cell strain
细胞转分化/細胞轉分化 cell transdifferentiation
细胞转化/細胞轉化 cell transduction
细胞滋养层/細胞滋養層,細胞營養層 cytotrophoblast
细胞自动机/細胞自動機,元胞自動機 cellular automata
细胞自主性/細胞自主性 cell-autonomous
细胞组/[細胞質]微粒體系 cytome
细胞[组分]分级分离/細胞[成分]分離 cell fractionation
细胞组学/細胞組學,細胞體學 cytomics
细胞组织发生/細胞組織發生 cytohistogenesis
细胞组织学/細胞組織學 cytohistology
细胞最后分化/細胞最後分化 histoteliosis
细齿刚毛/細齒剛毛 denticulate seta
细川线/細川氏線 Hosokawa line
细滴虫期/細滴蟲期 leptomonad stage
细纺管/小吐絲管 spool
细腐殖质/混土腐植質 mull

细沟侵蚀/細流侵蝕 rill erosion
细肌丝/細肌絲 thin myofilament, thin filament
细颈囊尾蚴/細頸囊尾蚴 cysticercus tenuicollis
细菌/細菌 bacterium
细菌胞质素/細菌胞漿素,菌漿素 bacterioplasmin
细菌病/細菌病 bacteriosis
细菌病毒/細菌病毒 bacterial virus
细菌沉淀素/細菌沉澱素 bacterioprecipitin
细菌蛋白/細菌蛋白[質] bacterioprotein
细菌毒力/細菌毒力 bacterial virulence
细菌毒素/細菌毒素 bacterial toxin, bacteriotoxin
细菌光合作用/細菌型光合作用 bacterial photosynthesis
细菌基因/細菌基因 bacterial gene
细菌解旋酶/細菌解旋酶 bacterial helicase
[细菌]菌落/菌落,細菌聚落 bacterial colony
细菌类胡萝卜素/細菌類胡蘿蔔素 bacterial carotenoid
细菌沥滤/細菌瀝濾 bacterial leaching
细菌滤器/細菌濾過器 bacterial filter
细菌黏液/細菌黏質 bacterial mucilage, bacterial slime
细菌黏质/細菌黏質 bacterial mucilage, bacterial slime
细菌凝血素/細菌凝血素 bacteriohemagglutinin
细菌培养/細菌培養 bacterial culture
细菌人工染色体/細菌人工染色體,人造細菌染色體 bacterial artificial chromosome, BAC
细菌溶血素/細菌溶血素 bacteriohemolysin
细菌杀虫剂/細菌[性]殺蟲劑 bacterial insecticide
[细菌]十一萜醇/細菌[十一]萜醇 undecaprenol, bactoprenol
[细]菌视紫红质/菌紫質,細菌視紫質 bacteriorhodopsin
细菌素/細菌素 bacteriocin
细菌萜醇/細菌[十一]萜醇 undecaprenol, bactoprenol
细菌细胞学/細菌細胞學 bacterial cytology
细菌小体/細菌小體 bacteriosome
细菌学/細菌學 bacteriology
细菌叶绿素/細菌葉緑素 bacteriochlorophyll
细菌遗传学/細菌遺傳學 bacterial genetics
细菌疫苗/細菌疫苗 bacterial vaccine
细菌疫苗载体/細菌疫苗載體 bacterial vaccine vector
细菌荧光素/菌螢光素 bacteriofluorescein
细菌展示技术/細菌展示技術 bacterial display
细菌转录/細菌轉録 bacterial transcription
细菌转录起始/細菌轉録起始 bacterial transcriptional initiation
细菌转录调控/細菌轉録調控 bacterial transcriptional regulation
[细菌]紫膜质/菌紫質,細菌視紫質 bacteriorhodopsin
细粒环境/細粒環境 fine-grained environment
细粒景观/細粒地景 fine-grained landscape
细丝蛋白/[細]絲蛋白 filamin
细线期/細線期,細絲期,細紐期 leptotene, leptonema
细须螨/細鬚蟎 tenuipalpid mite
细支气管/細支氣管 bronchiole
隙状器/隙狀器,琴形器 lyriform organ
潟湖/潟湖 lagoon
虾红素/蝦紅素,龍蝦肽酶 astacin
虾卵绿蛋白/蝦卵緑蛋白 ovoverdin
虾青素/蝦青素,蝦黄素 astaxanthin
峡部/峽部 isthmus
狭带性/狹帶性 stenozone
狭缝印迹杂交/狹縫印漬雜交,狹縫點墨雜交 slot blot hybridization
狭幅种/狹適種 stenoecious species
狭栖性/狹棲性 stenoecic, stenotope
狭深性/狹深性 stenobathic
狭湿性动物/狹濕性動物 stenohygric animal
狭食性/狹食性 stenophagy
狭适性/狹適性 stenotropy
狭适种/狹適種 stenoecious species
狭温性/狹温性 stenothermal, oligothermal
狭温性生物/狹温性生物 stenotherm, stenothermal organism
狭温种/狹温種 stenothermal species
狭线印迹法/狹縫印漬法,沙漏印漬法 slot blotting
狭盐性/狹鹽性 stenohaline
狭盐性生物/狹鹽性生物 stenohaline organism
狭盐种/狹鹽種 stenohaline species
狭氧性/狹氧性 stenoxybiotic
狭氧性生物/狹氧性生物 stenoxybiotic organism, stenoxybiont
狭义遗传率/狹義遺傳率 heritability in the narrow sense, narrow heritability
狭域性/狹域性 stenoky
下板/下[腹]板 hypoplastron, hypoplax
下背舌叶/下背舌葉 infra-notoligule
下鼻甲/下鼻甲 inferior concha
下鞭/下鞭 lower flagellum
下不动关节/下不動關節 hypozygal

下侧背片/下側背片　inferior pleurotergite
下侧鬃/下側板剛毛　hypopleural bristle
下层浮游生物/下層浮游生物,亞浮游生物　hypoplankton
下层木/下層木　tree of understory
下层疏伐/下層疏伐　low thinning
下层游泳生物/下層游泳生物　subnekton
下潮间带/下潮間區　lower intertidal zone
下沉胚带/隱胚帶　immersed germ band
下沉上皮/下沉上皮　insunk epithelium
下触角/下觸角　inferior antenna
下唇/下唇　labium, lip
下唇瓣/下唇瓣　labium
下唇神经节/下唇神經節,下唇神經球　labial ganglion
下唇腺/下唇腺　labial gland
下唇须/下唇鬚　labial palpus, labipalp, labipalpus
下次尖/下下錐　hypoconid
下次小尖/下下鋒　hypoconulid
下担子/下擔子　hypobasidium
下颚/下顎,小顎　maxilla
下颚杆/下顎桿,小顎桿　maxillary lever
下颚沟/下顎溝　hypognathal groove
下颚片/下顎片,小顎片　maxillary plate, lorum
下颚神经节/小顎神經節,小顎神經球　maxillary ganglion
下颚体/亞顎體　subcapitulum
下颚下唇复合体/下顎下唇複合體,小顎下唇複合體　labio-maxillary complex
下颚腺/小顎腺　maxillary gland
下颚须/下顎鬚,小顎鬚　maxillary palp, palpus
下橄榄核/下橄欖核　inferior olivary nucleus
下纲/下綱　infra-class
下颌骨/下頜骨　mandible
下颌间肌/下頜間肌　intermandibular muscle
下颌收肌/下頜内收肌　adductor mandibulae
下后侧片/下後側片　hypopleuron, katepimeron, infraepimeron
下后尖/下後錐　metaconid
下后头/下後頭　metacephalon
下基板/下基板　hypocoxa, infrabasal plate
下颊/下頰　temple
下降花序/下垂花序　descending inflorescence
下降流/下降流,沉降流　downwelling
下科/下科　infra-family
下口式/下口式　hypognathous type, orthognathous type
下眶鬃/下眶剛毛　inferior orbitals, genal orbitals
下临界温度/下臨界溫度,低臨界溫度　lower critical temperature
下面发酵/沉底發酵,底部發酵　bottom fermentation
下面酵母/沉底酵母,底層酵母　bottom yeast
下木层/下木層,林下植物　undergrowth
下目/下目　infra-order
下内尖/下内錐　endoconid
下内小尖/下内小鋒　endoconulid
下胚层/下胚層　hypoblast
下胚轴/下胚軸　hypocotyl
下皮/下皮　hypodermis, hypoderm
下皮层/下皮層　hypoderm
下脐/下臍　inferior umbilicus
下前侧片/下前側片　katepisternum, infraepisternum
下前尖/下前錐　paraconid
下丘/下丘　inferior colliculus
下丘脑/下丘腦,下視丘　hypothalamus
下丘脑背内侧核/下丘腦背内側核　dorsomedial hypothalamic nucleus, DMH
下丘脑-垂体-靶腺轴/下丘腦-垂體-靶腺軸　hypothalamic-pituitary-target gland axis
下丘脑-垂体功能单位/下丘腦-垂體功能單位　hypothalamic-hypophysis unit, hypothalamo-hypophysial unit
下丘脑-垂体-甲状腺轴/下丘腦-垂體-甲狀腺軸　hypothalamic-pituitary-thyroid axis
下丘脑-垂体门脉系统/下丘腦-垂體門脈系統　hypothalamic-hypophyseal portal system
下丘脑-垂体-肾上腺轴/下丘腦-垂體-腎上腺軸　hypothalamo-pituitary-adrenal axis, hypothalamic-pituitary-adrenal axis, HPA axis
下丘脑-垂体-生殖腺轴/下丘腦-垂體-生殖腺軸,下丘腦-垂體-性腺軸　hypothalamic-pituitary-gonad axis
下丘脑-垂体系统/下丘腦-垂體系統　hypothalamo-hypophysial system
下丘脑-垂体-性腺轴/下丘腦-垂體-性腺軸,下丘腦-垂體-生殖腺軸　hypothalamic-pituitary-gonad axis
下丘脑-垂体轴/下丘腦-垂體軸　hypothalamic-pituitary axis
下丘脑促垂体区/下丘腦促垂體區　hypothalamic hypophysiotropic area
下丘脑激素/下丘腦激素,下視丘激素　hypothalamic hormone
下丘脑前部间质核/下丘腦前部間質核　interstitial nucleus of the anterior hypothalamus, INAH
下丘脑-神经垂体系统/下丘腦-神經垂體系統　hypothalamo-neurohypophysial system, HNS

下丘脑-生长激素轴/下丘腦-生長激素軸 hypothalamo-growth hormone axis
下丘脑视前区/下丘腦視前區 hypothalamic preoptic area
下丘脑调节肽/下丘腦調節肽 hypothalamic regulatory peptide
下丘脑外侧区/下丘腦外側區 lateral hypothalamic area
下鳃盖骨/下鰓蓋骨 subopercular bone
下鳃骨/下鰓骨 hypobranchial bone
下鳃肌/下鰓肌 hypobranchial muscle
下伞/下傘 subumbrella
下舌骨/下舌骨 hypohyal bone
下神经系/下神經系 hyponeural system
下生殖板/下生殖板 hypandrium, vulvar scale
下体负压/下體負壓,下半身負壓 lower body negative pressure, LBNP
下调[节]/減效調節,下降調節 down regulation
下调物/減效調節物,下降調節物 down regulator
下位/下位 hypostasis
下位萼/下位萼 inferior calyx
下位花/下位花 hypogynous flower
下位花冠/子房下生花冠 hypogynous corolla
下位基因/下位基因 hypostatic gene
下位式/下位式,子房上位 hypogyny
下位瘦果/下位瘦果 hypoachene
下位着生雄蕊/下位著生雄蕊 hypogynous stamen
下位子房/下位子房 inferior ovary
下陷气孔/陷落氣孔 cryptoporous stomata, cryptopore
下向皮层骨针/下向皮層骨針 hypodermalia
下向胃层骨针/下向胃層骨針 hypogastralia
下斜肌/下斜肌 inferior oblique muscle
下行控制/下行[式]控制 top-down control
下行鳃瓣/下行鰓瓣 descending lamella
下行听觉通路/下行聽覺通路 descending auditory pathway
下行效应/下行效應 top-down effect
下行抑制/下行抑制 descending inhibition
下行抑制系统/下行抑制系統 descending inhibitory system
下行易化系统/下行易化系統 descending facilitatory system
下咽/下咽 hypopharynx
下延叶/翼狀葉 decurrent leaf
下颜鬃/下顏鬃 cruciate bristle
下腋瓣/下腋瓣 lower squama, thoracic calypter
下阴片/下陰片 hypogynium
下游/下游 downstream
下游处理/下游處理,下游加工 downstream processing
下游加工/下游加工,下游處理 downstream processing
下游启动子元件/下游啟動子元件 downstream promoter element, DPE
下游序列/下游序列 downstream sequence
下原尖/下原錐 protoconid
下缘板/下緣板 inframarginal plate
下运动神经元/下運動神經元 lower motor neuron
下肢负压/下肢負壓 leg negative pressure, LNP
下直肌/下直肌 inferior rectus muscle
下椎体/下椎體 hypocentrum
下锥/下錐 hypocone
下子座/下子座 hypostroma
夏孢子/夏孢子 urediniospore, uredospore, urediospore
夏孢子堆/夏孢子堆 uredinium, urediosorus
夏孢子期/夏孢子期 uredostage
夏材/夏材 summer wood
夏格夫法则/查卡夫法則,查加夫法則 Chargaff rule
夏候鸟/夏候鳥 summer migrant
夏季浮游生物/夏季浮游生物 summer plankton
夏季停滞期/夏季停滯期 summer stagnation
夏卵/夏卵 summer egg
夏绿灌木群落/夏綠灌叢,夏綠灌木叢林 estatifruticeta, aestatifruticeta
夏绿林/夏綠林 summer green forest, estatilignosa
夏绿乔木群落/夏綠喬木林 aestatisilvae, estatisilvae
夏绿硬叶林/夏綠硬葉林 estidurilignosa, aestidurilignosa
夏眠/夏眠,夏蟄 estivation, aestivation
夏休芽/夏休芽 summer statoblast
夏芽/夏芽 summer bud
夏蛰/夏蟄,夏眠 estivation, aestivation
夏滞育/夏滯育 summer diapause
仙茅甜蛋白/仙茅甜蛋白 curculin
仙人掌固醇/仙人掌固醇 schottenol
先成论/先成論,先成説,前成説 preformation theory
先成说/先成説,先成論,前成説 preformation theory
先成现象/先成現象 prothetely
先出叶/前出葉,首葉 fore leaf, prophyll
先担子/前擔子,原擔子 probasidium, protobasidium
先导离子/前導離子 leading ion

先导链/先導鏈,前導股,領先股 leading strand
先锋阶段/先鋒期 pioneer stage
先锋群落/先鋒群落,先鋒群聚,先驅群集 pioneer community, initiative community
先锋[物]种/先鋒[物]種,先驅種 pioneer, pioneer species
先节/先節 epimerite
先菌丝[体]/前菌絲體 promycelium
先期开花/先期開花 proanthesis
先体外后体内基因转移/活體外基因轉移 *ex vivo* gene transfer
先天畸形/先天性畸形 congenital malformation
先天免疫/先天性免疫,天然免疫 innate immunity
先天行为/先天行為,天生行為,本能行為 innate behavior, congenital behavior
先天性代谢缺陷/先天性代謝缺陷,先天性代謝障礙,先天性代謝異常 inborn error of metabolism
先天性非X连锁无丙球蛋白血症/先天性非X性聯無γ球蛋白血症 congenital non-X-linked agammaglobulinemia
先天性风疹综合征/先天性德國麻疹症候群 fetal rubella syndrome, congenital rubella syndrome
先天性高氨血症/先天性高氨血症 congenital hyperammonemia
先天性疾病/先天性疾病 congenital disease
先天性甲状腺功能减退症/先天性甲狀腺機能減退症,先天性甲狀腺低能症 congenital hypothyroidism
先天性免疫缺陷病/先天性免疫缺陷病 congenital immunodeficiency disease
先天性乳糖不耐受/先天性乳糖不耐受 congenital lactose intolerance
先天性肾上腺发育不良/先天性腎上腺發育不良 congenital adrenal hypoplasia
先天性肾上腺皮质增生症/先天性腎上腺皮質增生症 congenital adrenal cortical hyperplasia
先天性转运障碍症/先天性運輸障礙症 congenital disorder of transport
先天性状/先天性性狀 congenital character
先蛹/擬蛹,半蛹 pseudopupa, semipupa
先占效应/先占效應 preoccupation effect
先证者/先證者,原發病患 proband, index case, propositus
纤匐枝/匍匐莖,走莖 runner
纤胶凝蛋白/纖膠凝蛋白 ficolin
纤连蛋白/纖網蛋白,纖維黏連蛋白,纖維接合素 fibronectin, FN
纤毛/纖毛,線毛 cilium, pilus, fimbrium
纤毛孢子/纖毛孢子 ciliospore
纤毛虫/纖毛蟲 ciliate
纤毛虫学/纖毛蟲學 ciliatology
纤毛动力蛋白/纖毛動力蛋白 ciliary dynein
纤毛根丝/纖毛根絲 ciliary rootlet
纤毛冠/纖毛冠 corona
纤毛后微管/纖毛後微管 postciliary microtubule
纤毛后微纤维/纖毛後微纖維 postciliodesma
纤毛后纤维/纖毛後纖維 postciliary fiber
纤毛环/纖毛帶 ciliary band
纤毛解聚/纖毛解聚 cilium disassambly
纤毛漏斗/纖毛漏斗 ciliated funnel
纤毛刷/纖毛刷 brosse
纤毛系/纖毛系 ciliature
纤毛形成/纖毛形成 ciliogenesis
纤毛型光感受器细胞/纖毛型光感受器細胞 ciliary photoreceptor cell
纤毛运动/纖毛運動 ciliary movement
纤毛子午线/纖毛子午線 ciliary meridian
纤溶酶/[血]纖維蛋白溶酶,血漿纖維溶酶,胞漿素 fibrinolysin, plasmin
纤溶酶抑制剂/纖溶酶抑制劑,抗血纖維蛋白溶酶 antiplasmin
α_2-纤溶酶抑制物/α_2-纖溶酶抑制物,α_2-抗血纖維蛋白溶酶 α_2-plasmin inhibitor, α_2-PI
纤溶酶原/纖溶酶原,[血]纖維蛋白溶酶原,胞漿素原 profibrinolysin, plasminogen
纤溶酶原激活物/纖溶酶原激活物,[血]纖維蛋白溶酶原活化物 plasminogen activator
纤溶酶原激活物抑制物/纖溶酶原啟動物抑制物,血漿蛋白原活化因子抑制物 plasminogen activator inhibitor, PAI
纤丝胞/纖絲胞 fibrocyst
纤丝成束蛋白质/纖絲成束蛋白質 filament bundling protein
纤丝滑动机制/滑絲機制 sliding filament mechanism
纤丝切割蛋白质/絲狀纖維切割蛋白質,纖絲切割性蛋白質 filament severing protein
纤丝状肌动蛋白/纖維狀肌動蛋白,F肌動蛋白,絲狀纖維肌動蛋白 filamentous actin, fibrous actin, F-actin
纤调蛋白聚糖/纖調蛋白聚糖 fibromodulin
纤突/纖突,刺突 spike
纤维/纖維 fiber
纤维层/纖維層 fibrous layer
纤维蛋白/[血]纖維蛋白 fibrin
纤维蛋白降解产物/纖維蛋白降解產物 fibrin

degradation product, FDP
纤维蛋白聚糖/纖維蛋白聚糖 fibroglycan
纤维蛋白溶解/纖維蛋白溶解,纖維蛋白分解 fibrinolysis
纤维蛋白溶酶/[血]纖維蛋白溶酶,血漿纖維溶酶,胞漿素 fibrinolysin, plasmin
纤维蛋白溶酶原/[血]纖維蛋白溶酶原,纖溶酶原,胞漿素原 profibrinolysin, plasminogen
纤维蛋白稳定因子/血纖維蛋白穩定因子 fibrin stabilizing factor
纤维蛋白原/[血]纖維蛋白原 fibrinogen, profibrin
纤维蛋白原过少症/低纖維蛋白原血症 hypofibrinogenemia
纤维二糖/纖維二糖,纖維乙糖 cellose, cellobiose
纤维二糖酶/纖維二糖酶,纖維雙糖酶 cellobiase
纤维二糖醛酸/纖維二糖醛酸 cellobiuronic acid
纤维根丝/纖維根絲 fibrillar rootlet
纤维寡糖/纖維寡糖 cello-oligosaccharide
纤维冠/纖維冠 fibrous corona
纤维管胞/纖維管胞,纖維狀假導管 fiber tracheid, fibrous tracheid
纤维肌/纖維肌 fibrillar muscle
纤维连接/纖維連接 fibrous joint
纤维连接蛋白/纖維黏連蛋白,纖網蛋白,纖維接合素 fibronectin, FN
纤维鞘/纖維鞘 fibrous sheath
纤维软骨/纖維軟骨 fibrocartilage, fibrous cartilage
纤维三糖/纖維三糖,纖維丙糖 cellotriose
纤维束/纖維束 fiber bundle
纤维四糖/纖維四糖,纖維丁糖 cellotetrose
纤维素/纖維素 cellulose
纤维素颗粒/纖維素顆粒 cellulin granule
纤维素离子交换剂/纖維素離子交換劑 cellulose ion exchanger
纤维素酶/纖維素酶 cellulase
DEAE 纤维素膜/DEAE 纖維素膜,二乙胺乙基纖維素膜 diethylaminoethyl cellulose membrane, DEAE-cellulose membrane
纤维素水解试验/纖維素水解試驗 cellulolytic test
纤维素支架/纖維素支架 cellulose scaffold
纤维细胞/纖維細胞 fibrocyte, fibrous cell
纤维性星形胶质细胞/纖維性星狀細胞 fibrous astrocyte
纤维荧光原位杂交/纖維螢光原位雜交 fiber fluorescence *in situ* hybridization, fiber FISH
纤维状蛋白质/纖維狀蛋白質 fibrous protein
纤维状肌动蛋白/纖維狀肌動蛋白,F 肌動蛋白,絲狀纖維肌動蛋白 filamentous actin, fibrous actin, F-actin
纤维组织/纖維組織 fibrous tissue
纤细蛋白/細絲蛋白,細棒蛋白 tenuin
纤羽/纖羽,針羽 filoplume, pin-feather
酰胺化/酰胺化,醯胺化 amidation
酰胺[基]转移酶/醯基轉移酶 amide transferase
酰胺酶/酰胺酶,醯胺酶 amidase
酰化酶/醯化酶 acylase
酰化作用/酰化[作用],醯化[作用] acylation
酰化作用刺激蛋白/醯化作用刺激蛋白 acylation-stimulation protein
N-酰基鞘氨醇/*N*-醯基鞘胺醇 *N*-acylsphingosin
酰基神经氨酸/醯基神經胺酸 acylneuraminate
酰基载体蛋白质/醯基載體蛋白質 acyl carrier protein, ACP
酰基转移酶/醯基轉移酶,轉酰基酶 transacylase, acyltransferase
鲜重/鮮重 fresh weight
弦音感器/弦音感覺器 chordotonal sensillum
咸水/鹹水 salt water
咸水浮游生物/鹹水浮游生物,鹽水浮游生物,海水性浮游生物 haliplankton, haloplankton
涎蛋白/涎蛋白,唾液酸蛋白 sialoprotein
涎酸/涎酸,唾液酸 sialic acid
涎酸贮积症/唾液酸沉積症,涎酸酶缺乏症 sialidosis
涎针/唾針 salivary stylet
衔接蛋白/銜接蛋白 adaptin
衔接点/銜接點 junction
衔接分子/承接分子 adaptor molecule
衔接头/銜接頭 adaptor
衔接子/銜接子 adaptor, adapter
嫌钙植物/嫌鈣植物,嫌石灰植物 calcifuge plant, calciphobous plant, calciphobe
嫌色细胞/嫌色細胞 chromophobe cell
嫌酸植物/嫌酸[性]植物,避酸[性]植物,厭酸植物 oxyphobe
嫌雪植物/嫌雪植物 chianophobe
嫌压性/嫌壓性 barophobic
嫌盐植物/嫌鹽植物 glycophyte, halophobe
嫌阳植物/嫌陽[光]植物 heliophobe
嫌雨植物/嫌雨植物 ombrophobe, ombrophobous plant, rain-hating plant
Ag 显带/Ag 顯帶 Ag banding
C 显带/C 顯帶,中節顯帶 centromeric banding, C-banding
G 显带/G 顯帶,吉姆薩顯帶,吉姆沙顯帶 Giemsa banding, G-banding

Q 显带/Q 顯帶,螢光染劑奎那克林顯帶 quinacrine banding, Q-banding
R 显带/R 顯帶,反帶 reverse banding, R-banding
T 显带/T 顯帶 terminal banding, T-banding
显带海星/顯帶海星 phanerozonate
显带技术/顯帶技術 banding technique
显汗/顯汗 sensible perspiration
显花植物/顯花植物,有花植物,生花植物 anthophyte, phanerogam
显露气孔/顯型氣孔 phaneropore
显示杂合子/顯性異型合子 manifesting heterozygote
显微操作/顯微操作 micromanipulation
显微操作器/顯微操作器 micromanipulator
显微操作仪/顯微操作器 micromanipulator
显微电影术/顯微電影照相術 microcinematography
显微放射自显影术/顯微放射自動顯影術,微射線自動攝影術 microautoradiography
显微肥达凝集试验/顯微肥達氏凝集試驗 microscopic Widal agglutination test
显微分光光度计/顯微分光光度計 microspectrophotometer
显微分光光度术/顯微分光測定法 microspectrophotometry
显微光度计/顯微光度計 microphotometer
显微光度术/顯微光度測定法 microphotometry
显微光密度测定法/顯微密度量測法 microdensitometry
显微灰化法/顯微灰化法 microincineration
显微技术/顯微技術 microtechnique
显微结构/顯微結構 microscopic structure
显微镜/顯微鏡 microscope
显微镜视野/顯微鏡視野 field of microscope
显微切割术/顯微切割術,顯微解剖 microdissection
显微摄影术/顯微攝影術 photomicrography
显微术/顯微術,鏡檢技術 microscopy
显微外科术/顯微外科術 microsurgical technique
显微荧光测定术/顯微螢光測定法 microfluorometry
显微荧光光度术/顯微螢光光度法 microfluorophotometry
显微照片/顯微照片 photomicrograph
[显]微注射/顯微注射 microinjection
显型原质团/顯型原質團 phaneroplasmodium
显性/顯性 dominance
显性标记/顯性標記 dominant marker
显性纯合体/顯性純合體 dominant homozygote
显性等位基因/顯性等位基因,顯性對偶基因 dominant allele
显性度/顯性度,優勢度 degree of dominance
显性方差/顯性變方,顯性變量 dominance variance
显性负调控/顯性抑制 dominant negative regulation
显性负突变体/顯性負突變體 dominant negative mutant
显性负效突变/顯性抑制突變 dominant negative mutation
显性负效应/顯性抑制效應 dominant negative effect
显性感染/顯性感染 apparent infection
显性关系/顯性關係 dominance relationship
显性化/顯性化 domination
显性活性突变体/顯性活性突變體 dominant active mutant
显性基因/顯性基因 dominant gene
显性假说/顯性假說 dominance hypothesis
显性离差/顯性偏差 dominance deviation
显性上位/顯性上位 dominance epistasis, dominant epistasis
显性失活突变体/顯性失活突變體 dominant inactive mutant
显性突变/顯性突變 dominant mutation
显性突变体/顯性突變體 dominant mutant
显性效应/顯性效應,顯性效果 dominance effect, dominant effect
显性性状/顯性性狀 dominant character, dominant trait
显性致死/顯性致死 dominant lethal
显性转换/顯性轉換 dominance change
显隐子/顯隱子 phanerozoite
显域分布/帶狀分布 zonal distribution
显著水平/顯著水準 level of significance
显著性映射/顯著性映射 saliency map
藓类沼泽/苔藓灌叢沼 moss-moor
藓类[植物]/苔類,苔藓 moss
现存库/現存庫 standing pool
现存量/現存量 standing crop, standing yield, standing stock
现存生物量/現存生物量 standing biomass
现存种群/現存族群 standing population
现患率/流行率,盛行率 prevalence rate
现生种/現生種 recent species
现实生态位/實際生態[區]位,實際生態席位,現實生態席位 realized niche
现实植被图/現實植被圖,現存植被圖 real vegetation map
σ-现象/σ-現象 σ-phenomenon
限雌遗传/限雌遺傳 hologynic inheritance

限速步骤/速率决定步驟,速率限制步驟 rate-limiting step
限外区/限外區 exclosure
限性遗传/限性遺傳 sex-limited inheritance
限雄基因/限雄基因,全雄基因,Y 染色體基因 holandric gene
限雄染色体/限雄染色體 androsome
限雄遗传/限雄遺傳,Y 染色體連鎖遺傳 holandric inheritance, Y-linked inheritance
限制蛋白/限制蛋白 restrictin
限制点/限制點 restriction point
限制浓度/限制濃度 limiting concentration
限制[性]/限制[性] restriction
DNA 限制性/DNA 限制性 DNA restriction
H-2 限制性/H-2 限制性 H-2 restriction
MHC 限制性/主要組織相容性複合體限制 major histocompatibility complex restriction, MHC restriction
限制性标记基因组扫描/限制性地標基因體掃描 restriction landmark genomic scanning, RLGS
限制性等位基因/限制性等位基因 restriction allele
限制性核酸酶/限制性核酸酶 restriction nuclease
RNA 限制性酶/RNA 限制性酶 RNA restriction enzyme
限制性[酶切]片段/限制性[酶切]片段,限制酶切割片段 restriction fragment
限制性[酶切]片段长度多态性/限制性片段長度多型性,限制性片段長度多態性 restriction fragment length polymorphism, RFLP
限制[性酶切]图/限制[酶切位]圖 restriction map
限制[性酶切]位点/限制[性]位點,限制酶切位 restriction site
限制[性酶切]位点保护试验/限制性位點保護試驗 restriction site protection experiment
限制[性酶切]位点预测/限制酶切位點預測 prediction of restriction site
限制性酶切作图/限制[性内切核酸]酶作圖 restriction mapping
限制性内切核酸酶/限制性内切核酸酶,限制性核酸内切酶 restriction endonuclease
限制性内切核酸酶图谱/限制性内切核酸酶圖譜 restriction endonuclease map
限制性内切核酸酶作图/限制性内切核酸酶作圖 restriction endonuclease mapping
限制性[内切酶]酶切分析/限制性[内切酶酶切]分析 restriction analysis
限制性取用/限制性取用現象 restricted usage
限制性宿主/限制性宿主 restrictive host
限制性通气不足/限制性通氣不足 restrictive hypoventilation
限制性突变/限制性突變 restrictive mutation
限制性温度/限制性溫度 restrictive temperature
限制修饰系统/限制修飾系統 restriction modification system
限制因子/限制因子 limiting factor
限制因子律/限制因子律 law of limiting factor
M 线/M 線,M 帶 M line, M band
Z 线/Z 線 Z line
线虫病/線蟲病 nematodiasis
线虫[动物]/線蟲動物 nematode, roundworm
线虫学/線蟲學 nematology
线二色光谱术/線二色光譜術 linear dichroism spectroscopy, LD spectroscopy
线二色性/線性二色性 linear dichroism, LD
线宽/線寬 linewidth
线粒体/線粒體,粒線體 mitochondrion, chondriosome
线粒体 DNA/粒線體 DNA mitochondrial DNA, mtDNA
线粒体穿膜电位/粒線體跨膜電位 mitochondrial transmembrane potential
线粒体单倍型/粒線體單倍型 mitotype
线粒体发生/粒線體發生 mitochondriogenesis
线粒体分裂/線粒體分裂,粒線體分裂 mitochondriokinesis, chondriokinesis
线粒体核糖体/粒線體核糖體 mitoribosome
线粒体基因/粒線體基因 chondriogene, mitochondrial gene
线粒体基因组/粒線體基因體,粒線體基因組 mitochondrial genome
线粒体基质/粒線體基質 mitochondrial matrix
线粒体嵴/粒線體嵴 mitochondrial crista
线粒体嵴膜接口模型/粒線體嵴接合模型 mitochondrial cristae-junction model
线粒体 RNA 加工酶/粒線體 RNA 加工酶 mitochondrial RNA processing enzyme
线粒体跨膜电位/粒線體跨膜電位 mitochondrial transmembrane potential
线粒体 ATP 酶/粒線體 ATP 酶 mitochondrial ATPase
线粒体膜/粒線體膜 mitochondrial membrane
线粒体膜通透性/粒線體膜通透性 mitochondrial membrane permeability, MMP
线粒体[膜]通透性转换孔/粒線體[膜]通透性轉換孔 mitochondrial permeability transition pore, MPTP, mPTP

线粒体膜通透作用/粒線體膜通透作用 mitochondrial membrane permeabilization, MMP
线粒体内膜/粒線體内膜 mitochondrial inner membrane
线粒体内膜转位酶/粒線體内膜轉位酶 translocase of inner mitochondrial membrane, TIM
线粒体内膜转位酶复合体/TIM 複合體 TIM complex
线粒体鞘/粒線體鞘 mitochondrial sheath
线粒体区/粒線體區 plastomere
线粒体热激蛋白/粒線體熱休克蛋白 mitochondrial heat shock protein, mtHsp, mtHSP
线粒体热激蛋白 60/粒線體熱休克蛋白 60 mitochondrial heat shock protein 60, mtHsp60
线粒体热激蛋白 70/粒線體熱休克蛋白 70 mitochondrial heat shock protein 70, mtHsp70
线粒体融合/粒線體融合 mitochondrial fusion
线粒体融合蛋白/粒線體融合蛋白 mitofusin, mfn
线粒体融合蛋白 1/粒線體融合蛋白-1 mitofusin 1, MFN1
线粒体融合蛋白 2/粒線體融合蛋白-2 mitofusin 2, MFN2
线粒体衰老学说/粒線體衰老學説 mitochondrial theory of aging
线粒体损伤/粒線體損傷 mitochondrial damage
线粒体通透性转变/粒線體通透性轉换 mitochondrial permeability transition, MPT
线粒体通透性转换/粒線體通透性轉换 mitochondrial permeability transition, MPT
线粒体外膜/粒線體外膜 mitochondrial outer membrane
线粒体外膜转位酶/粒線體外膜轉位酶 translocase of outer mitochondrial membrane, TOM
线粒体消亡/粒線體消亡 mitoptosis
线粒体遗传/粒線體遺傳 mitochondrial inheritance
线粒体转化/粒線體轉化 mitochondrial transformation
线粒体自噬/粒線體自噬 mitophagy
线束骨针/線束骨針 dragmas
线丝六星骨针/線絲六星骨針 graphiohexaster
线形孢子/線形孢子 scolecospore
线形动物/線形動物 nematomorph, horsehair worm
线性基因组/線性基因組,線狀基因體 linear genome
线性连锁图/線性連鎖圖 align map
线性模型/線性模型 linear model
线性排列/線性排列 linear arrangement
线性四分子/線性四分子,單列四分子 linear tetrad
线性四分子分析/線性四分子分析 linear tetrad analysis
线性系统/線性系統 linear system
线性因子/線性因子 linear factor
线状 DNA/線狀 DNA linear DNA
线状伪足/絲[狀僞]足 filopodium
线状子囊盘/條狀子囊盤 lirella
陷阱诱捕器/掉落式陷阱 pit-fall trap
陷器/凹陷器 pit organ
陷丝/陷絲 trapline
陷窝/陷窩,胞膜窖 caveola
陷窝蛋白/陷窩蛋白,窖蛋白,小窩蛋白 caveolin
腺伴随病毒/腺相關病毒 adeno-associated virus, AAV
腺病毒/腺病毒 adenovirus
腺病毒载体/腺病毒載體 adenovirus vector, AV
腺垂体/腺垂體 adenohypophysis
腺垂体激素/腺垂體激素 adenohypophysis hormone
腺二磷/腺二磷,二磷酸腺苷,腺苷二磷酸 adenosine diphosphate, ADP
腺苷/腺[嘌呤核]苷 adenosine, A
腺苷二磷酸/腺苷二磷酸,二磷酸腺苷,腺二磷 adenosine diphosphate, ADP
S-腺苷基高半胱氨酸/*S*-腺苷基高半胱氨酸,*S*-腺苷同型半胱氨酸 *S*-adenosylhomocysteine
S-腺苷基甲硫氨酸/*S*-腺苷基甲硫氨酸,*S*-腺苷基甲硫胺酸 *S*-adenosylmethionine, SAM
S-腺苷甲硫氨酸脱羧酶/*S*-腺苷甲硫氨酸脱羧酶 *S*-adenosylmethionine decarboxylase
S-腺苷甲硫氨酸自由基酶/*S*-腺苷甲硫氨酸自由基酶,自由基 SAM 酶 radical *S*-adenosyl methionine enzyme, radical SAM enzyme
腺苷三磷酸/腺苷三磷酸,三磷酸腺苷,腺三磷 adenosine triphosphate, ATP
腺苷三磷酸-磷酸肌酸系统/腺苷三磷酸-磷酸肌酸系統 adenosine triphosphate-creatine phosphate system, ATP-CP system
腺苷三磷酸酶/腺苷三磷酸酶,三磷酸腺苷酶,ATP 酶 adenosine triphosphatase, ATPase
腺苷三磷酸生物发光/腺苷三磷酸生物發光 adenosine triphosphate bioluminescence, ATP bioluminescence
腺苷酸/腺苷酸 adenylic acid
腺苷酸环化酶/腺苷酸環化酶 adenylate cyclase, adenylyl cyclase, cAMPase
腺苷酸基琥珀酸/腺苷酸基琥珀酸 adenylosuccinate
腺苷酸激酶/腺苷酸激酶 adenylate kinase, AK, myokinase

腺苷调节肽/腺苷調節肽 adenoregulin
S-腺苷同型半胱氨酸/S-腺苷同型半胱氨酸,S-腺苷基高半胱氨酸 S-adenosylhomocysteine
腺苷脱氨酶缺乏症/腺苷脱胺酶缺陷 adenosine deaminase deficiency, ADA deficiency
腺苷酰化/腺苷酰化,腺苷醯化 adenylylation
腺苷酰氧化萤光素/腺苷醯氧化螢光素 adenyloxyluciferin
腺苷酰萤光素/腺苷醯螢光素 adenylluciferin
腺苷一磷酸/腺苷單磷酸,單磷酸腺苷,腺一磷 adenosine monophosphate, AMP
腺介幼体/腺介幼體 cypris larva
腺鳞/腺鱗 glandular scale
腺瘤性结肠息肉/腺瘤性結腸瘜肉 adenomatous polyposis coli, APC
腺瘤性结肠息肉基因/腺瘤性大腸瘜肉基因 adenomatous polyposis coli gene, APC gene
腺毛/腺毛 glandular hair
腺泡/腺泡 acinus
腺嘌呤/腺嘌呤 adenine
腺嘌呤核苷酸转运体/腺嘌呤核苷酸轉位蛋白 adenine nucleotide translocator, ANT
腺[嘌呤核]苷脱氨酶/腺[嘌呤核]苷脱胺酶,腺[核]苷去胺酶 adenosine deaminase, ADA
腺嘌呤磷酸核糖基转移酶/腺嘌呤磷酸核糖基轉移酶 adenine phosphoribosyltransferase, APRT
腺三磷/腺三磷,腺苷三磷酸,三磷酸腺苷 adenosine triphosphate, ATP
腺三磷双磷酸酶/腺苷三磷酸雙磷酸酶 apyrase
腺上皮/腺體上皮 glandular epithelium
腺[体]/腺體 gland
腺体瓣/腺體瓣 glandular lamella
腺体柄/[蜜]腺柄 adenophore
腺胃/腺胃 glandular stomach
腺细胞/腺細胞 glandular cell
腺相关病毒/腺相關病毒 adeno-associated virus, AAV
腺相关病毒载体/腺相關病毒載體 adeno-associated virus vector, AAV vector
腺养胎生/腺養胎生 adenotrophic viviparity
腺一磷/腺一磷,腺苷單磷酸,單磷酸腺苷 adenosine monophosphate, AMP
腺质绒毡层/腺質絨氈層 glandular tapetum
腺鬃/腺剛毛 glandular bristle
乡土种/本地種,本土種,原生種 indigenous species, native species
相缠连接/相纏連接 plectonemic joint
相缠螺旋/相纏螺旋 plectonemic coil
相对不应期/相對不應期 relative refractory period
相对毒性比/相對毒性比 relative toxicity ratio
相对多度/相對豐度 relative abundance
相对分子质量预测/相對分子質量預測 relative molecular mass prediction
相对风险率/相對風險率 relative risk, RR
相对干旱指数/相對乾旱指數 relative drought index
相对光照强度/相對光照強度 relative light intensity
相对离心力/相對離心力 relative centrifugal force, RCF
相对密度/相對密度 relative density
相对黏度/相對黏度 relative viscosity
相对频率/相對頻率 relative frequency
相对迁移率/相對遷移率 relative mobility
相对生物效能/相對生物效能 relative biological effectiveness, RBE
相对生长/相對生長 relative growth
相对生长法/相對生長測定法 relative growth method
相对生长[速]率/相對生長率 relative growth rate, RGR
相对生长系数/相對生長係數 relative growth coefficient
相对湿度/相對濕度 relative humidity
相对性别/相對性别 relative sexuality
相对性状/相對性狀 relative character, contrast character
相对需光量/相對需光量 relative light requirement
相对优势度/相對優勢度 relative dominance
相对育种值/相對育種值 relative breeding value, RBV
相对最大摄氧量/相對最大攝氧量 relative maximal oxygen uptake
相干反斯托克斯拉曼散射/相干反斯托克斯拉曼散射 coherent anti-Stokes Raman scattering, CARS
相干共振/相干共振 coherence resonance
相干性/相干性 coherence
相关/相關 correlation
相关编码/相關編碼 correlation coding
相关变异/相關變異 covariation
TAP 相关蛋白/TAP 相關蛋白 TAP-associated protein, tapasin
相关分析/相關分析 correlation analysis
Ia 相关恒定链/Ia 相關不變異鏈 Ia-associated invariant chain, Ii chain
相关基因/相關基因 related gene
相关螺旋/相關螺旋 relational coiling
Fas 相关死亡结构域蛋白/Fas 相關蛋白區域蛋白,帶有死亡結構域的 Fas 相關蛋白　Fas-associated protein with death domain, FADD
相关图分析/自相關圖分析　correlogram analysis
相关系数/相關係數　coefficient of correlation, correlation coefficient
相关性状/相關性狀　correlated character
相关性状群/相關性狀群　correlation pleiade
相关选择反应/相關選擇反應　correlated selection response
TBP 相关因子/TBP 相關因子,TATA 結合蛋白相關因子　TATA-binding protein-associated factor, TBP-associated factor, TAF
相害性竞争/相害性競爭　disoperative competition
相互回交/相互回交　reciprocal backcross
相互交叉/相互交叉　reciprocal chiasmata
相互交换/相互交換　reciprocal interchange
相互侵害/相互侵害,相害作用　disoperation
[相]互适应/相互適應,共適應　coadaptation
相互易位/相互易位,相互轉位　reciprocal translocation
相互诱导/相互誘導　mutual induction
相互杂交/相互雜交　mutual cross
相互作用/相輔作用,聯合作用　coaction
相互作用物组/相互作物物組,相互作用物體　interactome
相互作用物组学/相互作用物體學　interactomics
相互作用者/相輔者　coactor
相环/相環　phase ring
相加方差/相加性變方,累加性變方　additive variance
相间分离/相間分離,交替分離　alternate disjunction, alternate segregation
相克生物/相剋生物　antibiont
相邻分离/鄰接分離　adjacent segregation
相邻种群大小/相鄰族群大小　neighborhood size
相模霉素/相模[灣]黴素　sagamicin
相容性/相容性　compatibility
相容性溶质/相容性溶質　compatible solute
相思豆毒蛋白/相思子毒蛋白,相思子素　abrin
相似系数/相似係數　similarity coefficient, coefficient of similarity
相似系数法/相似係數法　similarity coefficient method
相似性/相似性　similarity
相似性放大原理/相似性放大原理　similarity scale-up principle
相似性指数/相似性指數,相似度指數　similarity index, index of similarity
相吻复合体/相吻複合體　kissing complex
相异系数/差異係數　coefficient of difference
香柏油/香柏油　cedar oil
香草扁桃酸/香草扁桃酸　vanillyl mandelic acid, VMA
香草酸/香草酸　vanillic acid
香豆素/香豆素,零陵香素,薰草素　coumarin
香菇多糖/香菇多糖　lentinan, LTN
香菇菌素/香菇菌素　cortinellin
香鳞/香鱗　androconia
香农函数/夏儂[氏]函數　Shannon function
香农-威纳指数/夏儂-威納指數　Shannon-Weiner index
香石竹毒蛋白/香石竹毒蛋白　dianthin
镶嵌蛋白质/鑲嵌蛋白質　mosaic protein
镶嵌度/鑲嵌度　mosaicity
镶嵌分布/鑲嵌分布　mosaic distribution
镶嵌复合体/鑲嵌複合體　mosaic complex
镶嵌合体/鑲嵌合體　hyperchimaera
镶嵌基因组/嵌合基因組,嵌合基因體　mosaic genome
镶嵌结构/鑲嵌結構　mosaic structure
镶嵌胚乳/嵌合型胚乳　mosaic endosperm
镶嵌式发育/鑲嵌式發育　mosaic development
镶嵌式防治/鑲嵌式防治　mosaic control
镶嵌显性/鑲嵌顯性　mosaic dominance
镶嵌现象/鑲嵌現象　mosaicism
镶嵌[型]卵/鑲嵌型卵,嵌合型卵　mosaic egg
镶嵌型卵裂/鑲嵌型卵裂　mosaic cleavage
镶嵌性/鑲嵌性　mosaicism, mosaic
镶嵌植被/鑲嵌植被　mosaic vegetation
响度/響度　loudness
响尾蛇毒素/響尾蛇毒素　crotoxin
向岸流/向岸流　onshore current
向触性/向觸性　thigmotropism, stereotropism
向磁性/向磁性運動　magnetotropism
向低温性/向冷性,趨冷性　cryotropism
向地性/向地性　geotropism
向电性/向電性　electrotropism
向顶发育/向頂發育　acropetal development
向光反应/向光反應　phototropic response
向光素/向光素　phototropin
向光性/向光性,趨光性　phototropism
向合子性/趨接合性,配子相吸引　zygotropism
向化性/向化性　chemotropism
向碱性/向鹼性,趨鹼性　alkaliotropism
向冷性/向冷性,趨冷性　cryotropism
向气性/向氣性,趨氣性　aerotropism

向日性/向日性　heliotropism
向渗性/向稠性　osmotropism
向湿性/向濕性　hygrotropism
向实性/向觸性　thigmotropism, stereotropism
向水性/向水性,趨水性　hydrotropism
向心辐骨针/向心輻骨針　esactine
向心力/向心力　centripetal force
向心收缩/向心收縮　concentric contraction
向心运动/向心運動　concentric exercise
向性/向性　tropism
向性生长运动/向性生長運動　tropic growth movement
向压性/向壓性　barotropism
向氧性/向氧性,趨氧性　oxytropism
向雨性/向雨性　ombrotropism, ombratropism
向重[力]性/向地性　gravitropism
向重力性定点角/向重力性定點角　gravitropic set-point angle, GSA
向轴迁移/向軸遷移　axial migration
项器/項器　organum nuchale
相比[率]/[位]相比　phase ratio
相变/相變　phase transition
相变温度/相變溫度　phase transition temperature
相[差]板/相[差]板　phase diffraction plate
相差显微镜/位相差顯微鏡,相[位]差顯微鏡　phase contrast microscope
相空间/相空間　phase space
相图/相圖　phase diagram
相位板/相位板　phase plate
相位板成像/相位板成像　phase plate imaging
相位编码/相位編碼　phase coding
相位残差/相位殘差　phase residual
相位衬度/相位襯度,相位對比　phase contrast
相位衬度成像/相位襯度成像　phase contrast imaging
相位翻转/相位翻轉　phase flip
相位反应曲线/相反應曲線　phase response curve
相位合并/相位合併　phase combination
相位扩展/相位擴展　phase extension
相位力/相位力　phasing power
相位问题/相位問題　phasing problem
相位响应曲线/相反應曲線　phase response curve
相位延迟/相位遲延　phase delay
相位荧光测定法/相位螢光測定法　phase fluorometry
象限盲/象限盲　quadrantanopia
象牙/象牙　ivory
像差/像差　aberration
像差校正电镜/像差校正電鏡　aberration-corrected electron microscope
像模/像模　icotype
像散/像散　astigmation
像散校正/像散校正　astigmatism correction
像素/像素　pixel
像素合并/重合方格化　binning
β-消除/β-消除　β-elimination
消除显性突变/消除顯性突變　eliminate dominant mutation
消除性免疫/消除性免疫　sterilizing immunity
消毒/消毒　disinfection
消毒剂/消毒劑　antiseptic, disinfectant
消费/消費　consumption
消费链/消費鏈　consumer chain
消费效率/消費效率　consumption efficiency, CE
消费者/消費者,消耗者　consumer
消费者-资源相互作用/消費者-資源相互作用　consumer-resource interaction
消光系数/消光係數,吸光係數　extinction coefficient
消耗量/消耗量　consumption
消耗试验/消耗性試驗　consumption test
消耗战/消耗戰　war of attrition
消化/消化[作用]　digestion
消化池/消化池　digester
消化管/消化管　digestive tube
消化间期复合肌电/消化間期複合肌電　interdigestive myoelectric complex, IMC
消化间期综合肌电/消化間期複合肌電　interdigestive myoelectric complex, IMC
消化酶/消化酶　digestive enzyme
消化生理学/消化生理學　digestive physiology
消化系统/消化系統　digestive system, alimentary system
消化腺/消化腺　digestive gland
消化效率/消化效率　digestive efficiency
消化循环腔/消化循環腔　gastrovascular cavity
消化液/消化液　digestive juice
消黄细胞/食卵黄細胞,卵黃噬細胞　vitellophage
消极优生学/消極優生學　negative eugenics
消减基因文库/相減式基因庫　subtractive gene library
消减克隆/相減式選殖　subtractive cloning
消减 cDNA 克隆/相減式 cDNA 選殖,扣除 cDNA 克隆　subtractive cDNA cloning
消减探针/刪減探針　subtracted probe
消减 cDNA 文库/相減式 cDNA 庫,刪減 cDNA 庫　subtracted cDNA library, subtractive cDNA library

消减杂交/相减式雜交,扣除雜交,刪減雜交作用 subtractive hybridization
cDNA 消减杂交/cDNA 相减式雜交 cDNA subtracting hybridization
消泡剂/消泡劑 antifoam agent
消去蛋白/消去蛋白,破解蛋白 destrin
消色差透镜/消色差透鏡 achromatic lens
消色点/消色點 achromatic point
消旋酶/消旋酶 racemase
硝化细菌/硝化細菌 nitrobacteria
硝化[作用]/硝化[作用] nitrification, nitration
3-硝基丙酸/3-硝基丙酸 3-nitropropionic acid
硝基还原酶/硝基還原酶 nitro-reductase
硝基喹啉-*N*-氧化物还原酶/硝基喹啉-*N*-氧化物還原酶 nitroquinoline-*N*-oxide reductase
3-硝基酪氨酸/3-硝基酪氨酸 3-nitrotyrosine
硝普钠/硝普鈉 sodium nitroprusside, SNP
硝酸纤维素/硝酸纖維素,硝化纖維素,火藥棉 cellulose nitrate, nitrocellulose
硝酸纤维素膜/硝化纖維素膜 nitrocellulose membrane
硝酸[盐]呼吸/硝酸[鹽]呼吸作用 nitrate respiration
硝酸盐还原酶/硝酸[鹽]還原酶 nitrate reductase
硝酸盐还原试验/硝酸[鹽]還原試驗 nitrate reduction test
硝酸盐还原细菌/硝酸[鹽]還原細菌 nitrate-reducing bacteria
硝酸盐还原作用/硝酸[鹽]還原作用 nitrate reduction
硝酸[盐]细菌/硝酸細菌 nitrate bacteria, nitrate forming bacteria
小白蛋白/小白蛋白,小清蛋白 parvalbumin
小板形骨针/小板形骨針 platelet
小棒骨针/小棒骨針 microstrongyle
小包/小包 peridiolum, peridiole
小苞片/小苞片 bracteole, bractlet
小孢子/小孢子 microspore, sporidium
小孢子发生/小孢子發生,小孢子形成 microsporogenesis
小孢子果/小孢子囊果 microsporocarp
小孢子母细胞/小孢子母細胞 microsporocyte, microspore mother cell
小孢子囊/小孢子囊 microsporangium
小孢子叶/小孢子葉 microsporophyll
小孢子叶球/小孢子葉球,雄球花 staminate strobilus
小背片/小背片 dorsalia, dorsal platelet
小冰期/小冰河期 little ice age
小柄/小柄 peduncle
小 RNA 病毒/[微]小 RNA 病毒 picornavirus
小波分析/小波分析 wavelet analysis
小肠/小腸 small intestine
小潮/小潮 neap tide, neap
小尺寸效应/小尺寸效應 small size effect
小齿/小齒 denticle
小齿次旋刚毛/小齒次旋剛毛 serrulate subspiral seta
小翅脉/小翅脈 veinlet
小触角/小觸角 antennule
小刺/小刺 spinule, aculeolus
小 G 蛋白/小 G 蛋白 small G-protein
小动脉/小動脈 arteriole
小盾侧鬃/小盾側剛毛 lateral scutellar bristle
小盾沟/小盾溝 scutellar sulcus
小盾基鬃/小盾基剛毛 basal scutellar bristle
小盾片/小盾片 scutellum
小盾心鬃/小盾背剛毛 discal scutellar bristle, dorsoscutellar bristle
小盾亚端鬃/小盾亞端剛毛 subapical scutellar bristle
小盾缘鬃/小盾緣剛毛 marginal scutellar bristle
小多角骨/小多角骨 trapezoid, trapezoid bone
小颚钩/小顎鉤 maxillary hook
小颚腺/小顎腺 maxillary gland
小二尖骨针/小二尖骨針 microxea
小分类学/小分類學,微分類學 microtaxonomy
小[分]裂球/小分裂球,小裂球體 micromere
小分生孢子/小分生孢子 conidiole
小分子修饰/小分子修飾 small molecule modification
小佛焰苞/小佛焰苞 spathilla
小腹片/小腹片 sternellum
小杆骨针/小桿骨針 microrabdus, microrabd
小刚毛/小剛毛 setula
小高位芽植物/小型地上植物 microphanerophyte
小根/小根 radicella, rootlet
小梗/小梗 sterigma
小共生体/小共生體 microsymbiont
小沟/小溝 minor groove
小钩/小鉤 hooklet
小骨针/小骨針 microsclere
小冠/小冠 coronule
小管/小管 ductulus, canaliculus, solenium
T 小管/横[小]管 transverse tubule, T-tubule
小管肾/微管腎 micronephridium

小管液/小管液 tubular fluid
小灌木/小灌木,矮生灌木 dwarf shrub, fruticulus
小规模制备/小規模製備 minipreparation, miniprep
小果/小果 fruitlet
小核/小核,微核 micronucleus
小核果/小核果 drupel, drupelet
小核菌聚糖/小核菌聚糖 scleroglycan
小核酶/小核酶 minizyme
小花/小花 floweret, floret
小花轴/小花軸 rachilla, rhachilla
小环境/微環境 microenvironment
小基因/小基因 minigene
小棘/小棘 miliary spine
小颊/小頰 buccula
小坚果/小堅果 nutlet, pyrene
小浆细胞/小漿細胞 microplasmatocyte
小胶质细胞/小神經膠質細胞,微膠質細胞 microglia
小角膜/小角膜 microcornea
小角软骨/小角狀軟骨 corniculate cartilage
小接合体/小接合體 microconjugant
小结/小結 nodulus
小结间区/小結間區 internodule zone
小茎/小莖 stemlet
小荆骨针/小荆骨針 microcalthrops
小锯齿刚毛/小鋸齒剛毛 serrulate seta
小聚伞花序/小聚傘花序 cymule, cymelet
小菌落/小菌落,小聚落 microcolony
小块茎/小塊莖 tubercle
小裂片/小裂片 lobule
小鳞茎/小鱗莖 bulbule
小鳞片/小鱗片 squamule
小卵对策/小卵對策 small egg strategy
小麦胚芽/小麥胚芽,麥胚 wheat germ
小麦条纹花叶病/小麥條嵌紋病 wheat streak mosaic
小脉/小脈 veinlet
小模块免疫药物/小模組免疫藥物 small modular immunopharmaceutical, SMIP
小膜/小膜 membranelle
小膜口缘区/小膜口緣區 adoral zone of membranelle, AZM
小膜区/小膜區 membranoid
小囊/小囊 saccule
小囊状体/小囊狀體 cystidiole
小脑/小腦 cerebellum
小脑半球/小腦半球 cerebellar hemisphere
小脑共济失调/小腦共濟失調,小腦性運動失調 cerebellar ataxia
小脑核团/小腦核團 cerebellar nuclei
小脑脚/小腦腳 cerebellar peduncle
小脑静脉/小腦靜脈 cerebellar vein
小脑皮质/小腦皮質,小腦皮層 cerebellar cortex
小脑上脚/上小腦腳 superior cerebellar peduncle
小脑肽/小腦肽 cerebellin
小脑下脚/下小腦腳 inferior cerebellar peduncle
小脑震颤/小腦震顫 cerebellar tremor
小脑中脚/中小腦腳 middle cerebellar peduncle
小诺米星/相模[灣]黴素 sagamicin
小泡/小泡,囊泡 vesicle
小泡运输/小泡運輸,囊泡運輸 vesicular transport
小配子/小配子 microgamete
小配子发生/小配子發生,小配子形成 microgametogenesis
小配子母体/小配子母體 microgamont
小配子母细胞/小配子母細胞 microgametocyte
小配子囊/小配子囊 microgametangium
小配子体/小配子體 microgametophyte
小配子形成/小配子形成 exflagellation
小鳍/小鰭 finlet
小气候/小氣候,微氣候 microclimate
小前B细胞/小前B細胞 small pre-B cell
小清蛋白/小清蛋白,小白蛋白 parvalbumin
小丘/小丘 monticule
小球骨针/小球骨針 globule, spherule
小球茎/小球莖 daughter corm, cormel, cormlet
小球细胞/小球細胞 spherulous cell
小曲/小麯 xiaoqu
小群落/小群落 microcommunity, microcenose
小染色体/小染色體 microchromosome
小伞形花序/小傘形花序 umbellule
小生境/小生境,微棲所,微棲地 microhabitat
小室/小室 loculus
小鼠红细胞受体/鼠紅血球受體 mouse erythrocyte receptor
[小鼠]组织相容性复合体/H-2複合體 histocompatibility-2 complex, H-2 complex
小穗/小穗 spikelet
小穗花/小穗花 achnanthium
小穗轴/小穗軸 rachilla, rhachilla
F小体/F小體,螢光小體 fluorescence body, F body
X小体/X小體 X body
Y小体/Y小體 Y body
小头[畸形]/小頭 microcephaly
小突触[小]泡蛋白/小突觸[小]泡蛋白

synaptobrevin
小腿/小腿,脛　shank
小托叶/小托葉　stipulule, stipel
小外显子/小外顯子　mini-exon
小网膜/小網膜　lesser omentum
小微眼/小微眼　microaesthete
小卫星 DNA/小衛星 DNA　minisatellite DNA
小卫星区/小衛星區　minisatellite region
小窝蛋白/小窩蛋白,窖蛋白,陷窩蛋白　caveolin
小细胞/小細胞,迷你細胞　minicell
小细胞层/小細胞層　parvocellular layer
小细胞通路/小細胞通路　parvocellular pathway
小型孢子囊/小型孢子囊　sporangiole, sporangiolum
小型底栖生物/小型底棲生物,底内底棲生物　meiobenthos
小型分生孢子/小型分生孢子　microconidium
小型浮游生物/小型浮游生物,微型浮游生物,微小浮游生物　microplankton
小型配子结合/小型配子接合　microgamy
小型消费者/小型消費者,小型消耗者　microconsumer
小型叶/小型葉　microphyll
小型 Ti 质粒/小型 Ti 質體　mini-Ti plasmid
小眼/小眼　ommatidium, microphthalmia
小眼间角/小眼間角　interommatidial angle
小眼面/小眼面　facet
小演替系列/微演替系列,微消長系列　microsere
小样本理论/小樣本理論　small sample theory
小叶/小葉　leaflet, lobule
小叶板/小葉板　lobula plate
小叶柄/小葉柄　petiolule
小叶病/小葉病　little leaf disease
小叶间动脉/小葉間動脈　interlobular artery
小叶间隔/小葉中隔　interlobular septum
小叶间静脉/小葉間静脈　interlobular vein
小叶体/小葉狀體　frondlet
小叶型/小葉型　microphyll type
小翼羽/小翼羽　alula, bastard wing
小阴唇/小陰唇　labium minus pudendi, lesser lip of pudendum
小疣/小疣　miliary tubercle
小疣突/小疣突　pustule
小游动孢子/小游孢子　microzoospore
小宇宙/微宇宙,微型生態池,實驗生態系統　microcosm
小羽片/小羽片　pinnule
小月面/小月面　lunule
小载体/小載體　vectorette
小载体文库/小載體庫　vectorette library
小枝/小枝　branchlet
小枝骨针/小枝骨針　cleme
小终板电位/微終板電位,小終板電勢　miniature endplate potential, mEPP
小种/小種　microspecies, race
小柱体/小柱體　paxillae
小爪/小端爪　unguiculus
小总苞/小總苞　involucel
小总状花序/小總狀花序　racemule
笑气/笑氣　laughing gas
效价/效價　titer
效率因子/效率因子　efficient factor
C 效应/C 效應,秋水仙素效應　colchicine effect, C-effect
效应淋巴细胞/效應淋巴細胞,效應淋巴球　effector lymphocyte
效应器/效應器　effector
效应物/效應物　effector
效应细胞/效應細胞,功能性細胞　effector cell
效应 T 细胞/效應 T 細胞　effector T cell
楔骨/楔狀骨　cuneiform bone
楔片/楔片　cuneus
楔片缝/楔片縫　cuneal suture, costal fracture
楔形骨针/楔形骨針　tornote
楔状软骨/楔狀軟骨　cuneiform cartilage
协方差/協方差,共變數　covariance
协方差分析/共變數分析,變積分析　analysis of covariance
协调/協調　coordination
协调的异种移植/協調性異種移植　concordant xenotransplantation
协调趋性/協調趨性　coordinated taxis
协调性/協調性　concordance
协同部位/協同部位　cooperative site
协同刺激/共刺激　costimulation
协同刺激信号/共刺激訊號　costimulatory signal
协同催化/協同催化　concerted catalysis
协同反馈抑制/協同回饋抑制　cooperative feedback inhibition, concerted feedback inhibition
协同反应/協同反應　concerted reaction
协同肌/協同肌　synergist muscle
协同结合/協同結合　cooperative binding
协同进化/協同進化,共同演化　coevolution, coincidental evolution
协同控制基因/協同控制基因　coordinately controlled gene
协同扩增子/協同擴增子,協同複製子　concentric

amplicon
协同凝集试验/協同凝集試驗 coagglutination test
协同培养/共培養,混合細胞培養 co-cultivation, co-culture
协同生长/協同生長,同調生長 symplastic growth
协同受体/協同受體,輔[助]受體,輔助受器 co-receptor
协同调节/協同調節 coordinate regulation
协同相互作用/協同交互作用 cooperative interaction
协同效应/協同效應 synergy, synergistic effect
协同性/協同性 cooperativity
协同学/協同學 synergetics
协同运输/協同運輸,共[同]運輸 cotransport
协同转运/協同運輸,共[同]運輸 cotransport
协同转运蛋白/協同運輸蛋白 cotransporter
协同转座/協同轉位 cooperative transposition
协同作用/協同作用,增效作用 synergism, synergistic effect
协诱导物/共誘導物 coinducer
协助扩散/促進擴散,易化擴散 facilitated diffusion
协阻遏物/輔阻遏物,共阻遏物,協同抑制因子 corepressor
协作/協作,協同 cooperation
协作抑制/併發抑制 concurrent inhibition
胁迫/逆境,緊迫 stress
斜方骨/斜方骨,大多角骨 trapezium bone
斜方肌/斜方肌 trapezius muscle
斜肌/斜肌 oblique muscle
斜角肌/斜角肌 scalenus muscle
斜列线/斜列線 parastichy
斜脉/斜脈 oblique vein
斜面保藏/斜面保藏 preservation on slope
斜面培养/斜面培養 slant cultivation
斜面培养基/斜面培養基 slope medium
斜面培养物/斜面培養物,斜面培養菌 slant culture
斜纹肌/斜紋肌 obliquely striated muscle, spirally striated muscle
斜向地性/傾斜向地性 plagiogeotropism
斜向光性/傾斜向光性 plagiophototropism
谐波分析/諧波分析,調和分析 harmonic analysis
携播/攜播,附攜 phoresy
携播螨类/攜播蟎類 phoretic mites
携带者/帶菌者 carrier
携粉足/攜粉足 corbiculate leg
携配/攜配 phoretic copulation
缬氨霉素/纈胺黴素,伐林黴素 valinomycin
缬氨酸/纈氨酸,纈胺酸 valine, Val
缬酪肽/纈酪肽 valosin
ATP 泄露/ATP 泄露 leakage of ATP
泄殖孔/泄殖孔 cloacal pore
泄殖腔/泄殖腔 cloaca
泄殖腔交配/泄殖腔交配 cloacal kiss
泄殖腔膀胱/泄殖腔膀胱 cloacal bladder
泄殖腔腺/泄殖腔腺 cloacal gland
屑食类/屑食類,食碎屑動物,食碎屑者 detritivore, detritus feeder
谢尔福德耐受性定律/謝爾福德氏耐受性定律 Shelford law of tolerance
谢弗尔侧支/謝弗爾側支 Schaffer collateral
谢瓦格提炼法/謝瓦格抽提法 Sevag method
蟹类学/蟹類學,甲殼動物學 carcinology
心包膜/心包膜 pericardium
心材/心材 heartwood
心侧体/心側體 corpus cardiacum
心冲击描记器/心衝擊描記器 ballistocardiograph
心磁[图]描记术/心磁描記術 magnetocardiography, MCG
心导管插入术/心導管檢查術 cardiac catheterization
心电图/心電圖 electrocardiogram, ECG
心电图运动负荷试验/心電圖運動負荷試驗 electrocardiogram exercise load experiment, ECG exercise load experiment
心动过缓/心動徐緩,心跳遲緩,心搏過緩 bradycardia
心动过速/心動過速,心跳過速,心搏過速 tachycardia
心动加速神经/心動加速神經 cardioacceleratory nerve
心动周期/心[搏]週期 cardiac cycle
心二分支/心二分支 cardiac bifida
心房/心房 atrium, cardiac atrium
心房利尿钠肽/心房利尿鈉肽,心房排鈉肽 atrial natriuretic peptide, cardionatrin, atriopeptin
心房收缩期/心房收縮期 period of atrial systole
心肺感受器/心肺感受器 cardiopulmonary receptor
心肺感受器反射/心肺感受器反射 cardiopulmonary receptor reflex
心肺耐力/心肺耐力 cardiorespiratory endurance
心肺制备/心肺制備 heart-lung preparation
心踝血管指数/心踝血管指數 cardio-ankle vascular index, CAVI
心活性肽/心活性肽 cardiactive peptide
心肌/心肌 myocardium, cardiac muscle
心肌呈色分级/心肌呈色分級 myocardial blush grade, MBG

心肌蛋白/心肌蛋白,心肌素 myocardin
心肌梗死/心肌梗塞 myocardial infarction, MI
心肌梗死相关转录物/心肌梗塞相關轉録物 myocardial infarction-associated transcript, MIAT
心肌工作细胞/心肌工作細胞 cardiac working cell
心肌膜/心肌膜,心肌層 myocardium
心肌收缩力/心肌收縮力 cardiac contractility
心肌素/心肌素,心肌蛋白 myocardin
心肌素相关转录因子/心肌素相關轉録因子 myocardin-related transcription factor, MRTF
心加强神经/心加強神經 cardiac augmentor nerve
心加速神经/心加速神經 cardiac accelerator nerve
心加速肽/心加速肽 cardioacceleratory peptide
心交感传入反射/心交感傳入反射 cardiac sympathetic afferent reflex
心交感紧张/心交感緊張 cardiac sympathetic tone
心交感神经/心交感神經 cardiac sympathetic nerve
心静脉/心靜脈 cardiac vein
心理神经免疫学/心理神經免疫學 psychoneuroimmunology
心力储备/心力儲備,心潛能 cardiac reserve
心力衰竭/心力衰竭,心[臟]衰竭 heart failure
心磷脂/心磷脂 cardiolipin
心律/心律 heart rhythm
心律失常/心律失常,心律不齊,心律不整 arrhythmia
心率/心率 heart rate
心率变异性/心跳變異性 heart rate variability, HRV
心率储备/心率儲備 heart rate reserve
心率计/心率計,心動儀,心動圖 cardiotachograph
心率无氧阈/心率無氧閾 heart anaerobic threshold
心率阈值/心率閾值 heart rate threshold, HRT
心门/心門,心孔 ostium
心迷走紧张/心迷走緊張 cardiac vagal tone
心迷走神经/心迷走神經 cardiac vagus nerve
心钠素/心房利尿鈉肽,心房排鈉肽 atrial natriuretic peptide, cardionatrin, atriopeptin
心囊/心囊 heart vesicle, heart sac
心内膜/心内膜 endocardium
心皮/心皮 carpel
心皮柄/心皮柄 carpophore, thecaphore
心皮脊维管束/心皮脊部維管束 dorsal carpellary bundle
心皮缘维管束/心皮邊緣維管束 marginal carpellary bundle
心区/心區 cardiac region
心鳃沟/心鰓溝 branchio-cardiac groove
心鳃脊/心鰓脊 branchio-cardiac carina
心室/心室 ventricle, cardiac ventricle
心室功能曲线/心室功能曲線 ventricular function curve
心室僵硬度/心室僵硬度 ventricular stiffness
心室收缩期/心室收縮期 period of ventricular systole
心室舒张期/心室舒張期 period of ventricular diastole
心室顺应性/心室順應性 ventricular compliance
心舒期/心舒期 diastole
心输出量/心輸出量 cardiac output
心缩期/心縮期 systole
心土/心土 subsoil
心外肌膜/心外肌膜 epimyocardium
心外膜/心外膜 epicardium
心向量图/心電向量圖 vector cardiogram
心兴奋肽/心興奮肽 cardioexcitatory peptide
心形胚/心形胚 heart-shape embryo
心血管反射/心血管反射 cardiovascular reflex
心血管疾病/心血管疾病 cardiovascular disease, CVD
心血管生理学/心血管生理學 cardiovascular physiology
心血管系统/心血管系統 cardiovascular system
心血管中枢/心血管中樞 cardiovascular center
心洋地黄素/心洋地黄素 cardiodigin
心翼肌/翼狀肌 alary muscle
心音/心音 heart sound
心音图/心音[描記]圖 phonocardiogram, PCG
心源性猝死/心源性猝死,心臟性猝死 sudden cardiac death
心[脏]/心臟 heart
心脏瓣膜组织工程/心臟瓣膜組織工程 heart valve tissue engineering
心脏电生理学/心臟電生理學 cardiac electrophysiology
心脏感受器/心臟感受器 cardiac receptor
心[脏]神经嵴细胞/心神經嵴細胞 cardiac neural crest cell
心指数/心臟指數 cardiac index
DNA 芯片/DNA 晶片 DNA chip
芯片集成显微术/晶片集成顯微術 on-chip integrated microscopy
芯鞘/芯鞘 core sheath
辛二酸/辛二酸,軟木酸,栓酸 suberic acid
辛纳毒蛋白/辛納毒蛋白 cinnamomin
辛普森多样性指数/辛普森多樣性指數 Simpson

diversity index
辛酸甘油酯/辛酸甘油酯 caprylin
辛糖/辛糖 octose
辛酮糖/辛酮糖 octulose
辛酮糖酸/辛酮糖酸 octulosonic acid
欣德马什-罗斯模型/欣德馬士-羅斯模型 Hindmarsh-Rose model
锌蛋白酶/[含]鋅蛋白酶 zinc protease
锌肽酶/鋅肽酶 zinc peptidase
锌指/鋅指 zinc finger
锌指蛋白/鋅指蛋白 zinc finger protein
锌指核酸酶/鋅指核酸酶 zinc finger nuclease, ZFN
锌指模体/鋅指模體,鋅[手]指功能域 zinc finger motif
新北界/新北界,新北區 Neoarctic, Nearctic realm
新陈代谢/新陳代謝,代謝[作用] metabolism
新达尔文学说/新達爾文學説,新達爾文主義 neo-Darwinism
新[订学]名/新名 new name, nomen novum, nom. nov.
新界/新界 Neogea, Neogacean realm
新科/新科 new family, fam. nov.
新拉马克学说/新拉馬克學説 neo-Lamarckism
新轮幼体/新輪幼體 kentrogon larva
新麦角固醇/新麥角固醇,新麥角甾醇 neoergosterol
新毛/新毛,增生毛 neotrichy
新霉素/新黴素 neomycin
新霉素抗性基因/新黴素抗性基因 neomycin resistance gene
新霉素磷酸转移酶/新黴素磷酸轉移酶 neomycin phosphotransferase, NPT
新模[标本]/新模[式] neotype
新模[式]/新模[式] neotype
新内啡肽/新内啡肽 neoendorphin
新配模/新配模 neoallotype
新皮质/新皮質,新[腦]皮層 neopallium
新热带界/新熱帶界,新熱帶區 Neotropical realm
新热带植物区/新熱帶植物區 Neotropical floral kingdom
新乳糖系列/新乳糖系列 neolacto-series
新梢/新梢,新枝[條] new shoot, current shoot
新生 RNA/新生 RNA nascent RNA
新生代/新生代 Cenozoic Era
新生代植物演替系列/新生代植物演替系列,新生代植物消長系列 cenosere, angeosere
新生动物免疫应答/新生動物免疫反應 immune response of newborn animal
新生进化/新生演化 clandestine evolution
新生链转录分析/新生鏈轉録分析 nascent chain transcription analysis
新生霉素/新生黴素 novobiocin, cathomycin, albamycin
新生生物/新生生物 neobiont
新生肽/新生肽 nascent peptide
新生肽链/新生肽鏈 nascent peptide chain
新生特性/突現性質 emergent property
新生血管形成/新生血管形成 neoangiogenesis
新生易位/新生易位 *de novo* translocation
新生源说/新生源説,生命不斷新生説 neobiogenesis
新属/新屬 new genus, genus novum, gen. nov.
新特有种/新特有種 neo-endemic species
新体/新體 neosoma
新体现象/新體現象 neosomy
新纹状体/新紋狀體 neostriatum
新细胞质/新細胞質 neocytoplasm
新仙女木事件/新仙女木事件 Younger Dryas
新效等位基因/新等位基因 neomorph
新亚种/新亞種 new subspecies, subsp. nov., ssp. nov.
新月板/新月板 lunate plate
新月片/新月小區,新月盾 lunule
新月体/新月體 crescent
新月形骨针/新月形骨針 crescent
新月形沙丘/新月[形]沙丘,鐮狀沙丘 barchan dune
新枝/新梢,新枝[條] new shoot, current shoot
新植代/新植代 cenophytic era
新制癌菌素/新制癌菌素 neocarzinostatin
新质/突現性質 emergent property
新栉齿型/新櫛齒型 neotaxodont
新种/新種 new species, neospecies, sp. nov.
新着丝粒/新著絲點 neocentromere
囟门/囟門 fontanelle
信标探针技术/信標探針技術 beacon probe technique
信号/信號,訊號 signal
信号斑/信號斑,訊號斑 signal patch
信号传送/訊號傳送 signaling
JAK-STAT 信号传送途径/JAK-STAT 信號通路, JAK-STAT 訊號傳遞路徑 JAK-STAT signaling pathway, JAK-STAT pathway
信号[传送]网络/訊號傳送網絡,傳訊網絡 signaling network
信号传送系统/訊號傳送系統 signaling system
[信号]串流/串擾,交叉傳遞信息,串流 cross-talk
信号刺激/信號刺激,訊號刺激 signal stimulus,

token stimulus
信号发散/信號發散,訊號發散　signal divergence
信号放大/信號放大,訊號放大　signal amplification
信号分子/信號分子,訊號分子,訊息分子　signal molecule
信号会聚/信號會聚,訊號會聚　signal convergence
信号活动/信號活動,訊號活動　signal activity
信号级联反应/傳訊級聯反應　signaling cascade
信号假说/訊號假説　signal hypothesis
信号跨膜转导/訊號跨膜轉導　signal transmembrane transduction
信号连接/訊息連接　signal joint
信号锚定序列/信號錨定序列,訊息錨定序列　signal-anchor sequence
信号内吞体/訊號内吞體　signaling endosome
信号平均仪/訊號平均儀,信號平均器　signal averager
信号识别蛋白/訊息識别蛋白　signal recognition protein, SRP
信号识别颗粒/信號識别顆粒,訊號辨識粒子,訊息識别顆粒　signal recognition particle, SRP
信号识别颗粒受体/信號識别顆粒受體,訊號辨識粒子受體　signal recognition particle receptor, SRP receptor
信号素/警訊蒙　alarmone
信号肽/信號肽,訊號肽,訊息肽　signal peptide
信号肽酶/訊號肽酶,訊息肽酶　signal peptidase
信号肽酶Ⅰ/訊號肽酶Ⅰ　signal peptidase Ⅰ
信号肽酶Ⅱ/訊號肽酶Ⅱ　signal peptidase Ⅱ
信号肽肽酶/信號肽肽酶,訊號肽肽酶　signal peptide peptidase, SPP
信号肽预测/訊號肽預測　signal peptide prediction
信号调节蛋白/信號調節蛋白,訊號調節蛋白　signal regulatory protein, SIRP
信号通路/訊號通路,信號路徑　signaling pathway
JAK-STAT 信号通路/JAK-STAT 信號通路,JAK-STAT 訊號傳遞路徑　JAK-STAT signaling pathway, JAK-STAT pathway
RTK-Ras-MAPK 信号通路/RTK-Ras-MAPK 信號通路　RTK-Ras-MAPK pathway
信号脱敏/訊號去敏感化　signal desensitization
信号细胞/訊號細胞　signaling cell
信号序列/信號序列,訊號序列,訊息序列　signal sequence
信号序列受体/信號序列受體,訊號序列受體　signal sequence receptor, SSR
信号学说/訊號學説,訊息理論　signal theory
信号域/訊號域　signal domain
信号转导/信號轉導,訊號傳導,訊息傳遞　signal transduction
信号转导及转录激活蛋白/訊號轉導及轉録活化蛋白,訊號轉導及轉録活化因子,信號轉導子和轉録活化子　signal transducer and activator of transcription, STAT
信号转导及转录激活因子/訊號轉導及轉録活化蛋白,訊號傳導及轉録活化因子,信號轉導子和轉録活化子　signal transducer and activator of transcription, STAT
信号转导级联反应/訊號傳遞鏈,訊息傳遞級聯反應　signal transduction cascade
信号转导途径/訊息傳遞途徑,訊號轉導路徑,傳訊路徑　signal transduction pathway
信使/信使,傳訊者　messenger
信使 RNA/信使 RNA,傳訊 RNA,訊息 RNA　messenger RNA, mRNA
信使核糖核蛋白[体]/信使核糖核蛋白,傳訊核糖核蛋白　messenger ribonucleoprotein, mRNP
信使核糖核酸干扰性互补 RNA/mRNA 之干擾性互補 RNA　mRNA-interfering complementary RNA, micRNA
信息标记/信息標記,訊息標記　informative marker
信息传递/訊息傳遞　information transfer
信息化学物质/訊息化合物,資訊化學物質　infochemicals, semiochemicals
信息极限/訊息極限,資訊極限　information limit
信息链/訊息鏈,資訊股　message strand
信息量/訊息量,資訊量　information content, quantity of information, amount of information
信息流/訊息流,資訊流　information flow
信息素/信息素,費洛蒙,外激素　pheromone
信息素结合蛋白/費洛蒙結合蛋白　pheromone binding protein
信息素释放器/費洛蒙釋放器　pheromone dispenser
信息素抑制剂/費洛蒙抑制劑　pheromone inhibitor
信息素诱捕器/費洛蒙誘捕器　pheromone-baited trap
信息体/訊息體,資訊體　informosome
信息性状/訊息性狀,資訊性狀　informative trait
信息学/信息學,訊息學,資訊學　informatics
信息载体/信息載體,訊息載體,資訊載體　information carrier
信噪比/信號[噪聲]比,訊噪比　signal-to-noise ratio
兴奋/興奮　excitation
兴奋分泌耦联/興奮分泌耦聯　excitation-secretion coupling
兴奋神经元/興奮神經元　excitatory neuron

兴奋收缩耦联/興奮收縮耦聯，興奮收縮配合 excitation-contraction coupling, EC coupling
兴奋性/興奮性 excitability
兴奋性氨基酸/興奮性氨基酸 excitatory amino acid, EAA
兴奋性G蛋白/興奮性G蛋白 excitatory G protein
兴奋性递质/興奮性遞質 excitatory transmitter
兴奋性突触/興奮性突觸 excitatory synapse
兴奋性突触后电位/興奮性突觸後電位 excitatory postsynaptic potential, EPSP
星虫[动物]/星蟲動物 sipunculan
星根/星根 astrorhizae
星孔/星孔 astropyle
星散薄壁组织/星散薄壁組織 diffuse parenchyma
星射线/星體絲 astral ray, astral fiber
星体/星狀體 aster
星体球/星體球，星狀球 astrosphere
星体丝/星體絲 astral ray, astral fiber
星体微管/星體微管 astral microtubule
星细胞瘤/星狀細胞瘤，星形細胞瘤 astrocytoma
星心体/星心體 astrocenter
星形孢子/星狀孢子 staurospore
星形胶质细胞/星形細胞，星狀細胞 astrocyte
星形上皮网状细胞/星形上皮網狀細胞 stellate epithelial reticular cell
星形细胞/星形細胞，星狀細胞 stellate cell
星状孢子/星狀孢子 staurospore
星状刚毛/星狀剛毛 asterosetae
星状骨针/星狀骨針 aster
星状毛/星狀毛 stellate hair
星状石细胞/星狀石細胞，星狀厚壁細胞 astrosclereid, star sclereid
星状细胞/星狀細胞，星形細胞 stellate cell
星状中柱/星狀中柱，輻射狀中柱 actinostele
猩红热毒素/猩紅熱毒素 scarlet fever toxin
行波学说/行波學説 travelling wave theory
行进/移行，運動 locomotion
行为/行為 behavior
行为表现/行為表現 performance
行为多态现象/行為多型性，行為多態性 behavioral polymorphism, polyethism
行为多态性/行為多態性，行為多型性 behavioral polymorphism, polyethism
行为二型性/行為雙型性 behavioral dimorphism
行为隔离/行為隔離 behavioral isolation, ethological isolation
行为级/行為等級 behavioral scaling, behavioral scale
行为抗性/行為抗性 behavior resistance
行为可塑性/行為可塑性 behavioral plasticity
行为免疫学/行為免疫學 behavioral immunology
行为模式/行為模式 behavior pattern
行为生理学/行為生理學 ethophysiology
行为生态学/行為生態學 behavioral ecology
行为生物学/行為生物學 behavioral biology
行为适应/行為適應 behavioral adaptation
行为梯度/行為梯度 behavior gradient
行为梯度变异/行為梯度變異 ethocline
行为调节剂/行為調節劑 behavior regulator
行为图表/行為圖表 ethogramme
行为性体温调节/行為性體温調節 behavioral thermoregulation
行为学/行為學 ethology
行为遗传学/行為遺傳學 ethogenetics, behavioral genetics
行为主义/行為主義，行為學説 behaviorism
形成层/形成層 cambium
形成层带/形成層帶 cambial zone
形成层细胞/形成層細胞 cambial cell
形成层衍生物/形成層衍生物 cambial derivative
形成蛋白/形成蛋白 formin
S形触手冠/S形觸手冠 sigmoid lophophore
Z形带/之形帶 zigzag ribbon
T[形]脊/T形脊 Tau ridge
形貌依赖的胞吞作用/形貌依賴的胞吞作用 shape-dependent endocytosis
S形曲线/S形曲線 sigmoid curve
V形染色体/V形染色體 V-shaped chromosome
Y形软骨/Y形軟骨 Y-shaped cartilage
形式分类单元/形式分類單元 form-taxon
形式神经元/形式神經元 formal neuron
形态变异/形態變異 morphological variation
形态测量特征/形態測量形質 morphometric character
形态测量细胞学/形態測量細胞學 morphometric cytology
形态测量学/形態測定學 morphometrics
形态发生/形態發生，形態演發，形態建成 morphogenesis
形态发生场/形態發生場 morphogenetic field
形态发生沟/形態發生溝 morphogenetic furrow
形态发生决定子/形態發生決定子 morphological determinant
形态发生潜能/形態發生潛能，形態演發潛能 morphogenetic potential
形态发生素/形態發生素，形態決定素，成形素

morphogen
形态发生梯度/形態發生梯度,形態演發梯度 morphogenetic gradient
形态发生运动/形態發生運動,形態演發運動 morphogenetic movement
形态分化/形態分化 morphodifferentiation
形态-功能关系/形態-功能關係 form-function relationship
形态计量法/形態測定法 morphometry
形态建成/形態建成 morphochoresis, morphogenesis
形态生理变异/形態生理變異 morphophysiological variation
形态梯度/形態梯度 morphocline
形态突变/形態突變 morphological mutation
形态突变体/形態突變體 morphological mutant
形态形成/形態形成 morphosis
形态型/形態類型 morphotype, morphovar
形态学/形態學 morphology
形态学特征/形態特徵,形態性狀 morphological characteristics
形态演进/形態演化 aromorphosis
形态种/形態種 morphospecies, morphological species
形态种概念/形態種概念 morphological species concept
形态宗/形態小種 morphological race
形状互补性/形狀互補性 shape complementarity
型/型 form, forma
A 型 DNA/A 型 DNA A-form DNA
B 型 DNA/B 型 DNA B-form DNA
C 型 DNA/C 型 DNA C-form DNA
Z 型 DNA/Z 型 DNA Z-form DNA, zig-zag DNA
Ⅰ型超敏反应/第Ⅰ型過敏反應 hypersensitivity type Ⅰ
Ⅱ型超敏反应/第Ⅱ型過敏反應 hypersensitivity type Ⅱ
Ⅲ型超敏反应/第Ⅲ型過敏反應 hypersensitivity type Ⅲ
Ⅳ型超敏反应/第Ⅳ型過敏反應 hypersensitivity type Ⅳ
Ⅰ型肺泡细胞/Ⅰ型肺泡細胞 type Ⅰ alveolar cell
Ⅱ型肺泡细胞/Ⅱ型肺泡細胞 type Ⅱ alveolar cell
θ-型复制/θ-型複製 θ-form replication
A 型激酶锚定蛋白/蛋白激酶 A 錨定蛋白 A-kinase anchoring protein, AKAP
P 型离子泵/P 型離子泵,P 型離子幫浦 P-type ion pump
C 型利尿钠肽/C 型利尿鈉肽,C 型鈉尿肽 C-type natriuretic peptide, CNP
C 型利尿钠肽受体/C 型利尿鈉肽受體 C-type natriuretic peptide receptor, NPRC
F 型 ATP 酶/F 型 ATP 酶,F 型三磷酸腺苷酶 F-type ATPase
P 型 ATP 酶/P 型 ATP 酶 P-type ATPase
V 型 ATP 酶/V 型 ATP 酶 V-type ATPase
C 型凝集素/C 型凝集素 C-type lectin
I 型凝集素/I 型凝集素 I-type lectin
P 型凝集素/P 型凝集素 P-type lectin
S 型凝集素/S 型凝集素 S-type lectin
L 型细菌/L 型細菌 L-form bacteria
Ⅰ型兴奋性/Ⅰ型興奮性 class Ⅰ excitability
Ⅱ型兴奋性/Ⅱ型興奮性 class Ⅱ excitability
V 型质子泵/V 型質子泵,V 型質子幫浦 V-type proton pump
杏仁核/杏仁核 amygdala
杏仁体/杏仁體 amygdaloid body
性孢子/性孢子,精孢子,不動精子 spermatium
性孢子梗/性孢子梗,精子托 spermationphore
性孢子器/性孢子器,精子體 spermagonium, spermagone, pycnium
性比/性比,性別比率 sex ratio, SR
性比螺旋体/性比螺旋體 sex ratio spirochete, SR spirochete
性[别]/性[别] sex, sexuality
性[别]分化/性别分化 sexual differentiation, sex differentiation
性别间选择/性别間選擇,異性間選擇 intersexual selection
性别结构/性别結構 sexual structure
性别决定/性别決定 sex determination
性别决定基因/性别決定基因 sex-determining gene
性别控制/性别控制 sex control
性[别]内选择/性别内選擇,同性間選擇 intrasexual selection
性别平均[连锁]图/性别平均圖 sex-average map
性别认同/性别認同 gender identity
性别调控/性别調控 sex regulation
性别转变/性轉變 sex change
性别自体鉴定/自體性别鑒定,自顯性别 autosexing
性病研究实验室[玻片]试验/性病研究室試驗,梅毒血清學玻片試驗 Venereal Disease Research Laboratory test, VDRL test
性成熟/性成熟 sexual mature
性导/性導 sexduction
性多态现象/性多態現象,性多型性 sexual

polymorphism
性多型性/性多型性，性多態現象 sexual polymorphism
性二态核/性雙態核，性别差異[神經]核 sexually dimorphic nucleus, SDN
性二态现象/性二態現象 sex dimorphism
性发育不全/性發育不全 sexual dysgenesis
性发育障碍/性發育障礙 disorder of sex development, DSD
性反射/性反射 sexual reflex
性反应周期/性反應週期 sexual response cycle
性反转/性反轉，性[别]轉逆 sex reversal
性隔离/性[别]隔離 sexual isolation
性激素/性激素 sex hormone
性激素结合球蛋白/性激素結合球蛋白 sex hormone-binding globulin, SHBG
性交/交媾，交配 coitus, copulation
性角色逆转/性角色逆轉 sex role reversal
性菌毛/性菌毛，性線毛 sex pilus
性类固醇激素/性類固醇激素 sex steroid hormone
性连锁/性連鎖，性聯 sex linkage
性连锁基因/性聯基因 sex-linked gene
性连锁性状/性聯性狀 sex-linked character
性连锁致死/性聯致死 sex-linked lethal
性隆脊/性隆脊 puberty wall, tuberculum puberty
性母/性母，產性成蟲 sexupara
性母细胞/性母細胞，生殖母細胞 auxocyte, gonotokont, gonotocont
性内交配/同性交配 homosexual copulation
性内竞争/同性競争 homosexual competition
性逆转/性[别]轉逆，性反轉 sex reversal
性皮肿胀/性皮腫脹 sexual swilling
性取向/性取向 sexual orientation
性染色体/性染色體 sex chromosome, idiochromosome
性染色体学说/性染色體學説 sex-chromosome theory
性染色质/性染色質，生殖染色質 idiochromatin, sex chromatin
性染色质体/性染色質體 sex chromatin body
性色/性色，誘惑色 epigamic color
性特异基因表达/性特異基因表達 sex-specific gene expression
性腺/性腺，生殖腺 gonad, genital gland
性腺成熟系数/性腺成熟係數，成熟度係數 coefficient of maturity
性腺发育不全/生殖性腺發育不全 gonadal dysgenesis
性腺功能初现/性腺功能初現 gonadarche
性腺功能减退/性腺機能減退，性腺低能症 hypogonadism
性信息素/性費洛蒙 sex pheromone
性兴奋/性興奮 sexual excitation
性行为/性行為 sexual behavior
性选择/性[别]選擇，性擇 sexual selection
性蚜/性蚜 sexuale
性因子/性因子 sex factor
性引诱/性吸引力 sexual attraction
性[引]诱剂/性引誘劑，性誘[引]劑，性誘餌 sex attractant
性原细胞/性原細胞 gonium
性甾体激素/性類固醇激素 sex steroid hormone
性甾体结合球蛋白/性類固醇[激素]結合球蛋白 sex steroid-binding globulin, SSBG
性早熟/早熟症 sexual precocity, precocious puberty
性指数/性指數 sex index
性周期/性週期 sexual cycle
性状/性狀，特徵 character
性状极化/性狀極化，特徵極化 character polarization
性状趋同/性狀趨同 character convergence
性状趋异/性狀趨異，特徵趨異 character divergence
性状释放/性狀釋放 character release
性状替换/性狀替换，性狀置換，形質置換 character displacement
胸板/胸板 sternal shield, sternal plate, sternum
胸板孔/胸板孔 sternal pore
胸壁顺应性/胸壁順應性 chest wall compliance
胸[部]/胸部 thorax
胸叉/胸叉，第三胸板 tritosternum
胸叉基/胸叉基 tritosternal base
胸叉丝/[胸]叉絲 lacinia
胸导管/胸管 thoracic duct
胸窦/胸竇 thoracic sinus
胸腹板/胸腹板 sterno-ventral shield
胸苷二磷酸/胸苷二磷酸 thymidine diphosphate, TDP
胸苷激酶/胸苷激酶 thymidine kinase, TK
胸苷三磷酸/胸苷三磷酸 thymidine triphosphate, TTP
胸苷酸/胸[腺核]苷酸 thymidylic acid
胸苷酸激酶/胸[腺核]苷酸激酶 thymidylate kinase
胸苷一磷酸/胸苷一磷酸，胸苷單磷酸 thymidine monophosphate, TMP
胸高直径/胸高直徑 diameter at breast height, DBH

胸后板/胸後板 metasternal plate, metasternal shield, metasternum
胸后毛/胸後毛 metasternal seta
胸肌/胸肌 pectoral muscle
胸甲/胸甲 breast theca
胸肋/胸肋 sternal rib
胸肋关节/胸肋關節 sternocostal joint
胸毛/胸毛 sternalia, sternal seta
胸膜/胸膜 pleura
胸膜腔/胸膜腔 pleural cavity
胸[膜]腔内压/胸腔內壓 intrapleural pressure
胸鳍/胸鰭 pectoral fin
胸鳍收肌/胸鰭内收肌 adductor pectoralis muscle
胸鳍展肌/胸鰭外展肌 abductor pectoralis muscle
胸前板/胸前板 presternal plate, presternum, pretosternum
胸腔/胸腔 thoracic cavity
胸乳突肌/胸乳肌 sternomastoideus muscle
胸神经节/胸神經節,胸神經球 thoracic ganglion
胸式呼吸/胸式呼吸 thoracic breathing, costal breathing
胸唾腺/胸唾腺 thoracic gland
胸腺/胸腺 thymus
胸腺白血病抗原/胸腺白血病抗原 thymic leukemia antigen
胸腺保育细胞/胸腺保護細胞,胸腺哺育細胞 thymic nurse cell, TNC
胸腺刺激素/胸腺刺激素 thymostimulin
胸腺促生长素/胸腺促生長素 thymocresin
胸腺抚育细胞/胸腺保護細胞,胸腺哺育細胞 thymic nurse cell, TNC
胸腺基质细胞/胸腺基質細胞 thymus stromal cell
胸腺[激]素/胸腺素 thymosin, thymin
胸腺淋巴瘤细胞刺激因子/胸腺淋巴瘤細胞刺激因子 thymic lymphoma cell-stimulating factor
胸腺瘤/胸腺瘤 thymoma
胸腺嘧啶/胸腺嘧啶 thymine
胸腺嘧啶二聚体/胸腺嘧啶二聚體 thymine dimer
胸[腺嘧啶核]苷/胸[腺嘧啶核]苷 thymidine
胸腺嘧啶核糖核苷/胸腺嘧啶核糖核苷 thymine ribnucleoside
胸腺培育/胸腺[細胞]教育作用 thymic education
胸腺切除术/胸腺切除術 thymectomy
胸腺上皮细胞/胸腺上皮細胞 thymus epithelial cell, TEC
胸腺生成素/胸腺生成素,胸腺生長素 thymopoietin
胸腺树突[状]细胞/胸腺樹突細胞 thymus dendritic cell, TDC
胸腺髓质/胸腺髓質 thymic medulla
胸腺肽/胸腺肽 thymopeptide
胸腺体液因子/胸腺體液因子 thymic humoral factor, THF
胸腺细胞/胸腺細胞 thymocyte
胸腺小囊/胸腺小囊 thymic cyst
胸腺小体/胸腺小體 thymic corpuscle
胸腺小叶/胸腺小葉 thymic lobule
胸腺驯育/胸腺[細胞]教育作用 thymic education
胸腺依赖性抗体应答/胸腺依賴性抗體反應 thymus-dependent antibody response
胸腺依赖性抗原/胸腺依賴性抗原,T 依賴型抗原 thymus-dependent antigen, T-dependent antigen, TD-Ag
胸腺依赖性淋巴细胞/胸腺依賴性淋巴細胞,胸腺依賴性淋巴球 thymus-dependent lymphocyte
胸腺因子/胸腺因子 thymus factor
胸肢/胸肢 thoracic appendage
胸殖板/胸殖板 sterno-genital plate
胸主动脉/胸主動脈,胸大動脈 thoracic aorta
胸主动脉瘤/胸主動脈瘤 thoracic aortic aneurysm, TAA
胸椎/胸椎 thoracic vertebra
胸足/胸足 thoracic leg
雄苞叶/雄苞葉 perigonial bract
雄孢子囊/雄孢子囊 androsporangium
雄孢子叶/雄孢子葉 androsporophyll
雄虫多型/雄蟲多型 poecilandry
雄虫灭绝/滅雄 male annihilation
雄单倍性/雄單倍[體]性 male haploidy
雄蜂/雄蜂 drone
雄个虫/雄個蟲 androzooid, male zooid
雄固烷/雄固烷,雄[甾]烷 androstane
雄核/雄核 male nucleus, arrhenokaryon
雄核发育/雄核發育 androgenesis
雄核卵块发育/雄核卵片發育 andromerogony
雄花/雄花 staminate flower, male flower
雄花序/雄花序 staminate inflorescence
雄激素结合蛋白[质]/雄激素結合蛋白,雄性素結合蛋白 androgen-binding protein, ABP
雄模[标本]/雄模[式] androtype
雄配素/雄配素 androgamone
雄配子/雄配子 androgamete, male gamete
雄配子体/雄性配子體 androgametophyte, male gametophyte
雄器/雄器,精胞 antheridium
雄[器]苞/雄器苞 perigonium
雄器柄/雄器柄 androphore

雄器托/雄器托 male receptacle
雄球花/雄球花 male cone
雄全同株/雄全同株,雄花兩性花同株 andromonoecy
雄全异株/雄全異株,雄花兩性花異株 androdioecy
雄蕊/雄蕊,小蕊 stamen
雄蕊柄/雄蕊柄 androphore
雄蕊不育性/雄蕊不育性,雄蕊不孕性 staminal sterility
雄蕊管/雄蕊筒 staminal tube
雄蕊毛/雄蕊毛 stamen hair
雄蕊群/雄蕊群 androecium
雄蕊束/雄蕊束 phalanx
雄蕊维管束/雄蕊維管束 stamen bundle
雄蕊先熟/雄蕊先熟性,雄蕊先成熟 protandry, proterandry
雄蕊异长/雄蕊異長現象 heteranthery
雄生殖节/雄生殖節 andrium
雄穗/雄花序 staminate inflorescence
雄酮/雄固酮,雄[甾]酮 androsterone
雄烯二酮/雄[固]烯二酮 androstenedione
雄细胞/雄細胞 androcyte
雄性不育/雄性不孕 male sterility
雄性不育法/閹雄法 sterile-male method
雄性不育释放技术/閹雄釋放技術 sterile-male release technique
雄性不育系/雄性不育系,雄性不孕系 male sterility line
雄性附腺/雄性附腺 paragonia gland
雄性附肢/雄性附肢 appendix masculina
雄[性]激素/雄[性]激素 androgen
雄性间性/雄性[雌雄]間性 male intersex
雄性交接器/雄性交接器 petasma, penis
雄性菌株/雄性菌株 male strain
雄性两性花同株/雄花兩性花同株,雄全同株 andromonoecy
雄性两性花异株/雄花兩性花異株,雄全異株 androdioecy
雄性生殖单位/雄性生殖單位 male germ unit, MGU
雄性生殖系统/雄性生殖系統 male reproductive system
雄性生殖细胞/雄性生殖細胞 male sex-cell
雄性投资/雄性投資 male investment
雄性突起/雄性突起 processus masculinus
雄性先熟/雄性先熟 protandry
雄性先熟雌雄同体/雄性先熟雌雄同體 protandrous hermaphrodite
雄性线/雄性線 linea masculina
雄[性]原核/雄[性]原核 male pronucleus
雄异配性/雄異配子性 male heterogamety
雄原核生长因子/雄原核生長因子 male pronucleus growth factor, MPGF
雄原细胞/雄原細胞 androgonium
雄枝/雄器柄 androphore
雄质/雄質 androplasm, arrhenoplasm
雄中心体/雄性中心體 spermocenter
雄株/雄性植物 male plant
熊脱氧胆酸/熊脱氧膽酸 ursodeoxycholic acid
休克/休克 shock
休-利夫森培养基/休-利兩氏培養基 Hugh-Leifson medium
休眠/休眠 dormancy
休眠孢子/休眠孢子 hypnospore, resting spore, statospore
休眠孢子囊/休眠孢子囊 hypnosporangium
休眠初期/休眠初期 first rest
休眠合子/休眠合子 hypnozygote
休眠季节/休眠季節 dormant season
休眠卵/休眠卵,滯育卵 resting egg, diapause egg, dormant egg
休眠期/休眠期 dormancy stage
休眠体/休眠體 hypopus
休眠夏孢子/休眠夏孢子 amphispore
休眠型/休眠型 dormancy form
休眠芽/休眠芽,潛伏芽,休止芽 dormant bud, statoblast
休眠愈伤组织/休眠愈合組織 dormancy callus
休眠种子/休眠種子 dormant seed
休眠转座子激活/休眠轉位子啟動 dormancy transposon activation
休眠子/休眠子 dormozoite, hypnozoite
修复/修復 repair
DNA 修复/DNA 修復 DNA repair
SOS 修复/SOS 修復 SOS repair
修复聚合酶/修復聚合酶 repair polymerase
修复酶/修復酶 repair enzyme
DNA 修复酶/DNA 修復酶 DNA repair enzyme
修复内切核酸酶/修復内切核酸酶 repair endonuclease
修复缺陷/修復缺陷 repair-deficiency
修复体/修復體 repairosome
修块机/組織塊修整機 pyramitome
修饰/修飾 modification
DNA 修饰/DNA 修飾 DNA modification
修饰核苷/修飾核苷 modified nucleoside

修饰后分离/修飾後分離 post-modification separation
修饰基因/修飾基因 modifier, modifying gene
修饰基因筛选/修飾基因篩選,調節基因篩選 modifier screen
修饰碱基/修飾鹼基 modified base
修饰酶/修飾酶 modification enzyme
DNA 修饰酶/DNA 修飾酶 DNA modifying enzyme
修饰系统/修飾系統 modification system
修饰行为/修飾行為 grooming behavior
修饰性甲基化酶/修飾性甲基化酶 modification methylase
修正目标函数/修正目標函數 refinement target function
羞捕性/怯捕性 trap shyness
朽木生物/朽木生物 saproxylobios
锈孢子/[内生]銹孢子 aeciospore, aecidiospore
锈[孢]子器/銹孢子器 aecium, aecidiosorus
锈病/銹病 rust disease
锈菌/銹菌 rust fungi
[锈菌]性孢子/性孢子 pycniospore
[锈菌]性孢子器/性孢子器 pycnium
嗅板/嗅板 olfactory placode
嗅电图/嗅[覺]電圖 electro-olfactogram, EOG
嗅迹/嗅跡 odor trail
嗅检器/嗅檢器 osphradium
嗅角/嗅角 rhinophora
嗅结节/嗅結節 olfactory tubercle, OT
嗅觉/嗅覺 olfactory sensation, olfaction
嗅觉测量法/嗅覺測定法,嗅覺檢查法 olfactometry
嗅觉计/嗅覺計,嗅覺儀 olfactometer
嗅觉孔/嗅覺孔 olfactory pore
嗅觉器[官]/嗅覺器[官] olfactory organ
嗅觉受体/嗅覺受體,嗅覺接受器 olfactory receptor
嗅觉条件化/嗅覺條件化 olfactory conditioning
嗅觉纤毛蛋白质/嗅覺纖毛蛋白質 olfactory cilia protein
嗅觉学/嗅覺學 osmology
嗅觉仪/嗅覺儀,嗅覺計 olfactometer
嗅觉指标/嗅覺指數 olfactory index
嗅觉转导/嗅覺轉導 olfactory transduction
嗅觉锥/嗅覺錐 olfactory cone
嗅毛/嗅毛 olfactory hair
嗅敏度/嗅敏度 olfactory acuity
嗅泡/嗅泡 olfactory vesicle
嗅鞘细胞移植/嗅鞘細胞移植 olfactory sheath cell transplantation
嗅球/嗅球 olfactory bulb
嗅区/嗅覺區 olfactory region
嗅上皮/嗅上皮 olfactory epithelium
嗅上皮 G 蛋白/嗅上皮 G 蛋白 smell epithelial G protein, SEG
嗅神经/嗅神經 olfactory nerve
嗅受体/嗅受體 odorant receptor
嗅窝/嗅窩 olfactory pit
嗅细胞/嗅細胞 olfactory cell
嗅腺/嗅腺 olfactory gland
嗅叶/嗅葉 olfactory lobe
嗅阈/嗅覺閾值,嗅覺低限 olfactory threshold
溴酚蓝/溴酚藍 bromophenol blue
溴[化]乙锭/溴[化]乙錠 ethidium bromide, EB
溴甲酚绿/溴甲酚綠 bromocresol green
溴甲酚紫/溴甲酚紫 bromocresol purple
须边体/鬚邊體,膜邊體,質膜外泡 lomasome
须跗毛/鬚跗毛,觸跗毛 tarsala, palptarsal seta
须感器/鬚感器,觸感器 palpal receptor
须根/鬚根 fibrous root
须根系/鬚根系 fibrous root system
须股毛/鬚股毛,腿毛 femorala, femoral seta
须基内叶/鬚基内葉 inner lobe of palpal base
须毛/鬚毛 cirrus
须腕动物/鬚腕動物 pogonophoran
须肢/鬚肢,觸肢 palp, palpus
须肢底毛/鬚肢底毛 antapical palpal seta
须[肢]跗节/觸肢跗節 palpal tarsus, palptarsus
须[肢]股节/觸肢腿節 palpfemur, pedipalpal femur
须[肢]基/觸[肢]基 palpal base
须[肢]基节/觸基節 palpal coxa, palpcoxa
须[肢]间毛/鬚間毛 interpalpal seta
须[肢]胫节/觸脛節 palptibia, pedipalpal tibia
须[肢]胫节爪/觸脛節爪 palptibial claw
须肢毛/觸肢毛 palpal seta
须[肢]膝节/觸膝節 palpgenu, pedipalpal genu
须[肢]爪/觸爪 palpal claw, pedipalpal claw
须[肢]爪复合体/鬚爪複合體 palpal claw complex
须[肢]转节/觸轉節 palptrochanter, pedipalpal trochanter
须肢转器/觸肢轉器 palptrochanteral organ
须趾节/觸趾節 palpal apotele
虚名/虚名 naked name
虚拟筛选/虛擬篩選 virtual screening
虚拟突变/虛擬突變 virtual mutation
需暗种子/需暗種子 dark seed
需光量/需光量 light requirement
需光种子/需光種子,好光[性]種子 light seed, light-favored seed

需能反应/需能反應 energy-requiring reaction
需水量/需水量 water requirement
需氧发酵/好氧發酵,嗜氧發酵 aerobic fermentation
需氧呼吸/需氧呼吸,有氧呼吸 aerobic respiration
需氧菌/需氧菌,好氧菌,嗜氧菌 aerobic bacteria
需氧菌平板计数/好氧性生菌數 aerobic plate count, APC
需氧量/需氧量 oxygen requirement
需氧培养/需氧培養,嗜氧培養 aerobic cultivation
需氧生活/需氧生活,有氧生活 aerobiosis
需氧生物/需氧生物 aerobic organism, aerobiont
需氧水生真菌/需氧水生真菌 aeroaquatic fungi
需氧性试验/需氧性試驗 oxygen requirement test
许可因子/執照因子 licensing factor
许瓦茨曼反应/施瓦茨曼反應 Schwartzman reaction
序变模型/序變模型 sequential model
序参数/[有]序參數 order parameter
序贯抽样/順序抽樣,層序取樣,逐次取樣法 sequential sampling
序列/序列 sequence
Chi 序列/Chi 序列 Chi sequence
RGD 序列/精氨酸-甘氨酸-天門冬氨酸序列,RGD 序列 RGD sequence
S-D 序列/薩思-達爾加諾序列 Shine-Dalgarne sequence, S-D sequence
δ-序列/δ-序列 delta sequence, δ-sequence
序列饱和诱变/序列飽和誘變 sequential saturation mutagenesis
序列比对/序列比對,序列排比 sequence alignment
序列标记微卫星/序列標記微衛星 sequence-tagged microsatellite, STMS
序列标签连接子/序列標記連接子 sequence-tagged connector
序列标签位点/序列標記位點,序列標誌位點 sequence-tagged site, STS
序列标签位点图/序列標記位點圖 sequence-tagged site map
序列测定/測序,定序 sequencing
DNA 序列测定/DNA 測序,DNA 定序 DNA sequencing
DNA 序列查询/DNA 序列查詢 DNA sequence searching
序列段/序列段 sequon
序列多态性/序列多態性 sequence polymorphism
DNA 序列多态性/DNA 序列多態性 DNA sequence polymorphism
序列分析仪/測序儀 sequencer, sequenator
序列覆盖度/序列覆蓋度 sequence coverage
序列家族/序列家族 sequence family
DNA 序列家族/DNA 序列家族 DNA sequence family
序列块表面扫描电子显微术/序列塊表面掃描電子顯微術 serial block face scanning electron microscopy
序列模式/序列模式 sequence pattern
序列模体/序列模體,序列結構域 sequence motif
序列排比/序列排比,序列比對 sequence alignment
序列特异寡核苷酸探针/序列專一寡核苷酸探針 sequence-specific oligonucleotide probe, SSO probe
PCR 序列特异性寡核苷酸多态性/PCR 序列特異性寡核苷酸多態性 PCR-sequence specific oligonucleotide polymorphism
序列特异性引物/序列特異性引物,序列特異性引子 sequence-specific primer, SSP
序列特异性引物 PCR/序列特異性引物 PCR sequence-specific primer PCR
序列特异性转录因子/序列專一性轉録因子 sequence-specific transcription factor
序列同源性/序列同源性,序列相似性 sequence homology
序列一致性/序列一致性 sequence identity
序列组装/序列組裝 sequence assembly
序批式反应器/序列批式反應器 sequencing batch reactor, SBR
序位[体系]/階層,層級,位階 hierarchy
续骨/接續骨 symplectic bone
絮凝/絮凝作用 flocculation
絮凝剂/絮凝劑,聚凝劑 flocculant
絮凝试验/絮狀凝集試驗 flocculation test
絮状[沉淀]反应/絮狀[沉澱]反應 flocculation precipitation
絮状沉淀试验/絮狀沉澱反應試驗,凝絮沉澱反應試驗 flocculation precipitation test
悬垂胎座式/懸垂胎座式 suspended placentation
悬滴法/懸滴法 hanging drop method
悬滴培养/懸滴培養 hanging drop culture
悬浮培养/懸浮培養 suspension culture
悬浮体/懸[浮]膠體 suspensoid
悬浮稳定性/懸浮穩定性 suspension stability
悬浮物/懸浮物 suspended substance, SS
悬浮物摄食者/懸浮物攝食者 suspension feeder
悬浮细胞/懸浮細胞 suspension cell
悬骨/懸骨 phragma
悬果瓣/分果瓣,裂果片 mericarp
悬核网/懸核網 karyophore
悬器/懸器 suspensorium

悬韧带/懸韌帶,懸垂絲　suspensory ligament
悬食动物/懸浮物攝食者　suspension feeder
悬液保藏/懸浮液保藏　preservation in suspension
旋动培养/旋轉式培養　spinner culture
旋光色散/旋光色散,旋光分散　optical rotatory dispersion, ORD
旋光性/旋光性,光學活性　optical activity, optical rotation
旋光异构/旋光異構　optical isomerism
旋星骨针/旋星骨針　spiraster
[旋]转壁式生物反应器/旋轉壁式生物反應器　rotating wall bioreactor
旋转薄层层析/旋轉薄層層析法　rotating thin-layer chromatography
旋转催化假说/旋轉催化假説　rotating catalysis hypothesis
旋转反轴/旋轉反投軸　rotation-inversion axis
旋转骨针/旋轉骨針　spire
旋转管培养/旋轉管培養　rotate tube culture
旋转函数/旋轉函數　rotation function
旋转卵裂/旋轉卵裂　rotational cleavage
旋转酶/旋轉酶,回旋酶　gyrase
DNA 旋转酶/DNA 回旋酶,DNA 促旋酶　DNA gyrase
旋转膜/旋轉膜　rotating membrane
旋转黏度计/旋轉黏度計　rotational viscometer
旋转盘共聚焦显微镜/旋轉盤共聚焦顯微鏡　spinning-disk confocal microscope
旋转培养器/旋轉培養器　rotating culture device
旋转生物接触氧化法/旋轉生物接觸氧化法,生物轉盤法　biodisc process
旋转阳极靶/旋轉陽極靶　rotating anode target
旋转异构酶/旋轉異構酶　rotamase
旋转运动/旋轉運動　rotational motion
旋转运动反射/旋轉運動反射　rotary motion reflection
旋转蒸发器/旋轉蒸發器　rotary evaporator
旋转轴/旋轉軸　rotation axis
选模[标本]/選模[式],選型　lectotype
选凝素/選凝素,選擇素,選滯蛋白　selectin
选型交配/選型交配,選擇性交配,同型交配　assortative mating
选型育种/選型育種,同類育種　assortative breeding, assortive breeding
选择/選擇,淘汰　selection
K 选择 /*K* 選擇　*K*-selection
r 选择 /*r* 選擇　*r*-selection
选择差/擇汰差,選汰差異值　selection differential
选择毒性/選擇[性]毒性　selective toxicity
选择反应/選擇反應　selection response
选择放牧/選擇啃食　selective grazing
选择极限/選擇限制　selection limit
选择强度/選擇強度　intensity of selection
选择受精/選擇受精　selective fertilization
选择松弛/選擇鬆弛　relaxation of selection
选择素/選擇素,選凝素,選滯蛋白　selectin
E 选择素/E 選擇素　E-selectin
L 选择素/L 選擇素　L-selectin
P 选择素/P 選擇素　P-selectin
选择素家族/選擇素家族　selectin family
选择[通]透性/選擇[通]透性　selective permeability
选择[通]透性膜/選擇[通]透性膜,選擇性通透膜,選透[性]膜　selectively permeable membrane, permselective membrane
选择途径/選擇途徑　pathway of selection
选择吸收/選擇性吸收[作用]　selective absorption
选择系数/選擇係數,擇汰係數　selection coefficient
选择系数强度随机波动/選擇係數強度隨機波動　random fluctuation of selection coefficient intensity
选择响应/選擇反應　selection response
选择行为/選擇行為　choice behavior
选择[性]标记/選擇[性]標記,選擇[性]標誌　selective marker, selectable marker
选择[性]标志/選擇[性]標誌,選擇[性]標記　selective marker, selectable marker
选择性重吸收/選擇性重吸收　selective reabsorption
选择性除草剂/選擇性除草劑,選擇性殺草劑　selective herbicide
选择性富集/選擇[性]增菌培養　selective enrichment
选择性 RNA 加工/選擇性 RNA 加工　alternative RNA processing
选择性剪接/選擇性剪接,可變剪接　alternative splicing
选择性剪接 mRNA/選擇性剪接 mRNA　alternatively spliced mRNA
选择性 RNA 剪接/選擇性 RNA 剪接　alternative RNA splicing
选择性剪接因子/選擇性剪接因子　alternative splicing factor, ASF
选择性离子电极测定法/選擇性離子電極測定法　selective ion electrode method
选择[性]培养基/選擇[性]培養基　selective medium
选择性 IgA 缺陷/選擇性 IgA 缺乏[症]　selective IgA deficiency
选择性 IgM 缺陷/選擇性 IgM 缺乏[症]　selective

IgM deficiency
选择性杀虫剂/選擇性殺蟲劑 selective insecticide
选择性糖皮质激素受体调节剂/選擇性糖皮質激素受體調節劑 selective glucocorticoid receptor modulator, SGRM, SEGRM
选择性剔除/選擇性剔除 selective sweep
选择性抑制/選擇性抑制 selective inhibition
选择性注意/選擇性注意 selective attention
选择性转录/選擇性轉録 alternative transcription
选择性转录起始/選擇性轉録起始 alternative transcription initiation
选择学说/選擇學説 selection theory
选择压[力]/選擇壓力,擇汰壓力 selection pressure
选择抑制比/選擇性抑制比 selective inhibitory ratio
选择优势/選擇優勢 selection advantage
选择育种/選擇育種,選拔育種 selective breeding, breeding by selection
选择者基因/選擇者基因 selector gene
选择指标/選擇指標 selection criterion
选择指数/選擇[性]指數 selection index, selectivity index
选择中性/選擇中性 selective neutrality
选择子/選擇子 selector
炫耀/顯示,展示 display
穴播/穴播,點播 hole seeding
穴居/穴居 pit dwelling
穴居动物/穴棲動物 cave animal, burrowing animal, cryptozoon
穴移植/穴移植 hole transplanting
穴植/穴植 hole planting
学名/學名 scientific name
学习/學習 learning
雪线/雪線 snow line, nival line
血氨基酸过多症/血氨酸過多症 hyperaminoacidemia
血卟啉/血卟啉 hematoporphyrin, hemoporphyrin
血卟啉衍生物/血卟啉衍生物 hematoporphyrin derivative, HpD
血蛋白缺乏症/血蛋白缺乏症 hypoproteinenia
血岛/血島 blood island
血窦/血竇 blood sinusoid, sinusoid
血-睾屏障/血-睾屏障 blood-testis barrier
血管/血管 blood vessel
血管地址素/血管定址素,管脈定址素 vascular addressin
血管发生/血管發生,血管新生成 angiogenesis
血管发生簇/血島 blood island
血管活性肠收缩肽/血管活性小腸收縮肽 vasoactive intestinal contractor, VIC
血管活性肠肽/血管活性小腸肽,舒血管腸肽 vasoactive intestinal peptide, VIP
血管活性肽/血管活性肽 vasoactive peptide
血管极/血管極 vascular pole
血管紧张度/血管緊張度 vascular tone
血管紧张素/血管緊張素,血管緊縮素,血管收縮素 angiotensin, angiotonin
血管紧张素Ⅰ/血管緊縮素Ⅰ angiotensin Ⅰ
血管紧张素Ⅱ/血管緊縮素Ⅱ angiotensin Ⅱ
血管紧张素Ⅲ/血管緊縮素Ⅲ angiotensin Ⅲ
血管紧张素受体/血管緊縮素受體 angiotensin receptor, ATR
血管紧张素Ⅱ受体/血管緊縮素Ⅱ受體 angiotensin Ⅱ receptor
血管紧张素受体阻断剂/血管緊縮素受體阻斷劑 angiotensin receptor blocker, ARB
血管紧张素Ⅱ1型受体/血管緊縮素Ⅱ1型受體 angiotensin Ⅱ type 1 receptor, AT_1R
血管紧张素Ⅱ2型受体/血管緊縮素Ⅱ2型受體 angiotensin Ⅱ type 2 receptor, AT_2R
血管紧张素原/血管緊張素原,血管緊縮素原,血管收縮素原 angiotensinogen, AGT
血管紧张素原Ⅰ/血管緊縮素原Ⅰ angiotensinogen Ⅰ
血管紧张素原Ⅱ/血管緊縮素原Ⅱ angiotensinogen Ⅱ
血管紧张素转化酶/血管緊縮素轉化酶 angiotensin converting enzyme, ACE
血管紧张素转化酶抑制剂/血管緊縮素轉化酶抑制劑 angiotensin converting enzyme inhibitor, ACEI
血管紧张素转换酶/血管緊縮素轉化酶 angiotensin converting enzyme, ACE
血管紧张肽/血管緊縮素,血管緊張素,血管收縮素 angiotensin, angiotonin
血管紧张肽Ⅰ/血管緊張素Ⅰ angiotensin Ⅰ
血管紧张肽Ⅱ/血管緊張素Ⅱ angiotensin Ⅱ
血管紧张肽原/血管緊縮素原,血管緊張素原,血管收縮素原 angiotensinogen, AGT
血管紧张肽原酶/腎素,血管緊張素原酶 renin
血管紧张肽Ⅰ转化酶/血管緊張素Ⅰ轉化酶 angiotensin Ⅰ-converting enzyme, ACE
血管紧张肽转化酶抑制肽/血管緊張素轉化酶抑制肽 ancovenin
血管扩张/血管擴張,血管舒張 vasodilatation, vasodilation
血管力学/血管力學 vascular mechanics
血管流变学/血管流變學 vascular rheology
[血管]内膜/内膜 tunica intima

血管内皮[细胞]生长抑制物/血管内皮[細胞]生長抑制因子 vascular endothelial growth inhibitor, VEGI
血管内皮[细胞]生长因子/血管内皮[細胞]生長因子 vascular endothelial growth factor, VEGF
血管内皮[细胞]生长因子受体/血管内皮[細胞]生長因子受體 vascular endothelial growth factor receptor, VEGFR
[血管]内皮细胞抑制素/内皮[細胞]抑制素,内皮抑制蛋白 endostatin
[血管]内皮抑制蛋白/内皮[細胞]抑制素,内皮抑制蛋白 endostatin
血管区/血管區 area vasculosa
血管蠕变/血管蠕變 blood vessel creep
[血管]升压素/[血管]加壓素,增壓素 vasopressin, pitressin
血管生成蛋白/血管生成蛋白 angiogenin
血管生成素/血管生成素,血管生長素,血管增生素 angiopoietin
血管生成因子/血管生成因子 angiogenic factor
血管生物反应器/血管生物反應器 vascular bioreactor
血管收缩/血管收縮 vasoconstriction
血管舒张/血管舒張,血管擴張 vasodilatation, vasodilation
血管舒张剂刺激磷蛋白/血管舒張劑刺激磷蛋白 vasodilator-stimulated phosphoprotein
血管舒张素/胰激肽,微血管增滲素 kallidin
血管舒张肽/血管舒張肽,血管舒張素 vasodilatin
血管通透性因子/血管通透性因子 vascular permeability factor, VPF
血管外周脂肪组织/血管外周脂肪組織 perivascular adipose tissue, PVAT
血管纹/血管紋 stria vascularis
血管细胞黏附分子/血管細胞黏附分子,管脈細胞黏著分子,血管細胞附著分子 vascular cell adhesion molecule, VCAM
血管小球/血管小球 glomerulus
血管性假血友病因子/血管性假血友病因子,馮・温韋伯氏因子,vW因子 von Willebrand factor, vWF
血管性水肿/血管性水腫 angioedema
血管抑[制]素/血管[增生]抑制素 angiostatin
血管运动神经/血管運動神經 vasomotor nerve
血管运动中枢/血管運動中樞 vasomotor center
血管造影术/血管攝影 angiography
血管周围纤维鞘/血管纖維周鞘 perivascular fibrous sheath, PFS
血管组织工程支架/血管組織工程支架 vascular tissue engineering scaffold
血红蛋白/血紅蛋白,血紅素 hemoglobin, Hb
血红蛋白病/血紅蛋白疾病 hemoglobinopathy
血红蛋白C辅因子/血紅蛋白C輔因子,血紅素C輔因子 hemoglobin C cofactor
血红蛋白计/血紅蛋白計,血紅素計 hemometer
血红蛋白α-链/血紅蛋白α-鏈 hemoglobin α-chain
血红蛋白β-链/血紅蛋白β-鏈 hemoglobin β-chain
血红蛋白γ-链/血紅蛋白γ-鏈 hemoglobin γ-chain
血红蛋白δ-链/血紅蛋白δ-鏈 hemoglobin δ-chain
血红蛋白尿/血紅素尿[症] hemoglobinuria
血红素/血紅素,血紅質 heme
血红素蛋白[质]/血紅素蛋白 hemoprotein
血红素黄素蛋白/血紅素黄素蛋白 hemoflavoprotein
血红素加氧酶/血紅素加氧酶 heme oxygenase, HO
血寄生虫/血寄生蟲 hematozoic parasite, hematozoon
血浆/血漿 blood plasma, plasma
血浆蛋白/血漿蛋白 plasma protein
血浆黏度/血漿黏度 plasma viscosity
血浆凝固酶/血漿凝固酶 plasma coagulase
血浆凝固酶试验/血漿凝固酶試驗 plasma coagulase test
血浆清除率/血漿廓清 plasma clearance
血浆去除术/血漿去除術,漿細胞分離技術 plasmapheresis
血浆渗透压/血漿滲透壓 plasma osmotic pressure
血浆型激肽释放酶/血漿型激肽釋放酶 plasma kallikrein
血浆胰蛋白酶原/血漿胰蛋白酶原 plasma trypsinogen
血块收缩/血塊收縮 blood clot retraction
血蓝蛋白/血藍蛋白,血青朊,血青素 hemocyanin
血淋巴/血淋巴 hemolymph
血淋巴结/血淋巴結 hemolymph node
血流/血流 blood flow
血流动力学/血流動力學 hemodynamics
血流速度描记术/血流速度描記術 dromography
血囊/血囊 hematodocha
血-脑脊液屏障/血-腦脊液屏障,血液-腦脊髓液障壁 blood-cerebrospinal fluid barrier
血-脑屏障/血腦屏障,血-腦障壁 blood-brain barrier, blood-cerebral barrier, BBB
血内皮胎盘/血内皮胎盤 hemoendothelial placenta
血尿热/血尿熱 red-water fever
血尿素氮/血液尿素氮 blood urea nitrogen

血凝/血球凝集,血凝反應 hemagglutination, HA
血凝试验/血球凝集試驗 hemagglutination test
血凝素/血凝素,血球凝集素 hemagglutinin, HA
血凝抑制/血球凝集抑制作用 hemagglutination inhibition
血气分析/血氣分析 blood gas analysis
血腔/血腔 hemocoel
血腔受精/血腔受精 hemocoelic insemination
血腔胎生/血腔胎生 hemocoelous viviparity
血青素/血青素,血藍蛋白,血青朊 hemocyanin
血清/血清 blood serum, serum
血清变型/血清變型 serovar
血清分型/血清分型 serotyping
血清类黏蛋白/血清類黏蛋白 orosomucoid
血清疗法/血清療法 serotherapy
血清铺展因子/血清鋪展因子,玻質結締素,透明質蛋白 vitronectin, VN
血清素/血清素,5-羥[基]色胺 serotonin
血清型/血清型 serotype
血清胸腺因子/血清胸腺因子 serum thymic factor
血清学/血清學 serology
血清学鉴定/血清學鑒定 serological identification
血清学特异性/血清學特異性 serological specificity
血清应答因子/血清反應因子 serum response factor, SRF
血清应答元件/血清應答元件,血清反應元件 serum response element, SRE
血琼脂/血瓊脂 blood agar
血绒膜胎盘/血絨膜胎盤 hemochorial placenta
血容量/血容量 blood volume
血乳酸开始累积点/血乳酸開始累積點 onset of blood lactate accumulation, OBLA
血鳃/血鰓 blood gill
血色蛋白/血色蛋白 hemochromoprotein
血色素结合蛋白/血紅素結合蛋白 hemopexin
血栓收缩蛋白/血栓收縮蛋白,血栓緊縮素 thrombosthenin
血栓素/凝血脂素,前列凝素 thromboxane, TX
血栓弹力图/血栓彈力圖 thromboelastography
血栓调节蛋白/血栓調節蛋白,凝血[酶]調節蛋白 thrombomodulin, TM
血栓烷/凝血脂素,前列凝素 thromboxane, TX
血胎屏障/血胎屏障,血胎障壁 blood-placental barrier
血糖稳态/血糖穩態,血糖平衡 glucose homeostasis
血糖指数/血糖指數 glycemic index, GI
血体/血體 corpus hemorrhagicum
血铁黄素蛋白/血鐵黃素,血鐵蛋白,血鐵質 hemosiderin
血细胞/血細胞,血球 hemocyte, haemocyte
血细胞比容/血球比容,血容比,紅血球容積比 hematocrit
血细胞发生/血細胞發生 hemocytopoiesis
血细胞激肽/血球激肽 hemokinin
血细胞计数器/血球計[數器] blood cell counter, hematimeter, hemacytometer
血细胞减少症/血球減少症 hemocytopenia
血细胞凝集/血球凝集 hemagglutination, HA
血细胞凝集素/血細胞凝集素,血凝素 hemagglutinin
血细胞渗出/血球滲出 diapedesis
血细胞生成/血細胞生成,造血[作用] hematopoiesis, hemopoiesis
血细胞吸附/血球吸附[作用] hemadsorption
血纤蛋白/[血]纖維蛋白 fibrin
血纤蛋白溶解/纖維蛋白溶解,纖維蛋白分解 fibrinolysis
血纤蛋白原/[血]纖維蛋白原 fibrinogen, profibrin
血纤肽/血纖維肽 fibrinopeptide
血相/血相 hemogram
血小板/血小板 thrombocyte, blood platelet, platelet
血小板分泌/血小板分泌 platelet secretion
血小板活化因子/血小板活化因子 platelet activating factor, PAF
血小板活化因子受体/血小板活化因子受體 platelet activating factor receptor, PAFR
血小板激活因子/血小板活化因子 platelet activating factor, PAF
血小板碱性蛋白/血小板鹼蛋白 platelet basic protein
血小板聚集/血小板凝集 platelet aggregation
血小板内皮细胞黏附分子-1/血小板內皮細胞黏著分子-1,血小板內皮細胞附著分子-1 platelet endothelial cell adhesion molecule-1, PECAM-1
血小板黏附反应/血小板黏附反應 platelet adhesion reaction
β-血小板球蛋白/β-血小板球蛋白 β-thromboglobulin
血小板生成/血小板生成,凝血細胞發生 thrombopoiesis
血小板生成素/血小板生成素,血小板生長因子 thrombopoietin, TPO
血小板生成素受体/血小板生成素受體 thrombopoietin receptor, TPOR
血小板释放/血小板釋放 platelet release

血小板输注无效症/血小板輸注無效症 platelet transfusion refractoriness, PTR
血小板 T 细胞活化抗原-1/血小板及 T 細胞活化抗原-1 platelet and T cell activation antigen-1, PTA1
血小板衍生生长因子/血小板衍生生長因子 platelet-derived growth factor, PDGF
血小板衍生生长因子受体/血小板衍生生長因子受體 platelet-derived growth factor receptor, PDGF
血小板衍生生长因子受体-α 阳性细胞/血小板衍生生長因子受體-α 陽性細胞 platelet-derived growth factor receptor α positive cell, $PDGFR\alpha^+$ cell
血小板因子/血小板因子 platelet factor
血小板应答蛋白/血小板應答蛋白,血栓反應素 thrombospondin
血小板源性生长因子/血小板衍生生長因子 platelet-derived growth factor, PDGF
血型/血型 blood group, blood type
ABO 血型/ABO 血型 ABO blood group
血型集合/血型集合 blood group collection
血型抗原/血型抗原 blood group antigen
血型糖蛋白/血型糖蛋白,載糖蛋白 glycophorin
血型物质/血型物質 blood group substance
血型系列/血型系列 blood type series
血型系统/血型系統 blood group system
ABO 血型系统/ABO 血型系統 ABO blood group system
MNSs 血型系统/MNSs 血型系統 MNSs blood group system
Rh 血型系统/Rh 血型系統 Rh blood group system
血压/血壓 blood pressure, BP
血压变异性/血壓變異性 blood pressure variability, BPV
血压传感器/血壓感測器 blood pressure transducer
血压计/血壓計 sphygmomanometer, hemomanometer
血压体位反射/血壓體位反射 blood pressure postural reflex
血氧计/血氧計,血氧測量器 oximeter
血液/血液 blood
血液表观黏度/血液表觀黏度,血液視黏度 blood apparent viscosity
血液层流/血液層流 blood laminar flow
血液触变性/血液觸變性 blood thixotropy
血液流变学/血液流變學 hemorheology
血液流速/血液流速 blood flow velocity
血[液]黏度/血液黏度,血液黏滯性 blood viscosity
血液凝固/凝血作用 blood coagulation, blood clotting
血液气体分析仪/血氣分析儀 blood gas analyzer
血液气体运输/血液氣體運輸 blood gas transport
血液生理学/血液生理學 blood physiology
血液生物反应器/血液生物反應器 blood bioreactor
血液兴奋剂/血液興奮劑 blood dope
血液性缺氧/血液性缺氧 hemic hypoxia
血液学/血液學 hematology, haematology
血[液]循环/血流循環 blood circulation
血液异体回输/血液異體回輸 homologous blood transfusion
血液周边流变学/血液周邊流變學 perihemorheology
血影/血影,形骸 ghost
血影蛋白/血影蛋白,紅細胞膜内蛋白 spectrin
血友病/血友病 hemophilia
血运分泌/遠距分泌 telecrine, hemocrine
寻靶作用/尋靶作用,標的作用 targetting
巡回潜水/巡迴潛水 excursion diving
巡游/巡遊 cruising
巡游半径/巡遊半徑 cruising radius
荨麻疹/蕁麻疹 urticaria
C_3 循环/三碳循環 C_3 cycle
C_4 循环/四碳循環 C_4 cycle
循环测序/循環測序,循環定序 circular sequencing
循环光合磷酸化/循環光合磷酸化 cyclic photophosphorylation
循环经济/循環經濟 circular economy
循环库/循環庫 cycling pool
循环率/循環率 cycling rate
循环内吞体/再循環内體,迴圈内吞體 recycling endosome
循环期/循環期 circulation period
循环人兽互通病/循環人獸互通病,循環人畜共通病 cyclo-zoonosis
循环生理学/循環生理學 circulatory physiology
循环时间/循環時間 circulation time
循环[式]电子传递/循環[式]電子傳遞,迴圈式電子傳遞 cyclic electron transport, cyclic electron flow
循环[式]电子传递途径/循環[式]電子傳遞途徑 cyclic electron transport pathway
循环衰竭/循環衰竭 circulatory failure
循环稳定性/循環穩定性 cyclical stability
循环系统平均充盈压/平均循環系充盈壓 mean circulatory filling pressure
循环性缺氧/循環性缺氧 circulatory hypoxia
循环血量/循環血量 circulatory blood volume
鲟精蛋白/鱘精蛋白 sturin

鲟精肽/鱘精蛋白 sturin
迅速减压/快速減壓 rapid decompression
驯化/馴化 acclimatization, domestication
驯化植物/歸化植物 naturalized plant
驯化种/歸化種 naturalized species
蕈巢共生/蕈巢共生 mycetometochy
蕈毒碱/蕈毒鹼,蠅蕈素 muscarine
蕈毒碱[性]受体/蕈毒鹼性受體,毒蕈鹼樣受體,M受體 muscarinic receptor, M-receptor
蕈毒酮样受体/蕈毒酮樣受體 muscaronic receptor
蕈环十肽/蕈環十肽 antamanide
蕈状体/蕈形體 mushroom body

Y

压滴法/壓滴法 press-drop method
压盖肌/壓蓋肌 depressor muscle
压觉/壓覺 pressure sensation
压力负荷/壓力負載 pressure load
压力感受器/壓受器 pressure receptor, baroreceptor
压力感受器反射重调定/壓受器反射重調定 baroreflex resetting
压力-容积环/壓力-容積環 pressure-volume loop
压力-容积曲线/壓力-容積曲線 pressure-volume curve
压力势/壓力勢 pressure potential
压力性利尿/壓力性利尿 pressure diuresis
压力性眩晕/壓力性眩暈 pressure vertigo
压片/壓片 squash slide
压丝器/榨絲器,注絲器 thread press, silk press
压缩假说/壓縮假說 compression hypothesis
压缩木/壓縮材,偏心材 compression wood
压条/壓條 layerage, layering
压抑/壓抑 quelling
压应力/壓應力 compressive stress
[牙]齿/[牙]齒 tooth
牙沟/牙溝 fang groove, cheliceral furrow
芽孢/芽孢 gemma, spore
[芽孢]杆菌/[芽孢]桿菌 bacillus
芽孢杆菌麻痹病/芽孢桿菌麻痺病 bacillary paralysis
芽孢杆菌 RNA 酶/芽孢桿菌 RNA 酶 barnase
[芽孢]内膜/内膜 inner membrane, intine
芽孢染色/芽孢染色 endospore staining
[芽孢]外膜/外膜,外壁内層 outer membrane, exitine
芽孢衣/芽孢衣 coat
芽孢原生质/芽孢原生質 spore protoplast
芽变/芽變 bud variation, bud mutation, bud sport
芽插/芽插 bud cutting
芽[出]分生孢子/芽生分生孢子 blastoconidium, blastic conidium
芽缝/芽裂縫 germ slit
芽骨/芽骨 virgalia
芽管/發芽管 germ tube
芽痕/芽痕 bud scar
芽基/芽基,胚基 blastema
芽接/芽接 bud grafting
芽孔/發芽孔 germ pore
芽鳞/芽鱗 bud scale
芽囊/芽囊 capsule
芽球/芽球,小芽,生殖芽 gemmule
芽球生殖/芽球生殖 gemmulation
芽生/芽生,出芽生殖,胚芽生殖 gemmation, blastogenesis
芽生孢子/芽生孢子 blastospore
芽生型病毒粒子/芽生型病毒粒子 budded virion, BV
芽细胞/芽細胞 sprout cell
芽休眠/芽休眠 bud dormancy
芽眼/芽眼 bud eye
芽殖/芽生,出芽生殖 budding, budding reproduction
芽殖分生孢子/芽生分生孢子 blastoconidium, blastic conidium
蚜橙素/蚜橙素 lanigern, strobinin
蚜红素/蚜紅素 erythroaphin
蚜黄液/蚜黄素 aphidilutein
蚜色素/蚜色素 aphins
哑铃蛋白/巢蛋白,内動素 nidogen, entactin
哑铃形骨针/啞鈴形骨針 dumb-bell
亚氨基酸/亞氨基酸,亞胺基酸 imino acid
亚螯/亞螯 sub-chela
亚螯状/亞螯狀 sub-chelate
亚北极带/亞北極帶 subarctic zone
亚背毛/亞背毛 subdorsal seta
亚倍体/亞倍體,缺倍數體,低倍體 hypoploid
亚倍性/亞倍性,缺倍數體性 hypoploidy
亚病毒/亞病毒 subvirus
亚病毒病原体/亞病毒病原體 subviral pathogen
亚病毒感染因子/亞病毒感染因子 subviral agent
亚成虫/亞成蟲 subimago
亚成体/亞成體 subadult, adolecent
亚齿/亞齒 secondary tooth
亚磁场/亞磁場 hypomagnetic field
亚磁场生物效应/亞磁場生物效應 hypomagnetic bioeffect

亚大陆性气候/次大陸性氣候 subcontinental climate
亚单位/亞單位,次單元 subunit
亚单位疫苗/亞單位疫苗,次單元疫苗 subunit vaccine, subunit bacterial vaccine
亚德里亚霉素/阿德力黴素 adriamycin, doxorubicin
亚端毛/亞端毛 subterminala, subterminal seta
亚盾片/亞盾板 subtegulum
亚二倍体/亞二倍體 hypodiploid
亚纲/亞綱 subclass
亚高山带/亞高山帶 subalpine belt, subalpine zone
亚高山植物区系/亞高山植物相 subalpine flora
亚灌木/亞灌木,半灌木 subshrub, suffrutex, half-shrub
亚寒带/亞寒帶 subfrigid zone
亚寒带种/亞寒帶種 subfrigid zone species
亚化石/亞化石,準化石 subfossil
亚磺酸化/亞磺酸化 sulfination
亚基/亞基 subunit
亚基缔合/亞基締合 subunit association
亚基交换层析/亞基交換層析法 subunit-exchange chromatography
亚基因/次[級]基因 sub-gene
亚基因组/亞基因組,次基因體 subgenome
亚极带/亞極帶 subpolar zone
亚家族/亞家族 subfamily
亚甲蓝/亞甲藍,美藍 methylene blue
亚甲蓝还原试验/亞甲藍還原試驗,美藍還原試驗 methylene blue reduction test
亚甲绿/亞甲綠 methylene green
亚肩毛/亞肩毛 subhumeral seta
亚角质/亞角質 subcutin
亚界/亞界 subkingdom
亚精胺/亞精胺,精咪,精胺素 spermidine
亚科/亞科 subfamily
亚颏/亞頦 submentum
亚克隆/亞克隆,次選殖 subclone
亚克隆化/次選殖化,單株化 subcloning
亚里士多德提灯/亞氏提燈 Aristotle lantern
亚量基因/次量基因 subquantitative gene
亚磷酸/亞磷酸 phosphorous acid
亚磷酸三酯法/亞磷酸三酯法 phosphite triester method
亚磷酸盐/亞磷酸鹽 phosphite
亚磷酸酯法/亞磷酸酯法 phosphite method
亚磷酰胺法/亞磷醯胺法 phosphoramidite method
亚硫酸铋琼脂/亞硫酸鉍瓊脂 bismuth sulfite agar
亚硫酸盐氧化酶/亞硫酸氧化酶 sulfite oxidase
亚卵黄原蛋白/副卵黄原蛋白 paravitellogenin
亚麻黄质/亞麻黄質 linoxanthine
亚麻酸/亞麻油酸 linolenic acid
亚麻子油/亞麻子油 linseed oil, flax seed oil
亚慢性毒性实验/亞慢性毒性實驗 subchronic toxicity testing
亚门/亞門 subphylum
亚目/亞目 suborder
亚牛磺酸/亞牛磺酸,胺乙基亞磺酸 hypotaurine
亚前缘骨片/亞前緣骨片 subcostal sclerite
亚前缘脉/亞前緣脈 subcosta
亚乔木植物/亞喬木植物 mesophanerophyte
亚区/亞區 subregion
亚群丛/亞群叢 subassociation
亚群体/亞族群,次族群 subpopulation
亚群系/亞群系 subformation
亚群相/亞群相,亞變群叢 lociation
亚染色丝/亞染色絲 subchromonema
亚染色线/亞染色絲 subchromonema
亚热带/亞熱帶 subtropical zone
亚热带常绿阔叶林/亞熱帶常綠闊葉林 subtropical evergreen forest
亚热带雨林/亞熱帶雨林 subtropical rain forest
亚热带雨林带/亞熱帶雨林帶 subtropical rain forest zone
亚氏提灯/亞氏提燈 Aristotle lantern
亚适温/次適溫 suboptimal temperature
亚室旁核/亞室旁核 subparaventricular zone, SPZ
亚属/亞屬 subgenus
亚双叶型疣足/亞雙葉型疣足 sub-biramous parapodium
亚铁螯合酶/亞鐵螯合酶 ferrochelatase
亚铁氰基/亞鐵氰基 ferrocyanogen
亚铁氧化酶/亞鐵氧化酶 ferroxidase
亚微观分析/超顯微鏡分析 submicroscopic analysis
亚微粒体/亞微粒體 submicrosome
亚系统/亞系統,次系統 subsystem
亚细胞器蛋白质组/亞細胞器蛋白[質]組,亞細胞器蛋白[質]體 subcellular proteome
亚细胞器蛋白质组学/亞細胞器蛋白質組學 subcellular proteomics
亚显微结构/亞微觀結構,超顯微鏡結構 submicroscopic structure
亚线粒体颗粒/次粒線體顆粒 submitochondrial particle
亚线粒体小泡/次粒線體小泡 submitochondrial vesicle
亚硝基/亞硝基 nitroso

亚硝酸氨化作用/亞硝酸鹽氨化作用 nitrite ammonification
亚硝酸还原酶/亞硝酸還原酶 nitrite reductase
亚硝酸盐氧化细菌/亞硝酸鹽氧化細菌 nitrite-oxidizing bacteria
亚硝酰化/亞硝醯化 nitrosylation
亚硝酰基阳离子/亞硝醯基陽離子 nitrosyl cation, nitrosonium cation
亚硝酰基阴离子/亞硝醯基陰離子 nitrosyl anion
亚小种/亞小種 subrace
亚效等位基因/亞效等位基因 hypomorphic allele, hypomorph
亚型/亞型,次型 subtype
亚雪带/亞雪帶 subnival region, subnival zone, subnival belt
亚沿岸带/亞沿岸帶,亞濱岸帶 sublittoral zone, sublittoral belt
亚沿岸带群落/亞沿岸帶群落 sublittoral community
亚沿岸区/亞沿岸區,亞濱岸區 sublittoral region
亚厣/次口蓋 suboperculum
亚[演替]顶极/亞頂極,亞極相,亞巔峰群落 subclimax
亚影响种/亞影響種 subinfluent species
亚优势木/亞優勢木 subdominant tree
亚优势种/亞優勢種 subdominant species
亚油酸/亞麻油酸 linoleic acid
亚油酸合酶/亞油酸合酶 linoleate synthase
亚原生质体/亞原生質體 sub-protoplast
亚致死基因/亞致死基因,次致命基因 sublethal gene
亚致死剂量/亞致死劑量 sublethal dosage
亚致死浓度/亞致死濃度 sublethal concentration
亚致死热胁迫/亞致死熱緊迫 sublethal heat stress
亚致死损伤/亞致死損傷 sublethal damage
亚致死温度/次致死温度 sublethal temperature
亚中齿/亞中齒 submedian tooth
亚中毛/亞中毛 submedian seta
亚中小齿/亞中小齒 submedian denticle
亚中[央]脊/亞中脊 submedian carina
亚中着丝粒染色体/亞中央著絲點染色體,次中節染色體 submetacentric chromosome
亚种/亞種 subspecies
亚种分化/亞種分化 subspecies differentiation
亚种群/亞族群,次族群 subpopulation
亚族/亞族 subtribe
咽/咽[喉] pharynx
咽板/咽板 pharyngeal plate
咽泵/咽泵 pharyngeal pump
咽扁桃体/咽扁桃體 pharyngeal tonsil
咽侧体/咽側體 corpora allata
咽侧体切除术/咽側體切除術,咽喉側腺切除術 allatectomy
咽侧体神经/咽側體神經,咽喉側腺神經 nervus corpusis allatica
咽齿/咽齒 pharyngeal tooth
咽骨/咽骨 pharyngeal bone
咽鼓管/咽鼓管,耳咽管 pharyngotympanic tube
咽甲/咽甲 pharyngeal armature
咽篮/咽籃 pharyngeal basket
咽门/咽門 fauces
咽膜/咽膜 peniculus
咽囊/咽囊 pharyngeal pouch
咽泡/咽泡 pharyngeal bulb
咽片/咽喉骨片 pharyngeal sclerite, pharyngea
咽腔/咽腔 pharyngeal cavity
咽鳃骨/咽鰓骨 pharyngobranchial bone
咽上肌/咽上肌 epipharyngeal muscle
咽上神经节/咽上神經節 suprapharyngeal ganglion
咽微纤丝/咽微纖絲 nematodesma
咽下神经/咽下神經,食道下神經 subpharyngeal nerve
咽下神经节/咽下神經節 subpharyngeal ganglion
咽下声囊/咽下聲囊 subgular vocal sac
咽下腺/下咽喉腺 hypopharyngeal gland
咽腺/咽腺 pharyngeal gland
胭脂/胭脂 kermes
胭脂氨酸/胭脂鹼,胭脂胺酸 nopaline
胭脂红/胭脂紅,洋紅 carmine
胭脂碱/胭脂鹼,胭脂胺酸 nopaline
胭脂碱合酶/胭脂鹼合酶 nopaline synthase, NS
胭脂鸟氨酸/胭脂鳥氨酸 nopalinic acid
胭脂酮酸/胭脂酮酸 kermesic acid
烟草花叶病/煙草嵌紋病 tobacco mosaic disease
烟草花叶病病毒/煙草嵌紋病毒 tobacco mosaic virus, TMV
烟草曲叶病毒/煙草捲葉病毒 tobacco leaf curl virus
烟草酸性焦磷酸酶/煙草酸性焦磷酸酶 tobacco acidic pyrophosphatase
烟碱/菸鹼 nicotine
烟碱型乙酰胆碱受体/菸鹼樣乙醯膽鹼受體 nicotinic acetylcholine receptor, nAChR
烟碱[性]受体/菸鹼[樣]受體,尼古丁[樣]受體,N受體 nicotinic receptor, N-receptor
烟酸/菸酸 nicotinic acid, niacin

烟酰胺/菸鹼醯胺 nicotinamide, niacinamide
烟酰胺腺嘌呤二核苷酸/菸鹼醯胺腺嘌呤二核苷酸，輔酶Ⅰ nicotinamide adenine dinucleotide, NAD
烟酰胺腺嘌呤二核苷酸激酶/NAD激酶 NAD kinase
烟酰胺腺嘌呤二核苷酸磷酸/菸鹼醯胺腺嘌呤二核苷酸磷酸，輔酶Ⅱ nicotinamide adenine dinucleotide phosphate, NADP
阉割/閹割，去勢 castration
湮没效应/湮没效應 demographic swamping
延迟发光/遲延發光 delayed luminescence
延迟非匹配样本任务/延遲非匹配樣本任務 delayed non-match to sample task
延迟后除极/延遲後除極，延遲後去極化 delayed after-depolarization
延迟后去极化/延遲後去極化，延遲後除極 delayed after-depolarization
延迟敏感性/延遲敏感性 delay sensitivity
延迟热能/延遲熱能 delayed heat
延迟条件反射/延遲條件反射 delay-conditioned reflex
延迟显性/遲延顯性，緩發顯性 delayed dominance
延迟性骨骼肌超微结构改变/延遲性骨骼肌超微結構改變 delayed onset muscle ultrastructure change, DOMUC
延迟性肌肉酸痛/延遲性肌肉酸痛 delayed onset muscle soreness, DOMS
延迟性密度制约因子/延遲性密度依變因子 delayed density-dependent factor
延迟遗传/遲延遺傳 delay inheritance
延迟荧光/延遲螢光 delayed fluorescence
延迟运动/遲延運動 delayed movement, lagging
延迟整流/延遲整流 delayed rectification
延胡索酸/延胡索酸，反丁烯二酸 fumaric acid
延胡索酸酶/延胡索酸酶，反丁烯二酸酶 fumarase
延胡索酰乙酰乙酸/延胡索醯乙醯乙酸 fumarylacetoacetic acid
延缓抑制/延遲抑制 delayed inhibition
延期发芽/延遲發芽 delayed germination
延伸/延伸 extension, elongation
延伸X射线吸收精细结构/延伸X射線吸收精細結構 extended X-ray absorption fine structure, EXAFS
延伸因子/延伸因子 elongation factor, EF
延生叶/延生葉 enation leaf
延髓/延髓 medulla oblongata
延髓腹外侧区头端/延髓腹外側區頭端 rostral ventrolateral medulla, RVLM
延髓锥体/延髓錐體 medullary pyramid
延增效应/延增效應 multiplier effect
延滞期/遲滯期，遲緩期 lag phase
严格合意树/嚴格共同樹 strict consensus tree
严紧反应/嚴緊反應 stringent response
严紧控制/嚴緊控制 stringent control
严紧型质粒/嚴緊型質體，嚴謹性質粒 stringent plasmid
严紧因子/嚴緊因子，應急因子 stringent factor
岩岸/岩岸 rocky shore
岩鼓骨/岩鼓骨 petrotympanic bone
岩礁/岩礁 rocky reef
岩芹酸/岩芹酸 petroselinic acid
岩生植被/岩生植被 rock vegetation
岩石圈/岩石圈 lithosphere
岩隙生物区系/岩隙生物相 endolithon
岩藻多糖/岩藻多糖 fucoidan, fucoidin, fucan
岩藻黄质/岩藻黄素，墨角藻黄素，鹿角藻黄素 fucoxanthin
岩藻聚糖/岩藻聚糖，鹿角藻糖聚糖 fucosan
岩藻糖/岩藻糖，海藻糖 fucose
岩藻糖苷酶/岩藻糖苷酶 fucosidase
岩藻糖苷贮积症/岩藻糖苷貯積症，岩藻糖苷沉積症 fucosidosis
岩藻糖基转移酶/岩藻糖基轉移酶 fucosyltransferase
炎性肠病/炎症性腸病，發炎性腸道疾病 inflammatory bowel disease, IBD
炎性痛/炎性痛 inflammatory pain
炎症/炎症，發炎反應 inflammation
炎症介质/炎症介質，發炎介質 inflammatory mediator
炎症细胞/炎症細胞，發炎細胞 inflammatory cell
沿岸带/沿岸帶，沿岸區，濱岸帶 littoral zone, littoral belt
沿岸底栖生物/沿岸底棲生物 littoral benthos
沿岸动物/沿岸動物相 littoral fauna
沿岸群落/沿岸群落，沿岸群聚 littoral community
沿海浮游生物/沿岸浮游生物 coastal plankton
沿海沙漠/沿岸沙漠 coastal desert
沿海渔业/沿岸漁業 coastal fishery
沿海沼泽/沿岸沼澤 coastal swamp
盐变层/鹽躍層 halocline layer, halinecline
盐丢失综合征/鹽丟失綜合症，鹽丟失症候群 salt loss syndrome
盐度/鹽度 salinity
盐湖/鹽水湖 salt lake, athalassic lake
盐化作用/鹽化[作用] salinization, salination

盐霉素/鹽黴素　salinomycin
盐漠/鹽[質沙]漠　salt desert
盐皮质[激]素/鹽皮質[激]素,礦物皮質[激]素　mineralocorticoid
盐皮质[激]素受体/鹽皮質[激]素受體,礦物皮質[激]素受體　mineralocorticoid receptor, MR
盐皮质类固醇/鹽皮質[激]素,礦物皮質[激]素　mineralocorticoid
盐溶/鹽溶　salting-in
盐肉质化/鹽肉質化　salt succulence
盐生灌木/鹽性灌木　salt bush
盐生群落/鹽生群落　salt community
盐生生物/鹽生生物　halobios, halobiont
盐生演替系列/鹽生演替系列,鹽生消長系列　halosere
盐生植被/鹽生植被　halophytic vegetation
盐生植物/鹽生植物,耐鹽植物　halophyte, halophilous plant
盐水浮游生物/鹽水浮游生物,鹹水浮游生物,海水性浮游生物　haliplankton, haloplankton
盐调节/鹽調節　salt regulation
盐土/鹽漬土　salted soil
盐析/鹽析　salting-out
盐腺/鹽腺　salt gland
盐胁迫/鹽緊迫,鹽逆壓　salt stress
盐跃层/鹽躍層　halocline layer, halinecline
盐沼/鹽沼,鹽澤　salt marsh
颜脊/顔脊　facial carina
颜瘤/顔瘤　facial tubercle
颜色视觉/色[視]覺,辨色　color vision
颜色适应/色彩適應　chromatic adaptation, color adaptation
檐形突/前足體突　propodosomal lobe
衍酪蛋白/衍酪蛋白,副酪蛋白　paracasein
衍射/衍射,繞射　diffraction
衍射点/衍射點,繞射點　diffraction point
衍射强度/衍射強度,繞射強度　intensity of diffraction
衍射群/衍射群,繞射群　diffraction group
衍射图/衍射圖,繞射圖　diffraction pattern
衍生等模式/衍生等模式　ex-isotype
衍生模式/衍生模式　ex-type
衍生染色体/衍生染色體　derivative chromosome
衍生物/衍生物　derivative
衍生主模式/衍生主模式　ex-holotype
衍征/衍徵,裔徵,近裔共性　apomorphy
掩蔽/掩蔽,遮蔽　masking
掩蔽蛋白/掩蔽蛋白　maskin
掩蔽效应/掩蔽效應,掩蓋效應　masking effect
厣/厴　operculum
眼/眼　eye
眼斑/眼斑,眼點　eye spot, stigma, ocellus
眼板/眼板　eye plate, ocular plate, ocular shield
眼柄/眼柄　eye stalk, eye peduncle, ocular peduncle
眼点/眼點,眼斑　eye spot, stigma, ocellus
眼[动]磁图/眼[動]磁圖　magneto-oculogram, MOG
眼[动]电图/眼[動]電圖　electro-oculogram, EOG
眼动控制/眼動控制　oculomotor control
眼红素/視紅素,視紅質　erythropsin
眼后刺/眼後刺　postorbital spine
眼后房/眼球後房　posterior chamber of the eye
眼后沟/眼後溝　postorbital groove
眼后鬃/眼後剛毛　postocular bristle
眼黄素/眼黄素　xanthommatin
眼急动/眼球迅速移動　saccade
眼睑/眼瞼　eyelid
眼节/眼節　ophthalmic somite
眼镜蛇毒素/眼鏡蛇毒素　cobrotoxin
眼距过宽/眼距過寬　ocular hypertelorism
眼距过窄/眼距過窄　ocular hypotelorism
眼眶/眼眶　orbit
眼眶触角沟/眼眶觸角溝　orbito-antennal groove
眼眶前刺/眼眶前刺　preorbital spine
眼囊/眼囊　optic capsule
眼脑肾综合征/眼腦腎症候群　oculo-cerebro-renal syndrome
眼[内]压/眼[球]内壓　intraocular pressure, intraocular tension
眼前房/眼球前房　anterior chamber of the eye
眼桥/眼橋　eye bridge
眼球/眼球　eyeball
眼球跳动/眼球迅速移動　saccade
眼球纤维膜/眼球纖維膜　fibrous tunic of eyeball, tunica fibrosa bulbi
眼球血管膜/眼球血管膜　vascular tunic of eyeball
眼球震颤/眼球震顫　nystagmus
眼球震颤描记仪/眼球震顫描記器　nystagmograph
眼圈/眼環　eye ring
眼色素/眼色素　ommochrome
眼色素小体/眼色素小體　chromasome
眼上刺/眼上刺　supraorbital spine
眼室/眼室　ocular chamber
眼胃脊/眼胃脊　gastro-orbital carina
眼窝/眼窩　orbit
眼下齿/眼下齒　suborbital tooth

眼下区/眼下區 suborbital region
眼先/眼先 lore
眼心反射/眼心反射 oculocardiac reflex
眼芽/眼芽 eye bud
眼耀/眼耀 eyeshine
眼叶/眼葉 oculiferous lobe, eye lobe
眼优势/眼優勢,視覺優勢 ocular dominance
眼优势组/眼優勢組 ocular dominance group
眼震[颤]电图/眼球震顫電圖,眼振圖 electronystagmogram, ENG
演化/演化,進化 evolution
演化策略/演化策略 evolutionary strategy
演化生态学/演化生態學,進化生態學 evolutionary ecology
演替/演替,消長 succession
演替度/演替度,消長度 degree of succession, DS
演替阶段/演替階段 succession stage, stage of succession
演替趋同/演替趨同 successional convergence
演替系列/演替系列,消長系列 sere
演替系列单位/演替階段單位 seral unit
演替系列顶极[群落]/演替系列頂極群落,演替過渡極峰 serclimax, sereclimax
演替系列期/演替系列期,演替過渡階段 seral stage
演替系列群落/演替系列群落 seral community
厌光性/厭光性,避光性 photophobism, photophobe
厌旱性/厭旱性 xerophobe
厌食肽/厭食肽 anorectic peptide
厌食症/厭食症 anorexia
厌水性/厭水性 hydrophobe
厌酸性/厭酸性 acidophobe
厌恶行为/厭惡行為 aversive behavior
厌恶学习/厭惡學習 aversion learning
厌性反应/厭性反應 phobic reaction
厌雪性/厭雪性 chionophobe
厌盐性/厭鹽性 halophobe
厌阳性/厭日性 heliophobe
厌氧发酵/厭氧發酵 anaerobic fermentation
厌氧发酵罐/厭氧發酵槽 anaerobic fermenter
厌氧罐/厭氧罐 anaerobic jar
厌氧呼吸/厭氧呼吸,無氧呼吸 anaerobic respiration
厌氧菌/厭氧[細]菌,嫌氧菌 anaerobe, anaerobic bacteria
厌氧培养/厭氧培養 anaerobic culture, anaerobic cultivation
厌氧培养箱/厭氧培養箱 anaerobic incubator
厌氧生活/厭氧生活,無氧生活 anaerobiosis
厌氧生物/厭氧生物 anaerobe
厌氧手套箱/厭氧手套箱 anaerobic glove box
厌氧消化/厭氧消化 anaerobic digestion
厌氧性/厭氧性 oxyphobe
堰塞湖/堰塞湖 imprisoned lake, barrier lake, dammed lake
堰塞盆地/堰塞盆地 dammed basin
焰基球/焰基球 flame bulb
焰细胞/焰細胞 flame cell
燕麦单位/燕麥單位 Avena unit
燕麦蛋白/燕麥蛋白 avenin
羊齿时代/羊齒時代,蕨類時代 fern age
羊毛固醇/羊毛固醇,羊毛甾醇,羊毛硬脂醇 lanosterin, lanosterol
羊毛蜡/羊毛蠟,甘油三羥蠟酸酯 lanocerin
羊毛蜡酸/羊毛蠟酸 lanoceric acid
羊毛硫氨酸/羊毛硫氨酸 lanthionine
羊毛硫肽/羊毛硫肽 lanthiopeptin
羊毛软脂酸/羊毛軟脂酸,羊毛棕櫚酸 lanopalmitic acid
羊毛脂/羊毛脂 lanolin
羊毛棕榈酸/羊毛棕櫚酸,羊毛軟脂酸 lanopalmitic acid
羊膜/羊膜 amnion
羊膜穿刺/羊膜穿刺術 amniocentesis
羊膜带综合征/羊膜帶症候群 amniotic band syndrome
羊膜动物/羊膜動物 amniote
羊膜脊椎动物/羊膜脊椎動物 amnion vertebrate
羊膜间充质干细胞/羊膜間充質幹細胞 amniotic mesenchymal stem cell
羊膜腔/羊膜腔 amniotic cavity
羊膜心泡/羊膜心泡 amnio-cardiac vesicle
羊膜形成/羊膜形成 amniogenesis
羊膜液/羊膜液,羊水 amniotic fluid
羊膜早破畸形谱/羊膜早破畸形譜 early amnion rupture spectrum
羊膜褶/羊膜褶 amniotic fold
羊囊尾蚴/羊囊尾蚴 cysticercus ovis
羊水/羊水,羊膜液 amniotic fluid
羊水细胞/羊水細胞,羊膜細胞 amniocyte
羊水细胞培养/羊膜細胞培養 amniotic cell culture
羊水[源性]间充质干细胞/羊水[源性]間充質幹細胞 amniotic fluid-derived mesenchymal stem cell
阳地植物/陽地植物,陽生植物 sun plant
阳基侧突/陰基側突 paramere
阳极后增强/陽極後增強 post-anodal potentiation
阳茎瓣/陰莖瓣 penis valve
阳茎端/陰莖端 aedeagus, phallicata

阳茎端环/陰莖套 anellus, juxta
阳茎端膜/包膜 vesica, preputial membrane
阳茎基/陰莖附片 phallobase
阳茎基腹铗/陰莖鉗 volsella
阳茎口/陰莖口 phallotreme
阳茎内突/陰莖内骨突 aedeagal apodeme
阳茎鞘/陰莖鞘 manica
阳茎丝/陰莖絲 penisfilum
阳茎针/陰莖針 cornuti
阳具/陰莖,雄性交接器 phallus
阳具叶/陰莖葉 phallomere
阳离子/陽離子 cation
阳离子氨基酸转运体/陽離子氨基酸轉運體 cationic amino acid transporter
阳离子蛋白/陽離子蛋白 cationic protein
阳离子多聚物/多價陽離子 polycation
阳离子交换层析/陽離子交換層析法,陽離子交換色譜法 cation exchange chromatography
阳离子交换剂/陽離子交換劑 cation exchanger
阳离子交换量/陽離子置換量 cation exchange capacity, CEC
阳离子交换树脂/陽離子交換樹脂 cation exchange resin
阳伞效应/保護傘效應 umbrella effect
阳生叶/[向]陽葉 sun leaf
阳生植物/陽生植物,喜陽光植物,陽地植物 sun plant, heliophilous plant, heliophyte
阳性趋化作用/正向趨化性 positive chemotaxis
杨氏模量/楊氏模數,楊格模數 Young modulus
洋红/洋紅,胭脂紅 carmine
洋红霉素/洋紅黴素 carminomycin
洋流/洋流,海流 ocean current
洋盆/洋盆,海洋盆地 ocean-basin
洋中脊/中洋脊 mid-oceanic ridge
养蚕学/養蠶學 sericulture
养分/養分 nutrient, nutrition
养分利用效率/養分利用效率 nutrient-use efficiency, NUE
养分流/養分流,營養流 nutrient flow
养分平衡/養分均衡 nutrient balance
养分收支/養分收支 nutrient budget
养分循环/養分循環,營養物循環 nutrient cycle
养分有效性/養分有效性 nutrient availability
养蜂学/養蜂學 apiculture
养殖渔业/養殖漁業 aquaculture
氧饱和[度]/氧飽和[度] oxygen saturation
氧爆发/呼吸爆發 respiratory burst
氧电极测定法/氧電極測定法 method for determination of oxygen electrode
氧分析仪/氧分析儀 oxygen analyzer
氧分压/氧分壓 oxygen partial pressure, partial pressure of oxygen
氧含量/含氧量 oxygen content
氧耗量/耗氧量 oxygen consumption, oxygen uptake
氧合肌红蛋白/氧合肌紅蛋白 oxymyoglobin
氧合血红蛋白/氧合血紅蛋白,氧合血紅素 oxyhemoglobin, oxygenated hemoglobin
氧合指数/氧合指數 oxygenation index
氧合[作用]/氧合作用,氧化 oxygenation
氧化/氧化 oxidation
β-氧化/β-氧化 β-oxidation
氧化氮能神经元/氧化氮能神經元 nitrergic neuron
氧化发酵试验培养基/氧化發酵試驗培養基 oxidation-fermentation test medium
氧化沟/氧化溝 oxidation ditch
氧化沟法/氧化溝法 oxidation ditch process
氧化还原电极/氧化還原電極,氧還電極 redox electrode
氧化还原电位/氧化還原電位 redox potential, oxidation-reduction potential
氧化还原反应/氧化還原反應 redox reaction
氧化还原酶/氧化還原酶,氧還酶 oxido-reductase, redox enzyme
氧化还原通路/氧化還原通路 redox pathway
氧化还原信号/氧化還原信號,氧化還原訊號 redox signal
氧化剂/氧化劑 oxidizer, oxidant
氧化磷酸化/氧化磷酸化 oxidative phosphorylation
氧化酶/氧化酶 oxidase
ACC 氧化酶/ACC 氧化酶 1-aminocyclopropane-1-carboxylate oxidase, ACC oxidase
NADPH 氧化酶/NADPH 氧化酶 NADPH oxidase, Nox
氧化酶试验/氧化酶試驗 oxidase test
NADH-NADPH 氧化酶系统/NADH-NADPH 氧化酶系統 NADH-NADPH oxidase system, NNO
氧化损伤/氧化性損傷 oxidative damage
氧化塘/氧化塘 oxidation pond
氧化脱氨作用/氧化脱胺,氧化去胺[作用] oxidative deamination
氧化型谷胱甘肽/氧化型穀胱甘肽 oxidized glutathione, GSSG
氧化亚氮/氧化亞氮,笑氣 nitrous oxide
氧化萤光素/氧化螢光素 oxyluciferin
氧化应激/氧化應激,氧緊迫,氧脅迫 oxidative

stress
氧化应激衰老学说/氧化應激衰老學説 oxidative stress theory of aging
氧还酶/氧還酶,氧化還原酶 oxido-reductase, redox enzyme
氧还原中心/氧還原中心 oxygen-reduction center
氧解离曲线/氧解離曲線 oxygen dissociation curve
氧扩散容量/氧擴散容量 oxygen diffusion capacity
氧利用率/氧利用率,氧利用係數 oxygen utilization coefficient
氧利用系数/氧利用係數,氧利用率 oxygen utilization coefficient
5-氧脯氨酸/5-氧脯氨酸 5-oxoproline
氧热价/氧熱價 thermal equivalent of oxygen
氧容量/氧容量 oxygen capacity, oxygen binding capacity
氧受体/受氧體,納氧體 oxygen acceptor
氧四环素/氧四環素,土黴素,地黴黴素 oxytetracycline, terramycin
氧消耗速率/耗氧速率 oxygen consumption rate
氧效应/氧效應,氧氣效果 oxygen effect
氧胁迫/氧脅迫,氧化應激,氧緊迫 oxidative stress
氧跃层/氧躍層 oxycline, clinograde
氧债/氧債 oxygen debt
氧张力/氧張力 oxygen tension
氧中毒/氧氣中毒 oxygen toxicity
痒觉/癢覺 itching sensation, itch sensation
α-样 DNA/α-樣 DNA α-DNA
样本/樣本 sample
样本量/樣本數 sample size
样带/樣帶 belt transect, transect
样带法/樣線法 line transect method
样地/樣區 plot
样地记录[表]/最小面積樣方 relevé
样点/樣點 sampling site
样点观察法/樣點觀察法 point observation method
样方/樣方 quadrat
样方法/樣方法 quadrat method
Polo 样激酶 1/Polo 樣激酶 1 Polo-like kinase 1, Plk1
Toll 样受体/Toll 樣受體 Toll-like receptor, TLR
恙虫病/恙蟲病 tsutsugamushi disease, scrub typhus
恙螨/恙蟎 chigger mite, trombiculid mite
恙螨立克次体热/恙蟎立克次體熱 chigger-borne rickettsiosis
恙螨皮炎/恙蟎皮炎 trombiculosis
腰/腰 rump
腰鞭孢子/腰鞭孢子 dinospore
腰鞭核/腰鞭核 dinokaryon, dinonucleus
腰鞭毛虫孢囊/腰鞭毛蟲孢囊 hystrichosphere
腰大肌/腰大肌 psoas major muscle
腰带/腰帶 pelvic girdle, cingulum
腰痕骨/腰痕骨 pelvic rudiment bone
腰荐丛/腰薦神經叢 lumbosacral plexus
腰荐关节/腰薦關節 lumbosacral joint
腰神经/腰神經 lumbar nerve
腰肾/腰腎 pelvic kidney
腰小肌/腰小肌 psoas minor muscle
腰椎/腰椎 lumbar vertebra
摇摆舞/搖擺舞 waggle-taggle dance
摇床/搖動器,振盪器 shaker
摇合培养/振盪培養 shake cultivation
遥感/遥[感探]測 remote sensing
咬合面/咬合面 occlusal surface
咬肌/嚼肌 masseter muscle
药隔/藥隔 connective
药室/藥室 anther cell
药室内壁/藥室内壁 endothecium
药窝/藥窩,花藥床 clinandrium
药物靶标/藥物靶標 drug target
药物-机械耦联/藥物-機械耦聯 pharmacomechanical coupling
药物基因组学/藥物基因組學,藥物基因體學 pharmacogenomics
药物敏感性/藥物感受性 drug susceptibility
药物设计/藥物設計 drug design
药物梯度平板/藥物梯度平板,藥物傾斜平板 pharmaceutical gradient plate
药物遗传学/藥物遺傳學,藥理遺傳學 pharmacogenetics
药物诱导免疫性溶血性贫血/藥物誘發免疫溶血性貧血 drug-induced immune hemolytic anemia, DIHA
药效团/藥效團 pharmacophore
药用酶/藥用酶 pharmaceutical enzyme
药用植物/藥用植物 drug plant, medical plant, medicinal plant
野化/野[生]化 feralization
野化种群/野化族群 feral population
野灰色模式/野生灰色型 agouti pattern
野火/野火 wildfire
野尻霉素/野尻黴素 nojirimycin
野生变种/野生變種 wild variety
野生近缘种/野生近緣種 wild relatives
野生生物/野生生物 wildlife

野生生物保护/野生生物保育 wildlife conservation
野生生物保护区/野生生物保護區 wildlife refuge
野生生物保护区系统/野生生物保護區系統 wildlife refuge system
野生生物管理/野生生物經營 wildlife management
野生生物资源/野生生物資源 wildlife resources
野生型/野生型 wild type
野生种/野生種 wild species
野生种群/野化族群 feral population
野外生理学/野外生理學 field physiology
叶/葉 leaf, lobe, lamella
α-叶/α-葉 alpha lobe
β-叶/β-葉 beta lobe
叶棒形骨针/葉棒形骨針 leaf club
叶吡咯/葉吡咯 phyllopyrrole
叶柄/葉柄 petiole, thecaphore
叶柄内芽/葉柄內芽 intrapetiolar bud
叶柄下芽/葉柄下芽 infrapetiolar bud, subpetiolar bud
叶刺/葉刺 leaf thorn
叶端/葉端 leaf apex
叶蛾素/葉蛾素 phyllobombycin
叶耳/葉耳 auricle
叶纺锤形骨针/葉紡錘形骨針 leaf spindle
叶附生植物/葉附生植物,葉面著生植物 epiphyll
叶附生植物群落/葉附生植物群落 epiphyllous community
叶褐素/葉褐素 phaeophyll
叶褐体/葉褐體 phaeoplast
叶痕/葉痕 leaf scar
叶红素/葉紅素 erythrophyll
叶黄素/葉黃素,葉黃質 phytoxanthin, carotenol, carotol
叶黄素循环/葉黃素循環,葉黃素迴圈 xanthophyll cycle
叶基/葉基 leaf base
叶际微生物/葉際微生物 phyllospheric microorganism
叶迹/葉跡 folial trace
叶间动脉/葉間動脈 interlobar artery
叶间静脉/葉間靜脈 interlobar vein
叶间毛/葉間毛 interlamellar seta
叶间期/葉間期 plastochrone
叶间期指数/葉間期指數 leaf plastochronic index
叶浸渍法/葉浸漬法,葉浸施藥法 leaf-dipping method
叶卷须/葉捲鬚 leaf tendril
叶龄指数/葉齡指數 foliar age index
叶瘤/葉瘤 leaf nodule
叶绿醇/葉綠醇,植醇,葉色醇 phytol
叶绿蛋白/葉綠蛋白 chloroplastin
叶绿[基甲萘]醌/葉綠[基甲萘]醌 phytylmenaquinone
叶绿素/葉綠素 chlorophyll
叶绿素蛋白/葉綠素蛋白 phyllochlorin
叶绿素衍生物/葉綠素衍生物 phyllins
叶绿素原/葉綠素原 chlorophyllogen
叶绿酸/葉綠酸 chlorophyllin
叶绿体/葉綠體 chloroplast, chloroplastid
叶绿体 DNA/葉綠體 DNA chloroplast DNA, ctDNA
叶绿体 RNA/葉綠體 RNA chloroplast RNA, ctRNA
叶绿体被膜/葉綠體被膜 chloroplast envelope
叶绿体蛋白质/葉綠體蛋白質 chloroplastic protein
叶绿体基粒/葉綠[體基]粒 chloroplast granum
叶绿体基因组/葉綠體基因組,葉綠體基因體 chloroplast genome
叶绿体基质/葉綠體基質 chloroplast stroma
叶绿体线/葉綠體線,葉綠體絲 chloroplastonema
叶绿体转化/葉綠體轉化 chloroplast transformation
叶轮/葉輪 leaf whorl
叶脉/葉脈 vein, nerve, nervure
叶螨/葉蟎 tetranychid mite, spider mite
叶毛/葉毛 lamellar seta
叶面积比/葉面積比 leaf area ratio, LAR
叶面积密度/葉面積密度 leaf area density, foliage density
叶面积指数/葉面積指數 leaf area index, LAI
叶面施肥/葉面噴布,葉面噴灑 foliar fertilization, folia spray
叶面吸收/葉面吸收 foliar absorption
叶泡雨滨蛙肽/葉泡雨濱蛙肽 phyllolitorin
叶泡雨蛙肽/葉泡雨蛙肽 phyllocaerulin, phyllocaerulein
叶培养/葉培養 leaf culture
叶片/葉片 blade, lamina
叶鞘/葉鞘 leaf sheath
叶球形骨针/葉球形骨針 foliate spheroid
叶肉/葉肉 mesophyll
叶肉组织/葉肉組織 mesophyll tissue
叶舌/葉舌 tongue, ligula, ligule
叶酸/葉酸 folic acid
叶隙/葉隙 folial gap
叶下瓶状体/葉下瓶狀體,下位杯狀葉 hypoascidium

叶镶嵌/葉鑲嵌 leaf mosaic
叶形/葉形 phylliform
叶性器官/葉器官 phyllome
叶序/葉序 phyllotaxy
叶芽/葉芽 foliar bud, leaf bud
叶腋/葉腋 leaf axil
叶原基/葉原基 leaf primordium
叶原座/葉原座 leaf buttress
叶枕/葉枕 pad, pedestal
叶枝/葉枝,葉條 foliage shoot
叶枝型附肢/葉枝型附肢 phyllopod appendage
叶重比/葉重比 leaf weight ratio, LWR
叶轴/葉軸 rachis
叶胄/葉胄 leaf armor
叶状柄/葉狀柄 phyllode
叶状地衣/葉狀地衣 foliose lichen
叶状腹叶/葉狀腹葉 pinnule
叶状鳃/葉鰓 phyllobranchiate
叶状体/葉狀體,原葉體 hydrophyllium, foliose thallus
叶状体植物/葉狀體植物,原葉體植物,菌藻植物 thallophyte
叶状腺/葉狀腺 lobed gland
叶状血细胞/葉狀血細胞 lamellocyte
叶状幼体/葉狀幼體 phyllosoma larva
叶状枝/葉狀枝,葉狀莖,假葉枝 cladode, phylloclade, cladophyll
叶足/葉[狀僞]足 lobopodium
叶座/葉座 sterigma, leaf cushion
曳鳃动物/曳鰓動物 priapulid
夜浮游生物/夜浮游生物 nyctipelagic plankton
夜间迁徙/夜間遷徙,夜間遷移 nocturnal migration
夜盲[症]/夜盲[症] nyctalopia, night blindness
夜尿[症]/夜尿[症] nocturia
夜行/夜行性 nocturnal
夜行动物/夜行動物 nocturnal animal
夜眼/夜眼 nocturnal eye
液氮保藏/液[態]氮保藏 liquid nitrogen cryopreservation
液氮储存罐/液氮儲存罐 liquid nitrogen canister
液氮储存箱/液氮儲存箱 liquid nitrogen storage tank
液氮罐/液氮罐 liquid nitrogen tank
液滴逆流色谱法/液滴逆流色譜法,液滴逆流層析法 liquid-droplet counter-current chromatography
液固层析/液固層析法 liquid-solid chromatography, LSC
液晶态/液晶態 liquid crystalline state
液晶相/液晶相 liquid crystal phase, liquid crystalline phase
[液]泡/液泡 vacuole, pusule
液泡膜/液泡膜 tonoplast
液泡形成体/液泡膜 tonoplast
液泡质子 ATP 酶/液泡質子 ATP 酶 vacuolar proton ATPase
液态发酵/液態發酵,液體發酵 liquid state fermentation
液态机/液態機 liquid state machine
液态无序相/液態無序相 liquid-disordered phase
液态有序相/液態有序相 liquid-ordered phase
液体分离膜/液體分離膜 liquid separation membrane
液体培养/液體培養 liquid culture
液体培养基/液體培養基 liquid medium
液体浅层静置培养/液體淺層静置培養 culture in shallow liquid medium
液体曲/液體麴 liquid koji
液体闪烁光谱测定法/液態閃爍光譜測定法 liquid scintillation spectrometry
液体闪烁计数器/液體閃爍計數器,液體閃爍計數儀 liquid scintillation counter
液体闪烁计数仪/液體閃爍計數儀,液體閃爍計數器 liquid scintillation counter
液体石蜡保藏/液體石蠟保藏 preservation in liquid paraffin
液体稀释分离法/液體稀釋分離法 isolation by dilution in liquid
液相胞吞作用/液相胞吞作用 fluid-phase endocytosis
液相层析/液相層析法,液相色譜法 liquid chromatography, LC
液相色谱法/液相色譜法,液相層析法 liquid chromatography, LC
液相芯片/液相晶片 liquid chip
液液层析/液液層析法 liquid-liquid chromatography, LLC
液液分配层析/液液分配層析法 liquid-liquid partition chromatography
液液分配色谱法/液液分配層析法 liquid-liquid partition chromatography
液液色谱法/液液層析法 liquid-liquid chromatography, LLC
液液相分离法/液液相分離法 liquid-liquid phase extraction
腋瓣/腋瓣 calypter, squama
腋动脉/腋動脈 axillary artery

腋区/腋區　axillary region
腋生花序/腋生花序　axillary inflorescence
腋索/腋索　axillary cord
腋外生花序/腋外生花序　extra-axillary inflorescence
腋窝/腋窩　axillary fossa
腋腺/腋腺　axillary gland
腋芽/腋芽　axillary bud, sucker
腋芽控制/腋芽抑制　sucker control
腋芽抑制剂/腋芽抑制劑　sucker inhibitor
腋羽/腋羽　axillary
一般配合力/一般配合力　general combiningability
一报还一报式合作/一報還一報式合作　tit-for-tat cooperation
一倍体/單倍體,單套[個]體　monoploid
一倍体数/單倍體數　monoploid number
一步生长/一步生長,一階段生長　one-step growth
一步生长曲线/一步生長曲線　one-step growth curve
一雌多雄/一雌多雄,一妻多夫制,單雌多雄　polyandry
一次结实多年生植物/一熟多年生植物　monocarpic perennial
一次结实植物/結實一次植物　monocarpic plant
一次污染物/原生污染物,主要污染物　primary pollutant
一大或数小原则/一大或數小原則　single large or several small principle, SLOSS principle
一碘酪氨酸/一碘酪氨酸　monoiodotyrosine, MIT
一化/一化,一年一代　univoltine
一基因一多肽假说/一基因一多肽假說　one-gene one-polypeptide hypothesis
一基因一酶假说/一基因一酶假說　one-gene one-enzyme hypothesis
一基因一酶模型/一基因一酶模型　one-gene one-enzyme model
一级处理/初級處理　primary treatment
一级防护/一級防護　primary containment
一级结构/一級結構　primary structure
一寄主蜱/一寄主蜱　one-host tick
一年生草本[植物]/一年生草本　annual herb
一年生根/一年生根　annual root
一年生植物/一年生植物　annual plant, therophyte
一宿主蜱/一寄主蜱　one-host tick
一碳代谢/一碳代謝　one carbon metabolism
一碳单位/一碳單位　one carbon unit
一雄多雌/一雄多雌　polygyny
一雄多雌阈值/一雄多雌閾值　polygyny threshold
一氧化氮/一氧化氮,氧化亞氮　nitric oxide, nitrogen monoxidum
一氧化氮供体/一氧化氮供體　nitric oxide donor
一氧化氮合酶/一氧化氮合酶　nitric oxide synthase, NOS
一氧化碳/一氧化碳　carbon monoxide
一氧化碳扩散容量/一氧化碳擴散容量　carbon monoxide diffusion capacity
一氧化碳血红蛋白/一氧化碳血紅蛋白,一氧化碳血紅素　carboxyhemoglobin, carbonmonoxyhemoglobin, HbCO
一氧化碳营养菌/一氧化碳營養菌　carboxydotrophic bacteria
一元回归/單元回歸　simple regression
一致树/共同樹　consensus tree
一致性/一致性　concordance
一致性突变/一致性突變　consistency mutagenesis
一致[性]序列/共有序列,一致序列,共通序列　consensus sequence
一致性指数/一致性指標　consistency index
伊佛霉素/艾弗麥克素　ivermectin
伊红/伊紅　eosin
伊红亚甲蓝琼脂/伊紅亞甲藍瓊脂,伊紅美藍瓊脂　eosin-methylene blue agar, EMB agar
伊红亚甲蓝染色/伊紅亞甲藍染色,伊紅美藍染色　eosin-methylene blue staining
伊文思综合征/伊文斯症候群　Evans syndrome
衣胞堆/衣胞堆,粉芽堆　soralium
衣胞囊/粉芽,粉狀體　soredium
衣壳/衣殼,殼體,蛋白殼　capsid
衣壳蛋白/殼蛋白　capsid protein
RNA 衣壳化/RNA 殼體化,RNA 包被作用　RNA encapsidation
衣壳转化/衣殼轉化　transcapsidation
衣霉素/衣黴素　tunicamycin
衣体肿结/衣瘿　cephalodium
衣瘿/衣瘿　cephalodium
衣原视蛋白/衣原視蛋白　chlamyopsin
衣原体/衣原體,披衣菌　chlamydia
[衣原体]始体/初期小體,網狀體　initial body
[衣原体]原体/原質小體　elementary body
医学控制论/醫學控制論　medical cybernetics
医学昆虫学/醫學昆蟲學,醫用昆蟲學　medical entomology
医学免疫学/醫學免疫學　medical immunology
医学蜱螨学/醫學蜱蟎學,醫用蟎蜱學　medical acarology
医学生理学/醫學生理學　medical physiology
医学微生物学/醫學微生物學　medical microbiology

医学遗传学/醫學遺傳學　medical genetics
依钙结合蛋白/依鈣結合蛋白　calpactin
依赖表面性质的胞吞作用/表面性質依賴的胞吞作用　surface property-dependent endocytosis
依赖 cAMP 的蛋白激酶/依賴 cAMP 的蛋白激酶,依環腺苷酸蛋白激酶,cAMP 依賴性蛋白激酶　cyclic adenosine monophosphate-dependent protein kinase, cAMP-dependent protein kinase, PKA
依赖 cGMP 的蛋白激酶/依賴 cGMP 蛋白激酶,cGMP 依賴性蛋白激酶　cyclic guanosine monophosphate-dependent protein kinase, cGMP-dependent protein kinase, PKG
依赖 ATP 的蛋白酶/依賴 ATP 的蛋白酶,ATP 依賴性蛋白酶　ATP-dependent protease
依赖 T 的抗原/胸腺依賴性抗原,T 依賴型抗原　thymus-dependent antigen, T-dependent antigen, TD-Ag
依赖泛素的降解/泛素依賴性降解　ubiquitin-dependent degradation
依赖钙离子-钙调蛋白的蛋白激酶/依賴鈣-攜鈣蛋白的蛋白激酶,依鈣離子-攜鈣素蛋白激酶　calcium-calmodulin-dependent protein kinase
依赖抗体的吞噬作用/依賴抗體的吞噬作用,抗體依賴性吞噬作用　antibody-dependent phagocytosis
依赖抗体的细胞毒性/抗體依賴細胞介導的細胞毒性作用,抗體依賴型細胞性胞殺作用,抗體依賴性毒殺細胞反應　antibody-dependent cell-mediated cytotoxicity, ADCC
依赖密度的生长抑制/密度依賴生長抑制　density-dependent cell growth inhibition
依赖群落/依賴群落　dependent community
依赖双链 RNA 的蛋白激酶/依賴雙股 RNA 的蛋白激酶　double-stranded RNA-dependent protein kinase
依赖贴壁细胞/錨定依賴性細胞,依賴貼附細胞,貼壁細胞　anchorage-dependent cell
依赖维生素 D 钙结合蛋白/依賴維生素 D 鈣結合蛋白　vitamin D-dependent calcium-binding protein
cAMP 依赖性蛋白激酶/cAMP 依賴性蛋白激酶,依賴 cAMP 的蛋白激酶,依環腺苷酸蛋白激酶　cyclic adenosine monophosphate-dependent protein kinase, cAMP-dependent protein kinase, PKA
cGMP 依赖性蛋白激酶/cGMP 依賴性蛋白激酶,依賴 cGMP 蛋白激酶　cyclic guanosine monophosphate-dependent protein kinase, cGMP-dependent protein kinase, PKG
依赖性分化/依賴性分化,隨應分化,被動分化　dependent differentiation
DNA 依赖性 DNA 聚合酶/DNA 依賴型 DNA 聚合酶,依賴 DNA 的 DNA 聚合酶　DNA-dependent DNA polymerase
RNA 依赖性 DNA 聚合酶/RNA 依賴型 DNA 聚合酶,依賴 RNA 的 DNA 聚合酶　RNA-dependent DNA polymerase
RNA 依赖性 RNA 聚合酶/RNA 依賴型 RNA 聚合酶,依賴 RNA 的 RNA 聚合酶　RNA-dependent RNA polymerase
Ras 依赖性信号转导通路/Ras 依賴性信號轉導通路　Ras-dependent signaling pathway
ρ-依赖性终止/ρ-依賴性終止,依賴 ρ-因子的終止　ρ-dependent termination
依赖 ρ-因子的终止/依賴 ρ-因子的終止,ρ-依賴性終止　ρ-dependent termination
依赖[于]Ras 的蛋白激酶/依賴 Ras 的蛋白激酶　Ras-dependent protein kinase
依赖[于]DNA 的 DNA 聚合酶/DNA 依賴型 DNA 聚合酶,依賴 DNA 的 DNA 聚合酶　DNA-dependent DNA polymerase
依赖[于]DNA 的 RNA 聚合酶/DNA 依賴型 RNA 聚合酶,依賴 DNA 的 RNA 聚合酶　DNA-dependent RNA polymerase
依赖[于]RNA 的 DNA 聚合酶/RNA 依賴型 DNA 聚合酶,依賴 RNA 的 DNA 聚合酶　RNA-dependent DNA polymerase
依赖[于]RNA 的 RNA 聚合酶/RNA 依賴型 RNA 聚合酶,依賴 RNA 的 RNA 聚合酶　RNA-dependent RNA polymerase
依赖[于]泛素的蛋白酶解/依賴泛素的蛋白水解　ubiquitin-dependent proteolysis
依赖[于]ρ-因子的终止子/ρ-依賴性終止子　ρ-dependent terminator
依频选择/頻率依賴選擇,頻率依存[型]天擇　frequency-dependent selection
依序表达/依序表達,依序表現　sequential expression
仪式/儀式　ceremony
仪式化/儀式化　ritualization
仪式化行为/儀式化行為　ritualized behavior
饴糖/禾穀糖　cerealose
贻贝抗菌肽/貽貝抗菌肽　myticin
贻贝抗真菌肽/貽貝抗真菌肽　mytimycin
贻贝杀菌肽/貽貝殺菌肽　mytilin
胰/胰　pancreas
胰癌胚抗原/胰癌胚抗原,胰胚胎抗原　pancreatic oncofetal antigen
胰蛋白酶/胰蛋白酶　trypsin

胰蛋白酶抑制剂/胰蛋白酶抑制劑 trypsin inhibitor
α_1-胰蛋白酶抑制剂/α_1-胰蛋白酶抑制劑,α_1-抗胰蛋白酶 α_1-antitrypsin
胰蛋白酶原/胰蛋白酶原 trypsinogen
胰岛/胰島 pancreatic islet
胰岛素/胰島素 insulin
胰岛素抵抗/胰島素抗性 insulin resistance, IR
胰岛素过剩/胰島素過剩 insulin excess
胰岛素受体/胰島素受體,胰島素受器 insulin receptor
胰岛素受体底物/胰島素受體底物,胰島素受體基質 insulin receptor substrate, IRS
胰岛素受体家族/胰島素受體家族 insulin receptor family
胰岛素调理素/胰島素調理素,促胰島素 insulinotropin
胰岛素血症/胰島素血症 insulinemia
胰岛素样生长因子/胰島素樣生長因子,類胰島素生長因子,似胰島素生長因子 insulin-like growth factor, IGF
胰岛素样生长因子受体/胰島素樣生長因子受體 insulin-like growth factor receptor, IIGFR
胰岛素-胰高血糖素摩尔比值/胰島素-胰高血糖素莫耳比值 insulin-glucagon molar ratio
胰岛素原/胰島素原 proinsulin
胰岛素自身免疫综合征/胰島素自體免疫症候群 insulin autoimmune syndrome
胰岛细胞/胰島細胞 islet cell
[胰岛]A 细胞/[胰島]A 細胞 A cell
[胰岛]B 细胞/[胰島]B 細胞 B cell
[胰岛]D 细胞/[胰島]D 細胞 D cell
[胰岛]PP 细胞/[胰島]PP 細胞 PP cell
胰岛细胞移植/胰島細胞移植 islet cell transplantation
胰淀粉酶/胰澱粉酶 pancreatic amylase
胰胨/胰[蛋白]腖 tryptone
胰胨蛋白胨酵母膏葡萄糖琼脂/胰腖蛋白腖酵母膏萃取物葡萄糖瓊脂 tryptone-peptone-yeast extract-glucose agar, TPYG agar
胰胨植胨酵母膏琼脂/胰腖植腖酵母膏萃取物瓊脂 trypticase-phytone-yeast extract agar, TPY agar
胰多肽/胰多肽 pancreatic polypeptide, PP
胰高血糖素/胰高血糖素,昇[血]糖素 glucagon
胰高血糖素家族/胰高血糖素家族 glucagon hormone family, secretin family
胰高血糖素受体/胰高血糖素受體 glucagon receptor
胰高血糖素样肽/胰高血糖素樣肽 glucagon-like peptide
胰高血糖素样肽-1/胰高血糖素樣肽-1 glucagon-like peptide-1, GLP-1
胰高血糖素样肽-2/胰高血糖素樣肽-2 glucagon-like peptide-2, GLP-2
胰高血糖素原/胰高血糖素原 proglucagon
胰激肽/胰激肽,微血管增滲素 kallidin
胰激肽原/胰激肽原 kallidinogen
胰抗脂肪肝因子/胰抗脂肪肝因子 lipocaic
胰凝乳蛋白酶/胰凝乳[蛋白]酶 chymotrypsin
胰凝乳蛋白酶抑制剂/胰凝乳蛋白酶抑制劑 antichymotrypsin
α_1-胰凝乳蛋白酶抑制剂/α_1-胰凝乳蛋白酶抑制劑 α_1-antichymotrypsin
胰凝乳蛋白酶原/胰凝乳[蛋白]酶原 chymotrypsinogen
胰胚胎抗原/胰胚胎抗原,胰癌胚抗原 pancreatic oncofetal antigen
胰弹性蛋白酶/胰彈性蛋白酶 pancreatic elastase
胰液/胰液 pancreatic juice
胰抑释素/胰抑素,胰抑肽 pancreastatin
胰抑肽/胰抑肽,胰抑素 pancreastatin
胰脂[肪]酶/胰脂[肪]酶 pancreatic lipase
移动界面电泳/移界電泳 moving boundary electrophoresis
移动区带电泳/移動區帶電泳 moving-zone electrophoresis
移动区带离心/移動區帶離心 moving-zone centrifugation
移动性/移動性 mobility
移动性蛋白[质]/移動[性]蛋白 movement protein
移动抑制试验/移動抑制試驗 migration inhibition test
移动抑制因子/移動抑制因子 migration inhibition factor, MIF
移动增强因子/移動增強因子 migration enhancement factor, MEF
移框阻抑/移碼阻抑,移碼抑制 frameshift suppression, frame suppression
移码/移碼,讀碼框移位,框構轉移 frameshift, reading-frame shift, reading-frame displacement
移码突变/移碼突變,框[構轉]移突變 frameshift mutation
移码突变抑制基因/移碼突變抑制子 frameshift suppressor
移码抑制/移碼抑制,移碼阻抑 frameshift suppression, frame suppression
移位/移位 shift, transvection

移位酶/移位酶,易位酶,轉位酶 translocase
移位易位/移位易位 shift translocation
移行/移行 migration
移行细胞/移行細胞 migratory cell, transitional cell
移行性复合运动/移行性複合運動 migrating motor complex, MMC
移液器/移液器 fluid displacement apparatus
移植/移植 transplantation, grafting
CDR 移植抗体/CDR 移植抗體,人類化抗體 complementary-determining region grafted antibody, CDR grafted antibody
移植抗原/移植抗原 transplantation antigen
移植免疫/移植免疫 transplantation immunity
移植免疫学/移植免疫學 transplantation immunology
移植命名学/移植命名學 transplantation terminology
移植耐受/移植耐受性 transplantation tolerance
移植试验/移植試驗 transplant experiment
移植物/移植物 graft, transplant
移植物抗白血病反应/移植物抗白血病反應 graft-versus-leukemia reaction, GVLR
移植物抗宿主病/移植物抗宿主病,移植物反主反應疾病 graft-versus-host disease, GVHD
移植物抗宿主反应/移植物抗宿主反應,移植物反主反應 graft-versus-host reaction, GVHR
移植物抗肿瘤/移植物抗腫瘤 graft-versus-tumor, GVT
移植物抗肿瘤反应/移植物抗腫瘤反應 graft-versus-tumor reaction, GVTR
移植物排斥[反应]/移植物排斥[反應] graft rejection
移植栽培/移植栽培 transplanting culture
移种/移種 culture transferring
遗传/遺傳 heredity, inheritance, heritability
遗传保守性/遺傳保守性 hereditary conservation
遗传背景/遺傳背景 genetic background
遗传比率/遺傳比率 genetic ratio
遗传变异/遺傳變異 genetic variation
遗传标记/遺傳標記,遺傳標誌 genetic marker
遗传标志/遺傳標誌,遺傳標記 genetic marker
遗传病/遺傳[疾]病 hereditary disease, inherited disease, genetic disease
遗传材料/遺傳材料 genetic material
遗传操作/遺傳操作 genetic manipulation
遗传冲刷/遺傳侵蝕 genetic erosion
遗传重组/遺傳重組,基因重組 genetic recombination
遗传重组疫苗/基因重組疫苗 genetic recombinant vaccine
遗传传递/遺傳傳遞 genetic transmission
遗传传递力/遺傳傳遞力 genetic transmitting ability
遗传代价/遺傳代價 genetic cost
遗传单位/遺傳單位 hereditary unit
遗传的染色体学说/染色體遺傳學説 chromosome theory of inheritance
遗传定律/遺傳律 law of inheritance
遗传毒性/遺傳毒性 genotoxicity, genetic toxicity
遗传多态性/遺傳多態性,遺傳多型性,基因多型性 genetic polymorphism
遗传多样性/遺傳多樣性,基因多樣性 genetic diversity
遗传多样性指数/遺傳多樣性指數 genetic diversity index
遗传惰性/遺傳惰性 genetic inertia
遗传二态性/遺傳雙型 genetic dimorphism
遗传反馈机制/遺傳回饋機制 genetic feedback mechanism
遗传方差/遺傳方差,遺傳變方 genetic variance
遗传防治/遺傳控制 genetic control
遗传分化系数/遺傳分化係數 genetic differentiation coefficient
遗传分析/遺傳分析 genetic analysis
遗传分型/遺傳分型 genetic typing
遗传负荷/遺傳負荷,遺傳負載 genetic load
遗传复合体/遺傳複合體 genetic compound
遗传隔离/遺傳隔離 genetic isolation
遗传工程/遺傳工程,基因工程 genetic engineering
遗传工程抗体/遺傳工程抗體,基因工程抗體 genetic engineering antibody
遗传互补/遺傳互補 genetic complementation
遗传获得量/遺傳獲得量 genetic gain
遗传极性/遺傳極性 genetic polarity
遗传寄生/遺傳寄生 genetic colonization
遗传交换/遺傳交換,遺傳互換 genetic crossing over
遗传结构/遺傳結構 genetic structure
遗传精细结构/遺傳精細結構 genetic fine structure
遗传距离/遺傳距離 genetic distance
遗传距离系数/遺傳距離係數 coefficient of genetic distance
遗传决定系数/遺傳決定係數 coefficient of genetic determination
遗传开关/遺傳開關 genetic toggle switch
遗传力/遺傳力,可遺傳性 heritability
遗传利用限制技术/遺傳利用限制技術 genetic use restriction technology, GURT
遗传连锁/遺傳連鎖,基因連鎖 genetic linkage
遗传流行病学/遺傳流行病學 genetic epidemiology

遗传率/遺傳力,可遺傳性 heritability
遗传霉素/遺傳黴素 geneticin
遗传密码/遺傳密碼,基因密碼 genetic code
遗传密码简并/遺傳密碼簡併 degeneracy of the genetic code
遗传灭绝/遺傳滅絶 genetic extinction
遗传命名法/遺傳命名法 genetic nomenclature
遗传漂变/遺傳漂變,基因漂變 genetic drift
遗传平衡/遺傳平衡 genetic equilibrium
遗传评估/遺傳評估 genetic evaluation
遗传切换/遺傳開關,基因開關 genetic switch
遗传侵蚀/遺傳侵蝕 genetic erosion
遗传群体/遺傳族群 genetical population
遗传筛选/遺傳篩選 genetic screening
遗传生态学/遺傳生態學,基因生態學 genetic ecology
遗传适合度/遺傳適合度 genetic fitness
遗传死亡/遺傳死亡 genetic death
遗传素质/遺傳素質,遺傳預先[設]傾向性 genetic predisposition, hereditary predisposition
遗传算法/基因演算法 genetic algorithm
遗传体系/遺傳體系 genetic system
遗传调节/遺傳調節 genetic regulation
遗传同化/遺傳同化 genetic assimilation
遗传同类群/遺傳亞族群,基因亞族群 genodeme
遗传同型交配/遺傳同型交配 genetic assortative mating
遗传图[谱]/遺傳圖[譜],基因圖[譜] genetic map
遗传网络/遺傳網絡 genetic network
遗传紊乱/遺傳紊亂 genetic disorder
遗传稳态/遺傳恆定 genetic homoeostasis
遗传相关/遺傳相關 genetic correlation
遗传相似系数/遺傳相似係數 coefficient of genetic similarity
遗传镶嵌/遺傳鑲嵌 genetic mosaic
遗传效应/遺傳效應 genetic effect, hereditary effect
遗传协方差/遺傳協變方 genetic covariance
遗传信息/遺傳信息,遺傳訊息 genetic information
遗传性别/遺傳性別,基因性別 genetic sex
遗传性出血性毛细血管扩张症/遺傳性出血性毛細血管擴張症 hereditary hemorrhagic telangiectasia, HHT
遗传性代谢缺陷/先天性代謝缺陷,先天性代謝障礙,先天性代謝異常 inborn error of metabolism
遗传性淀粉样变性/遺傳性類澱粉變性 hereditary amyloidosis
遗传性共济失调/遺傳性共濟失調,遺傳性運動失調 hereditary ataxia
遗传性果糖不耐受症/遺傳性果糖不耐受症 hereditary fructose intolerance
遗传性毛细血管扩张症/遺傳性毛細血管擴張症 hereditary telangiectasia
遗传性球形红细胞增多症/遺傳性球狀紅血球增多症 hereditary spherocytosis
遗传性椭圆形红细胞增多症/遺傳性橢圓形紅血球增多症 hereditary elliptocytosis
遗传性血管神经性水肿/遺傳性血管神經性水腫 hereditary angioneurotic edema
遗传性易位/遺傳性易位 inherited translocation
遗传修饰生物体/基改生物 genetically modified organism, GMO
遗传学/遺傳學 genetics
遗传湮没/遺傳淹没 genetic swamping
遗传一致度/遺傳身份 genetic identity
遗传异型交配/遺傳異型交配 genetic disassortative mating
遗传异质性/遺傳異質性 genetic heterogeneity
遗传易感性/遺傳易感性,遺傳易患性 hereditary susceptibility, genetic susceptibility
遗传易患性/遺傳易患性,遺傳易感性 hereditary susceptibility, genetic susceptibility
遗传印记/遺傳印記,遺傳印痕 genetic imprinting
遗传预先倾向性/遺傳預先[設]傾向性,遺傳素質 genetic predisposition, hereditary predisposition
遗传早现/早現遺傳 anticipation, genetic anticipation
遗传拯救/遺傳拯救 genetic rescue
遗传值/遺傳值 genetic value
遗传指纹/遺傳指紋,基因指紋 genetic fingerprint
遗传致死/遺傳致死 genetic lethal
遗传转化/基因轉形 genetic transformation
遗传咨询/遺傳咨詢 genetic counseling
遗传资源/遺傳資源 genetic resources
遗传资源获取与共享/遺傳資源獲取與共享 access and benefit sharing of genetic resources, ABS of genetic resources
遗传作图/遺傳定位 genetic mapping
遗迹[分类]单元/生痕分類單元 ichnotaxon
遗迹化石/遺跡化石,生痕化石,足跡化石 ichnofossil, trace fossil
遗忘/遺忘 forgetting
遗忘曲线/遺忘曲線 forgetting curve
遗忘[学]名/遺忘[學]名 nomen oblitum
遗忘症/健忘症,失憶症 amnesia
疑[难学]名/[可]疑名 nomen dubium, nom. dub.
乙醇/乙醇 ethanol

乙醇胺/乙醇胺 ethanolamine
乙醇胺磷酸甘油/乙醇胺磷酸甘油 ethanol amine phosphate glycerin
乙醇沉淀/乙醇沉澱 ethanol precipitation
乙醇酸/乙醇酸 glycollic acid
乙醇氧化试验/乙醇氧化試驗 ethanol oxidation test
乙底酚/二乙基已烯雌酚 diethylstilbestrol, DES
乙二胺四乙酸/乙二胺四乙酸 ethylene diaminetetraacetic acid, EDTA
乙二醇双(2-氨基乙醚)四乙酸/乙二醇雙(2-氨基乙醚)四乙酸 ethyleneglycol bis(2-aminoethylether) tetraacetic acid, EGTA
乙肝疫苗/B型肝炎疫苗 hepatitis B vaccine
N-乙基马来酰亚胺/*N*-乙基馬來醯亞胺 *N*-ethylmaleimide, NEM
N-乙基马来酰亚胺敏感性融合蛋白/*N*-乙基順丁烯二醯亞胺敏感融合蛋白 *N*-ethylmaleimide-sensitive fusion protein, NSF
N-乙基马来酰亚胺敏感因子/*N*-乙基馬來醯亞胺敏感因子 *N*-ethylmaleimide-sensitive factor, NSF
N-乙基顺丁烯二酰亚胺敏感性融合蛋白/*N*-乙基順丁烯二醯亞胺敏感融合蛋白 *N*-ethylmaleimide-sensitive fusion protein, NSF
乙醛/乙醛 acetaldehyde
乙醛酸/乙醛酸 glyoxalic acid
乙醛酸循环/乙醛酸循環 glyoxylate cycle
乙醛酸循环体/乙醛酸循環體 glyoxysome
乙醛酸支路/乙醛酸支路 glyoxylate shunt
乙炔睾酮/乙炔睾酮,炔諾酮 aethisteron
乙炔酸/乙炔酸 acetylenic acid
乙酸/乙酸,醋酸 acetic acid
乙酸比重计/乙酸定量計 acetimeter, acetometer
乙酸发酵/乙酸發酵 acetic acid fermentation
乙酸甘油酯/乙酸甘油酯 acetin
乙酸酐/乙酸酐,醋酸酐 acetic anhydride
乙酸化作用/乙酸化[作用],醋化[作用] acetification
乙酸纤维素薄膜电泳/乙酸纖維素薄膜電泳 cellulose acetate film electrophoresis
乙酸纤维素膜/乙酸纖維素膜,醋酸纖維素膜 acetyl cellulose membrane, cellulose acetate membrane
乙酸形成作用/乙酸形成作用 acetogenesis
乙酸盐/乙酸鹽 acetate
乙酸氧化试验/乙酸氧化試驗 acetate oxidation test
乙酸乙酯/乙酸乙酯,醋醚 acetic ether
乙烷/乙烷 ethane
乙烯/乙烯 ethylene
N-乙酰氨基塔罗糖醛酸/*N*-乙醯氨基塔羅糖醛酸 *N*-acetyltalosominuronic acid
乙酰胺酶/乙酰胺酶,乙醯胺酶 acetamidase
N-乙酰半乳糖胺/*N*-乙醯(-D-)半乳糖胺 *N*-acetylgalactosamine
N-乙酰胞壁酸/*N*-乙醯胞壁酸 *N*-acetylmuramic acid, NAM
N-乙酰胞壁酰二肽/*N*-乙醯胞壁醯二肽 *N*-acetylmuramyl dipeptide, MDP
N-乙酰胞壁酰五肽/*N*-乙醯胞壁醯五肽 *N*-acetylmuramyl pentapeptide
乙酰胆碱/乙酰膽鹼,乙醯膽鹼 acetylcholine, ACh
乙酰胆碱受体/乙醯膽鹼受體 acetylcholine receptor
乙酰胆碱酯酶/乙醯膽鹼酯酶 acetylcholinesterase, AChE
乙酰胆碱酯酶复活[作用]/乙醯膽鹼酯酶再活化 acetylcholinesterase reactivation
乙酰胆碱酯酶老化/乙醯膽鹼酯酶老化 aging of acetylcholinesterase
乙酰辅酶A/乙醯輔酶A acetyl coenzyme A, acetyl CoA
乙酰辅酶A C-酰基转移酶/乙醯輔酶A C-醯基轉移酶 acetyl-CoA C-acyltransferase
乙酰谷氨酸合成酶/乙醯穀胺酸合成酶 acetylglutamate synthetase
乙酰化值/乙醯化值 acetylation number
乙酰化[作用]/乙醯化[作用] acetylation
乙酰基/乙酰基,乙醯基 acetyl
N-乙酰葡糖胺/*N*-乙醯(-D-)葡萄糖胺 *N*-acetylglucosamine, NAG
乙酰葡糖胺糖苷酶/乙醯葡萄糖胺苷酶,乙醯胺基葡萄糖糖苷酶 acetylglucosaminidase
N-乙酰葡糖胺转移酶/*N*-乙醯胺基葡糖基轉移酶 *N*-acetylglucosaminyl transferase
N-乙酰乳糖胺/*N*-乙醯乳糖胺 *N*-acetyllactosamine
N-乙酰神经氨酸/*N*-乙醯神經胺酸 *N*-acetylneuraminic acid, NANA
乙酰乙酸/乙醯乙酸 acetoacetic acid
乙型肝炎表面抗原/乙型肝炎表面抗原,B型肝炎表面抗原 hepatitis B surface antigen, HBsAg
乙型肝炎核心抗原/乙型肝炎核心抗原,B型肝炎核心抗原 hepatitis B core antigen, HBcAg
乙型肝炎抗原/乙型肝炎抗原,B型肝炎抗原 hepatitis B antigen, HBAg
乙型溶素/β-溶[血]素,乙型溶解素 β-lysin
已加工假基因/已修飾僞基因 processed pseudogene
已剪接 mRNA/已剪接 mRNA spliced mRNA
已引证/已引用 loco laudato, loc. cit.

已知成分培养液/確定培養基,限定培養液　defined medium
已知基因/已知基因　known gene
已知菌动物/菌明動物,無菌動物　gnotobiotic animal, GN animal
蚁播/蟻媒傳播　myrmecochory
蚁布植物/蟻媒播遷植物　myrmecochore
蚁巢/蟻巢　formicary
蚁盗/盗食者,蟻巢惡客　synecthran
蚁菌瘤/蟻菌瘤　bromatia
蚁客/蟻客　myrmecoxene, symphile
蚁客共生/蟻客共生　myrmecoclepty
蚁植共生/蟻植共生　syndiacony
蚁冢昆虫/蟻塚昆蟲　myrmecophile
椅型构象/椅形構象,椅型構形　chair conformation
义务诱导物/義務誘導物　gratuitous inducer
异凹椎体/異凹椎體　heterocoelous centrum
异孢植物/異孢植物,異[形]孢子體　heterosporophyte
异倍体/異倍體　heteroploid
异倍体细胞系/異倍體細胞株　heteroploid cell line
异倍性/異倍性　heteroploidy
异被花/異被花　heterochlamydeous flower
异臂倒位/異臂倒位　heterobrachial inversion
异臂染色体/異臂染色體,不等臂染色體　heterobrachial chromosome
异丙醇/異丙醇　isopropanol
异丙基硫代-β-D-半乳糖苷/異丙基硫代-β-D-半乳糖苷　isopropylthio-β-D-galactoside, IPTG
异步肌/異步肌,非同步肌　asynchronous muscle
异部大核/異部大核　heteromerous macronucleus
异层式菌髓/異層式菌髓　heteromerous trama
异长花柱现象/花柱異長性　heterostylism
异常表达/異常表達　misexpression
异常重组/異常重組　illegitimate recombination
异常发育/異常發育,異常方式發生　anormogenesis
异常环境/異常環境　heterogeneous environment
异常剪接/異常剪接　aberrant splicing
异常结构/異常結構　anomalous structure
异常密码子/異常密碼子　altered codon
异常 γ-球蛋白血症/異常 γ-球蛋白血症　dysgammaglobulinemia
异常受精/異常受精　abnormal fertilization
异常血红蛋白/異常血紅蛋白,異常血紅素　abnormal hemoglobin
异常有丝分裂/異常有絲分裂　abnormal mitosis
异常整流/異常整流,内向整流　inward rectification, anomalous rectification
异常脂蛋白血症/異常脂蛋白血症　dyslipoproteinemia
异齿刺状刚毛/異齒刺狀剛毛　heterogomph spinigerous seta
异齿关节/異齒關節　heterogomph articulation
异齿镰刀状刚毛/異齒鐮刀狀剛毛　heterogomph falcigerous seta
异齿型/異齒型　heterodont
异雌现象/異雌現象　heterogynism
异促效应/異配位體間變構效應　heterotropic effect
异担子/異擔子　heterobasidium
异地保育/異地保育,域外保育,移地保育　*ex situ* conservation
异地分布/異域性,異域分布　allopatric distribution, allopatry
异地[物]种/異域[物]種　allopatric species
异地物种形成/異域種化,異域物種形成　allopatric speciation
异[点]等位基因/異[點]等位基因,異[點]對偶基因　heteroallele
异淀粉酶/異澱粉酶　isoamylase
异丁醇/異丁醇　isobutanol
异动态发育/異動態發育　heterodynamic development
异动态昆虫/異動態昆蟲　heterodynamic insect
异盾/異盾　alloscutum
异发演替/異發演替,異發性消長　allogenic succession, allogenetic succession
异辐骨针/異輻骨針　anisoactinate
异杆骨针/異桿骨針　anomoclad
异个虫/異個蟲　heterozooid
异构化/異構化　isomerization
异构酶/異構酶　isomerase
异构体/異構體　isomer
异构现象/異構現象　isomerism
异固缩/異固縮,異常凝縮　heteropycnosis, heteropyknosis
异合子/異[基因]型合子,雜合子　allozygote
异核体/異核體,雜核體　heterokaryon, heterocaryon
异核体检验/異核體檢驗　heterokaryon test
异核细胞/異核細胞　heterokaryocyte
异核现象/異核現象,異核性　heterokaryosis, heterocaryosis
异核性/異核性,異核現象　heterokaryosis, heterocaryosis
异红细胞系列/異[紅血]球系列　isoglobo-series
异花传粉/異花傳粉,異花授粉　cross-pollination
异花传粉植物/異花傳粉植物　cross-pollinated plant

异花受精/異花受精,異花受粉 cross-fertilization, allogamy
异花受粉/異花受粉,異花傳粉 cross-pollination
异化分裂/異化分裂 heterokinesis
异化性硫还原作用/異化性硫還原作用 dissimilatory sulfur reduction
异化性硫酸盐还原作用/異化性硫酸鹽還原作用 dissimilatory sulfate reduction
异化性硝酸盐还原作用/異化性硝酸鹽還原作用 dissimilatory nitrate reduction
异化[作用]/異化[作用] dissimilation
异黄酮/異黄酮 isoflavone
异境生物/異境生物 heterozone organism
异喹啉/異喹啉 isoquinoline
异亮氨酸/異亮氨酸,異亮胺酸,異白胺酸 isoleucine, Ile
异龄行为多型/異齡行為多型,年齡分工 age polyethism
异龄林/異齡林 uneven aged forest
异硫氰酸苯酯/異硫氰酸苯酯 phenylisothiocyanate, PITC
异硫氰酸荧光素/異硫氰酸螢光素 fluorescein isothiocyanate, FITC
异卵双生/異卵雙生,異卵雙胎 dizygotic twins, non-identical twins
异律分节/異律分節 heteronomous metamerism
异麦芽糖酶/異麥芽糖酶 isomaltase
异毛果芸香碱/異毛果芸香鹼 isopilocarpine
异面叶/背腹葉,有背腹面葉 dorsiventral leaf
异模[标本]/異模式,觀念模 ideotype
异模式异名/異模式異名 heterotypic synonym
异柠檬酸/異檸檬酸 isocitric acid
异柠檬酸脱氢酶/異檸檬酸脱氫酶 isocitrate dehydrogenase
异配生殖/異配生殖,異配結合 anisogamy, heterogamy
异配性别/異配性别 heterogametic sex
异配游动配子/異配游動配子 anisogamous planogamete
异亲/異親 alloparent
异亲抚育/異親撫育 alloparent care
异球系列/異球系列,異紅血球系列 isoglobo-series
异染[颗]粒/異染[質顆]粒 metachromatic granule, metachrome
异染色体/異染色體 allosome, heterochromosome
异染色质/異染色質 heterochromatin
异染色质并合/異染色質融合 heterochromatic fusion
异染色质化/異染色質化 heterochromatization
异染色质结/異染色質結 heterochromatic knob
异染色质区/異染色質區,異染色質帶 heterochromatic region, heterochromatic zone
异染性/異染性 metachromasia, metachromasy, metachromatism
异染性脑白质营养不良/異染性腦白質營養不良,異染性腦白質失養症 metachromatic leukodystrophy
异染性染料/異染性染料 metachromatic dye
异染质/異染質 volutin, metachromatin
异三聚体 G 蛋白/異三聚體 G 蛋白,異三元體 G 蛋白 heterotrimeric G-protein
异沙蚕体/異沙蠶體 heteronereis
异生物质/異生物質,外源化合物 xenobiotics
异生小体/異生小體 xenosome
异时发生/異時發生 heterochrony
异时隔离/異時隔離,異代隔離 allochronic isolation
异时[性]突变/異時性突變 heterochronic mutation
异时亚种/異時亞種 allochronic subspecies
异时种/異時種 allochronic species
异噬溶酶体/異吞噬溶[酶]體,異噬菌溶體 heterophagic lysosome
异数孢子/異數孢子 aneuspory
异速生长/異速生長 allometry, heterogenic growth
异宿主型/異宿主型 heteroxenous form
异锁链素/異鎖鏈素 isodesmosine
异态现象/異態性,異形性 heteromorphism
异态性/異態性,異形性 heteromorphism
异肽键/異肽鍵 isopeptide bond
异体/異體 xenoma
异体催化[作用]/異體催化 heterocatalysis
异体受精/異體受精,雜交受精 cross-fertilization, allogamy
异体吞噬/異體吞噬 heterophagy
异体吞噬泡/異噬菌囊泡 heterophagic vacuole
异体移植/異體移植 xenograft
异[吞]噬体/異噬菌體 heterophagosome
异位表达/異位表達,異位表現 ectopic expression
异位插入/異位插入 ectopic insertion
异位带/異位帶 isochore
异位激素/異位性激素 ectopic hormone
异位节律/異位節律 ectopic rhythm
异位起搏点/異位節律點 ectopic pacemaker
异位妊娠/子宫外孕 ectopic pregnancy
异位生物修复/域外生物修復,移地生物修復 *ex situ* bioremediation
异位位点/異位位點 ectopic site
异位心律/異位節律 ectopic rhythm

异位移植/異位移植,變位移植　heterotopic transplantation
异位移植物/異位移植物　heterotopic graft
异位整合/異位整合　ectopic integration
异温动物/異溫動物　heterotherm
异温性/異溫性　heterothermy
异戊二烯/異戊二烯　isoprene
异戊二烯化/[聚]異戊二烯化　isoprenylation, prenylation
异戊烯焦磷酸/異戊烯焦磷酸　isopentenylpyrophosphate, IPP
异物同名/異物同名　homonym, hom.
异系交配/異系配合　exogamy
异系配合/異系配合　exogamy
异细胞/異形細胞　idioblast
异相世代交替/異相世代交替　heterophasic alternation of generations
异相睡眠/非常規睡眠,反常睡眠　paradoxical sleep
异向性病毒/異嗜性病毒　xenotropic virus
异小膜/異小膜　heteromembranelle
异心房利尿钠肽/異心房利尿鈉肽　iso-atrial natriuretic peptide, iso-ANP
异形 DNA/異形 DNA,不等形 DNA　anisomorphic DNA
异形孢子/異形孢子　heterospore, anisospore
异形胞[囊]/異形胞囊　heterocyst
异形鞭毛体/異形鞭毛體　anisokont
异形二价体/異型二價體,異形二價[染色]體　heteromorphic bivalent
异形隔/異形隔　heterophragma
异形花/異形花　heteromorphous flower, heteromorphic flower
异形配子/異形配子,異型配子　heterogamete, anisogamete
异形配子母体/異型配子母體　anisogamont
异形配子囊/異型配子囊　heterogametangium
异形染色体/異形染色體,異型染色體　heteromorphic chromosome
异形叶/異形葉　heterophyll
异形叶性/異[形]葉性　heterophylly
异形再生/異形再生,異形變態　heteromorphosis, heteromorphous regeneration
异型齿/異型齒　heterodont
异型发酵/異型發酵,異質發酵作用　heterofermentation
异型发酵乳酸菌/異質發酵乳酸菌　heterofermentative lactic bacteria
异型分裂/異型分裂　heterotypic division
异型核分裂/異型核分裂　allotypic nuclear division
异型交配/負選型交配,負選型配種　negative assortative mating
异型接合/異型接合,雜合現象　heterozygosis
异型联会/異型聯會,異型接合　heterosynapsis
异型乳酸发酵/異型乳酸發酵,異種乳酸發酵　heterolactic fermentation
异型生活史/異型生命週期　heterogonic life cycle
异型有丝分裂/異型有絲分裂　heterotypic mitosis
异型[有性]世代交替/異型[有性]世代交替　heterogenesis, heterogeny
异[型杂]交/異[型雜]交,遠交　outbreeding, outcrossing
异型爪/異型爪　paralycus
异型转化/異源轉化　allogenic transformation
异型组蛋白/異型組蛋白　isohistone
异养/異養,異營,有機營養　heterotrophy
异养层/異養層,異營層　heterotrophic stratum
异养菌/異營[細]菌,有機營養[細]菌　heterotrophic bacteria
异养潜能/異營潛能　heterotrophic potential
异养生物/異養生物,寄生生物,異營[性]生物　heterotroph, heterotrophic organism
异养演替/異養演替,異營性演替,異營性消長　heterotrophic succession
异养营养/異營型營養,有機營養,寄生營養　heterotrophic nutrition
异养植物/異營植物,有機營養植物,寄生植物　heterotrophic plant
异域分布/異域分布　allopatric distribution, allopatry
异域[物]种/異域[物]種　allopatric species
异域物种形成/異域物種形成,異域種化　allopatric speciation
异域杂交/異域雜交　allopatric hybridization
异源倍体/異源倍數體　alloploid
异源倍性/異源倍性　alloploidy
异源代换/異種染色體代換,異屬染色體代換　allosubstitution
异源单倍体/異源單倍體　allohaploid
异源单对二倍体/異源單對二倍體　allomonodiploid
异源多倍单倍体/異源多元單倍體　allopolyhaploid
异源多倍体/異源多倍體　allopolyploid
异源多倍性/異源多倍性　allopolyploidy
异源多元单倍体/異源多元單倍體　allopolyhaploid
异源二倍单体/異源二倍單體　allodiplomonosome
异源二倍体/異源二倍體,異質二倍體　allodiploid
异源翻译系统/異源轉譯系統　heterologous

translational system
异源基因/異源基因 heterologous gene
异源基因表达系统/異源基因表達系統 heterologous gene expression system
异源抗血清/異種抗血清 heterologous antiserum
异源联会/異源聯會 allosyndesis
异源六倍体/異源六倍體 allohexaploid
异源[染色体]配对/異源染色體配對 heterogenetic pairing
异源双链 DNA/異源雙鏈 DNA,異源雙股 DNA heteroduplex DNA
异源双链分析/異源雙鏈分析,異源雙股分析,異鏈聯結分析 heteroduplex analysis, HA
异源双链[体]/異源雙鏈[體] heteroduplex
异源双链作图/異源雙鏈定位 heteroduplex mapping
异源四倍体/異源四倍體 allotetraploid
异源同形/異源同形 homoplasy
异源性/異源性 heterology
异源异倍体/異源異倍體 alloheteroploid
异源异倍性/異源異倍性 alloheteroploidy
异源植物区系/殘存植物相 allogenous flora
异藻蓝蛋白/異藻藍蛋白,別藻藍蛋白,異藻藍素 allophycocyanin, APC
异趾足/異趾足 heterodactylous foot
异质/異質 alloplasm
异质群体/異質群體 heterogeneous population
异质体/異質體 heteroplasmon
异质性/異質性,不均一性 heterogeneity
异质性抗原/異質性抗原 heterogenic antigen
异质性系数/異質性係數 coefficient of heterogeneity
异质性指数/異質性指數 heterogeneity index
异质种群/關聯族群,複合族群 metapopulation
异种共栖/異種共棲,異種並棲 plesiobiosis
异种核移植/異種核移植,種間核移植 interspecies nuclear transfer, cross-species, nuclear transfer
异种化感/[植物]相剋作用,抑他作用,異株剋生 allelopathy
异种化感物/相剋物質,種間交感物質,相生相剋化感物 allelochemics, allelochemicals, allelopathic substance
异种嫁接/異種嫁接 heterograft
异种抗体/異種抗體 xenogeneic antibody; heteroantibody
异种抗原/異體抗原,異質抗原 xenoantigen, heteroantigen
异种克生[现象]/[植物]相剋作用,抑他作用,異株剋生 allelopathy
异种凝集/異種[精子]凝集 heteroagglutination
异种凝集素/異種[精子]凝集素 heteroagglutinin
异种散布/異種散布 heterochore
异种宿主寄生/異種寄生,轉株 heterecism
异种细胞/異種細胞 heterogeneous cell
异种型/異種型 xenotype
异种移植/異種移植 xenograft, xenotransplantation
异种移植物/異種移植物 xenograft, heterograft
异种移植诱导/異種間誘導 heteroplastic induction
异株泻根毒蛋白/異株瀉根毒蛋白 bryodin
异株[异花]受精/異株受精,異株異花受粉,異株傳粉 xenogamy
异主寄生/轉主寄生[現象],轉株寄生,二寄主寄生 heteroecism
异宗配合/異宗配合 heterothallism, heterothally
抑癌蛋白 M/抑癌蛋白 M,制瘤素 M,抑瘤素 M oncostatin M, OSM
抑癌基因/抗癌基因,抑癌基因 antioncogene
抑孢作用/抑孢作用 sporistasis
抑蛋白酶多肽/抑蛋白酶多肽 aprotinin, trasylol
抑凋亡因子/抑凋亡因子 anti-apoptotic factor
抑菌剂/抑菌劑 bacteriostat, bacteriostatic agent
抑菌作用/抑菌作用,抑菌現象 bacteriostasis
抑瘤蛋白/抑瘤蛋白 tumstatin
抑瘤素 M/抑瘤素 M,抑癌蛋白 M,制瘤素 M oncostatin M, OSM
抑瘤素 M 受体/制瘤素 M 受體 oncostatin M receptor, OSMR
抑卵激素/抑卵激素 oostatic hormone
抑素/抑素 chalone
抑微管装配蛋白/微管去穩定蛋白 stathmin
抑微丝蛋白/抑微絲蛋白 aginactin
抑胃素/抑胃素 gastrone
抑[性]信息素肽/抑費洛蒙素 pheromonostatin
抑血细胞聚集素/抑血球聚集素 hemolin
抑咽侧体神经肽/抑咽側體肽,抑咽喉側腺神經肽 allatostatin
抑真菌剂/抑真菌劑 fungistat
抑殖素/抑殖素 ablastin
抑酯酶素/抑酯酶素 esterastin
抑制/抑制,阻抑 inhibition, suppression
抑制 PCR/抑制 PCR,阻抑 PCR suppression PCR
抑制蛋白/抑制蛋白 arrestin
β-抑制蛋白/β-抑制蛋白 β-arrestin
抑制基因/抑制基因,抑制子 suppressor gene, inhibiting gene
抑制基因突变/抑制子突變 suppressor mutation
抑制剂/抑制劑 inhibitor

抑制剂滴定法确定通量控制系数/抑制劑滴定法確定通量控制係數 inhibitor titration to determine the flux control coefficient
抑制[结构]域/抑制域 inhibition domain
抑制素/抑制素 inhibin
抑制细胞/抑制細胞,壓抑性細胞 suppressor cell
抑制消减杂交/抑制相減式雜交,抑制差減雜交,阻抑刪減雜交作用 suppression subtractive hybridization, SSH
抑制型 tRNA/抑制型 tRNA,阻抑 tRNA,校正 tRNA suppressor tRNA
抑制性氨基酸/抑制性氨基酸 inhibitory amino acid
抑制性 G 蛋白/抑制性 G 蛋白 inhibitory G protein
抑制性递质/抑制性遞質 inhibitory transmitter
抑制性神经元/抑制性神經元 inhibitory neuron
抑制性受体/抑制性受體 inhibitory receptor
抑制性突触/抑制性突觸 inhibitory synapse
抑制性突触后电位/抑制性突觸後電位 inhibitory postsynaptic potential, IPSP
抑制性 T 细胞/抑制性 T 細胞,壓抑性 T 細胞 suppressor T cell, Ts cell
抑制性细胞表面受体/抑制性細胞表面受體 inhibitory cell surface receptor
抑制性中间神经元/抑制性中間神經元 inhibitory interneuron
抑制芽球/抑制芽球 gemmulostasin
抑制因子/抑制因子 inhibitory factor, inhibitive factor
抑制中浓度/半數抑制濃度 median inhibitory concentration
役生/役生 helotism
役使原理/役使原理,從屬原理 slaving principle
译码/解碼 decoding
易变基因/易變基因,可突變基因 mutable gene
易错 PCR/易錯 PCR,錯誤傾向 PCR error-prone PCR
易错聚合酶链反应/易錯 PCR,錯誤傾向 PCR error-prone PCR
易错修复/錯誤傾向修復 error-prone repair
易地保护/異地保育,域外保育,移地保育 *ex situ* conservation
易感基因/易感基因,易患基因,敏感基因 susceptibility gene, susceptible gene
易感性/易感性,易患性,敏感性 susceptibility, liability
易化/易化,促進作用 facilitation
易化扩散/易化擴散,促進擴散 facilitated diffusion
易化区/易化區 facilitatory region
易化运输/促進[性]運輸 facilitated transport
易患基因/易患基因,易感基因,敏感基因 susceptibility gene, susceptible gene
易患性/易患性,易感性,敏感性 susceptibility, liability
易火生态系统/易火生態系 fire-prone ecosystem
易受刺激植物/敏感性植物 irritable plant
易位/易位,移位,轉位 translocation
易位子/易位體,易位組,轉位子 translocator, translocon
疫苗/疫苗 vaccine
DNA 疫苗/DNA 疫苗 DNA vaccine
疫苗疗法/疫苗療法 vaccine therapy, vaccinotherapy
疫苗配方/疫苗配方 vaccine formulation
疫苗再接种/再接種,重複接種 revaccination
益生菌/益生菌 probiotics
益他素/益他素,利他素,開洛蒙 kairomone
逸搏心律/逸脱節律 escape rhythm
逸出植物/逸出植物,[逸出後]野生化植物 escaped plant
逸出种/逸出種,[逸出後]野化種 escaped species
逸生植物/野化植物 feral plant
意识/意識 consciousness
意识障碍/意識障礙 disorder of consciousness
意外抗体/意外抗體 accidental antibody
意向性震颤/意向性震顫,運動性震顫 intentional tremor
缢断蛋白/發動蛋白,動力蛋白 dynamin
缢痕/縊痕 constriction
缢缩[作用]/縊縮 constriction
缢蛹/縊蛹 succincti
螠虫动物/螠形動物 echiuran
翼/翼,翅 wing
翼瓣/翼瓣 wing, ala
翼蝶骨/翼蝶骨 alisphenoid bone
翼耳骨/翼耳骨 pterotic bone
翼覆羽/翼覆羽 wing covert
翼骨/翼骨 pterygoid bone
翼骨齿/翼骨齒 pterygoid tooth
翼镜/翼鏡 speculum
翼膜/翼膜 ala
翼咽肌/翼咽肌 pterygopharyngeus muscle
因变量/因變數,依變數 dependent variable
因果关系/因果關係,因果性 causality
因果模型/因果模型 causal model
因子/因子 factor
Col 因子/大腸菌素[生成]因子 colicinogenic factor,

Col factor
FB 因子/折回因子 fold-back element, FB element
F 因子/F 因子,致育因子,可孕性因子 fertility factor, F-factor
Rh 因子/Rh 因子 Rh factor
R 因子/R 因子,抗[藥]性轉移因子 resistance transfer factor, RTF, R factor
vW 因子/vW 因子,温韋伯氏因子,血管性假血友病因子 von Willebrand factor, vWF
ρ-因子/ρ-因子 rho-factor, ρ-factor
σ-因子/σ-因子 sigma-factor, σ-factor
阴唇/陰唇 lip of pudendum
阴道/陰道 vagina
阴道管/陰道管 vaginal tube
阴道前庭/陰道前庭 vestibule of vagina
阴蒂/陰蒂 clitoris
阴极后抑制/陰極後抑制 post-cathodal depression
阴茎/陰莖 penis, cirrus
阴茎骨/陰莖骨 baculum
阴茎海绵体/陰莖海綿體 corpus cavernosum penis
阴茎囊/陰莖囊 cirrus pouch, cirrus sac
阴茎头/陰莖頭 glans penis
阴离子/陰離子 anion
阴离子间隙/陰離子間隙 anion gap
阴离子交换层析/陰離子交换層析法,陰離子交换色譜法 anion exchange chromatography
阴离子交换剂/陰離子交换劑 anion exchanger
阴离子交换色谱法/陰離子交换色譜法,陰離子交换層析法 anion ion exchange chromatography
阴离子交换树脂/陰離子交换樹脂 anion exchange resin
阴离子转运体/陰離子轉運體 anion transporter
阴门/陰門,陰户 vulva
阴门瓣/性鞘瓣 valvula vulvae
阴门裂/陰門裂 rima vulvae
阴囊/陰囊 scrotum
阴片/陰片 sterigma
阴生叶/陰生葉 shade leaf
阴生植物/陰生植物 shade plant
阴性对照/陰性對照 negative control
音叉骨针/音叉骨針 tuning fork
音调定位/音調定位 tonal localization
音调拓扑组构/音調拓撲排列結構 tonotopic organization
音频拓扑图/音調拓撲圖 tonotopic map
音色/音色 timbre
音位环路/語音回路 phonological loop
银环蛇毒素/銀環蛇毒素,金環蛇毒素 bungarotoxin
银膜/反光膜 tapetum lucidum, argentea
银染/銀染 silver staining
银勺效应/銀湯匙效應 silver spoon effect
银线网/銀線網 dargyrome
银线系/銀線系 silverline system
引带/引帶 gubernaculum
引导器/指示器 conductor
引发/引發 priming, initiation
引发策略/引發策略 priming strategy
引发酶/引發酶,導引酶,引子酶 primase
DNA 引发酶/DNA 引發酶,DNA 導引酶 DNA primase
引发体/引發體 primosome
引发体前体/引發前體 preprimosome
引发体组装位点/引發體組裝位點 primosome assembly site, PAS
引发信息素/引發費洛蒙,引導性費洛蒙 primer pheromone
引发因子/引發因子,觸發因子 triggering factor
引离[天敌]行为/欺敵行為 distraction display
引入/引進 introduction
引入 DNA/引入 DNA imported DNA
引入品种/引入品種 introduced variety
引入种/引入種,引進種 introduced species
引物/引物,引子 primer
RNA 引物/RNA 引物,RNA 引子 RNA primer
引物步查/引物步移,引子步進法 primer walking
引物步移/引物步移,引子步進法 primer walking
引物浓度不对称 PCR/引物濃度不對稱 PCR primer-asymmetric PCR
引物修补/引物修補,引子修補 primer repair
引物延伸/引物延伸,引子延伸 primer extension
引物延伸预扩增/引物延伸預擴增 primer extension preamplification, PEP
引物延伸预扩增 PCR/引物延伸預擴增 PCR primer extension preamplification PCR, PEP-PCR
引物原位标记/引物原位標記 primed *in situ* labeling, PRINS
引信导因/近因 proximate cause, proximate causation
引诱剂/引誘劑,誘引物質 attractant
引种植物/引進植物 introduced plant
引子/菌元 starter
吲哚甘油磷酸合酶/吲哚甘油磷酸合酶 indole glycerol phosphate synthase
吲哚-甲基红-伏-波-柠檬酸盐试验/吲哚-甲基紅-伏-波-檸檬酸試驗,IMViC 試驗 IMViC test
吲哚试验/吲哚試驗 indole test

吲哚-3-乙酸/吲哚-3-乙酸 indole-3-acetic acid, IAA
饮水中枢/飲水中樞 drinking center
蚓部/蚓部 vermis
蚓突/蚓突,闌尾 vermiform appendix
隐蔽/隱蔽,隱匿 crypsis
隐蔽 mRNA/隱蔽 mRNA,隱祕 mRNA masked messenger RNA, masked mRNA
隐蔽基因/隱蔽基因,隱祕基因 crytogene
隐蔽剪接位点/隱蔽剪接位點,隱祕剪接位點 cryptic splice site
隐蔽结构杂种/隱蔽結構雜種 cryptic structural hybrid
隐蔽抗原/隱蔽抗原,隱藏[式]抗原 veiled antigen, hidden antigen, sequestered antigen
隐蔽期/隱蔽期,隱蝕期 eclipse period
隐蔽色/隱蔽色,隱匿色 cryptic coloration, concealing coloration
隐蔽[同源]嵌合体/隱蔽嵌合體,隱祕嵌合體 cryptic mosaic, cryptochimera
隐蔽突变体/隱蔽突變體 cryptic mutant
隐蔽卫星 DNA/隱蔽衛星 DNA,隱祕衛星 DNA cryptic satellite DNA
隐蔽型真菌毒素/隱蔽型真菌毒素 masked mycotoxin
隐蔽性质粒/隱蔽性質體,隱祕性質體 cryptic plasmid
隐壁/隱壁 cryptocyst
隐壁孔/隱壁孔 opesiule
隐壁缺口/隱壁缺口 opediular indentation
隐不动关节/隱不動關節 cryptosyzygy
隐藏多态性/隱藏多型性 cryptic polymorphism
隐藏分核现象/隱蔽分核現象,隱祕分核現象 cryptogonomery
隐藏混杂/隱藏混雜 cryptic contamination
隐藏种/隱藏種,隱蔽種,隱祕種 cryptic species, hidden species
隐成虫/預成蟲 pharate adult
隐齿/隱齒 cryptodont
隐存种/隱蔽種,隱藏種,隱祕種 cryptic species, hidden species
隐带海星/隱帶海星 cryptozonate
隐防御肽/隱保衛肽 cryptdin
隐睾症/隱睪症 cryptorchidism
隐合关节/隱合關節 cryptosynarthry
隐花色素/隱[花]色素 cryptochrome
隐花植物/隱花植物,孢子植物 cryptogamous plant, cryptogamia, cryptogam
隐花植物群落/隱花植物群落 cryptogamic community
隐居多毛类/隱居多毛類 sedentary polychaetes
隐马尔科夫模型/隱藏馬可夫模型 hidden Markov model, HMM
隐母/隱母 cryptogyne
隐拟囊尾蚴/隱擬囊尾蚴 cryptocystis
隐身纳米颗粒/隱身奈米顆粒 stealth nanoparticle
隐身样行为/隱身樣行為 stealth-like behavior
隐肾管/隱腎管 cryptonephridial tube
隐生现象/隱生現象,潛生現象 cryptobiosis
隐失波/漸逝波 evanescent wave
隐态/隱態 crypsis
隐头花序/隱頭花序 hypanthodium, syllestia
隐头蛹/隱頭蛹 cryptocephalic pupa
隐微粒现象/隱蔽微粒現象 cryptomerism
隐窝/隱窩 crypt
隐型原质团/隱型原質團 aphanoplasmodium
隐性/隱性 recessiveness, recessive
隐性纯合体/隱性純合體 recessive homozygote
隐性感染/隱性感染,不顯性感染,無症狀性感染 inapparent infection
隐性基因/隱性基因 recessive gene
隐性基因纯合体/隱性純合體 bottom recessive
隐性上位/隱性上位 recessive epistasis
隐性性状/隱性性狀 recessive character
隐性原噬菌体/隱蔽原噬菌體 cryptic prophage
隐性致死/隱性致死 recessive lethal
隐芽植物/隱芽植物,地下芽植物 cryptophyte, geophyte
隐影/隱影,消影,隱蔽 counter shading
隐有丝分裂/隱祕有絲分裂 cryptomitosis
隐域土/隱域土,間域土 intrazonal soil
印痕/印痕,印記,銘印 imprinting
印记/印記,印痕,銘印 imprinting
印记和 X 染色体失活/印記和 X 染色體失活 imprinting and X-chromosome inactivation
印记基因/印記基因,印痕基因 imprinted gene
印记框/印記框,印痕框 imprinting box
印记失活/印記失活,印痕失活 imprinting off
印迹法/印跡法,印漬法,墨點法 blotting, blot
DNA 印迹法/南方印漬法,DNA 印漬法,瑟慎墨點法 Southern blotting
Farwestern 印迹法/Farwestern 印漬法,Farwestern 墨點法 Farwestern blotting
Northern 印迹法/北方印漬法,北方墨點法,RNA 印跡法 Northern blotting
RNA 印迹法/RNA 印跡法,北方墨點法,北方印漬法

Northern blotting
Southern 印迹法/南方印漬法,DNA 印漬法,瑟慎墨點法 Southern blotting
Western 印迹法/西方墨點法,西方印漬法,蛋白質印漬法 Western blotting
印迹酶/印跡酶 imprinting enzyme
印迹膜/印漬膜 blotting membrane
DNA 印迹杂交/Southern 印跡雜交,南方印漬雜交 Southern blot hybridization
Southern 印迹杂交/Southern 印跡雜交,南方印漬雜交 Southern blot hybridization
印楝素/印楝素 azadirachtin
印影接种法/印影平板接種法 replica plate inoculating
茚三酮/茚三酮 ninhydrin
茚三酮反应/茚三酮反應 ninhydrin reaction
樱草糖/櫻草糖 primeverose
樱桃斑驳叶病/櫻桃斑駁葉病,櫻桃葉斑駁病 cherry mottle leaf
樱虾类糠虾幼体/櫻蝦類糠蝦幼體 acanthosoma
樱虾类原溞状幼体/櫻蝦類原溞狀幼體 elaphocaris
樱虾类仔虾/櫻蝦類仔蝦 mastigopus
鹰-鸽-反击者模型/鷹-鴿-反擊者模式 Hawk-Dove-Retaliator model
鹰-鸽模型/鷹-鴿模式 Hawk-Dove model
鹰-鸽-应变者模型/鷹-鴿-應變者模式 Hawk-Dove-Bourgeois model
荧光/熒光,螢光 fluorescence
荧光标记/熒光標記,螢光標記 fluorescence labeling
荧光标记聚合酶链[式]反应/螢光標定 PCR fluorescence-PCR
荧光测定/螢光測定法 fluorometry
荧光猝灭/螢光猝滅,熒光猝滅 fluorescence quenching
荧光蛋白/螢光蛋白 fluorescent protein
荧光法 DNA 测序/螢光法 DNA 測序,螢光法 DNA 定序 fluorescence-based DNA sequencing
荧光分光光度[测定]法/螢光分光光度法,熒光分光光度法 fluorescence spectrophotometry, fluorospectrophotometry
荧光分光光度计/螢光分光光度計 fluorescence spectrophotometer, spectrofluorometer, spectroflurimeter
荧光分析/熒光分析,螢光分析 fluorescence analysis
荧光辅助 DNA 测序/螢光輔助 DNA 測序,螢光輔助 DNA 定序 fluorescence-aided DNA sequencing
荧光各向异性/螢光各向異性 fluorescence anisotropy
荧光共振能量转移/螢光共振能量轉移 fluorescence energy resonance transfer, FRET
荧光光谱/熒光光譜,螢光光譜 fluorescence spectrum
荧光光谱术/熒光光譜術,螢光光譜術 fluorescence spectroscopy
荧光激活染色体分选/螢光活化染色體分選 fluorescence-activated chromosome sorting, FACS
荧光激活细胞分选法/螢光活化細胞分選法,螢光活化細胞分類法 fluorescence-activated cell sorting, FACS
荧光激活细胞分选仪/螢光活化細胞分選儀,螢光活化細胞分類器 fluorescence-activated cell sorter, FACS
荧光计/螢光計 fluorometer, fluorimeter
荧光检测圆二色性/熒光檢測圓二色性,螢光檢測圓二色性 fluorescence-detected circular dichroism, FDCD
荧光交叉相关光谱术/螢光交叉相關光譜術 fluorescence cross-correlation spectroscopy, FCCS
荧光抗体技术/螢光抗體技術 fluorescence antibody technique
荧光量子产率/熒光量子産率,螢光量子産率 fluorescence quantum yield
荧光密螺旋体抗体吸收试验/螢光密螺旋體抗體吸收試驗 fluorescence treponemal antibody absorption test, FTA-ABS test
荧光纳米探针/螢光奈米探針 fluorescent nanoprobe
荧光偏振/熒光偏振,螢光偏振 fluorescence polarization
荧光偏振光谱术/螢光偏振光譜術 fluorescence polarization spectroscopy
荧光漂白恢复/熒光漂白恢復,螢光漂白恢復 fluorescence photobleaching recovery, fluorescence recovery after photobleaching, FRAP
荧光染料/螢光染料 fluorescent dye, fluorochrome
荧光染色/螢光染色法 fluorescent staining
荧光色素试验/螢光色素試驗 fluorochrome test
荧光[生色]团/螢光團,熒光團 fluorophore
荧光寿命/螢光生命期,熒光生命期 fluorescence lifetime
荧光素/螢光素 fluorescein
荧光探针/熒光探針,螢光探針 fluorescent probe
荧光显微镜/螢光顯微鏡 fluorescence microscope
荧光显微术/螢光顯微鏡術 fluorescence microscopy
荧光相关光谱术/螢光相關光譜術 fluorescence correlation spectroscopy, FCS
荧光小体/螢光小體,F 小體 fluorescence body, F

body
荧光诱导/螢光誘導 fluorescence induction
荧光原位杂交/螢光原位雜交，原位螢光雜合[法] fluorescence *in situ* hybridization, FISH
荧光涨落光谱术/螢光漲落光譜術 fluorescence fluctuation spectroscopy
荧光[自]显影/螢光[自]顯影術 fluorography
荧光组织化学/螢光組織化學 fluorescence histochemistry
萤虫黄/螢光黄 lucifer yellow
萤光/螢光 luminescence
萤光素/螢光素 luciferin
萤光素结合蛋白/螢光素結合蛋白 luciferin-binding protein
萤光素酶/螢光素酶，螢光酵素 luciferase
萤光素酶报告基因分析/螢光素酶報告基因分析 luciferase reporter assay
营巢地/巢位 nesting site
营巢领域/營巢領域 nesting territory
营巢植物密度/營巢植物密度 density of nest plant
营养胞/營養胞 nutriocyte
营养不良/營養不良，營養失調症 dystrophy, malnutrition
营养不亲和性/營養不親和性，營養不相容性 vegetative incompatibility
营养层位/營養層位 trophic state
营养动态/營養動態 trophic dynamic
营养繁殖/營養繁殖，營養生殖，無性生殖 vegetative reproduction, vegetative propagation
营养分解层/營養分解層 tropholytic zone
营养分解带/營養分解帶 tropholytic layer
营养个虫/營養個蟲，營養體 gastrozooid
营养核/營養核 vegetative nucleus
营养级/營養層級，營養階層，食物階層 trophic level
营养级联/營養級聯，營養瀑布，營養瀉流 trophic cascade
营养结构/營養結構 trophic structure
营养菌丝/營養菌絲 vegetative hypha
营养菌丝体/營養菌絲體 vegetative mycelium
营养卵/營養卵 trophic egg
营养囊/營養囊 trophocyst
营养期噬菌体/營養期噬菌體 vegetative phage
营养器官/營養器官 vegetative organ
营养琼脂/營養瓊脂 nutrient agar
营养缺乏/營養缺乏 nutrition deficiency, denutrition
营养缺陷体/營養缺陷體，營養缺陷型 auxotroph
营养缺陷型/營養缺陷型，營養缺陷體 auxotroph
营养肉汤[培养基]/營養肉湯培養液 nutrient broth
营养生成层/營養生成層 trophogenic zone
营养生态位/營養生態[區]位 trophic niche
营养[生长]期/營養[生長]期 vegetative period, trophophase
营养水平多样性/營養水平多樣性 trophic diversity
营养特需型/營養特需型，特需營養要求型 idiotroph
营养体时期/營養體期 vegetative cell phase
营养体杂种/營養體雜種 vegetative hybrid
营养突变层/營養躍層 nutricline
营养物/營養物，養分 nutrient, nutrition
营养物循环/營養物循環，養分循環 nutrient cycle
营养细胞/營養細胞 trophoblast, nutrient cell, vegetative cell
营养性不育/營養性不孕 alimentary castration
营养性顶枝/營養性頂枝 sterile telome
营养性特化/營養性特化，營養特異性 nutritional specialization
营养性小菌落/營養性小菌落，營養性小型聚落 vegetative petite
营养血管/營養血管 nutrient vessel, vasa vasorum
营养盐污染/營養鹽污染 nutrient pollution
营养叶/營養葉 foliage leaf
营养液/營養液 nutrient solution
营养液栽培/培養液栽培 nutriculture
营养跃层/營養躍層 nutricline
营养枝/營養枝 vegetative shoot
营养周转率/營養週轉率 nutrient turnover rate
营养组织/營養組織 vegetative tissue
蝇抗菌肽/雙翅抗菌肽，雙翅素 diptercin, diptericin
蝇蛆病/蠅蛆病 myiasis
颖果/穎果 caryopsis, grain
颖[片]/穎，稃 glume
影响种/影響種 influent species
影像增强显微术/影像增強顯微術 image-enhanced microscopy
影印[平板]培养/印影平板培養法，平板複印[接]種 replica plating
瘿瘤植物/癭瘤植物 gall plant
瘿螨/癭蟎 eriophyoid mite
应变/應變 strain
SOS 应答/SOS 應答，SOS 反應，SOS 響應 SOS response
应答调控蛋白/應答調控蛋白 response regulator
应答元件/應答元件，反應元件，回應元件 response element
cAMP 应答元件/cAMP 應答元件，cAMP 反應元件 cAMP response element, CRE

应答元件结合蛋白/應答元件結合蛋白 response element binding protein
cAMP 应答元件结合蛋白/cAMP 應答元件結合蛋白,cAMP 反應元件結合蛋白 cAMP response element-binding protein, CREB protein
cAMP 应答元件调节因子/cAMP 應答元件調節因子,cAMP 反應元件調節因子 cAMP response element modulator, CREM
应答指令/應答指令,反應指令 response instruction
应激/應激,壓力 stress
应激蛋白[质]/逆境蛋白,壓力蛋白 stress protein
应激反应/壓力反應 stress response
应激活化的蛋白激酶/壓力活化蛋白質激酶,應激啟動的蛋白激酶 stress-activated protein kinase, SAPK
应激激活的蛋白激酶/壓力活化蛋白質激酶,應激啟動的蛋白激酶 stress-activated protein kinase, SAPK
应激激素/壓力激素,逆境激素 stress hormone
应激抗原/壓激抗原 stress antigen
应激理论/壓力理論,壓力學説 stress theory
应激性/應激性,感應性 irritability
应激原/壓力源 stressor
应急反应/緊急反應 emergency reaction, fight-or-flight response, acute stress response
应急控制/嚴緊控制 stringent control
应急因子/應急因子,嚴緊因子 stringent factor
应乐果甜蛋白/應樂果甜蛋白,莫內甜蛋白 monellin
应力/應力 stress
应力刺激式反应器/應力刺激式反應器 stress stimulus reactor
应力松弛/應力鬆弛 stress relaxation
应力纤维/應力纖維,壓力纖維 stress fiber
应压木/壓縮材,偏心材 compression wood
应用昆虫学/應用昆蟲學 applied entomology
应用生理学/應用生理學 applied physiology
应用生态学/應用生態學 applied ecology
应用植物学/應用植物學 applied botany
硬壁[细]菌类/厚壁菌類 fermicutes
硬草草本群落/硬葉草原,禾草原 duriherbosa, duriprata
硬蛋白/硬蛋白 scleroprotein
硬垫群系/硬墊群系 hard-cushion formation
硬度/硬度,剛度 hardness
硬腭/硬腭 hard palate
硬化生殖菌丝/硬化生殖菌絲 sclerified geverative hypha
硬茎/硬莖 stiff stem
硬鳞/硬鱗 ganoid scale
硬鳞质/硬鱗質 ganoin
硬膜/硬膜 dura mater
硬释放/硬釋放,硬式野放 hard release
硬水/硬水 hard water
硬体/硬體 zoarium
硬叶灌木林/硬葉灌木林,硬葉灌叢 durifruticeta
硬叶林/硬葉林 hard foliage forest, sclerophyllous forest
硬叶植物/硬葉植物 sclerophyllous plant, sclerophyte
硬缘/硬緣 sclerite
硬脂醇/硬脂醇,十八烷醇 stearyl alcohol
硬脂酸/硬脂酸,十八烷酸 stearic acid, octadecanoic acid
硬脂酸甘油酯/硬脂酸甘油酯 stearin
硬脂酰辅酶 A 脱饱和酶/硬脂醯輔酶 A 去飽和酶 stearoyl-CoA desaturase
拥挤度指数/擁擠度指數 index of crowding
拥挤效应/擁擠效應 crowding effect
永久单性生殖/永久[性]單性生殖 perpetual parthenogenesis
永久凋萎/永久凋萎,不恢復凋萎 permanent wilting, irreversible wilting
永久凋萎点/永久[性]凋萎點 permanent wilting point, irreversible wilting point
永[久]冻土/永凍層 permafrost
永久孤雌生殖/永久[性]單性生殖 perpetual parthenogenesis
永久牧场/永久牧場 permanent pasture
永久生境/永久棲所 permanent habitat
永久萎蔫/永久凋萎,不恢復凋萎 permanent wilting, irreversible wilting
永久萎蔫百分率/永久凋萎百分率 permanent wilting percentage
永久萎蔫点/永久[性]凋萎點 permanent wilting point, irreversible wilting point
永久性环境效应/永久性環境效應 permanent environmental effect
永久性阈移/永久性閾值偏移,永久性聽力損失 permanent threshold shift, PTS
永久性杂合性/永久異型接合性 permanent heterozygosity
永久样方/永久[性]樣方 permanent quadrat
永久愈伤组织/永久[性]愈傷組織 permanent callus
永久杂合体/永久[性]異型合子 permanent heterozygote

永久杂种/永久雜種 permanent hybrid
永久组织/永久組織 permanent tissue
永生化/永生化,胚質不滅,細胞不死化 immortalization
永续农业/永續農業,可持續農業 sustainable agriculture, permaculture
永滞层/滯流層 monimolimnion
泳钟/泳鐘 nectocalyx
涌泉/湧泉 rheocrene
涌散/湧散 swarming
涌现性质/突現性質 emergent property
蛹/蛹 pupa
蛹便/蛹便 meconium
蛹虫草菌素/[蛹]蟲草菌素 cordycepin
蛹壳/蛹殼 puparium
蛹胎生/蛹胎生 pupaparity
用进废退说/用進廢退説 use and disuse theory
用力肺活量/用力肺活量 forced vital capacity, FVC
用力呼气量/用力呼氣量,強力呼氣容積 forced expiratory volume, FEV
用力呼吸/用力呼吸,深呼吸,困難呼吸 labored breathing, forced breathing, deep breathing
优境学/優境學 euthenics
优霉素/真菌素 eumycin
优球蛋白/優球蛋白,真球蛋白 euglobulin
优生学/優生學 eugenics
优胜霉素/優勝黴素 victomycin
优势表达/優勢表達 predominantly expressed
优势[大脑]半球/優勢[大腦]半球 dominant hemisphere
优势等级/優勢等級,優勢階 dominance hierarchy
优势度/優勢度 dominance
优势度指数/優勢度指數 dominance index
优势对数/優勢對數 lod
优势抗原/優勢抗原 dominant antigen
优势卵泡/優勢卵泡 dominant follicle
优势木/優勢木 dominant tree
优势年龄级/優勢年齡級 dominant year class
优势树木层/優勢木層 dominant tree layer
优势序位/優勢序位,位序 dominance order, rank order
优势选择标志/優勢選擇標記 dominant selectable marker
优势眼/優勢眼 dominant eye
优势者/優勢者 dominant
优势种/優勢種 dominant species
优先重吸收/優先重吸收 preferential reabsorption
优先分离/優先分離 preferential segregation
优先律/優先律 law of priority
优先权/優先權 priority
优先遗传/優先遺傳,優勢遺傳 prepotency
优型学/優型學 euphenics
幽门/幽門 pylorus
幽门括约肌/幽門括約肌 pyloric sphincter
幽门盲囊/幽門盲囊 pyloric caecum
幽门腔/幽門腔 pyloric chamber
幽门腺/幽門腺 pyloric gland
由内向外调节/由內向外調節 inside-out regulation
由内向外信号传送/由內向外訊息傳導 inside-out signaling
油包水乳化佐剂/油包水乳化佐劑 water-in-oil emulsion adjuvant
油[浸物]镜/油[浸物]鏡 oil immersion objective
油囊/油囊 oil sac
油乳佐剂/油乳[化]佐劑 oil emulsion adjuvant
油酸/油酸 oleic acid
油酸甘油酯/三油酸甘油酯,三油酸醯甘油 olein, triolein, glyceryl trioleate
油桐酸/油桐酸,桐[油]酸 eleostearic acid, aleuritic acid
油酰甘油/三油酸甘油酯,三油酸醯甘油 olein, triolein, glyceryl trioleate
油质蛋白/油質蛋白 oleosin
油质体/油質體,造油體 elaioplast, oleosome
疣/疣 verruca, wart, tubercle
疣孢菌素/疣孢菌素 verrucarine
疣粒/疣粒 tubercle
疣轮/疣輪 areole
疣突/疣突 boss
疣足/疣足 parapodium, papillate podium
疣足间囊/疣足間囊 interparapodial pouch
疣足幼体/疣足幼體 nectochaeta
游荡者/遊盪者 floater
游动/移行,運動 locomotion
游动孢子/游動孢子,泳動孢子,遊走孢子 zoospore, swarming spore
游动孢子囊/游動孢子囊,遊走孢子囊 zoosporangium
游动鞭毛单分体/游動鞭毛單分體 nectomonad
游动合子/游動合子 planozygote
游动接合孢子/游動接合孢子 zygozoospore
游动精子/游動精子 zoosperm, spermatozoid, antherozoid
游动脑/游動腦 mobile brain
游动配子/游動配子,遊走配子 planogamete, zoogamete

游离端/游離端 free end
游离核/游離核 free nucleus
游离核糖体/游離核糖體 free ribosome
游离基因/游離基因體,游離基因組,附加體 episome
游离胚泡/游離胚泡 free blastocyst
游离神经末梢/游離神經末梢 free nerve ending
游离水/游離水,自由水 free water
游离水清除率/游離水清除率,自由水清除率 free water clearance
游离脂肪酸/游離脂肪酸 free fatty acid, FFA
游猎型/遊獵型 vagabundae
游移/游移 vagile
游移期/游移期,漫行期 wandering phase
游泳底栖生物/游泳底棲生物 nektobenthos
游泳生物/游泳生物,自游生物 nekton, necton
游泳水漂生物/游泳水漂生物 nektopleuston
游泳体/游泳體,尾擔輪體 telotroch
游泳足/游泳足 swimming leg, natatorial leg
游走动物/遊走動物 errantia
游走多毛类/遊走多毛類 errant polychaete
游走核/遊走核,移動核 wandering nucleus
游走细胞/遊走細胞 wandering cell, migratory cell
游走性休芽/遊走性休芽 piptoblast
友善行为/友善行為 friendly behavior
有被花/有被花 chlamydeous flower
有被小泡/有被小泡,被覆囊泡,被膜囊泡 coated vesicle
COP Ⅰ有被小泡/COP Ⅰ有被小泡 COP Ⅰ-coated vesicle
COP Ⅱ有被小泡/COP Ⅱ有被小泡 COP Ⅱ-coated vesicle
有被小窝/有被小窩,被覆小窪 coated pit
有柄腹吸盘/有柄腹吸盤 pedunculated acetabulum
有柄鸟头体/有柄鳥頭體 pendicular avicularium
有柄乳突/有柄乳突 pedunculated papilla
有柄体/有柄體 stalked body
有柄细胞/有柄細胞 stalk-bearing cell
有柄芽/有柄芽 stalked bud
有翅蚜/有翅蚜 alatae
有毒动物/有毒動物 poisonous animal
有毒植物/有毒植物 poisonous plant, venomous plant
有盖卵室/有蓋卵室 cleithral ooecium
有隔担子/有隔擔子 phragmobasidium
有隔菌丝/有隔菌絲 septate hypha, septahypha
有害废物/有害廢棄物,毒害廢棄物 hazardous waste
有害基因/有害基因 deleterious gene
有害昆虫/有害昆蟲 harmful insect
有害生物/有害生物 pest
有害生物防治/有害生物防治 pest control
有害生物管理/有害生物管理 pest management
有害生物密度预测/有害生物密度預測 prediction of pest density
有害生物允许密度/有害生物容許密度 tolerable pest density
有害生物综合防治/有害生物綜合防治,害蟲綜合防治 integrated pest control
有害生物综合治理/有害生物綜合管理 integrated pest management
有害突变/有害突變 deleterious mutation
有核精子/有核精子,正常精子 eupyrene sperm
有核细胞/有核細胞 karyote
有花植物/有花植物,開花植物,真花植物 flowering plant
有黄卵/有黄卵 lecithal egg
有机沉积物/有機沉積物 organic sediment
有机废物/有機廢物 organic refuse
有机负荷/有機負荷 organic loading
有机颗粒物/有機顆粒物,有機粒狀物 organic particulate matter
有机磷杀虫剂/有機磷殺蟲劑 organophosphorus insecticide
有机氯杀虫剂/有機氯殺蟲劑 organochlorine insecticide
有机膜/有機膜 organic membrane
有机纳米材料/有機奈米材料 organic nanomaterial
有机农业/有機農業 organic agriculture, organic farming
有机溶剂稳定性/有機溶劑穩定性 organic solvent-stability
有机酸/有機酸 organic acid
有机酸尿症/有機酸尿症 organicaciduria
有机酸血症/有機酸血症 organicacidemia
有机碎屑/有機碎屑,生物碎屑 organic detritus
有机碳库/有機碳庫 organic carbon pool
有机体/有機體,生物體 organism
有机污染物/有機污染物 organic pollutant
有机-无机杂化纳米材料/有機-無機雜化奈米材料 organic-inorganic hybrid nanomaterials
有机营养/有機營養 organotrophy
有机营养菌/有機營養菌 organotrophic bacteria
有距花冠/有距花冠 spurred corolla
有壳卵/有殼卵 cleidoic egg
有孔材/有孔材 porous wood

有孔虫/有孔蟲 foraminifera
有孔虫软泥/有孔蟲軟泥 foraminiferan ooze
有胚精米/胚芽米 milled rice with embryo
有胚乳种子/有胚乳種子 albuminous seed
有胚植物/有胚植物 embryophyte
有皮鳞茎/有皮鱗莖 tunicated bulb
有偏竞争/有偏競爭 biased competition
有腔囊胚/有腔囊胚 coeloblastula
有色骨片/有色骨片 phosphatic deposit
有色体/有色體,色質體,雜色體 chromoplast, chromoplastid
有丝分裂/有絲分裂 mitosis
C 有丝分裂/C 有絲分裂,秋水仙鹼阻斷有絲分裂 colchicine mitosis, C-mitosis
有丝分裂孢子/有絲分裂孢子 mitospore
有丝分裂孢子囊/有絲分裂孢子囊 mitosporangium
有丝分裂不分离/有絲分裂不分離 mitotic nondisjunction
有丝分裂重组/有絲分裂重組 mitotic recombination
有丝分裂促进因子/有絲分裂促進因子 mitosis promoting factor, MPF
有丝分裂纺锤体/有絲分裂紡錘體 mitotic spindle
有丝分裂间期/有絲分裂間期 intermitosis
有丝分裂间期细胞/有絲分裂間期細胞 intermitotic cell
有丝分裂检查点复合体/有絲分裂檢查點複合體 mitotic checkpoint complex, MCC
有丝分裂交换/有絲分裂交換,有絲分裂互換 mitotic crossover
有丝分裂期/有絲分裂期,M 期 mitotic phase, M phase
有丝分裂器/有絲分裂器 mitotic apparatus
有丝分裂染色体丢失/有絲分裂染色體丟失 mitotic chromosome loss
[有丝]分裂象/有絲分裂像 mitotic figure
有丝分裂因子/有絲分裂因子 mitotic factor
有丝分裂灾变/有絲分裂災變 mitotic catastrophe
有丝分裂着丝粒相关驱动蛋白/有絲分裂著絲粒相關驅動蛋白 mitotic centromere-associated kinesin, MCAK
有丝分裂指数/有絲分裂指數 mitotic index, MI
有丝分裂中心/有絲分裂中心 mitotic center
有丝分裂周期/有絲分裂週期 mitotic cycle
有髓神经纤维/有髓神經纖維 myelinated nerve fiber
有蹄类动物/有蹄類動物 hoofed animal
有头簇虫/有頭簇蟲 cephaline gregarine
有头类/有頭類 craniate
有限花序/有限花序 definite inflorescence, determinate inflorescence
有限群体/有限群體,有限族群 finite population
有限生长/有限生長 determinate growth
有限稀释/有限稀釋,限數稀釋法 limiting dilution
有限稀释技术/有限稀釋技術 limiting dilution technique
有限细胞系/有限細胞系 finite cell line, limited cell line
有限增长率/有限增長率,終極增長率 finite rate of increase
有限自然增长率/有限自然增長率 finite rate of natural increase
有效捕获区/有效捕獲區 effective trapping area
有效不应期/有效不應期 effective refractory period
有效等位基因数/有效等位基因數 effective number of allele
有效发表/有效發表 effective publication
有效分离/有效分離 effective segregation
有效汗量/有效汗量 effective sweat volume
有效积温/有效積溫 effective accumulated temperature, effective accumulative temperature, total effective temperature
有效积温法则/有效積溫律 law of effective accumulative temperature
有效剂量/有效劑量 effective dose
有效降水量比值/有效降水量比值 precipitation-effectiveness ratio
有效累积日照量/有效日照量 effective accumulative insolation, EAI
有效滤过压/有效濾過壓,有效過濾壓 effective filtration pressure, EFP
有效霉素/有效黴素,井岡黴素 validamycin
有效群体大小/有效群體大小,有效族群大小 effective population size
有效群体大小等位基因数/有效族群大小等位基因數 effective population size number of allele
有效肾血浆流量/有效腎血漿流量 effective renal plasma flow
有效时间/有效時間 effective time
有效水分/有效水分 available water
有效土层/有效土層 available depth of soil
有效土壤深度/有效土壤深度 effective soil depth
有效温度/有效溫度 effective temperature
有效温度带/有效溫度帶 zone of effective temperature
有效温度范围/有效溫度範圍 effective temperature range

有效[学]名/有效[學]名 valid name
有效意识时间/有效意識時間 time of useful consciousness, TUC
有效因子/有效因子 effective factor
有效渔获量/有效漁獲量 effectiveness of fishing
有效中量/有效中量 medium effective dose
有效种群大小/有效族群大小,有效群體大小 effective population size
有效种数/有效種數 effective number of species
有星体有丝分裂/有星體有絲分裂 astral mitosis
有性雌蚜/有性雌蚜 amphigonic female, gamic female
有性阶段/有性階段 sexual state, sexual phase
有性生殖/有性生殖,兩性生殖,雙性生殖 sexual reproduction
有性生殖阶段/有性生殖階段 sexual reproductive phase
有性世代/有性世代 sexual generation
有性型/有性型 teleomorph
有性杂交/有性雜交 sexual hybridization
有序组装/有序組裝 orderly assembly
有氧代谢/有氧代謝 aerobic metabolism
有氧代谢能力/有氧代謝能力 aerobic metabolism capacity
有氧呼吸/有氧呼吸,需氧呼吸 aerobic respiration
有氧耐力/有氧耐力 cardiac endurance
有氧糖酵解/有氧糖[酵]解,需氧糖[酵]解 aerobic glycolysis
有义链/有意義鏈,編碼股,有義股 sense strand
有义密码子/有義密碼子 sense codon
有用昆虫/有用昆蟲 useful insect
有爪动物/有爪動物 onychophoran
有折刺毛/有折刺毛 geniculate bristle
有疹壳/有疹殼 punctate shell
有足体节/有足體節 pediferous segment
右剪接点/右剪接點 right splice junction
右手螺旋/右手螺旋 right-hand helix
右手螺旋 DNA/右手螺旋 DNA right-hand helix DNA
右心房/右心房 right atrium
右心室/右心室 right ventricle
右旋/右旋 dextral
右旋糖/右旋糖 dextrose
右旋糖酐/右旋糖酐 dextran
右旋糖酐修饰/右旋糖酐修飾 dextran modification
右旋筒箭毒碱/右旋筒箭毒鹼,d-筒箭毒鹼 d-tubocurarine, dTC
右旋异构体/右旋異構體 dextroisomer
幼虫/幼蟲 larva
幼虫白垩病/幼蟲白堊病 chalk brood
幼虫触手/幼蟲觸手 larval tentacle
幼虫多型[现象]/幼蟲多型 poecilogeny
幼虫结石病/幼蟲結石病 stonebrood
幼虫龄/幼蟲齡期 larval instar
幼虫血清蛋白/幼蟲血清蛋白 larval serum protein, LSP
幼单核细胞/幼單核細胞,前單核球 promonocyte
幼后期/幼後期,後幼蟲期 post-larva stage
幼节/幼節,未熟節片 immature segment, immature proglottid
幼茎/幼莖 caulicle
幼巨核细胞/幼巨核細胞,前巨核細胞 promegakaryocyte
幼淋巴细胞/幼淋巴細胞,前淋巴球 prolymphocyte
幼龄林/幼齡林 young forest
幼龄林分/幼齡林分 young stand
幼龄期/幼齡期 young stage
幼年型类风湿关节炎/青少年型類風濕性關節炎 juvenile rheumatoid arthritis
幼年叙利亚地仓鼠肾细胞/幼年敘利亞地鼠腎細胞 baby hamster Syrian kidney cell
幼胚培养/幼胚培養 culture of larva embryo
幼期死亡率/幼期死亡率 infant mortality rate, infant mortality
幼态生殖/幼態生殖,幼體生殖,幼體發育 paedomorphosis
幼态延续/幼體延續,幼態持續 neoteny
幼体/幼體,稚體 juvenile, larva
幼体发育/幼體發育,幼體生殖,幼態生殖 paedomorphosis
幼体浮游生物/幼生浮游生物 larval plankton
幼体孤雌生殖/幼體孤雌生殖,幼體單性生殖 paedogenetic parthenogenesis, paedoparthenogenesis
幼体集群/幼體群集 synchoropaedia
幼体两性生殖/兩性幼體生殖 bisexual paedogenesis
幼体期/幼生期,幼蟲期 larval stage
幼体生态学/幼體生態學 larval ecology
幼体生殖/幼體生殖 paedogenesis
幼体释放/幼體釋放 larval release
幼芽嫁接/芽[嫁]接 sprout grafting
幼叶卷叠式/幼葉捲疊式 foliation
幼征/幼徵 paedomorphy
幼稚淋巴细胞/幼稚淋巴細胞 naive lymphocyte
柚皮苷/柚皮苷 naringin
诱变/誘[發突]變,突變誘發 mutagenesis, induced mutagenesis, induced mutation

EMS 诱变/EMS 誘變,甲基磺酸乙酯誘變 ethyl methanesulfonate mutagenesis, EMS mutagenesis
PCR 诱变/PCR 誘變,PCR 突變 PCR mutagenesis
SOS 诱变/SOS 誘變 SOS mutagenesis
诱变测验/誘變測驗 mutatest
诱变剂/誘變劑 mutagenic agent, mutagen
诱变噬菌体/誘變噬菌體,Mu 噬菌體 mutator phage
诱变育种/誘變育種,突變育種 mutation breeding
诱捕/誘捕,陷捕法,捕獲 trapping, capture
诱捕率/陷捕率 trappability
诱捕器/誘捕器,陷阱,捕捉器 trap
诱导/誘導,誘發 induction
SOS 诱导测验/SOS 誘導測驗 SOS-induced test
RNA 诱导沉默复合物/RNA 誘導型緘默化複合體 RNA-induced silencing complex, RISC
诱导蛋白/誘導蛋白[質] induced protein
诱导多能干细胞/誘導性多能幹細胞 induced pluripotent stem cell, iPS cell
诱导多能干细胞库/誘導多能幹細胞庫 induced pluripotent stem cell bank
诱导多能干细胞转基因技术/誘導多能幹細胞轉基因技術 induced pluripotent stem cell genetically modified technology
诱导发光/誘導發光 induced luminescence
诱导防卫/誘發防衛 induced defense
诱导交互作用/誘導交互作用 inductive interaction
诱导酶/誘導酶,誘發酶,可誘導型酵素 inducible enzyme
诱导契合学说/誘導契合學説,誘導配合學説 induced fit theory
诱导物/誘導物 inducer
SOS 诱导物/SOS 誘導物 SOS inducer
诱导响应/可誘發反應 inducible response
诱导型表达/誘導型表達 inducible expression
诱导型启动子/誘導型啟動子 inducible promoter
诱导型调节性 T 细胞/誘導型調節性 T 細胞 induced regulatory T cell, iTreg
诱导型一氧化氮合酶/誘導型一氧化氮合酶 inducible nitric oxide synthase, iNOS
诱导性重组/誘導性重組 inducible recombination
诱导性共刺激分子/誘導性共刺激因子,可誘導共刺激分子 inducible costimulator, ICOS
诱导性共刺激分子配体/誘導性共刺激分子配體 inducible costimulator ligand, ICOS-L
诱导者/誘導者 inductor
诱饵/誘餌 lure, decoy
DNA 诱饵/DNA 誘餌 DNA decoy
诱饵受体/誘餌受體 decoy receptor, DcR
RNA 诱饵受体/RNA 誘餌受體 RNA decoy receptor
诱发/誘發 evocation, induction
诱发变异/誘發變異 induced variation
诱发电位/誘發電位 evoked potential
诱发剂/誘發劑,誘發物 evocator, inducer
诱发突变体/誘發突變種 induced mutant
诱发物/誘發物,誘發劑 evocator, inducer
诱骗受体/誘餌受體 decoy receptor, DcR
诱骗受体 1/誘餌受體 1 decoy receptor 1, DcR1
诱骗受体 2/誘餌受體 2 decoy receptor 2, DcR2
诱骗受体 3/誘餌受體 3 decoy receptor 3, DcR3
鱼/魚 fish
鱼精蛋白/魚精蛋白 protamine
鱼精蛋白酶/魚精蛋白酶 protaminase
鱼类/魚類 fishes
鱼类体长组成/魚類體長組成 fish length-frequency composition
鱼类学/魚類學 ichthyology
鱼鳞病/魚鱗癬 ichthyosis
鱼鳞硬蛋白/魚鱗硬蛋白 ichthylepidin
鱼卵磷蛋白/魚卵磷蛋白 ichthulin
鱼藤酮/魚藤酮,魚藤素 rotenone
渔获量/漁獲量,捕獲量 catch
渔获量曲线/漁獲量曲線 catch curve
渔获率/漁獲率 rate of fishing
渔业/漁業 fishery
渔业资源保育区/漁業資源保育區 fishery conservation zone
隅骨/隅骨,角骨 angular bone
愉快中枢/愉快中樞 pleasure center
蝓螨器/蝓螨器 ereynetal organ
宇宙射线/宇宙射線 cosmic ray
宇宙生物学/宇宙生物學,太空生物學 cosmobiology, astrobiology
羽/羽 feather
羽辐骨针/羽輻骨針,五輻骨針 pinule
羽干/羽幹 rachis
羽根/翮 calamus
羽化/羽化,脱蛹 eclosion, emergence
羽化激素/羽化激素,蜕殼激素 eclosion hormone, EH
羽化期捕捉器/羽化期捕捉器 emergence trap
羽化时钟/羽化時鐘 eclosion clock
羽化诱器/羽化期捕捉器 emergence trap
羽片/羽片,小葉片,羽瓣 pinna, vane
羽区/羽區 pteryla

羽扇豆碱/羽扇豆鹼,羽扇豆寧 lupinine
羽扇豆中毒/羽扇豆中毒 lupine poisoning
羽丝骨针/羽絲骨針 plumicome
羽腕幼体/羽腕幼體 bipinnaria
羽网状骨骼/羽網狀骨骼 plumoreticulate skeleton
羽纤支/羽纖支 barbicel
羽小支/羽小支 barbule
羽须/羽鬚 feathered bristle
羽衣/羽衣 plumage
羽支/羽支 barb
羽枝/羽枝 pinnule
羽枝节/羽枝節 pinnular
羽轴/羽軸 shaft
羽状触手/羽狀觸手 pinnate tentacle
羽状复叶/羽狀複葉 pinnately compoumd leaf
羽状刚毛/羽狀剛毛 bilimbate seta
羽状壳/羽狀殼 gladius
羽状脉/羽狀脈 pinnate vein
羽状鳃/羽狀鰓 pinnate gill
羽状三辐骨针/羽狀三輻骨針 sagital
羽状体/羽狀體 pinnule
羽状爪/羽狀爪 feather claw
雨滨蛙肽/雨濱蛙肽 litorin
雨量温度图/雨量温度圖 rainfall-temperature diagram, rainfall-temperature graph
雨林/雨林 rain forest
雨绿林/雨綠林 rain-green forest, hiemisilvae forest
雨绿植物/雨綠植物 rain-green plant
雨凇/雨凇 glaze
雨蛙肽/雨蛙肽 caerulin
雨养农业/雨養農業 rainfed farming, rainfed agriculture
语言识别机/語言識別機 speech-recognizing machine
语义处理/語義處理 semantic processing
语义记忆/語義記憶 semantic memory
语音处理/語音處理 phonological processing
语音回路/語音回路 phonological loop
玉米赤霉烯酮/玉米赤黴烯酮 zearalenone
玉米醇溶蛋白/玉米醇溶蛋白 zein
玉米淀粉/玉米澱粉,玉蜀黍粉 corn starch
玉米黄质/玉米黄質,玉蜀黍[羥]黄素 zeaxanthin
玉米黄质二葡糖苷/玉米黄質二葡萄糖苷 zeaxanthin diglucoside
玉米浆/玉米浸液 corn steep liquor
玉米素/玉米素,玉米因子 maize factor, zeatin
玉米因子/玉米因子,玉米素 maize factor, zeatin
玉米种质扩增/玉米種質擴增 germplasm enhancement of maize, GEM
芋螺毒素/芋螺毒素,雞心螺毒素 conotoxin
郁闭/鬱閉 crown closure
郁闭度/鬱閉度,葉層密度,林冠密度 crown density, canopy density
郁闭林/鬱閉林 closed forest
郁闭林分/鬱閉林分 closed stand
郁闭林冠/鬱閉冠層 closed canopy
郁闭群丛/密閉群叢 closed association
郁闭群落/密閉群落,封閉群集 closed community
郁闭群系/密閉群系,密生群系 closed formation
郁闭植被/鬱閉植被 closed vegetation
育雏数/育雛數 brood size
育精囊/生精囊 spermatocyst, spermatogonial cyst
育卵室/育卵室 brood chamber
育囊/育囊,育兒袋 brood pouch, brood sac, marsupium
育嗣行为/哺育行為,照顧行為 epimeletic behavior
育性恢复基因/修復性基因 restoring gene
育种/育種 breeding
育种场/育種田 breeding field
育种值/育種值 breeding value
育种值模型/育種值模型 breeding value model
育[仔]袋/育囊,育兒袋 brood pouch, brood sac, marsupium
预测/預測 prediction, prognosis
预测基因/預測基因 predicted gene
预测微生物学/預測微生物學 predictive microbiology
预产期/預産期 expected date of confinement, EDC
预成论/先成論,先成[學]説,前成説 preformation theory
预电泳/預電泳 pre-electrophoresis
预防性抗氧化剂/預防型抗氧化劑 preventive antioxidant
预防性免疫接种/預防性免疫接種 prophylactic immunization
预防性疫苗接种/預防性疫苗接種 prophylactic vaccination
预防原则/預防原則 precautionary principle
预估标准误/預估標準誤 standard error of prediction
预后/預後 prognosis
预决定/前決定 predetermination
预适应/前適應,預先適應,先期適應 preadaptation
预向动作/意圖動作 intention movement
预引发复合体/預引發複合體,前引複合體 prepriming complex

预杂交/預雜交　prehybridization
预组织法/預組織法　preliminary organization
域/域　domain
欲求行为/欲求行為　appetitive behavior
阈刺激/閾值刺激　threshold stimulus
阈电位/閾值電位,低限電位　threshold potential
阈强度/閾強度　threshold intensity
阈上刺激/閾[值]上刺激　suprathreshold stimulus
阈下刺激/閾[值]下刺激　subthreshold stimulus
阈下反应/閾[值]下反應,次閾值響應,閾下應答　subthreshold response
阈值/閾值,臨界　threshold
阈[值]模型/閾模型　threshold model
阈[值]性状/閾性狀　threshold character, threshold trait
愈合材/愈傷材　callus wood
愈伤激素/愈傷激素,創傷激素　wound hormone
愈伤葡聚糖/愈創聚葡糖,胼胝質　callose
愈伤葡聚糖合成酶/愈創聚葡糖合成酶　callose synthetase
愈伤酸/愈傷酸　traumatic acid
愈伤组织/愈傷組織,愈合組織　callus
愈伤组织培养/愈傷組織培養,愈合組織培養　callus culture
元古代/元古代,元生代　Proterozoic Era
元基因组/元基因組,宏基因組,元基因體　metagenome
元基因组学/元基因組學,宏基因組學　metagenomics
元件/元件　element
ARS 元件/ARS 元件,自主複製序列元件　autonomously replicating sequence element, ARS element
Ty 元件/Ty 元件,酵母轉位子元件　yeast transposon element, Ty element
元素分析法/元素分析　elemental analysis
元素循环/元素循環　element cycle
园林植物/園林植物　garden plant
原癌基因/原[致]癌基因,前[致]癌基因　proto-oncogene
原白细胞/原白細胞,原白血球　proleucocyte
原板/原板　protoplax, primitiva
原孢子/原生孢子　protospore
原孢子堆/前孢子囊群　prosorus
原孢子囊/原孢子囊　prosporangium
原表皮/原表皮　procuticle
原病毒/原病毒,前病毒　provirus
原卟啉/原卟啉,原紫質　protoporphyrin
原肠/原腸　primitive gut
原肠胚/原腸胚　gastrula
原肠胚形成/原腸胚形成　gastrulation
原肠腔/原腸腔　archenteron, archenteric cavity, gastrocoel
原肠外凸/原腸外凸　exogastrulation
原肠形成前期/原腸形成前期　pregastrulation
原虫病/原蟲病　protozoal disease
原虫病毒/原蟲病毒　protozoa virus
原虫室/原蟲室　protoecium
原初虫/原初蟲　proancestrula
原初反应/原初反應,初級反應　primary reaction
原雌/原雌　protogeny
原刺胞/原刺胞　protrichocyst
原簇虫/原簇蟲　primite
原代培养/原代培養,初次培養,初代培養　primary culture
原代培养物/原代培養物,初次培養菌　primary culture
原代细胞/初代細胞　primary cell
原代细胞培养/初代細胞培養　primary cell culture
原担子/原擔子,前擔子　probasidium, protobasidium
原单核细胞/單核母細胞　monoblast
原单柱期/原單柱期　protomonomyaria stage
原顶体/原頂體　acroblast
原端粒/原端粒　protelomere
原发变应原/原發性過敏原　primary allergen
原发感染/原發感染,初次侵染　primary infection
原发性非特异性免疫缺陷病/原發性非特異性免疫缺陷病　primary non-specific immunodeficiency disease
原发性感染原/原發性感染原　primary invader
原发性高血压/原發性高血壓　primary hypertension
原发性免疫缺陷/原發性免疫缺陷　primary immunodeficiency
原发性免疫缺陷病/原發性免疫缺陷病　primary immunodeficiency disease
原发性特异性免疫缺陷病/原發性特異性免疫缺陷病　primary specific immunodeficiency disease
原发性污染物/原生污染物,主要污染物　primary pollutant
原发性无丙种球蛋白血症/原發性無 γ 免疫球蛋白血症　primary agammaglobulinemia
原发性饮水/原發性飲水　primary drinking water
原放线菌素/原放線菌素,原放射菌素　proactinomycin
原分裂前体/原分裂前體　protomont
原分歧腕板/原分歧腕板　primaxil
原分生孢子/原[生]分生孢子　protoconidium

原分生组织/原[始]分生組織 primordial meristem
原蜂毒溶血肽/原蜂毒溶血肽 promelittin
原辐板/原輻板 primary radial
原沟/原溝 primitive groove
原管肾/原腎管 protonephridium
原果胶/原果膠 protopectin
原果胶酶/原果膠酶 protopectinase
原合子/原合子 protozygote
原核/原核,前核 pronucleus, prokaryon
原核基因/原核基因 prokaryotic gene
原核生物/原核生物 prokaryote, procaryote
原核受体细胞/原核受體細胞 prokaryotic receptor cell
原核细胞/原核細胞 prokaryotic cell, prokaryocyte
原核型/原核型 prokaryotic type, procaryotic type
原红细胞/原紅細胞,前母紅血球 proerythroblast, rubriblast
原花青素/原花青素 proanthocyanidin, procyanidin
原喙毛/原喙毛 protorostral seta
原肌球蛋白/原肌球蛋白,原肌凝蛋白 tropomyosin
原肌球蛋白调节蛋白/原肌球蛋白調節蛋白 tropomodulin
原基/原基 primordium, rudiment, anlage
原基因/原基因 protogene
原尖/原錐 protocone
原浆性星形胶质细胞/原生質星狀細胞,原漿星狀細胞 protoplasmic astrocyte
原胶原/原膠原 tropocollagen
原结/原結 primitive knot
原芥毛/原芥毛 profamulus
原界/原界 urkingdom
原晶杆/原杵晶體 protostyle
原巨核细胞/巨核母細胞,成巨核細胞 megakaryoblast
原聚体/原體 protomer
原壳/原殼 protoconch
原口动物/原口動物 protostome
原肋壁/原肋壁 primary ribbed wall
原粒细胞/粒母細胞 myeloblast
原料药/生藥 crude drug
原淋巴细胞/淋巴母細胞,淋巴原細胞 lymphoblast
原鳞柄/原鱗柄 bulb
原卵区/原卵區,生殖原質區 germarium
原囊壁子囊/原囊壁子囊 prototunicate ascus
原内胚层/原内胚層 primary endoderm, primary endoblast
原尿/原尿 initial urine
原胚/原胚 proembryo
原胚柄/原胚柄,前懸柄 prosuspensor
原胚柄细胞/原胚柄細胞 prosuspensor cell
原胚管/原胚管 proembryo tube
原胚乳细胞/原胚乳細胞 proendospermous cell
原胚细胞/原胚細胞 proembryonal cell
原配子/原配子 progamete
原配子囊/原配子囊 progametangium
原皮质/原腦皮[質],舊腦皮 archipallium
原卟啉/原卟啉,原紫質 protoporphyrin
原躯/原軀 protocorm
原染色丝/原染色絲 protochromonema
原若螨/原若蟎,第一若蟎 protonymph
原溞状幼体/原溞狀幼體,眼幼蟲 protozoea larva
原色/原色 primary color
原色素细胞/初生色素細胞 primary pigment cell
原肾/原腎 pronephros
原生病原体/原生病原體,原生病原菌 primary pathogen
原生动物/原生動物 protozoan
原生动物学/原生動物學 protozoology
原生命/原生命,始祖 progenote
原生木质部/原生木質部,先成木質部 protoxylem
原生木质部腔/原生木質部腔 protoxylem cavity, protoxylar lacuna
原生群落/原生群落,初級群集,原始群落 primary community
原生韧皮部/原生韌皮部,先成篩管部,先皮韌皮部 protophloem
原生生物/原生生物 protist, protistan
原生生物学/原生生物學 protistology
原生树皮/原生樹皮 primary bark
原生水/原生水 connate water
原生态/原生態 primary ecology
原生污染物/原生污染物,主要污染物 primary pollutant
原生物/始原生物 eobiont
原生螅体/原生螅體 founder polyp
原生演替/原生演替,初級演替,初級消長 primary succession
原生演替系列/原生演替系列 primary sere, prisere
原生叶/原生葉 protophyll
原生永久组织/原生永久組織,初生永久組織 primary permanent tissue
原生植物/原生植物 protophyte
原生植物群落/原生植物群落 primary phytocoenosium
原生质/原生質 protoplasm
原生质测定法/原生質容積測定法 plasmometry

原生质膜/原生質膜 plasmic membrane, protoplasmic membrane
原生质凝胶/原生質凝膠 plasmagel
原生质凝胶层/原生質凝膠層 plasmagel sheet
原生质凝胶鞘/原生質凝膠鞘 plasmagel sheath
原生质泡状学说/原生質泡沫説 alveolar theory of protoplasm
原生质桥/原生質橋 protoplasmic bridge
原生质球/球形質體,原生質球狀體 spheroplast
原生质溶胶/原生質溶膠 plasmasol
原生质丝/原生質絲 protoplasmic fiber
原生质丝状学说/原生質纖維説 fibrillar theory of protoplasm
原生质素原/原生質素原 bioplasminogen
原生质体/原生質體 protoplast
原生质体共培养法/原生質體共培養法 protoplast co-culture
原生质体培养/原生質體培養 protoplast culture
原生质体融合/原生質體融合 protoplast fusion
原生质体再生/原生質體再生 protoplast regeneration
原生质网/原生質網 protoplasmic reticulum
原生质学/原生質學 protoplasmics, plasmology
原生质学说/原生質説 plasma theory
原生中柱/原生中柱 protostele
原始合作/原始合作,初級合作,初步合作 protocooperation
原始基因组/原始基因組,原始基因體 urgenome
原始寄主/初次寄主,初次宿主 primary host
原始林/原始林,原生林,處女林 primeval forest, primary forest, virgin forest
原始林地/原始林地 virgin woodland
原始卵泡/原胚濾泡,初級濾泡 primordial follicle
原始描记/原始描述 original description
原始培养物/初次培養菌 primary culture
原始群落/原始群落,原生群落,初級群集 primary community
原始生物化学/原始生物化學 protobiochemistry
原[始]生殖细胞/原[始]生殖細胞 primordial germ cell, PGC
原始生殖细胞技术/原始生殖細胞技術 primordial germ cell technology, PGC technology
原始细胞/原始細胞,前驅細胞,祖細胞 progenitor cell, ancestral cell, archeocyte
原始型/原始型,古型,原祖型 archetype
原始型原质团/原始型原質團 protoplasmodium
原始性细胞/原始性細胞 primary sexual cell
原始营养期/原始營養期 primitive trophic stage
原始真核生物/原始真核生物 urkaryote, urcaryote
原始植被/原始植被 original vegetation
原始植物/原始植物 primordial plant
原始中心/原始中心 primary center
原噬菌体/原噬菌體 prophage
原丝/原絲 protofilament
原索动物/原索動物 protochordate
原弹性蛋白/原彈性蛋白 tropoelastin, proelastin
原套原体学说/外套内體説,層體説 tunica-corpus theory
原体腔/原體腔,初級體腔 primary coelom
原条/原條 primitive streak
原同名/原同名 primary homonym
原头/原頭 procephalon
原头部/原頭部 protocephalon
原头节/原頭節 protoscolex
原腕板/原腕板 primibrach
原尾蚴/原尾蚴 procercoid
原位 PCR/原位 PCR,原位聚合酶鏈反應 *in situ* PCR
原位电泳/原位電泳 *in situ* electrophoresis
原位反转录 PCR/原位反轉録 PCR *in situ* reverse transcription PCR
原位分离耦联发酵过程/原位分離耦聯發酵過程 *in situ* separation-coupled fermentation process
原位合成/原位合成 *in situ* synthesis
原位聚合酶链反应/原位 PCR,原位聚合酶鏈反應 *in situ* PCR
原位密度/原位密度 *in situ* density
原位免疫复合物肾小球肾炎/原位免疫複合體腎小球腎炎 original site immune complex glomerulonephritis
原位培养/原位培養 *in situ* cultivation
原位生物修复/現地生物修復,原地生物修復,就地生物修復 *in situ* bioremediation
原位杂交/原位雜交 *in situ* hybridization
原位组织工程/原位組織工程 *in situ* tissue engineering
原窝/原窩 primitive pit
原 B 细胞/原 B 細胞,B 先驅細胞 pro-B cell
原 T 细胞/原 T 細胞,T 先驅細胞 pro-T cell
原纤维/原纖維,纖絲 fibril
原纤[维]蛋白/原纖維蛋白 fibrillin
原小尖/原鋒 protoconule
原形成层/原[始]形成層 procambium
原形成层束/原[始]形成層束 procambial strand
原型尾/原型尾 protocercal tail
原血细胞/原血細胞 prohemocyte

原阳具叶/原陰莖葉 primary phallic lobe
原养菌/原養菌,原始營養[細]菌 prototrophic bacteria
原养型/原養型,原始營養系統 prototroph
原叶绿素/原葉綠素 protochlorophyll
原叶体/原葉體 prothallium, prothallus
原叶体管/原葉體管 prothallial tube
原叶体核/原葉體核 prothallial nucleus
原叶细胞/原葉[體]細胞 prothallial cell
原液/母液,儲備原液 stock solution
原有丝分裂/前有絲分裂 promitosis
原圆球体/原圓球體 prospherosome
原仔体/原仔體 protomite
原肢/原肢 protopod, protopodite
原植体/葉狀體,原葉體 thallus
原质体系/原質體系 plastome
原质团/原質團,原生質體,變形體 plasmodium
原质团分割/原生質分裂,多核原生質體分割 plasmotomy
原中胚层/原中胚層 primary mesoderm
原中心粒/原中心粒 procentriole
原种/原種 stock
原种培养/原種培養,儲備培養 stock culture
原子力显微镜/原子力顯微鏡 atomic force microscope, AFM
原子力显微术/原子力顯微術 atomic force microscopy, AFM, atomic force microscope technology
原子囊壳/原子囊殼 protoperithecium
原子映射矩阵/原子映射矩陣 atom mapping matrix, AMM
原祖型/原祖型,原始型,古型 archetype
圆二色光谱术/圓二色光譜術 circular dichroism spectroscopy
圆二色谱/圓二色譜 circular dichroism spectrum
圆二色性/圓[偏振]二色性 circular dichroism, CD
圆弧偶氮酸/圓弧偶氮酸 cyclopiazonic acid
圆口类/圓口類 cyclostomata
圆鳞/圓鱗 cycloid scale
圆偏振差散射/圓偏振差散射 circular intensity differential scattering, CIDS
圆片扩散法/圓片擴散法 disk-diffusion method
圆球体/圓球體 spherosome
圆形纸层析/環形紙層析法 circular paper chromatography
圆翼/圓翼 rounded wing
圆锥根/圓錐[形]根 conical root
圆锥花序/圓錐花序 panicle
圆锥突/圓錐突 conical process
援木蛙肽/援木蛙肽 hylambatin
缘/緣 limbus
缘瓣/緣瓣 marginal lappet
缘齿/緣齒 marginal tooth
缘带线/緣帶線 marginal fasciole
缘窦/緣竇 marginal sinus
缘垛/緣垛,緣彩 festoon
缘沟/緣溝 marginal groove
缘钩/緣鉤 marginal hook
缘脊/緣脊 marginal carina
缘礁/緣礁,裙礁 fringing reef
缘裂/緣裂 marginal slit
缘毛/緣毛 fringe, marginal seta
缘膜/緣膜 velum, lamella, fringe
缘片/楔片,緣區 embolium
缘丝/緣絲 periphysis
缘须/緣鬚,緣骨針 marginalia
缘倚子叶/緣倚子葉,偃臥子葉,前曲子葉 accumbent cotyledon
缘折/緣折 epipleuron
猿猴空泡病毒 40/猿猴空泡病毒 40 simian vacuolating virus 40, SV40 virus
源斑块/源斑塊,源區塊 source patch
源后衰减/源後衰變 post-source decay, PSD
源-汇模型/源-匯模型 source-sink model
源眼信息/源眼訊息 eye-of-origin information
源种群/源族群 source population
源株/源株,母無性繁殖系 ortet
远侧部/遠側部 pars distalis
远侧肾单位/遠側腎單位,遠側腎元 distal nephron
远侧序列/遠端序列 distal sequence
远侧序列元件/遠端序列元件 distal sequence element
远场电位/遠場電位 far field potential
远点/遠點 far point
远端小管/遠側小管 distal tubule
远海生物/遠洋生物,水層生物 pelagic organism
远极/遠極 distal pole
远交/遠交,異系交配 outbreeding, outcrossing
远交系小鼠/遠交小鼠 outbred mouse
远距分泌/遠距分泌 telecrine, hemocrine
远曲小管/遠曲小管 distal convoluted tubule
远视/遠視 hypermetropia
远藤培养基/遠藤氏培養基 Endo's medium
远洋带/遠洋帶,水層區 pelagic zone
远洋浮游生物/遠洋浮游生物,大洋性浮游生物,海洋性浮游生物 eupelagic plankton, oceanic

plankton
远因/遠因,終極原因 ultimate cause, ultimate causation
远缘杂交/遠緣雜交 distant hybridization, wide cross
远缘杂种/遠緣雜種 distant hybrid, wide hybrid
远直小管/遠直小管 distal straight tubule
约旦种/約氏種 Jordan species, Jordanon
约翰逊诱捕器/強森昆蟲吸集器 Johnson trap
约束方程/約束方程式 constraint equation
约束分子动力学/約束分子動力學 restrained molecular dynamics, rMD
约束选择/限制性選擇 restricted selection
约束选择指数/限制性選擇指數 restricted selection index
约束最大似然法/限制性最大似然法 restricted maximum likelihood
月骨/月骨 lunar bone
月光周期/月光週期 moonlight cycle
月桂酸/月桂酸,十二烷酸 lauric acid
月桂酸甘油酯/月桂酸甘油酯,月桂醯甘油酯 laurin
月积温/月積温 monthly cumulative temperature
月节律/月節律,月週律動 monthly rhythm, lunar rhythm
月经/月經 menstruation, mense
月经初潮/月經初潮,初經 menarche
月经黄体/月經黄體 corpus luteum of menstruation
月经期/月經期 menstrual phase
月经周期/月經週期,卵巢週期 menstrual cycle, menstrual cycle
月生殖周期/月生殖週期 lunar reproductive cycle
月星骨针/月星骨針 solenaster
月形齿/月形齒 selenodont
月运周期/月[運]週期 lunar cycle
越冬/越冬 overwintering
越冬场所/越冬棲所,越冬巢 hibernaculum
越冬巢/越冬巢,越冬棲所 hibernaculum
越冬洄游/越冬洄游,越冬遷徙 overwintering migration
越冬集群/越冬群集 syncheimadia
越冬芽/越冬芽 overwintering bud
越冬一年生植物/越冬性一年生植物 hibernal annual plant
晕船/暈船症 sea sickness
晕动病/動暈症 motion sickness
云带/雲霧帶 cloud band, cloud belt
云谷霉素/谷氏菌素 gougerotin
云雾林/雲霧林 cloud forest, mist forest
云雾林带/雲霧林帶 cloud forest belt, cloud forest zone
匀浆器/均質機,均質器 homogenizer
芸香苷/芸香苷 rutin, rutoside
芸香糖/芸香糖 rutinose
允许日摄入量/容許日攝取量,每日容許攝取量 acceptable daily intake
允许条件/許可條件 permissive condition
允许突变/許可突變 permissive mutation
允许细胞/允許細胞,許可細胞 permissive cell
允许作用/允許作用 permissive action
孕二醇/孕[甾]二醇,妊[娠]二醇 pregnanediol
孕固烷/孚固烷,孕甾烷 pregnane
孕激素/孕激素,助孕素,黄體素 progestogen, gestagen, progestin
孕节/懷卵節片 gravid segment, gravid proglottid
孕卵节片/懷卵節片 gravid segment, gravid proglottid
孕穗期/孕穗期 booting stage
孕酮/[助]孕酮,黄體[固]酮,助孕素 progesterone
孕酮受体/孕酮受體,助孕素受體 progesterone receptor, PR
孕烷二酮/孕烷二酮,孕甾二酮 pregnanedione
孕烯醇酮/孕烯醇酮,妊醇酮 pregnenolone
孕早期产前诊断/[懷]孕早期産前檢查 first trimester prenatal diagnosis
运动编程/運動編程 motor programming
运动病/動暈症 motion sickness
运动不能/運動不能 akinesia
运动迟缓/運動徐緩 bradykinesia
运动处方/運動處方 exercise prescription
运动单位/運動單位 motor unit
运动单位动员/運動單位動員 motor unit involvement, MUI
运动单位募集/運動單位募集 motor unit recruitment
运动风险/運動風險 exercise risk
运动感觉/運動感覺 kinesthetic sense
运动感受器/運動感受器,動覺感受器 kinesthetic receptor
运动后过量氧耗/運動後過量氧耗 excess post-exercise oxygen consumption, EPOC
运动计划/運動計劃 motor planning
运动皮质躯体定位图/運動皮層軀體定位圖 somatotopic map of the motor cortex
运动神经假体/運動神經假體 motor neuroprosthesis

运动神经末梢/運動神經末梢 motor nerve ending
运动神经元/運動神經元 motor neuron
α-运动神经元/α-運動神經元 α-motor neuron, α-motoneuron
β-运动神经元/β-運動神經元 β-motor neuron, β-motoneuron
γ-运动神经元/γ-運動神經元 γ-motor neuron, γ-motoneuron
运动神经元池/運動神經元池 motor neuron pool
运动生理学/運動生理學 sport physiology, exercise physiology, athletic physiology
运动试验/運動[心臟]檢查 exercise test
运动视差/移動視差 motion parallax
运动适应/運動適應 exercise adaptation
运动细胞/運動細胞 motor cell
运动协调/運動調節 motor coordination
运动性蛋白尿/運動性蛋白尿 exercise-induced proteinuria
运动性肌肉疲劳/運動性肌肉疲勞 exercise-induced muscle fatigue
运动性肌肉损伤/運動性肌肉損傷 exercise-induced muscle damage, EIMD
运动性免疫抑制/運動性免疫抑制 exercise-induced immunosuppression
运动性疲劳/運動性疲勞 exercise-induced fatigue
运动性贫血/運動性貧血 exercise-induced anemia
运动性缺血再灌注损伤/運動性缺血再灌注損傷 exercise-induced ischemia reperfusion injury
运动性胃肠综合征/運動性胃腸症候群 exercise-induced gastrointestinal syndrome
运动性心动徐缓/運動性心動徐緩 exercise-induced bradycardia
运动性心脏肥大/運動性心臟肥大 exercise-induced cardiac hypertrophy
运动性血尿/運動性血尿 exercise-induced hematuria
运动性语言中枢/運動性語言中樞 motor speech area
运动性月经失调/運動性月經失調 athletic menstrual irregularity, AMI
运动性运动单位/運動性運動單位 kinetic motor unit
运动性震颤/運動性震顫,意向性震顫 intentional tremor, cerebellar tremor
运动徐缓/運動徐緩 bradykinesia
运动学习/動作學習,運動技能學習 motor learning
运动训练/運動訓練 sport training
运动员身体功能评定/運動員身體機能評定 functional assessment of athlete
运动员心脏/運動員心臟 athlete heart
运动员血液/運動員血液 athlete blood
运动知觉/運動知覺 motion perception
运动执行/運動執行 motor execution
[运]动致盲/[運]動致盲 motion-induced blindness
运动中枢/運動中樞 motorium
运动终板/運動終板 motor end plate
运货受体/貨物受體 cargo receptor
运皮质激素蛋白/運皮質激素蛋白 transcortin
运输/運輸,轉運 transport
RNA 运输/RNA 運輸,RNA 轉運 RNA transport, RNA trafficking
运输蛋白/運輸蛋白,轉運體,易位體 transport protein, transporter
运输小泡/運輸小泡,運輸囊泡 transport vesicle
运铁蛋白/運鐵蛋白,轉鐵蛋白 transferrin
运铁蛋白受体/運鐵蛋白受體,轉鐵蛋白受體 transferrin receptor, TfR
运行缓冲液/電泳緩衝液 running buffer

Z

杂草/雜草 weed
杂多糖/雜多糖,異元多糖類 heteropolysaccharide
杂合度/雜合度,異質[接合]度 heterozygosity
杂合度方差/雜合度變方,異質度變方 variance of heterozygosity
杂合度指数/雜合度指數 heterozygosity index
杂合基因型/雜合基因型 heterozygous genotype
杂合酶/雜交酶 hybrid enzyme
杂合酶构建/雜交酶構建 hybrid enzyme construction
杂合启动子/雜合啟動子 hybrid promoter
杂合群体/雜合群體 allometrosis
杂合噬菌体/雜合噬菌體 heterozygous phage
杂合现象/雜合現象,異型接合性 heterozygosis
杂合性/雜合性,異質接合性 heterozygosity
杂合性丢失/雜合性丟失,異質性丟失 loss of heterozygosity, LOH
杂合易位/雜合易位,異型接合易位 heterozygous translocation
杂合优势/雜合優勢 heterozygous advantage
杂合子/雜合子,異[基因]型合子 heterozygote
杂合子筛查/雜合子篩選 heterozygote screening
杂合子优势/雜合子優勢 heterozygote superiority
杂化改性法/雜化改性法 hybrid modification method
杂基因部分合子/異型基因部分合子 heterogenotic merozygote
杂交/雜交 hybridization
DNA 杂交/DNA 雜交 DNA hybridization
Northern 杂交/北方雜交 Northern hybridization
RNA 杂交/RNA 雜交 RNA hybridization
Southern 杂交/南方雜交 Southern hybridization
杂交不结实性/雜交不結實性 cross unfruitfulness
杂交不育群/雜交不育群,雜交不孕群 cross sterile group
杂交不育性/雜交不育性,雜交不孕性 cross infertility, cross sterility
杂交测序/雜交測序,雜交定序 sequencing by hybridization, SBH
杂交繁殖/遠交,異系交配,遠系繁殖 outbreeding, outcrossing
杂交繁殖抑制/異系交配抑制 outbreeding depression
杂交分子/雜交分子,雜種分子 hybrid molecule
杂交分子释放翻译/雜交分子釋放轉譯 hybrid-released translation, HRT
杂交分子选择翻译/雜交分子選擇轉譯 hybrid-selected translation, HST
杂交分子阻抑翻译/雜交分子抑制轉譯,雜交停頓轉譯法 hybrid-arrested translation, HART
杂交果/雜交果 allocarpy
杂交核酸/雜交核酸 hybrid nucleic acid
杂交-渐渗/雜交-漸滲 hybridization-introgression
杂交理论/雜種説 hybridization theory
杂交瘤/雜交瘤,融合瘤,雜合瘤 hybridoma
杂交瘤技术/雜交瘤技術,融合瘤技術 hybridoma technique, hybridoma technology
杂交瘤细胞/雜交瘤細胞 hybridoma cell
杂交瘤细胞系/雜交瘤細胞系,融合瘤細胞株 hybridoma cell line
杂交胚胎/雜交胚胎 embryo of hybrid
杂交品种/雜交品種 hybrid variety
杂交亲和性/雜交親和性 cross-compatibility
杂交群动物/雜交群動物 hybrid colony animal
杂交弱势/雜種減勢 pauperization
杂交衰退/雜種衰退 hybrid depression
杂交探针/雜交探針 hybridization probe
杂交[物]种/雜交種 hybrid species
杂交细胞/雜交細胞 hybrid cell
杂交细胞系/雜交細胞系,雜交細胞株 hybrid cell line
杂交性/雜交性,雜種性 crossability, hybridity
杂交严格性/雜交嚴格性 hybridization stringency
杂交育种/雜交育種 cross breeding
杂交组合/雜交組合 hybridized combination
杂居集群/雜居群集 sympolyandria
杂色曲霉素 A/雜色麴黴素 A versicolorin A
杂食动物/雜食動物,雜食者 omnivore, omnivorous animal
杂食性/雜食性 omnivority, omnivory, pantophagy
杂性花/雜性花 polygamous flower
杂植食性螨类/雜植食性蟎類 panphytophagous mite

杂种/雜種 hybrid
杂种败育/雜種劣育,雜種發育不全 hybrid dysgenesis
杂种不育性/雜種不育性,雜種不孕性 hybrid sterility
杂种分子/雜種分子,雜交分子 hybrid molecule
杂种复合体/雜種集團 hybrid complex
杂种后代/雜種後代 hybrid progeny
杂种活力/雜種活力 hybrid vigor
杂种基因/雜種基因 hybrid gene
杂种渐变群/雜種漸變群 hybrid cline
杂种劣化/雜種劣育,雜種發育不全 hybrid dysgenesis
杂种劣势/雜種劣勢 hybrid weakness
杂种卵块发育/雜種卵片發育 bastard merogony
杂种群体/雜種族群 hybrid population
杂种世代/雜種世代 hybrid generation
杂种衰败/雜種衰敗,雜種衰落 hybrid breakdown
杂种优势/雜種優勢,雜交優勢 hybrid vigor, heterosis
杂种种子/雜種種子 hybrid seed
杂种组合/雜種組合 hybrid combination
灾变/災變,劇變 catastrophe
灾变论/災變理論,災變説,劇變理論 catastrophe theory, catastrophism
灾变说/災變説,災變理論,劇變理論 catastrophe theory, catastrophism
甾醇/甾醇,固醇 sterol
甾体激素/甾體激素,類固醇激素 steroid hormone
甾体[激素]生成/甾體[激素]生成,類固醇生成,類固醇合成 steroidogenesis
甾体激素生成急性调节蛋白/甾體激素生成急性調節蛋白,類固醇生成急性調節蛋白 steroidogenic acute regulatory protein, StAR
甾体激素生成因子-1/甾體激素生成因子-1,類固醇生成因子-1 steroidogenic factor 1, SF1
栽培/栽培 cultivate
栽培[品]种/栽培[品]種 cultivar
栽培性状/栽培性狀 cultivated character
栽培植物/栽培植物 hemerophyte
栽植方式/栽植方式 planting system
栽植密度/栽植密度 planting density
再次抗体应答/續發性抗體反應 secondary antibody response
再次免疫应答/次級免疫反應 secondary immune response
再分化/再分化 redifferentiation
再感染/再感染 reinfection
再接种/再接種 reinoculation
再利用/再利用 reuse
再起始位点/再起始位點 reinitiation site
再迁入/再遷入,遷回 remigration
再生/再生 regeneration
再生生产力/再生生產力 regenerated productivity
再生式序列复制反应/自主序列複製反應,自持序列複製反應 self-sustained sequence replication reaction, 3SR reaction
再生医学/再生醫學 regenerative medicine
再生障碍性贫血/再生障礙性貧血,再生不良性貧血 aplastic anemia
再生植株培养/再生植株培養 replant culture
再适应/重適應 readaptation
再受精/再受精 refertilization
再吸收/再吸收 resorption
再现风险/再現風險 recurrence risk
再循环/再循環 recycle
再循环淋巴细胞库/再循環淋巴細胞庫 recirculating lymphocyte pool
再循环内体/再循環内體,迴圈内吞體 recycling endosome
再循环指数/再循環指數 recycle index
载玻片/載玻片 slide
载畜量/載畜量,可放養量 stocking capacity
载芳基蛋白/載芳基蛋白,芳香基貯存蛋白 arylphorin
载肛突/載肛空,負肛突起 proctiger
载黑[色]素细胞/黑[色]素細胞 melanocyte, melanophore
载肌动蛋白/載肌動蛋白,肌動蛋白絲解聚[合]因子 actophorin
载色素细胞/載色素細胞,色素體,載色體 chromatophore
载色体/載色體,載色素細胞,色素體 chromatophore
载糖蛋白/載糖蛋白,血型糖蛋白 glycophorin
载体/載體 vector, vehicle, carrier
载体 DNA/載體 DNA carrier DNA
T 载体/T 載體 T-vector
Ti 载体/Ti 載體 Ti-vector
载体保藏/載體保藏 preservation in carrier
载体蛋白/載體蛋白,攜載蛋白 carrier protein
载体共沉淀/載體共沉澱 carrier coprecipitation
载体骨架/載體骨架 vector backbone
载体介导转化法/載體介導轉化法 vector-mediated transformation
载体-*Alu* 聚合酶链[式]反应/載體-*Alu* PCR

vector-*Alu* PCR
载体霉素/腐黴素 carriomycin
载体噬菌体/載體噬菌體 carrier phage
载体特异性/載體特異性 carrier specificity
载体细胞/載體細胞 carrier cell
载体小件/小載體 vectorette
载体效应/攜帶物效應 carrier effect
载体状态/帶病狀態 carrier state
载唾液酸蛋白/載唾液酸蛋白,載涎蛋白 sialophorin
载网/載網 grid
载物台/載物臺,鏡臺 stage
载涎蛋白/載涎蛋白,載唾液酸蛋白 sialophorin
载脂蛋白/載脂蛋白,缺脂脂蛋白,脂蛋白元 apolipoprotein, Apo, lipophorin
暂居微生物/暫居微生物,過渡微生物 transient microbe
暂聚群体/暫聚群體 gregaloid colony
暂时低温昏迷/暫時性低温昏迷 temporary cold stupor
暂时凋萎/暫時凋萎 temporary wilting
暂时顶极[群落]/暫時頂極[群落],暫時極相,暫時安定群落 temporary climax, transient climax
暂时高温昏迷/暫時性高温昏迷 temporary heat stupor
暂时寄生/暫時寄生 temporary parasitism
暂时寄生虫/暫時寄生蟲 temporary parasite, intermittent parasite
暂时联系/暫時聯繫 temporary connection
暂时萎蔫/暫時凋萎 temporary wilting
暂时性浮游生物/暫時性浮游生物,臨時浮游生物 meroplankton, transitory plantkton
暂时性环境效应/暫時性環境效應 temporary environmental effect
暂时性阈移/暫時性閾值偏移,暫時性聽力損失 temporary threshold shift, TTS
暂时宿主/暫時宿主 temporary host
脏壁层/臟壁層 splanchnic layer
脏壁腹膜/臟壁腹膜 splanchnic peritoneum
脏壁中胚层/臟壁中胚層,内臟中胚層 splanchnic mesoderm, visceral mesoderm
脏层/臟層 visceral layer
脏层上皮细胞/臟層上皮細胞 visceral epithelial cell
脏肌/[内]臟肌 visceral muscle
脏颅/臟顱 splanchnocranium, viscerocranium
脏神经/臟神經 visceral nerve
脏神经节/臟神經節 visceral ganglion
脏体腔膜/臟體腔膜 visceral peritoneum
早搏/期前收縮,過早收縮 premature systole, premature beat
早材/早材 early wood
早产/早産 premature delivery
早成雏/早成鳥,早熟體 precocies
早成性/早成性,早熟性 precocialism
早重组节/早期重組節 early recombination nodule
早代测验/早代測驗,早期測驗 early generation test
早感受器电位/早期感受器電位 early receptor potential, ERP
早固缩染色体/早固縮染色體 megameric chromosome
早后去极化/早後去極化,早後除極化 early after-depolarization
早老症/早老症 progeria, premature senility
早期抽薹/早期抽薹 premature bolting
早期蛋白/早期蛋白 early protein
早期基因/早期基因 early gene
早期抗原/早期抗原 early antigen
早期内[吞]体/早期胞内體,早期吞噬小體,早期核内體 early endosome
早期溶菌现象/早熟溶菌現象 premature lysis
早期授精/早期授精 precocious insemination
早前期带/早前期帶 preprophase band
早熟发育/早熟發育 precocious development
早熟凝集染色体/早熟凝集染色體,超前凝聚染色體 prematurely condensed chromosome, PCC
早熟品种/早熟品種 early variety
早熟素/早熟素 precocene
早熟[性]/早熟[性] prematurity
早疫病/早疫病 early blight
早幼红细胞/早幼紅血球,早母紅血球 basophilic erythroblast, prorubricyte
早幼粒细胞/早原粒細胞 promyelocyte
藻胞/藻胞 gonidium
藻[胞]层/藻[胞]層,綠胞層 algal layer, gonidial layer
藻被生态系统/藻被生態系 algal mat ecosystem
藻胆[蛋白]体/藻膽[蛋白]體 phycobilisome
藻胆[色素]蛋白/藻膽色素蛋白 phycobiliprotein, phycobilin protein, biliprotein
藻胆素/藻膽素 phycobilin
藻褐素/藻褐素 phycophaein
藻红[胆]素/藻紅素 phycoerythrobilin, rhodophyll
藻红蛋白/藻紅蛋白 phycoerythrin
藻红褐素/藻紅褐素 phycopyrrhin
藻红体/藻紅素體 rhodoplast
藻红细胞/藻紅細胞 erythrosin cell
藻华/藻華 phytoplankton bloom, algal bloom

藻黄素/藻黄素 phycoxanthin
藻胶/藻膠 phycocolloid
藻蓝蛋白/藻藍蛋白,藻藍素,藻青素 phycocyanin
藻类/藻類 algae
藻类病毒/藻類病毒 algac virus
藻类学/藻類學 algology, phycology
藻类植物/藻類植物 phycophyte
藻青蛋白/藻藍蛋白,藻藍素,藻青素 phycocyanin
藻色素/藻色素,藍色素 phycochrome
藻酸盐多聚物支架/藻酸鹽多聚物支架 alginate polymer scaffold
藻酸盐支架/藻酸鹽支架 alginate scaffold
藻殖段/連鎖體,連珠體,子絲體 hormogonium, hormogon
藻紫素/藻紫素 phycoporphyrin
皂草毒蛋白/皂草毒蛋白 saporin
皂化值/皂化值 saponification number
皂化作用/皂化作用 saponification
造孢分裂/造孢分裂,孢原分裂 sporogenous division
造孢剩质/造孢餘質 epiplasm
造孢丝/造孢絲 sporogenous thread, sporogenous filament
造孢细胞/造孢細胞,孢原細胞 sporogenous cell
造孢组织/造孢組織,孢原組織 sporogenous tissue
造粉体/造粉體,澱粉體 amyloplast
造骨细胞/造骨細胞,生骨細胞 scleroblast, sclerocyte
造礁珊瑚/造礁珊瑚 hermatypic coral
造礁生物/造礁生物 hermatypic organism
造血/造血 hematopoiesis, hemopoiesis
造血干细胞/造血幹細胞 hematopoietic stem cell, HSC
造血干细胞表面标志物/造血幹細胞表面標誌物 hematopoietic stem cell surface marker
造血干细胞移植/造血幹細胞移植 hematopoietic stem cell transplantation
造血器官/造血器官 hematopoietic organ, hemocytopoietic organ
造血生长因子/造血生長因子 hematopoietic growth factor, hemopoietic growth factor
造血微环境/造血微環境 hematopoietic microenvironment
造血细胞/造血細胞 hematopoietic cell
造血细胞嵌合/造血細胞嵌合 hematopoietic chimerism
造血细胞因子/造血細胞介素 hematopoietic cytokine, hemopoietic cytokine
造血细胞因子受体超家族/造血細胞介素受體超家族 hemopoietic cytokine receptor superfamily
造血诱导微环境/造血誘導微環境 hemopoietic inductive microenvironment, HIM
造血组织/造血組織 hemopoietic tissue
造血祖细胞/造血祖細胞 hematopoietic progenitor cell, hemopoietic progenitor cell, HPC
造油体/造油體,油質體 elaioplast, oleosome
噪声污染/噪聲污染,噪音污染 noise pollution
噪声性听力减退/噪聲性聽力損傷 noise-induced hearing loss
择伐/擇伐 selective cutting, selective felling
择偶场/求偶場[所],競偶場 lek
择时检验/擇時檢驗 chronopsy
增变基因/增變基因,誘變基因 mutator gene
增变基因菌株/增變基因菌株 mutator strain
DNA 增长截短/DNA 增長截短 DNA elongation and truncation
增大/增大 augmentation, auxesis
增大反应/增大反應 augmenting response
增感屏/增感屏,增強屏 intensifying screen
增节变态/增節變態 anamorphosis
增菌培养/增菌培養,增殖培養,滋補培養 enrichment culture
增菌培养基/增菌培養基,滋補培養基,補給性培養基 enrichment medium
增量调节/向上調控,調昇,正調節 up regulation
增量调节物/向上調節子,正調節子 up regulator
增强/增強 potentiation, enhancement
增强渗透性和滞留效应/增強滲透性與滯留效應 enhanced permeability and retention effect
增强体/增強體,強化體 enhancesome
增强子/增強子,強化子 enhancer, enhancer element
增强子捕获/增強子捕獲,強化子捕獲 enhancer trapping, enhancer trap
增强[子单]元/增強[子單]元,強化子單元 enhanson
增强子结合蛋白/增強子結合蛋白 enhancer-binding protein
增强子竞争/增強子競爭,強化子競爭 enhancer competition
增强子序列/增強子序列,強化子序列 enhancer sequence
增强子元件/增強子元件 enhancer element
增色效应/增色效應 hyperchromicity, hyperchromic effect
增色性/增色性 hyperchromicity
增生/增生 hyperplasia
增生毛/增生毛 neotrichy

增效比/增效比,協力比　synergic ratio, SR
增效差/增效差,協力差　synergic difference, SD
增效剂/增效劑,協力劑　synergist
增效作用/增效作用,協同作用,協力作用　synergism, synergistic effect
增益/增益　gain
增张力性收缩/增滲壓力性收縮　auxotonic contraction
增长型种群/擴張族群　expanding population
增殖/增殖　proliferation
增殖蛋白/增殖蛋白　proliferin
增殖率/增殖率　rate of reproduction
增殖期/增殖期,增生期　proliferative phase
增殖细胞核抗原/增殖細胞核抗原,複製期細胞核抗原　proliferating cell nuclear antigen, PCNA
增殖细胞核抗原抗体/增殖細胞核抗原抗體,複製期細胞核抗原抗體　proliferating cell nuclear antigen antibody
增殖性生长/增殖生長　multiplicative growth
增殖诱导配体/增殖誘導配體　a proliferation-inducing ligand, APRIL
闸门控制学说/門控學說,閘門控制論　gate-control theory
眨眼反射/眨眼反射,眨眼反應　blink reflex
栅栏薄壁组织/柵狀薄壁組織　palisade parenchyma
栅栏层/柵狀層　palisade layer
栅栏细胞/柵狀細胞　palisade cell
栅栏组织/柵狀組織　palisade tissue
栅状环/柵狀環　palisade ring
摘除/摘除,割除　removal, extirpation
窄幅种/窄幅種　stenotopic species
窄沟/窄溝　narrow groove
窄域分布/窄域分布　stenochory
窄域种/窄域種　stenochoric species
粘连蛋白/黏連蛋白　cohesin
詹姆斯-兰格理论/詹姆士-朗格理論,詹朗二氏論　James-Lange theory
詹纳斯绿/詹斯綠　Janus green
展肌/[外]展肌,外轉肌　abductor, abductor muscle
展青霉素/展青黴素　patulin
mRNA 展示技术/mRNA 展示技術　mRNA display
占空比/占空比,負載比　duty ratio
占有率/占用率　occupancy
战栗产热/顫抖性産熱　shivering thermogenesis
张力/張力　tension
张力蛋白/張力蛋白　tensin
张力感受器/張力感受器　tension receptor
张力丝/張力絲　tonofilament
张力速度关系/張力速度關係　tension-velocity relation
张力速度曲线/張力速度曲線　tension-velocity curve
张力完整性模型/張力完整性模型　tensegrity model
张力原纤维/張力原纖維　tonofibril
章胺/章魚胺　octopamine
章鱼氨酸/章魚鹼,章魚胺酸　octopine
章鱼胺能激动剂/章魚胺能激動劑　octopaminergic agonist
章鱼胺受体/章魚胺受體　octopamine receptor
章鱼碱/章魚鹼,章魚胺酸　octopine
章鱼碱合酶/章魚鹼合酶　octopine synthase, OS
樟脑/樟腦　camphor
掌/掌　palm
掌板/掌板　palma
掌部/掌部　palm, hand
掌骨/掌骨　metacarpal bone
掌间关节/掌間關節　intermetacarpal joint
掌节/掌節　propodite, propodus
掌突/掌突　metacarpal tubercle
掌形爪状骨针/掌形爪狀骨針　palmate chela, palmate
掌指关节/掌指關節　metacarpophalangeal joint
掌状复叶/掌狀複葉　palmately compound leaf
掌状刚毛/掌狀剛毛　palmate chaeta
掌状脉/掌狀葉脈　palmate nerve
掌状脉序/掌狀脈序　palmate venation
胀泡/膨部,疏鬆團　puff
招募型受体/招募型受體　recruitment receptor
招募因子/聚集因子　recruitment factor
招引行为/招引行為　kinopsis
爪/爪　claw, onychium
爪蟾抗菌肽/爪蟾抗菌肽　magainin
爪蟾肽/爪蟾肽　xenopsin
爪垫/爪墊　claw pad, pulvillus
爪间突/爪間突　empodium
爪片/爪片,指狀突　clavus
爪片缝/爪片縫　claval suture
爪片结合线/爪片結合線　claval commissure
爪窝/爪窩　fossa, claw fossa
爪窝毛/爪窩毛　fossary seta
爪形突/爪形突,鉤器　uncus
爪状骨针/爪狀骨針　chela
沼气/[生物]沼氣,生質氣　biogas
沼气发酵/沼氣發酵　biogas fermentation
沼生湿地/沼生濕地　palustrine wetland
沼生植物/沼生植物,澤生植物　helophyte
沼泽/沼澤　swamp

沼泽草本群落/沼澤草本群落 emersiherbosa
沼泽地/沼澤地 everglade
沼泽浮游生物/沼澤浮游生物 heleoplankton
沼泽林/沼澤林 swamp forest
沼泽群落/沼澤群落,沼澤群聚 limnodium
沼泽植物/沼澤植物 marsh plant
召唤/召喚 calling
召唤声/召喚聲 contact call
兆核酸酶/百萬核酸酶 meganuclease
兆碱基/百萬鹼基 megabase, Mb
兆碱基接头/百萬鹼基接頭 megalinker
照度/照度 illuminance
照叶林/照葉林,常緑闊葉林 laurel forest, evergreen broadleaf forest
折棒分布/折棒分布 broken-stick distribution
折棒模型/折棒模型 broken-stick model
折叠/折疊 folding
RNA 折叠/RNA 折疊 RNA folding
β-折叠/β-折板,貝他折板,β-褶板 β-pleated sheet, β-sheet
折叠动力学/折疊動力學 folding kinetics
折叠链/折疊鏈 folded chain
β-[折叠]链/β-[折疊]鏈,β-長帶 β-strand, beta strand
折叠漏斗/折疊漏斗 folding funnel
折叠酶/折疊酶 foldase
折叠模式/折疊模式 fold
折叠能量景观/折疊能量景觀 folding energy landscape
折叠识别法/折疊識別法 flod recognition
β-[折叠]桶/β-[折疊]桶 β-barrel
折叠组/折疊組,折疊體 foldome
折返/回原位 reentry
折返性心律失常/折返性心律失常,折返性心律不整 reentry arrhythmia
折光体/折光體 refractive body
折回 DNA/折回 DNA fold-back DNA
折回因子/折回因子 fold-back element, FB element
折射体/折射體 refractile body
折中分类学/折中分類學 eclectic taxonomy
蛰伏/蟄伏,休眠 dormancy, torpor
赭虫素/赭蟲素 blepharmone
赭虫紫/赭蟲紫 blepharismin
赭曲毒素/赭麴毒素 ochratoxin
赭石密码子/赭石型密碼子 ochre codon
赭石突变/赭石型突變 ochre mutation
赭石突变体/赭石型突變體 ochre mutant
赭石抑制基因/赭石型抑制基因,赭石型阻抑基因,赭石型校正基因 ochre suppressor
赭石阻抑/赭石型阻抑,赭石型抑制 ochre suppression
赭石阻抑基因/赭石型抑制基因,赭石型阻抑基因,赭石型校正基因 ochre suppressor
褶/褶 plica
褶冠型触手冠/褶冠型觸手冠 ptycholophorus lophophore
褶襟/褶襟 pleated collar
蔗糖/蔗糖 sucrose
蔗糖酶/蔗糖酶 sucrase
蔗糖密度梯度/蔗糖密度梯度 sucrose density-gradient
针晶/針晶,針狀結晶 raphid
针晶细胞/針晶細胞 spicular cell
针六辐骨针/針六輻骨針 oxyhexact, oxyhexactine
针六星骨针/針六星骨針 oxyhexaster
针突/針突,細尾突 stylus
针星骨针/針星骨針 oxyaster
针形蛋白/針形蛋白 aciculin
针形骨针/針形骨針 needle
针叶/針葉 needle leaf
针叶材/針葉材 softwood
针叶灌木群落/針葉灌木林,針葉灌叢 conifruticeta, aciculifruticeta
针叶林/針葉林 coniferous forest, needle-leaved forest
针叶林带/針葉[樹]林帶 conisilvae belt
针叶乔木群落/針葉喬木林 conisilvae, aciculisilvae
针叶树/針葉樹,松柏類 conifer, coniferous tree
针枝骨针/針枝骨針 oxyclad
针状骨针/針狀骨針 style
针状纤维/針狀纖維 raphidine, raphioid fiber
真孢子/真孢子 euspore
真病毒/真病毒 euvirus
真雌雄同体/真雌雄同體 euhermaphrodite
真底栖生物/真底棲生物 eubenthos
真地下芽植物/真地下芽植物 eugeophyte
真洞居生物/真洞居生物 eutroglobiont
真端粒/真端粒 eutelomere
真分生组织/真分生組織 eumeristem
真浮游生物/真浮游生物 euplankton
真共生/真正共生,互依共存 eusymbiosis
真光带/真光帶,透光帶,透光層 euphotic zone, photic zone
真光合[作用]/真正光合作用 true photosynthesis
真河流性浮游生物/真流水性浮游生物 eupotamoplankton

真核/真核 eukaryon
真核表达/真核表達 eukaryotic expression
真核基因/真核基因 eukaryotic gene
真核基因表达/真核基因表達 eukaryotic gene expression
真核仁/真核仁 true nucleolus
真核生物/真核生物 eukaryote, eucaryote
真核[生物]起始因子/真核[生物]起始因子 eukaryotic initiation factor, eIF
真核受体细胞/真核受體細胞 eukaryotic receptor cell
真核细胞/真核細胞 eukaryotic cell, eukaryocyte
真核载体/真核載體 eukaryotic vector
真黑色素/真黑色素 eumelanin
真花学说/真花説 euanthium theory
真基节/真基節 eucoxa
真菌/真菌 fungus
真菌病/真菌病,黴菌病 mycosis, fungous disease
真菌病毒/真菌病毒 mycovirus
真菌毒素/真菌毒素,黴菌毒素 mycotoxin
真菌毒素中毒症/真菌毒素中毒症 mycotoxicosis
真菌多糖/真菌多糖 fungal polysaccharide
真菌杀虫剂/真菌殺蟲劑 fungal insecticide
真菌学/真菌學 mycology
真菌遗传学/真菌遺傳學 mycogenetics, fungal genetics
真壳型/真殼型 eupheredermes
真空干燥保藏/真空乾燥保藏 preservation by vacuum dry
真空转移/真空轉移 vacuum transfer
真孔/真孔 eupore
真裸子实层式发育/真裸子實層式發育,裸果型發育 eugymnohymenial development
真皮/真皮 dermis, corium
真皮骨/真皮骨 dermal bone
真皮乳头/真皮乳頭 dermal papilla
真社会性/真社會性,真社群性 eusocial, eusociality
真社会性昆虫/真社會性昆蟲 eusocial insect
真社群性/真社群性,真社會性 eusocial, eusociality
真稳定状态/真穩定狀態 true steady state
真无配生殖/真無配生殖,真無性生殖 euapogamy
真细菌/真細菌 eubacterium, true bacterium
真星骨针/真星骨針 euaster
真一年生植物/真一年生植物 eutherophyte
真杂种优势/真雜種優勢 euheterosis
真殖孔/真殖孔 eugenital opening
真殖毛/真殖毛 eugenital seta
真中柱/真中柱 eustele
真子座/真子座 eustroma
砧骨/砧骨 incus
诊断/診斷 diagnosis
诊断免疫学/診斷免疫學 diagnostic immunology
诊断微生物学/診斷微生物學 diagnostic microbiology
诊断性限制性酶切位点/診斷性限制酶切位 diagnostic restriction site
诊断用酶/診斷性酶 diagnostic enzyme
枕部/枕部 occiput
枕大池穿刺细胞治疗/枕大池穿刺細胞治療 cistern puncture cell therapy
枕骨/枕骨 occipital bone
枕骨大孔/枕骨大孔 foramen magnum
枕冠/枕冠 occipital crest
枕髁/枕[骨]髁 occipital condyle
枕区/枕[骨]區 occipital region
枕叶/枕葉 occipital lobe
阵发式分泌/陣發式分泌 episodic secretion
阵发性冷性血红蛋白尿症/陣發性寒冷血色素尿症,陣發性受寒血紅蛋白尿 paroxysmal cold hemoglobinuria
阵发性睡眠性血红蛋白尿症/陣發性夜間血色素尿症,陣發性睡眠性血紅蛋白尿 paroxysmal nocturnal hemoglobinuria, PNH
阵列/陣列 array
振鞭/振鞭 flagellum
振鞭体/振鞭體 vibraculum
振荡/振盪 oscillation
γ-振荡/γ-振盪 gamma oscillation
振荡培养/振盪培養 shake cultivation
振动/振動 vibration
振动触觉信息/振動觸覺資訊 vibrotactile information
振动[感]觉/振動[感]覺,振動感受 pallesthesia, vibration sensation
振动感受器/振動感受器 vibration-sensitive receptor
振动光谱学/振動光譜學 vibrational spectroscopy
振动切片机/振動切片機 vibratome
振动小棘/振動小棘 vibratile spine
振动小体/振動小體 vibratile corpuscle
振动训练/振動訓練 vibration training
振幅衬度/振幅襯度 amplitude contrast
振幅衬度成像/振幅襯度成像 amplitude contrast imaging
振幅校正/振幅校正 amplitude correction
震导管/震導管 cystic duct
争夺竞争/混戰競爭,共滅型競爭 scramble

competition
争偶声/争偶聲 rivalry sound, rival song
争偶行为/争偶行為 rivalry behavior
征召信息素/徵召費洛蒙 recruitment pheromone
蒸发/蒸發[作用] evaporation
蒸发光散射检测器/蒸發光散射偵測器 evaporative light scattering detector
蒸发计/蒸發計 evaporimeter, atmometer
蒸发散热/蒸發散熱 evaporative heat loss
蒸发散热临界温度/蒸發散熱臨界溫度 critical temperature for evaporative heat loss
蒸发蒸腾计/蒸[發]散計 evapotranspirometer
蒸馏/蒸鎦 distillation
蒸汽灭菌器/蒸汽滅菌器 sterilization steamer, steam sterilizer
蒸散/蒸發散作用 evapotranspiration, ET
蒸腾/蒸騰,蒸散 transpiration
蒸腾比/蒸散比 transpiration ratio
蒸腾孔/蒸散孔 transpiration pore
蒸腾流/蒸散流 transpiration current, transpiration stream
蒸腾速率/蒸散率 transpiration rate
蒸腾系数/蒸散係數 transpiration coefficient
蒸腾效率/蒸散效率 transpiration efficiency
拯救效应/救援效應 rescue effect
整倍体/整倍體 euploid
整倍性/整倍性 euploidy
整臂易位/整臂易位 whole-arm translocation
整单倍体/整單倍體 euhaploid
整合表达/整合表達 integrant expression
整合蛋白质/整合蛋白質 integral protein
整合-发放模型/整合-發放模型 integrate-and-fire model
整合分析/整合分析 meta-analysis
整合酶/整合酶 integrase
整合膜蛋白/整合膜蛋白,膜主體蛋白 integral membrane protein, IMP
整合-切割区域/整合-切割區域 integration-excision region
整合生理学/整合生理學 integrative physiology
整合素/整合素,整聯蛋白 integrin
整合素家族/整合素家族 integrin family
整合素相关蛋白/整合素相關蛋白 integrin-associated protein, IAP
整合素亚单位/整合素次單元 integrin subunit
整合素 α-亚单位/整合素 α-次單元 integrin α subunit
整合素 β-亚单位/整合素 β-次單元 integrin β subunit
整合体/整合體 intasome
整合图/整合圖 integration map, integrative map
整合宿主因子/整合宿主因子 integration host factor, IHF
整合序列/整合序列 integration sequence
整合抑制/整合抑制 integrative suppression
整合子/整合子 integrator, integron
整合[作用]/整合[作用] integration
整联蛋白/整聯蛋白,整合素 integrin
整列鳞/整列鱗 cosmoid scale
整码突变/整碼突變 in-frame mutation
整齐花/整齊花,輻射對稱花 regular flower, actinomorphic flower
整群抽样/群聚抽樣,集體取樣 cluster sampling
整体产果式生殖/整體產果式生殖 holocarpic reproduction
整体概念/整體概念 holistic concept
整体管理/整體管理 holistic management
整体性模型/整體性模型 holistic model
整体[研究]法/整體研究法 holological approach
整体元/整體元 holon
整体柱色谱法/整體柱色譜法,整體柱層析法 monolithic column chromatography
整装制片/整裝製作 whole mount preparation
正比计数器/正比計數器 proportional counter
正部/正部 orthomere
正常精子/正常精子 eupyrene sperm
正常菌群/正常菌群 normal flora
正常抗体/正常抗體 normal antibody
正常配偶/正常配偶 orthogamy
正常体温/正常體温 normothermia
正超螺旋/正超螺旋 positive supercoil
正超螺旋 DNA/正超螺旋 DNA positively supercoiled DNA
正超螺旋化/正超螺旋化 positive supercoiling
正电子发射断层成像/正電子發射斷層攝影術,正[電]子放射造影 positron emission tomography, PET
正端/正端 plus end
正二项分布/正二項分布 positive binomial distribution
正反交/正反交,互交 reciprocal crosses
正反馈/正回饋 positive feedback
正干涉/正干擾 positive interference
正后电位/正後電位 positive after-potential
正交/正交 direct cross
正交晶系/正交晶系 orthorhombic system

正交倾转重构/正交傾轉重構　orthogonal tilt reconstruction, OTR
正控制/正控制　positive control
正控制元件/正控制元件　positive control element
正链/正鏈，正股　plus strand, positive strand
正链 DNA/正鏈 DNA，正股 DNA　plus-strand DNA
正链病毒/正鏈病毒，正股病毒　plus-strand virus
正亮氨酸/正亮氨酸　norleucine
正密度制约因子/正密度依變因子　positive density-dependent factor
正模[标本]/正模[式標本]　holotype
正确名称/正名　correct name
正三叉骨针/正三叉骨針　orthotriaene
正三辐骨针/正三輻骨針　regular triact
正视眼/正視眼　emmetropia
正态分布/常態分布　normal distribution
正调节/正調節，正調控　positive regulation
正调[节]物/正調節者，正調節子，正調物　positive regulator
正调控/正調控，正調節　positive regulation
正调控元件/正調控元件　positive regulatory element, PRE
正五聚蛋白/正五聚蛋白　pentraxin
正相层析/正相層析法　normal-phase chromatography
正相关/正相關　positive correlation
正相睡眠/正規睡眠，非快動眼相睡眠　orthodox sleep
正相液相色谱法/正相液相色譜法，正相液相層析法　normal-phase liquid chromatography, NPLC
正向定型/正向定型　forward typing
正向河口/正性河口　positive estuary
正向基因突变/正向基因突變　forward gene mutation
正向突变/正向突變　forward mutation
正向遗传学筛选/正向遺傳學篩選　forward-genetics screening
正向引物/正向引物，正向引子　forward primer
正效应物/正效應物　positive effector
正缬氨酸/正纈氨酸　norvaline
正形海胆/正形海膽　regular echinoid
正型尾/正型尾　homocercal tail
正选型交配/正選型交配　positive assortative mating
正选择/定[向]選擇，定向天擇，定向選汰　directional selection, orthoselection
正压服/正壓衣　positive pressure suit
正义单链 RNA 病毒/正鏈單鏈 RNA 病毒　positive-sense single-strand RNA virus, positive-sense ssRNA virus
正异固缩/正異固縮，正異常凝縮　positive heteropycnosis
正优生学/積極優生學　positive eugenics
正中隆起/正中隆起，中突隆起　median eminence
症状/症狀　symptom
症状前诊断/症狀前診斷　presymptomatic diagnosis
症状学/症狀學　symptomatology
之形带/之形帶　zigzag ribbon
支撑相/支撐相　stance phase
支持带/支持帶　retinaculum
支持根/支持根，支柱根　prop root
支持脊/支持脊　supporting ridge
支持膜/支持膜　supporting film
支持器/支持器　supporting apparatus
支持腕环/支持腕環　supporting loop
支持细胞/支持細胞，支柱細胞　supporting cell, sustentacular cell
支持向量机/支持向量機　support vector machine, SVM
支持性空个虫/支持性空個蟲　supporting kenozooid
支架材料/支架材料　scaffold material
支架蛋白质/支架蛋白質　scaffold protein, scaffoldin
支架法/支架法　scaffolding
支架附着区/支架附著區，骨架附著區　scaffold attachment region, SAR
支架环模型/支架環模型　scaffold-loop model
支架[结构]/支架　scaffold
支架丝/支架絲　scaffolding thread
支角突/觸角轉軸　antennifer
支链氨基酸/支鏈氨基酸，支鏈胺基酸　branched-chain amino acid, BCAA
支链氨基酸代谢病/支鏈氨基酸代謝障礙，支鏈氨基酸代謝異常　disorder of branched-chain amino acid metabolism
支链淀粉/支鏈[型]澱粉　amylopectin
支链淀粉酶/支鏈澱粉酶，短梗黴多糖酶，聚三葡萄糖酶　pullulanase
支链酮酸尿症/支鏈酮酸尿症　branched-chain ketoaciduria
支气管/支氣管　bronchus
支气管扩张/支氣管擴張　bronchodilatation
支气管收缩/支氣管收縮　bronchoconstriction
支气管舒张/支氣管擴張　bronchodilatation
支序分类/支序分類　cladistic classification
支序分类学/支序[分類]學　cladistics
支序图/支序圖，[進化]分支圖　cladogram
支序系统学/支序[分類]學　cladistics

支序种/支序種 cladistic species
支原体/枝原體,黴漿菌,菌質體 mycoplasma
支柱根/支柱根,支持根 prop root
支柱气根/支柱氣根 prop aerial root
枝插/枝插,莖插 stem cutting
枝刺/莖刺 stem thorn
枝辐群/枝輻群 cladome
枝化/枝化 cladodification
枝迹/枝跡 branch trace
枝接/枝接 stem grafting
枝[条]/枝 branch
枝隙/枝隙 branch gap
枝状触手/枝狀觸手 dendritic tentacle
枝状地衣/枝狀地衣,莖狀地衣,灌木狀地衣 fruticose lichen
枝[状]鳃/枝鰓 dendrobranchiate
知觉/知覺,感覺 perception
知觉划消/知覺劃消 perceptual cancellation
肢/肢 limb
肢端肥大症/肢端肥大症 acromegaly
肢鳃/肢鰓 mastigobranchia
肢上板/肢上板 epimera
肢体负压/肢體負壓 limb negative pressure
肢芽/肢芽 limb bud
脂沉积症/脂質貯積症,儲脂症,脂肪代謝障礙 lipoidosis, lipid storage disease
脂单层/脂單層,脂質單層膜 lipid monolayer
脂蛋白/脂蛋白 lipoprotein
脂蛋白体/蛋白脂質體 proteoliposome
脂蛋白信号肽酶/脂蛋白訊號肽酶 lipoprotein signal peptidase
脂蛋白脂肪酶/脂蛋白脂肪酶 lipoprotein lipase
脂滴/脂滴 lipid droplet
脂滴包被蛋白/脂滴包被蛋白 perilipin
脂多糖/脂多糖 lipopolysaccharide, LPS
脂筏/脂[膜]筏 lipid raft
脂肪变性/脂肪變性 fatty degeneration
脂肪动员激素/促脂解[激]素,脂肪動用激素,脂促素 lipotropin, lipotropic hormone, LPH
脂[肪]过多症/脂肪過多症 lipomatosis, liposis
脂肪间充质干细胞/脂肪間充質幹細胞 adipose-derived mesenchymal stem cell
脂[肪]酶/脂[肪]酶 lipase
脂肪酶试验/脂[肪]酶試驗 lipase test
脂肪酶抑制剂/脂肪酶抑制劑 lipostatin
脂肪生成/脂肪生成 lipogenesis
脂肪酸/脂肪酸 fatty acid
脂肪酸合酶/脂肪酸合酶 fatty acid synthase
脂肪酸结合蛋白质/脂肪酸結合蛋白 fatty acid-binding protein
脂肪酸修饰/脂肪酸修飾 fatty acid modification
脂肪酸循环/脂肪酸循環 fatty acid cycle
脂肪体/脂肪體 fat body
脂肪细胞/脂肪細胞 adipocyte, fat cell
脂肪细胞分泌因子/脂肪細胞分泌因子 adipocyte secreted factor, ADSF
脂肪细胞衍生的舒张因子/脂肪細胞衍生的舒張因子 adipocyte-derived relaxing factor, ADRF
脂肪营养不良/脂質營養不良 lipodystrophy
脂肪油/脂肪油 fatty oil
脂肪增多/脂肪增多 lipotrophy
脂肪族化合物/脂肪族化合物 aliphatic compound
脂肪组织/脂肪組織 adipose tissue, fat tissue
脂肪组织工程/脂肪組織工程 adipose tissue engineering
脂寡糖/脂寡糖 lipooligosaccharide
脂过氧自由基/脂過氧自由基 lipid peroxyl radical
脂褐素/脂褐素,脂褐質 lipofuscin
脂褐质/脂褐質,脂褐素 lipofuscin
脂化修饰/脂化修飾 lipidation modification
脂环化合物/脂環化合物 alicyclic compound
脂加氧酶/脂肪加氧酶,脂氧合酶 lipoxygenase, LOX
脂解/脂肪分解,脂肪溶解,脂肪水解 lipolysis
脂类激素/脂類激素 lipid hormone
脂立方相法/脂立方相法 lipid cubic phase method
脂粒/脂粒 lipid granule
脂连蛋白/脂連蛋白,脂聯素 adiponectin, APN
脂联素/脂聯素,脂連蛋白 adiponectin, APN
脂联素受体/脂聯素受體 adiponectin receptor
脂磷壁酸/脂磷壁酸 lipoteichoic acid, LTA
脂磷酸聚糖/脂磷酸聚糖 lipophosphoglycan, LPG
脂卵黄蛋白/脂卵黃蛋白,卵黃脂磷蛋白 lipovitellin, LVT
脂膜肌/脂膜肌 panniculus carnosus muscle
脂囊泡/脂囊泡 lipid vesicle
脂尿/脂[肪]尿 lipuria
脂牛磺酸/脂牛磺酸 lipotaurine
脂皮质蛋白/脂皮質蛋白 lipocortin
脂鳍/脂鰭 adipose fin
脂溶性维生素/脂溶性維生素 lipid-soluble vitamin, fat-soluble vitamin
脂色素/脂色素 lipochrome
脂双层/脂雙層,脂質雙層膜 lipid bilayer
脂双层横向压力/脂雙層橫向壓力 bilayer lateral pressure profile

脂酸尿/脂酸尿 lipaciduria
脂肽/脂肽 lipopeptide
脂调蛋白/脂調蛋白 lipomodulin
脂微囊/脂微囊,脂微泡 lipid microvesicle
脂微泡/脂微泡,脂微囊 lipid microvesicle
脂微团/脂微團 lipid micelle
脂酰辅酶A/醯基輔酶A,醯基輔酶A acyl-coenzyme A, acyl-CoA
脂酰辅酶A合成酶/醯基輔酶A合成酶 acyl-CoA synthetase
脂酰辅酶A羧化酶/醯基輔酶A羧化酶 acyl-CoA carboxylase
脂酰基甘油/脂醯基甘油 acylglycerol, glyceride
N-脂酰鞘氨醇/*N*-脂醯神經鞘胺醇 *N*-fatty acyl sphingosine
脂血细胞/脂血細胞 adipohemocyte, adipohaemocyte
脂血症/脂血症,血脂症 lipidemia, lipemia
脂氧合酶/脂氧合酶,脂肪加氧酶 lipoxygenase, LOX
脂氧素/脂氧素,三羥二十碳四烯酸 lipoxin, LX
脂氧自由基/脂氧自由基 lipoxyl free radical
脂质/脂質,脂類 lipid
脂质单分子层/脂質單層膜,脂單層 lipid monolayer
脂[质]多态性/脂質多態性,脂類多樣性 lipid polymorphism
脂质分子运动/脂質分子運動 motion of lipid molecule
脂质过氧化/脂質過氧化[作用] lipid peroxidation
脂质过氧化物/脂質過氧化物 lipid hydroperoxide
脂质几丁寡糖/脂質幾丁寡糖 lipochitooligosaccharide
脂质立方相/脂質立方相 lipid cubic phase
脂质双分子层/脂質雙層膜,脂雙層 lipid bilayer
脂质体/脂質體,微脂體,微脂粒 liposome
脂质体包载/脂質體包載 liposome entrapment
脂质体给药系统/脂質體給藥系統,脂質體藥物遞送系統 liposomal drug delivery system, LDDS
脂质体介导转化法/脂質體介導轉化法 liposome-mediated transformation
脂质体药物递送系统/脂質體藥物遞送系統,脂質體給藥系統 liposomal drug delivery system, LDDS
脂质体支架/脂質體支架 liposome scaffold
脂质体转染/脂質體轉染 lipofection
脂质有序相/脂質有序相 lipid-ordered phase
脂质运输/脂質運輸 lipid traffic
脂质运载蛋白/脂質運載蛋白 lipocalin
脂质自由基/脂質自由基 lipid free radical
脂质组/脂質組 lipidome
脂质组学/脂質組學 lipidomics
脂族酯酶/脂族酯酶 aliesterase
蜘蛛/蜘蛛 spider
蜘蛛丝支架/蜘蛛絲支架 spider silk scaffold
蜘蛛样指/蜘蛛指 arachnodactyly
蜘蛛样趾/蜘蛛趾 arachnodactyly
执握器/執握器 prehensile organ
执行概要假说/執行概要假說 executive summary hypothesis
直肠/直腸 rectum
直肠垫/直腸墊 rectal pad
直肠囊/直腸囊 rectal sac, stereoral pocket
直肠乳突/直腸乳突 rectal papilla
直肠鳃/直腸鰓 rectal gill
直肠肽/直腸肽,原肛肽 proctolin
直肠温度/直腸溫度 rectal temperature
直肠系膜/直腸系膜 mesorectum
直肠腺/直腸腺 rectal gland
直动态/直動態 orthokinesis
直感现象/直感現象 xenia
直根/直根 taproot
直根系/直根系 taproot system
直肌/直肌 rectus muscle
直接变态/直接變態 direct metamorphosis
直接测热法/直接熱量測定法 direct calorimetry
直接测序/直接測序,直接定序 direct sequencing
直接成种/直接成種 directed speciation
直接导入法/直接導入法 direction introduction
直接电子探测器/直接電子探測器 direct electron detector
直接发育/直接發育 direct development
直接法/直接法 direct method
直接法确定通量控制系数/直接法確定通量控制係數 direct method to determine the flux control coefficient
直接分裂/直接分裂 direct division
直接隔片/直接隔片 directive septum
直接计数/直接計數 direct count
直接抗球蛋白试验/直接抗球蛋白試驗 direct antiglobulin test
直接免疫荧光技术/直接免疫螢光技術 direct immunofluorescent technique
直接模板假说/直接模板假說 direct template hypothesis
直接逆向修复/直接逆向修復 direct reversal repair
直接凝集反应/直接凝集反應 direct agglutination
直接人兽互通病/直接人獸互通病,直接人畜共通病

direct zoonosis
直接识别/直接識别 direct recognition
直接适应/直接適應 direct adaptation
直接同胞法/直接同胞法 direct sib method
直接荧光抗体技术/直接螢光抗體技術 direct fluorescent antibody technique, direct fluorescent antibody test
直接原位 PCR/直接原位 PCR direct *in situ* PCR
直捷通路/直捷通路 thoroughfare channel, preferential channel
直精小管/直精小管 tubulus rectus
直径分布/直徑分布 diameter distribution
直立茎/直立莖 erect stem
直立胚/直生胚 straight embryo
直立细胞/直立細胞 erect cell
直立型[群体]/直立型 erect form, erect type
直立性低血压/起立性低血壓 orthostatic hypotension
直链淀粉/直鏈澱粉 amylose
直列四分体/線形四分子,單列四分子 linear tetrad
直胚带/直胚帶 orthoblastic germ band
直生胚珠/直生胚珠 atropous ovule
直束骨针/直束骨針 orthodragma
直系同源基因/異種同源基因 orthologous gene
直系同源序列/異種同源序列 orthologous sequence
直线迁徙/直線遷徙 linear migration
直线运动反射/直線運動反射 linear motion reflex
直小血管/直[小血]管 vasa recta
直行纹理/直行紋理 straight grain
直形叉棘/直形叉棘 straight pedicellaria
C 值悖理/C 值悖論,C 值矛盾,C 值反常 C value paradox
C 值矛盾/C 值矛盾,C 值悖論,C 值反常 C value paradox
植被/植被 vegetation
植被抽象单位/植被分類單位,節 nodum
植被带/植被帶 vegetation belt, vegetation zone
植被地带性/植被地帶性 zonation of vegetation
植被地理学/植被地理學 vegetation geography
植被分类/植被分類 vegetation classification
植被覆盖百分率/植被覆蓋百分率 percentage of vegetation
植被格局/植被格局 vegetation pattern
植被连续体/植被連續體 vegetation continuum
植被连续体概念/植被連續觀,植被連續説 vegetation continuum concept, continuum concept of vegetation
植被连续体指数/植被連續體指數 vegetation continuum index
植被剖面图/植被剖面圖 vegetation profile chart
植被区划/植被區劃 vegetation regionalization
植被圈/植被圈 circle of vegetation
植被生态学/植被生態學,群落生態學 vegetation ecology
植被图/植被圖 vegetation map
植被镶嵌/植被鑲嵌 vegetation mosaic
植被型/植被型 vegetation form, vegetation type
植被异质性/植被異質性 vegetation heterogeneity
植被制图/植被製圖 mapping of vegetation
植虫/植蟲 zoophyte
植醇/植醇,葉緑醇,葉色醇 phytol
植入/植入,埋入 nidation, implantation, implant
植入物/植入物,埋植片 implant
植食性螨类/植食性蟎類 phytophagous mites
植酸/植酸 phytic acid
植酸酶/植酸酶 phytase
植绥螨/植綏蟎,捕植蟎 phytoseiid mite
植烷酸/植烷酸 phytanic acid
植物/植物 plant
CAM 植物/CAM 植物,景天酸代謝植物 crassulacean acid metabolism plant, CAM plant
C_3 植物/三碳植物,C_3 型植物 C_3 plant
C_4 植物/四碳植物,C_4 型植物 C_4 plant
植物白蛋白/植物白蛋白 vegetable albumin
植物板/植物板 vegetal plate
植物保护/植物保護 plant protection
植物表达载体/植物表達載體 plant expression vector
植物病毒/植物病毒 plant virus
植物病毒学/植物病毒學 plant virology
植物病害/植物病害 plant disease
植物病理学/植物病理學 phytopathology, plant pathology
植物病原体/植物病原體,植物病原菌 phytopathogen
植物病原学/植物病原學 plant aetiology
植物采集/植物採集 herborization
植物虫瘿/植物蟲癭 plant gall
植物次生物质/植物次級代謝物 plant secondary substance
植物促生根际菌/植物促生根際菌 plant growth-promoting rhizobacteria, PGPR
植物促生细菌/植物促生細菌 plant growth promoting bacteria
植[物蛋白]胨/植[物蛋白]腖 phytone
植物地理带/植物地理帶 phytogeographical zone

植物地理学/植物地理學 plytogeography, phytogeography
植物毒剂/植物毒劑 vegetable poison, plant poison
植物毒理学/植物毒理學 phytotoxicology
植物毒素/植物毒素 phytotoxin
植物毒性/植物毒性 phytotoxicity
植物发生/植物發生 phytogenesis
植物发育/植物發育 plant development
植物发育遗传学/植物發育遺傳學 plant phenogenetics
植物繁殖单位/植物繁殖體 phyton, phytomer
植物繁殖单位说/植物繁殖體學説 phytonic theory, phytonism
植物分布学/植物分布學 plant chorology
植物分类学/植物分類學 plant taxonomy
植物分子农业/植物分子農業 plant molecular farming
植物酚类物质/植物酚類物質 plant phenolics
植物固醇/植物固醇,植物甾醇 phytosterol
植物光毒素/植物光毒素 phytophototoxin
植物光敏素/植物光敏[色]素 phytochrome
植物化石/植物化石 phytolith
植物化石学/植物化石學 phytolithology
植物化学/植物化學 phytochemistry
植物化学生态学/植物化學生態學 plant chemical ecology
植物挥发物/植物性揮發物 plant volatile
植物畸形学/植物畸形學 plant teratology
植物激素/植物激素 phytohormone, plant hormone
植物极/植物極,營養極 vegetative pole, vegetal pole
植物极化/植物極化 vegetalization
植物检疫/植物檢疫 plant quarantine
植物碱/植物鹼 plant alkaloid
植物解剖学/植物解剖學 phytotomy, plant anatomy
植物菌瘿/植物菌癭 phytocecidium
植物流行病学/植物流行病學 epiphytology
植物硫酸肽/植物硫酸肽 phytosulfokine, PSK
[植物]内生菌/内生菌 endophyte
植物凝集素/植物性血球凝集素,植物血凝素 phytohemagglutinin, PHA
植物胚胎学/植物胚胎學 plant embryology
植物气候学/植物氣候學 plant climatology
植物清蛋白/植物白蛋白 vegetable albumin
植物球蛋白/植物球蛋白 phytoglobulin
植物区/植物區 floral kingdom, floral region, floristic area
植物区系/植物區系,植物相 flora
植物区系成分/植物區系成分,植物區系要素 floristic element, floral element
植物区系地理学/植物區系地理學 floristic geography
植物区系区划/植物區系區劃 floristic division
植物区系组成/植物區系組成,植物相組成 floristic composition
植物圈/植物圈 phytosphere
植物群丛/植物群叢 plant association
植物群落/植物群落 phytocoenosis, phytocoenosium, phytocommunity
植物群落分布图/植被圖 vegetation map
植物群落学/植物群落學 phytocoenology
植物群系/植物群系 plant formation
植物人状态/植物人狀態 vegetative state
植物杀虫剂/植物性殺蟲劑 vegetable insecticide
植物杀菌素/植物殺菌素 phytocidin
植物社会学/植物社會學 phytosociology, plant sociology
植物生活型/植物生活型 plant life form
植物生理生态学/植物生理生態學 plant physiological ecology, plant physioecology
植物生理学/植物生理學 plant physiology, vegetable physiology
植物生态学/植物生態學 plant ecology, phytoecology
植物生物化学/植物生物化學 plant biochemistry
植物生长/植物生長 plant growth
[植物]生长素/[植物]生長素 auxin
植物生长调节剂/植物生長調節劑 plant growth regulator
植物生长型/植物生長型 plant growth form
植物生长延缓剂/植物生長延緩劑 plant growth retardant
植物生长抑制剂/植物生長抑制劑 plant growth inhibitor
植物视觉/植物視覺 plant vision
植物糖原/植物糖原 phytoglycogen
植物体内植物/植物體内植物 endoxylophyte
植物稳定化/植物穩定化 phytostabilization
植物物候学/植物物候學 phytophenology
植物系统学/植物系統學 plant systematics
植物细胞分类学/植物細胞分類學 plant cytotaxonomy
植物细胞工程/植物細胞工程 plant cell engineering
植物细胞学/植物細胞學 plant cytology
植物线虫学/植物線蟲學 plant nematology

植物行为生态学/植物行為生態學 plant behavioral ecology
植物形态学/植物形態學 plant morphology
植物[性]半球/植物[性]半球 vegetal hemisphere
植物[性]器官/植物[性]器官 vegetal organ
植物性神经系统/植物性神經系統 vegetative nervous system
植物[性]蜕皮素/植物[性]蜕皮素 phytoecdysone
植物性蜕皮甾类/植物性類蜕皮素 phytoecdysteroid
植物修复/植物修復,植物復育 phytoremediation
植物学/植物學 botany, phytology
植物演替/植物演替,植物消長,植物遞變 plant succession
植物药理学/植物藥理學 phytopharmacology
植物遗传学/植物遺傳學 plant genetics, phytogenetics
植物蚁巢/植物蟻巢 myrmecodomatia
植物育种/植物育種 plant breeding
植物育种学/植物育種學 plant thremmatology
植物园/植物園 botanical garden, botanic garden, arboretum
植物原生质/植物原生質 phytoplasm
植物甾醇/植物甾醇,植物固醇 phytosterol
植物志/植物誌 flora
植物治理/植物修復,植物復育 phytoremediation
植物资源学/植物資源學 plant resources, science of plant resources
植物组织培养/植物組織培養 plant tissue culture
植物组织学/植物組織學 plant histology
殖肠管/殖腸管 genito-intestinal duct
殖腹板/殖腹板 genito-ventral shield
殖腹肛板/殖腹肛板 genito-ventroanal shield
殖腹毛/殖腹毛 genito-ventral seta
殖肛板/殖肛板 genito-anal plate, anogenital plate
殖肛毛/殖肛毛 genito-anal seta
殖弧梁/殖弧梁 tignum
殖弧叶/殖弧葉 gonarcus
殖吸盘板/殖吸盤板 acetabular plate
殖下片/殖下片 gonapsis
跖骨/蹠骨 metatarsal bone
跖肌/蹠肌 plantaris muscle
跖突/蹠突 metatarsal tubercle
跖腺/蹠腺 metatarsal gland
跖行/蹠行 plantigrade
止血/止血 hemostasis
纸层析/[濾]紙層析法,紙色譜法 paper chromatography
纸电泳/紙電泳 paper electrophoresis
纸色谱法/紙色譜法,[濾]紙層析法 paper chromatography
指/指 finger
指标/指標 indicator
指标群落/指標群落,指標群聚 indicator community
指长屈肌/屈指長肌 flexor digitorum longus muscle
指导 RNA/指導 RNA,導引 RNA guide RNA, gRNA
RNA 指导的 DNA 甲基化/RNA 指導的 DNA 甲基化 RNA-directed DNA methylation, RdDM
DNA 指导的 DNA 聚合酶/DNA 指導的 DNA 聚合酶 DNA-directed DNA polymerase
DNA 指导的 RNA 聚合酶/DNA 指導的 RNA 聚合酶 DNA-directed RNA polymerase
RNA 指导的 DNA 聚合酶/RNA 指導的 DNA 聚合酶 RNA-directed DNA polymerase
指导序列/指導序列 guide sequence
指定/指定 designation
指骨/指骨 digital bone
指甲/指甲 nail
指甲床/指甲床 nail bed
指甲根/指甲根 nail root
指甲基质/指甲基質 nail matrix
指间关节/指間關節 interphalangeal joint
指节/指節 dactylopodite, dactylus
指令神经元/指令神經元 command neuron
指令学说/指令學説 instruction theory
指名亚种/指名亞種 nominate subspecies
指浅屈肌/屈指淺肌 flexor digitorum superficialis muscle
指三叉/指三叉 digital triradius
指伸肌/指伸肌 extensor digitorum muscle
指深屈肌/屈指深肌 flexor digitorum profundus muscle
指示菌株/指示菌株 indicator strain
指示培养基/指示性培養基 indicator medium
指示群落/指標群落,指標群聚 indicator community
指示生物/指標生物,生物指標 indicator organism, biological indicator, bioindicator
指示种/指標種 index species, indicator species
指数分布/指數性分布 exponential distribution
指数富集配体的系统进化技术/指數富集配體的系統演化技術,SELEX 技術 systematic evolution of ligands by exponential enrichment, SELEX
指数函数/指數函數 exponential function
指数扩散/指數性分散 exponential dispersal
指数律/指數律 exponential law
指数曲线/指數曲線 exponential curve

指数生长/指數生長,指數增長　exponential growth
指数[生长]期/指數[生長]期　exponential phase
指数生长速率常数/指數生長速率常數　exponential growth rate constant
指数因子/指數因子　exponential factor
指数增长/指數增長,指數生長　exponential growth
指突/指突　stylode
指纹/指紋　fingerprint
DNA 指纹/DNA 指紋　DNA fingerprint
PCR 指纹/PCR 指紋　PCR fingerprint
指纹法/指紋法,指紋分析[技術]　fingerprinting
DNA 指纹分析/DNA 指紋分析,DNA 指紋鑒定術　DNA fingerprinting
指纹分析[技术]/指紋分析[技術],指紋法　fingerprinting
指纹型/指紋型　fingerprint pattern
指细胞/指細胞　phalangeal cell
指相化石/示相化石　facies-fossil
指形管/指形管　dactylethrae
指序/指序　digital formula
指状触手/指狀觸手　digitate tentacle
指状体/指狀體　dactylozoite
指总伸肌/總指伸肌　extensor digitorum communis muscle
趾/趾　toe, digit, digitus
趾长屈肌/屈趾長肌　flexor digitorum longus muscle
趾钩/趾鉤　crochet
趾骨/趾骨　digital bone
趾甲/趾甲　nail
趾间关节/趾間關節　interphalangeal joint
趾间腺/趾間腺　interdigital gland
趾浅屈肌/屈趾淺肌　flexor digitorum superficialis muscle
趾伸肌/趾伸肌　extensor digitorum muscle
趾深屈肌/屈趾深肌　flexor digitorum profundus muscle
趾吸盘/趾吸盤　digital disc, digital disk
趾下瓣/趾下瓣　subdigital lamella
趾行/趾行　digitigrade
趾序/趾序　digital formula
趾总伸肌/總趾伸肌　extensor digitorum communis muscle
酯酶/酯酶,脂水解酶　esterase
C 酯酶/C 酯酶　C esterase
C 酯酶抑制因子/C 酯酶抑制因子　C esterase inhibitor
志贺氏毒素/志賀氏毒素　Shiga toxin
志留纪/志留紀　Silurian Period
制备生物化学/製備生物化學　preparative biochemistry
制动抗体/運動抑制抗體　immobilizing antibody
制动凝集[反应]/制動凝集[作用],止動凝集試驗　immobilization agglutination
制动试验/制動試驗　immobilization test
制反转录酶素/制反轉録酶素,逆轉録酶抑素,逆轉録酶抑制劑　revistin
制霉菌素/制黴菌素　nystatin, mycostatin, fungicidin
制约/制約,條件化　conditioning
制约过程/制約過程　conditioning process
质壁分离/質壁分離,質離[現象]　plasmolysis
质壁分离度/質離度　degree of plasmolysis, plasmolysis degree
质壁分离复原/質壁分離復原,質離復原　deplasmolysis
质粒/質體　plasmid
R 质粒/R 質體,抗[藥]性質體　resistance plasmid, R-plasmid
Ri 质粒/Ri 質體,毛根誘導質體,毛根誘生質體　root-inducing plasmid, Ri-plasmid
Ti 质粒/Ti 質體,腫瘤誘導質體,腫瘤誘生質體　tumor-inducing plasmid, Ti-plasmid
质粒表型/質體表型　plasmid phenotype
质粒不亲和性/質體不相容性,質體不親和性　plasmid incompatibility
质粒不稳定性/質體不穩定性　plasmid instability
质粒不相容性/質體不相容性,質體不親和性　plasmid incompatibility
质粒分配/質體分配　plasmid partition
质粒复制/質體複製　plasmid replication
质粒复制子/質體複製子　plasmid replicon
质粒获救/質體拯救,質體獲救　plasmid rescue
质粒拷贝数/質體拷貝數　plasmid copy number
质粒克隆载体/質體選殖載體　plasmid cloning vector
质粒迁移作用/質體遷移作用　plasmid mobilization
质粒图谱/質體圖譜　plasmid profile, plasmid pattern
质粒维持序列/質體維持序列　plasmid maintenance sequence
质粒相容性/質體相容性　plasmid compatibility
质粒载体/質體載體　plasmid vector
质粒拯救/質體拯救,質體獲救　plasmid rescue
质粒指纹图/質體指紋圖　plasmid fingerprint
质粒转化/質體轉化　plasmid transformation
质粒转染/質體轉染　plasmid transfection

质量分析器/質量分析器,質譜分析器　mass analyzer
质量性状/品質性狀,質性特徵,定性特徵　qualitative character, qualitative trait
质膜/質膜　plasma membrane, plasmalemma
质膜蛋白质组/質膜蛋白[質]組,質膜蛋白[質]體　plasma membrane proteome
质膜钙泵/質膜鈣泵　plasma membrane calcium ATPase
质膜体/質膜體　plasmalemmasome
质膜外泡/質膜外泡,膜邊體,鬚邊體　lomasome
质配/質配,胞質配合,胞質接合　plasmogamy, cytogamy
质谱法/質譜法　mass spectrometry, MS
质谱仪/質譜儀　mass spectrometer
质体/質體,色素體　plastid
质体 DNA/質體 DNA　plastid DNA
质体基因/質體基因　plastogene
质体醌/質體醌,色素體醌　plastoquinone
质体蓝蛋白/質體藍素,色素體藍素　plastocyanin
质体蓝素/質體藍素,色素體藍素　plastocyanin
质体突变/質體突變　plastid mutation
质体遗传/質體遺傳　plastid inheritance
质外体/質外體,非原質體　apoplast
质外体运输/質外體運輸,非原生質體運輸　apoplastic transport
质型多角体病/質[型]多角體病,胞質多角體病　cytoplasmic polyhedrosis
质型多角体病毒/質[型]多角體病毒,胞質多角體病毒　cytoplasmic polyhedrosis virus, cypovirus, CPV
质子泵/質子泵　proton pump
质子磁共振/質子磁共振　proton magnetic resonance
质子电化学梯度/質子電化學梯度　electrochemical proton gradient
质子动力/質子動力　proton motive force
治疗性抗血清/治療性抗血清　therapeutic antiserum
治疗性克隆/治療性克隆,治療性複製　therapeutic cloning
治疗性胚胎干细胞/治療性胚胎幹細胞　therapeutic embryonic stem cell
栉/櫛　pecten, ctenidium
栉板动物/櫛板動物,櫛水母動物　ctenophore
栉齿/櫛齒　pectinate tooth
栉棘/櫛棘　comb-papilla
栉鳞/櫛狀鱗　ctenoid scale
栉毛/櫛毛,梳毛　pectinate seta
栉器/櫛狀器　calamistrum
栉鳃/櫛鰓　ctenidium
栉水母动物/櫛水母動物,櫛板動物　ctenophore
栉状叉棘/櫛狀叉棘　pectinate pedicellaria
栉状膜/櫛狀膜　pecten
栉状体/櫛狀體　comb
峙棘/峙棘　opposing spine
致癌病毒/致癌病毒,致腫瘤病毒　oncogenic virus
致癌毒性/致癌毒性　carcinogenic toxicity
致癌剂/致癌劑,致癌物　carcinogen
致癌作用/致癌作用　carcinogenesis
致病力/致病力,毒力　virulence, pathogenicity
致病生物/致病生物,病原生物　pathogenic organism
致病型/致病型,病原型　pathovar, pathotype
致病性/致病性,致病力　pathogenicity
致病性岛/致病性島,毒力島　pathogenicity island
致毒区/致毒區　virulence region
致化学发光化合物/致化學發光化合物　chemiluminogenic compound
致畸剂/致畸劑,畸胎原　teratogen
致畸原/致畸劑,畸胎原　teratogen
致瘤性转化/致瘤性轉化,贅生物轉化　neoplastic transformation
致瘤质粒/腫瘤誘導質體,腫瘤誘生質體,Ti 質體　tumor-inducing plasmid, Ti-plasmid
致密斑/緻密斑　macula densa
致密核/緻密核　massive nucleus
致密结缔组织/緻密結締組織　dense connective tissue
致密淋巴组织/緻密淋巴組織　dense lymphoid tissue
致密区/緻密區　dense area
致密体/緻密體　dense body
致密突起/緻密突起　dense projection
致密纤维组分/緻密纖維組分　dense fibrillar component, DFC
致敏剂量/致敏劑量　priming dose
致敏淋巴细胞/致敏淋巴細胞　primed lymphocyte, sensitized lymphocyte
致敏淋巴细胞分型试验/致敏淋巴細胞分型試驗,預備性淋巴細胞分型試驗　primed lymphocyte typing test
致敏细胞/致敏細胞,敏感化細胞　sensitized cell
致敏[作用]/致敏,敏感化作用　sensitization, priming
致敏作用试验/致敏試驗,敏感化作用試驗　sensitization test
致热外毒素/致熱外毒素　pyrogenic exotoxin
[致]热原/[致]熱原　pyrogen
致死当量/致死當量　lethal equivalent

致死等位基因/致死等位基因 lethal allele
致死低温/致死低温 fatal low temperature
致死干度/致死乾度 fatal dryness
致死高温/致死高温 lethal high temperature, fatal high temperature
致死基因/致死基因 lethal gene
致死剂量/致死劑量 lethal dose, lethal dosage, LD
致死接合/致死接合 lethal zygosis
致死浓度/致死濃度 lethal concentration, LC
致死湿度/致死濕度 fatal humidity
致死损伤/致死損傷 lethal damage
致死突变/致死突變 lethal mutation
致死温度/致死溫度 lethal temperature
致死性合成/致死性合成 lethal synthesis
致死因子/致死因子,死亡因子 fatal factor, mortality factor
致死中量/致死中量,半[數]致死劑量 median lethal dose, LD_{50}
致死中浓度/半數致死濃度 median lethal concentration
致死中时/半數致死時間 median lethal time
致缩因子/致縮因子 contraction producing factor
致痛物质/致痛物質 algogen
致突变性/致突變性 mutagenicity
[致]细胞病变效应/細胞病變效應 cytopathic effect, CPE
致育蛋白/致育蛋白 fertilin
致育因子/致育因子,可孕性因子,F 因子 fertility factor, F-factor
秩和检验/秩和檢定,順位和測驗 rank-sum test
掷孢子/擲孢子 ballistospore
掷分生孢子/擲分生孢子 ballistoconidium
窒息/窒息 asphyxiation, asphyxia
蛭弧菌及类似细菌/蛭弧菌及類似細菌 Bdellovibrio-and-like organisms, BALOs
智能水凝胶支架/智能水凝膠支架 intelligent hydrogel scaffold
滞后/滯後[現象],滯後作用 hysteresis
滞后合成型/滯後合成型 delay synthesis type
滞后环/遲滯環,遲滯回路 hysteresis loop
滞留/滯留 retention
滞留期/滯留期,滯留時間 residence time
滞留性信息素/滯留性費洛蒙,阻礙性費洛蒙 arrestant sex pheromone
滞育/滯育 diapause
滞育蛋白/滯育蛋白 diapause protein
滞育激素/滯育激素 diapause hormone, DH
滞育卵/滯育卵,休眠卵 resting egg, diapause egg, dormant egg
置换/取代,替換 substitution, replacement
置换层析/置換層析法,置換色譜法 displacement chromatography
置换负荷/替代負荷,取代負荷 substitutional load
置换色谱法/置換色譜法,置換層析法 displacement chromatography
置换型载体/置換型載體,取代型載體 replacement vector, substitution vector
置信区间/置信區間,信賴區間 confidence interval
稚虫/稚蟲 naiad
稚后换羽/稚後換羽 post-juvenal molt
稚期/稚期 juvenile stage
稚细胞/稚細胞,處女細胞 naive cell, virgin cell
稚羽/亞成鳥羽色 juvenal plumage
中板/中板 mesoplax, medial shield, median plate
中背板/中背片 central dorsal plate, mesonotal shield
中背板腔/中背板腔 centrodorsal cavity
中背片/中背片 mediotergite
中背小盾片/中背小盾片 mesonotal scutellum
中鼻甲/中鼻甲 middle concha
中表皮/中表皮 mesocuticle
中波紫外线/中波紫外線,紫外光 B 段 ultraviolet B, UVB
中波紫外线受体/中波紫外線受體 ultraviolet B receptor, UVB receptor
中部受精/中部受精,中點受精 mesogamy
中侧板/中側板 latus inframedium
中侧鬃/中側板剛毛 mesopleural bristle
中层带/中層洋帶,中水層 mesopelagic zone
中肠/中腸 midgut, mesenteron
中肠激素/中腸激素 midgut hormone
中潮区/中潮區 mid-tidal region
中齿/中齒 central tooth, median tooth
中唇舌/中舌 glossa
中单眼/中單眼 median ocellus
中等多棘神经元/中等多棘神經元 medium spiny neuron
中垫/中墊 arolium, arolella, arolanna
中度重复 DNA/中度重複[性]DNA middle repetitive DNA, moderately repetitive DNA
中度重复序列/中度重複[性]序列 moderately repetitive sequence
中度干扰假说/中度擾動假説 intermediate disturbance hypothesis
中度嫌城市植物/嫌城市植物 urbanphobe plant
中段/中段 middle piece, connecting piece

中段中胚层/中段中胚層,間介中胚層 intermediate mesoderm
中断平衡进化说/斷續平衡説,中斷平衡演化説 punctuated equilibrium theory
中断杂交/中斷雜交,間斷雜交 interrupted mating
中垛/中彩,中飾 parma
中耳/中耳 middle ear
中耳传递函数/中耳傳遞函數 transfer function of middle ear
中耳肌反射/中耳肌反射 middle ear muscle reflex
中耳声阻抗匹配/中耳聲阻抗匹配 acoustic impedance matching of middle ear
中分裂球/中[分]裂球 mesomere
中缝背核/中縫背核 dorsal raphe nucleus, DRN
中缝核/中縫核 raphe nucleus
中隔/中隔 median guide
中隔窝/中隔窩 septal pocket
中国仓鼠卵巢细胞/中國倉鼠卵巢細胞 Chinese hamster ovary cell, CHO cell
中果皮/中果皮 mesocarp
中和抗体/中和抗體 neutralizatial antibody
中和试验/中和試驗 neutralization test
中和作用/中和作用 neutralization
中横脉/中横脈 medial cross vein
中黄卵/中黄卵 mesolecithal egg
中喙/吸喙,吮吻 haustellum
中喙骨/中喙骨 mesocoracoid
中间板/中間板 intermediate plate
中间部/中間部 pars intermedia
中间代谢/中間代謝 intermediary metabolism
中间交叉/中間交叉 interstitial chiasma
中间类型/中間[類]型 intermediate type
中间连接/中間連接 intermediate junction
中间凝胶技术/中間凝膠技術 intermediate gel technique
中间缺失/中間缺失 intercalary deletion, interstitial deletion
中间神经元/中間神經元 interneuron
中间试验/中間試驗 intermediate test
中间丝/中間絲 intermediate filament, IF
中间丝结合蛋白/中間絲相關蛋白,中間絲伴隨蛋白 intermediate filament-associated protein, IFAP
中间随体/中間隨體 intercalary trabant
中间维管束/中間維管束 intermediate bundle
中间细胞/中間細胞 intermediate cell
中间纤维/中間絲 intermediate filament, IF
中间小管/中間小管 intermediate tubule
中间型纤维/中間型纖維 intermediate fiber
中间性状/中間性狀,中間特徵 intermediate character
中间宿主/中間宿主 intermediate host
中间叶促皮质样肽/中間葉促皮質樣肽 corticotropin-like intermediate peptide, CLIP
中胶层/中膠層 mesoglea, middle lamella
中胫毛/中脛毛 median tibiala
中空花柱/中空花柱 hollow style
中空纤维/中空纖維 hollow fiber
中空纤维膜/中空纖維膜 hollow fiber membrane
中空纤维培养/中空纖維培養 hollow fiber culture
中空纤维培养系统/中空纖維培養系統 hollow fiber culture system
中空纤维生物反应器/中空纖維生物反應器 hollow fiber bioreactor
中裂/中裂 medial fracture
中脉/中脈 median vein, media
中毛/中毛 central seta
中密度脂蛋白/中密度脂蛋白 intermediate density lipoprotein, IDL
中膜/中膜 tunica media
中膜源性多能血管干细胞/中膜源性多能血管幹細胞 medial-derived multipotential vascular stem cell, MVSC
中脑/中腦,後大腦 mesencephalon, midbrain, deutocerebrum
中脑盖/中腦蓋 tectum mesencephali
中脑连索/後腦神經連索,後腦神經鎖 deutocerebral commissure
中脑水管/大腦導水管 cerebral aqueduct
中内胚层/中内胚層 mesendoderm
中胚层/中胚層 mesoderm
中胚层带/中胚層帶 mesodermic band
中胚层端细胞/中胚層端細胞 mesodermic teloblast
中胚层母细胞/中胚層母細胞 mother cell of mesoderm
中胚层下段/中胚層下段 hypomere
中胚管/中胚管 mesodermal tube
中胚轴/中胚軸 mesocotyl
中期/中期 metaphase
中期染色体/中期染色體 metaphase chromosome
中[期]肾/中腎 mesonephros
中期停顿/中期停滯,中期受阻 metaphase arrest
中期因子/中期因子 midkine, MK
中躯/中軀 mesosoma
中三叉骨针/中三叉骨針 centrotriaene, mesotriaene
中筛骨/中篩骨 mesethmoid bone
中舌瓣/中舌瓣 flabellum

中神经索/中神經索 median nerve cord
中肾管/中腎管 mesonephric duct
中生代/中生代 Mesozoic Era
中生动物/中生動物 mesozoan
中生林/中生林 mesophytic forest
中生芽孢/中央芽孢 central spore
中生演替系列/中生演替系列,中濕演替系列 mesarch, mesarch sere, mesosere
中生植物/中生植物 mesophyte
中实幼虫/中實幼蟲,中實蚴 parenchymula
中始式/中始式,中源型 mesarch
中室/中室 discoidal cell, median cell
中枢/中樞 center
中枢化学感受器/中樞化學[感]受器 central chemoreceptor
中枢淋巴[样]器官/中樞淋巴[樣]器官 central lymphoid organ
中枢免疫器官/中樞免疫器官 central immune organ
中枢敏化/中樞敏化 central sensitization
中枢模式发生器/中樞模式發生器 central pattern generator, CPG
中枢耐受/中樞耐受 central tolerance
中枢神经系统/中樞神經系統 central nervous system
中枢听觉系统/中樞聽覺系統 central auditory system
中枢温度感受器/中樞溫度感受器 central thermoreceptor
中枢吸气活动发生器/中樞吸氣活動發生器 central inspiratory activity generator
中枢吸气[性]活动/中樞吸氣[性]活動 central inspiratory activity
中枢延搁/中樞延擱 central delay
中枢抑制/中樞抑制 central inhibition
中枢易化/中樞易化 central facilitation
中输卵管/中輸卵管 median oviduct
中体/中體 mesosome, midbody
中体腔/中體腔 mesocoel
中突/中突 median apophysis
中外胚层/中外胚層 mesectoderm
中腕/中腕 median arm
中尾丝/中央尾絲 caudal filament, median cercus
中尾蚴/中尾蚴 mesocercaria
中位数/中位數 median
中位种/中位種 intermediate species
中污生物/中污生物,中腐水性生物 mesosaprobe
中污[生物]带/中等污染帶,中腐水帶 mesosaprobic zone
α-中污[生物]带/α-中等污染帶,α-中腐水帶 α-mesosaprobic zone
β-中污[生物]带/β-中等污染帶,β-中腐水帶 β-mesosaprobic zone
中膝毛/中膝毛 median genuala
中楔骨/中楔骨 mesocuneiform bone
中心对称/中心對稱 centrosymmetry
中心法则/中心法則,中心教條 central dogma
中心截面定理/中心截面定理 central section theorem, central slice theorem, projection-slice theorem
中心静脉压/中央靜脈壓 central venous pressure, CVP
中心粒/中心粒 centriole
中心粒旁体/中心粒附屬物 centriole adjunct
中心粒周蛋白/中心粒周蛋白 pericentrin
中心粒周区/中心粒周區 pericentriolar region, PCR
中心粒周物质/中心粒周物質 pericentriolar material, PCM
中心球/中心球 centrosphere
中心视力丧失/中心視力喪失 central light loss, CLL
中心体/中心體 centrosome
中心体肌动蛋白/中心體肌動蛋白 centractin
中心体基质/中心體基質 centrosome matrix
中心体连丝/中心體連絲 centrodesm, centrodesmus, centrodesmose
中心体周期/中心體週期 centrosome cycle
中心维管/中心維管 central microtubule
中心温度/中心溫度,體核溫度,核心溫度 core temperature
中心细胞/中心細胞 centrocyte
中心域/中心域 central domain
中心质/中心質 centroplasm
中心质体/中心質體 centroplast
中心周球/中心周球 plasmosphere
中新世/中新世 Miocene Epoch, Miocene
中型浮游生物/中型浮游生物,中層浮游生物 mesoplankton
中型生物群/中型生物相 mesobiota
中型实验生态系/中型生態池 mesocosm
中性 DNA 变异/中性 DNA 變異 neutral DNA variation
中性蛋白酶/中性蛋白酶 neutral protease, neutral proteinase
中性等位基因/中性等位基因 neutral allele
中性多态性/中性多態性,中性多態現象 neutral polymorphism

中性共生/中性共生，無利害共棲　neutralism
中性红/中性紅　neutral red
中性基因/中性基因　neutral gene
中性客虫/中性客蟲　neutral synoëkete
中性粒细胞激活蛋白/嗜中性白血球活化蛋白　neutrophil-activating protein, NAP
中性突变/中性突變　neutral mutation
中性突变漂变假说/中性突變隨機漂變假説　neutral mutation random drift hypothesis
中性性状/中性性狀　neutral character
中性选择学说/中性選擇學説　theory of neutral selection
中性学说/中性理論，中性學説　neutral theory
中性脂肪/中性脂肪　neutral fat
中性脂肪酶/中性脂肪酶　neutral lipase
中性作用/中性作用　neutralism
中胸/中胸　mesothorax
中胸背板/中胸背板　mesonotum
中胸侧板/中胸側板　mesopleuron
中胸腹板/中胸腹板　mesosternum
中血囊/中血囊　middle hematodocha
中亚顶突/中亞頂突　mesal subterminal apophysis
中盐性/中鹽性　mesohaline
中盐性生物/中鹽性生物　mesohalobion
中颜板/中顏板　mid-facial plate
中颜沟/中顏溝　mid-facial groove
中央凹/中央凹　central fovea
中央成分/中央成分　central element
中央触手/中央觸手　median tentacle
中央纺锤体/中心紡錘體　central spindle
中[央]沟/中溝　median groove
中央管/中央管　central canal
中央核/中央核　central nucleus
中[央]黄卵/中[央]黄卵　centrolecithal egg
中[央]脊/中脊　median carina
中央颗粒/中心粒　central granule
中央孔/中央孔　medium pore, spiramen
中央囊/中央囊　central capsule
中央脑系统/腦中心系統　centrencephalic system
中央盘/中央盤　central disc
中央鞘/中央鞘　central sheath
中央区/中央區　central space
中央视觉/中央視覺，中心視覺　central vision
中央栓/中央栓　central plug
中央体/中央體　central body, corpus centrale
中央尾羽/中央尾羽　central rectrice
中央细胞/中央細胞　central cell
中央眼/中央眼　median eye
中央液泡/中央液泡　central vacuole
中养生物/中營性生物　mesotroph
中叶/中葉　median lobe
中翼骨/中翼骨　mesopterygoid bone
中阴道/中陰道　medial vagina
中疣/中疣　secondary tubercle
中幼红细胞/中幼紅血球，中母紅血球　polychromatophilic erythroblast, rubricyte
中幼粒细胞/原粒細胞　myelocyte
中植代/中植代，中生植物代　mesophytic era
中殖板/中殖板　mesogynal plate, mesogynal shield
中止表达组件/中止表達組件　cessation cassette
中轴/中軸　columella, core
中轴构造/中軸構造　axial construction
中轴骨骼/中軸骨骼　axial skeleton
中轴器/中軸器　axial organ
中轴索/中軸索　central chord
中柱鞘/中柱鞘，周鞘　pericycle
中柱鞘纤维/中柱鞘纖維，周鞘纖維　pericyclic fiber
中柱原/中柱原，原中心柱　plerome
中着丝粒染色体/等臂染色體，中央著絲點染色體　metacentric chromosome
中子散射技术/中子散射技術　neutron scattering technique
中子衍射/中子衍射，中子繞射　neutron diffraction
中鬃/前背中剛毛　acrostichal bristle
中足/中足　middle leg, midleg
终板电位/終板電位　end-plate potential, EPP
终板血管器/終板血管器　vascular organ of the lamina terminalis, organum vasculosum of lamina terminalis, OVLT
终变期/終變期　diakinesis
终产物/終產物，最後產物　end product
终产物抑制/終產物抑制　end-product inhibition
终产物阻遏/終產物阻遏　end-product repression
终池/終池　terminal cisterna
终点法/終點法　end-point method
终极导因/遠因，終極原因　ultimate cause, ultimate causation
终结行为/終結行為　consummatory behavior, consummatory act
终末分化/末端分化　terminal differentiation
终末钩/終末鉤　definitive hook
终末呼出气/終末呼出氣　end-expiratory gas
终末途径/終末途徑，末端路徑　terminal pathway, TP
终尿/終尿　terminal urine
终神经/末端神經　terminal nerve

终生触手/終生觸手 definitive tentacle
终生浮游生物/終生浮游生物,長期性浮游生物 holopelagic plankton, holoplankton, permanent plankton
终生刚毛/終生剛毛 definitive seta
终生寄生虫/終生寄生蟲 permanent parasite
终室/終室 last loculus
终树突/終樹突 telodendrion
终纹床核/終紋床核 bed nucleus of stria terminalis, BNST
终宿主/終宿主,[最]終寄主 final host, definitive host
终止/終止 termination
终止密码子/終止密碼子 termination codon, stop codon
终止信号/終止信號,終止訊號 termination signal
终止序列/終止序列 termination sequence
终止因子/終止因子 termination factor
终止子/終止子 terminator
终止子技术/終止子技術 terminator technology
蛊毛/蛊毛 trichobothrium
蛊毛窝/蛊毛窩 bothridium
钟乳体/鐘乳體 cystolith
钟形感器/鍾形感覺器 campaniform sensillum
钟形螅鞘/鐘形螅鞘 campanulate hydrotheca
钟形芽鞘/鐘形螅鞘 campanulate hydrotheca
钟状花冠/鐘狀花冠 campanulate corolla
肿瘤/腫瘤 tumor
肿瘤标志物/腫瘤標記物 tumor marker, TM
肿瘤病毒/腫瘤病毒 tumor virus
DNA 肿瘤病毒/DAN 腫瘤病毒 DNA tumor virus
RNA 肿瘤病毒/RNA 腫瘤病毒 RNA tumor virus
肿瘤干细胞/腫瘤幹細胞 tumor stem cell
肿瘤坏死因子/腫瘤壞死因子 tumor necrosis factor, TNF
肿瘤坏死因子-α/腫瘤壞死因子-α tumor necrosis factor-α, TNF-α
肿瘤坏死因子超家族/腫瘤壞死因子超家族 tumor necrosis factor superfamily, TNFSF
肿瘤坏死因子受体/腫瘤壞死因子受體 tumor necrosis factor receptor, TNFR
肿瘤坏死因子受体超家族/腫瘤壞死因子受體超家族 tumor necrosis factor receptor superfamily, TNFRSF
肿瘤坏死因子受体相关死亡结构域蛋白/腫瘤壞死因子受體相關死亡區域蛋白 TNFR-associated death domain protein, TRADD
肿瘤坏死因子受体相关因子/腫瘤壞死因子受體相關因子 tumor necrosis factor receptor-associated factor, TRAF
肿瘤坏死因子相关的活化诱导细胞因子/腫瘤壞死因子相關的活化誘導細胞介素 TNF-related activation-induced cytokine, TRANCE
肿瘤浸润淋巴细胞/腫瘤浸潤性淋巴細胞 tumor-infiltrating lymphocyte, TIL
肿瘤免疫逃逸/腫瘤免疫逃離 tumor immune escape
肿瘤免疫学/腫瘤免疫學 tumor immunology
肿瘤启动突变/腫瘤促進突變 tumor promoting mutation
肿瘤特异排斥抗原/腫瘤特異性排斥抗原 tumor-specific rejection antigen
肿瘤特异性抗原/腫瘤特異性抗原 tumor-specific antigen, TSA
肿瘤特异性移植抗原/腫瘤特異性移植抗原 tumor-specific transplantation antigen, TSTA
肿瘤微环境/腫瘤微環境 tumor microenvironment
肿瘤相关抗原/腫瘤相關抗原 tumor-associated antigen, TAA
肿瘤血管生成因子/腫瘤血管新生因子,腫瘤血管生長因子 tumor angiogenesis factor, TAF
肿瘤血管生长因子/腫瘤血管生長因子,腫瘤血管新生因子 tumor angiogenesis factor, TAF
肿瘤衍生活化细胞/腫瘤衍生活化細胞 tumor-derived activated cell
肿瘤移植/腫瘤移植 tumor transplantation
肿瘤遗传学/腫瘤遺傳學 cancer genetics, tumor genetics
肿瘤异质性/腫瘤異質性 heterogeneity of tumor
肿瘤抑制基因/腫瘤抑制基因 tumor suppressor gene
肿瘤疫苗/腫瘤疫苗 tumor vaccine
肿瘤诱导质粒/腫瘤誘導質體,腫瘤誘生質體,Ti 質體 tumor-inducing plasmid, Ti-plasmid
肿瘤阻抑蛋白[质]/抑癌蛋白 tumor suppressor protein
种阜/種阜 strophiole, caruncle
种脊/種脊,珠脊 raphe
种间分子氢转移/種間氫轉移 interspecies hydrogen transfer
种间关联/種間關聯 interspecific association
种间关系/種間關係 interspecific relationship
种间合作/種間合作 interspecific cooperation
种间核移植/種間核移植,異種核移植 interspecies nuclear transfer, cross-species nuclear transfer
种间交互作用/種間交互作用 interspecific

interaction
种间竞争/種間競争,種際競争 interspecific competition
种间群体/種間族群 interspecific population
种间适应/種間適應 interspecies adaptation
种间同源/異種同源 orthology
种间同源基因/異[物]種同源基因 orthologous gene
种间信息素/利己[傳訊]素,種間費洛蒙 allomone
种间选择/種間選擇,種間淘汰 interspecific selection
种间移植/種間移植,種間轉移 interspecific transfer, interspecific transplantation
种间杂交/種間雜交 interspecific hybridization
种间杂种/種間雜種 interspecific hybrid
种老化/種老化 species senescence
种鳞/種鱗 seminiferous scale
种-面积假说/物種-面積假說 species-area hypothesis
种-面积曲线/物種-面積曲線 species-area curve
种-面积效应/物種-面積效應 species-area effect
种名/種名 species name, specific name
种内变异/種内變異 intraspecific variation
种内攻击/種内敵對 intraspecific aggression
种内关系/種内關係 intraspecific relationship
种内合作/種内合作 intraspecific cooperation
种内核移植/種内核移植,同種核移植 nuclear transfer in homologous species
种内嫁接/種内嫁接 homoplastic graft
种内竞争/種内競争 intraspecific competition
种内拟态/種内擬態,自擬態 automimicry
种内群集/種内群集 intraspecies aggregation
种内社会/種内社會 intraspecific society
种内同源/種内同源,同種同源 paralogy
种内同源基因/種内同源基因,同種同源基因 paralogous gene, paralog
种内同源序列/同種同源序列 paralogous sequence
种内杂交/種内雜交 intraspecific crossing
种皮/種皮 seed coat, testa
种脐/種臍 hilum
种圈/種圈 circle of species
种群/族群 population
种群暴发/族群爆發,族群暴增 population explosion, population eruption
种群崩溃/族群崩潰 population crash
种群变动轨迹/族群軌跡 population trajectory
种群变化/族群變化 population change
种群波动/族群波動,族群變動 population fluctuation
种群参数/族群參數,族群介量 population parameter
种群大小/族群大小 population size, breeding size
种群调查/族群普查 population census
种群动态/種群動態,族群動態 population dynamics
种群分析/族群分析 population analysis
种群间相互作用/族群交互作用 population interaction
种群结构/族群結構 population structure
种群零增长/族群零成長 zero population growth, ZPG
种群密度/族群密度 population density
种群灭绝/族群絶滅 population extinction
种群模型/族群模式 population model
种群平衡/族群平衡 population equilibrium, population balance
种群强度/族群強度 population intensity
种群趋势/族群趨勢 population trend
种群趋势指数/族群趨勢指數 population trend index
种群曲线/族群曲線 population curve
种群生存力分析/族群生存力分析 population viability analysis, PVA
种群生态学/族群生態學 population ecology
种群生物学/族群生物學 population biology
种群数量统计/族群普查 population census
种群衰老/系群衰老 phylogerontism
种群衰退/族群衰退,族群減退 population depression
种群调节/種群調節,族群調節 population regulation
种群统计参数/族群統計參數 demographic parameter
种群统计学/族群統計學 demography
种群萎缩[现象]/族群萎縮[現象] population contraction
种群稳定性/族群穩定性 population stability
种群形成/族群形成 population formation
种群循环/族群循環 population cycle
种群压力/族群壓力 population pressure
种群增长/族群成長,族群增長 population growth
种群增长率/族群成長率 population growth rate
种群增长曲线/族群成長曲線 population growth curve
种群周转/族群轉换 population turnover
种数平衡/種數平衡 species equilibrium
种特异性巢式 PCR/種特異性巢式 PCR species-specific nested PCR

种系/種系,生殖細胞系 germ line
种系发生/種系發生,系統發生,親緣關係 phylogeny, phylogenesis
种系渐变论/親緣漸進論,親緣漸變說 phyletic gradualism
种系进化/線系演化,系統演化 phyletic evolution
种系嵌合体/生殖細胞嵌合體 germline chimera, germline mosaicism
种下阶元/種内階元 infraspecific category
种缨/種纓,叢狀種毛 coma
种质/種質,生殖[細胞]質 germplasm
种质学说/種質學説 germplasm theory
种子/種子 seed
种子成活力/種子發芽力 viability of seed
种子发酵罐/種菌發酵槽 seed fermenter
种子罐/種菌槽,種子槽 seeding tank
种子库/種子庫 seed bank, seed pool
种子扩散/種子播遷,種子散布 seed dispersal
种子生活力/種子活力 seed vigor
种子细胞/種子細胞 seed cell
种子园/種子園 seed orchard
种子直感/直感現象 xenia
种子植物/種子植物 spermatophyte, seed plant
中毒症/毒素病 toxinosis
种晶方法/晶種播植 crystal seeding
种植/種植,栽植 planting, plantation
种植密度/栽植密度 planting density
重度联合免疫缺陷病/嚴重合併性免疫缺乏症 severe combined immunodeficiency disease, SCID
重离子/重離子 heavy ion
重力传感器/重力感測器 gravisensor
重力感受器/重力感應器 gravitational receptor, gravireceptor
重力感知/重力感知 graviperception
重力灵敏阈时间/重力靈敏閾時間 gravisensitive threshold time
重力灵敏阈值/重力靈敏閾值 gravisensitivity threshold value, G-threshold value
重力散布/重力散布,裂開散布 clitochore, bolochory
重力生物学/重力生物學 gravitational biology, gravity biology
重力水/重力水 gravitational water
重力形态发生/重力形態發生 gravimorphism
重链/重鏈 heavy chain
重链病/重鏈病 heavy chain disease
α-重链病/α-重鏈病 α-heavy chain disease
μ-重链病/μ-重鏈病 μ-heavy chain disease
重链恒定区/重鏈恆定區 heavy chain constant region
重链亚类/重鏈亞型 heavy chain subclass
重酶解肌球蛋白/重酶解肌球蛋白 heavy meromyosin, HMM
重水法/重水法 deuterium method
重要发酵工业酶/重要發酵工業酶 important industrial enzyme in fermentation field
重原子搜索/重原子搜索 heavy-atom search
重原子修正/重原子修正 heavy-atom refinement
重症肌无力/重症肌無力 myasthenia gravis
舟骨/舟[狀]骨 scaphoid bone, scaphoideum, navicular bone
舟形骨针/舟形骨針 scaphoid
舟状头[畸形]/舟狀頭 scaphocephaly
周包膜/外菌幕 universal veil
周边分生组织/周邊分生組織 perimeristem
周边膜蛋白/膜周邊蛋白,周圍膜蛋白 peripheral membrane protein
周边视觉/周邊視覺 peripheral vision
周边视力丧失/周邊視力喪失 peripheral light loss, PLL
周边形成层/周邊形成層 pericambium
周边组织/周邊組織 perienchyma
周[鞭]毛菌/周毛菌 peritricha
周花带线/周花帶線 peripetalous fasciole
周年变化/年週期變動 annuation
周皮/周皮,栓皮 periderm
周期/週期 cycle
周期变形/週期變形 cyclomorphosis
周期发育学说/週期發育説 cyclogenic theory
周期时限/週期時限 gate
周期性/週期性 periodicity, periodism
周期性波动/週期性變動 cyclic fluctuation
周期性浮游生物/週期性浮游生物 periodic plankton
周期性孤雌生殖/週期性孤雌生殖 cyclic parthenogenesis, heteroparthenogenesis
周期性呼吸/週期性呼吸 periodic breathing
周期性寄生虫/週期性寄生蟲 periodic parasite
周期性募集/週期性募集 cyclic recruitment
周期性年增长量/週期性年增長量 periodic annual increment
周期性演替/週期性演替,週期性消長 periodic succession, cycle succession
周期性增长量/週期性增長量 periodic increment
周期性[种群]暴发/週期性[族群]爆發,週期性族群大發生 periodic outbreak

周韧维管束/周韌維管束 amphicribral vascular bundle
周丝/缘絲 periphysis
周岁幼体/周齡幼體 yearling
周围分生组织区/周邊分生組織區 peripheral meristem zone, perimeristem zone
周围淋巴[样]器官/周圍淋巴器官,周邊淋巴器官 peripheral lymphoid organ
周围皮质/周圍皮質,周邊皮質 peripheral cortex
周围神经系统/周圍神經系統,周邊神經系統 peripheral nervous system
周位花/周位花 perigynous flower
周位式/[子房]周位 perigyny
周位着生雄蕊/周位著生雄蕊 perigynous stamen
周细胞/周細胞,外皮細胞,外被細胞 pericyte
周限增长率/有限增長率,終極增長率 finite rate of increase
周缘嵌合体/周邊嵌合體,平周嵌合體 periclinal chimera
周缘质团/周緣質團 periplasmodium
周缘质团绒毡层/周緣質團絨氈層 periplasmodial tapetum
周脂素/周脂素 perilpine
周质/周質,胞外質 periplasm
周质鞭毛/周質鞭毛 periplasmic flagellum
周质间隙/周質間隙 periplasmic space
周质结合蛋白质/周質結合蛋白質 periplasmic binding protein
周质生毛体/原生質膜生毛體 plasmodermal blepharoplast
周质体/周質體 periplast
周转/週轉,轉換 turnover
周转率/週轉率,轉換率 turnover rate
周转期/週轉時間,轉換期 turnover time
周转时间/週轉時間,轉換期 turnover time
轴窦/軸竇 axial sinus
轴杆/軸桿 axostyle
轴杆干/軸桿幹 axostylar trunk
轴激蛋白/軸激蛋白 axokinin
轴-棘突触/軸棘突觸 axo-spinous synapse
轴浆/軸漿,軸質 axoplasm
轴浆流/軸漿流 axoplasmic flow
轴浆运输/軸漿運輸,軸突胞漿運輸 axoplasmic transport
轴节/軸節 cardo, pars basalis
轴节基片/軸節基片 basicardo
轴节基因/軸節基因 cardinal gene
轴粒/軸粒 axosome, axostylar granule
轴流/軸向流動 axial flow
轴旁中胚层/軸旁中胚層 paraxial mesoderm
轴丘/軸[索]丘 axon hillock
轴三叉/軸三叉 axial triradius
轴珊瑚石/軸珊瑚石 axial corallite
轴上肌/軸上肌 epaxial muscle
轴神经系/軸神經系 axial nerve system
轴-树突触/軸樹突[神經元]突觸 axo-dendritic synapse
轴丝/軸絲 axial filament, axoneme
轴丝动力蛋白/軸絲動力蛋白 axoneme dynein
轴丝鞘/軸絲鞘 filament sheath
轴体/軸體 axoplast
轴-体突触/軸體[神經元]突觸 axo-somatic synapse
轴头/軸頭 axostylar capitulum
轴突/軸突 axon
轴突侧支/軸突側枝 axon collateral
轴突传导/軸突傳導,軸突傳遞 axonal transmission
轴突反射/軸突反射 axon reflex
轴突始段/軸突始段 axon initial segment, AIS
轴突投射/軸突投射 axonal projection
轴突运输/軸突運輸 axonal transport
轴下肌/軸下肌 hypaxial muscle
轴腺/軸腺 axial gland
轴质/軸質,軸漿 axoplasm
轴质流/軸漿流 axoplasmic flow
轴质运输/軸漿運輸,軸突胞漿運輸 axoplasmic transport
轴中胚层/軸中胚層 axial mesoderm
轴-轴突触/軸突神經元突觸 axo-axonic synapse
轴柱/軸柱 columella
轴足/軸偽足 axopodium
肘脉/肘脈 cubitus
帚胚/帚胚 scopula
帚胚小器/帚胚小器 scopulary organelle
α-帚曲毒蛋白/α-帚麴毒蛋白 α-sarcin
帚体/帚體 phoront
帚形动物/帚形動物 phoronid
帚状骨针/帚狀骨針 scopule
帚状枝/帚狀枝 penicillus
昼长/晝長 day length
昼长处理/晝長處理 day-length treatment
昼出性/晝行性,日行性 diurnality, diumalism
昼行性/晝行性,日行性 diurnality, diurnalism, diurnality
昼眼/晝眼 diurnal eye
昼夜垂直移动/晝夜垂直移動,晝夜垂直遷移 diurnal vertical migration

昼夜节律/晝夜節律,日週性律動 circadian rhythm, day-night rhythm
昼夜迁徙/晝夜遷徙,日週性遷移 diurnal migration
昼夜体温变动/晝夜體溫變動 diurnal thermal variation
昼夜循环/晝夜循環,日循環 diurnal cycle, light-dark cycle
皱襞/皺襞 plica
皱胃/皺胃 abomasum
朱砂精酸/朱砂精酸 cinnabarinic acid
侏罗纪/侏羅紀 Jurassic Period
侏儒节细胞/侏儒節細胞 midget ganglion cell
侏儒双极细胞/侏儒雙極細胞 midget bipolar cell
侏儒型菌落/侏儒型菌落 dwarf colony
侏儒症/侏儒症 dwarfism
珠被/珠被 integument
珠被绒毡层/珠被絨氈層,珠被營養層 integumentary tapetum
珠被维管束/珠被維管束 integumental bundle
珠柄/珠柄 funiculus, funicule
珠蛋白/珠蛋白 globin
珠蛋白基因/珠蛋白基因 globin gene
珠蛋白基因簇/珠蛋白基因簇 globin gene cluster
珠蛋白生成障碍性贫血/地中海[型]貧血 thalassemia
α-珠蛋白生成障碍性贫血/α-地中海貧血 α-thalassemia
β-珠蛋白生成障碍性贫血/β-地中海貧血 β-thalassemia
珠光壁/珠光壁 nacreous wall
珠孔/珠孔 micropyle
珠孔板/珠孔板 micropylar plate
珠孔道/珠孔道 micropylar canal
珠孔端/珠孔端 micropylar end
珠孔管/珠孔管 micropylar tube
珠孔核/珠孔核 micropylar nucleus
珠孔痕/珠孔痕 micropylar scar
珠孔口/珠孔口 micropylar opening
珠孔室/珠孔室 micropylar chamber
珠孔受精/珠孔受精 porogamy
珠孔吸器/珠孔吸器 micropylar haustorium
珠鳞/珠鱗 ovuliferous scale
珠磨机/珠磨機 bead mill
珠托/珠托 collar
珠心/珠心 nucellus
珠心冠/珠心冠,珠心帽 nucellar cap
珠心冠原/珠心冠原 epistase
珠心苗/珠心苗 nucellar seedling
珠心胚/珠心胚 nucellar embryo
珠心胚现象/珠心胚現象 nucellar embryony
珠心细胞/珠心細胞 nucellar cell
珠芽/小鱗莖 bulbule
珠酯/人造奶油,瑪琪琳 margarine
珠状触手/珠狀觸手 moniliform antenna
株距/栽植距離 planting distance
猪丹毒/豬丹毒 swine erysipelas
猪免疫球蛋白/豬免疫球蛋白 porcine immunoglobulin
猪囊尾蚴/豬囊尾蚴 cysticercus cellulosa
蛛网膜/蛛網膜 arachnoid
蛛网膜下隙/蛛網膜下隙 subarachnoid space
蛛形动物学/蛛形動物學 arachnology
潴泡/扁囊 cistern
竹林/竹林 rhizome forest
逐步评估原则/逐步評估原則 principle of gradual evaluation
逐步深入原则/逐步深入原則 step-by-step principle
蠋/蠋,毛蟲 caterpillar
主背板/主背板 main tergite
主成分分析/主成分分析 principal component analysis, PCA, major component analysis
主齿/主齒 cardinal tooth, main tooth
主导起搏点/主導起搏點 dominant pacemaker
主动靶向/主動靶向 active targeting
主动反应/主動反應 active response
主动过敏反应/主動過敏反應,主動過敏症 active anaphylaxis
主动脉/主動脈,大動脈 aorta
主动脉瓣/主動脈瓣 aortic valve
主动脉弓/主動脈弓,大動脈弧 aortic arch
主动脉弓压力感受器/主動脈弓壓力感受器 aortic baroreceptor
主动脉弓压力感受器反射/主動脈弓壓力感受器反射 aortic baroreflex
主动脉羧肽酶样蛋白/主動脈羧肽酶樣蛋白 aortic carboxypeptidase-like protein, ACLP
主动脉体/主動脈體 aortic body
主动免疫/主動免疫 active immunity
主动免疫接种/主動免疫接種,自動免疫法 active immunization
主动免疫治疗/主動免疫治療 active immunotherapy
主动散布/主動散布 active dispersal
主动视觉理论/主動視覺理論 active vision theory
主动适应/主動適應 active adaptation
主动衰退/主動衰退 active depression

主动外排泵/主動外排泵 efflux pump
主动吸收/主動吸收 active absorption
主动型异位心律/主動型異位心律 active ectopic rhythm
主动运输/主動運輸 active transport
主动转运/主動運輸 active transport
主段/主段 principal piece
主-多基因混合遗传/主-多基因混合遺傳 major-polygene mixed inheritance
主发酵/主發酵 main fermentation
主反应/主要反應 primary response
主分派/主分派 splitters
主辐/主輻 perradius
主腹片/主腹片 eusternum
主杆/桿 rhabd
主根/主根 axial root, main root
主根系/主根系 axial root system
主骨针/主骨針 principalia
主观体力感觉等级/主觀體力感覺等級 rating of perceived exertion, RPE
主观体验特性/主觀體驗特性 quaia
主观异名/主觀異名 subjective synonym
主合派/主合派 lumpers
主基/主基 cardinalia
主基因/主基因 major gene, master gene
主基因-多基因混合遗传/主-多基因混合遺傳 major-polygene mixed inheritance
主节点/主節點 essential node
主控基因/主控基因 master control gene
主链/主鏈 backbone, main chain
主链二面角/主鏈二面角 backbone dihedral angle, main-chain dihedral angle
主脉/主脈 main nerve, major vein, principal vein
主模式/正模[式標本] holotype
主突/主突 cardinal process
主伪瞳孔/主僞瞳孔 principal pseudopupil
主细胞/主細胞 chief cell, principal cell
主线/主線 cardinal line, main line
主效应/主效應 main effect
主芽/主芽 main bud
主要碱性蛋白/主要鹼性蛋白 major basic protein, MBP
主要组织相容性复合体/主要組織相容性複合體 major histocompatibility complex, MHC
主要组织相容性复合体抗原/主要組織相容性複合體抗原,MHC 抗原 major histocompatibility complex antigen, MHC antigen
主要组织相容性复合体联合识别/主要組織相容性複合體聯合識別,MHC 聯合識別 MHC associative recognition
主要组织相容性复合体限制性/主要組織相容性複合體限制 major histocompatibility complex restriction, MHC restriction
主要组织相容性抗原/主要組織相容性抗原 major histocompatibility antigen
主缢痕/主縊痕,初縊痕,初級縊縮 primary constriction
主缘/主緣 cardinal margin
主质/主質,實質 parenchyma
主质骨针/主質骨針 parenchymalia
主轴/主軸 main axis
煮沸灭菌/煮沸滅菌 boiling sterilization
苎烯/苧烯,檸檬油精 limonene
助螯器/助螯器 rutellum
助螯器缝/助螯器縫 antiaxial fissure
助螯器颈/助螯器頸 collum of rutellum
助螯器刷/助螯器刷 rutellar brush
助滤剂/助濾劑 filtration aid
助食素/激食因子,激食物質,取食刺激素 feeding stimulant, phagostimulant
助细胞/助細胞,伴細胞 synergid, synergid cell
助细胞吸器/助細胞吸器 synergid haustorium
助增/增補 augumentation
助增释放/增補釋放 augumentation release
贮藏薄壁组织/貯藏薄壁組織 storage parenchyma
贮藏蛋白/貯藏蛋白,貯存蛋白 storage protein
贮藏淀粉/貯藏澱粉 storage starch
贮藏根/貯藏根 storage root
贮藏器官/貯藏器官 storage organ
贮藏物质/貯藏物質,儲藏物質 reserve substance, storage matter
贮藏细胞/貯藏細胞 storage cell
贮藏养分/貯藏養分,儲藏養分 reserve nutrient
贮藏叶/貯藏葉 storage leaf
贮藏组织/貯藏組織,儲藏組織 reserve tissue, storage tissue
贮存蛋白/貯存蛋白,貯藏蛋白 storage protein
贮粉室/花粉室,花粉腔 pollen chamber
贮胶囊/貯膠囊 cement reservoir
贮精囊/貯精囊,儲精囊 seminal vesicle, vesicula seminalis
贮菌器/貯菌器 mycangium
贮卵器/貯卵器,儲卵器 egg reservoir
贮水组织/貯水組織 water-storing tissue
贮液瓶/貯液瓶 liquid storage bottle
注视/注視 visual fixation

注释名录/註解名録 annotated checklist
注意/注意 attention
注意聚光灯/注意聚光燈 attentional spotlight
注意瓶颈/注意瓶頸 attentional bottleneck
注意锁定/注意鎖定 engaging attention
注意转移/注意轉移 shifting of attention
驻留信号/駐留訊號,保留訊號,滯留訊號 retention signal
柱/柱 column
柱孢子囊/柱孢子囊,分節孢子囊 merosporangium
柱层析/管柱層析法,管柱色譜法 column chromatography
柱床体积/柱床容積 column bed volume
柱晶白霉素/白黴素 leucomycin
柱色谱法/管柱層析法,管柱色譜法 column chromatography
柱式发酵罐/塔式發酵槽,柱式發酵槽 column fermenter
柱头/柱頭 stigma
柱头毛/柱頭毛 stigma hair
柱头细胞/柱頭細胞 stigmatic cell
柱细胞/柱細胞 pillar cell
柱状平均重构/柱狀平均重構 cylindrical average reconstruction
柱状上皮/柱狀上皮 columnar epithelium
柱状上皮细胞/柱狀上皮細胞 columnar epithelial cell
柱状亚单位/柱狀亞單位 column subunit
柱状组构/柱狀組織 columnar organization
蛀道真菌/蛀道真菌 ambrosia fungus
铸型技术/陰影投射 shadow casting
筑巢/築巢 nidification
筑巢处/築巢處,繁殖處 rookery
筑丝蛋白/築絲蛋白 tektin
抓握反射/抓握反射 grasping reflex, grasp reflex
专性病原体/專性病原體 obligate pathogen
专性病原性细菌/專性病原性細菌 obligate pathogenic bacteria
专性共生物/專性共生物 obligate symbiont
专性孤雌生殖/專性孤雌生殖,偏性孤雌生殖 obligate parthenogenesis, obligatory parthenogenesis
专性互利共生/專性互利共生 obligate mutualism
专性寄生/專性寄生,絶對寄生 obligatory parasitism, euparasitism
专性寄生物/專性寄生物,絶對寄生菌 obligatory parasite, obligate parasite
专性需氧菌/專性需氧菌,絶對需氧菌 obligate aerobe, obligate aerobic bacteria
专性需氧生物/專性需氧生物 obligatory aerobic organism
专性厌氧菌/專性厭氧菌,絶對厭氧菌,絶對嫌氣菌 obligate anaerobe, obligate anaerobe
专性厌氧生物/專性厭氧生物 obligatory anaerobic organism
专性滞育/專性滯育 obligatory diapause
专一扩增多态性/專一擴增多態性,專一放大多態性 specific amplified polymorphism, SAP
专一性/專一性 specificity
专异花授粉/專異花授粉 prometatropy
专职性抗原提呈细胞/專職抗原呈現細胞 professional antigen presenting cell
砖格孢子/磚格孢子,網狀孢子,多室孢子 dictyospore
砖格分生孢子/磚格分生孢子 dictyoconidium
砖红壤/磚紅壤,磚紅[化]土 latosol, laterite, lateritic soil
砖红壤化[作用]/磚紅壤化[作用],紅土化[作用] lateritization, latosolization
转氨基作用/轉胺基作用 transamination
转氨甲酰酶/轉胺甲醯酶 transcarbamylase
转氨酶/轉胺[基]酶 transaminase
转导/轉導[作用],傳導 transduction
转导病毒/轉導病毒 transducing virus
转导蛋白/轉導蛋白 transducin, Gt
转导级联/轉導級聯,傳導效應 transductory cascade
转导子/轉導子 transductant
转二羟丙酮基酶/轉醛醇酶 transaldolase
转分化/轉分化 transdifferentiation
转谷氨酰胺酶/轉穀醯胺酸酶 transglutaminase, TGase
转核移植/轉核移植 transkaryotic implantation
转化/轉化,轉形[作用] transformation
DNA 转化/DNA 轉化 DNA transformation
转化病毒/轉化病毒,轉形病毒 transforming virus
转化得率/轉化産率,變换産率 conversion yield
转化基因/轉化基因,轉形基因 transforming gene
转化基因组/轉化基因組,轉化基因體 transforming genome
转化率/轉化率,轉形效率 transformation efficiency
转化酶/轉化酶,轉化素 invertase, invertin
转化神经科学/轉化神經科學 translational neuroscience
转化生长因子/轉化生長因子,轉形生長因子 transforming growth factor, TGF
转化生长因子-α/轉化生長因子-α transforming growth factor-α, TGF-α

转化生长因子-β/轉化生長因子-β transforming growth factor-β, TGF-β
转化生长因子-β受体/轉化生長因子-β受體 transforming growth factor-β receptor, TGF-βR
转化事件/轉化事件 transformation event
转化体/轉化體,轉形株,轉化株 transformant
转化细胞/轉化細胞,轉形細胞 transformed cell
转化序列/轉化序列 transforming sequence
转化因子/轉化因子 transforming factor
转化子/轉化體,轉形株,轉化株 transformant
转换/轉換 transition
转换部位/轉換部位 switch site
转换概率/轉換概率 transition probability
转换矩阵/轉換矩陣 transition matrix
转换区/轉換區[域] switch region
转换数/轉換數 turnover number
转换性通道/轉換性通道 transduction channel
转基因/轉基因,基因轉殖,基因轉移 transgene
转基因标识/轉基因標識 genetically modified identification, GM identification
转基因纯合体/轉基因純合體 transgenic homozygote
转基因动物/轉基因動物,基因轉殖動物 transgenic animal
转基因-非转基因作物共存/轉基因-非轉基因作物共存 coexistence of transgenic and non-transgenic crop
转基因技术/轉基因技術,基因轉殖技術 transgenic technology
转基因技术伦理/轉基因技術倫理 ethics of transgenic technology
转基因检测/轉基因檢測 transgene detection
转基因检测阈值/轉基因檢測閾值 transgenic detection threshold
转基因克隆技术/轉基因克隆技術,轉基因複製技術 transgenic cloning technology
转基因扩散/轉基因擴散 transgenic diffusion
转基因贸易技术壁垒/轉基因貿易技術壁壘 transgenic technical barrier to trade
转基因弱化技术/轉基因弱化技術 transgenic mitigation
转基因筛选标记/轉基因篩選標記 transgene selective marker
转基因生物/轉基因生物,基因轉殖生物 transgenic organism
转基因生物安全性/轉基因生物安全性 biosafety of genetically modified organism, GMO biosafety
转基因生物安全证书/轉基因生物安全證書 genetically modified organism biosafety certificate, GMO biosafety certificate
转基因生物标识/轉基因生物標識 identification of genetically modified organism, GMO labeling
转基因生物污染/轉基因生物污染 transgenic bio-pollution
转基因食品/基因改造食品 genetically modified food
转基因世代/轉基因世代 transgenic generation
转基因适合度/轉基因適合度 transgene fitness
转基因首建者/轉基因首建者,基因轉殖首建者 transgenic founder
转基因逃逸/轉基因逃逸 transgene escape
转基因同位插入/轉基因同位插入 transgene coplacement
转基因细胞/轉基因細胞 transgenic cell
转基因削弱技术/轉基因弱化技術 transgenic mitigation
转基因学/轉基因學,基因轉殖學 transgenics
转基因育种/轉基因育種 transgenic breeding
转基因杂合体/轉基因雜合體 transgenic heterozygote
转基因植物/轉基因植物,基因轉殖植物 transgenic plant
转基因植物安全性/轉基因植物安全性 safety of transgenic plant
转基因组/轉基因組,基因轉移組,基因轉殖體 transgenome
转基因作物/轉基因作物 genetically modified crop
转基因作物安全等级划分/轉基因作物安全等級劃分 safety classification of genetically modified crop
转基因作用/轉基因作用,基因轉殖作用 transgenesis
转甲基酶/轉甲基酶,甲基轉移酶 transmethylase, methyltransferase
转甲状腺素蛋白/甲狀腺素視黄質運載蛋白,甲狀腺素轉運蛋白 transthyretin, TTR
β-转角/β-轉角,β-轉折,貝他轉折 β-turn, β-bend
转节/轉節 trochanter
转节距/轉節距 trochanter spur
转节毛/轉節毛 trochanter seta
转决定/轉決定[作用] transdetermination
转硫酸基作用/轉硫酸基作用 transsulfation
转录/轉録 transcription
转录沉默/轉録緘默化 transcription silencing
转录重起始/轉録重起始 transcription reinitiation
转录单位/轉録單位 transcription unit
转录分析/轉録分析 transcript analysis

转录辅激活物/轉録輔[助]活化物,轉録輔活化子 transcriptional coactivator
转录辅阻遏物/轉録輔抑制物 transcriptional corepressor
转录复合体/轉録複合體 transcription complex
转录后成熟/轉録後成熟 post-transcriptional maturation
转录后基因沉默/轉録後基因緘默化 post-transcriptional gene silencing, PTGS
转录后加工/轉録後加工 post-transcriptional processing
转录后控制/轉録後控制 post-transcriptional control
转录后调节/轉録後調控 post-transcriptional regulation
转录后调控/轉録後調控 post-transcriptional regulation
转录后修饰/轉録後修飾 post-transcriptional modification
转录机[器]/轉録機器,轉録裝置 transcription machinery
转录基因沉默/轉録基因緘默化 transcriptional gene silencing, TGS
转录激活/轉録活化,轉録啟動 transcription activation
转录激活蛋白/轉録活化蛋白 transcription activating protein
转录激活物/轉録活化[因]子 transcriptional activator, activating transcription factor, ATF
转录激活因子/轉録活化[因]子 transcriptional activator, activating transcription factor, ATF
转录激活因子样效应物核酸酶/轉録啟動因子樣效應物核酸酶 transcription activator-like effector nuclease, TALEN
转录激活域/轉録活化域 transcription activating domain
转录极性/轉録極性 transcription polarity
转录间隔区/轉録間隔區 transcribed spacer
转录间隔[区]序列/轉録間隔[區]序列 transcribed spacer sequence
转录开关/轉録開關 transcriptional switching
转录控制/轉録控制 transcriptional control
转录酶/轉録酶 transcriptase
RNA 转录酶/RNA 轉録酶 RNA transcriptase
转录末端序列/轉録末端序列 transcriptional terminal sequence
转录偶联修复/轉録偶聯修復,轉録連接修復 transcription-coupled repair, TCR
转录泡/轉録泡 transcription bubble
转录起点/轉録起點 transcriptional start point
转录起始/轉録起始 transcription initiation
转录起始复合体/轉録起始複合體,轉録起始複合物 transcription initiation complex, TIC
转录起始位点/轉録起始位點 transcription initiation site, transcriptional start site
转录起始因子/轉録起始因子 transcription initiation factor
转录弱化子/轉録弱化子 transcriptional attenuator
转录弱化[作用]/轉録弱化[作用] transcriptional attenuation
转录水平调控/轉録水平調控 transcriptional-level control
转录提前终止/轉録提前終止 premature transcription termination
转录调节/轉録調節,轉録調控 transcriptional regulation
转录调控/轉録調控,轉録調節 transcriptional regulation
转录停滞/轉録停滯 transcriptional arrest
转录图/轉録圖 transcriptional map
转录物/轉録物,轉録本 transcript
转录物组/轉録[物]組,轉録[物]體 transcriptome
转录[物]组学/轉録[物]組學,轉録[物]體學 transcriptomics
转录延伸/轉録延伸 transcriptional elongation
转录延伸调节/轉録延伸調節 transcriptional elongation regulation
转录延伸因子/轉録延伸因子 transcriptional elongation factor
转录抑制/轉録抑制 transcription inhibition
转录因子/轉録因子 transcription factor
CCAAT 转录因子/CCAAT 轉録因子 CCAAT transcription factor, CTF
转录因子相互作用/轉録因子交互作用 transcription factor interaction
转录因子协同作用/轉録因子協同作用 transcription factor synergy
转录暂停/轉録暫停,轉録停頓 transcription pausing
转录增强子/轉録增強子,轉録強化子 transcriptional enhancer
转录中介因子/轉録中介因子 transcriptional intermediary factor, TIF
转录终止/轉録終止 transcription termination
转录终止区/轉録終止區 transcription termination region
转录终止因子/轉録終止因子 transcription

termination factor
转录终止子/轉録終止子 transcription terminator
转录阻遏/轉録阻遏,轉録抑制 transcription repression
转录阻遏物/轉録阻遏物,轉録抑制子 transcription repressor
转录作图/轉録定位 transcriptional mapping
转羟基作用/轉羥基作用 transhydroxylation
转羟甲基酶/轉羥甲基酶 transhydroxymethylase
转氢酶/轉氫酶 transhydrogenase
转醛醇酶/轉醛醇酶 transaldolase
转染/轉[移感]染 transfection
DNA 转染/DNA 轉染 DNA transfection
RNA 转染/RNA 轉染 RNA transfection
转染率/轉染率 transfection efficiency
转染子/轉染子 transfectant
转输组织/轉輸組織 transfusion tissue
转羧基酶/轉羧基酶 transcarboxylase
转肽基作用/轉肽基作用 transpeptidylation
转肽酰酶/轉肽基酶 transpeptidylase
转糖基酶/轉糖苷酶 transglycosylase
转糖基作用/轉糖苷作用 transglycosylation
转铁蛋白/轉鐵蛋白,運鐵蛋白 transferrin, Tf
转铁蛋白受体/轉鐵蛋白受體,運鐵蛋白受體 transferrin receptor, TfR
转酮酶/轉酮[醇]酶 transketolase
转位酶/轉位酶,移位酶,易位酶 translocase
转酰基酶/轉醯基酶 transacylase
转酰基作用/轉醯基作用 transacylation
转续宿主/轉續宿主 paratenic host, transport host
转亚氨基作用/轉亞胺基作用 transimidation
转移 DNA/轉移 DNA transfer DNA, tDNA
转移 RNA/轉移 RNA,轉送 RNA transfer RNA, tRNA
转移酶/轉移酶 transferase
DNA 转移系统/DNA 轉移系統 DNA delivery system
转移-信使 RNA/轉移-信使 RNA transfer-messenger RNA, tmRNA
转移因子/轉移因子 transfer factor, TF
转乙酰基作用/轉乙醯化 transacetylation
转译/轉譯 translation
转运/轉運,運輸 transport
RNA 转运/RNA 轉運,RNA 運輸 RNA transport, RNA trafficking
转运蛋白/轉運蛋白,運輸蛋白,轉運體 transporter, translocon
转运核糖核酸前体/tRNA 前體 tRNA precursor
转运 RNA 基因/轉移 RNA 基因 transfer RNA gene, tRNA gene
转运囊泡/運輸小泡,運輸囊泡 transport vesicle
转运肽/轉運肽 transit peptide
转运体/轉運體,轉運蛋白,運輸蛋白 transporter, translocon
ABC 转运体/ATP 結合匣轉運蛋白,ABC 轉運蛋白 ATP-binding cassette transporter, ABC transporter
转酯基作用/轉酯作用 transesterification
转主寄生/轉主寄生[現象],轉株寄生,二寄主寄生 heteroecism
转座/轉座,轉位 transposition
转座蛋白质/轉座蛋白質 transposition protein
转座酶/轉座酶,轉位酶 transposase
转座酶基因/轉位酶基因 transposase gene
转座免疫/轉位免疫性 transposition immunity
转座噬菌体/轉座噬菌體 transposable phage
转座因子/轉座元件,轉位元,轉位因子 transposable element
转座元件/轉座元件,轉位元,轉位因子 transposable element
转座子/轉座子,轉位子 transposon, Tn
Ty 转座子/Ty 轉位子 Ty transposon
转座子标记法/轉位子標記法 transposon tagging
转座子沉默/轉位子緘默化 transposon silencing
转座子介导法/轉座子介導法,轉位子介導法 transposon-mediated method
转动光谱/轉動光譜 rotational spectrum
转瓶/轉瓶 rotating bottle
转瓶培养/轉瓶培養 rotating bottle culture
转轴酶/轉軸酶 swivelase
桩蛋白/樁蛋白 paxillin
装配/組裝,裝配 assembly
装配因子/組裝因子 assembly factor
装死/裝死,假死,擬死 death-feigning, death mimicry
装柱器/裝柱器 cartridger
壮观霉素/壯觀黴素,放線壯觀素 spectinomycin
状态变量/狀態變數 state variable
状态反射/姿態反射 attitudinal reflex
状态方程/狀態方程式 state equation
追逐行为/追逐行為 chasing behavior
椎动脉/椎動脈 vertebral artery
椎弓/椎弓,椎弧 vertebral arch, neural arch
椎弓横突/椎弓橫突 diapophysis
椎骨/脊椎骨 vertebra
椎管/椎管 vertebral canal
椎棘/椎棘,髓棘 vertebral spine, neural spine

椎间孔/椎間孔 intervertebral foramen
椎间盘/椎間盤 intervertebral disk
椎肋/椎肋 vertebral rib
椎体/椎體 centrum
椎体横突/椎體横突 parapophysis
锥胞/錐胞 conocyst
锥鞭毛体/錐鞭毛體 trypomastigote
锥虫蓝/錐蟲藍,台盼藍 trypan blue
锥虫硫酮/錐蟲硫酮 trypanothione
锥虫体期/錐蟲體期 trypaniform stage
锥骨/錐骨 pyramid
锥鳞/錐鱗 conic scale
锥体/錐體 pyramid
锥体外系[统]/錐體外系[統] extrapyramidal system
锥体系[统]/錐體系[統] pyramidal system
锥体细胞/錐體細胞 pyramidal cell
锥体[细胞]层/錐體[細胞]層 pyramidal layer
锥突/錐突 conule
锥形感器/錐狀感覺器 basiconic sensillum, sensillum basiconicum
锥形距/錐形距 conical spur
锥足/錐足 conopodium
缀合蛋白质/複合蛋白質,結合蛋白質,接合蛋白質 conjugated protein, binding protein
赘生物/贅生物,[腫]瘤 neoplasm
准备电位/準備電位 readiness potential
准备活动/熱身運動,暖身活動 warming up, warm-up
准共生/準共生 parasymbiosis
准平原/準平原 peneplain
准确性/準確性 accuracy
准社会性昆虫/準社會性昆蟲,擬社會性昆蟲 quasisocial insect, parasocial insect
准显性/類顯性 quasidominance
准性生殖/準有性生殖,擬有性生殖,類有性生殖 parasexuality, parasexual reproduction
准种/準種 quasispecies
桌形体/桌形體 table
灼性神经痛/灼性神經痛 causalgia
浊度测量法/濁度測定法,[散射]比濁法 turbidimetry, nephelometry
浊度分析仪/濁度分析儀 turbidity analyzer
浊度计/濁度計,[散射]比濁計 turbidimeter, nephelometer
啄食等级/啄序,啄位 peck order
啄序/啄序,啄位 peck order
着床/[卵]著床 implantation, nidation
着床窗口/著床窗口 implantation window
着色性干皮病/著素性乾皮症 xeroderma pigmentosum, XP
着生花冠雄蕊/花冠上雄蕊 epipetalous stamen
着丝粒/著絲粒,著絲點,中節 centromere
着丝粒 DNA/著絲粒 DNA,中節 DNA centromeric DNA
着丝粒板/著絲粒板 centromere plate
着丝粒错分/著絲粒錯分,中節誤裂 centromere misdivision
着丝粒-动粒复合体/著絲粒-著絲點複合體 centromere-kinetochore complex
着丝粒分裂/著絲點分裂,著絲點分離 centric split
着丝粒干涉/著絲粒干擾,中節干擾 centromere interference
着丝粒基因/著絲粒基因,著絲點基因 centrogene
着丝粒交换/著絲粒交換 centromeric exchange, CME
着丝粒结合蛋白[质]/著絲粒結合蛋白 centromere-binding protein
着丝粒距离/著絲粒距離,中節距離 centromere distance
着丝粒融合/著絲點併合,著絲點融合 centric fusion
着丝粒显带/著絲粒顯帶,中節顯帶,C 顯帶 centromeric banding, C-banding
着丝粒序列/著絲粒序列,中節序列 centromeric sequence, CEN sequence
着丝粒 DNA 序列/著絲粒 DNA 序列,中節 DNA 序列 centromere DNA sequence
着丝粒异染色质/著絲粒異染色質,中節異染色質 centromeric heterochromatin
着丝粒元件/著絲粒元件,中節元件 centromere element
着丝粒指数/著絲粒指數,中節指數 centromere index, centromeric index
着丝粒作图/著絲粒作圖,中節作圖 centromere mapping
姿势反射/姿勢反射 postural reflex
姿势协调/姿勢協調 postural coordination
资源/資源 resources
资源编目/資源清單,資源盤點 resource inventory
资源分配/資源分配 resource partitioning
资源管理/資源管理 resource management
资源竞争/資源競爭 resource competition
资源利用曲线/資源利用曲線 resource utilization curve
资源评估/資源評估 stock assessment
资源谱/資源譜 resource spectrum

资源限制/資源限制　resource limitation
资源再循环/資源再循環　resource recycling
资源占有潜力不对称/資源占有潛力不對稱性　resource-holding potential asymmetry, RHP asymmetry
滋养瓣/滋養瓣　deutoplasmic valve
滋养层/滋養層,滋胚層,營養層　trophoblast
滋养层蛋白质/滋養層蛋白質　trophoblast protein
滋养层抗原/滋養層抗原　trophoblast antigen, TA
滋养层细胞/滋養層細胞　trophoblast cell
滋养核/滋養核,營養核　trophonucleus
滋养培养基/滋養培養基　enriched medium
滋养索/滋養索　nutritive cord
滋养体/營養體　trophont
滋养外胚层/滋養外胚層,營養外胚層　trophectoderm
滋养细胞/滋養細胞,營養細胞,滋胚細胞　trophocyte, nurse cell
滋养羊膜/滋養羊膜　trophamnion
髭/頰髭　vibrissa
髭角/頰角　vibrissal angle
子 DNA/子 DNA　daughter DNA
子孢子/子孢子　sporozoite
子胞蚴/子胞蚴　daughter sporocyst
子层托/子層托,孢托　receptacle, receptaculum
子代/子代,雜交後代　filial generation
子二代/子二代,第二子代　second filial generation
子房/子房　ovary
子房壁/子房壁　ovary wall
子房培养/子房培養　ovary culture
子房室/子房室　locule
子房注射法/子房注射法　ovary injection
子宫/子宫　uterus, womb
子宫肌膜/子宫肌膜　myometrium
子宫角/子宫角　horn of uterus
子宫颈/子宫頸　cervix of uterus
子宫孔/子宫孔　uterine pore
子宫末段/子宫末段　metraterm
子宫囊/子宫囊　uterine sac
子宫内发育期/子宫内發育期　intrauterine developmental period
子宫内免疫/子宫内免疫　intrauterine immunity
子宫内膜/子宫内膜　endometrium
子宫内膜异位症/子宫内膜異位症　endometriosis
子宫内膜周期/子宫内膜週期　endometrical cycle
子宫泡/子宫泡　uterine vesicle
子宫球蛋白/子宫球蛋白　uteroglobin
子宫受精囊/子宫受精囊　receptaculum seminis uterirum
子宫体/子宫體　body of uterus
子宫外膜/子宫外膜　perimetrium
子宫腺/子宫腺　uterine gland
子宫运铁蛋白/子宫運鐵蛋白　uteroferrin
子宫枝/子宫枝　uterine branch
子宫钟/子宫肌鐘　uterine bell
子宫周期/子宫週期　uterine cycle
子宫周器官/副[子]宫器　paruterine organ
子宫珠蛋白/子宫球蛋白　uteroglobin
子核/子核　daughter nucleus
子茎/子莖　blastostyle
子菌落/子菌落,次生菌落　daughter colony
子雷蚴/子雷蚴　daughter redia
子模型/子模型　partial model
子囊/子囊　ascus
子囊孢子/子囊孢子　ascospore
子囊孢子形成/子囊孢子形成　ascosporulation
子囊层/子囊層　thecium
子囊地衣/子囊地衣　ascolichen
子囊分生孢子/子囊分生孢子　ascoconidium
子囊果/子囊果　ascocarp, ascoma
子囊菌/子囊菌　ascomycete
子囊菌病/子囊菌病　ascomycosis
子囊壳/子囊殼,子囊腔　perithecium, pyrenocarp
子囊母细胞/子囊母細胞　ascus mother cell
子囊盘/子囊盤　apothecium
子囊腔/子囊腔　locule
子囊座/子囊座　ascostroma
子染色单体/子染色分體　daughter chromatid
子染色体/子染色體　daughter chromosome
子实层/子實層　hymenium
子实层体/子實層體　hymenophore
子实口缘/子實口緣　peristome
子实体/子實體　fruiting body, fruit body
子实下层/子實下層　subhymenium, subhymenial layer
子文库/子庫　sublibrary
子细胞/子細胞　daughter cell
子叶/子葉　cotyledon
子叶回折胚/子葉回折胚　diplecolobal embryo
子叶迹/子葉跡　cotyledon trace
子叶螺卷胚/子葉螺卷胚　spirolobal embryo
子叶胎盘/子葉胎盤　cotyledonary placenta
子叶折叠胚/子葉折疊胚　orthoplocal embryo
子一代/子一代,第一子代　first filial generation
子座/子座　stroma
仔体/仔體　tomite

仔体发生/仔體發生　tomitogenesis
姊妹染色单体/姐妹染色分體，姊妹染色分體　sister chromatid
姊妹染色单体交换/姐妹染色分體互換　sister chromatid exchange，SCE
紫绀/發紺　cyanosis
紫黄质/紫黄質，堇菜黄質　violaxanthin
紫胶/蟲膠　lac
紫胶酸/蟲膠酸　laccaic acid
紫胶糖/蟲膠糖　laccose
紫霉素/紫黴素　viomycin
紫膜/紫膜　purple membrane
紫膜蛋白质/紫膜蛋白質　purple membrane protein
紫杉醇/紫杉醇　taxol
紫苏霉素/西蘇黴素　sisomicin
紫外光/紫外光　ultraviolet light
紫外光谱术/紫外線光譜法，紫外線分光術　ultraviolet spectroscopy
紫外光显微镜/紫外光顯微鏡　ultraviolet microscope
紫外视觉/紫外視覺　ultraviolet vision，UV vision
紫外线/紫外線　ultraviolet ray，UVR
紫外线灯/紫外線燈　ultraviolet lamp
紫外线 A 段/紫外光 A 段，長波紫外線　ultraviolet A，UVA
紫外线 B 段/紫外光 B 段，中波紫外線　ultraviolet B，UVB
紫外线 C 段/紫外光 C 段，短波紫外線　ultraviolet C，UVC
紫外线防护因子/紫外線防護因子　ultraviolet protection factor，UPF
紫外线特异内切核酸酶/紫外線特異内切核酸酶　ultraviolet specific endonuclease
紫外线诱导免疫调节/紫外線誘導免疫調節　ultraviolet-induced immunomodulation，UV-induced immunomodulation
紫外线诱导 DNA 损伤/紫外線誘導 DNA 損傷　ultraviolet-induced DNA lesion，UV-induced DNA lesion
紫外线指数/紫外線指數　ultraviolet index，UVI
紫外照射交联/紫外照射交聯，紫外光照射交叉聯結反應　ultraviolet irradiation crosslinking，UV irradiation crosslinking
自播/天然下種　natural seeding
自布植物/自動散布種　autochore
自残/自殘，自割，自斷　appendotomy，autotomy
自出血/自體出血　autohemorrhage
自催化剪接/自體催化剪接　autocatalytic splicing
自动处理通路/自動處理通路　automatic pathway
自[动节]律性/自[動節]律性　autorhythmicity，automaticity
自动免疫/主動免疫　active immunity
自动名/自動名　autonym
自动膜片钳/自動膜片箝　automated patch clamp
自动气锁/自動氣鎖　automatic airlock
自动去极化/自動去極化，自動除極化　spontaneous depolarization
自动散播/自動散布　autochory
自动症/自動症　automatism
自发单性生殖/自體單性生殖　autoparthenogenesis
自发呼吸/自發呼吸　spontaneous respiration
自发畸变/自發畸變　spontaneous aberration
自发生长运动/自發性生長運動　autonomic growth movement
自发损伤/自發損傷　spontaneous lesion
自发突变/自發[性]突變，自然突變　spontaneous mutation
自发突变体/自發突變體　spontaneous mutant
自发突变性/自發突變性　automutagenicity
自发性高血压大鼠/自發性高血壓大鼠　spontaneously hypertensive rat，SHR
自发性生殖/自[然發]生，單性生殖　autogeny
自发性瞬时外向电流/自發性暫態外向電流　spontaneous transient outward current，STOC
自发演替/自發性演替，自發性消長　autogenetic succession，autogenic succession
自发诱变/自發誘變　spontaneous mutagenesis
自分泌/自[體]分泌　autocrine
自分泌生长因子/自[體]分泌生長因子　autocrine growth factor
自复寄生/自寄生　autoparasitism，adelphoparasitism
自复制核酸/自複製核酸　self-replicating nucleic acid
自感用力度/自覺用力係數　perceived rate of exertion，PRE
自割/自割，自斷，自殘　autotomy
自个虫/自個蟲　autozooid
自花不稔性/自花不稔性，自體不育性　self-sterility
自花传粉/自花傳粉，自花授粉　self-pollination
自花受精/自花受精　autogamy，self-fertilization
自花受精植物/自花受精植物，自體受精植物　autogamous plant
自花授粉/自花授粉，自花傳粉　self-pollination
自给系统/自給自足系統　self-sustaining system
自减法/自減法　jackknifing
自剪接/自[體]剪接，自我剪接　self-splicing
自剪接内含子/自剪接内含子　self-splicing intron
自交/自交　selfing

自交不亲和性/自交不親和性　self-incompatibility
自交不育性/自交不育性　self-sterility, self-infertility
自交亲和性/自交親和性　self-compatibility
自交系/自交系　selfing line
自净作用/自淨[作用],自動淨化　self-purification
自控微量平板筛选法/自控微量平板篩選法　robotic microtiter plate screening assay
自联型/自接型　autostyly
自律细胞/自律細胞　autorhythmic cell
自律心肌细胞/自律心肌細胞　autorhythmic cardiomyocyte
自拟态/自擬態,種内擬態　automimicry
自切/自割,自斷,自殘　autotomy
自切割 RNA/自切割 RNA　self-cleaving RNA
自然保护/自然保育　conservation of nature, nature conservation
自然保护区/自然保護區,自然保留區,天然庇護區　nature reserve, nature preserve, nature sanctuary
自然保育/自然保育　conservation of nature, nature conservation
自然避孕法/自然避孕法　natural contraception
自然传粉/天然授粉　natural pollination
自然单性结实/天然單性結果　natural parthenocarpy
自然单性生殖/天然單性生殖　natural parthenogenesis
自然地理群系/地形群系　physiographic formation
自然地理因子/自然地理因子,地形因素　physiographic factor
自然发生/自[然發]生,單性生殖　autogeny
自然发生说/無生源説,天然發生説,自生論　abiogenesis, spontaneous generation, archigenesis
自然防治/自然防治,自然控制,天然防治　natural control
自然分类/自然分類　natural classification
自然服务/自然服務　nature service
自然更新/天然更新　natural regeneration
自然公园/自然公園,天然公園　natural park
自然孤雌生殖/天然單性生殖　natural parthenogenesis
自然管理/自然管理,自然經營　nature management
自然化/自然化,歸化　naturalization
自然计算/自然計算　natural computing, natural computation
自然景观/自然景觀　natural landscape
自然抗性/自然抗性　natural resistance
自然抗性相关巨噬细胞蛋白 1/自然抗性相關巨噬細胞蛋白 1　natural resistance-associated macrophage protein 1
自然控制/自然控制,自然防治,天然防治　natural control
自然群/天然群　natural group
自然群体/自然族群,天然族群　natural population
自然杀伤细胞/自然殺傷細胞,自然殺手細胞,天生殺手細胞　natural killer cell, NK cell
自然杀伤细胞刺激因子/自然殺手細胞刺激因子　natural killer cell stimulatory factor, NKSF
自然生态系统/自然生態系　natural ecosystem
自然死亡率/自然死亡率　natural mortality
自然淘汰/天然淘汰　natural elimination
自然调节/自然調節　natural regulation
自然调节[性]T 细胞/自然調節性 T 細胞,天然調節性 T 細胞　natural regulatory T cell
自然突变/自然突變,天然突變　natural mutation
自然稀疏/自然疏伐,天然疏伐　natural thinning, self-thinning
自然系统/自然系統　natural system
自然选择/天擇,自然淘汰　natural selection
自然选择代价/天擇代價　cost of natural selection
自然选择[学]说/天擇説　natural selection theory
自然演替/天然演替,天然消長　natural succession
自然抑制/自然抑制　natural suppression
自然疫源地/自然疫源地　natural focus, nidus
自然灾害/自然災害,天災　natural disaster, natural catastrophe
自然增长率/自然增長率,自然增加率　rate of natural increase
自然植被/天然植被　natural vegetation
自然种群/自然族群,天然族群　natural population
自然资本/自然資本　natural capital
自然资源/自然資源　natural resource
自溶[产]物/自溶産物　autolysate
自溶酶/自體溶解酶　autolytic enzyme
自溶素/自溶素　autolysin
自溶[现象]/自溶[作用],自解[作用],自體分解　autolysis
自融孤雌生殖/自融孤雌生殖　automictic parthenogenesis
自杀底物/自殺底物　suicide substrate
自杀法/自殺法　suicide method
自杀基因/自殺基因　suicide gene
自杀酶/自殺酶　suicide enzyme
自上而下分析/自上而下分析　top-down analysis
自上而下组装策略/自上而下組裝策略　top-down assembly strategy
自身标志假说/自體標誌假説,自體標簽假説　self-

marker hypothesis
自身反应性淋巴细胞/自體反應性淋巴細胞 autoreactive lymphocyte
自身反应性 B 细胞/自體反應性 B 細胞 autoreactive B cell
自身反应性 T 细胞/自體反應性 T 細胞 autoreactive T cell
自身感染/自體感染 autoinfection
自身活性物质/自泌物質,自泌素,内泌素 autacoid, autocoid
自身接种/自體接種 autoinoculation
自身抗体/自體抗體 autoantibody
自身抗原/自體抗原 autoantigen
自[身]磷酸化/自[體]磷酸化 autophosphorylation, self-phosphorylation
自身免疫/自體免疫 autoimmunity
自身免疫病/自體免疫疾病 autoimmune disease
自身免疫补体结合/自體免疫補體結合 autoimmune complement fixation
自身免疫性间质性肾炎/自體免疫間質性腎炎 autoimmune interstitial nephritis
自身免疫性肾病/自體免疫性腎病 autoimmune nephropathy
自身免疫性血小板减少性紫癜/自體免疫性血小板減少紫癜[症] autoimmune thrombocytopenic purpura
自身耐受/自體耐受性,自我耐性作用 self-tolerance, auto-tolerance, autologous tolerance
自身帕特森峰/自體帕特森峰 self-Patterson peak
自[身]识别/自體識别,自我認知 self-recognition
自[身]受体/自體受體 autoreceptor
自[身]突触/自體突觸 autapse
自身修饰假说/自身變異性假説 altered-self hypothesis
自身修饰抗原/自身變異性抗原 altered-self antigen
自身疫苗/自身疫苗,自體疫苗 autovaccine
自身疫苗接种治疗/自體疫苗接種療法 autovaccinotherapy
自身致敏/自體致敏性 autosensitization
自噬流/自噬流 autophagic flux
自噬泡/自噬泡,自吞泡 autophagic vacuole
自噬前体/自噬前體 phagophore
自噬溶酶体/自噬溶酶體,自體溶酶體 autolysosome, autopholysosome, autophagolysosome
自噬[小]体/自噬小體 autophagosome
自噬[作用]/自噬[作用],自體吞噬 autophagy, autophagocytosis
自梳理/自梳理 self grooming
自疏法则/自疏法則 self-thinning rule
自私 DNA/自私 DNA selfish DNA
自私基因/自私基因 selfish gene
自体不育基因/自交不育基因 self-sterility gene
自[体]催化/自體催化 autocatalysis
自体二倍体/同源二倍體 auto-diploid
自体繁殖/自體繁殖 self-propagation
自[体分]解/自體分解,自溶[作用],自解[作用] autolysis
自体复制/自體複製 autoduplication
自体感染/自體感染 autoinfection
自体干细胞/自體幹細胞 autologous stem cell
自体干细胞库/自體幹細胞庫 autologous stem cell bank
自体干细胞移植/自體幹細胞移植 autologous stem cell transplantation
自体骨髓移植/自體骨髓移植 autologous bone marrow transplantation
自体激素/自體激素,自泌激素 autohormone
自体激素破坏/自體激素破壞 autohormonoclasis
自体嫁接/自體嫁接 autograft
自体接种/自體接種 autoinoculation
自体控制/自體控制 autogenous control
自体融合/自體融合 automixis
自体软骨细胞移植/自體軟骨細胞移植 autologous chondrocyte transplantation
自体受精/自體受精 self-fertilization, autogamy, idiogamy
自体输血/自體輸血,自體血液回輸 autologous blood transfusion
自体吞噬[作用]/自體吞噬,自噬[作用] autophagy, autophagocytosis
自体细胞/自體細胞 autologous cell
自体血[液]回输/自體血液回輸,自體輸血 autologous blood transfusion
自体移植/自體移植 autologous transplantation, autologous graft
自体移植物/自體移植物 autograft
自体有效物质/自泌物質,自泌素,内泌素 autacoid, autocoid
自体诱变剂/自發誘變源 automutagen
自调节/自體調節,自動調節 autoregulation, self-regulation
自我刺激/自我刺激 self-stimulation
自我电刺激/自我電刺激 electrical self-stimulation
自我繁殖系统/自我增殖系統 self-reproducing system

自[我]复制/自我複製 self-replication
自我更新/自我更新 self-renewal
自[我]切割/自我切割 self-cleavage
自我维持/自我維持 self-maintain
自[我]装配/自我裝配,自組裝 self-assembly
自下而上分析/由下而上分析 bottom-up analysis
自下而上组装策略/由下而上組裝策略 bottom-up assembly strategy
自相关系数/自動相關係數 auto-correlation coefficient
自相似/自相似 self-similarity
自效基因/自效基因 autarchic gene
自携式水下呼吸器/自給式水下呼吸器 self-contained underwater breathing apparatus, SCUBA
自旋标记/自旋標記 spin labeling
自旋标记物/自旋標記物 spin label
自旋捕获/自旋捕捉,自旋捕獲 spin trapping, spin trap
自旋捕获剂/自旋捕捉劑 spin trap
自旋回波相关光谱术/自旋回波相關譜[法] spin-echo correlated spectroscopy
自旋加合物/自旋加合物 spin adduct
自旋探针/自旋探針 spin probe
自旋转函数/自旋轉函數 self-rotation function
自驯化/自動馴化 self-domestication
自养/自營 autotrophy
自养菌/自營[細]菌 autotrophic bacteria
自养生物/自養生物,自營生物 autotroph, self-feeder
自养演替/自營性演替,自營性消長 autotrophic succession
自养植物/自養植物,自營植物,自生植物 autophyte, holophyte
自氧化/自氧化 autoxidation
自异宿主型/自異宿主型 autoheteroxenous form
自由传粉/自由傳粉,天然傳粉 free-pollination, open pollination
自由大气二氧化碳浓度增加实验/自由大氣二氧化碳濃度增加實驗 free-air carbon dioxide enrichment experiment, FACE experiment
自由电子激光/自由電子雷射 free electron laser
自由度/自由度 degree of freedom
自由基/自由基,游離基 free radical
自由基 SAM 酶/自由基 SAM 酶,*S*-腺苷甲硫氨酸自由基酶 radical *S*-adenosyl methionine enzyme, radical SAM enzyme
自由基清除剂/自由基去除劑 free radical scavenger
自由基生物学/自由基生物學 free radical biology
自由基衰老学说/自由基衰老學説 free radical theory of aging
自由扩散/自由擴散 free diffusion
自由链模型/自由鏈模型 freely-joint chain model
自由流动电泳/自由流動電泳 free flow electrophoresis
自由能/自由能 free energy
自由漂浮水生植物/自由漂浮水生植物 free floating water plant
自由漂浮水生植物群落/自由漂浮水生植物群落 free floating hydrophyte community
自由巯基/自由巰基 free thiol
自由水/自由水,游離水 free water
自由水清除率/自由水清除率,游離水清除率 free water clearance
自由态分子对接/自由態分子對接 unbound docking
自由异花传粉/自由異花傳粉 free cross pollination
自由意志/自由意志 free will
自由组合/獨立分配,獨立組合,自由配合 independent assortment
自由组合定律/獨立分配律,獨立組合律,自由配合律 law of independent assortment
自游浮游生物/游泳性浮游生物 nektoplankton
自游生物/自游生物,游泳生物 nekton, necton
自有衍征/獨[有裔]徵,自衍徵 autapomorphy
自诱导/自[體]誘導 autoinduction
自诱导物/自[體]誘導物 autoinducer
自愿标识/自願標識 voluntary labeling
自运节律/自運節律 free-running rhythm
自在 DNA/自私 DNA selfish DNA
自在基因/自私基因 selfish gene
自展法/自舉法 bootstraping
自展分析/再取樣分析 bootstrap analysis
自主分化/自主分化 self-differentiation
自主复制序列/自主複製序列 autonomously replicating sequence, ARS
自主复制序列元件/自主複製序列元件,ARS 元件 autonomously replicating sequence element, ARS element
自主复制载体/自主複製載體 autonomously replicating vector
自主内含子/自主內含子 autonomous intron
自主神经/自主神經 autonomic nerve
自主神经系统/自主神經系統,自律神經系統 autonomic nervous system
自主特化/自主特化 autonomous specification
自主性体温调节/自主性體溫調節 automatic thermoregulation

自主序列复制反应/自主序列複製反應,自持序列複製反應 self-sustained sequence replication reaction, 3SR reaction
自组织/自組織 self-organization
自组织系统/自組織系統 self-organizing system
自组装/自組裝,自我裝配 self-assembly
自组装法/自組裝法 self-assembly method
宗/族 race
综合防治/綜合防治 integrated control
综合干细胞库/綜合幹細胞庫 comprehensive stem cell bank
综合农业/綜合農業 integrated agriculture
综合图/整合圖 integration map, integrative map
综合征/綜合症,症候群 syndrome
棕榈酸/棕櫚酸,軟脂酸,十六烷酸 palmitic acid
棕榈酮/棕櫚酮 palmitone
棕榈酰化/棕櫚醯化 palmitoylation
棕榈酰化修饰/棕櫚醯化修飾 palm acylating modification
棕榈油酸/棕櫚油酸 palmitoleic acid
棕壤/棕壤,棕[鈣]土,褐色森林土 brown soil, brown forest soil
棕土密码子/棕土密碼子,乳白密碼子 umber codon, opal codon
棕脂肪/棕脂肪,褐色脂肪 brown fat
踪迹信息素/蹤跡費洛蒙 trail pheromone, trace pheromone
鬃/鬃,剛毛 bristle
总苞/總苞 involucrum, involucre
总苞片/總苞片 involucral scale, phyllary
总产率/總生產率 gross production rate
总虫室/總蟲室 coenoecium
总初级生产力/總初級生產力,總基礎生產力 gross primary productivity
总初级生产量/總初級生產量,總基礎生產量 gross primary production, GPP
总次级生产量/總次級生產量 gross secondary production
总氮/總氮 total nitrogen, TN
总第二性生产量/總次級生產量 gross secondary production
总第一性生产力/總初級生產力,總基礎生產力 gross primary productivity
总第一性生产量/總初級生產量,總基礎生產量 gross primary production, GPP
总辐射量/總輻射量 total radiation
总腹下静脉/總腹下靜脈 common hypogastric vein
总光合作用/總光合作用 gross photosynthesis
总和/總和 summation
总和电位/總和電位 summating potential
总花序梗/花序柄 common peduncle
总抗氧化能力/總抗氧化能力 total antioxidant capacity
总科/總科,首科,超科 superfamily
总磷/總磷 total phosphorus, TP
总目/總目,首目,超目 superorder
总生产量/總生產量 gross production
总生产效率/總生產效率 efficiency of gross production, gross production efficiency
总生殖率/總生殖率 gross reproductive rate, total reproduction rate
总死亡率/總死亡率,全死亡率 total mortality
总体调节子/總體調節子 overall regulator
总相关谱/總相關譜 total correlation spectroscopy, TOCSY
总需氧量/總需氧量 total oxygen demand, TOD
总有机碳/總有機碳 total organic carbon, TOC
总有机物/總有機物 total organic matter, TOM
总种/超種 superspecies
总主静脉/總主靜脈 common cardinal vein
总状花序/總狀花序 raceme
总族/總族 supertribe
纵锤担子/縱錘擔子 stichobasidium
纵[分]裂/[細胞]縱裂 longitudinal fission, longitudinal division
纵隔/縱隔 mediastinum
纵肌/縱肌 longitudinal muscle
纵裂/[果實]縱裂 longitudinal dehiscence
纵脉/縱脈 longitudinal vein
纵气管网结/縱氣管網結 longitudinal anastomose
纵室/縱室 obolongum
纵跳摸高试验/縱跳摸高試驗 jump-and-reach test
纵向弛豫/縱向鬆弛 longitudinal relaxation
纵行肌质网/縱行肌質網 longitudinal sarcoplasmic reticulum, LSR
走廊/走廊,廊道 corridor
足/足 foot
足板/足板 podal shield
足背板/足背板 podonotal shield, podonotum, podoscutum
足刺/足刺 aciculum
足萼糖蛋白/足萼糖蛋白 podocalyxin
足盖/足蓋,頂區 pedotecta, tectopedium
足后板/足後板 metapodalia, metapodal plate, metapodal shield
足迹/足跡 footprint

足迹法/足跡法 footprinting
DMS 足迹法/DMS 足跡法,硫酸二甲酯足跡法 dimethyl sulfate footprinting, DMS footprinting
DNA 足迹法/DNA 足跡法 DNA footprinting
RNA 足迹法/RNA 足跡法 RNA footprinting
足孔/足孔 pedal aperture
足纳精型/足納精型 podospermic type
足囊/足囊 podocyst
足内板/足内板 endopodalia, endopodal plate, endopodal shield
足盘/足盤 pedal disc
足鳍/足鰭 leg-fin
足前体/足前體 epiprosoma
足鳃/足鰓 podobranchia
足神经节/足神經節 pedal ganglion
足式/足式 leg formula
足丝/足絲 byssus
足丝間隙/足絲間隙 byssal gap
足丝孔/足絲孔 byssal foramen
足丝腺/足絲腺 byssus gland
足体/足體 podosoma, podosome
足外板/足外板 exopodal plate
足窝/足窩,足盾凹 leg socket
足细胞/足細胞,基細胞 podocyte, foot cell
足细胞素/足細胞素 podocin
足腺/足腺 pedal gland
足月分娩/足月分娩 term delivery
足月妊娠/足月妊娠 term pregnancy
足状突/肢[體]節 podite
族/族 tribe
阻断/阻斷 block, blocking
阻断剂/阻斷劑 blocker
阻遏/阻遏,抑制 repression
阻遏蛋白/阻遏蛋白,阻遏物,抑制子 repressor
阻遏酶/阻遏酶,阻遏酵素,可抑制型酵素 repressible enzyme
阻遏物/阻遏物,阻遏蛋白,抑制子 repressor
阻遏型操纵子/可抑制型操縱子 repressible operon
阻抗稳定性/阻抗穩定性,對抗穩定性 resistance stability
阻力血管/阻力血管 resistance vessel
阻尼/阻尼 damping
阻尼血管/阻尼血管 damping vessel
阻塞性通气不足/阻塞性通氣不足 obstructive hypoventilation
阻抑/阻抑,抑制 suppression
阻抑 PCR/阻抑 PCR,抑制 PCR suppression PCR
阻抑 tRNA/阻抑 tRNA,抑制型 tRNA,校正 tRNA suppressor tRNA
阻抑基因/阻抑基因,抑制基因,抑制子 inhibiting gene, suppressor
阻抑聚合酶链反应/阻抑 PCR,抑制 PCR suppression PCR
阻抑消减杂交/抑制相減式雜交,抑制差減雜交 suppressive substraction hybridization, SSH
阻滞/阻滯 retardation
组/組 section, series
RNA 组/RNA 組,RNA 體 RNome
组氨醇/組氨醇 histidinol
组氨激酶/組胺激酶 histidinase
组氨酸/組氨酸,組胺酸 histidine, His
组氨酸标签/組氨酸標簽 histidine-tag
组氨酸操纵子/組氨酸操縱子 his operon
组氨酸尿[症]/組氨酸尿[症] histidinuria
组氨酸血症/組氨酸血症 histidinemia
组胺/組[織]胺 histamine, HA
组胺加重试验/加量組織胺試驗,增加組胺試驗,增大組胺試驗 augmented histamine test
组胺试验/組[織]胺試驗 histamine test
组成酶/組成酶,組成酵素,構成酵素 constitutive enzyme
组成型表达/組成型表達,非誘導式表達 constitutive expression
组成型分泌/持續型分泌,固有分泌,恆定型分泌 constitutive secretion
组成型分泌途径/持續型分泌途徑,固有分泌途徑 constitutive secretory pathway
组成型剪接/組成型剪接,恆定型剪接 constitutive splicing
组成型启动子/組成型啟動子 constitutive promoter
组成性基因/組成性基因 constitutive gene
组成性突变/組成性突變,非誘導式突變 constitutive mutation
组成性突变体/組成性突變體 constitutive mutant
组成性异染色质/組成型異染色質,持續型異染色質 constitutive heterochromatin
组蛋白/組[織]蛋白 histone
组蛋白八聚体/組蛋白八聚體 histone octamer
组蛋白变体/組蛋白變體 histone variant
组蛋白甲基化/組蛋白甲基化 histone methylation
组蛋白密码/組蛋白密碼 histone code
组蛋白脱乙酰酶/組蛋白去乙醯酶 histone deacetylase
组蛋白修饰/組蛋白修飾 histone modification
组蛋白乙酰转移酶/組蛋白乙醯基轉移酶 histone acetyltransferase, HAT

组分分析/組份分析 component analysis
组合多样性/組合多樣性 combinatorial diversity
组合活性位点饱和试验/組合活性位點飽和試驗，CAST 方法 combinatorial active-site saturation test, CAST
组合抗体文库/組合抗體庫 combinatorial antibody library
组合生物合成/組合生物合成 combinatorial biosynthesis
组合调控/組合調控 combinatory control
组合文库/組合庫 combinatorial library
组件/組件，盒，元件 cassette
组件模型/盒式模型 cassette model
组学/組學，體學 omics
RNA 组学/RNA 組學，RNA 體學 RNomics
组织/組織 tissue
组织胞质菌素试验/組織胞漿菌素試驗 histoplasmin test
组织不相容性/組織不相容性 histoincompatibility
组织传感器/組織感測器 tissue sensor
组织蛋白酶/組織蛋白酶 cathepsin
组织等效材料/組織等效材料，組織等值材料 tissue equivalent materials
组织惰性气体最大容许张力/組織惰性氣體最大容許張力 maximum allowable tissue tension of inert gas
组织发生/組織發生，組織形成 histogenesis
组织反应/組織反應 tissue reaction
组织分化/組織分化 histological differentiation
组织分解/組織分解 histolysis
组织分型/組織分型 tissue typing
组织工程/組織工程 tissue engineering
组织工程骨/組織工程骨 tissue-engineered bone
组织工程皮肤/組織工程皮膚 tissue-engineered skin
组织工程软骨/組織工程軟骨 tissue-engineered cartilage
组织工程生物反应器/組織工程生物反應器 tissue engineering bioreactor
组织工程心脏瓣膜/組織工程心臟瓣膜 tissue engineering heart valve
组织工程血管/組織工程血管 tissue engineering blood vessel
组织工程医疗产品/組織工程醫療產品 tissue engineering medical products, TEMP
组织工程医疗产品保存/組織工程醫療產品儲存 storage of tissue engineering medical products
组织工程医疗产品运输/組織工程醫療產品運輸 transportation of tissue engineering medical products
组织工程医疗产品质量标准/組織工程醫療產品品質標準 tissue engineering medical products quality standard
组织工程支架/組織工程支架 tissue engineering scaffold
组织光学/組織光學 tissue optics
组织化学/組織化學 histochemistry
组织换气/組織换氣，組織氣體交换 tissue gas exchange
组织基因组学/組織基因組學，組織基因體學 organization genomics
组织寄生虫/組織寄生蟲 histozoicus
组织间隙/組織間隙 interstitial space, tissue space
组织间隙液压/組織間隙液壓 interstitial fluid pressure
组织金属蛋白酶抑制物/金屬蛋白酶組織抑制物，組織金屬蛋白酶抑制蛋白 tissue inhibitor of metalloproteinase, TIMP
组织培养/組織培養 tissue culture
组织气体交换/組織氣體交换，組織换氣 tissue gas exchange
组织器官再生工程/組織器官再生工程 tissue and organ regeneration engineering
组织权重因子/組織權重因子 tissue weighting factor
组织特异性基因/組織特異性基因，組織專一性基因 tissue-specific gene
组织特异性基因表达/組織特異性基因表達 tissue-specific gene expression
组织特异性启动子/組織專一性啟動子 tissue-specific promoter
组织特异性消失基因/組織特異性消失基因 tissue-specific extinguisher
组织位/組織位 histotope
组织系统/組織系統 tissue system
组织细胞/組織細胞 histocyte
组织相容性/組織相容性 histocompatibility
组织相容性复合体/組織相容性複合體 histocompatibility complex
组织相容性基因/組織相容性基因 histocompatibility gene
组织相容性基因复合体/組織相容性基因複合體 histocompatibility gene complex
组织相容性基因座/組織相容性基因座 histocompatibility locus
组织相容性抗原/組織相容性抗原 histocompatibility antigen, H antigen

组织相容性 Y 抗原/組織相容性 Y 抗原,H-Y 抗原 histocompatibility-Y antigen, H-Y antigen
组织相容性试验/組織相容性試驗 histocompatibility testing
组织相容性系统/組織相容性系統 histocompatibility system
HLA 组织相容性系统/人類白血球抗原相容性系統 human leukocyte antigen histocompatibility system, HLA histocompatibility system
组织芯片/組織晶片 tissue chip
组织形态学/組織形態學 tectology
组织型激肽释放酶/組織型激肽釋放酶 tissue kallikrein
组织型纤溶酶原激活物/組織血纖維蛋白溶酶原活化劑,組織型纖溶酶原啟動物 tissue-type plasminogen activator, tPA
组织性缺氧/組織性缺氧 histogenous hypoxia
组织学/組織學 histology
组织血型抗原/組織血型抗原 histo-blood group antigen
组织液/組織液 tissue fluid, interstitial fluid
组织因子/組織因子 tissue factor, TF
组织因子途径抑制物/組織因子途徑抑制物 tissue factor pathway inhibitor, TFPI
组织原/組織原 histogen
组织再生/組織再生 tissue regeneration
组织者/組織者 organizer
组织转化/組織轉化,轉變,化生 metaplasia
组装/組裝,裝配 assembly
组装抑制蛋白/前纖維蛋白,G 肌動蛋白結合蛋白,肌動蛋白抑制蛋白 profilin
祖传单体型/保守性單倍型,祖單倍型 ancestral haplotype
祖母细胞/祖母細胞 grandmother cell
祖细胞/祖細胞,前驅細胞,原始細胞 progenitor cell, ancestral cell, archeocyte
祖 B 细胞/原 B 細胞,B 先驅細胞 pro-B cell
祖先染色体片段/祖先染色體片段 ancestral chromosomal segment
祖衍镶嵌[现象]/祖裔鑲嵌[現象] heterobathmy
祖征/祖徵 plesiomorphy
钻孔生物/鑽孔生物 boring organism, borer
嘴底/嘴底 gonys
嘴峰/嘴峰 culmen
嘴甲/嘴甲 nail
嘴裂/嘴裂 gape
嘴须/嘴鬚 rictal bristle
嘴状叉棘/嘴狀叉棘 rostrate pedicellaria
最长肌/最長肌 longissimus muscle
最大比生长速率/最大比生長速率 maximum specific growth rate
最大持水量/最大容水量 maximum water holding capacity
最大持续产量/最大持續生產量 maximum sustainable yield, MSY
最大持续收获量/最大持續生產量 maximum sustainable yield, MSY
最大重复次数/最大重複次數 repeated maximal, RM
最大出生率/最大出生率 maximum natality
最大刺激/最高刺激 maximal stimulus
最大概率数法/最[大]可能數法,最確數法 most probable number method, MPN
最大概率数/最[大]可能數,最確數 most probable number, MPN
最大耗氧量/最大耗氧量 maximal oxygen consumption
最大呼气流量/最大呼氣流量 maximal expiratory flow, MEF
最大呼气流量-容积曲线/最大呼氣流量-容積曲線 maximum expiratory flow-volume curve, MEFV
最大简约法/最大簡約法 maximum parsimony
最大简约树/最大簡約樹 maximum parsimony tree
最大经济产量/最大經濟產量 maximum economical yield, MEY
最大经济收获量/最大經濟產量 maximum economical yield, MEY
最大可摄取量/最大允許攝取量,最高攝取容許量 maximal permissible intake, MPI
最大可听阈/最大可聽閾 maximal auditory threshold, maximal hearing threshold
最大可听阈曲线/最大可聽閾曲線 maximal auditory threshold curve
最大平衡渔获量/最大平衡漁獲量 maximum equilibrium catch
最大摄氧量/最大攝氧量 maximal oxygen uptake
最大摄氧量利用率/最大攝氧量利用率 maximal oxygen uptake utilization coefficient
最大摄氧量平台/最大攝氧量平臺 maximal oxygen uptake plateau
最大摄氧量平台持续时间/最大攝氧量平臺持續時間 maximal oxygen uptake plateau duration
最大似然法/最大概似法,最大近似法 maximum likelihood method
最大似然树/最大概似樹 maximum likelihood tree
最大舒张电位/最大舒張電位 maximum diastolic

potential
最大随意收缩/最大隨意收縮,最大自主收縮 maximal voluntary contraction, MVC
最大随意通气量/最大隨意通氣量 maximal voluntary ventilation, MVV
最大体力劳动能力/最大體力勞動能力 maximal physical work capacity
最大心率/最大心跳率 maximal heart rate
最大心率储备/最大心率儲備 maximal heart rate reserve
最大氧亏积累/最大氧虧積累 maximal accumulated oxygen deficit, MAOD
最大有氧功率/最大有氧功率 maximal aerobic power
最大允许剂量/最大容許劑量 maximum permissible dose, MPD
最大自主收缩/最大自主收縮,最大隨意收縮 maximal voluntary contraction, MVC
最低生存温度/生存最低溫度 minimum survival temperature
最低死亡率/最低死亡率 minimum mortality
最低需光量/最小需光量 minimum light requirement
最低抑制浓度/最低抑制濃度 minimum inhibitory concentration, MIC
最低因子律/最低因子律,最少量定律 law of the minimum
最低有效积温/最低有效溫度 minimum effective temperature
最低有效剂量/最低有效劑量 minimum effective dose
最低致死[剂]量/最低致死[劑]量,最小致死[劑]量 minimum lethal dose, minimal lethal dose, MLD
最短布线约束/最短布線約束 minimal wiring length constraint
最高有效温度/最高有效溫度 maximum effective temperature
最后公路/最後通路 final common path
最佳线性无偏估计量/最佳線性不偏估計量 best linear unbiased estimator, BLUE
最佳线性无偏预测/最佳線性不偏預測 best linear unbiased prediction, BLUP
最近亲杂交/最近親雜交 most closed crossing
最劣度/最劣度 pessimum
最适 pH/最適 pH optimum pH
最适产量/最適產量,最適漁獲量 optimal yield
最适长度/最適長度 optimal length
最适刺激/最適刺激 optimal stimulus
最适度/最適度 optimum
最适化/最適化 optimization
最适领域大小/最適領域大小 optimal territory size
最适密度/最適密度 optimum density
最适模型/最適模型,最適模式 optimality model
最适气候/最適氣候 optimal climate
最适曲线/最適曲線 optimum curve
最适温度/最適溫度 optimum temperature
最适渔获量/最適捕獲量 optimum catch
最适种群密度/最適族群密度 optimal population, density
最小存活种群/最小[可]存活族群,最小可生存族群 minimum viable population, MVP
最小二乘目标函数/最小二乘目標函數 least-square target function
最小范数二次无偏估计量/最小範數二次不偏估計量 minimum norm quadratic unbiased estimator
最小方差二次无偏估计量/最小變異數二次不偏估計量 minimum variance quadratic unbiased estimator
最小风险原理/最小風險原理 conjugate principle of risk and opportunity
最小感染量/最小感染量 minimal infecting dose, MID
最小红斑量/最小紅斑量 minimal erythema dose, MED
最小化代谢调整/最小化代謝調整 minimization of metabolic adjustment, MOMA
最小化调控控制/最小化調控開關 regulatory on-off minimization, ROOM
最小基因组/最小基因組,最小基因體 minimal genome
最小[可]生存种群/最小可生存族群,最小[可]存活族群 minimum viable population, MVP
最小溶血量/最小溶血量 minimal hemolytic dose
最小需光量/最小需光量 minimum light requirement
最小血管横切面积/最小血管橫切面積 minimal cross-section area, MCSA
最小血管内径/最小血管內徑 minimal lumen diameter, MLD
最小样方面积/最小樣方面積,最小樣區面積 minimum quadrat area
最小样方数/最小樣方數,最少樣區數 minimum quadrat number
最小抑菌浓度/最低抑菌濃度 minimal inhibitory concentration, MIC

最小因子/最小因子　minimum factor
最小致死[剂]量/最小致死[劑]量,最低致死[劑]量　minimum lethal dose, minimal lethal dose, MLD
最宜选择/最佳選擇　optimum selection
最宜选择指数/最佳選擇指數　optimum selection index
最优化/最適化　optimization
最优控制/最適控制　optimum control
最优觅食理论/最適覓食理論　optimal foraging theory, OFT
最终加词/最終加詞　final epithet
最终原因/遠因,終極原因　ultimate cause, ultimate causation
樽形幼体/樽形幼體　doliolaria
左手螺旋/左手螺旋　left-handed helix
左手螺旋 DNA/左手螺旋 DNA　left-handed helix DNA
左心房/左心房　left atrium
左心室/左心室　left ventricle
左旋咪唑/左旋咪唑　levomisole
左旋糖/左旋糖　levulose
左旋异构体/左旋異構體　levoisomer
左右对称/左右對稱,兩側對稱　bisymmetry, bilateral symmetry, zygomorphy
佐剂/佐劑　adjuvant
佐剂病/佐劑病　adjuvant disease
作图/作圖,定位　mapping
RNA 作图/RNA 作圖,RNA 定位　RNA mapping
作物/作物　crop
Toll 作用蛋白/Toll 作用蛋白　Toll-interacting protein, Tollip
作用方式/作用方式　mode of action
作用光谱/作用光譜　action spectrum
坐滴法/坐滴法　sitting drop method
座节/座節　ischiopodite, ischium
座节刺/座節刺　ischial spine
座状腹吸盘/無柄腹吸盤　sessile acetabulum
座状乳突/無柄乳突　sessile papilla

附录

国际单位制

1. 国际单位制(Le Système International d'Unités)及其国际简称 SI 是在 1960 年第 11 届国际计量大会上通过的。国际单位制单位由基本单位、导出单位(包括辅助单位在内的具有专门名称的导出单位和组合形式的导出单位,组合形式的导出单位本附录不予收录)及其倍数单位构成。

2. 圆括号中的名称,是它前面的名称的同义词。

3. 无方括号的量的名称与单位名称均为全称。方括号中的字,在不致引起混淆、误解的情况下,可以省略。去掉方括号中的字即为其名称的简称。

表 1　基本单位

量的名称	单位名称	单位符号
大陆名/台湾名	大陆名/台湾名	
长度/長度	米/公尺	m
质量/質量	千克(公斤)/公斤	kg
时间/時間	秒/秒	s
电流/電流	安[培]/安培	A
热力学温度/熱力學温度	开[尔文]/克耳文	K
物质的量/物[質]量	摩[尔]/莫耳	mol
发光强度/發光強度	坎[德拉]/燭光	cd

表 2　包括辅助单位在内的具有专门名称的导出单位

量的名称	导出单位		
	单位名称	单位符号	换算关系
大陆名/台湾名	大陆名/台湾名		
[平面]角/[平面]角	弧度/弧度,弳度	rad	1 rad=1 m/m=1
立体角/立體角	球面度/立弳	sr	1 sr=1 m^2/m^2=1
频率/頻率	赫[兹]/赫	Hz	1 Hz=1 s^{-1}
力/力	牛[顿]/牛頓	N	1 N=1 kg·m/s^2
压力,压强,应力/壓力,壓強,應力	帕[斯卡]/帕斯卡	Pa	1 Pa=1 N/m^2
能[量],功,热量/能[量],功,熱[量]	焦[耳]/焦耳	J	1 J=1 N·m
功率,辐[射能]通量/功率,輻射能通量	瓦[特]/瓦特	W	1 W=1 J/s
电荷[量]/電荷量	库[仑]/庫侖	C	1 C=1 A·s
电压,电动势,电位,(电势)/電壓,電動勢,電位,(電勢)	伏[特]/伏特	V	1 V=1 W/A
电容/電容	法[拉]/法拉	F	1 F=1 C/V
电阻/電阻	欧[姆]/歐姆	Ω	1 Ω=1 V/A
电导/電導	西[门子]/西門	S	1 S=1 $Ω^{-1}$

（续表）

量的名称	导出单位		
	单位名称	单位符号	换算关系
大陆名/台湾名	大陆名/台湾名		
磁通[量]/磁通量	韦[伯]/韋伯	Wb	1 Wb=1 V·s
磁通[量]密度，磁感应强度/磁通[量]密度，磁感應強度	特[斯拉]/特士拉	T	1 T=1 Wb/m^2
电感/電感	亨[利]/亨利	H	1 H=1 Wb/A
摄氏温度/攝氏温度	摄氏度/攝[氏温]度	℃	1 ℃=1 K
光通量/光通量	流[明]/流明	lm	1 lm=1 cd·sr
[光]照度/照度	勒[克斯]/勒克斯	lx	1 lx=1 lm/m^2

表 3　由于人类健康安全防护需要而确定的具有专门名称的导出单位

量的名称	导出单位		
	单位名称	单位符号	换算关系
大陆名/台湾名	大陆名/台湾名		
[放射性]活度/放射活性	贝可[勒尔]/貝克	Bq	1 Bq=1 s^{-1}
吸收剂量/吸收劑量 比授[予]能/比授能 比释动能/比釋動能	戈[瑞]/戈雷	Gy	1 Gy=1 J/kg
剂量当量/等價劑量，當量劑量	希[沃特]/西弗	Sv	1 Sv=1 J/kg

表 4　国际单位制词头

因数	词头名称	词头符号
	大陆名/ 台湾名	
10^{24}	尧[它]/ 佑	Y
10^{21}	泽[它]/ 皆	Z
10^{18}	艾[可萨]/ 艾	E
10^{15}	拍[它]/ 拍	P
10^{12}	太[拉]/ 太，兆	T
10^{9}	吉[咖]/ 吉，十億	G
10^{6}	兆/ 百萬	M
10^{3}	千/ 千	k
10^{2}	百/ 百	h
10^{1}	十/ 十	da
10^{-1}	分/ 分	d
10^{-2}	厘/ 厘	c

（续表）

因数	词头名称 大陆名/ 台湾名	词头符号
10^{-3}	毫/ 毫	m
10^{-6}	微/ 微	μ
10^{-9}	纳[诺]/ 奈	n
10^{-12}	皮[可]/ 披，微微	p
10^{-15}	飞[母托]/ 飛，毫微微	f
10^{-18}	阿[托]/ 阿，微微微	a
10^{-21}	仄[普托]/ 介	z
10^{-24}	幺[科托]/ 攸	y

注：词头与基本单位、导出单位共同组成一个新单位，即构成倍数单位。词头只用于构成倍数单位，不单独使用。

表 5　可与国际单位制单位并用的计量单位

量的名称 大陆名/台湾名	单位名称 大陆名/台湾名	单位符号	换算关系
时间/時間	分/分	min	1 min=60 s
	[小]时/[小]時	h	1 h=60 min=3 600 s
	日，(天)/日，天	d	1 d=24 h=86 400 s
[平面]角/[平面]角	度/度	°	1°=(π/180) rad
	[角]分/[角]分	′	1′=(1/60)°=(π/10 800) rad
	[角]秒/[角]秒	″	1″=(1/60)′=(π/648 000) rad
体积/體積	升/公升	L，(l)	1 L=1 dm^3=10^{-3} m^3
质量/質量	吨/公噸	t	1 t=10^3 kg
	原子质量单位/ 原子質量單位	u	1 u≈1.660 540×10^{-27} kg
旋转速度/轉速	转每分/每分鐘轉速	r/min	1 r/min=(1/60) s^{-1}
长度/長度	海里/海里，浬	n mile	1 n mile=1 852 m(只用于航行)
速度/速度	节/節	kn	1 kn=1 n mile/h=(1 852/3 600) m/s (只用于航行)
能/能	电子伏/電子伏[特]	eV	1 eV≈1.602 177×10^{-19} J
级差/位準差	分贝/分貝	dB	
线密度/線密度	特[克斯]/德士	tex	1 tex=10^{-6} kg/m
面积/面積	公顷/公頃	hm^2	1 hm^2=10^4 m^2

注：1. 平面角单位度、分、秒的符号，在组合单位中采用(°)、(′)、(″)的形式。例如，不用°/s，而用(°)/s。

2. 升的符号中，小写字母 l 为备用符号。

3. 公顷的国际通用符号为 ha。

希腊字母表

大写	小写	名　称	大写	小写	名　称
Α	α	阿尔法	Ν	ν	纽
Β	β	贝塔	Ξ	ξ	克西
Γ	γ	伽马	Ο	ο	奥米克戎
Δ	δ	德尔塔	Π	π	派
Ε	ε	艾普西隆	Ρ	ρ	柔
Ζ	ζ	泽塔	Σ	σ	西格马
Η	η	伊塔	Τ	τ	陶
Θ	θ	西塔	Υ	υ	宇普西隆
Ι	ι	约(yāo)塔	Φ	φ	斐
Κ	κ	卡帕	Χ	χ	希
Λ	λ	拉姆达	Ψ	ψ	普西
Μ	μ	谬	Ω	ω	奥米伽

地质年代表

宙 Eon	代 Era	纪 Period	世 Epoch	生物发展阶段 Development of Organisms	距今时间(百万年) Time(Ma BP)
显生宙(PH) Phanerozoic	新生代(Kz) Cenozoic	第四纪(Q) Quaternary	全新世(Q_h) Holocene	现代人类出现。	0.0117
			更新世(Q_p) Pleistocene	生物绝大部分与现在类似。智人出现。	2.58
		新近纪(N) Neogene	上新世(N_2) Pliocene	生物面貌与现在接近，哺乳类形体变大。直立人出现。	5.333
			中新世(N_1) Miocene	类人猿出现。	23.03
		古近纪(E) Paleogene	渐新世(E_3) Oligocene	哺乳类迅速发展，被子植物繁盛。	33.9
			始新世(E_2) Eocene		56.0
			古新世(E_1) Paleocene		66.0
	中生代(Mz) Mesozoic	白垩纪(K) Cretaceous		被子植物出现，末期恐龙等大批生物绝灭。	～145.0
		侏罗纪(J) Jurassic		鸟类出现，爬行类及苏铁等裸子植物繁盛。	201.3±0.2
		三叠纪(T) Triassic		哺乳类出现。	251.902±0.024
	古生代(Pz) Paleozoic	二叠纪(P) Permian		无脊椎动物和裸子植物发展。	298.9±0.15
		石炭纪(C) Carboniferous		爬行类出现，蕨类植物繁盛。	358.9±0.4
		泥盆纪(D) Devonian		昆虫、原始鱼类、蕨类和原始裸子植物出现。	419.2±3.2
		志留纪(S) Silurian		原始鱼类、原始陆生植物出现。	443.4±1.5
		奥陶纪(O) Ordovician		无颌类脊椎动物出现，海生藻类发育。	485.4±1.9
		寒武纪(Є) Cambrian		小壳动物出现，藻类、三叶虫开始繁盛。	541.0±1.0
前寒武纪 Precambrian 元古宙(PT) Proterozoic				藻类、细菌繁盛，软体无脊椎动物出现。	2500
前寒武纪 Precambrian 太古宙(AR) Archean					4000
前寒武纪 Precambrian 冥古宙 Hadean					～4600

注：本表各地质时代的距今时间按国际地层委员会 2018 年 8 月资料。其中未经全球地质年龄测定的标准方法确定的用近似值表示(数字前加“～”)。

元素周期表

原子序数 —— 1 H —— 元素符号
大陆中文名称 —— 氢 / 氫 —— 台湾中文名称
hydrogen —— 元素英文名称
[1.007, 1.009] —— 标准原子量

周期＼族	1/IA	2/IIA	3/IIIB	4/IVB	5/VB	6/VIB	7/VIIB	8/VIIIB	9/VIIIB	10/VIIIB	11/IB	12/IIB	13/IIIA	14/IVA	15/VA	16/VIA	17/VIIA	18/VIIIA	电子壳层	层电子数
1	1 H 氢 / 氫 hydrogen [1.007, 1.009]																	2 He 氦 / 氦 helium 4.003	K	2
2	3 Li 锂 / 鋰 lithium [6.938, 6.997]	4 Be 铍 / 鈹 beryllium 9.012											5 B 硼 / 硼 boron [10.80, 10.83]	6 C 碳 / 碳 carbon [12.00, 12.02]	7 N 氮 / 氮 nitrogen [14.00, 14.01]	8 O 氧 / 氧 oxygen [15.99, 16.00]	9 F 氟 / 氟 fluorine 19.00	10 Ne 氖 / 氖 neon 20.18	L K	8 2
3	11 Na 钠 / 鈉 sodium 22.99	12 Mg 镁 / 鎂 magnesium [24.30, 24.31]											13 Al 铝 / 鋁 aluminium 26.98	14 Si 硅 / 矽 silicon [28.08,28.09]	15 P 磷 / 磷 phosphorus 30.97	16 S 硫 / 硫 sulfur [32.05, 32.08]	17 Cl 氯 / 氯 chlorine [35.44, 35.46]	18 Ar 氩 / 氬 argon 39.95	M L K	8 8 2
4	19 K 钾 / 鉀 potassium 39.10	20 Ca 钙 / 鈣 calcium 40.08	21 Sc 钪 / 鈧 scandium 44.96	22 Ti 钛 / 鈦 titanium 47.87	23 V 钒 / 釩 vanadium 50.94	24 Cr 铬 / 鉻 chromium 52.00	25 Mn 锰 / 錳 manganese 54.94	26 Fe 铁 / 鐵 iron 55.85	27 Co 钴 / 鈷 cobalt 58.93	28 Ni 镍 / 鎳 nickel 58.69	29 Cu 铜 / 銅 copper 63.55	30 Zn 锌 / 鋅 zinc 65.38(2)	31 Ga 镓 / 鎵 gallium 69.72	32 Ge 锗 / 鍺 germanium 72.63	33 As 砷 / 砷 arsenic 74.92	34 Se 硒 / 硒 selenium 78.96(3)	35 Br 溴 / 溴 bromine [79.90, 79.91]	36 Kr 氪 / 氪 krypton 83.80	N M L K	8 18 8 2
5	37 Rb 铷 / 銣 rubidium 85.47	38 Sr 锶 / 鍶 strontium 87.62	39 Y 钇 / 釔 yttrium 88.91	40 Zr 锆 / 鋯 zirconium 91.22	41 Nb 铌 / 鈮 niobium 92.91	42 Mo 钼 / 鉬 molybdenum 95.96(2)	43 Tc 锝 / 鎝 technetium	44 Ru 钌 / 釕 ruthenium 101.1	45 Rh 铑 / 銠 rhodium 102.9	46 Pd 钯 / 鈀 palladium 106.4	47 Ag 银 / 銀 silver 107.9	48 Cd 镉 / 鎘 cadmium 112.4	49 In 铟 / 銦 indium 114.8	50 Sn 锡 / 錫 tin 118.7	51 Sb 锑 / 銻 antimony 121.8	52 Te 碲 / 碲 tellurium 127.6	53 I 碘 / 碘 iodine 126.9	54 Xe 氙 / 氙 xenon 131.3	O N M L K	8 18 18 8 2
6	55 Cs 铯 / 銫 caesium 132.9	56 Ba 钡 / 鋇 barium 137.3	57 — 71 镧系元素 / 鑭系元素 lanthanoids	72 Hf 铪 / 鉿 hafnium 178.5	73 Ta 钽 / 鉭 tantalum 180.9	74 W 钨 / 鎢 tungsten 183.8	75 Re 铼 / 錸 rhenium 186.2	76 Os 锇 / 鋨 osmium 190.2	77 Ir 铱 / 銥 iridium 192.2	78 Pt 铂 / 鉑 platinum 195.1	79 Au 金 / 金 gold 197.0	80 Hg 汞 / 汞 mercury 200.6	81 Tl 铊 / 鉈 thallium [204.3, 204.4]	82 Pb 铅 / 鉛 lead 207.2	83 Bi 铋 / 鉍 bismuth 209.0	84 Po 钋 / 釙 polonium	85 At 砹 / 砈 astatine	86 Rn 氡 / 氡 radon	P O N M L K	8 18 32 18 8 2
7	87 Fr 钫 / 鍅 francium	88 Ra 镭 / 鐳 radium	89 — 103 锕系元素 / 錒系元素 actinoids	104 Rf 𬬻 / 鑪 rutherfordium	105 Db 𬭊 / 𨧀 dubnium	106 Sg 𬭳 / 𨭎 seaborgium	107 Bh 𬭛 / 𨨏 bohrium	108 Hs 𬭶 / 𨭆 hassium	109 Mt 鿏 / 䥑 meitnerium	110 Ds 𫟼 / 鐽 darmstadtium	111 Rg 𬬭 / 錀 roentgenium	112 Cn 鿔 / 鎶 copernicium	113 Nh 鿭 / 鉨 nihonium	114 Fl 𫓧 / 鈇 flerovium	115 Mc 镆 / 鏌 moscovium	116 Lv 𫟷 / 鉝 livermorium	117 Ts 鿬 / 鿬 tennessine	118 Og 鿫 / 鿫 oganesson	Q P O N M L K	8 18 32 32 18 8 2

镧系元素	57 La 镧 / 鑭 lanthanum 138.9	58 Ce 铈 / 鈰 cerium 140.1	59 Pr 镨 / 鐠 praseodymium 140.9	60 Nd 钕 / 釹 neodymium 144.2	61 Pm 钷 / 鉕 promethium	62 Sm 钐 / 釤 samarium 150.4	63 Eu 铕 / 銪 europium 152.0	64 Gd 钆 / 釓 gadolinium 157.3	65 Tb 铽 / 鋱 terbium 158.9	66 Dy 镝 / 鏑 dysprosium 162.5	67 Ho 钬 / 鈥 holmium 164.9	68 Er 铒 / 鉺 erbium 167.3	69 Tm 铥 / 銩 thulium 168.9	70 Yb 镱 / 鐿 ytterbium 173.1	71 Lu 镥 / 鎦 lutetium 175.0
锕系元素	89 Ac 锕 / 錒 actinium	90 Th 钍 / 釷 thorium 232.0	91 Pa 镤 / 鏷 protactinium 231.0	92 U 铀 / 鈾 uranium 238.0	93 Np 镎 / 錼 neptunium	94 Pu 钚 / 鈽 plutonium	95 m 镅 / 鋂 americium	96 Cm 锔 / 鋦 curium	97 Bk 锫 / 鉳 berkelium	98 Cf 锎 / 鉲 californium	99 Es 锿 / 鑀 einsteinium	100 Fm 镄 / 鐨 fermium	101 Md 钔 / 鍆 mendelevium	102 No 锘 / 鍩 nobelium	103 Lr 铹 / 鐒 lawrencium

注：1. 标准原子量的数值选自 Pure Appl. Chem. 85, 1047-1078 (2013) 中的表 4（http://dx.doi.org/10.1351/PAC-REP-13-03-02）。
2. 族号 1/IA，前者为国际纯粹与应用化学联合会（IUPAC）推荐标法，后者为中国大陆较为通用的标法。
3. 元素“铝”和“铯”的英文名称“aluminum”和“aluminium”、“cesium”和“caesium”都可使用。